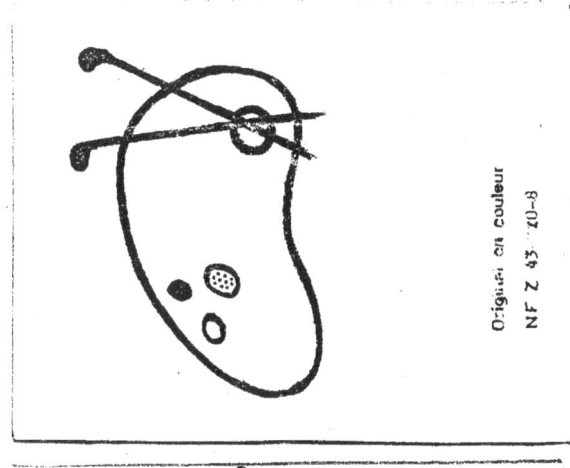

Original en couleur
NF Z 43-120-8

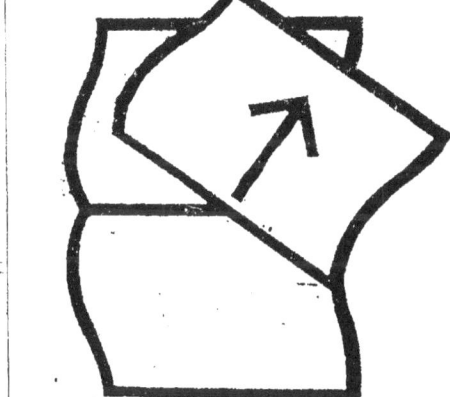

Couverture supérieure manquante

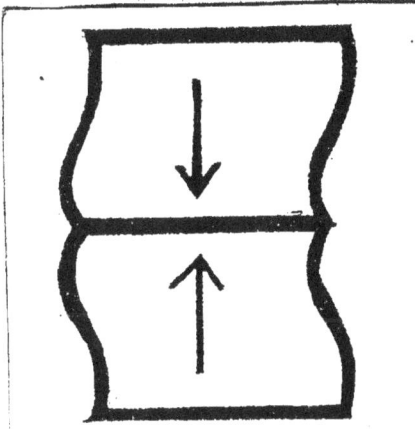

RELIURE SERREE
Absence de marges
intérieures

VALABLE POUR TOUT OU PARTIE DU
DOCUMENT REPRODUIT

(cartes et plans)

Mque Plan de la forêt de Compiègne … p. 85
— Arraché ?

12
196
p. 214
222
324
620
662

… volumes

à conserver

LES
# ENVIRONS DE PARIS
ILLUSTRÉS

TYPOGRAPHIE DE CH. LAHURE
Imprimeur du Sénat et de la Cour de Cassation
rue de Vaugirard, 9

# LES
# ENVIRONS DE PARIS
## ILLUSTRÉS

ITINÉRAIRE DESCRIPTIF ET HISTORIQUE

PAR

**ADOLPHE JOANNE**

Auteur des Itinéraires de la Suisse, de l'Allemagne, de l'Écosse, etc.

CONTENANT

220 vignettes dessinées par Thérond, Lancelot, etc.
une grande carte des environs de Paris
et sept autres cartes ou plans

PARIS
LIBRAIRIE DE L. HACHETTE ET C<sup>ie</sup>
RUE PIERRE-SARRAZIN, N° 14

Droit de traduction réservé

1856

# TABLE MÉTHODIQUE DES MATIÈRES.

TABLE MÉTHODIQUE DES MATIÈRES................................................. I
LISTE DES GRAVURES................................................................... VII
CARTES ET PLANS........................................................................ XII
PRÉFACE..................................................................................... XII

## ITINÉRAIRE DES ENVIRONS DE PARIS.

### PREMIÈRE SECTION.

#### LA BANLIEUE.

| | |
|---|---|
| Le bois de Boulogne............ 3 | La Villette.................... 84 |
| Moyens de transport........... 4 | Montfaucon et le Dépotoir...... 89 |
| Résumé historique.............. 8 | Les buttes Chaumont et les carrières de plâtre............. 91 |
| Le bois de Boulogne en 1856.... 13 | Le pré Saint-Gervais........... 94 |
| Les villes, les villages et les châteaux du bois de Boulogne....... 27 | Pantin........................ 94 |
| | Belleville et la Courtille..... 95 |
| Passy........................ 27 | Ménilmontant.................. 100 |
| Boulainvilliers............... 35 | Romainville................... 103 |
| Beau-Séjour, la Muette, le Ranelagh........................ 36 | Charonne...................... 104 |
| | Bagnolet...................... 105 |
| Auteuil....................... 40 | Montreuil-sous-Bois............ 106 |
| Boulogne...................... 46 | **Vincennes**.................. 107 |
| Bagatelle..................... 48 | Le château de Vincennes....... 108 |
| Madrid....................... 50 | Le village de Vincennes....... 120 |
| Saint-James.................. 52 | Le bois de Vincennes.......... 121 |
| **Neuilly**................... 53 | Saint-Mandé................... 122 |
| La Chapelle-Saint-Ferdinand... 54 | Bercy, la Rapée, la Grande-Pinte. 123 |
| Sablonville.................. 56 | Ivry-sur-Seine, la Gare, les Deux-Moulins, Austerlitz, le Port-à-l'Anglais.................... 126 |
| Villiers-la-Garenne........... 59 | |
| Les Ternes................... 60 | Vitry-sur-Seine............... 128 |
| Batignolles-Monceaux.......... 62 | Gentilly, la Maison-Blanche, la Glacière..................... 129 |
| Clichy-la-Garenne............. 63 | |
| Saint-Ouen................... 65 | Bicêtre....................... 132 |
| **Montmartre**................ 69 | Montrouge..................... 134 |
| Clignancourt................. 81 | Vaugirard..................... 137 |
| La Chapelle-Saint-Denis....... 81 | |

## TABLE MÉTHODIQUE DES MATIÈRES.

Plaisance .................. 139
Issy ...................... 139
Vanves .................... 141
Grenelle .................. 143

## DEUXIÈME SECTION.

### LES FORTIFICATIONS.

L'enceinte continue .......... 148 | Les forts détachés .......... 150

## TROISIÈME SECTION.

### LES CHEMINS DE FER.

1° CHEMIN DE FER DE CEINTURE. 153

2° CHEMINS DE FER DE L'OUEST. 155

**A.** Chemin de fer du bois de Boulogne ..................... 156
**B.** Chemin de fer de Versailles (rive droite) ............... 156
  1re station. — *Courbevoie* ....... 160
  2e station. — *Puteaux* .......... 161
  3e station. — *Suresnes* ......... 162
  Excursion au mont Valérien ...... 163
  4e station. — **Saint-Cloud** ..... 166
   Histoire ....................... 167
   Histoire du château ............ 173
   Description du château ......... 174
   Parc de Saint-Cloud ............ 182
   Fête de Saint-Cloud ............ 187
   Excursion de Saint-Cloud à la Marche par Garches et Vaucresson .. 188
  5e station. — *Ville-d'Avray* .... 191
  Excursion à Marnes .............. 193
  6e station. — *Viroflay* ......... 194
  De Saint-Cloud à Versailles par la route de terre .............. 194
  **Versailles** ................... 195
  Renseignements généraux ......... 195
  La ville de Versailles .......... 197
  Versailles sous Louis XIII ...... 204
  Versailles sous Louis XIV ....... 205
  Versailles sous Louis XV jusqu'à nos jours .................. 210
  Le palais ...................... 214
  Le musée ....................... 218
  Les jardins .................... 255

Les eaux ....................... 273
Palais et jardins des Trianons .. 278
Le grand Trianon ............... 278
Le petit Trianon ............... 281
Jardin des Fleurs .............. 284
**C.** Chemin de fer de Versailles (rive gauche) ................ 284
  1re station. — *Clamart* ......... 287
  2e station. — *Meudon* ........... 290
  Le château ..................... 296
  Le bois ........................ 291
  3e station. — *Bellevue* ........ 298
  4e station. — *Sèvres* .......... 302
  5e station. — *Chaville* ........ 307
  6e station. — *Viroflay* ........ 307
  Les environs de Versailles ..... 308
**D.** Chemin de fer de Saint-Germain ........................ 309
  1re station. — *Asnières* ........ 310
  2e station. — *Nanterre* ......... 314
  3e station. — *Rueil* ............ 317
  La Malmaison ................... 321
  Étang de Saint-Cucufa .......... 324
  La Jonchère .................... 325
  Bougival ....................... 325
  La Celle-Saint-Cloud ........... 326
  Beauregard ..................... 326
  Le Chesnay ..................... 329
  Le Butard ...................... 330
  La machine de Marly ............ 330
  L'aqueduc de Marly ............. 332
  Port Marly ..................... 332
  4e station. — *Chatou* .......... 333
  Croissy ........................ 334
  Carrières-Saint-Denis .......... 335
  Montesson ...................... 335

# TABLE MÉTHODIQUE DES MATIÈRES.

| | |
|---|---|
| Le bois du Vésinet | 335 |
| 5ᵉ station. — *Le Vésinet* | 336 |
| **Saint-Germain en Laye** | 340 |
| Histoire | 340 |
| La ville et le château | 344 |
| Le Parterre et la Terrasse | 346 |
| La Forêt | 348 |
| La fête des Loges | 351 |
| Environs de Saint-Germain et de la forêt | 351 |
| Le Pecq | 351 |
| Mareil-Marly | 352 |
| Fourqueux | 352 |
| Hennemont | 353 |
| Chambourcy | 353 |
| Achères | 354 |
| Mesnil le-Roi | 354 |
| Carrières-sous-Bois | 354 |
| De Saint-Germain à Versailles | 354 |
| Rocquencourt | 355 |
| Louveciennes | 357 |
| **Marly-le-Roi** | 359 |
| La forêt de Marly | 370 |
| L'Étang-la-Ville | 371 |
| Saint-Nom-la-Bretèche | 371 |
| **E. Chemin de fer d'Argenteuil** | 372 |
| Villeneuve-la-Garenne | 372 |
| Gennevilliers | 372 |
| Colombes | 373 |
| **Argenteuil** | 374 |
| Sannois | 379 |
| Cormeilles-en-Parisis | 379 |
| **F. Chemin de fer du Havre, de Paris à Triel** | 380 |
| Bezons | 381 |
| Houilles | 382 |
| Sartrouville | 382 |
| 1ʳᵉ station. — *Maisons-Laffitte* | 384 |
| 2ᵉ station. — *Conflans* | 386 |
| 3ᵉ station. — **Poissy** | 388 |
| Andrésy | 395 |
| Vilaines | 396 |
| 4ᵉ station. — *Triel* | 397 |
| Vernouillet | 397 |
| Verneuil | 397 |
| Chanteloup | 398 |
| Vaux | 399 |
| Évecquemont | 399 |
| Meulan | 400 |
| 3° CHEMIN DE FER DU NORD, DE PARIS A COMPIÈGNE | 401 |
| Aubervilliers | 404 |
| 1ʳᵉ station. — **Saint Denis** | 405 |
| 2ᵉ station. — *Épinay* | 425 |
| 3ᵉ station. — **Enghien-les-Bains** | 426 |
| Saint-Gratien | 432 |
| Deuil | 434 |
| La Barre | 434 |
| **Montmorency** | 434 |
| Histoire | 434 |
| L'Ermitage | 441 |
| Les Châtaigniers | 445 |
| Mont-Louis | 445 |
| La Forêt | 446 |
| Andilly | 447 |
| Le château de la Chasse | 449 |
| Groslay | 450 |
| Saint-Brice | 451 |
| Piscop | 451 |
| Domont | 452 |
| Bouffemont | 452 |
| Chauvry | 452 |
| Bethemont | 452 |
| Soisy | 452 |
| 4ᵉ station — *Ermont* | 453 |
| Eaubonne | 453 |
| Margency | 454 |
| Montlignon | 454 |
| Saint-Prix | 454 |
| 5ᵉ station. — *Franconville* | 455 |
| Saint-Leu-Taverny | 456 |
| Taverny | 458 |
| Bessancourt | 458 |
| 6ᵉ station. — *Herblay* | 459 |
| Montigny-les-Cormeilles | 460 |
| La Frette | 460 |
| 7ᵉ station. — **Pontoise** | 460 |
| 8ᵉ station. — *Auvers* | 469 |
| Excursion à l'abbaye du Val par Méry et Mériel | 470 |
| 9ᵉ station. — *L'Isle-Adam* | 474 |
| 10ᵉ station. — *Beaumont* | 477 |
| 11ᵉ station. — *Boran* | 479 |
| 12ᵉ station. — *Précy* | 480 |
| 13ᵉ station. — *Saint-Leu d'Esserent* | 480 |
| Excursion à Chantilly | 483 |
| **Chantilly** | 484 |
| Histoire | 485 |

## TABLE MÉTHODIQUE DES MATIÈRES.

| | |
|---|---|
| Description .................... | 491 |
| La Forêt....................... | 495 |
| Les courses.................... | 498 |
| Vineuil-Saint-Firmin .......... | 499 |
| Avilly ......................... | 499 |
| Montataire..................... | 500 |
| 14ᵉ station. — *Creil*.......... | 501 |
| Nogent-les-Vierges............. | 502 |
| Villiers-Saint-Paul............. | 504 |
| 15ᵉ station. — *Pont - Sainte - Maxence*. ........................ | 504 |
| 16ᵉ station. — *Verberie* ...... | 506 |
| **Compiègne**.................. | 508 |
| Histoire ....................... | 509 |
| Description.................... | 514 |
| La Forêt ....................... | 522 |
| Excursions dans la forêt........ | 525 |
| Les beaux Monts et le mont du Tremblu...................... | 525 |
| Le mont Saint-Marc............ | 525 |
| Saint-Corneille................. | 527 |
| Saint-Pierre.................... | 529 |
| Pierrefonds.................... | 529 |
| Saint-Jean-aux-Bois ........... | 533 |
| Morienval...................... | 533 |
| Champlieu..................... | 535 |

**4° CHEMINS DE FER DE L'EST, DE PARIS A LAGNY, A NOGENT-SUR-MARNE ET A LA VARENNE-SAINT-MAUR**.................. 536

**A. De Paris à Lagny**........... 536
| | |
|---|---|
| 1ʳᵉ station. — *Noisy-le-Sec* .... | 540 |
| 2ᵉ station. — *Bondy*........... | 541 |
| Livry.......................... | 542 |
| 3ᵉ station. — *Le Raincy*....... | 542 |
| 4ᵉ station. — *Villemomble*..... | 544 |
| Gagny......................... | 544 |
| Montfermeil.................... | 544 |
| Clichy en l'Aunoy............... | 545 |
| 5ᵉ station. — *Chelles*.......... | 545 |
| 6ᵉ station. — *Lagny*........... | 549 |

**B. De Paris à Nogent-Marne**. 552
| | |
|---|---|
| 2ᵉ station. — *Rosny*........... | 552 |
| 3ᵉ station. — *Nogent-sur-Marne*. | 553 |
| Bry-sur-Marne................. | 556 |
| Noisy-le-Grand................. | 557 |
| Neuilly-sur-Marne ............. | 558 |

**C. De Paris à la Varenne-Saint-Maur**............................ 559

| | |
|---|---|
| Fontenay-sous-Bois............. | 559 |
| Joinville-le-Pont................ | 560 |
| Le canal Saint-Maur............ | 563 |
| La Pouluugis, Champigoy, Champignolles..................... | 563 |
| Saint-Maur-les-Fossés.......... | 563 |
| Port de Créteil, Adamville, la Varenne-Saint-Maur, Chennevières, Ormesson..................... | 567 |

**5° CHEMIN DE FER DE PARIS A LYON, DE PARIS A FONTAINEBLEAU**.......................... 569

| | |
|---|---|
| 1ʳᵉ station. — *Charenton-le-Pont*. | 572 |
| Les Carrières, Saint-Maurice, Gravelle......................... | 572 |
| 2ᵉ station. — *Maisons-Alfort*... | 576 |
| Créteil......................... | 578 |
| Bonneuil....................... | 578 |
| 3ᵉ station. — *Villeneuve-Saint-Georges*. ...................... | 579 |
| Draveil......................... | 580 |
| Boissy-Saint-Léger, le château de Grosbois, Valenton, Limeil, Brévannes........................ | 581 |
| 4ᵉ station. — *Montgeron*....... | 582 |
| Crosne......................... | 582 |
| Yères, l'abbaye des Camaldules, la Grange ....................... | 583 |
| 5ᵉ station. — *Brunoy*.......... | 584 |
| 6ᵉ station. — *Combs-la-Ville*... | 585 |
| 7ᵉ station. — *Lieusaint* ....... | 585 |
| 8ᵉ station. — *Cesson*.......... | 585 |
| 9ᵉ station. — *Melun*........... | 587 |
| Le château de Vaux-Praslin..... | 590 |
| 10ᵉ station. — *Bois-le-Roi*..... | 591 |
| 11ᵉ station. — **Fontainebleau**... | 592 |
| Renseignements généraux....... | 593 |
| Situation, aspect général, bibliographie...................... | 594 |
| Histoire ....................... | 595 |
| Les arts à Fontainebleau........ | 605 |
| Historique des constructions et restaurations du château...... | 615 |
| Itinéraire descriptif du château... | 620 |
| Anciens jardins................. | 650 |
| Jardins du château............. | 651 |
| Le parc........................ | 654 |
| La Forêt....................... | 654 |
| Le Sylvain..................... | 660 |

# TABLE MÉTHODIQUE DES MATIÈRES.

Itinéraire de la forêt............ 663
Promenades à pied voisines de Fontainebleau.............. 663
Promenades à pied aux sites les plus pittoresques............ 669
Promenades en voiture........... 682
Environs de Fontainebleau...... 686

## 6° CHEMIN DE FER D'ORLÉANS, DE PARIS A CORBEIL ET A SAINT-MICHEL............... 689

### A. De Paris à Corbeil............ 689
1<sup>re</sup> station. — *Choisy-le-Roi*...... 692
Thiais, Orly, Villeneuve-le-Roi... 694
2<sup>e</sup> station. — *Ablon*............ 695
3<sup>e</sup> station. — *Athis-Mons*....... 695
4<sup>e</sup> station. — *Juvisy*........... 696
Viry-Châtillon................ 699
5<sup>e</sup> station. — *Ris*.............. 699
Orangis...................... 699
Champrosay.................. 700
Petit-Bourg.................. 701
Soisy-sous-Étioles............ 702
6<sup>e</sup> station. — *Évry*............ 702
Corbeil...................... 703
Essonnes.................... 706

### B. De Paris à Saint-Michel (Montlhéry)....................... 708
De Paris à Juvisy............. 708
5<sup>e</sup> station. — *Savigny-sur-Orge*... 709
6<sup>e</sup> station. — *Épinay-sur-Orge*... 711
Longjumeau.................. 712
Longpont.................... 713
7<sup>e</sup> station. — *Saint-Michel*..... 713
Montlhéry.................... 713
Linas et Marcoussis........... 718

## 7° CHEMINS DE FER DE SCEAUX ET D'ORSAY................. 719

### A. Le chemin de fer de Sceaux. 719
1<sup>re</sup> station. — *Arcueil, Cachan*... 719
2<sup>e</sup> station. — *Bourg-la-Reine*.... 723
3<sup>e</sup> station. — *Fontenay-aux-Roses*. 725
Sceaux....................... 727
De Sceaux au Plessis-Picquet, à Robinson et à Aulnay......... 735
A. Au Plessis-Picquet........... 735

B. A. Robinson et à Aulnay...... 736
De Sceaux à Verrières par Chatenay........................ 740
Chatenay..................... 740
Verrières..................... 742
De Verrières à Bièvre, par Amblainvilliers et Igny.............. 743
De Sceaux à Amblainvilliers, à Igny et à Bièvre, par le Buisson de Verrières....................... 744
De Paris à Fontenay-aux-Roses par Châtillon et Bagneux.......... 744
Châtillon..................... 744
Bagneux..................... 746
De Fontenay-aux-Roses au Plessis-Picquet, à Robinson et à Aulnay.. 748

### B. Le chemin de fer d'Orsay.... 748
De Paris à Bourg-la-Reine...... 748
La Croix de Berny............ 748
Fresnes-lez-Rungis, Rungis..... 750
3<sup>e</sup> station. — *Antony*........... 750
4<sup>e</sup> station. — *Massy*............ 751
5<sup>e</sup> station. — *Palaiseau*......... 751
Excursion dans la vallée de la Bièvre, de Palaiseau à Versailles. 752
Igny......................... 753
Bièvre....................... 754
Jouy-en-Josas................ 757
Buc.......................... 759
De Palaiseau à Orsay.......... 760
Orsay........................ 760
La vallée de l'Yvette, d'Orsay à Chevreuse.................... 761
Excursion à Châteaufort par le château d'Orcc................. 763
Chevreuse.................... 764
Dampierre.................... 766

## 8° CHEMINS DE FER DE L'OUEST, DE PARIS A RAMBOUILLET.... 769
De Paris à Versailles par Bellevue. 769
3<sup>e</sup> station. — *Saint-Cyr*......... 770
4<sup>e</sup> station. — *Trappes*.......... 772
Excursion à Port-Royal des Champs. 773
Excursion à Grignon............ 777

5e station. — *La Verrière*........ 779
Excursion à Montfort-l'Amaury par Maurepas et le Tremblay........ 780
Excursion aux Vaux-de-Cernay.... 785
6e station. — *L'Artoire*........... 794
Rambouillet..................... 794

## QUATRIÈME SECTION.

### LES ROUTES DE TERRE.

I. **De Paris à Senlis**............ 803
  Le Bourget.................... 804
  Louvres....................... 804
  La Chapelle-en-Serval......... 805
  Senlis........................ 806
  L'abbaye de la Victoire....... 808
  Ruines de Montépilloy......... 809
II. **De Paris à Dammartin, à Nantouillet et à Juilly**......... 809
  De Paris à Dammartin.......... 809
  Roissy........................ 810
  Le Mesnil-Amelot.............. 810
  Dammartin..................... 810
  Du Mesnil-Amelot à Juilly..... 810
  Juilly........................ 811
  Nantouillet................... 812
  De Juilly à Dammartin......... 815

III. **De Paris à Ermenonville et à Mortefontaine**................ 815
  Ermenonville.................. 815
  Mortefontaine................. 822
IV. **De Paris à Luzarches, par Écouen**....................... 825
  Pierrefitte................... 826
  Sarcelles..................... 827
  Villiers-le-Bel............... 827
  Écouen........................ 828
  Champlâtreux.................. 830
  Luzarches..................... 831
V. **De Paris à Gonesse**.......... 831
  Stains........................ 831
  Garges........................ 831
  Arnouville.................... 831
  Gonesse....................... 831

## CINQUIÈME SECTION.

### LES BATEAUX A VAPEUR.

I. De Paris à Saint-Cloud........ 836 | II. De Paris à Melun............ 837

INDEX ALPHABÉTIQUE............................................. 840

## LISTE DES GRAVURES.

|   |   | Pages |
|---|---|---|
| 1. | La mare aux Biches, au bois de Boulogne.................. | 3 |
| 2. | Le Bois de Boulogne. — La rivière, les îles et le châlet..... | 7 |
| 3. | Le Bois de Boulogne. — Le parc aux daims................ | 11 |
| 4. | Le Bois de Boulogne. — Vue prise de la butte Mortemart... | 15 |
| 5. | Le Bois de Boulogne. — La mare d'Auteuil................ | 17 |
| 6. | Le Bois de Boulogne. — Le rond des Chênes, près de la mare d'Auteuil........................................... | 19 |
| 7. | Le Bois de Boulogne. — L'Hippodrome.................... | 21 |
| 8. | Le Bois de Boulogne. — L'abbaye de Longchamp au XVIIe siècle........................................... | 23 |
| 9. | Le Bois de Boulogne. — La croix Catelan.................. | 25 |
| 10. | La maison de Béranger, à Passy........................... | 27 |
| 11. | Passy. — La Muette au XVIIIe siècle....................... | 33 |
| 12. | Passy. — Le rond-point de la Muette...................... | 37 |
| 13. | La maison de Boileau, à Auteuil........................... | 41 |
| 14. | Temple élevé à la mémoire de Molière, à Auteuil........... | 45 |
| 15. | L'église de Boulogne..................................... | 47 |
| 16. | Bagatelle............................................... | 49 |
| 17. | L'ancien château de Madrid............................... | 51 |
| 18. | La chapelle Saint-Ferdinand.............................. | 55 |
| 19. | Une chasse au cerf, près du château de Clichy-la-Garenne, dans la forêt de Rouvray............................. | 65 |
| 20. | L'église paroissiale de Montmartre au XIXe siècle........... | 71 |
| 21. | Les anciennes carrières de Montmartre, en 1835............ | 77 |
| 22. | Le chemin de fer du Nord à la Chapelle-Saint-Denis......... | 83 |
| 23. | Les barrières de Pantin et de la Villette.................... | 85 |
| 24. | Un gibet au XVe siècle................................... | 89 |
| 25. | Les buttes Chaumont..................................... | 93 |
| 26. | L'église Saint-Jean-Baptiste, à Belleville................... | 99 |
| 27. | La descente de la Courtille............................... | 101 |
| 28. | La barrière du Trône..................................... | 109 |
| 29. | Vue générale de Vincennes, prise du côté du bois.......... | 111 |
| 30. | La chapelle du château de Vincennes...................... | 113 |
| 31. | La porte d'entrée du château de Vincennes................. | 117 |
| 32. | Le château de Bercy..................................... | 125 |
| 33. | La Glacière............................................. | 131 |
| 34. | Vue générale de Bicêtre.................................. | 133 |
| 35. | Les Catacombes......................................... | 137 |

|     |                                                                                      | Pages |
|-----|--------------------------------------------------------------------------------------|-------|
| 36. | Le château d'Issy                                                                    | 141   |
| 37. | Les fortifications. (Lettre ornée)                                                   | 147   |
| 38. | Les fortifications                                                                   | 149   |
| 39. | Les chemins de fer. (Lettre ornée)                                                   | 153   |
| 40. | Pont du chemin de fer de ceinture sur la Seine, à Bercy                              | 155   |
| 41. | Embarcadère des chemins de l'Ouest (rive droite)                                     | 158   |
| 42. | Intérieur de l'embarcadère des chemins de l'Ouest (rive droite)                      | 159   |
| 43. | Le mont Valérien                                                                     | 165   |
| 44. | Le château de Saint-Cloud, vu du parc                                                | 169   |
| 45. | La galerie d'Apollon au château de Saint-Cloud                                       | 175   |
| 46. | Vue du parc et de la grande cascade de Saint-Cloud                                   | 181   |
| 47. | La lanterne de Démosthène                                                            | 185   |
| 48. | Steeple-chase dans le parc du château de la Marche                                   | 189   |
| 49. | Vue à vol d'oiseau du château de Versailles, prise de l'avenue de Paris              | 199   |
| 50. | Vue de la principale entrée du château sous Louis XIII                               | 203   |
| 51. | Vue du château du côté du parc sous Louis XIII                                       | 205   |
| 52. | Vue de l'intérieur de l'avant-cour sous Louis XIII                                   | 207   |
| 53. | Vue de l'Orangerie sous Louis XIII                                                   | 209   |
| 54. | La cour royale                                                                       | 215   |
| 55. | Intérieur de la chapelle                                                             | 217   |
| 56. | Salle de l'Opéra                                                                     | 219   |
| 57. | La salle du conseil                                                                  | 233   |
| 58. | La chambre à coucher du roi                                                          | 235   |
| 59. | La salle de l'Œil-de-Bœuf                                                            | 237   |
| 60. | Le palais de Versailles, vu du jardin                                                | 257   |
| 61. | Versailles, vu de la pièce d'eau des Suisses                                         | 259   |
| 62. | Le bassin de Neptune                                                                 | 261   |
| 63. | Vase du bassin de Neptune.— L'Eau.—Vase Borghèse                                     | 263   |
| 64. | Le tapis vert                                                                        | 265   |
| 65. | La colonnade                                                                         | 269   |
| 66. | La toilette d'Apollon                                                                | 271   |
| 67. | Vue générale du grand Trianon                                                        | 279   |
| 68. | Le jardin du petit Trianon                                                           | 282   |
| 69. | Le jardin du petit Trianon                                                           | 283   |
| 70. | Embarcadère des chemins de fer de l'Ouest (Versailles, rive gauche). Vue extérieure  | 286   |
| 71. | Embarcadère des chemins de fer de l'Ouest (Versailles, rive gauche). Vue intérieure  | 287   |
| 72. | Viaduc du Val-Fleury                                                                 | 289   |
| 73. | Le château de Meudon                                                                 | 295   |
| 74. | La vallée de la Seine, vue des terrasses de Bellevue                                 | 301   |
| 75. | Vue prise du chemin de fer entre Bellevue et Sèvres                                  | 303   |
| 76. | La manufacture de porcelaine à Sèvres                                                | 305   |
| 77. | Les canotiers d'Asnières                                                             | 311   |

## LISTE DES GRAVURES.

|   | Pages |
|---|---|
| 78. Le château d'Asnières | 313 |
| 79. Le puits de Sainte-Geneviève, à Nanterre | 317 |
| 80. Portail latéral (nord) de l'église de Rueil | 321 |
| 81. La Malmaison | 323 |
| 82. Bougival | 327 |
| 83. La machine de Marly | 331 |
| 84. Vue générale du viaduc de Saint-Germain | 339 |
| 85. Le château de Saint-Germain | 343 |
| 86. Le pavillon Henri IV à Saint-Germain | 347 |
| 87. La forêt de Saint-Germain.—Les Loges | 349 |
| 88. L'aqueduc de Marly | 357 |
| 89. Plan du château de Marly | 363 |
| 90. Un des pavillons du château de Marly | 367 |
| 91. Vieille tour à Argenteuil | 377 |
| 92. Vue de Maisons-Laffitte, prise du pont de la route de terre | 383 |
| 93. Le château de Maisons-Laffitte | 385 |
| 94. Vue générale de Poissy | 389 |
| 95. L'église paroissiale de Poissy | 391 |
| 96. Le marché de bestiaux à Poissy | 395 |
| 97. Le pont de Meulan | 399 |
| 98. Embarcadère du chemin de fer du Nord | 401 |
| 99. Vestibule du chemin de fer du Nord | 402 |
| 100. Intérieur de l'embarcadère du chemin de fer du Nord | 403 |
| 101. Station de Saint-Denis | 405 |
| 102. L'église de Saint-Denis, façade | 411 |
| 103. L'église de Saint-Denis, côté septentrional | 415 |
| 104. Intérieur de l'église de Saint-Denis | 417 |
| 105. Tombeau de Louis XII et d'Anne de Bretagne | 419 |
| 106. Crypte de Saint-Denis | 421 |
| 107. Le lac d'Enghien | 427 |
| 108. Un kiosque sur le lac d'Enghien | 431 |
| 109. Le bal d'Enghien | 433 |
| 110. Vue de Montmorency | 437 |
| 111. Ancien ermitage de Jean-Jacques Rousseau, à Montmorency | 443 |
| 112. Les châtaigniers de Montmorency | 445 |
| 113. Ancien rendez-vous de chasse dans la forêt de Montmorency | 449 |
| 114. Vue générale de Pontoise | 461 |
| 115. Station d'Auvers | 471 |
| 116. L'Isle-Adam | 475 |
| 117. Beaumont | 478 |
| 118. Le pont de Boran | 479 |
| 119. Les carrières de Saint-Leu d'Esserent | 481 |
| 120. L'église de Saint-Leu d'Esserent | 483 |
| 121. Le château de Chantilly | 493 |
| 122. L'hallali aux étangs de Commelle | 497 |

| | Pages |
|---|---|
| 123. Creil | 501 |
| 124. Ruines de l'abbaye de Saint-Évremont, à Creil | 503 |
| 125. L'église de Pont-Sainte-Maxence | 505 |
| 126. Verberie | 506 |
| 127. L'église de Rhuis | 507 |
| 128. Compiègne, vu de la tour de la Pucelle | 511 |
| 129. Compiègne, vu du pont | 515 |
| 130. Église Saint-Jacques à Compiègne | 516 |
| 131. Hôtel de ville de Compiègne | 517 |
| 132. Le château de Compiègne, vu de la place | 519 |
| 133. Le château de Compiègne, vu des jardins | 521 |
| 134. Vue prise dans la forêt de Compiègne | 523 |
| 135. Ruines du château de Pierrefonds (vue extérieure) | 531 |
| 136. Ruines du château de Pierrefonds (vue intérieure) | 533 |
| 137. Ruines du château de Coucy | 536 |
| 138. Embarcadère du chemin de fer de Strasbourg (vue extérieure) | 537 |
| 139. Embarcadère du chemin de fer de Strasbourg (vue intérieure) | 539 |
| 140. L'ancien château du Raincy | 541 |
| 141. L'abbaye de Chelles d'après une ancienne gravure | 547 |
| 142. Vue de Lagny | 549 |
| 143. La cathédrale de Meaux | 551 |
| 144. Viaduc de Nogent-sur-Marne | 555 |
| 145. Le canal Saint-Maur | 561 |
| 146. Embarcadère du chemin de fer de Lyon (vue extérieure) | 569 |
| 147. Embarcadère du chemin de fer de Lyon (vue intérieure) | 571 |
| 148. Établissement pour les aliénés à Charenton | 575 |
| 149. L'église de Brunoy | 586 |
| 150. Viaduc sur l'Yères à Brunoy | 587 |
| 151. Le château de Vaux-Praslin | 591 |
| 152. Le château de Fontainebleau vu à vol d'oiseau | 597 |
| 153. Le château de Fontainebleau vu des parterres | 619 |
| 154. La porte Dorée | 623 |
| 155. La Cour ovale | 624 |
| 156. Vestibule de la Cour ovale | 625 |
| 157. Porte dans la Cour ovale | 626 |
| 158. La porte Dauphine | 627 |
| 159. Cheminée du salon de François Iᵉʳ | 637 |
| 160. Salle des Fêtes | 643 |
| 161. Galerie de François Iᵉʳ | 649 |
| 162. Forêt de Fontainebleau, vue prise au Gros-Fouteau | 655 |
| 163. Entrée des Gorges d'Apremont | 671 |
| 164. La Caverne ténébreuse | 673 |
| 165. Sortie des Gorges d'Apremont | 675 |
| 166. Entrée des Gorges de Franchard | 677 |
| 167. Restaurant de Franchard | 679 |

| | Pages |
|---|---|
| 168. La Gorge aux Loups | 680 |
| 169. La Mare aux Fées | 681 |
| 170. Thomery | 685 |
| 171. Moret | 688 |
| 172. Embarcadère du chemin de fer d'Orléans, vue extérieure | 689 |
| 173. Embarcadère du chemin de fer d'Orléans, vue intérieure | 690 |
| 174. Pont sous le mur d'enceinte | 691 |
| 175. Le pont des Belles-Fontaines | 697 |
| 176. Le pont Godot | 698 |
| 177. Le château de Fromont | 699 |
| 178. Petit-Bourg | 701 |
| 179. Corbeil | 703 |
| 180. Eglise Saint-Spire, à Corbeil | 705 |
| 181. Maison de Bernardin de Saint-Pierre, à Essonnes | 707 |
| 182. Château de Savigny-sur-Orge | 709 |
| 183. Château de Grand-Vaux | 710 |
| 184. Viaduc de l'Yvette | 711 |
| 185. Vue de la tour de Montlhéry | 715 |
| 186. L'ancien château de Montlhéry | 717 |
| 187. Embarcadère du chemin de fer de Sceaux | 719 |
| 188. Aqueduc d'Arcueil | 722 |
| 189. Vue prise sous l'aqueduc d'Arcueil | 723 |
| 190. Ancien château de Sceaux | 729 |
| 191. Robinson | 737 |
| 192. La maison de Chateaubriand à la vallée aux Loups | 739 |
| 193. Portail de l'église de Bagneux | 747 |
| 194. Prise d'eau à Rungis | 749 |
| 195. Château d'Igny | 753 |
| 196. Vue de Bièvre | 755 |
| 197. Grottes de Bièvre | 757 |
| 198. Aqueduc de Buc | 759 |
| 199. Ruines du château de Chevreuse | 765 |
| 200. Château de Dampierre | 767 |
| 201. Versailles vu du chemin de fer | 769 |
| 202. École de Saint-Cyr | 771 |
| 203. Ancienne abbaye de Port-Royal | 775 |
| 204. Ruines du donjon de Maurepas | 780 |
| 205. Ruines du château de Montfort | 781 |
| 206. Porte Bardou, à Montfort l'Amaury | 783 |
| 207. Vallée des Vaux-de-Cernay | 787 |
| 208. Ruines de l'église des Vaux-de-Cernay | 791 |
| 209. Le château de Rambouillet | 795 |
| 210. La grotte de Rabelais | 798 |
| 211. La laiterie de la Reine | 799 |
| 212. Les routes de terre. (Lettre ornée) | 803 |

213. La cathédrale de Senlis .................................. 807
214. Ruines de l'abbaye de la Victoire....................... 809
215. Le château de Nantouillet............................... 813
216. Tombeau de J. J. Rousseau, à Ermenonville............. 819
217. Cabane de J. J. Rousseau................................ 821
218. Lac de Mortefontaine................................... 823
219. Le château d'Ecouen.................................... 829
220. Les bateaux à vapeur. (Lettre ornée)................... 835

## CARTES ET PLANS.

1. Le bois de Boulogne...................................... 12
2. Versailles et les Trianons............................... 196
3. Plan du rez-de-chaussée du palais de Versailles........ 214
4. Plan du 1ᵉʳ et du 2ᵉ étages du palais de Versailles.... 222
5. Carte de la forêt de Compiègne.......................... 524
6. Plan du palais de Fontainebleau......................... 620
7. Carte de la forêt de Fontainebleau...................... 662
8. Carte générale des Environs de Paris, à la fin du volume.

## ERRATA.

Page 183. 1ʳᵉ colonne, 1ʳᵉ ligne, au lieu de *inspirés*, lisez *inspirées*.
Page 330. 1ʳᵉ colonne, 33ᵉ ligne, au lieu de *page 200*, lisez *page 191*.
Page 588. 1ʳᵉ colonne, 27ᵉ ligne, au lieu d'*élévation*, lisez d'*ouverture*.
 ........ L'élévation de ce viaduc dont l'indication a été omise par erreur est de 26ᵐ,75 (hauteur moyenne) et 32ᵐ,85 (hauteur maxima).
Page 588. 1ʳᵉ colonne, 32ᵉ ligne, au lieu de *Hyères*, lisez *Yères*.
Page 751. 1ʳᵉ colonne, 13ᵉ ligne, au lieu de *Louis XII*, lisez *Louis VII*.

# PRÉFACE.

Si les Français ne savent pas voyager, les Parisiens ignorent encore l'art de se promener. Parviennent-ils à s'échapper pour quelques heures de ces affreuses prisons de pierre ou de plâtre dans lesquelles ils achètent chèrement le droit d'être privés de tout ce dont ils auraient besoin, — espace, air, lumière, — ils courent pour courir ; ils suivent trop volontiers la foule ; ils se laissent trop facilement entraîner, par de menteuses réclames, dans des établissements qu'ils devraient fuir avec autant d'ardeur que leurs maisons ; rarement ils songent à combiner des excursions qui puissent offrir un égal attrait à leurs yeux et à leur esprit.

Et cependant Paris est de toutes les capitales de l'Europe celle dont les environs sont tout à la fois les plus charmants et les plus dignes d'intérêt. Où trouver de plus fraîches vallées, de plus riants coteaux, de plus ravissantes villas, des plaines aussi fertiles, des parcs mieux soignés, des forêts plus magnifiques, de plus célèbres et de plus splendides palais ? Fleuves, ruisseaux, étangs, ruines d'abbayes ou de châteaux, églises anciennes, forteresses modernes, eaux minérales, écoles diverses, collections d'objets d'art, établissements d'utilité publique, bals champêtres, solitudes profondes, climat tempéré, riche culture, ils réunissent tout ce qui peut attirer et retenir, non-seulement les Parisiens, mais les étrangers.

Malheureusement, les environs de Paris n'avaient point été, depuis Dulaure, qui du reste s'est contenté d'en résumer l'histoire et d'en décrire les principales curiosités, le sujet d'un travail vraiment sérieux. Cette lacune regrettable, j'essaye de la combler. Peut-être échouerai-je dans ma tentative ; mais, pour atteindre le but que je m'étais proposé, je n'ai reculé devant aucune fatigue, nulle recherche ne m'a rebuté. Les promeneurs qui se serviront un jour de ce livre, composé tout exprès pour eux, décideront, non de son mérite, mais de son utilité pratique, son unique prétention. Qu'ils me permettent seulement de leur dire ce que j'ai voulu faire.

Un pays étant donné, indiquer les moyens de transport que l'on peut prendre pour s'y rendre, la distance qui le sépare de Paris et des pays voisins, le prix du voyage ; constater sa situation, son importance, son rang administratif, le nombre de ses habitants ; résumer son histoire ; rappeler ses souvenirs littéraires ; décrire ses principales curiosités ; apprécier les œuvres d'art, en architecture, en peinture ou en sculpture, qu'il possède ; enfin, et surtout, explorer les promenades les plus agréables dont il est entouré, par lesquelles on y arrive ou par lesquelles on en sort, et ces renseignements, les donner aussi simplement que possible, avec concision et avec clarté, c'est-à-dire dans le seul style qui convienne à un ouvrage de ce genre : tel est mon programme.

J'ai divisé mon travail en cinq sections :

La première est intitulée *la Banlieue*. Elle n'est consacrée, malgré son titre, qui semblerait devoir étendre ses limites, qu'aux localités très-rapprochées de Paris, comprises en deçà des fortifications ou non desservies par les chemins de fer.

La seconde, *les Fortifications*, ne contient qu'une courte notice sur l'enceinte fortifiée et les forts détachés.

La troisième, la plus longue et la plus importante, a pour titre et pour objet *les Chemins de fer*. En jetant les yeux sur la table méthodique des matières placée en tête de ce volume, on se rendra facilement compte du développement que j'ai dû lui donner et des bornes qu'il m'a fallu lui imposer.

La quatrième, *les Routes de terre*, est réservée aux dernières routes sur lesquelles existent encore des services de diligences ; les chemins de fer actuellement exploités en étant trop éloignés pour pouvoir lutter avec ces voitures.

Enfin, la cinquième, *les Bateaux à vapeur*, renferme l'indication des rares bateaux qui naviguent sur les eaux de la Seine pour l'agrément ou l'utilité des promeneurs.

Une *table méthodique* et une *table alphabétique*, placées, l'une au commencement, l'autre à la fin de ce volume, rendront toutes les recherches faciles.

Bien qu'il ne soit signé que de mon nom, ce livre n'est pas entièrement de moi. J'ai eu plusieurs collaborateurs ; je citerai en première ligne mon ami, M. A. J. Du Pays, l'auteur de l'*Itinéraire de l'Italie*, le savant et spirituel critique de l'*Illustration*, qui a bien voulu me donner une description détaillée de tous les anciens châteaux royaux : Saint-Cloud, Versailles, Meudon, Saint-Germain, Fontainebleau, Compiègne, Chantilly, etc., et des forêts célèbres dont ils sont entourés ; car il sait apprécier avec un goût également sûr les beautés de la nature et les chefs-d'œuvre de l'art. Je lui dois aussi les chapitres de Montmorency, d'Ermenonville, de Mortefontaine, etc. M. Charles Louandre a rédigé la monographie de Saint-Denis. MM. Gustave Héquet, Le Pileur, Sommer, Moléri, Frédéric Bernard, m'ont en outre fourni divers articles que mes lecteurs sauront facilement distinguer.

Tous les itinéraires devraient se terminer par cette formule des vieilles comédies espagnoles : *Excusez les fautes de l'auteur*. En effet, quelque soin que l'on y apporte, de pareils ouvrages contiennent nécessairement un grand nombre d'erreurs. Il est impossible de vérifier par soi-même tous les faits qui doivent y trouver place. A peine ont-ils paru, que des omissions sont signalées ;

une révision devient indispensable. L'itinéraire des environs de Paris est encore plus exposé que d'autres à de pareilles mésaventures. Le *pré Catelan* n'a-t-il point, par exemple, été créé entièrement, avec toutes ses merveilles, pendant l'impression de ce volume? Je prie donc tous les promeneurs qui se laisseront guider par ce livre non-seulement d'excuser mes fautes, mais de me les signaler, pour que je puisse, en les corrigeant, m'approcher de plus en plus de cette perfection à laquelle je n'atteindrai jamais sans leur bienveillant concours.

Adolphe JOANNE.

Paris, 1er novembre 1855.

PREMIÈRE SECTION

# LA BANLIEUE

La mare aux Biches, au bois de Boulogne.

## LE BOIS DE BOULOGNE.

Nous commencerons par le bois de Boulogne nos excursions dans la banlieue. En effet, ce *bois*, qui a eu jadis le droit de s'appeler *forêt*, et qui maintenant serait autorisé à prendre le nom de *parc*, mérite à tous les titres cette préférence. C'est aujourd'hui la plus vaste, la plus variée, la plus belle, la plus fréquentée, la plus fashionable, la mieux dessinée, la mieux entretenue, la moins poudreuse de toutes les promenades extérieures de Paris; une faible distance la sépare des Champs-Élysées, auxquels la relient de magnifiques avenues; les villages et les châteaux qui l'entourent rappellent en outre un grand nombre d'événements historiques ou d'anecdotes littéraires.

Suivons donc, en essayant de la guider, la foule, qui cette fois, par hasard, ne fait pas fausse route. Allons au *bois*, comme on dit dans le monde aristocratique.

Nous indiquerons d'abord aux promeneurs les nombreux moyens de transport dont ils peuvent se servir pour se rendre au bois de Boulogne; nous esquisserons ensuite rapidement les principaux traits de son histoire; enfin, après avoir décrit ses curiosités actuelles, nous passerons en revue les diverses localités qui bordent son enceinte.

### Moyens de transport.

Dix, quinze et vingt minutes suffisent pour aller à pied de la barrière de l'Étoile aux portes du bois de Boulogne connues sous les noms de portes Maillot, des Sablons, Dauphine, et grille de la Muette. Quand on a dépassé l'Arc de Triomphe, on voit s'ouvrir en face de soi et sur sa gauche trois larges avenues. En face, et continuant les Champs-Élysées, descend *l'avenue de Neuilly*; à gauche, le long de l'Hippodrome, monte *l'avenue de Saint-Cloud*, autrefois l'avenue Charles X; et, entre ces deux routes, qui mènent l'une à Neuilly et l'autre à Saint-Cloud, **l'avenue dite de l'Impératrice** attire surtout l'attention par sa largeur, par son animation, par son encadrement, par le paysage qui la termine. Cette avenue, ouverte en 1855, a une longueur de 1300 mètres sur 100 mètres de largeur; elle est formée: d'une chaussée centrale de 16 mètres pour les voitures; de deux contre-allées de 12 mètres chacune: l'une pour les piétons (à gauche), l'autre pour les cavaliers (à droite); de deux zones de 27 mètres chacune, converties en pelouses plantées; et enfin de deux rues latérales de 8 mètres pour le service des propriétés riveraines. Ces propriétés seront closes, sur toute l'étendue de l'avenue, d'une grille très-riche, d'un modèle uniforme. Les habitations ne pourront être élevées à une distance moindre de 10 mètres de la grille de clôture, et des parterres devront être établis dans l'intervalle. Huit mille arbres et arbustes viennent d'être plantés sur les pelouses de l'avenue. Ils sont groupés en massifs et représentent une collection des espèces les plus rares employées dans les parcs et les jardins. On a eu recours, pour se les procurer, aux principales pépinières des environs de Paris, des rives de la Loire, du midi de la France, de l'Algérie et de la Belgique.

Quand on descend l'avenue de l'Impératrice, on aperçoit au-dessus du bois de Boulogne le mont Valérien et les coteaux de Saint-Cloud, de Bellevue, de Meudon. Avant d'arriver à la *porte Dauphine*, — on appelle ainsi cette entrée du bois, — on ne traverse que deux routes, la route de Saint-Denis et la route stratégique qui longe les fortifications parallèlement au chemin de fer d'Auteuil. Des plantations d'arbres verts cachent autant que possible les talus et les fossés du mur d'enceinte. Ce passage franchi, il faut, si l'on veut gagner les lacs, suivre la *route du Lac*, qui s'ouvre en face et qui conduit en dix minutes à l'extrémité du lac inférieur.

A-t-on pris, au contraire, l'avenue de Neuilly, on atteint en dix minutes la *porte Maillot*, située à vingt minutes de l'embarcadère du lac inférieur; et en vingt minutes la *porte des Sablons*, qui est un peu moins éloignée de cet embarcadère. Quant à l'avenue de Saint-Cloud, appelée sur le plan route de l'Étoile, elle mène directement, en vingt ou vingt-cinq minutes, à la *grille de la Muette*.

Le piéton qui sort de Paris par les trois barrières parallèles et rapprochées de Passy, des Bonshommes et des Batailles, peut se rendre en dix minutes à l'extrémité de la grande rue de Passy, où la station du chemin de fer d'Auteuil a été établie, et de là gagner en cinq minutes soit la *porte de Passy* par l'avenue de gauche que côtoie le chemin de fer, soit la *grille de la Muette* en longeant à droite les murs et les fossés du jardin de la Muette.

*N. B.* Afin de bien comprendre toutes ces indications préliminaires, quand on est étranger, on doit consulter le plan ci-joint.

Pour aller au bois de Boulogne, si l'on ne sait pas ou bien si l'on ne veut pas marcher, on peut prendre des chevaux, des voitures de place ou de remise, divers omnibus et deux chemins de fer.

Les *chevaux* de selle se louent de 6 à 10 fr. la course, — non pas, bien entendu, les affreuses bêtes éreintées qui se trouvent encore aux abords du bois en compagnie d'ânes aussi peu recommandables, — mais de beaux et bons chevaux de maître. On pourra s'en procurer chez les principaux loueurs ou marchands de chevaux de Paris.

Les *voitures de place* se payent: les grands fiacres à deux chevaux, en dedans et en dehors du mur d'enceinte, 2 et 3 fr. l'heure; les coupés et petits fiacres à un cheval ou à deux chevaux, 1 fr. 75 c. et 2 fr.; les cabriolets à deux ou à quatre roues, fermés ou non fermés, 1 fr. 50 c. et 2 fr. On ne peut prendre toutes ces voitures qu'à l'heure.

Les *voitures de remise* à quatre roues coûtent 2 fr. 50 c. et 3 fr. 50 c. l'heure; à deux roues, 2 fr. et 2 fr. 50 c. Même observation que pour les voitures de place.

Les *omnibus* qui conduisent au bois de Boulogne sont: la lettre C, du Louvre à Neuilly (30 c. dans l'intérieur et 15 c. sur l'impériale jusqu'à la barrière, 40 et 20 c. jusqu'à Neuilly); — la lettre A, de la place du Palais-Royal à Passy (30 c.); — les omnibus de Passy, d'Auteuil, de Boulogne et de Saint-Cloud, rue du Bouloi. Voir pour les prix des places: *Passy, Auteuil, Boulogne*.

Les *chemins de fer* sont au nombre de deux, desservis, l'un par des chevaux, l'autre par des locomotives.

Les voitures du *chemin de fer* desservi par des *chevaux* stationnent sur la place de la Concorde, à la descente du pont. Elles conduisent de cette station, par le Cours la Reine et les quais, à Passy, au Point-du-Jour, aux ponts de Sèvres et de Saint-Cloud. On paye la semaine:

|  | Intér. | Extér. | Militair. |
|---|---|---|---|
| Pour Passy | 15 c. | 10 c. | 05 c. |
| Pour Auteuil et le Point-du-Jour | 30 | 20 | 10 |
| Pour Sèvres ou Saint-Cloud | 45 | 30 | 15 |

Les dimanches et les jours de fêtes, les prix sont ainsi fixés :

|  | Intér. | Extér. | Militair. |
|---|---|---|---|
| Pour Passy | 25 c. | 15 c. | 05 c. |
| Pour Auteuil et le Point-du-Jour | 40 | 25 | 10 |
| Pour Sèvres ou Saint-Cloud | 55 | 35 | 15 |

Ce chemin de fer a été construit en 1854 par M. Loubat. Il doit relier Vincennes à Sèvres, en suivant les quais; il ne va actuellement qu'aux ponts de Sèvres et de Saint-Cloud. La durée du trajet est de quarante-cinq minutes. De la place de la Concorde à Sèvres ou à Saint-Cloud on compte 8 kilomètres. (Pour la description de la route, voir *Boulogne*.)

Le *chemin de fer* desservi par des *locomotives* part de l'embarcadère des chemins de fer de l'Ouest, situé dans la rue Saint-Lazare (voy. ci-dessous 3e section, *Chemins de fer*). Il a été concédé en 1852 et inauguré en 1854. Sa longueur totale est de 9000 mètres. Il a deux voies sur tout son parcours; et il a nécessité des travaux de terrassement considérables, car il court d'une extrémité à l'autre dans une tranchée qui a en certains endroits 8 mètres de profondeur. Aussi la compagnie a-t-elle cru devoir faire planter les talus qui le bordent de plantes et d'arbustes de toutes sortes destinés à former un double rideau de verdure et de fleurs. On n'y compte pas moins de quatorze ponts tous en fonte et en tôle, d'un modèle solide, uniforme, et d'une élégante simplicité. Les stations, très-rapprochées l'une de l'autre, sont au nombre de cinq, sans y comprendre les deux gares extrêmes. Des convois partent toutes les demi-heures, aux heures et aux trente minutes de Paris, aux vingt-six et aux cinquante-six minutes d'Auteuil, de huit heures du matin à six heures trente minutes du soir, et toutes les heures, aux trente minutes de Paris, aux vingt minutes d'Auteuil, de six heures trente minutes du soir à huit heures trente minutes. Les derniers départs ont lieu à dix heures du soir de Paris, à neuf heures vingt minutes d'Auteuil. Mais un train part de Paris à minuit 10 minutes. Tous les trains desservent toutes les stations. On peut s'abonner pour 6 mois ou pour un an.

Le prix des places est ainsi fixé (les enfants payent place entière):

| PRIX DES PLACES DE PARIS A | LA SEMAINE. | | | | DIMANCHES ET FÊTES. | | | |
|---|---|---|---|---|---|---|---|---|
|  | Voyage simple. | | Aller et Retour. | | Voyage simple. | | Aller et Retour. | |
|  | Wag. | Dilig. | Wag. | Dilig. | Wag. | Dilig. | Wag. | Dilig. |
|  | fr. c. | fr. c. | fr. c. | fr. c. | fr. c. | fr. c. | fr. c. | fr. c. |
| Batignolles | » 20 | » 30 | » 25 | » 50 | » 30 | » 40 | » 50 | » 75 |
| Courcelles | » 20 | » 30 | » 25 | » 50 | » 30 | » 40 | » 50 | » 75 |
| La porte Maillot (Neuilly) | » 30 | » 40 | » 50 | » 70 | » 45 | » 60 | » 75 | 1 » |
| L'avenue de l'Impératrice | » 30 | » 40 | » 50 | » 70 | » 45 | » 60 | » 75 | 1 » |
| Passy | » 30 | » 40 | » 50 | » 70 | » 45 | » 60 | » 75 | 1 » |
| Auteuil | » 30 | » 40 | » 50 | » 70 | » 45 | » 60 | » 75 | 1 » |
| Trajet entre deux stations | » 20 | » 30 | » » | » » | » 30 | » 40 | » » | » » |

Le bois de Boulogne. — La rivière, les îles et le chalet.

Le chemin de fer d'Auteuil suit d'abord le chemin de Saint-Germain; mais, au delà du double souterrain des Batignolles, et vers les ateliers de réparation, il s'en sépare à gauche. C'est là qu'est établie la *station de Batignolles* (2 kil.). A peu de distance, dans la plaine comprise entre les fortifications et le mur d'enceinte de Paris, se trouve la *station de Courcelles* (3 kil.), destinée surtout à la population du village Levallois, qui, créé depuis quatre ans à peine, a déjà pris une extension considérable. De Batignolles jusqu'à la *station de la porte Maillot* (5 kil.), construite sur l'avenue de Neuilly, près de l'entrée du bois de Boulogne, s'étend un double boulevard large, sablé, planté d'arbres, et qui deviendra, avec le temps, une belle promenade. De la porte Maillot à (6 kil.) la *station de la porte Dauphine* (avenue de l'Impératrice) et de la porte Dauphine à Passy, on longe presque constamment les fortifications à droite; mais on ne les voit pas. Les ponts deviennent des tunnels, tant ils sont longs, tant l'obscurité y est grande. A la *station de Passy* (7 kil.), non-seulement on revoit la lumière du jour, mais on sort des tranchées pour dominer, à gauche, la chaussée de la Muette, à droite, les quinconces au milieu desquels se trouve le Ranelagh. Enfin, après s'être rapproché des fortifications, dont on ne s'éloigne plus, on aperçoit à gauche la villa Montmorency. La *station d'Auteuil* (9 kil.), le point le plus extrême de ce chemin de fer, qui doit, dit-on, être continué bientôt jusqu'à Saint-Cloud, jusqu'à Sèvres, et même jusqu'au chemin de fer de la rive gauche, est établie à la porte du bois, à cinq minutes de la mare d'Auteuil, à dix minutes à peine de la butte Mortemart. (Voir le plan, la description du bois et *Auteuil*.)

### Résumé historique.

La Seine, au sortir de Paris, incline, vers le sud-ouest, jusqu'au pied du coteau que domine le château de Meudon. Là elle se redresse et coule vers le nord et le nord-est jusqu'auprès de Saint-Denis. La presqu'île étroite et allongée qu'elle embrasse dans cette circonvolution était, aux premiers temps de la monarchie française, couverte dans presque toute son étendue par une forêt qu'on appelait *Rouvray* ou plutôt *Rouveret* (*Roveretum*), car le chêne rouvre (*quercus robur*) en était l'essence dominante.

Cette forêt paraît avoir été entamée pour la première fois vers la fin du VIᵉ siècle de l'ère chrétienne. Quelques huttes de paysans en échancrèrent alors la lisière orientale, sur le bord du fleuve. Ce premier village s'appela *Nimio* en latin, *Nijon* en langue vulgaire. Peu à peu, le terrain environnant fut défriché, et l'on y planta de la vigne. Vers le commencement du VIIᵉ siècle, en 623, saint Bernard, évêque du Mans, qui, soit par donation du roi Clotaire II, soit par des acquisitions subséquentes, était devenu propriétaire de Nijon et de tout son territoire, légua ce domaine à la ville de Paris, ou, plus vraisemblablement, à l'évêque de cette ville.

Tout porte à croire que *Nijon* était situé au bas du coteau où s'élevèrent plus tard Chaillot et Passy. Ces deux villages, ainsi qu'Auteuil, existaient au commencement du xiiie siècle, et la forêt de Rouvray avait considérablement diminué de ce côté-là. A l'occident, le hameau nommé d'abord Menuz-lez-Saint-Cloud, puis Boulogne, et un petit port établi sur le point où la route de Paris à Nanterre rencontrait la Seine, en avaient aussi dévoré une partie.

On trouvera dans les paragraphes spécialement consacrés à Clichy, à Neuilly, à Passy, à Auteuil, à Boulogne, à Longchamp, des détails plus précis sur les diminutions successives qu'eut à subir la forêt de Rouvray avant de devenir le bois de Saint-Cloud, puis le bois de Boulogne. « A la révolution de 1789, les débris de cette forêt, parsemaient encore de leurs bosquets touffus les grandes plaines qui entourent le bois actuel au nord et au midi. C'étaient de vastes enclos, appelés *remises du roi*, et dans lesquels des gardes nourrissaient et propageaient le gibier. Plusieurs de ces remises couvraient le versant septentrional de la colline de Montmartre et s'étendaient même jusqu'aux portes de la ville de Saint-Denis. Aujourd'hui, les parcs de Monceaux et de Saint-Ouen témoignent seuls de la vaste étendue qu'avait jadis la forêt de Rouvray[1]. »

Au xive siècle, le bois de Saint-Cloud était infesté de voleurs et d'aventuriers. Un convoi qui contenait les bagages de Duguesclin y fut attaqué et pillé en plein jour. « C'est grand'pitié, sire, écrivit le connétable au roi Charles V, qu'à deux lieues de votre capitale on ne puisse voyager en sûreté, et qu'on soit exposé aux coups de main des larrons. A la paix prochaine, je ferai avec mes hommes d'armes, si Votre Majesté le permet, une chevauchée durant laquelle je purgerai la contrée de cette vermine. » Mais, malgré la permission accordée par le roi, Duguesclin n'eut pas le temps de faire main basse sur ces malandrins téméraires, « qui ne respectaient pas, selon les expressions de Charles V, les nippes de ses capitaines et qui dépouillaient son peuple. » Pendant plus d'un siècle, la réputation du bois de Saint-Cloud ne fut guère meilleure que celle de la forêt de Bondy, de sinistre mémoire. Louis XI et son barbier Olivier le Daim, nommé grand *gruyer*[1] de la garenne de Rouvray, parvinrent à garantir d'abord au gibier, puis à la gent humaine, toute la sécurité désirable.

Louis XI avait donné la forêt de Rouvray, érigée en seigneurie, à son médecin Jacques Coitier, que le parlement en dépouilla dès que son royal malade eut rendu le dernier soupir. Ce fut à peu près à la même époque que le nom de bois de Boulogne prévalut. Plus tard, François Ier, le père de la chasse française, régularisa l'enceinte de ce bois, qui s'étendait encore jusque dans la plaine de Clichy; il l'entoura de murs; il y fit des plantations; il le peupla de gibier; il l'exonéra d'anciennes redevances et

1. M. Lobet, *le Bois de Boulogne*. Paris, L. Hachette et Cie, 1856.

1. Le gruyer était le dignitaire chargé de juger les délits forestiers ou fluviaux. Le dernier grand gruyer du bois de Boulogne a été le maréchal prince de Soubise, gouverneur du château royal de la Muette.

servitudes; enfin, il y éleva le château de Madrid. Henri II et Diane de Poitiers y donnèrent des fêtes brillantes; Charles IX y construisit la Muette et y présida à des chasses splendides; Henri IV y fit planter des mûriers pour y acclimater l'industrie de la soie; Louis XIII y chassa quelquefois, mais Louis XIV l'abandonna pour Versailles; et, si Louis XV y revint, ce ne fut que pour se livrer plus librement à ses débauches dans le château de la Muette. Vers la fin du XVIIIe siècle, les premières courses de chevaux organisées en France eurent lieu au bois de Boulogne, que les pèlerinages mondains de Longchamp avaient mis à la mode. Louis XVI y passait tous les ans la revue des gardes françaises; Parmentier y fit, en dehors de la porte Maillot, les premiers essais de naturalisation de la pomme de terre; enfin, de nouveaux châteaux, Bagatelle, Neuilly, Boulogne, Madrid-Maurepas, Saint-James et le Ranelagh, s'élevèrent autour de son enceinte.

La Révolution dispersa puis décima la société aristocratique ou littéraire, qui peuplait alors le bois de Boulogne et ses environs; elle détruisit une partie de leurs habitations; elle fit plus, elle abattit, pour se procurer du combustible, d'immenses taillis rendus depuis à la culture ou devenus des villages et des villes. Négligé, abandonné par l'Etat, saccagé par les populations voisines, le Bois de Boulogne redevint un repaire de vagabonds et de voleurs, qui y détroussèrent souvent des promeneurs imprudents, s'ils n'osèrent pas y voler les nippes des capitaines obligés de le traverser pour aller à Saint-Cloud auprès de l'Empereur. Napoléon, voulant lui rendre sa beauté et sa sécurité perdues, ordonna de grands travaux. Sous son règne on le reboisa, on en releva les murs, on y traça de nouvelles allées, on y renouvela le gibier presque entièrement détruit, on y établit des gardes qui en expulsèrent les malandrins. Mais tous les projets conçus et préparés ne purent pas être exécutés. En outre, lors de la seconde invasion, l'armée anglaise abattit la partie comprise entre le Ranelagh et la porte Maillot, pour s'y installer et se chauffer. Un incendie détruisit son camp, qui dut être reconstruit aux dépens des arbres restés debout. Bien des chênes, contemporains de François Ier, tombèrent alors sous les cognées britanniques. Les Prussiens et les Russes commirent aussi quelques dégâts sur d'autres points. Bref, quand les alliés se retirèrent, le bois de Boulogne n'était plus qu'une sorte de lande couverte de débris et de bruyères. Un petit nombre de massifs situés autour de la croix Catelan, de la porte Maillot, de la mare d'Auteuil et de la porte de Longchamp, avaient seuls échappé à leurs ravages. Louis XVIII entreprit de faire disparaître les traces trop visibles de ces désastres. D'immenses plantations furent faites dans les allées. On substitua aux chênes, qui ne se couvrent de feuilles qu'au mois de juin, des platanes, des sorbiers, des acacias, des marronniers, des sycomores; on planta des massifs d'érables, de sapins, de cèdres, de genévriers, d'yeuses ou chênes

Le bois de Boulogne. — Le parc aux Daims.

verts, de mélèzes; mais les beaux arbres ne s'improvisent pas. Pendant une partie de la Restauration, le bois de Boulogne reçut peu de visiteurs fashionables. Après la révolution de juillet, qui avait détruit le gibier, il reprit toutefois plus d'animation. Ses allées droites, mal entretenues, sablonneuses, redevinrent aussi fréquentées qu'aux beaux jours de sa vogue d'autrefois; on s'y promenait surtout pour s'y faire voir. La foule, qui s'y entassait par caprice et par vanité dans les parties les plus poudreuses, n'avait pas assez d'esprit pour découvrir les rares promenades qu'il pouvait offrir encore aux véritables amateurs et aux artistes. Sa contenance était alors de 765 hectares (13760 mèt. de clôture), et on y entrait par douze portes. « On y trouvait, écrivait en 1836 l'auteur des *Chroniques de Passy*, des endroits assez solitaires pour s'y livrer à plus d'un genre de combat, et les rendez-vous qui s'y donnaient n'avaient pas toujours pour objet d'heureuses rencontres. »

Parmi les duels célèbres dont le bois de Boulogne a été le théâtre, figure en première ligne celui du comte d'Artois (Charles X) avec le duc de Bourbon (le dernier des Condé) en 1778. Le comte d'Artois avait insulté au bal la duchesse de Bourbon. Le duc, qui faisait d'ailleurs fort mauvais ménage, lui demanda raison de cette injure. Les deux adversaires se rendirent donc sur le terrain; mais à peine avaient-ils croisé le fer qu'un ordre du roi mit fin au combat qui n'était pas même commencé. Aussi le peuple appela-t-il cette rencontre *le duel pour semblant*.

M. Quillet cite aussi le duel d'une Française et d'une Polonaise qui se disputèrent, l'épée à la main, le cœur d'un chanteur de l'Opéra nommé de Chassé. La Française fut blessée : après sa guérison on l'enferma dans un couvent. La Polonaise se vit forcée de quitter la France. Quant à de Chassé, le duc de Richelieu le pria au nom du roi d'être plus réservé dans sa conduite.

« Dites à Sa Majesté, répondit de Chassé, que ce n'est pas ma faute, mais celle de la Providence qui m'a créé l'homme le plus aimable du royaume.

— Apprenez faquin, répliqua le duc, que vous ne venez qu'en troisième : le roi passe avant vous, et moi après le roi. »

Aujourd'hui on ne se bat plus en duel au bois de Boulogne, on s'y brûle rarement la cervelle, on ne s'y pend presque jamais, on a presque cessé de s'y promener à âne ou sur des chevaux de louage. Si quelques amoureux s'y donnent encore des rendez-vous, ils ne peuvent plus s'y égarer dans les bosquets trop bien percés ou trop bien surveillés; car il a subi une transformation telle que les habitudes, les manières, les mœurs, la toilette même des populations diverses qui en habitent les alentours ou qui le fréquentent d'ordinaire, ont dû nécessairement se modifier. En un mot, ce n'est plus un bois, c'est un parc.

Il nous est difficile d'ajouter à ces renseignements la contenance actuelle du bois de Boulogne. Cette contenance a beaucoup varié depuis quelques mois; elle doit varier encore. Diminué, en effet, du côté d'Auteuil, le bois s'est augmenté du côté de Boulogne et de Longchamp de 200 hectares de terrain acquis par la ville de Paris, et comprenant la plaine de Longchamp, les sports de Longchamp et l'ancien parc de Madrid-Maurepas. Il est question d'étendre encore ses limites qui, au moment où s'imprime cet ouvrage, sont : à l'est, les fortifications ; à l'ouest, la rive droite de la Seine, depuis le village de Boulogne jusqu'à Neuilly ; enfin, au nord et au sud, deux vastes boulevards, défendus par un saut de loup, et qui s'étendent, sur une longueur de plus de 8 kilomètres, des fortifications à la Seine. Ces deux boulevards seront bordés d'une grille élégante, d'un modèle uniforme, au delà de laquelle ne tarderont pas sans doute à s'élever de belles villas et de pittoresques cottages.

### Le bois de Boulogne en 1856.

Vers la fin du XVIe siècle, Henri III avait eu une singulière idée : il s'était proposé de transformer le bois de Boulogne en cimetière. Il aurait fait élever dans un point central, auquel auraient abouti six grandes allées, un magnifique mausolée pour y déposer son cœur et ceux des rois ses successeurs. Chaque chevalier de l'ordre du Saint-Esprit, qu'il avait fondé en 1598, se serait construit un tombeau de marbre orné de statues et séparé des tombeaux voisins par un petit espace sur lequel on aurait planté des ifs taillés de diverses manières. « Dans cent ans, disait Henri III, ce sera une promenade bien amusante ; il y aura au moins quatre cents tombeaux dans ce bois. »

Heureusement l'empereur Napoléon III a plus d'esprit et de goût que n'en avait Henri III. Il a vécu longtemps en Angleterre avant que la République lui permît de rentrer en France ; il sait mieux que personne combien les jardins publics de Londres sont supérieurs aux nôtres. Dès les premiers mois de l'année 1852, il songeait à doter Paris de l'un de ces parcs qui font l'agrément et la gloire de Londres. De 1848 à 1852, le bois de Boulogne avait fait partie du domaine de l'État ; un décret du 2 juin 1852 l'a cédé à la ville de Paris aux conditions suivantes : 1° de subvenir à toutes les dépenses de surveillance et d'entretien ; 2° de faire, dans un délai de quatre années, des travaux jusqu'à concurrence de 2 millions pour l'embellissement du parc et de ses abords ; 3° de soumettre à l'approbation du gouvernement les projets de travaux à exécuter, et 4° de conserver leur destination actuelle aux terrains concédés.

A peine ce décret était-il rendu, que la ville prenait possession de son nouveau domaine. Un habile architecte-paysagiste, M. Varé, remplacé depuis par un ingénieur des ponts et chaussées, M. Alphand, et par M. Barillet-Deschamps, jardinier en chef, traça les plans du parc projeté, d'après les indications que lui avait fournies l'empereur Napoléon III. « M. Varé, disait à cette époque la *Revue des Beaux-Arts*, est petit-fils et élève de M. Best-Marcelin, qui a créé pour le prince Louis le parc de Saint-Leu, et pour le prince Joseph celui de Mortefontaine. Architecte-paysagiste. il connaît parfaitement la nature des différents arbres, l'aspect qu'ils peuvent produire et les lois de leur culture. Le vert sombre des sapins contrastera agréablement avec le feuillage des autres arbres; l'œil sera satisfait d'une plus grande variété de formes et de couleurs; l'art, on peut le dire, entre ses mains triomphera de la nature. »

Les plans adoptés, — sauf modifications, — les travaux commencèrent. Ils se continuent; ils dureront encore quelques années, car ils sont loin d'être achevés, et chaque amélioration en rend d'autres indispensables. Des sommes considérables ont déjà été dépensées, bien des millions seront en outre nécessaires; mais aussi le bois de Boulogne a déjà, de 1852 à 1855, subi une transformation presque complète. Il s'embellit encore tous les jours, et il deviendra avant peu l'une des plus magnifiques promenades de l'Europe. Les critiques, car il y en a toujours et partout, ne doivent plus le juger comme un bois, mais comme un parc; ils deviendront alors moins sévères à son égard. Du reste, si l'art a retranché quelques-uns de ses charmes à la nature, il lui en a certainement ajouté. En effet, il a donné de gracieux contours à la plus grande partie des allées, qui étaient trop droites autrefois; il a abattu un certain nombre d'arbustes qui empêchaient les regards des promeneurs d'atteindre les plus beaux arbres; il a ménagé à la vue de plus larges perspectives et groupé en massifs, sur divers points, les essences les plus pro- pres à l'attirer; enfin, il a étendu de brillantes nappes d'eau et de vastes tapis de gazon sur ces terres sablonneuses qui ressemblaient toujours, quand on y avait passé, à des champs péniblement labourés.

Le parc de Boulogne n'a maintenant qu'un défaut : il est trop éloigné de Paris. Il faut être oisif et riche pour pouvoir aller s'y promener souvent; car, à moins d'habiter les villages voisins, on est obligé de s'y faire transporter en voiture. Le dimanche, cependant, la foule y est grande et très-mélangée; toutes les classes de la société parisienne se trouvent représentées dans cette multitude qui s'entasse à pied, à cheval, en voiture, le long de l'avenue de l'Impératrice et sur les bords des rivières et des lacs. Le jour aristocratique, pour nous servir d'une expression consacrée, est le samedi. En général le bois de Boulogne reste presque complétement désert jusqu'à deux heures de l'après-midi. A partir de deux heures, il commence à s'animer; entre quatre et cinq heures, il est dans tout son éclat. C'est le moment le plus favorable pour y observer les toilettes, les équipages, les chevaux, les manières, les vices, les ridicules de tous ces types des divers mondes, — grand monde ou monde entier; petit monde ou demi-monde, — qui s'y donnent rendez-vous pour s'y montrer, s'y envier, s'y critiquer mutuellement. Sur ce théâtre moins varié et moins amusant qu'on ne le croirait au premier aspect, bien des acteurs se font applaudir qui mériteraient d'être sifflés. Mais ce n'est pas ici le lieu d'aborder de

Le bois de Boulogne. — Vue prise de la butte Mortemart.

pareilles questions; qu'il nous suffise d'indiquer aux promeneurs, parfaitement libres de s'y livrer ou non à des études morales, les principales curiosités de ce parc, où ils sont toujours sûrs, quels que soient le jour et l'heure, d'être seuls avec la nature et l'art, s'ils consentent à s'écarter des lieux fréquentés par la foule.

Entrons au bois de Boulogne par l'avenue de l'Impératrice; croisons la route des fortifications et suivons la belle *route du Lac*, qui a 800 mètres de long et 20 mètres de large. Cette route, bordée de trottoirs à droite et à gauche (de jolis sentiers, entretenus avec soin, serpentent sous les arbres), conduit à l'extrémité du **lac inférieur**. De ce point, on découvre une des plus jolies vues du parc, sur ce lac aux bords plantés de pins, sur les deux îles qu'il renferme et sur la double rivière qui vient les former. Cette vaste pièce d'eau, désignée tour à tour sous les noms de **rivière** et de **lac**, a une superficie de 11 hectares. Sa longueur est de 1152 mètres; sa plus grande largeur de 102. Sa profondeur varie de 60 c. à 1ᵐ,50. Elle contient 83 676 mètres cubes d'eau. Les deux **îles** ont une contenance de 5 hectares : la plus grande, celle du nord (3 hectares), est longue de 416 mètres; la plus petite, celle du sud, a 332 mètres de longueur. Elles sont réunies l'une à l'autre par un pont de bois; mais pour aller s'y promener, il faut absolument traverser en bateau le lac ou la rivière. Un service de *bateaux-omnibus* a été établi pour le passage dans les îles. Le prix du passage, aller et retour, est de 50 centimes par personne.

Les départs ont lieu de la grotte de la Muette tous les quarts d'heure.

Des *bateaux pour la promenade* sont mis à la disposition du public. Le prix de location de ces bateaux est fixé de la manière suivante :

Une personne, 1 fr. la demi-heure. — Deux personnes, 2 fr. — Trois personnes, 3 fr. — De trois à sept personnes, 3 fr. — De huit à quatorze personnes, 5 fr.

La première demi-heure écoulée, on compte par quarts d'heure.

*N. B.* Pour les promenades sur le lac supérieur, le tarif est réduit de moitié.

A l'ombre d'un petit bois de pins qui couvre la partie supérieure de la grande île, s'élève le **Chalet**, café-restaurant tenu par les glaciers Poiré-Blanche. On y déjeune et on y prend des glaces avec toutes les autres sortes de rafraîchissements. Aux deux extrémités des deux îles, on a construit récemment deux *kiosques* ou pavillons.

En moins de 15 minutes on atteint l'extrémité supérieure de la rivière, soit par les routes de voitures, soit par les sentiers qui la bordent. Dans ce trajet, on aperçoit sur la gauche la grille de la Muette, à travers le **parc aux Daims**. Les deux chutes d'eau artificielles, qui tombent l'une près de l'autre dans la rivière, sur des blocs de rochers, ont fait donner le nom de *rond des Cascades* à l'espace compris entre la rivière et le lac supérieur. A ce carrefour, garni de chaises et de fauteuils, viennent aboutir les routes des portes de la Muette, de Passy et de Boulogne, et se réunissent celles qui font le tour des lacs.

# LE BOIS DE BOULOGNE. — LES LACS.

Le **lac supérieur**, formé aussi par une cascade, a une contenance de 3 hectares, une longueur de 412 mètres, et une largeur moyenne de 55 mètres. Sa profondeur varie de 65 centimètres à 1m,40. Il contient 27 391 mètres cubes d'eau. En 1855, 100 mille œufs de saumons, d'ombres-chevaliers et de truites, provenant du Danube, avaient été soumis, dans les laboratoires du Collège de France, aux nouveaux procédés d'incubation artificielle. L'opération réussit à merveille. A peine éclos, 50000 de ces poissons allemands furent transportés dans les lacs du bois de Boulogne, où ils ont pris des développements qui ne laissent rien à désirer. Au mois de février 1856, deux saumons et une truite ont eu l'honneur d'être présentés à

Le bois de Boulogne. — La mare d'Auteuil.

l'Académie des sciences. Un compte rendu de la séance contenait ce qui suit : « La truite est très-belle et pèse déjà un kilogramme. Les deux saumons, plus petits qu'elle, sont très-vivaces et de belle apparence. Quand on a commencé à s'occuper de pisciculture, deux questions se présentaient. La première était la possibilité de faire vivre dans nos bassins des poissons que l'on rencontre habituellement dans des fleuves plus ou moins éloignés, et dont les eaux peuvent être essentiellement différentes par leurs qualités. Cette question-là paraît jusqu'ici se résoudre affirmativement. Reste maintenant à savoir si la saveur des poissons ne sera pas fort altérée par le séjour dans des eaux stagnantes ou très-différentes. Ainsi, les brochets du Rhin sont fort supérieurs à ceux qu'on pêche dans certaines rivières, et ceux que l'on trouve dans quelques viviers ont un goût fadasse qui les rend sans valeur. »

(Pour le tarif des bateaux, voir ci-dessus, page 16.)

Les eaux des lacs, des rivières et des ruisseaux du bois de Boulogne sont des eaux de la Seine, qu'y montent du quai de la Conférence les machines à vapeur de Chaillot. La conduite d'eau est en fonte, de 40 centimètres de diamètre. Elle descend la plaine de Passy à 1 mètre sous terre, puis elle entre dans le bois par la grille de la Muette.

Cinq minutes suffisent pour se rendre du rond des Cascades au *rond de la Source*, d'où l'on monte aisément en 2 ou 3 minutes au sommet de la **butte Mortemart**. Cette butte artificielle a été construite avec les terres retirées des lacs et de la rivière, dont elle ne domine, d'ailleurs, le niveau que de 10 à 12 mètres. A son point culminant, où l'on a, dit-on, le projet de bâtir une tour haute de 33 mètres, s'élève un *cèdre* d'assez chétive apparence, bien connu des anciens habitués du bois. En effet, il marquait autrefois le centre d'un carrefour sur lequel on a élevé la butte actuelle. C'est grâce à un ingénieux appareil, inventé par M. Stewart-Mac-Glathen, qu'il a pu être, mais à grands frais, déraciné et replanté à plus de 10 mètres au-dessus du sol sablonneux dans lequel il végétait autrefois. Ce changement de résidence ne lui a pas encore beaucoup profité. Il est aussi chétif qu'auparavant. Du reste, malgré son élévation subite, il a conservé son air modeste. Si nous voulions sortir de notre programme, nous le citerions comme modèle à un grand nombre de parvenus qui viennent en faire le tour. L'ascension de la butte Mortemart mérite d'être recommandée. On ne s'exposera à aucune fatigue, on ne bravera aucun danger, et on sera amplement récompensé de la peine que l'on n'aura pas prise. En effet, on découvrira non un magnifique panorama, mais de jolis points de vue sur les hauteurs d'Issy, de Meudon, de Bellevue, de Saint-Cloud, de Suresnes, du mont Valérien. A l'extrémité des lacs, à la gauche de l'Arc de Triomphe, apparaissent à l'horizon les coteaux de Montmorency et de Saint-Leu.

Entre la butte Mortemart et la porte d'Auteuil, à 3 ou 4 minutes de distance, se trouve la **mare d'Auteuil**, l'une des rares pièces d'eau naturelles du bois. Entourée de saules pleureurs, qui trempent l'extrémité de leurs branches dans ses eaux peu limpides, et dominée par un petit tertre qui a été disposé en labyrinthe, cette mare n'est plus comme autrefois « le rendez-vous des amis, des amants, des dîners sur l'herbe, » pour nous servir des propres expressions de l'auteur des *Chroniques de Passy*. C'était là, nous apprend le même écrivain, que jadis la *poste aux ânes* se dirigeait, et venait souffler et reprendre haleine pour se livrer à de nouvelles courses.

Près de la mare d'Auteuil, entre les deux *pépinières d'études*, est le **rond des Chênes**, la partie la plus belle du bois pour les promeneurs qui viennent la voir, au lieu de s'y donner eux-mêmes en spec-

Le bois de Boulogne. — Le rond des Chênes, près de la mare d'Auteuil.

tacle. On y admire, en effet, quelques vieux *chênes* du xvi⁰ siècle, qui ont échappé comme par miracle à tous les ravages du temps et des hommes.

Une belle *chaussée*, longue de 1200 mètres environ et éclairée au gaz, conduit de la porte d'Auteuil à la porte de Boulogne. A la gauche de cette chaussée s'ouvrent plusieurs routes qui vont aboutir à la *porte des Princes*, au delà de laquelle s'étend le village de la *Retraite*. (Voir ci-dessous *Auteuil*.)

De la porte de Boulogne (voir ci-dessous *Boulogne*), on peut : 1° revenir à la butte Mortemart ou au rond des Cascades ; 2° gagner presque en ligne droite la porte Maillot par la route de Saint-Denis ; 3° se rendre directement à Longchamp par l'avenue des Gravilliers ; 4° aller visiter d'abord l'Hippodrome, en longeant le saut de loup qui a remplacé l'ancien mur, et en passant devant la *porte de l'Hippodrome*.

Le bois de Boulogne finissait autrefois en deçà de la porte de l'Hippodrome. Il s'étend actuellement jusqu'à la Seine, sur la vaste plaine comprise entre l'ancien mur qui a été démoli et le fleuve. Un journal officiel vient de publier (mars 1856) le rapport suivant sur les travaux en cours d'exécution. « La *plaine de Longchamp*, achetée en 1854, est comprise entre Boulogne et le pont de Suresnes. On y a exécuté des travaux considérables pour la réunir au bois et y créer un vaste hippodrome, répondant à toutes les exigences pour les courses du gouvernement et celles de la Société d'encouragement. La plaine était coupée par un bras de la Seine inutile à la navigation ; un mur de clôture et un mamelon élevé, au sommet duquel se trouvait l'ancien cimetière de Boulogne, la séparaient du bois. Le mur a disparu ; le mamelon a fourni 420 000 mètres cubes de déblais qui ont été employés à niveler la plaine et à combler le bras du fleuve. Toutefois, afin d'économiser les remblais, on a conservé certaines parties de ce vaste fossé, qui forment aujourd'hui trois pièces d'eau réunies par un petit ruisseau. Ce ruisseau aboutit à la porte de Longchamp, après avoir serpenté dans la plaine, où il baigne le pied d'un ancien moulin à vent, qui sera converti en ruine pittoresque.

« Le nouvel **Hippodrome** contient deux pistes de 30 mètres de largeur : l'une, tracée dans la plaine, a 2000 mètres de longueur ; l'autre, qui se développe en partie sur le plateau en pente douce reliant la plaine au bois, est de 4000 mètres. De vastes et élégantes tribunes, adossées à la Seine et faisant face au bois, seront construites cette année ; elles pourront recevoir 5000 spectateurs.

« Douze kilomètres de routes de 20 mètres de largeur ont été disposés autour des pistes et sur les rives de la Seine. La route qui longe le fleuve doit être prolongée cette année par un boulevard en dehors du bois jusqu'au pont de Saint-Cloud. Déjà toute la plaine est nivelée et ensemencée ; bientôt elle offrira l'aspect d'une verdoyante pelouse. On y plante maintenant 200 000 pieds d'arbres et d'arbustes qui formeront des massifs isolés, de manière à ménager des perspectives sur le mont Valérien, Saint-Cloud,

# LE BOIS DE BOULOGNE. — L'HIPPODROME.

Meudon, le viaduc du chemin de fer de Versailles, le pont de Suresnes. Neuilly et le clocher de Boulogne.

« A l'ancienne porte de Longchamp, on commence à établir une *cascade* qui n'aura pas moins de 14 mètres de hauteur sur 60 de largeur. Il entrera dans sa construction 2000 mètres cubes de blocs de grès de 2 à 6 mètres chacun, pris dans les carrières de Fontainebleau. Cette cascade sera alimentée par le trop-plein des lacs et des ruisseaux du bois. Elle fournira l'eau nécessaire au ruisseau et aux trois pièces d'eau de la plaine de Longchamp, et débitera,

Le bois de Boulogne. — L'Hippodrome.

par heure, 2000 mètres cubes de liquide.

« Quant à la plaine située entre le pont de Suresnes et Neuilly, elle ne sera attaquée qu'en 1856. On doit établir, dans cette nouvelle partie du bois, un champ d'entraînement, complément indispensable de l'hippodrome. »

Les maisons de garde ou les habitations particulières qui s'étaient élevées près de l'ancienne *porte de Longchamp* (porte supprimée) ont été démolies en 1856, mais on a conservé deux tours et le pignon d'une grange. Ce sont les derniers débris de la fameuse **abbaye de Longchamp**, fondée vers 1256 par Isabelle de France, sœur de saint Louis, que le pape Léon X canonisa le 19 janvier 1521.

On raconte qu'un chancelier de Notre-Dâme de Paris, nommé Hémeric, fut consulté un jour par cette princesse sur la question de savoir laquelle serait plus agréable à Dieu de la fondation d'un couvent de filles ou de celle d'un hôpital, et que le chancelier se prononça en faveur du couvent. Isabelle passa dans cette maison le reste de sa vie, livrée aux pratiques de la plus austère dévotion. Après sa mort (1269), il se fit beaucoup de miracles sur sa tombe, si l'on en croit sœur Agnès son *historienne*. L'abbaye acquit un grand renom de sainteté et plusieurs princesses y prirent le voile. On doit supposer que quelques grands personnages jouissaient du privilége d'y recevoir l'hospitalité, car Philippe le Long y tomba malade et y mourut en 1321. Du reste, tous les rois de France se firent gloire tour à tour d'imiter et de surpasser même les libéralités de saint Louis à l'égard de ce monastère. Les papes s'empressèrent de lui accorder des droits exorbitants, car ils l'exemptèrent de la juridiction diocésaine. Mais les religieuses finirent par abuser de ces richesses et de ces libertés dont on se plaisait à les accabler. En effet Longchamp ne conserva pas toujours sa sainte renommée. Aux XVIe et XVIIe siècles, il devint un sujet de tristesse pour les âmes pieuses et de scandale pour les esprits sévères. Henri IV, qui y séjourna, y distingua une jeune religieuse appelée Catherine de Verdun, et il fut si content d'elle, que pour lui témoigner sa reconnaissance, il lui donna le prieuré de Saint-Louis de Vernon, après avoir octroyé à son frère la charge de président au Parlement de Paris.

Dans une lettre adressée au cardinal Mazarin, saint Vincent de Paul tonne en ces termes contre les déréglements des religieuses : « Depuis deux siècles le doux parfum du Christ, qui régnait dans ce monastère, a fait place à l'odeur infecte de l'indiscipline et de la corruption des mœurs.... Loin d'être fermés, les parloirs sont ouverts à tout le monde, même à des jeunes gens qui n'ont point de parentes dans le couvent. Là, et quand il leur plaît, accourent les religieuses, seules et sans témoins.... Contrairement aux statuts, on a pratiqué dans ces parloirs certaines ouvertures ou fenêtres qui offrent des périls évidents pour les jeunes filles. Les frères recteurs du couvent ne portent pas de remède au mal ; loin de là, ils l'augmentent eux-mêmes. En effet, à titre de confesseurs et aux heures indues de la nuit, ils se glissent dans le couvent et viennent y causer avec les religieuses.... » Saint Vincent de Paul parla dans le désert. Les religieuses, ne relevant que du saint-siège, refusèrent d'obéir aux remontrances de l'évêque et persévérèrent dans leurs désordres. Mais les fidèles, indignés de leur conduite, s'éloignèrent, et le tombeau de sainte Isabelle ne reçut ni hommages ni présents. Ce fut alors que, pour ramener la foule, les religieuses de Longchamp chantèrent l'office des Ténèbres en musique les mercredi, jeudi et vendredi de la semaine sainte; et elles reconquirent ainsi, sinon la considération, du moins la notoriété et la vogue qu'elles avaient perdues.

Une chanteuse du grand Opéra de Paris contribua pour beaucoup à cette petite révolution. En 1727, Mlle Le Maure quitta tout à coup la scène et prit le voile à l'abbaye de Longchamp. Mais elle avait renoncé au théâtre et non à la musique. La beauté de sa voix fut aussitôt remarquée, ainsi que le mérite de son exécution, et le public accourut en foule à l'église de Longchamp, heureux de retrouver pendant quelques heures la cantatrice si longtemps applaudie et si vive-

Le bois de Boulogne. — L'abbaye de Longchamp au XVIIe siècle.

ment regrettée. Affriandée par ce succès, l'abbesse se mit en quête de belles voix, et alla, dit-on, jusqu'à demander l'assistance des chœurs de l'Opéra pour soutenir la réputation et augmenter l'éclat des concerts religieux de la semaine sainte. La foule prit donc l'habitude d'aller à Longchamp pendant les trois jours saints, et cette habitude devint assez forte pour survivre à la cause qui l'avait fait naître. En effet, l'archevêque de Paris, Christophe de Beaumont, si célèbre pour sa haine contre les spectacles et sa querelle avec J. J. Rousseau, eut beau fermer au public l'église de Longchamp, il ne fit point cesser la promenade. La mode avait pris cet usage sous sa protection. C'était une si belle occasion d'inaugurer les toilettes du printemps, dont le retour *coïncidait* alors ordinairement avec la semaine sainte. On vit donc la cour et la ville, princes, grands seigneurs, étrangers de distinction, banquiers, fermiers généraux, etc., etc., défiler, chaque année, trois jours de suite dans l'allée du bois de Boulogne qui menait à Longchamp, et dans les Champs-Élysées, qui menaient au bois de Boulogne; et, comme on s'en doute bien, les femmes y mirent beaucoup plus d'ardeur encore que les hommes. Ce fut à qui s'y ferait voir avec la plus belle toilette et le plus riche équipage. La lutte devint vive entre ces dames, et la victoire resta naturellement à celles qui avaient le plus d'hommes à ruiner. La Guimard, la Duthé et autres beautés fameuses, — les *impures*, comme on les appelait alors, — remportèrent sur ce champ de bataille d'éclatantes victoires, qui ne leur furent guère disputées que par la duchesse de Valentinois. En 1780, la duchesse de Valentinois se promena dans un carrosse de porcelaine, traîné par quatre chevaux gris pommelé, dont les harnais étaient de soie cramoisie brodée en argent.

Cela dura jusqu'à la Révolution. La terrible lutte que la France eut à soutenir contre l'Europe et contre elle-même suspendit pendant quatre ou cinq années la promenade de Longchamp; mais l'usage s'en rétablit en 1797, et il a régné depuis lors sans interruption et sans conteste. Il est vrai de dire que, si la vanité des gens du bel air y trouve son compte, les mille industries parisiennes qui exploitent cette vanité n'ont pas lieu de s'en affliger. « Gloire à Longchamp. s'écriait le *Miroir* du 26 germinal an v, aux niais qui y galopent, aux badauds qui les considèrent! ils font travailler, ils font vivre le pauvre monde. » Il sera donc de mode, pendant bien longtemps encore, d'*aller à Longchamp* les mercredi, jeudi et vendredi de la semaine sainte, quoique les promeneurs aient abandonné la grande allée qui conduit à Longchamp depuis nombre d'années pour d'autres avenues. Le caprice de la mode change chaque année; mais c'est toujours le même programme, exécuté de la même manière; car, pour nous servir des propres expressions d'un poëte de l'Empire :

Qu'y trouve-t-on ?
Maint badaud à cheval, en fiacre, en phaéton,
Maint piéton vomissant mainte injure grossière,
Beaucoup de bruit, d'ennui, de rhume et de poussière.

Ainsi, pour revoir Longchamp. on doit bien se garder d'y aller; il faut parcourir simplement les Miroirs et les Almanachs de modes du temps passé.

L'abbaye de Longchamp fut démolie, comme tant d'autres, par la Révolution. Il n'en reste plus que les débris dont nous avons parlé.

La porte de Longchamp était à 2300 mètres de Passy et à 800 mètres environ du pont de Suresnes (pour Suresnes et le mont Valérien, voir le chemin de fer de Versailles, rive droite). En 30 minutes, on peut monter du pont de Suresnes au mont Valérien.

La *grande cascade*, qui tombera

en une seule nappe d'eau sur des rochers d'une hauteur de 14 mètres, en face de la route conduisant au pont de Suresnes, sera alimentée par la *mare de Longchamp*, parsemée d'îlots, et où viendra se jeter la *rivière de Longchamp*, qui forme l'écoulement des lacs. Cette rivière serpente agréablement à travers le bois jusqu'à son origine. D'agréables sentiers, habilement dessinés, longent ses bords. Çà et là, elle embrasse dans ses plis et replis des îles boisées. Des ponts de rochers la traversent de distance en distance. En la remontant, on ne tarde pas à trouver la **mare aux Biches** (voir page 3), mare naturelle qui jadis était à sec pendant une grande partie de l'année. Cette jolie pièce d'eau, entourée de beaux arbres et de charmants

Le bois de Boulogne. — La croix Catelan.

gazons, est surmontée d'une voûte rocheuse qu'embelliront bientôt des plantes grimpantes, et que domine l'*allée de la Reine-Marguerite*. Après avoir traversé cette allée d'acacias, qui conduit en ligne droite des portes Saint-James et de Neuilly aux portes de Boulogne et de l'Hippodrome, on laisse d'abord à droite le *rond-point*, sur lequel on doit bâtir des cafés, des bals, des restaurants, puis la **croix Catelan**, dont la légende mérite une mention.

Catelan vivait sous le règne de Philippe le Bel, à la cour de Béatrice de Savoie, l'épouse du dernier Raymond Béranger, comte de Provence. C'était un des plus célèbres troubadours de son temps. Sa réputation devint si grande que Philippe le Bel désira l'avoir à sa cour. Il le demanda à Béatrice, qui s'empressa de le lui envoyer. A son arrivée à Paris, Catelan n'y trouva pas le roi, qui était alors retiré à Poissy. Philippe le Bel, craignant qu'il ne pût pas traverser sans accident la forêt de Rouvray, qui était infestée de malfaiteurs et de vagabonds, lui envoya une escorte de sa garde. Cette précaution devait le perdre. Catelan eut l'imprudence de parler des riches présents que sa maîtresse l'avait chargé de porter au roi, et que contenait une petite cassette. Le chef de l'escorte et ses soldats l'entraînèrent aussitôt avec son domestique à l'endroit même où s'élève aujourd'hui la pyramide qui porte son nom et, après les avoir égorgés, ils les enterrèrent. Mais quelle ne fut pas leur stupéfaction ? la cassette ne contenait que des liqueurs et des parfums. Ils se rendirent alors auprès du roi pour lui déclarer que le troubadour n'était pas venu au rendez-vous indiqué. Le roi, désolé, fit fouiller le bois. On retrouva sans peine les deux cadavres, mais les assassins échappèrent pendant quelque temps à toutes les recherches. Ils se trahirent eux-mêmes. Un jour, le chef de l'escorte se présenta devant le roi, les cheveux parfumés d'une essence qui ne se fabriquait qu'en Provence. On fit une perquisition à son domicile, et on y saisit des preuves matérielles du crime. Les coupables furent arrêtés, jugés et brûlés vifs à petit feu ; puis Philippe le Bel éleva sur le théâtre du crime une croix monumentale, remplacée au XVIIe siècle par la pyramide actuelle.

L'extrémité du lac inférieur où nous avons commencé notre excursion n'est qu'à 5 ou 6 minutes de la croix Catelan. Du point où le lac forme la rivière, doit partir un autre ruisseau qui se divisera en deux branches. L'une de ces branches se dirigera presque au nord pour aller former à la porte Saint-James le *lac de Madrid*, avant de se jeter dans la mare de Neuilly ; l'autre, dont le cours sera plus long, viendra former la *mare d'Armenonville* derrière le pavillon de ce nom (café-restaurant), situé à peu de distance de la porte Maillot, puis, après avoir entouré quelques îles, il se jettera dans la *mare de Neuilly* à la porte de ce nom. Toute cette partie du bois comprise entre la porte Maillot, l'allée de Longchamp, Bagatelle, Madrid et Saint-James, est encore livrée aux ouvriers qui sont occupés à la transformer. De grands travaux restent à exécuter. On y visitera toutefois avec intérêt, outre les *pépinières de sapins*, entre la porte Maillot et la porte des Sablons, Madrid et Bagatelle, que l'on a le projet de racheter pour les enclaver dans la nouvelle enceinte du bois. Comme ils sont encore en dehors de l'enceinte actuelle, nous leur consacrerons ci-dessous un paragraphe séparé.

La maison de Béranger.

## LES VILLES, LES VILLAGES ET LES CHATEAUX DU BOIS DE BOULOGNE.

### Passy[1].

**Passy** est une ville de 12 000 habitants environ, située dans le département de la Seine, arrondissement de Saint-Denis, sur la colline qui domine la rive droite de la Seine en dehors du mur d'octroi. Elle couvre ou couvrira bientôt de ses maisons et de ses jardins tout l'espace compris entre la route de Versailles, qui longe le fleuve, Auteuil, le bois de Boulogne, l'avenue de l'Impératrice et Paris. La belle vue qu'elle offre en certains endroits sur la vallée de la Seine, l'air sain que l'on y respire,

---

1. *Voitures* et *Chemins de fer* pour Passy (voir ci-dessus page 5 et 6). Outre les omnibus indiqués aux pages 5 et 6, on peut prendre pour aller à Passy les *omnibus* de la rue de Rivoli, près de l'hôtel de ville, qui partent toutes les 20 minutes, et qui conduisent dans la Grande-Rue (35 centimes), ou bien les *voitures de Saint-Cloud et de Boulogne*, rue du

sa proximité de la capitale, le voisinage du bois de Boulogne, la commodité et la multiplicité des moyens de transport, accroissent chaque jour sa population, qui doublera évidemment dans un avenir peu éloigné. De tous côtés des parcs s'abattent, des rues se tracent, des maisons s'élèvent. C'est déjà une fort agréable résidence, une ville de plaisance et même de luxe, car la vie matérielle y est aussi chère qu'à Paris, malgré la différence des droits d'octroi. Toutefois, dans son état actuel, Passy n'a rien d'intéressant pour un étranger, si ce n'est sa vue, ses eaux minérales et ses souvenirs; mais elle offre une vue vraiment belle à ceux de ses habitants qui occupent la pente ou le sommet de sa colline; ses eaux minérales jouissaient autrefois d'une vogue extraordinaire, et les souvenirs qu'elle rappelle ont fourni à Quillet, l'auteur des *Chroniques de Passy*, la matière d'un volume intéressant.

Passy naquit un jour entre Auteuil et Nijon. A quelle époque? Personne ne le sait. Toutefois il paraît certain que le village appelé de ce nom, c'est-à-dire *Paciacum*, existait au milieu du XIIIe siècle. Au XIVe, c'était un hameau de la paroisse d'Auteuil. « Le véritable fondateur de Passy fut le roi Charles V, a dit M. Albéric Second. Jusque-là Passy n'avait été qu'un misérable hameau, composé d'une douzaine de bicoques branlantes, exposées de toutes parts à la fureur des ouragans, et aux coups de main des tire-laine. Un jour qu'il passait par là, le roi Charles V s'émut au spectacle de ce complet délabrement et de cette profonde misère; aussi s'empressa-t-il d'accorder, par lettres particulières, à ses amés sujets de Passy, la permission de clore leurs héritages de murs faits à chaux et à sable (1306); bien plus, il leur concéda le précieux privilége de prendre, d'étrangler et de manger les conils (quadrupèdes plus vulgairement connus sous le nom de lapins), qui leur feraient du dégât. Est-il besoin d'ajouter qu'à dix lieues à la ronde la nouvelle d'une si royale magnificence se répandit avec la célérité d'une commotion électrique? Tous ceux qui aimaient la gibelotte, et le nombre en était grand, transportèrent leurs pénates dans cette heureuse contrée, où l'on avait le droit de vie et de mort sur les conils. »

Au XVe siècle, un château s'élevait auprès de ce hameau devenu une seigneurie; sous le règne de Charles VIII, Anne de Bretagne, épouse de ce monarque, cédant aux sollicitations de saint François de Paule, y fonda un monastère.

Les ducs de Bretagne possédaient depuis plus d'un siècle un petit château ou manoir auprès de Nijon. Anne réunit à ce manoir une chapelle voisine, consacrée à *Notre Dame de toutes Grâces*, et des religieux *Minimes* s'y établirent, sous la règle de saint François de Paule. Telle fut l'origine du couvent de

Bouloi, 9, à Paris, et sur le quai, près de la barrière, à Passy (35 centimes).
*Distances*. La barrière de Passy est à : 5 kil. de Notre-Dame, 1 kil. du pont de Grenelle, 1 kil. du bois de Boulogne, 1 kil. 400 mèt. de la fontaine d'Auteuil, 13 kil. 200 mèt. de Versailles, 2 kil. 300 mèt. de l'ancienne porte de Longchamp, 15 ou 20 minutes des portes du bois de Boulogne.

Bons-Hommes, dont il est si souvent question dans l'histoire des XVIe et XVIIe siècles. Au dire des chroniqueurs, Louis XI, qui, peu de temps avant sa mort, avait fait venir auprès de lui saint François, pour suppléer à l'impuissance constatée de la médecine, s'était écrié en le voyant : *Mon bon homme, vous pouvez me sauver*. Le saint avait conservé cette qualification, et il la transmit aux moines qui se réunirent en ce lieu sous sa direction. Plus tard Anne de Bretagne voulut remplacer par une église la chapelle dont elle avait privé les habitants séculiers. Elle jeta, en 1496, les fondements de la nouvelle *Notre-Dame de toutes Grâces ;* mais cet édifice ne fut entièrement terminé qu'en 1578. Il faut croire néanmoins qu'on n'attendit pas si longtemps pour le consacrer, puisque Françoise de Veynes, femme du chancelier Duprat, morte en odeur de sainteté, y fut inhumée. On y voyait aussi, avant la Révolution, le tombeau du maréchal de Rantzau, ce glorieux mutilé qui n'avait plus, à l'heure de sa mort, qu'un bras, une jambe et un œil, et à qui « Mars n'avait rien laissé d'entier que le cœur. »

Quand la Révolution éclata, le couvent des Bons-Hommes était devenu une somptueuse demeure ; leur église s'était enrichie de tableaux des maîtres du XVIIIe siècle, et leurs jardins s'étageaient en terrasses depuis les hauteurs de la colline jusqu'aux bords de la Seine. L'église a été démolie après 1789 ; les rues Franklin et Vineuse sont tracées sur l'emplacement qu'elle occupait. Le quartier qui s'est élevé à la place du couvent et des jardins a conservé le nom de Bons-Hommes.

Passy fut érigé en paroisse indépendante en 1672, mais sa grande prospérité ne commença qu'au XVIIIe siècle ; elle date, en effet, de la découverte des *eaux minérales*.

Le terrain qui entoure les eaux minérales de Passy était autrefois un clos de vignes où jaillissaient plusieurs sources. Aussi s'appelait-il *Fontanitum*. Un médecin nommé Le Givre prétendit, en 1685, que l'eau de ces sources avait des vertus médicales ; Duclos soutint l'opinion contraire. Les choses en étaient là quand l'abbé Le Ragois, (l'auteur d'une *Histoire de France* par demandes et par réponses, devenue célèbre dans les écoles), qui possédait une maison au-dessus de la source Le Givre, découvrit, en 1719, dans son jardin, une autre source également minérale. Après avoir décrié l'ancienne, il soumit la sienne à la Faculté de médecine, qui, l'ayant fait examiner par une commission, déclara « que les eaux de cette fontaine, ferrugineuses, sulfureuses et balsamiques, étaient propres à calmer les intempéries chaudes des viscères abdominaux. » Cette déclaration fit à la fois la fortune de l'abbé Le Ragois et de Passy ; les malades, et surtout les oisifs, accoururent en foule ; on ne trouva bientôt plus à se loger dans la commune. Des maisons, des hôtels, des villas, des châteaux même s'élevèrent à l'entour. Il devint du bon ton d'aller aux eaux de Passy, qui furent bientôt louées en vers et en prose, puis chantées par Panard et par d'autres poëtes d'opéras-comiques, après avoir fourni le sujet de plusieurs romans[1]. Le couplet suivant des *Fêtes galantes*, ballet représenté le 30 juillet 1736, a eu un grand retentissement au siècle dernier :

> De Bourbon l'on m'écrit
> Qu'une jeune malade,
> Après avoir sans fruit
> Sablé mainte rasade,
> Par le secours de Cupidon
> Avait trouvé sa guérison.
> Ceci n'est point une merveille.
> Et son son son,
> A Passy, ce dit-on,
> On voit chose pareille.

J. J. Rousseau lui-même suivit la foule. Il vint à Passy pour se guérir d'une strangurie. Il ne s'y guérit pas, mais il y commença le *Devin de village*.

« Le matin, dit-il dans ses *Confessions*, en me promenant, en prenant les eaux, je fis quelques manières de vers très à la hâte, et j'y adaptai des chants qui me vinrent. Je barbouillai le tout dans une espèce de salon voûté qui était au haut du jardin.... Les trois morceaux que j'avais esquissés étaient le premier monologue : *J'ai perdu mon serviteur*, l'air du devin : *L'amour croît s'il s'inquiète*, et le dernier duo : *A jamais, Colin, je t'engage*. »

Après J. J. Rousseau, Franklin vint aussi prendre les eaux de Passy. Il captiva tellement l'amitié de Leveillard, alors directeur de l'établissement, que celui-ci, qui était en outre syndic de la commune, n'ayant pu se résoudre à se séparer de l'ambassadeur américain, le suivit aux États-Unis.

Les eaux de Passy ne jouissaient pas seulement d'une bonne renommée pour la guérison « des intempéries chaudes des viscères abdominaux ; » on croyait aussi qu'elles pouvaient rendre fécondes toutes les femmes stériles. Elles ont perdu depuis bien des années leur vogue et leur réputation; cependant elles ne sont pas complétement abandonnées aujourd'hui. Seulement la plupart des malades les boivent d'ordinaire dans leur chambre ou dans leur lit. Un très-petit nombre remplissent eux-mêmes leurs verres aux sources ; car ils n'y trouvent, dans la partie du jardin qui leur est réservée, qu'un petit pavillon renfermant un salon de lecture ou de repos, et une salle de billard: on ne peut plus s'y installer à demeure. Chaque litre d'eau minérale se vend 25 cent. Si l'on vient boire aux sources on paye 15 fr. par mois pour 30 cachets, et 50 cent. pour une séance, mais on a le droit d'emporter un litre d'eau.

Les *sources* de Passy sont au nombre de cinq : deux dites *anciennes* et trois appelées *nouvelles*. Ces cinq sources, longtemps rivales, appartiennent aujourd'hui au même propriétaire. Les anciennes jaillissent à trois mètres au-dessous du sol, sur la droite du pavillon, en entrant; un escalier facile y conduit. Les nouvelles coulent à cent mètres et à la gauche des anciennes, dans le fond d'un souterrain. Près des sources, on voit une vaste galerie contenant un grand nombre de jarres dans lesquelles est dépo-

---

[1]. Naquet a fait deux comédies sur les eaux de Passy, intitulées : l'une, l'*Heureuse Méprise* ou *les Eaux de Passy* (1760), et l'autre *les Eaux de Passy* ou *les Coquettes à la mode* (1761). En 1724 les marionnettes du sieur Bienfait avaient représenté à la foire Saint-Germain une pièce des *Eaux de Passy*. M. Quillet a cité encore un ouvrage en deux volumes par Lasolle, *les Amusements de Passy*, in-12 (Paris, Poinçot, 1787).

sée l'eau minérale qu'on laisse épurer pendant un temps plus ou moins long.

Les dernières analyses qui ont été faites des eaux de Passy datent de 1837. Elles sont de M. Henry.

**EAU MINÉRALE NON ÉPURÉE.**
1 litre ou 1 kilogramme.

|  | SOURCES N° 1. | NOUVELLES N° 3. | SOURCES N° 1. | ANCIENNES N° 2. |
|---|---|---|---|---|
| Azote............ | Quant. indét. | Quant. indét. | Quant. indét. | Quant. indét. |
| Sulfate de chaux...,. | 1$^{gr}$,5360 | 2$^{gr}$,774 | 1$^{gr}$,620 | 2$^{gr}$,800 |
| Carbonate de chaux... |  |  |  | 0 ,014 |
| Sulfate de soude..... | 0 ,2000 | 0 ,340 | 0 ,170 | 0 ,530 |
| » de magnésie.. | 0 ,2800 | 0 ,300 |  |  |
| Sulfates de fer représentés par : |  |  |  |  |
| peroxyde de fer..... | 0 ,0456 |  | 0 ,039 | 0 ,077 |
| soit fer métallique.. | ( 0 ,3161) | 0 ,412 | ( 0 ,027 ) | ( 0 ,054 ) |
| Sulfate ac. d'alumine. | 0 ,1100 | 0 ,248 |  |  |
| Chlorure de sodium.. | 0 ,2600 | 0 ,0.0 | 0 ,053 | 0 ,057 |
| » de magnésium..... | 0 ,0800 | 0 ,226 | 0 ,150 | 0 ,200 |
| Matière pseudo-organique........... | Non appréciée. | Non appréciée. | 0 ,110 | Non appréciée. |
| Silice............. | 0 ,0000 | 0 ,000 | Traces. | 0 ,000 |
|  | 2$^{gr}$,5116 | 4$^{gr}$,360 | 2$^{gr}$,142 | 3$^{gr}$,678 |

fournies par un terrain de sédiment supérieur, sous le calcaire grossier, et venant probablement des argiles plastiques, ces eaux sont froides, limpides, inodores, légèrement styptiques; elles laissent dans la bouche une saveur métallique un peu amère; leur surface se recouvre à l'air d'une pellicule irisée, elles enduisent les canaux qu'elles traversent d'un dépôt ocreux, qui trouble facilement leur transparence, si quelque corps étranger les agite. Leur saveur ferrugineuse est plus prononcée par les temps orageux, et on a remarqué qu'elles répandaient alors une légère odeur sulfureuse. Leur pesanteur spécifique est de 1,0046; leur température de 3°,88.

Les eaux de Passy sont toniques, excitantes de l'appareil digestif et de l'hématose, résolutives de certains engorgements, par exemple ceux de la rate à la suite des fièvres intermittentes; et elles disposent ordinairement à la constipation. Elles se prennent seulement à l'intérieur, à la dose d'un à six verres, le matin en se promenant. Elles pèsent un peu à l'estomac.

Indiquées dans les cas suivants : anémie, chlorose, atonie du tube digestif, dyspepsie, elles sont contre-indiquées dans les pléthores, pour les constitutions nerveuses, irritables, dans les grossesses, quand il y a une disposition à la phthisie, et dans les affections organiques du cœur. M. le docteur

Chenu a publié un *Essai sur l'action thérapeutique des eaux ferrugineuses de Passy* (Paris, Franck, 1845). Ce volume, de 64 pages, contient une *Bibliographie* complète.

Quand on sort de Paris par la *barrière de Passy*, barrière bâtie en 1787, incendiée en 1789, reconstruite en 1790, et ornée de deux statues colossales représentant la Bretagne et la Normandie, et qu'au lieu de gravir la *rue de la Montagne*, qui conduit dans la Grande-Rue, on continue à longer le *quai*, on ne tarde pas à voir, au fond d'une cour encombrée de tonneaux et de marchandises, n° 28, et au-dessus d'un petit pavillon, cette inscription : *Eaux minérales de Passy*. L'entrée est plus loin, au n° 32. Une autre inscription indique la grille à laquelle il faut sonner pour pouvoir entrer dans la partie des jardins de MM. Delessert qui a été spécialement affectée aux buveurs des eaux minérales. Le plus grand nombre des maisons qui dominent ces jardins au sommet du coteau de Passy (on y entre par la *rue Basse* qui devrait s'appeler la rue Haute) appartiennent à la famille Delessert. Un pont suspendu en fil de fer, le premier qui ait été construit en France, les met toutes en communication. Au milieu d'un beau parc réservé s'élève une de ces jolies maisons suisses, qu'on a le tort d'appeler des chalets ; elle a coûté, dit-on, plus de soixante mille francs. Sa façade est ornée de peintures représentant les armoiries des cantons, la bataille de Sempach et Guillaume Tell visant la pomme sur la tête de son fils.

La *raffinerie* de sucre appartient à la famille Delessert, qui possède une grande partie du coteau de Passy. Cette raffinerie, fondée par M. Benjamin Delessert, fut l'une des premières où l'on fabriqua en France du sucre de betterave. Quand Napoléon la visita, les résultats soumis à son examen lui causèrent une satisfaction telle qu'il détacha sa croix d'honneur et l'attacha lui-même à la boutonnière de M. Delessert, créé baron de l'Empire. On raconte qu'à son retour aux Tuileries il offrit à Talleyrand, alors son ministre des Affaires étrangères, un échantillon du sucre qu'il avait vu fabriquer. Talleyrand le goûta, fit une affreuse grimace, et, rejetant loin de lui l'échantillon par une chiquenaude, s'écria : *Va te faire sucre*, au grand désappointement de l'Empereur, dont cette boutade ne modifia en rien les opinions.

Parmi les propriétés situées au-dessous des nombreuses maisons de la famille Delessert, se trouve, à l'angle de la rue de Seine, la *maison de santé* du docteur Blanche fils. Cette maison a été habitée autrefois par Lauzun et par la princesse de Lamballe.

Les rues *de la Montagne*, des *Bons-Hommes* et *Benjamin Delessert* (la première s'ouvre à droite de la barrière de Passy, et les deux autres continuent la barrière de Franklin et la barrière des Batailles) se réunissent à un carrefour où viennent aboutir les rues *Franklin*, *Vineuse*, *de la Tour*, la *Grande-Rue*, et la *rue Basse*. Si l'on veut aller directement au bois de Boulogne, il faut suivre la *Grande-Rue*, la plus belle rue de Passy, à l'extrémité de laquelle on trouve : sur la droite, le château de la Muette ; sur la gauche, embarcadère du chemin de fer et Beau-Séjour; en face, le Ranelagh. En remontant cette rue, on remarque bientôt, à droite (n° 24), un hôtel du xviiie siècle, occupé longtemps par M. le docteur Tavernier, qui y avait fondé en 1835 un établissement médical. Cet hôtel porte le nom de la *Folie*. Son histoire mérite une mention.

Un jour Louis XV aperçut aux Tuileries une jeune fille de quinze ans, d'une beauté remarquable, qui donnait le bras à un chevalier de Saint-Louis, vêtu d'un vieil habit de lustrine. Le soir même, Lebel fut averti, et, peu de jours après, Mlle de Romans (c'était le nom de cette jeune fille) devenait la maîtresse du roi. Son père l'avait vendue pour une pension viagère que ne lui avaient pas value ses services. Louis XV ne donna point à Mlle de Romans la place qu'occu-

Passy. — La Muette au xviiie siècle.

pait Mme de Pompadour, mais il lui témoigna une considération particulière. Il la logea près de la Muette, dans ce joli hôtel nommé la *Folie*, qu'il avait fait bâtir pour elle; et, quand elle devint mère, elle reçut un billet de la main du roi, conçu en ces termes : « Monsieur le curé de Passy, en baptisant l'enfant de Mlle de Romans, il donnera les noms suivants : Louis, N. de Bourbon. » Mais Mlle de Romans voulut devenir à son tour maîtresse favorite; elle manifesta même l'espoir d'obtenir du roi qu'il légitimât son fils. Louis XV la punit de ses prétentions en lui faisant enlever cet enfant dont elle se montrait si fière. Elle n'osa protester contre cette violence qu'après la mort de son trop puissant séducteur. Louis XVI lui rendit son fils, qui mourut à Rome sous le nom de l'abbé de Bourbon. Mlle de Romans épousa un gentilhomme du nom de Séron-Cavanac.

Plus loin, dans la même rue, le *Quartier-Guichard* vient d'être ouvert sur l'emplacement d'une propriété appelée *Sillery-Genlis*, parce qu'elle avait appartenu à Brûlart de Sillery, ancien député à la Constituante et à la Convention nationale, le mari de Mme de Genlis, qui y amena souvent le jeune duc de Chartres (le roi Louis-Philippe); plus loin encore (n° 56), est l'ancien *hôtel d'Estaing*, à quelques pas duquel se trouvait celui de la *présidente de Boudeville*.

Au coin des rues Basse et des Vignes, s'elevait *la Vista*, grande maison de campagne à laquelle sa position avait fait donner ce nom. Près de la Vista (rue Basse, 40), on remarquait l'*hôtel de Valentinois* qui, depuis un siècle, a changé bien souvent de propriétaire, de forme, d'étendue et d'aspect. La duchesse de Valentinois y fut, dit-on, la reine d'orgies tellement scandaleuses, qu'il nous est interdit d'en parler. En 1777, Franklin vint l'habiter comme pour le purifier. Le paratonnerre de l'hôtel est, dit-on, le premier qui fut érigé en France; il servit à constater les expériences de l'immortel Américain qui, selon un vers latin bien connu,

Eripuit cœlo fulmen, sceptrumque tyrannis.
Ravit la foudre au ciel, et le sceptre aux tyrans.

Le petit *hôtel de Valentinois*, maison de campagne bâtie avec les offices du grand hôtel, a été longtemps habité par Dumersan, le vaudevilliste et le chansonnier.

La famille Delessert possède actuellement (rue Basse, 2 et 3), l'ancien *hôtel Bertin*, qui fut jadis le théâtre de fêtes brillantes. Dans la maison n° 25 de la même rue, Mlle Contat, la célèbre comédienne, a reçu — outre les plus aimables, les plus belles, les plus renommées de ses rivales — Mmes Raucourt, Vestris, Sainval, Laruette, Trial, Guimart, — Molé, Dazincour, Préville, Dugazon, Collé, Marmontel, Cailhava, Lemierre, Parny, le marquis de Bièvre.

Depuis un siècle surtout, Passy a exercé une puissante attraction sur les littérateurs, les savants, les artistes, les généraux, etc. A tous ceux que nous venons de nommer, nous ajouterons encore : « l'abbé Prévot, homme très-aimable et très-simple, dit J. J. Rousseau dans ses *Confessions*, dont le cœur vivifiait les écrits dignes de l'immortalité, et qui n'avait rien, dans la société, du sombre coloris qu'il donnait à ses ouvrages; le médecin Procope, petit Ésope à bonnes fortunes; Boulanger, le célèbre auteur posthume du *Despotisme oriental;* » Latour d'Auvergne, le premier grenadier de France; le général Moreau (3, Grande-Rue); Goldoni; Marie-Joseph Chénier ; André Chénier, qui y fut arrêté dans la maison de M. Pastoret; Marsollier; Hoffmann, le critique du *Journal des Débats;* Picard; Piccini, qui y est mort le 7 mai 1800; l'abbé Raynal; l'abbé Gérard, l'auteur du *Comte de Valmont;* Brazier; Raynouard; Michaux; Las-Cases; Droz; Deyeux; Monteil; Orfila; Lepeintre aîné; et enfin notre immortel chansonnier, Béranger, dont le dessin placé en tête de ce chapitre représente la modeste demeure (rue Basse, n° 22). Au moment où e livre s'imprime (avril 1856), M. Jules Janin se fait bâtir une charmante habitation sur les terrains de la *Petite-Muette*.

L'*église* de Passy, de construction moderne, n'a rien d'intéressant. Les *écoles communales* et la *salle d'asile* ont été fondées par la famille Delessert, qui les entretient. Parmi les *pensionnats*, il faut citer au premier rang l'*établissement des frères de la Doctrine chrétienne*, au coin de la rue Basse et de la rue Singer. Cet établissement, qui occupe une partie de l'emplacement de l'ancien château, attire de loin les regards par sa hauteur et son étendue. Le nombre de ses élèves dépasse, dit-on, deux mille. Les cours y sont faits uniquement par les frères; l'instruction qu'y reçoivent les élèves, supérieure de plusieurs degrés à celle des écoles primaires, comprend, outre l'enseignement religieux, l'enseignement de la langue française, des mathématiques, de la littérature française, etc., etc.

Un ingénieur saxon, M. Kind, fore un *puits artésien*, près du bois de Boulogne, à l'angle de la rue du Petit-Parc et de l'avenue de Saint-Cloud. Ce puits a été commencé en juin 1855. On lui donne un diamètre de 1$^m$,10 cent. à 60 cent. On est déjà arrivé à 390 mètres, et on espère trouver à environ 600 mètres une eau claire et abondante. En effet, le forage pénétrera de 25 mètres au moins dans la couche géologique aquifère dite des *grès verts*, qui est située à 550 mètres au-dessous du sol de la plaine de Passy. Un tube ascensionnel de 23 mètres de hauteur environ au-dessus de l'orifice du puits doit élever les eaux à 76$^m$,49 au-dessus du niveau de la mer, hauteur nécessaire aux différents services du bois de Boulogne. Dans l'opinion de l'ingénieur, ce puits fournira 10 000 mètres cubes d'eau par jour. La dépense a été évaluée à 350 000 fr.

Jusqu'à ce jour (15 avril 1856), la géologie n'a eu à enregistrer aucun fait nouveau quant à la nature des terrains dans lesquels a été foré le puits artésien de Passy. La succession des couches traversées ne diffère en rien, en effet, de celles que l'on avait rencontrées en forant le puits de Grenelle, dont la profondeur n'est que de 550 mètres.

La *fête patronale* de Passy se célèbre le premier dimanche du mois de mai.

Passy est la patrie de Baillot, le célèbre violoniste, et de M. Paul de Kock.

### Boulainvilliers.

**Boulainvilliers** est un quartier de Passy, situé entre Passy et Auteuil. Les rues de *Boulainvilliers* et du *Ranelagh* s'y croisent en y formant un angle aigu. Il doit son nom à l'ancien château seigneurial de Passy. Ce château, construit par M. de Fontaine, en 1678, s'élevait au sommet de la colline. Après avoir appartenu aux fils de Samuel Bernard, il échut par succession à M. le marquis de Boulainvilliers, qui se vit bientôt obligé de le vendre à M. le Riche de la Poplinière, fermier général, aussi connu par ses prétentions au bel esprit que par ses disgrâces conjugales, dit l'auteur des *Chroniques de Passy;* il avait, en effet, composé un roman intitulé *Daïra*, dont

Voltaire disait : « Je vous assure que c'est un des plus absurdes ouvrages qui aient jamais été écrits. Pour peu que l'auteur en fasse encore un de ce goût, il sera de l'Académie. » Il avait eu en outre la maladresse d'épouser une femme charmante ; et un jour il découvrit dans le boudoir de Mme de la Poplinière une plaque de cheminée tournante, qui s'ouvrait pour laisser passage au duc de Richelieu, dont la petite maison touchait au château du financier. Du reste, il était aussi généreux que vain. Tous les ans, le jour de la fête, qui se célébrait devant le château, il mariait six filles de la commune, et donnait à chacune d'elles une dot de cinq cents livres. Le soir, on réunissait les nouveaux époux dans un banquet dont le marquis faisait les honneurs. On dansait ensuite au jardin. J. J. Rousseau fut pendant son séjour à Passy invité à l'une de ces fêtes, qui attiraient d'ordinaire un grand nombre de Parisiens.

En 1762, à la mort de M. de la Poplinière, le marquis de Boulainvilliers rentra en possession de la seigneurie de Passy. Sa femme, parente de Mme de Genlis, y recueillit un jour, par charité, une petite fille de sept à huit ans, qui devint la trop fameuse comtesse de Lamothe, condamnée à la marque, au fouet et à une détention perpétuelle, dans la scandaleuse affaire du collier. Après la mort du marquis, un notaire de Paris, nommé Cabal, avait acheté le château de Passy. Il fut obligé de le vendre en 1826 à des spéculateurs, qui le démolirent pour y tracer des rues. Le hameau de Boulainvilliers s'accroît et s'embellit tous les ans. Il deviendra un des plus agréables quartiers de Paris, quand le mur d'enceinte ou d'octroi aura été reporté jusqu'aux fortifications. M. Bouffé s'y est fait construire une charmante maison.

### Beau-Séjour. — La Muette. — Le Ranelagh.

**Beau-Séjour** est actuellement un quartier de petites maisons de campagne bâti sur l'emplacement des anciennes écuries du roi, à la gauche de la Grande-Rue de Passy, près de l'embarcadère du chemin de fer, en face de la Muette. On construit à l'entrée de nouvelles villas pour la saison prochaine. Il doit son nom à une maison plus belle que celles qui l'entouraient, et appelée *Beau-Séjour*. On nommait autrefois cette maison *la Chaise*, parce qu'elle avait été jadis une des résidences d'été du P. Lachaise, le célèbre jésuite, qui fut le confesseur de Louis XIV. Les constructions qui s'élèvent à l'entour s'étendront un jour jusqu'à la villa Montmorency.

**La Muette**, dont la porte d'entrée actuelle fait face à l'embarcadère du chemin de fer, au delà des anciens communs de l'ancien château, était dans l'origine un simple rendez-vous de chasse, une maison où l'on conservait les mues des cerfs. Embellie par le régent, au commencement du XVIIIe siècle, elle devint bientôt le séjour favori de sa fille, la duchesse de Berri. La vie scandaleuse qu'elle y menait — elle avait pris pour devise *courte et bonne* — est étalée au grand jour dans les Mémoires contemporains ; il nous répugne de remuer cette fange. La duchesse de Berri mor-

(1719), Louis XV, rebâtit la Muette, qui devint le *Parc aux Cerfs*. On sait ce que c'était que le Parc aux Cerfs, nous n'avons pas besoin de le rappeler. A cette époque, la Muette se composait d'un corps de bâtiment flanqué de deux pavillons (voir page 33). Le roi de France en fit son séjour de prédilection. Il s'y reposait des fatigues que ne lui donnaient pas les affaires de l'État; mais, au milieu des orgies les plus dégoûtantes, il ne permettait jamais à ses compagnons de débauche de trop s'écarter des lois de l'étiquette. Lorsque l'un d'eux oubliait le véritable titre du baron de Gonesse (c'est ainsi qu'il se faisait appeler à la Muette) : « Messieurs, le roi ! » s'écriait-il, et à la familiarité la

Passy. — Le rond-point de la Muette.

plus éhontée succédait aussitôt, dit un historien, le maintien le plus respectueux.

Quand Marie-Antoinette vint en France, elle coucha à la Muette, avant de se rendre aux Tuileries. Louis XV osa lui faire présenter la Dubarry, et la fiancée du dauphin de France dut souper avec la favorite de son beau-père! Ce fut à la Muette que la Dubarry dit un jour à Louis XV, qui préparait lui-même son café : « La France, ton café f... le camp. »

Après la mort de Louis XV (1774), la cour était partie pour Choisy-le-Roi; mais une des tantes du roi y ayant été atteinte de la petite vérole, on revint à la Muette, où Louis XVI s'empressa de rendre l'*édit de la Muette*, par lequel il renonçait au droit de *joyeux avénement*. Les affaires publiques rappelèrent bientôt le roi à Versailles. La Muette fut abandonnée. Toutefois Louis XVI y vint tous les ans au mois de mai monter à cheval pour aller passer dans la plaine des Sablons la revue des gardes françaises et des gardes suisses. Marie-Antoinette, qui aimait à s'y reposer des ennuis de Versailles, la visitait plus souvent. En 1783, toute la cour y assista à la première expérience aérostatique, faite par Pilâtre Durosier, qui s'éleva dans l'air avec le marquis d'Arlande, aux applaudissements de tous les assistants.

En 1787, la Muette avait été classée parmi les châteaux royaux destinés à être vendus. Elle cessa dès lors d'être une résidence royale, cependant elle ne fut vendue qu'en 1791. L'année précédente, la ville de Paris avait donné, dans les jardins de la Muette, le 14 juillet, jour de la fête de la Fédération, un banquet de 15 000 couverts à tous les députés de tous les corps de l'armée et de toutes les communes de France. Il ne reste aujourd'hui de ce château royal qu'un pavillon trop surchargé de constructions modernes. Ce pavillon appartient à Mme veuve Érard. Érard, le père, qui y avait réuni une célèbre collection de tableaux, y était mort en 1832; Érard, le fils, y est mort en 1855. En se rendant de Passy à la grille de la Muette, on découvre une partie des jardins, séparés de la route par un saut de loup de forme circulaire, que représente notre dessin. Ces jardins, dont l'avenir peut paraître douteux, ont encore un grand et beau caractère.

Entre le mur de la Muette, le chemin de fer d'Auteuil, les fortifications et l'extrémité supérieure de la Grande-Rue de Passy, s'étend la *pelouse*, qui était autrefois vraiment digne de son nom et qui est maintenant plantée d'allées d'acacias. Au siècle dernier elle fut le rendez-vous de la société la plus brillante de la cour et de la ville. Les fortifications en ont malheureusement borné et attristé la vue, et il est déjà question de la vendre en partie à des spéculateurs. Dans son état actuel, elle sert surtout à la célébration de la fête de Passy.

C'est sur la pelouse de Passy, presque en face de la Grande-Rue, à peu de distance des fortifications, que se trouve le **Ranelagh**, qui a été chanté par Dumersan :

Ce Ranelagh, dont le nom fut anglais,
A vu jadis et la cour et la ville
Dans son enceinte arriver à la file.
La mode est tout chez le peuple français.
Au Ranelagh on change de folie,
Et Terpsichore y fait place à Thalie.

En 1774, un individu du nom de Morisan, alors garde de la porte du bois à Passy, obtient du maréchal de Soubise, gouverneur de la Muette et grand gruyer du bois de Boulogne, l'autorisation de construire une maison pour y donner des fêtes et des bals champêtres. Il appelle cet établissement Ranelagh, parce qu'il en a emprunté l'idée première à l'établissement analogue de Chelsea, fondé dans les environs de Londres, sur la propriété d'un lord irlandais nommé Ranelagh, et il l'ouvre le 25 juillet. Malheureusement, le grand maître des eaux et forêts nie le droit qu'avait le grand gruyer de faire à Morisan concession d'un terrain forestier appartenant à la couronne. Il porte l'affaire au parlement, qui annulle la concession; le roi la maintient. La reine Marie-Antoinette accorde sa protection à Morisan; et la vogue du Ranelagh s'accroît de jour en jour. La cour et la ville s'y donnent rendez-vous le jeudi. Tori, artificier du roi, y fait des merveilles. Bref, Morisan s'enrichissait, quand la révolution de 89 le contraignit de fermer le temple de Terpsichore, comme disait l'*Almanach des Muses* de cette époque-là. Il se vit même obligé de le démolir en partie pour payer ses dettes avec les matériaux.

Reconstruit et réouvert en 1796, le Ranelagh ne tarda pas à devenir le lieu de réunion favori des *muscadins*, que le Directoire en fit expulser un jour par un bataillon de sa garde. Il resta ensuite fermé jusqu'en 1799. Après le 18 brumaire, il atteignit à l'apogée de sa réputation et de sa prospérité. Parmi les danseurs les plus assidus et les plus applaudis, se distinguait alors le fameux Trenitz, qui a eu la gloire de donner son nom à une figure de la contredanse. Il y dansa souvent en compagnie de Lucien, de Bertrand et de Barras, sous les yeux charmés de Mmes Tallien, Récamier, et d'autres beautés du temps, si légèrement vêtues de gaze et de mousseline, qu'on fit sur elles le couplet suivant :

D'un tissu trop clair, trop léger,
Ces belles Grecques sont vêtues ;
Un souffle peut le déranger
Et nous les montrer toutes nues.
Aux yeux souvent un voile adroit
Promet une beauté divine.
Rarement la forme qu'on voit
Vaut celle qu'on devine.

Morisan mourut en 1812; sa veuve et son gendre, M. Gabriel Herny, lui succédèrent. Les invasions de 1814 et de 1815 le ruinèrent complétement. Devenu tour à tour une écurie en 1814 et un hôpital en 1815, le Ranelagh fut détruit à demi en 1818 par un ouragan. Pour comble d'infortune, au moment même de sa quatrième ou cinquième réouverture (1821), la couronne en demanda la démolition avec la restitution du terrain. Tout Passy et une certaine partie de la société parisienne pétitionnèrent en faveur de l'établissement menacé, et, le 12 avril 1826, le roi céda aux sollicitations dont il était accablé. Dès lors les bals du Ranelagh redevinrent plus brillants, plus fréquentés que jamais. Un samedi, la duchesse de Berri y parut quelques instants. Depuis ils n'ont plus été interrompus, mais ils ont perdu un peu de leur ancienne vogue. Mabille, le Château-Rouge et Asnières leur enlèvent chaque année un certain nombre de femmes à la mode dans le demi-monde. Les embellissements du bois de Boulogne y ramèneront sans doute la foule de ses plus beaux jours. En vertu de son acte de concession, le propriétaire « a le droit de donner bals, spectacle, d'y tenir café-restaurant, et tous accessoires qu'entraîne un établissement de ce genre. » Il use de tous ces priviléges à la condition de payer une redevance annuelle à la ville de Paris, qui est actuellement propriétaire du terrain. En effet, il tient un café-restaurant ; il donne des bals le dimanche, le jeudi (jusqu'à minuit), et le samedi (jusqu'à 2 ou 3 heures du matin). Le lundi ont lieu des représentations théâtrales dans la salle de bal, transformée en salle de spectacle et pouvant contenir de 700 à 800 personnes. Le tarif suivant indiquera le rang que doivent occuper les bals dans l'estime des habitués ou des simples visiteurs. On paye :

|  | Le dimanche. | Le lundi. | Le sam. |
|---|---|---|---|
| Un cavalier | 1 fr. 50 c. | 3 fr. | 5 fr. |
| Une dame | 50 c. | 1 | 1 |

Le Ranelagh a été restauré en 1854.

### Auteuil.

*Omnibus.* Rue du Boulois, 9. On paye : de Paris à Auteuil, avant 10 h. du soir, 45 cent. en semaine, et 60 cent. le dimanche; après 10 h. du soir, 60 et 75 cent.; à minuit et à minuit 1/4, 75 cent. et 1 fr. ; — de Passy à Auteuil, 30 cent. en semaine, et 40 cent. le dimanche, avant 10 h. du soir; 40 et 50 cent. après 10 h. du soir. — A 4 ans les enfants payent place entière.

*Chemins de fer.* V. pages 5 et 6.

*Distances.* Auteuil est à : 7 kil. de Notre-Dame, 2 kil. 400 mèt. de la barrière de Passy (à la fontaine), 1 kil. 400 mèt. du pont de Grenelle, 800 mèt. du Point-du-Jour, 1 kil. 200 mèt. de la porte de Boulogne, 13 kil. de Saint-Denis.

*Restaurant* à la porte du bois, près de l'embarcadère du chemin de fer. — *Pâtissier-restaurateur*, rue Molière.

**Auteuil** est un village du département de la Seine, arrondissement de Saint-Denis ; mais dans tout autre département ce serait une petite ville. Sa population dépasse par moments 5000 habitants ; car elle varie beaucoup selon les saisons. En outre, c'est, comme l'a dit un spirituel écrivain, un village d'opéra-comique ; ses rues sont sablées comme celles d'un jardin anglais, ses maisons et ses villas revêtent toutes les formes de toutes les architectures de tous les pays e. de tous les siècles. Ici s'élèvent des chalets suisses, là des palazzini italiens, plus loin des cottages anglais, des tourelles gothiques, des châteaux aux toits mansardés, contemporains du XVIII° siècle ou imités de cette époque, des kiosques plus ou moins chinois, des chaumières, mais des chaumières de roman, couvertes d'un lierre lavé, peigné, émondé. De véritables chaumières, on en chercherait vainement à Auteuil ; il n'y en a pas plus que de paysans. « Les paysans d'Auteuil vont aux champs en bottes, en paletots et en chapeaux gibus, a dit M. Albéric Second. Quant aux paysannes, elles sont vêtues comme des modistes de la rue Vivienne. Vous ne trouverez peut-être pas dans tout le village une seule Jeanneton ni un seul Nicolas. Toutes les filles s'y nomment Irma, Évelina, Angèle ou Ernestine, et les hommes Adolphe, Ernest ou Alfred. On m'y a montré un gardeur de dindons qui s'appelle Arthur. » Quelques-uns des habitants d'Auteuil sont jardiniers ; un certain nombre élèvent des chèvres et des ânesses, dont le lait est destiné à consolider les poitrines délicates de la grande ville ; d'autres cultivent le peu de vignes qui restent sur le territoire de leur commune, plutôt pour vendre aux Parisiens le raisin qu'ils récoltent que pour le mettre en cuve. Depuis longtemps le vin d'Auteuil a perdu sa bonne réputation, et on n'en exporte plus en Danemark, comme à l'époque où la seigneurie appartenait à l'abbaye de Sainte-Geneviève, et où les propriétaires en envoyaient tous les ans, à titre de redevance, un certain nombre de pièces à l'archevêque de Paris, qui le trouvait délicieux.

Dès que la bise d'automne fait tomber les feuilles jaunies, Auteuil commence à se dépeupler; l'hiver venu, c'est une véritable solitude. En revanche, la population se double et se triple au retour du printemps; les rues, désertes tout à l'heure, sont sillonnées d'équipages; de chaque fenêtre entr'ouverte s'échappent les sons d'un piano. On ratisse les allées des jardins; on peint en blanc, en rose, en vert, en mille couleurs, les façades des maisons; on les pare autant que possible pour attirer les locataires : car la plupart de ces habitations, plus bizarres qu'élégantes, plus coquettes que com-

La maison de Boileau, à Auteuil.

modes, villas et châteaux, sont des maisons à louer, que leurs propriétaires habitent seulement pendant l'hiver, s'ils ne sont pas domiciliés à Paris. On vient d'en construire de nouvelles, on en construit encore, à l'extrémité du village, tout près de la station du chemin de fer, dans le parc d'un château qui a appartenu à la famille Boufflers, puis à la famille Montmorency. Elles sont toutes isolées, entourées d'un petit jardin, renfermées dans l'ancien enclos, où l'on entre par une grille ornée avec plus de prétention que de goût. L'administration du chemin de fer, obligée d'acheter ce château, a imaginé d'utiliser ainsi le terrain qui lui restait, à la grande joie de la bourgeoisie parisienne, qui, ne recherchant le plus souvent les plaisirs de la campagne que pour l'acquit de sa conscience, les prend volontiers à petites doses et à prix réduits. La *villa la Thuilerie*, créée en 1856, va bientôt rivaliser avec la *villa Montmorency*, postérieure à la *villa Boileau*. Plus près du bois se tracent les rues et se bâtiront bientôt les maisons de deux nouveaux villages ou quartiers : l'*Alma*, entre Auteuil et le Point du Jour, la *Retraite*, entre Auteuil et Boulogne.

Couché au pied de la colline de Passy, sur la rive droite de la Seine, entre Boulainvilliers et le bois de Boulogne, Auteuil n'a point de vue, mais de frais et tranquilles ombrages, chers aux hommes qui ont besoin de repos.

Oh! que de fois j'errai dans tes belles retraites,
Auteuil, lieu favori, lieu saint pour les poëtes!
Que de rivaux de gloire unis sous tes berceaux!

a dit Marie-Joseph Chénier dans sa pièce de vers intitulée la *Promenade*.

Au XVII<sup>e</sup> siècle, Boileau eut une maison que l'on peut voir encore aujourd'hui, rue Boileau, n° 18. (Institution de M<sup>me</sup> Fressard.) Cette maison, qui fut toujours assez laide, à en juger d'après le témoignage de Voltaire, a été récemment badigeonnée. Il n'en reste que la partie où se trouvait l'escalier, une petite salle basse et un premier étage de trois pièces. Une villa a été bâtie au milieu du jardin dessiné à l'anglaise, et on n'a conservé de l'ancien verger qu'un groupe de vieux arbres. On y chercherait en vain le jeu de quilles où Boileau avait acquis une telle adresse, qu'il disait un jour à Louis Racine : « Il faut avouer que j'ai deux grands talents aussi utiles l'un que l'autre à la société : l'un de bien jouer aux quilles, et l'autre de bien faire des vers. » On n'y retrouverait point, non plus, ces massifs silencieux de grands arbres sous lesquels le poëte :

Rêveur capricieux,
Tantôt baissant le front, tantôt levant les yeux,
De paroles dans l'air, par élans envolées,
Effrayait les oiseaux perchés dans les allées.

Belle ou laide, Boileau aimait cette modeste retraite, et son jardin cultivé par Antoine :

Laborieux valet du plus commode maître
Qui pour te rendre heureux ici-bas pouvait naître,
Antoine, gouverneur de mon jardin d'Auteuil,
Qui diriges chez moi l'If et le chèvrefeuil,
Et sur mes espaliers, industrieux génie,
Sais si bien exercer l'art de La Quintinie.

. . . . . . . . . .

(ÉPITRE XI.)

Lorsque, dans ses vieux jours, Boileau se vit forcé de vendre sa maison, ce fut un de ses amis, Leverrier, qui l'acheta. « Vous y viendrez quand vous le voudrez, avait-il dit au poëte; vous pouvez toujours la regarder comme la vôtre. » Boileau y retourna, en effet: il revit avec une émotion mélancolique ce coin de terre où il avait passé la meilleure partie de sa vie, entouré de ses amis. Et quels amis! Molière, Racine, La Fontaine, Chapelle. Il revit Antoine : car Leverrier avait pris Antoine avec le petit domaine. Tout à coup la physionomie de l'auteur du *Lutrin* s'altère; il jette autour de lui un regard inquiet. « Antoine, qu'as-tu fait de mon berceau? Où est mon berceau? — Il est détruit, répond le jardinier. — Comment! détruit? — C'est M. Leverrier qui l'a commandé.—Ah! c'est M. Leverrier…. reprend Boileau d'une voix un peu émue. C'est juste : la maison n'est plus à moi. » Et, sans vouloir en écouter davantage, il repartit pour Paris. Il ne remit jamais les pieds à Auteuil.

Après la mort de Leverrier, la maison de Boileau fut achetée par un de leurs amis communs, un médecin nommé Gendron. Voltaire alla un jour rendre une visite à Gendron, et il fit cet impromptu qu'il désavoua peu de temps après :

<small>C'est ici le vrai Parnasse
Des vrais enfants d'Apollon ;
Sous le nom de Boileau, ces lieux virent Horace,
Ésope y paraît sous celui de Gendron.</small>

Aujourd'hui on peut faire impunément des fautes de français dans la maison de Boileau. Le poëme de Chapelain n'est plus là pour punir les coupables. « La faute était grande, dit Racine le fils, quand on était condamné à lire vingt vers de *la Pucelle ;* lire la page entière était considéré à l'égal de la peine de mort. »

Molière eut aussi une maison de campagne à Auteuil. C'est là que, dans les beaux jours, il réunissait ses amis : Boileau, La Fontaine, Chapelle, etc. C'est là qu'eut lieu, un soir que le souper s'était prolongé trop longtemps pour la raison des convives, cette plaisante aventure, qui a été niée par Voltaire, mais dont Racine le fils affirme l'authenticité, et qu'Andrieux a mise sur le théâtre sous ce titre : *Le Souper d'Auteuil.* Est-il vraiment besoin de la raconter encore, même pour les étrangers? Qui ne la connaît? « Mon père, dit Louis Racine, n'y était pas. Le sage Boileau y perdit la raison comme les autres. Le vin ayant jeté tous les convives dans la morale la plus sérieuse, leurs réflexions sur les misères de la vie, et sur cette maxime que le premier bonheur est de ne point naître, et le second de mourir promptement, leur firent prendre l'héroïque résolution d'aller sur-le-champ se jeter dans la rivière. Ils y allaient, et elle n'était pas loin. Molière leur représenta qu'une si belle action ne devait pas être ensevelie dans les ténèbres de la nuit, et qu'elle méritait d'être faite en plein jour. Ils s'arrêtèrent, et se dirent en se regardant les uns les autres : « Il a « raison. » A quoi Chapelle ajouta : « Oui, messieurs, ne nous noyons « que demain ; et, en attendant, al- « lons boire le vin qui nous reste ! »

La maison de Molière n'existe plus. Un temple en occupe maintenant la place. Ce temple, puisque c'est ainsi qu'on l'appelle, a la forme d'une rotonde en briques, avec un péristyle dorique orné de quatre colonnes. Sur le fronton on voit un bas-relief qui représente Thalie laissant tomber son masque, et cette inscription : *Ici fut la maison de Molière.* On a placé sous la rotonde les bustes de Molière, La Fontaine, Corneille et Racine. Outre ce temple, on avait construit sur l'emplacement de la maison de Molière, et dans le jardin attenant, un hôtel, appelé l'hôtel Praslin, qui, en 1827, fut le théâtre d'un affreux événement : la princesse de Carignan écrivait au coin du feu ; une étincelle tomba sur sa robe, qui s'enflamma ; elle s'élança dans la cour pour appeler du secours, et elle périt au milieu des flammes.

L'hôtel Praslin (rue Molière, n° 1) est occupé par une pension. Ses jardins viennent d'être vendus et dépecés. Quant au temple consacré à Molière, il existe toujours, mais il a été transformé en une maison de campagne qui se loue à l'année, à la saison ou au mois.

Dans la même rue (rue Molière) se trouvait la maison où Mme Helvétius, devenue veuve, réunit souvent Diderot, Fontenelle, l'abbé Morellet, Turgot, Chamfort, Cabanis, Boufflers, Thomas, etc. Franklin y venait aussi; il appelait Mme Helvétius Notre-Dame d'Auteuil; il voulut l'épouser. Turgot partagea ce désir; mais elle resta fidèle à la mémoire de son mari. Ils ne s'en aimèrent et ne s'en estimèrent que plus tous les trois.

Pendant la Révolution, Mme Helvétius compta parmi ses hôtes habituels le général Bonaparte; mais Napoléon ne retourna jamais à Auteuil quand il fut devenu empereur, et Mme Helvétius ne lui rendit point aux Tuileries les visites qu'il lui avait faites. Un jour (sous le Consulat) qu'elle se promenait avec lui dans son jardin, elle lui dit : « Vous ne vous doutez pas combien on peut trouver de bonheur dans trois arpents de terre. » Sa mort excita des regrets universels.

Sur la place de l'Église s'élève une *pyramide* en marbre rouge, posée sur une base de marbre blanc, surmontée d'un globe et d'une croix en cuivre doré. L'une des faces porte cette inscription :

*La nature ne fait que prêter*
*Les grands hommes à la terre.*

*Ils s'élèvent, brillent,*
*Disparaissent. Leur exemple*
*Et leurs ouvrages restent.*

Sur une autre face on lit :

*Aux mânes de d'Aguesseau.*
*Monument*
*Restauré par ordre du gouvernement*
*An IX.*

Ce monument est le tombeau du chancelier d'Aguesseau et de sa femme Anne Lefèvre d'Ormesson, dont Coulange a dit, à l'époque de leur union, « qu'on avait vu pour la première fois les Grâces et la Vertu s'allier ensemble. » Mme d'Aguesseau mourut à Auteuil le 1ᵉʳ décembre 1735. Son mari lui survécut seize ans. Leurs enfants leur élevèrent ce monument en 1753. « Mon ami, oubliez devant le roi femme et enfants, perdez tout hors l'honneur, » avait dit Mme d'Aguesseau à son mari, lorsque le chancelier partit d'Auteuil pour aller à Versailles s'opposer à l'enregistrement de la bulle *Unigenitus*. Le nonce du pape, Quirini, était venu déjà voir le chancelier à sa maison de campagne. « C'est ici, lui avait-il dit, que l'on forge des armes contre Rome. — Non, monsieur, avait répondu vivement d'Aguesseau, ce ne sont point des armes, mais des boucliers. »

L'*église* d'Auteuil appartient en grande partie au XVIIᵉ siècle. Sa tour date, dit-on, du XIᵉ siècle. A l'intérieur (à gauche en entrant) on remarque un monument funéraire, signé Debay 1819, et portant cette inscription :

*Caroline Blanche Rousseau*
*1786-1817*
*Par son époux Ternaux.*

Parmi les personnages célèbres à des titres divers qui ont habité Auteuil, on doit mentionner encore : la marquise de Boufflers et le maréchal de Boufflers; le duc de Montmorency; Talleyrand, qui sous le Consulat occupa la Thuilerie; Destutt de Tracy, Gérard le peintre, l'ingénieur Polonceau. M. Arnal y habite une des plus jolies maisons de la rue de La Fontaine. M. Gavarni occupe au Point-du-Jour une charmante villa, n° 49.

Les *eaux* qui coulent de la fontaine établie sur la promenade Benoît ont joui pendant longtemps d'une grande réputation comme eaux minérales; mais au XVIIᵉ siècle, la découverte des eaux de Passy, reconnues plus puissantes et plus efficaces, leur fit perdre leur vogue et leur renommée. Elles sont presque complétement abandonnées aujourd'hui par les médecins

Temple élevé à la mémoire de Molière, à Auteuil.

et par les malades. On peut suivre un traitement hydrothérapique dans la *maison de santé* du docteur Doullay, 10, rue Boileau.

L'*eau* d'Auteuil est froide, limpide, inodore, à saveur sucrée d'abord, puis atramentaire. Conservée dans un vase clos, elle reste longtemps limpide, mais elle finit par déposer un sédiment légèrement ocracé. Elle agit comme tonique sur l'appareil digestif, et active l'hématose. Elle peut être utile dans la chloro-anémie et dans certaines affections gastro-intestinales. Son emploi est contre-indiqué, comme celui des ferrugineux en général, par une constitution pléthorique ou l'hyperémie de certains organes.

On la prend en boisson, à la dose d'un à trois verres, le matin ; on peut aussi en faire usage aux repas.

Les principaux établissements industriels et commerciaux d'Auteuil sont : la *pompe à feu ;* des *entrepôts* de bois, de charbon, de bois à ouvrer, de planches, etc. ; des *fabriques* de parquets, de savon, de produits chimiques, d'huiles, etc. L'*Institution Notre-Dame*, dirigée par M. l'abbé Lévêque, chanoine honoraire de Paris, compte environ 300 élèves, qui peuvent y faire un cours d'études complet. Outre les *pensions Dequen* et *Verworst* et de nombreux *pensionnats de demoiselles*, Auteuil possède encore une *pension pour chevaux*, connue sous le nom de *la Ferme anglaise*, et située à Billancourt, sur la route de Paris à Sèvres.

La *fête patronale* d'Auteuil se célèbre le 15 août et le dimanche suivant.

Les *hameaux* du *Point-du-Jour* et de *Billancourt*, dépendances de la commune d'Auteuil, n'ont rien, ni dans leur passé ni dans leur présent, qui les recommande à l'attention des voyageurs. M. A. de Laborde raconte ainsi l'origine du *Point-du-Jour* : « Il était trois heures après minuit, le jeu de la reine se ralentissait et n'était plus soutenu que par des paris considérables entre le prince de Dombes, fils du duc du Maine, et le marquis de Coigny. Ce dernier, perdant d'un coup une somme assez forte, s'écria : « Il faut « être bâtard pour avoir un tel bon« heur ! » Le prince, se penchant à son oreille sans discontinuer son jeu, lui dit : « Vous pensez bien « que nous allons nous voir tout à « l'heure, n'est-ce pas ? — Où « quand ? — Mais sur la route, « point du jour. » Les voitures partent.... le jour paraît.... on s'arrête.... le prince de Dombes est heureux à ce jeu comme à l'autre ; il tue son adversaire, et le lieu où se passa cette scène en a conservé le nom de Point-du-Jour. » *Billancourt*, situé en face de Sèvres, était jadis une maladrerie. On y a construit dans ces derniers temps de jolies habitations, et sa situation sur les bords du fleuve, en face des charmants coteaux de la rive gauche, le rend un séjour fort agréable pendant l'été.

### Boulogne.

*Omnibus.* Rue du Bouloi, 9. De Paris à Boulogne ou à Saint-Cloud, et *vice versâ*, on paye, avant 10 h. du soir, en semaine, 60 cent., et 75 cent. le dimanche ; après 10 h. du soir, 75 cent. et 1 fr. De Passy à Boulogne ou à Saint-Cloud, et *vice versâ*, on paye, avant 10 h. du soir, 30 cent. en semaine, et 40 cent. le dimanche ; après 10 h. du soir, 40 et 50 cent. Les départs sont très-fréquents. Il y a un départ à minuit et un autre à minuit 1/4 ; 75 cent. la semaine, 1 fr. le dimanche. Les enfants payent place entière. Le prix des bagages est ainsi fixé : 2 kil., 15 cent. ; 5 kil., 20 cent. ; 8 kil., 25 cent. ; 12 kil., 30 cent. ; 20 kil., 40 cent.

*Chemins de fer.* Le chemin de fer américain, fondé par M. Loubat, et dont les voitures stationnent sur la place de la Concorde, conduit à Boulogne (pont de Saint-Cloud). Voir pages 5 et 6 pour les prix et pour la durée du trajet. Ce chemin suit le Cours-la-Reine et les quais jusqu'au delà du pont de Grenelle. Il laisse Auteuil à droite, et, s'éloignant un peu de la Seine, il se dirige, entre des maisons de campagne et des fabriques, sur le Point-du-Jour. A l'extrété de ce village, près des fortifications, se bifurque. Un embranchement suit jusqu'au pont de Sèvres la route de Versailles, l'autre suit l'avenue de la Reine, qui aboutit à Boulogne, près du pont de Saint-Cloud. Dans cette dernière partie du trajet on découvre de jolis points de vue sur les coteaux d'Issy, de Meudon de Bellevue, de Saint-Cloud. Le parc d'Issy, à gauche, le viaduc de Fleury, le parc de Mme Delisle, à Bellevue, le parc de Saint-Cloud en face, et le mont Valérien à droite, attirent surtout l'attention.

*Distances.* Boulogne est : à 9 kil. 400 mèt. de Paris (Notre-Dame), 2 kil. d'Auteuil, 4 kil. de Passy, 2 kil. 300 mèt. du Point-du-Jour, 500 mèt. de Saint-Cloud, 5 kil. 600 mèt. de Neuilly, 12 kil. de Saint-Ouen et 14 kil. de Saint-Denis.

L'église de Boulogne.

Le premier acte où il soit mention de **Boulogne** porte la date de 1134. Cette ville était alors un petit hameau perdu dans les bois et les marécages qui bordaient la Seine, ou qui couvraient la plaine et le coteau de Chaillot. Il s'appelait *Menus-lez-Saint-Cloud*. En 1134, Louis le Gros en fit donation avec droit de haute et basse justice à l'abbaye de Montmartre qu'il venait de fonder. En 1319, les habitants de Paris et des villages voisins, revenant d'un pèlerinage à Boulogne-sur-Mer, obtinrent à leur retour l'autorisation de bâtir une église à Menus et d'y établir une confrérie. Ils appelèrent l'église Notre-Dame de Boulogne-sur-Seine. Plus tard, la commune fut érigée en paroisse, en 1343, et prit le nom de l'église, qu'elle donna, comme nous l'avons vu, à la forêt de Rouvray, appelée déjà souvent bois de Saint-Cloud. En 1429, un prédicateur, le frère Richard, cordelier, y opéra de véritables prodiges, grâce à son éloquence pathétique. Les Parisiens accouraient en foule pour l'entendre, et à leur retour, dit le *Journal de Charles VII*, « brûlaient *tables de jeu et tabliers, cartes, billes et billards, nurelis* et toutes choses semblables; et les damoiselles tous *les atours de leur tête, comme bourreaux, truffaux, pièces de cuir ou de baleine*, qu'elles mettaient en leurs chaperons pour être plus roides. Les demoiselles laissèrent *leurs cornes et leurs queues, et grand'foison de leurs pompes*. »

Aujourd'hui on ne court plus à Boulogne pour entendre de prédicateur célèbre, et on ne le traverse guère qu'en allant à Saint-Cloud. Ce n'est pas une ville de plaisance ou de loisir comme Auteuil, malgré le château qu'y bâtit le duc de Choiseul — après avoir servi tour à tour de résidence à Cambacérès et à La Fayette, ce château appartient aujourd'hui à M. James de Rothschild — et d'autres propriétés situées dans son voisinage. C'est une ville de travail, dont l'*industrie* principale consiste dans le blanchissage du linge. On n'y compte pas moins de 400 buanderies. Aussi la plus belle fête de l'endroit n'est pas la fête patronale, mais la mi-carême, la fête des blanchisseuses et de leur reine. La *fête patronale* s'y célèbre les premier et deuxième dimanches de juillet.

L'*église* de Boulogne, qui aurait grand besoin de réparations, a été malheureusement endommagée par de nombreuses additions de diverses époques et de divers styles. Son portail de la Renaissance tombe en ruines; son chœur gothique, qui ne manquait ni d'élégance ni de légèreté, est encombré à l'intérieur de mauvais tableaux qui dissimulent du moins les dégâts faits à ses vitraux. Ce sont surtout sa façade et ses clochers qui méritent les justes reproches des gens de goût. Quoi qu'il en soit, en dépit de sa vétusté, de ses dégradations et de ses appendices, elle attire encore un certain nombre de pèlerins. Pie IX a accordé en effet « une indulgence plénière applicable, par forme de suffrage, aux âmes du purgatoire, à tous les fidèles chrétiens de l'un ou de l'autre sexe, qui, vraiment pénitents, confessés et communiés, visiteront l'église de Notre-Dame de Boulogne-sur-Seine et y prieront pendant un certain temps. »

Boulogne fait partie du département de la Seine, arrondissement de Saint-Denis. Sa population se monte à près de 10 000 habitants. Elle communique avec Auteuil par une belle route éclairée au gaz et longue de 1000 mètres; et avec Saint-Cloud par le pont de Saint-Cloud (Voir *Saint-Cloud*). Les portes de Boulogne, de l'Hippodrome et de Saint-Cloud lui donnent accès dans le bois ou parc qui porte actuellement son nom. (Voir le plan et le *Bois de Boulogne*.)

### Bagatelle.

**Bagatelle** ne fut dans l'origine qu'un simple pavillon, appartenant à une demoiselle de Charolois, fille de Louis, prince de Condé, troisième du nom. Mlle de Charolois tait belle; elle avait de l'esprit, elle possédait un cœur aimant et facile à toucher; elle inspira, elle partagea un grand nombre de passions. Voltaire, l'ayant vue peinte en cordelier, fit cet impromptu :

> Frère ange de Charolois,
> Dis-nous par quelle aventure
> Le cordon de saint François
> Sert à Vénus de ceinture.

Presque tous les ans Mlle de Charolois se retirait pour un mois ou deux, sous prétexte de maladie, dans son pavillon du bois de Boulogne. Toute la cour envoyait aussitôt par malice demander de ses nouvelles. Un jour, un nouveau suisse, qu'elle venait de prendre à son service, répondit naïvement à tous venants : « La princesse se porte aussi bien que son état le permet, et l'enfant aussi. »

Bagatelle.

Ce pavillon étant devenu la propriété du comte d'Artois, frère de Louis XVI, son nouveau possesseur voulut créer à la place un second petit Trianon. Il y fit en conséquence bâtir un château qu'on appela d'abord la *Folie d'Artois*, et qui reprit plus tard le nom de Bagatelle. Le comte d'Artois avait parié contre Marie-Antoinette qu'il le construirait en un mois, et il gagna son pari. La dépense s'était élevée à 600 000 livres. *Parva, sed apta*, telle était la devise qu'il avait fait graver sur la façade. Vendue pendant la Révolution, la propriété de

Bagatelle, qui se trouve enclavée dans le bois de Boulogne, entre Madrid et Longchamp, et qui a une contenance de 21 hectares 75 ares, devint un jardin-restaurant à l'instar de Tivoli. Les événements de 1815 la rendirent au comte d'Artois (Charles X). Le duc de Berry, auquel son père la donna, l'habita souvent. Elle appartient actuellement à M. le marquis de Hertford. Le parc est l'une des plus agréables promenades des environs de Paris, mais on ne peut pas le visiter sans la permission du propriétaire.

### Madrid.

En 1528, François Ier se fit bâtir un château sur la rive droite de la Seine, entre Longchamp et Neuilly. Ce château, appelé d'abord *Château du bois de Boulogne*, ou simplement *Château du bois*, prit plus tard le nom de **Madrid**. Pourquoi? On l'ignore; mais ce n'était pas à cause de la ressemblance qu'il offrait, soutenait-on, avec le château qui avait servi de prison à François Ier, dans la capitale de l'Espagne, car cette prétendue ressemblance n'existait pas. Notre dessin nous dispense de toute description. Nous ajouterons seulement que Madrid se distinguait des autres châteaux royaux par son ornementation extérieure, imitée de celle des palais de l'Alcazar et de l'Alhambra. Des pièces de faïence, émaillées en relief et de couleurs étincelantes, recouvraient les façades, ou du moins leurs parties principales. Aussi le peuple l'appelait-il le *château de faïence*. Cette brillante décoration avait été fabriquée et appliquée sous la direction de Girolamo della Robbia, que François Ier avait fait venir exprès de Florence. A la mort de François Ier la façade du nord n'était pas terminée. Philibert Delorme, chargé par Henri III de l'achever, en exclut les figures émaillées. Les évaluations les plus modérées portent la dépense totale à un chiffre qui représenterait aujourd'hui sept millions de francs.

Sous François Ier, Madrid, presque interdit aux courtisans, avait vu souvent la duchesse d'Étampes y présider avec son royal amant des réunions composées d'artistes, de savants et de poëtes. Henri II y laissa régner en souveraine Diane de Poitiers. Charles IX s'y retira souvent avec une demoiselle de Rouse de la Béraudière; elle y donna le jour à un fils qui mourut archevêque de Périgueux. Marie Touchet y devint mère aussi d'un fils qu'il reconnut et qui prit les titres de Charles de Valois, comte d'Auvergne, et duc d'Angoulême. Il y composa la *Chasse royale*. Henri III y établit une ménagerie, qu'il ne tarda pas à détruire lui-même. « Le roi, dit L'Étoile, après avoir fait ses pâques et dévotions au couvent des Bons-Hommes, à Passy, s'en revint au château de Boulogne (Madrid), et il fit tuer, à coups d'arquebuse, les lions, ours, taureaux et semblables bêtes, qu'il avait coutume de nourrir pour combattre contre des dogues, et ce, à l'occasion d'un songe par lequel il lui avait semblé que des lions, ours et dogues le dévoraient, songe qui semblait présager que les bêtes furieuses de la Ligue se rueraient sur ce pauvre prince et sur son peuple. » Henri IV ne vint passer à Madrid que les jours où il put y donner un rendez-vous

# MADRID.

Catherine de Verdun (voir *Longchamp*). Il fit faire ensuite, dans jardin, les premiers essais tentés France pour y acclimater l'industrie de la soie. Plus tard (1595) Marguerite de Navarre, l'héritière Henri III, le réclama pour venir habiter, après avoir accordé à son époux Henri IV le droit de se remarier en consentant à leur divorce. Elle s'y livra tour à tour aux plaisirs les plus défendus et aux pratiques religieuses les plus austères; elle était aussi voluptueuse que dévote. Louis XIII se retira à Madrid en 1636, quand une maladie contagieuse le força de quitter Saint-Germain. Anne d'Autriche y fit enfermer le conseiller Broussel en 1648. Louis XV y fonda, en 1724,

L'ancien château de Madrid.

une chapelle royale sous l'invocation de saint Louis. Mais dès lors, le beau château, qui avait fait retour à la couronne après la mort de Marguerite de Navarre, ne fut plus habité que par des grands seigneurs qu'y logeait à tour de rôle la faveur royale. Au nombre de ces hôtes viagers on doit citer surtout le maréchal d'Estrées, Fleuriau d'Armenonville et M. de Rosambo. Fleuriau d'Armenonville accueillit dans son appartement la première fabrique de bas de soie établie en France, et il se contenta d'un modeste pavillon qu'il avait fait construire près de la porte Maillot, et qui est encore connu sous son nom.

Le domaine de Madrid, compris

parmi les châteaux royaux dont la démolition avait été ordonnée en 1787, fut vendu comme bien national, le 27 mars 1793, pour 648 205 livres assignats. L'acquéreur s'empressa de le dépecer. La revente du plomb lui rapporta seule 155 000 livres. Les marbres et les boiseries passèrent à l'étranger; les émaux de della Robbia, achetés par un maître paveur, furent pulvérisés et convertis en ciment. Restaient les murailles. La démolition pierre par pierre ayant été jugée à peu près impossible, on imagina de saper, à des distances très-rapprochées, la base des gros murs, puis de les étançonner par une forte charpente en bois, à laquelle on mit le feu. « Les flammes et la fumée de ce vaste incendie, dit M. Albert Lenoir, le bruit et les éclats de la calcination de la pierre, ressemblaient de loin à l'éruption d'un volcan, et cependant ce moyen ne réussit pas. Il fallut avoir recours au marteau et à la pioche. Les frais de démolition absorbèrent et dépassèrent la valeur des matériaux. Peu de temps après, à la suite d'une folle enchère, l'État procéda à une nouvelle vente. Deux des cinq lots qui furent faits comprenaient les communs et les écuries; ils restèrent au domaine. Plus tard on établit dans les écuries un haras royal, supprimé en 1825 et acheté par un marchand de chevaux dont la veuve y fait construire une belle villa. Sur les communs on bâtit un petit château. Ce château, appelé ensuite *Madrid-Maurepas*, parce qu'il avait appartenu à Mme de Maurepas, a été démoli en 1847. La jolie maison de plaisance, bâtie sur les caves de l'ancien château, a été habitée pendant trois années avant la révolution de 1848 par M. de Lamartine.

En face du *restaurant Born* on remarque un vieux chêne, désigné sous le nom de *chêne de François I*er.

### Saint-James.

L'espace compris entre le bois de Boulogne, l'avenue de Neuilly et la Seine, est presque entièrement couvert de villas, de parcs et de jardins, fermés en grande partie pendant l'hiver et habités seulement pendant l'été. On l'appelait jadis la *chambre*. Le cardinal de Retz y fit construire une maison dans laquelle il mourut. Cette maison, agrandie et embellie par un fermier général, nommé Lenormand, oncle de la marquise de Pompadour, devint plus tard la propriété du célèbre financier Beaudard, qui se faisait appeler de Saint-James, parce qu'il était né dans le village de ce nom (département de la Manche). Beaudard chargea Bellanger, l'architecte du pavillon de Bagatelle, de lui construire un château digne d'un financier tel que lui. Ce château, qui n'a rien de remarquable, reçut le surnom, qu'il a conservé, de **Folie Saint-James**. Il dut surtout à son parc la réputation dont il jouit vers la fin du siècle dernier. Ce parc, en effet, avait absorbé une partie du bois de Boulogne et une vaste étendue du parc de Madrid. Il était parsemé de grottes, de rochers, dont un seul avait coûté 1 600 000 livres, de salles de verdure, de pavillons chinois, de kiosques, de statues, etc. Son fondateur y dépensa des sommes si considérables qu'il se ruina.

mourut dans la plus profonde misère.

Sous l'Empire, la Folie Saint-James fut louée à divers financiers. Chateaubriand et la duchesse d'Abrantès l'occupèrent tour à tour. En 1815, Wellington y installa son état-major ; mais il la quitta bientôt pour s'établir à Neuilly. Après son départ, une bande de chasseurs hanovriens s'y abattit et la saccagea. Sous la Restauration, le parc fui vendu et dépecé ; on y traça des rues le long desquelles sont bâties des maisons entourées de jardins ; on construit encore. Le château a été depuis converti en maison de santé par le docteur Pinel.

Saint-James communique avec le bois de Boulogne par les portes de Neuilly et de Saint-James. L'avenue de Madrid, qui continue l'allée de la reine Marguerite, le relie à l'avenue de Neuilly.

## NEUILLY.

*Omnibus.*—Lettre C, du Louvre à Neuilly ; trajet en 45 m., pour 30 c. (l'intérieur) 45 c. (l'impériale), du Louvre à la barrière de l'Étoile ; 40 c. et 30 c. du Louvre au pont de Neuilly. Le bureau est sur la place du Palais-Royal. On peut prendre aussi les voitures de Suresnes et de Puteaux (voir *Suresnes* et *Puteaux*), qui partent de la rue de Rivoli.

*Distances.* Neuilly est à : 7 kil. de Notre-Dame, 3 kil. de la barrière de l'Étoile, 6 kil. de Boulogne, 13 kil. de Sèvres, 2 kil. 500 mètres du pont de Suresnes, 6 kil. de Saint-Cloud, 3 kil. d'Asnières, 10 kil. de Saint-Denis, 4 kil. de Nanterre, 15 kil. de Saint-Germain. La Seine seule le sépare de Courbevoie et de Puteaux, qui sont sur la rive gauche.

L'*avenue de Neuilly* est, au delà de l'Arc de Triomphe de l'Étoile, la prolongation de l'avenue des Champs-Élysées. Quand on la descend, on laisse à gauche l'avenue de l'Impératrice (voyez page 4), et à droite les Ternes (voyez ci-dessous). Près de la station du chemin de fer d'Auteuil, on sort de l'enceinte des fortifications, et bientôt on voit s'ouvrir sur la gauche la porte du bois de Boulogne appelée Maillot, en face de laquelle commence la route de la Révolte.

La *porte Maillot*, qui était autrefois l'entrée principale du bois de Boulogne, doit sans doute son nom à un ancien *jeu de mail* qui existait en cet endroit. Elle est entourée de cafés et de restaurants. Les allées qui en partent conduisent aux lacs, à Longchamp et à Madrid (voy. le plan).

La *route de la Révolte* date de la fin du XVIII<sup>e</sup> siècle. Au mois de mars 1770, un exempt de police enleva un enfant à sa mère dans l'espoir de s'en faire payer la rançon. Des bruits sinistres se répandirent aussitôt par toute la ville. La populace, s'étant ameutée, se livra à d'affreux excès réprimés peu de temps après avec usure. Louis XV allait tous les ans à Compiègne vers cette époque de l'année. Il ne voulut pas traverser une ville qui avait osé se révolter contre les agents de son autorité. Il se hâta donc de faire construire une route par laquelle il pourrait désormais se rendre de Versailles à Saint-Denis sans passer par Paris, et cette route prit le nom qu'elle a conservé jusqu'à ce jour.

C'est sur la route de la Révolte, à 100 pas environ de la porte Maillot, à droite, en se dirigeant vers Saint-Denis, que s'élève la **chapelle Saint-Ferdinand**.

Le 13 juillet 1842, vers 11 heures du matin, le duc d'Orléans, qui devait aller rejoindre Mme la duchesse d'Orléans aux eaux de Plombières et se rendre auparavant à Saint-Omer afin d'y inspecter divers régiments, se fit conduire des Tuileries à Neuilly pour y prendre congé du roi, de la reine et de la famille royale. A la descente de l'avenue de Neuilly, les chevaux de la voiture s'emportent.... le postillon essaye vainement de les retenir.... Près de la porte Maillot, le malheureux prince veut sauter hors de la voiture, ou peut-être est-il lancé en dehors par une violente secousse.... Il tombe sur la tête et se fracture la partie postérieure du crâne. Qui ne connaît la déplorable issue de ce fatal événement? Tous les secours furent inutiles. Le duc d'Orléans avait été mortellement blessé, à midi moins 10 minutes; à 4 heures 10 minutes, il exhalait son dernier soupir, entouré de tous ceux de ses parents qui se trouvaient alors à Paris. La France entière s'associa à la douleur de la famille royale. Elle comprit que cette mort prématurée était un événement national; elle en redouta les conséquences longtemps avant qu'elles ne se fussent réalisées.

Le duc d'Orléans a été enterré à Dreux, à côté de sa sœur, la princesse Marie, dans une chapelle sépulcrale que la duchesse douairière d'Orléans y a fait construire, sur l'emplacement de l'église collégiale, pour les princes des maisons de Toulouse et du Maine. Mais la reine Marie-Amélie a désiré qu'un monument consacrât le lieu où son fils avait rendu son âme à Dieu. La maison de M. Cordier, épicier, dans laquelle le duc d'Orléans avait été transporté, fut achetée 110 000 fr., et, dès qu'elle eut été démolie, MM. Fontaine et Lefranc firent bâtir, sur l'emplacement qu'elle occupait, la chapelle Saint-Ferdinand, dont l'inauguration eut lieu le 11 juillet 1843 sans aucun éclat. La famille royale n'invita à cette douloureuse cérémonie qu'un petit nombre de grands dignitaires qui avaient assisté pour la plupart à la catastrophe du 13 juillet.

La *chapelle Saint-Ferdinand* est visible tous les jours pour les étrangers; il suffit de s'adresser au gardien (pourboire) et de sonner à la porte du n° 10. En entrant dans la cour, on aperçoit à gauche la chapelle, vis-à-vis de l'habitation du concierge et du desservant. En face, au milieu d'une cour entourée de cyprès, s'élève un beau cèdre du Liban. Ce cèdre, rapporté d'Afrique par le duc d'Orléans, avait d'abord été planté dans le parc de Neuilly. Il a été, depuis la construction de la chapelle, replanté par M. le comte de Paris lui-même à l'endroit où on le voit aujourd'hui.

La chapelle a été bâtie dans le style byzantin mitigé par quelques détails d'architecture antique. Elle forme une croix grecque. Une croix en pierre marque à l'extérieur le point d'intersection des nefs. Les vitraux de ses trois portails et de ses fenêtres cintrées ont été exécutés à Sèvres d'après des compositions de M. Ingres. Ils représentent: au-dessus de la porte d'entrée, *la Foi*; à droite en entrant, *saint Raphaël, sainte Adélaïde, saint François*; à gauche, *saint Clément*, sainte Rosalie, saint Antoine; dans le bras de droite, où se trouve le tombeau du duc d'Orléans, l'Espérance, saint Henri et sainte Hélène; dans le bras de gauche, où s'élève l'autel de la Vierge, la Charité, saint Charles Borromée et saint Rupert; dans le bras du fond, qui contient le maître autel : à droite, saint Ferdinand et sainte Amélie; à gauche, saint Louis et saint Philippe.

Le tombeau ou cénotaphe élevé au duc d'Orléans a été exécuté, dans les ateliers du Louvre, par M. de Triqueti, d'après les dessins de M. Ary Scheffer. Un piédestal de marbre noir porte la figure du prince étendu sur un matelas et revêtu du costume d'officier général. Sur un socle qui forme le prolongement du piédestal, à droite, est un ange en prière, l'une des dernières œuvres de la princesse

La chapelle Saint-Ferdinand.

Marie. Ces deux statues sont en marbre blanc de Carrare. Un enfoncement semi-circulaire ménagé dans le piédestal renferme un bas-relief d'un beau caractère : la France, sous la forme d'un ange, étreint du bras gauche une urne qu'elle arrose de larmes, et tient de la main droite un drapeau tricolore renversé.

Le prie-Dieu du comte de Paris a été brodé par Mme la duchesse d'Orléans. Devant le grand autel, sont les prie-Dieu du roi et de la reine, brodés par la reine Amélie (celui du roi) et par la reine des Belges (celui de la reine). Derrière, dans une sorte de niche, éclairée par le haut, on a placé une Descente de croix, remarquablement sculptée, par M. de Triqueti.

Dans la sacristie, située derrière le maître autel, se trouve un tableau de Jacquand (1844), représentant les derniers moments du duc d'Orléans. A la droite du prince, étendu sur un matelas, est le roi, et, par derrière, on aperçoit les maréchaux Gérard et Soult, MM. Pasquier et Guizot; derrière le prince se trouve M. le docteur Pasquier qui lui tient la tête; au-dessus apparaît M. Martin du Nord. On prend généralement pour M. Thiers M. le le docteur Destouches, médecin de Neuilly, qui porte des lunettes. Près du matelas, à gauche, se pressent, dans l'ordre suivant, la reine, Madame Adélaïde (chapeau de paille), la princesse Clémentine, la duchesse de Nemours, le duc d'Aumale et le duc de Montpensier, le général Athalin, derrière lequel on remarque le général Gourgaud, le curé de Neuilly, derrière lequel se tient le général de Rumigny, et enfin un prêtre nommé Magnani.

Dans le *salon* de la maison occupée par le concierge et par le desservant ont été placées deux pendules qui marquent l'heure de la chute (midi moins dix minutes, 13 juillet 1842) et l'heure de la mort (quatre heures dix minutes); sur la table du milieu est un *coussin* brodé par la reine pour l'archevêque de Paris, lors de la consécration de la chapelle. On voit aussi, dans ce salon, une pirogue qui avait été rapportée du Canada par le prince de Joinville, et dont le duc d'Orléans s'est souvent servi pour se promener sur la Seine.

Au delà de la porte Maillot et de la route de la Révolte, s'étend, sur la droite, un village qui dépend de Neuilly, et au milieu duquel se trouve la mairie; on l'appelle **Sablonville;** il doit son nom à la plaine des Sablons, sur laquelle il a été bâti. Cette plaine de sable ne servait autrefois que de champ de revue ou de manœuvre. Parmentier y fit, dit-on, ses premiers essais pour naturaliser en France la pomme de terre. En 1795, la Convention y créa un camp de jeunes gens de seize à dix-sept ans et demi, qu'elle appela les *élèves de l'École de Mars*, et qui n'exista que quatre mois. Plus tard, on essaya d'y fonder un établissement rival de Tivoli, mais cette tentative ne fut pas plus heureuse. Alors on prit le sage parti d'y bâtir des maisons, et, depuis, les propriétés y ont quadruplé de valeur.

Une double ligne de maisons, de villas et d'hôtels, borde l'avenue de Neuilly, de la porte Maillot au pont, près duquel s'arrêtent les omnibus.

**Neuilly** est une ville tout à fait moderne. Sur l'emplacement qu'elle occupe, il n'y avait, au moyen âge, qu'un petit port, appelé *portus de Lulliaco* dans les monuments historiques qui datent de cette époque. De Lulliacum, on a fait avec le temps *Nully*, puis Neuilly, par corruption. On y passait la Seine dans un bac, pour aller à Saint-Germain. Un jour Henri IV revenait de cette résidence avec la reine Marie de Médicis. Ses chevaux, qu'on avait oublié de faire boire, essayèrent de se désaltérer, et renversèrent la voiture royale dans la rivière. L'auguste couple faillit s'y noyer. Henri IV, retiré de l'eau à grand peine, fut obligé d'y rentrer pour aider au sauvetage de la reine. La duchesse de Verneuil, la maîtresse du roi, dit, en apprenant cette aventure : *Si j'avais été là, comme j'aurais crié : La reine boit!* On ne sait pas si le roi goûta cette facétie; mais, pour éviter que l'ac-

...dent qui y avait donné lieu ne se renouvelât, et bien qu'il eût été guéri d'un violent mal de dents il n'avait jamais trouvé, disait-il, le meilleur remède pour pareil mal), il fit construire un pont en bois de dix-huit arches (1609), à l'endroit où était le bac. Ce pont, mal bâti, peu solide, et déjà reconstruit sous le règne de Louis XIII, fut remplacé, au XVIIIe siècle, par celui qu'on y voit aujourd'hui, magnifique ouvrage de l'ingénieur Péronnet, auquel on doit également le pont de la Concorde. Louis XV passa le premier (le 22 septembre 1778) sur le nouveau pont de Neuilly, long de 250 mètres et composé de cinq arches qui ont chacune 40 mètres d'ouverture et 40 mètres de hauteur sous clef au-dessus du niveau des eaux moyennes. C'était le premier pont horizontal qui eût été construit. Quand il fut achevé, on prolongea jusqu'au sommet de la colline qui le domine, sur la rive gauche du fleuve, la grande avenue qui continuait celle des Champs-Élysées, et qui s'arrêtait alors à la porte Maillot. Depuis cette époque, le petit village dont le pont portait le nom, devint un bourg, mais c'est seulement de nos jours qu'il s'est élevé au rang de ville.

En 1740, le comte d'Argenson, alors ministre de la guerre, acheta de son beau-frère, Hérault de Séchelles, une modeste habitation, située à Neuilly, sur la rive droite de la Seine ; et, à la place de cette maison, il fit bâtir un château par l'architecte Castand. Le comte d'Argenson, et son frère, le marquis d'Argenson, se virent bientôt entourés de courtisans et de flatteurs, dans leur nouvelle résidence, que des poëtes de bas étage surnommèrent le *Parnasse français*. Parmi leurs hôtes habituels, les plus célèbres furent Voltaire, Fontenelle, Montesquieu, Marmontel, Duclos, Moncrif, le président Hénault, Diderot, d'Alembert, Grimm, Dorat, Panard, Collé, Saurin, l'abbé Voisenon. Quand le marquis d'Argenson crut devoir ordonner, en sa qualité de ministre, des poursuites contre l'*Encyclopédie*, il accorda secrètement un asile dans son château de Neuilly aux volumes poursuivis. Son fils, Paulmy d'Argenson, l'auteur des *Mélanges d'une grande bibliothèque*, le fondateur de la bibliothèque de l'Arsenal, vendit ce château au chevalier de Sainte-Foy, que ses efforts pour sauver Louis XVI de la prison du Temple ont rendu célèbre. Talleyrand en devint à son tour acquéreur en 1800 ; il y donna des fêtes splendides, et il y satisfit sa passion pour la pêche à la ligne. Murat l'a possédé un instant sous l'Empire, avant de monter sur ce trône de Naples, qui devait être un jour son échafaud. La princesse Pauline Bonaparte, veuve du général Leclerc et mariée au prince Camille Borghèse, y tint ensuite une cour brillante. Le 5 juillet 1815, deux jours après la signature de la convention de Saint-Cloud, qui avait livré Paris aux alliés, le duc de Wellington y reçut la visite de Fouché, qu'il présentait le lendemain à Louis XVIII, dans la ville de Saint-Denis, de concert avec M. de Talleyrand, et qu'il faisait nommer ministre de la police.

En 1814, Louis XVIII désirant posséder les écuries de Chartres, ancien apanage de la maison d'Orléans, avait offert en échange au duc d'Orléans l'Élysée ou le château de Neuilly, à son choix. Le duc avait choisi Neuilly dont, après la Restauration, il agrandit les bâtiments et le parc. Le château proprement dit contenait 30 logements de maître, 500 lits de suites, des écuries pour 200 chevaux, des remises pour 40 voitures. Le *grand parc* et le *petit parc*, séparés par une large avenue qui réunissait le château de Neuilly au *château de Villiers*, s'étendaient de la Seine jusqu'aux fortifications.

C'est à Neuilly que naquirent presque tous les princes et toutes les princesses d'Orléans. C'est à Neuilly que, en 1830, la couronne de France fut offerte au duc d'Orléans; c'est à Neuilly que se rendait, le 13 juillet 1842, le duc d'Orléans lorsque ses chevaux s'emportèrent et qu'il se tua si malheureusement en s'élançant de sa voiture sur la chaussée (voyez ci-dessus, *chapelle Saint-Ferdinand*). En 1848, une bande de voleurs, composée en majorité des habitants des villages voisins, se rua sur le château de Neuilly, le pilla et l'incendia. Un grand nombre de ces misérables, ivres de toutes sortes d'excès, périrent sous les décombres, où l'on retrouva leurs ossements calcinés. Après le coup d'État du 2 décembre 1851, Louis-Napoléon, alors président de la République, décréta (22 janvier 1852) « qu'il ne justifierait pas la confiance du peuple s'il permettait que des biens qui devaient appartenir à la nation fussent soustraits au domaine de l'Etat. » En conséquence, il restitua à ce domaine les biens meubles et immeubles qui étaient l'objet de la donation faite, le 7 août 1830, par le roi Louis-Philippe, au profit de ses enfants. Un décret du même jour interdit aux membres de la famille d'Orléans, à leurs époux, épouses et descendants, de posséder aucuns meubles ou immeubles en France, et leur enjoignit de vendre d'une manière définitive tous les biens qui leur appartenaient dans l'étendue du territoire de la république. En vertu de ces décrets, les parcs des châteaux de Neuilly et de Villiers ont été vendus. De vastes avenues sont tracées dans le grand parc de Neuilly; d'élégantes maisons de campagne s'y construisent. Le petit parc est encore intact. Les pavillons de Mme la duchesse d'Orléans et de Mme Adélaïde, qui avaient échappé à l'incendie du château, sont loués pendant la belle saison à diverses personnes. Quant au château de Villiers, la résidence favorite du dernier duc d'Orléans, il est complétement démoli. Une rue passe maintenant sur l'emplacement qu'il occupait. Les îles, dont les ponts n'existent plus, ne sont pas louées.

Aujourd'hui l'ex-reine des Français, la veuve de Louis-Philippe, Marie-Amélie, porte dans l'exil le titre de comtesse de Neuilly.

Parmi les personnages illustres qui ont habité Neuilly au XVIIIe siècle, on doit citer surtout Gouvion Saint-Cyr, Cambronne, Chaptal, Millevoye, Hérold, de Mirbel. M. l'abbé Bellanger, auteur d'une excellente *Histoire de Neuilly* qui se vend au profit des pauvres de la commune, mentionne aussi Delisle de Sales, cerveau exalté, esprit ardent. Il avait

...mposé, dit-il, près de cent-vingt volumes. Son *Histoire des hommes* en ...mpte cinquante-deux. Cet auteur ...fatigable, ajoute-t-il, se promenait sans cesse le long des grandes ...enues, les poches pleines de ses ...rits, et il en proposait la lecture ...es amis, qui s'estimaient heureux ...and ils pouvaient le fuir. Delisle ...rdit patience en se voyant privé ...s éloges auxquels il s'attendait; ...fit donc lui-même son apothéose, ...plaçant dans son jardin son buste ...marbre blanc, au-dessous du...el il mit cette inscription :

..., l'homme, la nature, il a tout expliqué.

Andrieux ajouta plus tard :

...a personne avant lui ne l'avait remarqué.

A part ses souvenirs, Neuilly n'a ...en d'intéressant. Son église est ...oderne. Les portes des Sablons et ...Madrid le mettent en communi...tion avec le bois de Boulogne ...yez le plan). De son pont, qui ...averse l'*île du Pont*, on découvre ...charmants paysages sur la Seine, ...s îles, ses bords. Courbevoie, ...teaux, Suresnes, le mont Valé...en (voir pour ces diverses locali...s le chemin de fer de Versailles, ...e droite, 3ᵉ section).

Neuilly a aujourd'hui une population de plus de 16 000 habitants. ...le fait partie du département de ...Seine, arrondissement de Saint-...nis. Sa *fête patronale* se célèbre ...jour de la Saint-Jean ou le di...anche qui le précède.

Autrefois Neuilly dépendait de *illiers-la-Garenne*. C'est aujourd'hui Villiers qui dépend de Neuilly. ...n appelle Villiers le hameau com...is entre le petit parc et Cour...lles. La rue de Villiers mène à Courcelles et au village Levallois (Voir ci-dessus, page 8).

Une des curiosités de Neuilly est le bel établissement fondé, place de Villiers-la-Garenne, 10 (1 fr. d'entrée), par les célèbres jardiniers fleuristes Lemichez frères.

Nous ne quitterons pas Neuilly sans raconter cette aventure bien connue cependant, qui, au moment où Pascal allait peut-être s'attacher à la vie mondaine par un mariage. le rappela à Dieu par une secousse vigoureuse et imprévue. « Pascal, dit M. Geruzez (*Essais d'histoire littéraire*), se promenait avec des amis dans une voiture attelée de quatre chevaux; tout à coup l'attelage s'emporta, la voiture fut entraînée vers le pont de Neuilly, qui n'avait pas de garde-fous; deux chevaux tombèrent dans la rivière; mais, les courroies qui les attachaient s'étant rompues, les voyageurs n'eurent que la peur de la mort. Cet accident produisit sur l'imagination de Pascal une impression terrible. La mort l'avait menacé dans un moment, où tout entier aux plaisirs du siècle, son âme n'était pas en règle avec Dieu. Le gouffre, sur les bords duquel il s'était arrêté comme par miracle, fut pour lui l'image de l'éternité; dès lors il vit toujours devant lui cet abîme de l'infini prêt à l'engloutir. Voilà ce que les hommes ont appelé sa vision et presque sa folie. L'abîme sans cesse ouvert sous les yeux de Pascal, ce fut la pensée de l'éternité, pensée austère et sublime qui gouverna le reste de sa vie et régla tous ses mouvements, toutes ses actions, par la perspective de la mort toujours menaçante, incertaine, mais inévitable. »

« Cette rupture avec le monde ramena Pascal vers les solitaires de Port-Royal, et établit entre Arnauld, Nicole et lui, une étroite liaison. Il avait renoncé d'une manière absolue à l'étude des sciences pour se livrer exclusivement à la méditation des saintes Ecritures; il s'imposait les plus dures privations, et retranchait même sur le nécessaire pour répandre le superflu de son bien en aumônes : c'est là ce que Voltaire appelle le dérangement de son cerveau. « Ne vous lassez pas, « écrivit-il à Condorcet, de répéter « que, depuis l'aventure du pont « de Neuilly, le cerveau de Pascal « était dérangé. » Singulière altération qui produisit les *Provinciales* et les *Pensées*, c'est-à-dire ce qu'il y a de plus ingénieux, de plus éloquent et de plus sublime dans notre littérature. »

### LES TERNES.

*Omnibus.* — Lettre C, du Louvre à l'avenue de l'Étoile. — Lettre D, du boulevard des Filles-du-Calvaire à la place de l'Église, aux Ternes. — Lettre M, de Belleville à la barrière de l'Étoile. — *Chemin de fer d'Auteuil*, embarcadère, rue Saint-Lazare (place du Havre). Voir pages 4, 5 et 6. La station porte le nom de Courcelles.

*Distances.* Les Ternes sont à : 5 kil. de Notre-Dame (ils touchent à la barrière du Roule et à la barrière de l'Étoile), 2 kil. de Batignolles, 2 kil. de Courcelles, 3 kil. de Neuilly.

Le village appelé **les Ternes** doit son nom à la ferme d'Esterne, qui se trouvait située au moyen âge presque au sommet de la butte de l'Étoile, non loin de l'emplacement qu'occupent aujourd'hui le rond-point de ce nom et l'Arc de Triomphe. A quelle époque cette ferme d'Esternes devint-elle une seigneurie? On ne le sait pas. On ignore également la date de la construction du château. Pendant le règne d'Henri III, ce château, autour duquel se groupaient quelques maisons particulières, était habité par le secrétaire du roi. Henri III s'y arrêtait souvent en allant à son palais de Madrid. Il y séjourna lors du siège de Paris. Au XVIIe siècle, après sa reconstruction, Bossuet, qui y résidait, y composa, dit-on, l'oraison funèbre d'Henriette d'Angleterre. Pour y consacrer le souvenir de ce grand homme, un des propriétaires du château, le financier Lebouteux de Boismont, érigea, dans l'appartement qu'avait occupé l'évêque de Meaux, une chapelle consacrée à Notre-Dame Auxiliatrice. A la même époque, derrière le château des Ternes, se trouvait une petite maison, habitée par Gilles Boileau, le frère aîné de Despréaux, satirique aussi, mais d'une humeur plus âcre que l'auteur du *Lutrin*, et d'un talent bien inférieur.

Lalive de Bellegarde, dont le fils aîné fut le père de Mme d'Houdetot, acheta au XVIIIe siècle la terre et le château des Ternes. Jean-Jacques Rousseau vint probablement y visiter une des femmes dont il fut le plus passionnément épris. Plus tard le marquis de Galliffet s'y ruina par les fêtes somptueuses qu'il voulut y donner. Il fut remplacé par M. de Bombarde, qui y appela près de lui Adanson. Ce célèbre naturaliste y écrivit son *Histoire naturelle du Sénégal*. Forcé de quitter le château, dont il était seulement locataire, M. de Bombarde fit don à son protégé d'une maison et d'un grand jardin, situé

...rrière la propriété seigneuriale. ...danson put s'y livrer à ses études; ...y composa sa classification des ...milles des plantes, et il y resta ...squ'à la Révolution, qui l'en dé...ouilla. Il n'en continua pas moins ...s travaux, malgré le dénûment ...ofond dans lequel il était tombé. ...l'eût peut-être ignoré, si l'In...itut, lors de sa création, ne l'eût ...vité à prendre place parmi ses ...embres. Il répondit qu'il ne pou...it se rendre à cette invitation, ...rce qu'il *n'avait pas de souliers*. ...r l'ordre de Napoléon, il reçut ...us tard de M. de Champagny une ...ension qui adoucit ses derniers ...oments. Il mourut à l'âge de ...xante-dix-neuf ans, exprimant ...s son testament le désir, « qu'une ...irlande de fleurs, prises dans les ...quante-huit familles qu'il avait ...ablies, fût la décoration de son ...rcueil, » passagère image des ...numents plus durables qu'il s'est ...gés lui-même.

Du château des Ternes et de la ...aison d'Adanson il ne reste plus ...e des souvenirs. Avant la Révo...tion ce hameau, qui dépendait de ...commune de Villiers, ne comp...it parmi ses habitants qu'un petit ...mbre de fermiers et de cultiva...urs, quelques gentilshommes et ...rtout des financiers, qui y pos...daient des maisons de plaisance, ...tourées de beaux et vastes jardins. ...s maisons de plaisance ont dis...ru ou vont disparaître; presque ...rtout, elles sont remplacées par ...s usines, des fabriques et des ...nsionnats. Les Ternes, devenus à ...ur tour une petite ville, ont été ...unis à la commune de Neuilly. La ...pulation s'y accroît chaque jour. ...a dépasse aujourd'hui 5000 habi-

tants. La longue et large rue qui continue au delà de la barrière du Roule la rue du faubourg du Roule jusqu'à Neuilly, s'est transformée en un magnifique boulevard, bordé de belles maisons. Un de ses nombreux établissements de marchands de vin jouit, sous l'Empire et pendant toute la Restauration, d'une grande renommée, dans le monde des grisettes et de la petite bourgeoisie parisienne; c'est le *bal Dourlans*, où se réunissait chaque dimanche une société nombreuse. Ce bal existe toujours; il n'a rien perdu de sa vogue, mais ses habitués ne sont plus les mêmes qu'autrefois. Il diffère peu maintenant des établissements analogues des autres barrières. Le prix d'entrée (50 centimes en consommation) dit assez ce qu'il est devenu.

On a découvert des eaux minérales aux Ternes comme à Passy; mais elles ne sont pas exploitées. Elles se trouvent dans une propriété qui est située rue Demours, 33. Elles occupent un bassin ovale et sont très-abondantes en certaines saisons, mais toujours mélangées avec d'autres sources d'eaux naturelles dont on n'a pas encore pu les isoler.

La population des Ternes ne se compose pas seulement de marchands de vin, d'industriels et de fabricants; elle compte un certain nombre de petits rentiers, de cultivateurs, des maraîchers, et même des hommes de lettres. Un de nos historiens les plus célèbres, M. Michelet, demeure rue de Villiers, 57. C'est aux Ternes que Géricault a peint son *Naufrage de la Méduse*.

L'unique monument des Ternes est une petite *église* fort simple dédiée à saint Ferdinand et construite, de 1844 à 1845, par M. Lequeux, architecte de l'arrondissement de Saint-Denis.

### BATIGNOLLES-MONCEAUX.

*Omnibus.* — Lettre M, de Belleville à la barrière de l'Étoile. — Lettre H, de l'Odéon à la barrière Blanche. — Lettre F, de la place de la Bastille à la place de la Mairie. — Lettre G, du Louvre à la Grande-Rue. —*Chemin de fer d'Auteuil*, rue Saint-Lazare, à Paris (voir page 5).

*Distances.* Batignolles est à : 4 kil. de Notre-Dame, 3 kil. 500 m. de Saint-Ouen, 2 kil. 500 m. de Clichy, 6 kil. de Saint-Denis, 1 kil. de Montmartre, 2 kil. des Ternes. Elle touche aux barrières de Clichy et de la Réforme.

**Batignolles** est une ville contemporaine. En 1800, des cultures diverses couvraient tout le territoire qu'elle occupe; seulement quelques maisons s'étaient groupées autour de la barrière de Clichy, et un petit hameau nommé Monceaux existait près de la barrière du même nom. Ces maisons et ce hameau dépendaient de la commune de Clichy-la-Garenne. Aujourd'hui la vaste étendue de terrains compris entre la barrière de Clichy et les fortifications est parsemée d'habitations, d'usines, d'entrepôts, et sillonnée de rues. Les cabarets, qui établis au delà des barrières, formèrent d'abord un village, puis ce village devint une ville, qui s'est réunie au hameau de Monceaux, ou plutôt qui l'a absorbé en 1830. En 1814, le nombre de ses habitants était inférieur à 3000; il atteignait le chiffre de 9000 en 1835; aujourd'hui il dépasse 40 000, et ce chiffre augmente toujours.

L'origine du nom de *Monceaux* vient, d'après certains étymologistes, de *monticellum* (petit mont). Malheureusement pour ces érudits, il n'y eut probablement jamais d'éminence sur la plaine où se trouve située cette localité. Selon d'autres, il vient de *mussulum* ou *mussuli* (lieux couverts de mousse), d'où il suit qu'il vaudrait mieux écrire Mousseaux que Monceaux. Le problème n'est pas résolu, et, pour parler comme les grammairiens, l'un et l'autre se dit ou se disent.

*Batignolles* doit son nom à un ancien canton de la forêt de Rouvray, ou du moins à une remise ainsi appelée, qui existait avant 1789 le long du chemin des Bœufs, à son point d'intersection avec le chemin des Moines.

Batignolles était encore un village lorsqu'elle s'illustra par un glorieux fait d'armes. En 1814, le maréchal Moncey y soutint contre les Russes une lutte héroïque, à laquelle la barrière de Clichy a donné son nom et que les arts ont popularisée. Depuis elle n'a plus fait parler d'elle. Une très-petite maison de marchand de vin, qui porte l'enseigne du père Latuille, fut le théâtre de l'un des épisodes les plus dramatiques de la brillante mais inutile défense de Paris (voy. *Belleville*). Ce souvenir a porté bonheur au modeste établissement, devenu aujourd'hui un des plus célèbres restaurants de la banlieue. Une copie du combat de la barrière de Clichy, d'après le tableau de M. Horace Vernet, que possède le musée du Luxembourg, est exposée dans les salons de l'établissement du père Latuille, situé dans la Grande-Rue de Paris.

On ne trouve d'ailleurs ni mo-

...uments remarquables, ni somptueux édifices à Batignolles. La ...airie, bâtie il y a peu d'années ...ans le style néogrec à la mode ...ujourd'hui, mérite certainement ...es éloges, mais elle ne vaut pas ...ne visite[1]. L'*église*, construite en ...829, a la forme d'un temple ...tique. Elle s'élève sur une place ...ssez vaste plantée d'arbres. Un ...mple *protestant*, qui date de ...834, a été érigé sur le boulevard ...e Batignolles ; un *théâtre*, de ...struction assez moderne, se ...rouve situé à peu de distance du ...mple et près de l'*École nationale* ...lonaise (n° 56), établissement ...stiné à l'éducation des fils des ...roscrits que la révolution de 1831 ...chassés de leur patrie. Batignol...s possède également un vaste ...battoir, et des établissements in...ustriels de premier ordre, no...mment les *usines à gaz* de la ...ompagnie du Nord, pour l'éclai...go des communes de Batignolles, ...e Montmartre, de la Chapelle et ...s Clichy, avenue de Clichy, 70; ...*usine Gouin et C*ⁱᵉ, pour la con...truction et le matériel des che...ins de fer, même avenue, 100.

La partie septentrionale de la ...ille est surtout occupée par ces ...tablissements industriels. Mais les ...es qui aboutissent aux boulevards ...ssemblent à celles des plus beaux ...uartiers de Paris. Elles sont ha...itées en effet par des rentiers, ...es employés, des maîtres et des ...aîtresses d'institutions pour les

---

[1]. En 1849 M. Dufaure, alors ministre ...l'intérieur, a donné à la ville de Bati...nolles un tableau de Papety, qui repré...ente la République française couronnant ... travail. Ce tableau, enlevé après les ...vénements de décembre 1852 de la place ...'il occupait, est resté à la mairie.

deux sexes. De nombreuses tables d'hôte, dans le genre de celles de Montmartre, s'y sont établies. La *Grande-Rue* ou *rue de Paris*, la plus belle de Batignolles, est bordée de restaurants, de cafés et de marchands de vin. C'est là que se trouvent le *restaurant du père Latuille*, et le *restaurant Weppler*, qui lui fait une active concurrence.

De Monceaux nous n'avons rien à dire, bien qu'il ait été autrefois une seigneurie appartenant d'abord à la famille de Charron, qui la vendit, en 1746, au fermier général Grimod de la Reynière, père du littérateur gastronome dont tout le monde sait le nom. C'est actuellement un amas assez laid de cabarets et d'établissements de maraîchers.

Batignolles est traversée par le tunnel des chemins de fer de l'Ouest (Versailles, Chartres, Saint-Germain, le Havre, Caen, etc.) C'est sur son territoire que se trouvent, près de l'embarcadère auquel elle a donné son nom, l'embranchement du chemin de fer d'Auteuil et les vastes ateliers qui servent à la fabrication et à l'entretien du matériel de toutes les lignes de l'Ouest.

## CLICHY-LA-GARENNE.

*Omnibus.* Les Clichiennes, rue de Paris, à Batignolles; 25 cent. la semaine, 30 cent. le dimanche, 15 et 20 cent. quand on les prend près du mur d'enceinte, où un second bureau a été établi. — Correspondance au retour avec tous les quartiers de Paris, moyennant un supplément de 20 cent. — Départs toutes les demi-heures.

*Distances.* Clichy est à : 6 kil. 500 mèt. de Paris, 2 kil. 500 mèt. de Saint-Ouen, 2 kil. 500 mèt. de Neuilly, 5 kil. de Saint-Denis.

Pour aller de Batignolles à Clichy,

on suit la Grande-Rue, puis on prend à gauche l'avenue de Clichy, que l'on descend. Avant de passer sous le chemin de fer de ceinture, on laisse à droite l'usine Gouin, en face de l'abattoir; on sort ensuite de l'enceinte des fortifications, un peu en deçà du chemin de la Révolte, qui conduit, sur la droite, à Saint-Ouen, sur la gauche, à Neuilly. Au delà de ce chemin commence Clichy-la-Garenne, affreuse agglomération de vilaines maisons, où ne doivent aller que ceux qu'y appellent leurs affaires.

**Clichy-la-Garenne**, situé sur la rive droite de la Seine, en face d'Asnières, est actuellement un bourg industriel de 7000 habitants, rempli de blanchisseries, d'usines, d'entrepôts; mais il fut jadis une résidence royale, et il peut se vanter d'une origine fort ancienne. En effet, selon les étymologistes, son nom vient du mot celte *clipp*, traduit plus tard en latin par *clippiacum*, qui veut dire clapier. Le mot *Garenne*, ajouté depuis des siècles à celui de Clichy, tendrait à confirmer cette étymologie. Du reste, sous les rois des premières races, on ne chassait pas seulement le lapin à Clichy : la forêt de Rouvray, qui couvrait toute cette plaine et même les hauteurs de Batignolles et de Montmartre, abondait en cerfs, en daims, en sangliers, en bœufs sauvages; on y trouvait même des quadrupèdes dont la race a été presque entièrement détruite en Europe.

Clichy dut de bonne heure une certaine importance, d'abord à l'étendue de son territoire, qui touchait d'un côté aux portes de Saint-Denis, de l'autre aux terrains occupés aujourd'hui par la rue Saint-Lazare à Paris, ensuite au palais qu'y possédèrent les rois mérovingiens. De tous les monarques de la première race, Dagobert est celui qui a laissé le plus de souvenirs dans l'histoire de Clichy. Il y répudia sa première femme, Gomatrude, pour y épouser Nantichilde. Depuis, Clichy vit se tenir plusieurs conciles et des assemblées importantes. Toutefois, les rois de France avaient, à ce qu'il paraît, abandonné cette résidence dès le IXe siècle, époque à laquelle leur domaine devint la propriété de l'abbaye de Saint-Denis.

En 1612, Saint-Vincent de Paul fut nommé curé de Clichy. Il avait préféré cette cure à une riche abbaye. Il fit rebâtir l'église actuelle en 1630. Cet édifice, qui n'offre aucun intérêt au point de vue de l'art, et qui, d'ailleurs, a dû être en partie reconstruit, possède quelques reliques de ce saint.

Pendant la Révolution, un club royaliste tint ses séances à Clichy, sous la présidence d'un ex-conventionnel, Henri Larivière. Les membres de ce club, auxquels l'histoire a conservé la désignation de *Clichiens*, se dispersèrent après le 18 fructidor. Plusieurs furent déportés.

En 1834, la majorité des habitants de Clichy, malgré les exemples et les souvenirs que leur avait légués saint Vincent de Paul, se laissa convertir par l'abbé Auzou, avec une facilité qui tient du prodige. Presque tous se firent catholiques de l'Église française, que venait de fonder cet abbé Auzou, après s'être séparé de l'abbé Chatel. Cependant, les catholiques romains de la commune voulurent que l'église parois-

# CLICHY-LA-GARENNE. — SAINT-OUEN.

…iale restât à la disposition du curé nommé par l'archevêque. Les nouveaux convertis réclamèrent au contraire cette église pour l'abbé Auzou. Une émeute éclata, et la police correctionnelle fut le concile où se décida cette question de controverse religieuse.

Clichy, avons-nous déjà dit, est un pays de blanchisseries, d'usines et de fabriques. Nous citerons, parmi les usines, une succursale des établissements de la compagnie Cavé, sur les bords de la Seine, à peu de distance du pont d'Asnières : la fabrique de cristaux, une des plus importantes de France ; la fabrique de céruse, dite blanc de Clichy ; la fabrique de blanc de zinc ; la fabrique de sel ammoniaque ; puis une savonnerie, une distillerie, des fabriques de produits chimiques, de noir animal, etc.

La *fête patronale* de Clichy-la-Garenne se célèbre le dimanche qui suit le 8 juin.

Une chasse au cerf,
près du château de Clichy-la-Garenne,
dans la forêt de Rouvray.

Clichy-la-Garenne a voulu avoir sa *villa* comme Auteuil : une propriété assez vaste qui vient d'être vendue par lots, et dans laquelle on a tracé des rues nouvelles ; mais Clichy aura beau s'embellir, se vanter, se pavaner, ce sera toujours un geai paré des plumes d'un paon.

### SAINT-OUEN.

*Omnibus.* Rue de Paris, à Batignolles, 30 cent. la semaine, 40 cent. le dimanche. Départ toutes les demi-heures. Correspondance avec tous les quartiers de Paris, moyennant un supplément de 20 cent. — Ces voitures n'entrent dans l'intérieur de Saint-Ouen que le matin et le soir. Pendant la journée elles déposent les voyageurs à l'entrée du village, sur le chemin de la Révolte, car elles vont jusqu'à Saint-Denis (60 cent.).

*Distances.* Saint-Ouen est à : 7 kil. 500 mèt. de Notre-Dame, 3 kil. 500 mèt. de la barrière de Clichy, 2 kil. 700 mèt. de Montmartre, 2 kil. 500 mèt. de Clichy, 5 kil. de Neuilly, 2 kil. 500 mèt. de Saint-Denis.

Quand on va de la barrière de

Clichy à Saint-Ouen, on laisse sur la gauche, à l'extrémité de la Grande-Rue, l'avenue de Clichy, pour descendre à droite la route de Saint-Ouen : on traverse le chemin de fer de ceinture à niveau avant de sortir des fortifications; puis on laisse à droite le chemin qui conduit à la Glacière, et on rejoint le chemin de la Révolte, près du château de Saint-Ouen, situé, ainsi que le village du même nom, entre ce chemin et la Seine.

**Saint-Ouen** a une origine ancienne. Ce fut, comme Clichy, une résidence royale du temps des Mérovingiens. Dagobert, qui affectionnait ce séjour, s'y réconcilia, dit-on, avec saint Amand, un honnête évêque qu'il avait banni de son royaume pour le punir de lui avoir adressé de sages remontrances. En 683, un évêque de Rouen, appelé OEdenus, y mourut, et du nom de ce saint dériva par la suite celui que porte actuellement la commune.

Saint-Ouen ne fut d'abord, à ce qu'il paraît, qu'une chapelle, entourée d'un terrain où les moines de Saint-Denis avaient le droit de déposer et de raccommoder leurs filets. Plus tard cette chapelle devint une église, qui échut aux moines de Marmoutier, et dont héritèrent, au XIᵉ siècle, les chanoines de Saint-Benoît de Paris. Cette église attira jusqu'au XVIIᵉ siècle un grand nombre de pèlerins. « Le pèlerinage, dit en effet l'abbé Lebœuf, y est fort fréquenté contre le mal de surdité; on y conserve un doigt du saint évêque qui est enchâssé, et on le fait poser près de l'oreille des personnes sourdes, dont un grand nombre de pèlerins se sont très-bien trouvés. » Cette église consolidée et agrandie à diverses époques, menace ruine. On aura bien dû la rebâtir, quand on a pl[aqué], en 1840, devant ses restes l[é]zardés, une façade ornée de statuettes, qui ont été trouvées fouies dans le sol où l'on creus[ait] ses fondations. La terrasse sur laquelle elle s'élève offre de charmants points de vue.

La seigneurie de Saint-Ouen étant tombée en la possession de Jean, fils de Philippe VI, ce monarque fit de grands embellissements et fonda, en 1351, l'ordre des *Chevaliers de l'Étoile* ou de la *Noble Maison*. Ces chevaliers, au nombre de 500, avaient pour insignes une bague, sur laquelle étaient gravés leurs noms et surnoms. On remarquait sur cette bague un cercle d'émail, au centre duquel brillait une étoile, et cette étoile renfermait un autre cercle d'azur, qui enchâssait un soleil d'or. Ils portaient, en outre, à un chaperon de leur manteau, une étoile d'argent avec cette devise : *Monstrant regibus astra viam*, « les astres montrent le chemin aux rois. » Cet ordre, qui comptait parmi ses membres des gentilshommes des premières maisons de France, et même des princes, tomba en discrédit sous Louis XI, qui fit don de la Noble Maison aux moines de Saint-Denis (1482), à la seule condition « qu'ils priassent Dieu pour la conservation de sa personne. »

Depuis cette époque jusqu'au XVIIIᵉ siècle, l'histoire est muette sur Saint-Ouen. En 1745, il n'y restait plus aucune trace de la Noble Maison. M. le duc de Gèvres, qui était le seigneur du village, y possé-

...ait un magnifique château, bâti en 1660 par Lepautre. Il le vendit à la marquise de Pompadour, qui y fit des dépenses considérables. Louis XVIII s'arrêta dans ce château le 2 mai 1814, la veille de sa rentrée à Paris. Talleyrand vint le soir même lui présenter un projet de déclaration qu'il avait soumis, après l'avoir rédigé, à une réunion de sénateurs et à l'empereur Alexandre. Louis XVIII avait déjà déclaré à Compiègne qu'il tiendrait la parole donnée en son nom, mais à trois conditions : il conserverait le titre de roi de France et de Navarre; il se conformerait à la vieille loi monarchique, en continuant à faire remonter la date de son règne à la mort de Louis XVII; enfin, il ne recevrait pas la constitution des mains du Sénat, il la promulguerait comme un acte de sa propre volonté. La lecture du projet de M. de Talleyrand souleva un véritable orage dans le conseil privé de Louis XVIII. Chaque phrase, chaque mot des paragraphes les plus importants parurent aux membres de ce conseil une atteinte ou une injure aux droits de la couronne. M. de Talleyrand essaya vainement de les défendre; il insista principalement sur la nécessité de l'acceptation. Louis XVIII se montra inébranlable. « Si je *jurais* la constitution, lui dit-il en lui jetant un regard de hauteur, vous seriez assis et je serais debout. » Cependant les heures s'écoulaient; la nuit arrivait; M. de Talleyrand, inquiet, fit avertir Alexandre. Le czar, voyant une injure pour ainsi dire personnelle dans cette résistance à l'adoption d'un acte sur la rédaction duquel on l'avait consulté, et dont il avait approuvé tous les termes, transmit, assure-t-on, au prince de Bénévent, un billet ainsi conçu : « Si la déclaration n'est pas publiée ce soir, telle qu'elle a été convenue, *on* n'entrera pas demain dans Paris. » Ce billet fut communiqué confidentiellement à MM. de Blacas et Montesquiou. Il amena une transaction, et le lendemain parut dans le *Moniteur* la DÉCLARATION DE SAINT-OUEN, qui, affichée sur tous les murs de Paris, fut, dit M. de Vaulabelle, pour l'immense majorité de la classe éclairée et des classes moyennes, la promesse d'un long avenir de paix et de liberté.

En 1816, Louis XVIII, ayant acheté le château de Saint-Ouen, le fit démolir, puis reconstruire à l'italienne, pour l'offrir à Mme la comtesse du Cayla, son amie, sa confidente, sa conseillère. En 1823, Mme du Cayla y convia la cour à une fête splendide, où fut inauguré le portrait du roi, peint par Gérard. Ce portrait inspira au chansonnier Désaugiers les vers suivants, fort loués à cette époque par un journal célèbre :

Du roi qui sut aimer, boire et combattre,
Ton art divin, aux Français réjouis,
A rappelé les traits épanouis...

Le château de Saint-Ouen appartient aujourd'hui à la ville de Paris, qui en est restée propriétaire à la suite d'un long procès. On ignore encore l'usage qu'elle en fera[1]. C'est une habitation charmante, entourée d'un beau parc et

[1]. Les héritiers de Mme du Cayla, le prince et la princesse de Craon, son gendre et sa fille, se sont pourvus en cassation contre l'arrêt de la Cour impériale, et occupent encore le château (mars 1856).

agréablement située sur la rive droite de la Seine, en face du pont qui la relie à l'île Saint-Ouen, et qui, construit dans le système Vergniais, vient d'être récemment terminé. On peut y visiter, le jeudi dans la matinée, les appartements de Louis XVIII, en s'adressant au concierge. On y voit, non pas la table sur laquelle il a signé la déclaration de Saint-Ouen, mais le tableau qui le représente signant cette déclaration.

Le prince de Rohan avait fait bâtir à Saint-Ouen, en 1743, une maison de campagne, qui appartint plus tard à Necker, et qui depuis a souvent changé de propriétaire, comme toutes les villas des environs de Paris. Le duc de Nivernais y a possédé aussi une charmante habitation, aujourd'hui détruite en partie. Enfin, sous la Restauration, M. Ternaux y éleva dans son beau parc, possédé aujourd'hui par M. Legentil fils, ce troupeau de chèvres du Thibet dont la laine lui servit à fabriquer les premiers cachemires français.

La *glacière* artificielle de Saint-Ouen, établie dans la plaine entre Montmartre et Saint-Ouen, fournit à Paris une grande partie de la glace qui s'y consomme, environ 6 millions de kilogrammes par an, au prix moyen de 15 à 20 c. le kil.; elle consiste en un puits de 10 mètres de profondeur et de 33 mètres de diamètre. On y fabrique de la glace par des procédés artificiels. On fait couler sur des toits de plomb de l'eau dont la congélation s'obtient alors fort aisément. Puis, sur ces glaces détachées, on continue de verser de l'eau dans de faibles proportions, et ainsi, avec un froid modéré, on se procure en peu de temps une grande quantité de gla...

Ce qu'il faut surtout aller v... à Saint-Ouen, outre son châte... c'est le paysage; ce sont les bo... de la Seine, qui ont fourni à p... d'un peintre célèbre de charma... sujets de tableaux. L'*île*, située... face du village, offre des prome... nades agréables, très-fréquen... par les Parisiens, qui s'y rende... volontiers les jours de fête et les... manches, attirés, ceux-ci, par l... goût pour la campagne, ceux-l... et c'est peut-être le plus gra... nombre, par la renommée des m... telottes et des fritures qu'y débi... deux établissements spéciaux, l... sur la rive droite de l'île, l'aut... sur la rive gauche. Ce dernie... le plus achalandé, se trouve a... nexé à un moulin d'un aspect p... toresque. Tout auprès est un tir... pistolet et à la carabine; ent... tous les dimanches de la belle s... son on danse dans l'île Saint-Ouen.

On trouve aussi quelques caba... rets restaurants tenus par des pê... cheurs le long de la rive droite... la Seine, près de la gare. Ces éta... blissements ne se distinguent n... par leur luxe ni même par le... propreté; mais les canotiers ne so... pas difficiles quand ils revienne... d'un voyage au long cours. Le po... de Saint-Ouen est en effet une d... leurs stations favorites. On peut... louer des embarcations dans tou... les établissements culinaires du ri... vage et de l'île, au prix de 2 franc... l'heure, ou à forfait.

La *gare de Saint-Ouen* a été ou... verte à la navigation le 25 mai 1... Cette gare, située au sud de Saint... Ouen, à peu de distance du châ... teau, se compose : d'un bassin for...

nt port, ayant une longueur de 0 mètres, une superficie de 000 mètres carrés; d'un canal rpendiculaire à la rivière, long 600 mètres et large de 50; et une place régulière de 10 000 mètres carrés de superficie, entre le assin et le chemin de la Révolte. communique avec le fleuve au oyen d'une écluse longue de mètres et large de 12, qui en rmet l'accès aux bateaux de la us grande dimension. Une machine à vapeur de la force de chevaux, mettant en mouvement une roue à palettes, et placée ns un bâtiment situé à côté de cluse, élève, dans le canal et ns le bassin, l'eau de la Seine à n niveau supérieur à celui des auteurs ordinaires du fleuve.

Depuis 1830, il s'est formé autour s bassins une agglomération importante d'usines et d'entrepôts. Les briques noircies par la fumée de houille, leurs hautes cheminées briques, les bateaux qui animent le port, les rideaux de grands bres qui bordent les routes voines, le parc, le coteau, le clober, le pont et l'île de Saint-Ouen rment d'agréables paysages aux pects variés. On aperçoit d'un té Montmartre et les buttes haumont, de l'autre les coteaux Montmorency, de Sannois et de anconville. Parmi les établissements riverains, nous citerons au remier rang l'usine Farcod, justement renommée pour la construction des machines à vapeur, et qui t en même temps un atelier de rges et de fonderie.

La *fête patronale* de Saint-Ouen célèbre le 25 août. Sa population passe 2000 habitants.

## MONTMARTRE. — CLIGNANCOURT.

*Omnibus.* Lettre M, ligne des boulevards extérieurs, de Belleville à la barrière de l'Étoile. — Lettre H, de l'Odéon à la barrière Blanche. — Lettre N, de la barrière Saint-Jacques au Château-Rouge et à Clignancourt. — Lettre I, du Panthéon à la barrière des Martyrs.

*Distances.* Montmartre est à : 4 kil. de Notre-Dame, 1 kil. 800 mèt. de la Chapelle, 2 kil. 700 mèt. de Saint-Ouen, 6 kil. de Saint-Denis, 800 mèt. de Clignancourt. — 10 ou 15 minutes suffisent pour monter à pied, des boulevards extérieurs, ou des barrières Blanche, Pigale ou Montmartre, des Martyrs, Rochechouart et Poissonnière, au point culminant de la butte Montmartre.

**Montmartre** est une ville de près de 40 000 habitants, située au nord de Paris, au pied, sur les pentes et sur le plateau d'une colline gypseuse, conique et isolée, dont les coquilles, les plantes et les ossements fossiles ont, depuis plus d'un demi-siècle, fait faire d'immenses progrès à la géologie, et dont le point culminant est à 129 mètres au-dessus de la mer, 65 mètres au-dessus des barrières Blanche, Pigale et des Martyrs, 104 mètres au-dessus de la Seine. Elle fait partie du département de la Seine, arrondissement de Saint-Denis, canton de Neuilly. En 1817, M. Oudiette, qui du reste ne commettait pas une erreur, lui donnait une population de 2000 habitants, y compris les hameaux de Clignancourt et de la France-Nouvelle.

On a fait dériver tour à tour le nom de Montmartre de *mons Mercurii* (mont de Mercure), de *mons Martis* (mont de Mars) et de *mons Martyrum* (mont des Martyrs). La première de ces étymologies ne compte plus qu'un petit nombre de partisans. Dans l'opinion de ceux qui soutiennent la seconde, il y avait sur le versant de la montagne un temple dédié à Mars. Si la troisième est vraie, saint Denis, décapité sur cette colline, y aurait, après son supplice, pris sa tête dans ses deux mains pour regagner son église, à la grande stupéfaction des spectateurs de son martyre. Malgré les nombreuses discussions auxquelles elle a donné lieu, la question n'est pas résolue. Tout récemment encore (février 1856), M. Edmond Le Blant l'a soulevée dans l'*Athenæum français*. A l'en croire, il ne faut pas chercher ailleurs qu'à Montmartre le lieu de la passion de saint Denis. « Ce qui le prouve, dit-il, c'est la vénération attachée à ce lieu dès les premiers âges de l'Église. La crypte découverte en 1611, au-dessous de la chapelle de Saint-Denis, fut un sanctuaire creusé aux premiers siècles, sur la place, alors sans doute bien connue, où l'apôtre des Gaules et ses compagnons avaient souffert pour la foi ; les inscriptions gravées sur les murs de cette crypte, et constatées par un procès-verbal, furent les actes de visite des pèlerins qui y étaient venus prier. »

L'affluence toujours croissante des fidèles rendit plus tard nécessaire l'érection d'une chapelle au-dessus de la crypte retrouvée, ainsi que nous le dirons tout à l'heure, au XVII° siècle. « Or l'antiquité de cette chapelle, mentionnée dès la fin du XI° siècle comme un lieu ancien et vénéré, recevant de nombreuses offrandes, est mise hors de doute, ajoute M. Ed. Le Blant, par son nom même de *Sanctum Martyrium*, nom qui, dans les écrits des Saints Pères, désigne les basiliques primitives, qui n'existe plus dans la langue de Fortunat et de Grégoire de Tours appliqué aux constructions nouvelles, et qu'un texte du IX° siècle relate comme une appellation hors d'usage. »

L'église actuelle de Montmartre date du commencement du XII° siècle. Elle fut fondée ou plutôt rebâtie vers 1133 par Louis VI et par Alix de Savoie, sa femme, à la place d'une église beaucoup plus ancienne, qui demeura longtemps en ruine. Le pape Eugène III, accompagné de plusieurs cardinaux et prélats, la consacra en présence de saint Bernard et de Pierre le Vénérable. Près de cette église, Louis VI fonda un monastère où il établit des Bénédictines et qu'il combla de bienfaits. Ces religieuses acquirent d'abord une grande réputation de sainteté par leur dévotion et par l'austérité de leur vie. Leur bonne renommée amena à leur couvent un nombre considérable de pèlerins qui leur firent, les uns, des aumônes, les autres, des présents. Elles s'enrichirent ; peu à peu leurs mœurs se relâchèrent ; de méritoire, leur conduite devint scandaleuse. Vers la fin du XV° siècle, J. Simon, évêque de Paris, essaya, mais en vain, de réprimer leurs désordres. Son successeur, Ét. Porcher, leur adjoignit dans le même but des religieuses de l'ordre de Fontevrault. Ce remède ne produisit pas tout l'effet désiré.

Ce couvent, presque entièrement détruit par un incendie en 1559, fut immédiatement rebâti.

s soldats de l'armée d'Henri IV rent alors l'occuper, et le prétendant lui-même s'installa dans appartement de l'abbesse. L'histoire contemporaine a mentionné la ison criminelle que contracta le arnais avec Marie de Beauvillers, jeune religieuse de 17 ans i, ne pouvant consentir à se séparer de son séducteur, le suivit jusqu'à Senlis. Depuis on a tenté, il est vrai, d'en contester l'authenticité ; mais le roi lui-même n'en faisait pas mystère, et se disait volontiers « moine de Montmartre. » Un monastère où des soldats avaient tenu garnison ne pouvait pas, on le comprend sans peine, offrir aux

L'église paroissiale de Montmartre au XIXᵉ siècle.

dèles un spectacle bien édifiant. es religieuses menaient une vie ssez scandaleuse, comme au temps ù l'évêque Étienne Porcher leur dressait de sévères reproches. Du este, malgré ses immenses propriétés, la communauté subvenait vec peine à ses besoins. Quand Marie de Beauvilliers, abandonnée par son royal amant, qui lui avait préféré Gabrielle d'Estrées, fut appelée à la diriger (1598), « peu de religieuses chantaient l'office, dit Sauval; les moins *déréglées* travaillaient pour vivre et mouraient presque de faim. Les jeunes faisaient les coquettes, les vieilles allaient garder les vaches et servaient de confidentes aux jeunes. » Marie de Beauvilliers, guérie de sa passion pour le roi et repentante de ses fautes, essaya de réformer ces abus. Elle y réussit en partie ; mais ce ne fut pas sans peine et sans danger. Si l'on doit en croire les chroniques du temps, les religieuses essayèrent de l'empoisonner. Du contre-poison administré à temps la rappela à la vie, mais elle conserva jusqu'à sa mort une grande difficulté de respiration. A dater de cet attentat, l'abbaye de Montmartre recouvra peu à peu son ancienne renommée.

En 1534, le jour de l'Assomption, saint Ignace de Loyola, le fondateur de l'ordre des jésuites, prononça ses premiers vœux avec neuf de ses compagnons dans la chapelle des Martyrs. Les jésuites avaient placé dans cette chapelle un tableau représentant cette cérémonie; et une plaque de bronze doré, scellée dans le mur de la chapelle fermée qui contenait, outre ce tableau, diverses inscriptions, constatait que « la société de Jésus, qui reconnaît saint Ignace de Loyola pour père, était née dans le tombeau des martyrs. »

Au commencement du XVIIᵉ siècle, cette chapelle, qui avait été déjà souvent restaurée, mais que les guerres de la Ligue avaient détruite, fut encore agrandie et embellie. En travaillant aux fondations nouvelles, le 13 juillet 1611, on y fit la curieuse découverte dont nous avons déjà parlé. Un procès-verbal, rédigé le jour même, s'exprimait en ces termes :

Les massons auroient trouvé au delà du bout et chef de ladicte chapelle qui regarde du côté du levant, une voulte sous laquelle il y a des degrez pour descendre soubs terre en une cave.... En laquelle voulte.... nous serions descendu.... et aurions trouvé que c'étoit une descente droitte, laquelle a cinq pieds un quart de largeur. Par laquelle nous serions descendu trente-sept degrez faicts de vieille massonerie de plastre, gastées et escornées. Et au bas de laquelle descente aurions trouvé une cave ou caverne prise dans un roc de plastre tant par le haut que par les costés et circuit d'icelle. Laquelle.... a de longueur depuis l'entrée jusques au bout qui est en tirant vers la closture des dictes religieuses, trente-deux pieds. Dans laquelle cave, du costé de l'orient, il y a une pierre de plastre bicornue, qui a quatre pieds de long et deux pieds et demy de large, prise par son milieu, ayant six poulses d'espoisseur, au dessus de laquelle au milieu il y a une croix gravée avec un sizeau, qui a six poulses en quarré de longueur et demy poulse de largeur. Icelle pierre est élevée sur deux pierres de chacun costé, de moilion de pierre dure, de trois pieds de hault, appuyée contre la roche de plastre, en forme de table ou autel : et en distant de ladicte montée de cinq pieds. Vers le bout de laquelle cave, à la main droicte de l'entrée, il y a dans ladicte roche de pierre une croix, imprimée avec un poinsson ou cousteau, ou autre ferrement; et y sont ensuite ces lettres MAR. Il y a apparence d'autres qui se voient, mais on ne les peut discerner. Au même costé un peu distant de la susdicte croix, au bout de ladicte cave, en entrant, à la distance de vingt-quatre pieds, dès l'entrée s'est trouvé ce mot escrit de pierre noire sur le roc, CLEMIN, et au costé dudict mot y auroit eu quelque forme de lettres imprimées dans la pierre avec la pointe d'un cousteau ou autre ferrement où il y a DIO, avec autres lettres suivantes qui ne se peuvent distinguer. La hauteur de la cave en son entrée est de six pieds jusqu'à neuf pieds en tirant de ladicte entrée vers le bout de ladicte cave. Et le surplus jusques au bout est rempli de terre et de gravois, etc.

La nouvelle de cette découverte attira à Montmartre un nombre considérable de visiteurs, parmi lesquels figurèrent la reine Marie de Médicis et plusieurs dames de qualité. Telle fut la sensation produite par cet événement, que Nicolas de la Matthonnière fit immédiatement exécuter, par Jean de Halbeeck, une gravure au burin, représentant Montmartre et sa crypte, gravure qui, imprimée sur une feuille volante, avec une courte notice, se vendit à un grand nombre d'exemplaires[1]. Toutefois, si l'affluence des fidèles produisit de nombreuses offrandes pour la reconstruction du saint édifice, elle amena en même temps, au dire de D. Marrier, la destruction des inscriptions murales dont le procès-verbal avait constaté l'existence.

Non-seulement on avait rebâti la chapelle des Martyrs, mais on avait étendu l'enceinte du monastère de manière à l'y renfermer. En 1662, elle fut érigée en prieuré. Ce prieuré n'exista que dix-neuf années. On la supprima en 1681, quand Louis XIV fit construire, pour les religieuses, de nouveaux bâtiments, au pied du versant méridional de la butte; car les anciens,

[1]. *Représentation d'une chapelle souterraine qui s'est trouvée à Montmartre, pris Paris, le mardy, 12e jour de juillet 1611, comme on faisoit les fondements pour agrandir la chapelle des Martyrs*, Paris, 1611, in-folio. Cette pièce se trouve à la Bibliothèque impériale, département des estampes, *Histoire de France par estampes*, t. XV, année 1611. Elle est citée par le P. Lelong, *Bibl. hist. de la France*, n° 14 900, et dans le catalogue de l'œuvre de Halbeeck, par Nagler, *Neues allgemeines Künstler Lexicon*, t. V, p. 514. D. Marrier l'a reproduite avec quelques différences de détail (*S. Martini de Campis hist.*, p. 325).

situés près de l'église, et reconstruits depuis l'incendie de 1559, étaient devenus inhabitables. La grande église fut maintenue comme paroisse, et la partie réservée n'en demeura pas moins à la disposition des religieuses, qui avaient pourtant, dans leur nouvelle demeure, la chapelle des Martyrs. Elles y venaient souvent prier. Elles y montaient par une galerie couverte qu'avait fait construire, en 1644, leur abbesse, Mme de Guise. Une grande grille, placée où se trouve aujourd'hui le maître-autel, séparait la paroisse proprement dite de ce qu'on appelait et de ce qu'on appelle encore le chœur des Dames. C'est sous le pavé de ce chœur que les abbesses étaient ensevelies, près du mausolée de Mme Alix, femme du roi Louis VI dit le Gros, que Marie de Beauvilliers avait fait transporter de l'intérieur du couvent au pied du maître-autel.

L'abbaye de Montmartre, supprimée en 1790, et vendue bientôt après, a été complétement détruite en 1793. Il n'en reste aucun vestige, et on chercherait vainement des débris de la chapelle de Saint-Denis ou des Martyrs, qui était située entre le calvaire actuel et le boulevard des Martyrs. La dernière abbesse, Marie-Louise de Laval, duchesse de Montmorency, qui s'était retirée à Saint-Denis, puis au château de Bondy, comparut le 20 juillet 1794 devant le tribunal révolutionnaire. Son grand âge et ses infirmités (elle était aveugle et sourde) rendaient impossible à soutenir l'accusation de complot portée contre elle. Un juré en fit l'observation à Fouquier-Tainville : « Qu'importe? s'écria celui-ci; elle a conspiré *sourdement*. » Condamnée à mort, Mme de Montmorency fut guillotinée le même jour à la barrière du Trône.

L'église de Montmartre est seule restée debout, mais elle a été souvent pillée, mutilée, reconstruite, peinte, badigeonnée, et enfin restaurée avec plus de luxe que d'intelligence et de goût. Elle se divise en deux parties, dont une seule est consacrée au culte. L'extrémité, appelée le *chœur des Dames*, et qui formait autrefois l'abside de l'église, était, comme son nom l'indique, exclusivement réservée aux religieuses. Convertie en un magasin où l'on dépose les cercueils, elle renferme l'escalier de la tour qui s'élève sur le chœur de l'église, et dont le sommet porte un télégraphe établi en 1795, et communiquant avec Lille avant l'invention de la télégraphie électrique. La partie consacrée au culte a la forme d'un carré long, sans transsepts, avec une nef et deux bas côtés. La voûte, jadis ogivale, des bas côtés, a été restaurée, et ressemble presque à un plafond. Du côté des collatéraux, les piliers affectent la forme cylindrique; à l'intérieur de la grande nef, ils se transforment en boudins ou torses qui montent jusqu'à la naissance de la voûte ogivale, soutenue par des nervures qui se croisent en diagonales, et qui séparent chaque travée. Sur la clef de voûte de la troisième travée sont sculptées les armes de l'abbaye, et sur la quatrième les armes de France. La cuve des fonts baptismaux est richement ornée dans le style de la Renaissance. On y remarque deux clefs en sautoir et un écusson portant la date de 1537. A l'entrée de la porte principale, et de chaque côté, se voient deux colonnes en marbre vert antique, d'un style de décadence, mais qui ont certainement appartenu à un édifice païen. Leurs chapiteaux sont malheureusement peints. Deux autres colonnes, un peu plus élevées, mais de la même époque, et qui ont évidemment la même origine, se trouvent dans le chœur des Dames. Le maître-autel a été fait avec une énorme pierre découverte en 1833, près de la porte du télégraphe ; on croit que c'est celle sur laquelle le pape Eugène III consacra l'église en 1147. Le buffet d'orgues provient de l'ancienne chapelle de Notre-Dame de Lorette. La chaire est une menuiserie du xviiie siècle.

L'extérieur de l'église de Montmartre n'offre rien de remarquable. La façade moderne, derrière laquelle se dresse à gauche une vieille tour carrée, n'a aucun caractère architectural.

La paroisse de Montmartre possède encore aujourd'hui quelques-unes des anciennes reliques données à l'abbaye et à la chapelle des Martyrs.

A droite de l'église le *Calvaire*, qui se compose de neuf stations, bâties dans un jardin où l'on ne pénètre que moyennant une légère rétribution que perçoit le propriétaire de ce terrain. A l'extrémité du jardin se trouve le Calvaire proprement dit, et à droite, dans une grotte souterraine, un saint sépulcre qui reproduit la forme et les dimensions de celui de Jérusalem. Ce calvaire, fondé en 1805, a obtenu des indulgences du pape Pie VII. Depuis la suppression de lvaire du mont Valérien, il est visité par un grand nombre de pèlerins.

Montmartre a, si l'on doit en croire la tradition, possédé jadis un saint célèbre qui avait le pouvoir de *rabonnir* les maris méchants. On l'appelait saint Raboni. Un grand nombre de femmes venaient implorer sa protection. La Monnoye raconte à ce sujet l'anecdote suivante : « Une femme entreprit de faire neuvaine à Raboni, pour obtenir la conversion de son mari. Quatre jours après, le mari étant mort, elle s'écria :

Que la bonté du saint est grande,
Puisqu'il donne plus qu'on ne demande! »

L'histoire de Montmartre ne se compose que de siéges et de batailles. Toutes les armées qui ont attaqué Paris ont occupé tour à tour cette forteresse naturelle. Les Normands s'y installèrent en 886. Othon II vint y camper (978). Il ordonna à ses soldats de respecter tous les édifices consacrés au culte, seulement pour tenir l'engagement qu'il avait contracté envers Hugues Capet, alors prudemment enfermé dans Paris, « de lui chanter un *Alleluia*, si haut et si fort, qu'on n'en aurait jamais ouï de semblable, » il fit entonner le cantique *Alleluia te martyrum*, etc., par une multitude de clercs auxquels répondaient en chœur 10 000 combattants. Le chroniqueur Baudri, de Cambrai, prétend que Hugues et tout le peuple de Paris, saisis de stupéfaction, en eurent les oreilles assourdies. Othon s'avança au galop jusqu'aux fossés de Paris, et darda sa lance dans la porte de la ville en disant : « Jusqu'ici, c'est assez. » Toutefois il ne tenta point l'assaut, et, après diverses escarmouches, croyant son honneur satisfait, il commanda la retraite.

Lors du siége de Paris, en 1592, Henri IV fit braquer des canons sur une terrasse qui passait pour un débris du temple de Mars, et il envoya un certain nombre de projectiles à ses futurs sujets.

En 1814, Montmartre ne fut pas défendue. « Quand, après avoir repoussé une première attaque, les défenseurs de Belleville et des buttes Chaumont (voy. *Belleville*) virent s'avancer sans s'émouvoir les 100 000 soldats nouveaux amenés par Blücher, il n'en fut pas de même, dit M. Ac. de Vaulabelle, de quelques spectateurs enfermés dans un pavillon du Château-Rouge.... »
« Six pièces de canon, deux obusiers, quelques détachements de cavalerie, un bataillon de sapeurs-pompiers et 150 ou 200 gardes nationaux, voilà tous les moyens de défense réunis à Montmartre. » « Quand j'arrivai à Montmartre, raconte le duc de Rovigo dans ses *Mémoires*, je ne fus pas peu surpris de n'y trouver aucune disposition de défense. » Éloignée de plus de trois quarts de lieue du théâtre de la bataille, dont la séparaient d'ailleurs les deux canaux de l'Ourcq et de Saint-Denis, les villages de la Villette et de la Chapelle, la butte Montmartre ne fut pas inquiétée, même par les éclaireurs de l'ennemi, pendant la plus grande partie de la journée du 30 mars. Ce fut à cet observatoire que le roi Joseph, lieutenant général de l'Empereur, accompagné du ministre de la guerre, Clarke, vint se placer pour juger et attendre les événe-

ments.... Lorsque, vers une heure, le duc de Raguse fit dire à Joseph que les positions où il s'était jusqu'alors maintenu commençaient à être forcées, et qu'un des corps amenés par Blücher s'avançait par Romainville, Ménilmontant et Charonne; quand ce prince, plongeant lui-même ses regards sur la plaine Saint-Denis, aperçut les nouvelles troupes qui noircissaient au loin la campagne, il chargea deux de ses officiers de porter aux maréchaux quelques lignes qu'il avait écrites une heure auparavant; et, abandonnant à tous les hasards de la lutte le gouvernement, Paris et ses héroïques défenseurs, il s'élança au galop sur les boulevards extérieurs et prit la route de Versailles, accompagné de Clarke.

« Dans ce moment un officier général, accourant à franc étrier, paraît devant le Château-Rouge et demande Joseph à grands cris. On le lui montre au milieu d'un groupe de cavaliers qui s'éloignaient de toute la vitesse de leurs chevaux, dans la direction du bois de Boulogne. Ce général s'élance sur les traces des frères de l'Empereur. C'était le général Dejean, que Napoléon avait envoyé à Joseph, pour lui annoncer son retour à Paris et lui enjoindre de tenir jusque-là. Il atteignit Joseph au milieu du bois de Boulogne et lui rendit compte de sa mission. « Il est trop tard, » lui dit Joseph, « je viens d'autoriser « les maréchaux à traiter avec l'en- « nemi. » Le général Dejean eut beau le presser de retirer cet ordre, d'en suspendre au moins l'exécution; après plusieurs refus, Joseph enfonça ses éperons dans le ventre de son cheval et reprit sa course, toujours suivi par Clarke. Ils rendaient à Blois où était déjà l'impératrice[1]. » (*Histoire des deux Restaurations*.)

Cependant Blücher, ne pouvant pas croire que Montmartre n'était pas fortifiée, s'en approchait avec les plus grandes précautions. Ce fut à trois heures seulement que ses premiers détachements parurent au pied de la butte. Quelques boulets et quelques obus furent lancés contre eux; mais à quatre heures il ne restait plus un seul homme armé sur ce point. Blücher l'occupa immédiatement en force, et, à quatre heures et demie, les huit pièces de canon que nos soldats y avaient laissées étaient tournées contre Paris et jetaient sur les faubourgs les plus rapprochés des boulets et des obus. Le soir même toutes les plates-formes de la butte étaient hérissées de batteries.

En 1815, la butte Montmartre avait été fortifiée, mais elle ne fut pas attaquée, une trahison ayant livré aux alliés le pont de Saint-Germain. Les Anglais ravagèrent les vignes de Clignancourt, comme avaient déjà fait leurs ancêtres en 1475, et ils en furent punis par les mêmes souffrances. Depuis lors la ville de Montmartre n'a plus fait parler d'elle.

1. « Non-seulement nous tenons ces faits de la bouche même du général Dejean, dit M. de Vaulabelle, mais nous les avons littéralement transcrits d'un *Agenda* où cet aide de camp de l'Empereur prenait note, heure par heure, pour ainsi dire, des ordres verbaux qu'il était chargé de porter, des faits dont il était témoin, des impressions qu'il en ressentait. Ces détails furent écrits le jour même du 30 mars. » — Les événements eussent peut-être pris une tout autre tournure si Joseph eût obéi à l'ordre de Napoléon.

On en jasait davantage au bon temps. Comme le sommet de la butte était consacré au culte des martyrs, le peuple s'imagina que des esprits malfaisants hantaient ces lieux pour contrarier la piété des fidèles. Les envoyés du malin esprit arrachaient les vignes, puis se cachaient dans les cavités creusées aux flancs du coteau, toujours prêts à jouer toutes sortes de tours indignes aux habitants. Les derniers lutins disparurent au XVIII° siècle. Vers la même époque, les pèlerinages devinrent plus rares. Montmartre était alors un village de vignerons, de laboureurs et de meuniers. Les *moulins* surtout jouissaient d'une grande célébrité ; leurs propriétaires tenaient en

Les anciennes carrières de Montmartre en 1835.

même temps des cabarets, et déjà, comme aujourd'hui, ils voyaient chaque dimanche le peuple gravir le sommet du coteau pour venir s'asseoir sous leurs tonnelles et boire le vin du cru.

Les *ânes* de Montmartre étaient aussi en grande renommée, ce qui donna lieu à de méchants quolibets tombés en désuétude. Les ânes ont à peu près disparu, mais les ânesses existent encore ; seulement elles ne portent plus de sacs de blé ni de farine ; leur lait sert à rendre la santé ou l'espérance d'une guérison prochaine aux poitrines faibles et aux estomacs débiles. Quant aux moulins, au lieu de moudre les dons de Cérès, comme on aurait dit il y a quelque cinquante ans, ils se contentent aujourd'hui de broyer tristement du noir animal, ce qui est singulièrement moins poétique.

Puisque nous avons parlé des ânes de Montmartre, nous raconterons ici une anecdote mentionnée par Dulaure, et qui fit grand bruit en 1779. La police avait ordonné des fouilles sur le territoire de Montmartre, où l'on avait déjà trouvé des vestiges antiques; ces fouilles amenèrent la découverte, entre Belleville et la butte, d'une pierre couverte de caractères gravés, qui fut transportée immédiatement à l'Académie des inscriptions et belles-lettres. L'Académie s'empressa de nommer une commission; mais cette commission ne parvint ni à déchiffrer le sens de l'inscription, ni à deviner dans quelle langue elle était écrite. Impossible de former des mots avec les caractères, qui se trouvaient disposés ainsi :

```
J         C
    J
    L
    E
C        H
  E   M
    I   N
    D   E
S A N E S
```

Les académiciens ne savaient comment résoudre ce problème; les plus savants y perdaient leur latin, leur grec, leur sanscrit ou leur hébreu. L'auteur du *Monde primitif* lui-même, Court de Gébelin, s'était déclaré incompétent. Tout à coup le bruit se répand que le bedeau de Montmartre peut tirer l'Académie d'embarras. On le fait venir. Dès qu'on lui a apporté la pierre, il rassemble du pre[mier] coup d'œil les lettres compo[sant] l'inscription, et se met à lire d'[une] voix assurée :

*Ici le chemin des ânes.*

Les académiciens, assuré[ment] rirent beaucoup.

Le Montmartre actuel ne ress[em]ble plus au Montmartre du si[ècle] passé. C'est une ville, et m[ême] une grande ville; sa popula[tion] actuelle dépassé, avons-nous d[it,] 40 000 âmes : elle s'accroît s[ans] cesse. Les démolitions de P[aris] l'augmentent de 3000 à 4000 â[mes] par an. A cette métamorph[ose] Montmartre a perdu son aspect p[it]toresque; mais elle s'est enri[chie] et elle a gagné la sécurité qui l[ui] manquait. Il y a une vingtaine d'a[n]nées, il eût été imprudent de s'a[t]tarder dans ses rues alors désert[es.] Aujourd'hui on peut y circuler s[ans] crainte aucune à toute heure de [la] nuit. Elle devait sa mauvaise [re]nommée aux carriers qui l'ha[bi]taient et à ses carrières ouverte[s] qui offraient un refuge aux vole[urs] et aux vagabonds de la grande vill[e.] Mais depuis que l'exploitation d[es] carrières a cessé, et que leur e[n]trée est interdite même aux c[u]rieux, la population s'est en part[ie] renouvelée. Les cabaretiers, l[es] propriétaires de guinguettes [et] de tables d'hôte en forment la m[a]jorité; la minorité se compo[se] généralement d'employés, d'o[u]vriers, de petits rentiers qu'attire[nt] le prix des loyers moins chers qu[à] Paris, et le bon marché relatif d[e] certains objets de consommati[on] qui n'ont point à payer de droi[t] d'octroi. Le sommet de la monta[g]ne est encore occupé par un ce[rtain] nombre de nourrisseurs et de cultivateurs. Ses rues étroites, tortueuses, et ses maisons d'un autre style donnent à ce quartier l'aspect d'une vieille ville de province perdue dans l'intérieur de la France. Est telle de ses rues, par exemple celle des Rosiers, où l'on se croirait à cent lieues de la capitale; une autre, la rue de l'Abreuvoir, aboutit à une mare ombragée de grands arbres qui rappelle, par le caractère original et son grand style, certains motifs des paysages méridionaux. D'assez belles maisons de campagne, entourées de jardins, voient s'ouvrir leur entrée principale dans des ruelles solitaires, tandis que leurs parterres et leurs massifs de verdure s'allongent sur le versant septentrional de la butte. Un des plus beaux jardins de Montmartre est celui de l'ancienne maison du docteur Blanche, dont la façade donne sur la rue des Réservoirs, en face de la rue du Vieux-Chemin.

Les *moulins*, comme bien on le pense, sont situés au sommet de la montagne. Nous avons dit à quel triste rôle ils s'étaient résignés. Il n'en reste plus que trois aujourd'hui, dont l'un, le *moulin de la Galette*, n'a d'autre destination que de servir d'enseigne à un cabaret qui porte le même nom, et qui a une antique origine. De la plateforme sur laquelle est construit un de ses voisins, et où le public peut entrer moyennant une rétribution de 10 centimes, on jouit d'une des plus belles vues panoramiques des environs de Paris. On découvre : au sud, tout Paris et ses immenses faubourgs ; au nord, la vallée de la Seine, la plaine Saint-Denis et l'entrée de la vallée de Montmorency. Tout près de là se trouve un obélisque sur lequel était gravée l'inscription suivante, que le temps a effacée en partie :

*L'an 1736
cet obélisque a été élevé par ordre du roi,
pour servir d'alignement
à la méridienne de Paris du côté du nord.
Son axe
est à 2931 toises 2 pieds de la face
méridionale de l'Observatoire.*

Si les pentes du versant septentrional sont encore couvertes en partie de jardins ombreux, le versant méridional s'est garni depuis vingt ans d'un nombre considérable de maisons; il est, au moins jusqu'à mi-côte, sillonné de rues qui ressemblent beaucoup aux rues de certains quartiers de la capitale, sauf la rue du Vieux-Chemin, en partie bordée d'arbres, ou les voies qui escaladent en droite ligne le sommet de la montagne et qu'*accidentent* çà et là des escaliers gigantesques. Pourtant de ce côté encore, et dans la partie comprise entre le sommet de la butte, la place du Nouveau-Marché et le hameau de Clignancourt, on trouve des coteaux abruptes et dénudés, d'un aspect singulièrement pittoresque; leurs parois colorées ont plus d'une fois fourni à certains peintres de l'école moderne des sujets de paysages espagnols et italiens. Mais cette partie de la montagne, dont des travaux récents ont déjà altéré la physionomie caractéristique, est menacée d'une destruction complète. La municipalité a en effet conçu le projet d'établir à mi-côte, autour de Montmartre, de larges boulevards à rampes douces et plantés d'arbres. La partie nord-ouest de la montagne, où se trouve l'entrée des carrières, est seule restée jusqu'à ce jour ce qu'elle était au siècle dernier. On a parlé depuis quelque temps d'un projet plus vaste encore ; il s'agirait de raser la butte elle-même, pour donner de l'espace aux constructions, qui ne peuvent pas s'étendre commodément sur ses pentes trop rapides.

Les jardins, avons-nous dit, ont à peu près complétement disparu du versant méridional de Montmartre. Ceux qui subsistent encore dépendent des bals publics. Parmi ces bals, nous devons mettre au premier rang celui du *Château-Rouge*. Le Château-Rouge, situé dans le hameau de Clignancourt, est une charmante maison, contemporaine du règne d'Henri IV, et que ce monarque avait fait construire pour Gabrielle d'Estrées. Son nom lui vient des briques avec lesquelles il est en partie bâti. À l'extérieur il a conservé à peu près son antique physionomie et le caractère pittoresque qu'on retrouve dans les maisons de la place Royale. Depuis quelques années, le vaste jardin qui l'encadrait de ses massifs a été singulièrement rogné par les envahissements successifs des propriétés riveraines. Le bal a vu également diminuer beaucoup la vogue dont il avait joui lors de son ouverture. Néanmoins il doit être encore mis au premier rang des autres bals de Montmartre, parmi lesquels nous mentionnerons ceux de l'*Élysée-Montmartre*, situé sur le boulevard, entre les barrières Rochechouart et des Martyrs ; de l'*Ermitage*, tout près de la barrière Pigale ; et de la *Reine-Blanche*, à côté de la barrière Blanche. Ces établissements, consacrés au culte d'une Terpsichore suspecte, ne sont pas fréquentés par une société choisie, et nous nous bornons à les indiquer seulement aux étrangers curieux d'étudier les mœurs d'une certaine partie de la population parisienne.

Montmartre renferme aussi un grand nombre de *tables d'hôte*, presque toutes situées dans la partie méridionale de la ville, et dont le prix modique fait remonter chaque soir de l'année, du centre de Paris vers les boulevards extérieurs, une armée de petits employés, de dames aux allures équivoques et de rentiers nécessiteux. Pour 1 franc 50 centimes (il n'y a pas plus de deux ans, ce prix ne dépassait pas la moyenne de 1 franc 30 centimes), cette population de dîneurs se repaît d'une nourriture plus abondante que succulente, mais généralement saine.

Le *restaurant des Princes*, chaussée des Martyrs, le Véfour de la banlieue, a le privilège des repas de noce et des corporations. Le *Petit-Ramponneau* n'est qu'une gargote, pour parler la langue populaire ; mais c'est la plus immense gargote des environs de Paris. On y mange et on y boit partout, dans ses vastes salles, dans des cabinets particuliers et dans la cour, et l'on y vide plus de brocs que de bouteilles. Nul luxe, bien entendu ; les cuillers et les fourchettes sont en fer, les couteaux ne valent pas plus de cinq centimes ; le prix de la nourriture est à l'avenant. Pourtant elle est plus saine, à ce qu'il paraît, que celle qui se débite à des prix élevés dans certains établissements parisiens vernis, dorés et fréquentés surtout par des employés qui leur toilette ne permet pas d'aller au cabaret. Le Petit-Ramponneau contient dans son enceinte sa boucherie, sa fruiterie et sa charcuterie. Le chiffre de ses affaires est énorme. Son avant-dernier propriétaire y a fait une magnifique fortune, et son possesseur actuel semble réservé à la même destinée.

Montmartre possède une *mairie* plus que modeste, un *théâtre* qui passait pour le premier de la banlieue avant la construction de celui de Batignolles, et deux établissements de bienfaisance : l'*asile Piemontesi*, fondé pour les vieillards indigents de la commune, et l'*asile de la Providence*, chaussée des Martyrs. Ce dernier établissement sert de retraite à 61 vieillards des deux sexes de la *ville de Paris*, qui y sont logés, nourris, blanchis, et soignés en cas de maladie. Il y a 6 places gratuites : 2 sont à la nomination des fondateurs et de leurs familles, 2 à la nomination du ministère de l'intérieur, et 2 à la nomination du conseil municipal de Paris. Les 55 autres places sont à la nomination du ministre de l'intérieur, de la Société de la Providence et du conseil d'administration de l'établissement. Pour le prix de ces 55 places, il doit être payé une pension annuelle de 600 francs. L'asile est géré gratuitement par un administrateur en chef, que nomme le ministre, et sous la surveillance d'un conseil qui doit être composé de cinq membres. Six sœurs de la congrégation des Dames hospitalières du diocèse de Nevers desservent l'asile de la Providence.

Le hameau de **Clignancourt**, dépendant de la commune de Montmartre, et situé au bas du versant nord-est de la butte, n'offre de remarquable, qu'une belle propriété qui appartient à M. Michel de Tretaigne, et qui renferme une curieuse collection de verreries et de peintures modernes, parmi lesquelles on remarque des tableaux de MM. Delacroix, Decamps, Diaz, Théodore Rousseau, Troyon, etc. On a le projet d'y bâtir une église.

La fête de Montmartre, la *Saint-Pierre*, se célèbre pendant les trois dimanches qui suivent le 29 juin. C'est une des fêtes les plus fréquentées de la banlieue et des environs de Paris.

## LA CHAPELLE SAINT-DENIS.

*Omnibus.* Lettre K, de la barrière d'Enfer, à Paris, à la Grande-Rue de la Chapelle.—Lettre J, de la barrière Saint-Jacques, à Paris, au Château-Rouge, à Montmartre.— Lettre M, ligne des boulevards extérieurs de la barrière de l'Étoile à Belleville.

*Distances.* La Chapelle est (près de l'église) à : 4 kil. 400 mèt. de Notre-Dame, 2 kil 400 mèt. de la porte Saint-Denis, 4 kil. 600 mèt. de Saint-Denis, 1 kil. de Clignancourt, 1 kil. 800 mèt. de Montmartre, 3 kil. de Batignolles, 1 kil. de la Villette.

**La Chapelle Saint-Denis**, ville de 20 000 habitants (département de la Seine, arrondissement de Saint-Denis), touche aux barrières Saint-Denis, Poissonnière, des Vertus. Sa Grande-Rue, la continuation de la rue du Faubourg-Saint-Denis, devient, au delà des fortifications, la route de Saint-Denis. La Chapelle n'est point une ville de plaisance, c'est une ville industrielle. Les bourgeois ou les marchands de Paris ne s'y retirent jamais pour y goûter les plaisirs et les joies de la campagne. On y trouve, en effet, plus d'usines et de cabarets que de maisons de campagne. Cependant, si elle réunit tous les inconvénients de l'industrie, ses bruits, ses mauvaises odeurs, ses fumées, ses malpropretés, elle en a aussi non-seulement les avantages, mais elle en offre le spectacle animé, intéressant, varié. Pour la voir sous son aspect le plus saisissant, il faut aller se placer dans la rue de la Tournelle, sur le pont au-dessous duquel se croisent les nombreux rails des chemins de l'Est : de tous côtés se dressent de hautes cheminées d'où s'élancent d'épais tourbillons de fumée qui révèlent l'existence d'importantes usines; de vastes bâtiments se disputent les regards étonnés, et, tandis que de nombreuses voitures, chargées de toutes sortes de denrées ou d'objets manufacturés, se croisent sur le pont, des convois de voyageurs et de marchandises partent à toute vapeur de la gare, qui couvre de ses bâtiments une vaste superficie de terrain, où arrivent en ralentissant leur marche trop rapide. Contemplée sous un certain aspect, l'industrie a aussi sa poésie : elle peut plaire, sinon aux yeux, du moins à l'esprit, dont elle excite et développe les pensées; elle fait rêver tout à la fois au passé et à l'avenir.

Si l'on en croit la chronique, sainte Geneviève avait coutume, chaque fois qu'elle allait à Saint-Denis célébrer les Vigiles au tombeau des saints martyrs, de s'arrêter à mi-chemin de Paris, dans un lieu où l'on érigea plus tard une chapelle en son honneur. Des maisons se bâtirent autour de cette chapelle; elles formèrent d'abord un hameau, puis un village. Le hameau s'appela la Chapelle Sainte-Geneviève; mais les abbés de Saint-Denis, dont il dépendait, le débaptisèrent au profit de leur patron.

L'histoire de la Chapelle ne commence guère avant le XIVe siècle. En 1358, le village et tous ceux des environs furent pris par les Armagnacs, qui, au dire du *Journal de Paris*, s'y conduisirent « comme eussent fait les Sarrazins, car ils pendaient les gens, les ungs par les pouces, les autres, par les piés, les tuoient et rançonnoient les autres, efforçoient les femmes et boutoient feu. » En 1418, mêmes désastres. En 1427, une troupe de Bohémiens diseurs de bonne aventure, que la ville de Paris ne voulut point recevoir, campa à la Chapelle, où toute la cour et la ville vinrent les visiter; excommuniés par l'évêque, ils décampèrent et se dispersèrent dans le royaume. Depuis lors, aucun événement important ne s'est passé à la Chapelle; seulement, quand Louis XVIII, qui venait de quitter Saint-Ouen pour faire son entrée solennelle à Paris, s'y présenta le 3 mai 1814, il y fut reçu par le clergé de la paroisse, bannière en tête.

L'*hôtel de ville* de la Chapelle, inauguré en 1845, s'élève à l'angle des rues de Saint-Denis et Doudeauville. Derrière cet hôtel, et séparées seulement par une cour qui renferme les pompes à incendie, sont les *écoles pour les deux sexes* et une *salle d'asile*. Chaque école, de même que l'asile, se compose d'une vaste classe, d'un préau couvert au-dessous des logements de stituteurs, et d'un préau décou-ert planté d'arbres. Ces travaux nt été exécutés sous la direction e M. Lequeux, architecte de l'arondissement de Saint-Denis.

L'église, qui n'offre rien de remarquable au point de vue architectural, possède un maître-autel d'une certaine magnificence, et une haire sculptée dans le style de la fin du XVII° siècle. Les chapelles latérales, à la droite et à la gauche du chœur, renferment deux statues de Pigalle, *saint Pierre et saint Jean-Baptiste* qui n'ont pas un caractère très-religieux, mais qui sont exécutées avec une grande habileté ; malheureusement elles ont été peintes à l'huile.

Parmi les nombreux établissements industriels ou commerciaux de la Chapelle, on remarque surtout

Le chemin de fer du Nord, à la Chapelle Saint-Denis.

la *gare des ateliers et des marchandises du chemin de fer du Nord*, une des plus vastes et des plus importantes de France, les *ateliers de construction et de fonderie de machines*, Calla fils, rue de Chabrol, 20, et ceux de la compagnie Cavé, rues Cavé et d'Alger; des *fabriques* importantes de *produits chimiques* ; des *usines* pour la grosse chaudronnerie, la fabrication des toiles cirées, des voitures ; des filatures, etc. ; de vastes *entrepôts* de charbon de terre, de plâtre, etc. La Chapelle est en outre le siège de deux *marchés* importants : le marché aux porcs, qui a lieu tous les jeudis, et le marché aux vaches et aux veaux, qui se tient les mardi et vendredi de chaque semaine. En 1856 on a construit un *marché couvert* dans la rue Doudeauville. Autrefois la plupart des maisons étaient des auberges de rouliers : mais l'établissement des chemins de fer a eu pour résultat la ruine presque totale de cette industrie.

Le chemin de fer du Nord, qui traverse sous des ponts-tunnels les rues de Jessaint, Doudeauville et Mercadet, a établi sa gare des marchandises, ses magasins et ses ateliers à l'extrémité de la Chapelle, entre les rues Mercadet, du Nord, des Poissonniers et les fortifications.

La *fête patronale* de la Chapelle se célèbre le premier et le deuxième dimanche d'août.

La Chapelle a vu naître Claude-Emmanuel Lhuillier, ce fils naturel de François Lhuillier, maître des requêtes, qui rendit célèbre en le prenant pour nom de famille le nom de la ville où il avait reçu le jour (1626-1686). Ce n'est pas ici le lieu d'écrire la vie d'ailleurs connue du poëte épicurien, élève de Gassendi, ami de Boileau et de Molière, qui aima peut-être trop le bon vin, mais qui fut d'ailleurs un honnête homme et un esprit indépendant, à une époque où ses pareils se faisaient volontiers courtisans. — Mézeray est mort à la Chapelle en 1683.

### LA VILLETTE.

*Omnibus.*—Lettre L, de la place Saint-Sulpice à la Villette. Voir aussi les voitures de Pantin pour la petite Villette.

*Distances.* La Villette est à : 5 kil. de Notre-Dame (près du chemin de fer de ceinture), 2 kil. du Pré-Saint-Gervais (les deux églises), 1 kil. 300 mèt. de Pantin, 1 kil. 500 mèt. de la Chapelle (les deux églises), 2 kil. de Belleville (les deux églises), 6 kil. de Saint-Denis.

La rue du Faubourg Saint-Martin finit à la *barrière de la Villette*. la rue La Fayette, qui croise près de son extrémité supérieure la rue du Faubourg Saint-Martin, aboutit à la *barrière de Pantin*, à l'endroit où le canal Saint-Martin sortant de Paris se relie par un tunnel au bassin de la Villette. Entre ces deux barrières, très-rapprochées l'une de l'autre, s'élève sur la place de l'Ourcq la *Rotonde Saint-Martin*, vaste monument dont le rez-de-chaussée se compose de quatre péristyles uniformes, ornés chacun de huit colonnes carrées. Une double grille en fer la relie aux deux barrières; et elle se trouve bâtie dans l'axe même du bassin de la Villette.

La rue de Flandre qui continue, au delà de la barrière de la Villette, la rue du Faubourg-Saint-Martin, conduit au Bourget : c'est la route de Lille. La rue qui continue, au delà de la barrière de Pantin, la rue La Fayette, s'appelle la route d'Allemagne; elle mène à Pantin (voir page 94). Entre ces deux routes se trouve le bassin de la Villette, à l'extrémité duquel, près des barrières, se tient une sorte de marché du Temple où l'on vend, en plein air des étoffes, du blanc, des habits confectionnés et des ustensiles de ménage.

**La Villette** est aujourd'hui une ville de 30 000 habitants formée de deux anciens villages du même nom désignés autrefois pour les distinguer par les épithètes de *Grande* et de *Petite*; et appelés au XIIe siècle, l'un, *la Villette-Saint-Denis*,

Les barrières de Pantin et de la Villette.

l'autre, *la Villette de Saint-Lazare*. La Grande-Villette est la partie située entre les routes de Flandre et d'Allemagne; la Petite-Villette, celle que dominent les buttes Chaumont et les coteaux de Belleville.

L'histoire de la Villette peut se résumer en quelques lignes. On ne connaît pas son origine. Les Armagnacs la brûlèrent en 1418. En 1593, il s'y était tenu, dans la maison de campagne d'Émeric de Thou, des conférences pour la conversion d'Henri IV; la même année y vit conclure une trêve entre les ligueurs et les royalistes. En 1814, elle fut défendue par le général Compans (voir *Belleville*, page 95). Quand le duc de Raguse lui envoya l'ordre de tenter une négociation, Compans fit successivement partir trois parlementaires: le premier fut tué; le second grièvement blessé: le troisième, M. de Quelen, son aide de camp, put enfin arriver au château de Bondy, où se trouvaient l'empereur Alexandre et le roi de Prusse; il leur exposa sa mission. « Mon intention n'est pas de faire le moindre mal à la ville de Paris, dit Alexandre à M. de Quelen; ce n'est pas à la nation française que nous faisons la guerre, mais à Napoléon. — Ce n'est pas même à lui, ajouta aussitôt le roi de Prusse, mais à son ambition. » La suspension d'armes fut consentie, et deux officiers revinrent avec M. de Quelen à la Villette pour en arrêter les termes. La conférence se tint chez un marchand de vins ayant pour enseigne le *Petit Jardinet*, et ce fut sur la table de ce pauvre cabaret que ses membres signèrent à cinq heures du soir un armistice de *quatre heures*, destiné à régler la retraite des troupes ainsi que les conditions d'une capitulation pour Paris.

En 1815, le maréchal Davout avait établi son quartier général à la Villette. Ce fut là que, après diverses scènes dont le récit serait trop long, il réunit sous sa présidence, le 1er juillet, le conseil de guerre à la suite duquel il obtint de la commission de gouvernement l'autorisation de capituler. Ce fut là qu'il reçut le même jour cette lettre insolente de Blücher qui, selon Exelmans, ne comportait pas d'autre réponse que des coups de canon; ce fut de là qu'il envoya son chef d'état-major général, le comte Guilleminot, signer à Saint-Cloud cette honteuse suspension d'armes qui livra Paris et la France aux Anglais et aux Prussiens.

L'eau était jadis si rare à la Villette qu'on la mettait sous clef. On lit, en effet, dans l'*Histoire ecclésiastique de la banlieue de Paris*, par l'abbé Lebœuf: « Pierre de Martigny, évêque de Castres, fort bienvenu auprès de François Ier, avait une maison de plaisance à la Villette; mais comme il n'y avait point d'eau et que le roi y allait quelquefois passer le temps, il y eut ordre aux prévôt et échevins d'y en faire conduire de la grosseur d'un pois. Après plusieurs jussions, dit Sauval, à la fin ils obéirent, et ils permirent en 1528 à l'évêque de prendre un fil d'eau de la grosseur d'un grain de vesce, et de la faire venir à la Villette à ses dépens, à condition du pouvoir reprendre quand ils en auraient besoin, et de plus que leur maître des œuvres en ferait le regard et qu'eux-mêmes en auraient la clef. »

Aujourd'hui, grâce à la vapeur,

la Villette a de l'eau de Seine à discrétion, qu'elle ne paye que 10 cent. l'hectolitre, filtrée (75 fr. par an pour 250 litres par jour). Cette eau, puisée au pont d'Ivry, est refoulée dans des tuyaux de fonte de 10 kilomètres de longueur jusqu'à de vastes réservoirs construits au point culminant de Charonne, à 30 mètres environ au-dessus du sol de la rue de Flandre, et contenant 1 600 000 litres d'eau. Des réservoirs partiels ont été établis à la Villette. La même administration dessert huit communes, savoir : la Villette, Belleville, Pantin, le Pré-Saint-Gervais, Charonne, Saint-Mandé, Vincennes et Charenton-le-Pont.

La Villette possède en outre, depuis bientôt cinquante ans, un immense **bassin** qui reçoit les eaux du canal de l'Ourcq et alimente le canal Saint-Martin.

Un décret du 19 mai 1802, approuvant un projet présenté par MM. Solage et Bosset, ordonna l'ouverture d'un canal de dérivation de la rivière d'Ourcq, qui amènerait cette rivière dans un bassin près de la Villette.

Les avantages qui devaient résulter de ce projet étaient ceux-ci :

1° Amener dans le bassin un volume d'eau suffisant aux besoins de Paris ;

2° Établir une communication navigable entre la rivière d'Ourcq et Paris ;

3° Former au nord de Paris un canal de la Seine à la Seine, divisé en deux branches navigables, alimentées par le bassin de la Villette : l'une partant de Saint-Denis, dont elle prendrait le nom ; l'autre allant du bassin aux fossés de l'Arsenal, sous le nom de canal Saint-Martin ;

4° Disposer du superflu des eaux pour former des usines dans Paris et sur les deux rives des canaux Saint-Denis et Saint-Martin.

Le bassin de la Villette, commencé en 1806, a été terminé en trois ans : c'est un vaste parallélogramme revêtu en maçonnerie sur toutes ses faces ; sa longueur est de 800 mètres ; sa largeur de 80 ; il a deux issues : l'une à l'angle occidental, par laquelle il fournit de l'eau dans Paris ; l'autre à l'angle oriental, pour alimenter le canal Saint-Martin.

Le canal Saint-Denis, achevé en 1821, compte 12 écluses et 3 ponts ; il a une longueur de 3800 mètres.

Le *développement* total du canal de l'Ourcq est de 109 kil. 063, ainsi divisés : 1° Rivière d'Ourcq canalisée du Port aux Perches à Mareuil 11 127 mèt. ; 2° canal de l'Ourcq depuis Mareuil jusques et y compris le bassin de la Villette, 96 736 mèt. ; 3° dérivation navigable du Clignon, 1200 mèt.

La *pente* totale, depuis le Port-aux-Perches jusqu'au bassin de la Villette, est de 15$^m$,50, dont 6$^m$,62 sur la partie canalisée et 8$^m$,88 sur le canal proprement dit. La pente de 6$^m$,62 est rachetée par 5 écluses de 5 mètres de largeur et 63 mètres de longueur ; celles de 8$^m$,88, par 5 écluses de 3$^m$,20 sur 58$^m$,80.

Le *tirant d'eau* normal est de 1$^m$,20 ; mais on ne navigue guère qu'à l'enfoncement de 0$^m$,90. La *charge* ordinaire des bateaux est de 50 tonnes, celle des bateaux accélérés de 30 à 40 tonnes. Pour les bateaux ordinaires, la *traction* a lieu à bras d'hommes ou au fil de l'eau à la descente, et par chevaux à la remonte. Les bateaux accélérés sont halés à la descente comme à la remonte. La *durée du trajet* du Port-aux-Perches à la Villette est de trois jours à la descente, de cinq à la remonte.

La *dépense* totale du canal de l'Ourcq s'est élevée, dit-on, à plus de 50 millions. Aux termes des traités passés avec la ville de Paris, la concession doit expirer le 1er janvier 1922. « La compagnie, dit M. Ernest Grangez, ne donne aucune espèce d'indication sur le chiffre de ses divers produits; elle ne donne également aucun renseignement officiel sur le mouvement de la navigation qui emprunte l'un ou l'autre des trois canaux dont elle exploite la concession. En 1853, le tonnage des marchandises versées par le canal dans le bassin de la Villette, et déchargées soit sur le port de ce bassin, soit sur les autres ports de Paris ou du département de la Seine, s'était élevée à 200 039 t. Il n'avait été que de 111 505 en 1843; mais en 1847, il avait dépassé 217 000 t. En 1853, le tonnage des importations s'est monté à 47 398 t. » Sur les 200 039 t. d'importation, en 1853, on comptait:

| | |
|---|---|
| Pierres, tuiles | 102 903 |
| Bois à ouvrer | 22 791 |
| Bois à brûler | 17 861 |
| Métaux | 17 376 |
| Blés, farines | 12 527 |
| Faïence, peaux, papiers | 12 408 |
| Avoines, seigles | 4 478 |
| Huiles | 825 |

Les autres articles importés étaient des fruits, 43 t.; des vins, 546 t.; des savons, 2660 t.; des cotons, 1887 t.; des fourrages, 25 t.; des sucres, 20 t.

La Villette n'a, du reste, rien d'agréable ni d'intéressant; e doit toute son importance à nombreuses *maisons de comme* et *d'entrepôt*, et à ses *usines*. O trouve des fabriques de savon, bougie, de produits chimiques, carton, de papier, d'émaux, plumes métalliques, etc., etc., raffineries de sucre, des fabriq d'huile, des distilleries, des br series, des corderies, des verrer des forges, des fourneaux pour finage des métaux, des ateliers construction de wagons, de tuya en tôle bitumée, etc., etc., des trepôts de vins, d'eaux-de-vie, grains et farines, d'huiles, de ch bon, de houilles, de bois de ch ronnage et de construction, etc. fin la gare des marchandises chemin de fer de Strasbourg, verte rue d'Aubervilliers ou Vertus, a fait de la Villette faubourg de l'Allemagne, com l'a dit l'auteur de son *Annuair*

*L'Église* de la Villette s'élè l'extrémité du grand bassin, rière les grands entrepôts de gr et de farines, sur la place d Mairie, entre les écoles commun de garçons et de filles: elle e bâtie, en 1844, par M. Lequ architecte de l'arrondissement Saint-Denis, dans un style mi et consacrée par Mgr Affre sou vocable de saint Jacques et de s Christophe, dont les statues orn le portail de chaque côté de la p principale. L'intérieur, com d'une nef, de deux bas côtés chapelles, d'un chœur et de chapelles absidales, a été orn peintures à fresque par M. Brém Les tableaux représentent: da sanctuaire, *les Martyres de s Jacques et de saint Christop* droite, dans le bas côté, *la Gué-rison de l'Aveugle-né*, *la Résurrection de Lazare*, *Saint Paul prêchant devant l'Areopage*; à gauche, dans le bas côté, *l'Apparition de Jésus-Christ à ses disciples après la résurrection*, *le Sermon sur la montagne*, *le Bon Samaritain*.

La *fête patronale* de la Villette se célèbre le dimanche du mois de juillet qui suit la fête de la Madeleine; elle dure dix jours.

### Montfaucon et le Dépotoir.

**Montfaucon**, ce lieu de sinistre mémoire, se trouvait autrefois situé à l'extrémité du faubourg Saint-Martin, près de l'emplacement qu'occupe aujourd'hui l'hôpital Saint-Louis. C'était une butte au

Un gibet au xv⁰ siècle.

sommet de laquelle on avait bâti un gibet de 5 à 6 mètres de hauteur. Une large rampe de pierre, dont une porte solide fermait l'entrée, montait à une plate-forme carrée longue de 14 mètres, et large de 10 mètres environ. Sur les trois côtés de cette plate-forme s'élevaient seize piliers carrés en pierre de taille, unis entre eux à moitié de leur hauteur et à leur sommet par de doubles poutres de bois qui s'enclavaient dans leurs chaperons et qui supportaient des chaînes de fer de 1$^m$,50 de longueur destinées à pendre les condamnés à mort. De longues échelles étaient perpétuellement dressées le long de ces piliers, à l'usage des bourreaux et des patients. Au centre de la plate-forme s'ouvrait une cave dans laquelle on jetait les cadavres des suppliciés, quand on les détachait de leur chaîne pour faire place aux nouveaux venus. A de certaines époques cinquante ou soixante cadavres se balancèrent à la fois au gibet de Montfaucon, appelé aussi *les fourches patibulaires*. Les fourches patibulaires étaient, au moyen âge, un signe de haute justice, et le nombre des piliers indiquait la qualité des seigneurs hauts justiciers : les simples gentilshommes en avaient deux ; les barons, quatre : les comtes, six ; les ducs, huit ; le roi seul pouvait en avoir autant qu'il le jugeait convenable, et il ne s'en faisait pas faute. En avant du gibet était une croix au pied de laquelle les condamnés étaient confessés pour la dernière fois avant leur exécution par les cordeliers qui les accompagnaient.

En 1761, le gibet de Montfaucon avait été transporté au pied des buttes Chaumont, entre Belleville et la Villette, avec l'ancienne voirie, qui de temps immémorial s'était établie à l'entour. « Le gibet, a dit un historien, ne servait plus alors à l'exposition des coupables ; mais comme il était toujours le signe de la justice royale, on éleva encore les piliers en pierre, réunis par des pièces de bois et disposés en carré, dans un enclos d'un demi-arpent faisant l'angle nord de l'embranchement de la route qui va de la barrière du Combat à la voirie actuelle. Une portion de cet emplacement était affectée à la sépulture des suppliciés, que le bourreau et ses aides amenaient au milieu de la nuit à la lueur des flambeaux. »

La Révolution détruisit le gibet de Montfaucon ; mais elle conserva la voirie, où l'on continua de faire le dépôt de toutes les vidanges de Paris, et où restèrent aussi les établissements d'équarrissage transportés aujourd'hui dans la plaine des Vertus. Pendant trop d'années Montfaucon répandit sur une partie de la ville de Paris, mais particulièrement sur les quartiers du Temple et Saint-Martin. aussi bien que sur Belleville et la Villette, ses émanations infectes et insalubres. La voirie, qui causait cette infection, a disparu, et les localités qui ont tant souffert de son voisinage n'ont maintenant rien à envier, sous le rapport de la salubrité, aux autres parties du département de la Seine. La peinture, l'argenterie n'y sont plus noircies par des émanations d'hydrogène sulfuré, et les habitants des faubourgs du Temple et Saint-Martin peuvent renouveler l'air de leur appartement sans craindre d'y introduire les gaz empestés des buttes Chaumont. Cette importante amélioration du service public date à peine de dix années. Il a fallu soutenir de nombreuses luttes pour obtenir la suppression totale des affreux tas d'immondices qui s'étendaient, entre Belleville et la Villette, à peu de distance de la barrière du Combat. On peut consulter sur ce sujet un remarquable *mémoire* de M. Mille, ingénieur des ponts et chaussées, relatif au *service des vidanges de la ville de Paris*. Du reste, nous y reviendrons quand nous irons visiter Bondy par le chemin de fer de Strasbourg ; car c'est dans la forêt à laquelle ce village a donné son nom qu'est établie actuellement la voirie de Paris. En attendant le **Dépotoir**, créé, en 1844, la Villette, entre la rue d'Allemagne et le canal, mérite une mention.

On avait d'abord, quand la suppression de Montfaucon fut résolue, conçu et même réalisé le projet de transporter immédiatement jusqu'à Bondy toutes les matières liquides ou solides qui étaient extraites des fosses d'aisances de Paris; mais il eût fallu un matériel de voitures et de chevaux trop considérable. On fonda alors (1845) le Dépotoir, qui ne fut inauguré que le 1er août 1849. Aujourd'hui toutes les matières en question sont transportées directement dans cet établissement dont le nom indique la destination. Là on les dépote, en d'autres termes, on les ôte des tonneaux qui ont servi à leur transport, pour les vider dans de grands réservoirs voûtés et fermés, et convenablement ventilés. Une machine à vapeur de la force de 30 chevaux refoule à Bondy, qui est éloigné de 10 kil. et plus élevé que le Dépotoir de 2 mètres, toutes les matières liquides dans un tuyau de tôle enduit de bitume, et d'un diamètre de 30 cent. Le trajet dure 6 heures environ. Les matières solides sont ensuite extraites des réservoirs, mises dans des tonneaux et expédiées à leur destination, c'est-à-dire à Bondy, par des bateaux; car le bassin du Dépotoir communique avec le canal de l'Ourcq.

Les matières fécales répandent bien quelques exhalaisons désagréables sous les hangars où s'opère leur dépotement, mais ces mauvaises odeurs dépassent rarement les murs de la vaste cour-jardin au milieu de laquelle s'élèvent ces hangars.

Les ouvriers employés au Dépotoir gagnent de 3 à 4 fr. par jour.

## LES BUTTES CHAUMONT ET LES CARRIÈRES DE PLATRE.

**Les buttes Chaumont** ne rappellent généralement qu'un seul souvenir aux habitants de Paris, c'est-à-dire leur belle défense contre l'invasion étrangère en 1814. (Voir *Belleville*.) Un très-petit nombre de Français et d'étrangers connaissent les buttes Chaumont pour les avoir visitées. Elles sont cependant *encore* dignes d'une excursion spéciale; je dis encore, parce qu'elles perdront bientôt tout à fait ce caractère original qui les rendait et qui les rend si intéressantes pour les véritables artistes. En effet, on y a déjà tracé des rues, on y bâtit des maisons, on nivelle leurs ondulations bizarres, et leurs dernières carrières de plâtre devront cesser leur exploitation avant que dix années se soient écoulées.

Les buttes Chaumont, les promontoires les plus occidentaux de la colline de Belleville, se trouvent comprises entre *la barrière du Combat* (ainsi appelée d'un établissement où l'on faisait combattre des animaux et qui fut heureusement supprimé par M. Gabriel Delessert, sous le règne de Louis-Philippe), *la barrière de la Chopinette* (dont le nom n'intriguera jamais les savants), et l'enceinte fortifiée. Leurs points culminants ont 83 mètres au-dessus du niveau de la mer près de la barrière du Combat, 99 mètres près du quartier de Montfaucon, 91 mètres près des carrières du Centre, 101 mètres près des fortifications. Quatre larges rues ou routes les gravissent aujourd'hui : les chemins de grande communication conduisant de la barrière de Pantin et de la Villette à Belleville, la rue de Belleville et la route militaire qui longe l'enceinte. Il faut les contempler tour à tour de leur base, c'est-à-dire à l'entrée des carrières de plâtre qui y sont exploitées, et de leur crête dentelée, d'où l'on découvre d'ailleurs de beaux points de vue. Elles sont bien connues des géologues ; mais les artistes peintres les explorent trop rarement ; ils y trouveraient de nombreux sujets d'étude. Quant aux simples promeneurs, ils y admireront de pittoresques accidents de terrain, dont l'immense majorité des Parisiens ne soupçonne même pas l'existence, et dont les aspects varient sans cesse selon la position des belvédères où l'on se place pour les contempler.

Si Montmartre a perdu ses carrières de plâtre, les buttes Chaumont ont conservé presque toutes celles qu'elles possédaient. Leurs trois principales carrières portent les noms suivants : *Butte-Chaumont*, *du Centre*, *d'Amérique*. Les deux premières ne s'exploitent plus aujourd'hui qu'à ciel ouvert ; la carrière d'Amérique seule va encore chercher sa pierre à plâtre dans le fond de ses vastes galeries qui n'ont pas moins de 1000 mètres de profondeur et dont d'énormes piliers supportent les voûtes hautes de 15 mètres, consolidées çà et là par des échafaudages. Avant dix ans, ces trois carrières seront complètement épuisées jusqu'à la limite où les règlements de police leur permettent de s'étendre. Celle de la Butte-Chaumont a déjà diminuer considérablement sa production. Dans leur état actuel elles emploient environ 800 ouvriers (de 250 à 275 par carrière) qui gagnent de 3 à 4 francs par jour. Elles produisent chaque année 1500 mètres cubes de plâtre (50 000 mètres par carrière) qu'elles vendent 15 francs le mètre. Depuis vingt années elles se livrent à trois sortes d'industrie. Elles ne se contentent plus de fabriquer du plâtre : comme au-dessus des bancs de pierre à plâtre qu'elles exploitent il y a de 20 à 25 mètres d'argile et de marne, elles fabriquent aussi des briques et de la chaux.

Quand ces carrières seront épuisées, les fabricants de plâtre devront aller s'établir au delà de Pantin, dans la chaîne de collines qui s'étend le long de la Marne jusqu'à Meaux. ils sont certains à l'avance de trouver assez de bancs de pierre à plâtre pour subvenir à diverses reconstructions complètes de Paris et de tous les villages de sa banlieue.

Le chemin de fer de ceinture traverse les buttes Chaumont dans un souterrain, entre les carrières du Centre et d'Amérique.

Une heure de marche suffit pour suivre toute la crête des buttes Chaumont, de la barrière du Combat aux fortifications. On peut se faire conduire par l'omnibus de Pantin jusqu'au chemin de grande communication de la Villette à Belleville, qui croise, près du tunnel le chemin de fer de ceinture, et, après avoir exploré à l'intérieur et à l'extérieur les carrières d'Amérique situées à la gauche de ce chemin, regagner les barrières de

Vue des buttes Chaumont.

Paris en côtoyant les précipices à pic qui dominent les carrières du centre et de la butte Chaumont.

### LE PRÉ SAINT-GERVAIS.

*Omnibus.* Rue Saint-Martin, 256, impasse de la Planchette. — 35 c. en semaine, 50 c., le dimanche, 60 c. à minuit. — Correspondance avec les omnibus de Paris moyennant 20 c. de supplément. — 20 kil. de bagages gratuits.

*Distances.* Le Pré Saint-Gervais est à : 2 kil. 300 mèt. de la barrière de Pantin, 1 kil. 600 mèt. de la Villette, 300 mèt. de Pantin, 1 kil. de Belleville.

Le **Pré Saint-Gervais** est un village de 1800 habitants environ, situé à 75 mètres entre Pantin (54 mètres) et Belleville (113 mètres), au delà de l'enceinte fortifiée. Il n'offre absolument rien d'intéressant; mais il a dû une certaine célébrité à ses haies de lilas qui, au retour du printemps (à l'époque où le printemps n'était pas un mythe), y attiraient un grand nombre de promeneurs et d'amateurs de bouquets. Les fortifications ont détruit la plus grande partie de ces haies fameuses qui ont excité jadis tant de convoitises et provoqué tant de larcins. Des maisons assez peu agréables à voir remplacent chaque année les dernières fleurs que le génie militaire avait épargnées. Les talus de l'enceinte fortifiée et les routes qui la longent offrent toutefois de beaux points de vue.

Il existe entre Pantin et Romainville plusieurs sources dont les eaux, réunies au Pré Saint-Gervais, sont conduites à Paris par le plus ancien des aqueducs construits pour cet usage.

Le Pré Saint-Gervais, dont la *fête* se célèbre le 19 juin, fait partie du département de la Seine, arrondissement de Saint-Denis.

### PANTIN.

*Omnibus.* Voir le Pré Saint-Gervais. *Distances.* Pantin est à : 6 kil. 500 mèt. de Notre-Dame, 2 kil. 300 mèt. de la barrière qui porte son nom, 1 kil. 300 mèt. de la Villette, 300 mèt. du Pré Saint-Gervais. 1 kil. 300 mèt. de Belleville, 3 kil. 600 mèt. de Charonne, 5 kil. de Bondy, 7 kil. de Saint-Denis, 2 kil. de Romainville.

**Pantin**, village de 2700 habitants, département de la Seine, arrondissement de Saint-Denis, se trouve situé sur la route d'Allemagne, à 1500 mètres des fortifications. L'abbé Lebœuf, qui écrit ainsi son nom, *Pentin*, en donne l'étymologie suivante, d'après M. de Valois : *Pentinum dictum est a clivo seu a veritate quam pentam vocamus,* une pente, *quod de monte pendeat.* Mais il fait remarquer avec raison que Pantin est entièrement bâti dans la plaine. L'église a été commencée en 1664, consacrée à Saint-Germain et souvent reconstruite ou modifiée depuis. Sa tour qui menaçait ruine fut entièrement rebâtie avec le portail en 1737. On y a juxtaposé il y a peu d'années un horrible porche.

Pantin appartenait autrefois à l'abbaye de Saint-Martin des Champs. Avant 1814, il n'avait vu se passer sur son territoire aucun événement digne d'une mention (voir ci-dessous *Belleville*); seulement, en 1806, la garde impériale, à son retour de la campagne d'Austerlitz, y avait campé avant de faire son entrée triomphale à Paris. Depuis la première Restaura-

# PANTIN. — BELLEVILLE. — LA COURTILLE.

..., il n'est devenu ni plus célèbre ni plus agréable. Les promeneurs qui s'égareraient de son côté auront à y visiter que ses carrières que dominent les derniers arbres du bois de Romainville et le ... de ce nom (voir ci-dessous *Romainville*).

La Guimard eut à Pantin une maison de plaisance où Marmontel lui adressa une épître qui jouit d'une certaine vogue au XVIII° siècle. Les filles et les garçons de Pantin ont eu longtemps la réputation d'exceller à la danse. Aussi une vieille chanson contient les vers suivants :

Eux de Pantin, de Saint-Ouen, de Saint-Cloud,
dansent bien mieux que ceux de la Villette ;
Eux de Pantin, de Saint-Ouen, de Saint-Cloud
dansent bien mieux que tous ceux de chez nous.

La *fête patronale* de Pantin se célèbre le deuxième dimanche du mois d'août.

### BELLEVILLE ET LA COURTILLE.

*Omnibus*. Lettre N, de la place des Victoires (rue Catinat) à Belleville (Grande-Rue). — Correspondance avec supplément pour Romainville.

*Distances*. Belleville est (un peu au delà de l'église, rue de Charonne) à : 1 kil. 400 mèt. de la barrière de ce nom, 1 kil. 600 mèt. du boulevard, 4 kil. 800 mèt. de Notre-Dame, 3 kil. de Romainville, 5 kil. 400 mèt. de Noisy-le-Sec, 9 kil. 600 mèt. de Villemonble, 500 mèt. de Ménilmontant, 2 kil. de Charonne, 3 kil. 800 mèt. de Saint-Mandé, 1 kil. 800 mèt. de Pantin, 2 kil. environ de la Villette, 8 kil. de Saint-Denis.

**Belleville** est une ville de plus de 50 000 habitants (département de la Seine, arrondissement de Saint-Denis), située sur les pentes et sur le plateau de la chaîne de collines gypseuses qui domine Paris au nord-est. Cette chaîne de collines s'appelait autrefois *savegíum* ou *saviæ*. Les Carlovingiens, qui y possédèrent une maison de plaisance, donnèrent à diverses abbayes une partie des terres voisines. On y compta plus tard de 17 à 18 seigneuries. Au nom de Savies succéda celui de *Poitronville*, venu on ne sait d'où, et remplacé à son tour, on ignore à quelle époque, par celui de *Belleville* qui a prévalu. Jusqu'au commencement de ce siècle, aucun fait digne d'une mention ne se passa dans cette localité ; seulement, sous Philippe Auguste, on y avait construit des aqueducs pour amener à Paris les eaux qui s'y trouvaient, et qui alimentèrent les premières fontaines de la capitale de la France.

Belleville doit sa célébrité aux combats dont son territoire fut le théâtre en 1814. Quand les armées alliées s'avancèrent pour la première fois sur Paris, elles débouchèrent justement entre Rosny-sous-Bois et la Villette, c'est-à-dire sur les points où il était naturellement fortifié par le saillant de Romainville. Malheureusement il n'existait aucun ouvrage, même en terre, capable de les arrêter ; et aucun préparatif de défense n'avait été fait quand, le 30 mars au matin, commença la lutte désespérée connue sous le nom de **Bataille de Paris**.

Les troupes des ducs de Raguse et de Trévise, réunies aux deux petits corps des généraux Arrighi et Compans, furent les seules qui prirent une part sérieuse à cette journée avec plusieurs bataillons tirés des dépôts de la garde impériale, quelques centaines de gardes nationaux parisiens, les élèves de l'École polytechnique et plusieurs détachements d'artilleurs de la garde, de la marine et des invalides, en tout de 21 à 23 000 baïonnettes ou sabres. En outre, ces forces insuffisantes, mal armées, mal approvisionnées de vivres et de munitions, obéissaient à de nombreux chefs, tous jaloux de leur indépendance, et agissant, sans direction commune, isolément les uns des autres. Les hauteurs de Belleville et de Chaumont, comprises entre le saillant de Romainville et la Villette, et qui devaient être le principal champ de bataille, se trouvaient armées d'une soixantaine de pièces de campagne ou de position.

Le 30 mars au matin, le général Compans, attaqué dans Pantin par des forces supérieures, dut se replier sur la Villette, tandis que Marmont engageait le combat sur le plateau. Ses soldats avaient repris le bois et le fort de Romainville, mais, après une lutte sanglante, le nombre l'emporta; ils furent obligés de reculer jusqu'à Belleville, s'appuyant, à droite, sur Ménilmontant, à gauche, sur le Pré Saint-Gervais. Alors, la garde royale prussienne reçut l'ordre d'aborder les troupes de Marmont, par la pente découverte des premières buttes de Belleville. Deux fois elle s'élança sur les positions ennemies avec bravoure, elle fut repoussée par la mitraille; la cavalerie française, s'étant mise à sa poursuite, reprit un instant possession de Pantin. Il était onze heures et demie; les deux armées avaient besoin de repos. Vers midi la canonnade et la fusillade se ralentirent.

« Une heure ne s'était pas écoulée que les Français, postés sur les hauteurs, aperçurent, ajoute M. de Vaulabelle, au fond de la plaine qui s'étendait à leurs pieds, des masses noires, profondes, qui s'avançaient lentement dans la direction de Noisy-le-Sec et de Pantin. A mesure qu'elles approchaient, ces masses se partageaient en trois colonnes: celle de la droite s'étendait dans la direction de la basse Seine, vers Aubervilliers, Saint-Ouen et Clichy; celle du centre, et c'était la plus compacte, venait droit sur Pantin; celle de gauche se dirigeait vers Romainville. Ces masses étaient une nouvelle armée : c'étaient près de 100 000 soldats nouveaux amenés par Blücher, et que ce général venait de lancer contre les débris héroïques qui, depuis l'aube du jour, disputaient à Schwarzenberg l'entrée ouverte de la capitale française. »

Ce fut alors que le roi Joseph, lieutenant général de l'Empereur, le ministre de la guerre Clarke (le duc de Feltre), postés à Montmartre qu'ils n'avaient pas essayé de défendre, abandonnèrent à tous les hasards de la lutte le gouvernement, Paris et ses braves défenseurs. (Voir *Montmartre*, page 75.) Ils partirent pour Blois où était déjà l'impératrice avec le roi de Rome. Avant de prendre cette fatale décision, Joseph avait transmis aux deux maréchaux un billet rédigé à l'avance, par lequel il les autorisait à entrer en pourparlers avec l'empereur de Russie et le prince de Schwarzenberg. On sait le reste. La lutte devenait trop inégale. Malgré des prodiges de bravoure les défenseurs de Paris furent bientôt accablés par le nombre. En vain, les élèves de l'École polytechnique essayèrent

… ec une batterie de 28 pièces de … ousser la colonne ennemie qui … pprochait de Vincennes par Ba- … olet et Montreuil. Chargés avec … ueur par les cavaliers alliés, et … étant soutenus par aucune troupe … nfanterie, ils durent se retirer … us la protection de deux autres … tteries de 6 pièces chacune, pla- … es à la barrière du Trône. Repoussé … ce côté, le prince de Wurtem- … rg tourna le bois de Vincennes … r Fontenay, Nogent et Saint- … aur, descendit la rive droite de … Marne et s'empara du pont de … harenton, tandis que Blücher oc- … pait Montmartre et que le prince … Schwarzenberg se rapprochait … plus en plus de la barrière de … elleville. A ce moment, Marmont, … près la lutte la plus désespérée, se … oyait littéralement acculé au mur … octroi, mais sans avoir laissé, … sure-t-on, ni un canon ni un … risonnier entre les mains de … ennemi. On raconte que dans les … erniers instants, enveloppé au mi- … eu de la grande rue de Belleville … ar les corps alliés qui venaient de … mener sa droite depuis Bagnolet, … dut combattre en simple sol- … at. On se fusillait des croisées de … haque côté de la rue où il était en- … ermé. Les généraux Ricart et Pelle- … rt furent blessés près de lui ; onze … ommes tombèrent à ses côtés, per- … és de coups de baïonnettes ; son … hapeau, ses habits, furent troués … e balles. Ce fut à pied, une épée … la seule main qui lui restât libre … l avait eu le bras droit cassé par un … iscaïen à la bataille des Arapiles … et il le portait encore en écharpe), … t à la tête de quarante grena- … iers, qu'il parvint à se faire jour … t à gagner la barrière. Ce fut là

que pour sa gloire le maréchal aurait dû mourir, ajoute M. de Vaulabelle. Le soir même, en effet, il signait la capitulation de Paris.

Les Parisiens ou les étrangers qui ont pris part en 1814 à cette lutte ne reconnaîtraient pas leur champ de bataille s'ils allaient le visiter aujourd'hui. En 1817, Oudiette estimait à 1600 habitants la population de Belleville. « Le Ménilmontant et la Courtille, qui forment, ajoutait-il, deux hameaux, l'un à côté de Belleville et l'autre au bas vers Paris, font partie de ce village. Sa position sur le coteau qu'environnent les Prés-Saint-Gervais ajoute à l'agrément des maisons de campagne qui s'y trouvent. Aussi, pendant les beaux jours de l'été, est-il le rendez-vous d'un grand nombre d'habitants de Paris, attirés par les guinguettes, les jardins vraiment séduisants et les bals publics qui s'y rencontrent presque à chaque pas. » Cette description a depuis longtemps cessé d'être vraie. Belleville, dont la population s'est élevée de 1600 à 50 000 habitants, forme une grande ville avec la Courtille et Ménilmontant qui s'y sont réunis; elle se relie ou elle se reliera bientôt à la Villette, au Pré-Saint-Gervais, à Romainville et à Charonne; car, à chaque rue qui tombe dans Paris sous le marteau des démolisseurs, elle voit surgir du sol comme par enchantement trente ou quarante maisons neuves. Si elle conserve encore surtout près des boulevards extérieurs, un grand nombre de ses guinguettes, elle a déjà perdu presque tous ses jardins publics et privés. On y danse plus souvent dans des salles infectes qu'en plein air à l'ombre des grands arbres; des trottoirs d'asphalte, éclairés au gaz, y ont remplacé les sentiers poudreux qui serpentaient entre une double haie de lilas. Les classes laborieuses n'y vont plus uniquement pour s'y distraire de leurs travaux; elles y ont établi leur domicile; elles y exercent leurs industries. Partout enfin des constructions, d'une architecture plus que simple et dont la tenue n'est pas toujours irréprochable, interceptent les regards des promeneurs, qui ne peuvent même plus contempler Paris du haut des collines qu'ils se sont donné la peine de gravir. Dans son état actuel, Belleville n'est donc pas plus curieuse à visiter que le faubourg du Temple, qu'elle continue. Quelques-uns de ses tapis francs ou de ses salons de plusieurs centaines de couverts pourront peut-être intéresser les artistes ou les moralistes, mais sa principale curiosité est la belle église que vient d'y construire M. Lassus.

La *barrière de Belleville* est à 54 mètres au-dessus du niveau de la mer. Quand on l'a dépassée, on voit s'ouvrir en face de soi la *Grande-Rue* qui continue la rue du faubourg du Temple, et qui monte jusqu'au plateau où se trouve Romainville, à 120 mètres. La partie inférieure de la Grande-Rue se nomme la *Courtille*. C'était là qu'autrefois (les temps sont bien changés) l'immense majorité des individus masqués et costumés qui s'étaient amusés ou ennuyés dans les bals publics de Paris, venaient achever la nuit du mardi gras au mercredi des cendres. C'était de là qu'ils rentraient dans Paris au petit jour, ou même au grand jour, le matin du mercredi des Cendres, à pied, à cheval ou en voiture. Cette procession s'appelait la *descente de la Courtille* Elle attirait d'ordinaire un nombre considérable de curieux, qui souvent de spectateurs, se voyaient obligés de devenir acteurs dans des scènes plus ignobles que comiques; car ce n'était pas à la descente de la Courtille qu'on enseignait les belles manières et la modestie. Cette coutume se perd comme tant d'autres. Le carnaval se meurt ou se transforme à Belleville ainsi qu'à Paris.

En montant la Grande-Rue de Belleville, après avoir dépassé les principaux établissements de marchands de vins, on aperçoit à droite au milieu d'une place, un théâtre dont l'intérieur est très-bien distribué, et où l'on représente les pièces de tous les théâtres de Paris. Plus d'un artiste aimé du public parisien a fait ses premiers pas sur les planches de cette modeste scène. Plus haut (à 99 mètres) du même côté, au delà de la rue de la Villette, sous laquelle passe le chemin de fer de ceinture, se trouve la *mairie* presque en face de laquelle s'élève *l'église*, bâtie de 1854 à 1856 par M. Lassus, sur l'emplacement de l'ancienne qui a dû être démolie.

Cette église, dédiée à saint Jean-Baptiste, patron de Belleville, fut commencée le jour de la fête de ce saint en 1854. Deux années auront donc suffi à sa construction. Les dépenses se sont élevées à 900,000 francs: les devis n'ont pas été dépassés, tant ils avaient été détaillés avec soin. Cet édifice fait le plus grand honneur à M. Lassus, placé depuis longtemps d'ailleurs au premier rang parmi nos architectes les plus renommés. Notre dessin nous dispense de le décrire. Il

, comme on le voit, conçu dans le style du xiii° siècle ; toutes, ce n'est point une copie, car présente des dispositions entièrement nouvelles, nécessitées par les besoins actuels. Ainsi la sacristie et les salles des catéchismes occupent dans le plan une place im-

L'église Saint-Jean-Baptiste, à Belleville.

tante. M. Lassus a donné à ce remarquable monument un caractère grave, mais cependant fin élégant. Les croix, placées au sommet des deux flèches en pierre qui couronnent les deux tours de la façade, sont à 58 mètres au-dessus du sol. La longueur de l'église est de 67m,775 hors œuvre ; sa largeur, de 24m,50 ; sa hauteur (à l'intérieur), de 19 mètres.

Au delà de l'église, la Grande-Rue de Paris continue à monter ; elle atteint son point culminant (122 mètres) près de la rue de Charonne ; elle laisse à gauche la route qui descend au Pré-Saint-Gervais (voir ci-dessus) avant de sortir des fortifications (115 mètres) ; elle se dirige ensuite en ligne droite sur Romainville (voir ci-dessous), qui est à 2 kilomètres 500 mètres.

Belleville a perdu dans ses dernières transformations la plupart des guinguettes qui l'avaient rendue célèbre. Elle regrette toujours ses *Montagnes-Françaises*, dont le jardin, les feux d'artifice, l'orchestre, les jeux et le sorcier rivalisaient, dans le temps, avec les merveilles féeriques de Tivoli et de Beaujon. On lui construit près des fortifications une nouvelle *Île d'amour* où les amateurs de ces sortes d'établissements populaires pourront goûter tous les plaisirs qu'y autorisent les règlements de police.

Favart et sa femme, qui avaient habité longtemps Belleville avec l'abbé de Voisenon, leur intime ami, ont été enterrés à Belleville ; mais le modeste monument sous lequel ils reposaient n'existe plus aujourd'hui.

La *fête patronale* de Belleville se célèbre à la Saint-Jean.

### MÉNILMONTANT.

*Omnibus.* Lettre O. Du cimetière Montparnasse à la barrière Ménilmontant.

*Distances.* Ménilmontant est à 1 kil. 300 mèt. de Charonne, 800 mèt. de Belleville (à la rue de Charonne).

**Ménilmontant** dépend de Belleville et il a le même aspect. Il ressemble beaucoup aussi au faubourg (de Ménilmontant) qu'il continue. On y trouve un certain nombre de cabarets et de guinguettes près des barrières, quelques maisons habitées par de petits rentiers sur les hauteurs, et, dans l'intervalle, c'est-à-dire sur les pentes de la colline, beaucoup d'ateliers, d'usines et de logements d'ouvriers. Rien d'intéressant sous aucun point de vue pour un étranger. Le chemin de fer de ceinture sort du souterrain de Belleville et entre dans celui de Charonne à peu de distance de la *Chaussée de Ménilmontant*, sous laquelle il passe. Cette chaussée, qui prend plus haut le nom de *rue Saint-Fargeau*, conduit aux fortifications et à Romainville.

Le nom de Ménilmontant a eu il y a vingt ans un immense retentissement. Cette renommée plus qu'européenne, il la devait non à son *Élysée*, connu seulement d'un certain nombre de commis et de grisettes, mais au Saint-Simonisme. Il ne nous appartient pas de résumer ici l'histoire de cette secte fameuse ; nous devons nous borner à rappeler ses derniers instants. Ce fut à Ménilmontant, où ses principaux membres s'étaient retirés, qu'elle expira. En 1832, le Père Enfantin, à la suite de nouveaux schismes, réunit autour de lui, dans une maison qu'il possédait à Ménilmontant, quarante de ses disciples. « Que du milieu de nous, avait-il dit, la dernière trace du servage, la domesticité disparaisse. » En effet, les disciples qui l'avaient suivi, poëtes, musiciens, artistes, ingénieurs, officiers du génie, se livrèrent gaiement et à tour de

La descente de la Courtille.

rôle, dans leur retraite, aux travaux les plus rudes et les plus grossiers. Ils réparèrent la maison, balayèrent et frottèrent les salles communes, les appartements, les cours, défrichèrent des terrains incultes, couvrirent les allées de sable extrait par eux d'une mine qu'ils avaient creusée péniblement. « Pour prouver que leurs idées sur la nature du mariage et l'émancipation des femmes n'étaient point le calcul d'un égoïsme voluptueux, ils s'étaient imposé la loi du célibat, a dit un historien contemporain. Le matin et le soir, ils nourrissaient leur esprit de la parole du Père, ou bien ils cherchaient dans la vie d'un des saints du christianisme, lue en commun, des exemples, des encouragements, des préceptes. Des hymnes dont l'un d'eux, M. Félicien David, avait composé la musique, servaient à exalter leurs âmes en charmant leurs travaux. A 5 heures le cor annonçait le dîner; alors les ouvriers disposaient leurs outils en faisceaux, rangeaient les brouettes autour de l'ellipse du jardin, et prenaient place, après avoir chanté en chœur la *prière d'avant le repas*. Ils avaient adopté un costume particulier dessiné par M. Edmond Talabot. Un justaucorps bleu qui s'ouvrait par devant sur un gilet dont l'ouverture était cachée; une ceinture de cuir, un pantalon blanc, une toque rouge; le cou était nu et l'on devait porter la barbe longue, à la manière des Orientaux. La prise d'habit eut lieu le 6 juin. Quand le Père Enfantin parut, les fidèles entonnèrent en chœur :

Salut père, salut.
Salut et gloire à Dieu !

« Après les avoir harangués, le Père Enfantin, assisté d'un de ses disciples, revêtit l'habit apostolique; puis aidant à son tour celui qui l'avait assisté : « Ce gilet, » dit-il, « est le symbole de la fraternité; « on ne peut le revêtir à moins d'être « assisté par un de ses frères. S'il a « l'inconvénient de rendre un aide « indispensable, il a l'avantage de « rappeler chaque fois au sentiment « de l'association. »

Le 27 août suivant, le Père Enfantin, MM. Michel Chevalier, Barrault, Duveyrier, Olinde Rodrigues, furent appelés à comparaître devant la cour d'assises. On les accusait : 1° du délit prévu par l'article 291 du Code pénal, lequel interdit les réunions de plus de 20 personnes; 2° du délit d'outrage à la morale publique et aux bonnes mœurs. Ils furent condamnés, MM. Enfantin, Duveyrier, Michel Chevalier, à un an de prison et à 100 francs d'amende, MM. Rodrigues et Barrault, à 50 francs d'amende seulement. Cette condamnation devint le signal de la dispersion de cette *famille* qui s'était réunie à Ménilmontant.

« Comprimé à l'excès, a dit avec raison l'auteur de l'*Histoire de dix ans*, le sentiment religieux et démocratique réagissait enfin, et cette réaction ne devait pas être stérile, bien qu'elle s'annonçât au milieu de circonstances bizarres, sous les formes d'un mysticisme trop ingénu et avec une solennité dont l'exagération avait quelque chose de puéril. Et, ce qui rend le fait plus extraordinaire, plus digne d'être enregistré, c'est que les fidèles ici étaient presque tous des hommes instruits, studieux, spirituels, éloquents et fort habiles eux-mêmes à saisir le ridicule d'une société dont ils avaient dénoncé les injustices avec tant de force, de hardiesse et quelquefois de bon sens. »

## ROMAINVILLE.

*Omnibus*. Grande-Rue de Paris à Belleville 30 c. Correspondance avec les omnibus moyennant un supplément de 20 c.
*Distances*. Romainville est à : 7 kil. 500 mèt. de Notre-Dame, 3 kil. de Belleville (à la rue de Charonne), 2 kil. 900 mèt. de Pantin, 2 kil. de Bagnolet, 2 kil. 400 mèt. de Noisy-le-Sec, 11 kil. de Saint-Denis.

**Romainville** est un affreux village du département de la Seine, arrondissement de Saint-Denis, situé sur un plateau couvert d'arbres à fruits, entre Belleville et Noisy-le-Sec. Sa population dépasse 2000 habitants. Il n'a d'agréable que la vue étendue qu'il découvre vers l'extrémité de son plateau sur la plaine Saint-Denis. D'où lui vient son nom ? on l'ignore. Son histoire n'offre absolument rien d'intéressant avant 1814. (Voir *Belleville*, p. 96.) Son *château*, rebâti par M. Morand, avait été renfermé dans le fort. On vient de le démolir. Son *bois*, qui dominait Pantin et le Pré-Saint-Gervais et qui a été si célèbre, n'existe plus. Aussi ne lui accorderons-nous qu'une simple mention.

Deux routes conduisent de Paris à Romainville : l'une passe par Charonne et Bagnolet (voir ci-dessous) ; l'autre, la plus fréquentée, continue la Grande-Rue de Belleville au delà des fortifications. Cette route ne présente guère qu'une longue succession de cabarets, de restaurants et de bals champêtres. « C'est vraiment la contrée du plaisir, a dit M. Moléri : partout le veau, la salade et le vin; partout la musique et la danse, sans compter les escarpolettes, les jeux de bague et les fauteuils où l'on s'assied pour un sou, et qui vous disent de combien vous êtes engraissé ou maigri. »

Au delà des fortifications on découvre encore à gauche, entre des maisons en construction, quelques échappées de vue. Plus loin s'élève sur une partie du bois restant un quartier neuf, composé de petites maisons modernes entourées de petits jardins (rue de l'Avenir, rue de La Rochefoucauld, rue Meissonier, rue de la Prévoyance). Ces rues ne sont pas encore pavées. Les *villas* se distinguent comme les jardins par leur laideur, mais elles ont une bonne et belle situation.

C'était là, le sable des rues le témoigne encore, que s'élevait jadis — il y a vingt ans — le *bois de Romainville*, ce paradis des grisettes de Paris.

> Qu'on est heureux, qu'on est joyeux,
> Tranquille
> A Romainville !
> Ce bois charmant, pour les amants,
> Est rempli d'agréments.

disait une chanson en vogue sous la Restauration. De ce bois, il ne reste plus qu'une étroite lisière où deux ânes se gêneraient fort en se croisant. Mais cette lisière, ou plutôt cette longue allée ombragée de quelques grands arbres, suit la crête du coteau, et l'on jouit, en la parcourant, d'un magnifique panorama. Au-dessous de cette allée s'entre-coupent encore sur la pente du coteau quelques jolis sentiers bordés de haies. Un bouquet de grands arbres domine la carrière de Pantin (voir ci-dessus). Derrière ce rideau de verdure se trouve le *fort de Romainville*, qui renferme dans son enceinte les derniers arbres du parc de ce nom, dont le château a été démoli en 1856.

La *fête patronale* de Romainville se célèbre le 1er dimanche d'août.

### CHARONNE.

*Omnibus.* Rue Amelot, 3, à la Bastille; 30 c. avec ou sans correspondance.

*Distances.* Charonne est à : 1 kil. de la barrière de Fontarabie, 3 kil. de la place de la Bastille, 1 kil. 900 mèt. de Ménilmontant, 2 kil. 700 mèt. du Pré-Saint-Gervais, 4 kil. 600 mèt. de Pantin, 1 kil. du Petit-Charonne, 2 kil. de Saint-Mandé, 5 kil. de Charenton, 1 kil. de Bagnolet (à l'entrée), 3 kil. 500 mèt. de Romainville, 14 kil. 700 mèt. de Saint-Denis.

**Charonne** est un des plus anciens villages des environs de Paris. Saint Germain l'Auxerrois passe pour son fondateur ; ce fut là, dit-on, qu'il reçut les vœux de sainte Geneviève. Le tableau, fort médiocre au point de vue de l'art, qui décore le maître autel de l'église, consacre ce souvenir.

Lors des troubles de la Fronde, Louis XIV était à Charonne pendant que les armées de Turenne et de Condé se battaient dans le faubourg Saint-Antoine. La grande Mademoiselle, qui désirait vivement épouser un roi, ayant fait tirer contre les troupes royales le canon de la Bastille, Mazarin s'écria : « Ce canon-là vient de tuer son mari. » En 1814, les Français y soutinrent avec vigueur l'attaque des Russes commandés par le prince Gortschakoff ; mais deux divisions ennemies s'étant emparées du Père-Lachaise, ils furent contraints de se replier sur Paris. Le Père-Lachaise est en effet sur le territoire de Charonne, dont la rue principale commence à la barrière de Fontarabie et finit presque aux fortifications. Près de la barrière, cette rue est bordée de cabarets et de guinguettes d'assez triste apparence, hantées surtout par des Auvergnats. Plus loin, on y voit de petites maisons peu élégantes, mais plus propres, où viennent se loger de petits rentiers et des boutiquiers retirés. L'*église*, située au delà du chemin de fer de ceinture, a un aspect assez pittoresque. Elle s'élève à l'ouest de la place qui porte son nom, au sommet d'un escalier. Elle a malheureusement été mutilée et rebâtie à diverses époques, car elle est fort ancienne. Les piliers qui supportent la voûte indiquent par la forme et l'ornementation d'ailleurs grossière de leurs chapiteaux la date des XIIe et XIIIe siècles. La base du clocher remonte, assure-t-on, au XIe siècle.

Somme toute, Charonne offre peu d'attraits aux promeneurs. Ses plus jolies maisons se trouvent dans la direction de Romainville. On y remarque, rue de Bagnolet, n° 18, un pavillon construit dans le style le plus élégant du milieu du XVIIIe siècle. Il est entouré d'un jardin, autrefois plus étendu, qu'ombragent de beaux et grands arbres.

Le *Petit-Charonne* est situé au delà de la barrière de Montreuil, à 1 kilomètre du *Grand-Charonne*; ce n'est pas un lieu de plaisance, mais un hameau de cultivateurs et de maraîchers, composé de maisonnettes éparses dans la plaine et de nombreuses guinguettes fréquentées d'ordinaire le dimanche par les soldats de la garnison de Vincennes et des forts, et par la population du faubourg Saint-Antoine. Ces guinguettes ne rappellent en rien les asiles plus ou moins verdoyants chantés par les poëtes du Caveau. Une baraque en plâtras, sans autre ornement qu'un comptoir de marchand de vin, des tables et des chaises de paille, voilà toute leur décoration. Quelquefois un treillage vert, le long duquel s'efforce de grimper une vigne vierge, et dans la saison deux ou trois pieds de cobéas, ornent une cour étroite, pompeusement baptisée du nom de jardin.

Autrefois Charonne était peuplé surtout de cultivateurs et de vignerons. Aujourd'hui les fabriques et les usines ont déjà envahi un certain nombre de ses champs et de ses jardins. Toutefois on y récolte encore du raisin qui produit un vin détestable. Les habitants, comme ceux de Montreuil, cultivent le pêcher et l'abricotier, et en général tous les arbres à fruits; mais leurs produits n'ont pas la réputation de ceux de la commune rivale.

Charonne fait partie de l'arrondissement de Saint-Denis, département de la Seine. Sa population est d'environ 7000 habitants. Sa *fête patronale* a lieu le premier dimanche d'août.

Charonne est la patrie de Bayard, l'auteur dramatique.

## BAGNOLET.

*Omnibus*. Rue Amelot, 3, à la Bastille. Sans correspondance avec les omnibus de Paris, 40 c. en semaine, 50 c. les dimanches et fêtes. Avec correspondance, 60 et 70 c. De Charonne à Bagnolet 30 et 40 c.

*Distances.* Bagnolet est à : 7 kil. 100 mèt. de Notre-Dame, 1 kil. de Charonne, 2 kil. 500 mèt. de Romainville, 10 kil. 500 mèt. de Saint-Denis.

**Bagnolet** est aussi un village de l'arrondissement de Saint-Denis, situé dans un petit vallon entre deux coteaux gypseux. Sa population se monte à 2000 habitants environ. On y cultive beaucoup de pêchers (voir *Montreuil*). A son extrémité supérieure se trouve une petite mare. Son église moderne n'offre aucun intérêt; sa grande rue est monotonement triste. Voilà tout ce que nous pouvons en dire. Nous ajouterons cependant que Béranger a composé une chanson intitulée l'*Aveugle de Bagnolet*, et que l'ancien château de ce village, construit par le fermier général Lejuge, a appartenu au régent Philippe d'Orléans, qui y avait fait de grands embellissements. Les jardins de ce château couvraient une immense superficie de terrain. A la mort du Régent, son fils vendit d'abord le mobilier, puis le château, qui fut démoli.

Le cardinal du Perron, qui possédait aussi une maison à Bagnolet, était, raconte-t-on, si jeune dans sa jeunesse, qu'un jour il sauta, dans une allée de son jardin, une étendue de vingt-deux semelles, après avoir bu autant de verres de vin. « Ce n'est point sauter, c'est voler, » dit M. Ronzard, témoin de ce haut fait.

La *fête patronale* de Bagnolet se célèbre le premier dimanche de septembre.

Quand on va de Charonne à Bagnolet, il faut escalader à gauche les talus des fortifications; on y découvre une vue étendue sur les coteaux de Montreuil, où l'on exploite encore des carrières de plâtre, Vincennes, la vallée de la Seine et Charonne.

## MONTREUIL.

*Voitures publiques.* A Paris, rue Saint-Paul, 40 ; à Montreuil, place de l'Église ; 40 cent., la semaine, 60 cent., les dimanches et fêtes ; départ toutes les heures.

*Distances.* Montreuil est à : 8 kil. 200 mèt. de Nôtre-Dame, 3 kil. de Paris, 2 kil. du Petit-Charonne, 2 kil. 400 mèt. de Vincennes, 3 kil. 600 mèt. de Saint-Mandé, 6 kil. 100 mèt. de Charenton, 2 kil. de Bagnolet, 3 kil. 800 mèt. de Rosny, 6 kil. de Villemonble, 17 kil. 700 mèt. de Sceaux.

**Montreuil-sous-Bois**, ou *Montreuil-aux-Pêches* (*Monsteriolum*, *Monsterolum*), est un bourg de 4000 habitants, situé au nord de Vincennes, entre Charonne, Bagnolet et Rosny. Pour y aller, on sort de Paris par la barrière à laquelle il a donné son nom, puis on traverse le *Petit-Charonne*, et on croise à niveau le chemin de ceinture avant de sortir de l'enceinte fortifiée, au delà de laquelle on franchit le *Rû des Orgueilleux*. Il n'offre par lui-même absolument rien d'intéressant, si ce n'est une église des XII$^e$ et XIII$^e$ siècles, souvent mutilée et reconstruite depuis sa fondation, comme toutes les églises des environs de Paris ; mais la *spécialité* qui lui a valu son second nom y attire chaque année un grand nombre d'horticulteurs ou de simples amateurs de beaux fruits.

Le soir de la bataille de Dettingen (1743), qu'une faute du duc de Grammont fit perdre à l'armée française, malgré les mesures prises par le maréchal de Noailles pour lui assurer la victoire, un mousquetaire français, nommé Girardeau ou Girardot, blessé dangereusement, avait été transporté près de la tente du duc de Cumberland. Les chirurgiens étaient occupés ailleurs. On allait panser le prince, à qui une balle avait percé la jambe. « Commencez, dit-il, par soulager cet officier français ; il est plus blessé que moi ; il manquerait de secours et je n'en manquerai pas. » Les soins de ce généreux ennemi profitèrent à Girardot qui se rétablit entièrement, mais qui néanmoins quitta le service après y avoir mangé presque toute sa fortune. Retiré dans un petit fief de trois hectares environ, qu'il possédait encore à Bagnolet et à Malassise, près de Montreuil, il imagina de diviser cet enclos par des murs parallèles éloignés de huit mètres et surmontés de chaperons mobiles, puis de couvrir tous ces murs de pêchers en espalier. Ainsi partagée, sa propriété forma soixante-dix-sept jardins. Grâce à cette heureuse idée, à la méthode dont il se servit pour cultiver et tailler ses pêchers, aux soins minutieux et incessants qu'il leur prodigua, il obtint des résultats qui dépassèrent ses espérances. Ses soixante-dix-sept jardins lui rapportaient, année commune, de trente à quarante mille francs. Personne ne récoltait, à cent lieues à la ronde, d'aussi beaux fruits. Il savait faire mûrir ses pêches avant celles de ses rivaux ; il en avait à vendre quand on n'en trouvait pas ailleurs. Sa propriété était devenue un but de promenades et de parties de plaisir. On comptait quelquefois soixante carrosses à sa porte. L'auteur de l'article consacré à Girardot, dans la *Biographie universelle*, se rappelle avoir vu, en 1780, l'intréide mousquetaire devenu un riche cultivateur. Aussi simple qu'affable, rempli de distinction dans ses manières, encore droit et de haute stature, ce vieillard respectable ne pouvait saluer les personnes qui le visitaient sans montrer les deux cicatrices, témoignage de sa bravoure et de la générosité du duc de Cumberland.

Cependant les résultats obtenus par Girardot attirèrent l'attention des cultivateurs voisins, placés dans les mêmes conditions de sol et d'exposition. Aussi vit-on se former un peu un grand nombre de jardins pareils aux siens. Telle est l'origine de la culture particulière du pêcher, qui eut pour berceau Montreuil, appelé depuis Montreuil-aux-Pêches, et qui se répandit ensuite dans les autres parties de la France.

Lorsque, dans la belle saison, on aperçoit d'un lieu élevé les innombrables jardins de Montreuil, coupés dans tous les sens par des murs de refend dirigés vers toutes les expositions, et dont le développement est d'environ deux millions de mètres, « on croirait voir, a dit un auteur contemporain, un vaste échiquier aux cases verdoyantes et lisérées de blanc. » Ces murs répercutent la lumière dans toutes les directions, et concentrent l'action du soleil sur les espaliers qui les tapissent.

On cultive à Montreuil des pêchers, des poiriers, des cerisiers, des fraisiers, des vignes en espaliers, des légumes, des fleurs. La culture du pêcher, de beaucoup la plus importante, occupe, assure-t-on, 240 hectares, et produit, chaque année, de 12 à 15 millions de pêches. Du reste, l'établissement des chemins de fer a porté un assez grand préjudice aux diverses industries des cultivateurs de Montreuil. Les fruits des départements du Midi ont en effet l'avantage d'arriver sur les marchés de Paris avant ceux de Montreuil, et, comme ils n'ont exigé, pour ainsi dire, aucun soin de culture, ils s'y vendent à des prix inférieurs. Les personnes qui désireraient des renseignements détaillés sur cette culture pourront consulter les traités spéciaux de MM. Mozard (1814), Le Père (1840), Malot (1841) et la *Revue bibliographique* des principaux ouvrages français où il est traité de la taille des arbres fruitiers, et particulièrement du pêcher (1843), par M. Alexis Thiérion père.

Montreuil possède, outre des tuileries et des carrières à pierres, une fabrique de porcelaine. Une capsulerie y a été établie à moitié chemin de Bagnolet, au-dessus de la carrière Rude (108 mètres). Son château de *Tilmont* a été détruit, mais au nord-est s'élève encore le château de *Montreau*, qui se voit sur une éminence, à 2 kilomètres, près du fort de Rosny. La *redoute de Montreuil* est à 2 kilomètres environ au delà de la route stratégique, entre les forts de Rosny et de Noisy.

La *fête patronale* de Montreuil se célèbre le dimanche après la Saint-Pierre.

## VINCENNES.

*Omnibus.* A la Bastille (boulevard Beaumarchais, 10), et à la porte Saint-Martin (hôtel de l'Union, impasse de la Planchette, rue saint-Martin, 256.) On paye *en semaine*, de la porte Saint-Martin à Vincennes, 60 cent. le coupé, et 50 cent. l'intérieur ou la banquette; de la Bastille ou de la barrière du Trône, 40 cent. le coupé, et 30 cent. l'intérieur ou la banquette. — Les *dimanches et fêtes*, 90 cent. et 75 cent., 60 cent. et 50 cent. Il y a des *départs extraordinaires* depuis 11 h. du soir à minuit de Paris pour Vincennes. — Les prix sont ainsi fixés : De la porte Saint-Martin à la barrière du Trône, 70 cent., à Vincennes, 1 fr.; de la Bastille au Trône, 50 cent., à Vincennes, 75 cent. ; de la barrière du Trône à Vincennes, 50 cent. — Il y a des *départs extraordinaires* de Vincennes pour Paris depuis 9 h. du soir; 60 cent. le coupé, et 50 cent. l'intérieur ou la banquette, pour la porte Saint-Martin; 50 cent., et 40 cent. pour le Trône ou la Bastille. — Les dimanches et fêtes, les prix des places de la semaine sont perçus, savoir : en allant vers Paris, depuis le matin jusqu'à 3 h. du soir ; en venant de Paris, depuis 6 h. du soir jusqu'à la fin du service.

Moyennant un supplément de 20 cent. les voitures de Vincennes correspondent à la Bastille avec tous les *omnibus*.

*Chemin de fer.* Voir ci-dessous, 3ᵉ section.

*Distances.* Vincennes est à : 2 kil. 600 mèt. de la barrière du Trône, 5 kil. 100 mèt. de la Bastille, 7 kil. 500 mèt. de Notre-Dame, 2 kil. de Montreuil, 4 kil. 500 mèt. de Charenton, 2 kil. 500 mèt. de Fontenay, 3 kil. 200 mèt. de la porte de Nogent, 4 kil. de Joinville-le-Pont, 5 kil. de Saint-Maur, 18 kil. 100 mèt. de Sceaux.

Au delà de la barrière du Trône, s'ouvre une triple avenue, composée d'une route pour les voitures et de deux larges allées plantées d'arbres pour les piétons. Cette avenue, bordée de guinguettes et de restaurants, conduit directement à Vincennes, dont le donjon apparaît un peu sur la droite. Le chemin de fer de ceinture la croise (malheureusement à niveau) en deçà des fortifications. Un peu au delà du mur d'enceinte, à 1500 mètres environ de la barrière, près du restaurant de la *Tourelle*, elle perd plus de la moitié de sa largeur pour devenir une simple route ou plutôt la rue principale de Vincennes. Sur la droite on laisse la route de Saint-Mandé, dont la mairie n'est qu'à 200 ou 300 mètres. Si l'on est venu à pied, on peut, pour gagner le château, entrer dans le bois par la *Porte de la Tourelle*, car la route, ou rue plus directe, que suivent les omnibus, n'a rien d'intéressant. Les omnibus s'arrêtent du reste en face de l'entrée du château.

*N. B.* Le château est visible tous les samedis, de midi à 4 heures du soir, pour les personnes munies d'une permission que délivre la direction de l'artillerie, de Paris.

### Le château de Vincennes.

**Vincennes** doit-il son nom à la *vie sainte* qu'on y menait autrefois, aux *vingt stades* qui l'éloignaient de Paris, aux *vingt cents arpents* que contenait son bois? Les étymologistes ne se sont pas mis d'accord sur ce point. Ce qui paraît positif, c'est qu'en 847 le bois de Vincennes s'appelait *Vilcenna*. Ce bois avait renfermé autrefois un collége consacré au dieu Sylvain, comme le prouve une inscription gravée sur une pierre qui fut trouvée en 1728 dans les fossés du château et portant qu'un affranchi de Marc Aurèle avait *rétabli* ce collége[1].

Les anciens rois de France ve-

---

1. Voici cette inscription : « Collegium « Silvani restituerunt Marcus Aurelius « Augusti Libertus Hilarus, et Magnus « Cryptarius, curatores. » — « Marcus Aurelius Hilarus, affranchi d'Auguste et Magnus Cryptarius, curateurs, ont rétabli le collége de Sylvain. »

naient souvent chasser à Vilcenna ; mais Louis VII eut le premier l'idée d'y construire une demeure royale (*regale manerium*). Vers la même époque (1164), il y établit des religieux de Grammont, remplacés depuis par des *Bonshommes*, ou *Ermites*. En 1183, Philippe Auguste rebâtit le château de Louis VII, qui fut reconstruit de nouveau par Philippe de Valois et continué sous ses successeurs. Une inscription poétique, placée à l'entrée du donjon, résumait ainsi l'histoire de ces diverses constructions :

Qui bien considère cet œuvre
Si comme se montre et descœuvre,
Il peut dire que onques à tour
Ne vit avoir plus noble atour
La tour du bois de Vincennes
Sur tours neufves et anciennes
A le prix. Or savez en ça
Qui la parfist et commença.
Premièremment, Phillippe roys,
Fils de Charles, comte de Valois,
Qui de grand prouesse abonda,
Jusques sur terre la fonda,
Pour s'en soulacier et esbattre,
L'an mil trois cent trente-trois quatre
Après vingt et quatre ar passez,
Et qu'il étoit jà trépassez,
Le roi Jean, son fils, cet ouvrage
Fist lever jusqu'au tiers estage ;
Dedans trois ans par mort cessa ;
Mais Charles roi, son fils, laissa
Qui parfist en brièves saisons
Tours, ponts, bralée, fossez, maisons.
Nez fut on ce lieu délitable :
Pour ce l'avoit pour agréable, etc.

La barrière du Trône.

Sous Louis XI, le château de Vincennes, sans cesser d'être une résidence royale, devint une prison d'État. En 1560, la reine Catherine de Médicis fit dresser les plans et jeter les fondations des pavillons du roi et de la reine, qui furent commencés en 1610 et terminés en 1614. On nomme ainsi les pavillons ornés de pilastres d'ordres toscan et dorique qui sont situés à droite et à gauche de la cour, au delà du donjon. En 1662, Louis XIV réunit les deux extrémités de ces pavillons par deux galeries couvertes, dont l'une a été démolie en 1843 et dont l'autre est cachée actuellement par des casemates. Au-dessous du donjon et du pavillon du roi s'étendait, du côté de Paris, le petit parc, aujourd'hui détruit.

Le château de Vincennes formait alors, comme aujourd'hui, un parallélogramme rectangle de 382 mètres sur 224 mètres; mais il était flanqué de neuf tours adjacentes au mur d'enceinte et appelées : *tour Principale* ( c'est celle qui sert d'entrée du côté du village ), *tour du Réservoir*, *tour du Diable*, *tour des Salves*, *tour du Gouverneur*, *tour de la Porte du Bois*, *tour du Roi* et *tour de Paris*. Toutes ces tours avaient 31 mètres 60 centimètres de hauteur, sauf la tour principale, élevée de 34 mètres 56 centimètres jusqu'à la plate-forme. Rasées au niveau du mur d'enceinte, de 1808 à 1810, elles servent aujourd'hui de bastions.

Dès le milieu du XVIII° siècle, Vincennes avait de nouveau cessé d'être une résidence royale. On y avait établi tour à tour (1740) une *fabrique de porcelaine*, transférée à Sèvres en 1750 ; une *école militaire* (1751), transférée à Paris en 1756, et enfin (1757) une *manufacture d'armes*. En 1788, il fut compris parmi les châteaux royaux qui devaient être vendus, mais il ne trouva pas d'acquéreur. En 1808, Napoléon ordonna les travaux nécessaires pour pouvoir y garder en toute sûreté un approvisionnement de poudre, de projectiles, d'armes et de matériel. On répara les murs d'enceinte et la contrescarpe, on rasa les tours, on démolit les constructions qui encombraient les cours. En 1812, on construisit la *flèche* en maçonnerie percée de créneaux qui couvre l'entrée du château. En 1819, on y bâtit la salle d'armes. Enfin, de 1832 à 1844, le roi Louis-Philippe y fit construire un grand nombre de casemates servant à loger la garnison et propres à recevoir des canons, et il annexa, du côté de l'est, un fort entièrement neuf à l'ancienne forteresse entourée de glacis modernes. Ce fort a la forme d'un carré long ; on y entre par quatre portes avec ponts-levis. Sa fortification consiste en une enceinte bastionnée, avec escarpe et contrescarpe revêtues en maçonnerie, et chemin couvert. Les constructions, qui ont été complétées de 1848 à 1852, comprennent 4 magasins à poudre, 2 magasins de matériel, 1 manège couvert, 1 hangar pour les manœuvres d'artillerie, et environ 10 corps de bâtiments pour le casernement des hommes et des chevaux.

La tour du Réservoir renfermait un vaste bassin, alimenté par l'eau d'une source de Montreuil. Des lettres patentes de 1360 accordaient aux habitants de Montreuil et de la Pissotte l'exemption de tous impôts, à la charge par eux de fournir une quantité suffisante d'hommes pour la garde et sûreté du château, et d'entretenir les conduits, tuyaux et regards qui transportaient audit château les eaux bonnes à boire du village de Montreuil. La Révolution ayant aboli tous les priviléges, les habitants de Montreuil et de la Pissotte s'exonérèrent de leurs charges. Le château manqua d'eau; en 1831 on fora dans l'intérieur un puits artésien, profond de 53 mètres. L'eau ne monte dans ce puits qu'à 0$^m$,70 au-dessous de l'orifice du

Vue générale de Vincennes, prise du côté du bois.

puits. Des pompes mises en mouvement par un manége la montent aux fontaines.

Avant d'introduire les promeneurs dans l'intérieur de ce château, dont nous venons de rappeler par des dates les constructions successives, il importe de résumer sommairement les principaux événements historiques qui s'y sont passés.

Saint Louis aimait beaucoup Vincennes; il y vint souvent. « Maintefois ay veu, dit Joinville, que le bon saint, après qu'il avoit ouy la messe en esté, il se alloit esbattre au bois de Vincennes,, et se seoir au pié d'un chesne, et nous faisoit seoir tout auprès luy; et tous ceulx qui avoient affaire à lui venoient à lui parler, sans que aulcun huissier ni aultres leur donnast empeschement, et demandoit haultement de sa bouche, s'il n'y avoit nul qui eust partie. Et quand il y en avoit aulcuns, il leur disoit : « Amys, taisez-vous, et on vous « délivrera l'un après l'aultre. »

Ce fut à Vincennes (non au château toutefois, mais au couvent des frères Mineurs) que saint Louis reçut la *sainte Couronne* que lui avait vendue Baudouin, l'empereur de Constantinople, et qu'il rapporta solennellement à Notre-Dame de Paris. Ce fut de Vincennes qu'il partit pour ses deux croisades.

En 1315, Enguerrand de Marigni comparut à Vincennes devant les juges qui le condamnèrent à être pendu à Montfaucon. « C'était, comme l'a dit M. Henri Martin, le gouvernement de **Philippe le Bel** qu'on avait exécuté en sa personne. »

Louis X mourut à Vincennes en 1316, Philippe V en 1322, Charles IV en 1328. Charles V y naquit en 1337; il y passa la plus grande partie de sa vie; il y rendit ses plus célèbres ordonnances et arrêtés, entre autres l'édit de la régence et de la tutelle des rois de France, dont la majorité fut fixée à 14 ans.

« Au château du bois de Vincennes, raconte un vieux chroniqueur, où la reine Isabeau tenait son Etat, se faisaient maintes choses déshonnêtes, et y fréquentaient les seigneurs de La Trémouille, de Giac, Bourrodon (Bois-Bourdon). » Un jour que le roi Charles VI retournait à Paris, vers le soir, après avoir visité la reine au château du bois de Vincennes, il rencontra « messire Loys Bourdon, chevalier, allant de Paris au bois, lequel, en passant assez près du roi, s'inclina en chevauchant, et passa outre assez légèrement. Toutefois le roi le reconnut, et ordonna au prévôt de Paris (Tannegui-Duchâtel) qu'il allât près de lui, le prît et en fît bonne garde. Après, par le commandement du roi, ledit chevalier fut mené au Châtelet de Paris, où il fut très-fort *questionné* (torturé), et pour aucunes choses qu'il confessa, il fut mis en un sac de cuir et jeté en Seine, sur lequel sac était écrit : « *Laissez Passer la justice du roi.* » (1417.)

En 1422, Henri V, ce roi d'Angleterre qui avait conquis la plus grande partie de la France, meurt à Vincennes sept semaines avant Charles VI. En 1430, le château, toujours occupé par les Anglais, est pris par les troupes de Charles VII. Les Anglais le reprennent peu de temps après, le perdent en 1432, le recouvrent en 1434, pour en être expulsés définitivement la même année. Louis XI en fait une prison d'État; mais ses successeurs continuent à l'habiter temporairement, bien qu'il cesse d'être une de leurs résidences habituelles. Charles IX, qui s'y était retiré plusieurs fois, afin de s'y mettre à l'abri d'un coup de main, y mourut le 30 mai 1574. Henri III y venait souvent. Les Seize essayèrent de s'emparer de sa personne dans l'un de ces voyages. Averti par la police, il prit une es-

La chapelle du château de Vincennes.

corte de cinq cents chevaux, et la conspiration échoua; mais, après la journée des barricades et la fuite d'Henri III, le château tomba, à défaut du roi, dans les mains des Ligueurs. Henri IV essaya vainement de le leur reprendre : il ne lui fut remis qu'en 1594 avec la Bastille, cinq jours après son entrée dans Paris.

Mazarin mourut à Vincennes le 3 mars 1661.

Louis XIII et Louis XIV étaient venus quelquefois à Vincennes pour chasser dans le bois, mais ils n'y avaient fait que de courts séjours. Louis XIV trouvait l'air de Vincennes excellent; aussi le codicille de son testament contenait-il le passage suivant : « Aussitôt après ma mort, le gouvernement du roi mènera le jeune roi à Vincennes, *l'air y étant très-bon.* » Cet ordre fut d'abord exécuté; mais, dès que le testament de Louis XIV eut été cassé par le parlement, le régent ramena Louis XV aux Tuileries.

En 1784, Vincennes cessa d'être une prison d'État. L'*Essai* de Mirabeau *sur les lettres de cachet*, avait forcé le gouvernement à prendre cette mesure réclamée par l'opinion publique. En 1791, les habitants du faubourg Saint-Antoine, qui avaient, deux ans auparavant, aidé à la démolition de la Bastille, marchèrent sur le donjon de Vincennes pour le jeter bas. L'œuvre de destruction était commencée quand La Fayette arriva à la tête de forces suffisantes pour l'empêcher. Il faillit plusieurs fois être assassiné dans cette expédition.

Le 15 mars 1804, Napoléon, violant le territoire de la Confédération germanique, fit enlever, à Ettenheim (duché de Bade), par trois cents dragons, le dernier des Condés, le duc d'Enghien, qu'il accusait de conspirer contre lui. Ce prince, déposé provisoirement dans la citadelle de Strasbourg, en fut extrait le 18, conduit à Vincennes, jugé par une commission militaire, condamné à mort et exécuté la nuit même (20 mars). On le fusilla dans les fossés du château, et on l'ensevelit au lieu même où il était tombé.

Le 20 mars 1816, des fouilles furent faites dans les fossés de Vincennes, par l'ordre de Louis XVIII. On trouva diverses pièces d'habillement et les ossements du prince. Ces restes, déposés d'abord dans une chambre du château, ont été, depuis, renfermés dans le monument élevé à la mémoire du duc d'Enghien.

En 1814 et en 1815, le général Daumesnil, gouverneur du château de Vincennes, refusa de le rendre aux alliés. La révolution de 1830 lui restitua ce poste, qu'il avait si bien rempli, mais dont l'avait privé la Restauration. Il y mourut en 1832 d'une attaque de choléra.

En 1830, pendant que les ministres de Charles X étaient enfermés dans le donjon, cette partie de la population parisienne que ne satisfaisait pas la marche des événements menaça un moment de se porter sur Vincennes pour se faire justice elle-même. La garde nationale dut aller occuper le château, qui, du reste, ne fut pas attaqué.

Sous le règne de Louis-Philippe, Vincennes a donné son nom aux meilleurs tireurs de l'armée française, à ces bataillons de chasseurs à pied, dont la formation est due au duc d'Orléans (1833), et dont la *Revue des Deux-Mondes* a publié l'intéressante histoire (15 mars et 1ᵉʳ avril 1855) avec celle des zouaves[1].

Aujourd'hui Vincennes est une forteresse, une caserne, un arsenal et une école de tir; c'est là que se

---

[1]. *Les zouaves et les chasseurs à pied*, esquisse historique, Michel Lévy, 1855, 1 vol. in-12.

font la plupart des expériences relatives au perfectionnement des armes à feu. M. le commandant Minié, qui a donné, avec M. Delvigne, son nom à nos carabines les plus redoutées des Russes, y demeure depuis plusieurs années.

Quand on a franchi la porte d'entrée du château de Vincennes, on passe entre une double ligne de bâtiments affectés à divers services, avant d'atteindre la grande cour dans laquelle s'élèvent : à gauche, la salle d'armes, la chapelle, le pavillon de la reine; à droite, le donjon et le pavillon du roi.

La *salle d'armes* de Vincennes, construite en 1819, se divise en deux parties. Le rez-de-chaussée est destiné à remiser le matériel d'artillerie. La salle d'armes proprement dite occupe le premier étage. La décoration en est vraiment belle. Le second étage a été réservé à la sellerie. Il y a dans la salle d'armes de Vincennes des armes en quantité suffisante pour armer 120000 hommes.

Entre la salle d'armes et la chapelle est l'entrée du fort neuf.

La *chapelle* actuelle — il y en eut deux autres, construites par saint Louis (1248) et Philippe de Valois (1337) — fut fondée, en 1379, par Charles V, continuée par Charles VI et par François I<sup>er</sup>, achevée, en 1552, par Henri II. Le 18 août de cette année, Henri II y entendit la première messe sur un trône qui n'a été détruit qu'en 1792. En 1557 on y transféra l'ordre de Saint-Michel, en 1694, on y annexa la chapelle de Vivier en Brie. Le chapitre, composé d'un trésorier, d'un chantre, de sept chanoines, de quatre vicaires et de deux élèves, jouissait d'importants priviléges et de grandes richesses. Il fut supprimé en 1784.

Convertie en un magasin après la révolution de juillet, la chapelle de Vincennes avait été rendue au culte en 1842. On vient de la restaurer complétement. On admire surtout la légèreté et l'élégance de ses voûtes. Sept de ses vitraux sont de Jean Cousin (la rosace est neuve). Ils avaient été, après la destruction des autres, en 1792, transportés au musée des monuments français; en 1816, on les a rendus à la chapelle qu'ils avaient précédemment ornée. Ils représentent : les cinq du chœur, des sujets tirés de l'Apocalypse, et les deux de l'extrémité de la nef, les *quatre Saisons* et le *Jugement dernier*. Dans ce dernier, le peintre, qui a du reste prodigué partout les attributs de la déesse Diane et le chiffre d'Henri II accouplé à celui de sa maîtresse, a représenté Diane de Poitiers. On la distingue à sa nudité et au ruban bleu qui entoure ses cheveux blonds.

En 1816, on avait élevé, dans la chapelle de Vincennes (à gauche, à l'entrée du chœur, vis-à-vis d'un autel), un monument au duc d'Enghien. Ce monument en a été enlevé après les événements de décembre 1851. Il se trouve actuellement dans l'ancienne sacristie (à gauche du chœur), pièce trop basse et trop étroite pour le contenir. C'est du reste une œuvre fort médiocre du sculpteur Deseine. Il se compose de quatre figures en marbre : au second plan, le duc s'appuie sur la religion; au premier plan, une femme éplorée représente la France en face du crime armé d'un poignard et de serpents.

Le *pavillon du roi* a été transformé en caserne depuis 1793; le *pavillon de la reine* est affecté à divers services. Les anciens appartements du gouverneur, que le duc de Montpensier avait meublés, en 1842, sont occupés aujourd'hui par le gouverneur, qui est un général de brigade.

Le *donjon* est généralement visité par les étrangers après la salle d'armes et la chapelle. La plupart doivent se contenter de monter jusqu'à la plate-forme, d'où l'on découvre un beau panorama. Après en avoir esquissé l'aspect général et résumé l'histoire, je dirai ce qu'on peut voir encore à l'intérieur.

Le donjon de Vincennes, entouré autrefois d'un fossé indépendant de celui du château, est une grande tour carrée avec une tourelle en saillie à chaque angle. Cette tour a 52 mètres de hauteur. Ses murs ont 3 mètres d'épaisseur. Un escalier en spirale de 237 marches, pratiqué dans le mur sud, conduit à la plate-forme. Dans la tourelle sud-est se trouve un bel et large escalier en spirale, qui ne règne que du premier au deuxième étage; on le nomme l'escalier royal.

Le donjon a cinq étages : le rez-de-chaussée, où étaient les cuisines, se compose d'une grande salle carrée de 10 mètres de côté (elle a été divisée en deux). Sa voûte, élevée de 7$^m$,15, est soutenue sous sa clef par un fort pilier. Dans chaque tourelle est une chambre de forme octogonale. La distribution des cinq étages est semblable; seulement les voûtes des deux derniers n'ont que 5 mètres d'élévation. Quand Vincennes était une résidence royale, le roi occupait le premier étage, la reine et les enfants, le deuxième, les frères et proches parents du roi, le troisième; les officiers de service et les domestiques étaient logés au quatrième et cinquième; les grands officiers de la couronne, dans les tours de l'enceinte.

Mirabeau raconte ainsi dans ses *Lettres de cachet* l'introduction d'un prisonnier dans le donjon de Vincennes : « La faible lueur d'une lampe vraiment sépulcrale éclaire les pas du captif; deux conducteurs, semblables à ces satellites infernaux que les poètes placent dans le Ténare, guident sa marche; des verrous sans nombre frappent ses oreilles et ses regards; des portes de fer tournent sur leurs gonds énormes, et les voûtes retentissent de cette lugubre harmonie. Un escalier tortueux, étroit, escarpé, allonge le chemin et multiplie les détours; la lumière tremblante qui perce avec effort dans cet océan de ténèbres, et laisse apercevoir partout des cadenas, des verrous et des barres, augmente l'horreur d'un tel spectacle et l'effroi qu'il inspire. Le malheureux arrive enfin dans son repaire; il y trouve un grabat, deux chaises de paille et souvent de bois, un pot presque toujours ébréché, une table enduite de graisse.... et quoi encore? rien! Imaginez l'effet que produit sur son âme le premier coup d'œil qu'il jette autour de lui! »

L'histoire des prisonniers renfermés dans le donjon de Vincennes remplirait un volume; nous ne pouvons pas même mentionner leurs noms, nous citerons seulement les plus célèbres.

1315. *Enguerrand de Marigny*.
1574. Le *roi de Navarre*, qui fut

depuis Henri IV, et le *duc d'A-lençon*, soupçonnés d'être les chefs d'une conspiration dont les membres se proposaient d'enlever Charles IX de Saint-Germain.

1617. Le *prince de Condé*. Il avait déjà passé une année à la Bastille; il resta deux ans à Vincennes. Sa femme, qui partagea sa captivité, accoucha au donjon de quatre enfants, dont deux jumeaux; elle en perdit trois.

La porte d'entrée du château de Vincennes.

1626. Le *colonel d'Ornano*, fils naturel d'Henri IV, le favori de Gaston, duc d'Orléans, qui l'abandonna lâchement à la vengeance de Richelieu. Il y mourut.

1626. Le *duc* et le *chevalier de Vendôme*, fils naturels d'Henri IV, accusés d'avoir conspiré contre Richelieu. Le chevalier y mourut en 1629. Le duc n'y resta pas longtemps, car il consentit à faire tous les aveux qu'on lui demandait.

1629. *Marie-Louise de Gonzague*, fille du duc de Nevers, que le duc d'Orléans voulait épouser malgré la reine mère.

1635. *Puy-Laurens*, que Mazarin punit de son attachement au duc d'Orléans, après l'avoir marié avec sa petite-nièce. Il y mourut quatre mois après.

1643. Le *duc de Beaufort*, surnommé le roi des Halles, accusé d'avoir conspiré contre Mazarin. Il s'en évada en 1648.

1650. Les *princes de Condé* et de *Conti* et le *duc de Longueville*, chefs du parti des frondeurs. Le prince de Condé s'amusait à cultiver des fleurs. Qui ne connaît ces vers que fit à ce propos Mlle de Scudéry :

En voyant ces œillets, qu'un illustre guerrier
Arrose d'une main qui gagne des batailles,
Souviens toi qu'Apollon bâtissait des murailles,
Et ne t'étonne pas que Mars soit jardinier.

Du reste, ces trois prisonniers ne supportaient pas leur captivité de la même façon. « M. de Longueville est fort triste, écrivait Guy-Patin à l'un de ses amis, et ne dit mot; M. le prince de Conti pleure et ne bouge presque du lit. M. le prince de Condé chante, jure, entend la messe, lit des livres italiens ou français, dîne et joue au volant.... Il y a peu de jours, ajoute-t-il, comme le prince de Conti priait quelqu'un de lui envoyer le livre de l'*Imitation de Jésus-Christ*, pour se consoler par sa lecture, le prince de Condé dit en même temps : « Et moi, monsieur, je vous prie de « m'envoyer l'imitation de M. de « Beaufort, afin que je puisse me « sauver d'ici, comme il le fit il y a « tantôt deux ans. »

1652. Le *cardinal de Retz*, transféré ensuite à Nantes d'où il s'évada.

1661. *Nicolas Fouquet*, transféré ensuite à la Bastille, où s'instruisit son procès.

1695. *Mme Guyon*, l'héroïne du quiétisme, l'amie de Fénelon et de Mme de Maintenon. « Ses pieuses rêveries, dit Voltaire, ne méritaient pas l'attention du souverain. Elle composa à Vincennes un gros volume de vers mystiques, plus mauvais encore que sa prose. Elle parodiait en vers des opéras. Elle chantait souvent :

L'amour pur et parfait va plus loin qu'on ne pense ;
On ne sait pas, lorsqu'il commence,
Tout ce qu'il doit coûter un jour.
Mon cœur n'auroit connu Vincennes ni souffrance,
S'il n'eût connu le pur amour. »

1749. *Latude*. Mme de Pompadour l'y fit enfermer pour le punir de lui avoir donné de faux avis sur un prétendu complot tramé contre sa vie. Il avait alors vingt-quatre ans, et il espérait obtenir par ce moyen la protection de la favorite. Sa captivité se prolongea trente-cinq années. Trois ou quatre fois il réussit à s'évader, mais elle le fit poursuivre et arrêter de nouveau. En 1756, il était parvenu à se réfugier en Hollande. Elle dépensa 217 000 livres pour obtenir son extradition. Après la mort de son implacable persécutrice, le duc de Choiseul l'enferma comme fou à Charenton. Il ne recouvra sa liberté qu'en 1784.

1749. *Diderot*. L'auteur des *Pensées philosophiques* venait alors de publier sa *Lettre sur les aveugles*. M. de Réaumur avait chez lui un aveugle-né, à qui l'on devait faire l'opération de la cataracte. Diderot assista à cette opétion, curieux d'étudier les premiers effets de la lumière sur un être qui n'en pouvait avoir aucune idée. Il fut mystifié comme tous les autres assistants. L'aveugle avait été opéré secrètement devant Mme Dupré de Saint-Maur. Diderot sortit en disant que Réaumur avait mieux aimé avoir pour témoins deux beaux yeux sans conséquence que des gens dignes de le juger. Mme Dupré de Saint-Maur furieuse s'en vengea en le faisant enfermer à Vincennes par M. d'Argenson, qui la trouvait jolie. Il resta 28 jours au secret le plus rigoureux. Puis il obtint du gouverneur, le marquis du Châtelet, la permission de se promener dans le parc et de recevoir les visites de ses amis. A la nouvelle de l'arrestation de Diderot, Jean-Jacques Rousseau s'était empressé d'écrire à Mme de Pompadour. Sa lettre resta sans réponse. Il courut à Vincennes dès qu'il le put, il y retourna souvent, car il avait trouvé Diderot « très-affecté de sa prison. » La chaleur était forte, il allait à pied et il allait vite. Un jour, pour modérer son pas, il s'avisa de prendre un livre. « J'emportai, dit-il, le *Mercure de France*, et, tout en le parcourant, je tombai sur cette question, proposée par l'Académie de Dijon pour le prix de l'année suivante : *Si le progrès des sciences et des arts a contribué à corrompre ou à épurer les mœurs*. A l'instant de cette lecture, je vis un autre univers et je devins un autre homme.... En arrivant à Vincennes, j'étais dans une agitation qui tenait du délire. Diderot l'aperçut; je lui en dis la cause et je lui lus la prosopopée de Fabricius, écrite au crayon sous un chêne. Il m'exhorta de donner l'essor à mes idées et de concourir au prix. Je le fis, et dès cet instant je fus perdu. Tout le reste de ma vie et de mes malheurs fut l'effet inévitable de cet instant d'égarement[1]. »

1768. *Prévot de Beaumont*, coupable d'avoir dénoncé le pacte de famine. Il resta quinze ans à Vincennes, deux à Bicêtre et trois ans dans une maison de force. Il ne redevint libre qu'en 1789.

1777. Le *comte de Mirabeau*. Sa lettre de cachet avait été sollicitée par son père, qui l'avait déjà fait enfermer au château d'If et au fort de Joux, et qui venait de le faire arrêter à Amsterdam, où il s'était enfui et caché avec sa chère Sophie, après son évasion du fort de Joux. Sa captivité à Vincennes dura trois années. Il écrivit dans sa prison le *Mémoire à mon père*, l'*Essai sur les lettres de cachet et les prisons d'État* et les *Lettres à Sophie*.

1804. Le *duc d'Enghien*, le *marquis de Puyvert*, les *cardinaux de Pietto*, *Gabriel Oppizoni*, le prélat romain *Gregori*, et les complices de *Georges Cadoudal*.

1812. *Mme Malet*.

1830. Les *ministres de Charles X*, signataires des ordonnances qui provoquèrent la révolution de juillet. *MM. de Polignac* (au n° 48), de *Peyronnet* (au n° 35), *Guernon-Ranville* (au n° 40) et de *Chantelauze* (au n° 39). Après leur condamnation par la Cour des Pairs à une détention perpétuelle, ils furent transférés au château de Ham.

1848. Après l'attentat commis, le

1. Diderot et Marmontel ont donné de ce fait une tout autre version.

15 mai, contre l'Assemblée nationale, MM. *Raspail*, *Barbès*, *Blanqui*, *Courtais*, etc.

1851. A la suite de la dissolution de l'Assemblée législative, plusieurs représentants furent transférés à Vincennes; mais on les enferma dans les anciens appartements du duc de Montpensier et dans ceux du colonel commandant la place.

Aujourd'hui, les anciennes prisons du donjon sont fort heureusement transformées en magasins pour l'artillerie de la place. On les montre rarement aux étrangers. Du reste, elles n'ont rien de bien curieux. On y voit au rez-de-chaussée une porte (la seconde), qui provient, dit-on, de la tour du Temple, où elle fermait la chambre de Louis XVI. La salle dans laquelle elle donne accès passe pour avoir été la salle de la question. Les traditions s'obscurcissent et s'effacent de jour en jour à Vincennes; elles finiront par disparaître tout à fait. Au dire d'un vieil employé qui a reçu, en 1815, les confidences d'un ancien concierge, Latude aurait été enfermé au n° 2 (il a souvent changé de cachot), et Mirabeau dans l'oratoire du second étage, qui vient d'être restauré.

### Le village de Vincennes.

Vincennes est la localité la plus laide, la plus malpropre et la moins intéressante de tous ces anciens villages de la banlieue de Paris, qui prennent peu à peu le titre de villes. Ce fut dans l'origine la *basse-cour* de Charles VI, construite en 1384. A l'ouest de cette basse-cour, du côté de Paris, se bâtit peu à peu un hameau qu'on appela la *Pissotte*, nom qui a beaucoup intrigué les étymologistes. Vers la fin du siècle dernier seulement, basse-cour royale et hameau populaire se réunirent pour former un village qui s'est constamment agrandi depuis. C'est une affreuse agglomération de cabarets et de petites maisons occupées, pour la plupart, par les officiers de la garnison du fort. L'église moderne ne mérite pas une visite.

La *fête patronale* de Vincennes se célèbre le dimanche qui suit le 15 août. Sa population dépasse actuellement 5000 habitants.

On trouve à Vincennes quelques bons *restaurants;* nous mentionnerons surtout ceux de Paolo Broggi et de Denizet Poirrée, sur le cours Marigni. L'*hôtel de l'Europe* et les *cafés français* et *Husson* sont en face du château. Le *bal d'Idalie*, situé à l'entrée du bois, n'est pas moins fréquenté que celui de *la Tourelle*, établi près de la porte de ce nom.

### Le bois de Vincennes.

En 1162, le **bois de Vincennes** n'était entouré que de petits fossés. Louis VII le fit clore de murs du côté de Paris, et bâtit à son entrée, pour y loger un garde, la *tourelle* de Saint-Mandé. En 1183, Philippe Auguste continua la construction de la clôture; car il renferma dans ce bois des cerfs, des daims et des chevreuils que lui avait envoyés Henri II, roi d'Angleterre. Saint Louis éleva plus tard les murs qui longent la Marne. Cependant le bois s'agrandit à diverses reprises. L'enceinte actuelle ne date que de 1671.

En 1731, Louis XV fit abattre, puis replanter le bois de Vincennes, pour en *rendre les promenades plus agréables aux habitants de Paris.* On éleva, à cette occasion, la pyramide située sur l'ancienne route de Saint-Maur et qui portait l'inscription suivante : « Cette plantation a moins eu pour objet l'utilité domaniale que la décoration du lieu et l'intention de procurer aux habitants de Paris la ressource de pouvoir respirer un air pur, tempéré et bienfaisant, dans les délassements qu'ils pourraient y prendre de leurs travaux. »

Depuis le commencement de ce siècle, le bois de Vincennes a été diminué de près de moitié par le génie militaire et par le chemin de fer. En 1816 on y établit, en face du château, un polygone reporté plus à l'est en 1839. On y construisit, en 1839, une nouvelle salle d'artifice (l'ancienne, située derrière le donjon, ayant sauté en 1837), et un corps de garde dans le champ de manœuvres; en 1844, une école de pyrotechnie entre le château et Saint-Mandé; de 1841 à 1844, le nouveau fort; en 1846, deux redoutes reliées par une enceinte bastionnée en avant du champ de manœuvres de Saint-Maur. Ces redoutes, appelées la *redoute de Gravelle* et la *redoute de la Faisanderie*, sont destinées à remplir la lacune qui existait entre les forts de Nogent et de Charenton, éloignés entre eux de plus de 4000 mètres, et de défendre la presqu'île de Saint-Maur, notamment la tête du pont de Joinville. Leurs deux grandes faces, parallèles à la Marne, sont flanquées de tours ou bastionnets à mur crénelé. L'intérieur renferme une caserne voûtée à l'épreuve de la bombe, et deux magasins à poudre. Leur entrée est fermée par un pont-levis.

Tout récemment encore on a coupé une grande partie du bois comprise entre le champ de manœuvres de Saint-Maur et le château. Enfin, au moment où nous mettons sous presse, le chemin de fer de Saint-Maur (voir 3ᵉ section, *chemins de fer*) se creuse de larges et profondes tranchées entre Saint-Mandé et Vincennes, et entre Vincennes et Joinville-le-Pont.

Le bois de Vincennes n'offre donc plus aux Parisiens les promenades agréables qu'ils devaient à Louis XV. Depuis quelque temps on parle de grands travaux d'embellissement qui seraient entrepris; mais on ne replantera probablement jamais les arbres qui ont été abattus. Les parties les plus intéressantes sont celles qui avoisinent les Minimes et que séparent les portes de Nogent et de Joinville-le-Pont.

Les *Minimes*, situés dans l'intérieur du bois, à 2 kil. du château, se composent d'un enclos circulaire et de divers bâtiments occupés aujourd'hui par le garde général. Ce fut là qu'en 1164 Louis VII établit des religieux de Grammont, remplacés sous Louis XI par des Bonshommes ou Ermites, auxquels Henri III substitua, en 1584, des minimes, qui furent supprimés par un arrêt du conseil d'État du 17 mars 1784.

En 1847, M. le duc de Montpensier donna aux Minimes une fête de nuit magnifique.

A 1 kil. des Minimes, entre les portes de Nogent et de Joinville-le-Pont, se trouve le *rond de beauté*, tracé probablement sur l'emplacement qu'occupait autrefois (dans la partie du bois appelée le Faux parc) un château nommé *Château* de Beauté, et dont il ne reste aucun vestige. Près du rond de beauté on découvre de beaux points de vue sur la vallée de la Marne.

La *Faisanderie*, établie entre la pyramide et Saint-Maur, a été détruite en 1844, lors de l'établissement du champ de manœuvres de Saint-Maur, qui a une superficie de 166 hectares.

La superficie totale du bois de Vincennes est de 1009 hectares. Les murs de clôture ont un périmètre de 16 632 mètres.

Pour la description et l'histoire de Fontenay, de Nogent, de Saint-Maur, de Joinville-le-Pont, voir la 3e section : *chemins de fer*, chemin de fer de Saint-Maur.

## SAINT-MANDÉ.

*Omnibus*. Voir Vincennes, page 107.
*Distances*. Saint-Mandé est (la mairie) à : 1 kil. de la barrière qui porte son nom, 1 kil. 500 mèt. de la barrière du Trône, 2 kil. 500 mèt. de Vincennes (la mairie), 5 kil. environ de Joinville-le-Pont, 3 kil. de Charenton, 16 kil. de Sceaux.

**Saint-Mandé** fait partie, comme Vincennes, de l'arrondissement de Sceaux. C'est une commune de 5000 habitants environ, située le long et à l'extrémité de l'*avenue du Bel-Air*, qui conduit de la barrière de Saint-Mandé au bois de Vincennes, parallèlement à la route impériale de Vincennes, à une distance de 200 à 300 mètres. Elle s'étend, de l'extrémité de cette avenue contre le mur d'enceinte du bois de Vincennes, sur la droite de la porte de ce bois, à laquelle elle a donné son nom.

Saint-Mandé est fort ancien ; mais il n'a pas toujours occupé la place où il se développe et s'embellit aujourd'hui ; il était un peu plus à gauche ; ses maisons s'élevaient sur cette partie du bois dont il dessine pour ainsi dire la limite. Ce fut le roi Philippe le Hardi qui, voulant arrondir son parc de Vincennes, trop resserré de ce côté, jugea convenable de raser le hameau de Saint-Mandé et de l'envoyer se rebâtir un peu plus loin. On y voit quelques jolies maisons de campagne; ses bals des *Corybantes* et de la *Tourelle* sont très-fréquentés pendant l'été ; mais il n'offre rien d'intéressant à un étranger, si ce n'est le monument d'Armand Carrel.

Le vendredi 22 juillet 1836, Armand Carrel et M. Émile de Girardin se battirent en duel dans le bois de Vincennes. L'arme choisie était le pistolet. Les deux adversaires tombèrent en même temps, blessés, l'un, à la jambe, l'autre, dans l'aine. M. Émile de Girardin survécut à sa blessure ; Carrel mourut dans la nuit du 23 au 24, à Saint-Mandé, chez un ami où il avait été transporté. Ses amis et les nombreux admirateurs de son talent lui ont élevé un monument dans le cimetière qui a reçu sa dépouille mortelle. Sa statue (bronze), est une des belles œuvres de David d'Angers.

Il existe à Saint-Mandé, depuis 1830, un établissement de bienfaisance dont la création fait le plus grand honneur à son fondateur, M. Boulard, tapissier de la cour. C'est un hospice contenant douze lits pour autant de pauvres septuagénaires, à la nomination des douze bureaux de bienfaisance de Paris. De plus d'un million légué par M. Boulard et représentant un revenu de 50 000 francs au moins, il n'est resté, dé-

SAINT-MANDÉ.   123

duction faite des bâtiments et du mobilier, qu'un revenu annuel de 8 000 francs.

La *fête patronale* de Saint-Mandé se célèbre le dimanche qui suit la Saint-Pierre.

Les religieuses dites hospitalières avaient, avant la Révolution, un couvent à Saint-Mandé. Parmi ses maisons de campagne on remarquait jadis la *capitainerie*, près de laquelle était la *ménagerie*, créée par Charles V et peut-être même par Philippe Auguste, et supprimée sous Louis XIV. On y faisait combattre des bêtes féroces.

### BERCY. — LA RAPÉE. — LA GRANDE-PINTE.

*Omnibus.* Lettre S, du Palais-Royal à la Rapée, 300 mèt. — Lettre R, du faubourg Saint-Honoré à la barrière de Charenton.
*Distances.* Bercy (la barrière) est à : 5 kil. 800 mèt. de Notre-Dame, 4 kil. de Charenton, 2 kil. de Saint-Mandé, 1 kil. 100 mèt. de Sceaux.

**Bercy** est une commune de l'arrondissement de Sceaux (département de la Seine), qui se compose de trois centres principaux de population, *la Rapée* et *Bercy*, le long de la rive droite de la Seine, entre le fleuve et le chemin de fer de Lyon, et *la Grande-Pinte*, près de la route de terre de Paris à Lyon. La barrière de Charenton conduit à la Grande-Pinte; on se rend à Bercy et à la Rapée par les barrières qui portent leur nom. Un pont suspendu en chaînes, construit par MM. Bayard et Vergès, relie la Rapée à la Gare, située sur la rive gauche de la Seine. Le pont du chemin de fer de ceinture (voir 3ᵉ section, *Chemins de fer*) met Bercy et la Gare en communication près des fortifications.

Le pont de Bercy offre un coup d'œil charmant. On a autour de soi, au premier plan, le mouvement, l'activité, la vie du quai où sont *engerbés* des milliers de tonneaux, où défilent en longues processions les voitures appelées *haquets* que Pascal inventa. A l'est on découvre le ruban de la Seine, qui se déroule au loin à travers les campagnes; à l'ouest on voit se dessiner les bizarres profils, les silhouettes fantastiques des maisons et des édifices de la grande ville.

La *Rapée*, cette partie de Bercy qui s'étend le long du quai, au-dessus du pont, doit son origine et son nom à une maison de plaisance qu'y bâtit un sieur de La Rapée, commissaire général des guerres sous Louis XV. Depuis il est devenu un vaste entrepôt de vins, d'eaux-de-vie, d'huiles et de vinaigres qui arrivent, par la Seine et par le chemin de fer de Paris à Lyon et à Marseille, de la Bourgogne, du Beaujolais, de la Provence, etc. Nulle part on ne voit autant de tonneaux, autant de caves pleines, autant de bateaux chargés de futailles. Des rues tout entières sont bordées d'entrepôts et de magasins de liquides. Partout on reçoit (on fabrique même, dit-on), on vend, on expédie, on achète ou l'on consomme sur place du vin et de l'eau-de-vie. Le département de la Seine est un des centres principaux du commerce des vins. Il y opère annuellement sur un capital de 120 millions pour les vins, et de 30 à 40 millions pour les spiritueux. Les deux places importantes de ce mouvement sont Bercy et l'Entrepôt de Paris (voir *Paris illustré*); mais Bercy opère sur des quantités doubles au moins de celles de l'Entrepôt. Il en sort en moyenne : pour Paris, 600 000 hectolitres ; pour l'extérieur, 1 million d'hectolitres. Nous n'avons aucune donnée sur la consommation locale, qui doit être considérable. On n'aperçoit en effet, le long du quai et dans les rues voisines, que restaurants, marchands de vins, cafés, cabarets et berceaux de feuillage. De tous côtés retentit le choc des verres ; on ne s'y contente pas de boire, on y mange aussi, surtout des matelotes et des fritures. Les restaurants les plus renommés sont ceux du *Rocher de Cancale* et des *Trois-Marronniers*. Les canotiers fréquentent de préférence la *Taverne*, que M. Bæringer a fondée pour eux dans la rue Soulages et qu'il leur a dédiée. Le dimanche surtout, cette taverne offre un curieux spectacle.

Depuis 1787 jusqu'au milieu du règne de Louis-Philippe, les mariniers de la Rapée réunis à ceux de Bercy donnèrent chaque dimanche, pendant la belle saison, une joute sur l'eau, qui se terminait d'ordinaire par un feu d'artifice. Cet usage a disparu. Les canotiers parisiens ont remplacé les jouteurs indigènes, qui ne figurent plus guère maintenant qu'une fois ou deux par an, dans les grandes fêtes publiques. Bercy et la Rapée sont devenus, avec Asnières (voir plus loin, *Chemin de fer de Saint-Germain*), un des grands ports du canotage. Les *canotiers* de Bercy ne diffèrent pas sensiblement de ceux d'Asnières. Plus d'une embarcation, d'ailleurs, fréquente alternativement les deux ports ; toutefois on remarque en général des habitudes, ou du moins des prétentions plus aristocratiques parmi les canotiers d'Asnières que parmi ceux de Bercy et de la Rapée.

Bercy n'a pas d'histoire. Il existait déjà du temps de Louis le Gros, et son territoire passait à cette époque pour être fertile en grains et en légumes de toute espèce. A une époque comparativement moderne, il s'y forma un entrepôt qui se développa à mesure que Paris vit s'accroître le nombre de ses maisons et s'élever le chiffre de ses habitants. En 1820, le 31 juillet, un épouvantable incendie, dont la cause est restée ignorée, y détruisit une partie de cet entrepôt. Plus de 40 000 pièces d'eau-de-vie, d'esprit, d'huile, furent brûlées. La perte dépassa 10 millions de francs. Bercy se releva bientôt de ses ruines, plus vaste, plus beau, plus prospère qu'il ne l'avait jamais été. Il prit, pour s'étendre plus à l'aise, le parc de son *petit château*, dont il conserva les principales allées et les arbres. Ce parc avait 40 arpents ; il n'en reste aujourd'hui qu'une partie de son jardin anglais. Depuis, Bercy s'est constamment agrandi, comme toutes les autres localités de la banlieue. L'établissement du chemin de fer de Lyon lui a été tout à la fois fatal et utile ; car, si ce chemin de fer a causé un grave préjudice à la navigation fluviale, il a construit sa gare des marchandises au centre même de la commune, en dehors des fortifications. Du reste, Bercy n'est pas seulement un entrepôt de vins, d'eaux-de-vie et d'huiles ; il s'y fait un commerce considérable de bois, de tuiles, d'ardoises, etc. On y trouve également un grand nombre d'usines et de fabriques.

Bercy possède un *théâtre* peu

monumental, situé rue Saint-Louis, un *hôtel de ville* en pierre de taille, avec un portique décoré de dix colonnes cannelées, et, tout près de l'hôtel de ville, une *église*, construite sous la Restauration, avec un fronton supporté par quatre colonnes d'ordre toscan. Sur le quai, on remarque un élégant pavillon en pierre de taille, aux fenêtres richement décorées. Ce pavillon, qui date de la fin du XVII° siècle, dépendait du château du Grand-Bercy, dont il est séparé maintenant par le chemin de fer de ceinture qui traverse Bercy, et par les fortifications.

Si, après avoir dépassé le chemin de fer de ceinture et les fortifications, on continue à remonter le quai par une jolie route plantée d'ormes, on ne tarde pas à remarquer sur la gauche, au milieu et au sommet d'un vaste parc aux arbres

Le château de Bercy.

séculaires, un beau château construit dans le style du XVII° siècle. Ce château s'appelle le *Château du Grand-Bercy*. Élevé par l'architecte L. Le Vau, le même qui bâtit l'hôtel Lambert, dans l'île Saint-Louis, il appartenait, sous Louis XIV, au marquis de Nointel. M. Pâris de Montmartel l'acheta en 1706. Plus tard, il fut loué à M. de Calonne, qui fit de grands changements dans le parc, planté à la française par Le Nôtre, et qui s'efforça de lui donner la physionomie d'un jardin anglais. Pendant la Révolution, on y installa une fabrique de papiers peints. Il passa plus tard dans les mains de M. de Nicolaï, qui le loua d'abord à un vicomte, pour y établir une fabrique de sucre de betteraves. La fabrique n'existe plus, mais le château et le parc ont été abandonnés, depuis la construction du chemin de fer de Lyon, qui, coupant la propriété en deux, passe à une quarantaine de mètres au sud du château. Déjà, en 1840, le tracé des fortifications avait écorné le parc du côté de l'ouest. Ils ont aujourd'hui un aspect des plus mélancoliques, mais toujours imposant, au milieu même de leur décadence. Le soc de la charrue a déchiré le tapis vert des pelouses, les parterres et les allées; les grands arbres sont seuls restés debout. A peine trouve-t-on sous leurs beaux ombrages deux ou trois statues mutilées de l'Olympe de pierre que Le Vau y avait fait placer; les deux lions qui se dressaient au milieu de la terrasse ne sont plus entiers; mais on voit encore, à l'angle sud-est du parc, un charmant pavillon, et les façades de l'édifice ne portent presque aucune trace des injures des hommes ni de celles du temps.

La *fête patronale* de Bercy se célèbre le deuxième dimanche du mois d'août.

On peut, de Bercy, en suivant la rive droite de la Seine, gagner Conflans et Charenton, qui sont décrits dans la 3ᵉ section (voir le *Chemin de fer de Lyon*). On compte environ 1500 mètres du pont de Bercy au pont du chemin de fer de ceinture, et 2 kilomètres 500 mètres du chemin de fer de ceinture au pont de Charenton.

**IVRY-SUR-SEINE. — LA GARE. — LES DEUX-MOULINS. — AUSTERLITZ. — LE PORT A L'ANGLAIS.**

*Omnibus.* Lettre T, de la place Cadet à la barrière de la Gare. — Lettre U, de Notre-Dame de Lorette à la barrière de Fontainebleau. — Ivryennes, place du Palais, 50 cent. en semaine, 60 cent. le dimanche toutes les heures.

*Distances.* Ivry est à : 6 kil. 300 mèt. de Notre-Dame, 3 kil. des barrières de la Gare et de Fontainebleau, 3 kil. de Vitry, 9 kil. 800 mèt. de Sceaux.

**Ivry** se compose de plusieurs hameaux connus sous les noms du *Grand-Ivry*, du *Petit-Ivry* ou *Saint-Frambourg*, de *la Gare*, des *Deux-Moulins*, d'*Austerlitz* et du *Port à l'Anglais*. La population, chef-lieu et dépendances, est évaluée à plus de 11 000 habitants. Cette importante commune fait partie de l'arrondissement de Sceaux.

L'origine d'Ivry est fort ancienne. On le trouve mentionné dans une charte de Louis d'Outremer, sous le nom latin d'*Ivriacum*, et dans d'autres documents de la même époque, sous celui d'*Yvriacum*. Après avoir appartenu, jusqu'au XVIIᵉ siècle, à des seigneurs obscurs, il devint la propriété de Cl. Bosc Dubois, prévôt des marchands et conseiller de la Cour des aides, qui y fit bâtir un magnifique château, dont les jardins étaient ornés d'une statue de Louis XIV, par Coyzevox, et dont il ne reste plus qu'une terrasse avec un pavillon.

Jadis, on ne comptait guère, à Ivry, que des cultivateurs et des maraîchers. Aujourd'hui, le centre de la commune est toujours agricole, mais ses dépendances contiennent un grand nombre d'usines, de fabriques et de manufactures. La *Gare*, qui s'étend sur la rive gauche de la Seine, possède une verrerie renommée. Les *Deux-Moulins* (près de la barrière de ce nom) et *Austerlitz* (au delà de la barrière de Fontainebleau) sont, depuis longtemps, le refuge d'une foule d'établissements réputés insalubres. C'est la campagne du chiffonnier, de l'équarrisseur et du débardeur, non du débardeur de Gavarni et des bals masqués, mais du vrai débardeur des rives de la Seine. Aussi les agglomérations de masures, de cabarets, d'usines, qui composent ces hameaux, ont-elles un aspect singulièrement repoussant, qui, toutefois, ne manque pas de pittoresque. Leurs cuisines en plein vent, aux senteurs graisseuses et nauséabondes, leurs masures lézardées et tremblantes, leurs rues fangeuses en hiver, poudreuses en été, et leur population étrangement mêlée, sont plus propres à tenter le crayon d'un Callot et la plume d'un observateur ou d'un moraliste que la curiosité d'un honnête citadin ou d'un touriste désœuvré.

La Gare, les Deux-Moulins et Austerlitz sont situés en deçà des fortifications; Ivry et Saint-Frambourg se trouvent au delà, au pied et sur les pentes d'un coteau, près de la rive gauche de la Seine. Saint-Frambourg est la partie d'Ivry que domine le fort. Ce hameau doit son nom à une ancienne chapelle élevée par saint Frambourg, et fréquentée jadis, le 1er mai, par de nombreux pèlerins; car le saint qu'on venait y prier faisait, dit-on, de nombreux miracles. Le *Port à l'Anglais* est un groupe de quelques maisons qui se sont bâties au bord du fleuve, sur un point où les Anglais ont tenté ou opéré un débarquement au XIVe siècle.

L'*église* d'Ivry, bâtie sur une éminence, est fort ancienne, mais elle a été reconstruite en grande partie au XVe siècle. Le portail n'existe plus; on pénètre aujourd'hui dans l'intérieur par l'un des transsepts; pour y arriver, il faut gravir un escalier de quarante-sept marches. Il ne reste plus que le chœur, la nef principale et un des bas côtés; aussi l'intérieur offre-t-il un aspect assez bizarre, malgré l'élégance de l'architecture. On remarque dans la nef quatre piliers du XIIIe siècle, date probable de la fondation de l'église.

Le château d'Ivry, qui a compté, parmi ses possesseurs, le marquis d'Uxelles, a été détruit pendant la Révolution. Les jardins, bien déchus de leurs anciennes splendeurs, ont cependant conservé leurs charmilles, taillées comme celles de Versailles. Une autre propriété, appelée le *Petit-Château*, a appartenu à la duchesse d'Orléans, mère du roi Louis-Philippe, qui y est morte, regrettée de tous les habitants. L'entrée se trouve sur la rue des Champs-Blancs.

On peut visiter à Ivry (dans la rue de Seine, 7) une belle maison de santé, fondée par le docteur Esquirol, affectée au traitement des maladies nerveuses, et dirigée aujourd'hui par MM. Baillarger et Moreau.

Le chemin de fer d'Orléans possède, à Ivry, d'immenses ateliers, qui s'étendent chaque jour, et menacent d'absorber presque toutes les propriétés environnantes.

Si l'industrie compte à Ivry des établissements industriels de premier ordre, par exemple, des fabriques de caoutchouc et de faïenceries, si le commerce y a établi de vastes entrepôts de bois, de charbons, etc., l'horticulture y est de son côté florissante; les jardins de

M. Victor Verdier et leurs rosiers (rue des Trois-Ormes, 6), et les serres de M. Paillet, dont les camélias ne sont pas moins célèbres, méritent une mention particulière.

La *fête patronale* du *Grand-Ivry* a lieu le premier dimanche de mai; celle du *Petit-Ivry*, le premier dimanche de juillet; celle de la *Gare*, avec joutes sur l'eau, le premier dimanche d'août; celle des *Deux-Moulins*, le troisième dimanche de juin.

## VITRY-SUR-SEINE.

*Voitures.* Voitures de Choisy à Paris, passant par Vitry. De la rue Coq-Héron, n° 17, à Vitry, 50 cent.; 70 cent. le dimanche. De la barrière de Fontainebleau à Vitry, 30 cent.

*Distances.* Vitry est à : 4 kil. 500 mèt. de la barrière de Fontainebleau, 8 kil. 800 mèt. de Notre-Dame, 3 kil. d'Ivry, 3 kil. de Choisy-le-Roi, 7 kil. 900 mèt. de Sceaux.

L'origine de **Vitry** est au moins aussi ancienne que celle d'Ivry. Ce bourg était connu dès le VII<sup>e</sup> siècle, sous le nom de *Victuriacum*, que les étymologistes font dériver de *Victoriacum*, d'où *Vitriacum* et enfin *Vitry*. A cette époque, saint Éloy y possédait une maison de campagne.

Pendant le moyen âge Vitry eut, à ce qu'il paraît, plus d'importance qu'il n'en a aujourd'hui, car il possédait deux églises paroissiales, dont l'une fut brûlée par les Anglais, quand ils ravagèrent les environs de Paris, de concert avec Charles le Mauvais.

Vers la fin du XVIII<sup>e</sup> siècle, un financier très-riche, M. Dupetitval, vint s'établir avec sa famille au château de Vitry, qu'il avait acheté. Il y était depuis quelques jours, lorsque, le 2 floréal an IV (21 avril 1796), des brigands masqués envahirent sa demeure pendant la nuit. Le lendemain on trouva les cadavres de M. Dupetitval, de sa belle-mère, de ses deux sœurs et de cinq domestiques, rangés symétriquement au pied de neuf arbres qui formaient l'allée d'honneur du château. Un enfant de sept ans avait seul échappé à cette horrible boucherie. Les assassins, qui pouvaient voler un grand nombre d'objets de prix, se contentèrent de forcer le secrétaire et d'enlever le portefeuille. Ce crime inouï est resté impuni. Les assassins sont même demeurés inconnus. On arrêta, quelque temps après, un des chefs d'une bande qui depuis longtemps semait l'épouvante et la terreur dans la banlieue. Il se nommait Boudroux; il était le capitaine de cinquante brigands disciplinés; mais il nia avoir participé à l'assassinat de M. Dupetitval. Alors les soupçons de l'opinion publique se portèrent sur un sieur Michel jeune, banquier et fournisseur, dont la fortune rapide excitait un étonnement général; il fut même signalé dans un mémoire comme l'auteur du crime. Pourtant il ne fut point inquiété d'abord; mais le secrétaire de M. Dupetitval ayant été assassiné à Paris, rue de la Victoire, ainsi qu'un commis de Michel jeune du nom de Rivière, la justice s'émut, et fit arrêter non-seulement Michel jeune, mais aussi son frère aîné. Quelques jours plus tard ils étaient tous les deux remis en liberté.

Vitry, dont la population est de plus de 2500 habitants, dépend de l'arrondissement de Sceaux. Située en partie sur la pente du coteau de Ville juif, il est bien exposé à l'est. Son territoire, fertile en grains, et qui renferme, en outre, d'excellentes carrières à plâtre, est surtout propre, au moins dans la partie qui regarde la Seine, à la culture des arbres. Aussi ses belles pépinières sont-elles justement renommées. Parmi les plus remarquables, il faut citer celles de M. Margat.

Vitry possède une *église* dont la fondation remonte au XIII<sup>e</sup> siècle, mais qui a été reconstruite en partie au XV<sup>e</sup>. Le clocher est moderne; on l'a rebâti dans le style du III<sup>e</sup> siècle, en 1848. Cette église, élevée au milieu d'une place, est dans un état parfait de conservation.

L'ancien château seigneurial de Vitry appartint, sous l'Empire, à M. le comte Dubois, le préfet de police.

La *fête patronale* de Vitry se célèbre le jour de la Pentecôte.

### GENTILLY. — LA MAISON-BLANCHE. — LA GLACIÈRE.

*Voitures.* Omnibus, lettre U, de Notre-Dame de Lorette à la Maison-Blanche, barrière de Fontainebleau.

*Distances.* Gentilly est à : 2 kil. de la barrière de Fontainebleau, 3 kil. 800 mèt. du Jardin des Plantes, 4 kil. 900 mèt. de Notre-Dame, 3 kil. 700 mèt. de Villejuif, 2 kil. d'Arcueil, 500 mèt. de Bicêtre, 2 kil. de Montrouge, 6 kil. 900 mèt. de Sceaux. — La Maison-Blanche est à 900 mèt. de la barrière de Fontainebleau, 2 kil. 500 mèt. de Notre-Dame.

**Gentilly**, dont le nom latin, *Gentiliacum*, lui avait été donné, selon certains étymologistes, par un de ses seigneurs de Paris, appelé *Gentilis*, existait avant le VII<sup>e</sup> siècle. Saint Eloy, qui y possédait quelques terres, y avait fondé un monastère.

A cette époque il avait, comme Vitry, plus d'importance qu'aujourd'hui, puisque les villages d'Arcueil et de Cachan dépendaient de sa paroisse. C'est maintenant un bourg de l'arrondissement de Sceaux, dont la population, en y comprenant celle de la *Glacière*, et celle de la *Maison-Blanche*, s'élève à plus de 13 000 habitants.

Son histoire offre peu d'intérêt. Pourtant les rois de la première race s'y firent bâtir une maison de campagne, que les auteurs contemporains appelaient *Villa Dominica* En 766, Pépin le Bref y tint un concile où l'on délibéra sur la grande question des images, qui divisait alors les Églises d'Orient et d'Occident. En 878 Louis le Bègue fit don de la terre et de la maison royales de Gentilly à l'évêque de Paris Ingelwin. Depuis, elles restèrent jusqu'au XV<sup>e</sup> siècle la propriété des successeurs d'Ingelwin. Saint Louis y fonda un monastère de chartreux, et Claude Sonnius un couvent de sœurs de la Miséricorde. — Simon Colines, l'un des plus célèbres graveurs de caractères d'imprimerie, et le premier qui grava de beaux types de caractères romains, naquit à Gentilly, au commencement du XV<sup>e</sup> siècle. — Sous Charles IX, le prince de Condé vint y camper avec ses troupes. Il y eut avec Catherine de Médicis une entrevue qui ne put aboutir à la conclusion de la paix. — Plus tard Benserade y posséda une maison de campagne, où il mourut de la pierre, en 1691.

La *Maison-Blanche* commence à la barrière de Fontainebleau ; elle se compose en grande partie de deux rangées de maisons, qui bordent la grande route d'Italie. On y voit un grand nombre de cabarets, fréquentés surtout par la population du faubourg Saint-Marceau, et quelques auberges, où s'arrêtaient les rouliers, quand il y avait encore des rouliers, c'est-à-dire avant l'établissement des chemins de fer.

A la Grande-Rue aboutissent d'autres rues, en général bâties et peuplées comme celles d'Austerlitz, de la Gare, d'Ivry et des Deux-Moulins, surtout dans la partie la plus rapprochée des boulevards. Elles présentent le même aspect, et doivent inspirer le même intérêt ou le même dégoût, selon le caractère, les habitudes ou la mission de celui qui voudra les visiter.

A droite de la Grande-Rue s'élève une chapelle qui rappelle un des événements les plus sinistres de nos troubles civils ; elle a été construite sur l'emplacement de la maison dans laquelle le général Bréa fut assassiné pendant l'insurrection de juin 1848.

Entre la Maison-Blanche et la Glacière, se trouve une petite vallée d'un aspect à la fois bizarre et pittoresque. Ici la Bièvre coule entre d'épais rideaux de peupliers, le long de vertes prairies ; là, les masures du *Moulin-de-la-Pointe* dominent une éminence (la *Butte-aux-Cailles*) couronnée par un moulin à vent, et qui s'avance comme un promontoire au milieu de la vallée.

La *Glacière* s'appelait autrefois le *Petit-Gentilly*. Son nom actuel lui vient de la glacière qui y est établie. Ce hameau n'a rien de curieux. Il se compose, en grande partie, d'une longue rue commençant à la barrière de l'Ourcine, rue malpropre et fangeuse, à laquelle aboutissent des ruelles donnant sur la rivière, bordées de tanneries, de fabriques de produits chimiques et d'ateliers de blanchisseurs. — L'hospice de Bicêtre possède, à la Glacière, une ferme appelée la *Ferme Sainte-Anne*, où les aliénés se livrent à des travaux de culture (voir ci-dessous *Bicêtre*). — La Glacière proprement dite est située presque à l'extrémité du hameau, à gauche, dans un vaste enclos exposé au nord, et couvert de massifs d'arbres destinés à protéger les laveuses contre les ardeurs du soleil.

Les prairies, arrosées par la Bièvre, appartiennent, en grande partie, à l'administration des Glacières réunies [1] ; elles sont inondées pendant l'hiver, au moyen d'une vanne qui se trouve dans la rue du Pot-au-Lait. Comme l'eau a peu de profondeur, elle gèle facilement dès que le thermomètre descend au-dessous de zéro. Les prairies de la Glacière devenaient alors le rendez-vous des patineurs de la capitale (50 cent. d'entrée), avant la création des lacs et des rivières du bois de Boulogne, qui lui font une redoutable concurrence.

Autrefois, *Gentilly* était un des trois villages voisins de l'Université où les écoliers aimaient à se promener, ce qu'on appelait alors *ire ad campos*. Aujourd'hui, les Parisiens ne font plus d'excursions à Gentilly. Ceux d'entre eux qui habitent les quartiers voisins de cette commune franchissent rarement les fortifications, et s'arrêtent volontiers dans les cabarets de la Maison-Blanche. Quant aux étudiants désireux

[1]. Le siège de l'administration des Glacières réunies est à Paris, rue d'Amboise, 3.

d'aller aux champs, ils ne tournent plus guère leurs pas de ce côté; ils préfèrent aux bords de la Bièvre les vallées de la Seine ou de Montmorency. Pourtant, Gentilly est resté encore, à un certain point de vue, un village universitaire et clérical. Les frères de la Doctrine chrétienne y possèdent une maison de campagne avec un beau parc, dont l'entrée est rue Sainte-Hélène; les sœurs de Saint-Thomas y ont également une habitation et un jardin; et le collége Sainte-Barbe y a acquis une grande et belle propriété où il envoie ses élèves, les dimanches et les jours de congé.

On trouve peu de cabaretiers à Gentilly; en revanche les blanchisseurs y abondent : le reste des habitants se livre soit à l'agriculture, soit à l'extraction et au transport des pierres. Cette commune occupe le fond de la vallée de la Bièvre. Du

La Glacière.

Pont-Neuf, dans la rue qui porte ce nom, on jouit d'une vue pittoresque sur le cours de la rivière, bordée de peupliers, de prairies et de jardins.

L'*église* de Gentilly mérite une visite. De l'extérieur on ne voit guère que le portail, autrefois portail latéral, qui donne sur une petite place plantée d'arbres. Ce portail est décoré dans le style flamboyant du xv<sup>e</sup> siècle. L'intérieur, évidemment tronqué, se compose d'une nef principale et de deux bas côtés en ogives, où l'on remarque des clefs assez élégantes. Au XVII<sup>e</sup> siècle, la voûte de la grande nef a été refaite en berceau. A l'entrée s'élève une belle galerie d'une gracieuse et riche ornementation (xv<sup>e</sup> siècle), destinée à supporter un buffet d'orgues, qui manque aujourd'hui.

Avant la Révolution, la seigneurie de Gentilly appartenait à M. de Villeroi.

La *fête patronale* de Gentilly a lieu le deuxième dimanche de mai.

### BICÊTRE.

*Voitures publiques.* Rue de Rivoli, 74, de Paris à la barrière Fontainebleau, 30 cent.; de la barrière Fontainebleau à Bicêtre, 20 cent; trajet direct, 40 cent.

*Distances.* Bicêtre est à : 6 kil. de Notre-Dame, 3 kil. de la barrière de Fontainebleau, 500 mèt. de Gentilly, 2 kil. d'Arcueil, 2 kil. de Villejuif.

**Bicêtre** ou l'*hospice de la vieillesse* est situé à droite de la route de Fontainebleau, sur une hauteur qui domine Paris, à 79 mèt. au-dessus de la mer. Il dépend de la commune de Gentilly. Sous le règne de saint Louis, c'était un monastère. En 1290, le monastère fit place à un château construit par un Anglais, Jean, évêque de Wincester, d'où est venu, par corruption, le nom de Bicêtre. Sous Charles V, le duc de Berry, propriétaire de ce domaine, trouva la maison de l'évêque trop petite, et la remplaça par un vaste palais, où brillaient les dorures, les mosaïques et des tableaux d'un grand prix pour l'époque. Brûlé avec toutes ses richesses pendant les troubles qui agitèrent le règne de Charles VI, Bicêtre fut donné en 1416 au chapitre de Notre-Dame de Paris. Au commencement du XVI° siècle, des voleurs y avaient établi leur repaire; la propriété fut saisie au nom du roi en 1519. Plus d'un siècle après, Louis XIII fit raser tout ce qui était resté debout, et ordonna la construction de l'hospice actuel, qu'il destinait aux soldats invalides. Enfin, depuis la fondation, par Louis XIV, d'un hôtel des Invalides à Paris, Bicêtre a été réuni à l'hôpital général. On y reçoit des vieillards, des aliénés et des épileptiques. Il contient 2725 lits, dont 1871 pour les vieillards et infirmes, et 854 pour les aliénés.

La grande curiosité de Bicêtre est un *puits* immense qui, depuis quelques années, ne fonctionne plus que rarement, et seulement lorsqu'il y a interruption dans le service de l'administration des eaux. Ce puits est, ainsi que le réservoir, enfermé dans un vaste bâtiment. Il a 5$^m$,33 de diamètre. Il a été construit sur les dessins de l'architecte Boffrand. Le fond en est creusé dans le roc vif; des sources qui ne tarissent jamais, y entretiennent constamment 3 mètres d'eau. Le réservoir, revêtu en plomb laminé et soutenu par quatre piliers, a 18 mètres carrés; il contient plus de 5000 hectolitres d'eau. Deux seaux, d'un poids de 200 kilogrammes chacun, descendent alternativement puiser l'eau à une profondeur de 55$^m$,55, au moyen de soupapes pratiquées à leur fond.

Deux mille vieillards indigents sont admis dans l'hospice de Bicêtre; dans ce nombre, on compte ordinairement deux cents octogénaires.

Les dortoirs sont grands et parfaitement aérés. Les lits sont en fer; la literie se compose, pour chacun, d'une paillasse, de deux matelas, d'un traversin, d'un oreiller et de deux couvertures. La plupart des lits sont depuis peu garnis d'un tiroir en fer où peuvent être serrés les vêtements. La salle Saint-Augustin, qui est le plus vaste de

Vue générale de Bicêtre.

ces dortoirs, renferme 120 lits. Les vieillards infirmes sont servis dans les dortoirs; ceux qui sont valides vont prendre leurs repas dans les réfectoires.

Ces réfectoires, au nombre de deux, se composent de 300 couverts chacun. On y remarque, à tout instant de la journée, un ordre parfait et une propreté exquise. Le pain est de bonne qualité; à chaque repas (il y en a deux par jour) on sert une soupe maigre ou grasse, des légumes ou de la viande, un dessert, et une ration de vin de 7 centilitres.

Les cuisines sont belles, voûtées, enduites de stuc à leur partie supérieure. Vingt-huit marmites y fonctionnent sur d'immenses fourneaux. Huit de ces marmites contiennent chacune 60 kilogrammes de viande et 120 litres d'eau. La consommation quotidienne de viande est d'environ 6 à 700 kilogrammes. La corvée d'éplucher les légumes revient aux vieillards, qui s'en acquittent à tour de rôle. Quelques-uns s'en dispensent et se font remplacer moyennant un léger sacrifice de 10 centimes.

La buanderie, où l'on voit des cuves qui contiennent jusqu'à 1600 draps, occupe, outre les garçons de service, un certain nombre de vieillards et d'épileptiques à qui l'on accorde une rétribution de 40 à 50 centimes par journée de travail. Les garçons de service attachés à la buanderie, de même que ceux qui dépendent des autres parties de l'établissement, sont logés, nourris, habillés, et reçoivent une paye mensuelle de 12 fr. 50 cent.

Il y a peu d'oisifs à Bicêtre; les vieillards valides trouvent à s'y occuper. L'établissement entretient pour son propre usage des ateliers de tailleurs, de tapissiers, de lampistes, de couvreurs, de charronerie, de tonnellerie, de serrurerie, de vannerie, etc., où les ouvriers peuvent gagner jusqu'à 75 centimes par jour.

D'autres ateliers sont affectés à ceux qui veulent travailler pour leur compte. On n'exige d'eux qu'une très-faible rétribution pour le loyer de l'emplacement dont ils disposent. Les principales industries qui y sont représentées sont celles des tourneurs, des menuisiers, etc. On est frappé de l'importance relative que prend dans ces ateliers la fabrication des chevilles de bois à l'usage des cordonniers.

L'infirmerie et la pharmacie sont aussi très-bien tenues. Le service est confié à cinq médecins en chef, huit internes élèves en médecine, et six internes élèves en pharmacie.

La chapelle, assez grande et simplement décorée, renferme quelques tableaux et un joli buffet d'orgues.

Les enfants épileptiques, recueillis à Bicêtre, y sont l'objet de soins tout particuliers; ils y reçoivent une éducation libérale; ils ont des maîtres d'armes, des maîtres de dessin, etc.

Le quartier des aliénés est séparé du reste de l'établissement; on n'y peut pénétrer sans une permission spéciale de la préfecture de police[1].

Les aliénés se livrent au travail

[1]. On peut consulter sur ce sujet un très-remarquable travail de M. le docteur L. Le Pileur, intitulé : *Des aliénés dans nos hôpitaux*, notamment à Bicêtre et à la Salpêtrière, et publié dans le tome IV de l'*Illustration*.

des champs, qui est éminemment favorable à leur rétablissement. Les hospices possèdent, dans diverses communes voisines de Bicêtre, 41 hectares de terre, cultivés à la bêche par les aliénés, qui se rendent tous les jours à l'ouvrage sous la conduite d'un préposé, chargé d'une brigade de seize hommes. La ferme Sainte-Anne, de près de 5 hectares, située à la barrière de la Santé, leur est spécialement affectée ; cent quatre-vingts d'entre eux y sont établis à demeure ; on les y occupe à la vacherie, à la porcherie et à d'autres travaux agricoles. En 1833, les produits ne dépassèrent pas 1900 fr. En 1841 ils s'élevaient à 51 000 fr.

Au mois de septembre 1792, un grand nombre de prisonniers furent massacrés à Bicêtre. Ils se défendirent d'abord contre leurs bourreaux ; mais accablés par le nombre, mitraillés et fusillés de tous côtés, ils durent chercher un dernier refuge dans les cachots, où on les noyait pour les forcer à se rendre. Pétion essaya vainement de mettre un terme à cette boucherie.

## MONTROUGE.

*Omnibus.* Lettre K, de la Chapelle Saint-Denis à la barrière d'Enfer. — *Montrougiennes*, administration à Montrouge, 13, route de Châtillon, à Paris, rue de Grenelle Saint-Honoré, 45 ; départ de quart d'heure en quart d'heure, de 7 h. 1/2 du matin à 11 h. du soir (toutes les 10 minutes les dimanches), 25 c. la semaine, 30 c. dimanches et fêtes. — Correspondance avec un supplément de 25 c. pour Châtillon, Bagneux et Fontenay. (Voir 3ᵉ section, *chemin de fer de Sceaux*; 5ᵉ section, *routes de terre.*)

*Distances.* Le poteau placé au carrefour des Quatre-Chemins porte les indications suivantes : barrière du Maine, 1 kil. 800 mèt., barrière d'Enfer, 800 mèt. ; Notre-Dame, 4 kil. 500 mèt., et 3 kil. 300 mèt. ; Luxembourg, 2 kil. 600 mèt. ; Bourg-la-Reine, 4 kil. 700 mèt. A la route d'Orléans (Grande-Rue), Montrouge est à : 4 kil. 800 mèt. de Notre-Dame, 1 kil. 100 mèt. du Petit-Montrouge, 3 kil. de Bourg-la-Reine, 2 kil. 300 mèt. de Vanves, 3 kil. 900 mèt. d'Issy, 2 kil. de Gentilly, 6 kil. 500 mèt. de Sceaux.

La large rue qui continue, au delà de la barrière d'Enfer, la rue d'Enfer, — la route d'Orléans, — traverse la partie de Montrouge qu'on appelle le **Petit-Montrouge**. Les auberges et les entrepôts y abondent ; les monuments y sont rares. On en compte deux cependant : l'un, à gauche, en sortant de la barrière d'Enfer, est l'embarcadère du chemin de fer qui mène à Sceaux et à Orsay (voir ci-dessous, 3ᵉ section) ; l'autre, quelques pas plus loin et du même côté, est l'*hospice de La Rochefoucauld*, fondé par les frères de la Charité, et converti, en 1801, en une maison de retraite pour d'anciens employés des hospices, des ecclésiastiques et des vieillards infirmes. L'un et l'autre sont extrêmement simples et ne se recommandent par aucune beauté architecturale ; mais bientôt le Petit-Montrouge aura un véritable monument, dont il se montre déjà passablement fier : nous voulons parler d'une *mairie*, qui lui coûtera près d'un million, et qui s'achève en ce moment sur un vaste terrain servant de marché, entre le Petit-Montrouge et le petit village de Plaisance.

Ce que le Petit-Montrouge renferme de plus curieux, sans contredit, ce sont les *Catacombes*, dont l'entrée principale se trouve à la barrière même, dans le bâtiment de l'octroi ; mais ce n'est plus que rarement, et grâce à la protection des ingénieurs de la ville, qu'on parvient à descendre dans ce vaste ossuaire; des accidents répétés en ont fait interdire l'accès aux curieux. En revanche, on peut, en sollicitant une permission toujours gracieusement accordée, donner un coup d'œil au vaste *établissement de l'abbé Migne*, rue du Maine (imprimerie, librairie, fonderie, stéréotypie, satinage, glaçage, brochure, reliure). Qu'on se figure une salle immense, qui renferme tout à la fois des ateliers de composition, des presses à bras et mécaniques, des ateliers de clichage, de satinage, de brochage et de reliure. Tout cela fonctionne à la fois et avec un ordre admirable.

Le Petit-Montrouge borde la route de Paris à Orléans, et s'étend depuis la barrière d'Enfer jusqu'au carrefour des Quatre-Chemins, où vient aboutir aussi la chaussée du Maine, et d'où part, à droite, le chemin de Châtillon. Là commence le **Grand - Montrouge**, qui n'est guère plus attrayant que le Petit. Ce n'est pas que ce village ne puisse justifier d'une certaine antiquité, puisque des écrivains de la fin du XIe siècle en ont parlé; mais il n'a conservé aucun monument qui rappelle cette origine vénérable. L'*église* qu'y avait bâtie le moyen âge était démolie dès la fin du XVIe siècle, et celle qui l'avait remplacée n'existe même plus aujourd'hui. Les Anglais campèrent autour de Montrouge vers le milieu du XIVe siècle et le ravagèrent : une partie de l'armée d'Henri IV l'occupa en 1590, lorsque le Béarnais essayait de conquérir bravement cette capitale, qui fut un peu plus tard le prix d'une messe. Les jésuites donnèrent à Montrouge, au XVIIe siècle, une certaine célébrité; ils y avaient un noviciat qui, supprimé pendant la Révolution, devint, au retour des Bourbons, une des principales maisons de l'Ordre. Aujourd'hui, Montrouge est simplement un des villages les plus paisibles de la banlieue de Paris. Sa population se compose surtout de petits rentiers, d'industriels et d'ouvriers. Le *collège Saint-Joseph*, ancien pensionnat Joliclerc, y compte un grand nombre d'élèves.

Il y a quelques années, une société de capitalistes fit une tentative digne d'un meilleur sort pour rendre un peu de vie au Grand-Montrouge. On loua le parc magnifique qui appartenait à l'ancien château. Dans une clairière, on dressa une vaste estrade qui pouvait recevoir quelques milliers de spectateurs; puis, à certains jours, on apportait dans l'enceinte un malheureux cerf acheté à grands frais et quelques lièvres domestiques. On payait tant pour chasser, tant pour voir la chasse, tant si l'on avait le malheur d'abattre une innocente bête, et le bourgeois parisien pouvait, pour une somme modique, entendre le son des fanfares, assister à l'hallali, à la curée. Soit indifférence du public, soit difficulté de renouveler le gibier, la société des chasses de Montrouge ne donna que quelques fêtes.

La population des deux Montrouge, réunis en une seule commune, est de près de 16 000 habitants. La principale industrie est l'exploitation des carrières de la plaine voisine. Les entrepôts d'épiceries, de vins, de liqueurs, et les

# MONTROUGE. — VAUGIRARD.

distilleries, sont assez nombreux. Le Petit-Montrouge renferme aussi une raffinerie de sucre et une belle pépinière d'arbres et d'arbustes étrangers.

La *fête patronale* de Montrouge se célèbre le 25 juillet.

Le *fort de Montrouge* est situé à 1500 mètres des fortifications, entre les forts de Vanves et de Bicêtre, éloignés l'un de l'autre d'environ 2000 mètres.

## VAUGIRARD.

*Voitures.* Omnibus. Lettre X, ligne de la place du Havre à la grande rue de Vaugirard, en face de l'église, correspondant avec Issy, moyennant un supplément de 15 cent., et avec Vanves, moyennant un supplément de 20 cent ; 5 cent. en plus les jours de fêtes et dimanches pour ces deux communes. — Lettre V, du chemin de fer du Nord à la barrière du Maine.

*Distances.* Vaugirard (la barrière de

Les Catacombes.

ce nom) est à : 3 kil. 200 mèt. de Notre-Dame, 1 kil. 500 mèt. du Luxembourg, 2 kil. 200 mèt. d'Issy, 5 kil. 400 mèt. de Meudon, 6 kil. 400 mèt. de Sèvres, 8 kil. 900 mèt. de Sceaux. — La mairie est à 1 kil. 200 mèt. de la barrière.

Vers le milieu du XII<sup>e</sup> siècle, des bouviers construisirent des étables sur le territoire occupé actuellement par la ville de **Vaugirard**. Le village qui s'y forma plus tard leur dut son premier nom, *Valboi-*

*stron*, composé des mots *vallis*, *bos* et *stare*. En effet, le poëte Abbon emploie le mot *bostar* pour désigner une étable à bœufs. Dans l'origine, ce village dépendait d'Issy, qui était possédé, à titre de fief, par l'abbaye de Saint-Germain. En 1258, Gérard de Moret, abbé de Saint-Germain, y fit bâtir une maison pour les moines convalescents de sa communauté, et il y érigea une chapelle. Ces divers établissements contribuèrent à la prospérité de *Valboistron*, et les habitants, par reconnaissance, changèrent ce nom en celui de Valgerard, Vaulgirard, devenu plus tard, et par corruption, Vaugirard.

En 1344, Vaugirard fut séparé de la commune d'Issy et érigé en paroisse. Il eut beaucoup à souffrir pendant les guerres et les troubles du XVe siècle. « On disait alors d'une personne embarrassée pour écrire devant une compagnie, raconte M. Gaudreau, le curé et l'historien de Vaugirard, qu'elle ressemblait *au greffier de Vaugirard*. Ce fonctionnaire ne pouvait, en effet, écrire en présence de témoins; car, vu l'exiguïté de son local, ceux-ci se seraient forcément placés devant l'unique porte qui lui procurait la lumière. La plupart des habitants logeaient dans des étables ou des caves obscures. Quand Charles-Quint répondit au cartel de François Ier, il commença par énumérer tous ses titres. François Ier, pour le railler, s'intitula *roi de France et comte de Vaugirard*. »

En 1560, les huguenots de Paris tinrent à Vaugirard des conférences secrètes dans lesquelles se trama la conjuration d'Amboise. Dans les dernières années du XVIIIe siècle, en 1796, Babeuf et ses complices s'y réunirent pour y préparer le renversement du Directoire; ils en partirent en armes après l'arrestation de Babeuf, dans le but d'enlever le camp de Grenelle (voir *Grenelle*). Après leur défaite on découvrit à Vaugirard, à l'auberge du *Soleil d'or*, un dépôt d'armes de toute espèce.

En 1642, l'abbé Ol·er fonda à Vaugirard le *séminaire Saint-Sulpice*, qui fut bientôt après transféré à Paris. On pourra consulter, pour l'histoire de cet établissement religieux et celle des autres communautés de Vaugirard, l'histoire de cette ville par M. le curé Gaudreau.

Sous Louis XIV, Vaugirard n'était encore qu'un chétif village. La Fontaine, parlant des gens qui causent de tout et ne savent rien, a dit (fable du Singe et du Dauphin):

Ils prendraient Vaugirard pour Rome.

Aujourd'hui, Vaugirard est une grande ville dont l'aspect n'a rien d'agréable ni de pittoresque. Les rues y sont malpropres et boueuses, surtout dans la partie basse, qui s'étend de la route de Paris jusqu'à Grenelle. On n'y rencontre ni beaux jardins, ni villas, ni châteaux. Le seul édifice digne d'intérêt est le *collège de l'immaculée Conception*, situé dans la grande rue de Paris, en face de la rue du Collège; vaste établissement, dont l'entrée, décorée de pilastres, date du XVIIe siècle. Cet établissement, fondé par M. l'abbé Poiloux, est actuellement dirigé par des jésuites. Son enseignement se divise en trois cours principaux : le cours préparatoire, le cours des lettres et le cours des sciences. Le prix de la pension est de 1000 fr.; on ajoute 200 fr. d'abonnement pour diverses dépenses. La *chapelle*, bâtie par M. Lemarié, est ornée d'un tableau de Fragonard, qui se maria, en 1769, dans l'église de Vaugirard. En 1839, Grégoire XVI a envoyé à l'institution Poiloux le corps d'un jeune martyr, âgé de 16 ans environ, « bien propre, à cause de sa jeunesse pieuse, à devenir le patron des élèves pieux de ce collège. »

L'*église* de Vaugirard est moterne; c'est M. Naissant qui l'a fait construire. Elle n'est pas encore achevée. L'ancienne église, qui, du reste, n'offrait rien d'intéressant, a été démolie parce qu'elle tombait en ruine : l'église nouvelle, dont la façade surtout présente un trop grand nombre de lignes, se partage en deux parties ; l'église proprement dite, et une partie presque souterraine comprenant la sacristie, et un chemin de la croix avec une petite chapelle.

On trouve à Vaugirard beaucoup d'institutions et de pensionnats pour les deux sexes, et des établissements industriels importants. La masse de la population (le chiffre des habitants atteint presque 25000) se compose de maraîchers, de jardiniers, de blanchisseurs, d'ouvriers, de quelques rentiers et propriétaires, de nourrisseurs, et d'un assez grand nombre de carretiers, dont les établissements, notamment ceux qui sont situés dans la rue de Paris, attirent assez fréquemment les invalides.

A la gauche de Vaugirard, au delà de la barrière du Maine, sur le plateau un peu plus élevé qui domine cette commune, est situé le hameau de **Plaisance**. A la place de ce hameau, qui possède une chapelle, s'étendait, il y a vingt ans, une plaine aride, parsemée de guinguettes fréquentées, pour la plupart, par des carriers, et dont quelques-unes portent encore un nom célèbre parmi les rapins du faubourg Saint-Germain ; tel est, par exemple, le *Moulin de Beurre*. Plaisance du reste, ne justifie guère son nom. On y trouve plus de carrières que de villas, plus de pierres que d'arbres, plus de poussière ou de boue que de gazon. Le chemin de fer de l'Ouest (Versailles, rive gauche), qui le traverse, y a établi des gares de marchandises et des ateliers.

La *fête patronale* de Vaugirard et de Plaisance a lieu du 20 au 27 septembre.

ISSY.

*Omnibus*. Voir Vaugirard, page 137.
*Distances*. Issy est à : 6 kil. 800 mèt. de Notre-Dame, 3 kil. 100 mèt. de Paris, 1 kil. 400 mèt. de Vaugirard, 700 mèt. de Vanves, 3 kil. de Montrouge, 7 kil. 700 mèt. de Bourg-la-Reine, 7 kil. 100 mèt. de Sceaux, 2 kil. des Moulineaux, 3 kil. de Meudon, 4 kil. de Sèvres.

**Issy** est certainement fort ancien, mais rien ne prouve qu'il doive son nom à un temple d'Isis, comme le prétendent certains érudits. *Isiacum* existait dès le règne de Childebert. C'était alors une terre royale, dont ce souverain donna une partie à l'église Saint-Vincent de Paris. Plus tard, Hugues Capet en céda une autre portion à Sainte-Geneviève, et enfin le roi Robert se dessaisit du reste en faveur de l'abbaye de Saint-Magloire.

Quand Issy eut cessé d'être une propriété royale, les seigneurs et les évêques se complurent à y bâtir des maisons de plaisance. Hugues de Croissy, qui avait été président du parlement, fut arrêté dans la sienne, en 1348, pendant le règne de Philippe de Valois, sous l'accusation du crime de lèse-majesté. Ses biens furent confisqués et donnés aux religieux de Saint-Germain, qui possédaient déjà une partie d'Issy à titre de fief. La reine Marguerite de Valois avait aussi, dans ce village, un château où elle se retira, en 1605, pendant la peste de Paris. L'emplacement qu'occupaient ce château et ses dépendances appartient, depuis longtemps déjà, au séminaire de Saint-Sulpice.

En 1659, on représenta à Issy le premier opéra français, la *Pastorale*, par le sieur Perrin, de la ville de Lyon. — En 1695, les quatre docteurs chargés d'examiner les doctrines de Fénelon s'y assemblèrent. Bossuet y tint à ce sujet plusieurs conférences, où il témoigna plus de passion que de charité chrétienne. — En 1774, le cardinal de Fleury y mourut dans le château qu'il y possédait. Tels sont les principaux événements de son histoire.

Issy est un village mal bâti et fort laid, mais agréablement situé, au pied et sur les pentes d'un coteau qui domine la rive gauche de la Seine. Pour s'y rendre, on suit la rue de Vaugirard, l'ancienne route de Paris à Versailles. A l'entrée du village, on laisse à gauche l'avenue qui conduit à la succursale du lycée Louis-le-Grand (voir ci-dessous *Vanves*). Plus loin, on remarque à droite la *mairie*, qui vient d'être achevée. De l'autre côté de la rue, c'est-à-dire à gauche, est la succursale du *séminaire de Saint-Sulpice*, établie dans l'ancien château de Marguerite de Valois. Ce château n'existe plus. Une partie des dépendances qui l'entouraient ont été aliénées par le séminaire. Dans la partie conservée se trouvent la chapelle, bâtie sur le modèle de celle de Lorette, et le séminaire. Au delà du séminaire, mais à droite, sont, à peu de distance, les *succursales de la pension Saint-Nicolas et du couvent des Oiseaux*.

Quand on atteint l'extrémité du village d'Issy, il faut monter à gauche la rue qui conduit au château de M. de Lépine. Ce château a compté, parmi ses propriétaires, le président Talon, le prince de Conti et la princesse de Chimay; il a été construit par Bullet. C'est une des plus charmantes habitations des environs de Paris. Notre dessin nous dispense de le décrire. Nous dirons seulement qu'il s'élève au fond d'une grande et belle cour d'honneur. Son parc, long de plus d'un kilomètre, n'a pas moins de 23 hectares; il offre de beaux points de vue bien ménagés sur Paris, sur Meudon et sur la vallée de la Seine. Il se distingue principalement par la beauté de ses arbres et par l'abondance de ses eaux. Ces eaux proviennent de sources vives, filtrées dans les sables siliceux des terrains supérieurs; elles ont toujours la même abondance, et elles conservent en toute saison une température basse (de 7 à 8 degrés). Aussi M. le docteur Léopold Wertheim a-t-il eu l'heureuse idée de transformer cette résidence vraiment princière en un établissement hydrothérapique. L'intérieur du château, restauré et remeublé sous l'Empire, n'a pas pour les artistes le même intérêt que l'extérieur; mais le parc, aussi bien planté que dessiné, leur offrira de charmantes promenades.

L'*établissement hydrothérapique* d'Issy admet des pensionnaires et des externes. Le prix de la pension est de 300 à 500 fr. par mois. Les malades reçoivent le logement, la nourriture, le service, le linge de table, de lit et de toilette, les soins médicaux et le traitement hydrothérapique. Le traitement externe est de 120 fr. par mois, service compris. Le prix de la pension est

300 fr. par mois pour les personnes qui accompagnent les malades, et de 100 fr. pour les domestiques.

L'*église* d'Issy est fort ancienne, en juger par la tour du clocher, dont il serait difficile toutefois de fixer l'âge exact. Le portail, qui tombe déjà en ruine, date de la fin du XVIIᵉ siècle; l'intérieur a été récemment badigeonné. On remarque à gauche, en entrant dans la première travée des bas côtés, un reste de voûte décoré de nervures, qui semble appartenir au XIIᵉ siècle. La *Fuite en Égypte* est de M. Champmartin. En face de l'église, on voit un fragment de porte avec une tour carrée, que les habitants appellent la *maison de Childebert*. Ces débris, d'ailleurs mutilés, appartiennent à une époque évidemment postérieure à celle de ce monarque. Des antiquaires les ont regardés comme des fortifications du XIVᵉ siècle.

Issy, dont la population est de

Le château d'Issy.

près de 4500 habitants, est une commune de l'arrondissement de Sceaux. Sa *fête patronale* se célèbre le premier dimanche d'août.

### VANVES.

*Voitures publiques*. Voir Vaugirard et le chemin de fer de l'Ouest, rive gauche.
*Distances*. Vanves est à : 7 kil. 500 mèt. de Paris, 1 kil. 700 mèt. de Vaugirard, 2 kil. de Montrouge, 3 kil. de Clamart, 2 kil. de Châtillon, 6 kil. de Sceaux.

En 998, Vanves s'appelait *Banna* ou *Dunna*, mot de basse latinité, qui signifie pêcherie. A cette époque, le roi de France y possédait des vignes, comme le prouve la charte à laquelle cette date est empruntée. La terre et la cure de ces villages appartenaient, dès 1163, aux abbés de Sainte-Geneviève, qui y établirent un prieuré. L'abbaye revendiquait un droit assez bizarre. Tous les ans, le jour de la Trinité, les bourgeois de la commune décernaient un prix à celui des habitants qui, parti à pied de la porte d'Enfer à Paris, arrivait le premier à la porte de Vanves. Ce prix consistait en une épée d'une valeur assez considérable. Les abbés réclamaient pour eux le privilége de donner le signal aux coureurs, les bourgeois le leur refusaient. En 1334, Jean Barret, abbé, conclut avec eux un traité de paix qui mit fin à cette discussion. La *fête de l'épée*, ainsi s'appelait cette étrange coutume, ne se célèbre plus depuis longtemps.

Vanves n'offre absolument rien d'intéressant; sa population, de 4000 habitants, se compose en grande partie de blanchisseurs; ses rues tortueuses et étroites sont bordées de maisons fort laides d'où sortent à toutes les fenêtres de longues perches, auxquelles pendent des linges flottants. Malgré sa situation sur une éminence, Vanves est bien arrosé, grâce à de nombreuses fontaines dont les eaux alimentent ses lavoirs, et se répandent dans les ruisseaux des rues avec la rapidité d'un torrent alpestre. Malheureusement, cette eau n'est pas des plus pures; elle exhale des parfums de lessive et de savon qui offensent les odorats les moins susceptibles.

Le *château* de Vanves, bâti en 1698 sur des dessins de Mansard, appartenait à la maison de Condé quand la Révolution éclata. Il fut compris au nombre des maisons royales réservées pour servir aux réjouissances publiques et pour former des établissements d'utilité publique. Dulaure en a laissé une pompeuse description. C'est un bâtiment fort simple; mais, à en juger par ce qui en reste, le parc devait être vraiment magnifique. La vaste terrasse au milieu de laquelle il s'élève offre de beaux points de vue sur Paris, Issy, les coteaux de Bellevue, de Meudon, de Sèvres, de Saint-Cloud, le Mont-Valérien et la vallée de la Seine. Le lycée Louis-le-Grand l'avait acheté depuis longtemps pour y mener promener ses élèves, lorsque le proviseur eut l'heureuse idée d'y établir une division élémentaire. Les enfants qui y commencent leurs études y jouissent d'un air excellent; ils y prennent un exercice salutaire, tantôt en plein air, tantôt dans des galeries vitrées. La maison est admirablement tenue; les dortoirs surtout méritent d'être visités. Ce bel établissement est à 6 kil. de Paris. Pour y aller on suit la route d'Issy, et à l'entrée de ce village on prend une avenue à gauche.

L'*église* de Vanves, souvent reconstruite, vient d'être restaurée: on a ajouté à quelques fragments du XIVe siècle, qui subsistaient encore, un édifice presque entier conçu dans le même style. — La *maison de santé* pour les aliénés, située rue du Bois, n° 10, dirigée par le docteur Voisin, renferme une chapelle moderne construite dans un style qui s'efforce de rappeler l'époque romane; un vaste jardin l'entoure.

Vanves dépend de l'arrondissement de Sceaux.

Le *fort de Vanves* est situé entre

ceux d'Issy et de Montrouge, à 1000 mètres de celui d'Issy et à 2000 mètres de celui de Montrouge.

On peut de Vanves gagner Clamart, éloigné de 3 kilomètres, par un chemin de grande communication (voir 3ᵉ section, *chemins de fer de l'Ouest*, Versailles, rive gauche).

## GRENELLE.

*Omnibus.* Lettre Y, de la porte Saint-Martin à Grenelle. — Lettre Z, de la place de la Bastille à la rue de l'Église.

On peut aussi aller à Grenelle, soit par les omnibus d'Auteuil, soit par le chemin de fer (système américain) qui conduit à Sèvres et à Saint-Cloud (voir pages 6 et 14). Ces omnibus et les voitures de ce chemin de fer passent en effet devant le pont de Grenelle, pont dont la rue conduit directement au cœur même de la commune. La mairie est à 1 kil. du pont.

*Distances.* Grenelle est à : 4 kil. 500 mèt. de Notre-Dame, 1 kil. de la barrière de Passy, 9 kil. 400 mèt. de Sceaux.

**Grenelle**, ville de 13 000 habitants, située sur la rive gauche de la Seine, entre le mur d'octroi, les fortifications et Vaugirard, ne se composait, vers la fin du siècle dernier, que de rares maisons, disséminées, à de longues distances, au bord de la Seine. En moins de vingt ans sa population a plus que doublé. Elle dépend de l'arrondissement de Sceaux. Si courte que soit son histoire, elle rappelle deux événements tragiques : un désastre et une conspiration.

En 1794, le 31 août, à sept heures du matin, eut lieu l'explosion de la poudrière de Grenelle. Cet établissement, créé depuis quelques années seulement, était dirigé par Chaptal. Il fournissait presque toute la poudre nécessaire à l'approvisionnement de nos places fortes, de nos arsenaux et de nos armées. Telle fut la force de l'explosion que des membres déchiquetés et noircis vinrent tomber sur le boulevard Montmartre. Vaugirard reçut une commotion violente. Plusieurs de ses maisons s'écroulèrent. Dans Paris, des croisées volèrent en éclats. La plupart des ouvriers étaient absents quand arriva cette catastrophe ; néanmoins on eut encore à regretter un grand nombre de victimes : mais on ne put jamais en connaître le chiffre exact. La République prit toutes les mesures possibles pour venir en aide aux parents des morts et aux blessés. Du reste, elle déploya une telle énergie, qu'en quelques mois ce désastre fut réparé, et que la fabrication de la poudre ne subit presque pas d'interruption.

En 1796, le Directoire avait établi un camp dans la plaine de Grenelle. Un certain nombre de Jacobins, auxquels s'étaient réunis des royalistes, se rassemblèrent dans divers cabarets de Vaugirard, pendant la nuit du 9 au 10 septembre ; ils voulaient renverser le gouvernement, et ils espéraient que l'armée favoriserait l'exécution de leur projet : aussi ils se portèrent en tumulte vers Grenelle ; mais, au lieu d'être accueillis en frères, ils trouvèrent les soldats disposés à leur résister. Bientôt repoussés avec perte, ils cherchèrent leur salut dans la fuite. Le général Foissac-Latour, qui commandait le camp, en fit arrêter une centaine, qu'il enferma dans la prison de l'École militaire ; traduits ensuite devant des conseils de guerre, ils furent condamnés, les uns, à mort, les autres, à la déportation.

Aujourd'hui Grenelle est surtout une ville industrielle; à voir ses rues droites et alignées et ses maisons neuves, on constate aisément la date de son origine. Sa *mairie* est située sur une place plantée d'arbres. Elle possède un théâtre où l'on ne donne des représentations qu'une fois par semaine. L'*église*, commencée en 1824, a été terminée en 1828; c'est un édifice construit dans le style pseudo-antique si fort en vogue sous l'Empire et sous la Restauration. On pénètre dans l'intérieur par un porche à trois arcades, d'un assez bon caractère. Le clocher, qui affecte la forme des aiguilles gothiques, avec des détails empruntés à l'art roman, offre un aspect assez bizarre: on dirait une pièce d'échiquier colossale.

Parmi les *établissements industriels* de Grenelle, nous citerons l'usine des produits chimiques, Boutin et Poinsot, fondée par M. Payen, le père du savant chimiste de ce nom; elle est située rue Payen; — la succursale de l'usine Cail et comp. pour la construction des machines à vapeur; — la fabrique de couleur de M. Lefranc; — la fabrique de caoutchouc de MM. Gérard et Aubert, etc., etc. Il y a encore à Grenelle un grand nombre d'usines très-importantes, que nous ne pourrions indiquer ici, faute de place, notamment des boyauderies, des fabriques de gélatine, des cristalleries, etc., etc.

La plaine de Grenelle a été longtemps le lieu ordinaire des exécutions des jugements de la 1re division militaire. Malet et ses complices y furent fusillés en 1812. Le général Labédoyère y périt de la même mort, le 19 août 1815, à six heures et demie du soir. Le matin du même jour, Mme Labédoyère, jeune femme de 19 ans, s'était jetée aux genoux de Louis XVIII, en criant: *Grâce, sire, grâce.* Le roi la reconnut, et son visage devint sévère. « Madame, lui dit-il, je connais vos sentiments pour moi ainsi que ceux de votre famille; je regrette de vous refuser; je ne peux qu'une seule chose pour votre mari : je *ferai dire des messes pour le repos de son âme.* » Le général Labédoyère avait été condamné aux frais du procès. L'état de ces dépenses, qui fut dressé par le fisc, contenait un article ainsi conçu : Pour gratification aux douze soldats chargés de l'exécution, à raison de 3 fr. par homme, 36 fr.; et la jeune veuve fut obligée d'acquitter cette somme.

La *fête patronale* de Grenelle se célèbre le premier et le deuxième dimanche après la Saint-Jean.

## DEUXIÈME SECTION

# LES FORTIFICATIONS

## LES FORTIFICATIONS.

Paris a été souvent fortifié, et il a dû plusieurs fois son salut à ses murailles. Grâce à ses fortifications, il a pu résister aux Normands en 885, au dauphin en 1358, au roi d'Angleterre en 1359, au comte de Charolais en 1464, au duc de Bourgogne en 1472, à Charles-Quint, à Henri III, à Henri IV, etc.

Si, en 1814, il eût été en état de tenir seulement une semaine, le sort du monde entier eût peut-être été changé. « Une grande capitale, a dit Napoléon à Sainte-Hélène, est la patrie de l'élite de la nation; c'est le centre de l'opinion, le dépôt de tout. C'est la plus grande des contradictions et des inconséquences que de laisser un point aussi important sans défense immédiate. »

Sous Louis XIV, Paris avait dépassé et détruit toutes les enceintes fortifiées dans lesquelles il avait été successivement renfermé. Vauban conçut le projet de le fortifier, mais il ne put mettre ce projet à exécution. Sous Louis XVI, la ville n'ayant aucune clôture réelle, les fermiers généraux chargés de la perception des droits d'entrée se trouvaient fort embarrassés. Ils demandèrent et obtinrent la permission de faire construire un mur d'enceinte et des pavillons destinés aux bureaux de perception. Les Parisiens s'en vengèrent par des épigrammes :

Le mur murant Paris rend Paris murmurant.

Ce mur et ces barrières (on en compte soixante et une) existent encore ; mais quand Paris s'étendra jusqu'aux fortifications, le mur sera détruit, si la plupart des barrières sont conservées pour divers usages.

Cependant le mur d'octroi élevé par les fermiers généraux n'était pas, ne pouvait pas être une défense. En 1806, Napoléon résolut de mettre à exécution le projet de Vauban. D'autres soins plus graves, ou du moins plus urgents alors, l'en empêchèrent. En 1820, la commission de défense, instituée en 1818 par le maréchal Gouvion Saint-Cyr, reconnut, à l'unanimité, après avoir entendu la lecture d'un mémoire remarquable du général Pelet, la nécessité de fortifier Paris.

Bien des années devaient s'écouler encore avant que Paris fût fortifié. Enfin, le 1er février 1841, après de longues et orageuses discussions, inutiles à rappeler ici, la Chambre des députés vota une loi qui, décidant cette question si longtemps controversée, et combinant deux systèmes opposés, ordonnait la construction d'une enceinte continue et d'un certain nombre de forts détachés.

Les **Fortifications** de Paris se divisent donc en deux parties : l'enceinte et les forts détachés.

L'*enceinte* se compose d'une rue militaire, d'un rempart, d'un fossé et d'un glacis. Elle est bastionnée.

La *rue militaire* qui longe toute l'enceinte à l'intérieur se trouve au niveau du terrain naturel. Elle a 5 mètres de chaussée et 2 mètres d'accotement. Elle est macadamisée, sauf quelques endroits où elle est pavée, et plantée d'arbres dans toute son étendue. Viennent ensuite les terrassements ou remparts comprenant : 1° le *terre-plein*, qui se lie avec la route par un talus intérieur ; 2° les *gradins* ou banquettes, où se tiennent pendant les siéges des soldats qui font la fusillade ; 3° le *parapet*, plus élevé que les gradins, et qui protège les défenseurs de la place : il a 6 mètres d'épaisseur. Un talus extérieur surmonte le mur ou revêtement en maçonnerie qui soutient ces terrassements. Le mur, a 10 mètres de hauteur, et en moyenne une épaisseur de 3 mèt. 50 cent; Il est renforcé, de 5 mètres en 5 mètres, par des massifs de maçonnerie qui entrent de 2 mètres dans les terres du parapet, construit en moellons et mortier hydraulique, revêtu d'un parement en meulière de 1 mètre d'épaisseur, et couronné d'une *tablette* en pierre de taille faisant saillie. Les chaînes d'angles saillants du mur sont en pierre de taille sur la face intérieure ; il est protégé contre l'humidité par un enduit, et une chape en mortier bitumineux le préserve des filtrations de la pluie.

La ligne formée par la tablette se nomme la *magistrale*, et la face extérieure du revêtement s'appelle l'*escarpe*.

L'*escarpe* forme un des côtés du *fossé*, qui a 15 mètres de largeur, et au milieu duquel se trouve une rigole de 1 mètre 50 cent. de largueur, sur une profondeur égale, qui sert à l'écoulement des eaux, et qu'on nomme la *cunette*.

L'autre côté du fossé se nomme la *contrescarpe*; elle se compose, à l'intérieur, d'un *talus* incliné à 45°. En avant du fossé, le terrain est disposé de façon à couvrir les maçonneries de l'escarpe. Le terrassement extérieur s'appelle *glacis*.

L'enceinte se compose d'une série de lignes brisées ayant des angles saillants et rentrants. Les angles saillants forment ce qu'on nomme les *bastions*; en arrière se trouvent les *courtines*. Un ensemble de courtines et de bastions s'appelle *front*.

Presque tous les fronts de l'enceinte de Paris se développent en ligne droite. Or, d'après un axiome bien connu en fortification, une suite de fronts en ligne droite est inattaquable.

L'enceinte de Paris se développe sur une longueur de près de 36 kilomètres. Elle ne compte pas moins de 94 fronts. L'enceinte de Metz, une des plus fortes places de France, n'en a que 20.

Sur la rive gauche, les bastions sont au nombre de 26. De ce côté, l'enceinte commence à l'extrémité occidentale du parc de Bercy, gagne Gentilly sur une ligne droite, s'y contourne en forme de fer à cheval,

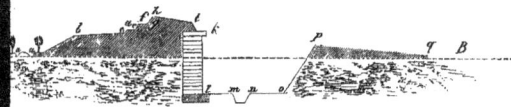

*A B*. Terrain naturel. — *a a*. Rue militaire. — *a b*. Talus intérieur. — *c*. Terre-plein. — *a e f g*. Banquette. — *h i*. Plongée. — *b k*. Talus intérieur. — *k l*. Escarpe. — *m n*. Cunette. — *o p*. Contrescarpe. — *p q*. Glacis.

atteint directement Montrouge, d'où elle fait un coude, et s'e'end en ligne droite jusqu'à la Seine, en face du Point-du-Jour, après avoir enfermé Austerlitz, le Petit-Gentilly, le Petit-Montrouge, Vaugirard et Grenelle. De l'autre côté de la Seine, elle reprend à peu près à mille mètres en aval, contourne le hameau du Point-du-Jour, gagne Auteuil en longeant le bois de Boulogne jusqu'à Sablonville, forme un rentrant à la porte Maillot, donne passage au chemin de la Révolte, et s'infléchit jusqu'au milieu de l'angle formé par l'avenue de Clichy et l'avenue de Saint-Ouen. De là elle atteint directement le canal Saint-Denis, où elle tourne au sud-est. Arrivée au canal de l'Ourcq, elle prend la direction du sud jusqu'au Pré-Saint-Gervais, fait un crochet à l'est, et reprend dans la direction du sud jusqu'à Saint-Mandé, d'où elle repart en faisant un coude pour arriver juste en face du point où commence l'enceinte de la rive gauche. La rive droite possède 68 fronts qui enveloppent le Point-du-Jour, Auteuil, Passy, les Ternes, Batignolles, Montmartre, la Chapelle, la Villette, Belleville, Ménilmontant, la Grande-Pinte et Bercy.

Dans la plupart des places de guerre, les routes et toutes les voies de communication qui donnent accès à l'intérieur de la ville traversent des fossés sur des ponts-levis ou sur des ponts de bois qui peuvent être détruits en quelques minutes par l'assiégé; à Paris, l'enceinte laisse passage à 36 routes ou avenues. Sur ces différents points le fossé est comblé, et il n'y a pas de portes de ville; on a jugé, qu'en cas d'attaque, l'assiégé aurait tout le temps nécessaire pour mettre ces trouées à l'abri. Dans ce but, le gouvernement a fait l'acquisition d'une bande de terrain, large de 100 mètres, et longue de 250, à droite et à gauche de chaque ouverture de l'enceinte. Enfin, sur une zone de 250 mètres en avant du revers extérieur du fossé, il est défendu d'élever aucune construction.

Quand Vauban conçut le projet de fortifier Paris, il voulait l'entourer d'une double enceinte. Ce projet, inexécutable de nos jours, a dû être modifié. Une ligne de *forts détachés* a été construite pour remplacer la première enceinte; en cas d'attaque, cette ligne des forts détachés aurait pour effet de tenir l'armée ennemie très-éloignée, de la ville même, de façon que, durant la première partie du siège, il ne pût y jeter de bombes; en outre elle permettrait d'abriter, dans le vaste espace qu'elle laisserait libre, les troupeaux nécessaires à l'approvisionnement de la place.

Les forts détachés sont au nombre de 16. Si nous les passons en revue, en commençant par le nord, nous trouvons d'abord le *fort de la Briche*, appuyé sur la rive droite de la Seine, le *fort du Nord*, la *lunette du Maine*, et le *fort de l'Est*, qui ont pour objet principal de protéger Saint-Denis. En nous dirigeant vers l'est, nous rencontrons ensuite le *fort d'Aubervilliers*, sur la route du Bourget. Viennent ensuite les *forts de Romainville*, de *Noisy*, de *Rosny* et de *Nogent*. Ce dernier se trouve à l'est de la citadelle de Vincennes.

Le premier *fort* de la rive gauche de la Marne est celui de *Charenton*, au nord de Vincennes. Sur la rive gauche de la Seine, nous trouvons successivement les *forts d'Ivry*, de *Bicêtre*, de *Montrouge*, de *Vanves* et d'*Issy*; ce dernier est presque au bord de la rivière. Plus loin s'élève la *forteresse du Mont-Valérien*. (Voir ci-dessous *Chemin de fer de Versailles*, rive droite.)

Nous avons déjà parlé, au paragraphe consacré à Vincennes, de cette forteresse et des ouvrages qui en défendent les abords. Nous n'avons pas à y revenir ici.

Les fortifications de Paris ont été exécutées en trois ans, moitié par des entrepreneurs, moitié par le génie militaire, avec le concours de plusieurs régiments dont les soldats faisaient le métier de terrassiers.

Les forts détachés n'ont rien d'intéressant à l'intérieur. Ils renferment tous des magasins à poudre et des casernes casematées. On peut les visiter en en demandant la permission par écrit au général commandant la place de Paris, ou en s'adressant au commandant du fort dans lequel on désire entrer.

TROISIÈME SECTION

# LES CHEMINS DE FER

## I. LE CHEMIN DE FER DE CEINTURE.

e chemin de fer de ceinture est destiné, comme son nom l'indique, à relier entre elles les grandes lignes qui partent de Paris, savoir les lignes de l'Ouest, du Nord, de l'Est, de Lyon et d'Orléans. Il a été décrété le 10 décembre 1851, et le 12 décembre 1852, on inaugurait sa première section ; il est actuellement en pleine activité, mais il ne sert encore qu'au transport des marchandises. Il a coûté plus de 12 millions, dont 5 ont été fournis par les compagnies ci-dessus désignées, le surplus étant payé par l'État. Il est administré par un syndicat qu'ont formé, d'un commun accord, les compagnies de l'Ouest, du Nord, de l'Est, de Lyon et d'Orléans. Le siége de l'administration est rue d'Amsterdam, 1.

Le chemin de fer de ceinture a 16 809 mètres de longueur, y compris les raccordements, mais seulement 15 200 mètres sur la ligne principale, qui se compose de 8942 mètres en ligne droite et 6248 mètres en ligne courbe. Il est à deux voies sur tout son parcours. Son établissement a présenté de grandes difficultés, car il a dû rester en dedans des fortifications dans une zone très-restreinte, sur des terrains qui présentaient de grandes différences de niveau. Il a nécessité de nombreux ouvrages d'art, savoir : 2 souterrains, 1 pont sur la Seine, 3 viaducs à la rencontre des chemins de fer, 9 au-dessus des routes, quais ou rues, 6 aqueducs, 2 viaducs au-dessous des chemins de fer, 1 passerelle. On y compte, en outre, 1000 mètres d'arcades. Tous ces travaux d'art présentent une longueur de plus de 4 kilomètres. Malheureusement il passe à niveau sur d'importantes voies de communication.

Le chemin de fer de ceinture part des Batignolles, où il se relie directement au chemin de l'Ouest par des aiguilles de raccordement, franchit la route de Paris à Clichy sur un beau pont de trois arches, passe à niveau sur la route de Paris à Saint-Ouen, et longe les fortifications ; il croise ensuite sous des ponts le chemin de fer du Nord, la route de Paris à Saint-Denis, et le chemin de fer de Strasbourg, et se raccorde avec ces deux lignes importantes sur un petit embranchement qui leur était particulier et qu'elles avaient construit elles-mêmes. Se succèdent, à de faibles distances, un viaduc de 700 à 800 mètres de rayon, long de 651 mètres, sous lequel passe la route de Flandre, un pont sur le bassin de la Villette, et un second viaduc de 180 mètres de développement sur la route d'Allemagne, en deçà du chemin de grande communication de la Villette à Belleville. Entre les carrières d'Amérique à gauche et du centre à droite, s'ouvre un premier souterrain, de plus de 1125 mètres de longueur. Ce souterrain traverse la colline de Belleville au-dessous de la rue de la Villette et de la grande rue de Paris, à une profondeur qui, sur certains points, n'est pas moindre de 38 mètres. Au sortir de son premier tunnel, le chemin de fer reparaît à ciel ouvert au bas de la rue de la Mare, traverse sous un pont la chaussée de Ménilmontant, s'enfonce dans son second tunnel long de 1020 mètres, en sort au-dessous de l'église de Charonne, passe sous la rue de Paris, franchit à niveau la route de Montreuil et l'avenue de Vincennes, puis, sur des ponts, l'avenue du Bel-Air, la route de terre de Paris à Lyon, le chemin de fer de Lyon, auquel il se raccorde en passant, et vient enfin se relier au chemin de fer d'Orléans, après avoir traversé la Seine, sur le beau pont que représente notre dessin. Ce pont, de 6 arches de 34 mètres d'ouverture, est double ; il sert tout à la fois au chemin de fer et à la route de terre ; il a 400 mètres de long entre les culées. De beaux viaducs en meulières, hauts de 8 mètres au-dessus du quai, viennent y aboutir sur les deux rives du fleuve.

Huit stations doivent être établies sur le chemin de fer de ceinture, savoir : à l'avenue de Clichy ; à la Chapelle-Saint-Denis, près de la route de Calais ; à la Petite-Villette, près de la rue du Dépotoir ; à la chaussée de Ménilmontant ; à Charonne, rue des Écoles ; à l'avenue de Vincennes ; à Bercy, près du pont, et enfin à la Gare, rue Picard.

L'exploitation du chemin de fer de ceinture est à la charge des cinq compagnies qui ont coopéré avec l'État à son exécution et qui l'administrent en commun. Le tarif a été fixé à raison de 0 f. 05 c. par kilomètre pour les voyageurs et de 0 f. 18 c. par tonne et par kilomètre pour les marchandises, avec cette condition que la distance payée ne pourra jamais être moindre de 6 kilomètres.

Le service des voyageurs n'est pas encore en activité sur le che-

Pont du chemin de fer de ceinture sur la Seine, à Bercy.

min de ceinture. Ce chemin transporte toutefois des émigrants, du chemin de l'Est au chemin du Havre, à raison de 35 cent. par tête. Le service complet a été inauguré le 24 mars 1854. En 1855, il a transporté 781 000 tonnes.

**2. CHEMINS DE FER DE L'OUEST.**

Sous ce titre général, les *chemins de fer de l'Ouest*, ont été réunies en 1855 les lignes exploitées précédemment par les compagnies de Rouen, du Havre, de Dieppe et Fécamp, de Saint-Germain, de Caen, de Cherbourg et de l'Ouest. L'exploitation de cette importante compagnie est dirigée par M. de Lapeyrière. Ses diverses concessions se montent à 2051 kil., dont 912 sont exploités. Son *capital-actions* s'élève à 150 millions ; son *capital-obligations* est de 359 370 000. En 1855, ses recettes brutes ont été, pour les transports, de 35 452 110 f.

11 cent.; ses dépenses, de 21 449 009 francs 19 cent.; le bénéfice net s'est élevé à 15 109 619 fr. 84 cent., chaque action a touché 50 fr.

De toutes les grandes lignes de fer qui partent de Paris, celle de l'Ouest est la plus fréquentée par les étrangers ou par les promeneurs désireux d'explorer les environs de la grande ville. Elle les conduit, en effet, au bois de Boulogne, à Auteuil, à Asnières, à Saint-Cloud, à Versailles, à Meudon, à Bellevue, à Sèvres, à Saint-Cyr, à Chevreuse, à Dampierre, à Rambouillet, à Argenteuil, à Bougival, à Marly, à Saint-Germain, à Maisons, à Poissy, etc. Elle a deux embarcadères à Paris, l'un sur la rive droite (rue Saint-Lazare, 124), l'autre sur la rive gauche (boulevard Montparnasse, 44). Pendant les beaux jours de l'été, elle transporte plus de 120 000 personnes du matin au soir. Ainsi, un dimanche du mois d'août 1855, 86 000 personnes sont parties de la gare de la rue Saint-Lazare ou y sont arrivées dans l'espace de 16 heures; 400 trains, composés de 5800 voitures, ont été mis à la disposition du public; il a été parcouru par les machines 3500 kilomètres; certains trains composés de 24 voitures ont transporté à la fois 1200 personnes de Paris à Versailles, franchissant en 45 ou 50 minutes un espace de près de 6 lieues. Cet immense mouvement de voyageurs, de machines, de trains, s'est accompli avec une régularité presque mécanique, et, sauf une affluence très-considérable aux portes extérieures des embarcadères, on se serait à peine douté à l'intérieur des résultats d'une semblable exploitation.

Nous allons indiquer successivement les diverses lignes dont se compose aujourd'hui le réseau des chemins de fer de l'Ouest.

**A. CHEMIN DE FER DU BOIS DE BOULOGNE**

Ce chemin de fer a été décrit dans les pages 6 et 8, auxquelles nous renverrons les promeneurs (1re section, *banlieue*). Nous rappellerons seulement qu'il conduit à Batignolles, à Courcelles, à la porte Maillot (Neuilly), à l'avenue de l'Impératrice, à Passy et à Auteuil. L'embarcadère est rue Saint-Lazare, en face de la rue du Havre (voir ci-dessous).

**B. CHEMIN DE FER DE VERSAILLES, RIVE DROITE.**

*Embarcadère.* A Paris, rue Saint-Lazare, 124, rive droite. — A Versailles, rue du Plessis.

*Départ de Paris* d'heure en heure, depuis 7 h. 35 m. du matin, jusqu'à 8 h. 35 m. du soir. — Trois départs supplémentaires ont lieu à 5 h. 15 m.; 10 h. 15 m. et minuit 30 m.

*Départ de Versailles* d'heure en heure, de 7 h. du matin à 9 h. du soir. — Le dernier départ a lieu à 10 h. 30 m.

Tous les *trains* desservent toutes les stations, excepté celle de Viroflay, où s'arrêtent seulement 3 trains.

La *durée du trajet* est de 47 minutes.

Des *omnibus spéciaux* (20 c. par voyageur) partent des stations suivantes pour tous les trains :

Boulevard Bonne-Nouvelle, 14 — Place de la Bourse, en face du Vaudeville. — Pont-Neuf, quai de l'École. — Pointe Saint-Eustache.

La Lettre X, qui part de Vaugirard et qui passe au Palais-Royal, stationne sur la place du Havre. — La lettre B, qui va de Chaillot au boulevard de Strasbourg, passe devant la gare de la rue Saint-Lazare.

# LE CHEMIN DE FER DE VERSAILLES.

Les prix des places sont ainsi fixés :

*En semaine.*

| kil. | | | dilig. fr. c. | wag. fr. c. |
|---|---|---|---|---|
| 8 | de Paris | à Courbevoie... | 0 50 | 0 40 |
| 10 | — | à Puteaux...... | 0 60 | 0 40 |
| 12 | — | à Suresnes..... | 0 60 | 0 40 |
| 15 | — | à Saint-Cloud... | 0 75 | 0 50 |
| 17 | — | à Ville-d'Avray. | 0 90 | 0 60 |
| 21 | — | à Viroflay...... | 1 25 | 1 00 |
| 23 | — | à Versailles..... | 1 50 | 1 25 |

*Les dimanches et fêtes, billets simples.*

| | dilig. fr. c. | wag. fr. c. |
|---|---|---|
| Courbevoie............... | 0 80 | 0 60 |
| Puteaux.................. | 0 80 | 0 60 |
| Suresnes................. | 0 80 | 0 60 |
| Saint-Cloud.............. | 1 00 | 0 75 |
| La fête de Saint-Cloud.... | 1 25 | 1 00 |
| Ville-d'Avray............ | 1 25 | 1 00 |
| Viroflay................. | 1 25 | 1 00 |
| Versailles............... | 1 50 | 1 25 |
| Jours de Grandes eaux.... | 2 00 | 1 50 |

*Dimanches et fêtes, billets d'aller et retour.*

| | dilig. fr. c. | wag. fr. c. |
|---|---|---|
| Courbevoie............... | 1 50 | 1 00 |
| Puteaux.................. | 1 50 | 1 00 |
| Suresnes................. | 1 50 | 1 00 |
| Saint-Cloud.............. | 2 00 | 1 50 |
| La fête de Saint-Cloud.... | 2 50 | 2 00 |
| Ville-d'Avray............ | 2 00 | 1 50 |
| Viroflay................. | 2 50 | 2 00 |
| Versailles............... | 3 00 | 2 50 |
| Jours de Grandes eaux.... | 4 00 | 3 00 |

Au-dessous de 3 ans les *enfants* sont transportés gratuitement. — Ils payent 30 c. de 3 à 7 ans, quelles que soient la distance et la place occupée, et place entière au-dessus de 7 ans.

*Abonnements :*

| | 6 mois. | | 1 an. | |
|---|---|---|---|---|
| | dilig. fr. | wag. fr. | dilig. fr. | wag. fr. |
| Courbevoie...... | 150 | 105 | 210 | 150 |
| Puteaux......... | 150 | 105 | 210 | 150 |
| Suresnes........ | 150 | 105 | 210 | 150 |
| Saint-Cloud..... | 150 | 105 | 210 | 150 |
| Ville-d'Avray... | 150 | 105 | 210 | 150 |
| Versailles...... | 225 | 150 | 300 | 210 |

Le chemin de fer de Versailles (rive droite) a été inauguré le 1er mai 1839. Les premiers travaux avaient coûté plus de 16 millions. Dès l'origine il avait fixé son point de départ de Paris dans la gare du chemin de fer de Saint-Germain. Cette gare se trouvait alors place de l'Europe, elle a été depuis avancée jusqu'à la rue Saint-Lazare, et successivement agrandie; elle comprend aujourd'hui 12 700 mètres, conquis, pour la plupart, à la pointe de la pioche : car son niveau est de près de 5 mètres en contre-bas des terrains environnants.

L'*embarcadère* des chemins de fer de l'Ouest (rive droite) s'élève rue Saint-Lazare, 124, en face de la rue du Havre. Il a la forme d'un triangle coupé à son sommet. Sous les deux corps de bâtiments latéraux règnent des galeries couvertes, bordées de cafés, de restaurants, de cabinets de lecture, etc. Le bâtiment du fond est précédé d'un escalier de treize marches qui conduit à un spacieux vestibule. D'autres escaliers montent aux diverses salles d'attente. En face du péristyle sont les bureaux de distribution de billets pour Saint-Germain; dans la galerie latérale de droite, qui longe la rue d'Amsterdam, sont ceux des grandes lignes de Rouen, du Havre, de Dieppe, de Fécamp, de Caen, de Cherbourg; à gauche, dans la belle galerie nouvellement construite, se trouvent ceux de Versailles, d'Auteuil, du bois de Boulogne.

A l'intérieur, l'embarcadère de la rue Saint-Lazare offre un magnifique coup d'œil. On n'y compte pas moins de 10 quais et de 20 voies. 6500 mètres sont couverts, les combles sont en fonte ainsi que les piliers des colonnes; les fermes sont en fer ; une colonne avec ses consoles pèse plus de 3000 kil. ; le poids des fontes employées est de près de 500 000 kil. ; celui des fers de 25 000 kil. Cette couverture, notamment la halle si remarquable des groupes d'Auteuil et de Versailles, qui a 40 mètres de largeur, a été construite par M. Eugène Flachat, ingénieur en chef des compagnies fusionnées.

Au sortir de cette belle gare, le chemin de fer traverse dans un souterrain la place de l'Europe, laisse à droite le vaste espace creusé pour les docks Napoléon, passe, dans un tunnel long de 329 mètres, sous le mur d'octroi et sous une partie de Batignolles, puis reparaît, à ciel ouvert, au mi-

Embarcadère des chemins de fer de l'Ouest, 124, rue Saint-Lazare.

lieu de cette ville (voir p. 62). Au delà du pont de la rue d'Orléans, s'élève l'église; un peu plus loin, à gauche, près des ateliers de construction et de réparation, se détache l'embranchement du bois de Boulogne (voir page 8). Quand on a passé sous le pont de la rue Cardinet, on longe à gauche les *ateliers*, qui prennent chaque année des développements plus considérables. Sur la droite s'étend la belle *gare des marchandises* de Batignolles, d'où part le chemin de fer de ceinture (voir page 154). On franchit l'enceinte des fortifications, puis on traverse le chemin de la Révolte et on se dirige en ligne droite sur la Seine, entre Courcelles à gauche et Clichy-la-Garenne à droite (voir page 63). A gauche, on aperçoit l'Arc-de-

Triomphe et le Mont-Valérien, au pied duquel on va bientôt passer. Enfin on croise la route de Paris à Argenteuil, avant de traverser la Seine sur un pont qui mérite une mention particulière.

Construit d'abord en bois, ce pont avait été brûlé en 1848. Il fut alors remplacé à la hâte par un pont provisoire également en bois, auquel on avait dès lors le projet de substituer un jour un pont en métal. Cette substitution donna lieu à un travail des plus remarquables et unique dans son genre.

En effet, le nouveau pont en métal fut construit dans l'intérieur du pont provisoire, établi à $1^m,25$ au-dessus du niveau définitif. C'est au milieu du labyrinthe formé par les charpentes innombrables du pont provisoire que l'habile ingénieur en chef, M. Eugène Flachat, sut faire exécuter ce travail sans arrêter un seul instant la circulation la plus active qui existe sur

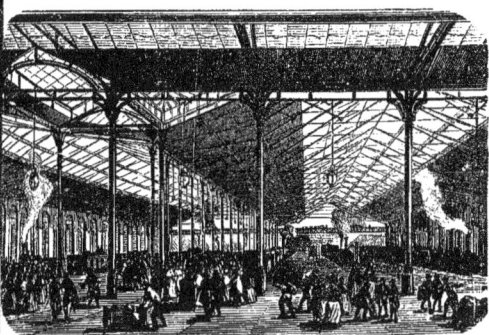

Intérieur de l'embarcadère des chemins de fer de l'Ouest (rive droite).

un chemin de fer. Pendant plusieurs semaines, quand le pont fut achevé, on descendit graduellement les voies. Enfin, une nuit du mois de mai 1854, 400 hommes, composant le personnel de la Compagnie, enlevèrent en trois heures les voies provisoires et leur substituèrent les voies définitives. Le pont actuel d'Asnières est en fer et porte quatre voies.

Du pont d'Asnières on découvre de jolis points de vue, en aval et en amont.

La station d'Asnières est desservie par les chemins de fer de Saint-Germain et de Versailles (voir ci-dessous *chemin de fer de Saint-Germain* pour la description d'Asnières).

A peine a-t-on quitté Asnières que l'on s'éloigne, en décrivant à gauche une forte courbe, du chemin de fer de Saint-Germain ; on croise ensuite la route de Neuilly et celle de Courbevoie à Argenteuil, avant de s'arrêter à la station de Courbevoie (omnibus gratuits).

### Iʳᵉ STATION. — COURBEVOIE.

*Distances.* Courbevoie est à : 8 kil. de la gare de la rue Saint-Lazare, 1 kil. 500 mèt. de Neuilly, 4 kil. 500 mèt. de Paris, 9 kil. 500 mèt. de Notre-Dame, 4 kil. 500 mèt. de Nanterre, 5 kil. 500 mèt. de Rueil, 4 kil. de Bezons, 6 kil. de Houilles, 8 kil. 500 mèt. de Sartrouville, 3 kil. de Colombes, 5 kil. d'Argenteuil, 10 kil. de Cormeil, 3 kil. d'Asnières, 5 kil. 500 mèt. de Gennevilliers, 10 kil. 600 mèt. de Saint-Denis.

*Voitures.* Omnibus, rue de Rivoli, 74, à Paris. — A Courbevoie, rue de Paris.

|  | Intér. et banq. |
|---|---|
| De Paris à Courbevoie...... | 50 cent. |
| — à Neuilly.......... | 50 |
| — à l'Étoile......... | 30 |
| De l'Étoile à Courbevoie.... | 20 |
| — au bur. de Neuilly. | 20 |
| Du bureau de Neuilly à Courbevoie.................. | 20 |

Les dimanches et jours de fêtes, le prix des places est augmenté de 10 cent. De 11 h. à minuit on paye 50 cent. de Paris à l'Étoile, 50 cent. de l'Étoile à Neuilly ou à Courbevoie, 90 cent. le trajet entier.

Avant que Peronnet eût construit le pont de Neuilly, la magnifique avenue de ce nom s'arrêtait à la Seine ; sur la rive gauche montait un chemin sinueux, le long duquel s'établirent, au moyen âge, quelques maisons qui, plus tard, formèrent un hameau appelé en latin *curva via* (voie courbe), aujourd'hui **Courbevoie**.

Jusqu'à la Révolution, ce hameau fit partie du territoire de Colombes ; cependant les habitants avaient obtenu la permission d'y construire une chapelle, où le vicaire de la paroisse venait chaque dimanche célébrer l'office divin.

Courbevoie n'a pas d'histoire : son importance ne date guère que du XVIIIᵉ siècle. Louis XV y fit bâtir de magnifiques casernes, destinées à loger le régiment suisse. Ces casernes subsistent encore aujourd'hui. Situées au sommet de la colline, elles se composent de trois pavillons principaux d'un aspect imposant, avec des avant-corps au centre de chacun et à leurs extrémités. Le pavillon principal qui regarde Paris est décoré d'un fronton triangulaire. Tous ces bâtiments sont enfermés dans un vaste enclos, en partie planté d'arbres. On y a ajouté récemment des constructions nouvelles, moins grandioses toutefois que les anciennes. L'entrée principale donne sur une large avenue plantée d'arbres, longue de 800 mètres, et conduisant au rondpoint de Courbevoie, où aboutissent la grande route de Saint-Germain et quatre autres avenues bordées d'ormes séculaires.

Les casernes de Courbevoie, après avoir été occupées, pendant la Révolution, par les armées de la République, servirent à loger, sous Napoléon, des régiments de la garde impériale. Louis XVIII et Charles X y mirent des soldats de leur garde. Le gouvernement de Louis-Philippe et la république de 1848 les rendirent à la troupe de ligne. Après la révolution de février, un des pavillons fut affecté à la garde mobile. Aujourd'hui, elles sont consacrées à la garde impériale. Lors de la première invasion, on y avait établi un dépôt de blessés des armées étrangères ; elles ont reçu en 1855 et 1856 des blessés de l'expédition de Crimée.

Courbevoie ne possède qu'une seule maison de plaisance digne d'une mention : c'est le *château de Becon*, situé, à moitié chemin d'Asnières, sur le coteau au pied duquel coule la Seine. L'*église* n'a rien d'intéressant. On construit, rue de Paris, une *mairie* nouvelle. Près de la mairie actuelle est un *pensionnat* dirigé par les sœurs de la Providence. Enfin, Courbevoie possède un *hospice* (l'hospice Lembrecht, du nom du fondateur), destiné aux protestants.

Courbevoie est une commune de 6000 habitants, qui dépend de l'arrondissement de Saint-Denis. Sa *fête patronale* se célèbre le dimanche après la Saint-Pierre.

La rive gauche de la Seine, de Courbevoie à Asnières, offre de jolis points de vue sur l'*île de la Grande-Jatte*. (3 kilomètres 300 mètres.)

En quittant la station de Courbevoie, on traverse sur des ponts les routes de Neuilly à Bezons et à Pontoise, puis, après avoir aperçu sur la gauche l'Arc-de-Triomphe, à l'extrémité de l'avenue de Neuilly, on passe dans un petit tunnel, sous la route de terre de Paris à Saint-Germain. Au delà de ce tunnel, le chemin de fer court au fond d'une tranchée jusqu'à la station de Puteaux (omnibus gratuits).

## 2ᵉ STATION. — PUTEAUX.

*Distances*. Puteaux est à : 10 kil. de la gare de la rue Saint-Lazare, 8 kil. de Paris. Il touche, d'un côté, au pont de Neuilly, de l'autre, à Suresnes. On compte 1300 mèt. du pont de Neuilly au pont de Suresnes.

*Omnibus*, Rue de Rivoli, 74, à Paris. Les départs ont lieu jusqu'à minuit.

| Prix des places. | Intérieur ou banquette. | Coupé. |
|---|---|---|
| De Paris à Puteaux ou à Suresnes............ | 50 c. | 70 c. |
| De Paris à Neuilly....... | 50 | 70 |
| — à l'Étoile....... | 30 | 40 |
| De l'Étoile à Puteaux ou à Suresnes............ | 40 | 50 |
| De l'Étoile au pont de Neuilly............... | 20 | 30 |
| Du pont de Neuilly à Puteaux ou à Suresnes... | 20 | 30 |

De 11 h. à minuit on paye 1 fr. le coupé, 90 cent. l'intérieur ou la banquette. Les dimanches et jours de fête, le prix des places est augmenté de 20 cent.

**Puteaux**, en latin *Puteoli*, est une très-ancienne commune de l'Ile-de-France. Pourtant son histoire offre peu d'intérêt. Aux XVIIᵉ et XVIIIᵉ siècles, on y voyait un grand nombre de maisons de campagne appartenant à des familles nobles. Le 3 septembre 1700, la duchesse de Guiche y reçut, dans son château, Mme la Dauphine; elle lui donna une fête magnifique, où les paysans et les paysannes du village jouèrent divers rôles. Le duc de Grammont y posséda aussi une très-belle habitation, qui existe encore en partie, et qu'on appelle le *château de Puteaux*. Une fabrique de caoutchouc occupe aujourd'hui un de ses pavillons. Presque partout les usines ont remplacé les villas. Les principales bordent le quai. Au premier rang on peut citer les usines pour l'extraction de la matière colorante des bois de teinture pour impressions (Michel, quai Impérial, 9, et Panay, même quai, 33); des usines pour apprêts et teintures de tissus, des fabriques d'impressions, un atelier de construction d'appareils et de machines, rue des Pavillons, 18; une fabrique de savons, etc.

Toutefois, Puteaux n'a pas complètement sacrifié l'agriculture à l'industrie. Un certain nombre de ses habitants cultivent la vigne et des rosiers dont les fleurs, vendues aux parfumeurs de Paris, servent à fabriquer de l'essence de rose.

Le quai de Puteaux offre un beau coup d'œil. En face s'étend l'île qui porte son nom, et qui cache en partie la vue de Saint-James. Cette île appartient à M. de Rothschild. L'intérieur du village n'a rien d'agréable. L'*église* paroissiale, dont on a récemment dégagé les abords, ne mérite pas une visite. On vient de construire, rue de Paris, une petite chapelle romane (culte protestant). Cet édifice, d'une architecture d'ailleurs très-simple, est d'un bon style.

En remontant la Seine du pont de Neuilly au pont de Suresnes, par un beau quai éclairé au gaz et planté d'arbres, on trouve la mairie, édifice assez élégant, en pierre de taille, construit en 1854, et portant cette inscription :

### SVB LEGE LIBERTAS.

Puteaux est un village de 4500 habitants. Il dépend de l'arrondissement de Saint-Denis.

Au delà de la station de Puteaux, les tranchées s'abaissent, et l'on découvre à gauche une vue étendue sur le cours de la Seine, le bois de Boulogne, les coteaux de Saint-Cloud, de Bellevue et de Meudon, et la ville de Paris, dont les principaux monuments sollicitent tour à tour les regards. Le chemin de fer est à 63 mèt. (40 mèt. au-dessus du niveau de la Seine qui est à 23m,42).

A la base des coteaux, sur lesquels il s'élève de 20 mèt. de l'avenue de Neuilly à la station de Montretout, s'étendent les villages de Puteaux et de Suresnes. A droite, on est dominé par la pittoresque forteresse du mont Valérien.

### 3° STATION. — SURESNES.

*Distances.* Suresnes est à : 12 kil. de la gare de la rue Saint-Lazare, 10 kil. 500 mèt. de Notre-Dame, 2 kil. 500 mèt. du pont de Neuilly, 1 kil. 300 mèt. de Puteaux, 3 kil. du pont de Saint-Cloud, 3 kil. de la porte de Passy, 3 kil. 500 mèt. de Rueil, 3 kil. de Nanterre, 11 kil. de Saint-Denis.

*Omnibus.* A Paris, rue de Rivoli, 1; à Suresnes, place Henri IV, n° 2. (Voir Puteaux, page 161, mêmes prix).

**Suresnes** est très-ancien. En 918 il s'appelait *Surisnæ*, et il faisait partie du domaine royal. Charles le Simple le céda à Robert, comte de Paris et abbé de Saint-Germain des Prés. Les titres du XIII° siècle le nomment tantôt *Sorenæ*, tantôt *Serenæ*. Son histoire n'a rien d'intéressant; seulement, en 1593, Henri IV y tint ces conférences célèbres, entre les catholiques de l'armée royale et les Ligueurs, à la suite desquelles, ou plutôt pendant lesquelles il se décida à se faire catholique.

Les *vins* de Suresnes ont été longtemps recherchés et renommés; aujourd'hui on les dédaigne. Sommes-nous plus difficiles que nos ancêtres, ou ces vins avaient-ils autrefois des qualités qu'ils ont perdues? La question a été souvent discutée et résolue en sens contraire. En 1724 et en 1725, de graves docteurs soutinrent, en pleine Sorbonne, une thèse publique pour démontrer la supériorité du vin de

Suresnes sur les vins de Champagne et de Bourgogne.

Vers la fin du xviiie siècle, un M. Héliot fonda à Suresnes une cérémonie qui continue de s'y célébrer tous les ans, le dimanche le plus rapproché du 21 août; nous voulons parler du *couronnement d'une rosière*. Les noms des rosières couronnées jusqu'à ce jour sont affichés dans l'église. Cette église, construite à diverses époques, n'a pas de façade principale; on y entre par une porte latérale. Les restaurations qui y sont commencées étaient devenues bien nécessaires. On place dans le chœur des vitraux de couleur (mai 1856). La tour et le chœur ont appartenu à une église dont la nef a été détruite.

Suresnes n'a de beau que son quai, bordé d'usines et de maisons de campagne. Parmi ses manufactures on remarque la fabrique de caoutchouc Guibal et fils. La plus belle villa appartenait, avant la révolution de février 1848, à M. de Rothschild, qui, du reste, la possède encore. On vantait surtout ses jardins et ses serres, qui faisaient l'admiration de tous les amateurs d'horticulture. Le 25 février 1848, une bande de voleurs et d'incendiaires pilla la maison d'habitation et y mit le feu après avoir saccagé les jardins. Le gouvernement provisoire se hâta de faire rechercher, poursuivre, arrêter et juger ces brigands. Le 11 novembre, vingt-deux d'entre eux, c'étaient pour la plupart des habitants de Suresnes et de Puteaux, furent condamnés, par la Cour d'assises de la Seine, vingt, quinze et dix ans de travaux forcés, ou à cinq, trois et deux années d'emprisonnement. Ce château va être agrandi et reconstruit. Il est à 2 kil. du pont de Neuilly (n° 21).

Suresnes communique avec le bois de Boulogne par un pont suspendu.

Suresnes fait encore partie du département de la Seine (arrondissement de Saint-Denis). Sa population dépasse 3000 habitants, presque tous vignerons et blanchisseurs. A peu de distance de sa dernière villa, on entre dans le département de Seine-et-Oise.

La *fête patronale* de Suresnes se célèbre le dimanche le plus rapproché du 21 juin.

Suresnes est la patrie du célèbre architecte Peronnet.

### EXCURSION AU MONT VALÉRIEN.

Suresnes est situé sur la rive gauche de la Seine, à 30 mètres au-dessus du niveau de la mer et à la base du mont Valérien, qui le domine de plus de 130 mètres; car sa hauteur absolue est de 161 m. 30 c.; 25 ou 30 minutes suffisent pour monter du pont de Suresnes à la forteresse qui couronne aujourd'hui cette colline isolée, dont la hauteur et la forme attirent de si loin les regards des promeneurs dans les environs de Paris. Le chemin de fer sous lequel on passe est à 68 mèt. 8 cent.; la porte d'entrée de la forteresse, à 122 mèt. 8 cent.

Le **mont Valérien** n'a pas toujours été une forteresse; il s'est appelé longtemps le *Calvaire*, parce que des ermites qui s'y étaient établis y avaient fondé un calvaire, fréquenté pendant le carême et la semaine sainte par de nombreux pèlerins. Sous Louis XIII, on y bâtit un couvent et une église. Il y eut dès lors deux communautés, les Ermites et la congrégation de la Croix ou du Calvaire, et les pèlerinages devinrent de plus en plus fréquents. Cependant, en 1663, les prêtres de la Croix vendirent leur maison aux Jacobins de Paris; mais le chapitre de Notre-Dame, ayant refusé de ratifier le marché, y installa un nouveau clergé. Un conflit éclata; il fut suivi d'une lutte violente; les Jacobins restèrent maîtres du champ de bataille. Plus tard un arrêt du parlement les en expulsa. En 1697, les pèlerinages donnèrent lieu à de tels désordres, que l'archevêque de Paris défendit aux prêtres de la Croix d'ouvrir leur église pendant les deux nuits de la semaine sainte. Les fidèles faisaient de trop longues stations dans le bois de Boulogne. Toutefois, les communautés continuèrent d'exister; elles ne furent supprimées qu'en 1791. Après le concordat, l'une d'elles, celle de la Croix, parvint à se reformer. Mais bientôt les bâtiments du couvent qui n'avaient pas été détruits servirent de lieu de rendez-vous à un certain nombre de prêtres et d'évêques qui y tramaient, dit-on, des complots contre le gouvernement impérial. Napoléon ordonna aux grenadiers de sa garde, alors en garnison à Courbevoie, de se rendre au mont Valérien, d'y surprendre les conspirateurs et de raser l'église et le couvent. Cet ordre reçut aussitôt son exécution. Plus tard, l'empereur conçut le projet d'établir sur le mont Valérien une maison d'éducation pour les filles des membres de la Légion d'honneur. Il fit, en conséquence, construire sur le plateau supérieur un bâtiment orné de colonnes et surmonté d'un fronton qui représente la résurrection du Christ. Ce projet fut abandonné peu de temps après.

Sous la Restauration, cet édifice, à peine achevé, reçut les *Pères de la foi*, qui élevèrent d'autres bâtiments alentour. Les pèlerinages recommencèrent de plus belle. On en jasa dans un certain monde. M. Forbin Janson, depuis évêque de Nancy *in partibus*, se fit alors construire sur le mont Valérien une maison de campagne qu'il entoura d'un parc. Ce parc a été détruit, mais la maison de campagne existe encore. Elle est occupée par le commandant du fort et par les officiers d'artillerie de la place.

La révolution de juillet 1830 chassa les missionnaires du mont Valérien et mit fin aux pèlerinages; mais les bâtiments de la Congrégation restèrent debout sur le plateau jusqu'au jour où le génie militaire les jeta bas, pour élever la forteresse actuelle (1841). Cette forteresse, placée en dehors de toutes les attaques probables, est destinée à protéger les arrivages de l'ouest et à servir de lieu de sûreté pour les approvisionnements d'armes et de munitions. Elle a coûté 4 500 000 fr. Elle peut loger une garnison de 1 500 hommes d'infanterie, le personnel d'artillerie et du génie nécessaire et un matériel immense. Son armement sur le pied de guerre est d'environ 60 pièces d'artillerie, la plupart de gros calibre. Les officiers habitent le bâtiment construit par Napoléon pour la Légion d'honneur. Tout auprès, on a construit deux casernes et une magnifique salle d'armes, qui sont disposées sur trois côtés d'un grand carré servant de champ de manœuvres à la garnison. Dans la partie basse du fort, sont placés les magasins, les ateliers, la salle d'artifices et le corps de garde de la porte d'entrée.

Le cimetière de l'ancien couvent est entièrement compris dans l'enceinte fortifiée. Les concessions de terrains ont été respectées, mais on n'y laisse plus enterrer personne.

Pour asseoir les fortifications nouvelles sur des fondations solides, et pour ôter en outre tout abri à l'assiégeant, on a dû abandonner et combler les carrières exploitées dans les flancs de la montagne, et dont quelques-unes s'enfonçaient jusqu'au centre de la masse.

Les étrangers qui désirent visiter

Le mont Valérien.

le mont Valérien doivent en demander la permission au colonel commandant la place, qui l'accorde *s'il le juge convenable.*

Le mont Valérien mérite la visite de tous les étrangers. On y découvre le plus beau panorama des environs de Paris; en effet, on aperçoit la vallée de la Seine, d'un côté, jusqu'à l'embouchure de la Marne; de l'autre, jusqu'à Saint-Germain et jusqu'à Saint-Denis. Bernardin de Saint-Pierre nous a conservé le récit d'une promenade qu'il y fit avec Jean-Jacques Rousseau. « Paris, dit-il, élevait au loin ses tours couvertes de lumières, et semblait couronner ce vaste paysage. Ce spectacle contrastait avec de grands nuages plombés qui se succédaient à l'ouest et paraissaient remplir la vallée. Comme nous marchions en silence, en considérant ce spectacle, Rousseau me dit : « Je viendrai, cet été, méditer « ici. »

On s'élève de 14 mètres en allant de la station de Suresnes à la station de Montretout (Saint-Cloud). Le chemin de fer est souvent encaissé ou bordé d'arbres; mais de distance en distance, et surtout d'un petit viaduc jeté sur une dépression du terrain, on découvre à gauche de charmants points de vue : la Seine, ses îles, ses ponts, les coteaux de Saint-Cloud, de Bellevue et de Meudon, le bois de Boulogne, Paris, Montmartre, les hauteurs de Belleville, se disputent tour à tour les regards.

#### 4ᵉ STATION. — SAINT-CLOUD.

*Distances.* Saint-Cloud est à : 15 kil. de la gare de la rue Saint-Lazare, 11 kil. de Paris, par la route de terre, 3 kil. de Suresnes, 6 kil. de Neuilly, 14 kil. de Saint-Denis, 500 mèt. de Boulogne, 1 kil. 500 mèt. de Sèvres (les deux ponts), 2 kil. de la manufacture de Sèvres, 3 kil. de Bellevue, 2 kil. de Garches, 4 kil. de l'hospice de la Reconnaissance, 8 kil. 500 mèt. de Rocquencourt, 3 kil. 500 mèt. de Ville-d'Avray, 5 kil. 750 mèt. de Versailles.

*Moyens de transport.* Ils sont au nombre de cinq. On peut en effet aller de Paris à Saint-Cloud : 1° Par le chemin de fer de Versailles, rive droite, qui vient d'être décrit; 2° par le chemin de fer, système américain, partant de la place de la Concorde (voir pag. 5, 6 et 47); 3° par le chemin de fer d'Auteuil (voir pag. 5 et 6); des omnibus, partant à l'arrivée de chaque convoi, conduisent d'Auteuil à Saint-Cloud, pour 15 cent.; 4° par les voitures de Saint-Cloud (Boulonnaises et Jumelles réunies), partant, à Paris, de la rue du Bouloi, 9, et à Saint-Cloud, de la place d'Armes (voir page ); 5° par le bateau à vapeur (voir 5ᵉ section).

*Direction.* Quand on arrive à Saint-Cloud par le chemin de fer de la rive droite, on descend à la station de Montretout, d'où il faut faire un court trajet à pied, avant de gagner le parc. On prend d'abord un sentier au-dessous du parc de M. Pozzo-di-Borgo; on croise (en laissant à gauche le pont qui descend à la Seine) la route de Versailles et de la Marche; on passe devant l'entrée du parc de Montretout, récemment divisé en lots, et où s'élèvent en ce moment beaucoup de petites maisons de campagne ; puis, reprenant en face un sentier qui descend et qui longe le mur du parc de Montretout, on passe à gauche sous une voûte qui aboutit à l'embarcadère des jours de fête, plus rapproché du parc que celui de Montretout. On descend une rampe, qui aboutit à l'avenue du château et à une porte du bas parc, près du restaurateur Legriel. On peut sans la suivre jusqu'au bout, tourner à droite dans la première rue (rue d'Orléans), et on arrive également, mais plus haut, à l'avenue du château. Traversant cette avenue, on prend en face une ruelle en pente, au-dessus des cours de la caserne, et l'on entre dans le parc de Saint-Cloud par l'allée dite du Tillet (voir page 183), qui divise la Grande Cascade. On trouvera plus loin les indications nécessaires pour se diriger dans le parc (voir page 183).

*Restaurateurs* : Baudot, ancienne maison Cornaille, à la Tête Noire, à l'angle du quai ; Toutain, au fond de la place d'Armes, en face du port; Legriel, à l'entrée de la grande avenue du bas parc ; Aguettand; Cornaille; Couvrecelle; veuve Duport; Guillardon; Diot, à la grille de Ville-d'Avray, à l'extrémité du parc de Saint-Cloud, et à 5 minutes de la station de Ville-d'Avray. Dans la belle saison on y dîne en plein air, dans des bosquets. — *Cafés* : Griminy ; Ménage; Nourry; Sevin; café du parc, dans la grande avenue du bas parc.

**Saint-Cloud**, ville de 3883 habitants (département de Seine-et-Oise, arrondissement de Sèvres), est pittoresquement situé sur le penchant d'une colline dominant la rive gauche de la Seine et couverte des hautes futaies du parc, dans l'intervalle qui s'étend entre ses maisons et celles de Sèvres. On y arrive, quand on a pris la route de terre, par un pont en pierre, restauré et élargi il y a quelques années. A l'extrémité du pont est la *place Royale*, sur laquelle s'ouvrent, à gauche, la grande avenue du bas parc, dont l'entrée est fermée par une grille, et l'avenue Royale, menant au château, autrefois également fermée par une grille qui n'existe plus. C'est sur cette place que stationnent les voitures pour Paris. A droite est la nouvelle route ouverte sous Louis-Philippe et qui, traversant une partie de Saint-Cloud, va, par les hauteurs de Montretout, rejoindre la route de Versailles (voir page 173, 1ʳᵉ col.). Cette route a déblayé le coteau des masures qui l'obstruaient, et d'élégantes habitations s'y sont élevées dans une situation pittoresque.

Les rues de Saint-Cloud sont en pente si rapide, qu'il a fallu pratiquer sur plusieurs points des escaliers pour les gravir. Ces rues sont généralement très-mal bâties. L'église, qui s'élève sur une place non nivelée, et vis-à-vis de la mairie, est restée inachevée et dans un état d'abandon pénible à voir. Elle possède quelques peintures modernes données par Charles X et Louis-Philippe. Le territoire de la commune est peu étendu, le château, le parc et les jardins l'absorbant presque en entier; il est principalement cultivé en vignes.

La *fête patronale* de Saint-Cloud se célèbre le premier dimanche de septembre (après la fête des Loges de Saint-Germain); elle dure trois semaines. — Les *eaux* jouent ordinairement tous les quinze jours pendant la belle saison. L'annonce en est faite dans les journaux et par des affiches. Elles jouent ordinairement de trois à cinq heures.

### Histoire.

Ce lieu de plaisance, où finit la dynastie des Valois et où commença celle des Bourbons, qui a vu depuis le commencement de ce siècle la splendeur et l'agonie de plusieurs gouvernements de la France, la fin de la République faisant place à l'Empire, la fin de la Restauration remplacée par le gouvernement de Juillet, a reçu son nom d'un petit-fils de Clovis, qui vint au VIᵉ siècle y chercher, à l'ombre d'un monastère qu'il y avait fondé, un abri contre les périls de la couronne. C'était, à l'origine de notre histoire, un petit village nommé Nogent, à moitié caché par les arbres séculaires de la forêt de Rouvray. Les fils de Clovis, appelés à partager son héritage, commençaient alors cette carrière de crimes, qui a valu à la famille mérovingienne une célébrité cruelle, comparable à celle des Atrides. L'un d'eux, Clodomir, roi d'Orléans, tué en 524, avait laissé trois fils, qui furent recueillis et élevés par Clotilde, veuve de Clovis. Elle les confia ensuite à leurs oncles Childebert et Clotaire, pour qu'ils leur rendissent leur domaine. Mais ceux-ci s'entendirent pour se l'approprier. Un messager alla de leur part trouver leur mère, et, lui montrant une paire de ciseaux et un glaive nu, il lui dit : « Veux-tu que les enfants vivent la chevelure coupée ou qu'ils soient égorgés? — J'aime mieux les voir morts que tondus ! » s'écria Clotilde dans un premier moment d'indignation. Deux de ses petits-fils furent égorgés par leurs oncles. Le troisième fut arraché à la mort par des serviteurs dévoués. Celui-ci, qui s'appelait Clodowald, non-seulement ne songea pas à réclamer son royaume, mais encore il se fit prêtre, se coupa les cheveux de sa propre main, et désarma ainsi la féroce ambition de ses oncles, qui lui constituèrent un apanage digne de sa naissance. Il fonda un moutier et éleva une église à Nogent, où il mourut en odeur de sainteté vers 560. Le village prit alors le nom de Saint-Clodowald, qui, par contraction, est devenu Saint-Cloud. La tombe du saint mérovingien attirait les pieux hommages et les offrandes des fidèles. A l'approche des Normands, en 885, les chanoines transportèrent son corps à Paris, dans l'église de Notre-Dame, et ne le rapportèrent que quelques années après.

Les évêques de Paris, à qui Clodowald avait légué la terre de Nogent, étendirent leur seigneurie. Le village acquit plus d'importance. Un pont en bois, jeté sur la Seine, rendit les communications avec Paris plus faciles. Plus tard il fut fortifié, et le village lui-même, entouré de fossés, résista aux attaques des Anglais en 1346. Mais, après la bataille de Poitiers, il fut réduit en cendres par les Anglais et les Navarrais, et les maisons de plaisance qu'y possédaient déjà des princes de la famille royale furent dévastées. Un siècle après, les Bourguignons et les Armagnacs se disputèrent tour à tour Saint-Cloud. releva de tous ces désastres, et les séjours qu'y firent les souverains et des seigneurs de la cour contribuèrent à sa prospérité.

Après la mort de François Iᵉʳ à Rambouillet, une longue et solennelle cérémonie eut lieu à Saint-Cloud, dans le palais épiscopal. L'effigie du roi resta exposée sur un lit de parade, et le service se continua avec la même régularité que de son vivant; sa table fut servie aux mêmes heures et avec la même profusion, jusqu'à ce que commençât la cérémonie de deuil, et que le clergé de Paris vînt enlever le corps du monarque.

Dès lors la royauté commence à prendre goût à cette résidence. Le fils de François Iᵉʳ, Henri II, s'y fait bâtir une *villa* dans le goût italien, et il remplace le vieux pont de bois par un pont de pierre de quatorze arches. Henri III s'établit à Saint-Cloud, pendant le siége qu'il mit conjointement avec le roi de Navarre devant Paris, la ville rebelle où avait été proclamée sa déchéance. Il occupait une maison appartenant à la famille de Gondi et qui avait été témoin des fêtes de Catherine de Médicis; c'est là qu'il fut frappé à mort par Jacques Clément, moine du couvent des Jacobins de Paris. Quand Henri III eut rendu le dernier soupir, Henri IV s'installa dans la maison du Tillet, l'une des plus belles du bourg, où il fit les premières épreuves de sa fortune, manœuvrant adroitement entre les catholiques et les protestants.

La maison du banquier Jérôme Gondi, un de ces aventuriers italiens qui étaient venus faire fortune en France à la suite de Catherine de Médicis, servait donc de résidence habituelle à la cour, attirée par l'agrément de la situation et la beauté du jardin. Elle devint la propriété du contrôleur des finances, Hervard; et c'est de celui-ci que Louis XIV l'acquit pour son frère, le duc d'Orléans; il l'agrandit, il en fit un palais, et chargea Le Nôtre de dessiner le parc et les jardins. Saint-Cloud devint alors la maison de plaisance de la famille d'Orléans. La jeune et brillante Henriette d'Angleterre y fit régner les plaisirs et les fêtes. Tout à coup survint cette « nuit désastreuse, où, dit Bossuet, retentit comme un éclat de tonnerre cette étonnante nouvelle : Madame se meurt ! Madame est morte ! Au pre-

Le château de Saint-Cloud, vu du parc.

mier bruit d'un mal *si étrange*, on accourt à Saint-Cloud de toutes parts; on trouve tout consterné, excepté le cœur de cette princesse. » Elle mourait, à l'âge de 26 ans, empoisonnée, selon l'opinion qui a prévalu, à l'instigation du chevalier de Lorraine, le favori de Monsieur, qu'elle avait fait exiler. Louis XIV fut heureux d'apprendre que son frère était innocent de ce crime. Henriette d'Angleterre était morte le 30 juin 1670; l'année suivante, de nouvelles fêtes venaient répandre l'animation dans ces jardins à l'occasion du mariage de Monsieur avec la princesse palatine. Cependant le bruit courait à Saint-Cloud que feue Madame apparaissait quelquefois près d'une fontaine du parc. Un domestique, allant un jour y puiser de l'eau, aperçut le fantôme, s'enfuit tout effrayé, tomba malade et mourut. Ce n'était pas une hallucination du pauvre diable ; l'apparition était réelle. Le commandant du château en eut raison par la menace d'une bastonnade. C'était une vieille femme, au hideux visage, qui se donnait ce passe-temps. « Les poltrons, dit-elle, faisaient tant de grimaces, que j'en mourais de rire. Ce plaisir nocturne me payait de la peine d'avoir porté la hotte toute la journée. »

Les gazettes du temps ont conservé le souvenir des fêtes magnifiques que Monsieur donna à Saint Cloud à Louis XIV. La merveille de ces fêtes étaient les *cascades*, déjà célèbres du temps de Jérôme Gondi, et que Monsieur avait fait réparer et embellir par Mansart. Il fit aussi construire une grande galerie à Saint-Cloud, et chargea Mignard de la peindre, afin de rivaliser avec celle que Lebrun avait exécutée à Versailles pour Louis XIV. Il mourut dans ce palais embelli par ses soins. Sa seconde femme, la princesse palatine, y mourut également. Le régent y reçut le czar Pierre en 1717. En 1752, Louis-Philippe d'Orléans, petit-fils du régent, y donna une fête qui surpassa en magnificence l'éclat de toutes les fêtes précédentes. Le peuple y prit part. Il y eut joute sur l'eau, feu d'artifice, illuminations ; souper pour la noblesse dans l'Orangerie ; mascarades ; spectacle et bal. Devenu veuf, le duc d'Orléans épousa secrètement Mme la marquise d'Ormesson, et celle-ci, désirant avoir une habitation plus simple, l'engagea à se défaire de Saint-Cloud. Cette belle résidence fut acquise, en 1785, pour le prix de 6 millions, par la reine Marie-Antoinette. Toutes les distributions intérieures furent changées par ses ordres ; mais elle n'eut pas le temps d'en jouir. C'est alors que fut bâtie la nouvelle chapelle. Sur l'emplacement de l'ancienne, on a établi l'escalier d'honneur des grands appartements. Pour construire l'escalier de la Reine, on a doublé la partie de l'aile gauche au delà de l'avant-corps du côté du bassin du Fer-à-Cheval (voir page 183) jusqu'à sa jonction avec l'aile du couchant. Le bâtiment du milieu, au fond de la cour, a été également doublé du côté de l'Orangerie, en supprimant les fossés entre le château et les parterres. Ces différents ouvrages, exécutés avec promptitude, n'ont cependant pu, dit M. Fontaine, être entièrement terminés au gré des désirs de la reine, avant les troubles qui mirent fin à ses jours. Les changements opérés par Mique, son architecte, tendirent à substituer aux grands salons d'apparat de petites pièces décorées et meublées en toiles peintes de la manufacture de Jouy, conformes aux habitudes simples et bourgeoises que l'épouse de Louis XVI se plaisait à introduire dans sa vie intime, pour se reposer de l'ennui de l'étiquette et des grandeurs. On fit alors disparaître un grand nombre de peintures, parmi lesquelles le plafond de M. Pierre, représentant les cinq actes de l'opéra d'*Armide* (voir page 182). La Révolution réserva, *pour l'agrément des citoyens*, le parc de Saint-Cloud, qui était la promenade favorite des Parisiens ; mais le château, démeublé, cessa d'être entretenu.

Le palais de Saint-Cloud devait être le théâtre du renversement de la première république. C'est, de tous les souvenirs historiques qui se rattachent à cette résidence, celui qui a eu le plus de retentissement. Bonaparte, à son arrivée de l'Égypte, se rend au Directoire : « Je jure, dit-il, que cette épée ne sera jamais tirée que pour la défense de la République. » Mais il savait qu'il aurait facilement raison du Directoire, administration faible et corrompue; et Sieyès lui avait appris que « les corps délibérants ne valent rien dans les moments de crise: ils parlent, quand ils devraient agir (*Mémorial de Sainte-Hélène*). » Il pensa que le moment était venu de jouer en France le rôle de Cromwell, tout en le désavouant hautement comme une injurieuse calomnie de ses ennemis. Mais Cromwell affronta le long parlement, chassa les membres de la salle des séances et en fit fermer les portes. Bonaparte se présenta au conseil des Cinq-Cents, nouvellement installés dans l'Orangerie de Saint-Cloud, suivi de plusieurs officiers et de quelques grenadiers. Vivement interpellé, il se troubla, pâlit, et se retira protégé par sa garde. Peu après, il ordonnait à Murat de faire évacuer la salle par les baïonnettes. On battit la charge, et les soldats envahirent le sanctuaire des lois, comme s'il s'était agi d'emporter une citadelle. Un grand nombre de députés s'échappèrent par les fenêtres. Cette journée du 19 brumaire fit Bonaparte consul. Bientôt le premier consul de la République, réélu pour dix ans, fut proclamé consul à vie. Les demeures royales furent mises à sa disposition, et il choisit, pour sa résidence d'été, le palais de Saint-Cloud, qui avait été le berceau de sa puissance. A la fin de 1801, il fit exécuter avec la plus grande promptitude les changements de distribution et les restaurations nécessaires. La dépense de ce travail s'éleva à 3 millions 141 000 francs.

On lit dans le *Moniteur* du 27 mars 1805 : « Dimanche, à trois heures après-midi, Leurs Majestés Impériales, suivies de la cour, se rendirent à Saint-Cloud pour le baptême du prince Napoléon-Louis, fils de S. A. I. Mgr Louis (il mourut deux ans après). Cette cérémonie a été faite avec la plus grande pompe par SA SAINTETÉ. L'impératrice était précédée par les pages, les écuyers et les chambellans de S. M.; à droite de l'impératrice était sa dame d'honneur et, un peu en arrière, son premier aumônier; à sa gauche, son premier écuyer, sa dame d'atours; un page portait la queue de la robe de S. M., etc.... » Quelques années plus tard, le divorce était prononcé, et le mariage civil de Napoléon avec l'archiduchesse d'Autriche, Marie-Louise, était célébré, le 1ᵉʳ avril 1810, dans la chapelle du palais de Saint Cloud. On disait alors : le cabinet de Saint-Cloud, comme on disait avant la Révolution : le cabinet de Versailles, et comme on a dit depuis : le cabinet des Tuileries.

En 1815, la gloire rapide de l'Empire s'est évanouie. Il s'agit de traiter de la reddition de Paris. Les négociateurs se dirigent vers Saint-Cloud, où étaient Blücher et Wellington. « Les jardins, envahis par une horde d'étrangers, présentaient l'image d'un camp, et les chevaux du Nord se désaltéraient dans les belles eaux du parc. Un vainqueur brutal s'était couché tout habillé dans le lit de Napoléon; heureux dans son orgueil de déchirer avec ses éperons les draperies impériales! une meute de chiens qui le suivaient partout occupaient et dévastaient le boudoir de l'impératrice, et les livres de la bibliothèque, jetés pêle-mêle sur les parquets, attestaient son respect pour la civilisation. » A cette époque, les beaux ombrages de Saint-Cloud connurent encore l'éclat d'une fête; mais c'était une fête offerte par les envahisseurs de la France, par le prince de Schwarzenberg, aux souverains étrangers.

La capitulation de Paris fut signée à Saint-Cloud le 3 juillet 1815.

Mais la France se relève toujours, soit de ses propres folies, soit de celles de ses souverains. La Restauration prit possession de Saint-Cloud et fit disparaître les vestiges de l'invasion; Louis XVIII vint habiter le palais, le 18 juin 1817. En 1818, des écuries furent construites pour les gardes du corps; en 1820, on termina l'église commencée par Marie-Antoinette, et Heurtot dessina sur la montagne de Montretout, pour les promenades et l'instruction botanique du duc de Bordeaux, un jardin, décoré, après l'expédition d'Espagne, du nom de *Trocadero*. Charles X fit élever, sur l'emplacement de la maison des pages et sur celui du couvent des Ursulines, les bâtiments du grand commun pour les employés des différents services de sa maison. Une caserne pour les gardes du corps fut construite aussi dans les jardins du bas parc, au-dessous de l'avenue royale menant au château.

Le palais de Saint-Cloud était encore destiné à devenir le théâtre d'attentats contre la liberté et la représentation nationale; mais, où le chef de la dynastie napoléonienne avait réussi, Charles X succombe. Le premier avait triomphé au 19 brumaire avec quelques baïonnettes; le second procède par ordonnances. Ces fatales ordonnances, qui soulevèrent la résistance de Paris et entraînèrent la chute de Charles X, furent signées à Saint-Cloud, le 24 juillet 1830. « C'est à Saint-Cloud, dit M. Vatout, que le chef de la maison de Bourbon, Henri IV, avait été reconnu roi de France et de Navarre, aux acclamations de l'armée; c'est à Saint-Cloud que la branche aînée de sa race est tombée à la voix du peuple! » Charles X quitta Saint-Cloud le 30 juillet, à 3 heures du matin.

Louis-Philippe, appelé au trône, partageait ses étés entre Neuilly, sa résidence de prédilection, et Saint-Cloud, qui lui rappelait les souvenirs de sa jeunesse, et où il vint s'établir avec sa famille le 27 mars 1832. Sous ce prince, non-seulement le château et le parc, mais la ville elle-même subirent de grandes modifications. Les distributions intérieures du palais furent changées. les appartements furent restaurés, richement décorés et meublés; des routes nouvelles furent tracées dans le parc; les étangs de Ville-d'Avray, qui fournissent l'eau au parc et au château, furent curés avec soin; la grande cascade fut reconstruite en partie, et une nouvelle source d'eau amenée pour alimenter le bassin des 24 jets d'eau; le chemin de fer de Paris à Versailles obtint la concession du passage à travers le parc, et une route nouvelle, ouverte à la droite du pont, mit Saint-Cloud en communication avec Versailles et les villages des environs. Cette route a été destinée à remplacer la route plus directe qui gagnait Ville-d'Avray en traversant le parc dans toute sa longueur depuis le château. La suppression de cette servitude de passage fut une des conditions de la concession accordée à la compagnie du chemin de fer. L'indemnité due par la compagnie fut évaluée à 270 000 fr. Le domaine de la couronne abandonna cette somme, qui dut être employée aux premiers travaux de la nouvelle route.

### Histoire du Château.

La maison de Jérôme de Gondi (voir ci-dessus page 169), maison qu'il tenait probablement de la libéralité de Catherine de Médicis, et qui n'était autre, peut-être, que la *villa* construite par Henri II, devint le noyau du château de Saint-Cloud. Ce palais, avec ses dépendances, s'augmenta d'acquisitions successives faites par le contrôleur des finances Hervart, et surtout par Monsieur, frère de Louis XIV.

La maison de Gondi fut acquise par lui du sieur Hervart, en 1658, moyennant 240 000 livres. Entre autres acquisitions faites par le duc d'Orléans, on cite encore : la maison appelée du Tillet, en 1659, moyennant 60 000 livres (cette maison, appartenant à M. du Tillet, greffier au parlement, était située au bas de la grande cascade); une maison appartenant au duc de Charost, en 1683, moyennant 60 000 livres; le fief de Villeneuve, en 1693, moyennant 57 200 livres. D'un autre côté, pour faciliter l'agrandissement du parc de Saint-Cloud, Louis XIV fit don à Monsieur de terrains situés sur le haut de la montagne, derrière les murs du parc, et il lui donna la moitié de la seigneurie de Sèvres. Un état estimatif, fait par le sieur Legrand, en 1736, et conservé dans les archives de la maison d'Orléans, porte l'ensemble du château, des bâtiments de dépendance et du parc, à la somme totale de 1 031 740 livres. Dans cette somme, le corps de bâtiment du château de Saint-Cloud entre pour 330 000 livres; les bois de la haute futaie et taillis, les prés et terres, pour celle de 268 260.

« Il serait difficile, dit M. Fontaine, d'indiquer aujourd'hui d'une manière précise et certaine ce que pouvait être la maison du contrôleur Hervart, lorsque Monsieur, frère unique de Louis XIV, en fit sa résidence de campagne; car, à l'exception d'une vue gravée par Israël Sylvestre, aucun plan, aucun indice n'ont pu être retrouvés pour donner une juste idée de l'état des choses à cette époque. Cependant, d'après les traces de plusieurs constructions anciennes conservées dans des souterrains, et quelques vieilles murailles découvertes en différents endroits du château, il y a lieu d'assurer que le prince, sans avoir voulu jamais élever un palais, a fait construire sur les fondations qui existaient, et presque dans les limites de la maison d'Hervart, la résidence qu'il a habitée jusqu'à la fin de ses jours. L'irrégularité des constructions que l'on fit alors, la distribution embarrassée des appartements, et surtout la disproportion choquante que l'on remarque dans les différentes parties de l'habitation, démontrent assez qu'à Saint-Cloud, ainsi qu'il a été souvent fait ailleurs, on a pris les choses dans l'état où elles se sont trouvées. Les exigences, les besoins du moment, ont motivé les travaux que l'on a successivement exécutés. Construisant ainsi chaque chose l'une après l'autre, dans une position mal choisie, on est arrivé à faire insensiblement un vaste édifice entièrement neuf, mais irrégulier, incommode, de mauvais goût, sans grâce au dehors et peu convenable au dedans. » (Domaines de la couronne, *château de Saint-Cloud*. — Paris, 1839.)

La situation, cependant, était fort avantageuse et des plus riantes, et se prêtait au développement d'un bel ensemble de constructions. La direction de la grande cascade, isolée et indépendante du château, a fait penser à M. Fontaine que l'architecte Lepaute, auteur de ce magnifique ouvrage, en adoptant un arrangement aussi irrégulier, avait sans doute en vue le changement futur du plan général de l'édifice, et qu'il espérait que cette riche décoration deviendrait l'axe principal du palais à élever. Outre les architectes Girard et Lepaute (voir plus bas), Jules Hardouin et Mansart dirigèrent probablement aussi les différents travaux exécutés au château de Saint-Cloud, pour en faire l'habitation du frère de Louis XIV. Il a été parlé ci dessus (page 170) des changements et des petites subdivisions opérés par Mique, architecte de Marie-Antoinette; Napoléon, premier consul, les fit disparaître. On affecta à la représentation et aux réceptions le corps de bâtiment principal sur la cour d'honneur, le salon de Mars, la galerie d'Apollon et le salon de Diane, qui précède la chapelle. Les salles sur les parterres de l'Orangerie devinrent l'appartement de travail du premier consul.

### Description du château [1].

Après avoir franchi la grille du château, on passe devant les bâtiments occupés par le commandant, par le corps de garde et les gens de service, et on arrive à la cour d'honneur, fermée, au fond, par la façade du palais, dont Gérard a fourni le dessin; et, à droite et à gauche, par les deux ailes ou pavillons qui sont dus à Lepaute. Les appartements de l'empereur et de l'impératrice sont situés au premier étage de l'aile à gauche. C'est cette partie du château qu'habitèrent successivement Marie-Antoinette, Marie-Louise et la duchesse d'Angoulême. Le premier étage de l'aile à droite est occupé par la galerie d'Apollon.

Au milieu de la façade centrale du palais de Saint-Cloud s'ouvre le *vestibule de l'Empereur*. On voit, au fond, une statue de Sapho, par *Pradier*. Sapho est représentée assise au bord de la mer, dans une attitude abandonnée, ayant une jambe passée par-dessus

---

[1]. Le public n'est plus admis à le visiter; il faut pour cela avoir une permission spéciale du ministère de la maison de l'Empereur, ou de l'adjudant des palais, au palais des Tuileries. Peut-être, quand les travaux de restauration, en cours d'exécution, seront terminés, obtiendra-t-on de nouveau la permission de visiter l'intérieur du château comme auparavant, le jeudi et le dimanche?

La galerie d'Apollon, au château de Saint-Cloud.

l'autre, et, de ses doigts entrelacés, prenant un point d'appui sur son genou : les bras sont très-beaux de dessin ; mais la tête ne réalise pas une image vivante de l'ardente Lesbienne prête à engloutir dans la mer son amour et sa poétique intelligence. Cette statue en marbre, œuvre dernière de l'artiste, parut au salon de 1852, couverte d'un crêpe. — Au fond du vestibule, à droite, est l'escalier de l'Empereur, construit sur l'emplacement de l'ancienne chapelle et menant au salon de Mars et aux appartements du premier étage. Dans la cage de l'escalier, à la place qu'occupait auparavant le portrait équestre de Louis-Philippe, par Ary Scheffer, on a mis un tableau de M. Rouget, représentant Napoléon qui reçoit, à Saint-Cloud, le sénatus-consulte qui le proclame empereur des Français. L'acte lui est présenté par Cambacérès, suivi de son collègue Lebrun. On voit près de l'Empereur Mme Bonaparte, sa fille Hortense, et Mme Murat, ainsi que Duroc, Soult, Junot, Murat, Kellermann, Masséna, Berthier, Eugène Beauharnais, Bernadotte et Bessières, et, parmi les sénateurs, Talleyrand, Lacépède Volney et Vien. Ce tableau faisait précédemment partie du musée de Versailles. — Au haut de l'escalier est le vestibule des grands appartements ; la porte de gauche conduit dans les appartements en façade sur le parc réservé, et au théâtre. Celle de droite donne accès dans le salon de Mars.

### Salon de Mars.

Plusieurs des salles, que nous allons décrire ci-dessous ont un intérêt particulier pour l'histoire de l'art français. Elles sont le théâtre où s'est exercée la rivalité du peintre *Mignard*, envieux de la gloire et de la faveur de Lebrun, qui exécutait alors de grands travaux à Versailles. Lorsque Monsieur, frère de Louis XIV, chargea, en 1677, Mignard de peindre sa galerie, l'artiste avait déjà 67 ans. « Il déploya dans ce beau travail, dit M. Charles Blanc, tous les trésors d'une imagination lente à s'échauffer, mais riche et merveilleusement secourue par une immense mémoire. L'histoire d'Apollon, depuis le moment où il vient au monde sur les genoux de Latone jusqu'à celui où il préside aux concerts des Muses sur le Parnasse, fut le sujet que Mignard se proposa, et il le remplit avec pompe, avec abondance, avec une grâce toute française, y faisant entrer les idées les plus ingénieuses, se souvenant à propos de Carrache et de Jules Romain, du palais Farnèse et de Mantoue, et jamais il n'employa de tons plus clairs, plus brillants et plus chauds. » Lorsqu'il terminait le salon de Mars, Mignard, qui travaillait au plafond, tomba en descendant de son échafaudage pour aller parler à Monsieur, impatient de voir ses peintures ; cette chute le força de garder le lit pendant six semaines. Louis XIV vint visiter ses travaux quand ils furent achevés, et lui témoigna gracieusement sa satisfaction.

Le plafond, les voussures et les dessus de portes du salon de Mars, sont de Mignard. Le plafond représente l'*Olympe* ; il a été gravé par Poilly ; la voussure du côté du jardin, *Mars et Vénus* ; celle du côté des appartements : les *forges de Vulcain*. Dessus de portes : la *Jalousie* et la *Discorde*, gravé par Jean Audran ; les *plaisirs des jardins*, élégante composition gravée par Benoît Audran. — Le portrait équestre de Louis XIV, par Lebrun et Van der Meulen, a dû céder la place à un portrait de Napoléon, premier consul, en tapisserie des Gobelins. — On voit, dans les angles, la devise de Monsieur : *Alter post fulmina terror*. Quelles divinités terribles on fait de tous ces personnages de sang royal ! — Quatre portières en vieille tapisserie des Gobelins méritent d'attirer l'attention. — Un parquet nouveau a été posé en 1856.

Du salon de Mars on passe dans la galerie d'Apollon.

### Galerie d'Apollon.

L'inauguration de cette galerie eut lieu par une grande fête que Monsieur offrit à Louis XIV, autre dieu mythologique qu'adoraient les poètes :

On voyait dans ses yeux un éclat tout pareil à celui qu'au midi découvre le soleil.

Cette galerie, témoin des fêtes données par les ducs d'Orléans, servit, sous le Directoire, aux séances du conseil des Anciens. Le mariage civil de Napoléon y fut célébré. — Les peintures de la voûte sont de *Mignard*. Cette voûte fortement lézardée appelle une restauration à laquelle on doit procéder dans le courant de l'année 1856. — Au-dessus de la porte d'entrée sont représentées : la *Naissance d'Apollon et de Diane*; et *Latone implorant Jupiter*, qui change en grenouilles les paysans qui l'insultent. Au centre du *plafond*, Mignard peignit : *Apollon sur son char;* à l'extrémité de la galerie, au-dessus des fenêtres : *le Parnasse;* et à droite et à gauche de la voûte : *les quatre Saisons*. « Pour exprimer le printemps, il choisit, dit M. Charles Blanc, l'hymen de Flore et de Zéphire, qu'il peignit entourés d'Amours se jouant avec les Napées et les Dryades, et composant des guirlandes pour la reine des Fleurs. L'été fut pour le peintre l'occasion de représenter un sacrifice à Cérès. Il se plut à chercher parmi les plus belles dames de la cour celles qui figureraient dans sa composition, comme prêtresses de la déesse des Moissons. Ses ressemblances favorites étaient celles de sa fille (la comtesse de Feuquières), de Mlle de Théolon, de Mme de Ludre, de Mme d'Armagnac. » Dans le sujet de l'automne, il représente les fêtes de Bacchus traîné, ainsi qu'Ariane, sur un char attelé de panthères; dans celui de l'hiver, on voit Borée et les Aquilons soufflant les frimas sur la terre, et Vulcain présentant un brasier à Cybèle. Dans le milieu de la voûte, entre les grands tableaux, sont encore peints différents sujets : Circé; Clymène, fille de l'Océan, conduit à Apollon leur fils Phaëton; Apollon montre à la Vertu le temple de l'immortalité; la chute d'Icare. Enfin, huit médaillons, en bronze ou en camaïeu, sont placés à droite et à gauche de la voûte ; Apollon et la Sibylle; Apollon et Esculape; Apollon et Pan; Apollon et Marsyas; la nymphe Coronis; Daphné; Cyparisse; Clytie. Au-dessus des portes et des croisées, des médaillons contiennent divers portraits : côté gauche : Mademoiselle de Valois; Philippe d'Orléans, régent du royaume, avec l'emblème d'un aiglon qui s'échappe de son nid et cette devise : *Et jam spe fulminis ardet;* Monsieur, duc d'Orléans, avec l'emblème d'abeilles ayant leur reine en tête, et la devise : *Et solo jubet exemplo;* Charlotte de Bavière, duchesse d'Orléans, avec une flamme allumée sur un autel pour emblème, et la devise : *Et castis alitur curis;* Monsieur, duc d'Orléans, avec l'emblème d'une grenade qui éclate, et la devise : *Alter post fulmina terror;* Anne d'Autriche, avec l'emblème d'une grenade et la devise : *Mon prix n'est pas de ma couronne.* Du côté de la cour sont : Louis XIII, avec le soleil pour emblème et la devise : *In rorem et fulmina;* Louis XIV, avec le soleil et la devise : *Nec pluribus impar;* Marie-Thérèse d'Autriche, reine de France, avec la lune pour emblème et la devise : *Todos me miran yo a uno;* Louis XIV, avec un porc-épic sur un bouclier et la devise : *Tot tela quot hostes ;* le grand Dauphin, avec l'emblème d'une étoile dans le soleil et la devise : *Coram micat unus;* Louis XIV, avec la devise : *Solis opus.* L'esprit est offusqué de tous ces éclats lumineux de la foudre, du soleil et des étoiles, et s'étonne que le bon goût de Louis XIV ait toléré la fade répétition de ces adulations hyperboliques et ridicules.

A droite et à gauche, dans les trumeaux entre les croisées du côté de la cour et de fausses portes du côté de la chapelle, sont disposés une suite de petits meubles de Boule, à peu près semblables, et au-dessus, des tableaux de différents maîtres. On remarque principalement plusieurs vues de Venise par *Canaletti* ou par des peintres de son école (deux de ces tableaux faisaient précédemment partie du musée du Louvre). On verra également avec intérêt plusieurs tableaux d'anciens peintres français: *Coypel* (Noël-Nicolas, 1628-1707): Diane et la nymphe Eucharis; Apollon et Vénus; Vénus demande des armes à Vulcain; Arion. — *Boulogne* (1649-1717) : Pan et Syrinx. — *Verdier* (1651-1730) : Vénus et Adonis. — *Bertin* (Nicolas, 1667-1736): Acis et Galathée; Jupiter et Léda ; Jupiter et Danaë; Psyché abandonnée par l'Amour; Persée et Andromède. — *Raoux* (Jean, 1677-1734): Pygmalion. — *De Troy* (Jean, 1679-1752) : Hercule délivre Prométhée. — *Le Moyne* (1688-1737): Hercule et Cacus; la Fécondité. — *Restout* (Jean, 1692-1768). : Nymphe se réfugiant dans les bras de Diane. — *Natoire* (1700-1777) : la Charité; Agar dans le désert; triomphe de Bacchus; Flore. — *Boucher* (1704-1770): l'enlèvement d'Europe. — *Regnault* (1754-1829): scène du déluge. — Plusieurs paysages de *Moucheron* (Isaac, né à Amsterdam, en 1670): d'*Allegrain* (né à Paris, en 1653). de *Lahyre* (1606-1656): l'ânesse de Balaam; de *Joseph Vernet* marine; la Bergère des Alpes. — *Robert-Hubert* (1733-1808). — Des fleurs et des fruits par Jean-Baptiste *Monnoyer* (1634-1699); Van Dael (1764-1840); Van Spaendonck (1746-1822). — Une vue de Paris en 1560: le vieux Louvre, la tour de Nesle, par *Gastiels*. A droite et à gauche, en entrant dans la galerie, quatre vues de Malte. — Au fond de la galerie d'Apollon, à gauche, on entre dans le salon de Diane.

### Salon de Diane.

*Mignard* a peint au plafond : Diane, déesse de la nuit ; et dans les voussures : la toilette, la chasse, le bain et le sommeil de Diane. — Portraits d'Henri IV, par M. Franque ; de Louis XIII, par M. Badin ; de Philippe de France (Monsieur), par M. Franque ; de Philippe d'Orléans, régent, par Casimir de Balthasar ; de Louis d'Orléans, duc d'Orléans, par M. Badin. — On remarque dans ce salon quatre grands vases de porcelaine aux armes d'Orléans, fabriqués en Chine, par ordre du frère de Louis XIV. — De l'extrémité de la galerie d'Apollon et du salon de Diane, on a vue sur la *chapelle*, dont la simplicité nue contraste avec la richesse des décorations mythologiques des salles qui l'avoisinent.

Revenant sur nos pas par la galerie d'Apollon, nous passerons du salon de Mars dans le salon de Vénus.

### Salon de Vénus (salle de billard).

*Le Moyne* a peint le plafond, qui est dans un ton léger de pastel : Junon empruntant la ceinture de Vénus. Deux dessus de porte sont peints par *Jean Nocret :* la Paix et la Science. Ce salon est en outre décoré de tentures en tapisseries des Gobelins : le duc d'Anjou, déclaré roi d'Espagne (Philippe V), d'après le tableau du baron *Gérard ;* naissance de Marie de Médicis, d'après *Rubens ;* Henri IV reçoit le portrait de Marie de Médicis, d'après *Rubens ;* mariage d'Henri IV et de Marie de Médicis (le grand duc Ferdinand de Médicis épouse par procuration, au nom du roi, la princesse sa nièce, à Florence. Le cardinal Aldobrandini leur donne la bénédiction nuptiale. Jeanne d'Autriche, duchesse de Mantoue, accompagne Marie de Médicis). Cette tapisserie, ainsi que la suivante, portrait en pied de Marie de Médicis, sous la figure de Bellone, ont été exécutées d'après *Rubens*. — Les meubles qui garnissent le salon sont en tapisserie de Beauvais. — On passe de là dans le salon de la Vérité.

### Salon de la Vérité.

Ce salon est ainsi nommé à cause du plafond peint par *Antoine Coypel* (1661-1722), et représentant le triomphe de la Vérité. Les dessus de porte, par *Jean Nocret*, représentent : la Justice, la Gloire, les muses Calliope, Clio et Euterpe. Cette pièce servait de salon de famille sous Louis-Philippe. Pour ouvrir une communication avec les appartements de la duchesse d'Orléans, donnant sur les parterres, on fit percer des portes dans les murs et construire un salon-bibliothèque, éclairé par en haut. Le salon de la Vérité est décoré de tentures en tapisseries des Gobelins représentant : le mariage d'Henri IV et de Marie de Médicis, sous les traits de Jupiter et de Junon (la ville de Lyon, assise sur un char, admire les nouveaux époux, d'après *Rubens*) ; naissance de Louis XIII, d'après *Rubens ;* Henri IV confie le gouvernement du royaume à la reine, d'après *Rubens*, ainsi que la tapisserie suivante : réconciliation de Marie de Médicis avec son fils. (La reine tient conseil à Angers avec les cardinaux la Valette et de la Rochefoucault : ce dernier l'engage à accepter le rameau d'olivier que Mercure lui présente, et à faire la paix avec Louis XIII. Le cardinal de la Valette, au contraire, lui retient le bras pour marquer qu'il est d'un avis opposé; la Prudence, placée à la gauche de la reine, semble lui inspirer le conseil de se tenir sur ses gardes.) — Les meubles qui garnissent ce salon sont en tapisserie de Beauvais. — On passe de là dans le salon de Mercure.

### Salon de Mercure.

Les peintures de ce salon sont de M. *Alaux*: Mercure et Pandore ; noces de Thètis et Pélée; assemblée des Dieux ; Mercure remet la pomme à Pâris; jugement de Pâris. — Tentures en tapisserie des Gobelins. — Les meubles sont en tapisserie de Beauvais. On a placé dans ce salon quatre beaux vases en porcelaine de Sèvres, à quatre anses dorées, avec sujets peints (les quatre saisons). Ces vases faisaient partie de l'Exposition universelle. On passe de là dans le salon de l'Aurore.

### Salon de l'Aurore.

Le plafond, peint par *Nicolas-Pierre Loir*, représente le lever de l'Aurore. — Meubles en laque de Chine.

Du salon de l'Aurore on sort sur un vestibule donnant sur l'*escalier de la Reine*, construit par l'architecte Micque, après la suppression du grand escalier de l'aile gauche. Au bas de cet escalier est placée la jolie statue en marbre d'une heure de la nuit, par M. *Pollet* (salon de 1850-51).

Du vestibule, situé à l'issue du salon de l'Aurore, on entre dans les appartements de l'Empereur et de l'Impératrice, occupant l'aile droite du château. Ces appartements, nouvellement décorés et meublés, ornés de tableaux et d'objets d'art. ne sont pas visibles (1856). — Les appartements du duc et de la duchesse d'Orléans, donnant sur les parterres, étaient en réparation au printemps de 1856, ainsi que le salon des marines de *Joseph Vernet*. C'est dans ce salon, servant de cabinet à Charles X, que les ordonnances de juillet ont été signées, et non, comme le dit par erreur M. Vatout (histoire du palais de Saint-Cloud), dans l'ancienne bibliothèque. Elles furent seulement discutées dans cette salle de la bibliothèque, qui servait de salle du conseil, et devint plus tard la chambre du duc d'Orléans.

Une élégante salle de théâtre a été construite à l'extrémité de l'orangerie.

Suivant la description publiée vers 1840 par l'architecte M. Fontaine. le château de Saint-Cloud, avec tous les bâtiments qui en dépendent, renfermait, outre l'appartement du Roi et de la Reine, 45 appartements de maître, 600 logements de suite ; écuries pour 237 chevaux ; remises pour 20 voitures; corps de garde pour 180 hommes d'infanterie et 54 de cavalerie, non compris la caserne des gardes du corps, qui peut contenir 1500 hommes d'infanterie et 150 de cavalerie.

### Pièces détruites.

Les changements introduits par divers architectes ont amené la destruction d'un certain nombre de salons remarquables. Nous signalerons : le salon d'Énée, détruit pour bâtir l'escalier de la Reine. On y voyait sept tableaux dont les sujets, tirés de l'Enéide.

Vue du parc et de la grande cascade de Saint-Cloud.

étaient peints par Antoine Coypel. — Le salon de Flore : le plafond représentait l'amour et Flore, par Antoine Coypel. — Le salon d'Armide, ainsi nommé des sujets relatifs à l'opéra d'Armide, peints par Pierre, premier peintre du roi, dans un plafond de 44 pieds sur 33 ; il était situé dans l'aile droite du palais. — La chambre en laque d'Henriette d'Angleterre, où cette princesse est morte. Elle était située dans les appartements occupés par la dernière duchesse d'Orléans. La façade de cette partie du château, du côté du parterre de l'orangerie, appelait d'urgentes réparations ; elle fut toute changée par Marie-Antoinette. On reporta la façade à dix pieds en avant. — Dans le salon de Diane, conservé, on voyait autrefois un tableau de Rubens, représentant Diane et ses nymphes au retour de la chasse ; et Énée portant son père et tenant son fils par la main, par Michel-Ange-Caravage. — L'ancienne chapelle a été détruite pour y placer le grand escalier (voir ci-dessus, p. 176).

### Parc de Saint-Cloud.

Le parc de Saint-Cloud contient 392 hectares (1146 arpents). Il se divise en parc public et parc réservé. Le parc réservé renferme de belles avenues ombragées, et, à une de ses extrémités, des hauteurs de la Brosse, on jouit d'un beau point de vue sur les bois de Marnes et de Ville-d'Avray. Il est partagé en deux par le chemin de fer de Paris à Versailles, qui le traverse vers le milieu dans sa largeur (voir p. 191). Des ponts jetés sur la tranchée du chemin de fer permettent de passer d'une des portions du parc dans l'autre. Des parterres, ornés de bassins et de statues, s'étendent devant le château ; ils sont interdits au public, ainsi que le *jardin du Trocadéro* (voir ci-dessus, p. 172), situé sur les hauteurs, au nord du château. « Les eaux qui embellissent les jardins et alimentent tous les services de l'habitation viennent des étangs de Ville-d'Avray. Elles se réunissent au grand réservoir du parc, à 81 mèt. au-dessus du niveau de la Seine. Leur volume total, en y ajoutant celui de la nouvelle source, tirée des environs de Garches, près de la Porte-Jaune, peut être évalué à la mesure moyenne de 14 pouces fontainiers [1]. »

Les jardins et le parc ont subi des changements considérables, aussi bien que le château. « Ainsi on chercherait vainement, dit M. Vatout, la *grotte de verdure* qui ombrageait la grande cascade ; une foule de statues qui ornaient les bassins ; les *goulottes*, au murmure desquelles Charlotte de Bavière allait souvent rêver, et quelquefois médire ; le *Trianon*, remplacé par le pavillon de Breteuil, mais déshérité de ses jardins brodés, de ses tourelles et du grand bassin de Vénus ; l'allée des *Portiques*, le pavillon de la *Félicité*, élevé par Marie-Antoinette, sous des auspices qui l'autorisaient à lui donner ce nom ; le *Mail*, le *Fort*, et mille autres détails minutieusement célébrés par les poëtes et les auteurs contemporains. » Parmi les *poésies*

[1]. Le pouce d'eau de Fontainier, c'est-à-dire la quantité d'eau qui s'écoule d'un orifice d'un pouce de diamètre, est égal à une dépense de 20 mètres cubes par 24 heures.

inspirés par Saint-Cloud, il faudrait pouvoir citer ici, à côté de la faconde stérile du poëte des jardins, les vers énergiques et pleins d'amertume politique de Chénier, intitulés : *Promenade à Saint-Cloud* (1805).

*Portes du parc.* — On entre dans le parc, du côté de Saint-Cloud : 1° par la grande grille, sur la place royale (voir p. 167); 2° par une porte voisine de celle-ci et du restaurant Legriel; 3° par une ruelle donnant dans la grande avenue du château (voir p. 166). — A l'extrémité du parc, du côté de Ville-d'Avray, par la porte dite de Ville-d'Avray. — Du côté de Sèvres : 1° Par la porte de Bellevue, faisant face à la route qui monte à ce village et à la manufacture impériale de Sèvres; 2° un peu plus bas, du côté du pont, par la grille de Sèvres. Cette grille, avec ses deux pavillons, fut commencée en 1820 et terminée en 1825.

*Direction des promeneurs dans le parc public.* — Le parc public se compose de deux parties : le bas parc, qui s'étend le long de la Seine, et qui est ombragé par de hautes futaies, et le haut parc. Si l'on arrive par le pont, on entre par la grille ouverte sur la place royale. En suivant l'allée d'arbres, bordée à droite de petites boutiques de confiseurs, de jouets d'enfants et de cafés, on se trouve bientôt en vue de la grande cascade. On peut monter à l'allée dite du Tillet, qui la divise, de manière à jouir de plus près de la double perspective de cette riche décoration. C'est également là qu'arrivent les promeneurs venus de Paris par le chemin de Versailles (voir ci-dessus, p. 166). Un peu plus loin est le bassin d'où s'élance le grand jet d'eau. De là on peut : 1° suivre les avenues du bas parc jusqu'à la grille de Sèvres, ou des allées ombragées qui montent par une pente douce à l'avenue de Breteuil; 2° prendre en face de soi une allée tournante qui monte, ou gravir à droite de celle-ci des talus, et l'on atteint l'entrée de la longue et droite avenue de Breteuil, aux ombrages épais et silencieux. A l'autre extrémité de cette avenue, est situé le pavillon de Breteuil; et de ce pavillon un sentier descend à la porte de Bellevue; 3° en gravissant les talus dont nous venons de parler, et appuyant un peu à droite, on peut venir en vue d'une grille du château, dont on aperçoit une façade latérale. En avant de cette façade est un bassin, dit *du fer à cheval*. Si l'on tourne le dos au château, on a devant soi un amphithéâtre de talus gazonnés, et à droite une route montante qui va à travers le parc à l'étoile de Ville-d'Avray, dont nous parlons plus bas, et au village de ce nom. Cette route était ouverte aux voitures, avant le règne de Louis-Philippe (voir ci-dessus, p. 172). Au-dessus des talus de l'amphithéâtre, une avenue, à peu près parallèle à l'avenue de Breteuil, monte à la terrasse dominée par la lanterne de Démosthène, et d'où l'on a une vue panoramique très-étendue, sur Paris, le bois de Boulogne, Boulogne, la Seine, les ponts de Sèvres, de Saint-Cloud, de Suresnes, et à l'horizon sur les coteaux de Montmorency. Cinq vertes avenues rayonnent de l'esplanade de la lanterne de Démosthène. La première est celle par laquelle on vient du château à la lanterne;

la dernière, opposée à celle-ci, descend à Sèvres; celle du milieu, la plus longue et la plus belle du parc ouvert au public, mène à Ville-d'Avray. Son extrémité semble être fermée par une clôture grossière en palis, sans doute provisoire. Un poteau indique où est la porte de *sortie*. Quand on l'a franchie, on se trouve au milieu d'un espace libre, dit *Étoile de Ville-d'Avray*, et que traverse la route de voitures de Ville-d'Avray à Saint-Cloud (un pont jeté au-dessus de cette route fait communiquer ensemble les deux parties du parc réservé). On aperçoit à sa gauche la porte de Ville-d'Avray, près de laquelle sont les jardins du restaurateur Diot. En dehors de la porte, une petite ruelle qu'on trouve tout de suite à gauche conduit en quelques minutes à la station de Ville-d'Avray, la cinquième station du chemin de fer de la rive droite.

Pour revenir, au lieu de suivre encore la grande avenue verte, au bout de laquelle est la lanterne de Démosthène, on peut prendre sous les arbres, à droite, une allée irrégulière, qui longe le mur à quelque distance. On ne tarde pas à passer devant une large grille fermée, à travers laquelle on aperçoit les coteaux de Bellevue et de Meudon. Elle est située au-dessus de l'issue du tunnel du chemin de fer de Versailles, et de la station de Ville-d'Avray. A l'extrémité de cette allée, on arrive à un rond-point, d'où l'on aperçoit à gauche la lanterne. Si l'on continue à aller en avant, en inclinant un peu à droite, on arrive à une esplanade verte dominant la Seine et le coteau de Bellevue, et, à quelque distance de là, à un pont, dit le pont Brut, jeté sur une allée profondément encaissée, et que Louis-Philippe a fait creuser dans le rocher. Cette allée, désignée sous le nom de Tranche-Montagne, vient aboutir à une autre allée qui descend au pavillon de Breteuil. Étant en face de ce pavillon, on peut, par une allée en pente, à gauche, redescendre dans le bas parc, et revenir au pied de la grande cascade; ou, par l'allée à droite, descendre à la porte de Bellevue. Avant d'arriver à cette dernière, on passe sous l'arche d'un pont. Si l'on passe sur ce pont, on entre à gauche dans une allée de vieux arbres, qui descend dans le bas parc vers la grille de Sèvres. Au-dessous de la terrasse portant cette allée on aperçoit le *jardin fleuriste*, qui, vendu pendant la Révolution, fut racheté pendant le consulat de Napoléon.

*Grande cascade*. — Cette élégante décoration, où l'architecture et la sculpture s'associent d'une manière si pittoresque aux jeux de l'eau s'élançant en jets variés, ou retombant en nappes d'étages en étages, est une des curiosités les plus célèbres des environs de Paris. Elle se divise en haute et basse cascade. La haute cascade fut construite sur le dessin de l'architecte *Lepaute*, par ordre du frère de Louis XIV, et perfectionnée par ordre du Régent. « Elle a, dit dans sa description Harcouet de Longeville, 108 pieds de face sur autant de pente, jusqu'à l'allée du Tillet, qui y forme un large repos et la sépare de la basse cascade. Cet amphithéâtre architectural, que dominent en arrière de beaux massifs d'arbres, est couronné de figures colossales représentant des fleuves. D'autres statues, distribuées çà et là, contribuent à l'agrément de la perspective. » Ces statues sont mauvaises; quelques-unes, telles que celles des fils d'Éole, qui se contournent en soufflant à joues enflées et rebondies, sont ridicules. Toute cette triste mythologie, d'ailleurs, menace ruine, et est aussi mal portante sur la pierre qu'elle l'est dans la littérature de nos jours. — La basse cascade, dessinée par *Mansart*, recueille toute l'eau de la cascade supérieure qui passe souterrainement sous l'allée du Tillet, et la distribue en nappes variées, dans un bassin circulaire au delà duquel s'étend un canal, d'où jaillissent encore une suite de jets d'eau.

*Grand jet d'eau.* — Cette autre merveille du parc est située à peu de distance de la cascade. Le jet d'eau

La lanterne de Démosthène.

s'élance du milieu d'un bassin autour duquel des arbres forment une salle de verdure. Il s'élève à 42 mèt. au-dessus du niveau du bassin, et s'échappe du tuyau avec une force capable d'enlever, dit-on, un poids de 65 kil.

*Lanterne de Démosthène.* — Le monument élégant désigné sous ce nom est situé en vue du château, du côté du midi, sur la plateforme du point le plus élevé qui domine la Seine. C'est la reproduction, dans les proportions exactes de l'original, d'un petit édifice en marbre, existant encore à Athènes, et qui fut acquis, en 1669, par la mission des capucins français établis en cette ville. M. de Choiseul en avait rapporté quelques moulages en plâtre; ces moulages furent complétés par M. Fauvel, et c'est d'après eux que les architectes Legrand et Molinos firent exécuter une imitation en terre cuite, par les frères Trabuchi, poêliers-fumistes. Elle attira l'attention à l'exposition des produits de l'industrie française, au Louvre, en 1800, et valut une médaille d'argent aux auteurs. Le ministre de l'Intérieur Chaptal fit hommage de ce monument curieux au premier consul, qui le fit transporter à Saint-Cloud, où il fut élevé, sur une tour carrée en pierre, par M. Fontaine. Il y figurait un phare dont la clarté annonçait à l'ouest de la capitale la présence du chef de l'État à Saint-Cloud.

Il y a, au sujet du nom de ce monument, une double rectification à faire. Comme le gros du public n'avait jamais entendu parler d'une lanterne de Démosthène, mais connaissait la *lanterne de Diogène*, c'est ce dernier nom qui prévalut dans le langage vulgaire. Du reste, dans l'adoption de ce nom, il y avait peut-être une sorte de malice gauloise, et le peuple pouvait trouver plaisante ici, dans le voisinage de la cour, l'idée de cette lanterne du cynique athénien, cherchant inutilement UN HOMME. Les gens instruits se distinguent du commun en appelant ce petit édifice la *Lanterne de Démosthène*; mais cette seconde dénomination est aussi ridicule que la première; ce qui ne l'empêchera pas de rester: elle a pour elle la prescription. La dénomination de Lanterne de Démosthène fut longtemps admise à Athènes elle-même. Le jésuite Babin, dans une relation imprimée en 1674 et devenue excessivement rare, décrit ce monument sous ce nom : « Les plus habiles Athéniens m'ont dit que c'était le lieu où le grand orateur se retira, s'étant fait raser la barbe et les cheveux, pour se contraindre soi-même, par ce moyen, à garder la solitude, afin d'acquérir, par la méditation et le silence, les plus belles connaissances et les plus belles lumières... Ce fanal est un peu noirci, par-dessus, par les incendies qui ont consumé les maisons voisines et les chambres où ce grand orateur était retiré; car je ne puis me persuader qu'il fût toujours enfermé comme dans un cachot dans cette petite tour, qui n'est que de la hauteur d'un homme et qui ne peut contenir que trois personnes. Ma pensée est qu'elle luy servait de temple, où il adorait ses idoles, à l'honneur desquelles il allumait des lampes, qui ont aidé à noircir ce marbre et à cause desquelles probablement on appelle ce lieu lanterne ou fanal... »

Le savant jésuite aurait pu s'épargner toutes ces laborieuses suppositions. Quatre années plus tard, en 1678, le célèbre voyageur Spon, s'appuyant sur une inscription, assignait à cette prétendue lanterne sa véritable destination, et reconnaissait que c'était un *monument choragique de Lysicrate*, c'est-à-dire un de ces édifices construits par un chorége (sorte d'entrepreneur de musique et de représentations théâtrales, que choisissait une tribu), pour consacrer le souvenir du prix qu'il avait remporté sur ses rivaux et qui consistait en un trépied de bronze. Le vainqueur devait exposer publiquement le prix obtenu; on élevait, à cet effet, une colonne ou même un petit édifice, comme dans l'exemple présent. Voici la traduction de l'inscription placée sur l'architrave : « Lysicrate de Cicyne, fils de Lysithidès, avait fait la dépense du chœur. La tribu Acamantide avait remporté le prix par le chœur des jeunes gens. Théon était le joueur de flûte. Lysiades, Athénien, était le poëte. Évaénète l'archonte. » Dans le monument qui existe à Athènes, les colonnes, au lieu d'être isolées, sont engagées dans un mur de marbre.

*Pavillon de Breteuil.* — Ce bâtiment est dans une belle situation, à l'extrémité de la grande avenue si paisible et si ombreuse, dite de *Breteuil* (voir page 183), en approchant de Sèvres. Il fut construit à la place du Trianon (voir page 182), par le bailli de Breteuil, chancelier du grand'père du roi Louis-Philippe. Ce pavillon et le jardin furent acquis, en 1804, du baron de Breteuil, au retour de l'émigration. Sous Louis-Philippe, il servait de résidence au comte de Montalivet, intendant de la liste civile.

### Fête de Saint-Cloud.

La fête de Saint-Cloud a lieu le 1er dimanche de septembre. C'est la plus fréquentée des environs de Paris. La population parisienne s'y est toujours portée avec ardeur. Avant les chemins de fer et les bateaux à vapeur, elle bravait patiemment toutes les incommodités du voyage pour prendre part à cette turbulente déception. Mercier, dans son *Tableau de Paris*, en parle ainsi à la veille de la Révolution :

« Les Parisiens s'embarquent en foule pour ce lieu sur des galiotes, quelquefois tellement pleines, que la couleur du gros bateau goudronné disparaît sous les individus pressés ; on ne voit que des têtes. D'autres se jettent dans de petits batelets et les surchargent au point qu'ils s'enfonceraient au port même, sans des sentinelles qui les font sortir, lorsque le nombre des passagers va au delà de seize.... L'embarquement est si tumultueux et si confus, qu'il y en a toujours quelques-uns qui tombent à l'eau... Les plus prudents s'entassent sur des charrettes qui sentent le chou et le fumier qu'elles voiturent toute la semaine. De petites demoiselles endimanchées escaladent la voiture. Les voilà rangées comme une marchandise à vendre, et pressées, Dieu sait ! Dès le premier coup de fouet, toutes les têtes féminines ballottent; les bonnets se dérangent, les fichus aussi : c'est le moment des petites licences.... Cette petite bourgeoisie, débarquée, se jettera, pour dîner, dans des cabarets où on lui donnera du vinaigre fouetté pour du vin et de mauvaises viandes cuites, à un prix exorbitant. Les tantes crient au scandale ; mais les petites demoiselles endimanchées ont tant de plaisir à voir les bosquets, le jeu des eaux et le feu d'artifice, qu'elles consentent à jeûner ; elles ont mal dîné et ne souperont pas ; mais elles se sont promenées, et les cahots de la voiture revenant le soir seront encore des plaisirs. » Si les plaisirs de la fête de Saint-Cloud ne sont pas plus vifs aujourd'hui, il faut reconnaître que les facilités et la rapidité du transport ont singulièrement diminué les incommodités au prix desquelles ils devaient être achetés alors.

C'est dans le bas parc que se tient la fête. Outre les boutiques permanentes qui bordent la grande avenue, une quantité de boutiques ambulantes, de petits spectacles et de jeux divers attirent la foule ; ces journées de plaisir vont se terminer dans des salles de danse brillamment éclairées.

On peut, de Saint-Cloud, aller visiter : la manufacture de Sèvres (2 kilom.); Bellevue (3 kilomètres); Meudon (4 kilom. et demi; voir ci-dessous *chemin de fer de la rive gauche*); Ville-d'Avray, Marnes (3 et 4 kil.; voir ci-dessous). On peut aussi revenir à Paris par Boulogne et le bois de Boulogne (voir page 47) ou par Neuilly, en longeant la rive gauche de la Seine (6 kil.: voir ci-dessus *Suresnes*, le *Mont-Valérien*, *Puteaux*, et page 53 *Neuilly*). Nous indiquerons ici, avant de continuer notre route pour Versailles, une excursion que le monde aristocratique et élégant fait plusieurs fois par année.

### EXCURSION DE SAINT-CLOUD A LA MARCHE, PAR GARCHES.

La route de Saint-Cloud à la Marche gravit le coteau de Montretout par une rampe habilement ménagée et bordée de jolies maisons de campagne. Elle s'ouvre sur la droite, au delà du pont et de la route de Neuilly qui longe la Seine, en face de l'avenue du château. De distance en distance on découvre une belle vue sur le cours de la Seine, le bois de Boulogne et Paris. Un peu avant d'atteindre le pont qui traverse le chemin de fer spécial de Saint-Cloud, à 50 mètres au-dessus du niveau de la Seine, on lit sur un écriteau indicateur : *Boulogne* 1 kilomètre 3/4; *Paris*, 12 kilom. 1/4. Continuant à monter, on passe alors sur le tunnel du chemin de fer de Versailles, entre le beau parc appartenant à M. Pozzo di Borgo, et le parc de Montretout, récemment vendu à des spéculateurs pour y construire des villas. On arrive ensuite sur un plateau où la vue est bornée et peu intéressante. Les écriteaux et les poteaux placés par la préfecture de Seine-et-Oise s'y donnent les démentis les plus extraordinaires. Selon les premiers, *Ville-d'Avray* est à 3 kil. et demi. et *Versailles* à 7 kil. et demi. D'après le second, éloigné de cent pas. *Ville-d'Avray* n'est plus qu'à 1 kil. trois quarts, et *Versailles* à 5 kil. trois quarts. A en croire le troisième, planté en face du second, de l'autre côté de la route, *Ville-d'Avray* est à 1 kil. un quart. Ces deux derniers se font face des deux côtés de la route de Ville-d'Avray, qui traverse le parc réservé parallèlement au chemin de fer. Si l'on suit cette route, on peut gagner aisément, en vingt minutes, la porte de Ville-d'Avray. La route de Garches et de la Marche la laisse à gauche et longe le mur du parc de Saint Cloud, dans lequel s'ouvre, à 500 mètres environ, la *porte Jaune*. La porte Jaune est, si la préfecture de Seine-et-Oise n'a pas commis cette fois une erreur, à 1 kil. trois quarts de Saint-Cloud, 13 kil. un quart de Paris, 6 kil. et demi de Rocquencourt et 5 kil. trois quarts de Rueil. La route qui vient y aboutir sur

Steeple chase dans le parc du château de la Marche.

la droite conduit à Rueil en passant près du château de Buzenval (voir *chemin de fer de Saint-Germain*). Elle mène aussi, en prenant à quelques pas une route à gauche, à Garches et au petit Garches.

**Garches**, en latin *Garsiachus*, est un village fort ancien[1]. Son église est la première qui fut érigée sous l'invocation de saint Louis. En 1297, Robert de la Marche, « le clerc de nostre seigneur le roi de France, » fit bâtir en ce lieu une chapelle qu'il dédia au pieux monarque, un an à peine après sa canonisation. Cette chapelle devint plus tard l'église paroissiale du village qui s'était formé à l'entour. Du reste, Garches n'a rien de curieux à montrer à un étranger, à l'exception de son *château*, situé à son extrémité méridionale. C'est un village de vignerons, de blanchisseurs et de maraîchers, aux rues étroites et tortueuses. Il se divise en deux parties : le *grand* et le *petit Garches*. La population est de 1215 habitants. Ils dépendent du département de Seine-et-Oise, arrondissement de Versailles, canton de Sèvres. Ils sont la patrie de MM. Antoine et Hippolyte Passy. Vingt à trente minutes suffisent pour aller, par les bois, de Garches à l'Étang de Saint-Cucufa (voir le *chemin de fer de Saint-Germain*). *N. B.* Un chemin plus direct, qui part de la station de Montretout, conduit du chemin de fer à l'Étang de Saint-Cucufa. Ce chemin, qui passe entre Garches et le château de Buzenval, offre de beaux points de vue. Nous le recommandons aux amateurs de promenades solitaires. Quand on a atteint l'extrémité du mur de Buzenval, il faut, à l'entrée du bois, prendre la route qui s'ouvre en face ; celle de droite descend à la Malmaison et à Rueil. Du reste, à la porte du bois qui la termine, on jouit d'une très-belle vue et on peut, en se rejetant à gauche, regagner Saint-Cucufa.

Au delà de la porte Jaune, la route de la Marche continue à longer le mur du parc de Saint-Cloud. On laisse sur la droite plusieurs chemins qui conduisent à Garches. Au parc de Saint-Cloud succède celui de Villeneuve-l'Étang. Le mur et les arbres cachent la vue du château, peu éloigné de la route. Ce château, qui a appartenu, depuis le commencement de ce siècle à Mme la duchesse d'Angoulême, puis à M. le duc Decazes, a été acquis récemment par l'empereur Napoléon III. On traverse un petit hameau dépendant de Garches, et bientôt on arrive à l'*hospice de la Reconnaissance* ou *hospice Brezin*, créé en 1828 par Michel Brezin, au hameau du Petit-l'Étang, en faveur des vieillards âgés de soixante ans au moins, et ayant exercé une profession *à marteau*. Cette condition est expresse. Cet hospice peut contenir trois cents pensionnaires, qui tous y sont l'objet de soins attentifs et éclairés. Il est bâti entre Garches et Vaucresson, au pied d'un coteau boisé, et en face de la route qui conduit à Marnes. Les bâtiments forment deux cours : au fond de la seconde cour, entourée des quatre côtés par des portiques, s'élève l'église, d'un style simple, mais élégant.

L'hospice Brezin est à : 4 kil. de

---

1. Omnibus de Saint-Cloud à Garches, 5 fois par jour, 30 et 40 cent.

Saint-Cloud, 1 kil. de Vaucresson, ¼ kil. et demi de Rocquencourt, 1 kil. un quart de Marnes, 2 kil. un quart de Ville-d'Avray, 3 kil. trois quarts de Sèvres.

**Vaucresson**, village fort ancien de 318 habitants, n'a rien de particulièrement intéressant. Il doit sa fondation à Suger, abbé de Saint-Denis. Pour y aller, il faut suivre la route départementale de Paris à Mantes, que l'on a suivie depuis Saint-Cloud et qui conduit aussi à Rocquencourt (voir ci-dessous *chemin de fer de Saint-Germain*). Vaucresson est à : 1 kil. du Butard, 2 kil. de la Celle-Saint-Cloud, 3 kil. de l'Étang de Saint-Cucufa (voir *chemin de fer de Saint-Germain*), 5 kil. du château de Versailles par la route qui passe devant la ferme de Jardy et qui rejoint, près du grand Montreuil, la route de Ville-d'Avray à Versailles, 5 kil. et demi de Saint-Cloud, enfin 3 kil. et demi de Rocquencourt.

En face de l'hospice Brezin s'ouvre, entre deux murs, la route de Marnes. A gauche est le mur de Villeneuve-l'Étang, dont la maison du garde est, de ce côté, un joli pavillon moderne (style Renaissance); à droite s'étend celui du **château de la Marche**, dans le parc duquel ont lieu, depuis quelques années, de nombreux *steeple-chases*. N. B. La Marche étant à 2 kil. un quart de Ville-d'Avray, on peut aussi y venir par la route de Ville-d'Avray ou le chemin de fer de la rive droite qui a une station à Ville-d'Avray (voir ci-dessous). Les équipages suivent d'ordinaire la route qui vient d'être indiquée.

Le parc de la Marche est très-accidenté; il renferme des pièces d'eau et des ruisseaux. On y a de plus créé, sur un parcours de 5000 mètres, divers obstacles artificiels. La piste ne laisse donc rien à désirer. Les *steeple-chases* sont annoncés longtemps à l'avance par des affiches qui indiquent les prix d'admission (25 et 15 fr. une voiture, 5 fr. un cavalier, 3 fr. un piéton).

A gauche du parc de la Marche s'étendent, sur un coteau, des bois dont on a récemment retracé les allées principales en décorant leurs abords d'arbres verts. Ces bois offrent d'agréables promenades. Ils communiquent avec ceux des Fausses-Reposes, que traverse la route de Saint-Cloud à Versailles par Ville-d'Avray (voir ci-dessous).

## DE SAINT-CLOUD A VERSAILLES PAR LE CHEMIN DE FER.

En quittant la station de Montretout (Saint-Cloud), on traverse un petit tunnel, puis une tranchée au sortir de laquelle on entre dans le parc réservé de Saint-Cloud. A droite est la route de terre. On la côtoie d'abord, mais on s'en éloigne bientôt pour venir s'enfoncer dans un second tunnel plus long que le premier. Il a 504$^m$55. Au-dessus de son extrémité supérieure se trouve le mur du parc de Saint-Cloud. A peine a-t-on revu la lumière du jour, que l'on s'arrête à la station de Ville-d'Avray (57$^m$3).

### 5ᵉ STATION. — VILLE-D'AVRAY.

*Distances*. Ville-d'Avray est à : 17 kil. de la gare de la rue Saint-Lazare, 14 kil. de Paris, route de terre (à la station), 15 kil. de Paris à la croisée des routes de Saint-Cloud et de Sèvres, 3 kil. 1/2 de Saint-Cloud, 1 kil. de Marnes, 2 kil. 1/4 de l'hospice Brezin, 6 kil. du château de

Versailles, 3 kil. environ du pont de Sèvres.

Des *omnibus* conduisent les voyageurs à Marnes moyennant 25 cent.

**Ville-d'Avray**, village de 955 habitants, département de Seine-et-Oise, arrondissement de Versailles, canton de Sèvres, était déjà connu au XIIIe siècle. On l'appelait tantôt *Ville-Davray*, tantôt *Ville-d'Avren*, tantôt *Ville-Davre*, quelquefois *Ville-d'Aurai*. L'origine de son nom est inconnue. Après avoir appartenu à divers seigneurs, la terre de Ville-d'Avray échut, vers le milieu du XIVe siècle, à la maison de Dangeau, puis elle tomba aux mains des Célestins de Paris. En 1778, Louis XVI acheta cette seigneurie qu'il donna, en l'érigeant en baronnie, à Marc-Antoine Thierry, chevalier et mestre de camp au régiment dauphin, et premier valet de chambre du roi. Ce nouveau seigneur fit bâtir, au milieu du village, le château qui subsiste encore aujourd'hui, moins une salle de spectacle et une chapelle. On lui doit aussi la construction de l'église.

Au-dessous du château est une *fontaine* qui s'est trouvée, dit l'abbé Lebœuf, la meilleure de tous les environs de Paris. « C'est pour cela, ajoute-t-il, que le roi n'en boit point d'autre. Cette fontaine est enfermée, mais cependant elle coule par un tuyau pour la commodité des passants. »

Pendant l'été, la population de Ville-d'Avray est presque doublée; la plupart de ses maisons de campagne (on en bâtit tous les ans) se louent, y compris son château, à des hommes d'affaires (banquiers, agents de change, avocats, avoués, hommes de lettres) qui y établissent leurs familles et qui vont tous les jours à Paris. Les plus petits appartements, même sans jardin, y sont rares et chers. Cette vogue, Ville-d'Avray la doit non-seulement à sa proximité de Paris, mais à son agréable situation dans un joli vallon boisé — un peu humide cependant — et aux charmantes promenades qui l'entourent de tous côtés. En descendant de la station, on arrive à l'avenue, bordée de grands arbres et traversée par le chemin de fer, qui monte de Sèvres à Ville-d'Avray et à Marnes. Si l'on descend cette avenue, on va à Sèvres. Pour aller à Ville-d'Avray et à Marnes, il faut la remonter. L'une des maisons — une maison carrée — que l'on aperçoit à droite, a été bâtie et habitée longtemps par de Balzac, qui y a composé un grand nombre de ses ouvrages. Une plaque, revêtue d'une inscription, indique qu'elle a appartenu au célèbre romancier. En continuant à monter l'avenue, on atteint bientôt l'église, bâtie en 1785, dans le style pseudo-romain, qui fut si fort à la mode à la fin du XVIIIe siècle. Cet édifice renferme : le modèle en plâtre de la statue de *saint Louis*, exécutée par Pradier, pour la ville d'Aigues-Mortes; un autre modèle de la statue de *sainte Amélie*, et le modèle du *mariage de la Vierge*, dont on voit le marbre à la Madeleine, par le même artiste. A côté se trouve le *Baptême du Christ*, modèle de Rude, dont le marbre est également à la Madeleine. Les originaux des deux figures d'anges qui y surmontent les bénitiers, et qui ont été modelées par A. Moyne, se trouvent aussi dans l'église parisienne. M. Corot, qui a longtemps habité Ville-d'Avray, a peint pour l'église de ce village un *saint Jérôme*, paysage historique d'un beau style et d'un grand caractère, et, au-dessus des fenêtres des chapelles latérales, un *Adam et Ève chassés du paradis terrestre*, et un *Baptême du Christ*.

Près de l'église, quatre routes forment un carrefour. Celle de ces routes qui continue la route de Sèvres monte à Marnes (voyez ci-dessous) en longeant le mur du château de Ville-d'Avray ; celle de droite conduit, par le village proprement dit, à la porte du parc de Saint-Cloud, où se trouve un bon restaurant champêtre, digne d'être recommandé aux étrangers (un sentier plus court que la route y monte directement de la station); celle de gauche est la route de Versailles qui sera décrite ci-dessous, ainsi que les bois qu'elle traverse. Constatons seulement ici que l'étang de Ville-d'Avray n'est pas à plus de huit minutes de l'église.

Fontenelle a longtemps habité Ville-d'Avray ; une rue porte encore son nom. Parmi les personnages célèbres qui y ont aussi séjourné à diverses époques, pendant plus d'une saison, on cite Ducray-Dumesnil, Arnault, Lays, Pradier, M. Corot, etc.

La *fête patronale* de Ville-d'Avray se célèbre le 15 juin.

### EXCURSION A MARNES.

*Distances.* Marnes est à : 16 kil. de Paris, 2 kil. 500 mèt. de Sèvres, 1 kil. 500 mèt. de Ville-d'Avray, 4 kil. 1/2 de Saint-Cloud par Ville-d'Avray, 5 kil. 1/4 de Saint-Cloud par l'hospice Brezin, 1 kil. 1/4 de l'hospice Brezin, 6 kil. de Versailles.

*Omnibus.* Marnes est desservi par des voitures qui correspondent avec le chemin de fer à Ville-d'Avray. Le prix d'une place est de 25 cent.

**Marnes**, qui doit son nom à la nature de son terrain, a été créé, vers la fin du XIIe siècle, par un évêque de Paris, Odon de Sully. Son territoire était alors couvert de bois. Odon de Sully fit arracher une partie de ces bois et distribua le terrain aux paysans qui en demandèrent : « formant par là, dit Lebeuf, ce qu'on appelait *hostisia* (demeure d'hôte), et retenant sur chacun une redevance. » Ce village végéta pendant plusieurs siècles. En 1702, le cardinal de Noailles y réunit le nouveau château de l'Étang, bâti sur une éminence, et le petit château dit la Villeneuve. Depuis, de nombreuses maisons de campagne s'y sont bâties. Mais, pendant la Révolution, les paysans ont détruit leur église, qui n'a pas été reconstruite. La population est de 314 habitants; comme celle de Ville-d'Avray, elle se trouve plus que doublée pendant l'été. Le château, qui a appartenu à M. de Malésieux et à Chamillart, ministre et secrétaire d'État, au commencement du XVIIIe siècle, est devenu une sorte d'hôtel garni. Son beau parc (on l'a mis en vente par lots) offre d'agréables promenades. Le parc réservé de Saint-Cloud a une entrée sur la place de la Mairie, où l'on remarque une petite mare entourée d'arbres.

De Marnes on peut aller : soit à la Marche et à l'hospice Brezin (voir ci-dessus), soit à Versailles, par le Jardy, ou par le bois des Fausses-Reposes. On peut aussi gagner Saint

Cucufa, la Celle et Bougival par le Butard (voir le *chemin de fer de Saint-Germain*).

En quittant la station de Ville-d'Avray, le chemin de fer traverse sur un pont d'une seule arche la route de Sèvres à Ville-d'Avray, puis, décrivant une forte courbe, il passe entre le château de la Ronce, qu'il laisse à droite, et Sèvres, qu'il domine à gauche. Quand les talus des tranchées s'abaissent, on aperçoit à gauche la route de terre, au fond du vallon, et le chemin de fer de la rive gauche, sur le coteau opposé, à droite, s'étendent les bois des Fausses-Reposes. En se retournant, on découvre à l'horizon, entre les coteaux du parc de Saint-Cloud et de Bellevue, les principaux monuments de Paris. Les coteaux boisés de Châville et de Viroflay, parsemés de maisons de campagne, attirent ensuite les regards.

### 6ᵉ STATION. — VIROFLAY.

*Distance.* Viroflay est à 21 kil. de la gare de la rue Saint-Lazare. Un petit nombre de trains s'arrêtent à cette station.

Viroflay est décrit ci-dessous (voir le *chemin de fer de Versailles*, rive gauche). Un peu en deçà de cette station, à 2 kilomètres environ de Versailles, les deux chemins de fer qui avaient été longtemps rivaux se raccordent l'un à l'autre par un embranchement de 1407 mètres. Cet embranchement, construit en 1852, se compose d'un énorme remblai et d'un viaduc de 256 mètres de long, haut de 13 mètres 18 centimètres, jeté sur la route de terre de Paris à Versailles, qu'il traverse sous un angle de 3ᵐ,037. Le viaduc a 22 arches en maçonnerie de 10 mètres d'ouverture; 15 de ces arches sont du côté de la rive droite. Il a été construit sous la direction de M. Flachat, l'habile ingénieur des chemins de fer de l'Ouest. Au delà de Viroflay, on s'enfonce dans une tranchée plantée d'arbres qui forment deux jolis rideaux de verdure, et bientôt on entre dans la gare de Versailles, qui se trouve à 118 mètres au-dessus du niveau de la mer, et à 80 mètres au-dessus de la gare de Paris.

### DE SAINT-CLOUD A VERSAILLES PAR LA ROUTE DE TERRE.

*Distance.* De 7 à 8 kil.

La route de terre de Saint-Cloud à Versailles est l'une des plus agréables promenades des environs de Paris. Quand on fait ce trajet à pied, il faut gagner la porte de Ville-d'Avray par le parc de Saint-Cloud: la route de voitures qui passe par Montretout (voir page 188) est plus longue et moins variée. Après avoir croisé, près de l'église de Ville-d'Avray, la route de Sèvres à Marnes (voir page 193), on ne tarde pas à atteindre les *bois des Fausses-Reposes*. A l'entrée de ces bois, dans le petit vallon que traverse la route, se trouve le joli *étang de Ville-d'Avray*, qui alimente les eaux du parc de Saint-Cloud. Cette pièce d'eau si bien encadrée a fourni de nombreux sujets d'études à nos paysagistes; elle figure dans un tableau de Carle Vernet, que l'on peut voir au musée du Louvre (nº 633) et que Charles X avait commandé, en 1825, pour la somme de 8000 fr. (une chasse au daim pour la Saint-Hubert, en 1818).

Rien de plus charmant au printemps, en été et surtout en automne, que les *bois des Fausses-Reposes*, traversés par la route. Toutes leurs allées mériteraient d'être parcourues à pied. Il est difficile de s'y égarer. — D'un côté (droite) on irait rejoindre (1 kil.) Marnes, la Marche, Vaucresson et la route de Saint-Cloud à Rocquencourt (2 kil.); de l'autre (gauche), on ne tarderait pas à rencontrer (de 1 kil. à 1 kil. 500 mèt.) le chemin de fer de la rive droite. Au-dessus de l'étang se trouve le *château de la Ronce* (121 mèt.).

Un peu au delà de l'étang de Ville-d'Avray, si l'on continue à suivre la route, on gravit une petite côte; on laisse ensuite à droite une route qui conduit par l'ancien prieuré de *Jardy* à Vaucresson (3 kil. 1/2 de Versailles à Vaucresson), et bientôt on descend par le Grand-Montreuil à Versailles.

## VERSAILLES.

### Renseignements généraux.

*Distances.* Versailles est à : 23 kil. de la gare de la rue Saint-Lazare, 18 kil. de la gare du boulevard Montparnasse, 19 kil. de Paris par la route de terre, 7 kil. de Sèvres par la même route, 8 kil. de Saint-Cloud par le chemin de fer, 8 kil. de Sèvres par le chemin de fer, 4 kil. de Rocquencourt, 7 kil. de Bougival, 5 kil. 1/2 de la Celle, 7 kil. de Marly, 7 kil. de Louveciennes, 13 kil. de Saint-Germain, 11 kil. de Rueil, 1 kil. 1/2 de Saint-Cyr, 16 kil. de Grignon, 32 kil. de Rambouillet par la route de terre, 31 kil. de Rambouillet par le chemin de fer, 4 kil. de Buc, 6 kil. de Jouy-en-Josas, 7 kil. de Velisy, 9 kil. de Bièvres, 15 kil. de Palaiseau, 15 kil. d'Orsay.

*Hôtels et Restaurateurs.* Quartier Notre-Dame: Duboux, *hôtel des Réservoirs*, rue des Réservoirs, et faisant face à la rue de la Pompe (il y a au fond de la cour une porte qui ouvre dans le parc; le passage est libre). — Le prix des dîners pour les personnes logées dans l'hôtel est de 5 et de 6 fr. Dans la salle du restaurant on dîne au même prix ou à la carte. — *Hôtel de France.* Jumeau, restaurateur, 5, place d'Armes. — Faivre, *Hôtel du Sabot d'Or*, restaurant et café, rue du Plessis, 67, près du Marché neuf. — *Restaurant du Musée*, rue des Réservoirs, 2. — Quartier Saint-Louis : Lebas, *hôtels de la Chasse Impériale et d'Elbeuf*, rue de la Chancellerie, 6, sur la place d'Armes. — *Restaurant du Palais*, rue de la Chancellerie, 4.

*Café de la Comédie* (dans le parc), près du bassin du Dragon.

*Guides des Étrangers*, autorisés par l'administration; reconnaissables à une plaque qu'ils portent sur la poitrine, avec un numéro et l'indication du tarif : 1 fr. par heure. Ils n'entrent pas dans les galeries du Musée. — On les trouve dans la cour d'honneur et devant le château sur le parterre.

Le *Musée* est ouvert tous les jours, excepté le lundi, depuis 11 h. du matin jusqu'à 4 h. A partir du 1er mai et jusqu'au 1er octobre, il reste ouvert jusqu'à 5 h.

Dans la belle saison, les *Eaux* du parc jouent tous les mois, et quelquefois deux fois par mois ; l'annonce en est faite à l'avance dans les journaux, et affichée dans les gares du chemin de fer.

*Direction dans Versailles.* — Quand on arrive à Versailles par le chemin de fer de la rive droite on trouve dans la cour du débarcadère des *omnibus* qui vont jusqu'à la place du château : Prix : 25 c. par personne. Dans les deux débarcadères stationnent des voitures de louage (voir la page suivante). Veut-on gagner à pied le château, on peut le faire en peu de temps. Au sortir du débarcadère du chemin de fer de la rive gauche, on se trouve sur l'*avenue de la Mairie.* Si on la suit à droite, on arrive à peu de distance à la grande *avenue de Paris*, qui, sur la gauche, mène directement à la place d'Armes et au château. Si l'on suit l'avenue de la Mairie à gauche, on arrive à l'avenue de Sceaux, qui, à droite, vient également aboutir au château. — Le trajet est un peu plus long pour ceux qui sont venus par le chemin de fer de la rive droite. Au sortir de ce dernier débarcadère on se trouve dans la rue du Plessis. Si on la suit à gauche, on traverse successivement un boulevard (le *boulevard de la Reine*) et la place du *Marché-Neuf*, et on arrive à *l'avenue de Saint-Cloud*, qui, à droite, mène à la place d'Armes et au château. C'est par la place d'Armes qu'il faut aller au château, quand on visite Versailles pour la première fois, afin de jouir du coup d'œil grandiose de la place et des édifices. Mais si l'on connaît déjà Versailles, et qu'on veuille gagner plus directement les jardins ou Trianon, il faut, quand on est arrivé au *boulevard de la Reine*, dont nous venons de parler, tourner à droite dans ce boulevard et le suivre jusqu'à la *rue de Maurepas* (à gauche) sur laquelle s'ouvre la *grille* dite *du Dragon*. Après avoir franchi cette grille, placée en 1855, et qui fait face à la *rue de la Paroisse*, on se trouve sur la partie des jardins où est le bassin de Neptune. (Voir plus loin : TRIANON.)

*Gondoles parisiennes* (place d'Armes, 7, au coin de la rue Hoche). Départ de Versailles toutes les heures, depuis 7 h. du matin jusqu'à 9 h. 1/2 du soir. — Départ de Paris (rue du Bouloi, 24) toutes les heures, depuis 8 h. 1/2 du matin jusqu'à 9 h. 1/2 du soir. Prix des places. La semaine : coupé, 1 fr. 65 cent.; intérieur et banquette, 1 fr. 10 cent. Le dimanche : coupé, 1 fr. 90 cent.; intérieur et banquette, 1 fr. 40 cent. — Il y a tous les soirs un service à minuit 1/4, de Paris à Versailles. Prix des places : coupé, 1 fr. 90 cent.; intérieur et banquette, 1 fr. 50 cent. — *N. B.* On pose en ce moment (mai 1856) de Sèvres à Versailles des rails sur la route de terre comme on en a déjà posé de Paris à Sèvres.

*Voitures à un cheval.* — ( S'adresser pour les réclamations à M. Guyon, rue du Plessis, 95). Chaque course dans Versailles, y compris les deux Trianons, Glatigny, la Ménagerie, le rond-point de Viroflay................ 1 fr. 00 c.
Chaque heure.............. 1    50
Plateau de Satory ( pour les courses ou le camp ) jusqu'au poteau de station.... 2    00
Chaque heure.............. 2    00

*Tarif pour les communes environnantes.*

Jusqu'à minuit : Chaque course ou chaque heure, de Versailles aux communes de Viroflay, Buc, Saint-Cyr, Rocquencourt et le Chesnay, est fixée :
La semaine................ 2 fr. 00 c.
Les dimanches et les jours fériés...................... 2    50

Les voitures ne sont prises qu'à l'heure pour se rendre aux communes de Châville, Jouy, Bailly, Ville-d'Avray, la Celle-Saint-Cloud, Marly-le-Roi, Louveciennes, Guyancourt et Voisins-le-Bretonneux. Prix de l'heure, jusqu'à 7 h. 1/2 en hiver, et 9 h. 1/2 du soir en été :
La semaine................ 2 fr. 00 c.
Les dimanches et jours fériés. 2    50

Après les heures ci-dessus, les prix sont réglés de gré à gré. Il en est de même à l'égard des voyageurs qui veulent se rendre aux communes comprises dans la dernière série, les jours annoncés publiquement à l'avance pour les grandes eaux et les courses de Satory. Les cochers sortant de Versailles sont tenus de faire marcher leurs chevaux à raison de 8 kil. à l'heure. On doit payer le prix de retour depuis le point où l'on quitte la voiture jusqu'à Versailles.

*Omnibus de l'École de Saint-Cyr* (voir Chemin de fer de Rambouillet). — *Omnibus d'Orsay et de Jouy* (voir la vallée de Bièvres). — *Voitures pour Neauphle-le-Château et Grignon* (voir Chemin de fer de Rambouillet). — *Voitures pour Saint-Germain* (voir Saint-Germain).

*Anciens moyens de transport.* — Nous qui avons vu de nos jours de si prodigieuses révolutions opérées dans les moyens de transport, nous avons déjà oublié les humbles *Coucous* qui nous transportaient dans notre enfance à Versailles. Ils furent détrônés par les *Célérifères* et les *Gondoles* ; et le triomphe de ces dernières devait s'évanouir devant celui des chemins de fer. Que serait-ce si nous reportions notre pensée aux véhicules dont se servaient nos pères? Qui connaît de nos jours, de nom seulement, le majestueux *Carrabas*, décrit par Mercier dans son Tableau de Paris, ce Carrabas, attelé de 8 chevaux, faisant quatre petites lieues en six heures et demie, et qui, partant deux fois par jour, voiturait lentement, mais non doucement, les gens à Versailles? C'était une espèce de longue cage d'osier, où l'on renfermait vingt personnes qui étaient une heure à se chamailler avant que de pouvoir prendre une attitude, tant elles y étaient pressées. Le Parisien qui n'avait pas d'équipage à lui, et qui voulait aller admirer les magnificences de la cour de Versailles, devait se résigner à entrer dans un Carrabas, ou dans des voitures dites *Pots-de-Chambre*, moins incommodes, mais constamment ouvertes à tous les vents. Le cocher y plaçait, à 12 sous par tête, quatre personnes, deux sur le devant, qu'on appelait *singes*, et deux sur le derrière, désignées sous le nom de *lapins*. Ces dénominations grotesques ont été conservées jusqu'à nous; seulement leur place a varié. « Le singe et le lapin descendent à la grille dorée du château, ôtent la poudre de leurs souliers, mettent l'épée au côté, entrent dans la galerie, et les voilà qui contemplent à leur aise la famille royale. » A certains jours de l'année, les grands appartements étaient ouverts au public, qui était admis à midi dans la galerie pour voir passer le roi allant à la messe, et le soir à contempler le spectacle du grand couvert. — Quelque hideuses que fussent ces incommodes voitures, il n'y en avait pas moins un beau privilège exclusif; il était défendu aux cabriolets et aux charrettes de voiturer personne sur cette route royale.

### LA VILLE DE VERSAILLES.

**Versailles**, autrefois la résidence du roi et de la cour, est aujourd'hui le chef-lieu du département de Seine-et-Oise. Cette ville, située sur un plateau isolé, entre des collines couvertes de bois, à 139 mètres au-dessus du niveau de la mer, jouit d'un air vif et d'un climat sain depuis que les marais du voisinage ont été desséchés, mais elle manque d'eau courante. Sa *population* se monte à 35 367 habitants. Elle possède un évêché, un séminaire diocésain, une école secondaire ecclésiastique, des tribunaux de première instance et de commerce, un lycée, etc.

Le nom de Versailles rappelle le faste de l'ancienne monarchie absolue en France, telle que la fit Louis XIV. Il fallait à cette majesté royale une magnifique résidence, capable de recevoir la foule de nobles seigneurs, naguère hostiles, alors désarmés et transformés en courtisans, qui l'entouraient. La fantaisie impérieuse du roi, et « ce plaisir superbe, a dit Saint-Simon, de forcer la nature, que ni la guerre la plus pesante, ni la dévotion ne put émousser, » lui firent choisir, pour s'y établir, « le plus triste, le plus ingrat de tous les lieux, sans vue, sans bois, sans eau, sans terres, parce que tout y est sable mouvant ou marécage. » A la même distance de Paris que Versailles, un lieu unique par sa position, par l'étendue de la vue, par le voisinage d'une ville, d'un fleuve et d'une belle forêt, par la merveilleuse disposition d'une terrasse longue et élevée, et des pentes douces d'un coteau aussi prolongé qu'on pouvait le désirer, semblait préparé exprès pour la création fantastique de la résidence royale la plus grandiose (voir *Saint-Germain*). Il est bien regrettable que Louis XIV n'ait pas choisi ce lieu pour y asseoir sa grandeur. Quoi qu'il en soit, Versailles, cette féerie d'architecture, de peinture, de statues de bronze et de marbre, de jardins, de fontaines, de bassins, de jets d'eau.... n'en reste pas moins une des plus étonnantes créations de la monarchie et une des merveilles de la France. Ce monument prodigieux de l'art français et de la puissance royale a un caractère de grandeur et de magnificence savamment ordonnée, qui commande l'admiration et ne cesse d'exciter la curiosité des étrangers.

La ville de Versailles ne fut, dans le principe, qu'une dépendance, et, pour ainsi dire, *le grand commun* du château. Le plan de la nouvelle ville que Louis XIV voulait créer autour de son château avait été dressé dès 1670. Des terrains furent donnés aux seigneurs de la cour pour y bâtir des hôtels, et les nouvelles constructions furent encouragées par divers priviléges et exemptions. Elles s'élevèrent principalement au nord, dans le quartier dit la Ville-Neuve, et qui se compose des rues des Réservoirs, de la Pompe, de la Paroisse, de la rue et de la place Hoche. L'autre quartier, ou le vieux Versailles, se composait des rues de la Surintendance, de l'Orangerie, du Vieux-Versailles et de Satory. Les constructions des particuliers furent assujetties à des prescriptions uniformes, telles que celles de n'avoir qu'un étage et des mansardes, et d'avoir leurs toitures couvertes en ardoise. La population urbaine s'accrut considérablement sous le règne de Louis XV. De nouveaux quartiers s'élevèrent. Une seconde paroisse, celle de *Saint-Louis*, fut formée en 1734 (la première paroisse était celle de *Notre-Dame*). Cependant Versailles, malgré ces augmentations, ne suffisait pas à contenir la population si nombreuse qui se pressait autour de la cour. On construisit un nouveau quartier, composé de dix-huit rues alignées et traversé par les boulevards de la Reine et du Roi, sur le terrain occupé, sous Louis XIV, par les prés et le château de Clagny [1], dont l'état d'abandon fit ordonner alors la démolition. L'étang du château, causant des maladies épidémiques, avait été auparavant desséché et converti en prairies. Les faubourgs de la ville furent réunis en 1787, et formèrent, à l'est, le quartier de *Montreuil* ou la paroisse *Saint-Symphorien*. La même année, Louis XVI accorda à la ville l'établissement d'une municipalité; et c'est de ce moment seulement qu'elle commença à vivre d'une vie indépendante du palais.

A chaque pas que l'on fait dans cette ville, qui fut, pendant près d'un siècle et demi, le séjour habituel de la cour, on rencontre des monuments et des souvenirs se rattachant à l'un des trois rois qui s'y sont succédé. Dans un grand nombre de maisons et d'établissements particuliers, on pourrait retrouver les hôtels habités autrefois par les grands seigneurs de la cour; tels que l'hôtel de Condé, situé rue des Réservoirs, n° 14, et où mourut La Bruyère; l'hôtel de Noailles.

1. Louis XIV fit bâtir, en 1674, ce château par Mansart pour Mme de Montespan. L'achat des terrains et les dépenses des constructions s'élevèrent à la somme de 2 861 728 livres tournois. Le musée de Versailles possède un tableau, n° 729, donnant la vue du château de Clagny (voir page 248).

Vue à vol d'oiseau du château de Versailles, prise de l'avenue de Paris.

rue de la Pompe, n° 1 ; l'hôtel du maréchal de Richelieu, avenue de Saint-Cloud, n° 38 ; l'hôtel du duc de Saint-Simon, le célèbre auteur des *Mémoires*, même avenue, n° 42, etc.[1]. On consultera avec intérêt sur l'histoire intime de la ville, un ouvrage publié en 1854 : *Histoire anecdotique des rues de Versailles*, par J. A. LE ROI, conservateur de la bibliothèque de la ville de Versailles (Versailles ; librairie Bernard, rue Satory, 9).

Le château est sur le point le plus élevé de la ville. En avant s'étend la vaste *place d'Armes* de laquelle partent trois larges avenues en formant l'éventail. La première, l'*avenue de Paris*, arrivant en ligne droite vis-à-vis du château, et ayant environ 94 mètres de largeur, traverse la ville dans la direction de l'est à l'ouest, et la divise en deux parties égales : à gauche (en venant de Paris), est le *quartier Saint-Louis*, et dans la partie la plus rapprochée du château, le vieux Versailles ; à droite est le *quartier Notre-Dame*, la ville neuve, qui s'est groupée auprès du palais. Les deux autres avenues sont : à droite, l'*avenue de Saint-Cloud*, ainsi nommée parce que cette route va du palais de Versailles à Saint-Cloud ; à gauche, l'*avenue de Sceaux*, qui est beaucoup moins étendue que les deux autres. Dans l'espace qui les sépare

[1]. M. Le Roi a retrouvé dans une maison de la rue Saint-Médéric la *maison du parc aux cerfs*, qui a eu une si honteuse célébrité sous Louis XV. Ce nom lui venait du quartier où elle était située, et qui occupait l'emplacement d'un parc destiné par Louis XIII à élever des cerfs. Louis XV vendit cette *petite maison* à Sévin, premier commis de la guerre, et il en toucha le prix, 40 000 francs en or, de ses propres mains dans son cabinet.

de l'avenue de Paris, à leur débouché sur la place d'Armes, s'élèvent les grandes et les petites *écuries*, faisant face au château ; elles sont aujourd'hui converties en quartiers de cavalerie. Ces deux bâtiments uniformes, construits, sur le dessin de *Mansart*, de 1679 à 1685, complètent, avec les avenues, un magnifique ensemble, servant de perspective au château. — Outre ces trois avenues, plantées de quatre rangs d'arbres, deux boulevards contribuent aussi à l'aspect solennel de Versailles. Le *boulevard de la Reine*, tracé en 1775, traverse le quartier Notre-Dame, et s'étend de l'ouest à l'est, de la plaine de Trianon à l'avenue de Picardie, prolongement de l'avenue de Saint-Cloud. Le *boulevard du Roi*, qui coupe le précédent, forme la continuation de la rue des Réservoirs.

A côté de ces avenues grandioses, si bien disposées pour le parcours du souverain et de son brillant cortège, il faut citer les voies populaires et plus merveilleuses ouvertes de nos jours, les deux *chemins de fer*, qui mettent Versailles en communication avec les deux parties de Paris divisées par la Seine. Ils viennent aboutir à Versailles, à peu près à la même hauteur : l'un, celui de la rive gauche, près de la mairie, entre l'avenue de Paris et celle de Sceaux ; l'autre, celui de la rive droite, dans une situation un peu moins centrale, au nord de l'avenue de Saint-Cloud.

Malgré les nombreux visiteurs que ces deux chemins de fer amènent chaque jour à la ville de Louis XIV, ses immenses avenues, ses vastes places, ses rues larges et tirées au cordeau, semblent être vides et attendre le retour de la cour qui y entretenait la vie. A défaut de la cour, les soldats y répandent un certain mouvement. Versailles devient une vaste caserne. Sur plusieurs points on fait encore, en ce moment, de grandes constructions militaires.

La ville présente un aspect régulier; elle est partagée en portions symétriques. Les divisions principales sont déterminées par les trois avenues de Paris, de Saint-Cloud et de Sceaux, dont il vient d'être parlé. Deux marchés : le *marché Saint-Louis*, au sud, au centre duquel s'élève la statue en bronze de l'abbé de l'Épée; et, au nord, le *marché Notre-Dame* ou *Marché-Neuf* (construit en 1841), sont placés sur une ligne à peu près parallèle. Ils sont traversés : le premier par la *rue Royale*, se prolongeant, par l'avenue de la Mairie, qui en est la continuation, jusqu'à l'avenue de Paris (c'est sur l'avenue de la Mairie qu'est le débarcadère du chemin de fer de la rive gauche); le second, par la *rue du Plessis* (sur laquelle est le débarcadère du chemin de la rive droite), aboutissant à l'avenue de Saint-Cloud. A l'ouest de ces marchés, et de même sur une ligne sensiblement parallèle, s'élèvent les deux principales églises de Versailles : l'une, l'église de Saint-Louis, est au sud. Sur un de ses côtés s'étend la *rue de Satory*, qui vient aboutir près de la place d'Armes. Au nord, la *rue Hoche* (autrefois Dauphine), traversant la place de ce nom, arrive en face de la seconde, l'église Notre-Dame. Enfin, en se rapprochant du palais, on trouve deux rues droites et parallèles aux précédentes, et partant toutes deux de la cour du château : au sud, la *rue de la Bibliothèque* (autrefois de la Surintendance), dont le prolongement est l'allée du Potager, qui longe la pièce d'eau des Suisses; au nord, la *rue des Réservoirs*, dont la continuation, nous l'avons vu, est le boulevard du Roi. Cette dernière rue, la plus large des rues de Versailles, tire son nom des réservoirs qui s'y trouvaient anciennement, et non du *réservoir* dit *de l'Opéra*, placé à l'extrémité de l'aile nord du jardin, et dont le mur de soutènement domine la rue et se voit aussi du côté du parc. En 1836 il y eut une rupture dans ce réservoir qui « jauge plus de 50 000 pieds cubes, à une hauteur de 40 pieds. » La cour de l'hôtel des Réservoirs fut inondée « à la hauteur d'environ 2 mètres. »

*Place Hoche* (autrefois Dauphine). — Cette place octogone, la plus belle de Versailles après la place d'Armes, est située dans le quartier Notre-Dame. Les rues Hoche et de la Pompe la coupent à angles droits. Au milieu d'un parterre entouré d'une grille s'élève la statue en bronze du général Hoche, posée sur un piédestal de marbre blanc et portant cette inscription : HOCHE, *né à Versailles le 24 juin 1768*, *soldat à 16 ans*, *général en chef à 25*, *mort à 29*, *pacificateur de la Vendée*. Cette statue, due au sculpteur Lemaire, fut inaugurée en 1836. — M. Le Roi nous apprend (ouvrage déjà cité) qu'avant la Révolution cette place était l'un des endroits où se tenaient les *chaises bleues* et les *brouettes*. Avant 1769 il n'y avait point, à Versailles, de voitures de place. Toutes les dames de la cour avaient leurs chaises dorées et armoriées. Une société obtint le privilége d'en établir pour le service public, et elles furent peintes en bleu, pour les distinguer de celles des grands seigneurs. Ces chaises exigeaient deux porteurs. Les brouettes étaient des chaises suspendues sur deux roues, mais tirées par un seul homme.

*Église Notre-Dame.* — Construite par Mansart, de 1684 à 1686. Le portail, formé de deux ordres, dorique et ionique, supportant un fronton, est d'un aspect massif. Le peu d'élévation de la coupole et surtout des tours, qui rappellent l'idée vulgaire de colombiers, ajoute à la lourdeur de l'édifice. L'architecte eut sans doute ici à subir la volonté de Louis XIV : aucune habitation, pas même la maison de Dieu, ne devait prendre une importance inusitée dans le voisinage du palais du roi. L'intérieur est plus satisfaisant. Malheureusement les voûtes sont trop basses, et le maître-autel, trop lourd, obstrue le fond du chœur. Cette église a été dépouillée à la Révolution. L'*Assomption* du maître-autel est peinte par *Michel Corneille*. Dans la chapelle qui précède la sacristie, à droite, il y a un tableau de *Restout*, de 1739, représentant saint Vincent de Paul prêchant. La chaire, sculptée par *Caffieri*, est la même que sous Louis XIV. On voit, dans la 2ᵉ chapelle à gauche, un cénotaphe élevé au comte de Vergennes, ministre sous Louis XVI. et une plaque de marbre noir à la mémoire de La Quintinie. C'est à Notre-Dame que commença, le 4 mai 1789, la procession des États généraux. Dangeau raconte dans son journal que Louis XIV allait quelquefois communier à la paroisse ; il y touchait jusqu'à 1300 malades. On sait que la foi attribuait aux rois de France la vertu de guérir par simple attouchement les écrouelles ; les rois d'Angleterre guérissaient l'épilepsie ; les rois de Hongrie guérissaient la jaunisse ; et cette royale thérapeutique s'étendait sans doute à d'autres maladies.

*Église Saint-Louis.* — Bâtie en 1743, par Hardouin Mansart de Sagonne, petit-fils du célèbre Mansart. La façade et les clochers sont lourds et de mauvais style. L'intérieur présente un bel appareil, et plaît par une certaine unité et simplicité d'aspect, mais les proportions en sont lourdes. Au-dessus de la porte d'entrée, la voûte, supportant la tribune des orgues, est du plus mauvais goût. Dans la 3ᵉ chapelle à droite, un monument en marbre blanc a été érigé par la ville à la mémoire du duc de Berry, et sculpté par *Pradier* (1821). On remarque aussi quelques tableaux curieux de l'ancienne école française ; 2ᵉ chapelle à droite après la sacristie : un saint Louis en culotte de satin, par *Le Moyne*; 3ᵉ chapelle : une Prédication de saint Jean, par *Boucher*, dans le style de ses bergeries. Dans la chapelle de l'abside sont des vitraux composés par M. *Deveria* et exécutés à la manufacture de Sèvres. En revenant par l'autre côté de l'église, 1ʳᵉ chapelle : saint Pierre sauvé des eaux, par *Boucher*; chapelle après le transsept : saint Pierre délivré des liens, par *Deshayes* (1701).

*Théâtre* (rue des Réservoirs). — Mlle Montansier en obtint le privilége en 1775, et en fit l'ouverture en 1777. Un corridor pratiqué du côté du parc, derrière le réservoir, permettait à Louis XVI et à Marie-Antoinette de se rendre dans leur loge sans être vus. Ce théâtre a été restauré en 1850.

*Salle du Jeu de Paume* (rue Horace Vernet, donnant dans la rue de Gravelle, laquelle prend naissance à l'angle où la rue de Satory vient aboutir sur l'avenue de Sceaux, dans le voisinage de la place d'Armes). — C'est le berceau à jamais célèbre de la Révolution française (voyez plus bas page 212). Cette salle a longtemps servi d'atelier à M. Horace Vernet, qui y a peint ses plus grandes toiles du Musée historique.

*Bibliothèque de la ville* (rue de la Bibliothèque, autrefois de l'Intendance). — Ouverte tous les jours de

Vue de la principale entrée du château sous Louis XIII.

10 heures à 3 heures. Elle contient 60 000 volumes.

*Potager du Roi.* — Entre la rue Satory et la pièce d'eau des Suisses s'étend ce jardin de 50 arpents, dessiné et planté autrefois par le célèbre La Quintinie, et qui offre quelque intérêt aux amateurs d'horticulture. Il y avait là, dans le principe, un étang profond, que l'on combla avec les terres enlevées pour creuser la pièce d'eau des Suisses. Sur ce fond de sable, on transporta de la terre végétale de la montagne de Satory. M. Dupetit-Thouars, dans sa *Notice sur La Quintinie*, estime à 1 800 000 fr. la dépense qu'a nécessitée la création de ce potager. On vient de clore ce jardin, sur la rue de Satory, d'un mur de pierre de taille dans lequel s'ouvrent de loin en loin, et vis-à-vis des rues correspondantes, de larges grilles en fer qui permettent aux passants de jouir de la vue du potager, généralement fermé aux visiteurs. Il a été question récemment de consacrer une partie de ce jardin à un parc d'artillerie. Il faut espérer que ce projet n'aura pas de suite.

Parmi les monuments publics de Versailles, nous citerons encore : la *Préfecture* (rue des Réservoirs); — la *Mairie* (à côté du débarcadère de la rive gauche); — l'*Hospice* (rue du Plessis); — le *Lycée* (avenue de Saint-Cloud); — le bâtiment du *Grand-Commun* (rue de la Surintendance, aujourd'hui de la Bibliothèque), immense édifice qui pouvait loger 2000 personnes attachées au service du château. Sous la première République, on y établit une manufacture d'armes; il sert aujourd'hui d'hôpital militaire.

### HISTOIRE.
#### Versailles sous Louis XIII.

Il serait sans intérêt de suivre dans un passé lointain les recherches des antiquaires du département de Seine-et-Oise sur les origines contestables de Versailles. Si ce nom est déjà cité au xi° siècle, la ville est toute moderne; elle date de Louis XIII et de Louis XIV. Louis XIII, qui venait continuellement chasser dans les bois du voisinage, « ennuyé, et sa suite encore plus, d'y avoir couché dans un méchant cabaret à rouliers, ou dans un moulin à vent, excédé de ses longues chasses dans la forêt de Saint-Léger et plus loin encore, fit construire à Versailles un pavillon pour servir de rendez-vous de chasse » (Saint-Simon). On retrouve l'emplacement de ce pavillon à l'angle de la rue de la Pompe et de l'avenue de Saint-Cloud.

C'est donc à la passion de Louis XIII pour la chasse, passion commune à tous les princes de la maison de Bourbon, que Versailles doit d'être devenu une résidence royale. Un siècle et demi plus tard, le 5 octobre 1789, la veille du jour où Versailles cessa d'être le séjour des rois, Louis XVI était à la chasse au tir dans les bois de Meudon, et venait d'écrire sur son journal : *Tiré à la porte de Châtillon; tué quatre-vingt-une pièces*, quand on vint lui annoncer que le peuple marchait sur Versailles pour ramener la famille royale à Paris. Le roi ajouta à la note qu'il venait d'écrire : *Interrompu par les événements!*

Au lieu d'un simple abri, Louis XIII voulut avoir une habitation; il acquit un fief où se trouvait sur le haut d'un coteau le moulin à vent qui l'avait abrité une nuit, et s'y fit bâtir, vers 1627, un château entouré de fossés. « Chétif château, duquel Bassompierre disait qu'un simple gentilhomme ne pourrait prendre vanité. » Cette construction, due à l'architecte Lemercier, existe encore aujourd'hui avec quelques modifications; elle forme le centre du palais de Versailles; la couleur de ses briques la distingue, du côté de la cour de marbre, des constructions plus modernes qui ont si démesurément agrandi cette demeure royale.

Ce ne fut cependant qu'en 1632 que Louis XIII devint *seigneur de*

# VERSAILLES. — HISTOIRE.

Versailles, par l'achat qu'il fit de cette seigneurie à François de Gondi, archevêque de Paris[1], « moyennant 66 000 livres, en pièces de 16 sous, » dit le contrat. Le vieux château presque ruiné faisant partie de ce fief fut abattu. A cette époque, les bois couvraient l'emplacement actuel de la place d'Armes. Une avenue tracée dans ces bois en face du château est devenue, sous Louis XIV, la large avenue de Paris; toutefois les contre-allées n'en ont été rendues praticables qu'en 1774.

## Versailles sous Louis XIV.

Louis XIV, qui avait vu les splendeurs plus que royales de la fête donnée par Fouquet dans cette résidence de Vaux, qui lui avait coûté 18 millions, dut se sentir humilié

Vue du château du côté du parc sous Louis XIII.

de l'infériorité de ses maisons de plaisance, comparées à celles du surintendant des finances, de ce sujet qui avait pris pour devise : *Quo non ascendam?* et qui avait failli lui disputer le cœur de La Vallière. En cette même année 1661, où Fouquet fut arrêté, l'architecte Le Vau ajoutait de nouvelles constructions au modeste château de Louis XIII, perdu au milieu des bois. Louis XIV songeait-il déjà à faire de ce séjour ce qu'il est devenu depuis, une des magnificences du monde? Ce n'est toutefois que quel-

1. François de Gondi la tenait de son père Albert de Gondi, qui en était devenu propriétaire en 1573. Ce fief, divisé entre plusieurs propriétaires, avait été acheté et réuni en 1561 par Martial de Loménie, secrétaire du roi.

ques années plus tard que les travaux prirent de vastes proportions, et seulement en 1682 qu'il fixa définitivement à Versailles la résidence de la cour. « Avant Louis XIV, dit M. Le Roi dans l'ouvrage déjà cité, le chemin de Paris à Versailles passait par Saint-Cloud et Ville-d'Avray. Mais lorsque ce monarque eut fixé son séjour à Versailles, il voulut que la route de la capitale à son habitation royale fût digne du palais qu'il venait de créer. Une véritable armée, composée de soldats et d'ouvriers, fut répandue de Paris à Versailles. Des travaux considérables furent exécutés sur les bords de la Seine. On fit de très-hautes levées de terre dans Paris et le long du village d'Auteuil; un grand nombre de maisons de Sèvres furent abattues; la butte de Châville fut aplanie, et une route large et commode vint enfin aboutir à cette grande avenue de Versailles, magnifique entrée de la demeure du grand roi. »

L'architecte Mansart ne put, malgré son insistance, obtenir de Louis XIV de démolir les bâtiments élevés par Louis XIII. Pour agrandir le château, il dut l'entourer, du côté du jardin, d'une enveloppe qui en doublait la profondeur, et établir à l'intérieur quatre petites cours, pour conserver le jour aux façades masquées par les nouvelles constructions; il joignit les pavillons isolés, élevés en avant, et fit disparaître les arcades qui fermaient la *cour de marbre* (voir page 215). On ne peut s'empêcher, en entrant dans la cour d'honneur, qui la précède, d'être choqué du désaccord des constructions appartenant aux deux règnes. L'ancien château, dont la couleur rouge attire immédiatement les regards, semble petit et écrasé au milieu des vastes bâtiments qui l'entourent. Tandis que, du côté du jardin, la façade du château frappe par une régularité monotone; tandis que, dans ce jardin même, tout, jusqu'à la végétation, semble asservi à une symétrie géométrique, du côté de la cour, le défaut d'ensemble et d'harmonie frappe les yeux les moins exercés.

Du côté du jardin, Mansart avait conservé à la partie centrale une terrasse qui disparut, en 1678, pour faire place à la grande galerie (voir page 229); les ailes du Sud et du Nord, qui furent successivement construites, vinrent se rattacher à cette partie centrale, et firent comparer ce vaste ensemble à un oiseau aux ailes disproportionnées. Ce palais si magnifique, outre le manque d'accord général, était distribué d'une manière très-incommode. C'est pour se soustraire à ces incommodités insupportables des appartements du palais de Versailles que Louis XIV fit bâtir Trianon à l'extrémité du parc; il y trouva un refuge contre Versailles; plus tard il en chercha un autre mieux approprié à ses goûts au château de Marly.

Ce fut par les jardins que commencèrent les grands travaux d'agrandissement qui firent de Versailles la plus somptueuse des résidences royales. Le Nôtre fut chargé de cette direction; le parc, dessiné par lui, devint le chef-d'œuvre des *jardins français*.

Cependant, quand les allées eurent été plantées, les bassins construits, on s'aperçut, un peu tard, que, grâce à la situation élevée de

Versailles, l'eau prise des étangs du voisinage était insuffisante pour alimenter les bassins et les jets d'eau. Afin de remédier à ce manque d'eau, on imagina divers projets : le premier et le plus hardi, proposé par Riquet, auteur du canal de Languedoc, consistait à amener sur les hauteurs de Satory une portion de la Loire, en la prenant près de Briare. Par ordre de Colbert, l'abbé Picard commença en 1674 les études de nivellement. Mais le projet dut être abandonné : on s'aperçut qu'afin d'avoir une pente suffisante pour amener l'eau de la Loire, il faudrait la prendre à la hauteur de la Charité, c'est-à-dire à 50 lieues de Versailles.

Une machine immense, inventée

Vue de l'intérieur de l'avant-cour sous Louis XIII.

et construite par le Liégeois Rennequin (voir l'article que M. de Prony lui a consacré dans la *Biographie universelle*, tome XXXVII), fut établie à Marly. Elle mettait en jeu 221 pompes et devait faire monter les eaux de la Seine à la hauteur de 154 mètres sur l'*aqueduc de Marly*, long de 643 mètres, et l'amener à Versailles. Les travaux durèrent 7 ans et coûtèrent 3 674 864 liv.[1]. Quand l'eau de la *machine de Marly* arriva à Versailles, en 1683, on ne tarda pas à s'apercevoir qu'elle serait insuffisante ; et comme, à cette époque, on venait de construire le château royal de Marly, elle fut réservée au service de cette der-

[1]. L'entretien de la machine de Marly de 1691 à 1792, a coûté 7 242 750 liv.

nière résidence. On n'a commencé qu'en 1741 à en rendre une partie à Versailles.

Cependant l'eau manquait toujours à Versailles; tous les esprits travaillaient pour trouver le moyen d'en faire venir. Enfin, on entreprit de détourner la rivière de l'Eure et de l'amener à Versailles. Louvois chargea l'académicien Lahire de faire les nivellements. Les travaux furent commencés et poursuivis activement auprès de Maintenon, qui appartenait depuis peu de temps à la veuve de Scarron, destinée à devenir la femme de Louis XIV.

On creusa un canal de 40 000 mètres, depuis Pontgoin jusqu'à Berchère-le-Mangot; le lit du canal devait avoir 5 mètres de largeur et 3 mètres de profondeur; l'aqueduc, pour traverser la vallée de Maintenon, devait avoir 5920 mètres de longueur et 242 arcades. — On lit dans une lettre de Racine à Boileau, à la date du 4 août 1687 : « J'ai fait le voyage de Maintenon et je suis fort content des ouvrages que j'y ai vus; ils sont prodigieux et dignes en vérité de la magnificence du roi. Les arcades qui doivent joindre les deux montagnes vis-à-vis de Maintenon sont presque faites : il y en a 48; elles sont bâties pour l'éternité. Je voudrais qu'on eût autant d'eau à faire passer dessus qu'elles sont capables d'en porter. Il y a là plus de 30 000 hommes qui travaillent. »

A ces indications nous ajouterons un dernier détail :

« Vauban, calculant que toutes les bêtes de somme de la Beauce mises en réquisition n'auraient pas suffi pour charger les matériaux de ce gigantesque monument, matériaux qui n'existaient qu'au loin, avait creusé un canal de 12 kilomètres et à 9 écluses, d'Épernon à Maintenon, par la vallée de la Guesle, tout exprès pour apporter les masses de pierre de grés. Un autre canal de 33 kilomètres, du Moulin-Neuf, près de Saint-Priest, jusqu'à Maintenon, fut établi pour amener la pierre à chaux. »

On a beaucoup discuté sur le montant des sommes que coûta la tentative faite pour amener la rivière de l'Eure à Versailles. Ces dépenses ont sans doute été fort exagérées par Saint-Simon et par des historiens plus récents, peu favorables à Louis XIV. Un écrivain moderne qui, sur ce point comme sur beaucoup d'autres, a entrepris de justifier à la fois Mme de Maintenon et Louis XIV, croit pouvoir affirmer que, *sans compter les acquisitions de terrains*, les dépenses occasionnées par ces travaux ne s'élevèrent qu'à près de 9 millions. Quoi qu'il en soit, il est juste de faire remarquer que cette somme était encore considérable pour le temps, et qu'elle eût pu d'ailleurs trouver un emploi beaucoup plus utile, lors même que les travaux entrepris n'eussent pas complétement avorté!

Mais ce qui est hors de doute, parce que le fait est attesté par des contemporains très-favorables au roi, entre autres par Mmes de La Fayette et de Sévigné, c'est que ces travaux entraînèrent des malheurs d'un autre genre, et beaucoup plus déplorables qu'une perte d'argent. On imagina d'employer les troupes aux travaux de terrassement. En 1684, le chroniqueur de la cour, Dangeau, porte, par jour, le nombre des soldats qui y tra-

## VERSAILLES. — HISTOIRE.

taillaient à 22 000 hommes, et celui des chevaux à 6000. L'année précédente, il porte le nombre des travailleurs à 36 000. « On employait, dit Mme de La Fayette, des troupes à ce prodigieux dessein *pour avancer de quelques années les plaisirs du roi*, et on le faisait avec moins de dépenses et moins de temps que l'on n'eût osé l'espérer. La quantité des maladies que causent toujours les remuements des terres mettait les troupes qui étaient campées à Maintenon, où était le fort du travail, hors d'état d'aucuns services; mais *cet inconvénient ne paraissait digne d'aucune attention, au sein de la tranquillité dont on jouissait.* » Voici ce que Mme de Sévigné écrit à Bussy-Rabutin, à la date du

Vue de l'Orangerie sous Louis XIII.

12 octobre 1678 : « Le roi veut aller à Versailles; mais il semble que Dieu ne le veuille pas, par l'impossibilité de faire que les bâtiments soient en état de le recevoir et par la mortalité prodigieuse des ouvriers, dont on emporte toutes les nuits des chariots pleins de morts. On cache cette triste marche, pour ne pas effrayer les ateliers et ne pas décrier l'air de ce *favori sans mérite*. Vous savez ce bon mot de Versailles. » Ces inutiles tentatives où périssaient des milliers de soldats pour *avancer de quelques années les plaisirs du roi*, durèrent plusieurs années; « et non-seulement les officiers particuliers, mais les colonels, les brigadiers et ce qu'on y employa d'officiers géné-

raux, n'avaient pas, quels qu'ils fussent, la liberté de s'en absenter un quart d'heure. » La guerre, enfin, interrompit les travaux en 1688. On ne fut peut-être pas fâché d'avoir un prétexte de les abandonner sans honte. Ils n'ont jamais été repris. Sous Louis XV, ces travaux tombèrent dans la propriété du maréchal de Noailles. Mme de Pompadour obtint de lui la permission d'y prendre des matériaux pour la construction de son château de Crécy. D'autres après elle obtinrent des permissions semblables. L'aqueduc de Maintenon, dont on admire encore la jeune ruine, atteignait une longueur d'environ 1300 mètres lorsque les travaux furent interrompus. (Consulter l'ouvrage de M. Le Roi, bibliothécaire de Versailles : *Des eaux de Versailles considérées dans leur rapport historique et hygiénique.* 1847, 1 vol. in-8.)

Après tant de travaux si tristement avortés, on se réduisit à un plan beaucoup plus modeste, et qui réussit enfin, ou à peu près. On songea à utiliser les eaux des étangs situés sur le plateau qui s'étend de Versailles à Rambouillet ; et, « par un vaste système de rigoles et d'aqueducs souterrains présentant un développement de 50 lieues, on parvint à recueillir et à transporter à Versailles, comme cela se fait encore, les eaux de pluie et de fonte de neige qui tombent sur une surface de 8 à 9 lieues de long sur 3 ou 4 de large. » (M. de Noailles, *Histoire de Mme de Maintenon*, t. II, p. 87.) Le sol des jardins de Versailles est une sorte de parquet recouvrant des voûtes souterraines, ayant sous le parterre jusqu'à 5 mètres de hauteur, des aqueducs et des milliers de tuyaux.

Ces jardins, enfin pourvus d'eau, furent peuplés de statues dues au ciseau des plus habiles sculpteurs. Le parc de Versailles se divisa en deux parties, le grand et le petit : ce dernier se composait du parc actuel ; l'autre, qui renfermait plusieurs villages, était entouré d'un mur de neuf lieues de longueur.

Les trésors de la France allaient s'engloutir dans ces fastueuses fantaisies d'un pouvoir souverain sans contrôle et sans limites. Il n'est pas resté de traces certaines des dépenses que durent entraîner les créations de Versailles, dépenses si énormes que Louis XIV lui-même en fut effrayé et brûla les mémoires des ouvriers. On est donc réduit aux conjectures ; de là des appréciations si diverses. Le comte de Bussy, dans une lettre à Mme de Sévigné, parle d'une dépense de 100 millions, et cela à la date du 14 octobre 1678, quand on accomplissait encore de vastes travaux. Mirabeau fait monter ces dépenses à douze cents millions ; d'autres les évaluent à plusieurs milliards. En opposition avec cette dernière exagération, quelques-uns de ces apologistes complaisants du pouvoir absolu, qui ne font jamais défaut en France, ont cherché à établir que ces dépenses avaient atteint un chiffre bien moins élevé qu'on ne le croyait généralement ; mais le chiffre auquel ils s'efforçaient de l'abaisser, dans le but d'amnistier Louis XIV, était encore trop énorme pour ne pas être la condamnation du gouvernement politique d'un pays, où le caprice despotique du souverain pouvait détourner des sommes aussi considérables au profit d'un luxe stérile et tout personnel.

Depuis 1682, Versailles, devenu la résidence presque permanente de la cour, fut témoin de bien des changements divers, de singulières transformations. A la cour brillante et voluptueuse où avaient régné successivement Mmes de La Vallière, de Montespan, de Fontanges, succéda la cour plus sérieuse, en apparence du moins, de Mme de Maintenon. Le temps des fêtes était passé; celui des victoires passa bientôt. En 1709, le palais fut dépouillé d'une partie de sa magnificence. Le trône d'argent et de précieux meubles d'argent massif furent envoyés à la Monnaie, sacrifice peu productif qui fut payé par la victoire de Denain. Vieux, attristé, abandonné de la fortune, Louis XIV put entendre souvent, vers la fin de son règne, les plaintes des malheureux qui, pendant la famine et la misère de ces dernières années, venaient, aux portes mêmes de son palais, accuser l'excès de son ambition et sa fastueuse imprévoyance. Il y mourut, le 1er septembre 1715, léguant à la France, avec un roi de cinq ans et un régent débauché, une dette de quatre milliards et la banqueroute en perspective. Le cadavre de ce roi si brillamment entouré aux jours de sa splendeur fut transporté sans pompe à Saint-Denis.

### 3. Versailles sous Louis XV.

Louis XIV avait recommandé en mourant de mener le jeune roi à Vincennes, dont l'air semblait plus pur et plus favorable à la santé chancelante de l'enfant. Quant au Régent, il résida à Paris, au Palais-Royal, qui devint le centre des scandales de cette époque fameuse; Versailles fut abandonné pendant sept ans.

Louis XV ne vint habiter ce théâtre des pompes de la monarchie que pour y abaisser honteusement la royauté, et avec elle, par une triste solidarité, la France. Versailles, sous Mme de Pompadour, ne fut plus qu'un boudoir [1]. Il devait tomber plus bas: sous Mme du Barry ce ne fut plus qu'une petite-maison. Le palais subit des transformations conformes à la vie cachée que voulait mener le souverain : ses vastes pièces furent converties en petits réduits. Cependant quelques additions y furent faites. En 1753, l'architecte Gabriel y construisit une salle de spectacle, et, vers 1772, le pavillon parallèle à la chapelle, et dont le style d'architecture fait avec le reste des bâtiments un contraste inharmonieux qui frappe les regards quand on arrive par la cour d'honneur. Ce pavillon se rattachait à un projet de restauration générale qui fut interrompu par la mort de Louis XV.

La ville qui avait vu ces effroyables excès de la royauté devait en voir aussi la première expiation; et ce fut l'infortuné Louis XVI qui, sans avoir hérité des vices de ses ancêtres, en subit le châtiment. Nous ne rappellerons que pour mémoire l'affaire du collier, dont les principales scènes se passèrent dans

[1]. M. Le Roi, bibliothécaire de Versailles, a publié, d'après un manuscrit conservé aux archives de la préfecture de Seine-et-Oise, le relevé des *dépenses* de Mme de Pompadour pendant sa faveur; elles s'élèvent au chiffre de 36 924 140 livres.

les bosquets de Versailles, et dont le scandale fut si fatal au prestige du trône.

Pendant l'année 1789, l'histoire de Versailles se confond avec celle de la Révolution. C'est dans le Jeu de Paume de cette ville que l'Assemblée nationale se réfugia et refusa de se dissoudre. A l'intérieur de l'édifice, on lit encore cette inscription :

« Les représentants des communes de France, constitués en Assemblée nationale, le 17 juin 1789, ont prêté ici, le 20 du même mois, le serment qui suit :

« Nous jurons de ne jamais nous « séparer, et de nous rassembler « partout où les circonstances l'exi- « geront, jusqu'à ce que la consti- « tution soit établie et affermie sur « des fondements solides. »

Au-dessous de cette inscription, on a ajouté celle-ci :

Ils l'avaient juré : ils ont accompli leur serment.

On peut voir, dans toutes les histoires de la Révolution, le récit des journées des 5 et 6 octobre, où la royale demeure de Versailles fut violée par le peuple de Paris, quelques gardes du corps massacrés, le roi et la reine obligés de venir s'installer à Paris avec l'Assemblée nationale. Cette insurrection avait été provoquée par le banquet qu'avaient donné quelques jours auparavant les gardes du corps dans la salle de théâtre du château.

Depuis cette époque, Versailles n'est plus la résidence des rois. La Convention fit faire l'inventaire du mobilier, qui fut vendu. Cette ville fut négligée par Napoléon, qui, à Sainte-Hélène, la traitait de *ville bâtarde*, et se reprochait le peu de dépenses d'entretien qu'il y avait faites. Il s'était fait présenter des projets de restauration ; mais, découragé par les difficultés, effrayé des dépenses, « il regretta en le maudissant, dit M. Fontaine, que Louis XIV, dans cet amas d'incohérences, lui eût laissé son faste à utiliser, et la Révolution ses excès à réparer. »

Le retour des Bourbons semblait promettre à Versailles de meilleurs jours ; mais la grandeur des dépenses nécessaires pour approprier le château aux exigences de la monarchie nouvelle effraya Louis XVIII et Charles X. Cependant 6 millions furent consacrés à réparer les façades du château, à restaurer les peintures et les dorures, et à élever un pavillon correspondant à celui construit sous Louis XV, et dont il a été parlé plus haut.

Louis-Philippe a rendu au palais de Versailles son ancienne splendeur. Il l'a débarrassé des petits logements qui l'obstruaient. « Le palais, dit un historien de Versailles, dans l'ancien régime et depuis, était habité par un nombre considérable de familles qui avaient divisé en deux ou trois étages la plupart des grandes salles. La *salle de 1830* contenait vingt-sept chambres. Les corridors, autour de ces salles, recevaient les immondices de tous les ménages. On se ferait difficilement une idée de la saleté, du désordre qui régnaient à Versailles, dans l'ancienne cour. » Il fallut abattre tous ces planchers et ces soupentes pour retrouver les salles spacieuses à rétablir. Ces détails sont confirmés par M. Fontaine, architecte. « Qui pourrait croire, dit-il, que les corridors, voûtés en pierre, du rez-de-chaussée et du premier étage des ailes du nord et du midi, qui sont devenus de magnifiques galeries de statues, étaient autrefois consacrés aux plus sales et aux plus dégoûtants usages ? ». Louis-Philippe fit entièrement restaurer le palais. Il le meubla, il y créa des galeries nouvelles et immenses (voir *Galerie des batailles*). Après l'avoir restauré, il a donné une noble et patriotique destination à ce château, débris d'un passé désormais impossible : il en a fait un musée historique, où la toile et la pierre racontent à nos regards les grands évènements de notre histoire.

Nous emprunterons, sur ce sujet, quelques détails à un écrit de M. de Montalivet : *Le roi Louis-Philippe et sa liste civile*; Paris, 1850. « En 1831, la pensée d'établir à Versailles des Invalides militaires fut reproduite, et faillit triompher. La résistance énergique du roi, aidée de l'opinion de quelques-uns des ministres, repoussa ce projet. Louis-Philippe résolut alors de sauver pour toujours l'ancienne demeure de son aïeul, et de la mettre hors de l'atteinte des révolutions, par la grandeur d'une destination nouvelle. Le vaste musée de Versailles est l'œuvre personnelle de Louis-Philippe. Lui-même il a discuté le plan de toutes les salles, et des galeries, qui contiennent plus de 4000 tableaux et portraits, et environ 1000 œuvres de sculpture. Dans ce vaste classement de tous les souvenirs glorieux pour le pays, il ne reculait devant aucun acte de l'impartialité la plus hardie. Pour l'unique satisfaction de léguer à l'État cet immense musée, Louis-Philippe a consacré 398 visites à ordonner et à suivre à pied tous les travaux de restauration dirigés par l'architecte du palais, M. Nepveu. Les sommes dépensées par le roi, pour la création qu'il avait tant à cœur, s'élèvent en bloc à 23494000 francs, qui se décomposent ainsi : entretien des bâtiments et du système des eaux : 2 640 000 francs; travaux neufs : 12 419 000 francs; commandes, acquisitions et restaurations de peinture et de sculpture : 6 625 000 fr.; acquisitions et restaurations du mobilier : 1 810 000 francs. L'emplacement d'un nouveau musée, consacré à la gloire politique et aux vertus civiles, était désigné dans la partie du palais qui s'étend parallèlement à la grande aile du midi, sur l'un des côtés de la rue de la Surintendance; la Révolution de février a mis obstacle à la réalisation de cette pensée. »

Nulle part et en aucun temps un aussi vaste musée ne fut consacré aux souvenirs historiques d'un peuple. Pourquoi cette glorieuse création n'a-t-elle pas toutes les sympathies d'admiration qu'elle devrait exciter? Il semble que ces peintures, qui retracent nos grandeurs nationales, soient dépaysées dans ce palais de l'apothéose de Louis XIV; que la foi et le patriotisme fassent défaut dans l'âme des visiteurs, comme le génie de l'artiste a fait trop souvent défaut dans les œuvres. Un trop grand nombre de peintures, rapidement exécutées pour garnir les salles, sont sans aucune espèce de valeur au point de vue de l'art aussi bien qu'à celui de l'histoire. Elles auraient dû être successivement remplacées dans ce musée qu'elles déshonorent. Elles ont contribué à répandre une opinion défavorable sur la valeur artistique de cette immense collection, opinion qui serait injuste si elle devenait trop absolue. Outre leur curiosité historique, les galeries de Versailles offrent des objets d'étude pleins d'intérêt pour les amateurs de peinture, et pour ceux qui s'occupent plus spécialement de l'histoire de l'école française.

### LE PALAIS.

Le palais de Versailles comprend trois corps de bâtiments principaux : une partie centrale et deux ailes. Du côté des jardins, il offre aux regards une ligne d'une grande étendue (415 mèt. 27 cent., sans compter les façades en retour), sur laquelle s'avance le corps central. Du côté de la grande cour, nommée autrefois *cour des Ministres*, au contraire, non-seulement on ne peut pas en embrasser toute l'étendue, mais, à cause des deux pavillons qui se projettent en avant, il ne présente que des lignes qui fuient et des parties rentrantes : une cour centrale, la *cour Royale*, dans la portion comprise entre les deux ailes (au fond est la petite *cour de Marbre*), et deux petites cours latérales, la *cour des Princes* à gauche, et la *cour de la Chapelle*, à droite. Les architectes Gabriel et Peyre firent, sous Louis XV et sous Louis XVI, des plans pour cacher cette mauvaise ordonnance, et donner de ce côté au palais un grand aspect monumental. Ce dernier complément de la restauration de Versailles devait aussi couronner un jour les travaux de Louis-Philippe; mais les événements n'ont pas permis de donner suite à ces projets, qui d'ailleurs eussent encore entraîné de très-grandes dépenses.

### Cour du Palais.

Cette cour fut créée par Louis XIV; mais elle a subi plusieurs changements depuis. On consultera avec intérêt les tableaux du musée n°ˢ 755 et 716 bis, qui montrent l'état du château vers 1664 et 1722 (voir plus bas, p. 248). La porte de la grille était à l'endroit où est placée aujourd'hui la statue équestre de Louis XIV. Les personnes qui n'avaient pas le privilége d'être admises dans la cour Royale « trouvaient à l'entrée des chaises bleues (voir ci-dessus, p. 201), qui les transportaient pour six sous jusqu'aux vestibules des escaliers de marbre. » Une grille dorée sépare la cour de la place d'Armes. Aux deux extrémités sont deux groupes en pierre : à droite, la France victorieuse de l'Empire, par *Maroy*; à gauche, la France triomphant de l'Espagne, par *Girardon*; plus en arrière sont deux groupes : à droite la Paix, par *Tuby*; à gauche l'Abondance, par *Coysevox*. Seize statues ornent à droite et à gauche la grande cour; la plupart ont été placées autrefois sur le pont de la Concorde, à Paris, mais leur masse trop considérable surchargeait le pont, et on les transporta à Versailles. Ces statues sont, à droite : celle de Richelieu, par *Ramey*; puis celles de Bayard, de Colbert, de Jourdan, de Masséna, de Tourville, de Duguay-Trouin, de Turenne; à gauche, celle de Suger, par *Stouf*; puis celles de Duguesclin, de Sully, de Lannes, de Mortier, de Suffren, de Duquesne, de Condé, par *David* (d'Angers).

Au milieu de la cour, la statue équestre, en bronze, de Louis XIV, est l'ouvrage de *Petitot* et de *Cartellier*. Le cheval est de ce dernier ; il était destiné à une statue de Louis XV.

Des deux côtés s'élèvent deux pavillons modernes qui se projettent en avant, ornés de colonnes corinthiennes; sur leur fronton triangulaire est placée cette inscription, qui indique la destination actuelle du palais : *A toutes les gloires de la France*.

La petite cour carrée du fond, entre les deux pavillons, qui était celle

La cour royale.

de l'ancien château de Louis XIII, a été nommée, à cause de son dallage en marbre, la cour de Marbre.

**Cour de Marbre.**

Cette cour était de cinq pieds plus élevée que les appartements du rez-de-chaussée. On y montait par des marches. Louis XIV était obligé de la traverser pour aller de ce côté gagner sa voiture. Elle a été abaissée sous Louis-Philippe, et n'est élevée que d'une marche seulement au-dessus du sol de la cour. Elle servit quelquefois à des fêtes données par Louis XIV; en 1674, on y représenta l'opéra d'*Alceste*, de Lully et Quinault. Dans la matinée du 6 octobre 1789, c'est au balcon du premier étage que Louis XVI et Marie-Antoinette se montrèrent au peuple remplissant la cour. Des cris se firent ensuite entendre, appelant : « La reine seule! » et elle s'avança seule sur le balcon.

De la grande cour du château on peut gagner les jardins par les passages qui sont au fond, soit de la *cour des Princes*, à gauche, soit de la *cour de la Chapelle*, à droite (voir plan II). C'est ordinairement de ce côté qu'on entre dans le Musée. La salle d'entrée au rez-de-chaussée (sous le vestibule ouvert, qui sert de passage entre la cour de la Chapelle et les jardins) est à droite. Elle sert de vestibule à la chapelle (1, plan II). Avant de nous engager dans le Musée, nous porterons notre attention sur la chapelle.

### La chapelle (plan II).

Il y a eu successivement trois chapelles dans le palais : la première, élevée sous Louis XIII, et qui était près de l'escalier de marbre; la seconde, qui fut bâtie sous Louis XIV, et qui était à la place où se trouve aujourd'hui le salon d'Hercule; enfin, la chapelle actuelle, qui, commencée en 1699, ne fut achevée qu'en 1710; c'est le dernier ouvrage de *Mansart*. « Cette chapelle, dit Saint-Simon, qui a coûté tant de millions, si mal proportionnée, qui semble vouloir écraser le château, n'a été faite ainsi que par artifice. Mansart ne compta ses proportions que des tribunes, parce que le roi ne devait presque jamais y aller en bas, et il fit exprès cet horrible exhaussement par-dessus le château pour forcer, par cette difformité, à élever tout le château d'un étage. Sans la guerre qui arriva, pendant laquelle il mourut, cela serait fait. » Louis XIV assistait tous les jours à la messe; sa musique chantait toujours un *motet*. Il voulait qu'autour de lui chacun imitât sa piété. Les courtisans n'y manquaient point, comme on peut le croire. Ce même Saint-Simon nous a conservé l'histoire d'un bon tour que joua aux dévotes de cour Brissac, major des gardes du corps. « C'était un homme droit, qui ne pouvait souffrir le faux. Il voyait avec impatience toutes les tribunes bordées de dames l'hiver au salut, les jeudis et les dimanches, où le roi ne manquait guère d'assister, et presque aucune ne s'y trouvait quand on savait de bonne heure qu'il n'y viendrait pas; et, sous prétexte de lire dans leurs Heures, elles avaient toutes de petites bougies devant elles pour les faire reconnaître et remarquer. Un soir que le roi devait aller au salut, tous les gardes postés et et toutes les dames placées, arrive le major qui, paraissant à la tribune vide du roi, lève son bâton et crie tout haut : « Gardes du roi, retirez « vous, rentrez dans vos salles, le « roi ne viendra pas. » Aussitôt les gardes obéissent; murmures tout bas entre les femmes : les petites bougies s'éteignent, et les voilà toutes parties, excepté la duchesse de Guiche, Mme de Dangeau, et une ou deux autres qui demeurèrent. Brissac avait posté des brigadiers aux débouchés de la chapelle pour arrêter les gardes, et qui les firent reprendre leurs postes sitôt que les dames furent assez loin pour ne pouvoir pas s'en douter. Là-dessus arrive le roi, qui, bien étonné de ne point voir de dames remplir les tribunes, demande par quelle aventure il n'y avait personne. Au sortir du salut,

Brissac lui conta ce qu'il avait fait, non sans s'espacer sur la piété des dames de la cour. Le roi en rit beaucoup, et tout ce qui l'accompagnait. L'histoire s'en répandit incontinent après; toutes ces femmes auraient voulu l'étrangler. »

Cette chapelle, richement décorée, ornée de statues et de bas-reliefs, est à peu près dans l'état

Intérieur de la chapelle.

où l'a laissée Louis XVI en quittant Versailles; on peut remarquer, comme une singularité, que la Révolution l'ait respectée. Lors de la restauration du château, sous Louis-Philippe, on n'a eu qu'à renouveler les dorures.

Le *maître autel* est en marbre et

en bronze doré. Les chapelles des bas côtés sont ornées de bas-reliefs par *Bouchardon*, *Slodtz*, etc., et de tableaux : la Cène, par *Silvestre*; saint Louis soignant les blessés, par *Jouvenet*; les apôtres des plafonds des travées sont peints à l'huile sur enduit de plâtre, par Louis et Bon *Boulogne*. Dans une de ces travées est une sainte Thérèse en extase, par *Santerre*. Dans la chapelle de la Vierge, le plafond et le tableau d'autel sont par Louis *Boulogne*.

*Plafond de la voûte.* — Au centre, A. *Coypel* a peint le Père éternel dans sa gloire. Dans la voûte du chevet, *Lafosse* a peint la Résurrection de Jésus-Christ, et, au-dessus de la tribune du roi, laquelle est située en face du maître autel, la Descente du Saint-Esprit est due au pinceau de *Jouvenet*.

### LE MUSÉE.

Le musée de Versailles est ouvert tous les jours de 11 h. à 4 h., le lundi excepté. A partir du mois de mai jusqu'au mois d'octobre, il reste ouvert jusqu'à 5 h.

Dans la visite du musée nous suivrons l'ordre selon lequel on fait traverser les salles au public, ordre qu'il est nécessaire d'observer pour ne pas s'égarer dans ce dédale si compliqué et pour ne rien omettre involontairement. Nous indiquerons postérieurement les autres points où peuvent entrer ceux qui veulent fractionner leur visite et ne voir qu'une des trois divisions de l'édifice : l'aile du sud, le corps central où sont les grands et petits appartements, ou l'aile du nord. C'est par cette dernière que nous commencerons, en parcourant successivement ses trois étages.

Les limites imposées à ce travail ne permettent pas de donner l'énumération complète des tableaux. Chaque tableau portant inscrit au bas du cadre l'indication et la date de l'événement qu'il représente, avec le nom du peintre, nous bornerons, au milieu de cette multitude d'objets fatigants pour la curiosité, à indiquer sommairement les œuvres principales, et à signaler celles qui, par le mérite du peintre, l'intérêt ou la singularité du sujet, se recommandent plus particulièrement à l'attention. Nous parlerons rarement des copies. Les personnes qui voudraient avoir des renseignements plus étendus trouveront à acheter aux portes du musée les *Notices des peintures et sculptures des palais de Versailles et Trianon*, par E. Soulié, conservateur du musée de Versailles, travail important et riche en documents de toute nature. La première partie, consacrée au rez-de-chaussée et contenant 508 pages, coûte 2 fr. 25 cent.; la seconde, consacrée aux 1er et 2e étages du musée et aux sculptures du jardin, contient 681 pages et coûte 3 fr. 25 cent.; la troisième, consacrée à Trianon, coûte 1 fr. 25 cent.

### AILE DU NORD.

#### REZ-DE-CHAUSSÉE.

**1re Galerie de l'Histoire de France.**

Deux galeries adossées s'ouvrent sur le vestibule de la chapelle, dans lequel nous venons d'entrer (voir page 216); l'une est une *galerie de sculptures*; l'autre, divisée en plusieurs salles et éclairée par des fenêtres donnant sur le parterre, est une galerie de peintures, dite : de l'*Histoire de France* :

1re *salle* (2, plan II). — (Les six premières salles formaient, sous Louis XIV, l'appartement du duc du Maine). Elle contient 22 tableaux, parmi lesquels nous citerons : N° 10. Charlemagne présentant ses Capitulaires, par *Ary Scheffer* (1827); plusieurs tableaux relatifs à saint Louis, par M. *Rouget*.

2e *salle* (3, plan II). — 26. Mort de Duguesclin, par *Brenet* (salon de 1777).

## VERSAILLES. — LE MUSÉE.

3ᵉ *salle* (4, plan II). — 49. Prise de Brescia, par *Larivière*.
4ᵉ *salle* (5, plan II). — 52. Mort de Gaston, par *Ary Scheffer*, tableau exposé en 1824, et qui compte dans l'histoire de l'invasion de l'école romantique.
5ᵉ *salle* (6, plan II). — Tableaux par *Brenet*, 62; par *Rouget*, 66; par *Odier*, 71.

6ᵉ *salle* (7, plan II). — Tableaux de *Van der Meulen*.
7ᵉ *salle* (8, plan II). — Ici était autrefois l'escalier de l'aile du nord.
8ᵉ *salle* (9, plan II). — Tableaux de *Van der Meulen*. 164. Louis XIV reçoit Dangeau, grand maître de l'ordre de Saint-Lazare, par *Pezey*; ce tableau curieux est la fidèle représentation de l'ancienne chapelle,

Salle de l'Opéra.

remplacée depuis par le salon d'Hercule (voir page 226) 166. Prise de Lérida, par *Couder;* ce tableau a noirci.
9ᵉ *salle* (10, plan II). — 172. Lit de justice de Louis XV. 173. Départ du roi après le lit de justice. 177. Réception de l'ambassadeur turc, par *Charles Parrocel*. 178. Cavalcade du roi après le sacre. 180-181. Tableaux par *Couder*.

10ᵉ et 11ᵉ *salles* (11 et 12, plan II). — Peintures de *Vanloo*, *Parrocel*, *Lenfant*. 224. Louis XVI distribuant des secours, par *Hersent* (1817).

On arrive ici au pied de l'escalier reconstruit en 1851 (13, plan II); tournant à droite, on entre dans la galerie de sculptures, adossée aux salles précédentes. Avant de s'y engager, on peut visiter la salle de l'Opéra; il faut pour cela s'adresser au gardien qui stationne au bout de la galerie.

### Salle de l'Opéra.

(Plan II.)

Louis XIV, malgré son goût pour les représentations dramatiques, n'avait pas élevé de théâtre dans son palais. *La princesse d'Élide*, de Molière, et l'*Iphigénie*, de Racine, par exemple, furent représentées sur des théâtres improvisés, dans les bosquets du parc (voir page 266). Plus tard, ce fut dans les appartements, souvent même sans décors et sans costumes, que furent représentés les chefs-d'œuvre de notre scène. *Athalie*, dit Louis Racine, fut exécutée deux fois devant Louis XIV et Mme de Maintenon, dans une chambre sans théâtre, par les demoiselles de Saint-Cyr, vêtues de leurs habits modestes et uniformes.

L'architecte Gabriel commença, en 1753, la construction de cette salle, par ordre de Louis XV, pour complaire à Mme de Pompadour, qui aimait beaucoup le spectacle; mais la favorite était morte et remplacée par Mme du Barry quand la salle fut terminée, en 1770. Elle fut inaugurée, le 16 mai de la même année, pour le mariage du Dauphin avec Marie-Antoinette. Cette salle devait, dix-neuf ans plus tard, être témoin d'une fête dont les conséquences furent désastreuses et pour la monarchie elle-même et pour le château de Versailles.

Le 2 octobre 1789, pendant que la Révolution grondait aux portes du château, que l'Assemblée nationale siégeait à quelques pas de là, les gardes du corps se réunissaient dans un banquet aux officiers du régiment de Flandre : le repas est servi dans la salle de l'Opéra. « Les loges sont remplies de spectateurs de la cour. Les officiers de la garde nationale sont au nombre des convives ; une gaieté très-vive règne pendant le festin, et bientôt les vins la changent en exaltation. On introduit alors les soldats des régiments. Les convives, l'épée nue, portent la santé de la famille royale; celle de la nation est refusée ou du moins omise ; les trompettes sonnent la charge, on escalade les loges en poussant des cris; on entonne ce chant si expressif et si connu : *O Richard ! ô mon roi ! l'univers t'abandonne !* On se promet de mourir pour le roi.... » (Thiers, *Révolution française*.) Pour comble d'imprudence, le roi, qui rentrait de la chasse (voir page 204), et la reine, portant dans ses bras le dauphin, paraissent au milieu du festin, et leur présence vient augmenter encore ce délire que l'infortunée princesse devait si cruellement expier. La cocarde nationale est arrachée, foulée aux pieds, remplacée par la cocarde blanche que les gardes du corps continuaient de porter, ou par la cocarde noire, couleur de la maison d'Autriche, en l'honneur de Marie-Antoinette. Les gardes nationaux se retirent stupéfaits. Le bruit de cette fête se répand. Trois jours après, le peuple de Paris se met en marche pour Versailles ; quelques gardes du corps sont massacrés ; le roi et la reine sont contraints de quitter ce palais qu'ils ne devaient plus revoir. C'est depuis cette date du 6 octobre que le château de Versailles est resté inhabité.

Louis-Philippe fit réparer cette

salle, et l'inauguration du théâtre eut lieu le 17 mai 1837.

### Première galerie de sculptures.
(Plan II). — (16. *Notice du Musée*.)

En redescendant de la salle de spectacle, on se trouve dans la galerie de sculptures : cette galerie renferme les tombeaux et les statues des rois de France et des personnages célèbres, depuis la fondation de la monarchie jusqu'à Henri II, moulés la plupart dans les caveaux de Saint-Denis. Au milieu de cette galerie est : 310, le mausolée de Ferdinand et d'Isabelle de Castille, moulé en plâtre. Près de là se trouve l'entrée des salles, richement décorées, renfermant les tableaux consacrés à l'histoire des croisades; elles formaient autrefois l'appartement des personnes de la suite du roi, de la reine et des princes.

### Salles des Croisades.
(14, 18, pl. II).
(17-21. *Notice du Musée*.)

1<sup>re</sup> *salle* (14, plan II). — 391. Baudouin couronné empereur de Constantinople, par *Gallait* (1847). 379. Bataille d'Ascalon, par *Larivière*.

2<sup>e</sup> *salle* (15, plan II). — 401. Guillaume de Clermont défend Ptolémaïs, par *Papety* (salon de 1845). 398. Gaucher de Châtillon, par *Karl Girardet*.

3<sup>e</sup> *salle* (16, plan II). — 452. Prise de Constantinople par les croisés, 12 avril 1204, par *Eugène Delacroix* (salon de 1841); ce tableau, du célèbre peintre coloriste, a aussi figuré à l'Exposition universelle. Il y a dans le cabinet de M. Ad. Moreau, à Paris, un tableau du même artiste, où ce sujet est traité d'une manière différente. Cette première composition a dû être modifiée et restreinte pour la place qui lui est ici assignée. 471. Levée du siège de Malte, par *Larivière*.

4<sup>e</sup> *salle* (17, plan II). — 364. Bataille d'Ascalon, par *Schnetz*. 373. Prédication de la deuxième croisade, par *Signol*. 365. Godefroy de Bouillon, etc.... 375. Chapitre de l'ordre du Temple, par *Granet*.

5<sup>e</sup> *salle* (18, plan II). — Passage du Bosphore, et prise de Jérusalem en 1099; ces deux tableaux, par M. *Signol*, ont paru à l'Exposition universelle de 1856.

Après avoir visité les salles des Croisades, on rentre dans la galerie de sculpture, qui ramène au vestibule de la Chapelle; là, on prend le petit escalier (plan II) à gauche de la chapelle, et on arrive au 1<sup>er</sup> étage, à un autre vestibule de la chapelle (plan III). Ici, ainsi qu'au rez-de-chaussée, deux galeries adossées s'ouvrent à droite : l'une de peintures, du côté du jardin; l'autre, de sculptures, derrière celle-ci : c'est dans la galerie de sculptures que nous allons entrer.

#### PREMIER ÉTAGE.

### Deuxième galerie de sculptures.
(Plan II). — (96. *Notice du Musée*.)

Cette galerie contient la suite des bustes et statues des rois et des hommes illustres. Au milieu se trouve l'entrée de salles de peintures, assez mal désignées sous le nom de galerie de Constantine.

### Salles de peintures. — Galerie de Constantine.

1<sup>re</sup> *salle* (20, plan III). — 1914. Charlemagne traverse les Alpes, par *Paul Delaroche* (1847).

2<sup>e</sup> *salle* (21, plan III). — 1915. Messe célébrée par Pie IX, par *Eug. Maison* (salon de 1849).

3ᵉ *salle* (22, plan III). — 1943 Prise de la Smala, par *H. Vernet* (cette toile, de 21ᵐ,30 de long, a été exposée au salon de 1845). 1945. Siége de Rome, par M. *H. Vernet* (salon de 1852); les tons bleus prédominent dans cette peinture, exécutée avec un nombre de couleurs très-limité. 1944. Vue curieuse de la ville de Rome.

4ᵉ *salle* ou *galerie de Constantine* (23, plan III). — 1934. Combat de l'Habrah. 1932. Attaque de la citadelle d'Anvers. 1937, 1938, 1939. Siége de Constantine. 1942. L'armée occupe le Téniah de Mouzaïa; tous ces tableaux sont dus au pinceau de M. *H. Vernet*. Des dessins, placés sous chaque cadre, indiquent les noms des personnages importants qui jouent un rôle dans ces drames militaires. Outre les princes d'Orléans, celui qui figure le plus souvent dans ces glorieuses rencontres, c'est le brillant colonel des zouaves, aujourd'hui général, Lamoricière.

5ᵉ *salle* (24, plan III). — 1924. Bataille d'Isly, par *H. Vernet* (salon de 1846).

6ᵉ *salle* (25 plan III). — 1920. Serment du Jeu de Paume, par *Couder* (salon de 1848). 1921. Fédération nationale au Champ de Mars, 14 juillet 1790.

Au sujet de ce tableau, M. de Montalivet raconte l'anecdote suivante : « M. Couder avait conçu sa composition « d'une manière animée et pittoresque. « Quand son tableau était presque achevé, « Louis Philippe le vit : « C'est une belle « peinture, dit-il, mais ce n'est pas la fé- « dération de 1790. Vous vous êtes trompé « d'époque, monsieur Couder; en 90, la « minorité n'était pas encore devenue « maîtresse de la Révolution. Le désor- « dre était sur le second plan ; pourquoi « l'avoir mis au premier ? Tous ces gens- « là semblent vouloir escalader le trô- « ne.... Où sont les cent trente mille ac- « teurs de cette grande scène ? J'y étais, « monsieur Couder.... Voilà la vérité de « votre sujet; abordez-le franchement et « recommencez votre tableau. » On comprend le désespoir de l'artiste, la lutte qu'il soutint avec le roi, au nom des difficultés d'exécution que devaient offrir le froid aspect de la foule se pressant sur l'estrade, et la monotonie de ces lignes immenses se déployant parallèlement dans toute l'étendue du Champ de Mars. L'ancien duc de Chartres, fidèle au témoignage historique de ses souvenirs personnels, fut inébranlable et persista. Cependant le directeur des musées intervint pour faire observer que le prix du tableau avait été fixé à 25 000 francs, et qu'il était presque terminé. « Eh bien! « dit le roi, Montalivet donnera 25 000 fr. « de plus ; c'est une rature un peu chère, « mais je la dois à l'histoire. »

1922. Bonaparte au conseil des Cinq-Cents, par *Bouchot*.

7ᵉ *salle* (26, plan III). — Tableaux par MM. *Abel de Pujol*, *Alaux*, *Delorme*, *Steuben*.

Les salles précédentes servaient autrefois de logements à des seigneurs de la cour. — Au sortir de ces salles on rentre dans la **galerie de sculptures**; près de la porte. on voit à droite : 1895, la statue du comte de Beaujolais, par *Pradier* (salon de 1839); et à gauche : 1902. le maréchal Bugeaud, par *Dumont*; un peu plus à gauche, en face de l'escalier : 1897, la statue du duc d'Orléans, par *Pradier* (salon de 1846). Achevant de parcourir, à droite, la galerie de sculptures, on trouve à l'extrémité, nᵒ 1836, la statue si populaire de Jeanne d'Arc, par la princesse *Marie d'Orléans*, fille de Louis-Philippe, née en 1813, mariée au prince de Wurtemberg, morte à vingt-six ans.

Au bout de la galerie, tournant à gauche, on arrive sur un palier, où s'ouvre à gauche la *deuxième galerie de l'Histoire de France*, que nous visiterons tout à l'heure, et un escalier (38, plan III) qui va nous conduire à l'*attique du Nord*.

### DEUXIÈME ÉTAGE.

**Attique du Nord** (27 à 37, plan III).

Le second étage de l'aile du nord comprend une partie de la vaste collection de portraits réunis dans les galeries de Versailles. Ces portraits sont ceux de personnages célèbres, depuis le XIIe siècle jusqu'au XVIIIe. Plusieurs d'entre eux sont étrangers à la France, tels que Dante, Pétrarque, le chancelier d'Angleterre, Thomas Morus; l'Espagnol Ignace de Loyola, fondateur de l'ordre des jésuites (salle 28, n° 3067); le dominicain Savonarole, l'héroïque tribun de Florence, n° 2993; Michel-Ange, etc.

Un assez grand nombre de ces portraits sont originaux, et plusieurs joignent une véritable valeur artistique à l'intérêt historique qui s'attache à l'image des grands hommes des temps passés. Cette portion du musée de Versailles, une des plus curieuses certainement, est cependant peu visitée par le public. C'est surtout pour la visite de ces galeries que l'on consultera avec fruit les notices du musée.

*Salle* (140, plan III. — Salle 152 de la notice du musée, à droite, au haut de l'escalier). De la croisée située au bout de la salle on a une vue étendue sur Versailles et la campagne, et l'on domine le vaste réservoir, dont il est parlé ci-dessus, page 201. — Retraversant le palier, on entre, en face, dans les autres salles de l'attique du Nord.

Outre la collection curieuse de portraits, on y a réuni une collection de médailles exposées dans des vitrines placées devant les fenêtres.

*Salle* (28, plan III). — Nous citerons quelques portraits seulement: 2947. Duguesclin. 2959. Charles VII, peinture du XVIe siècle. 2974. Charles le Téméraire. 2997. Christophe Colomb (XVIe siècle). 3022. François Ier (XVIe siècle). 3025. Claude de France. 3027. Renée de France. 3031. Charles-Quint. 3050. La comtesse de Charny. 3052. Anne Stuart. 3072. Portrait donné pour celui de Rabelais. 3102. Marie, reine d'Angleterre. 3103. Philippe II.

*Salle* (28, plan III). — 3189. Procession de la Ligue. 3190. Henri IV, par *Porbus*. 3196. Marie Stuart. 3254. Maurice de Nassau, par *Mireveld*. 3258. Barneveldt. 3265. La duchesse de Guise.

*Salle* (30, plan III). — 3299. Le cardinal de Richelieu, par *Philippe de Champagne*. 3316. Philippe IV, roi d'Espagne.

*Salle* (31, plan III). — 3349. Anne d'Autriche. 3352. Henriette-Marie, reine d'Angleterre. 3374. Testelin, peintre et graveur, par *Ch. Lebrun*. 3386. Condé. 3393. Retz. 3396. Turenne, par *Lebrun* (à comparer avec 3397). 3400. Don Juan d'Autriche.

*Salle* (32, plan III). — 3404. La duchesse de Guise. 3405-3407. Louis XIV. 3425. Lerambert, sculpteur, par *Nic. Belle*. 3438. Colbert, par *Mignard*. 3446-47. La Vallière. 3452. Le Nôtre, par *Carlo Maratta*. 3470. Beau portrait, par *Hyacinthe Rigaud*.

*Salle* (33, plan III). — 3486. Magnifique portrait de Mignard, par *Hyacinthe Rigaud*. 3482. Mme de Maintenon et Mlle d'Aubigné. 3487.

Coysevox. 3488. Racine. 3489. Boileau. 3490. Le peintre de Lafosse. 3491. Desjardins, sculpteur, par *Hyacinthe Rigaud*. 3497. Charles II. 3532. La duchesse du Maine, par *Mignard*.

*Salle* (34, plan III). — 3545. Mme de Maintenon, par *Mignard*. 3548. Le fondeur Keller, par *Hyacinthe Rigaud*. 3547. Jouvenet. 3560. Dangeau, beau portrait par *Hyacinthe Rigaud*; l'ampleur, la magnificence du costume suffiraient seules à donner une juste idée de la pompe de la cour de Louis XIV. 3566. Fenelon, par *Vivien*. 3581. Le duc d'Antin. 3584. La comtesse de Feuquières, la jolie fille de Mignard, par *Mignard*. 3586. Le peintre Hallé. 3587. *Rigaud*, peint par lui-même. 3588. *Largillière*, peint par lui-même (il est regrettable que ce portrait soit placé à contre-jour). 3589. *Antoine Coypel*, peint par lui-même. 3593. Philippe V, par *Rigaud*. 3599. Pierre I<sup>er</sup>. 3601. Charles XII. 3602. Louis XV, par *Rigaud*.

*Salle* (35, plan III). — 3614. Rigaud peignant le portrait de Louis de Boulogne. 3621. Charles XII (comparer à 3601 dans la salle précédente). 3623. Saïd-Pacha. 3631, 3632. Louise d'Orléans, abbesse de Chelles de peu édifiante mémoire, par *Santerre*.

*Galerie* (36, plan III). — A gauche : 3655. Louis XV, par *Vanloo* et *Parrocel*. 3660. Marie Leczinska, par *J. B. Vanloo*. 3756. Carle Vanloo, par *L. Vanloo*. 3656. Louis XV, par *Rigaud*. 3662. Beau portrait de Marie Leczinska, par *Nattier* (voir ci-dessus 3660). 8689. Tardieu, graveur, par *J. B. Vanloo*. 3670. Le cardinal de Fleury. 3648. La duchesse du Maine, par *Nattier*. 3724. La duchesse d'Orléans en Hébé. 3696. Louis Dauphin, par *Ch. Natoire*. 3702. La Dauphine, par *L. Toqué*. 3792. Gresset, par *Tocqué*. 3724. 3725. La duchesse d'Orléans par *Nattier*. 3752. Le duc de Choiseul, par *L. M. Vanloo*. 3713. Madame (Victoire), par *Nattier*. 3779. Charles III, par *Raphaël Mengs*. 3785. Catherine II. 3797. Louis XVI, par *Callet*. 3860-3801. Marie-Antoinette, par *Mme Lebrun*. 3783. La duchesse de Parme, par *Mme Guiard*. — En revenant par l'autre côté : 3758. *L. M. Vanloo*, par lui-même. 3782. la duchesse de Parme, par *Nattier* (salon de 1761). 3709. Mme Adélaïde, par *Nattier*. 3806. Le comte d'Artois et Mme Clotilde. 3704. La Dauphine. 3701. Henriette (Madame), par *Nattier* (salon de 1755). 3729. Le thé chez le prince de Conti, au Temple (salon de 1777), tableau curieux par la réunion des personnages : la princesse de Beauvau, la comtesse de Boufflers, la comtesse d'Egmont, la maréchale de Luxembourg, le prince d'Hénin, le président Hénault, Pont de Vesle, Trudaine: le jeune Mozart, âgé de huit ans, est au piano et accompagne le célèbre Géliotte. 3730. Fête donnée à l'Ile-Adam, par le prince de Conti. 3731. Le cerf pris devant le château de l'Ile-Adam. 3732. Souper du prince de Conti, au Temple. 3708. Mme Adélaïde, par *Nattier*. 3683. Le marquis de Marigny, par *Tocqué* (salon de 1755). 3757. *Carle Vanloo* et sa famille, par lui-même (salon de 1757). 3657. Louis XV, par *C. Vanloo*. 3682. Mme de Pompadour, par *Boucher*. 3794. Xavier de France, par *Nattier*. 3692. Bouchardon, sculpteur, par *Drouais*.

VERSAILLES. — LE MUSÉE.

3849. J. B. Rousseau, par *Aved* (salon de 1738). 3687. Destouches. Parvenu au bout de la galerie on revient sur ses pas, et on passe dans la pièce suivante :

*Salle* (137, plan III). — 3864. Madame Adélaïde. 3865 et 3867. Madame Victoire, par *Mme Guiard*. 3874. Louis XVI.

On redescend l'escalier et l'on entre au premier étage dans la galerie de peintures. La direction du parcours imposée au public a l'inconvénient ici de lui montrer les peintures de la galerie suivante dans un ordre chronologique renversé.

### Deuxième galerie de l'Histoire de France.

Les tableaux de ces salles sont consacrés à diverses scènes de notre histoire, depuis 1797 jusqu'en 1836.

*Salle* (39, pl. III). — Nous continuons à indiquer quelques tableaux seulement. 1791. Le duc d'Orléans signe la proclamation de la lieutenance générale, par *Court*. 1796-1797. Les chambres présentent au duc d'Orléans l'acte qui l'appelle au trône, par *Heim*. 1804. Le roi au milieu de la garde nationale, par *Biard*. 1810. Reddition de la citadelle d'Anvers, par *Eug. Lami*.

*Salle* (40, pl. III). — 1773. Revue de Charles X. par *H. Vernet* (1824). 1774. Sacre de Charles X, par *Gérard* (1829). 1775. Revue au camp, par *Gros* (1827). 1786. Attaque d'Alger par mer, par *Gudin*.

*Salle* (41, pl. III). — 1760. Louis XVIII quitte les Tuileries, par *Gros*. 1769. Prise du Trocadero, par *Paul Delaroche* (salon de 1827).

*Salle* (42, pl. III). — Copies d'après *H. Vernet*.

*Salle* (43, pl. III). — 1736. Mariage de Napoléon et de Marie-Louise, par *Rouget*.

*Salle* (44, pl. III). — 1727. Napoléon devant Ratisbonne, par *Gautherot*. 1728. Retour de Napoléon dans l'île Lobau, par *Meynier* (salon de 1812). 1731. Bataille de Wagram, par *Bellangé* (salon de 1837). La peinture de ce tableau, un des meilleurs ouvrages du peintre, est toute craquelée.

*Salle* (45, pl. III). — 1713. Alexandre présente à Napoléon les Kalmoulks, par *Bergeret* (salon de 1810). 1714. Entrée de la garde impériale à Paris, par *Taunay*. 1717. Traversée de la Sierra-Guadarrama, par *Taunay* (salon de 1812); un des bons tableaux de l'école française moderne. 1721. Prise de Landshut, par *Hersent*. 1724. Napoléon fait jeter un pont sur le Danube, par *Appiani*. (Efforts curieux du peintre italien pour draper ses paysans d'une façon *classique!*)

*Salle* (46, pl. III). — 1697. Le Sénat reçoit des drapeaux, par *Regnault* (1808). 1703. Napoléon au tombeau de Frédéric II, par *Ponce Camus*. 1706. Napoléon reçoit l'ambassadeur persan, par *Mulard* (1810).

*Salle* (47, pl. III). — 1678. Descente du mont Saint-Bernard, 1691, et Entrée de l'armée française à Paris, par *Taunay*.

*Salle* (48, pl. III). — 1666. Bataille des Pyramides, par *Hennequin* (1806); bataille d'Héliopolis, par MM. *Cogniet et Girardet*.

Ici se termine la visite de l'aile du nord. Le salon d'Hercule sert de communication entre cette aile et la partie centrale et principale du palais. Les personnes qui, en arrivant à Versailles, voudraient visiter seulement cette dernière partie du palais, devraient entrer au rez-de-chaussée dans le vestibule (n° 1, plan II), et prendre un des petits escaliers en limaçon à côté de la porte de la chapelle; on arrive ainsi au premier étage dans le vestibule (19, pl. III); de là on passe à gauche dans une suite de pièces richement décorées, dont les plafonds à caissons dorés sont du dessin le plus varié. Ce sont ces pièces que nous allons maintenant décrire.

### Salon d'Hercule.

(Plan III.) — (105. *Notice du Musée*.)

Ce salon, qui sert d'entrée aux grands appartements, fut, jusqu'en 1710, la partie supérieure de l'ancienne chapelle, alors établie dans l'espace parallèle en dessous, qui sert aujourd'hui de passage pour se rendre au jardin. Là furent célébrés les mariages du duc de Chartres, du duc du Maine, du duc de Bourgogne; là retentit du haut de la chaire la parole de Bossuet, celle de Massillon et de Bourdaloue.

*Plafond*. — Cette composition, une des plus vastes connues, a 64 pieds de long sur 54 de large, et contient 142 figures; elle fut exécutée à l'huile sur toiles maroufiées par François *Le Moyne*, et découverte en 1736. L'artiste, dans le choix du sujet : l'*apothéose d'Hercule*, avait eu en vue une allusion singulière au prénom du cardinal ministre, Hercule de Fleury, son protecteur. Quelques mois après l'achèvement de ce travail, qui l'avait beaucoup fatigué par la nécessité de peindre en ayant le corps renversé, sa raison s'altéra et il se tua de neuf coups d'épée, à l'âge de 49 ans. Cette œuvre immense atteste une imagination féconde et un génie hardi, mais qui s'abandonne à sa prodigieuse facilité et s'éloigne autant de la nature que du style sévère des grands maîtres. Le dessin est mou et sans correction; les draperies sont flasques; mais le coloris agréable et aérien est très-convenable pour un plafond. Dans ce genre de peinture décorative, Le Moyne nous semble bien supérieur à Lebrun et à Mignard. Tous les dieux de la mythologie sont réunis, contemplant Hercule qui s'avance vers Jupiter et Junon sur un char tiré par des amours.... vertueux sans doute. Vénus seule détourne un peu la tête; près d'elle l'Amour regarde sournoisement le héros, comme pour chercher l'endroit où il peut être vulnérable. — On voit aussi une copie du passage du Rhin, d'après Van der Meulen; action militaire rendue célèbre surtout par le bruit qu'en firent les poëtes et les courtisans. Le roi ne traversa point le fleuve. On le voit sur le devant du tableau. Il est représenté donnant ses ordres, et, selon l'expression de Boileau,

Se plaint de sa grandeur qui l'attache au rivage.

Voltaire a ainsi traduit les vers que le poëte anglais Prior adresse à Boileau :

Satirique flatteur, toi qui pris tant de peine
Pour chanter que Louis n'a pas passé le Rhin.

### PARTIE CENTRALE.

#### PREMIER ÉTAGE.

### Salon de l'Abondance.

(Plan III.) — (106. *Notice du Musée*.)

*Plafond* par *Houasse*, élève de Lebrun, représentant l'Abondance;

a été plusieurs fois restauré. — tableaux de *Van der Meulen*.

De là, passant à gauche dans le salon (49, pl. III ; — 137, notice du Musée), on y voit, ainsi que dans la pièce qui fait suite (50, pl. III) des gouaches, par *Van Blarenberghe*, et des dessins d'anciens costumes militaires français. On arrive ensuite dans la :

### Salle des États généraux.

(Plan III.) — (139. *Notice du Musée*.)

Cette salle est richement décorée ; les camaïeux des voussures sont peints par *Blondel*. Ce travail est surchargé et d'une exécution médiocre. Au-dessous est une frise peinte par M. Louis *Boulanger*, représentant la procession des États généraux (4 mai 1789). Grands tableaux par MM. *Alaux* et *Couder ;* de ce dernier est l'ouverture des États généraux à Versailles, 5 mai 1789, tableau exposé au salon de 1840.

Après avoir visité ces salles, on rentre dans le salon de l'Abondance, et de là on passe dans le :

### Salon de Vénus.

(Plan III.) — (107. *Notice du Musée*.)

Dans cette salle étaient placées les tables destinées à la collation, les jours *d'appartement* (voir plus bas *Salon de Mercure*). Le plafond, peint par *Houasse*, représente le Triomphe de Vénus. Dans une niche est le groupe des trois Grâces, par *Pradier*, exposé en 1831.

### Salon de Diane.

(Plan III.) — (108. *Notice du Musée*.)

C'était la salle de billard sous Louis XIV. — Le *plafond*, par *Blanchard*, a Diane pour sujet. La principale curiosité de cette salle est le buste en marbre de Louis XIV, fait par *Le Bernin*. Il attaqua tout de suite le marbre, sans faire de modèle en terre. Le jet hardi des cheveux et l'aspect flamboyant des draperies attestent la fougue de l'artiste italien, qui avait soixante-huit ans quand il fut appelé en France.

### Salon de Mars.

(Plan III.) — (109. *Notice du Musée*.)

Cette pièce servit, sous Louis XIV, de salle de jeu, de bal et de concert ; elle était alors décorée de six portraits de Titien, de deux tableaux de Paul Véronèse, et du tableau de Lebrun : *la Famille de Darius*, aujourd'hui au musée du Louvre.

*Plafond*. — Au milieu : Mars, sur un char tiré par des loups, par *Audran*. Le compartiment du côté du salon précédent est par *Jouvenet*, et celui du côté du salon de Mercure, par *Houasse*.

*Dessus de porte :* La Justice, la Modération, la Force et la Prudence, par *Simon Vouet ;* dans cette manière claire et facile que retint de lui quelque temps Eustache Le Sueur, son élève. — Portraits du temps : celui de la duchesse de Longueville prend un intérêt particulier de l'étude passionnée que M. Cousin a récemment consacrée à cette héroïne de la Fronde, « assez folle de la faveur populaire, dit M. Vatout, pour aller faire ses couches à l'hôtel de ville ; assez désabusée pour finir dans la pénitence d'un cloître une vie que l'amour et l'ambition avaient tour à tour agitée. » — Sacre et mariage de Louis XIV, d'après Lebrun. Le roi et Marie-Thérèse semblent s'épouser de la main gauche. Cette singularité s'expliquerait, parce que cette toile était destinée à être reproduite sur tapisserie des Gobelins. Plusieurs tableaux de Versailles, ayant eu la même destination, ont été trouvés, coupés par morceaux, dans les greniers du Louvre. Les tableaux du sacre et du mariage remplacent les deux tribunes de marbre où se plaçait la musique les jours de réception.

### Salon de Mercure.

(Plan III.) — (110. *Notice du Musée.*)

C'était une chambre de parade pour laquelle Delobel avait composé un ameublement merveilleux. Elle servait au jeu du roi les jours d'appartement.

« Ce qu'on appelait *appartement*, dit Saint-Simon, était le concours de toute la Cour, depuis 7 heures du soir jusqu'à 10, que le roi se mettait à table, dans le grand appartement, depuis un des salons du bout de la grande galerie jusque vers la tribune de la chapelle. » Voici à ce sujet quelques détails fournis par le *Mercure* de 1682 : « Le roi permet l'entrée de son grand appartement de Versailles, le lundi, le mercredi et le jeudi de chaque semaine, pour y jouer à toutes sortes de jeux depuis 6 heures du soir jusqu'à 10. La liberté de parler y est entière ; cependant le respect fait que personne ne hausse trop la voix. Le roi, la reine et toute la maison royale descendent de leur grandeur pour jouer avec plusieurs de l'assemblée. Le roi ne veut ici ni qu'on se lève, ni qu'on interrompe le jeu quand il approche. On entend ensuite la symphonie, ou l'on voit danser. On passe à la chambre des liqueurs ou à celle de la collation. Trois grands buffets sont aux côtés d'un salon ; celui du milieu est pour les boissons chaudes, comme café, chocolat... ; les deux autres sont pour les liqueurs, sorbets.... On donne de très-excellent vin à ceux qui en demandent. »

Le *plafond*, représentant Mercure sur un char qui est tiré par des coqs, et les quatre voussures, sont peints par J. B. Champagne. — Tableaux d'après Lebrun et Van der Meulen. — Portraits de Louis XIV, d'Anne d'Autriche, de Marguerite Louise d'Orléans, grande-duchesse de Toscane, qui se sépara de Côme III, et revint mener en France une vie plus que dissipée, etc...

### Salon d'Apollon.

(Plan III.) — (111. *Notice du Musée.*)

C'était autrefois la salle du Trône. Les trois pitons qui retenaient le dais sont encore en place. C'est là que Louis XIV reçut la soumission du doge de Gênes. (Ce doge répondit aux courtisans qui lui demandaient ce qu'il trouvait de plus extraordinaire à Versailles : « C'est de m'y voir. ») C'est là qu'il reçut encore les ambassadeurs de Siam, les envoyés du dey d'Alger ; que Louis XV reçut les envoyés de Mahomet V ; et Louis XVI ceux de Tippoo-Saëb.

Le *plafond*, peint par *de La Fosse*, ainsi que les voussures, représente Apollon accompagné des Saisons. — Parmi les portraits il faut remarquer, n° 2001, celui de la princesse Palatine, célèbre par les fragments qui ont été publiés de sa correspondance si curieuse et si libre. Ce portrait est peint par *Hyacinthe Rigaud*. On remarque aussi à cause de sa singulière coiffure, celui de Marie-Louise d'Orléans, fille aînée de Monsieur, mariée à Charles II, roi d'Espagne, « qui révéla à Louis XIV le secret de la

VERSAILLES. — LE MUSÉE.

...che royale, et mourut par le... ...pour n'avoir pas voulu la...iller. »

### Salon de la Guerre.
(Plan III.) — (112. *Notice du Musée*.)

Ce salon, la grande galerie et le salon de la Paix qui lui suit, occupent toute la façade ajoutée du côté des jardins au palais de Louis XIII. Le *plafond*, représentant la France armée de la foudre et tenant un bouclier sur lequel est l'image de Louis XIV, ainsi que les voussures, sont peints par *Lebrun*. Une des voussures, en face de la cheminée, représente Bellone. Dans les trois autres cintres sont représentées : l'Allemagne, la Hollande, l'Espagne, épouvantées des victoires de Louis. Ces tableaux et ceux qui se trouvent dans la galerie des Glaces, *n'ont pas eu peu de part*, dit Saint-Simon, *à irriter et à liguer toute l'Europe contre le roi*. En effet, dans toutes ces peintures, où l'emphase naturelle à Lebrun s'accordait si bien avec le goût de Louis XIV, chaque nation vaincue pouvait trouver une insulte ; chacune devait chercher l'occasion de s'en venger. — Au-dessus de la cheminée on voit Louis XIV à cheval, bas-relief par *Coysevox*, devant lequel s'arrêta le czar Pierre.

### Grande galerie des Glaces.
(Plan III.) — (113. *Notice du Musée*.)

Louis XIV la fit élever à la place d'une terrasse pavée de marbre, en renfoncement entre deux pavillons. Elle a 73 mètres de longueur sur 10 mètres 40 cent. de largeur, et 13 mètres de hauteur, et elle est éclairée par dix-sept croisées en arcades sur les jardins, auxquelles répondent en face dix-sept arcades feintes remplies de glaces dans toute leur hauteur. Les fenêtres et les arcades sont séparées de chaque côté par vingt-quatre pilastres à bases et à chapiteaux dorés. Dans les trumeaux pendent des trophées de bronze doré. La voûte, en plein-cintre, est symétriquement divisée en sept grands compartiments et dix-huit petits, entourés de figures allégoriques, soutenant des trophées ou des guirlandes, avec cette surabondance excessive autorisée par l'emploi que les grands maîtres italiens en ont fait dans ce genre d'ouvrages ; témoin le fameux plafond de la chapelle Sixtine, par Michel-Ange. Cette galerie fut composée par *Lebrun*, qui peignit, vers 1679, les grands tableaux sur toile marouflée. Les vingt-trois figures d'enfants posées sur la corniche, ainsi qu'une partie des trophées, sont dues à *Coysevox*. Outre les sept grands compartiments du plafond, il y en a deux aux extrémités de la galerie. Tout ce fastueux travail est exclusivement consacré à la gloire de Louis XIV. Comme si les adulations de la terre étaient insuffisantes pour le proclamer, l'artiste, à l'exemple des poëtes du temps, fait un dieu du monarque ; mais l'Europe indignée se promet d'humilier l'orgueil de ce nouveau Jupiter qui la menace de la foudre. — Dans les cartouches au-dessous des tableaux sont des inscriptions, généralement attribuées à Boileau et à Racine. — Dans certaines circonstances, comme pour la réception de l'ambassadeur du roi de Perse, Louis XIV faisait transporter le trône dans la grande galerie. Cette galerie fut témoin de bien des fêtes. Une des plus brillantes, sous Louis XIV, eut lieu à l'occasion du mariage du duc de Bourgogne. « La galerie fut éclairée de quatre mille bougies, pour un bal où les dames parurent toutes en velours noir, étincelantes de pierreries. Les hommes étaient également chargés de diamants. Des filous trouvèrent le moyen de se glisser parmi cette riche assemblée ; ils y volèrent beaucoup de pierreries, et coupèrent un morceau de la robe de la duchesse de Bourgogne, pour enlever une agrafe de diamants. » Louis XIV avait voulu que la cour fût magnifique, la profusion du luxe fut extraordinaire. Saint-Simon dit qu'entre sa femme et lui, il leur en coûta 20 000 livres.

1er tableau, au-dessus de l'entrée du salon de la Guerre : Alliance de l'Allemagne et de l'Espagne avec la Hollande (1672).

2e tableau, au-dessus de l'entrée du salon de la Paix : La Hollande accepte la paix et se détache de l'Allemagne et de l'Espagne (1678).

*Plafond.* — Voici l'indication des grands tableaux, en commençant du côté du salon de la Guerre :

1er tableau (occupant toute la voûte) : Passage du Rhin (1672). — Cette composition allégorique laisserait à peine deviner quel est le sujet, si l'on n'y découvrait le Rhin, qui, comme dans l'épître de Boileau, *appuyé sur son urne penchante*, se relève épouvanté de tant d'audace, et laisse d'effroi tomber son gouvernail. L'abaissement de l'orgueil de la Hollande est marqué par une figure renversée, ayant les ailes à moitié coupées et laissant échapper une couronne qui semble tomber hors du tableau. — A l'autre extrémité est figurée la prise de Maëstricht en 1673.

2e tableau (côté des jardins) : Le roi arme sur terre et sur mer (1672). Toutes les divinités s'empressent autour de Louis XIV. Neptune lui amène des vaisseaux, Mars des soldats ; Vulcain lui apporte des armes ; Mercure lui présente un bouclier ; Minerve va poser sur sa tête un casque d'or ; Apollon surveille la construction d'une forteresse. Au haut du tableau est la Vigilance, tenant un sablier, et à côté du roi la Prévoyance, avec un livre et un compas, « pour montrer qu'il prend toujours ses mesures justes. »

3e tableau (opposé au précédent) : Le roi donne ses ordres pour attaquer en même temps quatre des plus fortes places de la Hollande. — Ce tableau, moins allégorique que les autres, représente le roi tenant un conseil de guerre avec le duc d'Orléans, Condé et Turenne. Cependant Mars, aux armes fleurdelisées, Minerve, la Victoire, la Prévoyance, la Vigilance, le Secret, etc., n'en continuent pas moins leur stérile cortège, si cher aux artistes du temps.

4e tableau (au milieu de la voûte, dont il occupe toute la largeur) : Le roi gouverne par lui-même (1661). Tout l'Olympe semble s'intéresser à la gloire du jeune monarque, près duquel sont les Grâces, la Prudence, la Valeur et l'Hyménée tenant son flambeau, tandis que la France est paisiblement assise et que divers génies symbolisent les plaisirs de la cour. — A l'autre extrémité du tableau sont figurées l'Allemagne, l'Espagne et la Hollande, avec cette inscription : « L'ancien orgueil des puissances voisines de la France. »

5ᵉ tableau (côté des jardins): Résolution prise de châtier les Hollandais (1671). Le roi trône au milieu de son entourage mythologique accoutumé.

6ᵉ tableau (opposé au précédent): La Franche-Comté conquise pour la seconde fois (1674). — Toujours des allégories, insaisissables pour qui n'en a pas l'explication; sans la description faite pour Louis XIV, par Rainssan, conservateur des médailles, on serait souvent embarrassé au milieu de ces énigmes. Les villes de la Franche-Comté sont figurées par des femmes en pleurs, que Mars présente au roi. « Un Hercule, symbole de la force et de la vertu héroïque, monte sur un rocher effroyable, où Minerve semble le conduire et sur lequel on voit un lion furieux. Le lion représente l'Espagne, et le rocher la citadelle de Besançon. Les vains efforts que fit l'Allemagne pour empêcher cette conquête sont marqués par un grand aigle effrayé qui crie et qui bat des ailes sur un arbre sec, à l'un des coins du tableau. » N'est-ce pas le cas de dire avec Molière :

Ce style figuré, dont on fait vanité
Sort du bon caractère et de la vérité.

7ᵉ tableau (occupant toute la voûte): Prise de la ville et de la citadelle de Gand en six jours (1678). Louis XIV est encore représenté, tenant en main la foudre, porté sur un nuage et précédé par la terreur. — A l'autre extrémité de cette composition, l'artiste a cherché à figurer les mesures des Espagnols rompues par la prise de Gand.

Le plafond, outre les grandes compositions qui viennent d'être décrites, contient encore 18 médaillons qui consacrent le souvenir de quelques événements du règne.

Quatre statues en marbre ont remplacé dans les niches les statues antiques; côté des jardins : Mercure et Pâris, par *M. Jacquot* (1827); en face : Vénus devant Pâris, par *Dupaty;* et Minerve, par *Cartellier* (1822).

De la grande galerie des Glaces, avant de continuer à s'avancer à travers les galeries du musée, il faut entrer par la première porte à gauche visiter les appartements particuliers.

### Salle du Conseil.

(52, plan III.) — (125. *Notice du Musée.*)

Cette salle, sous Louis XIV, était divisée en deux pièces, qui furent réunies sous Louis XV. La plus éloignée de la chambre du roi était le *cabinet des perruques*. Louis XIV en changeait plusieurs fois par jour. Dans ce singulier voisinage, l'autre pièce était le cabinet du roi ou *cabinet du conseil*, ainsi nommé parce que Louis XIV y travaillait avec ses ministres.

C'est dans cette salle où s'étaient décidées tant et de si grandes affaires, que plus tard, en plein conseil, une courtisane, Mme du Barry, venait s'asseoir familièrement sur le bras du fauteuil de Louis XV, et qu'elle jetait un jour au feu un paquet de lettres encore cachetées, qu'elle avait prises entre les mains du roi. Ce fut là, le 23 juin 1789, dans l'embrasure de la première croisée, que M. de Brézé vint tout éperdu annoncer à Louis XVI la résistance des députés sommés de se séparer, et la foudroyante réponse de Mirabeau : « Nous sommes ici par la volonté du peuple, et nous n'en sortirons que par la force des baïonnettes! »

On y voit une pendule curieuse, faite en 1706 par Morand. — Les dessus de portes, peints par *Houasso*, représentent : Minerve naissant armée du cerveau de Jupiter; Minerve dans l'Olympe; Minerve sur le Parnasse; dispute de Minerve et de Neptune.

De la salle du Conseil on passe dans la chambre à coucher de Louis XIV, et l'on peut entrer dans les *petits appartements*.

### Les Petits appartements.

Pour ne pas interrompre la description des salles publiques du musée de Versailles, nous renvoyons à la fin de cette description l'examen des *petits appartements*.

### Chambre à coucher de Louis XIV.

(53, pl. III.) — (124. *Notice du Musée*.)

Cette pièce devint la chambre à coucher du roi en 1704. C'est là que se renouvelait la cérémonie du petit lever et du petit coucher, fastidieuse pour tout autre que lui. Frédéric le Grand, roi de Prusse, se faisant énumérer un jour par un Français tous les détails de cette singulière étiquette, s'écriait en éclatant de rire : « Si j'étais roi de France, je nommerais un autre roi pour faire toutes ces choses-là à ma place. »

« A 8 heures, le premier valet de chambre en quartier, qui avait couché seul dans la chambre du roi et qui s'était habillé, l'éveillait. » (Saint-Simon.) Quand le roi quittait Versailles seulement pour quelques jours, un valet de chambre y restait, et couchait au pied du lit pour le garder.

Louis XIV dînait souvent dans sa chambre.

« Le dîner était presque toujours au *petit couvert*, c'est-à-dire seul dans sa chambre, sur une table carrée vis-à-vis de la fenêtre du milieu. Il était plus ou moins abondant, car il ordonnait le matin : petit couvert ou très-petit couvert. Mais ce dernier était toujours de beaucoup de plats et de trois services sans le fruit (Louis XIV était gros mangeur). La table entrée, les principaux courtisans entraient, puis tout ce qui était connu, et le premier gentilhomme de la chambre allait avertir le roi. Il le servait si le grand chambellan n'y était pas. J'ai vu, mais fort rarement, monseigneur et messeigneurs ses fils au petit couvert, debout, sans que jamais le roi leur ait proposé un siège. J'y ai vu assez souvent Monsieur, venant de Saint-Cloud, voir le Roi. Il donnait la serviette et demeurait debout. Un peu après, le roi lui demandait s'il ne voulait point s'asseoir, il faisait la révérence, et le roi ordonnait qu'on lui apportât un siège. On mettait un tabouret derrière lui. Quelques moments après, le roi lui disait : « Mon « frère, asseyez-vous donc. » Il faisait la révérence et s'asseyait. D'autres fois le roi demandait un couvert pour Monsieur. Le grand chambellan donnait à boire ou des assiettes à Monsieur, mais Monsieur recevait tout ce service avec une politesse fort marquée. Le roi d'ordinaire parlait peu à son dîner. » (Saint-Simon.) A côté de cette insipide étiquette qui pesait sur tous les moments de la vie de Louis XIV, rappelons qu'un matin à son petit lever, ayant fait servir son *en cas de nuit*, petite collation qu'on plaçait le soir dans sa chambre, il fit asseoir Molière à sa table; et ayant ordonné d'introduire les seigneurs de sa cour : « Vous me voyez, dit-il, occupé de faire manger Molière que mes officiers ne trouvent pas assez bonne compagnie pour eux. » On sait que Molière était un de ses valets de chambre. Le poëte Belloc, entendant un jour un des autres valets de service refuser de faire le lit du roi avec lui, dit à Molière : « Monsieur de Molière, voulez-vous bien que j'aie l'*honneur* de faire le lit du roi avec vous? »

Le lit et l'ameublement de cette chambre étaient l'œuvre de Simon Delobel, tapissier, valet de chambre du roi. Il employa douze ans pour confectionner ce travail, qui prit rang, dit M. Vatout, parmi les merveilles du temps; il était consacré au triomphe de Vénus. On voit encore sur le dossier : l'Amour endormi sur des fleurs, au milieu des nymphes. Plus tard, quand

La salle du Conseil.

s'éveillèrent les scrupules religieux, « la courte-pointe Delobel fut échangée contre un couvre-pied brodé par les demoiselles de Saint-Cyr. On y voyait le sacrifice d'Abraham (il forme aujourd'hui le ciel du lit) et le sacrifice d'Iphigénie; singulier rapprochement qui révèle la double inspiration de Mme de Maintenon et de Racine! »

Le lit a été retrouvé dans les dépôts de la couronne : le couvre-pied, vendu pendant la Révolution, après avoir traîné quelque temps, en deux morceaux, en Allemagne et en Italie, et avoir été vainement offert à Louis XVIII et à Charles X, fut racheté par Louis-Philippe. La balustrade a été également retrouvée au Garde-Meuble; on n'a eu qu'à la faire redorer. L'étiquette défendait de la franchir sans la permission du roi; on raconte qu'en 1714, le premier président de Novion s'étant permis de s'avancer près du lit de Louis XIV, qui était souffrant, le duc d'Aumont, premier gentilhomme de la chambre, le tira par sa robe et lui dit : « Où allez-vous ? Sortez. *Des gens comme vous* n'entrent pas dans la balustrade, si le roi' ne les appelle pour leur parler. »

De chaque côté du lit on voit aujourd'hui deux tableaux de la sainte Famille, des écoles italienne et flamande, que des guides distraits ont le tort d'indiquer quelquefois aux visiteurs comme les tableaux de saint Jean par Raphaël, et de David par le Dominiquin, qui y étaient placés du temps de Louis XIV. Le tableau du Dominiquin le suivait dans ses voyages à Marly, à Saint-Germain et à Fontainebleau. Il fait aujourd'hui partie du musée du Louvre.

Le portrait de la reine Anne d'Autriche, par *Mignard*, y était déjà sous Louis XIV. Les autres portraits ont été placés à l'époque de la restauration du château, et représentent des membres de la famille royale. — Sur la fausse cheminée est un buste en marbre, par *Coysevox*, de la duchesse de Bourgogne, prise d'après nature.

*Plafond.* — Jupiter foudroyant les crimes, par *Paul Véronèse*. Cette peinture, provenant du palais ducal de Venise, a été placée sous Napoléon Iᵉʳ. Elle a été agrandie, et les figures ont été espacées pour remplir l'emplacement. — Au-dessus de la corniche sont les quatre Évangélistes, par *Valentin*.

« Le prie-Dieu, la couronne et les insignes de la royauté posées sur un coussin, les bougeoirs qui se trouvent sur la cheminée n'ont aucune valeur historique. » (*Notice historique du musée de Versailles.*)

C'est dans cette chambre, dans ce lit, que mourut Louis XIV, après un règne de 72 ans. Aucun souverain n'a couché, depuis lui, dans cette chambre.

Le cérémonial suivi en pareil cas était le suivant : Le roi mort, le premier gentilhomme se présentait à la croisée qui donne sur la cour de marbre, en criant trois fois : *Le roi est mort!* Puis, brisant sa canne, et en prenant une autre, il reprenait : *Vive le roi!*

En même temps, on plaçait l'aiguille de l'horloge du palais sur l'heure à laquelle le monarque avait rendu le dernier soupir. Elle y restait immobile jusqu'à la mort de son successeur. Cet usage fut observé pour Louis XV; mais après lui, des six monarques appelés à régner sur la France, Louis XVI, Louis XVII, Napoléon, Louis XVIII, Charles X, Louis-Philippe, un seul, Louis XVIII, est mort sur le trône: c'est pour lui que cette cérémonie fut accomplie pour la dernière fois, en 1824.

### Salle de l'Œil-de-Bœuf.

(54, plan III.) — (123. *Notice du Musée*.)

Cette salle est ainsi appelée de la fenêtre ovale, ou *œil-de-bœuf*, pratiquée au plafond. C'était l'antichambre du roi; c'était là que les courtisans venaient attendre le lever du maître.

Un tableau (peint par *Nocret*) que l'on y voit encore, reste comme l'une des plus curieuses preuves de cette espèce d'idolâtrie dont on entourait Louis XIV, et à laquelle il se prêtait complaisamment. Il y est représenté, ainsi que sa famille, avec les emblèmes des divinités de l'Olympe. Voici les personnages de ce travestissement mythologique : Louis XIV, en *Apollon* ; un peu au-dessous : Marie-Thérèse, en *mère des Amours* ; debout, derrière le roi : Mademoiselle de Montpensier, en *Diane* ; Monsieur, en *étoile du matin* qui va saluer le soleil ; à sa gauche : Henriette d'Angleterre, en *Flore* ; près de celle-ci : Anne d'Au-

La chambre à coucher du roi.

triche, en *Cybèle* ; dans le fond du tableau : les filles du duc d'Orléans, Madame de Guise, Madame de Toscane et Madame de Savoie, sous les figures des trois *Grâces* ; Mademoiselle, reine d'Espagne, en *Zéphyre* ; la reine d'Angleterre, mère de Madame, assise près de Monsieur, tient un trident.

Cet étrange tableau rend presque concevable l'assertion paradoxale de Saint-Simon : « Si le roi n'avait peur du diable, il se serait fait adorer. »

A une extrémité de la pièce est un petit modèle en bronze de la statue équestre de Louis XIV, par *Petitot*, que l'on voit dans la cour du palais.

Mercier, dans son *Tableau de Paris*, donne cette piquante description de l'aspect de l'Œil-de-Bœuf au XVIIIᵉ siècle :

« Là vit un suisse carré et colossal : c'est un gros oiseau dans sa cage. Il boit, il mange, il dort dans cette antichambre, et n'en sort point; le reste du château lui est étranger. Un simple paravent sépare son lit et sa table des puissances de ce monde. Douze mots sonores ornent sa mémoire et composent son service : *Passez, messieurs, passez!* — *Messieurs, le roi!* — *Retirez-vous!* — *On n'entre pas, monseigneur!* Et Monseigneur file sans mot dire. « Tout le monde le salue, personne ne le contredit; sa voix chasse dans la galerie une nuée de comtes, de marquis et de ducs, qui fuient devant sa parole. Il renvoie les princes et les princesses et ne leur parle que par monosyllabes. Aucune dignité subalterne ne lui impose; il ouvre, pour le *maitre*, la portière de glaces, et la referme; le reste de la terre est égal à ses yeux. Quand sa voix retentit, les pelotons épars des courtisans s'amoncellent ou se dissipent : tous fixent leurs regards sur cette large main qui tourne le bouton; immobile ou en action, elle a un effet surprenant sur tous ceux qui la regardent. Ses étrennes montent à cinq cents louis d'or; car on n'oserait offrir à cette main un métal aussi vil que l'argent. »

De la salle de l'Œil-de-Bœuf on peut entrer, du côté opposé à la grande galerie, dans une pièce d'apparence simple, l'*antichambre du roi*.

Un couloir ouvrant sur la salle de l'Œil-de-Bœuf communique avec l'*appartement de la reine*. (Voir page 238.)

### Antichambre du Roi.

(55, plan III.) — (121. *Notice du Musée*.)

Cette pièce servit pendant un certain temps de salle à manger du roi pour le *grand couvert;* les fils et petits-fils de France avaient seuls le droit d'y prendre place; elle devint ensuite la salle des valets de pied. On y voit une bataille d'Arbelles, par *Pietre de Cortone*, et sur la cheminée, une bataille, de *Parrocel*, ainsi que des tableaux de *Van der Meulen*. Le tableau 2068 : Institution de l'ordre militaire de Saint-Louis, 10 mai 1693, offre un intérêt particulier, parce qu'il représente Louis XIV dans sa chambre à coucher; il a servi, en 1836, de guide pour la restauration de cette chambre. — On passe de là dans la salle des Gardes.

### Salle des Gardes.

56, plan III.) — (120. *Notice du Musée*.)

Cette salle, située au haut de l'escalier de marbre, était destinée aux gardes composant la maison du roi. Elle contient quelques tableaux. Un tableau curieux, 2049, représente le carrousel donné par Louis XIV devant les Tuileries, le 16 juin 1662.

Revenons sur nos pas, en traversant les trois salles précédentes, et rentrons dans la grande galerie des Glaces. A gauche, au fond de cette galerie, nous entrons dans le *Salon de la Paix*, qui fait pendant au *Salon de la Guerre*, placé à l'autre extrémité de la galerie.

### Salon de la Paix.

(Plan III.) — (114. *Notice du Musée*.)

L'intention était sans doute de faire contraster les allégories paciques de cette salle avec celles qui ornent le salon de la Guerre. Mais, dans les tableaux des voussures, qui sont l'œuvre de *Lebrun*, on retrouve en partie le même orgueil insultant pour les étrangers, qui offensa si fort les rois de l'Europe. Un des tableaux, comme dit la description quasi officielle de Rainssan, représente *la Hollande à genoux*, recevant sur son bouclier des flèches qu'un Amour lui apporte avec des branches d'olivier, symbole des provinces que le roi avait conquises sur elle et de la paix qu'il lui a donnée. Sur les autres voussures sont figurées : l'Espagne, l'Allemagne et l'Europe chrétienne en paix.

Au *plafond* on voit la France sur un char tiré par deux couples

La salle de l'Œil-de-Bœuf.

de tourterelles que des Amours mettent sous le joug, et qui portent des médailles armoriées, pour désigner le mariage du Dauphin avec la princesse de Bavière et celui de Mademoiselle avec le roi d'Espagne.

Sur la cheminée est une peinture agréable et facile de *Le Moyne*, figurant Louis XIV donnant la paix à l'Europe.

Cette salle servait de salle de jeu. Il s'y est perdu des sommes folles. On raconte que Mme de Montespan, dans une nuit, perdit 400 000 pistoles au biribi. On y a même volé quelquefois. « Les confidences des Mémoires du chevalier de Grammont, dit M. Vatout, nous apprennent que la délicatesse et la probité ne présidaient pas toujours à ces amusements, où plusieurs seigneurs de la cour cherchaient, par une adresse équivoque, à refaire leur crédit aux dépens de leur honneur. Cette audace n'épargnait pas même le roi; car Seissac, qui faisait sa partie de brelan (Louis XIV jouait de préférence à ce jeu et au trictrac), ayant joué un coup suspect, le roi fit arrêter *le garçon bleu qui tenait le panier des cartes*. Les cartes se trouvèrent pipées! Le cartier avoua que c'était Seissac qui les lui avait fait faire, sous la promesse d'une part dans les bénéfices. Samuel Bernard était admis au jeu de la reine, et c'est avec un sentiment pénible que l'on voit, dans les Mémoires du temps, les sordides coquetteries que les plus grandes dames de la cour faisaient à ce nouveau Midas, pour qu'il eût la bonhomie de les laisser tricher à l'aise. »

### Chambre de la Reine.

(Plan III.) — (115. *Notice du Musée.*)

Trois reines, Marie-Thérèse, femme de Louis XIV, Marie Leczinska, femme de Louis XV, Marie-Antoinette, femme de Louis XVI, ont couché dans cette chambre. La duchesse de Bourgogne y mourut. Marie-Antoinette y mit au monde Madame, depuis duchesse d'Angoulême, et fut suffoquée par le flot de curieux qui, selon l'étiquette autorisée, se précipitèrent dans la chambre.

Un souvenir plus émouvant reporte ici l'esprit à cette nuit du 6 octobre 1789, quand, vers quatre heures du matin, au cri poussé par un garde du corps : « Sauvez la reine, ses jours sont en danger! » deux femmes de chambre, qui veillaient dans un salon voisin, accoururent auprès de Marie-Antoinette. S'élançant hors de son lit, elle courut, à demi nue, par le couloir (*o*, plan III) communiquant avec l'Œil-de-Bœuf, se réfugier auprès du roi, qu'elle trouva dans la salle du conseil (52, pl. III), salle voisine de la chambre où il couchait (*a*, plan III). La porte du passage par lequel se sauva la reine existe encore à gauche au fond de la pièce, mais elle est à moitié coupée par le portrait de la dauphine de Bavière. On voit encore les pitons qui soutenaient le dais du lit.

Aux voussures, quatre peintures en grisaille, figurant la *Fidélité*, l'*Abondance*, la *Charité*, la *Prudence*, sont de *Boucher*. — Au-dessus des portes, côté du salon de la Paix : la Jeunesse et la Vertu présentent deux princesses à la France, par *Natoire*; en face : la Gloire s'empare des enfants du prince; peinture d'une agréable couleur, par *Detroy* (1734). — Parmi les tableaux et les portraits, nous signalerons : 2010. Défaite de l'armée espagnole, par *Van der Meulen* et *Lebrun*; le duc de Bourgogne, par *Hyacinthe Rigaud*.

### Salon de la Reine.

(Plan III.) — (116. *Notice du Musée.*)

Le *cercle de la reine* se tenait dans cette pièce. Son siège était placé sur une estrade, sous un dais, dont on voit encore les pitons d'attache. C'est là que brillèrent les élégantes beautés, les grandes dames de la cour de Louis XIV, avant que Louis XIV allât s'emprisonner dans les appartements de Mme de Maintenon.

*Plafond :* Mercure protégeant les sciences et les arts, et, dans les voussures, Sapho, Pénélope, Aspasie : les peintures sont dues à *Michel Corneille.*

On voit plusieurs tableaux et des portraits, entre autres ceux du duc de Berry et de la duchesse de Berry, fille du Régent, tristement connue par sa vie licencieuse.

**Salon du grand couvert de la Reine, ou antichambre de la Reine.**

(Plan III.) — (117. *Notice du Musée.*)

Cette salle servait au *grand couvert* de la reine, auquel le public était admis. Marie Leczinska dînait ainsi tous les jours. « Marie-Antoinette, dit Mme Campan, observa cette coutume fatigante tant qu'elle fut dauphine. Le dauphin dînait avec elle, et chaque ménage de la famille avait tous les jours son dîner public. Les huissiers laissaient entrer tous les gens proprement mis. Ce spectacle faisait le bonheur des provinciaux. A l'heure des dîners, on ne rencontrait dans les escaliers que de braves gens qui, après avoir vu la dauphine manger sa soupe, allaient voir les princes manger leur bouilli, et qui couraient ensuite à perte d'haleine, pour aller voir Mesdames manger leur dessert. »

*Plafond.* — Saint Marc couronnant les vertus théologales, par *Paul Véronèse.* Ce tableau, provenant de la salle des Dix au palais ducal à Venise, a été placé sous Napoléon I$^{er}$. « Il a été agrandi sur les côtés, dit la notice, et les parties ajoutées ont été peintes par *Gérard.* » Le saint Marc, par son mouvement, fait penser à celui du célèbre tableau de Tintoret : *Miracle de saint Marc.* — Dans les *voussures*, des héroïnes de l'antiquité et des divinités mythologiques forment un singulier entourage à saint Marc et aux Vertus théologales. Si ce contre-sens ne doit pas être attribué à Louis-Philippe, il semble que le roi qui a restauré Versailles ait pris à tâche de l'aggraver, en donnant pour compagnie nouvelle à l'évangéliste les portraits de plusieurs des maîtresses de Louis XIV, Mmes de Soubise, de La Vallière, de Montespan.

On voit encore les portraits de Louis XIV, par *Lebrun*, du comte de Toulouse et du comte de Vermandois, « ce fils si beau de Mme de La Vallière, que les historiens ont voulu faire passer pour le masque de fer. » Et entre autres tableaux : 2027, Le duc d'Anjou déclaré roi d'Espagne, par *Gérard* (salon de 1824), un des meilleurs tableaux de ce peintre habile ; 2025, Réparation faite par le doge de Gênes, par *Hallé* ; 2026, Mariage du duc de Bourgogne, par *Antoine Dieu.*

**Salle des gardes de la Reine.**

(Plan III.) — (118. *Notice du Musée.*)

C'est la porte entre la salle précédente et celle-ci qu'entr'ouvrirent les femmes de chambre de Marie-Antoinette, le 6 octobre 1789 au matin, et qu'elles se hâtèrent de fermer au verrou, quand elles eurent entendu le cri de détresse du garde du corps qui la défendait. C'est ici qu'il fut massacré. La foule armée de piques s'était introduite dans le château par l'escalier de marbre dont le palier vient aboutir derrière la salle des gardes de la reine.

*Noël Coypel* a peint au *plafond* : Jupiter entouré de figures allégoriques, et dans les *voussures* : Ptolémée rendant la liberté aux Juifs; Alexandre Sévère faisant distribuer du blé; Trajan et Solon. — Parmi les portraits il faut remarquer : 2036, le joli portrait de la duchesse de Bourgogne, par *Santerre*. A l'aide de ce portrait et du buste de Coysevox, de la chambre de Louis XIV, on peut retrouver complète la physionomie de cette princesse qui fut les délices de la cour de Louis XIV.

Cette grande pièce fut une salle des gardes; Louis XV et Louis XVI y tinrent des lits de justice.

On laisse ici les souvenirs de la vieille monarchie et l'on entre brusquement dans l'histoire des temps modernes.

### Salle du Sacre.

(Plan III.) — (140. *Notice du Musée*.)

*Plafond*. — Allégorie du 18 brumaire, par *Callet*. — Dessus de portes : le Courage, le Génie, la Générosité, la Constance, ouvrages médiocres de *Gérard*. 2190. Sacre de Napoléon, par *David* (salon de 1808).

Cette vaste toile, haute de 6$^m$,10 et longue de 9$^m$,31, contenant 100 portraits, est un des chefs-d'œuvre du grand artiste. Cette scène solennelle est rendue avec intelligence et simplicité, malgré le ridicule du costume et la contrainte imposée par l'étiquette. Plusieurs portraits de femmes semblent traités négligemment. Un critique reprocha à David d'avoir fait Joséphine trop jeune. « Allez le lui dire, » répliqua-t-il vivement. Le peintre avait représenté d'abord, avec une simplicité toute raphaélesque, le pape Pie VII les mains posées sur ses genoux. Mais l'Empereur exigea qu'il fût représenté donnant sa bénédiction. « Je ne l'ai pas fait venir, dit-il, de si loin pour ne rien faire. » M. Delécluze, dans son intéressante étude sur David, raconte une curieuse visite faite par Napoléon à l'atelier de l'artiste : « Les personnes de la cour reprochaient au peintre d'avoir fait de l'Impératrice l'héroïne du tableau, en représentant plutôt son couronnement que celui de Napoléon. L'objection n'était certainement pas sans fondement... On aurait dû penser que le nouveau souverain avait tout prévu, tout calculé, tout arrangé d'avance avec son premier peintre... Lorsque toute la cour fut rangée devant le tableau, Napoléon, la tête couverte, se promena pendant plus d'une demi-heure devant cette large toile, en examina tous les détails avec la plus scrupuleuse attention, tandis que David et tous les assistants demeuraient dans l'immobilité et le silence.... Enfin il prit la parole, et dit : « C'est bien, très« bien, David. Vous avez *deviné* toute « ma pensée; *vous m'avez fait chevalier* « *français* !! Je vous sais gré d'avoir « transmis aux siècles à venir la preuve « d'affection que j'ai voulu donner à celle « qui partage avec moi les peines du gou« vernement. » Bientôt Napoléon, faisant deux pas vers David, leva son chapeau, et, faisant une légère inclination de tête, lui dit d'une voix très-élevée : « David, « je vous salue. »

2191. Distribution des aigles, composition théâtrale, par *David*. — Bataille d'Aboukir, par *Gros*. Cette fougueuse peinture, reléguée dans un grenier à Naples, put être rachetée, en 1824, par l'artiste, grâce à l'entremise de la duchesse d'Orléans (depuis la reine Amélie); elle fut acquise, dit la notice, en 1833, par la liste civile, moyennant 25 000 francs.

### Salle.

(57, plan III.) — (144. *Notice du Musée.*)

2240. Bataille de Hondschoote, toile pleine de lumière, et 2241. Bataille de Watignies, par *Eug. Lami.*

### Salle.

(58, plan III.) — (143. *Notice du Musée.*)

Cette pièce, alors sans communication avec les deux précédentes, était le grand cabinet de Mme de Maintenon, dont l'appartement contigu occupait les pièces 133 et 134 du plan II (voir page 253). — 229. Bataille de Fleurus, par *Bellangé* (salon de 1836).

### Salle de 1792.

(59, plan III.) — (145. *Notice du Musée.*)

Salle des Cent-Suisses, sous Louis XVI. — 2246. La garde nationale part pour l'armée, par Léon *Cogniet.* — Nombreux portraits de guerriers illustres.

Avant d'entrer dans la galerie de l'aile du sud on peut aller visiter plusieurs petites pièces dites :

### Salles des Aquarelles.

(60, plan III.) — (146. *Notice du Musée.*)

Elles formèrent l'appartement du duc de Bourgogne; puis du cardinal Fleury et du duc de Penthièvre.

Ces salles contiennent entre autres une nombreuse collection d'*aquarelles*, par *Bagetti*, capitaine ingénieur-géographe de l'armée d'Italie; par *Dauzats*, et par *Siméon Fort;* vues curieuses des Portes-de-Fer (n°s 2571, 2576); et deux dessins d'*Isabey* (2487, 2489).

Revenu dans la salle (59, pl. III) qui relie la partie centrale du palais à l'aile du midi, on traverse le palier de l'*escalier des Princes* (61, pl. III), ainsi nommé parce qu'il desservait les appartements de l'aile du midi occupée par les princes du sang, et l'on entre dans la magnifique galerie des Batailles. — Les personnes qui voudraient ne visiter que les galeries de l'aile du sud pourraient entrer sous le vestibule au fond de la cour des Princes, et monter directement par l'*escalier des Princes* à la *galerie des Batailles.*

## AILE DU SUD.

### Galerie des Batailles.

(Plan III.) — (148. *Notice du Musée.*)

Cette splendide galerie, d'une étendue presque double de celle de la grande galerie des Glaces, a 120 mètres de longueur, et 13 mètres de largeur; elle a été ouverte en 1836, à la place d'une série d'appartements habités sous Louis XIV par Monsieur, frère du roi, le duc et la duchesse de Chartres. Elle est recouverte en fer, éclairée par le haut et décorée avec la plus grande richesse. Elle contient des bustes de personnages célèbres et une suite de grandes toiles consacrées à reproduire les souvenirs de grands faits militaires de notre histoire. Parmi ces tableaux nous citerons particulièrement : les n°s 2580, bataille de Tolbiac, et 2582, Charlemagne à Paderborn, par *Ary Scheffer.* 2583. Le comte Eudes défend Paris, par *Schnetz.* 2586. Bataille de Taillebourg, par *Eug. Delacroix* (Salon de 1837). 2588. Bataille de Mons en Puelle, par *Larivière.* 2625. Entrée d'Henri IV à Paris (Salon de 1817), et 2675, Bataille d'Austerlitz (Salon de 1810), deux des chefs-d'œuvre de *Gérard*, dont la couleur a malheureusement verdi. 2654. Bataille de Lawfeld (Salon de 1836).

et 2657, Prise d'York-Town, par Auguste *Couder;* et les toiles, si populaires, peintes par *Horace Vernet* : 2584, Bataille de Bovines; 2653, Bataille de Fontenoy (Salon de 1836); 2678, Bataille d'Iéna; 2682, Bataille de Friedland; 2686, Bataille de Wagram (Salon de 1836). Ces tableaux complètent l'exposition si considérable et si remarquable d'Horace Vernet, à Versailles. Cet artiste, qui dut entreprendre de lointaines excursions pour aller étudier sur les lieux les scènes qu'il devait peindre, « figura pour 843 000 fr., dit M. de Montalivet dans son écrit déjà cité (p. 213), dans les acquisitions ou les commandes ordonnées par Louis-Philippe. »

Nous voici maintenant parvenus à une dernière salle formant l'extrémité de l'aile du sud.

### Salon de 1830.

(Plan III.) — (149. *Notice du Musée*.)

Louis-Philippe a consacré cette salle à la révolution de juillet 1830, origine du pouvoir de la dynastie d'Orléans. Il a écarté les souvenirs de nos guerres civiles, et n'a cru devoir rappeler que les scènes où il figure lui-même; elles sont reproduites ici dans les tableaux du baron *Gérard*, de MM. *Court*, *Eug. Devéria*, *Larivière* et *Ary Scheffer*. Le plafond est par M. *Picot* (1835).

Au sortir de cette salle, on arrive sur le palier de l'*escalier de Monsieur* (62, plan III). Sur cet escalier, à droite, est une porte ouvrant sur plusieurs salles où sont réunies les peintures relatives à Louis-Philippe et à sa famille. Ces peintures ne sont pas placées, et les salles sont fermées au public.

On peut, avant de monter à l'attique, parcourir la *galerie de Sculptures* adossée à la galerie des Batailles. Quand la *galerie des Tombeaux* (voir au bas du plan II), en ce moment fermée, sera de nouveau ouverte au public, on pourra, en suivant un autre ordre, parcourir toutes les galeries des différents étages de l'aile du sud, sans être obligé de revenir sur ses pas.

### Troisième galerie de Sculptures.

(Plan III.) — (150. *Notice du Musée*.)

Cette galerie servait autrefois de dégagement aux appartements qu'a remplacés la galerie des Batailles. On y voit : 2722. Buste de Michel de L'Hôpital, par *Germain Pilon*; plusieurs statues, par *Barthélemy Prieur* : n°° 2712, 2718, 2727, 2128, par *Coysevox*, *Coustou* et *Houdon*.

On monte l'*escalier de Provence* ou *de Monsieur* (62, plan III), dans lequel sont placés trois tableaux : 3899. Pie VIII porté dans la basilique de Saint-Pierre, par *H. Vernet* (salon de 1831). 3897. Mort de Léonard de Vinci, par *Ménageot* (Salon de 1781). 3898. Mort de Louis XIII, par *Decaisne*.

### AILE DU SUD.

#### ATTIQUE.

( 63 à 72, plan III.)

Cet étage supérieur de l'aile du midi renferme, ainsi que celui du nord, une collection de portraits. Il formait près de cent pièces occupées par diverses personnes attachées à la cour.

*Salle* (63, plan III) (164, *Notice du Musée*). — Anciens portraits et copies.

*Galerie* (64, plan III) (165, *Notice du Musée*). — A gauche : 4027. Henri IV âgé de 38 ans (peinture du XVII° siècle). 4028. Henri IV. 4031.

Henri IV, par *Ary Scheffer*. 3982. Catherine de Médicis. 4139. Femme inconnue. 4026. Élisabeth, reine d'Angleterre. 4133. Portrait, par de *Keyser*. 4182. Racine. 4183. La Fontaine. 4108. Beau portrait, par *Séb. Bourdon*. 4236. Le cardinal de Rohan, par *Hyac. Rigaud*. 4172. Mme de Grignan. — En revenant de l'autre côté : 4194. La duchesse de Lancastre, par *Peter Lely*. 4184. Boileau, par *Hyac. Rigaud*. 4167. Fouquet? 4119. L'*Albane*, peint par lui-même.

*Salle.* (65 plan III) (166, *Notice du Musée*). — A gauche : 4327. Wleugels, peintre, par *Pesne*. 4283. Edelinck, graveur. 4298. Louis XV, par *Parrocel*. — En revenant de l'autre côté : 4335. Portrait, par *C. Vanloo*. 4328. *Nattier* et sa famille, peints par lui-même. 4324. Largillière. 4332. Thierry, sculpteur et 4330. Coustou, par *Largillière*. 4282. Fontenelle, par *Greuze*.

*Galerie* (66, plan III) (167, *Notice du Musée*). — A gauche : 4409. Frédéric II, par Mme *Therbusch* (consulter sur cette artiste les Salons de Diderot). 4367. Madame Sophie, par *Nattier*. 4423. Chasse dans l'île d'Ischia, par *Jos. Vernet*. 4366. Madame Sophie, par *Nattier*, portrait plusieurs fois répété dans cette galerie. 4492. Le comte de Pembroke et sa famille, intéressante peinture, par *Josué Reynolds*. 4476. Marie-Antoinette, par Mme *Lebrun*. 4477. Joseph II. 4400. Personnage inconnu. 4463. Charles-Marie Bonaparte, père de Napoléon, par *Girodet Trioson*. 4518. Mme Roland. 4519. Charlotte Corday. Ce portrait fut exécuté par le peintre *Hauer*, quelques moments avant l'exécution. Quand le bourreau entra, elle lui prit les ciseaux des mains, et, coupant une mèche de ses cheveux d'un blond cendré, elle la remit au peintre, comme le seul souvenir qu'elle pût lui laisser. 4520. Belley, esclave noir qui s'était racheté, et qui fut député à la Convention, par *Girodet*. 4531. Fourcroy, par *Gérard*. 4464. Lætitia Ramolino, par *Gérard*. 4532. De Lalande. 4535. Paul Ier; portrait curieux, à cause du nom et de la laideur. — En revenant de l'autre côté : 4539. Napoléon Ier, consul, par *Greuze*; portrait singulier par l'expression de douceur des yeux que le peintre a donnée à cette jeune figure. 4456. Delille, par *Danloux* (salon de 1802). 4527. Pichegru. 4516. Fabre d'Églantine. 4512. Barère, par *David*. 4547, Girodet, et 4548, Gros. 4457. Marmontel, par *Boilly*. 4432. La duchesse d'Orléans, par Mme *Lebrun*. 4460. Ménageot, peintre. 4462. Grétry, par Mme *Lebrun*. 4427. Marie-Antoinette et ses enfants, par Mme *Lebrun* (Salon de 1787). « Je ne me connais pas en peinture, lui dit Louis XVI, mais vous me la faites aimer. » On peut remarquer à cette occasion l'absence du sens artistique chez la plupart des derniers souverains de la France. 4392. Boucher, peintre, par *Roslin*. 4421. Linnée, par *Roslin*. 4350. Marie Leczinska. 4363. Madame Henriette, seconde fille de Louis XV, par *Nattier*. 4418. La duchesse de Parme, fille aînée de Louis XV. 4365. Madame Adélaïde, quatrième fille de Louis XV, par *Nattier* (répétition). 4402. Benoît XIV.

*Salle* (67, pl. III) (168, *Notice du Musée*). — Personnages anglais. — De cette petite pièce on passe dans une salle double.

*Salle des résidences royales* (68, plan III). Les parois en sont décorées de peintures anciennes et modernes représentant les résidences royales. — De là on passe dans une autre salle double.

*Salle* (69, plan III) (170, *Notice du Musée*). — 4691. Pie VII, par *David* (répétition du tableau du Louvre). 4606. L'impératrice Joséphine, par *Le Thière* (1807). 4620. Mme Clary, reine de Naples, par *Rob. Lefèvre* (1807). 4688. *Gros*, par lui-même. 4618. Caroline Bonaparte (Mme Murat), par Mme *Lebrun* (1807). 4616. La princesse Élisa, par *Le Thière* (1806). 4605. Joséphine, par *Gérard*. 4617. Pauline Bonaparte, par *Rob. Lefèvre*. 4612. Napoléon présentant le roi de Rome, par *Rouget*. 4609. Marie-Louise et le roi de Rome.

*Salle* (70, plan III) (171, *Notice du Musée*). — 4700. Le duc de Berry, par *Gérard*. 4697. Charles X, par *Gérard*. 4701. La duchesse de Berry et ses enfants, par *Gérard*. 4695. Louis XVIII, par *P. Guérin*. 4696. Le comte d'Artois, par *Gérard*. 4706. Le prince de Carignan, à la prise du Trocadéro, et 4705. Le duc d'Angoulême à la prise du Trocadéro, par *Paul Delaroche*. 4731. Grégoire XVI, par *P. Delaroche*. 4728. Gérard, peintre, par *Lawrence*. — De là on passe dans une petite pièce étroite :

*Cabinet* (71, plan III) (172, *Notice du Musée*). — Cette pièce contient une nombreuse collection d'esquisses des portraits en pied peints par *Gérard*, de 1796 à 1836. 4836. Andrieux, faisant une lecture dans le foyer de la Comédie Française, par *Heim* (1847). Un autre tableau du même peintre : 4835. Charles X distribuant des récompenses aux artistes. Ce tableau, qui a figuré à l'Exposition universelle de 1856, est remplacé par un tableau de M. *Hipp. Lecomte*.

En sortant de cette dernière salle de portraits on traverse une petite pièce d'entrée dite *la Tourelle* (72, pl. III). Une flèche mobile attachée au plafond indique la direction du vent. — À l'issue de cette pièce, on se trouve sur le palier de la partie supérieure de *l'escalier de la Reine* (73, pl. III).

La Tourelle et cet escalier revêtu de stuc sont les dernières constructions dues à Louis-Philippe. Il se proposait d'étendre la construction de ces galeries de l'attique à la partie centrale, de manière à faire communiquer l'attique du sud avec celui du nord..

On descend l'escalier de la Reine et on arrive sur le palier de *l'escalier de Marbre*, escalier d'honneur qui sert pour les jours de cérémonie (73, plans II et III). Parvenu au bas de ce dernier escalier, on se trouve au rez-de-chaussée dans une suite de VESTIBULES (74, pl. II). On peut, si l'on veut, entrer par le vestibule (75, pl. II), dans les *salles des Connétables* et *Maréchaux* (v. plus bas page 247). Mais, avant de parcourir le rez-de-chaussée du centre du palais, nous pensons qu'il vaut mieux achever de voir la dernière partie de l'aile du sud qui n'a pas encore été visitée, c'est-à-dire les *galeries de l'Empire*. Pour cela on traverse les vestibules 76 et 77 (plan II), et, sortant sous le grand vestibule 78, on entre en face dans le vestibule (79, pl. II) qui introduit dans les galeries de l'Empire.

## AILE DU SUD.
### REZ-DE-CHAUSSÉE.

Après avoir traversé un vestibule orné de bustes (79, plan II), (66, *Notice du Musée*), on entre dans une suite de galeries de peintures situées du côté du jardin. Ces salles, jusqu'au vestibule Napoléon, formaient, sous Louis XIV, l'apparement du duc et de la duchesse de Bourbon.

### Galeries de l'Empire.

*Salle* (80, pl. II) (67, *Notice du Musée*). — Au milieu de cette salle est une statue en marbre représentant l'héroïque Viala, par *Mathieu Meusnier*. 1483. Mort de Marceau, par *Couder*. 1484. Le général Augereau au pont d'Arcole, par *Thévenin* (1796). 1485. Bataille d'Arcole, par *Bacler d'Albe*.

*Salle* (81, pl. II). — 1493. Paix de Léoben, par *Le Thière* (1805).

*Salle* (82, pl. II). — 1496. Napoléon devant les Pyramides, par *Gros*. 1497. Révolte du Caire, par *Girodet* (ces deux tableaux célèbres ont été exposés au Salon de 1810). 1498. Bonaparte pardonnant aux révoltés du Caire, par *Guérin* (Salon de 1808).

*Salle* (83, pl. II). — 1499. Consulat de la République Cisalpine, par *Monsiau* (1808).

*Salle* (84, pl. II). — C'est ici qu'était placé le tableau de M. *Rouget*, représentant Napoléon recevant le sénatus-consulte qui le proclame empereur, et qui a été récemment transporté à Saint-Cloud (v. Saint-Cloud, p. 176). Il a été remplacé par une mauvaise tapisserie d'après la Peste de Jaffa, par *Gros*.

*Salle* (85, pl. II). — 1505. Napoléon reçu par le prince de Bade, par *Bertin*. 1510. Combat de Landsberg, par *Bellangé*.

*Vestibule Napoléon* (86, pl. II). — Statues de la famille napoléonienne. 1519. Réduction de la statue en bronze, par M. *Seurre*, placée sur la colonne de la place Vendôme.

*Salle* (87, pl. II). 1529. Honneur au courage malheureux, par *Debret*. 1530. Ney remet au 76ᵉ de ligne ses drapeaux retrouvés à Innsbruck, par *Meynier* (Salon de 1808). 1531. Combat de Guasterdorf, par *Féron* (1837).

*Salle* (88, pl. II). — 1532. Napoléon reçoit les clefs de Vienne, par *Girodet* (1808). 1533. Napoléon donnant l'ordre avant la bataille d'Austerlitz, par *Carle Vernet* (1808). 1534. Entrevue de Napoléon et de François II, par *Gros* (1812).

*Salle* (89, pl. II). — 1535. Entrée de Napoléon à Berlin, par *Meynier* (1812).

*Salle* (90, pl. II). — 1538. Napoléon reçoit la reine de Prusse à Tilsitt, par *Gosse*.

*Salle* (91, pl. II). — 1541. Mariage du prince Jérôme, par *Regnault* (1810). 1542. Napoléon devant Madrid, par *Carle Vernet* (1810). 1543. Capitulation de Madrid, par *Gros* (1810).

*Salle* (92, pl. II). — 1548. Mariage de Napoléon et de Marie-Louise, par *Rouget* (1836).

*Salle de Marengo* (93, pl. II). — 1550. Le premier consul franchissant le Saint-Bernard, célèbre tableau de *David* (1805). Il ne s'agit pas ici évidemment de la vraisemblance historique. L'artiste a saisi seulement la poétique de son sujet. Napoléon voulut être représenté *calme sur un cheval fougueux*. Or, c'est sur un mulet tenu par un guide, ainsi que l'a représenté M. Paul Delaroche, qu'il a franchi le Saint-Bernard. Il y a quatre répétitions du tableau de David. 1551. Bataille de Marengo, par *Carle Vernet*. 1553. Convention d'Alexandrie, par *Drolling* (1837).

Au sortir de cette salle on se

trouve sur l'*escalier de Monsieur* (94, pl. II, et 62, pl. III). Il faut descendre quelques marches, et, sur le palier en face, on trouve l'entrée des salles des Marines.

### Salles des Marines.
(95, plan II.)

Ces salles, sous Louis XVI, faisaient partie du pavillon habité par le comte de Provence (Louis XVIII) et nommé, à cause de cela, pavillon de Monsieur ou de Provence. Ces salles sont au nombre de cinq. La majeure partie des tableaux de marine qui y sont réunis sont exécutés par M. *Gudin*. 1446. Combat de la frégate française *la Bayonnaise* contre la frégate anglaise *l'Embuscade* (1798), par *Crépin* (Salon de 1801). 1448 *bis*. Capitulation obtenue à Pondichéry, 1803, par *H. Bellangé* (1854). 1416. Combat du Texel, par *Eug. Isabey* (Salon de 1839).

En sortant des salles des Marines, on voit plus bas le *vestibule de l'escalier de Provence* (96, pl. II), où sont des statues et des bustes de Louis XVI, Louis XVIII, Charles X, etc.

De là on passe dans les *salles des Tombeaux*[1], situées sur la cour de la surintendance, au-dessous de l'étage du rez-de-chaussée (voir au bas du plan II), parce que de ce côté le sol est beaucoup plus bas que du côté du jardin. Sur cette cour, la succession des étages de l'aile du sud se fait ainsi : 1° rez-de-chaussée (salles des Tombeaux); 2° au-dessus est le rez-de-chaussée, par rapport au niveau du parterre

[1]. Ces salles sont fermées momentanément (juin 1856).

(première galerie de sculptures); 3° premier étage (deuxième galerie de sculptures, adossée à la galerie des Batailles); 4° galeries de l'antique (portraits), second étage sur le jardin, troisième sur la cour.

Remontant l'escalier de Monsieur, on trouve à droite une galerie de sculptures, adossée aux *galeries de l'Empire*.

### Quatrième galerie de Sculptures.
(Plan III.)

On voit dans cette galerie les statues des personnages et des généraux célèbres, depuis le commencement de la Révolution jusqu'en 1814. 1568. Hoche, par *Milhomme* (1808), est représenté à l'antique. 1578. Le général Leclerc, par *Dupaty* (1812), est représenté nu, en Achille. 1585. Napoléon, par *Bartolini*.

Ici l'on a complétement achevé de parcourir les différents étages de l'AILE DU SUD. Parvenu à l'extrémité de la galerie de sculptures, on descend l'*escalier des Princes* (97, plan II, et 61, plan III); puis, traversant le vestibule (78, plan II), qui sert d'entrée pour aller dans les jardins, on entre en face, sous ce vestibule, dans les salles du rez-de-chaussée (PARTIE CENTRALE DU PALAIS), les seules qui restent encore à visiter.

C'est par ce vestibule du fond de la cour des princes qu'est l'entrée du rez-de-chaussée du centre du palais. On n'y entre pas du côté du vestibule de la chapelle.

## PARTIE CENTRALE DU PALAIS.
REZ-DE-CHAUSSÉE.

1er *Vestibule d'entrée* (77, plan II). — Bustes en marbre : 842, de Voltaire, par *Houdon* (1782); 845, de Diderot, par *Houdon*; 844, de Rousseau, par *Boyer*, etc.

2° *Vestibule* (76, plan II), servant, au besoin, de communication entre la cour de Marbre et le parterre du Midi.

3° *Vestibule* (75, plan II).

On entre de là dans les salles des Amiraux, des Connétables et des Maréchaux (voir plan II). — Une partie de ces salles formèrent successivement le logement du grand Dauphin, fils de Louis XIV; et, après sa mort, du duc et de la duchesse de Berry; puis du Dauphin fils de Louis XV, etc.

#### Salle des Amiraux.

(Voir plan II.)

Cette collection des portraits des amiraux de France commence en 1270 à Florent de Varennes, amiral sous saint Louis, et finit au duc d'Angoulême, fils de Charles X.

#### Salle des Connétables.

(Voir plan II.)

Dans le principe, le connétable (*comes stabuli*) était le grand écuyer du souverain.

Il y a eu, sous l'ancienne monarchie, trente-neuf connétables, depuis le XI° siècle jusqu'au XVII°; le dernier fut Lesdiguières, sous Louis XIII, qui supprima cette charge en 1627. Louis XIV ne rétablit pas la connétablie, quoiqu'on eût fait espérer à Turenne qu'elle serait rétablie en sa faveur.

Parmi les plus illustres, on remarque Duguesclin, qui se défendit d'accepter l'épée de connétable, dit Froissard, alléguant qu'*il était venu de trop pauvre noblesse*, et qui, pourtant, donna à cette dignité suprême un nouvel éclat; Olivier de Clisson, *le boucher des Anglais*; le duc de Bourbon, Anne de Montmorency, si terrible aux huguenots, tué à la bataille de Saint-Denis.

Napoléon fit revivre cette dignité pour un de ses frères, Louis, depuis roi de Hollande.

#### Salle des Maréchaux.

(97', plan II.)

Il y a eu jusqu'ici plus de trois cents maréchaux de France. Treize salles leur sont consacrées : elles sont séparées par la galerie de Louis XIII. Il n'a pas été possible, comme on le pense bien, de se procurer les portraits de tous ces guerriers. Des écussons portant le nom et les titres des absents complètent ce long catalogue du maréchalat. Le premier maréchal date du XII° siècle.

Parmi tous ces noms, dont plusieurs sont devenus ou demeurés obscurs, les illustrations abondent. Ce sont les rudes compagnons des rois de France aux époques féodales; ce sont, sous Louis XIV, Catinat, Villars, Turenne ! A la mort de ce dernier, on nomma huit maréchaux pour le remplacer : *la monnaie de M. Turenne!* L'augmentation du nombre des maréchaux s'explique par l'accroissement de l'armée, qui, vers la fin du règne de Louis XIV, s'éleva à 450000 hommes. A côté de ces grands noms, d'autres illustrations d'un genre tout différent rappellent, ou de tragiques souvenirs, comme Vitry, capitaine des gardes, nommé maréchal pour avoir tué Concini; ou la faveur des cours, comme ce Concini lui-même, maréchal d'Ancre, et comme Villeroy.

Sous le règne de Louis XV, on retrouve les mêmes contrastes. A côté du maréchal de Saxe, le glorieux vainqueur de Fontenoy, figure Soubise, le vaincu de Rosbach, favori de Mme de Pompadour et de Louis XV, malheureux en ménage comme à la guerre; double infortune à laquelle le spirituel et égoïste monarque faisait allusion en apprenant qu'il avait été *battu* à Rosbach : « Ce pauvre Soubise ! allons! il ne lui manque plus que d'être *content*. »

Voici maintenant les maréchaux de notre siècle, ceux de l'Empire, presque tous sortis des rangs du peuple; ceux de la Restauration, noms plus illustres, pour la plupart, par leurs ancêtres que par leurs victoires, et parmi lesquels figure un étranger, le prince de Hohenlohe.

De la septième salle des Maréchaux, on passe dans la salle suivante.

### Salle des rois de France.

(99, plan II.) — (33. *Notice du Musée*.)

Cette salle contient la collection des portraits des rois de France. — On passe de là dans la salle des Résidences royales.

### Salles des Résidences royales.

(99, plan II.) — (34. *Notice du Musée*.)

Ce sont des vues curieuses des anciens châteaux royaux. 730, château de Marly. 732, château de Saint-Cloud, en 1700. 733, château de Meudon. 753, château de Saint-Germain. — Le visiteur de Versailles comparera avec intérêt les anciennes vues de ce château avec sa physionomie nouvelle; entre autres : 716 *bis*, état de Versailles en 1722; 739, état vers 1788; 755, état vers 1664. Il y verra des châteaux qui n'existent plus, comme : 729, celui de Clagny (v. page 198). Le Parisien, en contemplant, dans des tableaux du XVIe et du XVIIe siècle, le palais de la Cité, la tour de Nesle, le vieux Louvre et le *Pont-Neuf*, qui alors méritait son nom, aura peine à y reconnaître ce Paris que chaque siècle vient transformer et rajeunir. Le n° 777, peint par *Hubert Robert*, présente une vue curieuse des démolitions des maisons du pont au Change et du quai des Morfondus, pour démasquer une des façades de ce palais de Justice qu'on est en train de terminer aujourd'hui.

### Vestibule de Louis XIII.

(100, plan II.)

On rentre, des salles précédentes, dans la salle des Rois de France (29), et, en traversant le vestibule de Louis XIII, donnant sur la cour de Marbre, on entre dans les salles des Tableaux-Plans.

### Salles des Tableaux-Plans.

(101, plan II.)

Ces salles contiennent des tableaux qui complètent cette grande histoire militaire de notre pays : ce sont les plans d'un grand nombre de combats, depuis le n° 598, levée du siège de l'île de Rhé en 1627, sous Louis XIII, jusqu'au n° 572, vue générale de la bataille d'Isly (1844). Les dix tableaux de la première salle (101, pl. II, — 30, *Notice du Musée*) étaient autrefois placés dans la galerie du château de Richelieu.

La salle (101, pl. II, — 27, *No-*

VERSAILLES. — LE MUSÉE.                    249

tice *du Musée*) formant l'angle d'un des pavillons du château primitif de Louis XIII, faisait partie de la salle des gardes pour l'appartement particulier du roi, auquel conduisait l'escalier n° 111, désigné sous le nom d'*escalier du Roi*. « Louis XV venait de descendre cet escalier et de sortir de cette salle, dit la *Notice du Musée*, pour monter en voiture, lorsqu'il fut frappé par Damiens, le 5 janvier 1757, à six heures du soir. » Peu de temps après, le garde des sceaux Machault, saisissant l'assassin dans la salle des gardes, lui fit tenailler les jambes en présence du chancelier Lamoignon et de Bouillé, ministre des affaires étrangères, par deux gardes du corps armés de pinces rougies au feu, qui s'offrirent à faire ainsi l'office du bourreau. » C'est donc ici que commença cette longue série d'effroyables tortures auxquelles fut soumis l'assassin.

On revient de là, en traversant le vestibule (28), dans la galerie de Louis XIII.

### Galerie de Louis XIII.

Cette galerie est ornée des statues de ce prince et de la reine sa femme, Anne d'Autriche ; de plusieurs tableaux, parmi lesquels, 1062, bataille de Rocroy, par *Schnetz* (Salon de 1822) ; et 1054, entrevue de Louis XIV et de Philippe IV dans l'île des Faisans, par *Charles Lebrun*.

On passe de là dans les six dernières *salles des Maréchaux*.

### Salles des Maréchaux.

(*Suite* : de 102 à 107.)

Ces six salles sont la continuation des salles des Maréchaux que nous avons visitées précédemment. Elles contiennent les portraits des maréchaux depuis le maréchal de La Ferté (1651) jusqu'à nos jours.

*Salle* (102, plan II ; 52, *Notice du Musée*). — C'était dans le principe le *cabinet des bains* ; elle devint en 1684 une pièce de l'appartement de Mme de Montespan.

*Salles* (103 et 104, plan II ; 53 et 54, *Notice du Musée*). Elles firent partie de l'appartement des bains, qui fut habité par les filles de Louis XV.

*Salle* (105, plan II). —1119. Lannes, par *Hennequin*.

*Salle* (106, plan II). — Ce vestibule était divisé en trois parties. — 1141. Duc de Bellune, par *Gros*. 1143. Oudinot, par *Robert Lefebvre*. 1145. Suchet, par *P. Guérin*. 1146. Gouvion-Saint-Cyr, et 1153. Molitor, par *H. Vernet*. 1154. Maison, par *L. Cogniet*. 1153. Duperré, par *Court*.

*Salle* (107, plan II). —Chambre à coucher de Mme de Pompadour. 1159. Lobau, par *Ary Scheffer*. 1160. Truguet, par *P. Guérin*. 1162. Valée, par *Court*. 1165, Drouet ; 1166, Bugeaud ; 1167, Reille, par *Larivière*.

### Salles des Guerriers célèbres.

(108 et 109.)

Ces salles, les dernières qu'il nous reste à visiter, contiennent les portraits de ceux qui se sont illustrés par leurs faits d'armes, sans avoir été revêtus des dignités de connétable ou de maréchal : Dunois, Bayard, le duc de Guise ; y figurent à côté de Hoche, de Marceau, de Joubert, d'Eugène Beauharnais. On peut remarquer que la plupart de ces guerriers célèbres ont déjà été représentés dans d'autres salles, et que ces classifications sont assez peu rigoureuses.

*Salle* (108, plan II). — Cabinet de Mme de Pompadour. 1184. — Gaston de Foix, par *Phil. Champagne.*

*Salle* (109, plan II).—Cette salle, autrefois coupée en deux, servait d'antichambre à l'appartement de Mme de Pompadour. — 1224. Joubert, par *Bouchot.* 1233. Eug. de Beauharnais, par *H. Scheffer.*

On arrive ici au pied de l'*escalier des Ambassadeurs* (110, plan II), détruit sous Louis XV et reconstruit sous Louis-Philippe, et l'on peut parcourir une suite de *vestibules de sculptures* (112, pl. II), contenant les bustes des officiers généraux tués en combattant pour la France. De là, prenant l'*arcade du Nord* (113, pl. II; 25, *Notice du Musée*), passage pouvant, au besoin, servir de communication pour les voitures entre la cour Royale et les jardins, on traverse les derniers vestibules de sculptures (114, pl. II), et l'on sort par le vestibule (115, pl. II). On n'entre jamais de ce côté.

### PETITS APPARTEMENTS.

Ces petits appartements sont au premier étage, et forment deux divisions : l'une placée à droite de la cour Royale, près de la *cour de Marbre*, et composée des appartements particuliers du roi; l'autre placée à gauche et composée de l'appartement particulier de Marie-Antoinette et de celui de Mme de Maintenon. La difficulté d'y maintenir la surveillance empêche de les tenir ouverts au public, comme le sont les grandes salles; mais on peut obtenir de les visiter en étant accompagné d'un gardien.

Nous commencerons par visiter les petits appartements du *côté droit* ou *du nord* (de *a* à *f*, plan III). On y entre par la *salle du Conseil* (voir page 251) qui précède la chambre à coucher de Louis XIV.

### COTÉ DU NORD.

**Chambre à coucher de Louis XV.**
(*a*, plan III.) — (126. *Notice du Musée.*)

Ce fut d'abord une salle de billard sous Louis XIV. Ce prince excellait à ce jeu. Ce fut là qu'ayant apprécié la force de Chamillard au jeu de billard, il s'accoutuma peu à peu à lui; il finit, malheureusement pour la France, par récompenser ce rare talent en faisant ministre celui qui le possédait. On composa pour Chamillard cette épitaphe :

> Ci-gît le fameux Chamillard,
> De son roi le protonotaire,
> Qui fut un héros au billard,
> Un zéro dans le ministère.

Plus tard, cette pièce fut agrandie par la réunion des deux petites pièces attenant à la *cour des Cerfs*. Elle est située entre cette cour et la cour de Marbre. Louis XV en fit sa chambre à coucher et il y mourut. Immédiatement après sa mort, « le château resta désert : tout le monde s'empressait de fuir la contagion qu'aucun intérêt ne donnait le courage de braver. En sortant de la chambre de Louis XV, le duc de Villequier enjoignit à M. Andouillé, premier chirurgien du roi, d'ouvrir le corps et de l'embaumer. Le premier chirurgien était exposé à en mourir. « Je suis prêt, « répondit Andouillé, mais pendant « que j'opérerai, vous tiendrez la « tête; votre charge vous l'ordon- « ne. » Le duc s'en alla sans mot dire, et le corps ne fut ni ouvert ni embaumé. Quelques serviteurs subalternes et de pauvres ouvriers demeurèrent près de ces restes pestiférés. » (Mme Campan). Le cercueil fut placé dans un carrosse de chasse, et les gens de l'escorte qui le conduisait à Saint-Denis firent courir le mort du même train qu'il les avait menés si souvent durant sa vie. — « Cette chambre est ornée avec un soin minutieux, dit le comte Alexandre de Laborde, par MM. Dangoulon et Delbet; c'est le type de la sculpture ornementale, plus soignée encore et plus élégante sous le règne de Louis XV que sous Louis XIV. » — On y voit quelques peintures, et entre autres des portraits de Louis XIV, par *Hyac. Rigaud* et *J. B. Vanloo* et de six de ses filles, par *Nattier* (n° 2097), et des peintres du temps.

### Salon des Pendules.

(b, plan III.) — (127. *Notice du Musée*.)

En 1749, une pendule indiquant les jours, les mois, les années, les phases de la lune, etc., y fut placée. D'autres pendules, entre autres une prise à Alger en 1830, y ont été également réunies. On voit sur le parquet une méridienne qu'on dit avoir été tracée par Louis XVI, et sur des dessus de table en stuc les plans figurés des forêts des résidences royales. — Ce salon servait de chambre du conseil sous Louis XV.

### Ancien cabinet des Agates.

(c, plan III.) — (130. *Notice du Musée*.)

Ce cabinet, sous Louis XIV, renfermait les pierres précieuses et les bijoux. Il reçut diverses destinations. On prétend que c'est d'une des fenêtres de ce cabinet que Louis XV, voyant passer de loin le convoi de Mme de Pompadour, prononça ces singulières paroles :

« La marquise a mauvais temps pour son voyage! »

### Salle des Buffets, sous Louis XVI.

(d, plan III.) — (131. *Notice du Musée*.)

M. Vatout, dans son histoire de Versailles, indique par erreur cette pièce comme faisant partie de l'*appartement de Mme de Maintenon* (voir page 253), et le petit cabinet qui y tient comme le *confessionnal de Louis XIV*. Ce retrait avait une destination vulgaire ; c'était, selon Blondel, une garde-robe. On y voit un portrait, qui était à Saint-Cyr, représentant Mme de Maintenon et sa nièce d'Aubigné, par Ferdinand.

### Cabinet de la Vaisselle du roi, sous Louis XVI.

(e, plan III.) — (132. *Notice du Musée*.)

« Ce cabinet, ainsi que la bibliothèque et la salle à manger à la suite, occupent l'emplacement de la petite galerie et de ses deux salons, dont les peintures étaient de Pierre Mignard. Avant la construction de cette petite galerie en 1685, cette partie du palais était habitée par Mme de Montespan (*Notice du Musée*). » Cette galerie fut détruite à son tour en 1736, quand on établit des appartements dans les combles du château.

### Bibliothèque de Louis XVI.

(f, plan III.) — (133. *Notice du Musée*.)

Selon M. Vatout, ce serait dans cette salle qu'auraient été découverts, sur la dénonciation de Gamain, l'armoire de fer et le *livre rouge* qu'elle renfermait. Louis-Philippe voulait réunir dans cette bibliothèque tous les ouvrages analogues au caractère historique des galeries de Versailles.

Sur une console on voit un autographe curieux conservé sous une glace : c'est un rapport de Mansart sur les salles de la ménagerie, en date du 8 septembre 1694. En marge sont des annotations de la main de Louis XIV ; on y remarque ces passages : « Il me paraît.... que les sujets sont trop sérieux et qu'il faut qu'il y ait de la jeunesse mêlée dans ce que l'on fera.... Il faut de l'enfance répandue partout. »

**Salon des Porcelaines, sous Louis XVI.**

(*g*, plan III.) — (134. *Notice du Musée*.)

Cette pièce était ainsi nommée, parce qu'au 1ᵉʳ janvier, on y exposait les plus beaux produits de la manufacture de Sèvres.

De là, reprenant une autre direction et traversant une pièce en retour, on arrive à l'escalier des Ambassadeurs.

**Ancien escalier des Ambassadeurs.**

(*h*, plan III.) — (135-136. *Not. du Musée*.)

Ce magnifique escalier fut détruit en 1750 ; il était décoré de peintures, par Lebrun et Van der Meulen, et de sculptures, par Coysevox. La salle (*h*, plan III) et l'escalier actuel occupent une partie de son emplacement.

L'escalier actuel a été construit par Louis-Philippe. On y voit deux grandes toiles intéressantes dues au pinceau de *Ch. Parrocel* ; Mehemet Effendi, ambassadeur turc, entrant aux Tuileries et sortant des Tuileries.

Prenant un petit couloir éclairé par une cour intérieure, on arrive à la salle suivante :

**Salle à manger.** (*i*, plan III.)

Cette pièce a eu d'abord plusieurs autres destinations. Elle est située entre la cour des Cerfs et une autre petite cour intérieure. — De là, on passe dans le cabinet des Chasses.

**Cabinet des Chasses.**

(*j*, plan III.) — (128. *Notice du Musée*.)

« La croisée de ce cabinet, dit M. Vatout, donne sur une petite cour, qu'on appelle la *cour des Cerfs* ; elle est entourée d'un balcon sur lequel, au retour de la chasse, la famille royale se plaçait pour voir faire la curée. Cette grille en fer, à main gauche sur le balcon, servait d'entrée dans l'alcôve de la chambre de Louis XV. C'est par là que Mme Dubarry, dont l'appartement était au-dessus, se rendait secrètement auprès du roi. La porte dorée, à droite en entrant, donne sur un escalier qui conduisait en haut, dans le logement de Mme Dubarry. (Il consistait en une suite de petites pièces très-basses, éclairées par des fenêtres en voûte circulaire). Au deuxième étage de la cour des Cerfs, Louis XV avait fait pratiquer pour lui de petits appartements que Louis XVI, plus tard, fit disposer selon ses goûts. » C'est dans cette partie supérieure du palais qu'il s'occupait de travaux de serrurerie, sous la direction d'un ouvrier nommé Gamain, qui construisit, au commencement de 1792, la fameuse armoire de fer. Quelques jours avant le procès de Louis XVI, Gamain fit au ministre Roland la révélation de cette cachette secrète, révélation que lui seul pouvait faire. Plus d'un an après la mort de Louis XVI, Gamain adressa à la Convention nationale une pétition dans laquelle, à la suite d'une odieuse accusation de tentatives d'empoisonnement sur sa personne par Louis XVI, il demandait une pension. Une pension viagère de 2000 livres lui fut effectivement accordée, *à compter du jour de l'empoisonnement !* A l'occasion de ce goût prononcé de Louis XVI pour les arts mécaniques,

Mme Campan dit, dans ses Mémoires : « Ses mains, noircies par le travail, furent plusieurs fois, en ma présence, un sujet de représentations et même de reproches assez vifs de la part de la reine, qui aurait désiré pour le roi d'autres délassements. »

## COTÉ DU MIDI.

### Petits appartements de Marie-Antoinette.

Ces petits appartements, prenant leur jour par une petite cour intérieure et desservis par un petit escalier, étaient, sous Louis XIV, les dépendances du service intime de Marie-Thérèse. Quand la duchesse de Bourgogne prit possession des appartements de la reine, des changements et des additions furent faits à cette partie du château. Sous Louis XV, Marie Leczinska y ajouta des bains et un cabinet d'étude où elle se livrait à l'innocente distraction de la peinture (voir le grand Trianon, page 281). Marie-Antoinette habita à son tour ces petits appartements. « C'est là, dit M. Vatout, que dans un aimable abandon cette princesse recevait cette société de prédilection qui souleva tant de jalousies : la comtesse Jules de Polignac et sa belle-sœur Diane; MM. de Guignes, de Coigny, d'Adhémar, de Bezenval, de Polignac, de Vaudreuil, de Guiches, et le prince de Ligne. »

### Salon de la Reine.
(k, plan III.)

Les boiseries du salon de la Reine sont de l'époque de Marie-Antoinette. Ce salon a été nouvellement meublé à l'occasion de la visite que la reine d'Angleterre a rendue à l'empereur Napoléon III.

### Bibliothèque verte.
(l, plan III.)

Cette pièce était le cabinet de bains de Marie Leczinska.

### Bibliothèque blanche.
(m, plan III.)

Ce cabinet servait d'atelier de peintures à Marie Leczinska. « Les verrous et les boutons de porte sont au chiffre de Marie-Antoinette. »
Traversant ensuite un petit cabinet (n, plan III), on rentre dans la salle de l'Œil-de-Bœuf par le couloir suivant :

### Couloir de communication.
(o, plan III.)

C'est par ce couloir de service établissant une communication avec l'appartement du roi, que Marie-Antoinette se sauva le matin du 6 octobre 1789, au cri d'alarme qu'avait jeté le garde du corps qui défendait l'entrée de son appartement contre des furieux. Il communique avec la chambre à coucher de la reine (voir page 238), au moyen d'une porte qui ne s'ouvre plus que dans sa moitié inférieure.

### Appartement de Mme de Maintenon.
(oo, plan III.)

Nous avons vu précédemment (page 251) qu'on avait placé d'abord par erreur cet appartement dans une autre partie du château. C'est M. J. A. Le Roi, bibliothécaire de Versailles, qui en a retrouvé le véritable emplacement. Il résulte de ses recherches et des descriptions du temps que l'appartement de Mme de Maintenon était formé de trois des salles aujourd'hui consacrées aux campagnes de 1793, 1794 et 1795 (*p*, *q* et 58, plan III).

On y entre par une petite porte au fond de la *salle du Sacre* (plan III). Cette porte n'a été percée que sous Louis-Philippe.

L'appartement de Mme de Maintenon se composait : 1° de *deux antichambres*, aujourd'hui détruites et ne formant plus qu'une seule pièce (*p*, plan III. — 141, *Notice du Musée*); 2° d'une grande pièce très-profonde, éclairée par trois croisées, qui était sa *chambre à coucher* (*q*, plan III. — 142, *Notice du Musée*); elle a été partagée en deux pièces lors de l'établissement des galeries historiques; 3° d'un *grand cabinet*, aujourd'hui salle 58, plan III (143, *Notice du Musée*); le plancher en était plus élevé que celui de la chambre à coucher et on y montait par cinq marches qui n'existent plus, parce que le sol de cette pièce a été abaissé. Sur l'emplacement de ces marches il y a aujourd'hui un petit couloir pour aller du grand cabinet à la chambre à coucher. Dans la salle 58 (plan III), le tableau n° 2220 « masque, dit la *Notice du Musée*, une porte qui donnait sur un petit escalier et de là dans l'appartement du duc de Bourgogne. C'est par cette porte que l'on entrait dans le grand cabinet de Mme de Maintenon, sans passer par sa chambre à coucher. » Nous ajouterons ici quelques détails sur la vie intérieure de cette reine quasi plébéienne, détails empruntés à Saint-Simon.

« Entre la porte de l'antichambre et la cheminée (cette cheminée, située au fond, à droite du tableau 2208, a été détruite), était le fauteuil du roi adossé à la muraille, une table devant lui et un ployant autour, pour le ministre qui travaillait; de l'autre côté de la cheminée, une niche de damas rouge et un fauteuil où se tenait Mme de Maintenon, avec une petite table devant elle; plus loin, son lit dans un enfoncement; vis à vis les pieds du lit, une porte et cinq marches... Pendant le travail, Mme de Maintenon lisait ou travaillait en tapisserie; elle entendait tout ce qui se passait entre le roi et le ministre qui parlaient tout haut; rarement elle y mêlait son mot... mais elle était d'accord avec le ministre.

Vers les neuf heures du soir, deux femmes de chambre venaient déshabiller Mme de Maintenon. Aussitôt après, son maître-d'hôtel et un valet apportaient son couvert, un potage et quelque chose de léger. Dès qu'elle avait achevé de souper, ses femmes la mettaient dans son lit, et tout cela en présence du roi et du ministre... ou des dames familières; tout cela gagnait dix heures, que le roi allait souper, et, en même temps, on tirait les rideaux de Mme de Maintenon. » Et, dans un autre endroit de ses *Mémoires* : « Lorsque le roi était averti qu'il était servi, il passait un moment dans une garde-robe, allait après dire un mot à Mme de Maintenon, puis sonnait. Alors, Monseigneur, s'il y était, Mgr et Mme la duchesse de Bourgogne, M. le duc de Berry, entraient à la file dans la chambre de Mme de Maintenon, ne faisaient presque que la traverser, et précédaient le roi qui allait se mettre à table. Tous les soirs, Mme la duchesse de Bourgogne jouait, dans le *grand cabinet* de Mme de Maintenon, avec les dames à qui on avait donné l'entrée, et, de là, entrait, tant et si souvent qu'elle voulait, dans la pièce joignante, qui était celle de Mme de Maintenon, où elle était avec le roi, la cheminée entre deux. Monseigneur, après la comédie, montait dans le grand cabinet, où le roi n'entrait point et Mme de Maintenon presque jamais. »

Parmi les tableaux historiques, nous signalerons les suivants :

*Salle* (*p*, plan III). — 2200. Bataille de Loano, et 2201. Bataille d'Altenkirchen, par *Bellangé*. 2202. Passage du Rhin à Kehl, par *Charlet*.

VERSAILLES. — PETITS APPARTEMENTS. 255

*Salle* (*q*, plan III). — 2210. Combat d'Hooglede, par *Jollivet*. 2212. Entrée à Anvers, par *Caminade*. 2214. Prise de Maëstricht, par *Eug. Lami*. 2215. Prise de l'île de Bommel, par *Mozin*.

### LES JARDINS.

Les jardins de Versailles sont le chef-d'œuvre de Le Nôtre (né en 1613 et mort en 1700). Le Nôtre étudia avec Lebrun dans l'atelier de Vouet. Il aurait pu se distinguer comme peintre ; il se contenta d'être architecte et dessinateur de jardins. Le genre solennel introduit par lui dans le paysage servit de modèle et se répandit dans toute l'Europe. Si nous avons peine aujourd'hui à goûter la singulière géométrie qui, rognant et taillant avec une régularité désespérante, faisant de l'architecture et de la sculpture avec la verdure des arbres, les transforme en murailles, en pyramides, etc., on ne peut méconnaître cependant la grandeur de conceptions qui présida au tracé de ces jardins. Rien de libre assurément, rien qui rappelle la luxuriante indépendance de la nature ; mais ce genre qui transporte dans un parc les divisions régulières de l'intérieur d'un palais, est ici dans une merveilleuse convenance avec le faste et les pompes de la cour de Louis XIV ; la nature elle-même a dû subir les lois de l'étiquette sévère qui régnait dans le palais [1].

*Façade du palais.* — Elle présente du côté des jardins un très-long développement (V. ci-dessus, p. 214), et une ligne de 125 fenêtres (23 à la façade centrale ; 17 sur chacune des façades en retour, et 34 à chaque aile) ; ce qui donne 375 fenêtres pour le rez-de-chaussée et les deux étages.

*Terrasse au pied du château.* — Quatre belles statues en bronze, d'après l'antique, sont adossées au bâtiment du milieu : *Silène*, *Antinoüs*, *Apollon* et *Bacchus*.

Aux angles sont deux vases en marbre blanc ; celui du côté du nord, par Coysevox, a des bas-reliefs figurant la victoire des Impériaux sur les Turcs à l'aide des secours de Louis XIV, et la prééminence de la France reconnue par l'Espagne. — Celui du sud est sculpté par Tuby. Les bas-reliefs font allusion à la paix d'Aix-la-Chapelle et à celle de Nimègue.

*Parterre d'eau.* — Il s'étend devant la façade centrale, et il est ainsi nommé parce qu'il présente au lieu de tapis de gazon deux bassins, contournés aux angles, dont la forme a été plusieurs fois changée. Ils sont bordés d'une tablette de marbre blanc sur laquelle reposent de remarquables groupes en bronze, fondus par les frères *Keller*, vers 1688 et 1690.

Le *bassin du Nord* (qu'on longe quand on entre dans les jardins par la cour de la chapelle) a aux quatre angles des figures de fleuves : du côté du château, la *Garonne* (1688) et la *Dordogne*, appuyée sur deux urnes, modelées par Coysevox ; à

---

[1]. Nous indiquons toutes les statues qui sont distribuées dans le parc. Bien qu'un nombre considérable de ces ouvrages soit dépourvu de tout mérite, elles offrent cependant un certain intérêt, comme spécimen du style artistique de l'époque, et elles présentent, le plus souvent, des énigmes allégoriques dont il était bon de donner la clef aux étrangers qui l'auraient cherchée vainement.

l'autre bout, la *Seine* et la *Marne*, par Le Hongre (cette dernière est du côté sud).

*Bassin du Midi.* — Du côté du château : la *Loire*, tenant une corne d'abondance, et le *Loiret*, par Regnaudin ; à l'autre extrémité, le *Rhône* appuyé sur une rame, et la *Saône*, par Tuby. Sur les longs côtés, sont des groupes en bronze également par Legros, Le Hongre, Van Clève, Magnier, Poultier, Raon, Lespignola, figurant des Nymphes ou Naïades avec des Amours ou des Zéphyrs, et des groupes d'enfants montés sur des dauphins, ou jouant avec des oiseaux et tenant des couronnes de fleurs, des roseaux, des coquilles. Du milieu de chaque bassin s'élance une gerbe d'environ 10 mètres, qu'entourent seize jets inclinés formant la corbeille.

Devant les deux ailes du palais s'étendent deux parterres, appelés le parterre du Midi et le parterre du Nord.

**Parterre du Midi.** (2, plan I.)

Il est au pied de la terrasse de l'aile du midi. On y descend par un escalier de marbre blanc, dont les angles sont ornés de *sphinx* en marbre, montés chacun par un enfant en bronze, de Lerambert ; sur les perrons sont des vases, en marbre, par Bertin, et en bronze, par Ballin.

Ce parterre est orné de deux petits bassins, d'où sort une gerbe, et autour desquels sont des plates-bandes à dessins de broderie formés avec du gazon et du buis.

Sur l'angle de la balustrade qui règne le long du parterre, et qui conduit à un des escaliers dont nous allons parler, est une statue de *femme couchée*, dite Cléopatre, par Van Clève (d'après l'antique). Du haut des terrasses qui supportent le parterre du midi, on aperçoit la pièce d'eau des Suisses, dominée par les bois de Satory, et au-dessous de soi le parterre de l'orangerie, à droite et à gauche duquel sont deux magnifiques escaliers, d'une grandeur tout à fait monumentale, ayant 103 marches chacun et 20 mètres de large.

Sur la terrasse, à l'extrémité de l'aile du midi, est une statue en plomb de Napoléon I$^{er}$, par Bosio. Elle était destinée à être placée dans le char de l'arc de triomphe de la place du Carrousel. — Dans une cour perdue au bas de cette terrasse est la statue en bronze du duc d'Orléans, par *Marochetti*, qui fut érigée, en 1844, au milieu de la cour du Louvre.

**L'Orangerie.**

L'*Orangerie*, construite en 1685 par *Mansart*, est par le caractère mâle et simple qui la distingue, par l'effet grandiose et pittoresque de ses deux rampes d'escaliers, « le plus bel ouvrage d'architecture qui soit à Versailles. » Elle se compose d'une galerie du milieu, de 155 m. de long et 12$^m$,90 de large, éclairée par douze fenêtres cintrées qui sont dans l'enfoncement des arcades, et de deux galeries latérales ayant chacune 114$^m$,43 de long. Ces galeries, présentent trois avant-corps ; celui de la galerie du fond est de huit colonnes d'ordre toscan et les deux autres ont chacun quatre colonnes.

Devant le bâtiment, et au pour-

Le palais de Versailles, vu du jardin.

tour d'un bassin, sont rangés, dans la belle saison, près de 1200 caisses d'orangers et de 300 caisses d'espèces variées.

Le plus vieux des orangers est celui qu'on nomme le *Grand-Bourbon*, parce qu'il fut acquis en 1530 par la confiscation des biens du connétable de Bourbon; on croit qu'il fut semé en 1421; il aurait donc 435 ans.

On lit dans le journal de Dangeau, samedi 7 juin 1687 : « Sur les cinq heures, le roi s'alla promener à pied à son orangerie, où on a apporté les beaux orangers de Fontainebleau. »

Sous le bâtiment du milieu, vis-à-vis de la porte centrale, est une statue en marbre de Louis XIV par *Desjardins*, destinée en 1686 à être dressée sur la place des Victoires à Paris. La tête, mutilée pendant la Révolution, a été refaite en 1816.

### Pièce d'eau des Suisses.

Nous dirons ici quelques mots de la pièce d'eau des Suisses qu'on aperçoit du haut de la terrasse du parterre du Midi.

Cette pièce, ainsi nommée parce qu'on a employé un régiment suisse à la creuser en 1679, a près de 400 mètres de long sur 140 de large. A l'extrémité est une statue équestre, qui devait représenter Louis XIV; ce dernier ouvrage du *Bernin* fut envoyé de Rome; Louis XIV en fut si mécontent qu'il voulut la faire briser. Girardon la retoucha et en fit un Marcus Sextus.

Nous allons maintenant visiter dans une direction opposée à l'Orangerie un autre des deux parterres qui s'étendent devant les ailes du palais.

### Parterre du Nord. (3, plan I.)

Parallèlement au parterre du Midi, un autre parterre s'étend devant l'aile du nord. On a ce parterre du Nord à sa droite, quand on entre dans les jardins par la cour de la chapelle. Il est entouré de vases en bronze, par Ballin, Anguier, etc. A droite et à gauche du perron de l'escalier qui descend dans le parterre sont deux statues en marbre d'après l'antique : le *Scythe écorcheur*, vulgairement le *Rémouleur*, par Foggini, et la *Vénus accroupie*, par Coysevox. Dans la partie basse de ce parterre sont les deux *Bassins des couronnes*, décorés de figures en plomb de Tritons et de Sirènes, par Tuby et Le Hongre. Un peu plus bas que les bassins des couronnes est la fontaine de la *Pyramide*, dont les sculptures en plomb sont par Girardon. Enfin au-dessous de celle-ci est un bassin carré, où l'on remarque sur la face principale un joli bas-relief en plomb bronzé, représentant les Nymphes au bain, également par Girardon; les autres bas-reliefs sont de Legros et de Le Hongre. A droite et à gauche de cette fontaine sont deux statues : le *Sanguin*, par Jouvenet; le *Colérique*, par Houzeau.

L'allée qui descend de ce bassin carré au grand bassin de Neptune est désignée sous le nom de l'*Allée d'eau*. Avant de prendre cette allée, nous indiquerons les statues adossées aux bosquets du pourtour du parterre du Nord. Ce sont, à droite et en commençant du côté du palais : le *Poëme héroïque*, par Drouilly; le *Flegmatique*, par Lespagnandelle; l'*Asie*, par Roger; le *Poëme*

# VERSAILLES. — LES JARDINS.

*lyrique*, par Buyster. — Et en continuant au delà de l'Allée d'eau : l'*Hiver*, par Girardon ; l'*Été*, par Hutinot ; l'*Amérique*, par Guérin ; l'*Automne*, par Regnaudin.

### Allée d'eau.

Cette allée en pente a été dessinée par Claude Perrault. Sur les bandes de gazon qui la partagent, on remarque vingt-deux groupes, chacun de trois enfants, jeunes garçons et jeunes filles, Amours et Satyres, jouant, dansant, revenant de la chasse, exécutés par Legros, Lerambert, Masson. Ces groupes sont posés au milieu d'un bassin en marbre blanc ; ils soutiennent une cuvette de marbre de Languedoc, du milieu de laquelle s'élève un petit jet d'eau qui retombe en nappe dans le bassin inférieur.

Mme Dubarry aimait à venir se

Versailles, vu de la pièce d'eau des Suisses.

promener dans cette allée, suivie de son petit nègre Zamore, lorsque Louis XV faisait travailler au bassin de Neptune.

A l'extrémité de l'Allée d'eau est, à droite, l'entrée du bosquet (fermé) de l'*Arc de Triomphe*. On y voit la *France* assise dans un char. Cette figure et celle de l'*Espagne*, appuyée sur un lion, sont par Tuby ; celle de l'*Allemagne*, assise sur un aigle, est de Coysevox. Sur le premier degré de marbre se tord un dragon expirant, symbole de la triple alliance.

A l'issue de l'Allée d'eau et entre cette allée et le bassin de Neptune, on remarque un bassin rond d'où s'élancent neuf jets d'eau. Cette pièce était appelée autrefois le *bassin du Dragon* ; elle avait dû cette désignation aux figures bizarres qui la décoraient ; et la foule continue encore, par erreur, à donner au bassin de Neptune le nom de pièce du Dragon.

### Bassin de Neptune.

De tous les bassins du parc, le plus grand et le plus remarquable, tant par le caractère grandiose des sculptures qui le décorent que par l'abondance des eaux, est, sans contredit, le bassin de *Neptune*. C'est le jeu des eaux de cette merveille d'hydraulique que l'on réserve en dernier lieu comme une sorte de *bouquet* qui termine magnifiquement la fête féerique des *Grandes Eaux*.

Une longue tablette ornée de vingt-deux vases de plomb bronzé, et garnie d'un jet entre chaque vase, règne le long de la façade méridionale de ce bassin ; ces jets et ceux qui s'élèvent de chaque vase, au nombre de soixante-trois, sont reçus dans un chenal d'où l'eau s'échappe dans de vastes coquilles placées aux angles, et par des mascarons, pour retomber dans la grande pièce.

Sur la tablette inférieure sont trois vastes plateaux, sur lesquels sont placés des groupes de métal ; le groupe central représente *Neptune*, ayant à sa gauche *Amphitrite*, assise dans une grande conque marine, par Adam aîné (1740); celui de gauche : *Protée* gardant les troupeaux de *Neptune* et appuyé sur une licorne, par Bouchardon (1739); celui de droite : l'*Océan*, par Lemoyne (1740).

Aux deux extrémités de la tablette circulaire sont placés deux *dragons marins montés chacun par un Amour*. Ces groupes sont de Girardon.

« Louis XIV vit aller pour la première fois, le 17 mai 1685, toutes les fontaines de la pièce de *Neptune* (Dangeau). » Les groupes qui décorent ce bassin ne furent exécutés que sous Louis XV, par Adam l'aîné, Bouchardon et Lemoyne.

Cette pièce d'eau commence d'ordinaire, à jaillir vers cinq heures, dès que tous les autres bassins ont successivement épuisé leurs gerbes liquides. Il est impossible d'en rendre l'effet magique, quand de tout le pourtour du bassin quand de toutes les bouches des dieux, des Tritons, des Naïades des phoques et des chevaux marins surgissent, bouillonnent, s'entrecroisent des jets d'eau d'une force et d'un volume extraordinaires, qui retombent en cascade écumant dans la pièce d'eau agitée. Ce spectacle des eaux déchaînées suffirait seul pour attirer la foule, à Versailles.

A droite du bassin de Neptune est la *grille du dragon*, qui mène dans Versailles au quartier Notre Dame. Près de là on voit une assez belle statue de *Bérénice* (d'après l'antique), par Lespingola. Sous les massifs, en face du groupe de Neptune et d'Amphitrite, est un groupe dessiné par Lebrun et exécuté à Rome par Guidi, dans le style de décadence qui régnait alors; il représente la Renommée écrivant l'histoire de Louis XIV. A l'autre extrémité (du côté de Trianon, dont on aperçoit le palais au bout d'une longue avenue sur laquelle ouvre la grille dite de Neptune), se dresse une statue de *Faustine* (d'après l'antique), par Frémery.

Après avoir visité cette première partie des jardins qui s'étend immédiatement devant le château nous allons achever de les parcourir, en nous rapprochant peu

Le bassin de Neptune.

à peu de Trianon. Pour cela, nous reviendrons nous placer en avant des deux grands bassins du parterre d'eau, au-dessus de l'escalier et des rampes qui descendent dans le parterre de Latone. D'ici, tournant le dos au palais, nous apercevons une longue perspective : à nos pieds s'étale le parterre de Latone; au delà s'ouvre une magnifique avenue bordée de futaies et ayant au milieu un champ de gazon, nommé le tapis vert; à l'extrémité de ce tapis vert, on aperçoit le bassin d'Apollon, et, en arrière, un grand canal qui s'étend jusqu'à l'horizon. Pour procéder avec ordre dans notre promenade, nous visiterons d'abord le parterre de Latone et le tapis vert, puis les parties latérales du parc.

Avant de descendre dans le parterre de Latone, jetons un coup d'œil sur deux fontaines d'un dessin élégant, dans des cabinets de verdure, à gauche et à droite de l'escalier.

### Les deux fontaines.

La fontaine du côté de l'*Orangerie* est appelée *fontaine du Point du Jour* (5, plan I), du nom d'une statue qui l'avoisine, exécutée par Marsy; et celle du côté de la chapelle, *fontaine de Diane* (6, plan I). — Des deux côtés de la fontaine *du Point du Jour* sont deux statues de femmes : l'une, à gauche, figurant l'*Eau*, œuvre charmante de Legros; l'autre, à droite, le *Printemps*, par Magnier. — En retour de la fontaine, du côté des rampes qui descendent au parterre de Latone, est une autre statue, par Marsy, ayant une étoile sur la tête et figurant le *point du jour*. — Les deux côtés de la fontaine de *Diane*, sont également deux statues représentant : le *Midi* sous la figure de *Vénus* (à droite), par G. Marsy, et le *Soir*, sous la figure de *Diane* (à gauche), par Desjardins. — En retour de la fontaine est une statue, par Le Hongre, ayant un aigle à ses pieds et figurant l'*Air*.

Sur l'appui de la bordure supérieure de chacune des fontaines sont des groupes d'animaux en bronze, fondus par les frères Keller (1687). Ils lancent de l'eau dans les bassins et représentent : un tigre terrassant un ours; un limier abattant un cerf, modelés par Houzeau; un lion terrassant un loup, un lion combattant un sanglier, par Van Clève.

Du parterre d'eau, on descend dans celui de Latone par un escalier central, ou par deux rampes douces qui se développent sur les côtés.

Aux angles de l'escalier du milieu sont deux vases, par Dugoulon et Drouilly. Quatre autres vases placés sur le second perron, formant terrasse, ont été faits à Rome, d'après l'antique, par Grimaud et d'autres élèves.

Voici maintenant l'indication des statues qui décorent les rampes.

Rampe de gauche, ou du midi :

*Le poëme lyrique*, par Tuby;

*Prisonnier barbare* (d'après l'antique), par Lespagnandelle;

*Vénus Callipyge* (d'après l'antique), par Clairion. — La pruderie moderne y a ajusté un bout de draperie d'une manière au moins maladroite;

*Silène portant Bacchus enfant* (d'après l'antique qui est au Louvre), par Mazière;

*Antinoüs* (d'après l'antique), par Legros;

*Mercure* (d'après l'antique), par Mélo;

*Uranie* (d'après l'antique), par Carlier;

*Apollon du Belvédère* (d'après l'antique), par Mazeline.

En face de la statue d'Apollon, est celle du *gladiateur mourant* (d'après l'antique), par Monier.

Rampe de droite ou du nord :

Le *Mélancolique*, par La Perdrix ;

*Antinoüs* (d'après l'antique), par Lacroix ;

*Prisonnier barbare* (d'après l'antique), par André ;

*Faune* (d'après l'antique qui est au Louvre), par Hustrelle ;

*Bacchus* (d'après l'antique), par Granier ;

Vase du bassin de Neptune. — L'Eau. — Vase Borghèse.

L'impératrice *Faustine* sous la figure de *Cérès* (d'après l'antique), par Regnaudin ;

L'empereur *Commode* sous la figure d'*Hercule* (d'après l'antique), par Nicolas Coustou ;

*Uranie* (d'après l'antique), par Frémery ;

*Ganymède* (d'après l'antique), par Laviron ;

En face de la statue de Ganymède est la jolie statue de la *Nymphe à la coquille* (d'après l'antique qui est au Louvre), par Coysevox.

### Bassin de Latone.

Le bassin de Latone est au milieu du parterre. Sur le plus élevé des gradins de marbre rouge étagés en pyramide, a été placé le groupe de *Balth. Marsy* : *Latone*, avec ses deux enfants, *Apollon* et *Diane*, qui demande vengeance à *Jupiter* contre les insultes des paysans de la *Lycie*. Çà et là, au pourtour, des grenouilles, des lézards, des tortues, des paysans et paysannes, dont la métamorphose commence, lancent contre la déesse des jets d'eau qui croisent dans tous les sens leurs gerbes brillantes.

N'oublions pas les deux petits bassins, dits des *Lézards*, avec des gerbes de dix mètres environ, placés plus bas, dans le parterre, et faisant suite aux métamorphoses des paysans de la Lycie.

A droite et à gauche du bassin se trouvent huit autres vases, dont trois représentent le sacrifice d'*Iphigénie* ; trois autres, une fête de *Bacchus*, œuvre de Cornu, d'après les vases antiques dits : Borghèse et Médicis. Les deux derniers vases, de Hardy et de Prou, représentent : le premier, le jeune dieu *Mars* sur un char tiré par des loups ; le second, *Mars* assis sur des trophées et couronné par des génies.

Des Termes en marbre sont adossés aux bosquets des *quinconces du Midi* et *du Nord*. — Dans la demi-lune en avant du Tapis vert sont placés les groupes suivants :

A gauche (côté du midi) : *Castor et Pollux* (d'après l'antique), par Coysevox ;

*Arria et Pætus* (d'après l'antique), par Lespingola.

A droite : *Papirius et sa mère* (d'après l'antique), par Carlier ;

*Laocoon* (d'après l'antique), par Tuby.

### Grande allée du Tapis vert.

La belle avenue ouverte dans le centre du parc, et par laquelle on va du parterre de Latone au bassin d'Apollon, est remarquable par le long tapis vert qui s'étend au milieu et qui lui a fait donner son nom. Cette immense nappe de gazon sert d'arène à un exercice auquel ne cessent de se livrer, selon une tradition non interrompue, une foule de provinciaux, de parieurs de toutes conditions, qu essayent, un bandeau sur les yeux, d'arriver jusqu'au bout sans avoir dévié et quitté l'herbe pour le sable. Chaque jour, dans la belle saison, voit répéter cette naïve démonstration surabondante de la difficulté de marcher droit quand on n'y voit pas.

La grande allée est bordée d'une double haie de vases et de statues dont voici les noms :

Côté gauche (midi) : La *Fidélité* (dessin de Mignard), par Lefèvre ;

*Vénus* sortant du bain, par Legros ; statue intéressante, imitée d'un antique qui se trouvait au château de Richelieu ;

*Faune* chasseur au chevreau (d'après l'antique), par Flamen ;

*Didon* sur son bûcher, par Poultier ;

*Amazone* (d'après l'antique), par Buirette ;

*Achille* sous l'habit de *Pyrrha*, par Vigier (spécimen de mauvais style, vers 1695).

Côté droit (nord) : La *Fourberie* (dessin de Mignard), par Lecomte ;

*Junon* (antique restauré) ;

*Hercule et Téléphe*, par Jouvenet ;

*Vénus de Médicis* (d'après l'antique), par Frémery;

*Cyparisse* caressant son cerf, par Flamen;

*Artémise*, par Lefèvre et Desjardins.

A peu près aux deux tiers du Tapis vert, à gauche, on aperçoit le bosquet de la *Colonnade* dont il est parlé plus loin.

Nous avons cru devoir décrire de suite, après le parterre de Latone, l'allée du Tapis, qui forme une perspective si importante au centre du parc de Versailles; maintenant, revenant sur nos pas, nous allons décrire les deux grandes divisions du parc du midi et du nord, séparées par le parterre de Latone et le Tapis vert. Nous commençons par le côté du midi.

Les *bosquets*, que nous indiquons comme étant *fermés*, sont ouverts les

Le Tapis vert.

jours de fête seulement. Mais les autres jours, on peut les visiter en se faisant accompagner d'un surveillant. (Le poste des surveillants est à l'entrée du Tapis vert, à gauche).

**Bosquets du côté gauche (midi).**

Ces bosquets sont divisés dans leur longueur par une allée parallèle au Tapis vert, mais double de longueur : l'*allée de Saturne et de Bacchus*, ainsi nommée à cause des figures qui ornent deux bassins situés dans cette allée à la rencontre d'allées transversales. — Le premier bassin (du côté de l'Orangerie), est octogone; le groupe en plomb représente *Bacchus* et de petits Satyres par les frères Marsy, d'après le dessin de Lebrun. — Le bassin le plus éloigné est rond; et le groupe représente *Saturne* entouré d'enfants, par Girardon, d'après le dessin de Lebrun.

Visitons maintenant les divers bosquets de cette partie gauche du parc, en commençant par ceux du côté de l'Orangerie et nous avançant successivement vers le grand canal.

**Bosquet de la Cascade, dit Salle de Bal.**

(fermé). (9, plan I.)

Ce bosquet, de forme elliptique, présente au fond une cascade composée de gradins en rocailles et en coquillages, et enrichie de vases et de torchères en métal bronzé. Les nappes d'eau qui tombent d'un gradin sur un autre forment un charmant coup d'œil, dont l'effet a été quelquefois augmenté en plaçant, dans les cavités qui s'étendent à chaque gradin sous les rocailles, des lumières colorées, par-dessus lesquelles les eaux se jouaient dans leur chute.

Au-dessus de l'amphithéâtre de verdure, et en face de la cascade, est un joli groupe en marbre représentant l'*Amour* terrassant un *Satyre*.

On a appelé ce bosquet *Salle de Bal*, parce qu'il a servi à cet usage dans plusieurs grandes fêtes. Un tableau du temps nous montre Mme de Maintenon y conduisant Mademoiselle de Blois, fille du roi et de Mme de Montespan. On lit dans le journal de Dangeau que le grand Dauphin, après avoir été *courre* le loup, son exercice de chasse favori, qui contribua à purger les environs de Paris de cette dangereuse espèce, se plaisait quelquefois à y donner à dîner aux chasseurs.

**Bosquet de la Reine** (fermé).

(10, plan I.)

Ce bosquet remplace l'ancien *labyrinthe*, supprimé en 1775, et ainsi nommé à cause de l'entrelacement des allées. Au détour de chaque allée se trouvait une fontaine ornée de figures d'animaux en plomb, de bassins en rocaille représentant une fable d'Ésope. Le dessin de ces sculptures avait été fourni par Lebrun, et les vers placés au bas étaient de la composition de Benserade. Ces embellissements ont fait place à une décoration plus simple.

Des arbres exotiques contribuent à former l'ombrage; on y remarque surtout un quinconce de tulipiers, décoré par quatre beaux vases en bronze, au milieu desquels est placée une statue de *Vénus de Médicis* et une belle statue du *Gladiateur combattant*, également en bronze comme la précédente.

Ce bosquet est situé au pied d'un des grands escaliers qui descendent à l'Orangerie et parallèle au mur du parc, du côté de l'avenue de Saint-Cyr.

C'est dans ce bosquet que se passa, dit-on, vers les dernières années de l'ancienne monarchie, une scène des plus singulières : le cardinal de Rohan, dupe d'intrigants et surtout de son aveugle crédulité, entrevit à la nuit une certaine Oliva, ayant une taille et une toilette pareilles à celles de Marie-Antoinette, et il crut avoir rencontré la reine. Dans l'espérance de rentrer en grâce auprès de cette princesse, mal disposée pour lui à cause de sa conduite politique comme ambassadeur à Vienne, il

VERSAILLES. — LES JARDINS. 267

crut voir dans cette rencontre un mystérieux assentiment à négocier pour elle l'achat du collier de diamants de 1 600 000 fr., que le joaillier Bœhmer lui avait fait offrir et qu'elle avait précédemment refusé. C'est ainsi que se noua cette funeste affaire du collier, dont la malveillance s'arma pour répandre d'infâmes calomnies sur la reine et que l'on a justement appelée la première journée de la Révolution.

Nous prenons maintenant l'*allée de l'Automne*, et, nous dirigeant du côté du parterre de Latone, nous passons devant le *bassin octogone de Bacchus*, et, au delà, nous entrons à gauche dans le quinconce du Midi.

### Quinconce du Midi.

Nous signalerons seulement dans ce vaste espace ouvert aux promeneurs et ombragé de marronniers une suite de Termes en marbre exécutés d'après des dessins de *Poussin* par Fouquet. Du côté du midi sont les sujets suivants : *Morphée*, ou *Moissonneur; Flore; Bacchante*; et du côté du nord : *Pomone; Minerve; Hercule: Vertumne*. Dans plusieurs de ces termes, le sévère génie de Poussin se retrouve encore à travers la traduction faite par le sculpteur.

Après avoir traversé le quinconce du Midi, nous arrivons à l'*allée de l'Hiver*, qui s'étend du Tapis vert au jardin du Roi (voir plus bas) ; nous jetons un coup d'œil sur un vase en marbre, dessiné par Mansart, et, passant devant le *bassin rond de Saturne*, au delà, nous voyons à gauche le bassin du Miroir.

### Bassin du Miroir. (11, plan I.)

Cette pièce d'eau est en face du bosquet du Roi. On remarque autour quelques statues antiques très-bien restaurées : une *Vestale* tenant une patère; *Apollon; Vénus*.

### Jardin du Roi.

(Fermé. — A partir du 1ᵉʳ mai, il est ouvert tous les jours, depuis deux heures jusqu'au soir.)

Le jardin du Roi, promenade favorite des habitants de Versailles, remplace l'ancien bassin de l'*Ile d'Amour*. Ce bassin ne présentait, depuis longtemps, par suite de l'altération des conduits, qu'une sorte de marais fangeux, lorsque le roi Louis XVIII, pendant le rigoureux hiver de 1816, ordonna d'employer les indigents à des travaux de terrassement pour transformer ce marécage en un jardin d'arbrisseaux, d'arbustes, de gazons et de fleurs de toutes sortes.

Le plan du jardin, tracé par M. Dufour, architecte du roi, fut exécuté en trois mois; il ne reproduit nullement, comme cela est devenu l'opinion générale, le dessin du jardin de la maison d'Hartwell, que Louis XVIII occupait en Angleterre.

De la porte d'entrée on aperçoit, sur le tapis de verdure, une colonne surmontée de la statue de *Flore*.

Rien de plus ravissant dans la belle saison que l'ensemble de fleurs aux couleurs vives et fraîches, coquettement encadrées dans la verdure du gazon et servant elles-mêmes de bordures étagées aux massifs des arbustes. Des bancs sont disposés çà et là sous les ombrages pour les promeneurs au milieu de ce parterre verdoyant et embaumé.

Retournant au *bassin rond de Saturne*, nous entrons, à gauche, dans une avenue droite qui se dirige vers le bassin d'Apollon, et nous prenons, à gauche, une allée qui conduit au milieu d'une salle dite : la SALLE DES MARRONNIERS, nommée autrefois salle des Antiques, à cause des statues antiques qui l'ornaient; elle n'a conservé que les suivantes : *Antinoüs* et *Méléagre*, et les bustes (côté du midi) de *Marc-Aurèle*, d'*Othon*, d'*Alexandre*, d'*Apollon* (côté du nord), d'*Annibal*, d'*Octavien*, de *Sévère*, d'*Antonin*.

Il ne nous reste plus, pour achever le parcours des bosquets du sud du parc, qu'à visiter celui de la Colonnade, dont la principale entrée est par l'allée du Tapis vert.

### Bosquet de la Colonnade (fermé).

(13, plan I.)

Ce bosquet offre aux regards un péristyle en marbre de forme circulaire, d'un riche aspect décoratif; il est composé de trente-deux colonnes en marbre de différentes couleurs, avec des chapiteaux en marbre blanc. Sur ces colonnes viennent s'appuyer une suite d'arcades cintrées, ornées à leurs clefs de masques de Nymphes, de Naïades ou de Sylvains. Dans les tympans sont des bas-reliefs par Mazière, Granier, Le Hongre, Lecomte et Coysevox. Sous les arcades sont placées vingt-huit cuvettes en marbre, de chacune desquelles s'élève un jet d'eau qui retombe en cascade dans le chenal inférieur.

Toute cette architecture a été exécutée par Lapierre, d'après les dessins d'Hardouin Mansart.

Dans l'arène formée au centre de cette salle de verdure est un groupe en marbre blanc par Girardon, d'après les dessins de Lebrun, ouvrage plein de mouvement, mais d'un dessin mou. Il représente l'*Enlèvement de Proserpine par Pluton*; les bas-reliefs du piédestal figurent les diverses scènes de cet événement.

Après avoir fait le tour de la Colonnade, nous reprenons le Tapis vert, et nous descendons jusqu'au bassin d'Apollon.

En avant de ce bassin s'élargit une demi-lune où des statues de marbre sont adossées aux massifs des bosquets. A gauche (côté du midi) : *Ino* se précipitant dans la mer avec son fils *Mélicerte*, pour se soustraire à la fureur de son époux, groupe d'après Girardon. Viennent ensuite les Termes suivants : *Pan*, d'après Girardon ; le *Printemps*, par Arcis et Mazière ; *Bacchus*, par Raon ; *Pomone*, par Le Hongre, et une statue de *Bacchus*, dont la partie supérieure a été récemment sculptée par M. du Seigneur. — A gauche (côté du nord) : *Aristée et Protée*, d'après Girardon, par Slodtz, 1723, groupe faisant le pendant de celui d'Ino ; et à la suite les Termes de *Syrinx*, de *Jupiter* et de *Junon*, par Clairion ; de *Vertumne*, par Le Hongre, et une statue antique de *Silène* portant Bacchus enfant.

### Bassin d'Apollon et Canal.

Au bout de la grande allée du Tapis vert, et dans l'axe du palais, se trouve le *bassin d'Apollon*, le plus grand du parc après celui de Neptune.

Au centre est un groupe en plomb représentant *Apollon* sur son char traîné par quatre chevaux et entouré de Tritons et de dauphins, exécuté par Tuby sur les dessins de Lebrun : le vulgaire, dépoétisant la mythologie, a surnommé ce groupe le *Char embourbé* ; mais il faut voir comment il se venge, les jours de grandes eaux, de cette dénomination moqueuse, quand il lance vers le ciel ses puissants jets d'eau, l'un de dix-huit mètres environ, les deux autres de quinze mètres, qui voilent à demi le dieu du jour sous leurs brillantes vapeurs. L'un des che-

La Colonnade.

vaux a été refondu et les autres ont été restaurés en 1737 et 1738, par Lemoyne.

A la suite de ce beau bassin s'étend le grand canal, qui a soixante-deux mètres environ de large et quinze cent cinquante-huit mètres de long. Sous Louis XIV, cette majestueuse pièce d'eau était couverte de bâtiments de toutes formes, et principalement de gondoles vénitiennes; elles étaient conduites par de nombreuses troupes de rameurs et de matelots pour lesquels on avait bâti un village dans le voisinage. Le roi, le grand Dauphin, les princesses, allaient souvent y prendre le plaisir de la promenade et de la collation, dernier article rarement négligé par les princes de la famille de Bourbon. Les fêtes finissaient toujours par quelque feu d'artifice sur le canal; en 1770, pour le mariage du dauphin, on y avait établi un soleil de feu qui éclairait tout l'horizon, et il était parcouru par deux cents chaloupes couvertes de verres de couleur.

Entre le bassin d'Apollon et le commencement du grand canal sont rangées latéralement les statues suivantes :

*Côté gauche (midi.)*

*Consul romain* (antique);
*Empereur romain* (antique);
La *Foi*, statue gracieuse, mais sans style, par Clodion;
*Leucothoé et Bacchus* (antique);
*Hercule* (antique);
*Junon* (d'après l'antique).

*Côté droit (nord.)*

*Empereur romain* (antique);
*Bacchus* (antique);
*Apollon* (d'après l'antique);
La *Clarté*, figure bizarre, par Baldi;
*Hercule* (antique);
*Cléopatre.*

Parvenus à cette extrémité du parc, nous pourrions visiter la partie nord des bosquets, successivement en remontant vers le château; mais, pour suivre une marche parallèle à celle que nous avons adoptée pour la description des bosquets de la partie sud, nous recommencerons notre parcours depuis le parterre de Latone, et, de là, nous rapprochant peu à peu du bassin d'Apollon, quand nous y serons arrivés une seconde fois, notre examen du parc de Versailles étant terminé, nous n'aurons plus qu'à nous rendre aux Trianons.

### Bosquets du côté droit (nord).

Ces bosquets, ainsi que ceux de l'autre côté, sont divisés dans leur longueur par une allée parallèle au Tapis vert, mais double de longueur : l'*allée de Flore et de Cérès*, ainsi nommée à cause des figures qui ornent deux bassins situés dans cette allée, à la rencontre d'allées transversales. Le premier bassin (du côté du château) est octogone, et décoré d'un groupe en plomb représentant *Cérès* entourée d'Amours, par Regnaudin, d'après le dessin de Lebrun. — Le bassin le plus éloigné est rond; le groupe en plomb représente *Flore* au milieu d'Amours, par Tuby, d'après le dessin de Lebrun.

Le premier bosquet que nous visiterons de ce côté est celui d'Apollon.

### Bosquet des Bains d'Apollon (fermé).

(14, plan I.)

Ce bosquet, adossé au bassin de la Fontaine de Diane, a subi plusieurs changements. Trois ans après la replantation du parc, qui eut lieu en 1775, il fut composé sur un nouveau dessin, par Hubert Robert, qui était alors très à la mode comme dessinateur de jardins irréguliers. Il renferme un immense rocher dans lequel on a pratiqué une grotte décorée du célèbre groupe en marbre d'*Apollon* et des *Nym-*

phes, dû au ciseau de Girardon et de Regnaudin.

A droite et à gauche, et à quelque distance de ce groupe princi-

La toilette d'Apollon.

pal, sont : deux coursiers d'*Apollon* abreuvés par des *Tritons*, ouvrage de Guérin; et les *Tritons* tenant deux coursiers dont l'un mord la croupe de l'autre qui se cabre, par les frères Marsy.

Ces beaux groupes furent d'abord placés dans la fameuse grotte de *Thétis*, bâtie en 1662 par Pierre de Francine, auprès du château, à la place où se trouve aujourd'hui le vestibule de la chapelle. Elle fut démolie pour faire place aux constructions de l'aile du nord. Il est digne de remarque que, dans le groupe d'Apollon, une des Nymphes agenouillée tient une aiguière sur laquelle est sculpté le passage du Rhin. C'est toujours Louis XIV qui est le véritable Dieu adoré sous l'image du Dieu du soleil. — Cette première grotte fut décrite par La Fontaine dans ces vers écrits à l'occasion des fêtes de 1664 :

Ce Dieu, se reposant sous ces voûtes humides,
Est assis au milieu d'un chœur de Néréides ;
Toutes sont des Vénus, de qui l'air gracieux
N'entre point dans son cœur et s'arrête à ses yeux ;
Il n'aime que Thétis, et Thétis les surpasse.

« Le poëte, dit M. Vatout, fait allusion, sous le nom de Thétis à Marie-Thérèse, et le bonhomme ne devine pas que la véritable reine de la fête était une jeune fille aux blonds cheveux, aux yeux pleins de douceur, à l'âme délicate et tendre, qui devait un jour expier dans les larmes et les austérités du cloître cette royauté passagère et ces plaisirs d'un moment. »

Le bosquet des Bains d'Apollon est ouvert au public le jour des grandes eaux, et le gracieux agencement des eaux, de la verdure et de la sculpture, qu'il présente, est une des merveilles de ces spectacles féeriques.

En sortant des bains d'Apollon, nous visiterons une salle de verdure qui est désignée sous le nom de Rond vert.

### Le Rond vert. (15, plan I.)

Ce bosquet a été planté sur l'emplacement du théâtre d'eau dont les dispositions sont reproduites dans les tableaux 726 et 727 de la salle des résidences royales (voir page 248). On y voit quatre statues très-endommagées de *Faune*, de *Pomone*, de *Cérès* et de la *Santé*. Le centre de ce bosquet présente une pelouse qui sert de rendez-vous ordinaire aux bonnes et aux enfants.

A l'extrémité du bosquet du Rond vert est un petit BASSIN D'ENFANTS, représentés se jouant au milieu des eaux. De là, traversant l'*allée de l'Été* (qui aboutit au bassin octogone de *Cérès*), nous entrons, en face, dans un bosquet d'égale grandeur, désigné sous le nom de l'Étoile.

### L'Étoile. (16, plan I.)

A la place du bosquet de l'Étoile était autrefois la Montagne d'eau (reproduite dans le tableau 725 de la salle 99 ; voir page 248). Au pourtour de l'Étoile, sont les statues antiques en marbre de *Mercure*, d'*Uranie*, de *Bacchante* et d'*Apollon* ; et dans l'allée circulaire, celles de *Ganymède* (d'après l'antique), par Joly, et de *Minerve*, par Bertin.

Entre l'Étoile et le Tapis vert s'étend le quinconce du Nord.

### Quinconce du Nord.

Ce vaste espace ombragé, ouvert aux promeneurs, fait le pendant du quinconce du Midi, et il est également décoré de Termes en marbre, exécutés à Rome, comme ceux du quinconce du Midi, d'après les dessins de Poussin. Du côté du midi

# VERSAILLES. — LES JARDINS.

...nt : *Flore;* l'*Été*, par Théodon (en arrière); *Pan* et *Bacchus*. Du côté du nord : *Faune;* l'*Hiver*, par Legros (en arrière); la *Libéralité* et l'*Abondance*.

Au bout du quinconce du Nord, nous apercevons, dans l'allée du Printemps, un vase en marbre, par Robert. Le bosquet qui s'étend derrière ce vase est celui des Dômes. On y entre soit du côté du bassin de Flore, soit du côté du Tapis vert.

### Bosquet des Dômes (fermé).
#### (17, plan I.)

Quand les groupes statuaires des bains d'Apollon furent enlevés de la grotte de Thétis, on les transporta d'abord dans ce bosquet. Il dut ensuite son nom actuel à deux petits pavillons en marbre blanc, couverts chacun d'un dôme enrichi d'ornements de métal doré, et qui ont été détruits à cause de leur état de vétusté. Le tableau 123 du musée reproduit cette ancienne disposition.

Au milieu est un bassin entouré d'une balustrade en marbre blanc, ainsi qu'une terrasse avec une seconde balustrade. Sur le socle et les pilastres sont sculptés une suite de bas-reliefs représentant des trophées d'armes, par Girardon, Guérin et Mazeline.

Ce bassin, au centre duquel est une cuvette en marbre blanc, est dans un état regrettable de délabrement. Nous ne le mentionnons que pour être complet, et à cause des bas-reliefs de Girardon.

Le bosquet est décoré des statues suivantes : *Impératrice romaine* et *Faune dansant* (d'après l'antique); *Bacchus*, par Guil. Coustou; *Diane*, par Frémin; *Vénus de Médicis*, *Isis* (d'après l'antique); *Melpomène* et *Thalie*, statues antiques.

### Bassin d'Encelade. (18, plan I.)

Près du bosquet des Dômes est le bassin d'*Encelade*. Il tire son nom de la figure d'*Encelade*, dont on aperçoit seulement la tête et le bras gigantesques, au milieu de fragments de rochers. Le jet d'eau qui sort de la bouche du Titan, à demi enseveli sous les débris de l'Etna, a vingt-trois mètres. C'est un des plus élevés de tous ceux du jardin. Derrière le bassin d'Encelade est un dernier bosquet au milieu duquel se trouve le bassin de l'Obélisque.

### Bassin de l'Obélisque.
#### (19, plan I.)

Ce bassin tire son nom de la forme pyramidale que prennent ses eaux jaillissantes.

---

Ici se termine notre visite aux différentes curiosités du palais et des jardins de Versailles.

Ce long examen, sans doute, ne s'achève pas sans que la monotonie de ces majestueuses décorations fasse éprouver quelque lassitude à l'esprit. Quoi qu'il en soit, rappelons-nous le mot de Voltaire : « Il est plus facile de critiquer Versailles que de le refaire. »

### LES EAUX DE VERSAILLES.

On croit généralement que ce sont les eaux provenant de la machine de Marly qui alimentent les bassins du parc de Versailles. C'est une erreur. Ces eaux, concurremment avec certaines eaux recueillies dans les environs de Versailles, ne servent qu'à la consommation de la ville.

On a vu plus haut (page 208), dans l'historique que nous avons donné des dispendieuses tentatives faites pour amener des eaux abondantes à Versailles, que, par suite de l'insuffisance de celles fournies par la machine de Marly, on avait dû organiser successivement un vaste système de rigoles qui, contournant les hauts plateaux, ramassent les eaux de pluie et de neige fondue, et vont les verser aux étangs et aux réservoirs creusés pour les recevoir. Les principaux étangs sont ceux de Trappes ou de Saint-Quentin, Saclay, Bois-d'Arcy, Saint-Hubert, Perray, etc. Le développement total des rigoles est de 157 652 mètres, sur une largeur moyenne de 20 mètres environ.

Le système des étangs fournit des *eaux hautes* et des *eaux basses*.

Les eaux hautes, qui sont celles de Trappes, viennent par un aqueduc souterrain de 10 772 mètres de long, et se réunissent, à l'est de Versailles, dans les bassins de Montbauron. Les eaux basses viennent de la plaine de Saclay; elles sont d'abord réunies dans des étangs, et traversent ensuite la vallée de Buc au moyen d'un *aqueduc* (voir *la vallée de Bièvre*). Elles arrivent dans Versailles à un niveau de 13 mètres plus bas que celles du bassin de Montbauron. Ces eaux, soit hautes, soit basses, se distribuent : une partie directement dans la ville, ou dans le parc; une autre, amenée par des conduits, du bassin de Montbauron au Château d'Eau (11, plan I); une dernière au grand réservoir (voir page 201), et de ces deux réservoirs elles vont alimenter les bassins du parc. Selon un rapport de l'habile directeur actuel des eaux de Versailles, le cube des eaux de tous les étangs, parvenues à leur niveau de déversement, est de 7 971 726 mètres; niveau qu'elles atteignent, du reste, très rarement. La quantité moyenne est estimée à 5 321 151 mètres cubes, quantité sur laquelle s'opère une réduction d'un cinquième par suite des filtrations et de l'évaporation. Sur cette quantité ainsi réduite, la consommation annuelle de la ville absorbe 2 182 460 mètres cubes. On voit d'après cela, quel est l'excédant disponible pour le jeu des eaux du parc. — On s'occupe en ce moment d'un projet d'amélioration du système des eaux de consommation de la ville de Versailles, au moyen d'un plus grand développement de puissance donné à la machine de Marly.

Il faut distinguer dans le jeu des eaux ce qu'on appelle les *petites eaux* et les *grandes eaux*. Les premières *jouent* souvent, dans la belle saison tous les quinze jours. Les secondes ne jouent même pas tous les mois. Ces dernières se composent des bassins réservés, tels que la *salle de Bal*, la *Colonnade*, les bains d'*Apollon*, et surtout du *bassin de Neptune*. Les *petites eaux* commencent ordinairement à jouer vers trois heures. A quatre heures, commencent les *grandes eaux*; et, à partir de ce moment, outre les jeux nouveaux des bosquets, d'autres bassins, tels que ceux de *Latone* et d'*Apollon*, reçoivent un plus grand développement de leurs eaux jaillissantes. C'est alors qu'il faut savoir se diriger dans le parc pour visiter tour à tour ces merveilleux

# VERSAILLES. — LES TRIANONS.

...ctacles hydrauliques. Notre itinéraire fournit d'amples renseignements à cet égard. Du reste, la foule s'y porte d'elle-même et par tradition aux différents bassins, et finit par se rassembler autour du bassin de Neptune, qui joue vers cinq heures. Le spectacle qu'il offre alors est si merveilleux, qu'en voyant le peu de temps qu'il dure, on se prend à regretter la permanence qu'il pourrait avoir, si les folles tentatives de Louis XIV pour amener la rivière de l'Eure à Versailles avaient réussi.

## PALAIS ET JARDINS DES TRIANONS.

On peut s'y rendre à pied, en une petite demi-heure, depuis les débarcadères des chemins de fer. Si l'on arrive par celui de la rive droite, on doit prendre, comme nous l'indiquons ci-dessus, le *boulevard de la Reine*, le suivre jusqu'à la *barrière de la Reine*, et, au delà de cette barrière, suivre encore un peu le prolongement qui aboutit obliquement à la grande avenue, bordée de doubles rangs d'arbres, qui, elle-même, va directement du bassin de Neptune au palais du grand Trianon (A, pl. I). On peut s'y rendre également du parc de Versailles, par les allées à droite du bassin d'Apollon. A l'extrémité d'une des branches du grand canal, dite *bras de Trianon*, on aperçoit deux rampes d'escalier qui montent au parc (réservé) du grand Trianon; mais ces escaliers sont fermés de grilles, et si l'on arrivait de ce côté, il faudrait faire un détour sur la droite pour gagner les entrées des deux Trianons.

Arrivé à l'esplanade sur laquelle s'ouvre la *grille de la grande entrée* (*d*, pl. I), on franchit cette grille, et on suit la belle avenue qui va au palais du grand Trianon. (Après avoir passé la grille, on peut gagner tout de suite le petit Trianon, en prenant à droite, derrière les bâtiments du concierge et du corps de garde, une allée bordée de peupliers.) A l'extrémité de l'avenue on arrive à une autre esplanade qui précède la cour du palais du grand Trianon. La porte d'entrée est à gauche, sous l'horloge; là on se joint à une compagnie de visiteurs, ou, si elle est déjà partie, on peut s'asseoir dans une salle d'attente, jusqu'à ce que le gardien soit de retour.

Les Trianons sont ouverts tous les jours au public; mais on ne visite les appartements qu'accompagné par un gardien. Le lundi, les étrangers munis de passe-ports sont également admis à les visiter. La *salle des Voitures* n'est ouverte au public que le jeudi et le dimanche. L'entrée est près de l'esplanade, devant le grand Trianon (voir *e*, plan I). On y voit des chaises à porteurs du temps de Louis XIV et Louis XV, la voiture du sacre de Charles X, etc.

## Les deux Trianons.

### Histoire.

Versailles, « ce chef-d'œuvre si ruineux, où les changements des bassins et des bosquets, dit Saint-Simon, ont enterré tant d'or qui ne peut paraître, » était loin d'être achevé que déjà Louis XIV, après avoir acquis, en 1663, des moines de Sainte-Geneviève, des terres sur la paroisse de Trianon (désigné sous le nom de *Triarnum* dans une bulle du XII<sup>e</sup> siècle), s'y faisait bâtir, en 1670, un petit château, ou plutôt un pavillon, pour aller s'y reposer des ennuis du faste et de la représentation. C'était d'abord, dit Saint-Simon, une *maison de porcelaine à faire des collations*. Au bout de quelques années, vers 1687, la fantaisie royale voulut, à la place de ce pavillon, avoir un palais. Mansart fut chargé d'en dessiner les plans. Louis XIV, en faisant détruire le premier Trianon pour en construire un nouveau, ne fit malheureusement pas un choix judicieux de l'emplacement. C'est sur la terrasse élevée dans l'axe de la branche transversale du grand canal qu'aurait dû être placée la façade principale, dessinant de ce côté une magnifique perspective.

Pendant que l'on bâtissait ce château, le roi visitait un jour les travaux avec Louvois, qui, à ses autres fonctions, joignait celles de surintendant des bâtiments. Louis XIV crut s'apercevoir qu'une des fenêtres, encore inachevée, était plus étroite que les autres. « Louvois, qui naturellement était brutal, et, de plus, gâté jusqu'à souffrir difficilement d'être repris par son maître, disputa fort et ferme, et maintint que la croisée était bien. Le roi tourna le dos et s'alla promener ailleurs dans le bâtiment. »

Quelques jours après, le roi retourne à Trianon avec son ministre, fait appeler Le Nôtre, et lui ordonne de mesurer la fenêtre ; commission embarrassante pour Le Nôtre, qui, craignant de déplaire à Louvois ou à Louis XIV, « aurait bien voulu n'être pas là, dit Saint-Simon, et ne bougeait. Enfin le roi le fit aller ; et cependant Louvois toujours à gronder et à maintenir l'égalité de la fenêtre avec audace et peu de mesure. Le Nôtre trouva et dit que le roi avait raison de quelques pouces. Louvois voulut imposer ; mais le roi, à la fin trop impatienté, le fit taire, lui commanda de faire défaire la fenêtre à l'heure même, et, contre sa modération ordinaire, le malmena fort durement. Ce qui outra le plus Louvois, c'est que la scène se passa non-seulement devant les gens de bâtiment, mais en présence de tout ce qui suivait le roi dans ses promenades, seigneurs, courtisans, officiers des gardes, etc. La vesperie fut forte et dura assez longtemps, avec des réflexions sur les conséquences de la faute de cette fenêtre, qui, remarquée plus tard, aurait gâté toute cette façade et aurait engagé à l'abattre. Louvois, qui n'avait pas accoutumé d'être traité de la sorte, revint chez lui en furie, et comme un homme au désespoir. Ses familiers en furent effrayés, et dans leur inquiétude tonnèrent pour tâcher de savoir ce qui en arrivé. A la fin, il le leur conta, dit qu'il était perdu, et que, pour quelques pouces, le roi oubliait tous les services qui l'avaient valu tant de conquêtes ; mais qu'il y mettrait ordre, et qu'il lui susciterait une guerre telle, qu'il lui ferait avoir besoin de lui, et laisser là la truelle. Il ne mit guère à tenir parole. Il enfourna la guerre par l'affaire de la double élection de Cologne, etc., il la confirma en portant les flammes dans le Palatinat.... » Si le satirique écrivain tire ici des conséquences exagérées, ou pendant l'anecdote qu'il raconte à deux endroits différents de ses Mémoires n'est pas moins curieuse et caractéristique.

Louis XIV venait fréquemment avec les princes et princesses de sa famille visiter cette résidence ; et l'on jouissait de toutes ces nouveautés avec une ardeur singulière, dont le journal de Dangeau nous a conservé le souvenir. « Le 10 juillet 1699, Louis XIV s'établit sur la terrasse de Trianon qui regarde sur le canal, et y vit *embarquer* Monseigneur, Madame la duchesse de Bourgogne et toutes les princesses. Après le souper, Monseigneur et Madame la duchesse de Bourgogne se promenèrent jusqu'à deux heures après minuit dans les jardins, après quoi Monseigneur alla se coucher. Madame la duchesse de Bourgogne monta en gondole avec quelques-unes de ses dames et madame la Duchesse dans une autre gondole, et demeurèrent *sur le canal jusqu'au lever du soleil*. Puis madame la Duchesse s'alla coucher ; mais Madame la duchesse de Bourgogne attendit que Mme de Maintenon partît pour Saint-Cyr. Elle la vit monter en carrosse à sept heures et

..., et puis elle s'alla mettre au ....»

Cependant Louis XIV, à partir de 1700, ne coucha plus à Trianon, et, désenchanté de ce palais, il voulut encore se créer une autre habitation moins magnifique, mais plus commode. C'est alors que Mansart construisit pour lui le château de Marly. Les jardins furent replantés en 1776.

Louis XIV fit, à l'instigation du duc d'Ayen, créer à côté de Trianon un jardin botanique célèbre par les expériences de Bernard de Jussieu et par ses arbres exotiques rapportés de l'Angleterre. Ce jardin, appelé le *petit Trianon*, était séparé, par une avenue, du grand Trianon. La fantaisie royale de Louis XV voulut bâtir là un château, diminutif du grand Trianon, comme celui construit par Louis XIV avait été un diminutif de Versailles. Ce château du petit Trianon, construit en 1766 par Gabriel, est composé d'un pavillon formant un carré de 23 mèt. de façade. Louis XVI donna le petit Trianon à Marie-Antoinette; elle y fit planter des jardins pittoresques, à *l'anglaise* ou naturels, que les Anglais appelaient *jardins chinois*, et dont la mode s'était établie complétement en France vers la fin du règne de Louis XV. Au milieu de ces jardins, Mique, l'architecte de la reine, assisté du peintre Robert, mit un lac, traça des rivières, dissémina des maisons rustiques, sorte de décors d'Opéra figurant un hameau, et éleva au milieu des bosquets le Temple de l'Amour (5, plan 1) et le pavillon des Concerts (4, pl. 1), près du grand rocher. Marie-Antoinette prit ce séjour en affection. Elle venait s'y reposer dans l'intimité et y échanger le faste de Versailles contre d'innocentes mais fort peu naïves imitations de la vie villageoise. « Une robe de percale blanche, un fichu de gaze, un chapeau de paille, étaient, dit Mme Campan, la seule parure des princesses. Le plaisir de parcourir les fabriques du hameau, de voir traire les vaches, de pêcher dans le lac, enchantait la reine, et chaque année elle montrait plus d'éloignement pour les fastueux voyages de Marly. » La royauté, précédemment tombée de l'Olympe dans le boudoir, se réfugiait maintenant dans l'idylle et la bergerie; halte douce et paisible à la veille d'une révolution. « L'idée de jouer la comédie, comme on le faisait alors dans toutes les campagnes, suivit celle qu'avait eue la reine de vivre à Trianon, dégagée de toute représentation. Il fut convenu qu'à l'exception du comte d'Artois, aucun jeune homme ne serait admis dans la troupe. La reine riait beaucoup de la voix de M. d'Adhémar, belle anciennement, mais devenue chevrotante; l'habit de berger, dans le Colin du *Devin du Village*, rendait son âge fort ridicule. Le rôle de Colette fut réellement très-bien joué par la reine.... Le 19 août 1785, le *Barbier de Séville* fut joué dans la salle du petit Trianon. La reine remplissait le rôle de Rosine, le comte d'Artois celui de Figaro et M. de Vaudreuil (le meilleur acteur de société qu'il y eût peut-être à Paris) celui d'Almaviva; Beaumarchais assistait à la représentation. » (Mme Campan.) Et cette représentation avait lieu au moment même où le *Mariage de*

*Figaro* remuait tout Paris et éveillait déjà ces passions révolutionnaires qui devaient éclater quatre ans plus tard, et conduire à l'échafaud ou en exil les acteurs et les spectateurs du petit Trianon !

Napoléon fit faire des réparations aux Trianons et les fit meubler ; il songea un moment à y établir sa résidence d'été, mais il en fut détourné par l'insuffisance et l'incommode distribution des appartements. Le jour de la dissolution de son mariage avec Joséphine, il se retira à Trianon, et l'impératrice à la Malmaison.

Louis XVIII et Charles X ne firent aucun séjour à Trianon. Louis-Philippe y fit exécuter des travaux considérables (voir plus bas). Le mariage de la princesse Marie avec le duc Alexandre de Wurtemberg y fut célébré en 1837. En 1848, Louis-Philippe, fuyant Paris, s'arrêta à Trianon, après avoir quitté Saint-Cloud.

### LE GRAND TRIANON.

Ce palais se compose d'un seul rez-de-chaussée, sans toit apparent et sans caves sous les appartements, avec deux ailes en retour d'équerre qui encadrent la cour. Les proportions de la façade sont élégantes. Au milieu, un vestibule à jour en colonnes de marbre séparait la cour des parterres et isolait les deux ailes, qui devenaient ainsi en quelque sorte deux habitations distinctes. Ce vestibule fut fermé, en 1810, par des vitrages. « La *grande galerie*, qui paraît avoir été bâtie après coup en prolongation de l'aile droite, au midi sur les parterres, n'était qu'un long corridor isolé sur deux faces, communiquant par son extrémité au grand corps de bâtiment que l'on appelait le *Trianon-sous-Bois*. Cette troisième partie du château, bâtie également après coup lorsque l'on s'aperçut de l'insuffisance des logements, n'avait d'autre abord que par la galerie (outre le manque de dégagements, de communications faciles). On avait tellement peu pensé à satisfaire aux besoins particuliers des différents services sans lesquels toute habitation est impossible, qu'on avait été obligé de construire après coup, au dehors, isolément, sans plan, sans régularité, plusieurs bâtiments pour y placer les domestiques, les chevaux, les voitures, etc. Ces bâtiments, jetés presque au hasard aux alentours des deux Trianons, avaient apporté une sorte de confusion dans les limites des dépendances particulières des deux palais. » (Les *palais des deux Trianons*. 1837.)

Après avoir décrit les lacunes et les vices des distributions intérieures du grand Trianon, M. Fontaine énumère les travaux entrepris par ordre de Louis-Philippe, pour rendre cette résidence habitable. Nous signalerons seulement l'amélioration apportée à la grande galerie, qui, de simple corridor de passage, est devenue une salle à manger « dont le service est fait de la manière la plus inaperçue au moyen des nouvelles communications souterraines, pratiquées à grands frais dans toute l'étendue des appartements, depuis les cuisines jusqu'à l'extrémité de l'aile du *Trianon-sous-Bois*. Partout on est parvenu à établir toutes les petites pièces de service, dont aujourd'hui on ne peut se passer, et qui, très-négligées au temps de Louis XIV,

Vue générale du grand Trianon.

semblaient être un besoin presque inconnu. » Ces travaux d'utilité, et qui n'apparaissent pas au dehors, ont été si bien appropriés, que le tout semble aujourd'hui avoir été fait en même temps et par la volonté de Louis XIV.

Nous allons passer rapidement en revue les différentes salles du château du grand Trianon, et signaler les principaux objets d'art qu'on y remarque.

### Appartements à gauche du grand vestibule.

Un vestibule d'entrée sert de séparation entre l'aile gauche et le grand vestibule. La première pièce dans laquelle on entre est le *Salon*; on y voit des portraits de Louis XV et de Marie Leczinska, par *J. B. Vanloo*, et des fleurs peintes par *Monnoyer*.

*Cabinet.* — Il a fait partie de la première chambre à coucher de Louis XIV. Nous y signalerons : 12. Peinture allégorique à l'occasion de la naissance d'une fille du Dauphin, par *Ch. Natoire* (1750).

*Chambre à coucher.* — Cette pièce était d'abord réunie avec la précédente. — Fleurs. par *Monnoyer*.

*Salon des Glaces.* — Il a vue sur la branche transversale du grand canal du parc de Versailles.

Revenant sur ses pas pour visiter les appartements de l'aile droite, on traverse le grand vestibule.

*Grand vestibule.* — Dans le principe, il formait un passage libre et à jour (voir page 279). On y remarque cinq statues en marbre : le *Tireur d'épines* et la *Joueuse d'osselets* (d'après l'antique); *Atalante* (antique); *Jeune pâtre romain*, par Brun (1821); l'*Amour*, par Lorta (1819).

### Appartements à droite du grand vestibule.

*Vestibule.* — On y voit les deux statues suivantes : le *Faune au chevreau* (d'après l'antique); *Olympie abandonnée*, par Étex (1842); 28. Un tableau de Jupiter chez les Corybantes, par *Noël Coypel*, et des fleurs, par *Monnoyer* et *Desportes*.

Avant de parcourir les salles qui occupent le prolongement des bâtiments sur le parterre, on peut visiter les pièces de l'aile droite, sur la cour d'honneur.

*Salon.* — 35. L'Abondance, tableau de réception à l'Académie de peinture, par *Oudry*.

*Chambre à coucher*. — Seconde chambre à coucher de Louis XIV.

Nous allons maintenant passer en revue les appartements qui se prolongent à droite du vestibule.

*Salle de billard.* — Salle de musique sous Louis XIV. 61. Vénus et Adonis, par *Bon Boulogne*; 62. Naissance d'Adonis; 67. Io changée en vache; 69. Vénus et Adonis, par *Verdier*; 63. Hercule sacrifiant à Jupiter, et, 66, Junon apparaît à Hercule, par *Noël Coypel*; 64. Mercure et Argus, par *Ant. Coypel*; 70. Clytie changée en tournesol. par *Lafosse*.

*Grand salon.* — 75. Apollon et Thétis, par *Lafosse*. — Dans une armoire vitrée on voit des pièces pour un surtout de table, de mauvais goût, donné à Napoléon par Charles IV, roi d'Espagne.

*Salon.* — Portraits de Louis XIV; de Louis XV, par *L. M. Vanloo*; du Dauphin, par *Natoire*; de Louis XVI, par *Callet*. — Au milieu est une

VERSAILLES. — LE GRAND TRIANON. 281

grande coupe en malachite, que l'on a endommagée sur les bords en cherchant à la cacher, en 1848, quand Louis-Philippe se réfugia à Trianon. Les vases et les dessus de consoles sont aussi en malachite. Ces divers objets furent donnés à Napoléon par Alexandre, après la paix de Tilsitt.

Pour compléter l'examen de cette aile droite, on peut, avant d'entrer dans la grande galerie, visiter la bibliothèque et les petits appartements.

*Bibliothèque.* — Quatre tableaux de *Boucher;* 89. L'Hiver, par *Noël-Nic. Coypel;* 91. David apprenant la mort de Saül, par *Saint-Ours;* vue d'aqueducs, par *Hubert Robert.*

*Petits appartements.* — Ils furent habités par Mme de Maintenon. — Les quatre Saisons, par *J. B. Restout* (1767). 98. La Moisson, tableau d'une jolie couleur, par *Oudry.*

### Grande galerie.

Elle forme un angle droit avec la façade, sur le parterre, des bâtiments que nous venons de parcourir, et elle sert de communication entre cette première partie centrale du château et l'aile dite : *Trianon-sous-Bois* (voir page 279). Cette galerie est garnie de tableaux modernes peu remarquables. Un seul, le n° 149, mérite d'être particulièrement indiqué, non certes à cause du mérite de l'exécution, mais à cause de la signature de l'artiste : *Marie* (Leczinska), *reine de France, fecit* 1753. C'est une copie d'un tableau d'Oudry, qui est au Musée du Louvre.

*Salon.* — 155-157. Le Torrent, la Pêche, la Chasse au vol, par *Crépin.*

### Trianon-sous-Bois.

Cette aile forme un dernier angle à l'extrémité des bâtiments du château (voir ci-dessus).

*Chapelle.* — Elle a été faite sous Louis-Philippe. — On y remarque un tableau, par *Pierre Dulin*, représentant saint Claude qui ressuscite un enfant.

### LE PETIT TRIANON.

Lorsqu'on est devant la grille qui précède la cour d'honneur du château du petit Trianon, on entre à gauche, sous un petit vestibule ouvert; on s'adresse au concierge si l'on désire visiter l'intérieur du château; mais, si l'on veut seulement parcourir les jardins, on traverse la cour, et une entrée ouverte qui fait face donne accès aux bosquets.

Ce palais, nous l'avons dit plus haut (voir p. 278), forme un simple pavillon carré de peu d'étendue et d'apparence peu royale; les bâtiments des dépendances sont distribués à quelque distance. Louis-Philippe fit également exécuter au petit Trianon des travaux destinés à le rendre une résidence commode et agréable. Dans le jardin, les rochers ont été reconstruits; les chaumières rustiques, ainsi que les eaux, les plantations, ont été rétablies comme par le passé.

### Intérieur du château.

Les appartements sont simplement décorés et ne contiennent que quelques peintures. Antichambre : des dessus de porte et de glace, par *Natoire*. — Salle à manger : le Bain et la Pêche, par *Pater;* les quatre Saisons, par *Dejuinne* (1819-1822). — Salon : Des dessus de porte et de glace, par *Natoire* et *Lépicié.*

— Dans le salon suivant : quatre Scènes champêtres, ébauches faciles et colorées, par *Pater*.

Au milieu du parterre qui s'étend sur un des côtés du château s'élève le *Pavillon français*, construit sous Louis XV. Ce pavillon servait de salle à manger d'été. Non loin de là est la salle de spectacle.

*Salle de spectacle.* — « Le plafond, exécuté vers 1779, par *Lagrenée le jeune*, a été entièrement repeint. » (*Notice du palais de Trianon.*)

### Jardin du petit Trianon.

Une fois entré dans le jardin, comme nous l'indiquons ci-dessus, on peut prendre devant soi une allée qui en contourne les bords. A peu de distance, à gauche, on aperçoit le *temple de l'Amour*, petit édifice rond et ouvert, composé

Le jardin du petit Trianon.

de colonnes corinthiennes, et construit par l'architecte Mique. Au milieu est une statue de l'*Amour qui se taille un arc dans la massue d'Hercule*, par Bouchardon, (répétition de la statue qui est au Musée du Louvre). Continuant à suivre pendant quelque temps la même allée, on aperçoit à gauche les maisons rustiques qui composent ce qu'on appelle le *Hameau*; on peut voir dans le plan 1 leur emplacement et leur désignation. Un saule pleureur, près de la tour de Marlborough, a été planté, dit-on, par Marie-Antoinette, l'année même où elle fut forcée de quitter Versailles. Après avoir examiné ces petites fabriques, on fera le tour du lac. Nous appelons l'attention sur un singulier phénomène végétal qui se remarque à son extrémité (aux points marqués * sur le plan 1), et qui est produit par les racines de cyprès de la Louisiane (cyprès chauve, *cupressus disticha*, *schubertia disticha*, *taxodium distichum*). Ces racines multiplient des exostoses ou renflements ligneux, assez étendus ici, qui, dans les marais de la Louisiane, prennent jusqu'à plusieurs pieds de hauteur, et rendent impraticables les espaces où ils se développent. C'est vers 1764 que furent plantés les principaux arbres qui font aujourd'hui l'ornement de ce jardin. Enrichi depuis 1830 de beaucoup

Le jardin du petit Trianon.

d'espèces nouvelles, il présente une des plus belles collections d'arbres indigènes et exotiques. Des écriteaux, placés sur la plupart de ces arbres, indiquent aux visiteurs les noms des espèces. Un certain nombre n'ont plus aujourd'hui l'intérêt qu'ils tiraient alors de leur rareté ; mais plusieurs se font remarquer par leur belle venue : ainsi les *pins* de l'Amérique du Nord, connus sous le nom de *lord Weymouth*, y passent pour les plus beaux que l'on connaisse en Europe. Nous citerons, parmi les arbres les plus dignes d'être remarqués, un *chêne au kermès*, un beau chêne *planera*, des *chênes rouges d'Amérique*, des *chênes à cupules hérissées*, et, au bord d'une allée peu éloignée de l'étang et du salon de musique. un chêne à feuilles de saule, de 30 mètres d'élévation.

Après s'être promené dans les jardins, on ira voir un autre petit lac, dominé d'un côté par le *Salon de musique* ou *du déjeuner* (IV, pl. 1), dessiné par l'architecte Mique, et d'un autre côté par des rochers artificiels, disposés d'une manière théâtrale. Du haut du tertre qui s'étend derrière le salon de musique, on aperçoit le *Jardin des fleurs*, compris entre les bâtiments du jardinier en chef (2, pl. 1) et l'*Orangerie* (3, pl. 1). Nous prendrons une des allées qui y mènent, et nous irons visiter ce jardin intéressant et de création récente, qui échappe habituellement à l'attention des étrangers.

### Jardin des Fleurs.

Ce jardin, si digne de l'attention des amateurs d'horticulture, a été créé, en 1850, par M. Charpentier, aujourd'hui encore jardinier de Trianon. On y voit plusieurs arbres remarquables : un magnifique *chêne pyramidal* ; un beau chêne-yeuse (*quercus ilex*) ; un chêne noir (*quercus toza*) : un *pin Montezuma* ; un jeune pin gigantesque (*pinus Lambertiana*), arbre qui, dans toute sa croissance. s'élève jusqu'à 100 mètres de hauteur. Il est menacé dans l'avenir d'une redoutable rivalité par le voisinage d'un arbre de la Californie (*Wellingtonia gigantea*), qui, en Amérique, atteint 150 mètres d'élévation, mais qui n'a encore ici que quelques pouces. Nous citerons encore le *taxodium semper virens* (Californie): et parmi les arbres d'une belle venue : un chêne à *feuilles d'ægylops* (Grèce) un chêne de *Gibraltar*, ou faux liège. On verra surtout avec étonnement, dans une allée derrière l'Orangerie, un *chêne-liège* d'un beau développement, arbre d'une excessive rareté à notre latitude. — Parmi les fleurs qui ont valu à cet agréable jardin le titre de Jardin des fleurs, il faut citer particulièrement une riche collection de *rhododendrons*, d'*azalées* et autres plantes de terre de bruyère.

### C. CHEMIN DE FER DE VERSAILLES (RIVE GAUCHE).

*Embarcadères.* A Paris, boulevard Montparnasse, n° 44 ; à Versailles, avenue de la Mairie.

*Départs* de Paris, d'heure en heure, depuis 8 heures du matin jusqu'à huit heures du soir.

*Départs* de Versailles, à 8 h. du matin et d'heure en heure de 9 h. 30 m. du matin à 9 h. 30 m. du soir. Les dimanches et fêtes, il y a un dernier départ à 10 h. 35 m.

La durée du trajet est de 35 m.

Tous les *trains* desservent toutes les stations.

Des *omnibus spéciaux* (20 cent. par voyageur) partent des stations suivantes pour tous les trains, et y ramènent les voyageurs à l'arrivée de chaque convoi: Boulevard Bonne-Nouvelle. — Place de la Bourse. — Pont-Neuf. — Rue Saint-Martin. — Hôtel de Ville. — Palais de Justice.

La lettre O, qui part de Ménilmontant, va stationner au boulevard Montparnasse. Elle conduit près de l'embarcadère de l'Ouest. — La lettre V, qui part du chemin de fer du Nord, et la lettre X, qui part de la place du Havre, conduisent également près de l'embarcadère de l'Ouest, car en allant : la lettre V, à la barrière du Maine, la lettre X, à Vaugirard, elles traversent le boulevard Montparnasse.

Les prix des places sont ainsi fixés :

*En semaine.*

|  | 1re cl. dilig. fr. c. | 2e cl. wag. fr. c. |
|---|---|---|
| 5 Clamart | » 60 | » 40 |
| 8 Meudon | » 75 | » 50 |
| 9 Bellevue | » 75 | » 50 |
| 10 Sèvres | » 75 | » 50 |
| 13 Chaville | 1 » | » 75 |
| 14 Viroflay | 1 25 | 1 » |
| 18 Versailles | 1 50 | 1 25 |

*Les dimanches et fêtes, billets simples.*

|  | dilig. fr. c. | wag. fr. c. |
|---|---|---|
| Clamart | » 60 | » 45 |
| Meudon | » 80 | » 60 |
| Bellevue | » 80 | » 60 |
| Sèvres | 1 » | » 75 |
| Chaville | 1 25 | 1 » |
| Viroflay | 1 25 | 1 » |
| Versailles, dimanches et fêtes ordinaires | 1 50 | 1 25 |
| jours des grandes eaux | 2 » | 1 50 |

*Dimanches et fêtes, billets d'aller et retour.*

|  | dilig. fr. c. | wag. fr. c. |
|---|---|---|
| Clamart | 1 » | » 75 |
| Meudon | 1 50 | 1 » |
| Bellevue | 1 50 | 1 » |
| Sèvres | 1 50 | 1 » |
| Chaville | 2 » | 1 50 |
| Viroflay | 2 50 | 2 » |
| Versailles, dimanches et fêtes ordinaires | 3 » | 2 50 |
| jours des grandes eaux | 4 » | 3 » |

Au-dessous de 3 ans, les *enfants* sont transportés gratuitement. — Ils payent 30 c. de 3 à 7 ans, quelles que soient la distance et la place occupée, et place entière au-dessus de 7 ans.

*Abonnements.*

|  | Six mois. dilig. fr. | wag. fr. | Un an. dilig. fr. | wag. fr. |
|---|---|---|---|---|
| Clamart | 150 » | 105 » | 210 » | 150 » |
| Meudon | 150 » | 105 » | 210 » | 150 » |
| Bellevue | 150 » | 105 » | 210 » | 150 » |
| Sèvres | 150 » | 105 » | 210 » | 150 » |
| Chaville | 225 » | 150 » | 300 » | 210 » |
| Viroflay | 225 » | 150 » | 300 » | 210 » |
| Versailles | 225 » | 150 » | 300 » | 210 » |

*N. B.* En allant de Paris à Versailles par la rive gauche, il faut prendre de préférence les places de droite. Au retour, les places de gauche devront, par conséquent, être préférées.

Le chemin de fer de Versailles (rive gauche) a été inauguré le 10 septembre 1840. Dans le principe, l'embarcadère avait été établi chaussée du Maine, à quelques pas de la barrière de ce nom. Depuis la Révolution de février, il a été avancé dans Paris jusque sur le boulevard Montparnasse, n° 44, où M. Victor Lenoir lui a construit un embarcadère monumental, sous la direction de M. A. Baude, ingénieur des ponts et chaussées. Deux grands corps de bâtiments s'élèvent de chaque côté d'un remblai de 9 mètres de hauteur, sur lequel est établie la gare des voyageurs. A gauche est le côté du départ, à droite le côté de l'arrivée. Au rez-de-chaussée s'ouvrent deux longues galeries à l'extrémité desquelles de magnifiques escaliers de pierre conduisent au premier étage. Dans la galerie de gauche sont les bureaux où se délivrent les billets de place et se déposent les bagages. Dans la galerie de droite, les bagages, descendus à l'aide d'une ingénieuse machine, sont rendus aux voyageurs et visités par les employés de l'octroi. Le premier étage de gauche est occupé par les salles d'attente, qui donnent sur la belle galerie vitrée où les convois viennent chercher et déposer les voyageurs. A l'entrée se trouve la *Bibliothèque des chemins de fer*.

La gare du boulevard Montparnasse est maintenant affectée tout à la fois au service de Versailles et à celui des lignes de la Bretagne. Aucun convoi ne part plus de la rue Saint-Lazare pour Chartres, le Mans, Laval, Alençon, etc.

Au sortir de la gare couverte, on traverse sur deux viaducs le boulevard extérieur et la chaussée du Maine, puis on laisse à droite l'ancien embarcadère, les ateliers et la gare des marchandises. Enfin, on croise dans le hameau de Plaisance

un certain nombre de rues qui n'offrent pas un aspect attrayant : mais les regards sont déjà attirés au loin par le dôme des Invalides, par l'Arc de triomphe, par le mont Valérien, par les coteaux de Saint-Cloud, de Sèvres et de Meudon. A droite s'élève le clocher de l'église neuve de Vaugirard (voir p. 128). Sur la gauche on remarque un cer-

Embarcadère du chemin de fer de l'Ouest (Versailles), rive gauche. Vue extérieure.

tain nombre de carrières. Les rails sont à 65 mèt. 8, à peu de distance des fortifications.

Les fortifications dépassées, la vue s'étend des deux côtés : à gauche se montrent Montrouge, le fort de Vanves et les hauteurs de Bagneux et de Châtillon ; sur la droite, à l'extrémité d'une terrasse plantée d'arbres, se dresse, au-dessus d'Issy et de Vanves, l'ancien château du

prince de Condé, aujourd'hui la succursale du lycée Louis-le-Grand. Plus loin on découvre à gauche le village de Clamart, et à droite le fort d'Issy, au pied duquel est établie la station de Clamart.

### I<sup>re</sup> STATION. — CLAMART.

*Distances.* La station de Clamart est à 6 kil. de la gare de Paris, 1 kil. 600 mèt. du village dont elle porte le nom, 1 kil.

# DE PARIS A VERSAILLES. — CLAMART.

d'Issy, 1 kil. de Vanves, 2 kil. de Meudon. — Clamart est à : 9 kil. 800 mèt. de Notre-Dame, 4 kil. 400 mèt. de Sceaux, 1 kil. de Fleury, 2 kil. de Châtillon, de Fontenay et du Plessis-Piquet, 6 kil. de Bièvre.

Un *omnibus* conduit les voyageurs de la station au village, moyennant 15 cent. la semaine et 20 cent. les dimanches.

**Clamart**, village du département de la Seine, arrondissement de Sceaux, a une population d'environ 2000 habitants. Il se trouve situé à 100 mètres au-dessus de la mer, dans une sorte de petit vallon couvert de vignes et d'arbres fruitiers, au pied des collines que

Embarcadère du chemin de fer de l'Ouest (Versailles), rive gauche. Vue intérieure.

couronnent les bois de Meudon. Il n'a en lui-même rien d'intéressant. Il est fort ancien, car un acte de 600 en fait mention (Claumar pour clos Mard). Son église, consacrée à saint Pierre et à saint Paul, date du XVIe siècle, mais elle a été en partie reconstruite en 1715. Elle appartenait autrefois au monastère de Saint-Martin des Champs. Il est question de la rebâtir entièrement, parce qu'elle est trop humide. Le portail latéral, qui s'ouvre près de la tour carrée, offre encore quelques débris de sculptures anciennes. A l'intérieur on remarque (à gauche, en entrant par le portail principal) une statue colossale, dont le modèle est à Notre-Dame de Lorette. M. Foyatier, qui habite une des villas de la commune, a fait don à l'église de cet ange en pierre, auquel on a dû ôter ses ailes pour l'introduire dans la place qu'il occupe. La plupart des habitants de Clamart sont blanchisseurs, fabriquent de la chaux ou du plâtre et exploitent les carrières de pierre du voisinage. Quand vient l'été, la population s'accroît considérablement. Toutes les maisons de campagne, abandonnées pendant l'hiver, voient revenir leurs heureux possesseurs, ou se remplissent de locataires. On en construit constamment de nouvelles. Sur la place de la Mairie, voisine de celle de l'Église, est le *restaurant Auguste*, avec jardin.

Les environs de Clamart sont fort agréables. Les bois qui séparent ce village de Fleury et de Meudon offrent aux amateurs les promenades les plus accidentées ; leur point culminant est à 164 mètres. On y découvre de jolis points de vue. Trente ou quarante minutes suffisent pour les traverser. Leur lisière, du côté de Fleury et de Meudon, forme les limites des départements de la Seine et de Seine-et-Oise. On peut y entrer du côté du sud, le côté nord étant fermé par un mur. Du reste, une belle route, garnie de trottoirs, plantée d'arbres, riche en points de vue (la route de Sèvres) conduit de Clamart à Fleury, à Meudon et aux Moulineaux. Après avoir suivi cette route pendant vingt minutes environ, on peut, à l'endroit où elle se bifurque, laisser à droite le bras qui descend au Val et aux Moulineaux, et, prenant l'autre bras, traverser *Fleury* (restaurant Bazin, n° 25). A l'extrémité de la rue étroite de ce village (10 minutes environ), au delà des propriétés Panckoucke à droite, et Pastoret à gauche, on entre dans les bois par la *Porte de Fleury* Là, de belles allées se présentent de tous côtés aux promeneurs. Si l'on suit celle qui longe le mur de droite, on passe près d'une fontaine, et l'on peut gagner, en vingt-cinq minutes, l'étang de Villebon (voir ci-dessous). En dix ou quinze minutes on va de Fleury à Meudon, en traversant la vallée.

De Clamart on peut aussi, dans une autre direction, aller à Châtillon (2 kil.), au Plessis-Piquet 2 kil.), à Aulnay (3 kil.), à Bièvre (7 kil.). — (Voir le *chemin de fer de Sceaux* et la route de terre de Paris à Chevreuse par Bièvre.)

En quittant la station de Clamart, le chemin de fer de Versailles passe au-dessous du fort d'Issy, qui domine le village de ce nom (voir p. 139); puis il s'enfonce dans une longue et profonde tranchée dont les talus trop rapides ne sont pas encore couverts de végétation. Vers l'extrémité de cette tranchée, on sort du département de la Seine pour entrer dans le département de Seine-et-Oise, et bientôt les plus charmants paysages se déroulent aux regards étonnés et ravis. On découvre à gauche : les hameaux de *Val* et *Fleury*, séparés par deux belles propriétés et dominés par les bois de Fleury ; un petit vallon parsemé de villas, sur le versant opposé, Meudon au pied de son beau château ; à droite la vue est plus étendue, plus variée, plus belle. On embrasse d'un seul coup d'œil toute la vallée de la Seine, de Charenton à Montmorency. Paris tout entier : le bois de Boulogne, le mont Valérien, Saint-Cloud, Sèvres, le fleuve, Montmartre se disputent tour à tour l'attention. Au-dessous de soi, à l'entrée du

# CLAMART.

vallon, sont les Moulineaux et le Meudon.

Ce vallon, c'est celui du **Val-Fleury**. On le traverse sur un viaduc en pierre, construit par M. Payen, inspecteur général des ponts et chaussées. Ce viaduc, composé d'un double rang de sept arches, a une longueur de 142m,70, une hauteur de 36 mèt. D'énormes remblais viennent y aboutir des deux côtés.

Les arches inférieures ont une ouverture de 7 mètres entre les culées, et une hauteur de 7 mètres sous clef. L'ouverture des arches supérieures est de 10 mètres, leur hauteur sous clef de 20 mètres; les piles qui les séparent ont 3 mètres d'épaisseur; l'épaisseur des piles du rang inférieur est de 4 mèt. 80 c. Le fond de la vallée est formé d'un terrain argileux fort mou, couvert

Viaduc du Val-Fleury.

de quelques couches calcaires. Il eût été de la plus grande imprudence d'asseoir un pareil monument sur une base aussi peu résistante; et M. Payen jugea avec raison qu'il fallait absolument, quelle que fût être la dépense, descendre les fondations jusqu'au banc de craie, inférieur à celui d'argile. Le volume des maçonneries cachées sous terre se trouve donc presque aussi considérable que la partie visible.

La première pierre de ce viaduc fut posée le 1er octobre 1838. On l'avait d'abord appelé pont *Hélène*, en l'honneur de Mme la duchesse d'Orléans. On le désigne généralement aujourd'hui sous le nom de *viaduc du Val-Fleury*.

A peine a-t-on franchi le Val-Fleury, que l'on s'arrête à la station de Meudon.

## 2ᵉ STATION. — MEUDON.

*Distances.* Meudon (la station) est à : 8 kil. de la gare du boulevard Montparnasse, 1 kil. de Bellevue, 2 kil. de Sèvres, 10 kil. de Versailles. — Le village est à : 1 kil. de la station, 4 kil. de Sèvres, 3 kil. d'Issy, 1 kil. de Fleury, 1 kil. 500 mèt. de l'étang de Villebon, 2 kil. de Clamart, 1 kil. 500 mèt. de Bellevue, 3 kil. 500 mèt. de Chaville, par les bois, 3 kil. 500 mèt. du Petit-Bicêtre, 4 kil. du Plessis-Piquet.

*Omnibus.* De la station à l'extrémité du village, à chaque convoi, 10 cent. la semaine et 15 cent. le dimanche.

**Meudon** est un bourg du département de Seine-et-Oise (arrondissement de Versailles, canton de Sèvres) dont la population s'élève à 3788 habitants. Il s'étend en amphithéâtre le long d'un coteau du Val-Fleury, qui va aboutir à la Seine, et se divise en haut et en bas Meudon. Le haut Meudon, formant la division la plus importante, s'allonge parallèlement à la terrasse du château qui le domine et qui borne son développement ; il est traversé dans sa longueur par une rue longue et étroite, la *rue des Princes*, qui, à son extrémité, mène au bois du côté du haras, et d'où partent : sur la gauche, des rues tortueuses qui descendent au bas Meudon ; sur la droite, des rampes qui montent à la terrasse.

Après avoir quitté la station du chemin de fer, on suit, pendant quelques minutes, un chemin montant en pente douce, bordé de vignes et de maisons jusqu'à un endroit où la route se bifurque : une branche à droite monte directement à l'*avenue du château* ; l'autre à gauche (celle que prend l'*omnibus*), menant dans l'intérieur de Meudon, est bordée à droite par un mur élevé, qui soutient les terrasses du parc du général Jacqueminot. A gauche, on a de temps en temps de belles échappées de vue sur le Val-Fleury ; on dépasse l'abreuvoir et la fontaine, et, s'avançant par la *rue des Princes*, on trouve, à gauche, l'église sur une petite place.

L'*église* de Meudon, construite vers 1570, est dans un style d'architecture bâtard et sans caractère. On y voit quelques tableaux : sur le maître autel, une Résurrection du Christ, peinture passable ; à gauche en entrant, une Adoration des Mages, donnée par M. *Ed. Odier*, en 1840, et deux tableaux, par Descamps (1841), n'ayant d'autre mérite que de rappeler les noms des deux saints, patrons du lieu : saint Martin et saint Blaise. Si elle offre peu d'objets dignes de l'intérêt des visiteurs, cette petite église de village possède d'ailleurs une grande célébrité, célébrité singulière que lui a léguée à tout jamais un de ses curés, le plus facétieux et un des moins chastes conteurs qui aient jamais égayé la littérature d'un peuple. Ce fameux curé de Meudon est Rabelais, l'Homère bouffon de la France. Il avait obtenu la cure de ce village par le crédit du cardinal du Bellay, et il y mena une vie exemplaire ; curé et médecin, soignant l'âme et le corps de son troupeau, enseignant le plain-chant aux enfants, et laissant un parfum de bon renom. « Allons à Meudon, disait-on alors à Paris ; nous y verrons le château, la terrasse, les grottes, et M. le curé, l'homme du monde le lus revenant en la figure, de la belle humeur, qui reçoit le mieux ses amis et tous les honnêtes gens, et du meilleur entretien. » Quelques-uns ont opposé cependant à cette aimable tradition : que, d'après les registres de l'archevêché de Paris, Rabelais n'exerça jamais les fonctions curiales à Meudon; nonobstant il jouit des bénéfices jusqu'à sa mort. Mais la tradition sera plus forte que les contradicteurs, et, en dépit d'eux, Rabelais restera l'illustre patron de cette petite église. Du reste, il mourut à Paris; et, si réellement, à son dernier moment, il prononça ces paroles célèbres : « Tirez le rideau, la farce est jouée, » le village est innocent de cette amère raillerie de la vie; dans la perspective adoucie de ses souvenirs, il n'a gardé du chantre de *Pantagruel* et de *Panurge* que l'image d'un *bon curé*.

« Il n'y a de titres certains qui fassent mention de Meudon, dit l'abbé Lebœuf, dans sa savante *Histoire du diocèse de Paris*, que depuis la fin du XIIe siècle ou le commencement du XIIIe. Dans ces titres, ce lieu est appelé *Meodum*, *Meudon*, ou bien *Meudun*. Il est évident qu'on ne savait alors comment le latiniser; ce qui a duré ainsi pendant presque tout le XIIIe siècle. » L'étymologie serait aussi obscure que l'origine. La terminaison celtique *dun* fait allusion à la profondeur corrélative du château et du village. La première syllabe, provenant de l'anglo-saxon, signifierait sable; et cette désignation, colline de sable, pourrait se justifier par le dépôt de sable, analogue des grès de Fontainebleau, qui couronne les hauteurs de Meudon.

Dès le XIIIe siècle on trouve des seigneurs de Meudon (*de Muldonio*). La terre et la seigneurie de Meudon furent données en 1527, moyennant une rente de 1200 livres par an, à Anne de Pisseleu, la célèbre duchesse d'Étampes, par son oncle, qui était cardinal, avec l'autorisation de François Ier; des terres y furent ajoutées pour former un parc. Quelques années après la mort de son royal amant, en 1552, la duchesse d'Étampes céda son domaine au cardinal de Lorraine, moyennant 3000 livres de rente. Le cardinal de Lorraine, qui était excessivement riche, s'y fit construire un château d'après les dessins de Philibert de Lorme, sur le point culminant de la colline. Un des princes de Lorraine, qui héritèrent de lui, vendit en 1654 cette propriété, pour le prix de 9300 livres de rente, à Servien, qui fut surintendant des finances de 1664 à 1669. On doit à ce dernier la belle terrasse qui domine le village, et d'où l'on jouit d'une si belle vue. Cette terrasse, qui mesure 260 mètres de longueur et 120 mètres de largeur, a coûté des sommes considérables. Servien acquit encore pour 36 000 livres les terres qui restaient la propriété, sur ce territoire, de l'abbaye de Saint-Germain des Prés. Il agrandit le parc, et obtint la permission de l'enclore, bien qu'il fût dans le voisinage des chasses du roi. Du fils de Servien, Meudon passa à Louvois, qui l'étendit encore beaucoup. Ce domaine, assez vaste pour que les extrémités atteignissent Versailles, était digne de devenir un domaine royal; il devint en effet la propriété du grand dauphin. Louis XIV, « accoutumé, dit Saint-Simon, à dominer dans sa famille, autant pour le moins que sur ses courtisans et sur son peuple, et qui la voulait toujours rassemblée sous ses yeux, n'avait pu voir avec plaisir le don (de Choisy-le-Roi, que mademoiselle de Montpensier avait fait au grand dauphin), ni les voyages fréquents que le dauphin et ses favoris faisaient à Choisy; il voulut rapprocher son fils de lui. Meudon, où Louvois avait enfoui des millions, lui parut propre à son dessein. » Il obtint de Mme Louvois l'échange de sa terre de Meudon avec celle de Choisy, et lui donna 900 000 livres de retour.

Le dauphin, devenu, contre son gré, propriétaire de cette maison de plaisance, habitée avant lui par deux ministres, se plut à l'embellir comme Louis XIV embellissait Versailles. De belles avenues furent ouvertes; le jardin fut replanté par Le Nôtre; l'orangerie devint une des plus belles connues; les appartements, richement décorés et meublés, avaient les croisées vitrées par des glaces, et une collection de tableaux par Jouvenet, de La Fosse, Audran, A. Coypel.... On y voyait deux statues en bronze, l'une antique, d'un gladiateur, l'autre d'Esculape, par Jean de Bologne. Le château fut jugé insuffisant; le dauphin en fit construire un autre vers 1695, à quelque distance du premier; c'est le seul qui subsiste aujourd'hui. Louis XIV vint un jour de Versailles pour visiter cette nouvelle construction; mais il ne voulut pas y entrer : il trouva que cela ressemblait plutôt à la maison d'un financier qu'à celle d'un grand prince.

Ce fut alors l'époque des splendeurs de Meudon. Le dauphin aimait à y séjourner. « Il remplissait les devoirs de fils et de courtisan avec la régularité la plus exacte, mais toujours la même.... Tout cela lui faisait trouver Meudon et la liberté qu'il y goûtait délicieux; et, bien qu'il ne tînt qu'à lui de s'apercevoir souvent que le roi était peiné de ses fréquentes séparations.... il n'en fit jamais semblant.... Il était fort peu à Versailles, et rompait, par des Meudon de plusieurs jours, les Marly, quand ils s'allongeaient trop. » (Saint-Simon.) Bien des espérances et des ambitions de courtisans se groupaient autour du dauphin, dans l'attente d'un nouveau règne; et, de même qu'il y avait une cour de Versailles, il y avait une cour, ou plutôt une colerie de Meudon : car l'élève de Bossuet et de Montausier était un esprit trop médiocre pour communiquer quelque valeur à son entourage. Meudon avait, comme Versailles, sa favorite, reine non déclarée, et probablement aussi, unie par un mariage secret au dauphin, comme Mme de Maintenon l'était à Louis XIV. Mlle Choin, « grosse camarde brune, avec toute la physionomie d'esprit ayant l'air d'une servante, » gardait à Meudon le ton d'une belle-mère devant le duc et la duchesse de Bourgogne, laquelle lui faisait les mêmes petites caresses qu'à Mme de Maintenon. Elle se renfermait d'ailleurs dans un genre de vie modeste, et refusa l'offre faite par Louis XIV d'un appartement à Versailles. Le dauphin, qui était avare, donnait à Mlle Choin 1600 louis par an, « de la main à la main, sans y ajouter ni s'y méprendre jamais d'une pistole. » Elle se montra très-désintéressée,

...tira à Paris, et y vécut d'une ...sion de 12 000 livres que lui fit ...roi. Le dauphin mourut de la ...tite vérole en 1711. Louis XIV ...nt s'établir, pendant la maladie, ...près de son fils. Il faut lire dans ...*Saint-Simon* (vol. IX°) le récit si ...toresque et si plaisant de l'atti- ...ude de la cour à cette nouvelle, ...la confusion, des mines hypo- ...ites, des calculs égoïstes, des ...etits complots à voix basse.... et ...ce bon gros Suisse qu'on ne ...oupçonnait pas là, et qui, s'é- ...eillant au milieu de ce troupeau ...ffaré de princesses et de grandes ...ames, et ne jugeant pas à propos ...de se lever en si grande compa- ...gnie, prit le parti de se renfoncer ...sous sa couverture. Pendant les ...derniers moments du dauphin, ...Mlle Choin vécut reléguée dans sa ...chambre. Louis XIV fit des repro- ...ches à Mme de Maintenon de ce ...qu'elle n'avait pas été la voir.

« Meudon et Chaville, qui va- ...laient 40 000 livres de rente et ...500 000 livres de meubles ou de ...pierreries, composaient tout ce qui ...était à partager (dans la succession ...du dauphin), » dit Saint-Simon, qui ...raconte avec quelle indécence les ...principaux bijoux furent vendus. ...A Marly, dans l'appartement de la ...duchesse de Bourgogne : « Toute la ...cour, princes et princesses du sang, ...hommes et femmes, y entraient à ...portes ouvertes ; chacun achetait à ...l'enchère. »

Le duc de Bourgogne, fils du ...grand dauphin, ne lui survécut ...que quelques mois, et ne fit que ...des apparitions à Meudon. En 1719, ...le roi Louis XV autorisa l'échange ...proposé par la duchesse de Berry, ...fille du régent, du château d'Am- boise contre celui de Meudon. Elle en donna le gouvernement au comte de Riom, neveu de Lauzun, et avec qui elle était secrètement ma- riée. Ce domaine fut réuni à la couronne en 1726. En 1736, Sta- nislas, roi de Pologne, y fut logé. Pendant la Révolution, l'ancien château fut transformé en une for- teresse dont de larges fossés défen- daient l'approche, et il devint un atelier de machines de guerre, où des ouvriers travaillaient nuit et jour. On y confectionna l'aérostat dont on se servit à la bataille de Fleurus. En 1795, un incendie se déclara dans les magasins et com- promit la solidité des bâtiments.

A ces souvenirs de guerre, oppo- sons des souvenirs plus gracieux empruntés aux Mémoires de Mme Ro- land, racontant les plaisirs de sa jeunesse :

A cinq heures du matin, le dimanche, chacun était debout. Un habit léger, frais, très-simple, quelques fleurs, un voile de gaze, annonçaient les projets du jour. Les odes de Rousseau, un vo- lume de Corneille ou autre, faisaient tout mon bagage. Nous partions tous les trois (elle, son père et sa mère). On allait s'embarquer au pont Royal, que je voyais de mes fenêtres, sur un petit batelet, qui, dans le silence d'une navigation douce et rapide, nous conduisait au ri- vage de Bellevue, non loin de la verre- rie. Là, par des sentiers escarpés, nous gagnions l'avenue de Meudon.... le dî- ner se faisait chez l'un des suisses du parc... Aimable Meudon ! combien j'ai respiré sous tes ombrages en bénissant l'auteur de mon existence, en désirant ce qui pourrait la compléter un jour ; mais avec ce charme d'un désir sans impatience qui ne fait que colorer les nuages de l'avenir des rayons de l'es- poir ! Combien j'aimais me reposer sous ces grands arbres, non loin des clairières, où je voyais passer la biche timide et légère! Je me rappelle ces lieux plus sombres où nous passions les moments de la chaleur : là, tandis que mon père, couché sur l'herbe, et ma mère, doucement appuyée sur un amas de feuilles que j'avais préparé, se livraient au sommeil de l'après-dîner, je contemplais la majesté de ces bois silencieux, j'admirais la nature, j'adorais la Providence dont je sentais les bienfaits. »

La réparation de l'ancien château eût exigé de grandes dépenses. Napoléon en ordonna la démolition en 1803. « Les fûts des colonnes en marbre blanc veiné de rouge de l'arc de triomphe de la place du Carrousel, en proviennent. » L'autre château fut réparé et meublé, les jardins furent remis en état. Napoléon, qui mettait des souverains de son choix sur les différents trônes de l'Europe, songea à former une pépinière, une école de rois, et le siége devait être à Meudon. L'*institut de Meudon* resta à l'idée de projet. Pendant toute la campagne de Russie, Marie-Louise y résida avec le roi de Rome. Il a été, depuis, habité tour à tour par don Pédro, roi de Portugal, par sa femme et sa fille, dona Maria; par le duc d'Orléans; par le maréchal Soult; il l'est aujourd'hui, pendant la belle saison, par le prince Jérôme Napoléon, ancien roi de Westphalie.

*Eau.* — Plusieurs étangs artificiels du voisinage, alimentés par un système étendu de rigoles, fournissent de l'eau à Meudon. La meilleure eau vient du château qui la tire lui-même de l'*étang des Fonceaux* (voir page 298), mais la distribution en est limitée. L'étang de Villebon, à l'entrée de la forêt (voir page 297) fournit aussi d'assez bonne eau. L'*étang de Chalais*, beau bassin enfermé dans le haras (voir page 297), ainsi que l'étang de *Trivaux*, situé à l'entrée de la forêt, à peu de distance, sont une autre source d'alimentation. Cette eau se distribue dans une partie de Meudon qu'on appelle, à cause de cela, *le Ruisseau*, et sert aux nombreux établissements de blanchissage qui forment la principale industrie du village.

*Géologie.* — La constitution géologique du sous-sol de Meudon donne lieu à l'exploitation de carrières de pierres de taille, dont les couches ont jusqu'à 24 mètres d'épaisseur, et de craie avec laquelle on fabrique le *blanc d'Espagne* ou *de Meudon*, d'un emploi si fréquent pour la peinture en détrempe et pour différents usages. Cette craie, débarrassée, au moyen du lavage, des parties terreuses et du sable qu'elle contient, puis séchée, est livrée au commerce en pains. La partie superficielle du sol donne lieu à une autre exploitation, celle des *pierres meulières*, employées dans les constructions des égouts et des lieux bas et humides. Les fortifications de Paris en ont fait une consommation énorme; la recherche incessante de ces matériaux contribue à bouleverser de plus en plus le sol du haut plateau de la forêt de Meudon, tout semé de trous creusés pour l'extraction.

*Terrasse du château.* — Cette magnifique terrasse, dont l'étendue est indiquée plus haut (page 291), est, avec les terrasses de Saint-Germain et de Saint-Cloud, un des points les plus renommés des environs de Paris pour la beauté du point de vue. Elle est ouverte toute la journée au promeneurs. On y arrive, soit par des rampes du côté de Meudon (une de ces rampes vient aboutir au milieu de la terrasse et l'entrée en reste ouverte tout le jour), soit par la grande et belle avenue montant de Bellevue, et dont les contre-allées sont ombragées par quatre rangées d'épais tilleuls. Le parc situé au-dessous de la chaussée à gauche est celui de M. Odier.

Après avoir franchi la grille, on trouve à gauche de gros *blocs de grès* découverts, en 1845, dans la grande avenue que l'on réparait. Autour de ces blocs volumineux, à la profondeur d'un mètre, étaient rangés des ossements humains portant le caractère d'une grande vétusté, et près d'eux on recueillit deux haches de silex, semblables à celles dont les prêtres gaulois se servaient dans leurs sacrifices.

Du haut de la terrasse, on aper-

Le château de Meudon.

çoit, en face, le village, les collines boisées de *Fleury* et le Val-Fleury, fermé, du côté de la Seine, par le hardi viaduc du chemin de fer de la rive gauche, au delà duquel la vue s'étend sur une vaste plaine où la Seine dessine ses méandres d'argent, où le bois de Boulogne déroule à gauche le tapis verdoyant de ses bosquets, et où Paris, la *grand'ville*, étale au loin, dans les brumes changeantes, diaprées d'ombres et de lumières, le gigantesque amas de ses monuments et de ses constructions. Montmartre, au-dessus de Paris, et, bien au delà, les collines de Montmorency terminent ce magique tableau. Si l'on reporte ses regards sur les bords de la Seine, on voit, à la droite de l'*île Séguin*, l'*île Billancourt et de Saint-Germain*. A une de ses extrémités s'élèvent les bâtiments d'une fabrique de produits chimiques, du milieu desquels une cheminée s'élance vers le ciel comme un élégant obélisque. En parcourant la première moitié de la terrasse, on a à ses pieds Meudon, et la vue plonge dans les jardins, dans les cours intérieures et sur l'amas peu pittoresque des toitures et des maisons à l'aspect grisâtre, telles que les façonne, d'une manière si monotone, le plâtre, autre produit du sol des environs. Pendant la dernière moitié, on domine des bosquets réservés qui reposent la vue. Parvenu au bout de la terrasse, on aperçoit, au-dessous de soi, deux étages de parterres ayant chacun leur pièce d'eau et qui s'étendent au pied du château, et plus loin, les pelouses du haras et l'*étang de Chalais*, la partie supérieure du *Val-Fleury*, et le commencement des bois de Meudon.

### Le château de Meudon.

Il a quinze croisées de façade, et du côté de Paris, deux étages, sans compter les mansardes; mais un étage seulement du côté du parc, à cause de la différence de niveau du plateau contre lequel il s'appuie. On monte par plusieurs degrés au vestibule, dans lequel s'ouvre, à gauche, un escalier où sont trois grands tableaux : dont un de *Franque*, Hercule arrachant Alceste aux enfers (1814), et un autre de *Langlois* (1828). Les appartements du premier étage n'offrent rien de remarquable comme décoration et ameublement. Nous indiquerons seulement quelques objets d'art.

*Salon d'attente* : Angélique délivrée par Roger (1824), par *Riouх*; Cadavre déposé dans une barque, effet de nuit, par *Eug. Flandin*. — *Chambre à coucher de Marie-Louise* donnant sur le parc : les tentures en soie sont de 1804; les rideaux sont de 1835. — On traverse plusieurs petites pièces et l'on arrive à la *galerie* ayant vue sur Paris; on y remarquera l'Amour de *Chaudet*, en bronze, fondu par *Soyer* (1822). — De là, on passe dans une pièce en retour ayant vue sur le Val-Fleury et qui fut la *chambre à coucher de Napoléon* (tentures de 1804) : Enfant prodigue et saint Jérôme, par *Blanchard?* — *Petit salon* : Mort de Lesueur, par *Vignaud* (1812). — *Salon de famille*: Athalie interrogeant Joas; et Rodogune, par *Coypel*; Paysage, par *François Casanova*, frère du célèbre aventurier Casanova de Seingalt, qui a laissé de si curieux mémoires; Sauvetage d'un navire par *Gudin* (1824), un des premiers ouvrages de cet artiste qui aient attiré l'attention publique. Nous signalerons, en outre, trois dessus de portes de peintres du xviiiᵉ siècle. — *Salle de billard* : Nous signalerons également à l'attention un Chien se précipitant sur des oies, par *Huet* (1769), et un élégant paysage, genre classique, par *M. Turpin de Crissé*: Apollon, chassé du ciel, enseigne la musique aux bergers (1824); statue de Pandore en marbre, par le sculpteur belge *Rutxhiel*.

*Parc réservé*[1]. — Derrière le château rayonnent des avenues bor-

[1]. Quand le château n'est pas habité, on peut visiter ce parc, en se faisant accompagner par un gardien.

…des de charmilles, au bout desquel…es est l'*étang des Fonceaux*. A droite …ent des couverts de marronniers, …t, au delà, près de la porte du bois …ite de *Bel-Air*, est le bassin de ce …om, alimenté par l'étang des Fon…eaux et fournissant de l'eau à tout …e château et quelques concessions …Meudon. Cette première portion …st en parc français. Quelques so…cles privés de leurs statues attes…ent l'état d'abandon de cette rési…dence. A gauche, une longue ave…nue droite, avec une pelouse au mi…lieu, s'enfonce dans la direction de l'étang de Villebon. De cette ave…nue partent, sur la gauche, des al…lées qui serpentent à travers les accidents de la colline couverte de bois, parmi lesquels sont dissémi…nés quelques vieux chênes. Au bas de cette colline assez élevée s'étend une verte esplanade encadrée de bosquets odoriférants. Là, dans le silence des bois animé par le chant des oiseaux, s'ébattent des troupes de lapins amateurs de serpolet, ou un daim timide s'enfonce et fuit dans le fourré après vous avoir aperçu.

### Le bois de Meudon.

Le bois de Meudon est divisé en deux portions : l'une, à l'ouest et au sud-ouest du château, jusqu'à Chaville et Vélisy; l'autre, à l'est et au sud-est, se confondant avec le bois de Fleury et menant à ceux d'Aulnay et de Verrières. « Le point le plus élevé, dit le docteur Robert, est au pavillon de Trivaux, à 172 mètres au-dessus du niveau de la mer, ou 142 m. au-dessus de celui de la Seine. Sa superficie, y compris le château et ses dépendances, est de 1367 hectares 82 ares, sur lesquels il y a 1085 hectares 39 ares en bois. »

*Direction*. — Les bois de Meudon sont au nombre des promenades favorites des Parisiens. Les versants du plateau plus rapprochés de Chaville abondent en aspects variés. De plusieurs points par-dessus la ligne prolongée des vertes futaies, on voit briller les toits métalliques du château de Versailles. — On se rend dans le bois de Meudon de deux côtés principaux, par Meudon ou par Bellevue :

1° Si l'on y arrive par Meudon, il faut suivre jusqu'au bout la *rue des Princes* (voir page 290). A son issue, on se trouve sur une large route, bordée à droite par les murs du parc bas, à gauche par ceux du vaste et riche enclos qui a appartenu au prince Berthier, et qu'on continue à désigner sous le nom de *haras de Meudon*, quoiqu'il ne conserve plus cette destination. Parvenu à l'angle du mur du parc, on prendra en appuyant à droite un sentier à mi-côte, qui s'engage bientôt dans le bois, et monte jusqu'à l'*étang de Villebon*. Depuis l'angle du mur du parc, on gagne l'étang en un petit quart d'heure.

Villebon (M⁽ᵐᵉ⁾ Roland écrit Villebonne) était au XIIIᵉ siècle une grange qui fut acquise par l'abbé de Saint-Germain des Prés. Cet étang est un des points les plus fréquentés du bois de Meudon. Le café-restaurant qui s'est établi sur le plateau au-dessus de l'étang, sous le nom d'*Ermitage de Villebon*, doit contribuer à y attirer un plus grand nombre de visiteurs encore (un poteau indicateur revèle cet utile voisinage, qu'on ne soupçonnerait pas autrement). — Si l'on veut gagner Bellevue, il faut, au delà de l'étang de Villebon, se diriger au N. O. On ne tarde pas à arriver, sur la lisière d'une plaine enclavée dans la forêt, à l'*Étoile de la Patte-d'Oie*, où aboutissent cinq routes. Si l'on prend l'allée droite, vis-à-vis de celle par laquelle on est venu, on passe bientôt le long d'un enclos à gauche, et, un peu plus loin, à côté d'un autre enclos plus grand, formé par les murs de l'*étang des Fonceaux*. Cet étang fournit de l'eau au château de Meudon, qu'on aperçoit à peu de distance à travers une grille. Continuant à suivre l'allée droite, on ne tarde pas à voir la *porte de Bel-Air*, au delà de laquelle une route tournante descend à la grande avenue qui va de Bellevue au château. — Si de l'*Étoile de la Patte-d'Oie* on traverse la plaine, on gagne la partie du bois du côté de la *mare Adam*. (Voir la deuxième colonne de cette page.)

2° Si l'on part de Bellevue, on peut monter au plateau supérieur du bois, soit par l'allée Mélanie (dans le cas où l'on veut visiter la portion qui est du côté de Chaville), soit par la jolie route bordée de jardins, qui, partant de la station du chemin de fer, monte au *Pavé des Gardes*. Parvenu là, on aperçoit à droite, dans un espace découvert, quelques maisons, et une petite tour appartenant à une fabrique de capsules, qui répand une assez forte odeur d'alcool. En suivant le *pavé des Gardes* pendant dix minutes on atteint à gauche une porte du bois, appelée la *porte Dauphine*. Si l'on prend l'allée droite qui fait face à cette porte, et qu'après avoir traversé une route pavée, on continue à suivre la même direction, on arrive en un petit quart d'heure à la *mare Adam* (voir plus loin). En la contournant à droite et en prenant la seconde allée, on se trouve cinq minutes plus loin sur les versants du côté de Chaville et de Viroflay. De là, suivant à gauche une route tournante, on ne tarde pas à apercevoir à droite une allée qui descend rapidement; cette allée mène au *rond de l'Ursine* (voir plus loin), et un peu au delà à l'*étang Vert* et à l'*étang des Écrevisses*; on se trouve alors dans la portion du bois de Meudon située entre Vélizy et Viroflay.

Le chêne est l'essence qui domine dans les bois de Meudon. Il y a peu de chênes séculaires remarquables. Les autres arbres sont : le châtaignier, le bouleau, le charme, le tremble, le frêne. Un hêtre pourpre, placé au rendez-vous de chasse du *Rond de l'Ursine*, attire les regards par son feuillage sombre et triste, et sert de point de repère aux promeneurs. La longue avenue à travers bois qui en part, fournit un chemin agréable pour gagner Versailles. Au centre de la *mare Adam* est un cyprès chauve (voir page 283), et autour « l'on voit le tulipier du Japon égaler presque en hauteur les arbres de la forêt, et se couvrir de larges corolles rougeâtres. »

———

En quittant la station de Meudon, on reste pendant quelque temps dans une tranchée profonde. À peine les parois de cette tranchée s'abaissent-elles, que l'on aperçoit à droite la *chapelle de Notre-Dame des Flammes*, érigée en commémoration de la catastrophe du 8 mai 1842. On traverse immédiatement à niveau la route des Moulineaux à Chaville, puis on passe sous l'avenue qui monte de Bellevue au château de Meudon, et l'on s'arrête à la station de Bellevue (90 mètres).

### 3ᵉ STATION. — BELLEVUE.

*Distances.* Bellevue est à : 9 kil. de la gare de Paris et de la gare de Versailles, 1 kil. des gares de Meudon et de Sèvres, 1 kil. du château de Meudon, du pont de Sèvres et de l'entrée du parc de Saint-Cloud. Cinq ou six minutes suffisent pour descendre de la station à la *manufacture de Sèvres*.

*Restaurants du Chemin de fer*, de la *Tête noire*.

**Bellevue**, dont le nom n'a pas

encore intrigué les étymologistes, doit son origine à un caprice de Mme de Pompadour. Cette maîtresse de Louis XV, allant un jour à Meudon, s'arrêta sur la colline qui dominait la rive gauche de la Seine au point où la route de Versailles traverse cette rivière. Elle admira la vue que l'on y découvre, et elle résolut incontinent de s'y faire construire un château. Ses volontés étaient des ordres. Les travaux commencèrent le 30 juin 1748. Le 24 novembre 1750, le roi coucha pour la première fois dans le nouveau château de sa favorite. Dès lors il y vint souvent ; il s'y plut tellement, qu'il l'acheta en 1757. Il y signa, du reste, un des actes les plus justes de son règne, celui qui faisait de la noblesse une récompense du courage militaire.

Avant la Révolution, le château de Bellevue appartenait à Mesdames. Les premières éditions des *Environs de Paris*, par Dulaure, contiennent une description complète, qui se termine ainsi : « Tant de beautés, enfantées par le goût le plus exquis et prodiguées avec une magnificence vraiment royale, s'éclipsent devant la principale beauté de ce château, qui n'est cependant que l'ouvrage de la nature ; c'est le superbe tableau qui se présente au nord de cette maison : l'œil embrasse des plaines immenses, des bois, des villages, des coteaux qui bornent l'horizon. La vue de Paris, celle du bois de Boulogne, font un contraste admirable. La Seine, que l'on voit, par des contours heureux, approcher, disparaître et reparaître enfin pour se perdre dans un lointain imperceptible, semble détourner son cours exprès pour baigner les pieds des coteaux de Bellevue et pour en enrichir la perspective. »

Le château de Bellevue, vendu pendant la Révolution, a été presque complétement détruit. Son dernier débris, *Brimborion*, appartient aujourd'hui à M. Tamburini. La belle propriété qui couvre la plus grande partie du coteau de Bellevue (la butte Coislin), au-dessus du pont de Sèvres et en vue du parc de Saint-Cloud, est possédée aujourd'hui par Mme veuve Delisle. Le pavillon d'habitation fut construit par Louis XV pour Mlle de Coislin. Il a appartenu jadis à M. Villamil, riche Espagnol, qui y donna l'hospitalité à Thomas Moore, que la faillite de son représentant aux Bermudes avait forcé de s'exiler d'Angleterre. Une des maisons voisines a été habitée pendant quelques années par Casimir Delavigne, qui y composa le *Paria*. Sa propriétaire actuelle, Mme Lowenstern (Mme Giovanelli), surnommée la belle Italienne, a eu, dans sa jeunesse, l'honneur d'inspirer une violente passion à lord Byron.

Quelques maisons de campagne s'étaient déjà construites, sous la Restauration, sur les bords de la route — récemment rectifiée — qui monte de Sèvres au château de Meudon. Mais depuis l'établissement du chemin de fer les villas se sont multipliées comme par enchantement sur le coteau de Bellevue. On en bâtit tous les ans de toutes les grandeurs et de tous les styles. Elles s'y louent fort cher. Sa belle situation, les charmantes promenades qui l'entourent, mais surtout sa proximité de Paris, ont rendu Bellevue un des séjours favoris de la bourgeoisie parisienne. Parmi ses maisons les plus agréables ou les plus célèbres, nous citerons : *Montalais*, que M. Scribe avait cédé au maréchal Saint-Arnaud ; la *tour de Marlborough*, habitée pendant quelque temps par le général Cavaignac, et acquise récemment par le prince Napoléon ; la *villa Paut*, que vient de faire reconstruire son propriétaire, M. Amédée Pichot, l'historien de Charles Édouard et de Charles-Quint, le directeur de la *Revue britannique*. Cette propriété était autrefois l'Orangerie du château de Bellevue. Elle a compté, parmi ses propriétaires ou ses locataires, M. Desprez, ancien administrateur des *Variétés*, qui y faisait en plein air des répétitions de vaudevilles ; le duc de Guiche, Édouard Alletz, etc. ; la *Maison des Cerfs*, ainsi nommée d'un cerf qu'y tua Louis XV et dont une inscription rappelle la mort. Près de cette dernière se trouve la villa de M. Empis, le directeur actuel du Théâtre-Français. La belle maison de campagne que possède aujourd'hui M. Haguermann passe pour avoir été donnée à M. de Polignac par la reine Marie-Antoinette. Enfin, sur l'emplacement de la ferme des Capucins, s'élève une maisonnette qui fut habitée par Émile Souvestre. Plus haut est la résidence de M. Lafey, un des pépiniéristes et créateurs de roses les plus renommés. On lui doit, entre autres, la reine d'Angleterre.

Bellevue possède deux *établissements hydrothérapiques*, dirigés, l'un par le docteur Fleury, l'autre par le docteur Philippeaux. L'établissement du docteur Fleury, le plus ancien et le plus fréquenté, date de 1848. Nous extrayons de son prospectus quelques renseignements qui peuvent intéresser les malades. Malheureusement, la maison d'habitation, très-bien située sur le coteau au pied duquel coule la Seine, se trouve séparée par la route et par une certaine distance de l'établissement des bains proprement dit. Ce trajet est plus que gênant pour les malades, à certains moments.

L'établissement reçoit des pensionnaires et des externes.

Le traitement externe est partiel ou général, suivant la nature de la maladie. Le prix du traitement partiel est de 130 fr. par mois ; celui du traitement général est de 200 fr., service et linge compris.

Le prix de la pension est de 500 fr. par mois. Les malades reçoivent les soins, médications et le traitement hydrothérapique, le logement, l'éclairage, le chauffage, le service, le linge de table, de lit et de toilette ; la nourriture. Ils mangent en commun.

Le prix de la pension est de 350 francs par mois pour les personnes qui accompagnent les malades, et de 150 francs pour les domestiques.

Les prix pour les visiteurs sont, à la table commune, de 5 fr. pour le dîner ; 2 fr. 50 cent. pour le déjeuner ; 2 fr. 50 cent. pour le coucher.

Les malades externes trouveront à Bellevue des maisons et des appartements à tous prix.

De la terrasse qui s'élève à l'extrémité de l'avenue Mélanie, on découvre une vue comparable à celle dont jouissait autrefois le château de Mme de Pompadour. C'est celle que représente notre dessin.

Les rues de Bellevue, bordées pour la plupart de haies, comme celles des villages anglais, ressem-

La vallée de la Seine, vue des terrasses de Bellevue.

blent à des allées de jardin ; mais, si l'on ne va pas visiter le château de Meudon ou la manufacture de Sèvres, les bois qui couronnent au-dessus du chemin de fer les dernières pentes du coteau offriront aux amateurs de délicieuses promenades, bien qu'ils aient été singulièrement endommagés depuis quelques années par des exploitations de pierres meulières. En suivant la crête du coteau à travers ces bois, on peut gagner Chaville en trente minutes. Trente minutes suffisent également pour se rendre à l'étang de Villebon. Veut-on prendre le chemin le plus direct : il faut monter la rue qui s'ouvre à la station, traverser la route départementale des Moulineaux à Chaville, entrer immédiatement dans le bois des Fonceaux, longer l'étang de ce nom, continuer l'avenue jusqu'à l'*Étoile de la Patte-d'Oie* et prendre la troisième allée à gauche (voir page 298).

Bellevue dépend de la commune de Meudon.

En quittant la station de Bellevue, le chemin de fer passe entre deux rangs de jolies villas. Au sortir d'une petite tranchée, on découvre sur la droite un admirable paysage. Le vallon dans lequel se trouve la ville de Sèvres, les hauteurs de Ville-d'Avray, le parc de Saint-Cloud, le mont Valérien, les coteaux de Montmorency, la Seine, le bois de Boulogne et Paris dominé par Montmartre, apparaissent tour à tour aux regards des voyageurs. Le parc de Saint-Cloud a déjà caché une partie de ce beau tableau, dont notre dessin ne peut indiquer que les principaux contours, lorsqu'on s'arrête à la station de Sèvres.

## 4° STATION. — SÈVRES.

*Distances.* Sèvres (la station) est à 10 kil. de la gare de Paris, 8 kil. de celle de Versailles, 1 kil. de celle de Bellevue. — Sèvres est (au pont) à : 1 kil. 500 mèt. de Saint-Cloud, 7 kil. 500 mèt. de Neuilly, 2 kil. 500 mèt. des Moulineaux, 10 kil. 300 mèt. de Paris, 6 kil. 500 mèt. de Versailles, 2 kil. de Chaville, 3 kil. de Ville-d'Avray. — Mais le pont de Sèvres est à plus d'un kil. de l'église, et à 800 mèt. environ de l'avenue qui conduit à la manufacture.

*Voitures publiques.* Gondoles. A Paris, rue du Boulol ; 24 ; à Sèvres, rue du Pont. Départs de Paris toutes les heures, de 7 h. et demie du matin à 9 h. et demie du soir; de Versailles toutes les heures, de 7 h. à 9 h. *En semaine*, 80 cent. le coupé et 60 cent. l'intérieur; les *dimanches et fêtes*, 1 fr. 10 cent. et 85 cent.

**Sèvres** (*villa Savâra*) est une ville de 4750 habitants, chef-lieu de canton du département de Seine-et-Oise, située sur la route de terre de Paris à Versailles, entre les deux collines qui portent les deux chemins de fer. Elle commence en face du parc de Saint-Cloud, sur la rive gauche de la Seine, à l'extrémité d'un beau pont de pierres construit en 1808, coupé en 1815 pour la défense de la rivière, et terminé seulement en 1820. Elle s'étend de là des deux côtés de la route jusqu'aux premières maisons du bas Chaville. Le groupe principal de ses maisons se trouve près de l'église et de la mairie, situées immédiatement au-dessous de la station (5 minutes environ). La plupart de ses habitants exercent la profession de blanchisseurs. Les produits de leur industrie ne sont que trop souvent exposés aux regards des promeneurs. Il y a un siècle environ, la plus grande partie des vins qui se conmmaient à Paris arrivaient à Sè-vres. Les anciennes carrières des coteaux voisins avaient été disposées en caves. L'une de ces caves, appelée la *cave du Roi*, pouvait contenir au moins 15 000 pièces de vin. La brasserie Reinert et l'entrepôt de vins de M. Cazères occupent aujourd'hui les caves du grand bâtiment qui s'élève contre la colline, à droite de la route, presque vis-à-vis de l'église.

L'origine de Sèvres est inconnue, mais on sait qu'un village de ce nom existait au même endroit, dès le VI° siècle. En 560 ou 570, saint Germain, évêque de Paris, « y guérit une fille nommée Magnostède d'une espèce de possession dont elle était affligée. »

L'*église* date du XIII° siècle. « Elle a, dit l'abbé Lebœuf, le défaut des églises qui ont été bâties à plusieurs reprises, d'être un peu tortue. » Elle est consacrée à saint Romain. Son clocher a dû être rasé

Vue prise du chemin de fer entre Bellevue et Sèvres.

jusqu'à la hauteur du toit. On a élevé sur ses débris une affreuse construction que surmonte une petite cloche, et au milieu de laquelle se trouve une horloge. Le chœur a été rebâti, sans intelligence et sans goût, dans un style qui fait un contraste choquant avec les ogives des bas côtés.

L'ancien château seigneurial de Sèvres était un peu plus bas que l'église, vers le sud. Au XVI° siècle, il avait pour seigneur Simon de Livres, qui le prêtait souvent au roi, dans le temps des entrées des reines. On lui payait un droit pour cela. On y enfermait, dit l'abbé Lebœuf, les prisonniers qu'on ne voulait pas laisser alors au Châtelet de Paris.

En 1815, Sèvres fut le théâtre d'un engagement sérieux entre les Français et les Anglais, soutenus par les Prussiens. Les Français durent céder au nombre. Après leur retraite, leurs vainqueurs pillèrent la ville. La manufacture de porcelaine fut seule épargnée, grâce à l'empereur Alexandre.

Sèvres est arrosé par un ruisseau appelé le *Marinel*, qui descend de Montreuil et de Chaville, et qui va se jeter dans la Seine.

Des rails viennent d'être posés au milieu de la rue principale de Sèvres. Ce chemin de fer sera continué jusqu'à Versailles.

La *fête patronale* de Sèvres se célèbre le dimanche après la Saint-Jean. Son *marché* se tient le lundi.

Une bonne route de voitures, qui s'ouvre presque en face de l'église, monte de Sèvres à la station de Ville-d'Avray (750 mètres), et, par Ville-d'Avray (1 kilomètre et demi), à Marnes (voir page 193), 3 kilomètres.

### Manufacture impériale de Sèvres.

Cet établissement, placé sous le patronage du gouvernement, fait singulièrement honneur à la France, dans cette voie si intéressante de l'industrie associée à l'art. Toute une pléiade d'artistes qui lui consacrent leurs talents jouissent d'une juste renommée, et la supériorité de ces produits est reconnue de toute l'Europe.

La manufacture de Sèvres possède une riche collection, fondée par M. Brongniart, comprenant les productions céramiques les plus diverses, depuis les poteries les plus communes jusqu'aux porcelaines les plus recherchées de la Chine et du Japon, des poteries antiques, des maïoliques, des faïences de l'Italie et de la France, etc.

Ce *musée céramique* réunit, en outre, les modèles des services, des vases d'ornement, des figures et statuettes, exécutés à la manufacture depuis son origine.

Le public est admis tous les jours à visiter les magasins. On visite le mardi et le vendredi le musée céramique, avec une permission délivrée par le directeur, à qui on doit en faire la demande.

L'entrée est par une avenue située à droite de la route qui, partant de Sèvres vis-à-vis de la porte du parc de Saint-Cloud, monte à Bellevue. Cette avenue et la partie de la route à laquelle elle se rattache viennent d'être, cette année, exhaussées et remises de niveau.

*Histoire.* — En 1695, il y avait à Saint-Cloud, une fabrique où l'on faisait de la porcelaine tendre, antérieure de quinze ans à la vraie porcelaine de Saxe. Une manufacture s'établit à Chantilly. M. de Fulvy, intendant des finances, en établit une autre à Vincennes, en 1745. Après la mort de M. de Fulvy, Louis XV reprit sa part dans la compagnie qu'il avait formée; il s'y intéressa pour un quart, et il donna à la fabrique le titre de *manufacture royale*. Comme elle était trop à l'étroit à Vincennes, les fermiers généraux lui firent construire exprès, à Sèvres, un vaste bâtiment d'exploitation sur l'emplacement de la maison Lully, dont une dépendance existe encore et sert de château d'eau : la manufacture y fut transférée en 1756. En 1760, Louis XV remboursa à la compagnie le prix de 1 400 000 fr., prit la manufacture à son compte et lui assigna un fonds de 96 000 livres. En 1778, l'impératrice de Russie lui commanda un service de 300 000 livres.

Jusqu'en 1765, on cherchait les procédés de fabrication de porcelaine chinoise, découverts et mis en pratique en Saxe depuis 60 ans. Il ne paraît pas qu'on se fût procuré des échantillons du kaolin [1] qu'on y employait. En 1761, on acquit les procédés de fabrication de porcelaine dure d'un fabricant du Frankenthal; toutefois la nécessité de tirer de la Saxe le kaolin et le feldspath mit obstacle au développement de cette industrie en France. Mais, en 1765, un mémoire de Guettard, dans lequel il signalait *la découverte faite en France de matières semblables à celles dont la porcelaine de chine est composée*, attira l'attention des savants sur cette question. A la même époque, la découverte fortuite d'un autre gîte bien plus beau et plus abondant

La manufacture de porcelaine à Sèvres.

que celui reconnu à Alençon par M. Guettard, mit enfin en possession des véritables matériaux de la porcelaine dure. A Saint-Yrieix,

---

1. Le *kaolin* provient de la décomposition d'une roche feldspathique. Le feldspath est un silicate d'alumine et de potasse, qui fond sous l'influence d'une haute température. En s'altérant, il perd tout ou partie de sa potasse, et le kaolin qui résulte de cette décomposition forme la partie infusible et opaque de la pâte à porcelaine.

---

près de Limoges, Mme Darnet, femme d'un pauvre chirurgien, découvrit et montra à son mari une terre onctueuse qui lui parut devoir être bonne pour le savonnage. Cette terre n'était rien autre que le kaolin dont on se sert encore aujourd'hui pour la fabrication de la porcelaine dure. La femme qui avait fait cette précieuse découverte vint à Paris en 1825: elle était dans la détresse et fut obligée de solliciter des secours pour s'en retourner à pied chez elle. M. Alexandre Brongniart lui fit obtenir une pension de Louis XVIII.

En 1770, la porcelaine *dure* fut fabriquée en grand, et concurremment avec la porcelaine *tendre*, jusque vers 1802, époque à laquelle cessa tout à fait la fabrication de cette dernière.

« La Révolution ne suspendit pas la fabrication de la porcelaine à la manufacture de Sèvres. Pendant la période républicaine, cette manufacture fut administrée par l'État. Elle fit ensuite partie des listes civiles de tous les souverains qui ont régné sur la France. » (Notice de 1859.)

M. Alexandre Brongniart fut nommé, en 1801, directeur de la manufacture, qu'il administra jusqu'à sa mort, survenue en 1847. Il eut pour successeur le savant chimiste Ebelmen, mort en 1852, auquel a succédé M. Regnault, membre de l'Institut, aujourd'hui administrateur de l'établissement.

Nous dirons ici quelques mots des procédés de fabrication. La pâte céramique, composée de kaolin, de feld-spath, de sable quartzeux et d'un peu de craie, détrempés et réduits à un état d'extrême division, est façonnée par le *tournage*. Pour les pièces rondes, l'ouvrier, plaçant sur le plateau horizontal d'un tour, qu'il met en mouvement, une masse de pâte à l'état liquide, lui imprime avec ses mains la forme voulue. Quand les pièces ébauchées ont acquis assez de fermeté, il les *tournasse*, c'est-à-dire les réduit à l'épaisseur convenable, à l'aide du tour et de lames coupantes. Le *moulage* est un second procédé de fabrication. Toutes les pièces qui ne sont pas rondes doivent être façonnées dans des moules composés de matière absorbante, telle que le plâtre. Un troisième procédé, celui du *coulage*, permet de faire des pièces d'une légèreté extraordinaire. L'emploi en été repris et beaucoup étendu dans ces dernières années ; il a été appliqué au façonnage des pièces de grande dimension qu'on a admirées aux dernières expositions de la manufacture. Les garnitures, les anses, les bas, etc., moulés à part, sont collés à la pièce avec une pâte de même composition, mais plus délayée, nommée *barbotine*. C'est avec cette pâte liquide, appliquée au pinceau, qu'on modèle en relief sur fond d'une couleur des ornements qu'on termine ensuite à l'ébauchoir. Les pièces tournées et parfaitement sèches sont passées au feu, et acquièrent dans cette première cuisson de la solidité et de la porosité par l'abandon de l'eau qu'elles contenaient. A cet état de demi-cuisson, la porcelaine prend le nom de *dégourdi*. Pour la couvrir du vernis ou émail qui doit lui donner l'imperméabilité et le brillant, on la plonge dans un bain liquide, tenant en suspension du feldspath et du sable broyés très-finement. Ainsi couvertes, les pièces sont reportées au four et soumises à une température presque égale à celle des hauts fourneaux, dans des étuis de terre cuite qui les isolent de la cendre et de la fumée. Le vernis ou émail peut recevoir certaines couleurs métalliques qui se fondent et s'incorporent avec lui. Mais, à cause de la haute température, ces couleurs sont bien limitées. Elles sont fournies par des oxydes de cobalt, de chrome, de fer, de manganèse, d'urane. Si les couleurs des porcelaines dures ou au grand feu sont limitées, au contraire les couleurs dites *de moufle*, parce qu'elles se parfondent dans de petits fours ayant ce nom, et à une température moins élevée, sont très-multipliées. Elles s'appliquent sur le vernis de la porcelaine cuite, et elles n'adhèrent avec lui qu'à l'aide de fondants appropriés. — Les procédés de cuisson ont reçu une amélioration capitale, dans ces dernières années, par la substitution de la houille au bois pour l'alimentation des fours. Cette méthode produit une économie de plus des deux tiers sur les frais de la cuisson.

# LA MANUFACTURE DE SÈVRES.

Depuis plusieurs années, la manufacture de Sèvres a joint à sa fabrication celle des vitraux peints; elle a créé récemment un atelier particulier de ciselage et de moulage dont les produits ont fixé l'attention, à l'Exposition universelle, par le fini de leur exécution.

Elle se livre aussi à la peinture sur émaux, cette partie de l'industrie artistique de la France qui fit la gloire de Limoges; enfin, elle reprend la fabrication de la *porcelaine tendre*, qu'une préoccupation trop systématique du directeur, M. Brongniart, avait fait abandonner, et qui répond à certains besoins de luxe que la porcelaine dure ne saurait satisfaire.

---

En s'éloignant de la station de Sèvres, on aperçoit à droite, au-dessous de la voie, les toits de la manufacture de porcelaine. A gauche, s'élèvent des coteaux couverts de bois. Sur le versant opposé du vallon au fond duquel s'étend la ville de Sèvres, se montre bientôt le chemin de fer de la rive droite. On traverse une profonde tranchée avant de s'arrêter à la station de Chaville.

### 5ᵉ STATION. — CHAVILLE.

*Distances.* La station de Chaville est à : 13 kil. de la gare de Paris, 5 kil. de la gare de Versailles, 3 kil. de la station de Sèvres.— Chaville est à : 2 kil. de Sèvres, 1 kil. 500 mèt. de Versailles, 2 kil. (par les bois) de l'étang de Villebon, 3 kil. (par les bois) de Bellevue, 1 kil. de Viroflay, 2 kil. de Vélizy.

**Chaville**, village de 1770 habitants, département de Seine-et-Oise, arrondissement de Versailles, canton de Sèvres, se divise en deux parties séparées par le chemin de fer. A droite est le *Petit Chaville*, sur la route de terre; à gauche, se trouve le village proprement dit, situé à 83 mètres, au pied de coteaux boisés, à l'entrée d'un petit vallon latéral. Son église a été rebâtie au xviiᵉ siècle. Son château, construit à grands frais par M. de Louvois, fils du maréchal Le Tellier, fut vendu pendant la Révolution comme propriété nationale, et démoli en 1800. Il n'en reste aucun vestige. Les bois qui le dominent offrent d'agréables promenades.

On peut, de la station de Chaville, gagner en vingt minutes les bois des Fausses-Reposes, qui couronnent le sommet du versant opposé de la vallée, et dont les belles allées conduisent, d'un côté, à Versailles, de l'autre, à l'étang de Ville-d'Avray et au château de la Ronce (voir page 195).

Dès la station de Chaville, on aperçoit, sur la rive droite, le viaduc qui sert à relier l'un à l'autre les deux chemins de Versailles. On remarque du même côté les prairies où sont parqués les chevaux du haras de Viroflay; à gauche, un joli vallon entouré de hauteurs boisées attire les regards.

### 6ᵉ STATION. — VIROFLAY.

*Distances.* La station établie dans le village de Viroflay est à : 14 kil. de la gare de Paris, 4 kil. de la gare de Versailles, 1 kil. de la station de Chaville, 2 kil. de Vélizy, 4 kil. de Jouy-en-Josas.

**Viroflay** (on écrivait autrefois *Viroflé*) doit son nom, si l'on veut en croire l'abbé Lebœuf, à une villa Offleni. « De même que de *lusciniola* on a fait *rossignol*, d'*Olina*, rivière de Caen, *Orne*;

ainsi de *villa Offleni*, après avoir fait Ville-Offlen, on a fait Viroflen, et, par retranchement de la dernière lettre, Viroflé : on peut même compter que ce mot n'en restera pas là. Déjà la ressemblance de ce nom avec celui d'une fleur très-connue met dans la bouche de quelques paysans le mot *Giroflée*. »

A quelle époque vivait le seigneur Offlenus ? on l'ignore. Près de sa villa se forma un hameau qui dépendit d'abord de Montreuil, et qui ne fut que plus tard érigé en paroisse. L'*église*, consacrée à saint Eustache, n'est ni ancienne ni remarquable. Le chancelier Le Tellier vendit cette seigneurie à Louis XIV. Aujourd'hui Viroflay fait partie du canton de Versailles (Seine-et-Oise). Sa population est de 986 habitants. On y remarque plusieurs jolies maisons de campagne. Les bois voisins offrent, comme à Chaville, d'agréables promenades.

On peut, de la station de Viroflay, se rendre à l'étang de Villebon en quarante minutes environ, en une heure, si l'on monte jusqu'à Vélizy (169 mètres). **Vélizy** est un village de 200 habitants, situé à 7 kilomètres de Versailles, à l'extrémité des bois de Meudon, sur le plateau cultivé que traverse à peu de distance la route pavée de Versailles à Choisy-le-Roi. Son église a été bâtie en 1674, pour remplacer celle d'*Ursines*, détruite à cette époque en même temps que l'ancien village de ce nom, dont l'emplacement trop humide et malsain fut transformé en étang par M. de Louvois. En 1815, les Prussiens le saccagèrent.

La plus agréable excursion que l'on puisse faire de Viroflay, c'est d'aller à Versailles par Jouy et Buc ; deux heures suffisent, sans compter les temps d'arrêt. Au sortir de Viroflay, on gravit, à la gauche d'une carrière de sable, un chemin très-sablonneux ; ou contourne ensuite le sommet du coteau avant de sortir du bois sur un plateau cultivé. Après avoir traversé la route pavée de Versailles à Choisy-le-Roi, on a le choix entre plusieurs chemins : on peut descendre à Jouy par une charmante route de voitures, ou suivre l'une des nombreuses allées qui conduisent également à Jouy par *les Mets*. Jouy (4 kilomètres de Viroflay) est décrit ci-dessous (voir chemin de fer d'Orsay, *vallée de la Bièvre*). De Jouy il faut aller à Versailles (6 kilomètres), non par la route de voiture, qui est monotone, mais par Buc et le bois de Satory (voir ci-dessous le chemin de fer d'Orsay, *vallée de la Bièvre*).

A peu de distance de la station de Viroflay, on rejoint le raccordement de la rive droite et on laisse à gauche la ligne de l'Ouest proprement dite, qui domine bientôt de plusieurs mètres l'embranchement de Versailles. Sur la droite, on aperçoit la porte de Versailles ; à gauche, s'étend le *Petit-Montreuil*. Mais on s'enfonce dans des tranchées de pierres, et on traverse plusieurs tunnels ; la vitesse se ralentit : on s'arrête dans l'embarcadère de l'avenue de la Mairie (voir le plan, et, pour la direction à suivre, page 195).

Versailles est décrit page 195.

### LES ENVIRONS DE VERSAILLES.

Quand on a suffisamment exploré les parcs et les jardins de Versailles et des Trianons, on peut entreprendre un certain nombre d'excursions plus éloignées dans les environs. Nous avons déjà parlé des *bois des Fausses-Reposes* (voir p. 194), qui s'étendent entre le Grand-Montreuil et Ville-d'Avray, et des *bois de Meudon* et de *Chaville* (voir p. 297). Les routes qui conduisent de Versailles au *Butard*, à *Bougival*, à *Louveciennes*, à *Marly*, à *Saint-Germain*, seront décrites dans le chapitre consacré au chemin de fer de Saint-Germain; nous renverrons au chemin de fer de Rambouillet les promeneurs qui désireraient visiter *Saint-Cyr* et *Grignon;* au chemin de fer de Sceaux, vallée de Bièvre, ceux qui voudraient aller à *Buc*, à *Jouy-en-Josas*, à *Bièvre*, etc. Nous nous bornerons donc à indiquer ici aux promeneurs les coteaux boisés qui dominent Versailles au sud. Ces bois, traversés par le chemin de fer de l'Ouest, et beaucoup plus longs que larges, sont agréablement accidentés. Si l'on sort de Versailles par la porte de Satory, qui se trouve à l'extrémité de la rue de ce nom, et si l'on gravit la route qui croise à peu de distance le chemin de fer, on ne tarde pas à atteindre le carrefour du bois de Satory, situé au sommet de la colline. De ce carrefour part à droite la route de Chevreuse, à droite de laquelle descendent jusqu'à la plaine de Versailles les *bois de Satory* proprement dits : à gauche s'étend le plateau qui, à certaines époques de l'année, sert d'hippodrome (les *courses* sont annoncées à l'avance par des affiches et par les journaux), et sur lequel on a établi plusieurs fois des camps, ou passé des revues. En suivant la lisière du bois, à l'extrémité est de l'hippodrome, on peut alors longer, en le dominant sur la *butte du bois Gobert*, le chemin de fer de l'Ouest, ou descendre à la *porte du Cerf-Volant*, sur la route de Versailles à Buc (voir ci-dessous la *vallée de Bièvre*). En tournant à droite, quand on a franchi le seuil de cette porte, on descend à Buc; en tournant à gauche, on regagne Versailles. De l'autre côté de cette route s'étend le *bois des Gonards*, l'une des plus agréables promenades des environs de Versailles. Malheureusement ce bois est entouré de murs et fermé par des portes dont il n'est pas toujours facile de se procurer la clef. Nous devons donc nous borner à en signaler aux amateurs les beaux arbres et les charmantes allées.

D. CHEMIN DE FER DE SAINT-GERMAIN.

*Embarcadère.* A Paris, rue Saint-Lazare, 124; à Saint-Germain, sur la terrasse en face du château.

*Départs de Paris* d'heure en heure, de 8 h. 35 m. du matin à 8 h. 35 m. du soir. Derniers départs à 10 h. du soir et à minuit 20 m.

*Départs de Saint-Germain* d'heure en heure, de 8 h. 5 m. du matin à 9 h. 5 m. du soir. Derniers départs à 10 h. 2 m. et à 11 h. 2 m.

*Omnibus spéciaux* et omnibus ordinaires (voir page 156).

La *durée du trajet* est de 42 minutes.
Le *prix des places* est ainsi fixé :

*En semaine.*

| kil. | | 1re cl. dilig. fr. c. | 2e cl. wag. fr. c. |
|---|---|---|---|
| 5 | Asnières............ | » 50 | » 35 |
| 12 | Nanterre............ | » 90 | » 60 |
| 14 | Rueil............... | » 90 | » 60 |
| 15 | Chatou............. | 1 25 | 1 » |
| 19 | Le Vésinet.......... | 1 50 | 1 25 |
| 21 | Saint-Germain...... | 1 50 | 1 25 |
| 8 | Colombes........... | « 75 | » 50 |
| 9 | Argenteuil.......... | » 75 | » 50 |

*Les dimanches et les jours de fête,*
( billets simples ).

|  | dilig.<br>fr. c. | wag.<br>fr. c. |
|---|---|---|
| Asnières | » 65 | » 50 |
| Colombes | » 80 | » 60 |
| Argenteuil | 1 » | » 75 |
| Nanterre | 1 25 | 1 » |
| Rueil | 1 25 | 1 » |
| Chatou | 1 25 | 1 » |
| Le Vésinet | 1 50 | 1 » |
| Saint-Germain, dimanches et fêtes ordinaires | 1 50 | 1 25 |
| Saint-Germain, le dimanche de la fête des Loges | 2 » | 1 50 |

*Les dimanches et les jours de fête,*
( billets d'aller et retour ).

|  | dilig.<br>fr. c. | wag.<br>fr. c. |
|---|---|---|
| Asnières | 1 25 | 1 » |
| Colombes | 1 50 | 1 » |
| Argenteuil | 2 » | 1 50 |
| Nanterre | 2 » | 1 50 |
| Rueil | 2 50 | 2 » |
| Chatou | 2 50 | 2 » |
| Le Vésinet | 3 » | 2 50 |
| Saint-Germain, dimanches et fêtes ordinaires | 3 » | 2 50 |
| Saint-Germain, le dimanche de la fête des Loges | 4 » | 3 » |

*Abonnements.*

|  | Six mois. | | Un an. | |
|---|---|---|---|---|
|  | dilig.<br>fr. | wag.<br>fr. | dilig.<br>fr. | wag.<br>fr. |
| Asnières | » » | » » | 210 » | 150 » |
| Colombes | 150 » | 105 » | 210 » | 150 » |
| Argenteuil | 150 » | 105 » | 210 » | 150 » |
| Nanterre | 150 » | 105 » | 210 » | 150 » |
| Rueil | 150 » | 105 » | 210 » | 150 » |
| Chatou | 225 » | 150 » | 300 » | 210 » |
| Le Vésinet | 225 » | 150 » | 300 » | 210 » |
| St-Germain | 225 » | 150 » | 300 » | 210 » |

Le chemin de fer de Saint-Germain, le premier chemin de fer qui ait été construit à Paris, a été concédé le 9 juillet 1835, et inauguré le 21 août 1837. Depuis son ouverture, les recettes ont constamment augmenté. Elles s'élevaient à près de 2 400 000 fr. par an, lorsqu'il a été réuni à tout le réseau de l'Ouest et du Nord-Ouest, dont il est la tête de ligne. Ses actions de 500 fr., avant d'être divisées en quatre, avaient presque atteint le chiffre de 2000 fr. Il a coûté plus de 20 millions.

L'embarcadère du chemin de fer de Saint-Germain se trouve situé rue Saint-Lazare, 124. Nous l'avons déjà décrit et représenté à l'extérieur et à l'intérieur (voir pages 157, 158 et 159); nous n'y reviendrons pas ici. Nous ne décrirons pas non plus la partie de la voie comprise entre la gare de Paris et Asnières, commune aux chemins de fer de Versailles, de Saint-Germain et de Rouen (voir p. 159). Nous franchissons la Seine pour nous arrêter, au delà du pont, à la station d'Asnières.

### 1re STATION. — ASNIÈRES.

*Distances.* Asnières est à : 6 kil. de l'embarcadère de la rue Saint-Lazare, 15 kil. de Saint-Germain, 6 kil. de Nanterre, 9 kil. 100 m. de Notre-Dame, 7 kil. 300 m. de Saint-Denis, 3 kil. 300 m de Courbevoie, 3 kil. 300 m. de Neuilly, 3 kil. de Colombes, 4 kil. d'Argenteuil, 1 kil. de Clichy, 2 kil. de Gennevilliers.

*N. B.* La station d'Asnières est desservie toutes les demi-heures, aller et retour. On part de Paris pour Asnières aux heures 35 m. par les trains de Saint-Germain et aux heures 05 m. par les trains d'Argenteuil. On part d'Asnières pour Paris aux heures 38 m. et aux heures 02 m.

On trouve à la station d'Asnières (7 départs par jour) des *omnibus* pour *Gennevilliers*, 25 c. Gennevilliers est décrit ci-dessous (voir le chemin de fer d'Argenteuil).

**Asnières** fait partie du département de la Seine, arrondissement

Les canotiers d'Asnières.

de Saint-Denis. Il a une population de 1300 habitants. Il est situé à la droite du chemin de fer, sur la rive gauche de la Seine, en face des îles *Vaillard* et *Robinson* et de Clichy-la-Garenne. C'est un village fort ancien; car une bulle du pape, datée de 1158, nous apprend qu'à cette époque il possédait déjà une cure; toutefois, son église actuelle a été rebâtie au commencement du xviii® siècle. Elle est, comme celle qu'elle a remplacée, dédiée à sainte Geneviève. « En 1752, tandis qu'on travaillait, dit l'abbé Lebœuf, à aplanir les terres qui sont entre le lieu de la Seine où l'on passe le bac et le village, pour l'embellissement des promenades de la belle maison que M. Voyer d'Argenson venait de faire bâtir, on découvrit des squelettes humains dont l'un portait une agrafe (*fibula*) de cuivre jaune, revêtue de caractères qui m'ont paru être du iv® siècle de Jésus-Christ. » De son côté, M. le comte de Caylus affirme avoir ouï dire qu'un roi Dagobert, de la première race, avait une maison de campagne dans le terrain d'Asnières.

Quoi qu'il en soit, l'étymologie de son nom est facile à trouver. *Asinariæ*, dit M. de Valois. *a gregibus asinorum dictæ*. Ce nom fit souvent le désespoir des seigneurs d'Asnières. Plus d'un, entre autres Le Moyne, docteur de Sorbonne, essaya de le changer en celui de *Belle-Ile*. Toutes ces tentatives, renouvelées encore sous la Restauration, ont échoué; seulement Asnières ne nourrit plus d'ânes. Ce n'est aujourd'hui qu'un lieu de plaisirs très-fréquenté par un certain monde pendant la belle saison; c'est surtout le principal port du *canotage* parisien. En traversant la Seine, on a dû voir, au-dessous du pont, toute une flottille à l'ancre.

On a beaucoup médit des canotiers, et l'on s'est efforcé de les tourner en ridicule. La matière prêtait, à vrai dire, mais on a dépassé les bornes de la justice. En réalité, le *canotage* — le mot est consacré — est un exercice de gymnastique hygiénique et salutaire. Les *régates* n'offrent pas un spectacle moins intéressant que les courses du champ de Mars et de Chantilly, ou les *steeple-chases* de La Marche. D'ailleurs, les canotiers *courent* eux-mêmes au lieu de faire courir des jockeys à leur place. Sont-ils à l'abri de toute critique? Hélas! non; et on a eu souvent raison de leur reprocher leur manie de la couleur locale, leur jargon, leur poésie, leurs costumes, et surtout leurs *canotières*. Ce n'est pas ici, on le comprend, le lieu d'entreprendre une dissertation sur le canotage. Bornons-nous à renvoyer au *Manuel des canotiers* les touristes que ce sujet pourrait intéresser; à constater un fait incontestable, que les *régates* d'Asnières sont vraiment dignes d'attirer les Parisiens et les étrangers, et enfin, à recommander aux amateurs les ateliers de construction de M. Picot.

Mais on ne vient pas seulement à Asnières pour s'y livrer ou pour y assister à tous les exercices du canotage; on y vient aussi pour s'y baigner dans une *école de natation* établie au-dessous du pont (20 cent.). On y vient surtout dîner et danser, ou voir danser, au *château*.

Le château d'Asnières mérite à

Le château d'Aspières.

tous égards la visite des étrangers. Des traditions locales en ont fait la résidence de Mlle de Fontanges et de Mme de Farabère. Le passage suivant de l'histoire du diocèse de Paris me semble plus digne de foi : « M. Voyer d'Argenson, dit l'abbé Lebœuf, a fait couper une saulsaye en 1751, vis-à-vis de la belle maison qu'il a bâtie à Asnières, à *côté de l'église.* » Or, le château d'Asnières est à côté de l'église. Quels qu'aient été son fondateur et ses propriétaires ou locataires (M. Benoît Fould l'a longtemps habité), c'est, comme on peut le voir par notre dessin, une des plus charmantes constructions que le XVIIIe siècle a élevées dans les environs de Paris. L'intérieur contient un beau salon en boiseries sculptées et dorées, qui aurait besoin de réparations, et une chambre à coucher du temps de Louis XV.

Le château d'Asnières a été, depuis 1848, transformé en un restaurant très-recommandable. Son beau parc, dont les terrasses longent et dominent la Seine, est ouvert tous les jours au public, moyennant une rétribution de 25 centimes par personne. Tous les dimanches d'été on y donne une grande fête. Il est alors brillamment illuminé au gaz, ainsi que le château. On y trouve des jeux de tout genre, on y entend de la musique, on y danse en plein air, sous de beaux arbres, à la lueur éblouissante d'innombrables becs de gaz; on y voit tirer des feux d'artifice. Les dimanches, les hommes payent 2 fr. pour entrer, les femmes ne payent pas. En outre, tous les quinze jours ont lieu de grandes fêtes extraordinaires, annoncées à l'avance par des affiches et par les journaux. Ces jours-là, le prix d'entrée varie pour les hommes de 3 fr. à 5 fr.

Le parc d'Asnières est à cinq minutes de la station, au-dessous du pont. On y entre par trois portes: l'une de ces portes s'ouvre sur le quai; l'autre, à l'extrémité d'une avenue nouvellement percée; la troisième, l'entrée d'honneur des voitures, sur la place Napoléon, à laquelle conduit la rue située en face de la station. Souvent, quand le temps est beau, le parc d'Asnières compte, dans sa vaste enceinte, plus de 6000 personnes, danseurs ou curieux; aussi l'administration du chemin de fer y a fait établir des succursales pour la distribution des billets de retour.

Quand on a exploré suffisamment le parc d'Asnières, il faut regagner Paris ou Saint-Germain, à moins de revenir à Paris en suivant les bords de la Seine jusqu'à Neuilly. C'est une charmante promenade de trente minutes. A part ses régates, son école de natation et son bal, Asnières n'a rien d'intéressant ni même d'agréable; néanmoins les Parisiens paraissent s'en être épris, à en juger par le grand nombre d'habitations qu'ils y élèvent depuis quelques années, le long du chemin de fer. Ces habitations, plus prétentieuses que pittoresques, affectent toutes les formes et tous les styles d'architecture. Ici un jardin de quelques mètres carrés, possédant un jet d'eau dans une cuvette, des statues, un kiosque et une serre, s'appelle un jardin anglais. Là les façades des maisons sont élevées, les unes sur le modèle de l'Alhambra, les autres sur celui d'une villa d'Herculanum et de Pompeï, sur le patron en miniaure d'un château féodal, d'un palais de la Renaissance ou d'un chalet alpestre. Cette faveur exceptionnelle, qui ne s'explique guère, Asnières la doit sans doute au chemin de fer, qui le met à neuf minutes de la rue Saint-Lazare.

En quittant la station d'Asnières, on laisse, à gauche, le chemin de fer de Versailles, à droite, celui d'Argenteuil, et on décrit une grande courbe sur une plaine parsemée de petites maisons de campagne. Le mont Valérien attire l'attention sur la gauche. Bientôt on entre dans une longue tranchée dont les talus, peu élevés cependant, ne laissent voir que les sommets de quelques arbres voisins. On passe sous la route de Courbevoie à Argenteuil (c'était près de cette route que se trouvait autrefois la station de Colombes), et sous la route de Neuilly à Pontoise, avant de laisser à droite la ligne qui dessert Rouen, le Havre, Fécamp, Dieppe, Caen, Cherbourg (voir ci-dessous, *Maisons et Poissy*). Sur la gauche on remarque des carrières de pierre desservies par un petit chemin de fer. Les talus s'abaissent; on aperçoit, à droite, Bezons et Carrières-Saint-Denis; à gauche, le mont Valérien, Nanterre, Rueil et les coteaux de Bougival.

### 2ᵉ STATION. — NANTERRE.

*Distances.* Nanterre est à : 12 kil. de la gare de la rue Saint-Lazare, 9 kil. de la gare de Saint-Germain, 13 kil. de Paris par la route de terre, 5 kil. 200 mèt. de Courbevoie, 13 kil. 700 mèt. de Saint-Denis, 2 kil. du mont Valérien, 2 kil. de Rueil, 4 kil. de Puteaux, 5 kil. du pont de Neuilly.

**Nanterre** est un bourg de 3000 habitants environ, situé à la gauche du chemin de fer. Il fait partie du département de la Seine, arrondissement de Saint-Denis. Les étrangers devront bien se garder de le visiter, à moins toutefois qu'ils n'aillent y manger des gâteaux ou du petit-salé, y contempler une rosière ou y puiser de l'eau au puits de sainte Geneviève.

Nanterre s'est d'abord appelé *Nemetodorum*, puis *Hemetodorum, Nemptodorum, Nannetodorum, Metdorum*, et enfin *Metodorum*. A en croire certains étymologistes, ces mots dérivent de deux mots celtiques, *memet* et *dour*, signifiant *temple* et *eau* (temple entouré d'eau); mais d'autres savants prétendent que *dour*, au lieu de signifier eau ou porte, indiquait le dieu gaulois *tor* ou *dor*, auquel le temple était consacré. « Quoi qu'il en soit, dit l'abbé Lebœuf, ce lieu, un des plus anciens du diocèse de Paris, se trouva sur la route que saint Germain, évêque d'Auxerre, tint pour aller gagner un port de mer, lorsqu'il fut envoyé dans la Grande-Bretagne, par les évêques de l'Église gallicane, vers l'an 429. Il n'était dès lors plus question de paganisme à Nanterre; il y avait un temple consacré au vrai Dieu; l'histoire de la vie de ce saint prélat et celle de sainte Geneviève en font mention fort clairement. Saint Germain, y passant, y discerna la fille de Sévère, habitant de ce lieu, parmi la multitude de personnes qui s'étaient assemblées pour le voir avec saint Loup, évêque de Troyes. Il la fit approcher, la mena à l'église, où il récita les prières de nones et de vêpres, et, le lendemain, il lui fit déclarer, ainsi qu'elle le lui avait promis la veille, qu'elle désirait embrasser l'institut des vierges chrétiennes : il l'affermit dans cette résolution, et lui donna une pièce de cuivre où était gravée la figure de la croix, lui disant de la porter à son cou, au lieu de ces colliers que les filles mondaines portaient. »

On sait comment sainte Geneviève (*Genovefa*) devint la patronne de Paris. Nous n'avons à raconter ici qu'un seul épisode de son histoire. Sa mère, étant menacée de perdre la vue, lui dit d'aller puiser de l'eau à un puits voisin de leur habitation en demandant à Dieu sa guérison, et les prières de la jeune vierge furent exaucées. A dater de cette époque, l'eau de ce puits a conservé, dit-on, ses vertus miraculeuses. Vingt ou trente mille pèlerins viennent encore chaque année en chercher pour se guérir. Le 3 janvier 1636, la reine Anne d'Autriche en but, dans l'espoir de devenir mère. C'est peut-être à ce verre d'eau que la France a dû la naissance de Louis XIV.

Le *puits de sainte Geneviève* se trouvait autrefois dans une chapelle qui a été détruite. Pour le voir aujourd'hui, il faut entrer dans le jardin du presbytère, toujours ouvert aux fidèles. Les malades qui désireraient emporter de l'eau y trouveront à acheter de petites bouteilles. Le curé actuel — le propriétaire du terrain — a fait bâtir à côté l'espèce de chapelle que représente notre dessin.

Près du presbytère, voisin du puits, s'élève l'*église*, consacrée à saint Maurice, datant du XIII° siècle, mais défigurée par des restaurations successives. En ce moment (juin 1856) elle menace ruine; et, si l'on tarde à la reconstruire, elle tombera d'elle-même. La chapelle dédiée à sainte Geneviève est ornée d'un nombre considérable d'*ex-voto* en cire (peintures, dessins, etc.) qui témoignent plus de la reconnaissance et de la piété des fidèles que de leur bon goût. On remarque aussi, dans cette église, un petit monument élevé à la mémoire de Charles Le Roy, horloger du roi, mort en 1771. — On conserve dans la sacristie des reliques de sainte Geneviève et de saint Maurice.

La *fête patronale* de Nanterre se célèbre le jour de la Pentecôte; c'est ce jour-là qu'a lieu le *couronnement d'une rosière*, suivi d'une fête brillante.

Les *gâteaux* de Nanterre, auxquels la galette des boulevards fait à Paris une concurrence si redoutable, ont dû leur origine aux pèlerinages continuels qui avaient lieu autrefois à la chapelle de sainte Geneviève. Il s'en vendait, il y a quelques années, pour 500 000 fr. par an. Les principales industries de Nanterre sont toutefois l'exploitation des carrières voisines et celle des 40 000 porcs égorgés chaque année dans son abattoir. Nanterre vend à Paris près de 400 000 fr. de charcuterie par mois. On y trouve aussi des fabriques de colle forte, de colle gélatine et de noir animal, d'eau de Javelle et de produits chimiques (cette dernière, située à la Folie-Nanterre, a été fondée par Chaptal, et dirigée pendant longtemps par M. Darcet).

Nanterre a été jadis fortifié; on voit encore çà et là des débris de ses anciennes murailles, remplacées par un boulevard. Malgré ses fortifications, les Anglais s'en empa-

# NANTERRE.

rèrent en 1316 et en 1411, et y commirent les plus grands excès, « pendant les uns, noyant les autres, et exigeant des autres plus de rançon qu'ils n'avaient de bien. » En 1815, il fut pillé par les Anglais après la retraite des Français, qui y avaient battu et décimé un bataillon prussien.

Au XVIII° siècle, les chanoines réguliers de Sainte-Geneviève établirent à Nanterre un séminaire dont la reine Anne d'Autriche voulut être la fondatrice. Elle posa la première pierre du bâtiment, assez grand pour contenir cent pensionnaires. Cet établissement prospéra tellement, que l'Université de Paris lui intenta un procès qu'elle perdit.

Deux kilomètres seulement séparent la station de Nanterre de celle de Rueil. Dans ce court trajet on découvre déjà mieux les coteaux boisés qui dominent la Malmaison;

Le puits de Sainte-Geneviève, à Nanterre.

on commence même à apercevoir l'aqueduc de Marly, au-dessus de Bougival. A peu près à moitié chemin, on sort du département de la Seine pour entrer dans celui de Seine-et-Oise.

### 3° STATION. — RUEIL.

*Distances.* La station de Rueil est à : 14 kil. de la rue Saint-Lazare, 7 kil. de Saint-Germain.

Rueil est à : 1 kil. de la station, 13 kil. 500 mèt. de Paris, 2 kil. 1/2 de Nanterre (les deux églises), 1 kil. de la Malmaison, 2 kil. de la Jonchère, 3 kil. de Bougival, 8 kil. de Marly, 11 kil. de Versailles, 5 kil. 3/4 de Garches, 7 kil. 1/2 de Saint-Cloud.

*Omnibus.* Une voie ferrée a été établie de la station de Rueil à Marly-le-Roi par Rueil et Bougival. Les voitures de ce chemin de fer sont larges, confortables, divisées en deux compartiments (1re et 2e classe), et traînées par deux chevaux; elles correspondent avec un grand nombre de convois. On paye, de la station du chemin de fer à

| | | |
|---|---|---|
| Rueil | 10 c. | 05 c. |
| Bougival | 40 | 25 |
| Port-Marly | 55 | 35 |

Rueil est en outre desservi par les *voitures de l'Union des Postes*, 75 cent. Voir ci-dessous *Saint-Germain*.

Une route bordée d'arbres conduit à travers champs, presque en ligne droite, de la station du chemin de fer à la ville de **Rueil** (5042 hab.), située dans le département de Seine-et-Oise, arrondissement de Versailles, canton de Marly-le-Roi, au pied d'une colline plantée de vignes, sur la route de Paris à Saint-Germain.

Si l'on doit en croire Grégoire de Tours, Rueil fut un lieu de plaisance des rois de la deuxième race : il s'appelait alors *Rotolajum*, *Rotolagensis Villa* ou *Rotaialensis Villa*. Dans le IXe siècle, on la nommait *Riolium* ou *Ruoilum*; au XIIIe siècle, *Ruellium*, d'où est venu Rueil. Le cardinal de Richelieu écrivait *Ruel*, mais *Rueil* a prévalu depuis 1768.

Rueil vient, d'après l'abbé Lebœuf, de *Roden*, mot celtique qui signifie défricher; selon d'autres étymologistes, d'un mot allemand *Ritha* (cours d'eau, ruisseau), d'où dérivait le vieux mot français *Ruit* ou *Rut*, encore usité dans diverses provinces.

[1] L'affiche des correspondances du chemin de fer dit 15 cent. L'affiche apposée dans les voitures porte 10 cent.

Le fondateur de Rueil est inconnu. Tout ce que nous savons, c'est que Childebert Ier, fils de Clovis, est le plus ancien roi des Franks dont les chroniques constatent le séjour à Rueil.

Sous Charles le Chauve, la châtellenie de Rueil et ses dépendances passèrent en la possession de l'abbaye de Saint-Denis. En retour, les religieux devaient au monarque sept cierges pour éclairer sa tombe et des prières générales et particulières. Aux grandes fêtes, ils étaient tenus de fournir quinze luminaires. Plus tard, Louis le Gros et saint Louis cédèrent à l'abbaye les derniers droits (douze sols parisis, un muid de vin, le droit de gîte, etc.) qu'ils avaient conservés sur Rueil.

En 1346, Rueil fut incendié par le prince Noir. Il répara lentement les traces de ce désastre. Ce n'était qu'un village sans importance, lorsque le cardinal de Richelieu acheta la propriété d'un sieur Moisset pour s'y faire bâtir un château. Ce château[1], chanté comme une merveille par les poètes du temps, s'élevait au milieu de fossés larges et profonds; un parc immense l'entourait. Richelieu s'y retira plus d'une fois comme dans une forteresse. Ce fut là qu'il fit juger et condamner à mort, par vingt-quatre commissaires, le maréchal de Marillac, reconnu coupable de péculat et de concussion et exécuté en place de Grève, malgré les sollicitations et les démarches de la reine mère. Le célèbre P. Joseph y mourut le

[1] On en trouvera une description complète avec des dessins dans l'ouvrage de MM. Jacquin et Duesberg, *Rueil, le château de Richelieu, la Malmaison*.

## RUEIL. 319

10 décembre 1638. Quatre jours après, Richelieu disait, en pleurant sur son tombeau (il fut enterré à Paris dans l'église du couvent de la rue Saint-Honoré) : « Je perds ma consolation et mon secours, mon confident et mon ami. »

Richelieu, en mourant, avait légué sa propriété de Rueil à sa nièce la duchesse d'Aiguillon, qui y fit d'importants *embellissements*.

Un jour, Louis XIV, trop jaloux du château et des jardins de Rueil, éprouva un vif désir de les posséder. En 1666, il chargea Colbert de les demander en son nom à leur propriétaire. La duchesse d'Aiguillon répondit avec une fierté digne de son oncle :

Je ne puis jamais témoigner mon obéissance dans une occasion qui marque mieux mon respect infini pour les volontés de Sa Majesté, qu'au sujet dont il s'agit, n'ayant jamais pensé à vendre Rueil, ni jamais pensé aussi qu'il fust vendu.

J'avoue qu'il m'est cher pour bien des considérations; les dépenses excessives que j'y ai faictes font connoître l'attachement et l'affection que j'y ai toujours eus; mais le sacrifice que je feray en sera plus grand; j'espère que, présenté par vos mains, vous en ferez valoir le mérite.

Le roy est le maître; et celui qui m'a donné Rueil a si bien appris à toute la France l'obéissance qu'elle lui doit, que Sa Majesté ne doit pas douter de la mienne.

Louis XIV n'acheta pas Rueil; pour s'en consoler, il le trouva trop petit et il construisit Versailles, après avoir envoyé Le Nôtre en étudier les jardins. En effet, quand on parcourt la collection des vues du parc de Richelieu conservée à la bibliothèque impériale, on retrouve le tapis vert, la grande pièce d'eau, etc.

Ce château, qui avait excité les convoitises du *grand roi*, était destiné à périr. Un des héritiers de la duchesse d'Aiguillon le vendit à un spéculateur qui le dépeça. En 1793, la nation s'empara de ses derniers débris; plus tard, Masséna l'acheta pour le rétablir. Il n'en reste aujourd'hui aucun vestige. A peine peut-on désigner l'emplacement sur lequel il s'élevait.

A part ce souvenir, Rueil n'aurait rien d'intéressant pour un étranger, s'il ne possédait pas une curieuse église. Sa population se compose presque entièrement de cultivateurs et de blanchisseurs. On y trouve des fabriques d'amidon et de fécule, de sirop de fécule, de bonneterie orientale, une distillerie, des entrepôts de bois, etc. Le vaste bâtiment que l'on remarque à l'entrée est une caserne bâtie sous Louis XV, pouvant contenir deux mille hommes et destinée tour à tour, selon les gouvernements, à la garde royale, aux Suisses, à la troupe de ligne et à la garde impériale.

La *fête patronale* de Rueil a lieu à la Saint-Jean.

L'église de Rueil vient d'être démolie entièrement, mais on la rebâtit telle qu'elle était, du moins on l'assure, et, en la décrivant dans le passé, nous espérons être exact dans l'avenir.

La première pierre en fut posée, en 1584, par Antoine I<sup>er</sup>, roi de Portugal, et ses fils, exilés de leur pays. Cette église en remplace une autre très-ancienne dont on conserva le clocher, bâti à ce qu'on suppose par les Anglais, de 1420 à 1436. Elle appartient par son style à cette période de la renaissance franco-italienne qui commença sous Henri II;

mais elle a gardé néanmoins un caractère d'élégante et de sévère simplicité. Elle a 40 mètres de longueur, du chœur au portail, et 15 mètres dans sa plus grande largeur. Sa voûte principale a 13 mètres de hauteur. Elle se divise en trois parties : une nef et deux bas côtés, séparés par des piliers; 36 croisées l'éclairent. Elle a trois entrées. Le portail principal, bâti par Richelieu, a eu pour architecte Lemercier, celui qui a construit le portail de la Sorbonne. On y remarque les deux ordres dorique et ionique. Le portail nord, que représente notre dessin, date de 1603; il a été malheureusement mutilé. Le portail sud n'a rien d'intéressant.

Les tombeaux de Joséphine, du comte Tascher de la Pagerie et de la reine Hortense, ornent l'église de Rueil; on pourra les y visiter de nouveau dès que la restauration de cet édifice sera terminée. Le premier, en marbre blanc, est l'œuvre de Gilet et de Dubuc. Il a été élevé en 1825, comme le constate l'inscription suivante :

A
JOSÉPHINE
EUGÈNE ET HORTENSE
1825.

La statue de l'impératrice, en marbre de Carrare, a été sculptée par Cartellier. Joséphine est représentée en costume de cour agenouillée sur un carreau, près d'un prie-Dieu trop petit.

Le second tombeau a la forme d'un tombeau antique, au moins telle qu'on l'entendait sous la restauration; il n'offre du reste rien de remarquable.

La reine Hortense, mère de l'empereur Napoléon III, mourut le 5 octobre 1837, à son château d'Arenenberg, sur les bords du lac de Constance. Avant de rendre le dernier soupir, elle avait manifesté le désir de reposer auprès de sa mère, dans l'église de Rueil. Le 8 janvier 1838, son vœu fut accompli. Ce jour-là, en effet, on l'inhuma dans la chapelle de Buzenval, où un caveau avait été construit pour la recevoir. Le 20 avril 1846 eut lieu l'inauguration du monument érigé à sa mémoire au milieu de cette chapelle. Ce monument, d'une exécution peu satisfaisante, est l'œuvre du sculpteur Bartolini. Il se compose d'un piédestal de marbre de diverses couleurs, portant sur chacune de ses faces un médaillon. Sur le premier de ces médaillons sont sculptées, en bas-relief, les armes de la reine Hortense : sur le second est représentée la Charité, d'après une petite médaille frappée en son honneur; le troisième et le quatrième offrent les divers attributs des arts libéraux, cultivés avec succès par la reine. La statue s'élève sur le piédestal : la reine Hortense est représentée agenouillée, les deux mains croisées, et presque tout le corps enveloppé d'un voile. La figure n'est pas ressemblante, la pose manque de grâce et de naturel. Derrière le mausolée, on lisait alors ces mots gravés en lettres d'or dans le marbre :

A LA REINE HORTENSE
LE PRINCE LOUIS BONAPARTE.

De l'église de Rueil, située à peu près au centre de la ville, on peut se rendre à la Malmaison, en suivant la rue qui s'ouvre vis-à-vis du portail. Dans ce trajet, on laisse à gauche, à l'angle de la route qui monte par Buzenval à Garches, une propriété appelée le *Boispréau*, dont son possesseur actuel, M. Rodrigues, vient de faire rebâtir la maison d'habitation et replanter le parc. Sous le Consulat, cette propriété appartenait à une vieille demoiselle. Joséphine désirait l'acheter ; mais la vieille demoiselle refusa de la vendre, malgré les instances de l'impératrice et même de l'em-

Portail latéral (nord) de l'église de Rueil.

pereur. Le 23 septembre 1809, l'empereur adressait la lettre suivante à l'impératrice :

A L'IMPÉRATRICE, A LA MALMAISON.

J'ai reçu ta lettre du 16, je vois que tu te portes bien. La maison de la *vieille fille* ne vaut que 120 000 fr. Ils n'en trouveront jamais plus. Cependant je te laisse maîtresse d'en faire ce que tu voudras, puisque cela t'amuse ; mais, une fois achetée, ne fais pas démolir pour faire quelques rochers.

Adieu, mon amie.

NAPOLÉON.

La route dont nous venons de parler conduit de Rueil à la porte Jaune (voir p. 188), qui en est à

5 kilomètres 3/4. Elle manque d'ombrage, mais elle offre des points de vue étendus. Elle laisse à gauche la ferme *Fouilleuse*, et à droite le *château de Buzenval*, qui appartient aujourd'hui au prince Murat.

De la propriété du Boispréau, cinq minutes suffisent pour gagner la **Malmaison**. Si l'on a suivi la route de Saint-Germain sans entrer dans l'intérieur de Rueil, il faut, quand on veut aller voir la Malmaison, prendre à gauche l'avenue à l'entrée de laquelle se trouve le *pavillon des Guides*.

D'après une tradition populaire, un chef normand, nommé Odon, s'était établi vers le milieu du xi⁰ siècle sur l'une des collines qui dominaient la Seine. De là il courait sus aux voyageurs, qu'il rançonnait impitoyablement, et qu'il égorgeait même au besoin. Bref il répandait une telle terreur dans le voisinage, que le peuple appelait son repaire *mala mansio* (la mauvaise maison). Cette maison, débarrassée des voleurs, se peupla, dit-on, de mauvais esprits. Heureusement les moines de Saint-Denis, en étant devenus propriétaires, exorcisèrent tous ces êtres surnaturels, qui finirent par disparaître entièrement.

La Malmaison avait déjà souvent changé de propriétaire; elle était devenue une des plus belles villas des environs de Paris, — car Delille, qui y traduisit une partie des *Géorgiques*, la plaçait au premier rang, — lorsqu'elle fut vendue, en 1792, comme propriété nationale. M. Lecouteux de Canteleux, qui fut depuis sénateur, l'acheta à cette époque; mais, en 1798, il la vendit à Joséphine Beauharnais, qui l'agrandit en l'embellissant. L'ouvrage de MM. Jacquin et Duesberg en contient une longue description.

L'histoire de la Malmaison, pendant les premières années de ce siècle, serait l'histoire du Consulat. « Que de souvenirs dans ce petit coin de terre! s'écrient les auteurs que nous venons de nommer; que de décrets en sont partis pour changer la face des empires! de quelles discussions intéressantes cette salle du conseil ne fut-elle pas témoin! que de fêtes brillantes dans ce palais et ces jardins! que de scènes d'intérieur, de reproches de prodigalité faits à cette bonne Joséphine qui ne savait qu'aimer, sentir, et non calculer! »

Après le divorce, Joséphine conserva la Malmaison, qu'elle continua d'habiter. En 1814, elle y reçut la visite des souverains alliés. Le 26 mai elle y fit une promenade en bateau, avec l'empereur Alexandre, sur l'étang de Saint-Cucufa. Le soir même, une angine gangreneuse se déclara, et trois jours après elle rendait le dernier soupir.

Quand Napoléon eut abdiqué, après avoir perdu la bataille de Waterloo, il se retira à la Malmaison, qui, depuis la mort de Joséphine, appartenait à ses enfants, Eugène et Hortense. Le 25 juin, il y adressa à son armée une proclamation que Fouché refusa d'insérer dans le *Moniteur*. Alors il chargea le duc de Rovigo d'aller activer à Paris l'envoi des passe-ports et des ordres nécessaires à son départ; mais sa pensée variait à chaque instant. « Tantôt, dit M. Ach. de Vaulabelle, il démontrait la nécessité, pour la France et pour lui, de retirer son abdication, de ressaisir son épée; puis on l'enten-

faire des plans de retraite et arranger une existence de profonde solitude et de repos.... » Le il se vit forcé de prendre un parti ; les Prussiens s'avançaient sur la rive gauche de la Seine, entre Argenteuil et Chatou. « A cinq heures et demie, le général Becker se présenta. « Sire, tout est prêt, » dit-il à Napoléon. L'Empereur venait de revêtir un costume de ville (un habit marron); il prit un chapeau rond posé sur un secrétaire, et, précédé du général, traversa le vestibule pour entrer dans le jardin. Son attitude semblait calme. En revanche, les soldats placés sur son passage pleuraient. Arrivé dans le parc, il s'arrêta, pressa dans ses bras la reine Hortense, et embrassa chacune des personnes présentes. Toutes éclataient en sanglots. Lui-même, en ce moment, était profondément ému, et ce n'était qu'au prix de visibles efforts que sa contenance et sa voix restaient fermes. Après avoir fait quelques pas pour s'éloigner, il s'arrêta encore, et recommanda à tous le courage et l'union; puis, attachant un long regard sur cette demeure qu'il quittait pour jamais, sur cette fille d'adoption,

La Malmaison.

sur ces quelques soldats, humbles et fidèles compagnons qu'il ne devait plus revoir, il adressa, de la tête et de la main, à ceux-ci, un éternel adieu, et s'enfonça, à pas rapides, dans une des allées du parc, où l'attendait sa voiture. »

Quelques jours après, les Anglais et les Prussiens pillaient et saccageaient la Malmaison.

Sous la Restauration, le prince

Eugène fit revendre les terres que Joséphine avait ajoutées à l'ancien parc de M. Lecouteux. Les arbustes, les plantes rares, la galerie de tableaux, furent vendus ou transportés à Munich. En 1826, M. Haguermann acquit le château et le parc, qu'il conserva jusqu'à sa mort (1842), et qui, depuis cette époque, sont possédés par Sa Majesté la reine d'Espagne, Marie-Christine.

La Malmaison, que notre dessin représente telle qu'elle était sous le Consulat, n'est jamais ouverte maintenant aux étrangers. Du reste, elle ne leur offrirait rien d'intéressant que ses souvenirs. On leur montrerait seulement : *dans le château* : un billard orné de panoplies, la salle des maréchaux, la chambre à coucher de Joséphine, le grand salon, dont la cheminée en mosaïque est un cadeau du pape; et, *dans le parc* : un petit pavillon où l'empereur travaillait, la fontaine de Joséphine, le temple de l'Amour, décoré d'un Amour en marbre blanc, et une chapelle construite par la reine Christine.

Les terrains que Joséphine avait ajoutés au parc primitif, et qui en ont été détachés depuis, se sont divisés par lots et couverts d'habitations particulières. L'**étang** et le **bois de Saint-Cucufa** (on écrit aussi Cucuphat), situés dans un petit vallon au sud de la Malmaison, avaient été toujours accessibles aux promeneurs; mais l'empereur actuel vient de faire entourer d'une barrière l'étang et une partie du bois qui entoure le chalet que l'impératrice Joséphine avait construit. Si l'on doit en croire la légende, saint Cucufa fut un des bienheureux qui souffrirent le martyre, l'an 304, sous l'empereur Dioclétien. Il a été connu sous une foule de noms. On l'appelle tour à tour Cougat, Quicuenfat, Cucuphas, Locufas, Cucubas, Guoquofas, Couquefat, Lequnnfas, etc. Près de l'étang qui a conservé un de ses noms, des anachorètes avaient, à une époque très-reculée, élevé une petite chapelle dont il ne reste aujourd'hui aucun vestige. Le site est solitaire et propre aux méditations. Les artistes et les poëtes y avaient succédé aux pèlerins. Les travaux qui s'y exécutent en ce moment (juin 1856) les en chasseront peut-être à leur tour.

Les promeneurs, désireux de visiter les alentours de l'étang de Saint-Cucufa, devront quitter le chemin de fer à la montée de la Jonchère et prendre le premier chemin qu'ils trouveront à gauche, le long d'un mur. Quand ce chemin se bifurquera, ils suivront le bras de gauche; il les conduira en quelques minutes à l'entrée du bois qui renferme l'étang, situé à 30 minutes de la route de Saint-Germain.

De l'étang de Saint-Cucufa, deux belles routes neuves conduisent, en trente ou quarante minutes, celle de droite, au Butard (voir ci-dessous), celle de gauche, au château de Villeneuve. On peut aller en quinze ou vingt minutes, par les bois, à la Celle (voir ci-dessous); en trente minutes, à Garches; en une heure, à Saint-Cloud.

Revenons maintenant sur la route de Paris à Saint-Germain, à l'extrémité du parc de la Malmaison, c'est-à-dire à la montée de la Jonchère. Si l'on prend ce chemin, on laisse à

# RUEIL. — SAINT-CUCUFA. — BOUGIVAL.

droite la belle propriété de la **Jonchère**, qui a appartenu à Louis Bonaparte, au comte Bertrand, au fournisseur Ouvrard, au tailleur Staub, etc., et qui couvre une partie de la colline; puis, en continuant à le suivre, on atteint, en vingt minutes environ, l'une des plus belles châtaigneraies des environs de Paris. Du pied des arbres les plus élevés, la vue s'étend sur la plaine et jusqu'aux coteaux de Sannois et de Montmorency. C'est un magnifique coup d'œil. Les chemins de gauche conduisent par les bois à l'étang de Saint-Cucufa (voir ci-dessus), ceux de gauche mènent à Bougival (voir ci-dessous); enfin, celui par lequel on est monté va aboutir à la grande avenue du château de la Celle (voir ci-dessous). Trente ou quarante minutes suffisent pour aller par ce chemin, qui ne saurait être trop recommandé, de la route de Saint-Germain à la Celle.

Au delà du chemin de la Jonchère commence la commune de Bougival.

## BOUGIVAL.

*Distance.* Bougival est à : 17 kil. de Paris par la route, 3 kil. de Rueil, 6 kil. de Saint-Germain, 1 kil. 1/2 de Louveciennes, 2 kil. 1/4 de Port-Marly, 3 kil. 1/4 de Marly-le-Roi, 1 kil. 3/4 de la Celle, 7 kil. de Versailles.

**Bougival**, village de 1262 habitants (Seine-et-Oise, arrondissement de Versailles, canton de Marly-le-Roi), est fort agréablement situé, en partie sur la rive gauche de la Seine en face de l'île de la Chaussée, en partie au fond et sur la pente d'un petit vallon latéral. Il doit son nom aux cavités qu'y forme l'exploitation de ses carrières de craie ou de pierre tendre : *boi* et *bog* signifiant, dit Lebœuf, des cavités. Sa partie la plus ancienne est le hameau de la *Chaussée*, qui s'appelait autrefois *Charlevanne*. Il en est question dans un diplôme de Louis le Débonnaire. Du reste, son histoire n'offre aucun intérêt. En 1683, ses seigneurs vendirent leur terre à Louis XIV.

Il y a vingt ans, Bougival était peu fréquenté des Parisiens; quelques paysagistes, attirés par la beauté des bords de la Seine et des environs, commencèrent à le faire connaître. Une petite colonie de peintres vint, pendant la belle saison, s'y établir dans une auberge qu'elle faillit rendre célèbre, l'auberge de M. Souvent, sur le quai : elle y trouva non-seulement un abri, mais un atelier et une nourriture saine et abondante à des prix alors très-modérés. Aux artistes succédèrent les canotiers, et maintenant le chemin de fer amène chaque dimanche à Bougival un grand nombre de promeneurs. Ses solitudes en sont troublées, mais les habitants ne s'en plaignent pas.

Ce que Bougival a de plus agréable, c'est sa situation; ce sont, outre les bords de la Seine, tous les chemins qui en partent ou qui y aboutissent. Il possède d'importantes carrières de craie et des fabriques de chaux hydraulique et de blanc d'Espagne. L'*église* seule mérite une visite; elle s'élève à l'extrémité du village, dans la direction de la Celle-Saint-Cloud, et dans une position fort pittoresque, à mi-côte d'une colline exposée à l'ouest. On y arrive de ce côté par des escaliers. Sa façade a été récemment restaurée. L'intérieur, qui se compose d'une nef et de deux bas côtés, paraît avoir besoin de réparations. Ce qu'elle offre de plus remarquable, c'est son clocher en pierre, d'architecture romane, et qui date du XII° siècle, ainsi que le chœur. La chapelle de droite contient des fonts baptismaux de la Renaissance.

L'inventeur de la machine de Marly fut inhumé dans cette église. Ainsi le constatait une plaque portant l'inscription suivante :

Cy gissent honorables personnes, Rennequin Sualem, seul inventeur de la machine de Marly, décédé le 29 juillet 1708, âgé de 64 ans, et dame Marie Nouelle, son épouse, décédée le 4 mai 1714, âgée de 84 ans.

Rennequin Sualem mourut en effet à Bougival dans une profonde misère. De nos jours on a donné son nom au quai qui longe la Seine.

A côté de l'église, on remarque un *asile* sur la façade duquel se lit cette inscription : *Jenny Carcenac*, fondé en 1853.

L'une des plus jolies maisons de campagne de Bougival (sur le quai, avant la route de la Celle) appartient actuellement à M. Odilon Barrot. A peu de distance, la charmante habitation de Mme Anaïs Ségalas attire les regards. Mais il ne reste plus aucun vestige de l'ancien château qui a été habité par Gabrielle d'Estrées. Plus loin, sur le bord de la Seine, en allant à Marly-la-Machine, on passe devant un beau parc rempli d'arbres exotiques, qui dérobent en partie à la vue la maison d'habitation. Hier encore, ce parc appartenait à Boissy d'Anglas, qui l'avait acheté de Malesherbes, le défenseur de Louis XVI. Son possesseur actuel est M. Sedoux.

## DE BOUGIVAL A VERSAILLES PAR LA CELLE ET LE BUTARD.

7 kil. par la route, de 8 à 9 kil. par Butard et les bois.

Presque en face de l'église s'ouvre une route nouvelle qui conduit à Louveciennes par une pente douce. Si l'on continue à remonter la grande rue de Bougival, on doit, quand on veut aller à la Celle, prendre la première route qui s'offre à gauche. De cette route, bordée depuis peu de petites maisons de campagne, on découvre de charmants points de vue sur la vallée de Bougival, l'aqueduc de Marly et la vallée de la Seine. A droite, de l'autre côté du vallon, on aperçoit le hameau *Saint-Michel*, encore entouré de vignes. Au fond apparaît le château de Beauregard, et bientôt on commence à découvrir devant soi le beau parc et le château de la Celle.

**La Celle-Saint-Cloud**, village de 400 habitants, situé à 1 kilomètre 3/4 de Bougival, 5 kil. 1/4 de Versailles, 18 kil. 1/2 de Paris, 6 kil. 1/2 de Saint-Cloud, 2 kil. de Louveciennes, 3 kil. 898 mètres de Marly, 5 kil. 847 mètres de Saint-Germain, appartient, comme Bougival, au département de Versailles, canton de Marly-le-Roi. Son nom vient de *cella*, habitation : on ne doit donc pas écrire la Selle. Il est fort agréablement situé, sur le versant est du vallon à l'entrée duquel se trouve Bougival. Les bois qui l'entourent de trois côtés offrent de nombreuses et charmantes promenades ; mais, à part le château, il n'a rien en lui-même d'intéressant. Son *église*, pillée et détruite au XV° siècle, peu-

# BOUGIVAL. — LA CELLE-SAINT-CLOUD.

ant les troubles religieux, et rebâtie depuis, est consacrée à saint Pierre. Sa *fête patronale* se célèbre le premier dimanche qui suit la fête de ce saint.

Quand la crainte des Normands empêchait les habitants de l'Ile-de-France de suivre les bords de la Seine, s'ils voulaient communiquer entre eux, et de s'y établir, on institua à la Celle-Saint-Cloud un marché aux bœufs que saint Louis

Bougival.

transféra plus tard à Poissy. La Celle était déjà clos de murs au IX° siècle. En 846, les Normands vinrent l'attaquer. Il leur opposa une énergique résistance, mais il aurait infailliblement succombé, si Charles le Chauve n'eût acheté sa délivrance. Plus tard, l'abbaye de

Saint-Germain des Prés, qui en était devenue propriétaire, y établit un hospice pour ses convalescents.

En 1616, un sieur Joachim Saudras, qui avait acquis cette seigneurie, ajouta au pavillon construit par les religieux un corps de logis (le milieu du château actuel). Mais Louis XIV, qui, en 1662, avait fait renfermer dans son parc deux cents arpents de prés et trois cents arpents de terres labourables, dépendant tant de la Celle que du Chesnay, acheta, le 21 avril 1683, la terre entière de la Celle, pour l'enclore dans le parc de Versailles avec celle du Chesnay. Défense était faite, sous peine des galères, de tuer le gibier du roi qui détruisait toutes les récoltes. Aussi la population, loin d'augmenter, tendait-elle toujours à diminuer : elle ne récoltait rien.

En 1686, le château de la Celle appartenait à Bachelier, le premier valet de chambre de la garde-robe ordinaire du roi. Le duc de La Rochefoucauld, septième du nom, prince de Marsillac, fils aîné de l'auteur des *Maximes* et l'un des favoris de Louis XIV, avait donné à ce Bachelier, qui lui était particulièrement attaché, une partie des fonds employés à l'acquisition de la Celle-Saint-Cloud, à la charge par lui de le loger avec tout son train quand il lui plairait, et en ce cas de lui conserver des logements désignés dans l'acte. Ce fut en vertu de cette clause que le prince de Marsillac, qui se disait propriétaire de la Celle-Saint-Cloud, obtint l'extrême faveur d'y recevoir à souper Louis XIV et Mme de Maintenon, avec toutes ses dames, le 15 juin 1695. (Voir le Journal de Dangeau, du 15 juin 1695, et la lettre de Mme de Coulanges à Mme de Sévigné, du 24 juin de la même année.)

En 1748, Mme de Pompadour acheta le château de la Celle, mais elle ne le garda que deux ans. Elle le revendit en 1750 à un fermier général nommé Roussel, qui l'acheva. Collé y composa, aux mois de juin et de juillet, sa *Partie de chasse d'Henri IV*. En 1776, M. Parat de Chalandry, qui l'avait acquis du duc de La Vauguyon, fit remplacer le jardin français par un jardin anglais dont le célèbre Morel avait fourni les dessins. La Révolution le respecta. En 1804, il tomba en la possession de M. Morel de Vindé, pair de France, qui acheta la route de Bougival, commencée par Mme de Pompadour, et qui y entretint un magnifique troupeau de mérinos. Son dernier propriétaire, M. Pescatore, en a légué l'usufruit à sa veuve. Il y avait fait de grands embellissements, surtout dans les jardins et dans les serres, qui renfermaient un grand nombre de plantes rares. Malheureusement, avant de mourir, il entoura d'une palissade une partie des bois voisins, restés jusqu'alors ouverts au public, et il abattit plusieurs allées de magnifiques arbres à l'ombre desquels on pouvait aller, le long d'un petit ruisseau, de la route de Versailles au Butard.

Près du château de la Celle on trouve à gauche, en montant, le restaurant de M. Lamiot (au *Tourne-Bride*), avec écuries et remises.

La partie la plus intéressante des bois qui entourent la Celle-Saint-Cloud est la châtaigneraie dont nous avons déjà parlé ci-dessus (voir p. 325). Pour s'y ren-

## LA CELLE-SAINT-CLOUD. — LE CHESNAY. 329

...te, il faut suivre l'avenue qui s'ouvre à gauche de l'entrée du village, qui fait perspective au château. De cette châtaigneraie on peut gagner, en quinze ou vingt minutes, à travers les bois, l'étang de Saint-Cucufa (voir ci-dessus), ou aller directement au Butard en trente minutes environ.

Allons d'abord de la Celle à Versailles par la route. Au delà du village on passe devant la grande grille du château ; puis, longeant le mur à droite, on descend au fond d'un petit vallon arrosé par un petit ruisseau. C'était en face d'un cabaret que commençait, il y a encore quelques années, cette magnifique avenue, bien connue des artistes, et que M. Pescatore a fait jeter bas, pour entourer d'une affreuse barrière le terrain dénudé. Plus loin on laisse à droite une route qui descend à Bougival, et qui mène en vingt minutes à Louveciennes, par le hameau *les Gressets*. On se trouve alors entre deux murs qui ont remplacé de beaux arbres. A droite, c'est le parc de Beauregard ; à gauche, c'est l'ancien haras de M. Pescatore. La route que l'on monte ensuite offre, quand on se retourne, de beaux points de vue sur le vallon de Bougival et la vallée de la Seine. Sur la gauche on aperçoit le Butard au milieu des arbres, et bientôt on croise la route de Saint-Cloud à Rocquencourt par Vaucresson. On est alors, si l'on doit en croire le poteau indicateur, à 2 kilomètres de la Celle, 3 kilomètres 1/2 (?) de Versailles, 1 kilomètre 1/2 de Rocquencourt, 7 kilomètres 1/4 de Saint-Cloud.

A droite s'élève, derrière une belle grille, un joli pavillon de garde nouvellement construit : c'est l'une des entrées du parc de **Beauregard**. Le château de ce nom, qui fut bâti par le P. La Chaise, le célèbre confesseur de Louis XIV, et qui vient d'être reconstruit, a compté parmi ses propriétaires le cardidal de Fürstenberg, Anisson Duperré, le marquis de Lamberville. Le comte d'Artois l'avait loué pour y faire élever ses fils, les ducs d'Angoulême et de Berry. Il appartient aujourd'hui à Mme Trelawney (miss Howard), qui l'a rebâti et qui en a considérablement agrandi les dépendances. D'après un ancien *Guide du voyageur*, dont je ne puis vérifier l'assertion, il aurait été le rendez-vous des artistes célèbres du siècle de Louis XIV. Lully et Rameau y auraient fait exécuter leurs chefs-d'œuvre.

Après avoir croisé la route qui conduit, sur la droite, à Rocquencourt (voir ci-dessous), sur la gauche, par Vaucresson et la Marche, à Saint-Cloud (voir p. 191), on descend au *Petit-Chesnay*, en laissant à droite le *Grand-Chesnay*, situé à 650 mètres de la route. Dans ce trajet on aperçoit devant soi la ville et le château de Versailles.

**Le Chesnay** ou **Chenai** (563 habitants) se compose du Chesnay proprement dit, du Petit-Chesnay et du hameau de Saint-Antoine, contigu aux barrières de la ville de Versailles. Le château appartient à M. le baron Caruel. Le Petit-Chesnay, où l'on remarque le *bal Simart*, est à 2 kilomètres 1/4 de Versailles, et à 4 kilomètres 1/4 de Bougival. Huit minutes après l'avoir quitté, on atteint l'*Étoile du rendez-vous*, où vient aboutir aussi la route de Saint-Germain. Aussi, le poteau placé à ce carrefour porte les indications suivantes : Rocquencourt, 2 kilomètres 3/4 ; Saint-Germain, 11 kilomètres 1/2 ; la Celle, 4 kilomètres ; Bougival, 5 kilomètres 1/2. A peu de distance de l'Étoile du rendez-vous, s'ouvre la grille de Saint-Germain. On entre à Versailles par le boulevard du Roi (voir page 200).

Quand on veut aller de la Celle à Versailles à pied, il faut passer par le **Butard**, au lieu de prendre la route qui vient d'être décrite. Vingt ou trente minutes suffisent à un marcheur ordinaire pour gagner à travers bois ce pavillon de chasse, qui, construit par Louis XV et racheté par Louis XVIII, appartient aujourd'hui à l'État. Il domine une colline boisée ; au-devant s'étend une belle plate-forme gazonnée, ombragée de beaux arbres, et bordée d'un côté par diverses constructions. On ne peut rien se procurer, pas même du lait, chez le garde, qui n'a plus la permission de donner à boire et à manger.

Du Butard on peut aller en 30 minutes à l'étang de Saint-Cucufa (voir page 324), en 15 minutes à Vaucresson (voir page 200), et en 45 ou 60 minutes à Versailles. Si l'on veut gagner Versailles, il faut se diriger au sud et traverser d'abord la route qui conduit, sur la droite, à Rocquencourt, sur la gauche, à Vaucresson, puis les *bois des Hubies* et des *Fonds-Maréchaux*. On débouche dans la plaine de Versailles près du *château de Glatigny*, et l'on entre à Versailles par la barrière Sainte-Élisabeth, où vient aboutir la rue de Béthune, qui continue la rue du Plessis.

Dans le cas où l'on ne voudrait pas aller à Versailles, on pourrait des bois des Fonds-Maréchaux, gagner Ville-d'Avray (1 heure au moins du Butard), par les bois des Fausses Reposes.

Nous allons reprendre à Bougival la route de Saint-Germain, pour la suivre jusqu'à Port-Marly.

Au delà de la station de Bougival la route se trouve resserrée, entre le fleuve et la base de charmants coteaux tout couverts de villas, de jardins et de parcs. Parmi ces habitations, qui ne peuvent manquer d'exciter l'envie des promeneurs, le pavillon de Louveciennes attire surtout les regards. Quinze minutes suffisent pour aller à pied de la station de Bougival au hameau de Marly-la-Machine.

La **Machine de Marly**, cette machine dont nous avons déjà parlé à la page 207, passa longtemps pour un chef-d'œuvre de mécanique. Elle fut inventée par un charpentier de Liége, nommé Rennequin Sualem, qui ne savait pas lire, et exécutée sous l'inspection du chevalier Deville, qui s'en attribua le mérite et qui en recueillit la récompense. Commencée en 1676, elle ne fut terminée qu'en 1683. Elle avait coûté 3 647 866 livres. Il serait inutile de la décrire longuement, puisqu'elle n'existe plus telle que son inventeur l'avait établie. Ses quatorze roues à palettes, de 12 mètres de diamètre, faisaient mouvoir 64 corps de pompe qui refoulaient l'eau de la Seine dans 5 tuyaux de 23 centimètres jusqu'à deux puisards situés à mi-côte, à 200 mètres de la rivière, et à 47 mètres au-dessus du fond des cour-

# LE BUTARD. — LA MACHINE DE MARLY.

res. De ces puisards, 79 corps de pompes la montaient par quatre conduites de 23 centimètres au puisard supérieur, qui était situé à 648 mètres de la rivière, et à 100 mètres au-dessus du fond des coursières. De là elle était élevée par 82 corps de pompes dans 6 conduites de 23 centimètres jusqu'au haut d'une tour bâtie au sommet de la colline, à 1248 mètres de la rivière, et à 153 mètres au-dessus du fond des coursières. De cette tour elle descendait par l'*aqueduc de Marly* ou de *Louveciennes* dans les réservoirs situés de l'autre côté de la route de Saint-Germain à Versailles, et d'où elle était transportée à Versailles. Comme elle était insuffisante, elle ne tarda pas à être réservée exclu-

La machine de Marly.

sivement au service de Marly, et c'est seulement en 1741 qu'on a commencé à en rendre une partie à Versailles.

La machine de Marly, dont le produit décroissait à mesure que les frais d'entretien augmentaient, a été remplacée, en 1826, par une autre machine commencée en 1812. Huit corps de pompes aspirantes et foulantes sont mis en mouvement par la vapeur. Les mouvements de ces pompes ne sont pas simultanés, mais combinés, au contraire, de telle sorte qu'elles aspirent l'eau et la refoulent l'une après l'autre dans un ordre invariable. Les coups de pompe sont tellement rapprochés et se succèdent avec tant de régularité, que l'eau, affluant de toutes les pompes dans un conduit commun, s'y introduit et y monte sans intermittences, sans secousses, par un mouvement égal et constant. Le conduit commun se déploie sans interruption sur toute la pente de la colline, depuis le bâtiment qui renferme la machine à vapeur jusqu'au sommet de la tour de l'aqueduc, dans lequel elle verse l'eau après l'avoir amenée d'une distance d'environ 1400 mètres, et l'avoir élevée d'un seul jet à une hauteur d'environ 167 mètres.

Pendant la construction de cette machine à vapeur, de la force de soixante-quatre chevaux, MM. Cécile et Martin établirent, sur le premier équipage des pompes de l'ancienne machine, quatre pompes seulement, disposées d'après le système de la machine à vapeur, et mises en mouvement par deux roues à palettes plongeant dans la rivière. On avait conservé cette machine hydraulique, et on s'en servait encore il y a un an, lorsque la machine à vapeur demandait des nettoyages ou des réparations ; mais elle a été démontée en 1855, et, au moment où ce livre s'imprime, il est question de remplacer la machine à vapeur, qui consomme une grande quantité de charbon, par une nouvelle machine à eau. Seulement, cette machine ne ressemblerait en rien à celle de Rennequin Sualem : ce serait une turbine que feraient fonctionner six grandes roues établies dans le lit du fleuve un peu au-dessous de l'ancienne machine.

On peut monter, en 15 ou 20 minutes, de la machine de Marly à Voisins, c'est-à-dire aux premières arcades de l'aqueduc. L'**aqueduc de Marly**, qui attire de si loin les regards des promeneurs au sommet de la colline boisée qu'il couronne, se compose de trente-... arcades. Il a 643 mètres de long et 23 mètres de hauteur. Il est construit en pierres brutes. A sa base se trouvent les villages de Louveciennes et le hameau de Voisins, dont nous parlerons ci-dessous (voy. de Saint-Germain à Versailles).

En allant le long de la rive gauche de la Seine, de Marly-la-Machine à Port-Marly, on remarque à gauche, sur la colline, la belle propriété de Mme la comtesse Ho... quart, et plus loin le *château de Prunay*, qui appartient aujourd'hui à un agent de change. Peu de temps après avoir dépassé ce château, on atteint le village de **Port-Marly**, situé à 1500 mètres environ de la machine de Marly, 2 kilomètres de Marly, 2 kilomètres de Louveciennes, 2 kilomètres 1/4 de Bougival, 1 kilomètre 3/4 de Saint-Germain, et 6 kilomètres de Rueil, le long de la rive gauche de la Seine, sur la route de Saint-Germain à Versailles. On y mange, dit-on, de bonnes matelotes ; mais il n'a de remarquable que son agréable situation. Son église, de construction moderne, se trouve à droite sur la route de Marly-le-Roi. Sa population est de 529 habitants. Les uns cultivent leurs champs et leurs vignes, les autres exploitent des carrières de plâtre, fabriquent du blanc de Marly, de la chaux ; d'autres, enfin, font le commerce des bois.

Les routes qui conduisent de Port-Marly à Saint-Germain, à Louveciennes, à Marly-le-Roi, à Versailles, seront décrites ci-dessous.

... *Route de Saint-Germain à* ... *ailles.*)

... est temps de revenir, sur le chemin de fer de Saint-Germain, à la station de Rueil, où nous l'avons quitté ... aller visiter Rueil, la Malmaison, l'étang de Saint Cucufa, la ... chère, Bougival, la Celle-Saint-... , le Butard, Beauregard, la ... chine de Marly et Port-Marly.

A peine s'est-on éloigné de la station de Rueil que l'on aperçoit à ... oite le village de Chatou; à gauche la vue s'étend plus librement ... les charmants coteaux de Bougival, de Louveciennes et de Marly; ... franchit la Seine et l'île du ... ard, qui la divise en deux bras, ... peu au-dessous du pont de la ... te de terre, avant de s'arrêter à ... station de Chatou.

### 4ᵉ STATION. — CHATOU.

*Distances.* Chatou est à : 1 kil. de Rueil, ... kil. de la gare de Paris, 6 kil. de celle ... Saint-Germain, 4 kil. du Pecq, 1 kil. ... de Croissy, 2 kil. de Montesson, 2 k. ... Carrières.

*Café-Restaurant*, près de la Gare. — *Hôtel de la Marine*, près du pont.

**Chatou** (département de Seine-et-Oise, arrondissement de Versailles, canton de Sèvres) compte 1200 habitants, mais sa population est presque doublée pendant l'été. Depuis l'établissement du chemin de fer on y a bâti un grand nombre de maisons de campagne sur de grandes propriétés qui ont été dépecées. Parmi ces propriétés, on cite surtout celles qui ont appartenu au chancelier Maupeou, à Mme de Crussol, à Casimir Périer, à M. Cuel, etc. Son *château* fut construit par Bertin, un des ministres de Louis XVI, sur les dessins de Soufflot. Il était entouré d'un beau parc dont la belle terrasse borde la Seine, et orné de grottes et de pièces d'eau. Près du Vésinet se trouvait la *faisanderie*, ancien rendez-vous de chasse qui, avant la Révolution, faisait partie de l'apanage du comte d'Artois. Cette maison, vendue, à la Révolution, comme bien national, possède un charmant jardin et jouit de beaux points de vue. L'*église*, placée sous l'invocation de la Vierge, date du XIIIᵉ siècle; mais la tour est, dit-on, du XIIᵉ.

Chatou est situé sur la rive droite de la Seine, dont le bras a été élargi en 1682, par les ordres de Louis XIV, depuis Bezons jusqu'au Pecq, pour le service de la navigation, qu'avait intercepté la construction de la machine de Marly; un pont le relie à la rive gauche depuis 1650. Ce pont, reconstruit en 1812, fut coupé en 1815, pour arrêter la marche des armées alliées; il a été rebâti depuis. Il traverse deux bras de la Seine, à l'extrémité d'une grande île que les habitants et *manants* avaient vendue en 1603 à messire Claude de Luynes, seigneur de Chatou, moyennant 9000 livres pour être employées à l'acquit de leurs dettes, mais où un jugement en date de 1823 leur donne le droit de faire paître leurs troupeaux après la première coupe des foins.

A propos du pont de Chatou, on a souvent cité ce *pont-neuf* qui se chantait à Paris et à Chatou vers la seconde moitié du siècle dernier.

> Sur la route de Chatou,
> En foule on s'achemine,
> Et c'est pour voir la mine
> Du chancelier Maupeou
> Sur la rou
> Sur la rou
> Sur la route de Chatou.

Le 26 février 1848, le pont du chemin de fer fut incendié en partie par une bande de brigands qui venaient de détruire la station de Rueil, et qui saccagèrent en outre la station de Chatou et les bâtiments du chemin de fer atmosphérique. La garde nationale ne fit pas son devoir, malgré l'exemple que lui donna l'adjoint du maire, M. Tranquard. Ces misérables appartenaient tous aux villages traversés autrefois par les grandes routes. C'étaient des cultivateurs et de petits commerçants aisés qui se vengeaient du préjudice que leur avait causé le chemin de fer. Le gouvernement provisoire s'empressa de faire juger ceux qui avaient été arrêtés le soir même par la garde nationale de Rueil. Les plus coupables furent condamnés à cinq années de travaux forcés ou de réclusion.

Chatou est pour les pêcheurs ce qu'Asnières est pour les canotiers, leur lieu de prédilection, leur paradis. On n'y prend peut-être pas beaucoup de poissons, mais on y jette beaucoup de lignes.

Parmi les artistes qui ont habité Chatou, nous citerons Grandville, qui, en 1846, un an avant sa mort, avait tracé, sur la maison qu'il occupait dans la rue Saint-Germain, un numéro fantastique reproduit par l'*Illustration* (vol. XII, 7 octobre 1848, n° 293). Une sauterelle obliquant ses ailes de gaze, et un scarabée arrondissant ses huit pattes, lui avaient fourni le motif d'un n° 48 d'une précision irréprochable.

La *fête patronale* de Chatou se célèbre le jour de l'Assomption.

Une allée d'arbres, longeant la Seine qu'elle domine, relie Chatou à **Croissy**, qui n'en est éloigné que de 10 minutes environ. Ce village, agréablement situé sur la rive droite de la Seine, en face de la Malmaison et des délicieux coteaux de Bougival, est fort ancien. Les Normands y abordèrent au v° siècle, et pendant longtemps il conserva le nom de *Mauport* (malus portus). Son église, dont la tradition attribue la fondation à la reine Blanche, date du XIII° siècle. Elle porte inscrite sur sa façade les trois devises suivantes : *Prier Dieu n'attarde pas.* — *Faire l'aumône n'appauvrit pas.* — *Le bien d'autrui n'enrichit pas.*

En 1346, Croissy, qui avait réparé lentement les ravages des Normands, fut incendié et détruit presque entièrement. En 1470 on n'y comptait que deux habitants ; sa population est aujourd'hui de 553 âmes en y comprenant celle du hameau voisin des *Gabillons*, qui dépend de la commune. Parmi ses maisons de campagne on remarque : le *château*, bâti en 1760 ou 1770 sur l'emplacement d'une habitation plus ancienne ; *Colifichet*, maison colossale que surmontent, en guise de paratonnerre, deux Cochinchinois gigantesques, et que fit bâtir le marquis d'Aligre, qui possédait en ce pays une vaste propriété ; le *pavillon Henri IV* ou *pavillon Gabrielle*, petite maison qui servait de repos de chasse à Henri IV, et qui a appartenu au marquis d'Aligre, etc. M. Émile Augier, l'auteur de la *Ciguë*, de *Gabrielle*, etc., habite Croissy depuis quelques années.

L'abbé Vertot a été curé de Croissy en 1689. Il a composé dans ce village ses *Révolutions de Portugal*.

Après la mort de M. de Beauharnais, son mari, Joséphine, inquiète du sort de ses deux enfants, à la suite d'un interrogatoire que leur avait fait subir en sa présence un membre du comité de salut public, les mit tous deux en apprentissage, Hortense, chez une marchande de modes de Paris, Eugène, chez un menuisier de Croissy, nommé Cochard. Ils n'y restèrent pas longtemps. Eugène sortit de son atelier dès que sa mère crut pouvoir reparaître dans le monde.

Croissy possède une école de charité desservie par des religieuses, et un hôpital qu'il doit à la munificence du marquis d'Aligre; l'association rurale du Naz y a formé un bel établissement pour le lavage des laines de son magnifique troupeau de mérinos.

En face de Croissy commence cette grande île, longue de près de 5 kilomètres, qui s'étend jusqu'au-dessous de Port-Marly, et qui s'appelle, d'après la carte de l'état-major, l'*Ile de la Chaussée*, l'*Ile Gauthier* et l'*Ile de la Loge*. On lui a donné aussi les noms d'*Ile de Croissy*, d'*Ile d'Aligre*.

A 2 kilomètres de Chatou, en remontant la Seine, se trouve, sur les pentes d'une colline escarpée, le village de **Carrières Saint-Denis** (1053 habitants), dont le nom nous dispense de tout commentaire. On y remarquait encore au XVIII° siècle les restes d'un *château fort* construit au moyen âge par les abbés de Saint-Denis, et où Philippe le Bel et Philippe de Valois rendirent plusieurs ordonnances. L'*église* renferme un groupe fort ancien de figures en pierres qui représentent la cérémonie du baptême de Jésus-Christ. Les *vignobles* voisins s'appellent la *Petite Bourgogne*.

Carrières est à 2 kilomètres de Houilles et à 3 kilomètres 1/2 de Bezons. (Pour ces deux villages, voir ci-dessous.)

**Montesson** est à 2 kilomètres de Chatou, 2 kilomètres de Carrières, 3 kilomètres du Pecq. C'est un village de 1188 habitants, situé sur une élévation appelée *Mons Taxonis*, et d'où lui est venu son nom. Il fit longtemps partie de la paroisse de Chatou. En 1470 on n'y comptait que 4 habitants. La seigneurie a appartenu à la nourrice de Louis XIV, Mme Ancelin, dont le chiffre se voit encore sur la porte de la cour intérieure de sa maison, remarquable par son balcon en fer que supporte une pierre sculptée. Parmi les plus jolies habitations de ce village, on cite celle qui se nomme la *Tour*, et qui se trouve au nord sur le chemin de Sartrouville. La ferme *la Borde*, située sur la rive droite de la Seine, en face de Carrières-sous-Bois, à 2 kilomètres de Montesson, est une ancienne seigneurie qui fut la dernière ressource de l'excentrique marquis de Bruyères-Chalabre, mort à Paris en 1832, après avoir légué à Mlle Mars les débris de son immense fortune.

Montesson est situé à 4 kilomètres de Sartrouville, qui sera décrit ci-dessous.

Montesson et Carrières-Saint-Denis font partie du département de Seine-et-Oise, arrondissement de Versailles, canton d'Argenteuil.

Dès que l'on a dépassé les dernières villas de Chatou, on entre dans le **bois du Vésinet**, qui prend quelquefois le titre de forêt.

Cette forêt, située entre Chatou, Croissy et le Pecq, dans l'anse que forme la Seine, est traversée dans le sens de sa longueur par le chemin de fer de Saint-Germain. Sa superficie, d'après un relevé fait vers 1829, était, en bois, de 982 arpents. Sa contenance, qui n'était, en bois et en terres, que de 284 arpents sous Henri IV, s'éleva, par suite d'acquisitions diverses, à 1264 arpents sous Louis XIV; 400 arpents environ en ont été aliénés depuis. L'État vient récemment de céder cette forêt par voie d'échange à des particuliers. On doit y tracer de nouvelles routes, y bâtir une église, autour de laquelle on veut grouper un village et diviser le terrain pour y établir des maisons de campagne. En même temps, on élève, du côté de Croissy, un vaste bâtiment pour les *invalides civils*.

La forêt du *Vésinet* ou d'*Échauffour*, comme elle s'appelait autrefois, est un reste de l'ancienne forêt qui couvrait l'Ile-de-France. Elle avait, au XVIIᵉ siècle, un mauvais renom et passait pour dangereuse. Dans sa partie méridionale, une étoile porte le nom de *Table de la trahison*. Ce fut là, selon la tradition, que Ganelon de Hauteville et ses complices signèrent un pacte pour livrer Roland et les douze pairs de France, et que fut préparée la funeste journée de Roncevaux. Charlemagne, dit-on, fit mourir par le feu les coupables, au lieu même où ils avaient formé leur ligue criminelle. Les épaisses futaies séculaires de Fontainebleau sembleraient trop jeunes encore pour servir de théâtre à ces vieilles traditions épiques de la France du moyen âge; mais ici, au milieu de ces jeunes taillis, la poésie des lieux leur fait défaut, et les jardinets bourgeois de la villégiature moderne achèveront bientôt d'effacer ces souvenirs, comme la critique les a depuis longtemps fait disparaître de l'histoire.

Sous Louis XIV, la forêt du Vésinet renfermait des milans noirs ainsi qu'en témoigne ce passage des *Mémoires* de Dangeau, du 24 avril 1698 :

« Le roi alla à la volerie (chasse au vol) dans la plaine du Vésinet. Le roi d'Angleterre et le prince de Galles y étaient, mais la reine d'Angleterre n'y vint point; elle était assez incommodée depuis quelques jours : Madame et Madame la duchesse y étaient à cheval. On prit un milan noir, et le roi fit expédier une ordonnance de 600 liv. pour le chef du vol. Il en donne autant tous les ans au premier milan noir qu'on prend devant lui ; autrefois il donnait le cheval sur lequel il était monté et sa robe de chambre. » — On trouvait aussi, dans cette forêt, des *courdis*; mais ils ont disparu comme les milans noirs.

### 5ᵉ STATION. — LE VÉSINET.

*Distances.* La station du Vésinet est à : 19 kil. de la gare de Paris, 6 kil. de Chatou, 2 kil. de Saint-Germain, 3 kil. de Montesson, 8 kil. de Bezons, 1 k. du Pecq.

*Omnibus* pour le Pecq, 5 fois par jour, 05 c. par place.

Dans le principe, le chemin de fer de Saint-Germain s'arrêtait, sur la rive droite de la Seine, à l'extrémité de la forêt du Vésinet, en face du Pecq (voir ci-dessous *Environs de Saint-Germain*); de là il fallait traverser la Seine et monter à Saint-Germain soit à pied, soit en omni-

# LE VÉSINET.

depuis 1847, les convois mon- | mesure la pression atmosphérique.
... eux-mêmes sur la terrasse de | Tel est le principe du système atmo-
...-Germain, en face du château, | sphérique. L'application présentait
... à l'emploi du système auquel | de grandes difficultés. Un des pre-
... donné le nom de *système at-* | miers moyens qui s'offrait à l'esprit
*...phérique*, et dont nous allons | était de faire circuler les voyageurs
... mairement expliquer le principe | eux-mêmes dans l'intérieur du tube
... mécanisme. | ou tuyau. Il a été essayé, mais il
... lieu de chercher le principe | avait peu de chances de réussite.
... force motrice dans la tension | Ce procédé abandonné, le problème
... vapeur, comme dans les che- | à résoudre consistait à transmettre
... de fer ordinaires, on la tire | le mouvement du piston placé
... de la pression de l'air. On sait | dans le tube à des wagons placés
... le poids de l'atmosphère sur | extérieurement. Ce problème, qui
... surface équivaut à une colonne | d'abord semblerait insoluble, a été
... de 32 pieds de haut, ou à une | réalisé. Pour arriver à ce résultat,
... de mercure de 28 pouces, | il a fallu pratiquer à la partie supé-
... diamètre égal à cette surface. | rieure du tube, et dans toute son
... inons maintenant que, pour | étendue, une ouverture longitudi-
... cette force, on établisse en- | nale qui est destinée à laisser glisser
... deux rails de chemin de fer un | une tige rattachée d'une certaine
... tuyau ouvert à ses deux ex- | façon au piston et fixée à l'un des
... ités; si l'on place à l'un des | wagons du convoi. Mais cette fente
... du tuyau un disque ou pis- | devait être hermétiquement fermée
... qui s'adapte bien à la capacité | en avant du piston dans la partie
... rieure et puisse y glisser faci- | du tube où l'on fait le vide. Cette
... ment, et si, par un moyen quel- | fente longitudinale a donc été
... que, on fait le vide, c'est-à-dire | bouchée à l'aide d'une lanière
... on aspire l'air à l'autre bout du | en cuir continue, consolidée par
... au, le piston engagé, pressé sur | des lames de fer, fixée par un
... de ses faces par tout le poids | de ses bords au tube et formant
... l'atmosphère, et rencontrant sur | charnière, de manière à pouvoir
... autre face une tension atmosphé- | être soulevée par l'autre bord et à
... que moindre, sera nécessairement | livrer passage à la tige d'attelage
... ussé du côté où s'exerce la moin- | dont on vient de parler, — tige re-
... résistance; et, si l'aspiration de | courbée au lieu d'être verticale,
... continue, il parcourra toute | afin de pouvoir glisser sans que la
... longueur du tuyau, toujours | charnière de cuir soit trop ouverte.
... ussé par le poids de l'atmosphère. | Un mélange gras contribue à sou-
... force développée dépend de la | der pour ainsi dire le cuir à la rai-
... andeur de la surface du piston et | nure. Ces diverses dispositions du
... degré de vide opéré. Or le vide | mécanisme exposées, pour en com-
... plus parfait qu'on puisse réaliser | prendre le jeu il faut maintenant
... ans un tube de chemin de fer at- | concevoir le piston moteur, non
... osphérique est estimé aux deux | plus comme un simple disque, mais
... rs de la colonne de mercure qui | comme un ensemble de différentes

pièces distribuées dans une certaine étendue sur une même tige : en avant, c'est-à-dire du côté où l'air est aspiré, est le piston proprement dit, garni de cuir sur son contour et s'appliquant sur les parois intérieures du tube, enduites d'une couche de graisse. Derrière le piston, et fixés sur la même tige que lui, viennent plusieurs galets, ou petites roues pleines, destinés à soulever la lanière en cuir formant soupape, et à la maintenir suffisamment ouverte pour livrer passage à la tige d'attelage. A mesure que le piston s'avance, l'air extérieur rentre derrière lui par la soupape que soulèvent les galets, tandis qu'au contraire, sur son autre face, il est en contact avec la partie du tube où se fait incessamment le vide sous l'action de la machine aspirante.

A Saint-Germain, le bâtiment contenant la machine à vapeur qui met en mouvement les pompes pneumatiques est situé au bord de la tranchée du chemin de fer qui sépare le Parterre de la Forêt. Sa haute cheminée domine les futaies. L'on peut visiter les appareils, qu'il est curieux de voir mis en mouvement quelques instants avant l'arrivée du convoi. (On entre du côté de l'avenue des Loges.)

Dans le projet primitif, pour l'exécution duquel les chambres votèrent une subvention de 1 800 000 francs et la ville de Saint-Germain donna 200 000 francs, le chemin atmosphérique devait être établi depuis la station de Nanterre jusqu'à Saint-Germain. Les bâtiments destinés à recevoir les machines pneumatiques ont été construits à cette station et à celle de Chatou, mais ils n'ont jamais servi et ils restent inoccupés. La voie atmosphérique n'a été établie que depuis l'extrémité de la forêt du Vésinet (en avant du Pecq), où elle se détache à droite de l'ancienne voie. Elle franchit la Seine sur un double pont séparé par un remblai de 16 mètres, élevé sur l'île de la Corbière. Après le pont, elle rencontre un viaduc courbe, présentant une rampe inclinée de 35 millimètres par mètre, et ayant 20 arches dont la plus haute est à 23$^m$,50 au-dessus du sol. Les fondations des piles du viaduc ont offert de grands obstacles à vaincre à cause du sol argileux et tourbeux qu'on a rencontré. Un énorme remblai qui succède au viaduc conduit à un souterrain de 305 mètres passant sous la Terrasse.

Il n'y a qu'un seul tube placé sur la voie, et servant à la montée. Pour descendre, le convoi est d'abord remorqué au moyen d'une corde qui s'enroule sur un treuil mis en mouvement par la machine à vapeur; puis, quand l'impulsion lui est communiquée, on lâche la corde de remorque et il descend la pente, emporté par son propre poids; des freins servent au besoin à modérer la vitesse. En descendant, le wagon directeur remporte tout l'appareil du piston et des galets, qui a été retiré de l'extrémité du tube à Saint-Germain, et il le dépose à la station du bois du Vésinet, afin qu'on le replace à l'autre extrémité du tube pour fournir une nouvelle course ascensionnelle.

Quand le convoi s'arrête dans la gare de Saint-Germain, il faut gravir un escalier qui monte sur la place du Château. Au sortir du bâtiment où se distribuent les billets

Vue générale du viaduc de Saint-Germain.

pour le départ, on trouve des voitures et des omnibus. Si l'on veut aller dans la ville, on laisse le château à gauche. Désire-t-on au contraire visiter d'abord la Terrasse et la Forêt, il faut tourner le dos à la ville et laisser le château à droite.

### SAINT-GERMAIN-EN-LAYE.

*Distances.* Saint-Germain-en-Laye est à : 21 kil. de la gare de la rue Saint-Lazare, 2 kil. du bois du Vésinet, 23 kil. de Paris par la route de terre, 4 kil. 1/2 de Chatou, 13 kil. de Versailles, 1 kil. 3/4 de Port-Marly, 5 kil. de Marly-le-Roi, 5 kil. 1/2 de Fourqueux, 2 kil. de Mareil, 4 kil. de Chambourcy, 6 kil. de Poissy, 7 kil. de Maisons, 3 kil. de Carrières, 5 kil. du Mesnil, 11 kil. de Conflans, 20 kil. de Pontoise, 23 kil. de Pont-Chartrain, 12 kil. de Triel.

*Omnibus* pour Poissy. A l'arrivée de chaque convoi, des *accélérées* partent pour Poissy. Prix : 40 c.

*Voitures.* On trouve devant le château, sur la place de l'église, des voitures à un cheval ou à 2 chevaux. Tarif : voitures à un cheval : la course, dans la ville, 1 fr. ; l'heure, dans la ville et les faubourgs : la première heure, 1 fr. 75 c ; les suivantes, 1 fr 25 ; promenades en forêt : l'heure, pendant la semaine, 2 fr., les dimanches et fêtes, 2 fr. 50 c. Si l'on quitte la voiture en forêt, il est dû une demi-heure pour le retour. Pour les voitures à 2 chevaux, les prix des courses sont augmentés de 25 c., et les prix à l'heure de 50 c.

*Ravelet*, rue du Boulingrin, loue des voitures et des chevaux. Voitures, soit au tarif, soit en traitant de gré à gré.

*Restaurants.* Café-Restaurant du *Pavillon d'Henri IV* (voir p. 346), tenu par Collinet, au coin de la terrasse. — Café-restaurant, tenu par Galle, à côté du débarcadère, place du château. On trouvera aussi plusieurs restaurants et hôtels à l'entrée de la rue de Paris, près des quartiers de cavalerie; près de la place du Marché-Neuf, etc.

*Fêtes.* 28 mai, fête de saint Germain, sous le quinconce ; 25 août, jour de la fête de saint Louis, à la grille de Poissy. *Fête des Loges* (voy. p. 351).

*Voitures de l'Union des Postes.* Ces voitures desservent Neuilly, Courbevoie, Nanterre, Rueil, Bougival, Port-Marly et Saint-Germain ; elles partent de Paris à 10 h. du matin, et à 4 h. du soir; de Saint-Germain, à 7 heures du matin et à 2 heures du soir. On paye, de Paris à Neuilly, Courbevoie et Nanterre, 70 c.; de Paris à Rueil et à Bougival, 75 c. ; de Paris à Port-Marly et à St.-Germain, 1 fr.

*Anciens moyens de transport.* Nous avons parlé (voir p. 196), des anciens moyens de transport offerts aux Parisiens pour se rendre à Versailles. Saint-Germain avait aussi son *carrables* ou *carobas*, qui ne partait qu'une fois par jour. En 1786, deux *coches*, qui faisaient seuls le service de Saint-Germain à Paris, furent supprimés et remplacés par quatre *guinguettes*, ou voitures à soupente, et le prix des places en fut réglé à une livre 10 sous. Le régime de la libre concurrence amena le règne des *coucous*, lents et modestes véhicules dont on se contenta longtemps. Quelques années avant l'établissement du chemin de fer de Saint-Germain, un service de voitures, à départs fixes et fréquents, était parfaitement organisé entre cette ville et Paris.

### Histoire de Saint-Germain.

Aux premiers âges de notre histoire, tout ce territoire était couvert par une antique forêt dont les sombres profondeurs causaient une terreur superstitieuse. Quelques moines y portèrent les premiers la hache. Mais on ne dut s'établir que lentement sur un sol privé d'eau. Sous Charlemagne, l'abbaye de Saint-Germain des Prés, de Paris, y possédait trois lieues de tour : *Habet in Lida de silva in gyro tres leucas*. Au commencement du XIe siècle, le roi Robert II fit construire, sur un emplacement voisin de celui du château actuel), un monastère et une église sous l'invocation de saint Germain. Vers 1021, il éleva un pavillon sur l'emplacement actuel des Loges. La forêt où ces bâtiments étaient situés portait le nom de *lida*, *Ledia*, *Leia*, et en langue vulgaire *Lée* ou *Laye*, dont l'étymologie est obscure. Au XIIe siècle, Louis le Gros se fit bâtir un château fort dans le voisinage du monastère. Les rois de France, et saint Louis entre autres, y séjournèrent fréquemment. Le château et le monastère furent en partie incendiés par le prince Noir. Vers 1367, Charles V fit « réédifier notablement le chastel Saint-Germain-en-Laye. » Ces travaux non achevés furent repris sous François Ier. On peut regarder François Ier comme le véritable créateur du château, auquel il donna une grande extension, pour y loger la cour brillante dont il se plut à s'entourer. (Les bâtiments de l'ancien prieuré, abandonnés sans doute, devinrent des dépendances du château.) Il fit aussi bâtir le château de *la Muette* dans le nord de la forêt. La plupart de ses enfants naquirent à Saint-Germain.

La première année du règne d'Henri II, un duel célèbre entre François Vivonne de La Châtaigneraie et Guy-Chabot *de Jarnac* eut lieu, le 10 juillet 1547, en présence de toute la cour, en avant et à l'est du château. Henri II, n'étant encore que dauphin, avait semé des bruits malveillants sur une liaison incestueuse entre Jarnac et sa belle-mère. Jarnac et son père étaient venus demander une réparation éclatante à François Ier. Vivonne, attaché au dauphin et con-fiant dans sa force et son habileté, s'était déclaré l'auteur du propos déshonorant. Des cartels s'étaient échangés, mais François Ier avait fait défense expresse de vider ce différend par les armes. Henri II, dont le règne et la vie devaient se terminer d'une manière sanglante dans un tournoi, inaugura pour ainsi dire son règne par ce duel judiciaire. Il ne put refuser la lice à Vivonne, son champion, regardé comme la meilleure lame du royaume. Un grand appareil avait été développé pour ce combat, qui avait attiré une foule de nobles. La lutte s'engagea, et de Jarnac, se couvrant la tête de son bouclier, blessa au jarret de La Châtaigneraie d'une manière imprévue. « Rends-moi mon honneur, » lui criait-il, ne voulant pas l'achever. Vivonne gardait un silence farouche. Alors se tournant vers Henri II : « Sire, lui dit de Jarnac, je vous donne mon adversaire ; » et il allait du roi, qui gardait le silence, à Vivonne, les implorant inutilement. A la fin le roi accepta, embrassa le vainqueur et lui dit : « Vous avez combattu en César et parlé en Aristote. » (On ne s'attendait guère à voir Aristote en cette affaire). De La Châtaigneraie, emporté du champ de bataille, arracha l'appareil de ses blessures et mourut de dépit.

Le vieux château de François Ier offrait l'aspect d'une forteresse. Henri IV voulut avoir une résidence royale plus moderne, et fit construire par son architecte Marchand le *Château neuf*, sur le bord de la colline au-dessus de la Seine, vers laquelle les jardins descendaient en terrasses soutenues par de coûteuses maçonneries. Sous ces terrasses avaient été ménagées des grottes garnies de coquillages et de figures se jouant au milieu des eaux, qui furent une des merveilles du temps. Francini, ingénieur florentin, appelé d'Italie par Henri IV et Catherine de Médecis, avait présidé à ces travaux.

Sous Henri IV et sous Louis XIII, Saint-Germain commença, grâce aux séjours de la cour, à devenir une ville. Le château fut délaissé pendant quelque temps par Anne d'Autriche et par son fils, qui s'y étaient retirés pendant les troubles de la Fronde, puis habité par la triste veuve de Charles Ier d'Angleterre.

A partir de 1661, Louis XIV y fit de fréquents séjours. C'est vers cette époque que, marié nouvellement, il escaladait les gouttières du château pour gagner les chambres des filles d'honneur. Le jeune roi donnant un luxe inusité à sa cour, le château fut bientôt insuffisant pour le loger. Un officier l'avertit un jour que le vieux château ne pourrait recevoir les personnes portées sur la liste. « Il faut bien que nous y logions, dit Louis XIV, mon aïeul et mon père y ont bien logé. » — Voilà de plaisants rois dont vous me parlez !... » répondit le courtisan. Le roi pensa alors à se faire bâtir une résidence en rapport avec sa grandeur.

L'imagination s'émeut à rêver ce qu'aurait pu être un vaste palais couronnant les hauteurs de Saint-Germain, dominant l'immense développement de vastes jardins soutenus par des terrasses successives, et venant aboutir à des bosquets sans fin bordés par la Seine. Outre les avantages précieux de sa situation, Saint-Germain avait encore la consécration de la royauté, du temps et des souvenirs. Depuis de longues années déjà le château était une résidence royale. Louis XIII y était mort ; Louis XIV y était né ; et n'était-ce pas là que lui-même avait pour la première fois aimé ? L'attrait, la beauté du lieu et le culte des souvenirs ne purent lutter contre une impression pénible : à l'extrémité de la plaine que l'œil embrasse des hauteurs de Saint-Germain, se dressait le clocher de l'église de Saint-Denis. Louis XIV ne voulait pas, dans le palais destiné à devenir le théâtre de sa gloire et de son orgueil, être exposé à rencontrer quelquefois la vue lointaine de cette autre résidence royale, de cette basilique où cet orgueil et cette gloire devaient un jour aller s'ensevelir.

Louis XIV fit des dépenses considérables au château de Saint-Germain et au Val, jardin dépendant du château. On les a évaluées à la somme de 6 485 582 francs. Vers 1680, Saint-Germain fut abandonné tout à fait pour Versailles ; et cette ville devint un lieu de retraite pour les anciens serviteurs de la cour et pour des rentiers.

Après la révolution d'Angleterre de 1688, le roi Jacques II trouva dans le vieux château une noble hospitalité offerte par Louis XIV. Il y eut alors, à côté de la splendide cour de Versailles, la cour anglaise de Saint-Germain. Jacques II, prince dévot et affilié à l'ordre des Jésuites, y mourut en 1701, et Marie d'Este, sa seconde femme, en 1718.

Le souvenir du séjour de leurs souverains dans cette ville, non moins que sa salubrité et son heureuse situation, a contribué

Le château de Saint-Germain.

jusqu'à nos jours à attirer et à retenir un grand nombre d'Anglais à Saint-Germain.

Il semble cependant que la maison proscrite des Stuarts ait apporté avec elle la fatalité dans le château de Saint-Germain. « Elle l'a rempli d'une désolation inconsolable, d'une misère sans rémission; elle a été à l'intérieur du palais ce que la flèche de Saint-Denis était au dehors, une terreur à laquelle rien n'a résisté. » Ce palais, abandonné par Louis XIV et délaissé par Louis XV et Louis XVI, a subi de tristes transformations. Tandis qu'ailleurs les palais de nos rois devenaient de brillants musées, le palais témoin des premières amours de Louis XIV, après avoir servi de caserne, était devenu une prison pénitentiaire. Ce sont là les jeux de la fortune.

### La ville de Saint-Germain.

**Saint-Germain** est aujourd'hui un chef-lieu de canton du département de Seine-et-Oise, arrondissement de Versailles. Sa population dépasse 12 000 habitants. Elle est bâtie, à l'extrémité S.-E. de sa forêt, sur un plateau élevé de 86 mètres au-dessus du niveau de la mer et de 63 mètres au-dessus de celui de la Seine. L'air y est salubre et vif; ses rues sont assez larges et aérées, mais leur percement est irrégulier. La rue principale est la rue de Paris; elle part du rond-point, appelé *place Royale*, auquel aboutissent, d'un côté, l'ancienne route de Paris à Saint-Germain et les rampes qui montent du Pecq, et de l'autre, l'*avenue du Boulingrin*, qui vient du *Parterre*; près des marchés elle prend le nom de *rue du Vieux-Marché*; au delà elle se bifurque et forme, à gauche, la *rue de Pologne*, qui mène à la route de Mantes, à droite, la *rue de Poissy*. Cette ville est renommée pour sa fabrication d'étoffes de crin et pour ses tanneries. (Elles sont établies sur la petite rivière ou *ru de Buzot*, qui traverse les antiques faubourgs de Saint-Léger et de Fillancourt.) Elle a reçu dans ces dernières années, grâce aux soins de l'administration municipale, de notables améliorations au point de vue de l'assainissement, d'une distribution d'eau plus étendue et des embellissements.

Sous l'influence de la merveilleuse voie atmosphérique qui met son haut plateau en communication directe avec la capitale, des quartiers nouveaux se sont bâtis; un de ces quartiers s'est élevé sur l'emplacement de l'ancien parc du maréchal de Noailles, de la contenance de 82 arpents, qui s'étendait entre la ville, la place de Pontoise et le commencement de l'avenue des Loges. Ce parc, remarquable par ses eaux, ses bosquets, ses statues, fut vendu pendant la Révolution. L'hôtel, construit par Mansart, a été détruit il y a seulement quelques années. La rue Louis-Philippe, aujourd'hui rue Napoléon, a été ouverte, ainsi que la rue Tourville, sur l'emplacement du parc. Dans un des jardins qui bordent cette dernière rue, on remarque de beaux cèdres et un hêtre pourpre magnifique; ces arbres faisaient partie de cette ancienne résidence. A voir le développement que Saint-Germain a pris dans ces derniers temps, tout fait augurer qu'il est destiné à en prendre un plus grand encore, en rapport avec son heureuse situation, quand le gouvernement pensera à relever son vieux château de l'état d'abandon où il languit et dont la morne tristesse semble s'étendre sur cette ville.

La *distribution de l'eau* dans Saint-Germain a toujours laissé à désirer. Les premiers travaux pour en amener des sources des environs remontent à Charles V. Henri IV fit construire une ligne étendue d'aqueducs souterrains; l'insuffisance des eaux tirées de Marly, de Retz, a obligé la ville à établir en 1836 une pompe à feu sur la Seine. On s'occupe en ce moment des moyens de mettre la distribution de l'eau dans la ville au niveau des besoins de la population.

*Église.* — La vieille église s'étant écroulée en 1681, Louis XIV la fit reconstruire. Louis XV ordonna qu'on en bâtît une plus grande; mais la première pierre ne fut posée qu'en 1766, et les travaux restèrent interrompus de 1790 jusqu'à 1825. Le devis de la nouvelle église portait alors la dépense à 400 000 fr. Le règlement des dépenses la fit monter à 809 469 fr. On signale dans cette église, outre les vices de construction qui ont nécessité une restauration générale il y a quelques années, des défauts d'architecture, tels que le manque d'élévation qui se fait sentir à l'intérieur, et le mauvais effet des deux demi-frontons qui déparent la façade en venant s'appuyer sur les chapiteaux des pilastres du portique. Ce portique, soutenu par six colonnes doriques, porte un fronton dont le tympan a été sculpté par M. Ramey fils. Autour de la nef et du chœur règne une belle ordonnance de vingt colonnes ioniques. La chaire, faite d'abord pour la chapelle de Versailles, fut donnée par Louis XIV en 1681. Dans la première chapelle de droite est un mausolée, élevé, sous la reine Victoria, à la mémoire de Jacques II. Mais ce qui donne une valeur particulière à cette église, ce sont des peintures murales exécutées à fresque (sur mortier frais) par *M. Amaury Duval.* Certaines parties restent encore à terminer en juin 1856.

**Le vieux château.** — Nous ajouterons ici quelques détails à ceux qui ont été donnés dans le précis historique (voy. p. 341).

Ce château avait déjà au $xiv^e$ siècle la forme pentagonale qu'il a conservée et qui date sans doute de sa fondation. Sa masse de briques et de pierres, qui occupe une superficie d'un hectare 55 ares, est imposante et sévère. Vers 1680, Louis XIV fit commencer la construction des cinq gros pavillons d'angle; ils ne furent terminés qu'en 1687. Il fit aussi agrandir les fossés, et la terre rejetée exhaussa le sol d'une manière sensible encore de nos jours du côté du Parterre. Les bâtiments de dépendances qui s'étendaient du Parterre à la rue de l'Église furent vendus à la Révolution et démolis en partie. La chapelle, située du côté de la place du Théâtre, déjà réparée par François I$^{er}$, fut restaurée sous Louis XIII, et sa voûte fut décorée de peintures par Vouet et Lesueur. Sa délicate architecture ogivale, endommagée à la Révolution, reçut une restauration incomplète en 1827.

Le vieux château de Saint-Germain a subi tant de changements et de dévastations à l'intérieur, qu'il est impossible d'y retrouver aujourd'hui des traces certaines de l'ancienne monarchie. Selon les traditions recueillies par un historien de Saint-Germain, les pièces d'apparat étaient à l'est, et les appartements particuliers du roi à l'ouest. « Au troisième, dans le pavillon de l'est, au fond de la cour, était l'appartement de Mme de Montespan. Quelques concierges, sans scrupule pour la chronologie, le désignaient comme le logement de Mlle de La Vallière. Elle prit le voile en 1674, et le pavillon ne fut construit qu'à partir de 1680. » Le vieux château servit, sous l'Empire, à loger une école de cavalerie; puis des gardes du corps sous la Restauration. Il devint ensuite un pénitencier militaire. Depuis un an il a cessé d'avoir cette triste destination. Aujourd'hui il est inhabité; mais ses salles vides n'en sont pas moins interdites aux visiteurs; la royale solitude attend une nouvelle destination, sur laquelle il n'y a encore que des rumeurs contradictoires.

**Le château neuf.** — Ce château, construit par Henri IV (voir le résumé historique, p. 341) n'était, séparé du château vieux que par un espace d'environ 133 mètres. Des écrivains du temps nous ont conservé la description de ses merveilles, de ses terrasses, de ses grottes, de ses statues, de ses jeux hydrauliques.... Il fut abandonné pendant les troubles de la régence et de la minorité de Louis XIV. Une des terrasses, écroulée en 1649, ne fut relevée qu'en 1660. C'est probablement par suite de l'état de dégradation de ce château que Louis XIV, renonçant à y établir sa cour, malgré la beauté de la situation si bien choisie par Henri IV, s'installa dans le vieux château.

Il ne subsiste aujourd'hui du château neuf que des restes de terrasse avec leurs murs de soutènement au-dessus du Pecq et de l'ancienne route montant du chemin de fer; le *pavillon d'Henri IV*, placé à l'angle de la grande terrasse; et quelques autres fragments peu importants disséminés dans des propriétés particulières. Ce bâtiment, improprement nommé *Pavillon d'Henri IV*, et qui forme aujourd'hui une des salles du restaurant tenu par M. Collinet, était la chapelle du château. C'est là que fut ondoyé Louis XIV; c'est donc à tort que la tradition populaire s'en va répétant partout qu'il y naquit. Il ne reste plus de traces, sans doute, de la partie du château où il vint au monde. Son nom et le souvenir d'Henri IV n'ont pas protégé cette pittoresque résidence contre la négligence ou la destruction. En 1776, le comte d'Artois, depuis Charles X, obtint de Louis XVI le château neuf, et le fit démolir pour le relever sur un nouveau plan. Les circonstances politiques mirent obstacle à l'achèvement de ces travaux.

### Le Parterre et la Terrasse.

**Le Parterre.** — François I*er* avait fait abattre des arbres autour du château et planter un jardin qui fut agrandi sous Louis XIV, et redessiné par Le Nôtre. Les bassins et les jets d'eau de ce jardin furent comblés en 1750: ses vastes perrons ont été détruits; les fleurs et les bosquets avaient antérieurement disparu. Aujourd'hui, non-seulement les fleurs

# SAINT-GERMAIN. — LE PARTERRE ET LA TERRASSE.

sont revenues embellir cet espace, qui s'étend entre le débarcadère du chemin de fer, le château et le quinconce, mais encore le nouveau parterre, bien plus grand, a été créé, il y a quelques années, aux dépens de la forêt. Il s'étend jusqu'aux limites naturelles formées par la tranchée profonde du chemin de fer atmosphérique. Pour l'établissement de ce jardin on a démoli le long mur de séparation de la forêt et la *porte Dauphine*. Celle-ci s'ouvrait sur le rond-point, où se termine la *Petite terrasse*, située devant le quinconce, et qui est le rendez-vous du monde élégant. Ce Parterre, le quinconce et le jardin anglais, bordés par la voie du chemin de fer, forment en tête de la Terrasse et de la forêt un bel ensemble de promenade, comme bien peu de villes en possèdent.

**La terrasse de Saint-Ger-**

Le pavillon Henri IV à Saint-Germain.

main est une des plus magnifiques promenades qui existent en Europe pour l'étendue du parcours et du point de vue. Elle fut construite par Le Nôtre en 1676. Elle a près de 2400 mètres de long et de 35 mètres de large, et elle est soutenue par un mur élevé, avec cordon et tablette de pierre; elle s'étend depuis le *pavillon d'Henri IV* (voir p. 346) jusqu'à un large bastion sur lequel s'ouvre la *Grille royale*, qui mène dans la forêt; elle fut plantée d'une ligne d'arbres en 1745. Nous ne décrirons pas le vaste panorama que l'œil embrasse, depuis le château de Maisons, sur la gauche, jusqu'à l'aqueduc de Marly, sur les hauteurs de Louveciennes, à droite; comprenant: une immense plaine arrosée par la Seine; la forêt du Vésinet; une multitude de villages; le Mont-Valérien; Montmartre; et à l'horizon lointain les coteaux de Montmorency, la flèche de Saint-Denis, « ce doigt silencieux levé vers le ciel, » rappelant Dieu aux chrétiens, mais rappelant aux rois leur tombeau. De l'extrémité de la terrasse on aperçoit l'Arc de triomphe et le dôme des Invalides, ces deux monuments de la puissance militaire de la France, l'un pour la gloire, l'autre pour les mutilations au prix desquelles elle s'achète.

### La Forêt.

**La forêt de Saint-Germain** s'étend sur un espace entouré, comme une sorte de presqu'île, à l'est, au nord et à l'ouest, par un des méandres de la Seine, qui ne la laisse ouverte que dans la portion comprise entre Saint-Germain et Poissy. Sa superficie est de près de 4400 hectares. Ses routes et ses allées sont régulièrement percées. On a évalué leur longueur à 380 lieues. A l'exception de quelques mares disséminées, le sol est sec et en grande partie sablonneux. Il présente un plateau uniforme qui contribue à la monotonie de l'aspect; on trouve quelques mamelons un peu plus élevés aux étoiles de la *Butte du Houx*, d'*Actéon*, du *Grand veneur*, du *Dos d'âne*, des *Brulins*.... (Des poteaux indicateurs placés à l'entre-croisement de plusieurs routes servent de repères pour se diriger dans la forêt.) La réunion de la forêt au domaine de la couronne la défendit contre les défrichements. François I<sup>er</sup> contribua à son embellissement. Louis XIV l'agrandit, la fit percer de nouvelles routes de chasse, puis il retira aux communes riveraines, en les dédommageant, le droit d'y faire paître leurs bestiaux. En 1737 on démolit les murs dont François I<sup>er</sup> avait entouré un parc réservé autour du château, et les matériaux servirent à la construction du mur de clôture qui longe la terrasse. On acheva en 1806 de clore la forêt du côté de Poissy et de Conflans. — La place de capitaine des chasses de Saint-Germain fut toujours occupée par des personnages de la première qualité : des Montmorency, des Saint-Simon, des Richelieu; par le maréchal de Noailles, avec survivance pour le duc d'Ayen, son fils.... On comprend ainsi comment il se fait qu'on retrouve ces noms sur divers points de la forêt.

Parmi les routes principales de la forêt, nous signalerons d'abord celle de Saint-Germain à Poissy, et la belle avenue, bordée de contre-allées, avec quatre rangées d'arbres, qui, faisant face au château, va droit au bâtiment des *Loges* (voir plus bas). Un peu avant d'arriver aux Loges, une autre belle route (la route de Pontoise) se détache de cette avenue, à droite, et, par l'*étoile du chêne Saint-Fiacre*, va gagner le *Pavillon* et la *croix de Noailles* (construits par le maréchal de ce nom en 1751); de là elle continue à travers la forêt dans le sens de sa longueur, en passant à la *croix de Saint-Simon*, posée en 1745; à la *station* du chemin de fer, dite de *Conflans*, et à la *croix du Maine*, érigée en 1709 en l'honneur du fils légitimé de Louis XIV. Une autre grande *route* (de Poissy à Maisons traverse la forêt diagonalement dans le sens de sa largeur, en passant à l'*étoile des Amazones*; à la *croix de Berry* (du nom d'un habitant de Poissy qui fut assassiné en cet endroit en 1540), et à la *croix de Noailles*, dont il a été parlé ci-dessus. Enfin nous indiquerons une avenue, la plus droite et la plus longue de la forêt, qui la traverse dans toute sa longueur et va de Saint-Germain au pavillon de la Muette. Elle part de l'*étoile des Neuf routes* (non loin du bâtiment de la machine atmosphérique). On s'y rendra plus facilement aujourd'hui en entrant dans la forêt par la grille du jardin anglais, en prenant l'allée droite en face, qui mène à l'*étoile du*

La forêt de Saint-Germain. — Les Loges

*Houx*. De là on traverse successivement les *étoiles de la Porte verte*, du *Feï*, de la *Patte d'oie*, de la *croix de Berry*, déjà nommée, du *Lude*, du *Chêne capitaine*, le chemin de fer de Rouen, et on atteint l'étoile où est situé le *pavillon de la Muette* (voir plus bas). Cette route se prolonge encore au delà pour aller aboutir au mur de clôture, non loin de la Seine, du côté de Conflans.

Les promenades, du reste, se renferment ordinairement dans la limite du chemin de fer de Rouen, et plus communément dans un rayon bien plus restreint encore : dans la partie de la forêt bornée par l'avenue des Loges à l'ouest, la croix de Noailles au nord, le château du Val et la Terrasse à l'est. La portion qui s'étend entre l'avenue des Loges et la route de Poissy est moins fréquentée. Il y a quelques années encore, des mares infectes rendaient très-désagréables les abords de la forêt dans le voisinage de Saint-Germain. L'administration a enfin fait disparaître cette cause d'insalubrité dont devait se ressentir le quartier neuf élevé sur l'ancien parc de Noailles.

Les arbres qui dominent dans la forêt sont les chênes, les charmes, les ormes et les châtaigniers. En général ils ne restent sains que jusqu'à 70 ou 90 ans. On ne trouve donc pas ici de ces vieilles futaies qui sont une des beautés de Fontainebleau. Quelques arbres isolés, placés la plupart à des étoiles, ont seuls une apparence séculaire : parmi les plus beaux, nous citerons le chêne qui est devant le bâtiment des *Loges*, ceux de l'étoile du Tronchet, de l'étoile Notre-Dame de Bon-Secours, et le *Gros Chêne*, au coin d'une avenue entre la porte de Chambourcy et la route de Poissy.

Les points les plus remarquables de la forêt sont les suivants : Le *Château du Val*, à droite de la Grille Royale, à l'extrémité de la Grande Terrasse (voir p. 347). C'était d'abord un simple pavillon de chasse sous Henri IV, qui fit abattre devant la futaie. Louis XIV le rebâtit sur un nouveau plan. Un mémoire manuscrit du temps a conservé l'état des dépenses faites au château de Saint-Germain et au *Val*, et qui de 1664 à 1690 montent à la somme, énorme pour le temps, de 6 485 582 fr. Cette habitation est devenue ensuite la propriété des princes de Beauvau et de Poix. Elle appartient aujourd'hui à M. Fould. — Le *Pavillon de la Muette*, dans la partie nord de la forêt, bâti par Louis XV et Louis XVI sur les ruines d'un château de plaisance élevé par François I*er*. — La *Faisanderie*, sur l'ancien emplacement du village de Vignoles, à peu de distance de la croix de Saint-Simon. — Au nord-est, du côté de la porte d'Herblay, les restes des ouvrages du fort *Saint-Sébastien*, élevé en terre pour l'éducation du grand Dauphin. — Enfin les *Loges*, ensemble de bâtiments consacrés à une maison d'éducation pour les filles des membres de la Légion d'honneur (succursale de la maison de Saint-Denis). Cette maison, située au milieu de la forêt et à laquelle mène la belle avenue à quatre rangées d'arbres qui fait face au château, fut une habitation royale au moyen âge (*Domus nostra de Logiis*). Les Anglais l'incendièrent en 1346. Il y avait une chapelle consacrée à saint Fiacre. Un seigneur de la cour d'Henri IV s'y retira sous Louis XIII, s'y fit ermite, puis il céda son ermitage aux Augustins déchaussés. Dès lors la chapelle de Saint-Fiacre devint un lieu de pèlerinage. Ces pèlerinages ont donné naissance à la *fête des Loges*, qui attire un si grand concours chaque année. En 1786, les moines Augustins se mirent à y fabriquer des étoffes de velours et de soie. Ils furent dispersés en 1790. En 1794, une poudrière ayant été établie aux Loges par le gouvernement, la fête fut transportée pendant quelque temps devant le château du Val. Les bâtiments des Loges furent rachetés en 1811 par le gouvernement, qui y blit une maison d'éducation gratuite pour les filles pauvres ou orphelines des membres de la Légion d'honneur.

### La fête des Loges.

La **fête des Loges** se célèbre le premier dimanche après la fête de saint Fiacre (30 août). Cette fête, la plus populaire et la plus tumultueuse des environs de Paris, dure trois jours; elle a lieu sur la pelouse qui s'étend devant les bâtiments des Loges. Une foule de marchands, de gargotiers, de saltimbanques, dressent leurs tentes à l'entour. Au milieu de ce campement, ressemblant à celui d'une tribu nomade, les chevaux dételés sont attachés à des piquets; des charrettes, des voitures de toute espèce sont rangées à l'écart, tandis que d'autres, circulant encore sur la chaussée, versent incessamment sur le théâtre de la fête la population mêlée de Paris, de Saint-Germain et des campagnes environnantes; les broches tournent devant des feux allumés sur le sol comme au bivouac; des tables rustiques et rapidement improvisées, ou couvertes d'une nappe suffisamment blanche et d'un couvert proprement disposé, reçoivent les buveurs et les gens affamés. Le bruit, la poussière, la fumée et l'odeur de la cuisine ou du tabac, toute cette réunion de choses importunes qu'on supporterait difficilement ailleurs, trouvent ici les gens insensibles ou tolérants, parce qu'ils sont venus dans la seule intention de s'amuser, et que la bonne humeur et l'entrain individuels s'animent de l'entrain et de la gaieté de tous. Une quantité de jeux et de petits spectacles attirent çà et là les curieux; plus loin c'est le plaisir de la danse si cher à la jeunesse, mais dont les autres âges de la vie ne dédaignent pas toujours de prendre leur part, qui récrée doublement, et par la musique, et par le mouvement, ceux qui s'y livrent et ceux qui se contentent de regarder les ébats des autres. Enfin, si l'on finit par se sentir fatigué du spectacle de cette agitation bruyante, la forêt offre à quelque distance l'attrait de l'ombre et du silence à ceux qui veulent jouir d'un instant de solitude ou d'intimité. — A une époque où le chemin de fer n'existait pas encore, un historien de Saint-Germain estimait, en 1830, à 15 000 environ le nombre des personnes qui se réunissent aux Loges le premier jour seulement; le nombre des bouteilles de vin bues sur place pendant les trois jours, à 18 200 ; celui des bouteilles de bière à 1800; des bouteilles d'eau-de-vie à 130 , sans compter 1260 bouteilles au moins apportées par différentes sociétés.

### ENVIRONS DE SAINT-GERMAIN ET DE LA FORÊT.

#### Le Pecq.

20 kil. 1/2 de Paris, 4 kil. 1/2 de Chatou, 1 kil. de Saint-Germain, 1 kil. des Tanneries, 2 kil. de Port-Marly.

Le **Pecq** s'étend, sur la pente de la colline, entre la Seine et Saint-Germain, auquel il se rattache, et dont il semble être un faubourg. Sa population, y compris la population flottante, était de 1350 habitants au recensement de 1846. Le Pecq existait déjà au VIIe siècle sous le nom d'*Aupec* (*Alpicum, Alpecum*). En 704, Childebert III donna cette terre à l'abbaye de Fontenelle ou de Saint-Vandrille (diocèse de Rouen). Au IX° siècle, son territoire fournissait annuellement au monastère 350 muids de vin (*vinum de Alpiaco modios CCCL*). Il reste encore une partie de ce vignoble, épargné par les défrichements et les constructions. L'*église*, dédiée à saint Vandrille, a été rebâtie plusieurs fois. Celle qui existe a été reconstruite au milieu du XVIII° siècle.

Les rues du Pecq sont tortueuses, en pente et mal bâties; cependant on y remarque de jolies maisons de campagne. Un pont de bois, construit en 1685, et renouvelé en 1775, franchissait la Seine vis-à-vis du village; le point où il aboutissait sur l'autre rive est encore reconnaissable par un orme magnifique dit l'*orme de Sully*, le seul qui paraît avoir survécu à ceux que le ministre d'Henri IV avait fait planter. Ce pont, sur lequel les Prussiens franchirent la Seine en 1815, quelques heures après que Napoléon eut quitté la Malmaison, fut enlevé par les glaces le 28 janvier 1830; il est aujourd'hui remplacé par le beau pont construit en aval, vis-à-vis de la route de Paris à Saint-Germain par Chatou, qui traverse la forêt du Vésinet. La première station du chemin de fer, avant l'emploi du système atmosphérique, était à droite du pont (en tournant le dos à la Seine).

### Mareil-Marly.

3 kil. du Pecq, 2 kil. de Saint-Germain, 1 kil. de Fourqueux, 2 kil. de Marly-le-Roi, 1 kil. 3/4 de l'Étang-la-Ville [1].

Si l'on monte dans Saint-Germain la rue de Paris jusqu'à l'endroit où la rue du Vieux-Marché lui succède, et si, après avoir pris à gauche *la rue de Mareil*, on tourne à droite à l'extrémité de cette rue, on descend dans les *fonds de Saint-Germain*, occupés par des jardins de maraîchers et des tanneries. En suivant le pavé, on se trouve sur la route de *Fourqueux* (voir plus bas), d'où l'on peut gagner Mareil. Pour aller à ce village, on peut aussi, en partant de Saint-Germain, prendre, à gauche, au bout de la rue de Mareil, la rue de l'Hôpital, puis, à droite, celle de Sainte-Radegonde et suivre la route qui y mène directement.

**Mareil-Marly** est agréablement situé sur le haut d'un plateau, d'où l'on découvre de beaux points de vue, et dont les versants sont couverts de vignobles déjà cités dans la donation de Childebert III (voir page 351). Son *église* présente des parties de construction anciennes. Le curé actuel est occupé à en faire peindre l'intérieur. La population est de 1405 habitants.

### Fourqueux.

Le poteau marque 5 kil. 1/2 de Saint-Germain; on y va en 20 minutes à pied, depuis l'extrémité de la rue de Mareil. Fourqueux est à 1 kil. de Mareil, et à 1 kil. 1/2 d'Hennemont.

**Fourqueux**, village de 320 habitants, était autrefois une terre seigneuriale avec haute, moyenne et basse justice. Elle possédait un

[1] L'*Almanach de Seine-et-Oise* marque 9 kil. de Saint-Germain, au lieu de 2, et 20 kil. de Versailles. Tous les livres publiés dans le département de Seine-et-Oise rivalisent de bévues et de contradictions, en fait de distances, avec les poteaux placés par l'administration.

dont les murs existent encore; mais le château a été démoli il y a quelques années. André Chénier et Lebrun y avaient composé, dit-on, un grand nombre de poésies. Au bout de la longue rue de Fourqueux, s'ouvre une des portes de la forêt de Marly (voir ci-dessous).

Si de la place de la mairie de Fourqueux on prend à droite un chemin qui descend et longe le mur de l'ancien parc, puis si l'on contourne l'enclos *du Désert*, on ne parlera pas, en gravissant les petites collines qui s'élèvent de l'autre côté du vallon, à apercevoir Hennemont sur le haut du plateau.

### HENNEMONT.

2 kil. 1/2 du château de Saint-Germain, 1 kil. 1/4 de Fourqueux.

Selon l'opinion de quelques étymologistes, **Hennemont** vient d'*Ennex-Mons*, mont de Cérès : « Ce village, situé à 109 mètres, domine les riantes vallées du Petit-Désert, de Saint-Léger et de Fillancourt, les forêts de Saint-Germain et de Marly, et toutes les hauteurs que l'œil peut atteindre à 8 lieues à la ronde. Au XIIIe siècle, cette position était couronnée d'une tour fortifiée. » Le seigneur d'Hennemont y avait bâti une chapelle du temps de saint Louis. Un monastère, détruit par les Anglais, relevé ensuite, a été aliéné à l'époque de la Révolution. Un grand parc s'étend, sur le haut de la colline, dans une belle situation.

### CHAMBOURCY.

4 kil. de Saint-Germain, 3 kil. de Fourqueux, 2 kil. 1/2 de Poissy.

Si, après avoir dépassé l'enclos du Désert (voir plus haut), laissant à gauche dans le lointain le hameau de *Montaigu*, et à droite en arrière *Hennemont*, dont nous venons de parler, on s'élève par un sentier à mi-côte sur une colline où l'on rejoint la route d'Hennemont à *Chambourcy*, on a, du haut de ce plateau, une vue étendue, d'un côté, sur les bois de Marly, de l'autre, sur la forêt de Saint-Germain, les coteaux de Montmorency dans le lointain, et, plus en avant à gauche, les hauteurs Chanteloup. On ne tarde pas à apercevoir les premières maisons de **Chambourcy**.

Ce village, de 730 habitants, nommé autrefois Broucy (*Bruacium*), paraît remonter aussi à une haute antiquité. Il est formé d'une longue rue, bordée en partie des murs de ses maisons de campagne. Son *église* passe pour posséder les reliques de sainte Clotilde, épouse de Clovis, dont la fête, célébrée le 3 juillet, attire un immense concours de fidèles. Le territoire est fertile; on y cultive avec succès les légumes et les fruits. Ses belles châtaigneraies sont visitées chaque année par un grand nombre de paysagistes.

Si l'on prend la première rue à droite après l'église (en venant d'Hennemont), le sentier qui en descend aboutit à la grande route de Mantes, désignée vulgairement sous le nom de *route de Quarante sous;* on peut revenir par cette route à Saint-Germain. On peut aussi, en la traversant et en prenant le sentier en face, gagner la porte de la forêt de Saint-Germain, dite *porte de Chambourcy* (à 10 minutes de marche du village). Elle est ordinairement fermée, mais on l'ouvre facilement. L'allée qui, dans la forêt, fait face à cette porte, mène directement à la route de Saint-Germain à Poissy, dont on aperçoit l'entrée peu éloignée.

### ACHÈRES.

7 kil. de Saint-Germain. — 6 kil. de Maisons. — 2 kil d'Andrésy. — 4 kil. de Poissy. — 3 kil. 1/2 de Conflans.

**Achères** (553 habitants) est situé à l'ouest dans une plaine bordée d'un côté par la forêt de Saint-Germain, de l'autre par la Seine (dans la portion qui s'étend entre le confluent de l'Oise et Poissy). Son *église*, du XIII° siècle, a été plusieurs fois reconstruite. Depuis Saint-Germain on gagne Achères par l'avenue des Loges, et par une autre allée qui, prenant derrière le bâtiment des Loges, va en ligne droite de l'étoile Saint-Joseph à la porte d'Achères, après avoir franchi le chemin de fer de Rouen.

### MESNIL-LE-ROI.

5 kil. de Saint-Germain, 2 kil. de Maisons.

**Mesnil-le-Roi**, village de 517 habitants, communément appelé le *Mesnil*, confine aussi, mais à l'est, à la forêt de Saint-Germain. L'*église*, dont le clocher au toit pointu est en pierre, fut bâtie en 1587 par un seigneur de l'endroit. La plus belle propriété est un parc qui longe la forêt et que M. Hope possédait à l'époque de sa mort. On peut rentrer par la *porte du Mesnil* et revenir par la forêt à Saint-Germain ; ou bien suivre la route qui va du Mesnil au village de Carrières. A moitié chemin, entre les deux villages, sont les bâtiments de *Vaulx*, qui servaient de dépôt pour les équipages de François I$^{er}$, quand il habitait le château de la Muette. C'est aujourd'hui une maison de campagne. Un sentier remonte de cette localité vers la forêt et aboutit à la *porte du buisson Richard*.

### CARRIÈRES-SOUS-BOIS.

3 kil. de Saint-Germain, 2 kil. de Mesnil.

**Carrières-sous-Bois**, long village situé à l'extrémité de la terrasse de Saint-Germain, est habité par des cultivateurs et des ouvriers carriers. On y voit un grand nombre d'ouvertures de carrières fournissant de la pierre à bâtir, et qui s'étendent, très-loin sous la forêt. La longue rue tortueuse de ce village vient aboutir à la forêt, près du *château du Val* (voir p. 350). Au delà de la porte de Carrières, on trouve bientôt à gauche la *grille Royale*, qui ouvre sur la terrasse.

Le domaine du *Belloy*, anciennement fief du Balroy, situé à mi-côte au pied de la terrasse, est la dernière localité à signaler dans le voisinage de la forêt de Saint-Germain, dont nous achevons ici le tour.

---

(Poissy et Maisons sont décrits ci-dessous, p. 388 et 384).

### DE SAINT-GERMAIN A VERSAILLES.

*Distance.* 12 kil.

*Voitures publiques.* 3 départs par jour; départs de Saint-Germain à 10 h. et demie, à 2 h. et demie, à 7 h. et demie. Départs de Versailles à 8 h. et demie, à midi et demi, à 4 h. et demie ; café Dorémus, à l'angle de la rue des Réservoirs et de la paroisse. Le prix des places est de 1 fr.

*Omnibus* De Saint-Germain à Marly-Roi : 3 départs par jour. Prix : 50 c.

La route de Saint-Germain à Versailles descend d'abord la côte de Saint-Germain à l'*Ermitage*, où elle laisse à droite la route de Saint-Nom par Mareil et Fourqueux. Dans cette première partie du trajet on découvre de jolis points de vue sur le vallon de l'Étang-la-Ville, à l'entrée duquel le château de Grand-Champ attire surtout l'attention, et sur le coteau de vignobles que couronne le village de Mareil. Aux *Tanneries*, en face de la route du Pecq, on laisse à droite le chemin qui monte par Monte-Christo à Marly-le-Roi (voir ci-dessous); on passe ensuite au pied de Monte-Christo, puis à Port-Marly (voir p. 332) avant de quitter la route de Paris et de s'éloigner de la Seine pour gravir au seuil une colline d'où l'on découvre de beaux points de vue sur la vallée de la Seine. A peu de distance de Port-Marly la route se bifurque. L'un de ses bras, celui de gauche, décrit une forte courbe pour aller longer Voisins et Louveciennes; l'autre, qui est plus direct, passe au bas de Marly-le-Roi, puis à *Cœur-Volant*. Ces deux bras se rejoignent à l'extrémité de l'aqueduc de Marly, en face de la grille Royale, à 166 mètres au-dessus du niveau de la mer, à 1 kilomètre 1/2 de Marly-le-Roi, 2 kilomètres 1/4 de Rocquencourt, 1 kilomètre de Louveciennes, 7 kilomètres 1/2 de Versailles', 8 kilomètres 1/2 de Saint-Germain. Nous décrirons ci-dessous Monte-Christo, Marly-le-Roi, Voisins, Louveciennes, etc.

A peine a-t-on dépassé l'ancienne grille Royale, qu'on longe à droite les *Réservoirs* (un mur les cache à la vue) qui, alimentés par l'aqueduc de Marly, alimentent d'eau potable la ville de Versailles et Marly-le-Roi. Ces réservoirs ont 10 mètres environ de profondeur; leur superficie n'est pas égale. Le plus grand est celui de Marly. Ceux de Versailles, les plus rapprochés de la route, n'ont pas la même étendue. Le plus grand, qui est le plus voisin de la porte d'entrée, a été reconstruit en 1856. Presque en face du réservoir est une jolie maison de campagne possédée par Mlle Anaïs Aubert, ancienne sociétaire du Théâtre-Français.

La large route bordée de grands arbres atteint son point culminant (176 mètres) avant de descendre à **Rocquencourt**. Ce village, dont la population est de 256 habitants (Seine-et-Oise), arrondissement et canton de Versailles), et dont le magnifique château appartient aujourd'hui à M. Fould, a dû son nom à une maison de campagne d'un nommé Roccon (*Rocconis curtis*), l'un des patrices du royaume sous le roi Thierry, en 678. Il est donc fort ancien. Ses seigneurs, qui avaient succédé à l'abbaye de Saint-Denis, étaient connus dès le XIIe siècle. Son *église*, consacrée à saint Nicolas, est de construction moderne, mais la paroisse date du XIIIe siècle.

Le 1er juillet 1815, le général Excelmans, qui se trouvait à Montrouge, ayant appris l'occupation de Versailles par les régiments de Brandebourg et de Poméranie,

---

1. Le poteau commet une erreur quand il indique 6 kil., ou du moins il veut parler de l'entrée de Versailles (Etoile du rendez-vous).

les plus beaux de l'armée prussienne, résolut de les enlever. Il pouvait disposer d'environ 1500 chevaux. Il divisa cette petite troupe en deux colonnes; la première, formée par les 5e, 15e, 20e dragons et le 6e hussards, prit avec lui la route de Versailles par Vélizy; la seconde, comprenant le 1er et le 6e chasseurs, ainsi qu'un bataillon du 44e de ligne, infanterie, que le général Vichery, commandant par *intérim* le 4e corps, consentit à lui prêter, dut se diriger par Ville-d'Avray sur Rocquencourt pour s'y embusquer et recevoir l'ennemi quand il se replierait, après avoir été chassé de Versailles.

« Les Prussiens, raconte M. de Vaulabelle, n'étaient pas restés dans cette ville; ne voyant nulle part de troupes françaises, ils s'étaient remis en marche pour éclairer les abords de Paris. Excelmans les rencontra à une lieue et demie de ses cantonnements, au delà de Fontenay-aux-Roses, à la hauteur des bois de Verrières; le 5e et le 15e dragons étaient en tête de sa colonne; ces deux régiments s'élancèrent sur l'ennemi, que chargèrent en flanc le 20e dragons et le 6e hussards. Les Prussiens, sabrés, culbutés sur toutes les faces, tournèrent bride, rentrèrent à Versailles qu'ils traversèrent sans s'arrêter, et, prenant la route de Saint-Germain, toujours poursuivis l'épée dans les reins par Excelmans, ils vinrent donner à Rocquencourt dans le détachement qui s'y tenait embusqué. Accueillis à bout portant par le feu du bataillon du 44e, attaqués en tête par le 1er et le 6e chasseurs, atteints en queue par les dragons et par les hussards d'Excelmans, tous furent pris ou tués; la destruction de ces deux régiments fut complète. » Cette boucherie, nous devons l'ajouter, ne devait avoir et n'eut aucun résultat.

A Rocquencourt, on croise l'ancienne route de Paris à Mantes que nous avons suivie de Saint-Cloud à Vaucresson par Garches et la Marche (voir p. 191) et traversée en allant de la Celle-Saint-Cloud et du Butard à Versailles (voir p. 329). A l'ouest, c'est-à-dire dans la direction opposée, cette route conduit à Saint-Nom (7 kilomètres 1/2) par *Bailly* (352 habitants), *Noisy-le-Roi* (592 habitants) et la *Thuilerie*, en longeant à droite les murs de la forêt de Marly, dans lesquels s'ouvrent plusieurs portes. Bailly et Noisy-le-Roi sont entourés de jolies maisons de campagne. Ils avaient autrefois des châteaux seigneuriaux. Bailly possède une fabrique de couvertures de coton; il est à 3 kilomètres de Rocquencourt, 1 kilomètre de Noisy, 3 kilomètres de Marly-le-Roi, 5 kilomètres du château de Versailles.

Les écriteaux placés à Rocquencourt portent les indications suivantes : le Cœur-Volant, 2 kilomètres 1/4. — Saint-Germain, 7 kilomètres 3/4. — Saint-Nom, 7 kilomètres 1/2. — Vaucresson, 3 kilomètres 1/2. — Bailly, 3 kilomètres. — Le Chesnay, 3 kilomètres 3/4. — Versailles, 3 kil. 1/4 (l'Étoile du rendez-vous).

Quand on a dépassé Rocquencourt, on laisse à gauche **le Chesnay**, village de 563 habitants, dont la seigneurie fut achetée en 1683 par Louis XIV. Arrivé à la porte Saint-Antoine (le garde vend des rafraîchissements), on a le choix

# ROCQUENCOURT. — LE CHESNAY.

entre trois chemins si l'on est à pied. Les voitures suivent le boulevard Saint-Antoine et prennent le boulevard du Roi, qui les conduit à l'Étoile du rendez-vous, où vient aboutir la route de Bougival (voir p. 329); les piétons peuvent prendre, outre cette route, l'une ou l'autre des deux *avenues Saint-Antoine* (voir le plan de Versailles n° 1). L'une de ces avenues, celle qui continue l'avenue de Chesnay, va aboutir à l'extrémité du grand canal, près du bassin d'Apollon; l'autre, traversant la plaine Saint-Antoine, mène à la grille de Neptune, située à 1200 mètres environ de Saint-Antoine-du-Buisson.

## LOUVECIENNES.

*Distances.* Louveciennes est: à 19 k. 1/2 de Paris, 1 kil. 1/2 de Bougival, 1 kil. de la grille Royale, 2 kil. de Marly-le-Roi, (les deux églises), 3 kil. 1/2 de Rocquen-

L'aqueduc de Marly.

court, 1 kil. 1/4 de la machine de Marly, 2 kil. de Port-Marly, 2 kil. de la Celle-Saint-Cloud.

*Voitures publiques.* Le chemin de fer de Saint-Germain, le chemin de fer de Rueil, et les *gondoles* conduisent à Bougival; mais de Bougival, il faut monter à pied à Louveciennes, si l'on ne veut pas louer une voiture particulière.

La première route que l'on trouve à droite, quand on s'éloigne de la Seine pour entrer dans la vallée de Bougival, monte à Louveciennes. Sa pente était trop roide pour les voitures. On vient d'en ouvrir une autre d'un accès plus facile, près de l'église de Bougival. Elles se rejoignent à mi-côte. Ombragée çà et là de noyers, dominée à gauche par un petit coteau planté de vignes, cette nouvelle route domine à droite les parcs des propriétés qui bordent la rive gauche de la Seine. Malheureusement les arbres interceptent la vue. Si l'on veut aller directement à Louveciennes, il faut laisser à droite l'embranchement qui conduit à Voisins et prendre les bras de gauche. Du reste, des poteaux indiquent le chemin aux promeneurs. Après avoir côtoyé les propriétés du hameau appelé *Montbuisson*, on atteint en quelques minutes la place principale du village, sur laquelle se trouvent réunies l'église et la mairie.

L'*église* de Louveciennes, consacrée à saint Martin, surmontée d'un affreux petit clocher moderne, bâtie en partie au XIII° et au XIV° siècle, reconstruite en partie depuis à diverses époques, se compose d'une nef et de deux bas côtés. « Elle a, dit l'abbé Lebeuf, quelque chose de prévenant pour ceux qui respectent et qui aiment l'antiquité. » Le chœur se termine par un mur plat. Les trois fenêtres et la rose récemment restaurées qui l'éclairent viennent d'être ornées de vitraux de couleur. Mme Lebrun a peint pour cette église un tableau de *sainte Geneviève* qui orne l'autel consacré à cette sainte, à gauche du maître autel.

Louveciennes n'a pas d'histoire. Tout ce qu'on peut en dire, c'est qu'il est fort ancien. Au IX° siècle, on appelait *Mons Lupicinus* la colline sur laquelle il est bâti. L'abbaye de Saint-Denis le possédait déjà en 862 : elle s'en disait encore propriétaire en 1580. Aujourd'hui il fait partie du département de Seine-et-Oise, arrondissement de Versailles, canton de Marly-le-Roi. Sa population se monte à 757 habitants. Sa *fête patronale* se célèbre le dimanche après le 4 juillet.

Louveciennes est un des plus charmants villages des environs de Paris. Il jouit d'un air excellent; de nombreuses sources l'arrosent, on y découvre des points de vue magnifiques sur la vallée de la Seine et le vallon de Bougival. Tous les chemins qui y aboutissent offrent de délicieuses promenades. Au nord, vous descendez au bord de la Seine; au sud, le *bois Brûlé* vous promet d'agréables ombrages; à l'ouest, se dresse l'aqueduc de Marly, à l'extrémité duquel s'ouvre le parc de Marly-le-Roi : à l'est s'étendent les belles châtaigneraies de la Celle-Saint-Cloud. Aussi Louveciennes possède-t-il de nombreuses maisons de campagne. Son *château*, bâti au sommet de la colline près de la tour de l'aqueduc, a appartenu dans l'origine à Mme la princesse de Conti ; il a depuis changé souvent de propriétaire. Un garçon perruquier l'acquit en 1793. Il passa ensuite entre les mains d'un vendeur de peaux de lapin. On a donné aussi le nom de château à la belle propriété dont la grille s'ouvre sur la place de l'église et qui vient d'être louée ou achetée par le maréchal Magnan. Du reste Louveciennes possède un grand nombre de belles propriétés. Nous citerons surtout celles qui appartiennent à Mme la comtesse Hocquart, à M. Thureau l'avocat, à MM. Bowes, et enfin le *château de Prunay*, situé à mi-côte entre la machine de Marly et Marly, et qui a eu des jardins anglais cités comme modèles. La plus curieuse est le *pavillon* construit, sous Louis XV, par l'architecte Ledoux pour Mme Dubarry, et dont tous les arts contribuèrent à embellir l'intérieur. Ses quatre faces, ornées d'un portique et de quatre colonnes ioniques, sont sur-

...ontées d'une balustrade bordant une terrasse à l'italienne.

Dès que cette charmante habitation eut été achevée, elle devint l'objet de la curiosité générale. Tout Paris et la cour vinrent la visiter. Les *Mémoires secrets* de Bachaumont contiennent une description assez détaillée des appartements et des curiosités, meubles, tableaux de prix, qu'ils renfermaient. Les meubles et les curiosités ont disparu, mais la distribution des appartements est restée la même. La favorite, qui avait le goût des porcelaines, en avait rassemblé un grand nombre, et des plus magnifiques, dans son pavillon, où Louis XVI l'avait autorisée à résider après la mort de Louis XV, et où la Révolution, qui devait la faire mourir sur l'échafaud, vint la surprendre. Sous la Restauration, le pavillon de Louveciennes a eu pour possesseur M. Pierre Laffitte, le frère du banquier. Il appartient actuellement à M. Dierik, directeur de la monnaie. L'intérieur a été complètement modifié.

## MARLY-LE-ROI.

*Distances.* Marly-le-Roi est à : 21 k. 1/2 de Paris, par la route de Saint-Germain, 1 kil. 3/4 de Bougival, 1 kil. 1/2 de Port-Marly, 2 kil. 1/2 de Louveciennes, 5 kil. de Saint-Germain, 4 kil. 1/2 du Pecq, 1 kil. 1/2 de l'Étang-la-Ville, 2 kil. de Mareil, 3 kil. de Fourqueux, 8 kil. de Sainte-Jamme, 3 kil. 3/4 de Rocquencourt, 8 kil. de Versailles, 3 kil. 1/2 de Bailly, 3 kil. 1/2 de Noisy-le-Roi, 7 kil. 1/2 de Saint-Cyr.

*Voitures publiques.* Correspondance à Port-Marly avec le chemin de fer (voir ci-dessous, p. 360); correspondance à Saint-Germain avec le chemin de fer de Saint-Germain. Départ de Saint-Germain à 7 h. 15 m., 9 h. 15 m., 11 h. 15 m.; 3 h. 15 m., 8 h. 15 m.; départ de Marly. 8 h. 2 m., 10 h. 20 m., 1 h. 20 m., 5 h. 20 m. Prix d'une place : 50 c.

**Marly-le-Roi,** chef-lieu de canton de l'arrondissement de Versailles, département de Seine-et-Oise, est un bourg de 1203 habitants, fort ancien, car il se trouve mentionné, à en croire certains historiens, dans une charte du roi Thierry, datée de 618. On l'appelait alors *Marlacum*. Le premier de ses seigneurs dont l'histoire nous ait conservé le souvenir est un nommé Hervé *de Marievo*, qui assista, en 1067, à la dédicace de Saint-Martin des Champs, près de Paris. Le fils de cet Hervé, appelé Burchard, fut le père de Mathieu de Montmorency, seigneur de Marly, vers 1150. Le dernier des Montmorency étant mort en 1356 sans postérité, la seigneurie passa aux chevaliers de Levis. En 1660, Pierre de Hodu, conseiller au Parlement, la fit ériger en comté. En 1693, Louis XIV, qui l'avait acquise par échange contre Neauphle-le-Château et ses dépendances, de Louis Phelippeaux, comte de Pontchartrain, l'incorpora au domaine de Versailles, et y construisit le château dont nous allons bientôt parler.

Il y avait autrefois deux paroisses différentes sur le territoire de Marly-le-Roi, appelées, l'une, Marly-le-Châtel; l'autre, Marly-le-Bourg. Ces deux paroisses furent réunies en une seule par un décret du 27 mars 1681, et, comme l'église de Marly-le-Châtel, qui devait être conservée, tombait de vétusté. Louis XIV la fit rebâtir sur le même emplacement, dans le goût de celle de Notre-Dame de Versailles.

Marly-le-Roi est agréablement situé à plus de 120 mètres au-dessus de la mer. Comme Louveciennes, il respire un bon air; il jouit de beaux points de vue; il est entouré de charmantes maisons de campagne, mais il a un aspect désert et mélancolique, et il ne mériterait pas une visite, s'il n'était placé à l'une des portes de la belle forêt à laquelle il donne son nom, et surtout s'il n'avait pas possédé jadis un château royal aujourd'hui détruit.

On peut aller à Marly-le-Roi par plusieurs chemins.

Le plus direct, quand on vient de Paris, est la route de Saint-Germain. Six fois par jour, les voyageurs que les chemins de fer de Saint-Germain et de Rueil (voir p. 309 et 332) ont amené à Port-Marly (voir p. 332), trouveront dans ce village un omnibus qui les montera à Marly en 15 m. et pour 20 cent. Cet omnibus suit la route de Saint-Germain à Versailles décrite ci-dessus (voir p. 355), mais il prend la bifurcation de droite, qu'il quitte près de l'abreuvoir (voir p. 370, ci-dessous) pour monter à droite, par une avenue récemment replantée, le long de l'ancien mur du parc royal, jusqu'au haut du village.

On peut aussi, si l'on aime à marcher et si l'on veut faire une agréable promenade, quitter la voiture du chemin de fer de Rueil, soit à Bougival, soit à la machine de Marly, et monter à l'aqueduc de Marly (30 m. par Louveciennes, 20 m. par Voisins), à l'extrémité duquel (de 10 à 15 m.) s'ouvre la grille Royale (voir ci-dessous).

Enfin, au fond du vallon où la route de Paris à Rouen commence à gravir la colline que couronne la ville de Saint-Germain, à 1 kil. et demi de Saint-Germain, 1 kil. du Pecq, une excellente route, riche en points de vue, longue de 2 kil. 800 mètres, monte directement à Marly. Si l'on suit cette route, on passe d'abord devant **Monte-Christo**, maison de campagne que M. Alexandre Dumas père a fait construire à grands frais (elle lui a coûté plus de 250 000 fr.), et qui ne lui appartient plus.

Monte-Christo, qui s'élève à la base du coteau de Port-Marly, a vue, en face, sur la route de Paris à Saint-Germain et sur la Seine; à gauche, sur Saint-Germain, et à droite, sur Louveciennes et Marly. Chaque fenêtre a un cadre de pierre moulé sur des sculptures de Jean Goujon: au-dessus est un médaillon contenant un portrait (Dante, Corneille, Virgile, Lamartine, Chateaubriand, Victor Hugo, etc.) et soutenu par deux licornes fantastiques dues au ciseau de Choiselat. « La maison, a dit un des amis de l'auteur et du fondateur de Monte-Christo, allonge sa terrasse et son balcon sur le devant, comme une hospitalité qui va à la rencontre de ceux qu'elle reçoit. » Sous le balcon du rez-de-chaussée sont trois cages en pierre avec des rochers, des fleuves, des cascades. Des tourelles qui se dressent par derrière, l'une cache l'escalier, l'autre renferme les cabinets. A l'intérieur, on remarquait un atelier pour les peintres; tout un appartement avec des meubles du temps d'Henri II, et la chambre arabe, guipure de pierre, copiée de l'Alhambra.

Derrière la maison principale que

la route sépare des dépendances qui n'ont jamais été achevées, après avoir franchi un charmant torrent qui roulait au milieu de rochers mousseux et de fleurs, on arrivait à l'île dont l'eau est fournie par les sources qui traversent la propriété. Sur cette île, M. Alexandre Dumas s'était fait construire une petite maison avec une tourelle, un toit en ardoises et un escalier extérieur dans le style gothique. Ce pavillon, qui ne contenait qu'une seule chambre, au rez-de-chaussée, une chambre et un balcon au premier étage, était un chef-d'œuvre de sculpture. Giraud et Boulanger avaient peint les panneaux intérieurs. Des lierres et des volubilis mêlaient leurs fleurs naturelles aux fleurs sculptées, et de nombreux animaux, canards blancs et dorés, perroquet rouge et bleu, vautour, singe, chiens, vivaient alentour en pleine liberté, ou dans d'élégantes prisons habilement dissimulées.

Quand on a dépassé Monte-Christo, on s'élève, à travers champs, sur l'espèce de promontoire qui domine, à gauche, le vallon au fond duquel serpente la route de Saint-Germain à Versailles; à droite, le vallon de l'Étang-la-Ville. On laisse à droite, sur le versant de ce vallon, le château de *Grand-Champ* et le hameau de *Demonval*. De l'autre côté, sur la colline opposée, se montrent Mareil et Fourqueux. Mais c'est en se retournant que l'on découvre les plus beaux points de vue sur Saint-Germain, la terrasse, la Seine, le viaduc du chemin de fer, la forêt du Vésinet, les coteaux de Cormeilles, de Sannois et de Montmorency, Paris, Montmartre, le mont Valérien. Un moment le panorama est complet. Vis-à-vis de la route, en continuant à monter, on aperçoit Marly-le-Roi, encadré dans une bordure de bois, d'où se détachent, sur un beau fond de verdure, deux charmantes maisons de campagne. Les premières maisons du bourg sont à 102 mètres. Parvenu à un carrefour où quatre routes viennent aboutir, il faut prendre celle de droite, à l'extrémité supérieure de laquelle se dresse le clocher de l'église. De la place de l'église, sur laquelle on remarque une belle maison de campagne appartenant à M. Guyet-Desfontaines, on atteint en deux ou trois minutes une porte qui donne accès dans la forêt. Cette route conduit à Bailly. On peut côtoyer les anciens murs du parc, le long d'une plantation d'arbres verts, puis tourner à gauche pour aller explorer les derniers restes du parc et gagner en 15 minutes le réservoir, en 30 minutes la grille royale.

Saint-Simon raconte ainsi ce que Louis XIV voulait faire de Marly et ce qu'il en fit :

Le roi, lassé du beau et de la foule, se persuada qu'il voulait quelquefois du petit et de la solitude. Il chercha autour de Versailles de quoi satisfaire ce nouveau goût; il visita plusieurs endroits, il parcourut les coteaux qui dominent Saint-Germain et cette vaste plaine qui est au bas. On le pressa de s'arrêter à Luciennes; mais il répondit que cette heureuse situation le ruinerait, qu'il voulait un lieu qui ne lui permît pas de songer à y rien faire.

Il trouva derrière Luciennes un vallon étroit, profond, à bords escarpés, inaccessible par les marécages, sans aucune vue, enfermé de collines de toutes parts, extrêmement à l'étroit, avec un méchant village sur le penchant d'une de ces collines, qui s'appelait Marly. Cette clôture, sans vue ni moyen d'en avoir, fit tout son mérite; l'étroit du vallon où on ne pouvait s'étendre y ajouta beaucoup; il crut choisir un ministre, un favori, un général d'armée.

L'ermitage fut fait : ce n'était que pour y coucher trois nuits, du mercredi au samedi, deux ou trois fois l'année, avec une douzaine de courtisans en charge, les plus indispensables; peu à peu l'ermitage fut augmenté. D'accroissement en accroissement, les collines furent taillées pour faire place et y bâtir, et celles du bout légèrement emportées pour donner au moins une échappée de vue fort imparfaite. Enfin, en bâtiments, en jardins, en eaux, en aqueducs, en ce qui est si curieux sous le nom de *machine de Marly*, en parcs, en forêts ornées et renfermées, en statues, en meubles précieux, en grands arbres qu'on y a apportés sans cesse de Compiègne, et de bien plus loin, dont les trois quarts mouraient, et qu'on remplaçait aussitôt, en allées obscures subitement changées en d'immenses pièces d'eau où l'on se promenait en gondole, en remises en forêts à n'y pas voir le jour dès le moment qu'on les plantait, en bassins changés cent fois, en cascades de même, en figures successives et toutes différentes, en séjours de carpes ornés de dorures et de peintures les plus exquises, à peine achevés, rechangés, et rétablis autrement par les mêmes maîtres une infinité de fois; que si on ajoute les dépenses de ces continuels voyages qui devinrent enfin égaux aux séjours de Versailles, souvent presque aussi nombreux, et tout à la fin de la vie du roi le séjour le plus ordinaire, on ne dira pas trop sur Marly en comptant par milliards. »

Dans cet étroit ermitage où Louis XIV voulait fuir les grandeurs importunes de Versailles et dérober sa vie à la foule des courtisans, son architecte Jules Hardouin-Mansart composa en pierre et en marbre, pour l'éternel entretien de son orgueil, la plus énorme adulation qui lui ait été adressée. Il figura le pavillon principal, demeure du roi qui avait pris le soleil pour devise, escorté de douze moindres pavillons qui étaient comme les douze demeures célestes que traverse l'astre du jour. Complice de cette insigne flatterie, Louis XIV, chaque matin, visitait en effet les douze pavillons, dont les hôtes sortaient à sa rencontre, lui rendaient leurs hommages et grossissaient successivement son cortége. Ces pavillons, rangés des deux côtés des parterres, six d'une part, six de l'autre, communiquaient entre eux, et se rattachaient au centre des grandes constructions par des berceaux en fer où des tilleuls entrelaçaient leurs bras.

Il semble aussi que ce soit pour rappeler l'emblème du soleil que l'architecte ait fait dominer la forme ronde dans le plan de Marly. Le principe de tous ces cercles que l'on remarque dans les ruines actuelles était le grand salon placé au centre du pavillon royal, et qui déterminait la figure de la plupart des autres bâtiments. On entrait dans ce grand salon par quatre petits salons carrés qui séparaient quatre appartements différents disposés aux quatre coins du pavillon, l'appartement du roi à droite sur le derrière, celui de la reine à gauche sur la même façade, celui du dauphin et de la dauphine sur la façade antérieure. Chacun de ces appartements se composait uniquement d'une antichambre, d'une chambre à coucher et d'un cabinet au rez-de-chaussée.

Le grand salon, qui était le rendez-vous commun de ces appartements, et où l'on n'arrivait de chacun d'eux qu'après avoir traversé les quatres salons carrés, déguisait le cercle sur lequel il était fondé par des pans coupés qui lui donnaient la forme octo-

Plan du château de Marly.

gone. Des huit faces qu'il présentait, quatre étaient occupées par les portes des petits salons ; les quatre autres étaient remplies par quatre cheminées. Au lieu d'avoir seulement, comme les appartements qui l'entouraient, la hauteur du rez-de-chaussée, le salon s'élevait à la hauteur totale de l'édifice, pour prendre le jour par huit fenêtres placées diversement sur les derrières ouverts des quatre faces du premier étage. Ainsi il avait deux ordres superposés; orné dans le bas de seize pilastres d'ordre ionique, il était surmonté d'un attique décoré par des cariatides en Termes qui représentaient les quatre Saisons et qui soutenaient de leurs mains une riche architrave. C'était sans doute au centre de la voûte appuyée sur ces têtes que le soleil avait été représenté et montrait le point générateur de tout le plan.

Le grand salon octogone était ainsi enveloppé par un pavillon carré; mais le pavillon carré, à son tour, reposait sur une double terrasse octogone, que les rampes des petits côtés et des hémicycles projetés en avant des deux façades principales tendaient à ramener au cercle.

Le cercle parfait régnait dans une vaste construction qu'il fallait traverser pour arriver au grand pavillon. La partie de ce bâtiment qu'on appelait *la demi-lune*, et qui dominait l'axe de la première ligne des petits pavillons, était consacrée aux logements de quelques princes considérables et des plus grandes dames en charge à la cour; la partie rejetée en arrière, et qui achevait le cercle, servait aux communs. Mais chacune de ces deux moitiés du cercle avait un prolongement rectiligne qui s'avançait vers le pavillon royal : à la suite de la demi-lune, c'était la salle des gardes; à la suite des grands communs, c'était la chapelle. De la chapelle à la salle des gardes, s'étendait une belle grille dorée qui était la grille Royale. Ainsi la croix et la hallebarde étaient attachées à la porte du roi, pour y représenter les deux puissances qui gardaient la monarchie.

Ces constructions de la demi-lune, de la salle des gardes et de la chapelle, avaient leur pendant de l'autre côté du château dans deux pavillons privilégiés. Comme la demi-lune servait d'habitation aux dames de la cour, ces deux pavillons furent affectés au logement des seigneurs, et on leur en donnait le nom. Les pavillons des *Seigneurs* étaient joints l'un à l'autre, dans les commencements, par un mur sur lequel le peintre Rousseau, formé à l'école des Génois, avait représenté à fresque un grand paysage orné d'architecture. C'était là cette fameuse *perspective* dont il est si souvent question dans les *Mémoires de Saint-Simon*. Plus tard, on détruisit le mur sur lequel elle était peinte, puis on le remplaça par un grand bâtiment qui compléta les pavillons des Seigneurs, et derrière lequel on érigea encore de nouveaux communs, conservés en partie dans la ferme qui demeure seule debout parmi ces ruines.

Une des plus grandes beautés des jardins était sans contredit la rivière qui, du haut de la colline à laquelle le pavillon royal était adossé, tombait sur soixante-trois marches de marbre, et formait une cascade à larges nappes, admirable par le volume et par le bruit de ses eaux. Elle fournissait aisément aux autres bassins, tous placés beaucoup plus bas, et plus nombreux en ce petit espace qu'en aucun autre lieu du monde.

Sur le premier parterre, qui entourait immédiatement le grand pavillon, au milieu des tapis de verdure et des salles d'ormes et de charmilles, se cachaient de part et d'autre de grands bassins, revêtus de carreaux de porcelaine, ornés de groupes de marbre, entourés de balustrades dorées. Des carpes nageaient dans cette eau pure, et donnaient leur nom aux bassins près desquels Saint-Simon recueillit des traits qui caractérisent fortement la physionomie de Louis XIV. De ce premier parterre se détachait une haute allée qui en prolongeait le niveau tout autour des jardins ; elle était ombragée d'arbres qu'on coupait bas et qu'on ployait en berceaux.

Le second parterre, qui offrait deux tapis verts escortés de deux grands jets d'eau enfermés dans des salles d'arbres, donnait naissance, de part et d'autre, aux deux grandes allées des Boules, terminées à leur extrémité par deux jets d'eau correspondant à ceux du point de départ.

Le troisième parterre présentait au contraire, entre deux tapis verts, une belle pièce d'eau qu'on appelait la pièce des quatre Gerbes, parce que quatre jets jaillissaient à ses coins arrondis. Des deux côtés de ce parterre couraient les deux allées des Ifs, qu'on avait soin de tailler extrêmement petits pour qu'ils n'ôtassent rien à la vue.

Le quatrième parterre, qui était le plus bas et qui se trouvait pour ainsi dire enfermé entre les gradins qui se détachaient des parterres précédents, était occupé presque entièrement par une pièce d'eau qu'on appelait la grande pièce, parce que c'était, en effet, la plus vaste de toutes, ou la pièce de la grande Gerbe, parce qu'elle avait le jet le plus fort et le plus élevé, ou la pièce du Miroir, parce qu'elle avait des formes assez semblables à celle d'une belle glace de Venise.

Saint-Simon se plaint quelque part que dans toutes ces allées qui se côtoyaient à des niveaux différents, et qui étaient encore cachées les unes aux autres par des haies touffues, on ne pût causer entre amis sans risquer d'être entendu par des oreilles intéressées à n'être pas discrètes. Quand il voulait, par exemple, ouvrir son cœur à M. de Beauvilliers, gouverneur du duc de Bourgogne, sur les dangers auxquels des courtisans malveillants voulaient exposer ce jeune prince, il s'en allait au delà de toutes ces promenades contre-minées peut-être avec dessein. Il trouvait la sûreté auprès d'une dernière pièce d'eau placée dans un dernier parterre ; sous la forme d'une coquille dont on avait essayé d'imiter jusqu'aux plis, cette nacre liquide reflétait les deux beaux chevaux de Coustou, si connus sous le nom de chevaux de Marly, et qui, érigés sur la dernière rampe des jardins, se découpaient merveilleusement sur l'azur du ciel.

S'il faut en croire les *Mémoires de l'abbé de Choisy*, c'est en 1686 que Louis XIV commença à aller fréquemment à Marly. Mais il est certain qu'à cette époque la décoration même du nouveau château était terminée ; car, dès l'année précédente, en 1685, par suite de la révocation de l'édit de Nantes, Rousseau, qui avait peint la *perspective du bâtiment des Seigneurs*, et qui était protestant, avait été obligé de quitter le royaume et de passer en Angleterre, où il mourut en 1693. Bien plus, l'un des coins du grand pavillon de Marly porta le nom d'*appartement de la Reine*, ce qui semblerait prouver qu'il a été fréquenté par la femme de Louis XIV, Marie-Thérèse, morte cependant en 1683. Il est donc à présumer que le château de Marly fut projeté après Versailles, mais commença à être habité à peu près vers le même temps.

« Le roi, dit l'abbé de Choisy, nommait ceux qui devaient le suivre à Marly, et le valet de chambre Bontemps les logeait deux à deux dans chaque pavillon. On y trouvait tout ce qui était nécessaire à la toilette des femmes et même des hommes; et quand les femmes étaient nommées, les maris y allaient sans demander. Mme de Maintenon y faisait grande figure : le roi passait toutes les soirées chez elle. »

Le roi désirait que tous les courtisans demandassent à l'accompagner à Marly, et voulait pouvoir n'accorder qu'à quelques-uns d'entre eux cette distinction qui était un de ses grands moyens de gouverner les hommes.

L'honneur d'être des Marly, comme on disait alors, était la plus grande faveur qu'un courtisan pût attendre de Louis XIV : c'était faire partie de l'intimité, comme être logé à Versailles c'était faire partie de la cour. Racine, dans ses dernières années, ayant renoncé aux vanités du monde pour se consacrer tout à Dieu, tenait encore à celle-là. Il poussait cependant la délicatesse si loin, que, non content de n'aller plus à la comédie, il ne voulait pas que son fils, qui était gentilhomme du roi et qui avait vingt ans, y allât.

On allait à Marly le mercredi, et on y restait jusqu'au samedi. C'était une règle invariable; le roi passait régulièrement les dimanches à Versailles, où était sa paroisse; il se livrait le lundi et le mardi à l'admiration de la foule des courtisans badauds. Le mercredi il partait pour son Ermitage, où il emmenait les invités dans ses carrosses. On ne pouvait monter dans les carrosses du roi que quand on avait un certain rang.

Le roi ne voulait pas qu'on s'ennuyât à Marly; et il poussa si loin ce désir, que vingt-six heures après la mort de son frère, enlevé par l'apoplexie en sortant de Marly, où il avait eu avec son aîné une scène très-violente, il se prit à faire des jeux lui-même pour divertir la duchesse de Bourgogne, et ordonna au duc de Bourgogne d'ouvrir le brelan. Le jeu était presque continuel à Marly ; on jouait à la grande table en commun, ou à de petites tables séparées, qu'on enveloppait de paravents de manière à faire de petits cabinets dans la grande pièce. Le bal demeura aussi un des plaisirs les plus vifs que le roi pût se donner, alors même qu'il cessa d'y faire un rôle. Le plus grand amusement qu'on pût lui ajouter, avec les collations, c'étaient des boutiques où les dames prenaient toutes sortes de costumes étrangers, chinois, japonais, etc., et vendaient sous ce déguisement des choses infinies, dit Saint-Simon, et très-recherchées par « la beauté et la singularité. » La musique et la comédie étaient plus ordinaires.

Mme de Maintenon fut la dominatrice de Marly. Son appartement était celui qui avait été destiné à la reine, et que peut-être Marie-Thérèse habita. Dans les commencements, elle dînait à table, au milieu des dames, dans le salon carré qui séparait son appartement de celui du roi. Mais bientôt elle se fit servir chez elle une table particulière où quelques dames, ses familières, peu nombreuses et presque toujours les mêmes, dînaient avec elle. Saint-Simon, qui donne tous ces détails, ajoute : « Au sortir de dîner, le roi entrait chez Mme de Maintenon, se mettait dans un fauteuil près d'elle, dans sa niche

Un des pavillons du château de Marly.

qui était un canapé fermé de trois côtés, les princesses du sang sur des tabourets auprès d'eux, et dans l'éloignement les dames privilégiées. On était près de plusieurs cabarets de thé et de café; en prenait qui voulait. Le roi demeurait là plus ou moins, selon que la conversation des princesses l'amusait ou qu'il avait affaire; puis il passait devant toutes les dames, allait chez lui, et toutes sortaient, excepté quelques familières de Mme de Maintenon. Dans l'après-dînée, personne n'entrait où étaient le roi et Mme de Maintenon que Madame la duchesse de Bourgogne, et le ministre qui venait travailler. La porte était fermée, et les dames qui étaient dans l'autre pièce n'y voyaient le roi que passer pour souper, et elles l'y suivaient; après souper, elles le suivaient chez lui avec les princesses, comme à Versailles. » Ainsi l'antichambre de Mme de Maintenon était le salon où l'ambition retenait les femmes les plus nobles de France.

Après la mort de Louis XIV, Marly fut abandonné pendant tout le temps de la Régence. Quand Louis XV voulut y retourner, il fut obligé de faire changer beaucoup de parties qui étaient dégradées. C'est alors que la rivière qui tombait derrière le grand pavillon sur soixante-trois marches de marbre fut changée en un tapis de verdure. Louis XVI alla plus rarement encore à Marly, où cependant il était la veille du serment du Jeu de Paume. En l'absence de leurs hôtes royaux, ces jardins en recevaient de plus bourgeois. M. de Noailles, gouverneur de Saint-Germain, donnait la clef des petits pavillons à des amis qui allaient s'y installer pour la saison. En entrant, on signait l'état des lieux : on recevait non-seulement les meubles, mais la vaisselle aux armes du roi. Si on cassait quelque chose, on trouvait à le remplacer avec les mêmes armes chez les marchands de Marly. On n'avait besoin d'apporter que du linge. Si on recevait des visiteurs imprévus, on envoyait chercher ce qui devenait nécessaire, même les lits, chez l'intendant, qui remettait tout sur un reçu. La Révolution surprit là des habitants qu'elle dispersa. On vendit Marly après en avoir enlevé les statues qui forment en grande partie aujourd'hui la décoration du jardin des Tuileries. C'est la Convention qui les y fit transporter après y avoir ordonné les dessins de ces salles de marbre qu'on voit au milieu des quinconces. M. Saniel, qui acheta le château favori de la vieillesse de Louis XIV, enleva le dôme qui couvrait le grand salon, en arracha le parquet, et trouva par-dessous une source d'eau dont il se servit pour établir une filature. Plus tard on rasa les édifices, on arracha les marbres qui les ornaient et ceux des jardins; on en fit des lots qu'on vendit séparément[1]. Ainsi se dispersèrent, cent ans après avoir été amassées, toutes ces richesses dont les ruines mêmes sont moins apparentes que celles de cités orientales détruites depuis deux mille ans. Mais les ruines de ces ruines, qu'on nous permette cette expression, si rarement visitées par les Parisiens et les étrangers, sont une des principales curiosités des environs de Paris. D'ailleurs, la nature même, si violemment travaillée par la main des hommes, a gardé comme l'empreinte du palais et des jardins.

La *grille Royale* s'ouvre, comme nous l'avons déjà dit, sur la route de Saint-Germain à Versailles, à l'extrémité de l'aqueduc de Marly et au point de bifurcation des deux routes. C'est aujourd'hui une simple porte de bois; mais deux pilastres, entourés de maçonnerie moderne, supportent deux vases d'un assez beau style. Cette porte franchie, on se trouve dans une immense enceinte circulaire dont les murs, que le lierre ronge, soutiennent la forêt de toutes parts; « il

[1] La plus grande partie de ces détails sont empruntés à un intéressant article, publié par le *Magasin pittoresque*, t. XVI, mars 1848.

semble voir, a dit l'écrivain anonyme que nous avons déjà cité, un vaste cirque creusé et fortifié au milieu des bois, où l'œuvre des hommes est venue s'ajouter audacieusement à celles de la nature. Des piliers, çà et là abattus, laissent deviner des portiques qui ont dû orner cette entrée; à leur suite, par les trouées que le temps a faites, la vue plonge, à droite et à gauche, dans des substructions plus grandes qui se perdent sous l'ombre épaisse des arbres. En face de la porte par laquelle on a pénétré, on découvre une perspective plus surprenante encore; la route s'enfonce dans un gouffre, où de tous les points de l'horizon la forêt paraît s'abaisser; ces grands arbres, qui, au milieu même de leur liberté sauvage, témoignent, par une certaine régularité à moitié effacée, qu'ils ont été jadis pliés par la hache, semblent se pencher les uns sur les autres du haut des gradins d'un amphithéâtre gigantesque, et s'incliner tous vers la puissance qui avait forcé la nature, comme les nations, à subir son commandement.

« On a hâte de pénétrer au fond de cet abîme de verdure, où tend tout le grand paysage, fait de main d'homme, dont on est environné. On descend entre deux murs qui portent les chênes et les ormes séculaires; on arrive à une seconde enceinte circulaire que l'on est tenté de prendre pour les débris d'un palais, aux grandes ondulations du tapis de verdure qui en cache les décombres. Le peu d'ouverture que la perspective a en cet endroit vous avertit de descendre encore; et, après avoir traversé des salles de verdure abandonnées au hasard,

vous arrivez à un amas plus grand, du haut duquel le regard embrasse un vaste horizon. Les ruines sur lesquelles vous êtes placé affectent sensiblement la forme circulaire; et, aussi loin que l'œil puisse atteindre, au delà des pentes que vous dominez, au delà des plaines qu'arrose la Seine dérobée au pied du coteau, les montagnes, suivant les prolongements de la colline de Saint-Germain, arrondissent encore leurs lignes délicates qui fuient vers les bois de Montmorency. Cette fois vous avez sous les pieds le palais célèbre où Louis XIV a caché, au milieu des fêtes, la douleur des revers de sa vieillesse; et, dans toutes ces lignes qui semblent répéter à plaisir la même courbe harmonieuse, déjà se trahit le plan original qui avait fait de Marly les délices du roi, lorsque, dégoûté de la pompe théâtrale et trop découverte de Versailles, il cherchait, au fond d'un abri mieux défendu, des plaisirs moins bruyants.

« On descend du tertre formé par les débris du palais de Louis XIV; au delà des salles de verdure qui font le pendant de celles qu'on a déjà traversées, on aperçoit, à moitié debout, à moitié couchés sous l'herbe, les restes des bâtiments qui correspondaient avec ceux de la seconde enceinte circulaire par où on a passé. Derrière le palais, sur la colline échancrée, on voit, recouverts par la mousse, les nombreux degrés sur lesquels devait tomber toute une rivière d'eau. De part et d'autre, des routes creusées sous les racines des arbres, et bordées de grands murs pour soutenir les terres, ouvrent des échappées sur la forêt assujettie à un plan où se répète toujours la ligne ronde. Mais c'est devant le palais même qu'il faut s'avancer pour retrouver les plus beaux endroits des jardins.

« On va en descendant toujours d'une terrasse à l'autre ; chaque terrasse portait autrefois un parterre, sur les flancs duquel se détachait, à droite et à gauche, une allée qui faisait tout le tour du jardin disposé en amphithéâtre.

« Le premier parterre, que le château couronnait, montre encore ses arbres surprenants, arrondis autrefois en berceaux, dont leur base a conservé le pli, épanouis, au-dessus de ces anciennes voûtes, en troncs nouveaux, libres et vigoureux, qui semblent comme une seconde forêt entée sur la première.

« Le second parterre laisse apercevoir distinctement les deux bassins latéraux dont il était orné. Au milieu des grands ormes qui autrefois couvraient de leur ombrage des conques élégantes chargées de bronze et de marbre, l'eau, dont on n'a pu détruire tous les conduits, sourd naturellement de la terre qui a gardé la forme des anciennes constructions; à l'endroit où le jet d'eau s'élançait vers le dôme de ces bosquets, des joncs sortent en gerbe épaisse; les nénufars s'y mêlent et achèvent de couvrir cette mer tranquille qui n'est agitée, de temps à autre, que par les mains des blanchisseuses du village.

« Le troisième et le quatrième parterre offrent encore les restes des vastes bassins qui en occupaient la plus grande partie ; les formes en sont nettement dessinées aux yeux par l'abaissement du terrain, et aussi par la verdure plus fraîche des plantes qui poussent plus vives au lieux autrefois engraissés par le eaux. »

Si l'on arrive à Marly par la route de Port-Marly, on passe devant l'*Abreuvoir* où venaient se rendre toutes les eaux de Marly. C'était derrière cet abreuvoir que se dressaient, sur de grands piédestaux, les *Chevaux de Marly*, posés en 1745, et exécutés par Coustou le jeune, qui se voient actuellement à l'entrée des Champs-Élysées. En prenant à droite la rue qui monte à Marly, on longe l'ancien mur du parc, et, en face de la rue principale du village, on trouve une porte qui conduit par la ferme aux derniers débris du pavillon central et à la grille Royale.

Les bois qui entourent, en les dominant, ces ruines mélancoliques forment ce qu'on appelle le *parc de Marly*. Ils ont un aspect presque aussi triste, mais depuis quelques années on y a percé des allées nouvelles, placé un certain nombre d'écriteaux, et établi à droite et à gauche du château deux *belvédères*, (de Saint-Germain et de Marly), d'où l'on découvre une vue étendue, on y fera d'agréables promenades. Les principales allées semblent fermées par des treillages placés pour la conservation du gibier; mais ces treillages sont percés de portes qu'il est permis d'ouvrir sous la condition de les refermer.

La **forêt de Marly** était, il y a sept ou huit ans, une des plus belles forêts des environs de Paris. On y a fait tout récemment des coupes importantes, et on l'a sillonnée de treillages qui choquent la vue et qui gênent la circulation; toutefois elle mérite encore, malgré ces mu-

...lations et ces dispositions nouvelles, la visite des amateurs. Ils y trouveront des arbres séculaires, de pittoresques accidents de terrain, et surtout des solitudes profondes. Elle a une contenance de 054,05.35 hectares ; sa forme est très-irrégulière ; sa plus grande longueur, de la porte de Sainte-Jame, à la porte de Rocquencourt, c'est-à-dire du sud-est au nord-ouest, de 10 kilomètres ; sa plus grande largeur, de la porte de Saint-Nom au Désert de Retz, de plus de 4 kilomètres. On vient de la réunir, du côté de la porte Dauphine, à la forêt de Saint-Germain.

L'entrée de la forêt de Marly la plus agréable et la plus commode pour les promeneurs qui viennent de Paris est la porte de l'Étang-la-Ville, située à 4 kilomètres environ de Saint-Germain. Pour y aller, il faut descendre de Saint-Germain à l'Ermitage et remonter le vallon qui s'ouvre entre Mareil-Marly, à droite, et Marly-le-Roi, à gauche. En remontant ce joli vallon, on laisse à gauche le château de Grandchamp, le hameau de Demonval et la Montagne avant d'atteindre l'**Étang-la-Ville**, village de 400 habitants (canton de Marly-le-Roi), dont la terre était autrefois seigneuriale avec haute, moyenne et basse justice. « On voit dans l'église, dit Lebeuf, des piliers qui paraissent être d'environ la fin du XII° siècle. Le portail est d'un goût du XIII° siècle. La nef est récente. » La propriété située au sud, appelée *Vaubarderie*, et possédée autrefois par la duchesse de Richelieu, dépend de cette commune.

On peut du reste entrer dans la forêt de Marly ou en sortir par beaucoup d'autres portes. Les promenades s'y varient donc à l'infini. Aussi nous bornerons-nous à donner ici quelques renseignements sur les principaux pays qui l'entourent.

Nous avons déjà parlé de *Mareil* et de *Fourqueux* (voir p. 352). Si de ce dernier village on entreprenait le tour de la forêt de Marly, on trouverait d'abord le *Désert de Retz*. Cette maison de campagne, bâtie par M. de Monville, ancien fermier général, sur l'emplacement d'un ancien château, avait la forme d'un débris de colonne gigantesque et cannelée. Le jardin, vanté par Delille, avait, au siècle dernier, assez de réputation pour attirer la cour et la ville. Cette propriété a appartenu à Bayard, l'auteur dramatique. Près du Désert s'élevait *Joyenval*, ancienne abbaye de l'ordre de Prémontré, fondée en 1221, par Barthélemy de Roye, chambrier de Philippe Auguste, et sa femme, Pétronille, fille de Simon III, comte de Montfort. Il n'en reste plus rien que le nom et une ferme. Le Désert et Joyenval sont au nord de la forêt. A l'ouest est le hameau de *Sainte-Jame*, qui dépend du village voisin de *Feucherolles* (624 hab.). En revenant au sud-est, on rencontre les hameaux d'*Avignières*, de *Valmartin* et de la *Tuilerie*, avant d'atteindre **Saint-Nom-la-Bretèche** (10 kilomètres 1/2 de Saint-Germain), village de 780 habitants, dont la terre a été un marquisat, et dont le château, contigu à la forêt de Marly, est situé à la Bretèche. Saint-Nom est à 7 kilomètres 1/2 de Rocquencourt (voir p. 356). En allant de Saint-Nom à Rocquencourt, on traverse les villages de Noisy et de Bailly (voir p. 356).

E. CHEMIN DE FER D'ARGENTEUIL.

*Embarcadère.* A Paris, rue Saint-Lazare, 124; à Argenteuil, près du pont, rive gauche de la Seine.

*Départs de Paris :* Toutes les heures, de 7 h. 5 m. du matin, à 10 h. 10 m. du soir. Le train de 1 h. part à 1 h. 10 m.

*Départ d'Argenteuil :* Toutes les heures, de 6 h. 50 m. du matin à 10 h. du soir. Les trains de 8 h. et de midi partent à 8 h. 55 m. et à midi 55 m.

Pour les *omnibus* et pour le *prix des places,* voir page 309.

La *durée du trajet* est de 20 minutes.

Le chemin de fer d'Argenteuil a été inauguré le 27 avril 1851. Il ne dessert que Colombes et Argenteuil, mais il doit, dit-on, être continué jusqu'à Ermont, station du chemin de fer du Nord. Il a 9 kilomètres de longueur, dont 5 communs aux chemins de Saint-Germain, Versailles et le Havre.

De Paris à Asnières (voir p. 157 et suivantes).

Asnières (la 1re station) a été décrit ci-dessus (voir p. 310).

A Asnières (5 kil.), le chemin d'Argenteuil se sépare de celui de Saint-Germain, qu'il laisse à gauche, puis il se dirige au nord-ouest à travers une plaine jadis cultivée, et qui, depuis quelques années, s'est couverte d'un nombre considérable de petites maisons de campagne. Sur la droite, les coteaux de Montmorency et de Sannois attirent surtout l'attention.

Dans la grande presqu'île comprise entre le chemin de fer et la Seine qui, d'Asnières à Argenteuil, décrit une vaste courbe, se trouvent Gennevilliers et Villeneuve-la-Garenne; cette presqu'île a été mise à l'abri des inondations du fleuve par des digues en terre que les habitants appellent *nours*, et qui ont été complétées dans les premières années de ce siècle.

**Villeneuve-la-Garenne** est un hameau situé sur le bord de la Seine, loin des grandes routes, en face de Saint-Denis. Il y a quelques années encore il demeurait presque inconnu, malgré son voisinage de Paris, et fréquenté seulement par quelques pêcheurs à la ligne que le hasard y avait une fois conduits, et qui y revenaient assidûment comme à leur paisible domaine. Depuis qu'un pont a été jeté sur la Seine, vis-à-vis de l'île Saint-Denis, Villeneuve-la-Garenne est elle-même unie à cette île par un pont jeté sur le petit bras de la Seine, et il s'y est élevé de plus en plus des guinguettes et des cabarets, où l'on va manger des matelotes et des fritures de goujons. Une partie de la population de ce hameau se compose de pêcheurs. De Villeneuve-la-Garenne on gagne, en une petite demi-heure, Gennevilliers.

**Gennevilliers**[1] est à 9 kilomètres de Villeneuve-la-Garenne, 3 kilomètres de la station d'Asnières, 3 kilomètres de Colombes, 2 kilomètres d'Argenteuil, 4 kilomètres 500 mètres de Saint-Denis, 5 kilomètres 500 mètres de Courbevoie. Il fait partie du département de la Seine, arrondissement de Saint-Denis, canton de Courbevoie. Sa population est de 1200 habitants. Il forma, en 1302, une paroisse distincte d'Asnières. Il appartenait à l'abbaye de Saint-Denis. Il fut plusieurs fois ravagé sous les règnes de Charles V, Charles VI

[1]. On trouve à la station d'Asnières des omnibus pour Gennevilliers; 7 départs par jour, 25 c.

et Charles VII, et en partie détruit lors de la grande inondation de 1740.

La célèbre Mlle de Launay mourut à Gennevilliers en 1750, âgée de cinquante-six ans. Elle avait épousé le baron de Staal, officier suisse, qui y vivait retiré du service. Le maréchal de Richelieu y a possédé une maison de campagne, du côté de la plaine de Colombes, où il fit construire, en 1752, une glacière couronnée d'un belvédère sous la forme d'un petit temple rond. Cette propriété a appartenu au comte Portalis.

## 2ᵉ STATION. — COLOMBES.

*Distances.* Colombes est à : 3 kil. d'Asnières, 1 kil. d'Argenteuil, 3 kil. de Gennevilliers, 3 kil. de Courbevoie, 4 kil. 900 mèt. de Saint-Denis, 11 kil. 200 mèt. de Paris, 3 kil. de Bezons (par la route), 5 kil. de Nanterre.

**Colombes**, village de 1800 habitants (département de la Seine, arrondissement de Saint-Denis, canton de Courbevoie), est situé à un kilomètre de la rive gauche de la Seine, entre Argenteuil et Bezons, au milieu d'une plaine bien cultivée.

D'anciens titres du XIIIᵉ siècle font mention de ce village, qui appartenait à l'abbaye de Saint-Denis. Les habitants furent, à cette époque, compris dans l'affranchissement accordé par les abbés à Gennevilliers, à Asnières, etc. La veuve du roi Charles Iᵉʳ, Henriette-Marie de France, fille de Henri IV, y mourut en 1669, âgée de soixante ans, et, deux mois après, Bossuet prononçait sa magnifique oraison funèbre, en l'église des religieuses de la Visitation de Chaillot, où elle avait demandé à être enterrée. Mais Louis XIV voulut que son corps fût transporté à Saint-Denis.

En sortant de la station du chemin de fer, on entre dans une longue rue (Saint-Denis) qui traverse le village. L'*église* conserve quelques vestiges d'antiquité; mais des restaurations inintelligentes et les couches de plâtre substituées à la pierre avec leurs moulures faciles lui ont fait perdre tout son caractère. La rue de Paris, qui aboutit près de l'église, dans une direction qui coupe la première, mène à une belle route qui rejoint Courbevoie. Colombes possédait autrefois deux châteaux, dont le plus grand a été détruit en 1793; l'autre forme aujourd'hui deux maisons de campagne.

C'est à Colombes que Rollin a composé son *Histoire ancienne.*

La *fête patronale* de Colombes a lieu le dimanche qui suit le 20 juin.

Entre Colombes et Courbevoie est la propriété de la *Garenne*, qui a appartenu au médecin Corvisart.

Une belle route conduit en vingt minutes (2 kil.) au pont d'Argenteuil; elle coupe le chemin de fer et vient se réunir à la route de Paris par Asnières et Monceaux. Si, avant de passer le pont, on descend la rive gauche de la Seine, on atteint, en vingt minutes, une île en face de laquelle, près de son extrémité inférieure, s'élevait, au siècle dernier, une maison de campagne devenue célèbre sous le nom de **Moulin-Joli**, appartenant à Watelet, et dont une femme aimable faisait gracieusement les honneurs. Le Moulin-Joli était, dans la belle saison, le rendez-vous des littérateurs et des étrangers de distinction : on peut voir dans les Mémoires de Morellet et de Suard, où se trouve peinte une époque déjà lointaine pour le temps et qui l'est bien plus encore par le changement des mœurs, comment cette jolie habitation, aujourd'hui détruite, partageait avec la modeste demeure de Saint-Lambert, à Eaubonne, le château de Mme Necker, à Saint-Ouen, et la maison de Mme Helvétius, à Auteuil, les heureux loisirs d'une certaine portion de la société du XVIIIᵉ siècle.

Le chemin de fer s'arrête sur la rive gauche de la Seine, qui forme les limites des départements de la Seine et de Seine-et-Oise. Pour aller à Argenteuil, il faut traverser un pont de sept arches, avec cintres en bois, s'appuyant sur des piles en pierre. Sur la rive droite s'étend un espace libre qui précède la ville. A gauche du pont, on peut descendre dans une promenade couverte d'arbres, nommée le *champ de Mars* ou l'*Ile*, parce que le terrain en était autrefois séparé d'Argenteuil par un petit bras qui a été comblé. C'est là qu'a lieu la *fête* du pays, le jeudi de l'Ascension et le lundi de la Pentecôte.

### ARGENTEUIL.

*Distances*. Argenteuil est à 9 kil. de la gare de la rue Saint-Lazare, 4 kil. d'Asnières, 1 kil. de Colombes (les deux gares), 2 kil. de Colombes (les deux églises), 3 kil. de Gennevilliers, 5 kil. de Courbevoie, 3 kil. 1/2 de Bezons, 5 kil. d'Enghien, 7 kil. de Montmorency, 3 kil. de Sannois, 17 kil. 3/4 de Pontoise.

*Omnibus*. On trouve à la station des omnibus pour : *Argenteuil* : à tous les convois, 10 c. en semaine et 15 c. le dimanche ; — *Cormeilles* : 4 départs par jour, 50 c. ; — *Herblay* : 4 départs par jour, 50 c. ; — *Sannois* : 7 départs par jour, 15 c. (30 c. pour les voyageurs pris en route).

**Argenteuil** est un chef-lieu de canton du département de Seine-et-Oise (arrondissement de Versailles). Sa population se monte à 4767 habitants, dont la majorité se compose de vignerons. Il occupe, sur la rive droite de la Seine, un terrain présentant une légère pente. Les boulevards qui l'entourent de tous les côtés forment une belle promenade, et lui donnent extérieurement l'aspect d'une petite ville. On trouve plusieurs auberges, soit sur le boulevard du côté de la Seine, soit dans la rue principale, à l'intérieur du bourg. « Deux choses ont rendu Argenteuil mémorable, dit l'abbé Lebeuf : premièrement, un monastère de l'ordre de Saint-Benoît, recommandable par son antiquité et par les reliques qui y sont conservées ; en second lieu, un territoire célèbre par la bonté de son vin. » Il écrivait ces lignes en 1750. Aujourd'hui, les nombreux vignobles qui entourent cette localité constituent pour elle une source de richesses; toutefois ses bénéfices proviennent, non de la qualité, mais de la quantité du vin produit. Il est bon à boire au bout d'un an; au delà de ce temps, il prend, dit-on dans le pays, un petit goût *vieillard*. Dans les années abondantes, on a pu se faire remplir une pièce pour 15 ou 20 francs. L'année dernière (1855), la pièce a monté jusqu'à 115 francs. La dîme de vin était d'un produit considérable à l'abbaye de Saint-Denis. (V. Cormeilles, page 379.)

Les carrières de plâtre contribuent aussi à la prospérité d'Argenteuil. Elles emploient environ 600 ou-

...riers. Une certaine quantité de ce plâtre est cuite sur place, mais la plus grande partie est enlevée à l'état de roche, soit directement par les voitures, soit déposée sur les bords de la Seine en amont du pont et embarquée dans des bateaux qui remontent ou descendent la Seine.

L'étymologie du nom d'Argenteuil (écrit dans les anciens titres : *Argentogilum*, *Argentalium*) est inconnue. Un riche seigneur fonda en ce lieu, au VII$^e$ siècle, un monastère de filles, qui fut soumis à l'abbaye de Saint-Denis. Des religieuses de la famille de Charlemagne y séjournèrent jusqu'aux incursions des Normands. On a oublié les noms de ces princesses impériales; mais le nom de la célèbre Héloïse, qui fut pendant quelques années, au commencement du XII$^e$ siècle, prieure du monastère, jette encore à travers les siècles un éclat poétique indestructible sur Argenteuil. Héloïse, qui se sacrifia à la gloire de son amant, fut mise par Abailard à l'abri du ressentiment de son oncle dans le monastère d'Argenteuil, où elle avait été élevée; elle se retira ensuite avec quelques religieuses au Paraclet, qu'il avait fondé et qu'il lui céda. C'est là qu'elle fit enterrer le corps de son époux, en 1142, et qu'elle mourut vingt-deux ans après. A la Révolution, leur tombeau fut respecté. On le déposa au Musée des monuments français; et en 1817, il a été transféré au cimetière du Père La Chaise. — En 1129, le célèbre abbé de Saint-Denis, Suger, fit chasser les religieuses, accusées d'une vie scandaleuse, pour établir à leur place des religieux dont la discipline était assez relâchée, et qui donnaient une attention particulière au soin de la bonne chère. L'église de ce prieuré possédait une relique précieuse, la tunique sans couture de Jésus-Christ (voir plus bas). Ce monastère a disparu. Quelques restes d'architecture ogivale, finement sculptés, qui subsistaient encore, viennent tout récemment d'être enlevés par un particulier qui avait acquis le terrain où ils se trouvaient; il les a donnés au Musée de Cluny.

Argenteuil eut beaucoup à souffrir à l'époque des guerres des Armagnacs et des Bourguignons. En 1411 le parti d'Orléans exerça sa fureur sur le village et le prieuré, pilla la châsse, foula les reliques aux pieds, etc. Les habitants obtinrent, en 1544, de François I$^{er}$ de clore leur bourg de murailles; mais ces faibles fortifications n'empêchèrent pas les huguenots de s'y établir vingt ans après (voir plus loin).

L'*église* paroissiale, placée sous l'invocation de saint Denis, est d'une architecture très-irrégulière; elle porte les traces d'époques différentes et paraît avoir été souvent remaniée. Une des singularités de sa construction, c'est l'existence d'une portion de nef collatérale doublę du côté gauche seulement, présentant à la voûte des nervures compliquées, comme elles furent en usage au XV$^e$ siècle. Quelques chapiteaux de colonnes de ce côté paraissent appartenir au XIV$^e$ siècle; d'autres sont restaurés. Les chapiteaux de l'abside sont à volutes ioniques. Toute cette construction menace ruine, et les ressources de la commune sont insuffisantes pour en opérer une restauration générale complète. Un legs de 100 000 fr. fait par un particulier pour construire une nouvelle église sur un emplacement déjà tracé et excavé à côté de l'ancienne église est venu compliquer la difficulté de cette question urgente, et qui n'est pas encore résolue au moment où s'imprime cet article. Cette église possède quelques peintures : au maître autel, le Martyre de saint Denis, par *Brenet* (1762); un tableau, par M. *Bouterwek*, exposé au salon de 1852, représente Charlemagne venant déposer à Argenteuil la sainte tunique, entre les mains de sa fille Théodrade, abbesse. On voit aussi d'assez bonnes copies de la Mise au tombeau, d'après Titien, et de la belle Jardinière, d'après Raphaël. Mais ce qui donne à l'église d'Argenteuil une importance particulière et y attire chaque année de pieux pèlerinages, c'est la chapelle, richement décorée, située dans la partie gauche, et qui contient la châsse renfermant un morceau de tunique, dont la translation eut lieu en 1844. Cette châsse, en bronze doré, dans le style du XIIe siècle, est d'un travail remarquable, et a été exécutée par M. Cahier, orfèvre, d'après le dessin du R. P. Arthur Martin. Elle est élevée sur l'autel, et en arrière un espace est réservé pour recevoir les dévots à la sainte relique. Grégoire XVI a accordé, en 1845, une indulgence plénière à perpétuité à tous les fidèles qui visitent l'église d'Argenteuil le lundi de la Pentecôte, ou l'un des jours de l'octave. Il y a aussi une procession le jour de l'Ascension.

*Histoire de la tunique sans couture du Sauveur.* Selon de pieux historiens, cette tunique aurait été tissée par la Vierge elle-même. Elle a grandi avec Jésus-Christ, comme le dit le chroniqueur anglais, Mathieu de Westminster, qui vivait au XIIIe siècle : *Mater ejus fecerat ei, et crevit ipso crescente.* Les vêtements du Christ furent partagés au sort par les soldats au moment de son crucifiement. Après ce grand événement il s'écoule un *intervalle de six siècles,* pendant lequel on perd les traces de la tunique sacrée. Grégoire de Tours (au Livre de la foi des martyrs) en parle en ces termes, au VIe siècle : « *Certaines personnes assurent* qu'elle se conserve en une crypte fort secrète d'une ville de Galatie', à cinquante lieues ou environ de Constantinople. » Cette ville, selon le même Grégoire de Tours, fut détruite par les Perses en 590. Mais le chroniqueur Sigebert, qui vivait au XIe siècle, dit que la tunique fut sauvée et transportée à Zaphat (Jaffa). Les évêques d'Orient la transportèrent en 594 à Jérusalem, dans le lieu où l'on vénérait un morceau de la sainte Croix. (*Grégoire de Tours et Frédégaire.*) Mais à peine cette précieuse relique avait-elle été rapportée à Jérusalem, que le roi de Perse, Chosroès II, prit, d'assaut cette ville en 614; le saint Sépulcre fut livré aux flammes, et la vraie Croix emportée en Perse. Le fils de Chosroès la rendit à Héraclius en 628. On suppose que la sainte tunique fut comprise dans cette restitution. Héraclius transporta les reliques à Constantinople. « *Tout porte à croire,* dit un écrivain qui a consacré, il y a quelques années, un volume à l'histoire de la sainte tunique, qu'apportée pour la seconde fois à Constantinople, en 632, elle y demeura l'espace d'un siècle et demi. » Selon une tradition mentionnée par deux religieux du xiᵉ et du xiiᵉ siècle, l'impératrice Irène donna à Charlemagne la robe de Jésus-Christ avec d'autres reliques ; et Charlemagne la donna à sa fille, abbesse des Bénédictines d'Argenteuil. Mais la sainte tunique allait être menacée dans ce pieux asile par l'invasion et les dévastations des Normands, comme elle l'avait été par les Perses à Jérusalem. Vers le milieu du ixᵉ siècle, les religieuses furent dispersées et leur couvent dévasté par les barbares du Nord. De nouveau l'histoire perd la tunique de vue pendant plusieurs siècles. Vers la fin du xᵉ siècle, Adélaïs, femme d'Hugues Capet, releva le monastère abandonné, mais la sainte tunique resta dans l'oubli. Ici l'historien dont nous suivons le récit, ne pou-

Vieille tour à Argenteuil.

vant expliquer ce long silence, se prend « à l'esprit d'orgueil et d'incrédulité qui veut avoir raison de tout. » Enfin, en 1156, un religieux reçut d'un ange la révélation de l'endroit où avait été caché le précieux trésor. Dès lors « des guérisons miraculeuses, des grâces spirituelles signalèrent la vertu de la robe teinte du sang de Jésus-Christ. » Cependant de nouveaux outrages lui étaient encore réservés. Les huguenots s'emparèrent d'Argenteuil en 1567, et « la robe de Notre-Seigneur, dit l'abbé Lebeuf, d'après Duchêne, fut la fable et le jouet de l'impiété. » Henri III, Louis XIII, le cardinal de Richelieu, Marie de Médicis et Anne d'Autriche vinrent vénérer la sainte robe. Mlle de Guise fit faire une châsse magnifique en 1680. Après les Perses, les Barbares, les Normands, les huguenots, la sainte tunique devait être, à la Révolution, exposée à une dernière épreuve. Le prieuré fut pillé, la châsse enlevée; mais la tunique fut cachée dans le jardin du presbytère par un prêtre qui en distribua plusieurs morceaux à des habitants d'Argenteuil. En 1804, l'évêque de Versailles fit faire une enquête; on reçut les dépositions de témoins attestant l'identité de la robe retrouvée avec celle de l'ancien prieuré, et elle fut déposée dans l'église d'Argenteuil. La translation dans la châsse actuelle eut lieu en 1844. Tous les jours on sonne les cloches à une heure, en commémoration de l'heure à laquelle cette relique fut apportée à Argenteuil par Charlemagne. Le pape Pie IX a voulu que Rome pût compter une relique aussi précieuse dans son riche trésor; la commune a accédé à sa demande, et le curé actuel, dont le zèle a contribué à embellir l'église d'Argenteuil, est allé porter au pape un morceau de la sainte tunique à l'époque du jubilé de l'Immaculée Conception. C'est lui qui en a réuni aussi les fragments dispersés qui restaient dans les mains des particuliers. La chapelle des RR. PP. Jésuites, à Fribourg, possède un morceau de la tunique. La cathédrale de Trèves possède de son côté la *robe* de Jésus-Christ, que l'on distingue de la tunique. M. Marx, professeur du grand séminaire de Trèves, a publié sur cette relique un ouvrage spécial qui a été traduit en français en 1844.

Nous venons de rapporter les faits sur lesquels s'appuie la tradition relative à la sainte tunique de Jésus-Christ. Nous ajouterons encore quelques lignes touchant un conflit élevé à ce sujet entre le journal l'*Univers* et le journal des *Débats* (20 mai 1856). L'*Univers* reproduisait un article publié par plusieurs journaux religieux; on y lisait ces mots : « Saint Grégoire de Tours, dans son Livre des martyrs, dit : « La tunique sans couture fut « apportée en France sous le règne « de Charlemagne et placée dans le « monastère d'Argenteuil, où la « sœur de ce prince et sa fille étaient « religieuses.... Des miracles furent attestés, et quand Dieu a « parlé, qu'oserait donc opposer la « pauvre raison humaine ? » — « La *pauvre raison humaine*, répond le journal des *Débats*, se borne à objecter que Grégoire de Tours étant mort cent quarante-sept ans avant la naissance de Charlemagne, il a été difficile à ce grand saint d'annoncer le cadeau fait au monastère d'Argenteuil par ce grand empereur. »

Nous ignorons complètement l'histoire de la tour qu'a dessinée M. Thérond. Elle s'élève au nord-ouest du village; on l'appelle le *Moulin de la grande tour*. Évidemment elle n'a pas été construite pour un moulin; voilà tout ce que nous pouvons en dire.

Entre Argenteuil et Bezons se trouve le *château du Marais*. Cette ancienne maison de campagne des prieurs de Saint-Denis a appartenu pendant la Révolution à Mirabeau; elle a été embellie par le ministre de la marine Decrès, et elle a depuis été possédée par le comte Jules de Rességuier.

Une route, incessamment parcourue par des voitures qui charrient le plâtre, mène d'Argenteuil à Sannois en une petite demi-heure. En approchant de Sannois, elle passe entre deux hautes collines surmontées de moulins à vent : à droite, les *moulins d'Orgemont*; à gauche, les *moulins de Trouillet*. La colline de gauche présente une profonde tranchée formée par l'exploitation du plâtre. Au delà de cette colline on tourne à gauche et l'on entre dans la grande rue de Sannois.

### SANNOIS.

*Distances.* Sannois est à : 3 kil. d'Argenteuil, 18 kil. de Paris par Saint-Denis, 2 kil. 1/2 de Franconville, 2 kil. de Saint-Gratien, 3 kil. d'Enghien, 4 kil. d'Épinay, 2 kil. d'Ermont.

**Sannois**, village de 1632 habitants, est situé sur le versant nord de la colline dont il vient d'être parlé et qui est couverte de vignes, de cultures diverses et de bouquets de bois; ce village, d'un aspect agréable, est traversé par la grande route de Paris à Rouen. Sa petite église, qu'on achève de restaurer en ce moment, n'a rien de remarquable. La paroisse de Sannois existait déjà au XIII° siècle.

Mme d'Houdetot a possédé un château à Sannois (voir Eaubonne).

De Sannois on peut gagner, par la belle route de Paris au Havre, le village de Franconville ou la station d'Ermont.

En prenant, à gauche, la rue au coin de laquelle est le bureau des omnibus pour le chemin de fer d'Argenteuil (voir p. 374), on monte en peu de temps sur le haut de la colline que couronnent les moulins de *Trouillet* (166 mètres d'élévation). De là on a une très-belle vue sur toute la vallée parsemée de villages, de champs et de bois, qui s'étend depuis Sannois et Franconville jusqu'à la chaîne de collines boisées à l'extrémité de laquelle s'élève le village de Montmorency.

On peut, en suivant vers l'ouest la crête de la colline, gagner en quarante minutes, à pied, Cormeilles, par un sentier agréable; on laisse à droite la propriété de l'*Ermitage*, on traverse un petit bois et on arrive sur les hauteurs de Cormeilles, couronnées de jolies maisons de campagne bâties dans des positions pittoresques.

Cette agréable promenade, rarement faite, ne saurait être trop recommandée.

### CORMEILLES EN PARISIS.

*Distances.* Cormeilles est à : 5 kil. de Bezons, 2 kil. de Franconville, 5 kil. d'Argenteuil, 2 kil. de la Frette, 1 kil. 1/2 de Montigny.

*Voitures publiques.* A la station du chemin de fer d'Argenteuil ; 4 départs par jour, 50 c. ; de Cormeilles à Herblay, 25 c.

**Cormeilles en Parisis**, village de 1242 habitants (Seine-et-Oise, arrondissement de Versailles, canton d'Argenteuil), est très-agréablement situé au midi sur le versant et au centre de la petite chaîne de collines qui s'étend de Sannois à Montigny. Tout le territoire compris entre Cormeilles et Argenteuil est occupé par des vignes. Sur la route qui réunit ces deux villages on est souvent exposé aux mauvaises émanations de la *gadoue*, dont les cultivateurs se servent aujourd'hui pour fumer leurs vignes, et dont l'abus a pu contribuer à détériorer la qualité du vin, assez renommé autrefois, pour qu'on ait pu, comme le dit l'abbé Lebeuf, soutenir, dans une thèse publique de l'École de médecine de Paris, que les vins d'Argenteuil devaient avoir la préférence sur ceux de Bourgogne et de Champagne.

Le célèbre Guy Patin avait à Cormeilles une maison de campagne, et les allées de son jardin s'étendaient jusque sur la montagne. Il parle dans ses lettres de la pureté de l'air qu'on y respire et de la vue étendue qu'on y embrasse. Pour jouir de ce beau panorama, il faut monter au haut de la colline (170 mètres), où sont les restes d'un *vieux moulin* abandonné. Ce point a servi à Cassini pour mesurer les triangles, dans son travail de la carte de France. — L'*église* présente une nef longue et étroite surmontée d'une voûte en charpente. Les bas côtés appellent une restauration prochaine. Une disposition bien entendue, c'est l'uniformité de ses bancs de bois de sapin fermés. Le clocher en pierre est d'une architecture simple qui semble remonter au commencement du xv° siècle.

Une charte de la fin du vii° siècle donne au monastère d'Argenteuil la forêt royale appelée *Cormoletus*, et l'on pense que ce nom désigne un petit bois où le cormier était l'arbre dominant. Ce territoire tomba, comme un grand nombre de localités voisines, dans le domaine de l'abbé de Saint-Denis.

F. CHEMIN DE FER DU HAVRE (JUSQU'À TRIEL).

*Embarcadère*. A Paris, rue Saint-Lazare, n° 124, et rue d'Amsterdam, n° 9.

9 *départs* par jour pour Maisons, 7 pour Conflans, 10 pour Poissy (deux de plus le jeudi), 6 pour Triel. (Voir les *Indicateurs* de la semaine.)

Le prix des places est ainsi fixé :

|  |  | 1re | 2e | 3e |
|---|---|---|---|---|
| 17 kil. | Maisons..... | 1 90 | 1 45 | 1 05 |
| 22 | — Conflans.... | 2 45 | 1 85 | 1 35 |
| 27 | — Poissy...... | 3 » | 2 25 | 1 65 |
| 35 | — Triel....... | 3 90 | 2 95 | 2 15 |

*Billets d'aller et retour pour la journée.*

|  | 1re | 2e | 3e |
|---|---|---|---|
| Maisons............ | 3 » | 2 50 | 2 » |
| Conflans............ | 3 50 | 3 » | 2 25 |
| Poissy............. | 4 » | 3 25 | 2 75 |
| Triel............... | 6 » | 4 50 | 3 50 |

*Abonnements.*

|  | 6 mois. | | 1 an. | |
|---|---|---|---|---|
|  | 1re | 2e | 1re | 2e |
| Maisons........ | 225 | 150 | 300 | 200 |
| Conflans....... | 300 | 200 | 400 | 300 |
| Poissy......... | 300 | 200 | 400 | 300 |

La *durée du trajet* est, par le train express, de 19 m. pour Maisons, et de 43 m. pour Poissy ; par les trains mixtes, de 26, 28, 30 m. pour Maisons ; 37 et 41 m. pour Conflans ; 38, 41 et 45 m. pour Poissy ; 48 m. pour Triel.

Les *enfants* de deux ans et au-dessous, voyageant sur les genoux des personnes qui les accompagnent, sont transportés gratuitement ; au-dessus de deux ans et jusqu'à six ans, ils payent demi-place ; au-dessus de six ans, ils payent place entière.

Le *chemin de fer de Rouen*, qui appartient actuellement à la compagnie de l'Ouest, a été concédé le 15 juillet 1840, commencé le 1er mai 1841 et inauguré le 3 mai 1843. Nous n'avons pas à raconter ici son histoire. Son *embarcadère* (rue Saint-Lazare, 124, et rue d'Amsterdam, 9) a déjà été décrit, page 157. Jusqu'à une distance de 8500 mètres, il emprunte les voies du chemin de fer de Saint-Germain. C'est seulement au delà de la route de Neuilly à Pontoise (voir p. 157, de Paris à Asnières, et p. 315, d'Asnières au point de bifurcation) que, se détachant du chemin de Saint-Germain, qu'il laisse à gauche, il commence à avoir son individualité. Une station qui porte le nom de Colombes a été établie près du point de bifurcation; mais on n'y prend et on n'y dépose aucun voyageur.

2000 mètres plus loin, on franchit la Seine sur un pont de neuf arches ayant chacune 30 mètres d'ouverture, qui forme les limites du département de la Seine et de Seine-et-Oise. Une île le sépare en deux parties. De ce pont, on découvre, en aval et en amont, de jolis points de vue. A 2000 mètres sur la gauche est le village de Carrières-Saint-Denis (voir page 335); à 1800 mètres environ sur la droite, on aperçoit le *pont de Bezons*, pont de sept arches, reconstruit il y a peu d'années, les piles en pierre, les arches, en fer et demandant déjà d'importantes restaurations.

**Bezons**, village de 667 habitants (Seine-et-Oise), arrondissement de Versailles, canton d'Argenteuil), est situé sur la rive droite de la Seine. Son *église* ne mérite pas une visite. En face du pont, derrière une belle grille, à l'extrémité d'une jolie pelouse, on aperçoit un château construit par le maréchal de Bezons, qui prit Landau en 1713, et qui fut conseiller de régence sous Louis XV. Ce château a souvent changé de propriétaire. Il appartient aujourd'hui à M. de Villeneuve.

Un peu au-dessus du pont, au delà d'une ferme dans laquelle on remarque une grosse tour ronde, bâtie en pierres de taille, se trouve le *restaurant de la Marine*, tenu par M. Mourrier, à l'Étoile du point du jour. Au-dessous du pont s'élève un beau massif de grands arbres, sous lesquels a dû se célébrer jadis la *foire de la Saint-Fiacre*, bien déchue aujourd'hui de son ancienne splendeur. Autrefois « on y voyait, nous apprennent les écrivains du temps, des cavalcades de masques qui y venaient de Paris pour danser et jouir du plaisir de s'y faire remarquer par la foule qu'y rassemblaient la beauté du lieu, l'agrément de la saison et la fête de la Saint-Fiacre. »

Bezons est à : 13 kilomètres 1/2 de Paris, 4 kilomètres du rond-point de Courbevoie, 5 kilomètres du pont de Neuilly, 3 kilomètres 460 mètres d'Argenteuil, 9 kilomètres 500 mètres de la patte-d'oie d'Herblay, 4 kilomètres de Carrières, 10 kilomètres 1/2 de Saint-Germain, 2 kilomètres de Houilles, 5 kilomètres de Sartrouville, 6 kilomètres de Maisons. Il n'est point desservi par le chemin de fer de Rouen, mais par des omnibus qu'a établis, en 1855, la compagnie de l'Ouest, et qui vont de la station de Courbevoie à Sartrouville, en passant par Bezons et Houilles. Il y a onze départs par jour de Courbevoie, de 7 heures 55 minutes du matin à 10 heures 20 minutes du soir; et onze retours de Sartrouville, de 7 heures du matin à 10 heures 35 minutes du soir. Le prix des places est fixé (la semaine et les dimanches ou fêtes) : à 30 cent. pour Bezons, à 40 cent. pour Houilles, à 50 cent. pour Sartrouville (20 c. d'un village à l'autre).

Dès qu'on a franchi la Seine au-dessous de Bezons, on aperçoit sur la droite la tour de l'église de Houilles. Cette tour, commencée en 1648, ne fut terminée qu'en 1651. Le portail latéral lui est postérieur; l'église, du reste, n'a rien de remarquable. **Houilles** (Seine-et-Oise), arrondissement de Versailles, canton d'Argenteuil) est un village de 1230 habitants. Ses légumes, recherchés sur le marché de Paris, sont préférables à ses vins. En 846 les Normands le détruisirent. Non-seulement il répara ce désastre, mais il essaya d'en rendre un pareil impossible. Au XVIIe siècle il était entouré d'épaisses murailles, et fermé de quatre portes fortifiées et surmontées d'une tourelle. Cependant, malgré ces fortifications, les huguenots le prirent et le saccagèrent. (Pour les voitures, voir ci-dessus Bezons.)

La tranchée dans laquelle le chemin de fer traverse la plaine de Houilles a droit à une mention : on en a extrait 200 000 mètres cubes de terre. Quand on en sort, l'attention est attirée sur la droite par le clocher de Sartrouville, sur la gauche par la forêt de Saint-Germain.

**Sartrouville** appartient comme Houilles et Bezons au canton d'Argenteuil (département de Seine-et-Oise). Il a une population de 1741 habitants. Il est situé sur la rive droite de la Seine, presque en face de Maisons. De sa partie la plus élevée, surtout des terrasses du presbytère, on découvre de beaux points de vues, mais son *église* est sa seule curiosité. Cette église, qui mérite vraiment la visite des archéologues, domine complétement l'extrémité supérieure ou orientale du village. Pour s'y rendre de la grande place, où s'arrête l'omnibus, il faut prendre la rue qui forme, à droite, avec cette place un angle aigu. On atteint en quelques minutes les premières marches d'un escalier en pierre, donné en 1835, après son décès, par un habitant de la commune, et construit en 1847. Parvenu au haut de cet escalier, divisé en six parties, entre une double rangée d'arbres, on cherche de tous côtés l'entrée de l'église, dont on aperçoit au-dessus de sa tête le joli clocher de pierre. Il faut franchir le seuil de la porte de la maison que l'on voit à gauche. On se trouve alors dans une sorte de salle basse, où s'ouvrent, à droite, la porte de l'église; en face celle du presbytère; à gauche, celle du vicariat.

La porte de l'église était autrefois ornée de curieuses sculptures, dont il ne reste que d'informes débris. On ne la voit même pas tout entière. Des vandales l'ont indignement mutilée pour y placer les poutres d'un plafond. Au-dessous de ce plafond, on découvre dans l'ombre neuf figures bizarres et grimaçantes, surmontées de couronnes. Heureusement, le vicariat et le presbytère tombent en ruines. On va être obligé de les démolir pour les reconstruire plus loin: l'escalier dont nous avons parlé sera replacé vis-à-vis de l'église, qui aura alors une façade et dont le portail sera restauré, il faut l'espérer, tel qu'il était autrefois.

L'intérieur de l'église se compose d'une nef et de deux bas côtés très larges, qui ont été en partie recon-

Vue de Maisons-Laffitte, prise du pont de la route de terre.

struits à une époque comparativement moderne, et plafonnés en berceau. Les voûtes primitives n'ont été conservées que dans les deux chapelles latérales des bas côtés, où l'on voit des traces de peintures plus que médiocres, et dans l'espèce de chœur compris, sous le clocher, entre ces deux chapelles, la nef et une abside très-étroite. A l'entrée de ce chœur, on remarque deux chapiteaux sculptés : celui de droite représente des guerriers combattant; celui de gauche, des Chimères. Ces sculptures avaient été cachées sous une épaisse couche de plâtre : c'est le curé actuel qui les a découvertes. Il continue avec succès ses recherches, car du côté de la nef on aperçoit déjà les traces d'une figure humaine sous le plâtre qu'il a fait tomber.

Les parties les plus anciennes de cette église doivent être du XI° ou XII° siècle ; mais la jolie flèche octogone en pierre, qui surmonte le clocher, est plus moderne.

Sartrouville est le *village des vignerons* et non la *guinguette des tailleurs* de Paris, ainsi que Guillaume de l'Isle, le célèbre géographe, l'a écrit sur un exemplaire de la notice des *Gaules* de M. de Valois : « Comme la récolte du vin fait toute l'espérance des habitants de cette paroisse, l'usage s'y était introduit, dit l'abbé Lebeuf, lorsque l'on s'apercevait que les vers mangeaient les raisins, de porter en procession le Saint-Sacrement dans les vignes. Mais, en 1660, M. de Gondi, archevêque, ou ses vicaires généraux défendirent de le faire. Il fut ordonné que l'on ferait seulement l'exorcisme des vers dans un carrefour de la campagne. »

La *Vaudoire* est le hameau situé au sud-ouest de Sartrouville, entre la route de terre et le chemin de fer.

Sartrouville est à 1 kil. 1/2 de Maisons, 5 kil. de Bezons, 4 kil. de Cormeilles, 6 kil. d'Argenteuil.

Quand on sort de la longue tranchée que le chemin de fer a dû creuser entre Houilles et Sartrouville, on découvre, nous l'avons déjà remarqué, de charmants paysages. A gauche, on aperçoit la forêt de Saint-Germain, le Mesnil, Carrières-Saint-Germain, la Seine parsemée d'îles, et une plaine couverte d'arbres à fruits; sur la droite, Sartrouville, dominé par son élégant clocher; Cormeilles et la Frette dans le lointain ; la Seine traversée par un beau pont de pierre; le château de Maisons, avec son moulin pittoresque ; puis un grand nombre de petites villas étagées en amphithéâtre sur la colline, dans laquelle on pénètre au fond d'une tranchée, après avoir franchi les deux bras de la Seine et l'île de la commune.

### I™ STATION. — MAISONS.

*Distances.* Maisons est à : 17 kil. de la gare de la rue Saint-Lazare, 5 kil. de la gare de Conflans, 20 kil. de Paris par la route de terre, 1 kil. 1/2 de Sartrouville, 2 kil. du Mesnil, 7 kil. de Saint-Germain, 8 kil. de Poissy.

*Restaurants, cafés. Hôtel du Soleil d'Or*, Buisson, restaurateur à l'entrée du parc ; *Bouzu*, café de la station ; *Maile fils*, café du chemin de fer.

**Maisons (Laffitte)** est un village de 1500 habitants environ, très-agréablement situé sur la rive gaude la Seine, près de la lisière de la forêt de Saint-Germain. Il fait partie du département de Seine-et-Oise, arrondissement de Versailles, canton de Saint-Germain en Laye. Il est assez ancien; mais il ne prit de l'importance que lorsque le surintendant des finances, René de Longueil, y eut fait bâtir, par François Mansart, le magnifique château que l'on y admire encore aujourd'hui. De nos jours, l'établissement du chemin de fer de Rouen et la vente par lots d'une immense étendue des terrains de l'ancien parc l'ont rendu un des séjours favoris de la finance et de la bourgeoisie parisienne; mais les étrangers n'ont rien à y voir que sa situation, son château et les débris de son parc.

En 1811, un pont en charpente

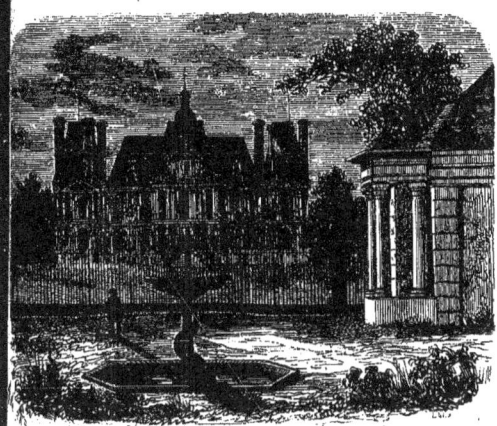

Le château de Maisons-Laffitte.

avait été jeté sur la Seine à Maisons. Ce pont est remplacé depuis le mois de décembre 1855 par un beau pont en pierre de 5 arches, dont la construction fait vraiment honneur à M. Tarbé de Vauxclairs, ingénieur en chef, et à M. Billaudel, ingénieur des ponts et chaussées. Les arches du pont nouveau ont 28 mètres d'ouverture sur $4^m,55$ de flèche; leur épaisseur est de 2 mètres aux naissances et de $1^m,30$ à la clef.

Le château de Maisons, un des chefs-d'œuvre de Mansart, appartint pendant plus d'un siècle à la famille de son fondateur. En 1658, la terre dont il faisait partie fut érigée en marquisat. Le 10 avril 1671, le jour du décès de Philippe, duc d'Anjou, le roi et toute la cour vinrent l'habiter. Louis XV eut un moment, en 1747, le désir de l'acheter pour Mme de Pompadour, mais il changea d'avis. Du marquis de Soyecourt, qui en était devenu possesseur, cette belle résidence passa ensuite au président de Maisons. Voltaire y séjourna souvent, et faillit y mourir de la petite vérole. Voici un fragment d'une des lettres qu'il écrivit à M. de Breteuil sur sa maladie et sur le château de Maisons : « On m'annonça que le curé du village, qui s'intéressait à ma santé, et qui ne craignait pas la petite vérole, demandait s'il pouvait me voir sans m'incommoder; je le fis entrer aussitôt, je me confessai, et fis mon testament, qui, comme vous le croyez bien, ne fut pas long. Après cela, j'attendis la mort avec assez de tranquillité, non toutefois sans regretter de n'avoir pas mis la dernière main à mon poëme (la *Henriade*) et à *Mariamne*, ni sans être un peu fâché de quitter mes amis de si bonne heure... Enfin, je fus en état d'être transporté à Paris le 1ᵉʳ décembre. Voici, monsieur, un moment bien funeste : à peine suis-je à deux cents pas du château, qu'une partie du plancher de la chambre où j'avais été tombe tout enflammée. Les chambres voisines, les appartements qui étaient au-dessous, les meubles précieux dont ils étaient ornés, tout fut consumé par le feu; la perte monta à près de 100 mille livres, et, sans le secours des pompiers, qu'on envoya chercher à Paris, un des plus beaux édifices du royaume allait être entièrement détruit. »

En 1778, le château de Maisons avait été acquis par le comte d'Artois, qui y reçut souvent la famille royale. Le roi, la reine et les princes y avaient chacun un appartement. Vendu, à la Révolution, comme propriété nationale, il a depuis compté parmi ses propriétaires le duc de Montebello et le banquier Jacques Laffitte, qui vendit une partie du parc, dont l'étendue était de 500 hectares, par lots de diverses grandeurs, et qui fonda cette colonie de villas, connue sous le nom de Maisons-Laffitte. Aujourd'hui il appartient à M. Thomas, directeur de la compagnie d'assurances du *Soleil*.

Parmi les heureux colons de Maisons-Laffitte, nous mentionnerons surtout M. Lablache, qui possède une des plus jolies villas du parc.

La *fête patronale* de Maisons se célèbre le dimanche après le 15 juillet.

Pour la description de la forêt de Saint-Germain (voir ci-dessus, p. 348).

De la station de Maisons à celle de Conflans, on reste presque constamment dans une tranchée qui ne laisse voir que la cime des arbres de la forêt de Saint-Germain, dont le chemin de fer traverse l'extrémité septentrionale. Çà et là seulement, les talus s'abaissent, et l'on aperçoit à droite et à gauche de belles avenues, de jolies clairières ou de sombres fourrés.

## 2ᵉ STATION. — CONFLANS.

*Distances.* La station de Conflans est à : 5 kil. de celles de Maisons et de Poissy, 22 kil. de celle de Paris, 4 kil.

village qui lui donne son nom, 4 kil. Loges, 7 kil. de Saint-Germain. Conflans est à : 3 kil. d'Andrésy, 4 kil. d'Éragny, 6 kil. de Pontoise, 5 kil. Pierrelaye, 5 kil. d'Herblay, 7 kil. la Frette par la rive droite de la Oise, 2 kil. de l'embouchure de l'Oise, 4 kil. 1/4 de Saint-Germain.

Des *omnibus* conduisent à Conflans 25 m. pour 40 c.

**Conflans-Sainte-Honorine** (Seine-et-Oise, arrondissement de Versailles, canton de Poissy) est un bourg de 1484 habitants, situé sur une colline de la rive droite de la Seine, à 2 kilomètres au-dessus de la jonction de la Seine et de l'Oise. Un pont suspendu, auquel vient aboutir la route qui part de la station, le met en communication avec la rive gauche. Ce pont, construit sous la direction de M. Séquin, se compose de trois travées séparées par deux piles de 1<sup>m</sup>,50 seulement d'épaisseur. La travée du milieu a 76 mètres d'ouverture; les deux autres, chacune 33 mètres.

Conflans doit son nom au confluent près duquel il se trouve, et son surnom à la châsse de sainte Honorine, qui y fut apportée (898) sous le règne de Charles le Simple, par un habitant de Graville, situé près de l'embouchure de la Seine, pour y être mise à l'abri des incursions des Normands. Il était fort ancien, et il avait alors le bonheur de posséder des fortifications. Ces reliques furent d'abord déposées dans une petite chapelle; mais, au milieu du xi<sup>e</sup> siècle, les seigneurs de Beaumont-sur-Oise, qui étaient en même temps seigneurs de Conflans, bâtirent une église en leur honneur, puis ils y fondèrent un prieuré qui a subsisté jusqu'à la Révolution. Les reliques de sainte Honorine ont, de tout temps, attiré un grand nombre de pèlerins à Conflans, et, le jour de l'Ascension, on les porte en procession. Sur la colline où s'élevait jadis le prieuré, on voit encore les ruines d'une vieille tour de forme carrée, qui s'appelait le *Vieux-Château* ou la *Baronnie*. Une autre tour, nommée le Château-Neuf ou tout simplement la Tour, a été complétement détruite.

Conflans possède un beau château moderne et de nombreuses maisons de campagne. La plus grande partie de son territoire est cultivée en vignes. Ses habitants exploitent en outre, avec un assez grand profit, des carrières de pierre de taille (pierres tendres, très-belles, pour monuments et sculptures) et de moellons.

L'*église* paroissiale de Conflans, consacrée à saint Maclou, est fort ancienne; toutefois elle a dû être reconstruite à diverses époques. Son clocher roman paraît remonter au XII<sup>e</sup> siècle; la nef et les bas côtés sont en ogives. Mais les voûtes ont été refaites en berceau, et les lattes ne sont pas même recouvertes de plâtre. Le chœur a des bas côtés. Le portail est précédé d'un porche en ruine. Entre les deux portes on remarque une statue d'évêque mutilée.

On découvre une belle vue de la terrasse de l'église, sur laquelle s'élève la *maison des sœurs*, qui domine tout le village.

Le hameau de *Chennevières*, situé au nord-est, sur la route de Pierrelaye, dépend de la commune de Conflans.

On peut aller en 30 minutes de Conflans à Andrésy, en traversant l'Oise sur un pont suspendu, d'une seule arche, de 75 mètres d'ouverture, jeté, il y a quelques années, au-dessus de l'embouchure de cette rivière. Andrésy est décrit ci-dessous (voir page 395).

Au sortir de la longue et profonde tranchée dans laquelle on entre en quittant la station de Conflans, on aperçoit, sur la droite, les coteaux qui dominent Andrésy et qui portent Chanteloup, Carrières-sous-Poissy attire l'attention à leur base. Mais déjà on découvre le pont de Poissy, et l'on s'arrête à la station de cette ville, qui se montre sur la gauche.

### 3ᵉ STATION. — POISSY.

*Distances.* Poissy est à : 5 kil. de Conflans, 27 kil. de Paris, 6 kil. de Triel, 5 kil. de Saint-Germain, 7 kil. d'Andrésy, 6 kil. de Chanteloup, 9 kil. de Maurecourt, 4 kil. de Vilaine, 19 kil. de Versailles, 2 kil. 1/2 de Chambourcy, 5 kil. d'Orgeval, 4 kil. d'Achères.

*Voitures de correspondance.* Des omnibus conduisent de Poissy à *Andrésy*; 2 départs par jour; trajet en 40 m. pour 60 c.; et à *Maurecourt*, trajet en 50. m. pour 60 c.

*Hôtels et restaurants.* Hôtel de la *Ville de Rouen*, près de la station; chez Hommery, à *l'Esturgeon* (bonnes matelotes, bonnes anguilles), sur le quai entre le pont et la promenade; nombreux cafés et restaurants de la place.

*Loueurs de bateaux.* Baudu, sur le quai, près du pont, 50 c. par heure (1 fr. avec un batelier), 4 fr. la journée, 20 fr. le mois.

**Poissy** est aujourd'hui un chef-lieu de canton du département de Seine-et-Oise, arrondissement de Versailles. Sa population s'élève à 4300 habitants. Il se trouve situé sur la rive gauche de la Seine. Un pont de pierre, qui avait jadis 37 arches d'une égale grandeur, mais dont quelques-unes ont été supprimées pour faciliter le passage des bateaux, et contre lesquelles s'appuient plusieurs moulins, la met en communication avec la rive droite. Ce pont a été bâti par Louis IX, et un des moulins s'appelle encore le *Moulin de la reine Blanche*. Pendant les guerres de la Ligue, le duc de Mayenne, qui était maître de la ville, en fit sauter trois arches pour empêcher l'armée royale de franchir la Seine. Ces trois arches ont été depuis reconstruites en charpente.

La principale rue de Poissy (la route de Paris à Rouen) aboutit au pont. Quand on le traverse, on découvre, des deux côtés, mais surtout en aval, de charmants paysages; à gauche, la Seine, parsemée d'îles verdoyantes, va baigner la base de gracieux coteaux couverts de verdure et de villas. Au-dessus de la promenade se dressent les deux clochers de l'église. A droite se montrent, au delà des carrières de Poissy, les coteaux de Chanteloup et d'Andrésy. C'est du pont, à moins qu'on ne vienne assister à l'un de ses curieux marchés de bestiaux, qu'il faut voir Poissy. L'intérieur de cette petite ville est aussi triste que laid. Toutefois, Poissy ne se recommande pas seulement par sa position; elle a encore pour elle, outre ses souvenirs, son église, son abbaye, son marché, ses concours, sa maison de correction et ses environs.

Poissy est très-ancienne. Quand elle avait un nom latin, elle s'appelait *Pinciacum*, *Pisciacum*, *Poisiacum*. Évidemment elle a dû son origine à un établissement de pê-

Vue générale de Poissy.

cheurs. Vers la fin du IXᵉ siècle, elle devait avoir une certaine importance, puisque Charles le Chauve y tint, en 868, une assemblée des prélats et des grands de son royaume. Quelques savants ont émis l'opinion que le bon roi Robert et la méchante reine Constance avaient chacun un palais à *Pinciacum*. Le fait est douteux. Ce qui paraît positif, c'est qu'en 1367, Charles V fit démolir les restes d'une résidence royale qu'avaient occupée la plupart de ses prédécesseurs. On n'est pas sûr non plus que saint Louis soit né à Poissy, mais il y fut certainement baptisé. Il avait une affection toute particulière pour cette ville, et il se plaisait à signer *Louis de Poissy*.

Poissy fut fortifiée au moyen âge. On peut voir encore les débris de ses anciennes murailles, qui ne l'empêchèrent pas d'être prise toutes les fois qu'elle fut assiégée. Passons rapidement sur ses souvenirs locaux, pour rappeler le principal fait historique auquel son nom reste attaché.

En 1560, à l'époque où Catherine de Médicis, conseillée par L'Hôpital, se faisait reprocher son apostasie par Montmorency et par le peuple, et entrait de plain-pied dans le calvinisme, a dit un historien contemporain, croyant faire acte de haute politique et rendre plus solide la couronne de ses enfants, elle s'imagina qu'elle parviendrait à concilier les deux opinions, et elle convoqua à Poissy les protestants et les catholiques, pour y discuter librement et solennellement leurs croyances. Cette conférence est connue dans l'histoire sous le nom de *colloque de Poissy*; elle s'ouvrit le 9 septembre 1561, dans le réfectoire de l'abbaye. Le légat du pape, seize cardinaux, quarante évêques et un grand nombre de théologiens y représentaient le catholicisme. Le protestantisme y comptait trente ou quarante défenseurs. Calvin avait refusé d'y venir, mais il avait envoyé à sa place Théodore de Bèze. Toute la cour assistait à ce tournoi théologique. La discussion fut d'abord courtoise; Théodore de Bèze exposa nettement sa profession de foi; mais lorsqu'il vint à dire « que le Christ, dans l'Eucharistie, est autant éloigné du pain et de l'eau comme la terre l'est du ciel, » tous les évêques se levèrent en criant au blasphème; ils accusèrent le gouvernement « de vouloir innover la religion et non apaiser les troubles. » Le général des jésuites, Laînès, qui accompagnait le légat, protesta contre le scandale que donnait la reine en établissant des conférences religieuses quand le souverain pontife avait indiqué un concile général. Le colloque dégénéra en disputes violentes, et, le 25 novembre, on fut obligé de le clore.

La principale curiosité de Poissy est son *église*, « amas confus de constructions, dont les plus anciennes datent du XIᵉ siècle, disait M. Viollet-Leduc, dans un rapport inédit, daté de 1844. La nef, le chœur et les chapelles des deux côtés du chœur sont du XIᵉ siècle, ainsi que les tours occidentale et centrale. Une partie de la nef, côté sud, près de la tour centrale, est du XIVᵉ siècle. Les chapelles nord et sud de la nef sont du XVᵉ siècle. Le porche méridional est du commencement du XVIᵉ

vers le XVIIe siècle, les premières travées de la nef furent rebâties et le grand comble fut refait. Le clocher occidental, qui s'était écroulé en partie à cette époque, fut également reconstruit. On conserva les anciennes formes, excepté pour les chapiteaux, qui ne furent qu'épannelés. Enfin, depuis quelques années, la partie supérieure de l'ancien chœur fut rebâtie, je ne sais dans quel style. Le porche méri-

L'église paroissiale de Poissy.

dional fut détruit en grande partie et remplacé par une maçonnerie qui ne permettra que bien difficilement l'exécution des anciennes moulures sculptées; les couvertures du bas côté sud et des deux chapelles du chœur furent refaites en dalles, et le mur des chapelles, du côté nord, restauré. Tous ces travaux ont été exécutés avec une si grande négligence et de si mauvais matériaux, qu'aujourd'hui ces parties restaurées sont presque aussi ruinées que les vieilles constructions inférieures; car pour la tour centrale, elle est admirablement conservée, sans une épaufrure, sans une crevasse. Les pierres, couvertes d'une croûte grise, ont pris un aspect métallique qui ferait croire que cette construction est d'un seul morceau. Cela est d'autant plus remarquable que cette tour est en même temps la partie la plus ancienne et la mieux conservée de tout l'édifice, comme aussi la plus curieuse. Les tours centrales, dans des églises du XI° siècle, ne sont pas communes, et celle-ci est une des plus pures et des plus belles que j'aie vues. »

A la suite de ce rapport, l'église de Poissy fut classée parmi les monuments historiques, et sa restauration, confiée à l'habile et savant architecte qui nous a rendu Notre-Dame de Paris telle qu'elle était autrefois, commença dès l'année suivante. Elle est certes loin d'être achevée, mais elle s'avance. Déjà tout le bas côté nord (style gothique) a été refait, ainsi qu'une partie du bas côté sud (style roman). Une sacristie nouvelle a été bâtie dans le style du XI° siècle, car l'ancienne sacristie deviendra sous peu la chapelle Saint-Louis.

La plupart des *Guides* qui ont bien voulu s'occuper de Poissy, gratifient son église d'un tableau de Philippe Champagne représentant la *Nativité*. Cette église possède, il est vrai, une *Nativité*, mais hélas! cette peinture, si ce mot peut s'appliquer à la *chose* encadrée dont il s'agit, n'est l'œuvre ni de Philippe Champagne ni d'un autre peintre de renom. Il faut espérer qu'elle disparaîtra, quand on restaurera la chapelle absidale qui la contient aujourd'hui, puis que M. Viollet-Leduc exigera aussi le sacrifice complet d'une sainte Geneviève et d'un martyre de saint Barthélemy, qui ont encore moins de valeur, au point de vue de l'art, que cette *Nativité*, et dont la laideur épouvante les fidèles.

Les deuxième et troisième chapelles du côté nord ou gauche ont été restaurées aux frais de la fabrique, dans le style de leur architecture (XV° siècle), d'après des dessins de M. Viollet-Leduc. La troisième, celle de Saint-Barthélemy, est ornée de magnifiques boiseries du XVII° siècle, qui méritent vraiment d'être conservées et que nous recommandons aux véritables amateurs. Plus loin, du même côté, la chapelle double, qui fera pendant à celle de Saint-Louis (l'ancienne sacristie), renferme un grand nombre d'objets divers dont la destination définitive n'est pas encore fixée. On remarquera parmi ces objets deux statues de bois, malheureusement trop vermoulues pour pouvoir être restaurées, et une statue de pierre, dont les mains jointes ont été mutilées. Mais nous signalerons surtout aux fidèles et aux antiquaires les derniers débris des fonts baptismaux sur lesquels saint Louis a été baptisé. Ces débris seront placés dans la chapelle consacrée à saint Louis. On a cru pendant longtemps que la poussière provenant de la raclure de ces fonts guérissait la fièvre quand on l'avalait dans un verre d'eau. Aussi ont-ils été tellement raclés qu'il n'en reste plus que des fragments réunis par du plâtre.

Près de l'église paroissiale de Poissy — ancienne collégiale — s'élevait encore, en 1802, une *église* bien plus grande et bien plus belle, que la plupart des auteurs ont confondue avec elle. Cette église, dont il ne reste aucun vestige, était celle de l'abbaye. Elle avait été commencée par Philippe le Bel et achevée par Philippe de Valois, sur une partie de l'emplacement de l'ancien château royal. On assurait même, ce qui n'est nullement prouvé, que le maître autel avait été élevé à l'endroit où se trouvait le lit de la reine Blanche lorsqu'elle donna le jour à saint Louis. Elle renfermait un grand nombre de tombeaux, parmi lesquels on remarquait ceux de Philippe le Bel, de la reine Constance, d'Agnès de Méranie.

Le trésor, qui était fort riche, possédait la mâchoire supérieure de saint Louis.

En 1687, en faisant réparer le chœur des religieuses, on découvrit dans un petit caveau une urne d'étain, posée sur des barres de fer, et dans laquelle deux petits plats d'argent étaient enveloppés d'une étoffe d'or et rouge, avec cette inscription sur une lame de plomb :

CY DEDEN EST LE CVER DV ROI PHYLIPPE QVI FVNDA CESTE EGLISE QVI TRESPASSA A FONTAINEBLEAV LA VEILLE DE SAINT-ANDRÉ.
M.CCC.XIV.

L'église de l'abbaye de Poissy avait été vendue avec les bâtiments de l'abbaye pendant la Révolution. En 1802, le propriétaire offrit à la ville de la lui revendre. Le conseil municipal ayant refusé de l'acheter sur l'avis du curé, elle fut adjugée à des démolisseurs qui n'en ont pas laissé une pierre.

L'*abbaye* de Poissy, à laquelle appartenait cette église, fut fondée en 1304 par Philippe le Bel, « en place, dit un ancien manuscrit possédé par le curé actuel de Poissy, d'un monastère de religieux ou religieuses de l'ordre de saint Augustin, fondé par la reine Constance, fille de Guillaume, duc de Normandie, femme du roi Robert. » Cette abbaye (Dominicaines) a compté parmi ses religieuses huit princesses de sang royal. Elle fut pillée et en partie détruite en 1441, par Talbot ; mais elle répara promptement ces désastres, car le *colloque de Poissy* se tint dans son réfectoire, « le plus beau qui soit en aucun monastère, » dit le manuscrit déjà cité. Son mur d'enceinte existe encore. Près de l'église paroissiale, on lit, sur un ancien bâtiment flanqué de deux tours rondes : *Enclos de l'abbaye*. Ces tours avaient servi à la défense d'une ancienne commanderie de Templiers.

Entre le quai et l'église paroissiale, on achève en ce moment un *hôpital*; du côté opposé, une *caserne d'infanterie* sépare l'église de la maison de détention.

La *maison de détention* de Poissy renferme environ 1400 détenus. On peut la visiter en en obtenant l'autorisation du directeur (pas de pourboire). Les détenus, qui se lèvent à 6 heures 1/4 et qui se couchent à 8 heures, y sont occupés à divers travaux (ils ont chaque jour deux heures de récréation) ; ils gagnent de 30 centimes à 1 franc. Le dimanche, ils se reposent. Les principaux ateliers sont ceux des serruriers, des bonnetiers, des fabricants de crayons, de peignes, de brosses, de porte-plumes, de tapis, de gravures sur camée. Les dortoirs, dont plusieurs contiennent 100 lits, sont chauffés pendant l'hiver. Les lits sont en fer. La literie se compose d'un matelas, d'une paire de draps et d'une couverture. Le régime alimentaire est ainsi réglé : à 9 heures du matin, la soupe ; à 2 heures du soir, des haricots ou d'autres légumes. Le jeudi et le dimanche seulement, de la viande. Chaque détenu a droit à 750 grammes de pain par jour. Du reste, il peut se procurer à la cantine, quand il n'a pas été réprimandé, du beurre, du fromage et de la viande.

Sur 1350 détenus que comptait, en 1855, la maison de détention de Poissy, 400 étaient illettrés. Pendant leur détention, on leur apprend à lire, à écrire et à compter. Le maître d'école possède un cabinet littéraire dont la bibliothèque (1500 volumes) n'a pas été heureusement choisie.

Tous les jeudis, il se tient à Poissy un *marché de bestiaux* qui y attire un grand nombre d'éleveurs et de bouchers. Il se fait à ce marché des affaires considérables. Il s'y vend chaque année près de 100 000 bœufs, 20 000 vaches, 1 330 000 moutons et 50 000 veaux. M. E. Chapus en a tracé le tableau suivant :

« C'est un parlage assourdissant, et de classiques tapements de mains perpétuels scellent la transaction qui se fait. Les cabarets sont encombrés de consommateurs d'eau-de-vie et de café ; car un marché ne se conclut pas sans boire. Toutes ces faces sont rouges, tous ces gros esprits absorbés par les affaires. Les sacoches se vident ; les payements se font, les uns à la caisse centrale et officielle, les autres de la main à la main. Ces derniers résultent de transactions entre les herbagers et les bouchers de la banlieue de Paris ; car le boucher de Paris est trop grand seigneur pour entrer dans les minuties de ce détail financier. La *caisse de Poissy* a été instituée dans le but de lui en épargner les embarras. Chacun des titulaires d'étal de Paris, au nombre de cinq cents, dépose à titre de cautionnement une somme de 3000 francs entre les mains de l'autorité municipale, — soit 1 500 000 francs, — qui lui ouvre un crédit de pareille somme, destiné à solder ses achats de bestiaux sur le marché. La veille au soir, le personnel de cette petite administration, qui relève des bureaux de la préfecture de la Seine, se rend à Poissy en fourgon de poste, emportant les espèces métalliques et sonnantes qui doivent faire face aux nécessités du lendemain. Dès qu'une affaire est conclue entre vendeur et acheteur, notification en est faite par ce dernier à la caisse centrale, qui paye sur son ordre. Le marché fini, Poissy s'endort pour huit jours d'un sommeil léthargique, rêvant au prochain jeudi. »

Ce marché, qui fait sa vie et sa fortune, Poissy le doit à saint Louis ; Colbert l'en priva pour le transférer à Sceaux, qui lui appartenait. En 1700, elle en obtint la restitution « en remboursant quelques finances aux héritiers de Colbert. » Il est sérieusement question de le transférer à Paris.

Le 31 mars 1844, un *concours* annuel de *bestiaux* a été institué à Poissy, « en faveur des propriétaires des animaux les plus parfaits de conformation et de graisse. » Ce concours a lieu l'avant-dernier jeudi qui précède le jeudi gras. Il attire une affluence considérable. C'est ce jour-là que se choisissent les *bœufs gras* destinés à divertir les badauds de Paris.

M. Meissonnier le peintre s'est fait construire à Poissy une jolie habitation dans l'enclos de l'abbaye.

Les environs de Poissy offrent d'agréables promenades.

A l'est, s'étend la forêt de Saint-Germain décrite ci-dessus, voir page 348.

Au nord, on peut aller à Andrésy en une heure quinze minutes environ. Le sentier qui passe par les

Le marché de bestiaux, à Poissy.

prés est beaucoup plus agréable pour les piétons que la route des voitures, qui traverse *Carrières-sous-Poissy* et la longue rue d'Andrésy. (Voir page 388 pour les omnibus.)

**Andrésy** est situé sur la rive droite de la Seine, un peu au-dessous de l'embouchure de l'Oise, au pied d'un coteau percé de grottes artificielles et couvert de vignes qui produisent un vin passable. Aussi la plupart de ses 945 habitants exercent-ils la profession de vignerons. Il fait partie du département de Seine-et-Oise, arrondissement de Versailles, canton de Poissy.

Ce village, appelé autrefois *Andresiacum*, est bâti, assure-t-on, sur l'emplacement de l'ancien *Andere-*

*tianum*, où les Romains entretenaient une flotte pour contenir les peuples voisins. Au IVᵉ siècle, ce port était très-commerçant ; car il y avait, si l'on doit en croire certains historiens, deux préfets de navigation dont l'un, résidant à Paris, était désigné sous le nom de *præfectus classis Anderetianorum Parisiis*. En 710, Chilpéric rendit à Andrésy une ordonnance qui a donné à penser que les rois de la première race y possédaient un château. Du reste, des débris de portes et de tours prouvent qu'au moyen âge il a été fortifié. En 1592 il s'y tint des conférences pour la conversion d'Henri IV. Aujourd'hui c'est une longue rue bordée de chaque côté de maisons de paysans; mais, de la belle promenade qui longe la Seine, on découvre de charmants paysages, et les coteaux qui s'élèvent à l'ouest offrent l'une des plus belles vues panoramiques des environs de Paris.

L'*église* d'Andrésy se trouve à l'extrémité supérieure du village. Son clocher en ardoise, qui surmonte une tour carrée dont un côté seulement est ancien, attire de loin les regards. L'entrée principale, située sous cette tour, s'ouvre dans la grande rue, mais il y a une autre entrée sur le quai à côté du chœur. Un porche ogival orné autrefois de sculptures précède la porte, de chaque côté de laquelle s'élevaient jadis cinq colonnes élégantes; à gauche on a coupé trois de ces colonnes au-dessous des chapiteaux mutilés, pour mettre à leur place la porte du clocher. La porte franchie, on descend dix marches. L'intérieur se compose d'une nef et de deux bas côtés; mais toute la partie gauche de la nef et le b... côté gauche, beaucoup plus lar... que le bas côté droit, ont été ... construits en même temps que l... trois côtés de la tour, à une épo... comparativement moderne. L... seules parties vraiment intéressa... tes de cette église sont le côté dr... de la nef et le bas côté droit, q... paraissent dater du XIIIᵉ siècle. L... galeries du premier étage sont ass... bien conservées.

Une des nombreuses maisons ... campagne d'Andrésy a apparten... à Mme la comtesse de Marsan, gou... vernante des enfants de France, q... y menait souvent ses élèves. Mme ... comtesse et Mme la baronne Lep... y possèdent aujourd'hui deux joli... propriétés.

On peut aller en trente minutes ... pied d'Andrésy à Conflans-Sainte... Honorine (voir ci-dessus) et en qua... rante minutes à Triel, par Chante... loup (voir ci-dessous).

Au sud, 3 kil. séparent Poissy d... Chambourcy décrit ci-dessus (voi... page 353).

A l'ouest, les promenades son... encore plus agréables qu'au nord,... au sud et à l'est. Nous recomman... derons surtout celle que nous allons indiquer et qui ne demande pas... plus de deux heures (aller et retou... sans y comprendre les repos). Sui... vez la rive gauche de la Seine, dont le lit est parsemé d'îles verdoyantes. Vous laissez à gauche, au pied des coteaux boisés qui vous dominent, trois jolis châteaux restaurés tout récemment, *Villiers*, *Mignaux* et *Hacqueville*, dont les parcs mériteraient votre visite s'ils pouvaient vous être ouverts. En quarante-cinq minutes vous atteignez le village de **Villaines** ou **Vilennes** (435 hab.).

…t l'église romane vient d'être res-
…rée, et où vous n'oublierez pas
… remarquer près de cette église
… arbre magnifique (un cornouil-
…, je crois). Du bord de la Seine,
…nze ou vingt minutes vous suffi-
…t pour monter au *moulin de Vi-*
…nes, appelé moulin de *Beaulieu*
… hauteur qui le domine est à
… mèt.), d'où vous découvrirez
… point de vue qui vous dé-
…mmagera de votre fatigue. A
…uche, en vous tournant vers la
…eine, vous voyez Triel, Vaux, do-
…nés par leurs coteaux boisés; en
…ce de vous, Chanteloup, Andrésy,
…éconfluent de la Seine et de l'Oise,
…onflans; à droite, Poissy, la forêt
… Saint-Germain, le mont Valé-
…rien, Saint-Germain, l'aqueduc de
…arly; derrière vous, la forêt de
…arly, Chambourcy, Orgeval, etc.
…rès du moulin en ruine est la
…erme de Marolles. Si vous ne voulez
…as revenir par le même chemin,
…ous pouvez gagner la route de
Quarante-Sous (voir page 353) et
redescendre à Poissy entre les parcs
de Mignaux et de Villiers, ou vous
…ndre directement à Saint-Germain
(1 h. 30 m. ou 1 h. 45 m. à pied).

Le chemin de fer du Havre suit
la rive gauche de la Seine en
s'éloignant de Poissy; il passe au-
dessous des châteaux de Villiers, de
Mignaux, d'Hacqueville, puis à Vilaines et enfin à *Médan* (village de
206 hab., où l'on remarque un château avec terrasse et une église à
deux tours), avant de s'arrêter à la
station de Triel, qui dessert tout à la
fois Verneuil, Vernouillet et Triel.

Verneuil et Vernouillet sont sur
la rive gauche de la Seine, à la gauche du chemin de fer; Triel est sur
la rive droite.

### 4° STATION. — TRIEL.

*Distances.* Triel est à : 8 kil. de
Poissy par le chemin de fer, 6 kil. par
la route de terre, 35 kil. de Paris, 2 kil.
de Chanteloup, 4 kil. d'Andrésy, 12 kil.
de Saint-Germain.

**Vernouillet** (778 hab.) est le
village que l'on aperçoit à gauche
(en sortant de la station), dominé par
un joli clocher roman. On y remarque une belle maison de campagne.
Son *église* (10 m. de la station) mérite la visite des archéologues. Elle
a été malheureusement mutilée et
souvent reconstruite; les parties les
plus anciennes paraissent dater des
XII° et XIII° siècles. Quelques-uns
des chapiteaux de ses colonnes sont
ornés d'animaux.

**Verneuil** (571 hab.) est à dix
minutes au nord de Vernouillet.
Son beau château appartient actuellement à la famille Talleyrand. Au
nord-ouest s'étendent les bois auxquels il a donné son nom.

**Triel**, bourg de 1975 habitants
(Seine-et-Oise, arrondissement de
Versailles, canton de Poissy), se
trouve séparé par la Seine de la
station du chemin de fer qui porte
son nom, et à laquelle le relie un
pont suspendu de trois arches; il
s'étend le long de la rive droite, au
pied d'un coteau couvert de vignes.
Il fait un commerce important en
pierres, en moellons, en vins,
en grains et en fruits. On y remarque plusieurs maisons de campagne; mais son château, qui appartenait à Mme la princesse de Conti,
a été détruit pendant la Révolution.

A part sa position et son église,
Triel n'a rien de curieux à montrer

à un étranger : cette église, qui s'élève sur une vaste terrasse plantée d'arbres, a été bâtie à diverses époques; la nef est du style gothique, le chœur est postérieur à la Renaissance. Le chœur, en assez bon état, est plus haut et plus large que la nef, qui s'écroulerait si elle n'était étayée. Toutes les parties anciennes sont tellement délabrées qu'il devient impossible de les restaurer. On remarquera surtout à l'extérieur les chapelles latérales, du style gothique fleuri, qui prennent jour sur la terrasse (le côté opposé n'est pas du même style), et les débris du porche, au fond duquel se voit encore une porte en bois sculpté. De chaque côté de ce porche étaient deux médaillons; l'un de ces médaillons paraît ressembler à François Ier. Les beaux vitraux de l'intérieur ont été en partie détruits; chaque jour les enfants du village s'amusent à y jeter des pierres pour faire tomber leurs derniers débris.

Depuis cinquante ans tous les *Guides des voyageurs*, qui se sont copiés, contiennent le paragraphe suivant : « L'église de Triel possède une *Adoration des Mages* attribuée à Nicolas Poussin. On raconte ainsi l'histoire de ce tableau :

« Ce tableau, qui appartint d'abord au pape, fut donné par lui à la reine Christine, après son abjuration. De la reine, le chef-d'œuvre passa aux mains d'un simple gentilhomme, et du gentilhomme à son valet. Le valet était de Triel. Quand il revint au pays, il donna le tableau à son église où vous irez le voir. C'est un pèlerinage artistique qu'il serait de mauvais goût de n'avoir pas fait au moins une fois en sa vie. » Je n'engagerai point, quant à moi, les amateurs de beaux tableaux à faire ce pèlerinage; car l'église de Triel ne contient aucune *Adoration des Mages*.

On peut aller en quarante minutes de Triel à Andrésy, par *Pise-Fontaine* et *Chanteloup*, village insignifiant de 771 habitants. Si l'on veut faire une agréable promenade, il faut prendre la rue qui passe sous le chœur de l'église, et monter, à travers les vignes et les carrières de plâtre, par *Éverchemont*, hameau composé de quelques maisons, jusqu'aux bois de l'*Hautil* (20 m. de Triel). Avant d'entrer dans ces bois on découvre en se retournant de charmants points de vue sur Triel, la vallée de la Seine, Verneuil, Vernouillet et les coteaux boisés d'Orgeval. Sur la gauche, s'étendent les *bois des deux Amants*. Quand on a atteint le plateau de l'*Hautil*, il faut incliner sur la droite et venir traverser près d'un groupe de maisons la route de Poissy à Boisemont, par Chanteloup. De l'autre côté de cette route s'étendent les *bois de la Barbanerie*, à travers lesquels on peut gagner, en inclinant un peu sur la droite, le château solitaire *le Fay*, que M. le comte Lepic fait reconstruire. En côtoyant les murs du parc de ce château, on descend à Andrésy (2 h. environ de Triel). Les chemins de droite mènent à Chanteloup. Dans cette descente on découvre une des plus belles vues des environs de Paris. On a sur la droite Poissy, sur la gauche Pontoise, et, en face de soi, au delà de la forêt de Saint-Germain, entre le mont Valérien et Montmartre, les principaux monuments de Paris.

# TRIEL.

D'Andrésy on peut gagner soit Conflans, soit Poissy. (Voir ci-dessus.)

Nous ne conduirons pas plus loin les promeneurs sur le chemin de fer de Paris au Havre, qui n'offre absolument rien d'intéressant jusqu'à Meulan; mais nous descendrons la rive droite de la Seine, de Triel à Meulan[1]. Les collines qui la dominent sont couvertes, en effet, de villas, de champs, de vergers et de bois. De leurs pentes et de leurs sommets on découvre de charmants points de vue. Après avoir dépassé le hameau le *Temple* (3 kil. de Triel) on atteint **Vaux** (1 kil.), village de 1130 habitants, où l'on re-

Le pont de Meulan.

marque un grand nombre de jolies maisons de campagne. La culture des arbres à fruits et l'exploitation des carrières à plâtre sont les principales industries de sa population.

Un kilomètre plus loin, **Évecquemont** (353 habitants) s'élève sur la pente du coteau dont la route de terre, qui a traversé Vaux, longe la base. Son château, autrefois

---

1. On peut descendre la Seine de Paris à Meulan par les *paquebots de Paris*, qui font tous les jours le voyage de Paris à Rouen et de Rouen à Paris. Ces bateaux partent à Paris du port Saint-Nicolas, à Rouen du port de Paris. Le prix des places est, pour le voyage direct de Paris à Rouen et *vice versa*, de 8 fr. aux premières, et de 5 fr. aux secondes; pour un voyage d'aller et retour (billet valable pour un

seigneurial, avait haute, moyenne et basse justice. Ses nombreuses maisons de campagne jouissent de points de vue magnifiques. Il faut monter jusqu'au signal de l'Hautil (167 mètres) pour découvrir un beau et vaste panorama. Enfin, à 3 kilomètres d'Évecquemont, on trouve **Meulan**, ville de 1907 habitants (chef-lieu de canton du département de Seine-et-Oise, arrondissement de Versailles), située en partie sur la rive droite de la Seine, en partie sur une île nommée *le Fort*, et reliée à la rive gauche par un pont de pierre que représente notre dessin. Des coteaux couverts de vignobles la dominent. Christophe de Thou en a fait la description suivante : « Cette ville est commandée par une colline sur le haut de laquelle était un château dont on voit encore les ruines ; ses murs sont bas, faits de terre et de boue et sans aucun rempart ; un pont de communication joint à la ville une île de six arpents d'étendue, où se trouve un fort flanqué de quatre tours, dont la plus considérable sert de défense à la pointe de la Bastille ; deux autres couvrent les flancs de cet ouvrage, et la quatrième, appelée la *Tour aux chiens*, regarde l'île de Saint-Cosme ; de là on passe la Seine sur un pont dont la tête est défendue par une tour appelée *la Sangle*, sans autre fortification ; cette tour est commandée par une colline, et de l'autre côté l'église Notre-Dame commande la côte en ruine. » Ce château, dont de Thou voyait encore les ruines, ces tours, ce fort qui brava les armées de la Ligue, tout a disparu ; à peine s'il en reste quelques débris épars. Notre-Dame, monument d'un gothique précieux, subsiste encore, il est vrai ; mais la municipalité actuelle, peu soucieuse de la religion des souvenirs, a dit M. Ernest Deschamps d'Hanneucourt, en a fait une halle au blé.

En 1638, Louis XIII ordonna qu'on établît à Meulan une communauté de religieuses de l'Annonciade, en faveur de Charlotte du Puy de Jésus Maria, dont les prières venaient, disait-on, de faire cesser la longue stérilité d'Anne d'Autriche. Ce couvent, commencé seulement en 1670 et terminé en 1683, a fait place à de jolies maisons bourgeoises. La paroisse de Saint Nicolas est le seul édifice religieux que Meulan ait conservé de tous ceux qu'elle possédait avant la Révolution.

mois) de 12 fr. et 8 fr. — Les départs ont lieu de Paris à 7 h. du matin, de Rouen à 4 h. On arrive à Rouen à 6 h. 30 m. et à Paris à 8 h. 20 m. On touche aux pays ci-dessous désignés :

*A la descente* (matin).

Saint-Cloud, 7 h. 30 m. ; — Courbevoie, 7 h. 45 m. ; — Asnières, 7 h. 55 m. ; — Saint-Denis, 8 h. 15 m. ; — Argenteuil, 8 h. 45 m. ; — Bezons, 8 h. 55 m. ; — Chatou, 9 h. ; — Bougival, 9 h. 10 m. ; — Le Pecq, 9 h. 20 m. ; — Maisons, 9 h. 30 m. ; — Conflans, 10 h. ; — Andrésy, 10 h. 15 m. ; — Poissy, 10 h. 25 m. ; — Triel, 10 h. 45 m. ; — Meulan, 11 h. 10 m.

*A la remonte* (soir).

Meulan, 2 h. ; — Triel, 2 h. 25 m. ; — Poissy, 3 h. 05 m. ; — Andrésy, 3 h. 20 m. ; — Conflans, 3 h. 55 m. ; — Maisons, 4 h. 20 m. ; — Le Pecq, 4 h. 40 m ; — Bougival, 5 h. ; — Chatou, 5 h. 15 m. ; — Bezons, 5 h. 25 m. ; — Argenteuil, 5 h. 50 m. ; — Saint-Denis, 6 h. 30 m. ; — Asnières, 6 h. 55 m. ; — Courbevoie, 7 h. 05 m. ; — Saint-Cloud, 7 h. 45 m. ; — Paris, 8 h. 20 m.

Embarcadère du chemin de fer du Nord.

## 3. LE CHEMIN DE FER DU NORD.

### DE PARIS A COMPIÈGNE.

*Embarcadère*, Clos Saint-Lazare, 24, place Roubaix.

19 *convois* par jour de Paris à Saint-Denis et Enghien[1]. Le premier départ est à 6 h. 30 m.; le dernier (les jeudis et dimanches), à minuit 20 m. — 11 *convois* par jour de Paris à Pontoise. — 5 convois par jour de Paris à Saint-Leu (Chantilly). — 6 convois par jour de Paris à Compiègne.

La *durée du trajet* est de : 11 m. de Paris à Saint-Denis, 20 m. de Paris à Enghien, 1 h. de Paris à Pontoise, 1 h. 50 m. de Paris à Saint-Leu, 2 h. 55 m. de Paris à Compiègne. — Par les trains express, qui ne s'arrêtent ni à Saint-Denis, ni à Enghien, ni à Saint-Leu, on va en 39 m, ou 45 m. à Pontoise, et en 1 h. 51 m. à Compiègne.

Les bureaux des omnibus spéciaux dans Paris sont : 1° rue du Bouloi, 22; — 2° rue Saint-Denis, 122, cour Batave; — 3° rue Amelot, 11; — 4° rue de Rivoli, 40, hôtel Meurice; — 5° hôtel Bedfort, rue de l'Arcade, 53. — *Prix des places* : 30 cent. par place, 30 cent. par colis. Au-dessus de 30 kil. 1 cent. par kil. —

1. Pour les heures des départs, qui peuvent changer, voir les *Indicateurs* de la semaine.

*Omnibus conduisant ou prenant à domicile*, 60 cent. par place; 30 c. par colis de 30 kil.

Pour retenir une voiture d'avance, pour les chevaux de poste et la prise à domicile des articles de messagerie, prévenir dans les bureaux des omnibus.

La lettre V des *omnibus* conduit de la barrière du Maine au chemin de fer du Nord par la Croix-Rouge, la rue Bonaparte, le Louvre, la place des Victoires et la rue du Faubourg-Poissonnière.

Les prix des places sont ainsi fixés :

| kil. | | 1re classe. fr. c. | 2e classe. fr. c. | 3e classe. fr. c. |
|---|---|---|---|---|
| » | Paris..... dép. | » » | » » | » » |
| 7 | Saint-Denis... | » 80 | » 60 | » 40 |
| 10 | Épinay....... | 1 10 | » 85 | » 60 |
| 12 | Enghien ..... | 1 35 | 1 » | » 75 |
| 15 | Ermont....... | 1 70 | 1 25 | » 90 |
| 18 | Franconville.. | 2 » | 1 50 | 1 10 |
| 21 | Herblay...... | 2 35 | 1 75 | 1 30 |
| 29 | Pontoise..... | 3 25 | 2 45 | 1 80 |
| 34 | Auvers....... | 3 80 | 2 85 | 2 10 |
| 40 | L'Isle-Adam... | 4 50 | 3 25 | 2 45 |
| 47 | Beaumont..... | 4 80 | 3 60 | 2 80 |
| 53 | Boran........ | 5 65 | 4 15 | 3 » |
| 58 | Précy........ | 6 25 | 4 40 | 3 10 |
| 61 | Saint-Leu .... | 6 50 | 4 55 | 3 35 |
| 68 | Creil........ | 7 » | 5 30 | 3 85 |
| 79 | Pt-S-Maxence. | 8 35 | 6 30 | 4 60 |
| 89 | Verberie..... | 9 35 | 7 » | 5 15 |
| 101 | Compiègne ... | 10 50 | 8 » | 5 80 |

## ENVIRONS DE PARIS.

*Billets d'aller et retour de Paris à Pontoise.*

| | 1re cl. fr. c. | 2e cl. fr. c. | 3e cl. fr. c. |
|---|---|---|---|
| Saint-Denis | 1 10 | » 85 | » 70 |
| Épinay | 1 65 | 1 30 | 1 » |
| Enghien | 2 05 | 1 50 | 1 30 |
| Ermont | 2 55 | 1 90 | 1 55 |
| Franconville | 3 » | 2 25 | 1 85 |
| Herblay | 3 55 | 2 65 | 2 20 |
| Pontoise | 4 70 | 3 70 | 3 05 |
| Auvers | 5 70 | 4 30 | 3 60 |
| L'Isle-Adam | 6 75 | 4 90 | 4 15 |
| Beaumont | 7 20 | 5 40 | 4 75 |
| Boran | 8 50 | 6 25 | 5 10 |
| Précy | 9 40 | 6 60 | 5 30 |
| Saint-Leu | 9 75 | 6 85 | 5 70 |
| Creil | 10 50 | 7 95 | 6 55 |
| Pont-St-Maxence | 12 55 | 9 45 | 7 85 |
| Verberie | 14 05 | 10 50 | 8 75 |
| Compiègne | 15 75 | 12 » | 9 85 |

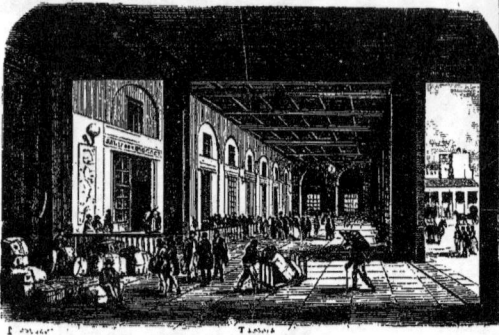

Vestibule du chemin de fer du Nord.

| *Abonnements.* 1re classe. | | | | *Abonnements.* 2e classe. | | | |
|---|---|---|---|---|---|---|---|
| | 3 mois | 6 mois | 1 an | | 3 mois | 6 mois | 1 an |
| Saint-Denis | 80 | 110 | 160 | Saint-Denis | 60 | 80 | 120 |
| Épinay | 110 | 150 | 220 | Épinay | 80 | 110 | 160 |
| Enghien | 140 | 190 | 280 | Enghien | 105 | 135 | 205 |
| Ermont | 160 | 215 | 320 | Ermont | 120 | 160 | 240 |
| Franconville | 165 | 220 | 325 | Franconville | 125 | 165 | 245 |
| Herblay | 170 | 225 | 330 | Herblay | 130 | 170 | 250 |
| Pontoise | 200 | 275 | 400 | Pontoise | 150 | 190 | 300 |
| Auvers | 215 | 300 | 430 | Auvers | 165 | 210 | 330 |
| L'Isle-Adam | 230 | 320 | 460 | L'Isle-Adam | 170 | 225 | 340 |
| Beaumont | 240 | 330 | 480 | Beaumont | 180 | 230 | 360 |
| Boran | 260 | 350 | 520 | Boran | 190 | 240 | 380 |
| Précy | 285 | 380 | 570 | Précy | 200 | 250 | 400 |
| Saint-Leu | 300 | 400 | 600 | Saint-Leu | 210 | 265 | 420 |
| Creil | 325 | 450 | 650 | Creil | 250 | 330 | 500 |

Pendant la belle saison, l'administration du chemin de fer établit des *Trains de plaisir* de Paris à Compiègne. On paye 10 fr. en 1re classe, 8 fr. en 2e classe, et 6 fr. en 3e classe (aller et retour). Des affiches spéciales indiquent les jours (ce sont généralement les dimanches) et les heures de départ.

*N. B.* Un grand nombre des omnibus de l'*Union des postes* qui transportent les voyageurs des stations du chemin de fer dans diverses localités de la banlieue sont gratuits.

Pour profiter de la gratuité, les voyageurs doivent être porteurs d'un billet d'omnibus délivré à la gare de Paris au départ, et par le correspondant au retour; ce dernier billet représentant le prix dû au chemin de fer. Les billets de correspondance gratuits ne se délivrent qu'aux voyageurs payant le prix *entier* de leurs places dans le chemin de fer.

Intérieur de l'embarcadère du chemin de fer du Nord.

Le chemin de fer du Nord, construit dans le principe par l'État et concédé le 9 septembre 1845, a été inauguré le 14 juin 1846. Nous renverrons à l'*Itinéraire de Paris à Calais, à Boulogne et à Bruxelles* les voyageurs curieux de connaître son histoire financière, sa situation actuelle, ses espérances et ses projets pour l'avenir, nous bornant à décrire ici la section comprise entre Paris et Compiègne.

Les trois dessins qui ornent les pages 401, 402, 403, représentent l'embarcadère, la salle des Pas-Perdus et la gare intérieure. C'est donc vers ce bâtiment d'un seul étage, flanqué en retour de deux pavillons, qu'il faut vous diriger si vous voulez partir. A gauche on part, à droite on arrive. Dans ce beau vestibule, qui reçoit le jour par huit grandes arcades vitrées, se délivrent les billets; à son extrémité de gauche se déposent et s'enregistrent les bagages. Entre les bureaux de distribution et les bureaux des bagages est le bureau des renseignements. Un large écriteau et la présence d'un contrôleur vous indiquent l'entrée des salles d'attente, d'où vous passez dans la gare proprement dite. Cette gare se divise en deux nefs, terminées du côté du nord par deux arcades d'une énorme portée : chaque nef est surmontée d'un comble, chef-d'œuvre de charpente où le fer a été mêlé au bois, ouvert par le haut pour verser une abondante lumière dans toutes les parties de ce vaste édifice. Mais le signal est donné, le train se met en marche; un dernier renseignement : cette gare des voyageurs, y compris les terrains qui en dépendent, couvre un espace de 5 hectares, et on regrette de ne pas lui avoir donné de plus grandes dimensions. La *gare des marchandises et des grands ateliers de réparation* a 26 hectares de superficie; les ateliers occupent 14 hectares et la gare des marchandises 12 hectares. On se propose d'augmenter de 4 hectares environ l'étendue de la gare des marchandises.

Presque au sortir de la gare des voyageurs, après avoir laissé à gauche l'hôpital Lariboissière, on passe sous le mur d'octroi. A gauche se montre Montmartre (voir page 69); à droite s'étend la Chapelle-Saint-Denis (voir page 81) qui va rejoindre la Villette. On passe sous trois rues avant d'entrer dans la gare des marchandises et des ateliers, puis, cette gare traversée, on croise le chemin de fer de ceinture, qui passe sous le chemin de fer du Nord, et on sort des fortifications dans la plaine Saint-Denis, sur laquelle on aperçoit, à gauche, Saint-Ouen (voir page 65).

Sur la droite se trouve **Aubervilliers**, village de 3000 habitants, situé à 8 kil. de Paris, 4 kil. 200 mèt. de Saint-Denis. Cette plaine, qui de temps immémorial fournit chaque année à un certain nombre de feuilletonistes un texte inépuisable de plaisanteries sur les chasseurs parisiens, s'appelle quelquefois la *plaine des Vertus*. Aubervilliers, en effet, a porté le nom de Notre-Dame des Vertus, qu'il a dû à une image miraculeuse de la Vierge qui attirait une grande affluence de pèlerins. Parmi ces pèlerins, l'histoire cite deux rois, Philippe de Valois et Louis XI. Aubervilliers avait été détruit par les Armagnacs; il dut son rétablissement à un bref du pape, accordant de grandes indulgences à tous ceux qui visiteraient et aumôneraient son église. Henri IV y séjourna pendant le siége de Paris. En 1815, tandis que Napoléon, retiré à la Malmaison, hésitait encore à quitter la France, il entendit retentir les canons des Prussiens qui, sans attendre la jonction de Wellington, éloigné alors de près de deux journées de marche, attaquaient Aubervilliers. La destruction de l'armée prussienne, en cas d'attaque immédiate, était certaine. « L'Empereur le comprit; il envoya aussitôt le général Becker faire à la Commission du gouvernement la proposition de reprendre le commandement de l'armée, non comme empereur, mais comme général, promettant de se rendre aux États-Unis pour y accomplir sa destinée, dès qu'il aurait repoussé l'ennemi. Cette proposition fut rejetée, et

# LA PLAINE SAINT-DENIS. — AUBERVILLIERS.

Davoust, le prince d'Eckmühl, répondit au général Becker : « Il paraît que votre Bonaparte ne veut pas partir.... s'il espère que nous le reprendrons, il se trompe ; nous ne voulons plus de lui.... s'il ne part pas à l'instant, je le ferai arrêter, je l'arrêterai moi-même ! » *Histoire des deux Restaurations.*

Aubervilliers fait partie du département de la Seine, arrondissement et canton de Saint-Denis. Son église a été rebâtie en partie sous Henri II. On voit sur la tour du clocher la date de 1541. Il donne son nom au fort qui se trouve situé à l'est, à plus de 1000 mètres sur la route de Paris à Bruxelles.

Le chemin de fer, presque parallèle à la route de terre, traverse sur la plaine Saint-Denis la route de Saint-Ouen à Aubervilliers et le chemin de la Révolte, avant de s'arrêter à la station de Saint-Denis, plus basse de 17 mètres que la gare de Paris.

Station de Saint-Denis.

## 1re STATION. — SAINT-DENIS.

*Distances.* Saint-Denis est à : 7 kil. 200 mèt. de la gare de Paris; 5 kil. de celle d'Enghien ; 1 kil. 400 mèt. de l'Ile-Saint-Denis ; 5 kil. de la Chapelle ; 7 kil. 300 mèt. de Montmartre ; 6 kil. 500 mèt. de la Villette ; 9 kil. 600 mèt. de Notre-Dame ; 4 kil. 200 mèt. d'Aubervilliers ; 3 kil. 500 mèt. de Saint-Ouen ; 6 kil. 100 mèt. de Clichy ; 4 kil. 500 mèt. de Gennevilliers ; 4 kil. 900 mèt. de Colombes ; 4 kil. 100 mèt. d'Épinay ; 3 kil 300 mèt. de Pierrefitte ; 4 kil. 400 mèt. de Stains ; 6 kil. 700 mèt. de Dugny ; 3 kil. 100 mèt. de la Cour-Neuve ; 7 kil du Bourget ; 3 kil. 200 mèt. de Villetaneuse ; 10 kil. 700 mèt. de Bondy.

*Omnibus gratuits* de la station du chemin de fer dans l'intérieur de la ville. *N. B.* L'église est à 10 minutes de la station.

On trouve aussi à la station de Saint-Denis des voitures de correspondance pour Écouen, Villiers-le-Bel, Sarcelles, Pierrefitte, Gonesse, Garges, Arnouville, Stains. (Voir 4e *section*, *routes de terre*).

*Voitures de l'Union des postes*, à Paris, boulevard Saint-Denis, 22, et passage du Bois de Boulogne, 12. Départs de Paris toutes les demi-heures, de 7 h. 1/2 du matin à 10 h. du soir. Derniers départs à 11 h. et à minuit. 40 c. en semaine, 50 c. le dimanche, 11 h. et minuit 60 c.

La route que suivent ces voitures est presque parallèle au chemin de fer. Au sortir de Paris, elle traverse la Chapelle (voir p. 81), puis la plaine Saint-Denis.

On peut encore aller de Paris à Saint-Denis par les Batignolles et Saint-Ouen. Voir p. 65.

*Direction*. Des Omnibus conduisent gratuitement de l'embarcadère dans la ville; il faut 10 m. pour aller à pied jusqu'à l'église, en suivant la *rue du Port* qui aboutit à la *rue de la Charronnerie*, dans laquelle on tourne à gauche pour prendre à quelques pas la longue rue droite à l'extrémité de laquelle on aperçoit la tour de l'église, et qui croise la rue de Paris à angle droit. Si l'on veut éviter cette rue, on peut prendre un peu plus loin le *cours Benoît*, qui, au delà de la rue de Paris, devient le *cours Chavigny*, et gagner l'église par la *rue de la Fromagerie*.

Suivant une tradition accréditée depuis les premiers siècles de l'Église, saint Denis et ses deux compagnons, le prêtre Rustique, et le diacre Eleuthère, après avoir prêché l'Évangile dans les Gaules, furent mis à mort par les bourreaux païens, au sommet d'une colline voisine de Lutecia, qui a gardé en mémoire de leur supplice le nom de Montmartre, *mons martyrum*, mont des martyrs (voir p. 70). Une pieuse femme, nommée *Catulla*, recueillit leurs restes et les fit inhumer dans une métairie appelée *Codolaicum*, qu'elle possédait à peu de distance du *mont des Martyrs*, et elle éleva un oratoire à l'endroit où reposaient leurs corps. Cet oratoire attira un nombreux concours de fidèles; puis des habitations se groupèrent autour de la sépulture des saints. Telle a été l'origine de l'église, de l'abbaye et de la ville de Saint-Denis.

**Saint-Denis** est aujourd'hui une ville de 16 000 habitants, située dans la plaine à laquelle elle a donné son nom, près de la rive droite de la Seine, sur les ruisseaux *le Crou* et *le Rouillon*, et sur un canal qui la met en communication avec le canal de l'Ourcq. Elle appartient au département de la Seine; elle est le chef-lieu d'un arrondissement divisé en quatre cantons et subdivisé en 37 communes.

A part les souvenirs qui se rattachent à l'inhumation des trois martyrs, son histoire ne remonte pas au delà du XIIe siècle. Elle s'était d'abord appelée *Vicus Catuliacus* ou *Catholiacensis*, en mémoire de Catulla. Elle se vit pour la première fois entourée de murailles par Charles le Chauve, qui en fit avant tout une forteresse. Cette forteresse fut plusieurs fois attaquée, sous le règne de Louis le Gros, par les seigneurs de Montmorency. Sous saint Louis, elle prit le nom de ville et s'agrandit considérablement. Mise au pillage dans le XIVe siècle par les troupes de Charles le Mauvais, roi de Navarre, elle fut dans le siècle suivant prise et reprise tour à tour par les Anglais, les Français et les Bourguignons, et plus tard par les alvinistes et les catholiques, qui livrèrent sous ses murs une sanglante bataille en 1567. Henri IV s'en empara le 9 juillet 1590 et en fit sa place d'armes pendant le siége de Paris. L'année suivante, le chef des Seize, le chevalier d'Aumale, tenta de l'enlever au roi de Navarre, par une surprise de nuit; mais il fut tué sur la grande place, où il avait pénétré avec quelques hommes. Pendant la Fronde, la ville de Saint-Denis ressentit vivement le contre-coup des agitations de la capitale, et, à partir de cette époque, sa prospérité ne fit que décroître et sa population diminua de jour en jour. A part la violation des tombeaux dont nous parierons plus loin, quand nous décrirons l'église, nous n'avons à signaler dans le XVII° et le XVIII° siècle aucun événement notable. En 1814, ce fut autour de Saint-Denis et dans la plaine de ce nom que se passèrent les premiers épisodes de la bataille de Paris (voir p. 55), et que les troupes françaises, sous les ordres du duc de Trévise, soutinrent l'effort des troupes russes et prussiennes qui formaient l'armée de Silésie.

Au moyen âge, et principalement pendant le cours du XIV° siècle, Saint-Denis faisait un commerce très-important de soieries et de draps; mais ce qui lui donna surtout une grande célébrité commerciale, ce fut la foire connue sous le nom du *Landit*. Cette foire, qui doit son origine à une exposition d'un morceau de la vraie croix donné, en 870, à la basilique de *Catulla*, par Charles le Chauve, eut lieu d'abord près de Paris; puis, sous Louis le Gros, elle fut transportée dans la plaine Saint-Denis, et enfin, en 1556, dans cette ville elle-même. C'était une espèce de marché cosmopolite où se vendaient les produits du monde alors connu, entre autres du parchemin pour écrire. Chaque année, le recteur de l'Université, suivi de tous les écoliers à cheval, venait en grande solennité y acheter le parchemin nécessaire à la consommation du collége de la capitale. Le cortége du recteur se composait de plusieurs milliers d'individus, et c'est là ce qu'on appelait la procession de l'Université, procession redoutable par sa turbulence, et contre laquelle le Parlement fut plusieurs fois obligé de sévir. La foire du *Landit* s'est perpétuée jusqu'à nos jours, et, en se modifiant d'année en année, elle est devenue ce que nous la voyons aujourd'hui, une réunion de petits marchands et de saltimbanques, et un lieu de promenade pour les Parisiens; elle se tient sur le *cours Ragot*, s'ouvre le mercredi ou le samedi le plus rapproché du 11 juin, et se continue les mardi et samedi suivants.

Cependant, si le Landit a perdu son ancienne importance, d'autres temps ont amené pour la ville d'autres éléments de prospérité. L'élévation du prix de la main-d'œuvre dans les fabriques de Paris a fait refluer au dehors un grand nombre d'industries importantes, et, dans ces dernières années, on a vu s'établir à Saint-Denis beaucoup d'usines à vapeur. A côté du dégraissage et du peignage des laines, on y trouve des ateliers d'impression sur étoffes, des huileries, des teintureries, des plomberies, des fabriques d'étoffes de caoutchouc et de caoutchouc durci, une usine de fer creux, etc.; et nulle part, peut-être, aux environs de la capitale, le contraste de la vieille France et de la France moderne ne se révèle avec plus de force et d'originalité. Au milieu de la ville, en effet, l'église, dominée par sa tour décournonnée, s'élève comme un cénotaphe immense, qui fait revivre un passé de treize siècles, avec tous les souvenirs de sa gloire et toute la majesté de son néant, tandis qu'à l'horizon fument les longues cheminées des fabriques, ou les locomotives des chemins de fer; et le visiteur, qui vient d'admirer dans la crypte les monuments de Bouvines, voit, quelques pas plus loin, briller la gueule du canon aux embrasures du fort de la Briche.

La ville de Saint-Denis, à part la basilique, ne possède aucun monument qui mérite de fixer l'attention, et l'on peut même s'étonner que tous les débris du passé aient disparu d'une manière aussi complète. Nous mentionnerons seulement, dans la rue de la Briche, à la limite des communes de Saint-Denis et d'Épinay, le soubassement d'une ancienne croix, que nous croyons avoir servi autrefois de limite à la juridiction de l'abbaye. Il ne reste de l'ancien couvent des Carmélites que la chapelle, qui est désignée sous le nom de *la Paroisse*, et dans laquelle ont lieu les présentations funèbres et les enterrements. On y remarque la pierre funéraire de Madame (Henriette d'Angleterre).

Quoique restant une ville ouverte du côté qui regarde Paris, Saint-Denis peut être considéré aujourd'hui, tant à cause de sa situation dans la zone de défense de la capitale, que par les fortifications détachées qui la couvrent, comme une place de guerre importante. Ces fortifications, qui s'étendent au nord et à l'est, forment une espèce de demi-cercle dont les bases s'appuient à la Seine et au canal; elles sont complétées par deux forts, dont l'un, le fort de la Briche, touche au chemin de fer du Nord. Du reste, Saint-Denis possède d'anciennes et belles casernes.

Comme résidence, Saint-Denis n'est point sans agrément, quoique le pays soit entièrement plat; pour les amateurs de pêche et d'expéditions en canot, le voisinage de la Seine offre des moyens commodes de distraction. En ce qui touche les dépenses de la vie matérielle, on peut dire que les loyers sont à moitié prix de ceux de Paris; mais les frais de table sont les mêmes, et peut-être plus considérables pour les denrées de luxe, attendu qu'on est obligé de s'approvisionner dans la capitale. Les marchands de vins et les traiteurs sont très-nombreux; toutefois quand on cherche le confort il faut dîner rue de Paris *Au lapin qui fume*, ou bien encore, soit à l'*Hôtel du Grand-Cerf*, soit *A la renommée des talmouses*; mais il faut ne manger ni talmouse ni lapin, et choisir sur la carte la friture ou la matelote; car, dans toute la vallée de la Seine, aux environs de Paris, ce sont les plats classiques et traditionnels, les seuls que les gargotiers indigènes sachent improviser avec quelque talent.

Saint-Denis communique avec son île et avec la rive gauche de la Seine (voir p. 372) par deux ponts suspendus. Son île a perdu plutôt que gagné à la construction de ces ponts. On y a planté des avenues, tracé des rues, bâti quelques maisons, mais toute son originalité a disparu. On continue cependant à y trouver des guinguettes passablement malpropres, où l'on peut manger de la matelote et de la friture sous des berceaux de verdure qui dominent la rivière. Les canots s'y louent pour la promenade de 1 fr. 50 cent. à 2 fr. l'heure avec un batelier; de 1 fr. à 1 fr. 50 cent. sans batelier (ce qui ne devrait pas être permis).

### L'église de Saint-Denis.

La seule curiosité de Saint-Denis est son église, et cette église elle-même doit être considérée sous un triple point de vue, d'abord comme monument, ensuite comme lieu de sépulture des rois, et enfin comme théâtre de grandes solennités historiques. Commençons d'abord par l'histoire et par la description du monument.

L'oratoire fondé par Catulla (voir ci-dessus) fut rebâti par sainte Geneviève, sur un plan plus vaste; mais cette nouvelle église ayant été dévastée en 574 par les soldats de Sigebert, roi d'Australie, Chilpério la fit réparer, et, en 529, elle fut agrandie, consolidée et embellie par Dagobert. Pépin le Bref la réédifia en 754; enfin, trois siècles plus tard, Suger entreprit une quatrième construction qui fut en partie terminée en 1144. Mais en 1219 le feu du ciel incendia une flèche en charpente qui s'élevait au-dessus de la tour septentrionale; quelques années plus tard, le monument menaçait ruine. Il fallut encore reprendre les travaux, et l'église, telle que nous la voyons aujourd'hui, ne fut achevée que dans le cours du XIII° siècle. A dater de cette époque, son histoire architectonique ne présente aucun incident notable.

L'église de Saint-Denis est construite sur un plan disposé en croix latine. Elle se compose de cinq parties distinctes : le porche intérieur, la nef, les transsepts, le chœur et l'abside. Sous le chœur et l'abside s'étendent le caveau royal et la crypte, et, dans la partie centrale de cette crypte, on trouve quelques arcs en plein-cintre et des chapiteaux historiés dans lesquels on croit reconnaître des restes de la construction primitive du temps de Dagobert et de Charlemagne.

Le *portail* qui fait face au couchant est percé de trois portes, et l'on y retrouve dans les tympans et les voussures des vestiges de sculptures exécutées du temps de Suger. Les figures de la porte centrale représentent les scènes du dernier jour, le Christ prêt à juger, la Vierge intercédant pour les pêcheurs, etc. Deux inscriptions latines, placées dans les dernières restaurations de l'église, expliquent le sujet. On lit d'un côté : VENITE BENEDICTI PATRIS MEI ; et de l'autre DISCEDITE A ME MALEDICTI. La porte du midi représente le martyre de saint Denis; quant aux figures de la porte du nord, elles sont toutes de restauration moderne et d'une exécution tellement défectueuse, qu'elles ne méritent sous aucun rapport de fixer l'attention. Une quatrième porte monumentale s'ouvre à l'extrémité du croisillon septentrional; elle est ornée de grandes statues qui sont, non pas, comme on l'a cru longtemps, des rois de la dynastie capétienne, mais les ancêtres de Jésus-Christ.

En pénétrant dans l'église de Saint-Denis par le portail occidental, on trouve deux premières travées qui forment le *porche* intérieur; elles datent du temps de Suger. La *nef*, jusqu'à la hauteur de la troisième travée, a été bâtie sous le règne de saint Louis et de Philippe le Hardi. Le *sanctuaire* et l'*abside* sont divisés en treize travées dont les deux premières, à droite et à gauche, sont de la même époque que la nef; les sept *chapelles* du chœur remontent, ainsi que le mur extérieur de l'abbaye, à la construction de Suger, 1140-1144. Quant à la grande chapelle, dite *Chœur d'hyver*, et à la petite *sacristie* situées dans le bas côté à droite de la nef, elles sont de construction moderne, et ont été ajoutées de notre temps aux parties dont nous venons de parler.

A ces renseignements ajoutons maintenant les principales dimensions de l'édifice :

| | |
|---|---|
| Façade: largeur, y compris les contre-forts des faces latérales............ | 33ᵐ,50 |
| Longueur, dans œuvre... | 108 ,16 |
| Largeur la plus grande.. | 37 ,00 |
| Élévation sous clef de voûte | 28 ,92 |
| Hauteur des plus grandes fenêtres............ | 10 ,52 |
| Longueur de la nef...... | 65 ,57 |
| Largeur de la nef........ | 11 ,65 |
| Largeur des bas côtés.... | 4 ,95 |
| Hauteur de la tour restée debout ............ | 58 ,12 |

L'église de Saint-Denis, telle que nous la voyons actuellement, n'offre plus, pour ainsi dire, que l'image infidèle de ce qu'elle était autrefois. Dévastée par la Révolution, elle était sur le point de tomber sous le marteau des démolisseurs quand le Concordat vint la sauver. En 1806, un décret impérial déclara que Saint-Denis serait la sépulture de la dynastie napoléonienne. Le chapitre fut reconstitué, et l'Empereur ordonna que le monument serait entièrement restauré. On se mit à l'œuvre, et des travaux considérables furent exécutés. Mais, en 1837, la foudre frappa la grande flèche. Il fallut en reconstruire plus de la moitié, et quelques années plus tard, en 1846, on fut forcé de la descendre, parce qu'elle s'était affaissée sur elle-même et que la tour qui la supportait menaçait ruine. Tandis que l'édifice se trouvait ainsi dégradé, on appliquait à l'ornementation intérieure des sommes considérables, et il se trouva, en fin de compte, que de 1806 à 1847, on avait dépensé 7 267 000 francs, pour n'avoir qu'un monument incomplet, et des décorations qui, sous le rapport historique et archéologique, laissent beaucoup à désirer. Sans doute, au premier coup d'œil, l'église, telle que l'ont faite les travaux modernes, présente un aspect magnifique. Des vitraux coloriés ornent toutes les fenêtres. Des bas-reliefs, des statues, des boiseries arrêtent à chaque pas l'attention; l'or et l'azur brillent partout dans les chapelles du rond-point. Mais, par malheur, cette ornementation splendide n'est plus celle de la vieille église; c'est un musée dans lequel on a installé des monuments de tous les âges et de toutes les origines, et surtout ceux qui avaient été réunis dans les salles des Petits-Augustins, au moment

[L'église de Saint-Denis (façade).

de la Révolution. Quelques églises de l'Allemagne elle-même ont fourni leur contingent, et de plus, des restaurations malencontreuses ont souvent réuni, en les défigurant, les débris les plus différents entre eux par leur âge et leur origine ; mais il faut reconnaître qu'on trouverait difficilement ailleurs une plus riche collection d'archéologie religieuse. Nous n'avons point du reste à faire ici des critiques de détail, mais seulement à prémunir les visiteurs contre les erreurs archéologiques, et, cette réserve faite, nous allons parler d'abord des objets d'art et d'archéologie les plus remarquables qui se trouvent dans l'église haute. Tant de souvenirs et tant de monuments sont pour ainsi dire entassés sous ses voûtes, que nous sommes obligés d'établir des classifications, et, dans notre visite, de revenir plusieurs fois sur nos pas, comme nous serons également obligés de revenir quelquefois sur les mêmes époques. Nous devons ajouter que l'ordre dans lequel sont classés les monuments historiques et archéologiques n'est probablement que provisoire, et que de grands projets de remaniement sont à l'étude [1].

[1]. Depuis que M. Viollet Leduc, l'habile architecte qui a si bien restauré Notre-Dame, a été nommé architecte de l'église Saint-Denis, il s'est occupé d'un nouveau projet de restauration de cette église, projet d'après lequel les choses seraient autant que possible rétablies dans l'état où elles se trouvaient avant la Révolution. Le but principal de ce projet est de rendre au monument son caractère historique, et de faire disparaître tous les anachronismes commis par les architectes et les artistes chargés des premières restaurations. Tous les plans sont faits, mais jusqu'à ce jour l'argent a manqué.

Après avoir franchi le porche intérieur, si nous commençons notre visite par le bas côté de gauche, c'est-à-dire par le bas côté du nord, nous rencontrons successivement, à partir de la seconde travée, cinq chapelles. Voici ce qu'elles contiennent de plus remarquable :

1° *Chapelle de la Madeleine*; statue d'Henri II, par Germain Pilon. Cette statue est devenue dans les récentes restaurations un Christ au tombeau ; chapiteaux carlovingiens en marbre ; statues du Christ et de Madeleine (XIV° siècle) ; retable en bois, sur lequel est sculptée la Passion (XVI° siècle).

2° *Chapelle de Saint-Hippolyte*; le martyre de ce saint ; bas-relief en pierre peinte, XIII° siècle ; les actes des Apôtres, bas-reliefs en pierre datés de 1543 et provenant de l'église abbatiale de Saint-Pierre de Chartres ; retable en pierre (XIV° siècle).

3° *Chapelle de Saint-Philippe*; scènes de la vie de saint Denis, bas-reliefs en marbre, XIV° siècle ; trois bustes en pierre de saint Denis et de ses compagnons (XIV° siècle).

4° *Chapelle de Saint-Martin*; la vie de saint Eustache, sculptée en pierre, XIV° siècle.

5° *Chapelle de la Sainte-Trinité*; la Passion, pierre peinte du XIV° siècle; les sujets sont encadrés par une élégante architecture ; devant de l'autel, grand bas-relief en pierre noire, XVI° siècle ; le Christ et les Apôtres, sculpture provenant de l'église des Mathurins à Paris ; chapiteaux en marbre blanc du style carlovingien.

6° *Ancienne chapelle de Saint-Hippolyte.* Voir ci-dessous Tombeaux.

transsept; crucifix du XIIe siècle. Les chapelles sont modernes, mais le crucifix en cuivre et en argent que l'on remarque sur leurs autels datent du XVIe siècle.

*Chapelles absidales.* Ces chapelles, richement peintes et dorées, sont disposées sur tout le pourtour du chœur, ou ce qu'on appelle les *bas côtés du chœur*. Voici ce qu'on y trouve, en continuant toujours la visite par le côté du nord. Plusieurs ne sont pas visibles en ce moment. M. Viollet-Leduc en a commencé la restauration; il en refait les peintures, les ornements, les autels, il en baisse le sol; il s'efforce en un mot de les rétablir telles qu'elles étaient autrefois.

*Chapelle de Saint-Louis;* à l'autel le Christ et les apôtres, bas-relief en pierre du XIIe siècle; inscription curieuse.

Une belle porte provenant de Gaillon ferme la *sacristie des chantres.*

*Chapelle de Saint-Lazare;* fragment de tombeau chrétien du VIe siècle, formant devant d'autel. C'est la plus ancienne sculpture de toute l'église.

*Chapelle de Saint-Maurice;* chapiteau du style carlovingien en marbre blanc.

Les *chapelles Saint-Benoît, de la Vierge* et de *Sainte-Geneviève* sont fermées au public; on travaille à leur restauration.

*Chapelle de Saint-Eugène;* l'Église et la Synagogue, figures en pierre peinte, XIVe siècle.

*Chapelle de Saint-Grégoire;* devant d'autel appartenant à la seconde moitié du XIIIe siècle et gâté par des figures modernes.

*Chapelle de Saint-Louis;* elle a été convertie en sacristie et en trésor.

*Chapelle de Saint-Jean-Baptiste;* grilles du XIIIe siècle; boiseries du château Gaillon; saint Jean dans le désert, bas-relief de Germain Pilon; niche de bois sculpté; retable en pierre coloriée; chapiteau à feuillages délicats (XIVe siècle); saint Jean-Baptiste, statuette en marbre par M. Feuchères, etc.

Lorsqu'après avoir visité les chapelles de l'abside, nous redescendons dans la nef, nous voyons les cinq travées du bas côté méridional occupées par une longue chapelle, également peinte et dorée; c'est le *chœur d'hyver*. On y remarque, entre autres, de magnifiques stalles en bois sculpté, provenant de Saint-Lucien de Beauvais, et dont les dessins sont formés des boiseries du château Gaillon (XVe siècle); un bas-relief du XIVe siècle (devant d'un autel latéral); une grille du XIIIe siècle; de belles boiseries; un tableau de Crayer (le martyre de saint Denis), etc.

*Vitraux.* De toutes les magnifiques verrières qui décoraient la basilique de Saint-Denis avant la Révolution, il ne reste aujourd'hui que quelques fragments qui se trouvent dans la chapelle de Saint-Eugène et dans celle de la Vierge. Les vitraux de cette dernière chapelle représentent des sujets tirés de la vie de Moïse et de l'Apocalypse. Ils sont du temps de Suger, et ils offrent avec la figure de cet abbé les légendes explicatives qu'il y avait fait placer. Quelques anciens fragments recueillis de divers côtés se voient encore sur plusieurs autres points. Mais la plus grande partie des verrières a été faite de notre temps, et, il faut le dire, d'une manière très-défectueuse. Ces verrières représentent la série chronologique des rois et des reines de France jusqu'au roi Louis-Philippe inclusivement; celle des abbés de Saint-Denis; des sujets empruntés à l'histoire des croisades, à celle de l'Église, etc.

« Nous ne pensons pas, dit M. le baron de Guilherny[1], que ces vitraux aient nulle part leurs pareils en laideur et en difformité. »

### Sépultures royales et princières de Saint-Denis depuis les premiers temps jusqu'à la Révolution.

Dès les premiers âges du christianisme, l'inhumation dans les églises fut regardée comme une sanctification. Les morts s'y trouvaient protégés par les lieux mêmes où s'abritaient leurs tombeaux. Ils assistaient du fond de leur cercueil à la célébration des saints mystères, et, dans le sanctuaire même de la prière, ils se recommandaient aux souvenirs des vivants. Il était donc tout naturel que des princes chrétiens voulussent reposer dans une église chrétienne, et, comme Saint-Denis

[1]. *Monographie de l'église royale de Saint-Denis, tombeaux et figures historiques*, par le baron de Guilherny, membre du comité des arts et monuments, dessins par Charles Fichot, avec des plans. Paris, Didron. Ce remarquable ouvrage, qui nous a fourni un si grand nombre de renseignements, est indispensable à tous les archéologues désireux de faire une étude approfondie de la basilique de Saint-Denis; il se vend dans l'église. M. le baron de Guilherny a publié aussi chez M. Bance, l'éditeur du *Dictionnaire raisonné de l'architecture française du XI° au XVI° siècle*, par M. Viollet Leduc, un *Itinéraire archéologique de Paris* que nous sommes heureux de pouvoir recommander également aux étrangers.

était le patron de la France, il était naturel encore qu'ils choisissent de préférence la basilique de Saint-Denis. Les trois dynasties qui ont régné sur la vieille France s'y trouvaient représentées, la première, par Dagobert et sa femme Nanthilde, ses fils Sigebert II et Clovis II; la seconde, par Pépin, Charles le Chauve, le roi Eudes, qui défendit Paris contre les Normands; la troisième enfin, par dix-huit reines et vingt-neuf rois, sur les trente-deux qui la composent depuis Hugues Capet jusqu'à Louis XV.

Avant la Révolution, l'église haute de Saint-Denis contenait cinq chapelles sépulcrales, vingt et un sarcophages avec statues, une colonne funéraire, et quatre tombes plates. Aucun de ces monuments n'était antérieur au XIII° siècle, ni postérieur au XVI°; car, à dater du règne d'Henri II, on n'éleva plus de tombeau dans la partie supérieure de l'église, et, dès ce moment, les corps, placés dans des cercueils de plomb, furent rangés dans les caveaux à côté les uns des autres sur deux lignes de tréteaux de fer. On en comptait cinquante-quatre, depuis Henri IV jusqu'au fils aîné de Louis XVI, mort le 4 juin 1789. Un jeune fils de Childéric et de Frédégonde, mort en 580, à Braines, près de Soissons, fut le premier prince de sang royal inhumé à Saint-Denis. Dans les âges suivants, les princes qui n'étaient point appelés à régner ne furent admis que par exception dans la sépulture royale. On les enterra le plus ordinairement dans les églises de leurs domaines; mais les rois, par une dérogation qui les honore, accordèrent quel-

L'église de Saint-Denis, côté septentrional.

quefois à des hommes qui avaient rendu de grands services au pays, entre autres à Duguesclin et à Turenne, l'honneur d'une sépulture qu'ils refusaient même à ceux qui étaient nés près du trône.

Le 31 juillet 1793, Barrère, au nom du comité de salut public, proposa devant la Convention de détruire, pour célébrer l'anniversaire du 10 août, les monuments funèbres qui rappelaient la mémoire des rois. La motion fut adoptée, et bientôt commença l'une des plus terribles profanations dont l'histoire ait gardé le souvenir. Au mois d'août suivant, on détruisit les monuments qui se trouvaient dans l'église haute; le 12 octobre on commença à fouiller les caveaux et la terre, et les exhumations durèrent jusqu'au 25 du même mois. Le bronze des tombeaux fut fondu pour faire des canons, et le plomb des cercueils pour faire des balles. Les restes des rois furent jetés pêle-mêle dans de grandes fosses creusées dans le cimetière dit des Valois, à gauche de l'église, et qui, entouré d'un mur à hauteur d'appui surmonté d'une grille, contient aujourd'hui des matériaux de construction. L'Institut ayant délégué un ancien bénédictin, dom Poirier, pour surveiller les fouilles et tenir note des découvertes, ce savant s'acquitta de sa tâche avec beaucoup d'exactitude, et nous savons aujourd'hui, par le procès-verbal qu'il a dressé, ce que la mort avait fait des rois. Les restes d'Henri II et de Catherine de Médicis reparurent au jour, vêtus de leurs habits royaux. Henri IV, dans un parfait état de conservation, gardait encore la moustache et la trace du couteau de Ravaillac.

Louis XIV était reconnaissable aux traits du visage, et Louis XV ne présentait plus qu'une masse infecte, réduite en putréfaction liquide. Turenne, qui repose aujourd'hui aux Invalides, fut retrouvé intact avec le boulet qui l'avait tué. Le corps de ce grand homme ne fut point jeté, comme ceux des rois, dans la fosse commune. On le porta au Jardin des Plantes, où il resta pendant six mois aux mains d'un des gardiens, qui le montrait pour de l'argent.

La plupart des cercueils des princes morts avant le XIV$^e$ siècle étaient en pierre; aux époques subséquentes ils étaient en plomb. On trouva, au fond de ceux qui dataient du moyen âge, une foule d'objets précieux, entre autres le suaire en soie de Dagobert, le suaire tissu d'or de Louis VIII, des sceptres, des couronnes, des anneaux, et les quenouilles en bois des reines Jeanne de Bourgogne et Jeanne de Bourbon; tous ces débris ont été perdus sans retour, et il ne serait rien resté de ce royal hypogée, si le respectable Alexandre Le Noir n'avait demandé grâce pour les tombeaux de marbre et les statues de pierre qui ornaient les sarcophages, et qui furent par ses soins déposés au musée des Petits-Augustins. De pareils outrages exigeaient une réparation solennelle. Elle eut lieu en 1817. Le 13 janvier de cette année, on commença des fouilles pour retrouver les restes des rois ensevelis sous des décombres et des remblais. Cette opération se fit en présence de vingt-cinq chanoines et de vingt-cinq gardes du corps, qui se relevaient toutes les vingt-quatre heures: le 18 on creusa les fosses que la Révolution avait ouvertes, et le lendemain les ossements furent réintégrés dans des caveaux préparés à l'intérieur de l'église.

Sur les cent soixante-sept monuments funéraires qui ont été replacés dans la crypte et dans l'église supérieure, cinquante-deux seulement s'y trouvaient avant la Révolution : cinquante-trois sont

Intérieur de l'église de Saint-Denis.

neufs, ou composés avec des fragments; treize sont d'une origine inconnue; les autres proviennent de diverses églises de Paris, ou d'abbayes détruites au moment de la Révolution. Il suffit d'énoncer ces faits pour montrer combien le caractère historique et primitif du monument a été méconnu par les architectes et les artistes qui ont donné le plan de restauration et dirigé les travaux.

Les monuments funèbres sont distribués entre l'église haute et les cryptes. L'église, par laquelle nous allons commencer notre visite, en contient trente-huit. Nous parlerons des plus remarquables.

ÉGLISE HAUTE.

*Porche intérieur.* Côté nord, *tombeau de Dagobert.* La statue de ce roi, représenté mains jointes et couché, est moderne. Le reste du monument est du xiii° siècle. Sur les bas-reliefs on voit saint Denis révélant à un anachorète nommé Jean, pendant qu'il dort, que l'âme de Dagobert est tourmentée par les démons. Des diables, de la figure la plus hideuse, emportent dans une barque et maltraitent cette pauvre âme, qui est figurée par un enfant nu avec une couronne. Saint Denis, saint Martin et saint Maurice viennent au secours du roi, et mettent les diables en fuite. L'âme délivrée s'élève vers le ciel, soutenue sur une nappe que saint Denis et saint Martin tiennent chacun par un bout. Malgré les nombreuses dégradations qu'il a subies, ce tombeau passe peut-être à juste titre pour l'un des plus anciens monuments du moyen âge, non-seulement comme œuvre d'art, mais encore par le caractère allégorique de son ornementation. Quant au *tombeau de la reine Mathilde*, qui se trouve en face de celui-ci, dans la partie sud du porche intérieur, ce n'est qu'une des faces de ce même tombeau de Dagobert, qu'on a sciée en 1816, et qu'on a dénaturée par les rajustements les plus malencontreux.

Ancienne chapelle de *Saint-Hippolyte*. Côté nord de la nef. *Tombeau de Louis XII et d'Anne de Bretagne sa femme*. Le roi et la reine sont représentés deux fois : nus et tête de mort, sur le sarcophage vivants et agenouillés, sur la plateforme du tombeau. On y voit entre autres bas-reliefs, l'entrée de Louis XII à Milan, le 6 octobre 1499; le passage des montagnes de Gênes, avril 1507; la bataille d'Aignadel gagnée sur les Vénitiens le 14 mai 1509. On a cru longtemps que ce magnifique tombeau avait été exécuté à Venise par Paul Ponce. Il paraît certain aujourd'hui qu'il a été fait à Tours, sous la direction d'un Français, Jean Juste, et terminé dans cette ville en 1591. La même chapelle renferme encore le *tombeau d'Henri II et de Catherine de Médicis.* C'est l'œuvre de Germain Pilon.

*Chapelle Saint-Michel.* Côté sud de la nef. *Tombeau de François I° et de Claude de France.* Ce monument, l'un des plus splendides de la Renaissance, a été commencé en 1552, sous la direction de Philibert Delorme. La partie sculpturale est l'œuvre de Germain Pilon, Edme Bontemps, Ambroise Perret, Jacques Chantrel, Bastien Galles et Jean de Bourges. Les bas-reliefs représentent les principaux faits des campagnes de François I°, Marignan, Cérisoles, etc. Les figures agenouillées sur la plate-forme sont celles de François I° et de Claude de France, sa femme, du dauphin François et de Charles d'Orléans, leur fils, et de Charlotte de France, leur fille.

*Transsept à gauche.* Côté nord. Colonne de François II, érigée par

...rles IX dans l'église des Célestins de Paris. Colonne dite d'Henri III, érigée en 1594 dans l'église ... Saint-Cloud.

*Transsept à droite.* Côté sud. Colonne du cardinal de Bourbon, fin ... xvi° siècle.

*Tombeaux du chœur.* Les monuments de cette partie de l'église ne sont pour la plupart que des œuvres modernes, et des rajustements, excepté toutefois le tombeau de Duguesclin, dans la chapelle de Saint-Jean-Baptiste, et celui du connétable Louis de Sancerre ; encore faut-il remarquer que les inscriptions et les armoiries sont modernes.

Tombeau de Louis XII et d'Anne de Bretagne.

*Bas côté du sud.* Chœur d'hiver. Cette partie renferme quelques pierres tumulaires des abbés de Saint-Denis.

CRYPTE DE L'ÉGLISE SOUTERRAINE.

Cette crypte, située sous le chœur de l'église, a subi, à diverses époques, de nombreux remaniements. On y pénètre de l'église supérieure, par deux galeries dont une grille ferme les portes ; et qui débouchent, par un retour en angle droit, sur une seconde galerie que termine un rond-point où se trouvent sept chapelles correspondant aux chapelles de l'église haute. La partie centrale est occupée par le caveau royal, qui avait été approprié au XVIIe siècle à la sépulture des Bourbons, et qui formait antérieurement à cette époque le sanctuaire de la crypte. Les chapelles du rond-point datent du temps de Suger, et elles offrent même çà et là quelques vestiges des constructions antérieures.

Il faudrait tout un volume pour expliquer, au point de vue historique et archéologique, tous les monuments qui sont réunis dans les caveaux, et ce travail serait d'autant plus long qu'on aurait à rectifier bien des erreurs; nous devons donc nous borner ici à des indications générales, en prévenant nos lecteurs que, pour les premiers siècles de la monarchie française, aucun des monuments n'est contemporain des personnages dont ils consacrent le souvenir, que, pour les âges postérieurs, quelques-uns sont d'une exécution moderne, que d'autres ont été récemment composés de fragments d'origine très-différente, et que plusieurs des princes et des rois qui y sont représentés n'ont jamais eu leur sépulture à Saint-Denis, ce qui enlève complétement à la crypte son caractère historique.

En pénétrant dans la crypte, on trouve, dans les quatre premières salles, les monuments consacrés aux dynasties mérovingienne et carlovingienne; mais aucun de ces monuments n'est contemporain de ces dynasties. Voici dans cette série ce qu'il y a de plus notable.

Clovis Ier, fin du XIIe siècle ou commencement du XIIIe; pierre tombale de Childebert Ier; tombe en mosaïque de Frédegonde; Clovis II, Charles Martel, Pépin et Berthe, effigies funèbres, exécutées vers 1263, par ordre de saint Louis.

Après avoir franchi la dernière des quatre salles de la première galerie, nous rencontrons le tombeau du fondateur de la dynastie capétienne, qui date, comme ceux dont nous venons de parler, du règne de saint Louis. A peu de distance et en avançant vers la droite, se trouve le caveau où ont été déposés, en 1817, les restes que la Révolution avait profanés et rejetés dans les fosses du cimetière des Valois. Vient ensuite, au fond du même corridor, un second caveau qui contient les cercueils de Louis VII et de Louise de Lorraine, femme d'Henri III. Nous retournons de là sur nos pas pour remonter vers le rond-point, et, en arrivant aux chapelles de l'hémicycle, nous marchons entre un double rang de tombeaux, les uns disposés dans ces petites chapelles, les autres adossés aux murs du caveau royal, qui se trouve, comme nous l'avons dit, au centre de la crypte. A côté des moulages modernes, qui n'offrent souvent qu'un médiocre intérêt, nous signalerons plus particulièrement, dans cette partie de l'hémicycle, les tombeaux de Philippe, frère de saint Louis, et de Louis, fils du même roi; ce sont les premiers de ceux que nous avons vus jusqu'à présent qui soient contemporains des personnages auxquels ils sont consacrés. Le monument commémoratif de la bataille de Bouvines a été érigé en 1373, par la confrérie des sergents d'armes. La statue de Philippe le Hardi est remarquable surtout en ce qu'elle est considérée comme ouvrant, à Saint-Denis, la série des portraits authentiques des rois.

Au centre du rond-point est placée la *chapelle expiatoire*, dont l'ornementation est en partie moderne. On y voit des inscriptions contenant les noms de tous les personnages qui, depuis les premiers temps jusqu'à nos jours, ont reçu la sépulture à Saint-Denis.

Viennent ensuite les trois dernières chapelles de l'hémicycle, où se continue, ainsi que sur les murs du collatéral, la série des rois et reines du xiv° siècle; pour la seconde moitié de ce siècle, la plupart des effigies sont contemporaines et très-inférieures à celles qui ont été exécutées sous le règne de saint Louis.

A partir de la dernière chapelle

Crypte de Saint-Denis.

absidale de la crypte du côté sud, on entre, en marchant droit devant soi, dans une galerie qui contient le tombeau de la maison d'Orléans, exécuté par ordre de Louis XII. Ce morceau, du plus beau style de la Renaissance, est surtout remarquable par l'admirable exécution des statues de Louis de France, duc d'Orléans, et de Valentine de Milan, sa femme. Au fond de la même galerie se présente, fermé par une grille de fer, le caveau des Condé, et c'est là que repose, enveloppé dans le mystère de la mort, le dernier représentant de cette race illustre. A partir de ce caveau, on revient sur ses pas, et on entre dans la galerie, par laquelle on remonte dans l'église haute. A cette galerie s'ajoute une chapelle latérale, contiguë à l'escalier de sortie, et qui renferme quelques morceaux très-remarquables, entre autres le vase du cœur de François Ier, et les statues d'Henri II et de Catherine de Médicis, exécutées par Germain Pilon. Quant aux autres monuments qui figurent dans cette partie de la crypte, ce ne sont en général que des espèces de cénotaphes commémoratifs élevés aux derniers princes de la maison de Bourbon.

### CAVEAU CENTRAL.

Ce caveau, récemment éclairé et aéré par diverses ouvertures que M. Viollet-Leduc y a fait pratiquer, ne s'ouvre point pour le public. On y pénètre par un escalier de quatorze marches que ferment dans l'église haute trois pierres placées dans le croisillon du midi. Au bas de cet escalier se trouve, placé sur un tréteau de fer, le cercueil de Louis XVIII; car c'est là que les rois, suivant l'antique cérémonial, devaient attendre leur successeur avant d'être descendus pour toujours dans la grande salle funéraire, qui s'ouvre à quelques pas plus loin au fond d'une étroite galerie. Cette salle renferme des cercueils contenant les restes de Louis XVI et de Marie-Antoinette, de Mesdames Victoire et Adélaïde de France, du duc de Berry et de deux de ses enfants, morts peu de temps après leur naissance.

### SOUVENIRS HISTORIQUES DE L'ÉGLISE DE SAINT-DENIS.

Nous ne pouvons rappeler ici tous les souvenirs qui se rattachent à l'église que nous visitons, et s'il fallait nommer tous les personnages illustres qui se sont succédé, morts ou vivants, sous ses voûtes, nous dépasserions de beaucoup les limites d'une simple notice; nous devons donc nous borner à quelques indications.

En 754, Pépin est sacré à Saint-Denis par le pape Étienne III; en 834, Louis le Débonnaire, condamné l'année précédente à la pénitence publique, vint s'y dépouiller, devant une assemblée d'évêques, du cilice dont il était revêtu, et reprendre les ornements impériaux. En 1429, Jeanne d'Arc, blessée devant Paris, dépose sur l'autel son épée et son armure de guerre; et quelques années plus tard, Charles VII, à qui l'héroïne a rendu un royaume, y vient remercier Dieu de l'expulsion des Anglais. François Ier, en 1529, visite avec Charles-Quint l'église et les tombeaux, et, à la fin du même siècle, le 29 juillet 1593, Henri IV y abjure le protestantisme entre les mains de l'évêque de Bourges, puis reçoit l'absolution des mains de ce prélat.

### CÉRÉMONIAL DES FUNÉRAILLES DES ROIS.

Les solennités funèbres de la royauté formaient autrefois, comme les solennités du sacre, tout un drame majestueux dont chaque acte et chaque scène avait une signification allégorique. Toutes les classes de la société s'y trouvaient représentées, comme pour dire adieu au prince qui descendait dans la tombe, et saluer l'avénement de son successeur, car le deuil et la joie de la nation se révélaient presque simultanément dans ce cri des hérauts d'armes auquel la foule répondait par une immense acclamation : *Le roi est mort; vive le roi!* L'histoire a gardé le souvenir de la magnificence avec laquelle furent célébrées, à diverses époques, les obsèques de quelques-uns de nos rois ; entre autres celles de Louis VI, 1137 ; — de saint Louis, 1270 ; — de Charles VII, 1461 ; — de Louis XII, 1515 ; — de François Ier, 1547. Aussi longtemps que la royauté conserva aux yeux des peuples son prestige presque divin, les enterrements des rois eurent un caractère saisissant de tristesse religieuse et de majesté ; mais peu à peu les antiques traditions s'affaiblirent, puis, à la manière dont furent célébrées les funérailles de Louis XIV et de Louis XV, on pouvait déjà deviner la chute prochaine de la vieille monarchie. Ce dernier prince fut emporté sans appareil aucun dans un carrosse de chasse, et, quand sa fille aînée, Madame Henriette de France, qu'il aimait tendrement, et qui mourut dans la fleur de sa jeunesse, fut portée à Saint-Denis, les soldats de la maison du roi qui faisaient cortége à ses restes s'amusaient pendant la route à lancer dans la foule les torches funèbres qu'ils tenaient à la main, et à brûler les perruques des assistants, qui leur répondaient par des rires et des insultes, comme si ce peuple, qui devait bientôt jeter au vent la poussière des rois, se fût essayé au convoi de cette jeune femme à mépriser la sainteté de la mort. Après de longs jours d'indifférence et d'oubli et une longue interruption des solennités funèbres, on vit reparaître l'antique cérémonial aux funérailles de Louis XVIII, qui furent célébrées le 23 mai 1823.

TRÉSOR DE SAINT-DENIS.

D'immenses richesses s'étaient accumulées pendant des siècles dans la basilique des Trois-Martyrs, car les rois y avaient presque tous déposé quelque tribut de leur munificence ; outre de nombreuses reliques, l'église possédait des croix d'or données par Charles le Chauve et par Philippe Auguste ; des vases d'agate, de cristal de roche et de porphyre ; quinze reliquaires d'or et de vermeil ; des châsses enrichies de pierreries ; des statues d'argent, etc. On y conservait en outre une foule d'objets historiques, qui formaient à côté du trésor religieux un véritable musée. C'étaient les mitres et les crosses des anciens abbés de Saint-Denis ; les insignes royaux qui avaient figuré, soit aux sacres, soit aux funérailles des rois et des reines ; une couronne, un sceptre, une épée et des éperons que la tradition attribuait à Charlemagne ; la chaise romaine en bronze connue sous le nom de fauteuil de Dagobert ; la main de justice de saint Louis ; l'épée de Jeanne d'Arc ; les habits que Louis XIV portait lors de son sacre, etc. Un des objets les plus précieux et les plus vénérables de ce reliquaire historique était, sans contredit, la bannière même de l'église, bannière connue sous le nom d'*oriflamme*, et qui servit pendant plusieurs siècles d'étendard de guerre aux rois de France, lesquels, on le sait, avaient adopté d'abord pour drapeau la chape de saint Martin. L'oriflamme était un pennon de taffetas rouge semé de fleurs de lis d'or, qui se terminait par trois pointes garnies de houppes vertes. Les rois de France, en partant pour la guerre, venaient en grande pompe la recevoir des mains de l'abbé, et à leur retour ils la déposaient de nouveau devant l'autel. Louis VI fut le premier qui en fit usage en 1124. Louis VII et Louis IX la portèrent aux Croisades, et Philippe Auguste à Bouvines. L'oriflamme a disparu tout à coup au xv° siècle, sans qu'on sache ce qu'elle est devenue. On a dit qu'elle avait été prise à Azincourt, mais elle est encore mentionnée postérieurement à cette date comme existant dans le trésor de Saint-Denis. Ce qu'il y a de certain, c'est qu'en 1437 Charles VII fit son entrée à Paris avec une bannière blanche, et que c'est là la première apparition du drapeau blanc dans l'histoire, et de la couleur blanche comme emblème de la royauté.

La plupart des objets précieux qui composaient le trésor furent dispersés ou fondus au moment de la Révolution. En 1793, la ville de Saint-Denis, qui avait changé son ancien nom en celui de *Franciade*, envoya une députation à la barre de la Convention pour y déposer les crucifix, les ostensoires et les reliquaires, et cette députation adressa aux restes des saints conservés dans les reliquaires cette bizarre allocution : « O vous ! instruments de fanatisme ! saints bienheureux de toute espèce, soyez enfin patriotes, levez-vous en masse, sauvez la patrie en allant fondre à la Monnaie, et faites, dans ce monde, notre bonheur que vous vouliez faire dans l'autre. »

Tels sont les souvenirs qui se rapportent à l'église de Saint-Denis, et, pour en finir avec le monde du passé, il nous reste maintenant à parler de l'abbaye.

### ABBAYE DE SAINT-DENIS.

Cette célèbre maison religieuse, dont l'histoire est intimement liée à celle de l'Église, a compté, depuis 627 jusqu'au cardinal de Retz, soixante-treize abbés. Dagobert lui fit de grandes largesses, et lui donna entre autres cent vaches par an et huit mille livres de plomb pour l'entretien des couvertures; en 653, Clovis II lui accorda le droit d'asile, même pour les crimes de lèse-majesté; mais ce fut sous le règne de saint Louis qu'elle atteignit à son apogée : elle eut à cette époque Suger pour abbé, et, comme cet homme illustre était en même temps régent du royaume, il profita de sa haute position pour l'enrichir, l'embellir et en faire un centre de fortes études; il chargea quelques-uns des religieux les plus instruits de recueillir les documents relatifs à l'histoire de France, en même temps qu'ils écrivaient les chroniques de l'abbaye; on compila d'abord les anciens ouvrages, et plus tard le récit fut continué parallèlement aux événements jusqu'en l'année 1456. Ce travail, qui fut longtemps comme l'histoire officielle de notre pays, et qui a été reproduit par l'impression dès la fin du xv° siècle, est connu des savants sous le nom de *Grandes chroniques de Saint-Denis*. Nous devions en tenir note, parce que c'est le premier travail collectif et suivi qui ait été entrepris sur notre histoire par un ordre religieux.

L'abbaye de Saint-Denis jouissait de très-grands priviléges; elle ne relevait point de l'ancien évêché de Paris, et l'abbé était membre-né du parlement. Les rois eux-mêmes, Charles le Chauve, le roi Eudes, Robert, se firent gloire de porter le titre d'abbé de Saint-Denis, et Robert n'avait pas de plus grand plaisir que d'aller, lors des grandes fêtes, chanter au lutrin avec les religieux. Les princes de la seconde dynastie avaient pour habitude de s'y faire porter quand ils étaient malades, et, pendant tout le moyen âge, les rois, les princes et les nobles confièrent aux religieux l'éducation de leurs enfants. C'est cette prédilection des personnages les plus illustres de notre histoire qui explique les richesses immenses de l'abbaye, richesses qui d'ailleurs reçurent souvent la plus utile destination; car on vit pendant les famines les abbés nourrir à leurs frais un grand nombre d'habitants de Paris. Cette haute faveur ne fit cependant que décroître par la suite des siècles. En 1692, le cardinal de Retz, dernier abbé commendataire, étant mort, Mme de Maintenon fit attribuer à la maison de Saint-Cyr les cent mille francs de rente de la maison abbatiale; les moines se retirèrent dans la maison de Saint-Maur, et les trois cents bénédictins du XIVe siècle furent remplacés par une vingtaine d'historiens qui tenaient un collège. Aujourd'hui les bâtiments de l'abbaye, qui sont de construction moderne, sont occupés par la maison de la Légion d'honneur.

MAISON DE LA LÉGION D'HONNEUR.

Au mois de mars 1809, l'empereur Napoléon institua plusieurs pensionnats pour l'éducation d'un certain nombre de jeunes personnes, filles ou proches parentes de membres de la Légion d'honneur. Le nombre fut fixé à 600 par le décret, mais il fut bientôt porté jusqu'à 800. Dans l'origine, les pensionnaires étaient réparties entre Saint-Denis et Écouen, et elles y restaient jusqu'à l'âge de 18 ans; en 1814, une ordonnance de Louis XVIII supprima la maison d'Écouen pour l'adjoindre à la maison de Saint-Denis, et depuis lors, cette magnifique institution a réuni, sous une seule et même direction, toutes les jeunes filles, parentes de légionnaires, auxquelles leur situation de fortune permettrait difficilement de recevoir ailleurs une éducation en rapport avec leur position sociale.

DE SAINT-DENIS A ENGHIEN.

En quittant la station de Saint-Denis on traverse successivement la route qui conduit de la ville à l'île, le canal, le Rouillon, une route départementale, le fort la Briche, et enfin la route de Paris au Havre. Dans ce trajet, la Seine apparaît un moment sur la gauche; à droite, l'attention est attirée par les établissements industriels de Saint-Denis. Plus loin on remarque sur la droite Villetaneuse et sur la gauche Épinay, avant de s'arrêter à la station de ce nom.

2ᵉ STATION. — ÉPINAY.

*Distances.* La station d'Épinay est à : 3 kil. de celle de Saint-Denis, 10 kil. de la gare de Paris. — Épinay est à : 1 kil. 200 mèt. de sa station, 4 kil. 100 mèt. de Saint-Denis, 2 kil. d'Enghien, 4 kil. d'Argenteuil, 13 kil. 600 mèt. de Paris.

*Omnibus.* A tous les trains, de la station à Épinay. 20 cent. par place.

**Épinay** est un village du département de la Seine, arrondissement de Saint-Denis, agréablement situé sur la rive droite de la Seine et traversé par la route de Paris au Havre. Sa population dépasse 1200 habitants. Il a vu naître le maréchal Maison. Il est fort ancien. Dagobert y avait, dit-on, un château. Après avoir appartenu aux Montmorency, il tomba en la possession de l'abbaye de Saint-Denis, puis il lui échappa au commencement du xv° siècle. En 1741 la seigneurie fut achetée par un fermier général, M. de La Live de Bellegarde, qui y maria sa fille au comte d'Houdetot. Ses plus belles maisons de campagne ont eu pour propriétaires le comte de Lacépède, M. de Sommariva, Mme de Montmorency-Luxembourg, duchesse de Beaumont, etc. Elles appartiennent aujourd'hui à M. le baron Gautier d'Hauteserve, à M. Pinard, à M. le comte Dejean, à M. Pouillet, etc. L'*église* a été bâtie par le duc de Bourbon, prince de Condé, et dédiée le 21 avril 1743.

Au delà de la station d'Épinay, on découvre sur la droite les coteaux de Montmorency, sur la gauche ceux de Sannois. On sort du département de la Seine pour entrer dans celui de Seine-et-Oise et on passe entre les hameaux de La Barre (droite) et Ormesson (gauche), avant d'entrer dans une longue tranchée qui se continue jusqu'à la station d'Enghien.

### 3ᵉ STATION. — ENGHIEN-LES-BAINS.

*Distances.* Enghien est à : 11 kil. 300 mèt. de la gare de Paris, 5 kil. de celle de la station Saint-Denis, 2 kil. d'Épinay, 800 mèt. de la Barre, 2 kil. de Deuil, 2 kil. de Montmorency, 1 kil. 800 mèt. de Soisy, 1 kil. de Saint-Gratien, 3 kil. de Sannois, 5 kil. d'Argenteuil.

*Hôtels et restaurants.* Hôtel des Quatre-Pavillons, au coin du lac et vis-à-vis de l'établissement des bains; hôtel Talma, au milieu de la chaussée qui fait face au lac ; hôtel d'Enghien ; hôtel de France ; hôtel de la Paix ; hôtel de Paris; hôtel de la Maison-Blanche, entre Enghien et Montmorency, sur la route de Saint-Denis à Eaubonne.

*Établissement des eaux minérales d'Enghien.* Chambres de 60 fr. par mois ; appartements jusqu'à 300 fr. par mois ; ils n'ont pas tous une cuisine. Il y a un restaurant dans l'établissement. — Tarif de l'eau des sources en boisson : le verre, 10 c.; le litre par emplissage, 60 c. ; la bouteille de 3/4 de litre, 45 c.; la bouteille capsulée prise au magasin, 80 c.; abonnement pour boire aux sources, par mois, 5 fr. — Tarif des bains : douches sulfureuses ou de vapeur, 3 fr. 50 c. (par abonnement, 3 fr. 20 c.) ; douches froides, 1 fr. 75 c. (par abonnement, 1 fr. 50 c.) ; bains sulfureux, 2 fr. 50 c. (par abonnement, 2 fr. 20 c.); bains d'eau douce, 1 fr. 50 c. Le prix du linge et le service ne sont pas compris dans le tarif.

*N. B.* Les locataires de l'établissement ne payent pas les eaux, si ce n'est pour les bains. Ils ont l'entrée gratuite au salon (dont l'abonnement est de 10 fr. par mois) et aux concerts, et droit à des promenades en bateau tous les jours de la semaine, les dimanches et jours de fête exceptés. Les baigneurs logés à l'hôtel des Quatre-Pavillons jouissent des mêmes conditions.

*Promenades en bateau sur le lac.* L'heure pour 1 personne, 2 fr.; 2 personnes, 2 fr. 50 c. ; 3 personnes, 3 fr.; 4 personnes, 4 fr. ; 5 personnes, 4 fr. 50; 6 personnes, 5 fr. ; 7 personnes, 5 fr. 75; 8 personnes, 6 fr. 50. Les enfants au-dessus de 4 ans payent. Il est dû 50 c. par heure au batelier. La course commence et finit à l'embarcadère. On ne peut pas débarquer.

*Chevaux et ânes pour la promenade.* Il y a plusieurs loueurs dans le village. *Omnibus de l'Union des postes,* à la

# ENGHIEN-LES-BAINS.

station du chemin de fer, pour Montmorency, pour Groslay, pour Saint-Brice et pour Saint-Gratien.
*Voitures* pour les environs. On traite de gré à gré.

A l'arrivée du convoi de Paris, en sortant de la station, on tourne à gauche, et l'on trouve à peu de distance une route qui, traversant à gauche le chemin de fer, monte à Montmorency, et qui, à droite, conduit au lac d'Enghien, en formant une rue bien bâtie, bordée d'hôtels et de petites maisons à louer. C'est cette rue qui, avec les maisons de campagne situées autour du lac, s'appelle le village d'Enghien-les-Bains.

**Enghien-les-Bains**, situé au nord-ouest de Paris, au pied des collines sur lesquelles s'élève la ville de Montmorency, ne possède

Le lac d'Enghien.

point comme celle-ci d'antiques traditions; c'est un village tout moderne et dont les rapides transformations ont quelque rapport avec l'accroissement des villes récemment fondées sur les territoires naguère déserts des États-Unis d'Amérique. Cette localité, qui est aujourd'hui l'Eden des villégiatures élégantes de la capitale, ne comptait, il y a une centaine d'années, qu'un habitant; cet habitant était un meunier. Comme Bade, Ems, Spa, Aix, Wiesbaden et toutes les villes de bains que la mode a prises sous sa protection souveraine, Enghien est aujourd'hui un rendez-vous de plaisirs, un lieu de délices pour les gens bien portants, en même temps qu'un endroit privilégié où certains malades viennent chercher la santé.

Il y a encore une trentaine d'années, un très-petit nombre de maisons seulement étaient venues se grouper dans le voisinage. Le lac silencieux n'était traversé par aucune voile, et ses bords étaient tout couverts de roseaux, peuplés de canards, de judelles, de poules d'eau.... à l'exception de quelques points par lesquels on pouvait l'aborder et s'y baigner à sa guise, grâce à la solitude du lieu. Cette faveur n'existe plus aujourd'hui; elle a dû être retirée depuis l'affluence des promeneurs. Mais si l'on ne se baigne plus aujourd'hui dans les eaux du lac, Enghien n'en est pas moins une ville de bains renommée; et c'est une bonne fortune singulière qu'une source d'eau minérale, d'un emploi salutaire pour certaines maladies, située tout près de Paris, dans une vallée riche et pittoresque et dans le voisinage d'une belle nappe d'eau qui, avec sa ceinture de villas élégantes, contribue à l'agrément de l'aspect et des promenades. Avec de pareils avantages, réalisés à quelques kilomètres de la capitale, la localité d'Enghien-les-Bains devait prendre, et a pris, en effet, un brillant développement auquel le chemin de fer a contribué, et que l'avenir ne fera qu'augmenter.

Un savant physicien du XVIIIe siècle, l'oratorien Cotte, qui fut curé de Montmorency en 1773, porta le premier son attention sur le ruisseau d'eau sulfureuse qui s'écoulait près du moulin, et adressa, en 1766, une lettre à ce sujet à l'Académie des sciences; découverte d'autant plus intéressante, que les eaux sulfureuses, recommandées comme agent thérapeutique, se trouvent à une grande distance de Paris. Fourcroy publia, en 1788, l'analyse chimique des eaux d'Enghien. Mais plusieurs années d'abandon devaient séparer ces commencements de notoriété de l'année 1821, où M. Péligot, administrateur en chef de l'hôpital Saint-Louis, entreprit d'appeler la vie en cet endroit, et devint le véritable créateur d'Enghien, en mettant sa fortune dans cette entreprise. «Il mourut dans la gêne, dit M. Lefeuve, après avoir enchâssé un diamant dans la riche parure qu'on appelle la vallée de Montmorency.» La caisse hypothécaire, créancière de M. Péligot, lui succéda dans l'administration de l'établissement, et en resta propriétaire jusqu'en 1849.

Alibert, inspecteur des eaux d'Enghien, les recommanda à Louis XVIII, qui en fit usage pendant les dernières années de sa vie. Enghien ne tarda pas à devenir à la mode; des maisons de campagne s'y élevèrent, et il devint un but de promenade pour le monde élégant. Aujourd'hui, dans l'établissement des bains, destiné à prendre d'année en année un plus grand développement, « on distribue, au fort de la saison, deux cent cinquante bains par jour, et on vend par année cinquante mille bouteilles d'eau. »

L'eau d'Enghien est la plus importante et comme le type des eaux sulfureuses qu'on exploite dans le bassin de Paris. Elle émerge par cinq sources principales, dont le volume total est considérable, mais susceptible de grandes variations; ainsi MM. de Puysaye et Leconte l'ont vu, le 28 septembre 1852, de 26 915 litres, et, le 27 février 1853, de 61 824 litres.

Lorsqu'on vide, pour en faire la pêche, l'étang à l'extrémité duquel sont les sources, elles cessent de couler, et recommencent à donner de l'eau quand l'étang se remplit.

Cette eau est très-riche en soufre, limpide au sortir de terre; elle se trouble à l'air et dépose un sédiment blanc qui contient du soufre. Elle a une saveur amère, un peu crue et sulfureuse; elle dégage à sa source une forte odeur d'acide sulfhydrique.

Le soufre s'y présente à l'état d'acide sulfhydrique libre, suivant Fourcroy, Delaporte et MM. de Puysaye et Leconte. MM. Fremy et O. Henry pensent qu'une partie de cet acide est combinée.

*Température.* Variable entre 10° et 14°.

*Analyse par MM. de Puysaye et Leconte, pour un litre d'eau.*

| SUBSTANCES CONTENUES DANS L'EAU. | SOURCES. | | | | |
|---|---|---|---|---|---|
| | Cette. | Deyeux. | Peligot. | Bouland. | Picherie. |
| | gr. | gr. | gr. | gr. | gr. |
| Azote................ | 0,0195 | 0,0212 | 0,0232 | 0,0226 | 0,0447 |
| Acide carbonique libre., | 0,1195 | 0,1176 | 0,1395 | 0,1213 | 0,1815 |
| — sulfhydr. libre... | 0,0255 | 0,0294 | 0,0156 | 0,0247 | 0,0462 |
| | 0,1645 | 0,1682 | 0,1783 | 0,1686 | 0,2424 |
| Carbonate de potasse... | » | » | » | » | 0,0167 |
| — de soude.... | » | » | » | » | 0,0677 |
| — de chaux.... | 0,2178 | 0,1811 | 0,1895 | 0,2282 | 0,2977 |
| — de magnésie. | 0,0167 | 0,0582 | 0,0074 | 0,0583 | 0,0872 |
| Sulfate de potasse..... | 0,0089 | 0,0063 | 0,0091 | 0,0104 | » |
| — de soude....... | 0,0503 | » | 0,0427 | 0,0319 | » |
| — de chaux..... | 0,3190 | 0,3542 | 0,2769 | 0,3582 | 0,1761 |
| — de magnésie... | 0,0905 | 0,0130 | 0,0918 | 0,0222 | » |
| — d'alumine...... | 0,0390 | 0,0330 | 0,0333 | 0,0454 | 0,0220 |
| Chlorure de sodium.... | 0,0392 | 0,0321 | 0,0365 | 0,0609 | 0,0430 |
| — de magnésie.. | » | 0,0072 | » | » | » |
| Acide silicique......... | 0,0287 | 0,0151 | 0,0179 | 0,0383 | 0,0509 |
| Oxyde de fer......... | Traces. | Traces. | Traces. | Traces. | Traces. |
| Matière organiq. azotée. | Indét. | Indét. | Indét. | Indét. | Indét. |
| | 0,8101 | 0,7002 | 0,7351 | 0,8538 | 0,7813 |

La température et les éléments de l'eau d'Enghien ne permettent ni de la comparer ni de la substituer, dans beaucoup de cas, aux eaux sulfureuses des Pyrénées. Elle est froide, et non thermale; elle est calcaire et ne contient pas ou presque pas de soude et point de barégine; enfin elle n'est point gazeuse. Cette absence de certains éléments constitutifs des eaux pyrénéennes, défavorable à l'eau d'Enghien sous plusieurs rapports, permet de la conserver en bouteilles, et par conséquent de la transporter mieux que ses rivales du Midi.

*Emploi.* Boisson, bains et douches. — On boit l'eau d'Enghien à la dose d'un à trois verres, soit le matin, à jeun, soit répartis dans la journée. Chez quelques malades, elle pèse à l'estomac, ce qui nécessite dans son usage certaines modifications.

*Médecin-inspecteur :* M. Bouland. *Inspecteur-adjudant :* M. de Puysaye.

*Propriétés thérapeutiques.* Ces eaux sont excitantes; elles réussissent chez les malades à constitution lymphatique et dans certains cas de scrofules. On s'en trouve bien aussi dans le rhumatisme, dans les maladies des articulations, dans certains catarrhes; mais c'est surtout contre les affections des organes de la respiration et contre les maladies de la peau qu'elles sont employées avec succès.

*Transport.* Bouteilles de $0^f,75$, $0^f,50$ et $0^f,25$.

*Bibliographie.* Bouland : *Études sur les propriétés physiques, chimiques et médicales des eaux minérales d'Enghien;* Paris, 1850, in-8°.

C. de Puysaye et Ch. Leconte : *Des eaux d'Enghien....* Paris, 1853, in-8°.

Enghien n'a été constitué en commune qu'en 1851; jusque-là son territoire appartenait aux quatre communes de Deuil, de Soisy, de Saint-Gratien et d'Épinay. Sa Grande-Rue n'était, il y a quelques années, qu'une route départementale servant de limites entre le département de la Seine et celui de Seine-et-Oise; c'est en 1822 que fut inauguré le vaste établissement de l'hôtel des Quatre Pavillons, qui la termine si bien du côté du lac. Il fut construit aux frais de MM. les colonels de Braque, Brault, Trobriant et Simon Laurières. Au milieu des vicissitudes de sa fortune naissante, Enghien, pressé de loger ses malades et de se loger lui-même, n'a pas encore eu le temps de loger Dieu convenablement. Toutefois cette commune se propose de substituer bientôt une église à sa petite chapelle provisoire. Elle vient récemment, grâce à la libéralité d'une riche famille, de voir s'élever un temple protestant sur son territoire, vers la route de Soisy. — Son bal, jadis célèbre, est fermé depuis quelques années.

On arrive, en quelques minutes, de la station du chemin de fer jusqu'au bord du lac. Là on peut visiter à gauche l'établissement des bains et parcourir son jardin, ou descendre à droite à l'embarcadère, puis, après avoir été respirer les parfums de son *jardin des roses*, monter sur une légère nacelle, et traverser le lac, ou bien en faire le tour en longeant les charmantes *villas* dont les vertes pelouses viennent s'affleurer avec la surface de l'eau. Ces élégantes maisons de campagne présentent dans leurs constructions une variété de styles singulière. Le moderne *cottage* anglais y est voisin du manoir du moyen âge, et, à côté du donjon féodal, une habitation plus modeste s'abrite dans la verdure et prend le titre de *chalet*, cher aux campagnards mondains de notre époque, dans l'idée qu'ils se font que ce nom de chalet désigne en Suisse la maison des paysans, tandis qu'il ne s'applique en réalité qu'aux greniers à foin ou à fromages. Mais qu'importent ces petites erreurs de langage plus ou moins

tientieuses? qu'importe ce mé-
nge hybride de styles? Rien de
is frais et de plus séduisant que
tte bordure verdoyante et em-
umée de petites maisons de cam-
gne qui entourent le lac. Par leur
chitecture, elles ressemblent à
s étrangères réunies par hasard
pays lointains : de Venise ou de
Angleterre, de l'Oberland ou de
à Flandre; mais elles sont sœurs
par leurs jardins, par leurs fleurs et
par leurs saules pleureurs, qui ne
sont pas ici un emblème de tristesse,
mais qui, trop uniformément peut-
être, s'amusent à baigner leurs longues chevelures dans l'eau qui rase
le bord. Quelle que soit l'uniformité
d'aspect de ces rives, les bateliers
qui les parcourent continuellement
y ont cependant remarqué des différences, et ils désignent l'une,

Un kiosque sur le lac d'Enghien.

celle de gauche, en partant de l'embarcadère, sous le nom de *chaussée
d'Antin*, et l'autre sous celui de
*faubourg Saint-Germain*, parce
que les maisons de campagne de
cette rive droite sont moins accessibles aux regards des curieux et
restent pour ainsi dire fermées
comme les portes des grands hôtels
du noble faubourg parisien. Des
cygnes à l'éblouissant plumage naviguent incessamment sur le lac,
que traversent des barques montées par des nautoniers fashionables
ramant en cadence ou déployant
au vent leurs voiles et leur pavillon.

Le lac d'Enghien (car il faut lui
laisser définitivement ce nom et en
finir avec les vieilles appellations
d'*étang de Montmorency* ou de
*Saint-Gratien*) « est d'une lon-

gueur d'environ 1000 mètres du sud au nord, d'une largeur moyenne de 500 mètres; sa superficie mesure 35 ares. Sa profondeur varie de 1 à 4 mètres au temps des basses eaux. Le niveau s'élève de 0$^m$,70 pendant les crues extraordinaires. Le pourtour est garni par un revêtement en pierres de taille de 300 mètres de long, par des bordages en madriers de chêne, et le surplus seulement se trouve bordé de fascinage. » (Lefeuve.) Cette grande coupe pleine d'eau n'est nullement un lac sans issue ni origine : le lac d'Enghien est alimenté par les ruisseaux de Soisy, d'Eaubonne, d'Ermont, par plusieurs sources voisines et par les eaux de plusieurs puits artésiens forés dans les environs, et il est perpétuellement épuisé par un canal qui faisait tourner les roues du *moulin de la Galette*. Dans de semblables conditions, le lac d'Enghien ne peut pas mériter les reproches d'insalubrité qu'on lui a faits quelquefois. Ils s'adressaient avec plus de raison sans doute au sol marécageux qui s'étendait à une certaine distance de ses bords, et dont pouvaient s'exhaler des miasmes paludéens nuisibles. Mais ces marais ont presque entièrement disparu sous l'envahissement des propriétés particulières dont le cordon sanitaire s'étend de jour en jour. — Le lac d'Enghien est peuplé de carpes, de tanches, de perches, de brochets, etc. Les propriétaires riverains ont le droit de pêche et de bateau. Outre la location du droit de pêche faite à un nombre considérable d'amateurs, il se fait tous les trois ans une pêche générale dont le produit s'élève, dit-on, à 12 000 francs.

A l'extrémité nord du lac on remarque le château, d'apparence gothique, flanqué de tourelles, appartenant au maire, M. Robin, et des prairies et des champs cultivés au delà desquels est, de l'autre côté du chemin de fer, le *bois Jacques* (voir ci-dessous *Soisy*), dont les allées régulières servent de lieu de promenade aux baigneurs d'Enghien. A l'ouest, du côté de Saint-Gratien, est un second embarcadère et un petit golfe séparé du lac par un pont sur lequel passe la route qui longe les maisons de campagne de la rive droite. A son extrémité sud-est, par laquelle se déverse son trop-plein, est une belle chaussée sur laquelle sont l'ancien moulin de la Galette et quelques constructions modernes. C'est sur cette avenue que s'ouvre en vue du lac le *parc d'Enghien*, récemment acquis par la direction des bains. Les baigneurs en ont la jouissance. Les étrangers peuvent y entrer moyennant 25 centimes. Au bout de cette avenue, qui forme le prolongement de la Grande-Rue d'Enghien, est une route qui mène à Argenteuil, après avoir coupé celle de Saint-Denis à Pontoise; à droite commence la route longeant les maisons de campagne de la rive droite, et dont nous parlions à l'instant. Si l'on suit cette route, ou plutôt cette rue bordée de villas et de jardins, et qu'à son extrémité on tourne à gauche, on arrive bientôt à Saint-Gratien.

**Saint-Gratien**, village mis sous l'invocation du saint de ce nom, qui fut martyr au v$^e$ siècle, se compose de deux parties distinctes : le village proprement dit, avec sa physionomie plus ou moins rustique, ses rues plus ou moins irrégulières, et le quartier neuf, dont les fraîches et élégantes constructions s'élèvent sur des rues parfaitement alignées, bordées encore d'un côté, dans certaines parties, de bouquets de bois qui, divisés en lots, attendent leur défrichement des progrès incessants du goût de la villégiature. Dans cette dernière moitié de Saint-Gratien on cite la maison de campagne acquise en 1853 par la princesse Mathilde (Mme Demidof), et bâtie il y a quarante et quelques années par le comte de Luçay, préfet du palais sous l'Empire. Entre le lac et l'entrée du village sont le château et le parc du marquis de Custine, auteur de *la Russie en* 1839, et fils du général Custine, guillotiné à la Révolution. Un nom illustre, celui de

Le bal d'Enghien.

Catinat, est associé à celui du village de Saint-Gratien, comme celui de J. J. Rousseau à Montmorency. Ce héros, simple et modeste, qui mérita et gagna tous ses grades et devint maréchal de France, ce général, chéri de ses soldats, qui l'appelaient *le père La Pensée*, tombé en disgrâce, se retira dans sa terre de Saint-Gratien, et y vécut en sage, s'occupant de jardinage. Il y mourut à l'âge de soixante-quinze ans, le 25 février 1712. Cette résidence, dont la contenance est à peine de deux hectares aujourd'hui, avait alors un parc de 250 hectares, et le lac d'Enghien en faisait partie. Le bisaïeul de Catinat du côté maternel, Jean Poille, conseiller au parlement sous Charles IX et Henri III, avait acquis ce domaine, déjà connu au IIIe siècle.

De la station d'Enghien on monte, en une petite demi-heure, à Montmorency, en laissant à droite **Deuil**, village de 1600 habitants, la plupart cultivateurs. Cette commune fournissait déjà du vin aux moines de Saint-Denis, sous le règne de Charles le Chauve. Son petit lac du Marchais sert actuellement de lavoir public; selon des légendes peu authentiques, saint Eugène y aurait reçu le martyre et y aurait été noyé. L'*église* de cet antique village n'a presque gardé aucune trace de son architecture primitive.

Un peu en arrière de Deuil se trouve **la Barre**, qui en est en quelque sorte un faubourg. Le château a été démoli sous le règne de Louis-Philippe. Le *château de la Chevrette*, rendez-vous des gens de lettres du XVIIIe siècle, « a du moins gardé quelque chose d'avant 89 : grille, saut de loup, avenue et pavillon. » Mais le corps de bâtiment principal a été démoli. Mme d'Épinay y faisait habituellement sa résidence, tandis que son mari séjournait de préférence au château d'Épinay. J. J. Rousseau, autour duquel se groupent les souvenirs de la vallée, vint souvent à la Chevrette visiter sa bienfaitrice, jusqu'au moment où il se brouilla avec elle.

### MONTMORENCY (ou ENGHIEN).

*Distances.* Montmorency est à : 17 kil. de Paris, 20 kil. de Pontoise, 2 kil. d'Enghien-les-Bains, 7 kil. de Saint-Denis, 1 kil. 1/2 de Groslay, 2 kil. de Montmagny, 1 kil. de Deuil, 3 kil. de Saint-Brice, 1 kil. 1/2 de Soisy, 3 kil. d'Andilly, 3 kil. de Margency, 3 kil. 1/2 de Montlignon, 6 kil. de Saint-Prix.

*Hôtels et restaurants.* Hôtel du Cheval-Blanc, maison célèbre tenue par Leduc, sur la place du Marché; hôtel du Cheval-Gris, sur la même place, au Veau-qui-Tette; patissier-traiteur, rue de la Réunion, à peu de distance de la place.

*Omnibus du chemin de fer* (voitures de l'Union des postes). Le bureau est sur la place du Marché, à côté de l'hôtel du Cheval-Blanc; prix : 30 cent.

*Ânes et chevaux à louer.* Sous les arcades de la halle couverte qui occupe le milieu de la place. Il y a eu un tarif; il n'en existe plus aujourd'hui; il faut débattre avec la troupe criarde des loueuses les prix, qui varient selon les jours et l'affluence des promeneurs.

La *Fête patronale* a lieu le dimanche qui suit le 25 juillet.

Avant l'établissement du chemin de fer qui traverse la vallée, les voitures publiques qui amenaient les promeneurs à Montmorency venaient par Saint-Denis et la Barre. Aujourd'hui on descend à la station d'Enghien, puis, se dirigeant vers Montmorency, on passe à côté de l'hôtel de la Maison-Blanche (voir p. 426), et plus haut, à gauche, à côté d'un réservoir couvert pour l'eau de Seine (voir p. 437). Continuant à monter, on longe à droite les murs du parc de l'ancien château de Montmorency (voir p. 437); un peu au-dessus de l'abreuvoir (à gauche), la route pavée tourne à droite, et passe au-dessous de la terrasse escarpée de l'église, par la rue du Temple; celle-ci aboutit à la rue de l'Hospice, d'où la rue du Marché conduit sur la place du Marché (voir p. 437).

### Histoire.

On a voulu faire remonter aux premiers temps de la monarchie française l'origine de l'illustre famille des Montmorency; mais ce n'est qu'au Xe siècle qu'ils paraissent d'une manière certaine dans les titres qui sont parvenus jusqu'à nous. Le premier dont il soit fait mention est un chevalier, Burchard ou Bouchard le Barbu, qui occupait dans l'île Saint-Denis un petit fort que sa femme lui avait apporté en dot, et d'où il faisait des incursions déprédatrices sur les terres de l'abbé de Saint-Denis. Le roi Robert intervint entre eux, fit raser ce fort et accorda, en échange, à Bouchard, la faculté de le rétablir plus loin, sur la colline de Montmorency, près d'une fontaine de Saint-Valery, dont on ignore l'emplacement. Ce premier castel fut assiégé et détruit par les troupes de l'empereur Othon. Bouchard IV, seigneur de Montmorency, d'Écouen, de Saint-Brice, d'Épinay..., eut, comme son trisaïeul, des démêlés avec l'abbaye de Saint-Denis, sur les terres de laquelle il empiétait et exerçait des actes de brigandage. Louis le Gros, réunissant ses vassaux, et aidé de quelques seigneurs, l'ayant fait avertir inutilement, livra aux flammes les hameaux de la vallée de Montmorency, puis assiégea dans son château Bouchard, qui fit sa soumission. La famille des Montmorency, qui s'est divisée en plusieurs branches, est des plus anciennes, non qu'il faille admettre comme parfaitement établis les titres qu'ils se donnent de *premiers chrétiens* et de *premiers barons de France*. Elle s'est illustrée par les armes, par les alliances et par les services rendus aux rois; elle a fourni six connétables, plusieurs maréchaux et amiraux. Parmi les plus célèbres il faut citer Mathieu II et Anne de Montmorency. Le premier, surnommé le grand connétable, vécut sous Philippe Auguste, Louis VIII et saint Louis. Il était allié à tous les souverains de l'Europe. Le second, Anne de Montmorency, caractère austère, homme de guerre intrépide, fut aussi connétable. Il partagea la captivité de François Ier à Madrid, chassa plus tard les Impériaux de la Provence, tomba en disgrâce à la fin du règne de François Ier et se retira en exil dans son château de Chantilly. Henri II le rappela près de lui. Il sévit d'une manière impitoyable contre des provinces révoltées à l'occasion de la gabelle et contre les huguenots. Il mourut à l'âge de 74 ans. Catherine de Médicis voulait le faire enterrer à Saint-Denis, mais il avait dans son testament désigné Montmorency comme le lieu de sa sépulture. Le petit-fils du précédent, Henri II de Montmorency, joignait à une brillante valeur une belle figure et des manières affables. Il fut entraîné dans une conspiration contre Richelieu et fit soulever le Languedoc, au profit de ce Gaston d'Orléans dont la lâcheté compromit tant de gens de cœur qui se dévouèrent à ses intérêts. Blessé et pris dans un combat, il eut la tête tranchée à Toulouse, le 30 octobre 1632, à l'âge de 38 ans, malgré les efforts faits, pour obtenir sa grâce, par sa sœur la princesse de Condé, mère du grand Condé, par les princes et les grands du royaume. Avec lui finit la première branche ducale des Montmorency. Comme il mourut sans enfants, ses biens passèrent à sa sœur. Sa veuve lui fit élever le magnifique tombeau en marbre qu'on voit encore à Moulins.

C'est à cette famille des Montmorency, qui a fourni plusieurs branches, qu'appartenait le comte de Bouteville, décapité sous le règne de Louis XIII, pour s'être, au mépris des lois nouvelles, battu en duel sur la place Royale. Son fils s'est rendu célèbre, du temps de Louis XIV, sous le nom de maréchal duc de Luxembourg. C'est de lui que le prince d'Orange disait : « Je ne pourrai donc pas battre ce bossu-là. — Bossu ! qu'en sait-il ? Il ne m'a jamais vu par derrière. » Il avait épousé l'héritière de la maison de Luxembourg, petite-fille elle-même d'une Montmorency, et il joignit à son nom et à ses armes les armes et le nom de Luxembourg. Nous citerons encore un neveu de ce dernier, le maréchal de Luxembourg, qui donna l'hospitalité à Jean-Jacques Rousseau dans son parc de Montmorency. Sa femme en secondes noces, Mlle de Villeroi, qui fut si célèbre par sa beauté sous le nom de duchesse de Boufflers, traita l'auteur de l'*Émile* avec la même bienveillance. Devenue veuve du duc de Boufflers, elle épousa le maréchal de Luxembourg, étant âgée de 43 ans.

L'histoire de Montmorency a eu peu de retentissement. Cette petite ville est désignée dans les chartes sous le nom de *Mons Morenciacus*. On a vu plus haut comment Burchard le Barbu, quittant Saint-Denis, vint s'établir sur ce territoire. Les seigneurs qui lui succédèrent augmentèrent le château et firent construire une église. Les villages dont se composait sous Philippe le Bel la seigneurie de Montmorency étaient au nombre de quatorze : Sosoi, Groloi, Mont-meignie, Andrelli, Migafin, Monlignon, Métiger, Tour, Yeaubone, Ermon, Sarnoi, Franconville, Saint-Gratien et Espineil. On voit les changements que l'orthographe de ces noms a subis. En 1358, la ville de Montmorency eut beaucoup à souffrir des horreurs de la Jacquerie. Les Anglais unis aux Jacques détruisirent le château, qui n'a pas été rebâti depuis. Mais les habitants relevèrent leurs murailles. La ville avait sept portes flanquées de tours. Ce qui en restait a été détruit il y a une trentaine d'années. Elle a eu plusieurs églises, une maison de Templiers, des couvents. « La maison des Oratoriens était considérable, on y a compté quatre-vingts religieux, dont quelques-uns ont acquis de la célébrité, tel que M. Daunou. » Au temps de la Ligue, Montmorency eut encore à subir de nouveaux désastres. Voici à ce sujet ce qu'on lit dans le journal historique de Pierre Fayet, page 74 :

« Cependant que cela se passoit, Rosne et Labourdesière, avec quelques compaignies d'Albanois et autres trouppes qu'ils rassemblèrent à Paris et Sainct-Denys, le dimanche, huictiesme du mois d'octobre, firent sortir deux canons de Paris qu'ils menèrent à Montmorency, et, après avoir tiré quelque cinquante coups, firent bresche par laquelle ils entrèrent de force; laquelle ville fut pillée.... Ils furent ensuite à Denys, Choisy, Andilly et Montlignon, qu'ils pillèrent aussy, n'y ayant laissé aucun grain ne vin. Ils commirent esdits lieux telles cruautés que le Turc n'en eut sceu faire davantage, et pour accomplissement de leur méchanceté, ils firent pendre le capitaine qui commandoit dedans

Montmorency; à Sainct-Denys pillèrent l'église dudict lieu et en firent une estable à chevaulx, tellement que l'on demeura longtemps sans y célébrer ne dire aulcune messe; ils gatèrent aussy la sépulture de monsieur et madame la conestable, qui estoit une des plus belles et riches de France. »

En 1551, Henri II unit à la baronnie de Montmorency les terres d'Écouen, de Chantilly, etc., et érigea le tout en duché-pairie pour le connétable Anne de Montmorency. Cette terre fut confisquée sur le duc Henri II, décapité à Toulouse, donnée au prince de Condé qui avait épousé sa sœur, et érigée de nouveau en duché-pairie en 1633, à la réserve de Chantilly, en faveur du prince de Condé. En 1689, Louis XIV changea le nom de Mont-

Vue de Montmorency.

morency en celui d'Enghien. (C'est le nom de la première baronnie du comté d'Hainaut, ayant appartenu au roi de Navarre, Antoine de Bourbon, qui l'avait donné à son frère Louis de Bourbon, prince de Condé.)

Les princes de Condé, bien que seigneurs de Montmorency, n'y avaient point de château. Le maréchal de Luxembourg, après son mariage avec la veuve du duc de Boufflers (voir plus haut), quitta Grosbois, résidence de sa famille, et vint s'établir à Montmorency. Il y acquit l'usufruit du château qu'y avait bâti un frère de ce Crozat, qui s'est fait un nom par le beau cabinet de tableaux, d'estampes et de médailles qu'il avait formé. Cette demeure avait été d'abord la maison de plaisance du peintre Lebrun, qui l'avait décorée de ses peintures et de celles de ses élèves. Le parc avait des terrasses, des bassins, des cascades, des grottes, des boulingrins, dans le goût des jardins mis à la mode par Le Nôtre. Cette propriété fut vendue à la Révolution. En 1813, le ministre Aldini l'acheta et y dépensa 500 000 fr. en embellissements ; il l'habita deux mois seulement et y donna à dîner à l'Empereur et à l'Impératrice. En 1814, les alliés dévastèrent le parc et le château. Ce beau domaine, comprenant 65 arpents et où l'on avait, dit-on, dépensé six millions, fut offert à Louis XVIII, puis au duc de Montmorency ; ni l'un ni l'autre n'en accepta la charge. Peu de temps après un chaudronnier l'acquit au prix de 103 000 francs et démolit le château. Dans la partie de cette propriété qui appartient aujourd'hui à Mme Daval, se trouve l'ancienne orangerie, grand bâtiment qui lui sert de limite. On voit encore, près de l'abreuvoir, une petite porte, laquelle a protégé la fuite nocturne de Jean-Jacques Rousseau, décrété de prise de corps. « La grille d'entrée de M. Constant Prévost (géologue distingué, membre de l'Institut) date également du temps du maréchal ; M. Constant Prévost a le terrain sur lequel s'élevait le château. »

La Convention nationale donna à la ville de Montmorency le nom d'*Émile*. Un décret de 1813 lui rendit son nom. La Restauration lui substitua de nouveau celui d'Enghien ; une ordonnance de 1832 a restitué le nom de Montmorency. Cette double dénomination passée dans l'usage continue à faire confusion. Elle cessera, si, par suite de l'accroissement qu'à pris Enghien-les-Bains, on réserve exclusivement pour cette localité le nom d'Enghien, afin de laisser à Montmorency un nom unique.

*Montmorency* est une ville de 2050 habitants (Seine-et-Oise, arrondissement de Pontoise), située à l'extrémité sud-est des collines couvertes par la forêt à laquelle elle a donné son nom. De sa position élevée elle domine la riante vallée qui s'étend entre sa forêt et les hauteurs de Sannois et de Cormeilles ; la vue embrasse un grand horizon, borné au loin par le mont Valérien. Sa situation pittoresque, le voisinage de sa forêt aux terrains accidentés, la poésie des souvenirs qui se rattachent à un écrivain de génie, à Jean-Jacques Rousseau, qui a séjourné dans le voisinage, concourent à faire de Montmorency un des points des environs de Paris les plus renommés et qui attirent le plus de promeneurs. Il faut aussi noter, parmi les choses qui concourent à sa célébrité, les cerises de son territoire, et la dentelle commune qui s'y fabrique. Ses rues sont escarpées et tortueuses dans sa partie ancienne, mais autour de ce centre s'étendent de jour en jour des quartiers neufs bien alignés, tout bordés de charmantes maisons de campagne. Enfin Montmorency jouit d'un air vif et pur ; on a remarqué que le choléra, qui s'est étendu dans les environs, n'y a point paru.

Les conditions hygiéniques de cette ville viennent de recevoir une notable amélioration. Par sa position élevée elle était exposée à manquer souvent d'eau pendant les grandes chaleurs. Une compagnie l'a dotée récemment, ainsi que les villages voisins, d'une abondante distribution d'eau de Seine qui y est amenée au moyen de pompes mises en mouvement par une machine à vapeur établie à Épinay. Un réservoir couvert se trouve à moitié côte, un peu au-dessous de Montmorency; et un grand bassin monumental, entouré d'une grille, a été construit (au bord d'une route qui va être poussée jusqu'à Domont), à la colline de sable des Champeaux, qui domine Montmorency, et du haut de laquelle on a une si belle vue. De là l'eau redescendra pour se distribuer dans différentes directions. Une petite fontaine a été placée sur la petite place de la Mairie; une autre doit l'être également sur la grande place du Marché. L'eau a commencé à être distribuée publiquement dans Montmorency le 24 juin 1856.

A côté de cette merveille de l'eau de la Seine coulant à plein canal sur les hauteurs de Montmorency, cette ville attend un dernier bienfait de l'esprit d'entreprise de notre siècle: un embranchement de chemin de fer qui l'unisse à Enghien et mette sans fatigue ses promenades et ses ombrages à la portée des baigneurs. Déjà en 1854, un projet a été soumis à l'enquête par l'administration; espérons que la réalisation de cette promesse ne sera pas indéfiniment ajournée.

Une place grande, mais irrégulière, occupée au milieu par un bâtiment que supportent des arcades et qui contient un café et une petite salle de spectacle, est le forum de ce Tibur parisien; c'est là que s'arrêtent les omnibus et les voitures, là que se réunissent les promeneurs; c'est de là que partent les joyeuses cavalcades, et c'est là encore que reviennent, par habitude du joug, les fidèles et honnêtes montures, qui, lasses d'être surmenées et rouées de coups, ont eu le bonheur de désarçonner leurs cavaliers novices au fond de la forêt.

D'ailleurs, après les plaisirs et les courbatures de la journée, les promeneurs viennent ici refaire leurs forces et ranimer leur entrain, à cet *hôtel du Cheval-Blanc* de joyeuse mémoire, dont les murs ont abrité tant de festins bruyants et de plaisirs profanes; toute la folle jeunesse du siècle a passé par là. Des princes, des têtes couronnées, des diplomates, des poëtes de toutes les époques, ont tour à tour été les hôtes dissipés de cette maison, dont quatre générations de *Leduc* se sont transmis la direction depuis sa fondation en 1739. « Leduc, deuxième du nom, était le grand agent voyer du prince de Bourbon-Condé. » Il n'est pas jusqu'à l'enseigne de l'hôtel qui n'ait sa célébrité. Vers 1792, une bande de jeunes gens avaient passé une quinzaine de jours dans cette *auberge*, comme on disait alors; la carte à payer montait à un chiffre élevé: il y eut débat et rabais sur le prix. Comme appoint, deux jeunes artistes à peu près ignorés alors, Isabey et Gérard, peignirent la double enseigne du Cheval-Blanc. Le baron Gérard a repeint la sienne en 1815. Montmorency et l'hôtel du Cheval-Blanc eurent une brillante période il y a une trentaine d'années; alors que « feu Labattut, lord Seymour, Roger de Beauvoir, Charles de Boignes, Bertrand, etc., vers la fin de la Restauration, faisaient leur rendez-vous de plaisir accoutumé de cette hôtellerie privilégiée... un jeune homme, Gustave Froment, qui lui aussi est mort en cavalier désarçonné, dit M. Lefeuve, était contemporain de Labatut. Un jour il demande à la bonne un immense chaudron, qu'il remplit d'eau-de-vie et de rhum, et un pain de sucre entier pour faire un punch. Survient le père Leduc au moment où tout s'enflammait : « Que faites-vous? leur dit-il; vous allez brûler ma maison. — Mettez-la sur la carte, » répond Gustave Froment, en continuant ses apprêts homériques. »

Mais éloignons-nous de ce théâtre des ébats d'une jeunesse étourdie d'un autre âge, ébats qui se perpétuent et se répètent peut-être encore par tradition, sans avoir l'élan et l'originalité d'une première inspiration, et allons, loin du tumulte et des gaietés indiscrètes, visiter l'*église* de Montmorency, monument remarquable, pittoresquement situé sur le bord d'un escarpement du haut duquel on l'aperçoit à plusieurs lieues de distance; en effet elle est classée parmi les monuments historiques.

Montmorency a possédé plusieurs églises. Il ne reste plus aujourd'hui que celle qui avait été placée sous l'invocation de saint Martin. Reconstruite, au commencement du XVIe siècle, par les barons de Montmorency, à la place de l'ancienne église collégiale tombant de vétusté, elle ne fut terminée qu'en 1563. On retrouve encore çà et là des traces de l'ancien mot grec APLANOS, donnant à entendre que les seigneurs de Montmorency ne se sont jamais écartés de leur devoir. Les voûtes sont à nervures compliquées, les fenêtres, de forme ogivale, et les arcades entre les piliers, à plein-cintre inscrit dans une ogive. Cette église, d'un vaisseau élégant, était avant la Révolution décorée de mausolées et d'une suite de beaux vitraux qui ont été en grande partie détruits. Parmi les tombeaux des Montmorency, on remarquait particulièrement celui d'Anne le connétable, élevé au milieu de la nef, sur les dessins de Jean Bulland. Il était composé de dix colonnes de marbre portant une coupole. Il fut transporté au musée des Petits-Augustins. Aujourd'hui, il ne reste plus que quelques tombes des membres de cette famille dans les caveaux souterrains de l'église. Les vitraux représentaient plusieurs personnages de la famille des Montmorency et de la maison des Coligny-Châtillon, avec leurs armoiries. Toute la partie du côté de la ville a été détruite; il n'en reste plus que des fragments. De l'autre côté, ils ont été en partie conservés. Au fond de l'église à droite, près d'une chapelle, où sont, prétend-on, des reliques de saint Martin, on remarquera avec intérêt une tête de saint Louis, offrant une finesse de sentiment rare dans ce genre de peinture. La restauration de ces vitraux s'opère peu à peu. M. Ingres, à une certaine époque, avait dû en faire les cartons; mais ce projet n'a pas eu de suite. — Dans une chapelle funéraire, on voit, exécutées en pierre, les figures couchées, sous la garde d'un ange, des généraux Kniaziewicz et Niemcewicz, poète et militaire, qui ont habité longtemps l'un et l'autre Montmorency. On lit sur une table en marbre : « Les polonais qui, après la lutte héroïque de 1831 et sa fin désastreuse, se sont réfugiés en France, ont fondé dans cette église, à perpétuité, pour sanctifier les douleurs de leur patrie, des messes pour divers compatriotes.... »

Parmi les principales maisons de campagne de Montmorency, outre celles de Mme Daval, de M. Constant Prévost (voir page 438), et de M. le comte de Bertheux, élevées sur l'emplacement du château et du parc du maréchal de Luxembourg, il faut citer : la propriété importante de M. Mora, avec un château construit en 1788 par un premier commis de la marine: la maison qu'a récemment fait bâtir M. le duc de Valmy, en vue de Soisy, sur la pente de la colline, dans un quartier de Montmorency que les habitants appellent les *basserons*, et qui s'enrichit chaque jour de nouvelles maisons de plaisance; enfin, l'habitation que Mlle Rachel vient de créer sur le pavé de Paris du côté de Grolay. Du reste, il s'élève de toutes parts, aux abords de Montmorency, de charmantes villas qui lui donnent un aspect d'élégance et d'animation.

*Jean-Jacques Rousseau* est comme le génie familier de Montmorency. Cette ville tire de lui un lustre plus grand encore que de ses antiques barons, qui vivent dans l'histoire plus qu'ils ne sont présents à la mémoire des hommes de notre âge. Montmorency fait penser à Rousseau comme Ferney rappelle Voltaire. Aussi, il n'est pas d'étranger venant à Montmorency pour la première fois, qui ne s'empresse de se diriger vers l'**Ermitage** avec le désir d'y retrouver les souvenirs du grand écrivain. Cette retraite, consacrée par le génie, tire son nom d'un ermite nommé Leroy, qui s'y bâtit, en 1659, un logement et une chapelle; il y vécut 39 ans. L'*Ermitage* passa ensuite dans les mains de plusieurs propriétaires, et fut acquis, en 1735, par le beau-père de Mme d'Épinay. Mme d'Épinay voulant empêcher Jean-Jacques d'aller se fixer à Genève, mue d'ailleurs par un sentiment de bienveillance auquel se joignait le désir de s'associer, en l'obligeant, à la gloire d'un homme célèbre, fit reconstruire secrètement cette vieille masure et la transforma en une petite maison très-logeable, qu'elle lui offrit d'habiter. « Elle est située, lui écrit-elle, dans la plus belle vue. Il y a cinq chambres : une cuisine, une cave, un potager d'un arpent, une source d'eau vive et la forêt pour jardin. Vous êtes le maître, mon bon ami, de disposer de cette habitation, si vous vous déterminez à rester en France. » Rousseau lui répondit de son ton bourru : « Je ne refuse pas d'écouter ce que vous avez à me dire, pourvu que vous vous souveniez que je ne suis pas à vendre, et que mes sentiments, au-dessus maintenant de tout le prix qu'on y peut mettre, bientôt au-dessous de celui qu'on y aurait mis. » Rousseau raconte cette affaire au livre VIII de ses *Confessions* : « Mon ours, voilà votre asile, fait-il dire à sa bienfaitrice; c'est vous qui l'avez choisi, c'est l'amitié qui vous l'offre. » Rousseau, quittant l'appartement qu'il occupait à Paris dans un hôtel garni de la rue Grenelle-Saint-Honoré, vint s'y installer le 9 avril 1756, bien qu'il fît froid et qu'il y eût encore de la neige. Dans cette paisible retraite, il s'essaya à quelques travaux, et bientôt il commença la *Nouvelle Héloïse*. Les douces émotions que lui faisaient éprouver ces sites paisibles et champêtres se reflètent dans plusieurs de ses pages les plus touchantes, parce qu'elles sont les plus vraies. Il ne les a peut-être peintes nulle part plus éloquemment que dans ce passage de sa troisième lettre à M. de Malesherbes :

« Quel temps croiriez-vous, monsieur, que je me rappelle le plus souvent et le plus volontiers dans mes rêves ? Ce ne sont pas les plaisirs de ma jeunesse ; ils furent trop rares, trop mêlés d'amertume.... Ce sont ceux de ma retraite, ce sont mes promenades solitaires, ce sont ces jours rapides, mais délicieux, que j'ai passés tout entiers avec moi seul, avec ma bonne et simple gouvernante, avec mon chien bien-aimé, avec ma vieille chatte, avec les oiseaux de la campagne et les biches de la forêt, avec la nature entière et son inconcevable auteur. En me levant avant le soleil, pour aller voir, contempler son lever dans mon jardin ; quand je voyais commencer une belle journée, mon premier souhait était que ni lettres, ni visites, n'en vinssent troubler le charme.... Je me hâtais de dîner pour échapper aux importuns.... Avant une heure, même les jours les plus ardents, je partais par le grand soleil avec le fidèle Achate, pressant le pas dans la crainte que quelqu'un ne vînt s'emparer de moi avant que j'eusse pu m'esquiver ; mais quand une fois j'avais pu doubler un certain coin, avec quel pétillement de joie je commençais à respirer en me sentant sauvé, en me disant : « Me voilà maître de « moi pour le reste de ce jour ! » J'allais alors d'un pas plus tranquille chercher quelque lieu sauvage dans la forêt...., quelque asile où je pusse croire avoir pénétré le premier, et où nul tiers importun ne vînt s'interposer entre la nature et moi. C'était là qu'elle semblait déployer à mes yeux une magnificence toujours nouvelle. L'or des genêts et la pourpre des bruyères frappait mes yeux d'un luxe qui touchait mon cœur ; la majesté des arbres qui me couvraient de leur ombrage ; la délicatesse des arbustes qui m'environnaient ; l'étonnante variété des arbres et des fleurs que je foulais aux pieds, tenaient mon esprit dans une alternative continuelle d'observation et d'admiration : le concours de tant d'objets intéressants qui se disputaient mon attention, m'attirant sans cesse de l'un à l'autre, favorisait mon humeur rêveuse et paresseuse et me faisait souvent redire en moi-même : « Non ! Salomon, dans toute sa « gloire, ne fut jamais vêtu comme « l'un d'eux. » (S. Matthieu, chap. v.)

« Mon imagination ne laissait pas longtemps déserte la terre ainsi parée. Je la peuplais bientôt d'êtres selon mon cœur.... Bientôt de la surface de la terre j'élevais mes idées à tous les êtres de la nature, au système universel des choses ; à l'être incompréhensible qui embrasse tout. Alors l'esprit perdu dans cette immensité, je ne pensais pas, je ne raisonnais pas, je ne philosophais pas ; je me sentais, avec une sorte de volupté, accablé du poids de cet univers ; je me livrais avec ravissement à la confusion de ces grandes idées ; j'aimais à me perdre en imagination dans l'espace ; mon cœur resserré dans les bornes des êtres s'y trouvait trop à l'étroit ; j'étouffais dans l'univers, j'aurais voulu m'élancer dans l'infini....

« Ainsi s'écoulaient, dans un délire continuel, les journées les plus charmantes que jamais créature humaine ait passées ; et quand le coucher du soleil me faisait songer à la retraite, étonné de la rapidité du temps, je croyais n'avoir pas assez mis à profit ma journée....

« Je revenais à petits pas, la tête un peu fatiguée, mais le cœur content ; je me reposais agréablement au retour, en me livrant à l'impression des objets, mais sans penser, sans imaginer, sans rien faire autre chose que sentir le calme et le bonheur de ma situation. Je trouvais mon couvert mis sur la ter-

Ancien Ermitage de Jean-Jacques Rousseau, à Montmorency.

rasse ; je soupais de grand appétit dans mon petit foyer domestique.... Ma gaieté durant toute la soirée témoignait que j'avais vécu seul tout le jour.... Enfin, après avoir fait quelques tours dans mon jardin, ou chanté quelque air sur mon épinette, je trouvais dans mon lit un repos de corps et d'âme cent fois plus doux que le sommeil même. »

Pendant une année J. J. Rousseau allait souvent visiter Mme d'Épinay. Mais bientôt elle cessa d'être l'unique maîtresse de ses pensées. Il ressentit alors, on le sait, une véritable passion pour la comtesse d'Houdetot, belle-sœur de Mme d'Épinay. La vanité blessée amena un changement dans les dispositions bienveillantes de cette dernière.

Des lettres anonymes, des commérages, augmentèrent l'aigreur de part et d'autre; Mme d'Épinay se rendit à Genève, où Rousseau refusa de l'accompagner, pour des motifs qu'il explique dans ses Confessions; alors, quittant l'Ermitage, il vint à Montmorency s'établir dans une maison désignée sous le nom du petit Mont-Louis (voir p. 445). L'Ermitage étant devenu, à la Révolution, propriété nationale, fut loué à l'architecte Bénard, puis à Regnaud Saint-Jean d'Angély, qui, proscrit par les Jacobins, le céda à Maximilien Robespierre.

Robespierre passa à l'Ermitage de J. J. Rousseau la nuit du 6 au 7 thermidor, trois jours avant que sa tête tombât sur l'échafaud.

L'Ermitage fut vendu en l'an V et passa à différents propriétaires. Enfin Grétry en fit l'acquisition en l'an VI, moyennant 10 000 fr. Une volumineuse publication, intitulée: *Itinéraire historique, biographique et topographique de la vallée d'Enghien-Montmorency*, où il, est peu question de Montmorency, mais longuement des malheurs domestiques et des procès de l'auteur, M. Flamand-Grétry, neveu par alliance du célèbre compositeur, donne les détails suivants : « Pendant le temps que Grétry fut propriétaire de l'Ermitage, il n'y fit aucune réparation essentielle; mais il fit construire tout à côté, pour se procurer un voisinage, un petit chalet. L'Ermitage (en 1814) fut mis en vente à la chambre des notaires, mais personne ne se présenta. S'il s'était présenté à l'adjudication un homme de lettres ou un artiste digne de succéder à Grétry, je n'aurais sûrement pas couvert son enchère. Lorsque j'acquis l'Ermitage, il était dans un état de ruine complet. Je le fis relever entièrement sans rien déranger à l'ordre extérieur. Je consacrai dans le jardin, à la mémoire de Grétry, un monument en marbre blanc, surmonté de son buste[1], au bas d'une petite pièce d'eau alimentée par deux ruisseaux. Je vendis le chalet, dont on fit une charmante habitation. Du vivant de Grétry, il avait été d'abord habité par Boïeldieu, puis par le petit-fils de Franklin pendant trois ans, et ensuite par M. Viennet.»

L'habitation de l'Ermitage a été agrandie et renouvelée dans ces dernières années, et elle a perdu son aspect primitif. La chambre de Rousseau est devenue une salle de billard. Le petit mobilier très-modeste qu'on y voyait il y a quelques années, composé de deux lits, d'une petite table de travail, d'un fauteuil, de deux cylindres de verre destinés à abriter du vent la lumière, quand Jean-Jacques travaillait le soir dans son jardin.... a été enlevé en 1853. Il reste, dit-on, un rosier et un laurier plantés par lui, et des tilleuls d'une allée. Ce laurier est à gauche d'une pierre brute provenant d'un monument qui lui fut érigé en 1791, à l'entrée du bois d'Andilly et portant cette inscription : *Ici Jean-Jacques aimait à se reposer.* De l'autre côté de la cascade est un autre laurier planté par Grétry.

1. Dans ce monument Flamand fit enfermer le cœur de Grétry, dont il obtint de faire faire l'exhumation deux mois après l'enterrement. La ville de Liège, à qui il l'avait offert d'abord, réclame le cœur de Grétry. Flamand ne veut plus le rendre et use sa vie et sa fortune dans un long procès qu'il finit par perdre au bout de douze ans. Il est mort à Sainte-Périne, vers l'année 1843.

# MONTMORENCY.

**Les Châtaigniers.** Quelques débris d'un mobilier, que la mémoire d'un des plus illustres écrivains de la France aurait dû protéger, mais qui a été dispersé, au milieu des mutations fréquentes de la petite propriété de l'Ermitage, avaient été recueillis, et sont réunis dans une petite chambre au rez-de-chaussée du *restaurant de l'Ermitage* ( à l'enseigne des Mousquetaires). Cet hôtel, qui offre un abri aux promeneurs et des écuries pour reposer leurs montures, est situé à côté des célèbres *châtaigniers* sous lesquels a lieu le bal champêtre tous les dimanches dans la belle saison; des balançoires, des jeux divers, y sont réunis pour l'agrément des visiteurs. Ces beaux arbres forment ici de magnifiques propylées à la forêt. Mais la

Les châtaigniers de Montmorency.

sauvagerie agreste de ce lieu, tel que le connut Jean-Jacques, a disparu. Des villas servent aujourd'hui, de ce côté, de lisière au bois. Les horizons verdoyants seuls n'ont pas changé, et quand le promeneur y laisse égarer ses regards et sa rêverie, il retrouve presque intacts les paysages dont la vue causait de si douces émotions au grand écrivain qui, le premier dans notre langue, sut parler d'une manière si éloquente de la nature.

**Mont-Louis.** On sait qu'après les misérables querelles qui s'étaient élevées entre Mme d'Épinay et Rousseau, il reçut de son ancienne amie une lettre datée de Genève, dans laquelle se trouvaient ces mots : « Puisque vous vouliez quitter l'Ermitage, et que vous le deviez, je suis étonnée que vos amis vous aient retenu. Pour moi, je ne consulte point les miens sur mes devoirs. » Devant un congé si nettement signifié, Rousseau quitta l'Ermitage le 15 décembre 1757, et alla s'établir dans une petite maison située au bout d'un jardin, et faisant partie des anciennes dépendances du château. Le propriétaire lui laissa la libre direction des arrangements et des réparations. « Au rez-de-chaussée, dit Rousseau, étaient la cuisine et la chambre de Thérèse. Le donjon me servait de cabinet.... La terrasse, plus élevée que celle du château, et sur laquelle j'avais apprivoisé une foule d'oiseaux, me servait de salle de compagnie pour recevoir M. et Mme de Luxembourg, M. le duc de Villeroi, M. le prince de Tingry, Mme la duchesse de Montmorency, Mme la duchesse de Boufflers, Mme la comtesse de Boufflers, et beaucoup d'autres personnes de ce rang, qui, du château, ne dédaignaient pas de faire, par une montée fatigante, le pèlerinage de Mont-Louis. » Et ailleurs : « Pendant un hiver assez rude, j'allais tous les jours passer deux heures le matin et autant l'après-midi, dans un donjon tout ouvert.... qui terminait une allée en terrasse.... Ce fut dans ce lieu, pour lors glacé, que, sans abri contre le vent et la neige, et sans autre feu que celui de mon cœur, je composai, dans l'espace de trois semaines, ma lettre à d'Alembert sur les spectacles. » (*Confessions*, livre X.) C'est à Mont-Louis, habité par lui pendant quatre ans, que J. J. Rousseau termina *la Nouvelle Héloïse* et qu'il écrivit l'*Émile* et *le Contrat social*.

Cette maison de Mont-Louis, située à Montmorency, derrière la butte Jonvelle, à quelque distance de l'église, passa à plusieurs propriétaires, et fut acquise par peintre de paysages Bidault. Elle appartient aujourd'hui à son fils qui, dans le donjon conservé, réuni les portraits de Rousseau, Arménien, peint par Chardin; de Diderot; de Voltaire, et de plusieurs écrivains du temps; du prince de Conti; de Mme Geoffrin, et un portrait lithographié de Mme d'Houdetot, à l'âge de quatre-vingts ans. Rousseau quitta Mont-Louis le 9 juin 1762, pour se réfugier en Suisse. On peut voir, à la fin du livre XI des *Confessions*, comment la maréchale de Luxembourg lui envoya au milieu de la nuit une lettre du prince de Conti, annonçant que, malgré ses efforts, une prise de corps allait être décrétée contre lui, par suite de la publication de l'*Émile* et du *Contrat social*.

### La Forêt.

**La Forêt de Montmorency** s'étend du sud-est au nord-ouest, depuis Montmorency jusqu'à Bessancourt, couvrant tantôt de hauts plateaux riches en meulières, tantôt les pentes de collines, et descendant jusqu'au fond des fraîches vallées qu'elles dominent. Su plusieurs points les bancs de sable y sont d'une puissance remarquable; comme à *la Sablière*, au-dessus de Montmorency. Ces bancs de sable sont les analogues géologiques des grès de Fontainebleau, mais ils s'y montrent rarement cet état particulier d'agrégation. Cependant une carrière de grès est exploitée au milieu de la forêt, au-dessus de Sainte-Radegonde.

...la forêt de Montmorency a une ...ntenance de 2000 hectares. Elle ...me un des bouquets de cette vaste ...me de bois qui s'étend presque ...s interruption sur la rive gau-...e de l'Oise. Elle est divisée entre ...sieurs propriétaires. Les portions ...ncipales appartiennent à la fa-...lle Glandaz, à M. Corbin, à la ...mpagnie générale d'assurances. ...eaucoup de routes de cette forêt, ...t la rareté de poteaux indicateurs ...t d'ailleurs très-regrettable, lais-...nt à désirer sous le rapport de l'en-...tetien, et deviennent impraticables ...près les fortes pluies. Du reste, ...ême aux plus beaux jours, c'est ...plus souvent à cheval ou à âne ...ue les promeneurs la parcourent. ...ls se dirigent, en partant de la ...lace du Marché, dans deux direc-...ions opposées : les uns, du côté de ...a *Châtaigneraie* et de l'Ermitage ; ...es autres (et c'est le plus grand ...ombre) tournent l'angle de l'hô-...tel du Cheval-Blanc, prennent la ...oute qui s'offre bientôt à eux sur ...eur droite et qui, longeant le mur ...du parc de M. Mora, descend à mi-...côte jusqu'à la fontaine Réné (de là ...le chemin à droite, le long du mur ...u retour du parc, mène du côté ...de *la Sablière*). Un peu au-dessus ...de la fontaine Réné, si l'on tourne ...à gauche, un chemin sinueux, trop ...bien connu des chevaux de louage ...qui le pratiquent incessamment, ...conduit à mi-côte et à travers bois ...jusqu'à Andilly. Arrivé en face d'une ...grille qui attire l'attention à l'angle ...du mur d'un parc, on peut gravir ...le chemin creux à droite et gagner ...le plateau (Champeaux d'Andilly). ...Si, au contraire, on continue à sui-...vre le chemin qu'on a devant soi, ...on entre dans le village.

### Andilly.

*Distances*. Andilly est à : 3 kil. de Montmorency, 1 kil. de Margency, 1 kil. de Montlignon, 3 kil. de Domont, 3 kil. de Piscop, 3 kil. du château de la Chasse.

**Andilly**, village de 350 habitants, fait partie du département de Seine-et-Oise, arrondissement de Pontoise, canton de Montmorency. Quand on y arrive, comme nous venons de le dire, du côté de cette ville, la rue par laquelle on entre est bordée des deux côtés de murs ou de maisons de campagne, dont les ombrages confinent à droite à la forêt, et dont la déclivité du terrain permet en certains points aux passants d'apercevoir l'intérieur. Grâce à leur situation étagée, elles doivent jouir de très-beaux points de vue sur la vallée. Rien de paisible et de silencieux comme cette entrée de village : une inscription placée à gauche sur une planchette atteste que les habitants apprécient le calme et veulent le défendre contre la turbulence des joyeux escadrons de cavaliers et d'écuyères descendant de Montmorency. On y lit ces mots : « Défense de faire trotter et galoper aucun cheval, âne, bêtes, dans les rues ou hameaux de ce village. » Cette curiosité épigraphique méritait d'être relevée. Au bout de cette double haie de maisons et de jardins, en tournant à gauche, on descend dans le village proprement dit. On aperçoit une place carrée où se dresse au milieu un beau tilleul ; près de là s'élèvent la mairie et l'*église* sur le fronton de laquelle a été écrit le nom de Jéhovah en caractères hébraïques, érudition orientale, qui n'est certainement pas à l'adresse des villageois. L'église, qui a pour patron saint Médard, et dont la construction date du xviiie siècle, est précédée d'un petit cimetière, et l'on y arrive en traversant une petite allée tracée entre les tombes, ombragée par les saules pleureurs et les cyprès; disposition à la fois pittoresque et touchante, qui devient de jour en jour plus rare. On voit dans l'intérieur de l'église, d'un style d'architecture moderne, une copie du tableau du Louvre, d'après Paul Véronèse : *les disciples d'Emmaüs* et une autre d'après le *Christ en croix* de Prudhon.

La plus ancienne charte où soit cité le nom d'un seigneur d'Andilly date de 1125. Ce nom s'écrit indifféremment : *de Andeli*, *de Andilli*, *de Andiliaco*. La terre d'Andilly (la partie basse) fut acquise à la fin du xvie siècle par l'avocat Arnauld, qui eut vingt-deux enfants. L'aîné, connu sous le nom d'Arnauld d'Andilly, et qui fut père du ministre de Pomponne, réunit le haut et le bas Andilly. Puis il vendit 50 000 écus ce domaine seigneurial, et se retira à Port-Royal, que devait peupler sa famille, et dont un de ses frères, le grand Arnauld, fut une des lumières et le grand controversiste.

**Le château de la Chasse.** D'Andilly on peut aller en une demi-heure au château de la Chasse. Deux routes montent au nord d'Andilly sur le plateau nommé les *Champeaux d'Andilly*, qui est élevé de 170 mètres environ au-dessus de la mer. Du haut de la colline on embrasse un panorama très-étendu, dont les premiers plans sont la vallée, le lac d'Enghien et Montmorency. On est alors au-dessus d'un banc puissant de sable rougeâtre dont les tranchées et les ravines s'aperçoivent de très-loin. Le terrain présente ici de nombreuses excavations que la végétation envahit et qui sont le résultat d'anciennes exploitations de meulières. A l'angle de la colline est une maison avec un enclos désignée sous le nom de *Maison de Bel Air*. Si, tournant le dos à la vue panoramique, on s'avance sur le plateau dans une direction opposée, on voit devant soi une grande plaine cultivée, entourée de bois, et que coupent obliquement deux chemins bordés de cerisiers. Vers l'extrémité du chemin de droite, on distingue au loin, au milieu des arbres, la *Maison Blanche*, habitation de garde, située à moitié route entre Montmorency et le château de la Chasse, et qui sert de point de repère à ceux qui traversent la forêt par cette partie supérieure. Les promeneurs qui viennent par Andilly devront prendre la seconde allée de cerisiers, à gauche, et la suivre jusqu'au bout, où finissent les champs. Là, le chemin s'engage dans le bois, et bientôt à gauche on aperçoit une chaumière à moitié cachée par les arbres, habitée depuis longtemps par un ménage de braves gens, Philémon et Baucis de ce coin isolé, dont ils sont propriétaires. Les promeneurs seront heureux de trouver dans la rustique demeure de la *mère Gerbe* de l'excellent lait, des œufs, du pain, du vin, et un abri en cas d'orage; ils y trouveront de plus des renseignements sur leur chemin, s'ils ... perdu leur orientation. Du reste, en quittant la chaumière, si l'on veut aller au château de la Chasse, il faut reprendre le même sentier, qui descend au fond d'une vallée ombragée, et le suivre pendant environ vingt minutes dans les détours qu'il fait sur la gauche. Il vient aboutir sur la grande route de Montlignon à Moisselles, à l'entre-croisement du chemin nommé le *pont d'Enghien*. Là, un des rares poteaux de la forêt renseigne sur les différentes directions. (On peut de ce poteau gagner Montlignon en moins d'un quart d'heure.) Un écriteau, placé à l'entrée d'une allée à droite, indique la route du **château de la Chasse**; la distance est de dix minutes. Ce château, situé au centre de la forêt, était, à la fin du XIVᵉ siècle, entouré de fossés qui ont été comblés, et flanqué de quatre tours; il reste encore aujourd'hui deux de ces tours. Deux

Ancien rendez-vous de chasse dans la forêt de Montmorency.

étangs s'étendent à droite et à gauche. Il est le rendez-vous des cavalcades. Dans la belle saison, les promeneurs prennent place aux tables dressées sur la pelouse, et y font, sous d'antiques ombrages, un repas plus ou moins champêtre. Un peu plus loin, et au nord-ouest du Rendez-vous de chasse, est une combe déserte, qui a pris le nom de sainte Radegonde des bâtiments ruinés qui y existaient jadis. Il y avait là au moyen âge une chapelle de Sainte-Radegonde appartenant à un monastère de femmes, et dépendant de l'abbaye de Chelles. Pendant la Révolution, les ruines du château de la Chasse et de la chapelle servirent de refuge au naturaliste Bosc et à La Réveillère-Lepaux. Le ministre Roland y passa aussi, dit-on, avant de se réfugier à Rouen. La petite vallée de Sainte-Radegonde est ordinairement le terme extrême des excursions des promeneurs venus de Montmorency. Le reste de la forêt est plutôt visité par ceux qui partent des villages de Saint-Leu-Taverny, de Bessancourt, de Bethemont, de Chauvry, etc.

En l'année 1293, les habitants des différents villages qui entourent la forêt se plaignirent à Matthieu de Montmorency des dégâts que le gibier causait à leurs héritages. Ce seigneur, faisant droit à leurs réclamations, leur permit de chasser, de tuer, de prendre et d'emporter lapins, cerfs, biches, sangliers, bêtes grosses et menues, et oiseaux de la garenne. Cette concession subit de nombreuses restrictions par la suite. « A l'Ermitage, à Montmorency, dit J. J. Rousseau, j'avais vu de près et avec indignation les vexations qu'un soin jaloux des plaisirs des princes fait exercer sur les malheureux paysans forcés de subir le dégât que le gibier fait dans leurs champs, sans oser se défendre qu'à force de bruit, et forcés de passer les nuits dans leurs fèves et leurs pois avec des chaudrons, des tambours, des sonnettes, pour écarter les sangliers. Témoin de la dureté barbare avec laquelle le comte de Charolais faisait traiter ces pauvres gens, j'avais fait, vers la fin de l'*Émile*, une sortie sur cette cruauté. » (*Confessions*, liv. XI.) Quelques années avant la Révolution, un vieillard de quatre-vingt-trois ans fut jeté en prison pour avoir pris un lapin au collet dans son jardin. Le bailli le fit relâcher, et fut provoqué en duel par le capitaine des chasses du prince de Condé; il lui répondit qu'il ne se battrait point contre un précepteur de chiens. Le prince blâma sévèrement le capitaine.

Après avoir visité successivement Enghien, Saint-Gratien, Montmorency, l'Ermitage, Andilly, et une partie de la forêt, jusqu'au Rendez-vous de chasse, revenant sur nos pas - nous partirons de Montmorency dans une direction opposée, pour faire le *tour de la forêt* et passer rapidement en revue les divers villages qui l'avoisinent.

### Grolay.

*Distances.* Grolay est à : 1 kil. 1/2 de Montmorency, 1 kil. 1/4 de Montmagny, 2 kil. de Saint-Brice, 3 kil. de Sarcelles. *Omnibus* d'Enghien à Grolay, 7 départs par jour, 30 c.

**Grolay**, village de 1074 habitants, qui s'étend sur la pente orientale de la colline où s'élève Montmorency, est situé à un kilomètre de cette ville. Les *omnibus* de l'Union des Postes le mettent en communication avec la station du chemin de fer d'Enghien. Il fait partie du département de Seine-et-Oise, arrondissement de Pontoise, canton de Montmorency. Il passe pour être d'origine plus ancienne que Montmorency. C'était un vignoble déjà considérable au IX$^e$ siècle, sous le règne de Charles le Chauve. L'étymologie de ce nom, écrit dans les chartes *Graulidum*, *Groolaium*, *Groelium*, *Groleyum*, est inconnue. Ici, comme pour Montmorency, on retrouve au moyen âge des luttes contre les envahissements des moines de Saint-Denis et les exigences fiscales exercées au nom de l'abbaye.

L'*église*, placée sous l'invocation de saint Martin, comme celle de Montmorency, a peu d'importance vue à l'extérieur, mais elle offre quelques parties anciennes, et possède des vitraux très-remarquables. Le vitrail de la nef collatérale de droite mérite surtout de fixer l'attention; il représente l'*arbre de Jessé*, figurant la race de David, d'où devait sortir le Messie (*Egredietur virga de radice Jesse et flos de radice ejus ascendet.* Isaïe). Cette figure est très-fréquente dans l'iconographie chrétienne. On en cite de beaux exemples à la cathédrale de Chartres, à la Sainte-Chapelle de Paris, au portail nord de la cathédrale de Beauvais. Les verrières de l'autre nef collatérale ont été très-endommagées. Dans l'une on voit une représentation naïve du martyre de sainte Agathe.

Un peu avant d'arriver au bas et à l'extrémité de la longue rue de Grolay, on peut prendre à gauche un chemin de traverse pour aller à Saint-Brice, au lieu de descendre jusqu'à la grand'route. Ce chemin passe au haut d'une colline, à côté de l'ancien *Moulin de la folie*, remplacé aujourd'hui par une maison de campagne. Sur l'autre versant on aperçoit Saint-Brice, situé à une demi-heure de marche de Grolay.

### Saint-Brice.

*Distances.* Saint-Brice est à : 3 kil. 1/2 de Montmorency, 2 kil. de Grolay, 1 kil. 3/4 de Piscop, 4 kil. d'Andilly, 3 kil. 3/4 de Domont, 3 kil. d'Écouen, 2 kil. de Sarcelles, 2 kil. 1/2 de Villiers le Bel, 5 kil. de Moisselles, 4 kil. de Pierrefitte, 7 kil. de Saint-Denis, 16 kil. de Paris.

**Saint-Brice**, bourg de 830 hab., est traversé par la route de Paris à Beauvais; aussi a-t-il des communications fréquentes avec Saint-Denis. En outre, l'omnibus de l'Union des Postes en part sept ou huit fois par jour pour la station du chemin de fer du Nord à Enghien (30 cent.).

Saint-Brice, ainsi que Grolay, possède un grand nombre de jolies maisons de campagne. L'*église*, qui a pour patron saint Brice, évêque de Tours, a été rebâtie au XVIe siècle. Son clocher élevé, et présentant une masse imposante, appartient à l'architecture ogivale.

Saint-Brice fait partie du département de Seine-et-Oise, arrondissement de Pontoise, canton d'Écouen.

### Piscop.

*Distances.* Piscop est à : 4 kil. de Montmorency, 3 kil. d'Andilly, 1 kil. 3/4 de Saint-Brice, 2 kil. de Domont, 3 kil. d'Écouen.

**Piscop**, village de 297 habitants, dépend, comme Saint-Brice, du canton d'Écouen (Seine-et-Oise). Il se trouve situé sur le versant oriental de la forêt. Il a de charmantes habitations de campagne. Sa petite *église* rustique, nouvellement restaurée, est d'un aspect assez pittoresque. Elle a été bâtie, vers 1550, sur l'emplacement d'une petite chapelle. Immédiatement au delà de l'église on entre en forêt, et l'on trouve à droite un sentier qui conduit à *Blémur*. Près du mur du parc, au bord de la route, est une croix en pierre avec une exèdre demi-circulaire, de construction moderne, ombragée par des ormes, et qui rappelle la disposition de certains tombeaux antiques. Les collines qui bordent la forêt sont de ce côté très-sablonneuses. Le plateau présente une grande exploitation de meulières. Du bord du plateau on a une belle vue sur la plaine et sur les hauteurs boisées d'Écouen à l'est. En se dirigeant toujours au nord-ouest on ne tarde pas à atteindre Domont.

### Domont.

*Distances.* Domont est à : 1 kil. de Blémur, 2 kil. de Piscop, 3 kil. 3/4 de Saint-Brice, 3 kil. d'Andilly, 4 kil. 1/2 de Montmorency, 3 kil. 1/2 de Montlignon, 3 kil. de Bouffemont, 2 kil. du château de la Chasse, 7 kil. d'Ermont.

Des omnibus conduisent de la station d'Ermont à Domont. (1 départ par jour, environ 7 kil.)

**Domont** est un bourg de 1000 habitants (canton d'Écouen, arrondissement de Pontoise, Seine-et-Oise), dont l'aspect se ressent un peu de sa situation isolée. Sa petite *église*, à moitié restaurée, avec un clocher neuf qui date de 1850, et des portions de murs ruinées, mais encore debout, présente un singulier contraste extérieurement, ainsi qu'à l'intérieur, par l'air de vétusté du chœur et de l'abside, les tombes des guerriers et des personnages du moyen âge dont les dalles recouvrent le sol ou servent de marches au maître autel. (Les anciens seigneurs de Villiers, du XIVe siècle, avaient leur sépulture dans ce prieuré.) Dans les titres du XIIe siècle on lit : *Ecclesiæ de Doomonte, (Dosmunt, Doomont).* On peut, en sortant de Domont par la grande place, qui est garnie de tilleuls, se diriger par une belle route sur le *carrefour des Quatre-Chênes*, où l'on arrive en dix minutes, et de là, prenant celle des deux routes qui, faisant face, incline un peu à gauche, gagner en une demi-heure le Rendez-vous du château de la Chasse (voir page 449).

En continuant à faire le tour de la forêt on trouve successivement : **Bouffemont**, village de 300 habitants, qui tire probablement son nom de la famille Bouffé, déjà connue sous Louis IX et Philippe Auguste ; — **Chauvry** (335 habitants) ; — à l'angle extrême de la forêt, à un kilomètre de Villiers-Adam, le village de **Bethemont** (203 habitants), sur lequel l'abbé Lebeuf cite un titre de 1174 ; — à l'autre angle en retour, *Bessancourt* (voir plus bas, page 458). Viennent ensuite les villages de *Taverny* et de *Saint-Leu-Taverny, Saint Prix, Eaubonne, Soisy*, etc., qui seront décrits ci-dessous. Nous ne parlerons ici que de Soisy, parce qu'un service d'omnibus le relie à la station d'Enghien.

### Soisy.

*Distances.* Soisy est à : 2 kil. d'Enghien, 1 kil. 1/2 de Montmorency, 1 kil. d'Eaubonne, 2 kil. d'Andilly.

Des omnibus conduisent quatre fois par jour de la station d'Enghien à Soisy.

**Soisy** (Seine-et-Oise, arrondissement de Pontoise, canton de Montmorency) est situé à la droite du chemin de fer et au pied de la colline, entre Montmorency et Andilly. Sa population se monte à 431 habitants. Son domaine seigneurial fut démoli en 1836 ; le roi d'Angleterre, Jacques II, qui y avait résidé quelque temps, avait planté le bois qui porte son nom (voir page 432), et qui s'étend entre le chemin de fer et le parc d'un beau domaine appartenant à M. Théodore Davillier. M. Lefeuve parle ainsi de l'*église* : « Les stalles du chœur sont chargées de sculptures, chefs-d'œuvre d'art et de conservation, qu'il convient de considérer comme contemporaines de Luther, attendu que la figure de ce réformateur célèbre y est reproduite avec des cornes. MM. les fabriciens de ce temps-là plaçaient bien bas les adversaires du saint-siége. Cette église de Saint-Germain, récemment restaurée, n'a été que reconstruite au XVIIIe siècle.. » (*Le Tour de la vallée*. Paris 1856.)

## D'ENGHIEN A PONTOISE.

Quand on a quitté la station d'Enghien, on passe entre deux rangs de villas modernes. Mais de charmants paysages captivent l'attention et se disputent les regards. A droite, Montmorency s'étage en amphithéâtre sur sa gracieuse colline; à gauche, le lac d'Enghien étend sa nappe étincelante entre de riches bordures d'arbres et de maisons de campagne; plus loin se dressent les coteaux d'Orgemont et de Sannois, et le château de Saint-Gratien se montre presque en face de celui de Soisy. On traverse un petit bois, puis une tranchée, et l'on aperçoit, sur la gauche, Sannois, sur la droite, Eaubonne et Ermont.

### 4e STATION. — ERMONT.

*Distances*. Ermont (la station) est à : 3 kil. 100 mèt. de la station d'Enghien, 15 kil. de celle de Paris. Ermont (le village) est à 500 mèt. environ de la station, 1500 mèt. d'Eaubonne, 3 kil. de Saint-Prix, 2 kil. de Sannois, 2 kil. de Franconville, 7 kil. de Domont, 3 kil. de Saint-Leu-Taverny.

On trouve à la station d'Ermont des omnibus pour Montlignon, Saint-Prix, Sannois, Domont.

**Ermont** est un village de 582 habitants, dépendant du canton de Montmorency, arrondissement de Pontoise, Seine-et-Oise, situé à la droite du chemin de fer. Hilduin, abbé de Saint-Denis, le donna en 835 à son monastère. Nous n'avons du reste qu'à constater son ancienneté, car il n'a rien d'intéressant; mais c'est à sa station qu'il faut s'arrêter si l'on veut aller visiter Eaubonne, Saint-Prix, Montlignon, Sannois, etc.

### Eaubonne.

*Distances*. Eaubonne est à : 2 kil. de la station d'Ermont, 1 kil. de Soisy, 2 kil 1/2 de Montmorency, 1 kil. 1/2 de Margency, 2 kil. de Montlignon, 3 kil. de Saint-Prix.

**Eaubonne** (301 habitants) dépend, comme Ermont, du canton de Montmorency. Situé au centre de la vallée de Montmorency, entre Montlignon et Saint-Gratien, il possède de charmantes maisons de campagne et ramène encore les souvenirs au XVIIIe siècle, à Mme d'Houdetot et à J. J. Rousseau. « Eaubonne, sous Louis XV, devient la petite maison de la vallée. Le financier Mézières achète la terre seigneuriale et fait bâtir par l'architecte Ledoux trois châteaux. » Une de ces propriétés, qui forme aujourd'hui une des plus belles résidences d'Eaubonne, appartient à M. Allegri. Un autre de ces châteaux, élevé à l'entrée du village, du côté de Soisy et du bois Jacques, devint l'habitation du poëte Saint-Lambert, dont la vie fut liée à celle de Voltaire par Mme du Châtelet, comme elle devait l'être plus tard à celle de Rousseau par Mme d'Houdetot. Mme du Châtelet mourut en donnant le jour à un enfant issu de son intimité avec Saint-Lambert. Mme d'Houdetot sacrifia cinquante années de sa vie à son amant; elle prodigua avec une douceur angélique les soins les plus touchants à sa vieillesse chagrine. Il mourut en 1803, dans sa quatre-vingt-sixième année. Mme d'Houdetot, avant de se fixer à Sannois, habitait une maison voisine de celle de Saint-Lambert; cette maison, située dans le parc du château de Meaux, est aujourd'hui le pavillon du jardinier de la belle propriété de Mme veuve Perrignon. « Il y a, dit Rousseau, près d'une lieue de l'Ermitage à Eaubonne; dans mes fréquents voyages, il m'est arrivé quelquefois d'y coucher. Un soir, après avoir soupé tête à tête, nous allâmes nous promener au jardin par un très-beau clair de lune. Au fond de ce jardin était un joli bosquet, orné d'une cascade, dont je lui avais donné l'idée.... Ce fut dans ce bosquet qu'assis avec elle sur un banc de gazon, sous un acacia tout chargé de fleurs, je trouvai, pour rendre les mouvements de mon cœur, un langage vraiment digne d'eux. Dans un transport involontaire elle s'écria : « Non! jamais homme ne fut si aimable et jamais amant n'aima comme vous! mais votre ami Saint-Lambert nous écoute et mon cœur ne saurait aimer deux fois. » La maison de campagne où l'épicurien Saint-Lambert donnait des dîners « aussi délicats qu'excellents, » fut après lui habitée par le comte Regnault de Saint-Jean-d'Angely; puis elle a passé à divers propriétaires, qui l'ont remise à neuf et agrandie; il y reste, dit-on, des consoles, des chaises, une causeuse, qui ont appartenu à l'auteur du poëme des *Saisons*.

En allant d'Eaubonne à Montlignon, on laisse à droite :

**Margency** (190 habitants), qui se rattache à Montlignon par ses parcs et ses maisons de plaisance. La terre de *Montgarny*, traversée par la petite rivière dont il est parlé page 455, est la plus considérable et la plus belle.

### Montlignon.

*Distances.* Montlignon est à : 3 kil. d'Ermont, 2 kil. d'Eaubonne, 1 kil. 3/4 de Saint-Prix, 3 kil. 1/2 de Domont, 2 kil. 1/2 du château de la Chasse, 1 kil. d'Andilly, 3 kil. 1/2 de Montmorency, 6 kil. 1/2 de Moisselles.

Les *Omnibus* (Union des Postes) conduisent gratuitement, huit fois par jour, les voyageurs du chemin de fer d'Ermont à Montlignon.

**Montlignon** (405 habitants) dépend aussi du canton de Montmorency; il est bien bâti et traversé par une excellente route. On y remarque de très-belles maisons de campagne. — L'abbé Suger donna une somme de 3000 sous à Matthieu de Montmorency pour rentrer en possession de cette terre distraite du domaine de son abbaye, et affermée à un juif de Montmorency; il appliqua ensuite le revenu de la terre de Montlignon (*Molignum*) à l'entretien du réfectoire des moines de Saint-Denis.

### Saint-Prix.

*Distances.* Saint-Prix est à : 3 kil. d'Ermont, 1 kil. 1/2 de Saint-Leu-Taverny, 1 kil. 3/4 de Montlignon, 2 kil. 1/2 du château de la Chasse, 5 kil. de Montmorency.

*Omnibus* (Union des Postes) d'Ermont à Saint-Prix, quatre départs par jour : 25 c.

**Saint-Prix**, qui dépend également

canton de Montmorency, a une population de 456 habitants. — Ce joli village est pittoresquement situé sur une rampe, élevée elle-même, bien que dominée par le haut plateau de la forêt. Il s'est appelé, pendant la Révolution, *Bellevue-la-Forêt*. Sur la place se dresse une longue colonnette d'une seule pierre. Près de là, Sedaine avait une maison de campagne. — Le nom primitif était, au XIIe siècle, Tor ou Tour (*turnum*). Cette terre ayant été donnée par les sires de Montmorency à une abbaye de Pontoise, les religieux dotèrent le village de Tor de reliques de saint Prix, évêque de Clermont ; ces reliques attirèrent de nombreux pèlerins, et contribuèrent à faire changer le nom de Tor en celui de Saint-Prix. La maison seigneuriale se trouvait au bas de la colline, sur la terre de Rubel, dont le nom a survécu. Le château de Saint-Prix fut démoli en 1810 par ordre de Louis Bonaparte, qui en était devenu propriétaire.

Divers chemins conduisent en 30 ou 40 minutes de Saint-Prix au château de la Chasse (voir page 449) ; 20 minutes suffisent pour gagner Saint-Leu-Taverny (voir page 456). Enfin, si de Saint-Prix on se dirige à l'est du côté de Montmorency, on arrive, en moins d'une demi-heure, à une échancrure de la forêt de Montmorency, dont les collines s'abaissent pour former une étroite vallée arrosée par un ruisseau, qui, après avoir servi à l'embellissement des maisons de campagne de Montlignon, de Margency et d'Eaubonne, va se jeter dans le lac d'Enghien. — On peut gagner Montmorency par Montlignon (voir ci-dessus) et Andilly (voir page 447).

Au delà de la station d'Ermont, on remarque, sur la gauche, le village de Sannois (voir page 379), situé à 2 kil., au pied d'un joli coteau boisé. Des omnibus y conduisent (neuf départs par jour). Des moulins à vent couronnent les hauteurs. Dans un pli de la colline se montre l'Ermitage (voir page 379). Sur la droite, Saint-Prix attire les regards au delà d'Ermont, à la base des coteaux de la forêt de Montmorency.

### 5e STATION. — FRANCONVILLE.

*Distances.* La station de Franconville est à : 3 kil. de celle d'Ermont, 18 kil. de celle de Paris. Franconville est à : 1 kil. de la station, 2 kil. d'Ermont, 2 kil. 1/2 de Sannois, 2 kil. de Cormeilles, 3 kil. de Montigny.

On trouve à la station de Franconville des omnibus pour Franconville (neuf départs par jour, transport gratuit), et pour Taverny et Saint-Leu-Taverny. (Gratuit.)

**Franconville**, bourg de 1222 habitants (canton de Pontoise), est assis en regard des coteaux de Montmorency, au pied du versant septentrional d'une colline qui borne de ce côté la vallée. La grande route de Saint-Denis à Pontoise le traverse. L'abbé Suger fut un de ses seigneurs suzerains. « Le revenu de cette localité défrayait le vestiaire des religieux de Saint-Denis. » Le comte de Tressan avait dans ce village une maison de campagne, située à l'entrée de la ruelle qui conduit à Ermont. Il y mourut en 1783, âgé de 78 ans, des suites d'une chute faite en voiture en revenant du château de Saint-Leu, où il avait été porter à la duchesse d'Orléans des couplets qu'il avait composés pour sa fête. On cite encore la *Maison rouge*, qui appartint à Cassini; et les jardins anglais, remplis de curiosités pittoresques et de monuments qu'y possédait, avant la Révolution, le comte d'Albon, dernier roi d'Yvetot. M. H. Passy a acquis l'ancienne propriété de M. de La Cronière, conseiller en la Cour des aides.

La *fête patronale* de Franconville se célèbre le 20 juillet.

De Franconville on peut gagner, en 20 ou 30 minutes, Cormeilles, par des hauteurs boisées d'où l'on découvre de belles vues (voir page 379).

### Saint-Leu-Taverny.

*Distances.* Saint-Leu-Taverny est à : 3 kil. de la station de Franconville, 2 kil. de Taverny, 1 kil. 1/2 de Saint-Prix, 4 kil. d'Eaubonne, 3 kil. d'Ermont.

Des omnibus de l'Union des Postes conduisent de la station de Franconville à Taverny, par Saint-Leu-Taverny. Huit départs par jour. Transport gratuit pour les voyageurs allant à Paris et venant de Paris, 30 c., et 40 c. le dimanche.

L'omnibus qui va de la station de Franconville à Taverny passe par le *Plessis-Bouchard*, village de 204 hab. où l'on remarque une fabrique de bougies, puis il se dirige au nord sur Saint-Leu-Taverny.

**Saint-Leu-Taverny**, village de 1232 habitants, dépend du canton de Montmorency (arrondissement de Pontoise, Seine-et-Oise). On peut lui assigner au moins sept siècles d'antiquité. Il a appartenu pendant un certain temps aux Montmorency. Pendant la Révolution, il prit le nom de *Claire-Fontaine*; il porte aujourd'hui celui de *Napoléon-Saint-Leu*, en vertu d'un décret du 10 juin 1852. Deux hôtels : la *Croix blanche* et l'*Écu de France*, ce dernier vis-à-vis de l'église, sont de création très-ancienne.

Saint-Leu-Taverny, renommé autrefois par ses châteaux, résidences des princes d'Orléans, de la reine Hortense et du dernier prince de Condé, est aujourd'hui particulièrement célèbre par ses *tombeaux*. A l'issue et au nord du village, à droite du chemin qui monte à la forêt, est celui du prince de Condé. Une avenue de cyprès fermée par une grille le précède. On sait que le duc de Bourbon, prince de Condé, fut trouvé dans la nuit du 27 au 28 août 1830, pendu avec des mouchoirs à l'espagnolette d'une fenêtre du château de Saint-Leu. Un procès célèbre eut lieu, et l'opinion qui prévalut devant les tribunaux fut que le prince avait mis fin volontairement à ses jours. La rumeur publique racontait qu'on l'avait *suicidé*. Un monument a été érigé sur l'emplacement même, au moyen d'une souscription organisée dans le parti légitimiste. Il consiste en une colonne élevée sur un socle, porté lui-même sur trois marches: deux anges sont debout adossés à la colonne. Des inscriptions rappellent les noms des princes de la famille ; la croix en haut de la colonne est à l'endroit même où le corps du prince fut trouvé. — Les autres tombeaux sont ceux de quelques membres de la famille Bonaparte. Ils sont placés dans les caveaux de la nouvelle église de Saint-Leu, commencée en 1852 sur l'emplacement de l'ancienne. L'État, dit-on, n'y a contribué que pour la somme de 80 000 francs. La façade de cette église, faite à l'imitation du style gothique, présente des peintures, des ornements sculptés, des gravures en creux et des dorures où se trahit le goût moderne. Le tympan extérieur de la grande porte représente Jésus-Christ entre saint Leu et saint Égidius; celui de la porte latérale, la Vierge consolatrice des affligés. Ces peintures, exécutées sur faïence émaillée, sont dues au pinceau de M. Sébastien Cornu. L'intérieur de l'église attend encore des peintures décoratives. A l'abside, dans une chapelle réservée, va être placée la statue du roi de Hollande, Louis Napoléon. Des noms de saints forment un cordon autour de la nef; à l'abside celui de saint Napoléon figure entre les noms de saint Louis et de saint Charles. Ce saint Napoléon, à qui la politique a fait une si belle place, était en réalité un nommé Néopolis ou Néopolus, martyrisé à Alexandrie sous Dioclétien. A droite de l'autel sont l'ancienne chapelle et le tombeau de Mme de Broc, qui, en 1813, périt dans un précipice en Savoie, sous les yeux de la reine Hortense, qui lui fit élever ce monument. La maréchale Ney, morte récemment, y repose aussi près de sa sœur. Le caveau pratiqué sous l'église contient les quatre tombes: de Charles Bonaparte, père de Napoléon I<sup>er</sup>; de Louis Bonaparte, roi de Hollande, et de deux de ses fils. La reine Hortense, leur mère, est enterrée à Rueil (voir page 320). Dans un coin, à l'extérieur de l'église, on voit une ancienne pierre sépulcrale du curé Mangot, fondateur de l'église de 1690.

Il y avait, au siècle dernier, deux châteaux à Saint-Leu. L'un, à l'entrée du village du côté de Paris, avait été acquis par le duc d'Orléans; ses enfants y séjournèrent avec leur institutrice, Mme de Genlis. L'autre château, situé sur la hauteur, avait été habité par le connétable Matthieu de Montmorency. Les deux châteaux furent réunis par Louis, troisième frère du premier consul. Le château du connétable fut démoli; celui de la famille d'Orléans devint un palais; des rivières, des pièces d'eau embellirent le parc. Louis abdiqua en 1810. Il prit le titre de comte de Saint-Leu et de grand-duc de Berg; il lui fut assigné un revenu de deux millions, dont 500 000 francs sur les bois de Saint-Leu et de Montmorency. La séparation de corps fut prononcée entre le roi et la reine de Hollande, la reine Hortense garda ses deux fils. Par l'influence de l'empereur Alexandre, la Restauration érigea son apanage en *duché de Saint-Leu*. Elle fit une visite à Louis XVIII pour le remercier. « Sémonville, qui n'était pas moins assidu à Saint-Leu qu'aux Tuileries, dit à cette occasion à Mlle Cochelet (lectrice de la reine Hortense) : « Votre reine a tourné la tête au roi ; « il ne parle que d'elle ; il est en- « chanté de son esprit et de ses « manières.... » Louis XVIII vint à son tour la visiter à sa résidence de Saint-Leu. A son retour de l'île d'Elbe, Napoléon, dit-on, l'accueillit d'abord froidement. A la seconde Restauration, le prince de Condé racheta le château de Saint-Leu, et il y périt violemment en 1830, comme on l'a rappelé plus haut. Par son testament, il nommait le duc d'Aumale son héritier, et il laissait entre autres legs à Mme de Feuchères les châteaux et parcs de Saint-Leu, de Boissy, la forêt de Montmorency, le domaine de Morfontaine, etc. Le château de Saint-Leu, bientôt vendu par Mme de Feuchères, fut démoli en 1835. Le parc a été morcelé, les pièces d'eau ont disparu. A quelque distance du monument funéraire du prince de Condé on voit encore les bâtiments des écuries, aujourd'hui divisés entre plusieurs particuliers. Sur le pilier de droite, en avant de l'allée de cyprès qui mène à la colonne, on lit ces mots : *rue des Vandales.* Est-ce un souvenir de ces destructions ?

Si de Saint-Leu-Taverny on remonte au nord dans la forêt par un sentier tournant, et çà et là ombragé de pins, on ne tarde pas à atteindre le plateau. Là, prenant à droite une allée directe qui longe le fossé de l'ancien parc de Saint-Leu, on arrive en peu de temps en vue de Saint-Prix. On y descend par une route également tournante.

Pour aller de Saint-Leu-Taverny à Taverny, il faut prendre la direction du nord-ouest. Ces deux villages n'en forment qu'un seul. Ils se relient l'un à l'autre par une des plus longues rues de village qui soient aux environs de Paris.

### Taverny.

*Distances.* Taverny est à : 2 kil. de Saint-Leu, 5 kil. de Franconville, 1 kil. de Bessancourt, 5 kil. d'Eaubonne, 6 kil. 300 mèt. de Soisy.

**Taverny** (1210 habitants) dépend du canton de Montmorency. On pense que son nom, dont une charte de 754 fait déjà mention, provient des tavernes qui y étaient établies. Quelques princes de la famille royale de France y séjournèrent au XIV° siècle. L'*église* est l'une des plus remarquables des environs de Paris. Elle est située d'une façon pittoresque sur une terrasse rustique, au haut de la colline où s'étend le village. Des tombes sont rangées alentour, et la terre trop élevée de cet ancien cimetière entretient l'humidité dans les murs de l'église, qu'elle détériore. L'intérieur présente des proportions très-élégantes, et une église ogivale complète, avec collatéraux, transsept, triforium ou galerie au-dessus des arcades de la nef et du sanctuaire, chapelles latérales à l'abside, etc. Des piliers et des colonnes restaurés n'ont pas encore été sculptés ; plusieurs fenêtres, de style ogival flamboyant, ont été bouchées avec de la maçonnerie, sans doute par besoin de consolidation. Il est regrettable que cette belle église, commencée au XIII° siècle, soit complètement dépourvue de vitraux de couleur. (En 1237, Burchard de Montmorency légua la somme de 10 livres pour les vitraux.) Une addition moderne, celle de l'orgue, contribue à la déparer par la grossièreté maladroite des charpentes qui le portent.

*La Tuyolle* est une jolie maison de plaisance située près de la forêt dans la partie haute du village.

A un kilomètre de Taverny, au nord-ouest, est le village de *Bessancourt,* qui mérite aussi une visite.

### Bessancourt.

*Distances.* Bessancourt est à : 1 kil. de Taverny, 3 kil. de Saint-Leu-Taverny, 6 kil. d'Ermont, 3 kil. de Bethemont, 10 kil. de Pontoise.

Des omnibus conduisent de la station de Franconville à Taverny (voir Franconville.)

**Bessancourt** (824 hab.) remonte à une assez haute antiquité : la terre de ce nom fut acquise en 1240 par la reine Blanche, et appartint plus tard à l'abbesse de Maubuisson. L'*église* a dans sa construction plusieurs fragments qui appartiennent au XIIIe siècle, mais la majeure partie est de l'époque du style ogival flamboyant. A l'intérieur les chapiteaux des colonnes présentent des figures grimaçantes et des animaux fantastiques. Un porche rustique abrite la grande porte formant une entrée séparée par un pilier; le clocher, du XVe siècle, a des contre-forts étroits qui concourent à son élégance. On cite particulièrement parmi les maisons de plaisance de ce village le *Château-Madame*. L'abbesse de Maubuisson y avait une maison de campagne.

Bessancourt est situé au milieu de cultures variées, dans une échancrure et à l'extrémité des collines, regardant le midi, qui commencent à Montmorency, et que domine la forêt de ce nom. Du haut du plateau, au nord de Bessancourt, la vue embrasse un vaste panorama; on découvre plus des deux tiers de l'horizon; aux premiers plans est la plaine, semée de bouquets de bois et de villages, qui s'étend entre la Seine et l'Oise; une ligne sinueuse de coteaux dessine le contour de cette dernière rivière.

De Bessancourt un chemin de traverse gagne obliquement la grande route qui passe à Taverny.

---

Au delà de la station de Franconville, on traverse une des parties les plus fertiles et les plus riches de la vallée de Montmorency. Sur la gauche s'élèvent les coteaux boisés qui dominent Franconville. A droite on découvre le village de Plessis-Bouchard, et plus loin celui de Saint-Leu-Taverny ; on traverse une tranchée, puis le bois de Boissy, avant de s'arrêter à la station d'Herblay.

6e STATION. — HERBLAY.

*Distances.* Herblay (la station), est à : 3 kil. de Franconville, 21 kil. de Paris. Herblay (le village) est à 2 kil. de la station, 1 kil. 1/2 de Montigny, 2 kil. de la Frette, 3 kil. de Cormeilles, 6 kil. de Conflans-Sainte-Honorine, 9 kil. d'Argenteuil, 9 kil. de Pontoise.

Des *omnibus* conduisent gratuitement de la station au village. D'autres *omnibus* le mettent en communication plusieurs fois par jour avec Argenteuil (voir p. 379.)

**Herblay** fait partie du département de Seine-et-Oise, arrondissement de Versailles, canton d'Argenteuil ; sa population s'élève à 1605 habitants, y compris celle du hameau de *Val*, son port sur la Seine. On y cultive des vignes et des arbres à fruits ; mais on y exploite aussi des carrières de plâtre et de pierre. Son château, jadis seigneurial, est en partie détruit. Sa plus belle maison de campagne est celle que le prince russe della Scarlata a fait bâtir il y a une trentaine d'années près de l'église, et dont la terrasse offre un magnifique point de vue ; elle a souvent, depuis, changé de propriétaire. L'*église* a été construite à deux époques, au XIVe et au XVIIIe siècle. Malheureusement on a badigeonné les peintures à fresque signalées par l'abbé Lebeuf.

Mme la comtesse d'Agoult (Daniel Stern) possède une maison de campagne à Herblay.

Entre Herblay et Cormeilles, à

1500 mètres environ de l'un ou de l'autre de ces deux villages, au delà de la route du Havre, se trouve le village de **Montigny-lez-Cormeilles** (487 hab.) « Il y avait là, dit l'abbé Lebeuf, un vignoble dès le règne de Charles le Chauve. Au IXe siècle, lorsque Louis, abbé de Saint-Denis, fit la destination de certaines terres pour la communauté des religieuses, Montigny fut une de celles qu'il désigna pour leur boisson. L'acte est de l'an 862.... L'*église* a été nouvellement rebâtie en forme de chapelle, avec un petit clocher de pierre de forme hexagone. » Du belvédère de M. Boullay, on découvre, dit-on, soixante-quinze clochers. L'éminence, couronnée par le vieux moulin qui sépare Montigny de Cormeilles, a une hauteur de 170 mètres. On y jouit d'un beau point de vue (voir Cormeilles, p. 379).

Enfin, à 1600 mètres de Montigny, à 3 kilomètres de Sartrouville, sur la rive droite de la Seine, est le petit port de la **Frette** (346 hab.), où l'on embarque les pierres extraites des carrières du voisinage.

La station d'Herblay dépassée, on traverse le bois des Bruyères, puis une plaine cultivée qui n'offre aucun aspect pittoresque.... Sur la droite on aperçoit à peu de distance le village insignifiant de *Pierrelaye* (347 hab.), dont le château, jadis seigneurial, a appartenu au prince de Carignan, et dont l'église a été rebâtie en 1851. Au nord-est, s'étendent les *bois Poile*, que le *bois de Rosière* relie au *bois de Maubuisson*. Au sud-est, au delà de la route de terre, est le *bois des Courtins*. Après avoir traversé une tranchée assez profonde, on découvre Pontoise sur la gauche. Des rideaux d'arbres cachent Saint-Ouen-l'Aumône et les derniers débris de l'abbaye de Maubuisson ; on pénètre dans l'ancienne enceinte de l'abbaye, puis on s'enfonce dans une profonde tranchée taillée à pic au milieu d'un banc de rochers, et, au sortir de cette tranchée, on s'arrête dans la gare de Pontoise.

### 7e STATION. — PONTOISE.

*Distances.* La station de Pontoise est à : 8 kil. de celle de Franconville, 29 kil. de celle de Paris. Pontoise est à : 1 kil. 1/2 de la station, 7 kil. 3/4 de la Patte-d'Oie d'Herblay, 9 kil. d'Herblay, 22 kil. 1/2 de Paris, 14 kil. du Burd haut de Vigny, 18 kil. de Chars, 8 kil. d'Hérouville, 20 kil. de Saint-Germain, 2 kil. 143 mètres d'Osny, 6 kil. d'Auvers, 5 kil. 1/2 de Méry, 3 kil. 700 mèt. d'Ennery, 5 kil. 1/2 de Vauréal, 3 kil. de Cergy, 6 kil. de Conflans-Sainte-Honorine.

On trouve à la station de Pontoise des *omnibus* pour la ville, 20 c. par personne, 20 c. pour les bagages ; des *voitures de correspondance* pour Magny, le Tillay, Marines, Chars, Gisors, Chaumont, Monneville, etc., et des voitures particulières pour les localités voisines.

*Hôtels et restaurants.* Hôtel du Grand-Cerf, faubourg de l'Aumône ; hôtel des Messageries (chez Raymond), où s'arrête l'omnibus, au milieu de la ville ; Jean-Louis Vautier, restaurateur. Nombreux cafés.

En allant à pied de la station de Pontoise à la ville de ce nom (de quinze à vingt minutes), on peut aller visiter les intéressantes ruines de l'abbaye de Maubuisson. Un sentier conduit à ces ruines en dix minutes. Ce sentier s'ouvre à gauche, en face du café du Nord, croise la route de Méry, sous laquelle vient de passer le chemin de fer, puis se continue à travers champs; à l'entrée on remarque un tourniquet. Nous décrirons plus loin les ruines de Maubuisson. Allons d'abord à Pontoise.

La route qui conduit de la station à Pontoise aboutit à une belle avenue d'arbres, à l'extrémité de laquelle, au *faubourg de l'Aumône*, elle tourne brusquement à droite, pour aller traverser l'Oise sur un beau pont de cinq arches en pierre, reconstruit au XVIᵉ siècle. C'est de là qu'il faut voir Pontoise telle que la représente notre dessin. Les deux rives et les îles de l'Oise sont agréablement ombragées; sur la droite, s'élève le coteau boisé et peuplé de l'Ermitage; en face, la ville s'étage en amphithéâtre au pied des rochers et des murailles de son vieux château fort, aujourd'hui détruit; à gauche, les beaux bâtiments de l'hôpital attirent sur-

Vue générale de Pontoise.

tout les regards. L'intérieur de la ville est loin de tenir les promesses de l'extérieur. On pourrait se dispenser de gravir ses rues escarpées, tortueuses, bordées de maisons sans caractère et sans style, si l'on ne voulait pas visiter Saint-Maclou et le jardin public. Avant d'y pénétrer, rappelons brièvement ce que fut Pontoise depuis sa naissance jusqu'à nos jours.

Son origine est fort ancienne, bien qu'il ne faille pas croire avec Taillepied qu'elle dut sa fondation à un nommé Moïse Belgius, quatorzième roi des Gaules, en l'an 1000 après le déluge. Elle existait toutefois du temps des Gaulois, qui l'appelaient *Briva Isaræ* (pont de l'Oise). Les Romains, qui s'y établirent après les Gaulois, lui donnèrent le nom de *Pons Isaræ*, nom qu'elle a conservé en le francisant. « Ils avaient fondé en ce pays, dit un historien de Pontoise, un grand nombre de magasins et de forges d'armes, trouvant là et en abondance le bois et le charbon nécessaires pour cette fabrication. Tout naturellement, ils donnèrent pour patron à ce vaste arsenal leur dieu Vulcain, et probablement cette terre, surchargée d'enclumes et de marteaux, prit incontinent le nom de sa déité tutélaire, *champ de Vulcain*, *pagus Vulcassinus*, et en français, par corruption, le Vexin, dont Pontoise devait devenir un jour la capitale. »

Cette position avait déjà une certaine importance au IXe siècle; car l'un des comtes du Vexin et de Pontoise, qui y avait fondé une abbaye de Bénédictins, y construisit une forteresse en bois pour s'y défendre contre les Normands; mais ces terribles envahisseurs eurent bientôt emporté cette forteresse, qu'ils se hâtèrent de détruire. Des années s'écoulèrent sans qu'on la rebâtît. Quand on la releva, on substitua la pierre au bois. Peu de temps après, on jeta un pont de pierre de douze arches vis-à-vis de la nouvelle citadelle, autour de laquelle se groupèrent les habitants, qui abandonnèrent leurs anciennes demeures, situées dans la plaine appelée aujourd'hui de Saint-Martin.

En 1032, Pontoise avait été détachée du domaine royal par Henri Ier, en faveur du duc de Normandie. Philippe Ier l'y réunit de nouveau, et, pendant ses résidences, il y fit battre, en 1064, cette monnaie connue des numismates sous le nom de *moneta Pontesensis*. En 1069, il accorda d'importants priviléges à l'abbaye de Saint-Martin; et, en 1091, il donna en fief celle de Saint-Mellon à l'archevêque de Rouen. La partie de la ville qui se développa rapidement autour de ce dernier monastère s'appela dès lors Villeneuve-Saint-Mellon. Louis le Gros se vit obligé de la céder au duc de Normandie; mais elle redevint bientôt une ville française. En 1188, Philippe Auguste en fit une commune et l'érigea en cité. Saint Louis se plut à y résider pendant les premières années de son mariage. Sa mère, cependant, ne lui en rendait pas le séjour fort agréable, si l'on doit en croire ce passage de Joinville :

La roine mère faisoit à la roine Marguerite de grandes rudesses : elle ne vouloit souffrir que le roi habitat la roine sa femme, ni demeurat en sa compagnie; et, quand le roi chevauchoit aucunes fois par son royaume avec les deux roines, communément la roine Blanche faisoit séparer le roi de la roine Marguerite, et ils n'étoient jamais logés ensemblement. Et advint une fois qu'eux étant à Pontoise, le roi étoit logé au-dessus du logis de la roine sa femme et avoit instruit ses huissiers de salle de telle façon, que quand il étoit avec ladite roine et que madame Blanche vouloit venir en la chambre du roi ou en celle de la roine, les huissiers battoient les chiens, afin de les faire crier; et, quand le roi entendoit cela, il se *mussoit* (se cachait) de sa mère.

Le 10 décembre 1244, Louis IX, dont la santé était depuis longtemps chancelante, tomba très-gravement malade au château de Pontoise. On craignit pour sa vie; un moment même on le crut mort. L'alarme se répandit parmi le peuple et le clergé; la ville se remplit de processions et de pèlerins en

..uil, et les dons faits aux pauvres en cette occasion furent si considérables, que le faubourg conduisant à Paris en prit le nom de faubourg de l'*Aumône*. Quand le roi alla un peu mieux, au grand étonnement de ceux qui l'entouraient, il ordonna qu'on mît la croix rouge sur son lit et sur ses vêtements. Pendant sa maladie, il avait fait le vœu de se croiser s'il se guérissait, et il tint son serment.

Au XIVᵉ siècle, le roi de Navarre, Charles le Mauvais, prétendant que Philippe de Valois lui avait cédé ses droits sur Pontoise, essaya vainement, à deux reprises, de s'emparer de cette ville; mais, au siècle suivant, le 29 juillet 1419, les Anglais la prirent et la saccagèrent. Si, en 1423, ils en furent chassés, ils y rentrèrent en 1437, grâce à un stratagème de Talbot, leur général, qui, voyant la terre couverte de neige, fit habiller ses soldats de toiles blanches, et arriva ainsi avec eux, sans être aperçu, jusqu'au pied des remparts, qu'il n'eut pas de peine à escalader [1]. Enfin, en 1441, après un siège de trois mois, elle fut emportée d'assaut par Charles VII en personne.

Livrée aux Bourguignons par son commandant pendant la ligue du Bien public, Pontoise resta en leur possession jusqu'au traité de paix de Conflans. En 1498, elle fut donnée pour fief et pour douaire à Jeanne de France, que Louis XII avait répudiée. Après la mort de François II, les vingt-six députés des États généraux, qui avaient d'abord été convoqués à Orléans, vinrent siéger à Pontoise (1561), dans le couvent des Cordeliers, fondé par la reine Blanche en 1248, rasé par les Anglais en 1441, reconstruit depuis, et détruit à la Révolution. En 1589, Henri III s'empara de Pontoise avant de marcher sur Paris; mais d'Alincourt, qui en était gouverneur pour le duc de Mayenne, la reprit bientôt et elle ne fit sa soumission qu'en 1594.

Pendant la Fronde, Louis XIV et Mazarin se retirèrent à Pontoise; ils y constituèrent même, le 6 août 1652, avec les quelques magistrats restés fidèles à leur cause, un fantôme de parlement. En 1670, Bossuet fut sacré aux Cordeliers. Enfin, en 1720 et en 1775, le parlement fut transféré à Pontoise.

Henri III avait détaché de la couronne le domaine de Pontoise pour composer l'apanage du duc d'Anjou, son frère, qui l'avait engagé à un sieur Nicolas Aubelin. Il avait ensuite passé en un grand nombre de mains, lorsqu'en 1745, Louis XV reconnut qu'il appartenait au prince de Conti en toute jouissance et propriété, à la suite d'un échange par lequel ce prince cédait à Sa Majesté plusieurs autres terres et seigneuries.

Jusqu'à la Révolution, Pontoise resta une ville monastique; elle possédait un grand nombre d'é-

[1]. Martial Paris raconte ainsi la prise de Pontoise par les Anglais :

> Tout du long du soir fut logié
> Près des fossés parmi les champs,
> Et avait la nuit tant neigié
> Que tous les champs en étoient blancs.
>
> Pour mieux jouer le personnage
> Les Anglais matin s'habillèrent
> De blanc comme gens de village
> Et ainsi en la ville entrèrent.
>
> Les uns si apportoyent grands cages
> Comme en façon de poussins vendre :
> Les autres et paniers et fromages
> Et vindrent la ville ainsi prendre.

glises et de couvents dont l'abbé Trou a écrit l'histoire, et dont trois seulement ont survécu : Saint-Maclou, Notre-Dame et le couvent des Carmélites. Aujourd'hui l'ancienne capitale du Vexin français est un chef-lieu d'arrondissement du département de Seine-et-Oise, composé de 7 cantons qui renferment 161 communes. Sa population se monte à 5637 habitants. Un tribunal civil a remplacé son ancien bailliage. Elle possède un collège communal.

Pontoise a vu naître Philippe le Hardi, duc de Bourgogne, l'alchimiste Nicolas Flamel, Tronçon Ducoudray, l'un des défenseurs de Marie-Antoinette, le général Leclerc, beau-frère de Napoléon, l'orientaliste Joseph de Guignes, les architectes Lemercier et Fontaine.

L'*église Saint-Maclou* a été bâtie à quatre époques différentes. Le pourtour du chœur et les chapelles du rond-point paraissent remonter à la fin du XI$^e$ siècle ou aux premières années du XII$^e$. La croisée ou transsept est de la fin du XII$^e$ siècle; la voûte de la grande nef, la tour, le grand portail et le petit portail construits sous la tour, sont du XV$^e$ siècle. Enfin, les collatéraux ou bas côtés, le petit portique situé à côté du pignon de la grande nef, le petit portique méridional et celui du nord, ainsi que la belle chapelle de la Passion, appartiennent à la Renaissance.

A l'extérieur, on remarque surtout le grand portail, la tour et la rosace, dont les sculptures ont malheureusement souffert, les quatre autres petits portiques, et la frise d'ordre corinthien qui se trouve sous la toiture du bas côté méridional. L'intérieur manque de symétrie. Non-seulement il n'y a qu'un bas côté au sud et dans le chœur, tandis qu'il y en a deux au nord, mais ces bas côtés ne sont pas parallèles à la nef. Ils s'élargissent en s'approchant du chœur; du reste, ils sont accompagnés d'un nombre égal de chapelles, quatre de chaque côté, six autour du chœur. Dans l'angle nord-ouest est la grande chapelle de la Passion, qui renferme, outre un monument de la Renaissance appelé le Tombeau et composé de huit statues de pierre, une scène de la Résurrection de la même époque.

L'église Saint-Maclou possède de beaux vitraux (chapelle de la Passion et chapelle du nord), de jolies boiseries, une belle *Descente de Croix* (par Jouvenet), provenant de l'ancienne chapelle des Jésuites; deux curieuses statues en pierre (la sainte Vierge et Madeleine); un orgue estimé et de nombreuses reliques. Deux tableaux placés de chaque côté de l'entrée de la sacristie contiennent la liste de ces reliques, qui se composent de fragments de cent cinquante-deux saints, du corps entier d'un martyr, de reliques de la vraie croix et de la sainte couronne.

L'*église Notre-Dame*, située près de la Viosne, dans le quartier de la porte de Rouen, date du XIII$^e$ siècle. Ce ne fut d'abord qu'une chapelle; mais elle était devenue la plus belle église du Vexin, quand elle fut détruite en 1589 pendant le siège. On la rebâtit peu de temps après, et depuis elle a reçu des améliorations notables à l'intérieur; toutefois elle n'offre aucun intérêt. Dans la chapelle de la Vierge (la statue a été sculptée au XIIIᵉ siècle par un jeune homme qui n'avait fait aucune étude) se trouve gravée en lettres d'or la formule du vœu que fit la ville de Pontoise aux pieds de la madone le 8 septembre 1638. Ce vœu (faire brûler tous les ans trois *flambeaux de cire* du poids de vingt livres en l'honneur de la Vierge, si elle délivrait Pontoise de la peste), a été renouvelé en 1738 et en 1838. Entre la nef et le bas côté droit, on remarque le tombeau de saint Gautier (1146).

Depuis longtemps les murs d'enceinte de Pontoise ont fait place à des routes et à des jardins; des maraîchers cultivent des légumes ou des fleurs dans les fossés, dont jadis les hommes d'armes défendaient l'approche du haut des remparts. Le vieux château lui-même a disparu; il n'en reste que quelques murs à demi ruinés, un parapet, les rampes qui y conduisent, et, sur la plate-forme ornée d'une allée d'arbres, des maisons devenues des propriétés particulières. Il existait encore en 1740. Richelieu, qui l'habita souvent, s'était plu à le réparer et à l'embellir. Il y avait fait construire une grande et belle galerie. Le cardinal de Bouillon le négligea; ses successeurs l'abandonnèrent, et on le démolit en 1742.

En 1749, le prince de Conti fit élever, vis-à-vis de Saint-Maclou, l'*hôtel de ville* que l'on y voit encore aujourd'hui.

L'*Hôtel-Dieu*, fondé par saint Louis, a été rebâti de 1823 à 1827 par M. Fontaine. La chapelle renferme un beau tableau de Philippe de Champagne, représentant la *Guérison du paralytique*. On y remarque aussi un petit vitrage peint; d'un beau coloris et d'une grande finesse de dessin.

Le *couvent des Carmélites* avait déjà servi de manufacture d'armes et de filature de coton, et il était question d'y établir une salle de spectacle, lorsque, en 1821, les Carmélites en obtinrent la cession en échange de la *maison Verville*, qui devint la sous-préfecture, et dont les jardins sont aujourd'hui le *jardin de la ville*, vaste promenade d'où l'on découvre de magnifiques panoramas.

Pontoise est alimentée d'eau par une machine à vapeur. Le réservoir est à 55 mètres au-dessus du niveau de l'Oise. L'établissement de cette machine et des fontaines a coûté 80 000 fr.

Pontoise fait un commerce considérable de grains et de farines (de 8 à 10 millions par an), ainsi que de quelques autres céréales (de 4 à 5 millions). « Il serait difficile, dit M. l'abbé Trou[1], de rencontrer une ville mieux servie par la nature pour ces genres de commerce. Sa rivière la met en communication avec le monde entier, et sa petite rivière de Viosne fait tourner, dans l'enceinte seule de ses murs, quinze à vingt moulins ou usines pour réduire les blés en farines... C'est sur cette rivière de Viosne que sont établies les deux grandes et belles usines de MM. Truffaut et Hamot, dont le mécanisme est si admirable... » On remarque encore sur notre sol, ajoute M. l'abbé Trou, deux autres usines, dont la plus importante est une fabrique de sucre de betterave, l'autre une fa-

[1]. *Recherches historiques, archéologiques et biographiques sur la ville de Pontoise*, un vol. in-8. Pontoise, 1841.

brique d'eaux sulfuriques.... » Les marchés du samedi sont très-fréquentés.

Le *veau* de Pontoise a joui longtemps d'une réputation méritée. Il est indigne aujourd'hui de la célébrité qu'il a conservée. Il a même, on peut le dire, cessé d'exister. Des économistes ont raconté longuement les causes de sa grandeur et de sa décadence. Au temps jadis, on employait tout le lait de l'arrondissement à l'élève de veaux, qui étaient fort recherchés des gourmands. Mais cette *éducation* devint trop coûteuse quand la concurrence fit baisser les prix de la viande (nous ne parlons pas du temps présent); on y renonça pour fabriquer du beurre, et cette industrie a même été abandonnée depuis. Aujourd'hui, les propriétaires de vaches se contentent de vendre leur lait.

Si Pontoise a perdu ses fortifications, ses couvents et son veau, elle a conservé du moins sa *foire de la Saint-Martin*. Cette foire, la plus considérable et la plus curieuse de toutes celles qui se tiennent dans les environs de Paris, dure trois jours, les 11, 12 et 13 novembre. « Il est assez difficile de dire, raconte M. P. de La Nourais, si c'est parce qu'elle ouvre le jour de la Saint-Martin qu'elle est ainsi nommée, ou si c'est parce qu'elle se tient à gauche de Pontoise sur les bords de l'Oise, dans une vaste prairie qui dépend d'un des faubourgs de la ville et qui s'appelle Saint-Martin; toujours est-il que, vu l'époque de l'année où elle se tient, elle est souvent contrariée par les mauvais temps, et, quoique vendeurs et acheteurs, les pieds dans la boue, y grelottent parfois sous l'insuffisant abri que leur offrent des baraques mal jointes ou des tentes élevées à la hâte, il est difficile de se figurer une pareille affluence de monde. C'est que non-seulement toutes les populations environnantes s'y donnent en masse rendez-vous, mais que des départements même éloignés s'y font représenter par d'importants envois. Ainsi, la Sarthe et les départements limitrophes de l'Ouest expédient en grande partie ces montagnes de chanvre qui vont alimenter les corderies de la capitale et des départements voisins.... Ce qui s'y vendait autrefois d'habits et de vêtements plus ou moins neufs passe toute imagination.... C'est aussi, du reste, une foire à bestiaux.... »

Les plus belles propriétés de Pontoise sont le château de Saint-Martin, le château de Marcouville, les Anglaises, la maison Rouge, les maisons de MM. Truffant, Touchard, de Beaujour. Les bords de l'Oise offrent d'agréables promenades. Des coteaux de l'*Ermitage* (au nord-est) on découvre de belles vues. Ces coteaux (15 minutes de la ville) doivent leur nom à un ermitage qu'y avait fondé, au XVᵉ siècle, un individu nommé Jean Dupin. On peut aussi remonter la vallée de la Viosne jusqu'à Osny. C'est une promenade de deux heures environ (aller et retour). On part par la route d'en haut, qui s'ouvre derrière le jardin public (2648 mètres d'Osny) et qui suit le versant nord de la vallée; avant de descendre à Osny, on laisse à gauche le *château de Busagny*, qui appartient à Mme de Nicolaï. **Osny** est un village de 497 habitants, agréablement situé dans la vallée de la Viosne, qui y fait tourner plusieurs moulins. Son *église* a été souvent remaniée. Quelques parties paraissent dater du XIIIe siècle. Elle aurait grand besoin de réparations. A l'entrée du chœur, on remarquera de curieux chapiteaux malheureusement mutilés. D'Osny on revient à Pontoise par la rive droite de la Viosne.

A l'entrée de Pontoise, sur la rive gauche de l'Oise, est le *faubourg de l'Aumône*, qui touche à **Saint-Ouen-l'Aumône** (1075 habitants), dont le beau château, entouré d'un parc dessiné par Le Nôtre, appartient à M. de Biancourt. Ce village avait d'abord été bâti sur la rive gauche de l'Oise, le long de la chaussée de Jules César, en face de l'abbaye de Saint-Martin. Quand le pont de bois eut été remplacé par le pont de pierre, le village changea de position. Il vint se grouper sur la route qui conduisait au nouveau pont. Son *église*, construite vers la fin du Xe siècle, a subi, depuis, de nombreuses modifications et réparations. Elle a été restaurée récemment. Elle se compose d'une nef, d'un chœur et de deux bas côtés ou collatéraux. On y distingue trois styles d'architecture. La partie la plus ancienne est le petit portail, dont l'ornementation et la forme indiquent une construction du XIe siècle. On remarque à l'intérieur une Vierge en bois donnée par la reine Blanche à l'abbaye de Maubuisson. Cette statue s'ouvre en deux parties et renfermait de précieuses reliques.

Saint-Ouen-l'Aumône doit son nom à saint Ouen, évêque de Rouen, qui était mort à Clichy (voir page 66) et dont le corps, transporté à Rouen, fut déposé momentanément dans le village bâti en face de Pontoise. Son surnom lui a été donné lors des grandes charités que saint Louis y fit aux pauvres après y avoir fondé une léproserie.

**L'abbaye de Maubuisson**, fondée en 1236 par la reine Blanche de Castille pour des religieuses de l'ordre de Cîteaux, s'appela d'abord *Notre-Dame la Royale*; mais le nom de Maubuisson, qui était celui d'un fief voisin, a prévalu. L'église, dédiée le 26 juin 1244, et bâtie dans le style *grand gothique commun*, dit l'abbé Lebeuf, contenait, ainsi que le cloître et la salle du Chapitre, un grand nombre de tombeaux importants. Parmi ces tombeaux on remarquait ceux de la fondatrice, de Bonne de Luxembourg, de Charles le Bel, d'un frère de saint Louis, de Jean de Brienne, dit le prince d'Acre, de Jeanne de France, fille de Charles le Bel et de Blanche de Bourgogne, de Catherine de France, fille de Charles V, de Jeanne, fille de Charles VI, de Gabrielle d'Estrées. Cette église a été détruite pendant la Révolution ainsi que l'abbaye. Il n'en reste que quelques rares débris de piliers à fleur de terre et au midi un pan de muraille du chevet, engagé dans le bâtiment qui était autrefois le logement du directeur. Ces constructions servent aujourd'hui de remise, de bûcher, d'étable et de laiterie. Des bâtiments claustraux, on retrouve la sacristie, la salle du Chapitre, celle des archives, le dortoir des novices et le bâtiment des latrines. « Ces ruines, dit M. Hérard[1], forment un ensemble ex-

---

1. *Études archéologiques sur les abbayes de l'ancien diocèse de Paris.*

trêmement remarquable, soit par l'importance des constructions, soit par les détails d'architecture. Parmi ces salles, nous citerons celle du Chapitre, magnifique reste de l'art au XIIe siècle. Elle est divisée en trois travées par deux colonnes monostyles avec base et chapiteaux d'une grande perfection; les nervures ogivales retombent dans les angles et près des murs sur des consoles à pans... Le dortoir des novices, la plus grande de toutes les salles existantes, est divisé en quatre travées par trois colonnes avec nervures et par des colonnes semblables à celle de la salle des archives....

« Au midi et un peu en dehors du monastère, on voit les caves de l'édifice qui portait le nom de manoir de Saint-Louis. Un large escalier descend dans ces caves. Elles ont deux travées en largeur et trois en longueur. Dans l'un des angles existe un autre escalier qui conduit à d'anciennes carrières de pierres à bâtir. Ces constructions du XIIIe siècle sont d'un effet très-pittoresque.

« A quelques pas du manoir de Saint-Louis et dans le périmètre des bâtiments claustraux, aujourd'hui démolis, il existe encore un escalier qui donne accès dans une chapelle souterraine bâtie et voûtée avec nervures en ogive.

« A la suite est une galerie creusée dans la masse calcaire et soutenue çà et là par des arcs en ogive. La lumière, qui arrive par la cheminée placée à l'entrée de la galerie, éclaire à peine ces souterrains. Ils ont servi de sépultures aux religieuses, et produisent sur le visiteur une profonde impression. »

La ferme de Maubuisson touchait au monastère. Le seul bâtiment du XIIIe siècle qu'on y avait conservé est une belle et vaste grange pouvant contenir 100 000 gerbes. Deux files de colonnes la partagent en trois nefs. La nef de l'est a été démolie. A l'intérieur est adossée, au pignon du nord, une tourelle à pans, avec un escalier qui conduit au comble.

Le parc de Maubuisson se dirige du midi au nord; il est clos par une haute et ancienne muraille qui de ce côté se termine carrément; là, s'élèvent à ses angles deux tourelles dont la construction paraît être du XIVe siècle.

L'abbaye de Maubuisson rappelle divers souvenirs historiques qui méritent une mention. Le récit suivant est emprunté à l'abbé Trou:

« Au commencement du XIVe siècle, dit-il, séjournait dans le palais de saint Louis, dépendant de Maubuisson, la jeune princesse Marguerite de Bourgogne, épouse de Louis dit le Hutin. Elle avait avec elle ses deux belles-sœurs Blanche et Jeanne de Bourgogne. L'histoire les accuse toutes trois de n'avoir respecté ni la demeure du saint roi ni le voisinage de la pieuse retraite de Blanche de Castille, ni leur propre honneur. Marguerite fut convaincue d'adultère avec un gentilhomme appelé Philippe d'Aunay, et Blanche avec Gauthier d'Aunay, frère de Philippe; Jeanne, quoique non innocente, paraît avoir été moins coupable. Une conduite si criminelle exaspéra le caractère violent de Louis le Hutin. On est effrayé de l'horrible vengeance qu'il tira des coupables! Les deux gentilshommes furent écorchés vifs et traînés dans la prairie de Maubuisson; ils eurent ensuite la tête tranchée: on les suspendit par-dessous les bras à des arbres ou potences, et ils furent ignominieusement mutilés; les princesses Marguerite et Blanche furent enfermées au château Gaillard, et Jeanne dans le château de Dourdan. Marguerite paya seule de sa vie son inconduite; elle fut étranglée avec une serviette après une année d'emprisonnement.

« Au XVI<sup>e</sup> siècle, les scandales d'une femme tout à la fois indigne de sa charge, de sa vocation et de son nom, vinrent ternir pour un instant l'éclat dont brillait depuis quatre siècles la royale abbaye de Maubuisson. A force d'intrigues et par l'entremise de sa sœur, la trop célèbre Gabrielle, Angélique d'Estrées, avait arraché à Henri IV des pouvoirs d'abbesse. Sa conduite, comme devait le faire présager une pareille élection, y fut des plus déplorables. Elle ne se contenta pas d'y souffrir et d'y favoriser même les entrevues d'Henri et de Gabrielle; de son côté, elle s'y livra, avec les seigneurs de la cour, à des rapports plus que galants. Tant de licence fit d'abord frémir les pieuses filles de Blanche de Castille. Mais peu à peu son exemple en entraîna plusieurs autres dans le relâchement et l'esprit mondain. Elle eut ses partisans, la prieure aussi avait les siens; la division déchira cette communauté jusqu'alors si intimement unie; et il est difficile de dire tout le mal que fit cette malheureuse femme durant vingt-cinq ans qu'elle fut à la tête de cette illustre abbaye; elle fut enfin enlevée et enfermée dans une maison de pénitence par arrêt du parlement, et elle y termina misérablement ses jours.... Angélique Arnauld fut alors nommée par l'abbé de Cîteaux pour faire disparaître les désordres de la sœur d'Estrées.... »

En quittant la station de Pontoise, on remarque à droite, sur une éminence, l'ancien château d'*Épluches*, dont il ne reste qu'une aile, et à gauche, sur la rive droite de l'Oise, le hameau de *Valhermay*, situé à l'entrée d'un petit vallon latéral; on laisse ensuite à gauche le hameau d'Épluches, avant de franchir l'Oise sur un pont de trois arches, d'où l'on découvre de jolis points de vue. Le chemin de fer suit alors le contour que forme la rivière à la base de petits coteaux couverts de hameaux qu'entourent ou que dominent de beaux vergers (*Chaponval*, *Saint-Nicolas*, *le Gré*, *les Remys*), et qui sont percés de nombreuses carrières dont on n'aperçoit que les ouvertures. Sur la droite, d'épais rideaux d'arbres dérobent le plus souvent à la vue la rive gauche de l'Oise, le long de laquelle s'étendent les hameaux de *Vaux* et de la *Bonne-Ville*. On passe devant le château d'Auvers, qui appartient à la famille Chéron, avant de s'arrêter à la station représentée par notre dessin (voir page 471).

### 6<sup>e</sup> STATION. — AUVERS.

*Distances.* Auvers est à : 4 kil. 500 mèt. de la station de Pontoise, 33 kil. 500 mèt. de celle de Paris, 6 kil. de Pontoise par la route de terre, 1 kil. 500 mèt. de Méry, 3 kil. de Mériel, par Méry, 4 kil. de Villiers-Adam, 4 kil. d'Hérouville, 2 kil. 400 mèt. de Butry, 3 kil. de Frépillon.

**Auvers** (1547 hab.) dépend de

l'arrondissement et du canton de Pontoise (Seine-et-Oise). La principale industrie de ses habitants est l'exploitation des collines au pied desquelles il est situé, et dont on extrait des pierres de taille et des moellons. Son *église*, qui vient, dit-on, d'être classée parmi les monuments historiques, s'élève sur une haute terrasse, d'où l'on découvre une belle vue. Le cimetière l'entoure. Sa partie la plus ancienne est la chapelle romane qui termine le bas côté gauche, et qui date du XII° siècle. Le chœur a été reconstruit au XVI° siècle. Quant à la nef, flanquée de deux bas côtés sans chapelles, elle a dû être bâtie du XIII° au XIV° siècle; elle est vaste et bien proportionnée. On y remarque surtout la galerie ogivale, qui règne des deux côtés jusqu'aux transsepts.

### EXCURSION A L'ABBAYE DU VAL.
5 kil. environ.

Pour aller d'Auvers à l'abbaye du Val, il faut traverser l'Oise sur un pont suspendu d'une seule arche et gagner Méry par la route qui aboutit en ligne droite à ce pont. Dans ce trajet on laisse à gauche une des entrées du parc de Méry. Au delà de la mairie de ce village (805 habitants, 10 minutes du pont), on quitte la route qui conduit à Paris par *Sognolles* (2800 mètres d'Auvers), *Frépillon* (483 habitants), et Taverny (6 kil.; voir p. 458) pour prendre à gauche la route de l'Isle-Adam, et bientôt on passe devant l'*église*, bâtie à diverses époques; le sanctuaire seul est du XIII° siècle, excepté la voûte. « Cette voûte et le reste de l'édifice sont plus nouveaux, dit l'abbé Lebeuf, aussi bien que le seul collatéral qui se voit du côté du midi; mais l'église est solidement bâtie, toute de pierre et voûtée de même. » Derrière l'église, se trouve le *château*, bâti vers la fin du XIV° siècle par le seigneur de Méry, Pierre d'Orgemont, chancelier de France, dont quelques descendants furent inhumés dans l'église. La terre fut érigée en marquisat l'an 1695. Le château actuel appartient à M. de Lamoignon: le parc et les jardins sont, dit-on, remarquablement entretenus.

A l'extrémité de ce village qui dépend du canton de l'Isle-Adam, arrondissement de Pontoise (Seine-et-Oise), on traverse le ruisseau de *la Fontaine du four*. A droite s'ouvrent plusieurs carrières; à gauche est le moulin du Bac. Une route presque droite conduit en quinze minutes, à travers des champs, à **Mériel**, village de 391 habitants (canton de l'Isle-Adam), situé sur la rive gauche de l'Oise, à 3 kilomètres d'Auvers, 2 kilomètres de Méry (les deux églises), 4 kilomètres de l'Isle-Adam, 8 kil. 75 mètres de Baillet. Son église, située à son extrémité septentrionale, a été, jusqu'en 1713, une annexe ou succursale de Villiers-Adam. Il ne reste des constructions du XIII° siècle qu'une petite porte du côté droit. Elle a reçu quelques dépouilles de l'abbaye du Val. On y voit un lutrin (XVIII° siècle), une chaire à prêcher (fin du XV° siècle), quatre stalles et quatre grandes dalles de marbre comprises dans le carrelage du chœur. L'une de ces tombes est celle de Charles Villiers de l'Isle-Adam évêque de Beauvais; une autre contient la dépouille mortelle de Charles de Montmorency et de Péronnelle du Villiers, sa troisième femme.

Si l'on veut aller directement à l'abbaye du Val, il faut, à l'entrée de Mériel, prendre la route qui s'ouvre à droite. Cette route, bordée à gauche de carrières, gravit une petite côte du haut de laquelle on aperçoit, en face de soi, au pied d'un coteau boisé, les bâtiments neufs de la *ferme du parc*. Sur la droite s'étendent les bois de la Muette. A vingt minutes environ de Mériel, s'ouvre à gauche une avenue de peupliers qui longe un mur, et au bout de laquelle apparaît une grille. Faites quelques pas au delà de cette avenue, sur la route que vous avez suivie, et vous trouverez à gauche une grille ouverte

Station d'Auvers.

au-dessus de laquelle se lit cette inscription : *Féculerie*. Quand vous aurez franchi le seuil de cette grille, vous ne tarderez pas à apercevoir le but de votre excursion : l'**abbaye du Val**.

L'abbaye du Val fut fondée en 1125. « Ce fut alors, dit l'abbé Lebeuf, qu'une colonie de religieux, tirée de l'abbaye de la Cour-Dieu, diocèse d'Orléans, vint habiter dans le lieu dit Vieux-Moutier, qui est à l'extrémité de la gorge des montagnes qu'on voit en ce lieu, jusqu'à ce qu'Ansel de l'Isle-Adam les plaçât, en 1136, dans son propre fonds... Pendant sa longue et brillante existence, cette abbaye reçut la visite de plusieurs rois. Philippe de Valois y logea en 1333 et 1344, Charles V en 1366.... En 1587, Henri III la donna à Jean de La Barrière, qui en devint le 46° abbé, afin qu'elle fût unie au monastère des Feuillants, de Paris, réunion qui ne devint définitive qu'en 1646, sous Louis XIV. Toutefois, quoique les revenus appartinssent dès lors à ses nouveaux propriétaires, l'église et les biens réguliers furent entretenus, et un certain nombre de religieux, sous la conduite d'un prieur, continuèrent à desservir l'abbaye. La maison des Feuillants se contenta d'accommoder l'église aux usages de l'ordre.

Supprimée en 1791, l'abbaye du Val et ses dépendances furent vendues aux enchères, en deux lots. Plus tard, M. le comte Regnault de Saint-Jean-d'Angely réunit ces deux lots et fit exécuter d'importants travaux dans les bâtiments et dans le parc, sous la direction de M. Alexandre Lenoir, fondateur du Musée des monuments français. Il y donna ensuite des fêtes brillantes. En 1824, une nouvelle vente amena de nouveaux partages. En 1845, tous les bâtiments, encore complets, furent vendus 40,000 fr. à un maître maçon, nommé Puteau; mais les frais de main-d'œuvre et de transport augmentèrent tellement le prix de ces *matériaux de démolition*, que l'entrepreneur-acquéreur renonça bientôt à leur exploitation pour retourner aux carrières naturelles des environs de Paris. Néanmoins, il ne regarda l'expérience comme décisive qu'après avoir fait démolir trois des côtés du cloître, le palais abbatial et ses tourelles, ainsi que le bâtiment attenant et le grand comble du dortoir. Les derniers débris de cette célèbre abbaye appartiennent aujourd'hui à M. Récappé, qui depuis quelques années y a entrepris de grands travaux de restauration dont le but toutefois ne paraît pas bien déterminé.

Parmi les bâtiments conservés, M. Hérard [1] cite celui qui était situé à l'est de l'ancien cloître, et qui se compose d'un rez-de-chaussée avec premier étage. Au rez-de-chaussée il existe plusieurs salles voûtées en ogive avec nervures soutenues par des colonnes isolées, enterrées aujourd'hui de près de 80 centimètres, dont les bases et les chapiteaux sont à feuilles. Parmi ces salles, les plus remarquables sont : celle du Chapitre et le réfectoire. Leur construction remonte à la seconde moitié du XII° siècle. Au premier étage est l'ancien dortoir (fin du XII° siècle), vaste salle voûtée en ogive et divisée en deux travées par neuf colonnes avec bases et chapiteaux à double rangée de feuilles. L'église était contiguë au *pignon méridional* de ce dortoir. Sur le côté occidental on vient de construire une tourelle octogone contenant une cage d'escalier. Quatre seulement des baies (pignon nord) sont restées telles qu'elles étaient autrefois: toutes les autres ont été modifiées et agrandies. Une seule des baies supérieures s'est conservée dans son état primitif. A l'angle sud-est s'ouvre une petite salle dont la destination est demeurée inconnue. Ce remarquable dortoir, vraiment digne d'une visite, a servi longtemps à une fabrique. Quels hôtes recevra-t-il quand sa restauration sera terminée? On ne le sait pas encore.

[1]. *Recherches archéologiques sur les abbayes de l'ancien diocèse de Paris.*

Lors de la construction d'un chemin ouvert il y a peu d'années, M. Hérard a retrouvé les murs de l'abside et quelques piliers formant le bas côté méridional. Ces fragments de l'église sont aujourd'hui dégagés des matériaux qui les avaient recouverts.

Le bâtiment situé à l'ouest du cloître, et parallèle à celui qui vient d'être décrit, est double en profondeur: il se compose de plusieurs salles basses voûtées en ogive et dont quelques-unes ont été restaurées au XVI° siècle. Il contient un escalier à noyau du XIII° siècle, et un vestibule reconstruit au XVII° siècle. Le second étage a été récemment reconstruit.

Ces deux bâtiments étaient réunis autrefois par un autre bâtiment parallèle à l'église, construit au XVII° siècle, et dont il ne reste plus que la galerie formant le côté septentrional du cloître.

Vis-à-vis de la ferme était le palais abbatial, élevé au XV° siècle, et flanqué de deux élégantes tourelles: on ne retrouve de ce bâtiment que les substructions.

On peut encore visiter, au rez-de-chaussée du bâtiment contigu au palais abbatial, le lavoir des religieux, sur le cours du *Vieux-Moutier*; au premier étage, une galerie du XV° siècle; sous la route, une galerie mettant en communication le lavoir avec le cellier et la glacière, bâtis au XIII° siècle, dans les excavations d'où furent extraits les matériaux des premières constructions de l'abbaye; vers l'abside de l'ancienne église, une construction souterraine du XIII° siècle; quelques voûtes à nervures remontant aux premiers temps du monastère, dans le bâtiment des hôtes.

A l'abbaye du Val, comme à celles de Maubuisson et des Vaux de Cernay, l'église, le cloître et la salle du Chapitre renfermaient de nombreuses sépultures. L'abbé Lebeuf a donné une description des plus remarquables de ces tombeaux. Cette description a été depuis complétée par M. Hérard, qui a retrouvé d'intéressants fragments de sculptures, de statues et de pierres tombales, soit dans les bâtiments claustraux, soit dans les fouilles récemment pratiquées (voir la brochure que nous avons citée, et qui nous a fourni la plus grande partie des renseignements qui précèdent et qui suivent.)

Le *moulin* dit d'*En haut*, situé sur le cours du Vieux-Moutier, est à peu de distance de l'abbaye; on y arrive par un chemin profondément raviné. Les bâtiments, élevés au XV° siècle et parfaitement conservés, offrent encore des parties sculptées avec une remarquable délicatesse.

Enfin, à l'extrémité supérieure de l'enclos actuel, à peu de distance d'une belle carrière dont l'entrée forme un paysage pittoresque, est la source du Vieux-Moutier, qui jaillit aujourd'hui au fond d'un petit bosquet d'arbres verts.

Le *parc*, qui dominait au nord-est l'abbaye du Val, a été défriché: des champs remplacent aujourd'hui les beaux ombrages des temps passés. A l'entrée s'élève une ferme récemment construite, la *Ferme du Parc*.

45 minutes suffisent pour aller de l'abbaye du Val à l'Isle-Adam, soit que l'on gagne directement Stors,

où l'on rejoint la route de Pontoise, soit que l'on côtoie le mur de la ferme dont nous venons de parler pour aller traverser la partie occidentale de la forêt de l'Isle-Adam. A un kil. de l'Isle-Adam, — que l'on suive l'un ou l'autre de ces deux chemins, — on passe près du *Moulin de Vioray*, dont l'étang, entouré d'arbres, mérite un détour de quelques minutes.

De la station d'Auvers à celle de l'Isle-Adam, le chemin de fer suit la rive droite de l'Oise. De gracieux paysages se succèdent sans interruption aux regards. Sur la rive gauche de l'Oise on aperçoit le château de Méry, Mériel, puis le *château de Stors*, qui appartient à M. le duc de Valmy. Presque en face, sur la rive droite, au delà de *Butry*, se montre le *château de Valmondois*, dont la propriétaire actuelle est Mme de Boinvilliers. *Valmondois*, village de 382 hab. (canton de l'Isle-Adam, Pontoise, Seine-et-Oise), est situé à l'entrée d'un vallon qui ne ressemble pas, comme le prétend Oudiette, « à une des plus jolies vallées de la Suisse, » mais qui, arrosé par le Sausseron, et dominé par de petits bois, peut offrir quelques agréables promenades. Le célèbre ténor de l'Opéra M. Duprez est le maire actuel de cette commune. En remontant ce vallon on gagnerait Nesles (voir ci-dessous), en une heure environ, par les hameaux *Orgivay*, la *rue Dorée*, les *Groues* et *Vervilles*. A peine a-t-on aperçu le château de Valmondois, que l'on franchit le Sausseron, et bientôt on découvre, sur la droite, le pont de l'Isle-Adam.

9ᵉ STATION. — L'ISLE-ADAM.

*Distances.* L'Isle-Adam est à : 6 kil. d'Auvers, 40 kil. de la gare de Paris, 4 kil. de Mériel, 13 kil. 300 mèt. de Pontoise, 5 kil. 750 mèt. de Beaumont, 5 kil. de Presles, par Prerolles, 1 kil. de Parmin, 2 kil. de Jouy-le-Comte, 4 kil. de Nesles, 3 kil. 1/2 de Valmondois.

*Hôtels* de l'Écu et Saint-Nicolas, au delà du pont.

**L'Isle-Adam,** chef-lieu de canton du département de Seine-et-Oise, arrondissement de Pontoise, est agréablement situé sur la rive gauche de l'Oise, entre les hameaux de *Nogent* et de *Parmin*, qui en dépendent. Trois ponts jetés sur les deux îles qu'y forme l'Oise le mettent en communication avec la station du chemin de fer établie à Parmin, sur la rive gauche. La plus grande de ces îles était occupée autrefois par un magnifique château qu'y avait fait construire, au milieu d'un beau parc, le prince de Conti. Ce château a été détruit depuis la Révolution; il n'en reste, outre d'insignifiants débris, qu'une belle terrasse ornée de balustrades et ombragée de beaux massifs d'arbres séculaires. Une villa moderne, dont les charmants jardins sont entretenus avec un soin remarquable, a remplacé l'ancienne résidence du prince de Conti.

L'Isle-Adam a dû son nom à cette île sur laquelle le connétable Adam se fit bâtir, en 1019, sous Philippe Iᵉʳ, un château près duquel se groupèrent bientôt quelques maisons le long de la rive gauche de l'Oise. Le hameau devint un village, puis un bourg : c'est aujourd'hui une jolie petite ville de 1702 hab., propre, bien bâtie et prospère. Sa population exploite les carrières du voisinage, fabrique de la porcelaine et se livre au commerce des grains et des farines. Ses jolies maisons ont plus d'une fois fait commettre le péché d'envie. A l'angle des routes de Stors et de la forêt, s'élève l'*église*, entourée d'une grille et d'un jardin anglais remarquablement entretenu. Cette église est de la seconde moitié du xvie siècle. Commencée en 1553, elle a été terminée en 1567. Les sculptures du portail sont malheureusement mutilées. L'intérieur se compose d'une nef et de deux bas côtés. On y remarque un tableau de Jouvenet et une copie d'un tableau de Carrache par Mignard. Les verrières du chœur sont modernes; elles ont été exécutées par M. Laurent Gsell, avec le produit d'une souscription

L'Isle-Adam.

qu'avait ouverte à cet effet M. l'abbé Grimot. Elles représentent divers épisodes de la vie de saint Martin de Tours. L'un de ces épisodes est ainsi raconté dans une petite brochure publiée à Beaumont : « Cette composition consacre le souvenir historique des protecteurs spirituels et des bienfaiteurs temporels de l'Isle-Adam. A la messe célébrée par saint Martin assistent, dans le recueillement de la prière et sous l'inspiration de leurs patrons respectifs, les grands seigneurs qui ont couvert l'Isle-Adam de bienfaits et de gloire : Philippe de Villiers, de l'Isle-Adam; Louis de Villiers, de l'Isle-Adam; Anne de Montmorency; François de Bourbon, prince de Conti. » En effet, la terre de l'Isle-Adam avait passé, en 1529, dans la famille de Montmorency, et, en 1632, dans celle de Condé. Avant 1789, elle avait le titre de baronnie : la maison Bourbon-Condé la possédait. Louis-François de Bourbon, prince de Conti, avait été inhumé dans la chapelle qui s'ouvre sur le bas côté gauche de l'église. Son monument a été détruit pendant la Révolution : il n'en reste qu'un médaillon en marbre et une pyramide portant cette inscription :

HOMINEM, CIVEM, PRINCIPEM
LUGENT OMNES
PATREM LUGET FILIUS
ADDICTISSIMUS.

Au pied de cette pyramide, on a mis, à la place du génie de la Vie en marbre blanc, qui appuyait sa main gauche sur le prince et qui de la main droite éteignait son flambeau, un modèle en plâtre (de Moitte), représentant une femme dans l'attitude de la plus vive douleur.

La curieuse *Passion* en bois sculpté, peint et doré, que l'on remarque sur l'autel du bas côté gauche, a été acquise récemment par M. le curé. J'ignore d'où elle provient.

Les environs de l'Isle-Adam abondent en promenades. Au sud, on peut aller visiter le beau château de *Stors* (2 kil. 1/2) et les ruines de l'abbaye du Val (4 kil.), dont nous avons parlé ci-dessus. A l'ouest, dans la vallée du Sausseron, on trouve à 4 kilomètres le village de **Nesles** (792 hab.), entre lequel et *Hédouville* (158 hab.), près de la ferme de Launay, le poëte Santeuil avait fait construire une tour carrée à trois étages, composés chacun d'une chambre, qu'il habitait successivement, persuadé que, plus il s'élevait, plus il était inspiré. Au nord, au delà du hameau de Nogent, est le *château de Cassan*, qui a appartenu au prince de Conti, puis au duc d'Abrantès, et que son propriétaire actuel, M. Récappé, néglige d'entretenir. Le parc, jadis célèbre, de ce château touche au *bois de Cassan*, au milieu duquel (3 kil.) seize allées viennent aboutir à un carrefour appelé la *Table*, parce qu'on y avait dressé une vaste table de pierre, récemment endommagée par la chute d'un arbre et réparée depuis. Enfin, à l'est, au nord-est et au sud-est s'étend la **forêt de l'Isle-Adam**, dont la contenance est de 1635 hectares et qui n'a pas moins de 9 kilomètres dans sa plus grande longueur, de Monsoult ou de Baillet à l'extrémité du bois de Cassan. Cette forêt, percée de nombreuses routes, renferme de beaux chênes. Son point culminant, qui domine Nerville, est à 139 mètres. Si l'on en faisait le tour en partant de l'Isle-Adam au sud, on trouverait : Stors (voir ci-dessus) ; — l'abbaye et la ferme du Val (voir page 470) ; — *Baillet*, village de 204 habitants, situé à 8 kil. 750 mèt. de Mériel : l'église renferme les tombes de Charles et de Jacques d'O., et le château appartient à M. de Choiseul ; — *Monsoult* (414 hab.), situé à 1 kilomètre de Baillet et de Maffliers ; — *Maffliers*, village de 532 habitants, situé à 1 kilomètre de la route de Paris à Beauvais, entre Moisselles (5 kil.) et Presles (6 kil.). Son château appartient à M. le duc de Périgord. On vante beaucoup son parc. La maison des Bons-Hommes, qui se trouve enclavée dans la forêt de l'Isle-Adam et qui dépend de Maffliers, était, avant la Révolution, un couvent du tiers-ordre de Saint-François. On trouve à la station d'Ermont des omnibus pour Maffliers (deux départs par jour; prix, 60 cent.); — enfin, *Nerville*, hameau dépendant de Presles et agréablement situé, à 2 kil. de Maffliers, 3 kil. de Presles, 5 kil. de l'Isle-Adam, 6 kil. de Mériel.

Au delà de la station de l'Isle-Adam, le chemin de fer, qui continue à longer la rive droite de l'Oise, laisse à gauche le village de *Jouy-le-Comte* (718 hab.), situé à l'entrée d'un petit vallon; puis celui de *Champagne* (670 hab.), dont la vieille et curieuse église vient d'être, dit-on, classée parmi les monuments historiques. A peu de distance de Champagne cessent les coteaux qui, depuis Pontoise, dominaient la rive droite de l'Oise, et s'étend une vaste plaine arrosée par le ru de Méru. Sur la droite, les collines qui couronnent les forêts de l'Isle-Adam et de Carnelle attirent l'attention. On remarque à gauche une belle usine (fabrication du caoutchouc et de divers objets en caoutchouc), et à droite Beaumont, avant de s'arrêter à la station de Persan-Beaumont.

## 10ᵉ STATION. — BEAUMONT.

*Distances.* La station de Beaumont est à 7 kil. de celle de l'Isle-Adam, 47 kil. de la gare de Paris. Beaumont est à : 1 kil. de la station, 2 kil. de Persan, 4 kil. 1/2 de Chambly, 3 kil. de Presles. 1 kil. 500 mèt. de Mours; 5 kil. 750 mèt. de l'Isle-Adam, 3 kil. de Noisy, 5 kil. d'Asnières, 2 kil. de Viarmes, 12 kil. de Moisselles, 35 kil. de Paris, 10 kil. de Puiseux, 19 kil. d'Hérouville, 21 kil. de Bélagny, 17 kil. de Méru.

Des *omnibus* conduisent gratuitement (à tous les trains) de la station à Beaumont et à Chambly et *vice versa*: et deux fois par jour (gratuitement) à Viarmes.

Divers *hôtels* ou *restaurants* se sont établis autour de la station; mais nous recommanderons surtout l'*Hôtel des quatre fils Aymon*, situé dans la ville, en face du pont.

**Beaumont-sur-Oise** dépend du canton de l'Isle-Adam (arrondissement de Pontoise, département de Seine-et-Oise). C'est une petite ville de 2207 habitants, pittoresquement située au pied et sur la pente d'un coteau dont l'Oise baigne la base. Son histoire n'a rien d'intéressant. Elle était autrefois fortifiée; mais elle fut prise en 1417 par le duc de Bourgogne qui, en 1422, démantela son château. Les débris de ses fortifications ont été transformés en une promenade publique, plantée d'arbres, et d'où l'on découvre une vue étendue. Avant la Révolution, elle était un comté-pairie, appartenant au prince de Conti; le siège d'un bailliage royal et d'une maîtrise particulière des eaux et forêts. De toutes les communautés religieuses qu'elle possédait encore au XVIII$^e$ siècle, il ne lui reste que son Hôtel-Dieu. Son *église*, qui la domine, date du XIII$^e$ siècle (la tour est plus moderne). On remarque à l'extérieur les curieuses sculptures du portail, malheureusement mutilées. L'intérieur se compose d'une nef et de deux bas côtés. La nef a été reconstruite en berceau; les bas côtés ont conservé leurs voûtes à nervures. On découvre un beau point de vue du haut de la tour.

Aujourd'hui, Beaumont est une

petite ville industrielle (passementerie, imprimerie, tabletterie d'ivoire, verreries, tannerie, etc.) et commerçante (grains, farines, chevaux et bestiaux), qui ne mérite pas par elle-même la visite des étrangers; mais elle touche à la **forêt de Carnelle**, dans laquelle on peut faire de belles promenades.

Cette forêt a une contenance de 1000 hectares; sa plus grande longueur, de l'ouest à l'est, est de 5 kilomètres; sa plus grande largeur, du sud au nord, de 4 kilomètres. Son point culminant (le poteau de Carnelle) atteint 200 mètres. De ses pentes, on découvre de beaux points de vue. Çà et là, en parcourant ses longues allées (nous recommanderons surtout celles qui descendent dans les

Beaumont.

fonds), on remarque quelques beaux chênes.

Si l'on faisait le tour de la forêt de Carnelle, en partant de Beaumont par le côté sud, on trouverait : *Nointel* (244 hab.), dont le beau château est contigu à la forêt; — *Nantouillet*, maison de campagne qui dépend de Presles; — *Presles*, village de 1650 habitants, où l'on remarque de jolies habitations entourées de charmants jardins. Son église a été bâtie et remaniée à diverses époques; sa tour carrée, un peu lourde d'aspect, domine un chœur gothique, remarquable par son élégance. La nef a été recouverte en berceau. Il n'y a qu'un bas côté (à droite). La façade n'est qu'un mur percé d'une porte. Les hameaux de *Prérolles*, de *Courcelles* (beau château) et de *Nerville* (jolie maison de campagne) dépendent de cette commune; — *Courcelles*; — le *château de Franconville* (beaux jardins), qui appartient au duc de Massa; — *Saint-Martin du Tertre* (780 hab.); — *Viarmes* (1246 hab.); — *Asnières-sur-Oise* (1080 hab.), ancienne terre royale, près duquel on peut aller visiter les ruines de l'abbaye de Royaumont (voir ci-dessous *Bo-ran*); et enfin *Noisy-sur-Oise* (454 hab.).

Quand on a quitté la station de Beaumont, on remarque sur la droite les gracieuses collines que couronne la forêt de Carnelle, et qui bientôt s'abaissent en s'éloignant. A gauche s'étend une vaste

Le pont de Boran.

plaine, dont l'aspect rappelle la Beauce. On traverse le village de *Bruyères* (336 hab.), sur le territoire duquel le chancelier Maupeou a possédé un château fort, aujourd'hui détruit. On se rapproche ensuite de l'Oise, et on sort du département de Seine-et-Oise pour entrer dans le département de l'Oise avant d'arriver à Boran.

11ᵉ STATION. — BORAN.

*Distances.* Boran est à : 6 kil. de Beaumont, 53 kil. de la gare de Paris, 3 kil. du Lys.

**Boran** est un village de 800 hab. (canton de Neuilly-en-Thelle, arrondissement de Senlis, Oise), situé sur la rive droite de l'Oise. Son château, qui vient d'être restauré, appartient à M. de Sancy. On l'aperçoit à la gauche de la station. Les hameaux de *Morency* et de *Saint-Martin des Nonnettes* font partie de la commune.

Un pont suspendu d'une seule arche a remplacé l'ancien bac de Boran. Il faut traverser ce pont si l'on veut aller visiter, sûr la rive gauche de la rivière, les ruines de **l'abbaye de Royaumont.**

Ces ruines sont agréablement situées, à 3 kilomètres environ de Boran, 2 kilomètres de Viarmes, entre *le Lys* et Viarmes, sur les lisières de la forêt du Lys et du bois de Royaumont. L'abbaye de Cîteaux, à laquelle elles ont appartenu, fut fondée en 1230 par saint Louis, qui la dota richement. On la nomma *mons regalis*, *mont royal*. Elle se distinguait par la beauté de son architecture et par ses richesses. Saint Louis s'y retirait souvent pour prier; il y servait les malades, mangeait au réfectoire avec les moines et couchait avec eux dans le dortoir. Cinq de ses enfants furent ensevelis dans l'église. Cette église contenait, en outre, un grand nombre d'autres tombeaux, parmi lesquels on remarquait celui d'Henri de Lorraine, comte d'Harcourt, mort en 1666. Ce monument passait pour l'un des chefs-d'œuvre de Coysevox.

L'abbaye de Royaumont fut vendue à la Révolution. On démolit son église, et les matériaux servirent à la construction d'un petit village, dont toutes les maisons sont renfermées dans l'ancien enclos des moines, qui a une superficie d'environ cinquante arpents. Les vastes bâtiments de la maison conventuelle sont depuis longtemps employés à divers usages industriels. En 1854, MM. de La Morinière et Mich..., fabricants d'impressions sur étoffes, y ont inauguré une nouvelle manufacture.

Au delà de Boran, des collines bordent la rive droite de l'Oise. Le chemin de fer longe la rivière, de l'autre côté de laquelle s'étend une vaste plaine agréablement boisée.

## 12ᵉ STATION. — PRÉCY.

*Distances.* Précy est à : 5 kil. de Boran, 58 kil. de la gare de Paris.

**Précy** (700 hab.) est situé, comme Boran, sur la rive droite de l'Oise. Il possède une église ancienne et de jolies maisons de campagne. Son ancien bac a été aussi remplacé par un pont suspendu d'une seule arche. Du reste, ce village n'offre rien de particulièrement intéressant.

Les collines de la rive droite de l'Oise s'abaissent et s'éloignent; celles de la rive gauche se rapprochent et s'élèvent. On y remarque les entrées de nombreuses carrières de pierres. On laisse à gauche les villages de *Villers-Saint-Leu*, dont l'église est du XIIIᵉ siècle, et de *Boissy*, avant d'atteindre la station de Saint-Leu.

## 13ᵉ STATION. — SAINT-LEU D'ESSERENT.

*Distances.* Saint-Leu d'Esserent est à 3 kil. de Précy, 61 kil. de la gare de Paris, 5 kil. de Chantilly, 4 kil. de Thiverny, 5 kil. de Montataire.

On trouve à la station de Saint-Leu un omnibus qui transporte gratis à *Chantilly*, en près de 3/4 d'heure, les voyageurs qui ont retenu à Paris leurs places pour cette localité (voir ci-dessous); et un autre omnibus, également gratuit, allant à Senlis (voir Routes de terre), qui dessert les villages de *Vineuil*, de *Saint-Firmin* et de *Courteuil*. (De Courteuil et de Saint-Firmin à Saint-Leu, 75 c.; de Vineuil, 50 c.)

**Saint-Leu d'Esserent** est un bourg de 1200 habitants (département de l'Oise, arrondissement de Senlis), situé au pied et sur les pentes d'un coteau qui borde la

# SAINT-LEU D'ESSERENT.

rive droite de l'Oise. Ce coteau et celui qui lui fait face sur la rive gauche sont percés de carrières de pierres, dont l'exploitation occupe une partie des habitants. La pierre qu'on en extrait est connue dans le commerce sous le nom de *pierre de Saint-Leu*. Quelques-unes de ces carrières ont plusieurs kilomètres de profondeur; on les visitera avec intérêt. Les ouvertures que l'on aperçoit sur les coteaux de la rive gauche de l'Oise donnent à cette partie de son cours une physionomie particulière.

Toutefois, la principale curiosité de Saint-Leu est son *église*, qui s'élève, au delà de la station du chemin de fer, sur une grande et belle terrasse plantée d'arbres. Cette église a été classée parmi les monuments historiques, mais des res-

Les carrières de Saint-Leu d'Esserent.

taurations récentes en ont compromis la solidité. J'en emprunte la description à un écrivain anonyme:

« C'est, dit-il, un fort bel édifice sans transsept, d'une forme allongée, et terminé en hémicycle à l'est. Le portail consiste en une grande ogive romane ornée de trois rangs de zigzags reposant sur de courtes colonnes romanes à chapiteaux rustiques. Derrière ce portail est un porche s'étendant sur toute la largeur de l'église, et de 6 mètres de profondeur. Au-dessus du porche est une vaste salle voûtée avec des arceaux à doubles zigzags, reposant sur des piliers à chapiteaux ornés de figures fantastiques. Le clocher, situé à droite du portail, présente deux étages de légères arcades romanes surmontées d'une flèche octogone à écailles de poisson. Chaque angle est garni d'un élégant clocheton. La hauteur totale du clocher est de 50 mètres. La façade de l'église présente huit fenêtres romanes. Deux de ces fenêtres appartiennent au clocher, et les six autres éclairent la salle dont nous venons de parler.

« Les bas côtés qui tournent autour du chœur et du sanctuaire sont séparés de la nef par de larges arcades à ogives surbaissées, portant sur vingt-quatre gros piliers romans à chapiteaux variés et ornés de feuillages. De minces colonnes gothiques, adossées contre une partie de ces piliers, s'élancent jusqu'à la naissance des voûtes. Les autres piliers ont des colonnettes qui s'élèvent seulement à partir de leurs chapiteaux.

« Une galerie circulaire règne au-dessus des arcades. Elle s'ouvre sur la nef par de petites ogives géminées très-simples. Cette galerie était éclairée extérieurement par de petites croisées romanes que l'on a bouchées et qui alternaient avec des rosaces.

« Quarante-deux larges et hautes fenêtres à ogive de la transition éclairent l'intérieur, et s'élèvent jusqu'à la naissance de la voûte.

« Le chœur et le sanctuaire ont presque la même longueur que la nef. Une tour romane sans flèche s'élève sur chaque bas côté parallèlement au sanctuaire.

« L'abside présente cinq chapelles; celle du milieu est dédiée à la Vierge.

« Extérieurement, l'église est entourée d'arcs-boutants et de contre-forts au sud et au nord. Ses dimensions sont de 71 mètres pour sa longueur totale, 21 mètres 33 centimètres pour sa largeur, et 27 mètres pour sa hauteur sous clef de voûte. »

Autour de cette église, on remarque les débris encore considérables d'un *prieuré* commendataire de l'ordre de Cluny, fondé vers la fin du XIe siècle, par Hugues, comte de Dammartin, seigneur d'Esserent. Ce comte de Dammartin avait été fait prisonnier dans un pèlerinage en Palestine. Les religieux d'une petite maison de Bénédictins, qui existait alors auprès du bois de Saint-Michel, payèrent sa rançon. Par reconnaissance il leur bâtit (1081) une église et un couvent dans l'enceinte du château fort, puis il leur donna tout ce qu'il possédait à Esserent. Ce couvent fut enrichi ensuite par de nouvelles donations des comtes de Dammartin et de Clermont, et il acquit d'importants privilèges. Lorsque, en 1359, les Anglais et les Navarrais de la garnison de Creil s'emparèrent de Saint-Leu, dont ils massacrèrent une partie de la population, les religieux durent leur payer une forte contribution, sous peine de voir brûler leur église avec tous leurs bâtiments d'habitation et d'exploitation.

Il ne reste aujourd'hui que des ruines de ce vaste et important prieuré : on remarquera surtout, au-dessus de l'église, dans la rue qui monte sur le plateau, une porte en pierre garnie de mâchicoulis et donnant accès dans une propriété privée.

Ce fut à Saint-Leu ou dans ses environs que commença, en 1358, la grande insurrection de la Jacquerie. « Le 28 mai, dit un chroniqueur, plusieurs menues gens de Saint-Leu, de Cérent (ou Esserent), de Nointel, de Cramoisi et de quelques autres villages du Beauvoisis, s'assemblèrent et s'entre-dirent que tous les nobles de France, chevaliers et écuyers, honnissaient et trahissaient le royaume, et que ce serait grand bien que de les détruire tous.... Et chacun d'eux dit : « Il est vrai, il est vrai! Honni soit celui par qui il demeurera (il y aura retard) que tous les gentils-hommes en soient détruits. » Ils élurent pour chef un très-rusé paysan, nommé Guillaume Callet, du village de Merlot, et s'en allèrent, sans nulles armures hors que bâtons ferrés et couteaux, en la maison d'un chevalier qui demeu-

L'église de Saint-Leu d'Esserent.

rait près de là, forcèrent le château et tuèrent la châtelaine, ses femmes et ses enfants. Un second manoir fut traité de même, et plusieurs chevaliers furent tués à Saint-Leu. A ce signal tous les paysans de la contrée prirent leurs couteaux leurs coignées, leurs socs de charrue, coupèrent des bâtons dans les bois pour en faire des piques et coururent sus aux nobles. »

EXCURSION DE SAINT-LEU D'ESSERENT A CHANTILLY.

5 kil.; pour les voitures, voir page 480

A 200 mètres environ de la station de Saint-Leu d'Esserent, on traverse l'Oise sur un pont de pierre au delà duquel on se dirige en ligne droite vers les coteaux percés de carrières que l'on aperçoit à l'est. Au-dessus de ces coteaux, au sud, près du hameau des Carrières, dans la commune de Gouvieux, à 2 kilom. de Saint-Leu, sur le promontoire élevé qui sépare la Nonette de l'Oise, est un camp romain que l'on nomme aussi *Camp de Saint-Leu*. Il forme un triangle; les côtés qui regardent les deux rivières sont très-escarpés. Leur longueur est d'environ 1200 mètres. La face ouest, adossée au hameau des Carrières, n'a que 600 mètres de développement. Tout le périmètre du camp est muni d'un rempart de terre et de moellons élevé de 6 à 8 mètres et assez bien conservé. La tête du camp, placée au côté le plus étroit, offre trois larges entrées, dont l'une était sans doute la porte prétorienne. Un fort épaulement, dont on aperçoit encore les restes, couvrait ce point. Le centre du plateau s'élève en forme de monticule et se trouve plus élevé que le rempart.

La route de Chantilly, parvenue au pied des coteaux, incline sur la gauche ou au nord pour s'enfoncer bientôt, à droite ou à l'est dans un petit vallon au haut duquel elle traverse un petit bois. Au sortir de ce bois elle aboutit sur la grande route de Paris à Beauvais. Cette route mène, à gauche, à Creil, à droite, à Chantilly. Celle qui continue la route de Saint-Leu, dans les bois de Saint-Maximin, conduit à Vineuil et à Saint-Firmin. On ne tarde pas à descendre une assez forte côte, au bas de laquelle on franchit les divers bras de la Nonette pour remonter à Chantilly.

## CHANTILLY.

*Distances.* Chantilly est à : 5 kil. de Saint-Leu d'Esserent, 40 kil. de Paris, 8 kil. de Senlis, 8 kil. de Creil, 5 kil. 1/2 de Mongrésin, 1 kil. de Vineuil, 2 kil. de Saint-Firmin, 2 kil. d'Avilly.

*Hôtels.* — Hôtel du Grand-Cerf, vis-à-vis des grandes écuries. C'est celui où le Jockey-Club retient un logement à l'année. — Hôtels du Cygne, des Bains, du Lion-d'Or, de la Pelouse, d'Angleterre.

**Chantilly**, bourg du département de l'Oise, arrondissement de Senlis, est situé entre Luzarches et Creil, sur la route de Paris à Amiens. Sa population s'élève à 2454 hab. Il est borné au nord par une petite vallée qu'arrose la Nonette, canalisée dans la partie qui baigne le parc du château, et dans celle qui s'étend un peu plus loin au-dessous du bourg. Au sud, il borde la lisière de la forêt qui porte son nom. Une rue principale, sur laquelle se trouvent les hôtels et restaurants, le traverse sous le nom de *Grande-Rue*. A une de ses extrémités est l'hospice fondé par Louis-Joseph de Bourbon; à l'autre extrémité s'élève une construction inachevée, attenante au bâtiment des écuries, qu'on désigne sous le nom de *porte Saint-Denis*. Cette porte donne accès sur la pelouse et mène vers le château.

Ainsi que les splendeurs d'une cour princière ont déserté Chantilly, ainsi l'activité industrielle qui l'a animé à une certaine époque semble s'en être éloignée peu à peu. Les bâtiments de la manufacture de porcelaine sont abandonnés et à vendre en ce moment. Les établissements industriels de la vallée n'occupent plus autant de bras que par le passé. Les dentelles de Chantilly, fabriquées dans les villages environnants par petits morceaux séparés, que réunissent ensuite des ouvrières spéciales, ont conservé leur réputation; mais le salaire des ouvrières a beaucoup diminué. Sous l'influence de ces diverses causes, une sorte de langueur mortelle semble s'être emparée de cette petite ville. La solitude règne dans ses rues, qu'aucune construction moderne ne vient ranimer et rajeunir. Le nouvel embranchement du chemin de fer du Nord, de Saint-Denis à Creil, en donnant à Chantilly une station voisine, contribuera sans doute à ramener la vie dans cette intéressante localité qui se recommande en outre par sa salubrité.

Chantilly est à Versailles ce que le nom des Condé est à celui de Louis XIV. L'une de ces résidences est le palais d'un roi, l'autre est le palais d'un prince. Le voisinage d'une belle forêt, les attraits d'un parc varié et animé par les eaux, la grandeur des édifices, la magnificence des fêtes qui y furent données, et, par-dessus tout, l'éclat de noms illustres par la naissance et par les grandes actions, ont contribué à rendre cette noble demeure une des plus célèbres de l'Europe. Elle a aujourd'hui perdu une partie de sa splendeur sous les coups répétés des révolutions; mais elle se recommande encore à l'intérêt des étrangers par le charme inhérent aux lieux, et par la vénération des souvenirs. « Le connétable Anne et Louis de Bourbon y sont partout, et ces deux ombres, dit M. Cousin, couvriront et protégeront à jamais Chantilly, tant qu'il restera parmi nous quelque piété patriotique, quelque orgueil national.... Le mauvais goût du XVIIIe siècle et les révolutions ont dégradé Chantilly.

Un prince, digne de son nom, avait entrepris de le rendre à sa beauté première. Il y voulait mettre toute la fortune que les malheurs de la maison de Condé lui avaient apportée, et celle qu'il tenait de sa propre maison. Le jeune capitaine avait rêvé de revenir un jour, après avoir étendu et assuré la domination française en Afrique, se reposer dans la demeure sacrée des Montmorency et des Condé, restaurée et embellie de ses mains. La Providence en a disposé autrement et Chantilly attend encore une main réparatrice.» (*Mme de Longueville*, t. Ier, page 166.)

### Histoire.

Les défenses naturelles créées par une vaste forêt, d'un côté, et par des marais, de l'autre, étaient très-favorables pour l'établissement d'un château fort, à l'époque du moyen âge, où, la force régnant à la place du droit, chaque seigneur devait faire de son habitation une forteresse. Au IXe siècle, au nord du château actuel et sur l'emplacement même occupé par l'ancien, qui fut détruit pendant la Révolution, s'élevait dans cette contrée sauvage un château muni de tous les moyens de défense usités alors, et formant un pentagone irrégulier, flanqué de tours et entouré de fossés remplis d'eau vive. La chasse et la guerre étaient sans doute l'occupation habituelle des seigneurs qui l'habitaient, et, si les annales de ces temps obscurs étaient venues jusqu'à nous, sans doute aussi bien des récits dramatiques et émouvants donneraient de l'intérêt à l'histoire de cette antique résidence, destinée à être plus tard celle des princes de Condé. Au X⁰ siècle, Chantilly appartenait au comte de Senlis, puis à la branche de cette famille qui prit et garda le nom de Bouteiller, à cause de la charge de bouteiller de France qu'elle posséda pendant quelque temps. Cette propriété échut par testament, au XIV⁰ siècle, à Guy de Laval, de la maison de Montmorency. Celui-ci la vendit à Pierre d'Orgemont, d'extraction bourgeoise, mais qui s'éleva à la dignité de chancelier. Une héritière de ce nom porta par mariage la terre de Chantilly à la maison de Montmorency. Ce mariage de Marguerite d'Orgemont avec Jean II de Montmorency amena de violents dissentiments. Les deux fils que celui-ci avait eus d'un premier lit, s'étant brouillés avec leur belle-mère, passèrent au parti du duc de Bourgogne, ennemi de Louis XI. Leur père indigné, qui était un des fidèles champions du roi, ayant fait sommer à son de trompe l'aîné, Jean, seigneur de Nivelle, en Flandre, de rentrer dans son devoir, sans qu'il comparût, le traita de chien et le déshérita. De là vient le proverbe : *Il ressemble au chien de Jean de Nivelle, qui fuit quand on l'appelle.* Ce Jean de Nivelle eut pour arrière-petit-fils le comte de Horn, qui, victime de la politique de Philippe II, fut décapité avec le comte d'Egmont, son parent. Guillaume, fils de Jean II et de Marguerite d'Orgemont, hérita de Chantilly et servit sous Louis XI, Charles VIII, Louis XII et François I⁰. Son fils fut le fameux connétable, Anne de Montmorency, qui porta si haut le renom et la puissance de cette famille, et devint le rival des Guise. Pendant les différentes disgrâces qu'il éprouva, il se retira à Écouen et à Chantilly, et il se plut à embellir ce dernier domaine. Déjà en 1331 le vieux château féodal, tombant en ruines, avait été reconstruit sur le même modèle qu'auparavant, et une chapelle avait été placée dans une des tours du château. L'enceinte féodale de la vieille forteresse était devenue trop étroite pour le nouvel état du puissant et riche connétable. « Il fit construire le château que l'on voit encore aujourd'hui, et il le joignit de telle sorte à l'ancien palais, que du premier étage de l'un on pouvait facilement communiquer dans la tour de l'autre. Le nouveau château, construit par Montmorency dans le style élégant de la Renaissance, fut embelli à l'intérieur avec tout le luxe qu'employaient les artistes de cette époque. Les appartements furent décorés de gracieux ornements et de sculptures. L'étroite enceinte du manoir féodal fut reculée; des parterres commencèrent à se dessiner, de grandes et belles allées se prolongèrent dans la forêt, qui était devenue une dépendance du domaine; l'avenue du Connétable, qui se prolonge en ligne droite sur l'esplanade sur laquelle était situé le vieux château, fut également percée à cette époque. » (Vatin, *Senlis et Chantilly*, 1 v. in-8°, 1847.) Parmi les hauts personnages qui visitèrent alors cette noble demeure, il faut citer un grand prince étranger, Charles-Quint. Le loyal connétable fut un homme de guerre rude et impitoyable; il châtia cruellement la ville de Bordeaux, qui s'était révoltée à l'occasion de la gabelle et avait tué le lieutenant du roi. Il refusa toutes les soumissions, condamna les notables à déterrer avec leurs ongles le cadavre et à lui donner une honorable sépulture, puis il fit exécuter sur l'échafaud un grand nombre de bourgeois. Il mourut en 1567, frappé à mort dans un combat, à l'âge de 74 ans. Un des petits-fils du grand connétable et l'héritier de ses domaines fut cet Henri II, duc de Montmorency, prince brillant, idole de la cour, du peuple et de l'armée, qui, à l'instigation de Gaston, frère de Louis XIII, entra dans une conspiration contre Richelieu, et bientôt, pris les armes à la main, eut la tête tranchée à Toulouse en 1632, à l'âge de trente-huit ans.

En lui s'éteignit la première branche ducale des Montmorency. Louis XIII rendit ses biens, qui avaient été confisqués, à Charlotte de Montmorency, sa sœur, princesse d'une rare beauté, qui avait inspiré une vive passion à Henri IV, mais qui épousa Henri II de Condé. Elle fut la mère du grand Condé, du prince de Conti et de la duchesse de Longueville. D'abord Henri II habita peu Chantilly, forcé de s'éloigner pour soustraire sa femme aux poursuites du roi. Plus tard, la princesse, qui s'y plaisait beaucoup, y passait les étés avec ses enfants. « Les promenades, dit Lenet, étaient les plus agréables du monde.... Les soirées n'étaient pas moins divertissantes. On se retirait dans l'appartement de la princesse, où l'on jouait à divers jeux. Il y avait souvent de belles voix et surtout des conversations agréables et des récits d'intrigues de cour ou de galanterie, qui faisaient passer la vie avec autant de douceur qu'il était possible.... C'était un plaisir de voir toutes ces jeunes dames tristes ou gaies suivant les visites rares ou fréquentes qui leur venaient et suivant la nature des lettres qu'elles recevaient.... On voyait les unes et les autres se promener sur les bords des étangs, dans les allées du jardin ou du parc, sur la terrasse ou sur la pelouse, seules ou en troupe, suivant l'humeur où elles étaient, pendant que d'autres chantaient un air ou récitaient des vers, ou lisaient des romans sur un balcon, ou en se promenant, ou couchées sur l'herbe. Jamais on n'a vu un si beau lieu, dans la belle saison, rempli de meilleure ni de plus aimable compagnie. » Il faut compter au nombre des passe-temps de ce monde aristocratique, « enivré d'héroïsme et de galanteries, » auquel se mêlaient les beaux esprits du temps, les goûts littéraires, les sonnets, les chansons, des énigmes, des bouts-rimés et un commerce épistolaire actif.

C'est du grand Condé que datent surtout la célébrité et les embellissements de Chantilly. Pendant son glorieux repos, il s'en occupa avec l'ardeur impétueuse de son caractère[1]. Les jardins furent dessinés par Le Nôtre. « Les eaux de la Nonette et de la Thève, qui se perdaient inutilement dans des marécages, ménagées, retenues et canalisées depuis Senlis jusqu'à Chantilly, se transformèrent en majestueuses cascades, en nappes limpides qui, baignant de vastes

[1]. Il faut voir dans Du Cerceau (*Les plus excellents bâtiments de France*, 1607, t. II) et dans Perelle (*Vevues des plus beaux bâtiments de France*) ce qu'était Chantilly au commencement et à la fin du XVIIe siècle.

prairies, donnèrent à ce lieu un aspect gracieux et charmant qu'il était loin d'avoir autrefois. » Le château de Chantilly avait plusieurs fois reçu les visites des rois de France, de Charles IX, d'Henri IV; en 1671, il reçut celle de Louis XIV, et la pompe, déployée pour cette réception, la mort violente qui l'ensanglanta, et surtout le récit de Mme de Sévigné, la feront vivre éternellement dans la mémoire des hommes. « Jamais il ne s'est fait tant de dépenses.... rien ne coûte; on reçoit toutes les belles exagérations sans regarder à l'argent.... Il faut nourrir la France et la loger; tout est meublé. De petits endroits, qui ne servaient qu'à mettre des arrosoirs, deviennent des chambres de courtisans. Il y aura pour 1000 écus de jonquilles : jugez à proportion. » Désormeaux, dans son *Histoire du prince de Condé*, fait monter la dépense à 200000 livres, qui équivaudraient aujourd'hui à plus de trois fois cette somme. Paris fut pendant trois jours sans musique et sans spectacle.

Dans une lettre à sa fille, en date du 26 avril 1671, Mme de Sévigné fait de la fête de Chantilly un récit connu de tout le monde, mais dont on aimera sans doute, en visitant les lieux, à retrouver ici quelques traits : « Le roi arriva le jeudi au soir; la promenade, la collation dans un lieu tapissé de jonquilles, tout cela fut à souhait. On soupa, il y eut quelques tables où le rôti manqua.... Cela saisit Vatel, il dit plusieurs fois : « Je « suis perdu d'honneur; voici un « affront que je ne supporterai pas. » Il dit à Gourville : « *La tête me* « *tourne*, il y a douze nuits que je « n'ai dormi; aidez-moi à donner « des ordres.... » Le prince alla jusque dans la chambre de Vatel. et lui dit : « Vatel, tout va bien, « rien n'était si beau que le souper « du roi. » Il répondit : « Monsei- « gneur, votre bonté m'achève; « je sais que le rôti a manqué à « deux tables (sur vingt-cinq). — « Point du tout, dit le prince, ne « vous fâchez pas; tout va bien. » Minuit vint; le feu d'artifice ne réussit pas, il fut couvert d'un nuage; il coûtait 16000 fr. A quatre heures du matin, Vatel s'en va partout; il trouve tout endormi, il rencontre un petit pourvoyeur qui lui apportait seulement deux charges de marée; il attend quelque temps; sa tête s'échauffait, il crut qu'il n'aurait point d'autre marée; il trouva Gourville, il lui dit : « Mon- « sieur, je ne survivrai point à cet « affront-ci. » Gourville se moqua de lui. Vatel monta à sa chambre, mit son épée contre la porte et se la passa au travers du cœur ; mais ce ne fut qu'au troisième coup.... La marée cependant arrive de tous côtés ; on cherche Vatel pour la distribuer; on monte à sa chambre; on heurte, on enfonce sa porte, on le trouve noyé dans son sang; on court à M. le Prince, qui fut au désespoir.... Cependant Gourville tâcha de réparer la perte de Vatel; elle fut réparée; on dîna très-bien, on fit la collation, on soupa, on se promena, on joua, on fut à la chasse; tout était parfumé de *jonquilles*, tout était enchanté. » Pendant la chasse, au clair de lune, la forêt fut subitement éclairée par des milliers de lanternes. Louis XIV, qui s'occupait à créer les merveilles de Versailles, enchanté de ce séjour, demanda au prince de lui céder Chantilly, le laissant maître d'en fixer le prix : « Il est à Votre Majesté, dit Condé, pour le prix qu'elle déterminera elle-même; je ne lui demande qu'une grâce, c'est de m'en faire le concierge. — Je vous entends, mon cousin, répliqua le roi : Chantilly ne sera jamais à moi. » Le prince de Condé passa ses dernières années dans cette noble retraite, où il aimait à s'entourer des beaux esprits du siècle. Aux Voiture, aux Sarrasin, à la troupe des poëtes de l'hôtel Rambouillet, qui se réunissaient à Chantilly pendant sa jeunesse, succédaient alors les Boileau, les Racine, les Bourdaloue, les Bossuet.... Ce dernier a, dans l'oraison funèbre du prince, consacré le souvenir de ces nobles entretiens : « On voyait, dit-il, le grand Condé à Chantilly comme à la tête de ses armées, toujours grand dans l'action et dans le repos. On le voyait s'entretenir avec ses amis dans ces superbes allées, au bruit de ces eaux jaillissantes qui ne se taisaient ni jour ni nuit. »

Condé mourut à Fontainebleau en 1686. Son fils, Henri-Jules de Bourbon, embellit aussi Chantilly. On lui doit la construction de l'église (voir page 491) et le parc de *Sylvie* (voir page 494). « Chantilly, dit Saint-Simon, était ses délices. Il s'y promenait suivi de plusieurs secrétaires qui écrivaient à mesure ce qui lui passait par l'esprit pour raccommoder et embellir. Il y dépensa des sommes prodigieuses, mais qui ont été des bagatelles en comparaison des trésors que son petit-fils y a enterrés et des merveilles qu'il y a faites. » Ce fut ce prince de Condé qui fit au secrétaire du cabinet du roi, nommé Rose, un mauvais tour, raconté par Saint-Simon, pour le dégoûter d'une propriété qu'il possédait près de Chantilly et qu'il ne voulait pas céder au prince. « Il lui fit jeter trois ou quatre cents renards ou renardeaux, qu'il fit prendre de tous côtés, par-dessus les murailles de son parc. On peut se représenter quel désordre y fit cette compagnie. » Rose alla demander justice à Louis XIV et l'obtint.

Les dépenses somptueuses des princes de Condé, le nombreux domestique attaché à leur service, la multitude d'ouvriers qu'ils employaient, contribuaient à augmenter la population de Chantilly. Le grand-père du grand Condé n'avait pour tout bien que 12 000 livres de rente, à ce que rapporte Saint-Simon, quand il épousa la fille du connétable de Montmorency. Le grand Condé, son fils, recueillit par sa femme la riche succession de la maison de Maillé. Le frère du grand Condé, à son tour, épousa une des plus riches héritières de l'Europe et sa fortune s'éleva à 1 800 000 livres de rente. Saint-Simon raconte ses galanteries pour les dames. Dans ses dernières années il manifesta quelque égarement; parfois il se mettait à aboyer comme un chien.... la passion pour la chasse, si prononcée chez les princes de Condé, dégénérait chez lui en folie.

Le petit-fils de celui-ci, Louis-Henri de Bourbon, qui fut ministre au commencement du règne de Louis XV, eut 2 400 000 livres de rente, et gagna beaucoup d'argent à la banque de Law. Il séjourna continuellement à Chantilly, où il avait un train royal. C'est ce prince qui fit construire les magnifiques écuries. Il y donna de grandes fêtes pour recevoir Louis XV, la duchesse de Berry..... il eut pour maîtresse la marquise de Prie, scandaleuse héritière des mœurs licencieuses de la régence. Fleury, qui lui succéda au ministère, les fit exiler tous les deux. Une chronique détaillée de Chantilly y retrouverait l'amour de moitié dans toutes les fêtes. « Mlles de Charolais, de Sens et de Clermont, ont tour à tour, ou toutes ensemble, habité Chantilly. Ce fut à Chantilly, le jour même d'une fête donnée en son honneur, que Mlle de Clermont apprit au bal la mort du comte de Melun, son amant, tué par un cerf. Elle était d'un caractère si indolent, que la duchesse de Bourbon, sa mère, demanda naïvement, en entendant raconter cet accident : « Cela a-t-il causé quelque émotion à ma fille? »

L'avant-dernier prince de Condé, avant la révolution qui l'entraîna à émigrer, fit construire, à quelque distance du château, le château d'Enghien, qui fut élevé très-rapidement, et il créa au milieu des bois de Sylvie le *hameau*, composé de petites maisons d'aspect champêtre à l'extérieur, dans le faux goût pastoral qui faisait vers le même temps bâtir le hameau du Petit-Trianon.

Les visites de plusieurs souverains étrangers à Chantilly, du roi de Danemark, de l'empereur Joseph II, du roi de Suède, furent l'occasion de fêtes magnifiques. Le comte du Nord, depuis Paul Ier, y reçut du prince de Condé une splendide hospitalité qu'il devait lui rendre plus tard à Saint-Pétersbourg pendant l'émigration.

Un jour le prince de Condé fit servir un repas dans la rotonde centrale des écuries, richement décorée et brillamment éclairée. Des musiciens exécutaient des symphonies dans les galeries hautes; et des tentures masquaient les chevaux, jusqu'au moment où elles furent enlevées et où l'on put les apercevoir à droite et à gauche, attachés devant leurs mangeoires dans cette singulière salle de festin.

La Révolution étendit d'une manière fatale ses destructions à Chantilly. Le vieux château fut démoli par la bande noire. Le petit château échappa heureusement au même sort, parce que les acquéreurs, n'ayant pas rempli à temps les clauses de la vente, se virent dépossédés sous l'Empire. Dès lors, le château d'Enghien et les écuries durent être et furent en effet mis à la disposition du ministre de la guerre, qui les fit occuper par une garnison de cavalerie.

Le jardin des Plantes de Paris s'enrichit du curieux cabinet d'histoire naturelle et de la bibliothèque de Chantilly. Tout le territoire appartenait à la maison de Condé; les habitants n'y étaient établis qu'en vertu de concessions. Au morcellement que vint opérer la Révolution, ils acquirent des terrains et purent ainsi étendre leurs jardins sur la pelouse, du côté des réservoirs et de la route de Paris.

Sous le régime impérial, la forêt de Chantilly fut donnée à la reine Hortense. A la Restauration, le prince de Condé rentra en possession du domaine délabré de ses pères. Il y reçut la visite de l'empereur Alexandre; et, la pluie pénétrant à travers la galerie, il fallut apporter des parapluies. Il mourut en 1818. Son fils, le duc de Bourbon, vécut retiré, tantôt à Saint-Leu, tantôt à Chantilly, se livrant à l'unique occupation de la chasse; le voisinage de plusieurs forêts, de Pontarmé, de Halatte, de Compiègne, offrait un vaste champ aux courses des chasseurs. Le duc de Bourbon fit déblayer les alentours du château d'un immense amas de décombres, puis assainir et nettoyer les canaux remplis de vase et couverts de roseaux; il racheta et restaura le hameau et quelques parterres; enfin il éleva une petite construction de style gothique dans le beau site des étangs de Commelle (voir page 496).

Quelques jours après la révolution de 1830, le duc de Bourbon périssait d'une manière lamentable (voir Saint-Leu, page 456), le dernier de sa race, puisque son fils unique, le duc d'Enghien, avait été mis à mort sous l'Empire. Par son testament il nommait le duc d'Aumale, son petit-neveu et filleul, son légataire universel, et il laissait à Mme Sophie Dawes, baronne de Feuchères, une somme de deux millions et plusieurs châteaux, forêts et domaines.

Le duc d'Aumale, héritier de la maison de Condé, se préparait à faire relever l'ancien château de Chantilly, lorsqu'il fut obligé lui-même de prendre le chemin de l'exil. Le décret rendu en janvier 1852 par l'empereur Napoléon III contre la famille d'Orléans l'a forcé de faire opérer la vente de ce domaine. Ce château a été loué pour cinq ans à l'ambassadeur d'Angleterre, qui l'occupe pendant la belle saison.

### Description.

*Église de Chantilly.* Cette église, attenante aux écuries, et construite en 1692, dans un style moderne, analogue à celui des églises de Versailles, élevées vers la même époque, présente à l'intérieur un bel appareil de pierres; des pilastres corinthiens la décorent. A gauche est une peinture monumentale par MM. Benouville et Lenepveu (1841). A droite se voit un monument funéraire contenant les cœurs des princes de Condé, qui étaient, avant la Révolution, conservés dans l'église des jésuites à Paris. Ce monument fut consacré par le duc d'Aumale à la mémoire des Condé, et porte cette inscription :

CONDÆORUM CORDA, QUOS PATRIÆ DECUS ET REGNI SUBSIDIUM TOTO CELEBRAVIT ORBE FAMA, HOC SUB MARMORE CANTILIACOS INTER SALTUS DILECTOSQUE LOCOS, CIVIUM FIDEI CREDITA, QUUM JAM INTRA DOMUM RECIPERE NEQUIRET EXUL, DEPONENDA CURAVIT CONDÆORUM PIUS HÆRES ET NEPOS HENRICUS AURELIANENSIS. ANNO DOM. MDCCCLII.

Avant d'aller au château on visite ordinairement les écuries, dont les bâtiments et l'entrée sont placés à l'extrémité et à droite de la Grande-Rue.

*Écuries.* Ce magnifique monument que les révolutions ont épargné est un reste vraiment grandiose du noble passé de Chantilly et de ses princes. Sa façade regarde un des côtés de la vaste pelouse qui s'étend devant le château. Il présente une partie centrale avec dôme élevé; à droite et à gauche deux ailes pouvant loger 240 chevaux, et deux pavillons aux extrémités. A l'une de ces extrémités est le manège découvert, de forme ronde, qui présente des arcades et que décorent dans les trophées et des attributs de chasse. Sous la rotonde, en face de la porte d'entrée, est une fontaine ornée de sculptures où on lit cette inscription :

LOUIS-HENRI DE BOURBON, 7ᵉ PRINCE DE CONDÉ, A FAIT CONSTRUIRE CETTE ÉCURIE ET LES BATIMENTS QUI EN DÉPENDENT, COMMENCÉS EN 1719 ET FINIS EN 1735.

Au-dessus de l'entablement est une balustrade. Il faut monter à cet étage supérieur pour jouir de beaux points de vue sur le château, le parc, la forêt; c'est, avec les élégantes tribunes en bois, construites en face, de l'autre côté de la pelouse, le meilleur poste pour dominer l'ensemble des courses.

La pierre qui servit à bâtir les écuries fut extraite du sous-sol de la pelouse même. Le duc d'Aumale avait fait creuser une galerie voûtée pour exploiter ces carrières et en tirer la pierre destinée à la reconstruction de l'ancien château.

*La pelouse* est une vaste esplanade de gazon, bornée : au nord, par les écuries et par les maisons de la Grande-Rue, au sud, par la forêt, à l'ouest, par la route de Paris, et à l'est, par le château. C'est dans la partie qui s'étend devant les écuries qu'ont lieu les courses. Dans l'autre partie et derrière les maisons de la Grande-Rue sont les deux *réservoirs* qui alimentent le bourg et le château.

Au sortir des écuries, si l'on veut aller au château, on traverse la pelouse en se dirigeant à gauche. Près de la route est un beau massif formé par six vieux tilleuls, à l'ombre desquels sont des bancs. En face de l'entrée du château s'ouvre une grande avenue droite qui traverse la forêt dans la direction de Coye et qu'on appelle la *route du Connétable*. A droite et à gauche de cette entrée s'étendent des bassins remplis d'eau. Le bassin de gauche entoure le château, ainsi que le rez-de-chaussée, reste de l'ancien château.

*Le Château* (on ne peut pas le visiter pendant qu'il est habité).—Le château proprement dit, situé à gauche, comme il vient d'être dit, forme un bâtiment à un seul étage, élevé sur un rez-de-chaussée dont le pied se baigne dans l'eau du bassin. On ne l'aperçoit pas de tous les points de la pelouse, et de loin on serait tenté de prendre pour le château un bâtiment plus élevé, dont la façade présente une masse plus considérable.—Ce dernier bâtiment est le *château d'Enghien* (voir p. 490). Il a 36 croisées de face sur 4 de côté; il est d'une architecture simple et il était destiné à fournir du logement pour les réceptions et pour les gens de service. — Le château que représente notre dessin était le bâtiment de la capitainerie, du temps que Chantilly appartenait à la maison de Montmorency. Sous la Restauration, il a été un peu agrandi. Les appartements particuliers du prince étaient au rez-de-chaussée. Parmi les objets qui attiraient principalement l'attention, il faut citer : l'autel de la chapelle, sculpté par Jean Goujon, et provenant d'Écouen; et la *galerie des Batailles*, qui servait de salle à manger dans les grandes réunions. Les tableaux de batailles, retrouvés

Le château de Chantilly.

dans les greniers des Invalides, avaient été rétablis dans cette galerie; ils n'y sont plus aujourd'hui. Le plus remarquable de ces tableaux, peint par Michel Corneille, représentait, sous une forme allégorique, le *repentir du grand Condé*.

Le grand château, qui a été démoli (voir p. 490), formait un pentagone irrégulier; il était flanqué de tours qui communiquaient l'une à l'autre par une galerie extérieure fort étroite, tournant autour du bâtiment. Au milieu de l'escalier était la statue du grand Condé, par Coysevox, avec ces vers assez puérils de Santeuil, qui fut un commensal du château :

Quem modo pallebant fugitivis fluctibus amnes,
Terribilem bello, nunc docta per otia princeps
Pacis amans, lætus dat in hortis ludere fontes.

On répare en ce moment le rez-de-chaussée voûté, sur lequel s'élevait ce château.

*Le parc* (on ne le visite qu'accompagné d'un gardien). — On monte par une rampe douce, qui s'étend, vis-à-vis de la grille d'entrée, entre le petit château et le château d'Enghien. Parvenu au haut de la terrasse, on en redescend dans les jardins par un escalier monumental. La vue s'étend, en face, sur le canal de la Nonette, dont une branche s'avance au milieu du parterre, et, au delà, à côté de Vineuil (voir plus bas), sur une pelouse et une grande avenue qui, formant une longue perspective à travers bois, mène aux sables d'Apremont. A gauche est le *jardin anglais*, à droite sont le *hameau* et le *parc de Sylvie*. Pour gagner le hameau, on longe à droite le petit *canal des Truites*, sur la lisière du bois de Sylvie. On suit à gauche le *canal des Morfondus*, qui enferme le hameau. On le traverse sur un pont fermé par une grille que vient ouvrir le gardien particulier du hameau. C'est avec ce dernier que se fait la visite. Du reste, à l'exception de quelques beaux arbres, au pied desquels coule une eau limpide, le hameau, avec ses petites maisonnettes, la salle à manger, le salon, le billard, présente réellement peu d'intérêt. L'espace occupé par cette île n'était en 1780 qu'une prairie marécageuse, et la transformation qu'on lui fit subir alors contribua singulièrement à l'agrément de cette partie du paysage voisine du château.

*Le parc de Sylvie* doit ce nom poétique au poëte Théophile de Viau, mort en 1626, et qui, poursuivi pour un livre qu'il n'avait pas publié, fut condamné par le parlement à être brûlé vif comme sacrilége. Le duc de Montmorency (qui mourut sur l'échafaud en 1632, voir p. 487) lui donna asile à Chantilly. Là il composa en l'honneur de la duchesse dix odes, sous le titre de *Maison de Sylvie*; il y célèbre, dans le style faux et alambiqué de l'époque, sa bienfaitrice et les charmes du bocage où étaient alors un étang et une fontaine qui n'existent plus. Théophile eut une célébrité qui ne lui a pas survécu. Nul ne le lit aujourd'hui; mais peut-être, sur les lieux mêmes qui l'inspiraient, est-il permis de répéter une strophe ridicule de ce poëte oublié, comme un écho lointain du temps où il vécut.

Un soir les flots mariniers
Apprestoient leur molle litière
Aux quatre rouges limoniers

Qui sont au joug de la lumière;
Je penchois mes yeux sur le bord
D'un lict où la nayade dort,
Et regardant pescher Sylvie,
Je voyois battre les poissons
A qui plustôt perdroit la vie
En l'honneur de ses hameçons.

Le parc de Sylvie, qui s'étend entre le hameau et la forêt, présente aujourd'hui un aspect d'abandon; il est fermé et sert de réserve pour le gibier.

*La tête du canal* est marquée par une cascade artificielle que forme l'eau de la Nonette : le canal a une longueur de 3000 mèt. sur une largeur de près de 80 mètres. La rive opposée au parc, occupée par des habitants de Vineuil et de Saint-Firmin qui y établirent des maisons de campagne et des jardins, avait été rachetée successivement, et en grande partie, par le duc d'Aumale. Cette rive, gazonnée et couverte de bosquets, devait fermer de ce côté la propriété du prince. Le droit d'avoir un bateau sur le canal a été retiré aux particuliers.

*Le jardin anglais* s'étend à gauche du grand escalier, entre le canal au nord, le bassin du vieux château, les maisons qui terminent la Grande-Rue de Chantilly et la route qui mène à Vineuil. C'est dans cette partie du parc qu'on allait voir les merveilles de l'Île d'Amour, de ses cascades, de ses jeux, etc. On y voyait les statues de la Vénus pudique et de la Vénus Callipyge. Celle-ci est encore abritée sous un petit temple ouvert de forme circulaire.

Chantilly, par ses pièces d'eau, par ses eaux jaillissantes, rivalisait avec Versailles; mais toutes ces créations d'un luxe élégant ont disparu. — A l'extrémité du jardin anglais est le bâtiment du jeu de paume. L'avant-dernier prince de Condé excellait à cet exercice. — On peut sortir près de là par une petite porte et se retrouver à l'entrée de la Grande-Rue de Chantilly.

### Forêt de Chantilly.

Cette forêt, dont la contenance est de 2449 hectares, est bien entretenue et bien aménagée. Elle se rattache au sud au bois d'Hérivaux, et à l'est à la *forêt de Pontarmé* ou de Senlis, qui comprend 1185 hectares. Ces forêts s'étendent sur un sol sablonneux mêlé d'argile, et sont remarquables par la régularité des routes et des *layons* qui les traversent. Sous le duc de Bourbon elle contenait une grande quantité d'animaux; mais le nombre en est bien réduit aujourd'hui. Le rendez-vous de chasse était le plus souvent un rond-point, sur la belle route pavée entre le château de Chantilly et Montgrésin, désigné sous le nom de *table ronde*, à cause d'une table en pierre d'un seul morceau de 2 mèt. 70 cent., qui y est dressée. On aperçoit de là dans le lointain, au bout de la route, le bâtiment du manége à l'angle des écuries. Le jour de la Saint-Hubert, au mois de novembre, on y dressait un pavillon, et c'est là qu'en présence du prince et de la foule on dépeçait le cerf, qu'on avait fait en sorte d'amener et de prendre aux étangs de Commelle, situés à peu de distance. Douze routes partent de ce carrefour; le poteau de l'une d'elles indique le chemin qui mène aux étangs de Commelle.

*Les étangs de Commelle et le châ-*

teau de la *Reine Blanche* sont dans la forêt de Chantilly le but de promenade des étrangers, qui, le plus souvent, s'y rendent en voiture. La *route du Connétable*, située vis-à-vis du château et à l'entrée de laquelle sont deux lions en pierre, y conduit assez directement en une heure et un quart de marche. Mais elle est fatigante à suivre à pied, parce qu'on la laboure plusieurs fois par an et qu'on la herse, afin d'y exercer les chevaux de course. Si l'on suit cette route il faut aller jusqu'à l'écriteau du *carrefour du Petit couvert*, placé sur un gros chêne trapu à droite, et prendre à gauche la troisième allée ou *layon* aboutissant à ce carrefour, et qui mène en peu de temps aux anciens étangs de *la Troublerie*, aujourd'hui tout couverts de végétation; descendre dans la petite vallée dont ils occupent le fond et qui sera, d'ici à peu d'années, barrée par un viaduc du chemin de fer de Saint-Denis à Creil : on la traverse sur une chaussée, et, prenant en face une allée ombragée qu'on suit à gauche, on arrive en quelques instants au château de la Reine Blanche, qu'on aperçoit déjà au milieu des arbres.

Les **étangs de Commelle**, au nombre de quatre, sont séparés par des chaussées qui laissent écouler l'eau de l'un à l'autre. La petite rivière de la *Thève*, qui prend sa source près de Morfontaine et va se jeter dans l'Oise près de Royaumont, les alimente. La pêche en est louée 1000 fr.; elle se fait tous les ans. Le brochet, dont on n'a pas pu se débarrasser, y détruit une quantité de poissons considérable. La vallée retirée où sont les étangs de Commelle est d'un aspect pittoresque. Au pied des coteaux qui bordent les étangs, la végétation est très-puissante. On peut y admirer de très-beaux hêtres aux racines d'un prodigieux développement.

Le **château de la Loge** ou de **la Reine Blanche** est un petit édifice flanqué de tourelles, construit par le duc de Bourbon, en imitation du style ogival, sur une construction plus ancienne et un moulin, achetés par lui de M. Adryane, célèbre par sa captivité au Spielberg, qui possède une maison de campagne à Coye, dans le voisinage. Selon d'anciennes traditions, la reine Blanche, mère de saint Louis, avait en ce lieu un petit château, construit en 1227, qui probablement se rattachait à l'abbaye de Royaumont, bâtie par saint Louis à la même époque. Il venait souvent passer un mois entier avec sa mère chez les religieux. Ce petit manoir, réparé en 1333, fut ensuite négligé pendant plusieurs siècles. Un moulin s'établit sur ses ruines; et, en 1826, s'élevait de nouveau une coquette imitation du château du moyen âge, juste six cents ans après le premier construit par la mère de saint Louis. Il n'offre rien d'intéressant à voir à l'intérieur, mais il forme un agréable accident de perspective au milieu des verdoyantes forêts qui entourent les étangs. — On trouve des rafraîchissements chez le fermier de la pêche, qui fait voir l'intérieur du château.

Les étangs de Commelle sont sur la limite de ce côté de la forêt de Chantilly; ils la séparent des *bois de Coye* et *d'Ory*, qui se rattachent eux-mêmes au *bois d'Hérivaux*. Pour retourner à Chantilly,

L'hallali aux étangs de Commelle.

on peut indifféremment prendre par la droite ou par la gauche des étangs. On trouve plus agréable de les suivre de ce dernier côté, c'est-à-dire à la droite des promeneurs. Parvenu à la troisième chaussée, on repassera sur l'autre rive, et, suivant en face de soi une allée directe, on arrivera, en peu de temps, au *carrefour de la Table*, dont il est parlé plus haut (p. 495), et de là, par une belle route, à travers la forêt (de Chantilly à Montgrésin), on regagnera la pelouse du château, en une heure et demie à pied depuis le château de la Reine Blanche. Avant d'arriver à la pelouse on longe à droite le parc de Sylvie. Vis-à-vis d'une de ses grilles est la *route de Sylvie*, allant en forêt au carrefour du même nom. Un autre poteau indique la *route de la Fille morte*, allant au carrefour du Connétable. Selon la tradition, ce nom provient de ce qu'un prince de Condé chassant y trouva un jour une fille adossée contre un arbre avec un fagot qu'elle venait de faire dans la forêt, et qui était encore debout, quoiqu'elle eût été frappée à mort par la foudre. Au débouché de la grand'route, sur la pelouse, on remarquera à droite un hêtre magnifique, dont les branches sont curieusement soudées.

### Courses de Chantilly.

C'est vers 1832 que l'on pensa à établir des courses à Chantilly, à l'imitation de celles qui se pratiquent en Angleterre. Le duc d'Orléans en accepta le patronage, et ces courses acquirent de la célébrité; elles rappelèrent la vie à Chantilly, mais plus passagèrement que dans ces villes de bains où la foule et l'argent circulent pendant quelques mois de la belle saison, et qui retombent ensuite dans leur silence et leur solitude. La vaste pelouse, égale en étendue à la longueur de la ville, est le théâtre des courses. « Le sol peu végétal, à cause du tuf qu'un peu de terre recouvre à peine, et couvert d'un léger gazon, offre aux chevaux le précieux et rare avantage d'une consistance solide, que n'altère presque pas une pluie ordinaire, tant est rapide l'absorption des eaux. » Le terrain presque plat permet aux spectateurs de bien suivre du regard les coursiers. Du reste, aucun site ne saurait être mieux choisi : on a d'un côté l'aspect majestueux des bâtiments des écuries, de l'autre celui des élégantes tribunes derrière lesquelles s'étend la vaste ceinture de la forêt. Au printemps et à l'automne, Chantilly a deux *saisons* de trois jours chacune; où y mène le plaisir au galop. La petite ville alors est envahie par le monde parisien, élégant ou ayant la prétention de le paraître, qui y entre triomphalement au bruit des chaises de poste et des calèches volant sur le pavé, et au *clic clac* insolent des postillons. Les envahisseurs s'installent dans les hôtels, dans les maisons particulières. Le rez-de-chaussée est la proie des chevaux et des jockeys; les nobles amazones et les cavaliers s'établissent au premier étage; on mange partout, on dort où l'on peut et si l'on peut. Mais les *gentlemen riders* achètent volontiers, par un peu de gêne, les vives émotions qui les attendent sur le *turf*. Au langage parlé, c'est à croire à une invasion de Chantilly par l'Angleterre. Le

Chantilly des Montmorency et des Condé n'est plus ; le Chantilly des d'Orléans n'a duré qu'un instant ; il ne reste plus aujourd'hui que le Chantilly du *Jockey-Club!*

## Vineuil. — Saint-Firmin.

Ces deux villages sont, pour ainsi dire, des annexes de Chantilly, bien qu'ils en soient séparés par le canal de la Nonette, parce qu'une partie de leur territoire, et particulièrement celle qui borde le canal, a été rachetée par le duc de Bourbon et le duc d'Aumale. Pour aller à **Vineuil**, on prend vis-à-vis de l'église de Chantilly une rue qui descend vers le canal, puis on passe, à droite, le long de la portion du *parc anglais* du château où était située la fameuse île d'Amour. On traverse le canal sur un pont au delà duquel on aperçoit à droite le village de Vineuil. C'était là qu'était autrefois la *Ménagerie*. Il existe à Vineuil des demeures creusées dans les carrières, comme à Saint-Leu ; les habitants, pour aller dans leur jardin cueillir une laitue, sont obligés de monter sur leurs toits.

Au delà de Vineuil, un chemin qui suit le mur de clôture des propriétés riveraines du canal conduit à Saint-Firmin. Parvenu à une ouverture, on a une belle vue sur le château ; et dans une direction opposée s'ouvre la large avenue menant à Apremont et qui forme perspective pour le parc (voir p. 494). Cette avenue, au delà d'Apremont (3 kil. 1/2 de Saint-Firmin), se prolonge pendant 2 kilomètres et demi jusqu'à la route de Senlis à Creil, route qui borde la forêt de Halatte. — C'est à Vineuil que la famille de Montmorency avait établi une infirmerie pour les pauvres de la seigneurie. Cet hospice a été transféré plus tard dans celui de Chantilly.

**Saint-Firmin** a un beau parc, réuni au domaine de Chantilly. Ce village fut, le 23 novembre 1763, le théâtre d'un affreux événement. L'abbé Prévost, l'auteur de *Manon Lescaut*, fut frappé d'une attaque d'apoplexie pendant qu'il se promenait dans la forêt de Chantilly. Il était âgé de 67 ans. Des paysans portèrent ce corps privé de mouvement chez le curé de Saint-Firmin. La justice fut informée, et, pour établir la cause de la mort, ordonna l'ouverture du corps. Le chirurgien appelé plonge le scalpel dans les entrailles, et, en ce moment, un cri déchirant poussé par la victime de cette déplorable précipitation vient jeter l'effroi et la consternation parmi les spectateurs. Vainement se hâte-t-on de prodiguer des secours à l'infortuné Prévost, la blessure était mortelle ; il ne recouvra ses sens un instant que pour expirer presque aussitôt.

Au bas de Saint-Firmin, un pont jeté sur la tête du canal de la Nonette (voir p. 495) permettait autrefois aux habitants du village de gagner Chantilly en passant par le parc. Ce droit de passage a été racheté à la commune par le duc d'Aumale, et maintenant il faut faire un long détour par **Avilly**, village situé de l'autre côté de la Nonette, presque en regard de Saint-Firmin, et, après l'avoir traversé, suivre, sur sa droite, le mur du parc jusqu'à une porte où est une habitation de garde. On peut entrer par cette porte et prendre sur sa gauche, à travers des champs cultivés, un sentier qui, plus loin, est resserré entre des palissades, le long du parc de Sylvie. Ce sentier ne tarde pas à aboutir sur la pelouse près de la grille d'entrée du château. L'administration du domaine de Chantilly voudrait racheter cette servitude; mais les habitants de Saint-Firmin et d'Avilly ne veulent pas céder le *chemin d'Avilly*, qui leur épargne l'ennui ou la peine de faire un détour bien plus long encore pour communiquer avec Chantilly.

### DE SAINT-LEU D'ESSERENT A CREIL.

A peine a-t-on quitté la station de Saint-Leu, que l'on remarque sur la gauche la belle église décrite à la page 481. Au delà de cette église s'étend, sur la rive droite de l'Oise jusqu'à la vallée du Thérain, une de ces chaînes de collines dont il a déjà été question et qui sont percées de carrières. La rive gauche offre à peu près le même aspect. Avant de franchir le Thérain, on découvre à gauche un joli paysage. Les usines de Montataire attirent d'abord les regards, qui se portent ensuite sur l'église et le château, pittoresquement groupés au sommet d'une colline boisée.

**Montataire** est un bourg de 2657 habitants (l'*Annuaire de l'Oise* le qualifie de petite ville), fort agréablement situé dans la vallée du Thérain, près de la jonction de cette rivière avec l'Oise. Au moyen âge il fut entouré de murailles dont on voyait encore les derniers débris à la fin du siècle dernier. Une grande partie de la population professait la religion protestante avant la Ligue. Chaque maison a son jardin planté d'arbres fruitiers et de légumes. Le *château*, flanqué de tourelles, a été rebâti au commencement du xv° siècle. Henri IV y vint souvent visiter les Lespard de Madaillan : c'était alors un marquisat. Son *église* a été bâtie à trois époques. Le portail de sa façade et le portail latéral de droite sont romans; la nef, du style gothique, a été probablement bâtie au XIII° siècle; le chœur est plus moderne. Le clocher, placé à côté du portail, est une tour carrée.

Les usines de Montataire, situées près du chemin de fer dans la vallée, sont exploitées aujourd'hui par une société anonyme. Le gérant est M. A. Frohlich. Le siège de la société est établi à Paris, 21, rue Vendôme. Elles comprennent des forges, des fonderies et des lamineries pour fers, tôles, fer blanc, tôles étamées et plombées, bandages à rebords, cuivre et zinc, scierie hydraulique de bois de placage, etc. Elles sont à 4 kil. de Creil. Montataire possède aussi une papeterie et diverses fabriques.

Si l'on doit en croire une tradition locale, ce serait dans l'église de Montataire que Pierre l'Ermite aurait commencé à prêcher la première croisade. D'après une autre tradition, César, en entrant dans le Beauvoisis, se serait arrêté à Montataire pour admirer la vue que l'on y découvre. Cette vue est belle sans doute; mais Cambry, l'auteur de la *Description du département de l'Oise* (2 vol. in-8°), exagère quand il dit que « c'est, après Verberie, le plus brillant aspect du département et *de la France peut-être.* »

Quand on a dépassé Montataire, on a à peine eu le temps de regarder les coteaux qui dominent la rive gauche de l'Oise, que l'on s'arrête dans la gare de Creil.

**14e STATION. — CREIL.**

*Distances.* Creil est à : 6 kil. 700 mèt. de la station de Saint-Leu, 67 kil. 300 mèt. de celle de Paris, 11 kil. de Senlis, 8 kil. de Chantilly, 4 kil. de Montataire, 1 kil. 400 mèt. de Nogent-les-Vierges.

Un excellent *buffet* a été établi à la station. Il y a plusieurs auberges dans la ville. L'*Hôtel des Chemins de fer* est voisin de la station.

On trouve à la station de Creil des voitures pour Senlis (voir ci-dessous, *Routes de terre*).

**Creil**, chef-lieu de canton de l'arrondissement de Senlis, département de l'Oise, est situé sur la rive gauche de l'Oise, qui y forme

Creil.

une île. Sa population actuelle s'élève à 2656 habitants. Il fait un commerce considérable de grains, de farine et de bestiaux; il exploite des carrières de pierre; il possède, entre autres établissements industriels, une *manufacture de faïence* façon anglaise, porcelaine opaque, etc., qui occupe de 700 à 800 ouvriers, dont les produits annuels sont évalués à plus d'un million, et dont le dépôt se trouve à Paris, rue du Faubourg-Poissonnière, 61. Sa position, au point de jonction des cinq lignes du chemin de fer, venant, deux de Paris, une de l'Allemagne par Saint-Quentin et Compiègne, la quatrième de la Belgique et de l'Angleterre par Amiens et Clermont, la cinquième de Beauvais, lui assure un brillant avenir.

Creil s'appelait autrefois *Credulium*. Il est fort ancien, car on a prétendu que Dagobert Ier y avait un château royal. Son histoire ne se compose que de désastres : au IXe siècle, les Normands le prennent et le pillent plusieurs fois; en 1358, le roi de Navarre s'en empare; Charles V fait vainement rebâtir son château fort en 1392, les Anglais le prennent en 1435, après six semaines de siège; Charles VII le reprend en 1441; les calvinistes y pillent les églises en 1567; enfin les Ligueurs s'y établissent en 1588.

Le *château* de Creil était situé dans une petite île au-dessous du pont; il fut démoli, par ordre du prince de Condé, quelques années avant 1789. « Ses ruines, dit Cambry, étaient encore majestueuses et très-imposantes: on y montrait la chambre, dont le balcon était fermé par une grille de fer, dans laquelle Charles VI fut enfermé à l'époque de sa folie. En 1778, ajoute-t-il, je visitai les ruines pittoresques de Creil, que Robert a dessinées avec tant de talent; je traversai l'île longue qui s'étendait à l'extrémité du château. Il est impossible de se faire une idée de la quantité de faisans, de perdrix, de lièvres, qui sans cesse en croisaient les allées. »

Dans l'île où s'élevait jadis le château, on remarque les restes de l'ancienne *abbaye de Saint-Évremont*, dont le chœur est encore debout, et que représente notre dessin. Pour visiter l'intérieur de ces ruines, qui, servant actuellement de magasins, sont affreusement mutilées, il faut en demander la permission au directeur de la manufacture de porcelaine. Près de cette abbaye, derrière la mairie, on voit encore les débris d'une tour ronde à créneaux et du style de la Renaissance.

L'*église* de Creil se fait remarquer de loin par sa tour carrée, qui date de 1551; mais l'intérieur ne mérite pas une visite, il a été trop souvent remanié. Quelques parties du côté gauche (nord-ouest) remontent, dit-on, au VIIIe siècle. Le chœur, de construction moderne, repose sur les anciens remparts. On l'a placé à la gauche de l'ancien chœur, ce qui donne à l'église une forme irrégulière. Près de l'entrée, à droite, on remarque, comme dans les églises de Nogent-les-Vierges et de Montataire, les débris d'une cheminée où l'on faisait chauffer l'eau nécessaire aux cérémonies du baptême.

On peut, de Creil, aller visiter en 2 heures (aller et retour) deux églises vraiment intéressantes : ce sont celles de Nogent-les-Vierges et de Villers.

**Nogent-les-Vierges** est un village de 830 habitants, situé à 1 kilomètre 400 mètres au N. O. de Creil, sur la route de Paris à Beauvais. Pour aller voir l'*église*, il faut quitter cette route au milieu du village et prendre celle qui s'ouvre à droite. Elle se trouve, en effet, à 1 kilomètre plus loin, dans le hameau de *Royaumont*, au delà du chemin de fer d'Amiens. Le cimetière l'entoure. Devant sa façade, s'élève un porche ogival qui n'a pas été, on en cherche vainement la raison, bâti dans le même axe, et sous lequel est un affreux escalier conduisant à la tribune de l'orgue. A l'extérieur, on regardera surtout une jolie tour romane, composée de trois rangs d'arcades légères, carrée, ornée à chaque angle de colonnes torses ou garnies de feuillage, terminée en matière. La nef est fort ancienne, mais elle a été plafonnée en berceau, et on a percé récemment dans le côté droit une fenêtre du style gothique. A son extrémité, on remarque, sur les piliers carrés qui soutiennent la tour, deux bas-reliefs en pierre peints et dorés, provenant d'une église de Beauvais aujourd'hui détruite (Sainte-Marguerite), et représentant la Nativité et la Mort de la Vierge. Les ornements de pierre qui surmontent ces bas-reliefs et ceux qui ont été placés en regard, sur les faces latérales des deux piliers, proviennent du château de Sarcus. Le chœur est gothique. Il a été construit par saint Louis; il est éclairé par sept croisées composées

Ruines de l'abbaye de Saint-Evremont, à Creil.

chacune de trois longues ogives inscrites dans une plus grande, surmontée de trois rosaces. Les vitraux modernes ont été fabriqués à Beauvais. A gauche s'ouvre une chapelle dans laquelle est inhumé le maréchal Gérard. Au delà de cette chapelle est le monument funéraire de messire Jehan Bardeau, signé Michel Bourdin. La châsse placée devant ce monument renferme les reliques de sainte Maure et de sainte Brigitte, deux vierges irlandaises qui ont donné son surnom à Nogent parce qu'elles furent ensevelies dans son cimetière, après avoir été assassinées à *Baligny*, village situé à 6 kilomètres.

Si l'on en doit croire les antiquaires, Clovis aurait campé à Nogent à l'époque où il chassa de la Gaule les légions romaines. Les rois de la première race y avaient, dit-on, un palais, et, d'après la tradition, ce serait dans ce palais que Thierry III aurait été surpris en 673 par Ébroïn, maire du palais, révolté contre lui. On trouvera dans les *Mémoires* de la Société des antiquaires de France (t. III, p. 298) une description faite par Barbier du Bocage, d'une grotte antique découverte en 1816 sur le territoire de la commune de Nogent-les-Vierges, près de la route d'Amiens. Cette grotte, profonde de 12 mètres, large de plus de 6 et haute de 1 mètre et demi, renfermait environ deux cents squelettes pressés les uns contre les autres et placés par lits alternant avec des couches de sable dans lesquelles se trouvaient des haches de silex.

L'église de **Villers-Saint-Paul** est à 1650 mètres de l'église de Nogent et à 2650 mètres de la route d'Amiens. Pour y aller, il faut traverser la Brèche et passer devant le château, qui a compté parmi ses possesseurs M. de Sartines, le joaillier de la couronne Aubert, Randon de La Tour, qui le fit reconstruire, Saint-Just, l'auteur du *Calife de Bagdad*, le vicomte de Ségur, et enfin le maréchal Gérard; il appartient aujourd'hui à la famille du maréchal. L'*église*, située à plus de 500 mètres de ce château, est fort ancienne, du moins dans certaines parties. La nef et ses bas côtés sont romans, mais sur leurs épaisses colonnes, ornées de curieux chapiteaux, viennent s'appuyer des ogives. Des sculptures variées, mais malheureusement mutilées, décorent le joli porche de la façade; le chœur ou plutôt une seconde église, bâtie contre la première, est gothique. La tour, également du style gothique, est flanquée de quatre tourelles rondes que surmontent quatre clochetons.

On peut, de Villers-Saint-Paul (426 hab.), monter sur les hauteurs qui le dominent et d'où l'on découvre de beaux points de vue. Le chemin qui traverse le marais pour longer ensuite le chemin de fer de Compiègne est un peu plus court que la route. On peut le prendre pour revenir à Creil (3 kilomètres environ).

### DE CREIL A COMPIÈGNE.

Dès qu'on a quitté la station de Creil, on laisse à gauche le chemin de fer qui conduit par Liancourt, Clermont, Breteuil et Amiens, à Boulogne, à Calais, à Dunkerque, à Lille et à Bruxelles, pour longer au nord-est la rive droite de l'Oise, dont on continue à remonter la vallée. On aperçoit à gauche, entre les clochers de Nogent-les-Vierges et de Villers-Saint-Paul, le parc du château de Villers. On laisse ensuite du même côté le village de *Rieux*, puis celui de *Brenouille*. Sur la droite, au delà de l'Oise, apparaissent, à une certaine distance, de beaux coteaux boisés (la forêt de Halatte).

### 15ᵉ STATION.—PONT-SAINTE-MAXENCE.

*Distances.* La station de Pont-Sainte-Maxence est à : 11 kil. de celle de Creil, 79 kil. de la gare de Paris. On y trouve des voitures pour Senlis (voir ci-dessous, *Routes de terre*).

**Pont-Sainte-Maxence** est un chef-lieu de canton du département de l'Oise, arrondissement de Senlis. Sa population s'élève à 2444 hab.; situé sur la rive gauche de l'Oise, il doit une partie de son nom au pont qui traverse cette rivière, et l'autre à une Irlandaise nommée Maxence, qui fut sanctifiée pour y avoir, dit-on, souffert le martyre vers la fin du v° siècle. Son pont actuel est un des chefs-d'œuvre de l'ar-

L'église de Pont-Sainte-Maxence.

chitecte Peronnet. Il se compose de trois arches, ayant chacune 80 mètres d'ouverture; il a été construit en 1777.

Pont-Sainte-Maxence est une ville fort ancienne, car Charles le Chauve la donna à l'abbaye de Saint-Denis. En 1194, Philippe Auguste la réunit à la couronne. Les Anglais s'en emparèrent en 1359; elle fut prise en 1434 sur Guilbon de Ferrières, qui en était capitaine. Elle eut encore à souffrir pendant les guerres de la Ligue. Aujourd'hui c'est une

ville industrielle (tanneries, mégisseries, fabriques de sabots, etc.), et
commerçante (grains, cuirs-laines
et vins). Il s'y tient de forts marchés tous les vendredis. La tour de
son *église*, que représente notre
dessin, s'aperçoit de la station du
chemin de fer. Les étrangers qui
s'y arrêteraient pourront faire d'a-
gréables promenades dans **la forêt
de Halatte**, qui la sépare de Senlis
(12 kilomètres). Cette forêt a 4144
hectares. Son point le plus élevé,
le *mont Pagnotte*, est à 220 mètres.

En quittant la station de Pont-
Sainte-Maxence, on laisse à droite,
entre le chemin de fer et l'Oise, le
village de *Sarron*, puis à gauche le
*bois du Poirier*. On traverse ensuite le *bois des Esquillons*, et,
s'éloignant de l'Oise, on vient passer près de *Chevrière* avant de s'ar-

Verberie.

rêter à la station de Verberie, située à 3 kilomètres environ de cette
petite ville.

### 16ᵉ STATION. — VERBERIE.

*Distances.* La station de Vérberie est
à : 10 kil. de celle de Pont-Sainte-
Maxence, 89 kil. de la gare de Paris.
*Omnibus* à tous les trains pour Verberie, 40 c.

**Verberie**, petite ville de 1413 habitants (Oise, arrondissement de
Senlis, canton de Pont-Sainte-
Maxence), située sur la rive gauche
de l'Oise, est l'une des douze villes
dont le royaume de Soissons était
originairement composé.

Les rois franks y faisaient souvent leur résidence dans une ferme
du fisc et dans un *palatium* nommé
Vernbria et Verbria, près de la rivière d'Oise. Ce palais des Clotaire

VERBERIE.  507

et des Chilpéric, situé entre l'église actuelle et le fief d'Aramont, sur l'Oise, fut témoin des derniers moments de Charles Martel. Son fils Pépin y convoqua une assemblée générale de la nation, connue sous le nom de premier concile de Verberie, en l'an 752. Entièrement reconstruit par ordre de Charlemagne (808) il se composait de nombreux bâtiments, parmi lesquels on remarquait un immense corps de

L'église de Rhuis.

logis où se tinrent plusieurs conciles (863, 866, 892). Les jardins s'étendaient le long de l'Oise parallèlement au palais jusqu'au parc. Les Normands le prirent et le saccagèrent plusieurs fois. Philippe le Bel, Philippe le Long, le roi Jean et son fils Charles V, vinrent quelquefois l'habiter, et ils y rendirent plusieurs ordonnances.

En 1309, Verberie se composait de quatre quartiers : le Château, la Ville, le Bourget et le Bourg. Les églises *Saint-Vaast* et *Saint-Germain*, qui n'existent plus, et *Saint-Pierre*, paroisse actuelle, ne suffisant pas à l'affluence des fidèles, Pierre de Verberie, secrétaire de Philippe de Valois, fonda au Haut-Court une chapelle qu'il plaça sous la protection de Notre-Dame. Près de cette chapelle on voit un reste du manoir de Pierre Verberie. Cette masure conserve encore quelques fragments d'une construction du moyen âge. Des colonnes presque enfouies soutiennent ses caves ou salles souterraines voûtées en ogive.

Une partie de la ville et du palais fut incendiée pendant le XIV° siècle par les Anglais et les Navarrais. Charles V fit réparer le palais en y ajoutant quelques constructions nouvelles. En 1414, Charles VI y séjourna près d'un mois. En 1429, le comte d'Huntington s'empara de la ville, qui fut reprise par le maréchal de Boussac, et qui se trouva comprise dans le nombre des forteresses dont Charles VII ordonna l'entière démolition en 1431. Sous François I°" on l'entoura de nouveau de murailles. Au commencement du XVIII° siècle, cinq portes donnaient encore accès dans son enceinte. En 1815, les armées prussiennes et anglaises y commirent de grands dégâts. Aujourd'hui tous ces désastres du temps passé sont réparés. Verberie s'enrichit par l'industrie. Elle possède des fabriques d'alun et de couperose, de sucre de betterave, une tuilerie, une briqueterie, des fours à chaux, des moulins à blé et à huile.

A 2 kilomètres de Verberie, sur la route de Pont-Sainte-Maxence, est le village de *Rhuis* (149 habitants), dont notre dessin représente l'église. Cette *église* renferme une Passion en terre cuite peinte, exécutée au XIII° siècle. A l'ouest s'élève le *mont Catillon*, butte conique couronnée par un belvédère. — Dans la plaine voisine, à 7 kilomètres à l'ouest de Pont-Sainte-Maxence, on voit trois menhirs d'inégale grandeur. La plus grande de ces pierres a 3 mètres 32 centimètres d'élévation.

Après avoir dépassé la station de Verberie, on se rapproche de l'Oise, sur l'autre rive de laquelle se montre dans l'éloignement la forêt de Compiègne. A gauche, on laisse successivement *Longueil Sainte-Marie*, *Rivecourt*, le *bois Séraphin*, qui couronne une colline dont le point culminant atteint 121 mètres, *le Meux*, *Armancourt*, situé aussi à la base et sur les pentes d'un coteau boisé, puis *Jaux* et *Venette*, village au delà duquel on s'arrête dans la gare de Compiègne.

### COMPIÈGNE.

*Distances.* Compiègne est à : 12 kil. de la station de Verberie, 101 kil. de la gare de Paris, 70, 75 et 78 kil. de Paris par les routes de terre, 12 kil. de Pierrefonds, 15 kil. de Cuvilly, 18 kil. de Jaulzy, 24 kil. de Crépy, 8 kil. de la Croix-Saint-Ouen, 14 kil. de Ribecourt, 2 kil. 500 mèt. de la jonction de l'Oise et de l'Aisne.

*Trains de plaisir.* Les prix sont ainsi établis (en 1856) : Aller et retour, 1° classe, 10 fr.; 2° classe, 8 fr.; 3° classe, 6 fr., et les départs ont lieu les dimanches : de Paris, à 8 h. 10 m. du matin ; de Compiègne, à 9 h. 30 m. du soir. On visite le palais de 11 h. à 4 h. sans rétribution. — Voitures de Compiègne à Pierrefonds et retour, 2 fr. par place ; 1° départ de Compiègne, à l'embarcadère du chemin de fer, à 11 h. 30 m. du matin ; 2° départ de Com-

...gne, place de l'Hôtel-de-Ville, café des Messageries, à 2 h. 30 m. — Retour de Pierrefonds à Compiègne, à 3 h. et 1/4 du soir.

*Hôtels et restaurants à Compiègne.* Hôtel de la Cloche, place de l'Hôtel-de-Ville. — Hôtel de France, rue du Chat-qui-Tourne et rue Sainte-Marie : déjeuner, 2 fr. 25 c. ; dîner, 3 fr. — Hôtel du Soleil-d'Or, rue des Perroquets : déjeuner, 2 fr. 25 c.; dîner, 2 fr. 50 c. — Hôtel du Cours, rue du Cours : déjeuner, 1 fr. 25 c.; dîner, 2 fr. 50 c. — Hôtel du Saint-Esprit, rue d'Ulm : déjeuner, 1 fr. 50 c.; dîner, 2 fr. — Hôtel du Plat-d'Étain, rue de Pierrefonds : déjeuner, 1 fr. 50 c.; dîner, 2 fr. — Hôtel du Grand-Cerf, rue de la Corne-de-Cerf: déjeuner, 1 fr. ; dîner, 2 fr. 50 c. — Hôtel de la Croix-d'Or, rue de Pierrefonds : déjeuner, 2 fr. ; dîner, 2 fr. 50 c.

*Hôtels et restaurants à Pierrefonds.* Grand hôtel de Pierrefonds : déjeuner, 2 fr.; dîner, 2 fr. 50 c. — Hôtel des Étrangers : déjeuner, 2 fr ; dîner, 2 fr. 50 c.—Hôtel des Ruines . déjeuner, 2 fr.; dîner, 2 fr. 50 c.

*Loueurs de chevaux et de voitures.* Roussel, place du Château (prolongation de la rue des Minimes, n° 4) : cabriolets, boghels, américaines, tapissières, calèches, chevaux de selle. — Osouf, rue du Chat-qui-Tourne, n° 4 : tilbury la journée, avec conducteur, 8 à 10 fr. ; américaines avec conducteur, pour la forêt ou Pierrefonds, 10 à 15 fr. ; calèche, la journée, 20 à 25 fr.

A la sortie de la gare, on trouve des omnibus pour Pierrefonds (voir ci-dessus) et des voitures diverses pour les environs. Si l'on veut visiter la ville, dont on aperçoit à peu de distance le clocher de Saint-Jacques et la tour de l'Hôtel-de-Ville, il faut tourner à gauche sur la route et traverser le pont de pierre sur l'Oise, d'où l'on voit à gauche, sur les bords de la rivière, la promenade du *Cours*, ombragée par de beaux arbres. A cet endroit, il y avait, jusqu'à la fin du XVII° siècle, une île séparée de Compiègne par un petit bras de rivière qui a été comblé. Du pont, on prendra la rue qui lui fait face et on ne tardera pas à arriver à la *place de l'Hôtel-de-Ville*, au delà de laquelle, en appuyant toujours à gauche, on trouvera la place sur laquelle est *l'église Saint-Jacques*, et un peu plus loin la *place du Château*.

### Histoire.

**Compiègne**, dont nous allons résumer brièvement l'histoire, est aujourd'hui le chef-lieu d'un arrondissement du département de l'Oise, qui se subdivise en 8 cantons renfermant 157 communes. Sa population se monte à 10759 habitants.

Le nom latin de Compiègne était *Compendium*. Sous les rois de la seconde race, cette ville sembla un moment destinée à devenir une des principales villes du royaume. Déjà elle servait de lieu de résidence aux premiers rois mérovingiens, attirés dans sa forêt par leur passion pour la chasse. Sous Louis le Débonnaire s'y tinrent deux assemblées générales, où les intrigues de ses fils firent prononcer sa déposition par les évêques (833). Son fils, Charles le Chauve, se plut à l'habiter ; il y construisit un palais près de la porte de Pierrefonds et un château fort sur les rives de l'Oise, pour le mettre à l'abri des pirateries des Normands; il fonda en outre l'abbaye Saint-Corneille. Deux fois incendiée par les Normands, rétablie par Charles le Simple, cette abbaye vit ses possessions et ses priviléges successivement augmentés par de nombreux souverains; elle a été dévastée pendant la Révolution. L'église démolie fit place à la rue de Saint-Corneille, qui traverse la nef dans sa longueur. Le cloître seul a été conservé en partie ; il sert aujourd'hui de caserne. (Voir rue Saint-Corneille, à côté du n° 23.). Louis le Bègue, fils de Charles le Chauve, y fut sacré en 877 et mourut deux ans après dans la ville.

A l'extinction de la descendance masculine, ce fut encore à Compiègne qu'une diète des évêques et des seigneurs élut roi de France Eudes, comte de Paris (888). Louis V, le dernier roi de la race carlovingienne, y fut couronné; il y mourut un an après et y fut enterré à Saint-Corneille. Dès lors les rois capétiens continuent à visiter Compiègne et à chasser dans sa forêt. Cette forêt était alors très-étendue. Philippe Auguste, à l'âge de quatorze ans, emporté par l'ardeur de la chasse, s'y égara un soir. Il rencontra un charbonnier d'une taille gigantesque, qui le reconduisit au château. Mais cette rencontre avait tellement effrayé le royal enfant, qu'il tomba malade, et que son père, Louis VII, qui voulait l'associer au trône, fut obligé d'ajourner la cérémonie et passa en Angleterre afin d'aller implorer, sur la tombe de Thomas de Cantorbéry, saint de fraîche date, l'assistance du ciel pour le salut de son fils. — La milice de Compiègne s'étant distinguée à la bataille de Bouvines, Philippe Auguste, par lettre patente de 1218, lui donna des armoiries, avec la devise: *Regi et Regno fidelissima*. (On voit encore ces armes à la porte du Collége.) — Sous le règne de saint Louis, 2000 barons se réunirent à Compiègne pour célébrer le mariage de Robert, frère du roi. Saint Louis y fonda plusieurs établissements religieux. — Quand, au milieu du XIV° siècle, la bourgeoisie de Paris essaya de ressaisir le pouvoir abandonné et de sauver la France privée de son roi, — que n'avait pas su défendre la noblesse française qui s'était déshonorée à la bataille de Poitiers en fuyant devant les archers des communes anglaises, — ce fut à Compiègne que le dauphin (depuis Charles V) réunit, en 1358, les états généraux et provoqua une réaction monarchique et féodale contre Paris, cette ville rebelle, qui, sous l'impulsion de Marcel, faisait le premier essai du gouvernement représentatif.

A cette époque désastreuse, où la France sembla près de tomber dans une dissolution universelle, après les fureurs de la Jacquerie, les brigandages des compagnies, les invasions des Anglais, contre lesquels les paysans abandonnés à eux-mêmes se défendaient comme ils le pouvaient (voir village de *Saint-Corneille*, page 527), Compiègne eut à souffrir de la guerre civile, des luttes entre les Bourguignons et les Armagnacs. En 1414, il tomba au pouvoir de Jean sans Peur. A leur tour, les Armagnacs entraînèrent Charles VI à faire le siège de cette ville, qui se rendit, et les incursions des Armagnacs dans un pays ravagé déjà par les Bourguignons furent accompagnées de nouveaux excès. Compiègne ouvre de nouveau ses portes aux Bourguignons. Bosquiaux, un vaillant capitaine, commandant le château de Pierrefonds pour Charles VII et le parti armagnac, s'en empare à son tour par stratagème. Pendant une absence de la garnison, sortie pour aller fourrager, il fit prendre à un de ses soldats les habits d'un paysan qui devait introduire une voiture dans la ville. Celui-ci, accompagné de quelques soldats également déguisés, avait ordre de tuer son limonier quand sa voiture se trouverait sur le pont-levis. Cet ordre fut exécuté; les soldats égorgèrent la sentinelle et le concierge du gouverneur; alors Bosquiaux accourut, entra avec les siens dans la ville et emmena les principaux chefs bourguignons prisonniers à Pierrefonds, après avoir laissé un gouverneur à Compiègne. Plus tard cette ville, que se disputent les partis opposés, passe encore aux mains des Anglais, avec lesquels Isabeau de Bavière s'est liguée contre son propre fils (Charles VII). Un roi d'Angleterre occupe le trône de France.

Enfin une héroïque jeune fille, sortie du peuple des campagnes, se dévoue pour retirer la France et la

Compiègne, vu de la tour de la Pucelle.

monarchie de l'abîme de malheurs où elles sont descendues; et ici encore, à cette époque de la délivrance, la ville de Compiègne, si mêlée aux souvenirs des rois de France, se trouve tristement liée à l'histoire des derniers moments de Jeanne d'Arc. La Pucelle d'Orléans accompagnait Charles VII, qu'elle venait de faire sacrer à Reims, quand ce prince, sorti de sa mollesse, vint assiéger Compiègne (1429). Les bourgeois, restés fidèles, lui ouvrirent secrètement les portes, et il y entra au milieu des acclamations et de la joie publique.

Peu de temps après, le 24 mai 1430, Jeanne d'Arc allait communier, dit une vieille chronique, à l'église Saint-Jacques de Compiègne, et, avec une tristesse qui lui était inspirée sans doute par la jalousie qu'elle remarquait contre elle dans plusieurs de ses compagnons d'armes, elle dit aux bonnes gens qu'elle vit là réunis : « Mes bons amis, je suis trahie et bientôt je serai livrée à la mort; priez pour moi. » Malgré ces pressentiments, elle traverse le pont sur l'Oise avec 600 hommes d'armes et fait une sortie contre les Anglais qui assiégeaient la ville, et qui étaient bien supérieurs en nombre. Ses soldats sont repoussés; elle couvre leur retraite, et, quand elle allait regagner la porte, elle trouve la barrière fermée; elle est bientôt entourée et prise. Elle était en ce moment sur la rive de l'Oise opposée à la ville de Compiègne, à côté de Margny, au bord des fossés d'un boulevard défendant la tête du pont. Le chemin de fer traverse aujourd'hui ce lieu tristement célèbre. Les habitants de Compiègne sonnèrent le tocsin d'alarme, mais personne ne vint à son secours. On a accusé le gouverneur de Compiègne, Guillaume de Flavy, d'avoir ordonné de fermer la barrière. Plus tard, sa femme lui fit couper la gorge par son barbier et l'acheva en l'étouffant. Un des griefs que cette dame reprochait à son mari était la captivité de la Pucelle; le plus réel était celui de ses infidélités, bien qu'elle en prît elle-même la revanche avec un certain capitaine qui finit par l'enlever. Compiègne, délivré par Pothon de Xaintrailles, compagnon d'armes de Jeanne d'Arc, et par d'autres seigneurs, rentra enfin en l'obéissance du roi.

Cependant Compiègne continua à être visité par les rois de France et à leur servir de résidence. On y rencontre successivement Louis XI, Charles VIII et Louis XII. A son retour de captivité, François Ier fit, en 1517, une création de chevaliers de l'ordre de Saint-Michel dans l'abbaye de Saint-Corneille. Plus tard, il y reçut magnifiquement Charles-Quint. Il s'y arrêtait encore, étant malade, quelques jours avant de mourir. Henri II y séjourna également; il fit construire, sur les dessins de Philibert Delorme, la porte *Chapelle* et sa façade du côté de la ville. Sa galerie voûtée passe sous la terrasse du parc (voir page 521). On y voit encore les chiffres d'Henri II et de Diane de Poitiers. Pendant un séjour de Charles IX à Compiègne, on lui amena un homme sauvage, « velu comme un loup, » qu'on avait pris dans la forêt. Henri III avait désiré que son corps reposât après sa mort dans l'abbaye de Saint-Corneille. Henri IV, avec une petite armée, vint à Compiègne et exécuta la volonté du feu roi. Mais les cérémonies de l'enterrement n'eurent lieu qu'après la mort d'Henri IV. Le duc d'Épernon vint chercher les restes d'Henri III et les fit transporter à Saint-Denis.

Henri IV, en venant voir à Compiègne sa maîtresse, la duchesse de Beaufort, faillit être enlevé par Rieux, commandant du château de Pierrefonds (voir page 530). Il fut prévenu par un paysan de l'embuscade dressée dans la forêt. On voit encore sur la place du Change la maison qu'habitait la duchesse de Beaufort et où descendait Henri IV. C'est de Compiègne que partit Marie de Médicis pour aller chercher un refuge à l'étranger et échapper à l'exil que voulait lui imposer Richelieu, sa créature, disposant dorénavant de la volonté de Louis XIII, son fils.

Quand la Fronde éclata, Anne d'Autriche transporta la cour à Compiègne. Christine de Suède, après avoir abdiqué, à l'âge de vingt-neuf ans, en 1654, vint deux ans après en France. « Après avoir dîné à Chantilly, elle se dirigea sur Compiègne. Le roi, accompagné de la reine et de monsieur, vint au-devant d'elle à trois lieues de la ville, au château du Fayel (démembrement du palais de Verberie), qui appartenait au maréchal de La Motte-Houdancourt. » Elle composait à peu près seule toute sa cour, et elle étonna celle de Louis XIV par la bizarrerie et l'abandon de son costume masculin et la singularité de ses manières.

En 1698, Louis XIV ordonna la formation d'un camp de 60 000 hommes à Compiègne. Cette réunion militaire surpassa en magnificence tous les camps qu'on y forma depuis. Pour répondre au désir du monarque, il y eut émulation de faste; parmi la noblesse, ce fut à qui se ruinerait pour y faire figure. Le maréchal de Boufflers, commandant du camp, développa une somptuosité prodigieuse. Ce camp était établi dans la plaine qui s'étend entre Margny et Coudun, où était le quartier général. Il faut lire dans *Saint-Simon* le récit sévère, si curieux et si pittoresque de l'attitude obséquieuse de Louis XIV, debout, découvert, à côté de la chaise à porteurs de Mme de Maintenon, et de celle-ci « ouvrant sa glace de quatre à cinq doigts, jamais de la moitié.... Quelquefois il frappait contre la glace pour la faire ouvrir.... Sur le bâton de devant était assise Madame la duchesse de Bourgogne.... Vers le moment de la capitulation, le roi cria : « Les porteurs de Madame ! » On ne pouvait revenir de ce qu'on venait de voir. »

Quelques années plus tard; à un camp nouveau formé à Compiègne, la royauté venait étaler le déplorable spectacle de sa dégradation; Louis XV, tombé plus bas que Pompadour, y promenait sa jeune maîtresse, âgée de vingt-deux ans, qui avait été ramassée dans les plus mauvais lieux de Paris. « Les officiers du camp cherchèrent à l'envi les uns des autres, dit elle-même Mme Dubarry, à m'être agréables. On tâcha de me divertir, et l'on y réussit, car je quittai Compiègne enchantée d'y être allée. » Ce nom honteux, attaché à la royauté, en la vouant au mépris, contribue à préparer sa chute prochaine. Par un jeu singulier du hasard, cette jeune fille, avec laquelle s'affaissait la monarchie, était sortie de ce même village de Vaucouleurs, d'où une autre jeune fille, de chaste et héroïque mémoire, Jeanne d'Arc, était partie trois siècles auparavant pour sauver la monarchie et la France; et cette même ville de Compiègne, qui avait vu Jeanne d'Arc trahie et délaissée par ses compagnons d'armes, voyait alors la Dubarry accablée des hommages empressés que ne rougissaient pas de lui prodiguer les généraux et les courtisans.

En 1770, ce fut à Compiègne que Louis XV reçut Marie-Antoinette d'Autriche, qui venait épouser le dauphin. La famille royale alla au-devant d'elle, pour l'attendre dans la forêt, au pont de Berne. La fille de Marie-Thérèse fut obligée de subir la présentation de Mme Dubarry

Compiègne doit à Louis XV la construction de son château (voir p. 518) et celle du pont actuel (1730).

Un petit château avait été construit pour Mme de Pompadour à droite de la route de Soissons, en sortant par la porte Chapelle; Mme Dubarry l'habita ensuite. « Le souffle des mauvais jours fit disparaître ce temple léger comme les déesses auxquelles il était consacré. » L'orage révolutionnaire détruisit ou mutila plusieurs monuments de Compiègne. Des églises furent transformées en magasins à fourrages; l'abbaye royale de Saint-Corneille fut détruite....

L'Empire restaura le château (voir p. 518). En 1810, Napoléon vint de Paris y recevoir Marie-Louise, comme on y avait reçu jadis Marie-Antoinette. Il voulut la surprendre et partit sans suite avec le roi de Naples; il l'attendit au village de Courcelles, sous le porche de l'église, où il s'était mis à l'abri de la pluie et où la voiture de la future impératrice ne tarda pas à arriver.

Pendant l'invasion étrangère, Compiègne eut sa part des malheurs de la France et apporta aussi sa part de résistance. C'est au château qu'eut lieu la première entrevue de Louis XVIII et de l'empereur Alexandre. A dîner, Louis XVIII était, dit-on, assis sur un fauteuil, et Alexandre sur une chaise. « Que voulez-vous? dit celui-ci en riant à ses aides de camp blessés de cette inconvenance; le petit-fils de Catherine n'a pas assez de quartiers de noblesse pour monter dans les carrosses du roi. » Charles X anima souvent la forêt du tumulte de ses chasses. Enfin Louis-Philippe vint à Compiègne célébrer le mariage de sa fille aînée avec le roi des Belges. Sous son règne, des camps furent encore formés dans cette ville en 1833, 1834, 1836, 1837, 1841.

### Description.

Compiègne est situé sur la rivière de l'Oise, qui baigne ses murs sans y entrer. Une portion de la ville occupe un terrain plus élevé. Plusieurs rues anciennes sont tortueuses et mal bâties; mais les percements nouveaux sont plus réguliers. « Cette ville, lit-on au-dessous du plan manuscrit de Compiègne, dressé en 1509 (reproduit dans l'*Histoire de Compiègne*, par M. Lambert de Ballyhier, 2 vol. in-8°, 1842), est moult agréable, tant par sa scituation que pour ce que les roys peuvent s'esbattre près d'icelle ès plaisirs de la chasse. » Ainsi que toutes les villes d'ancienne résidence royale, Compiègne ne présente pas une animation en rapport avec son importance historique. Cependant, la navigation de l'Oise et des canaux qui s'y rattachent la met en rapport avec Paris et la Seine d'un côté, et de l'autre, avec le nord et l'est de la France. « Il passe, année moyenne, dans l'Oise, écrivait-on en 1842, environ 5000 bateaux, dont 3000 chargés et 2000 vides, portant, terme moyen, 471 000 tonneaux. La plupart des grands bateaux qui naviguent de Rouen à Paris ont été construits à Compiègne. » Le chemin de fer et les *trains de plaisir*, dont les prix sont malheureusement trop élevés, y amènent aujourd'hui un concours assez considérable de visiteurs. Outre ses souvenirs historiques et le voisinage pittoresque de sa forêt, Compiègne leur offre quelques monuments dignes d'intérêt : le *château*, l'*hôtel de ville*, le *musée*, les *églises Saint-Jacques et Saint-Antoine*. Nous allons passer en revue ces divers édifices, en commençant par l'église Saint-Antoine, située dans la partie occidentale de la ville, tandis que les autres monuments, plus ou moins rapprochés du centre, sont dans la partie orientale.

*Église Saint-Antoine.* Cette église, fondée au XIIe siècle, présente quelques variétés de style qui proviennent de ses restaurations successives. Le chœur et les arceaux de son chevet datent de la fin du XIVe siècle, et sont dus au célèbre Pierre Dailly, né à Compiègne. Les colonnettes effilées et anguleuses des piliers de la nef semblent se terminer et s'évanouir dans la corniche qui forme cordon autour de la nef; et

Compiègne vu du pont.

au delà elles se continuent avec les nervures de la voûte. Les transepts et les chapelles collatérales n'ont presque pas de profondeur. L'église Saint-Antoine, dévastée à la Révolution, devint un magasin à fourrages. La perte de ses vitraux peints en 1540 est regrettable; la fabrique de l'église a entrepris de la réparer. Déjà un vitrail moderne a été placé à la chapelle du chevet.

A gauche, en entrant, est un baptistère en pierre de touche d'un seul morceau, assez curieux par son style et son antiquité. La chaire, en style ogival, a été posée en 1827. Enfin on voit dans l'église un tableau de M. Motez, représentant la *Fuite en Égypte*.

*Église Saint-Jacques.* Cette église, fondée au commencement du XIIIe siècle, n'a été terminée qu'au XVe siècle; elle porte la trace des styles des différentes époques que sa construction et ses restaurations ont traversées. Elle devait avoir deux tours; une seule a été élevée, et le portail qui devait les relier n'a été qu'ébauché d'un côté. La lanterne qui couronne le clocher n'est pas d'un dessin heureux. Son style d'ailleurs contraste avec celui du reste de l'édifice. Les ornements, les dorures du chœur, les revêtements de marbre, sont du XVIIIe siècle. On remarque plusieurs tableaux: à droite et à gauche du chœur, *Saint-Pierre* et *Saint-Paul* et une *Assomption*, par Brenet, 1774; un *Christ au tombeau*, d'après le Titien (musée du Louvre), copie faite, dit-on, par Philippe de Champa-

L'église Saint-Jacques, à Compiègne.

gne; une copie des *pèlerins d'Emmaüs*, d'après Paul Véronèse (musée du Louvre); une composition allégorique à l'occasion d'une maladie de Louis XIV (école de Mignard).

*Église Saint-Nicolas.* On signale dans cette chapelle, attenant à l'Hôtel-Dieu, un retable Renaissance, en chêne sculpté, d'une exécution remarquable pour sa hardiesse et sa richesse.

*Hôtel de ville.* Le corps principal, ainsi que la tour du beffroi, furent élevés au commencement du XVIe siècle. La façade est couronnée par une balustrade en pierre sculptée; et, au-dessus, la Restauration générale de cet édifice, que l'on exé-

# COMPIÈGNE. — L'HÔTEL DE VILLE.

cute en ce moment ; vient de rétablir deux grandes lucarnes à châssis de pierre dans un style d'ornementation conforme à l'époque. Entre les lucarnes s'élève une tour octogone à toit aigu, flanquée de tourelles sculptées. Sous le règne de Louis XIII fut construite la partie du bâtiment ajoutée du côté de la rue des Pâtissiers. La statue de ce prince figurait sur la façade, dans un enfoncement où l'on a placé depuis un cadran. On lisait au bas du cadran la devise de la ville,

L'hôtel de ville de Compiègne.

justifiée par toute son histoire : *Regi et regno fidelissima*. Entre l'hôtel de ville et le café et l'hôtel de la Cloche, s'ouvre une ancienne porte de l'Arsenal, aujourd'hui une maison d'arrêt.

*Musée Vivenel*. Ce musée, réuni à l'hôtel de ville, est dû à M. Vivenel, architecte ; il renferme quelques tableaux, des morceaux de sculpture, des antiquités, des vases étrangers, des figurines, des bronzes, des médailles, des poteries, des émaux, des verreries, des meubles et des curiosités du moyen âge, un lit complet du temps d'Henri II, une armure complète de la fin du XIVᵉ siècle. Ce musée n'est pas visible en ce moment (juillet 1856), à cause des réparations. — Dans une salle de l'hôtel de ville est placée la grande et célèbre composition peinte par feu Papety, et intitulée : *le Rêve du bonheur*. On a également rassemblé à l'hôtel de ville une bibliothèque de 6000 volumes.

*Le château.* Dès les premiers temps de la monarchie, les rois possédèrent un château à Compiègne. Il y a eu successivement quatre résidences royales : 1° le château de Clovis et de Charlemagne, au milieu de la ville, sur l'emplacement d'une ancienne construction romaine ; 2° un château construit par Charles le Chauve, sur les bords de l'Oise ; 3° le château de Charles V, désigné dans le plan manuscrit de Compiègne, dressé en 1509, sous le nom de Louvre, et qui était situé sur l'emplacement du palais actuel ; 4° enfin, le château actuel qui est dû à Louis XV. Le plan de ce dernier fut dessiné par l'architecte Gabriel. « La position du château élevé par Gabriel était, dit M. Fontaine, indiquée par celle des constructions anciennes sur lesquelles il a fallu l'asseoir ; l'étendue était fixée par l'enceinte de la ville, à laquelle le vieux château avait été adossé. Si les sommes qu'il a fallu dépenser pour rendre commode un amas de vieilles bâtisses avaient été employées à l'érection d'un édifice entièrement neuf, le château de Compiègne, aujourd'hui peu remarqué, serait cité comme le modèle des résidences de France. » Le château de Compiègne était entièrement achevé quand Louis XVI en prit possession. En 1780, le roi fit remanier l'appartement de la reine. Pendant la Révolution, ce château devint un prytanée, puis, sous le Consulat, il renferma une école des arts et métiers, transférée plus tard à Châlons. En 1808, il fut restauré et meublé pour recevoir le roi d'Espagne, la reine et le prince de la Paix. Le palais, les parcs et forêts de Compiègne devenaient une sorte d'apanage de ce roi crédule à qui Napoléon enlevait le trône. Charles IV ne séjourna que quelques mois à Compiègne ; il en partit pour résider à Marseille. En 1809, les ouvriers s'emparèrent de nouveau du château par ordre de Napoléon, le restaurèrent et le meublèrent avec élégance, afin d'y recevoir Marie-Louise, sa nouvelle épouse. Une vaste galerie, destinée aux grandes réceptions, fut ornée de colonnes en stuc et de lambris dorés. Girodet peignit plusieurs sujets pour les plafonds. Des eaux furent amenées de l'Oise au moyen d'une machine. Le jardin fut replanté et décoré de statues. A un second séjour à Compiègne, pour rappeler à l'impératrice une treille de Schœnbrunn où elle aimait à se promener, Napoléon fit rapidement élever dans le parc ce long berceau qui a près de 1800 mètres de longueur, et qui, commençant au pied de la terrasse devant le château, forme, jusqu'à l'entrée de la forêt, un abri de feuillage et de fleurs que l'on peut parcourir en voiture. Louis-Philippe fit plus tard exécuter différents travaux : il agrandit la chapelle, à laquelle il ajouta des tribunes, et construisit une salle de spectacle sur l'emplacement de la salle du jeu de paume. On y opère encore en ce moment (juillet 1856) des réparations, on le décore, on le meuble de nouveau, enfin on y a fait à l'intérieur de nouvelles distributions.

Le château de Compiègne présente deux façades : l'une sur la terrasse du parc, n'ayant qu'un seul étage élevé sur rez-de-chaussée, avec 49 croisées de face (19 au centre et 15 à chacune des ailes), et l'autre du côté de la ville, sur la place du château, ayant deux étages sur rez-de-chaussée et offrant une disposition architectonique analogue à celle du Palais-Royal à Paris, du côté du Louvre,

Le château de Compiègne vu de la place.

c'est-à-dire une galerie à jour et à colonnes, servant de fermeture à une cour d'honneur; au fond de la cour, une façade ayant, au milieu, un fronton porté par quatre colonnes, et, sur les côtés, deux ailes de 18 croisées chacune, terminées sur la place par une façade de 5 croisées, également couronnée par un fronton. La place forme un carré planté de gazon et entouré de tilleuls.

Les grands appartements du château sont visibles pour le public le dimanche, au moment de l'arrivée du *train de plaisir*. On traverse la cour d'honneur et l'on entre au fond, par la porte du milieu, au rez-de-chaussée, dans un beau vestibule, qui est décoré de bustes et d'Hermès à tête de nègre, en marbre de couleur. Au premier étage, on visite successivement les pièces suivantes : Salle des Gardes, dont les bas-reliefs, représentant les victoires d'Alexandre, ont été sculptés par Nicolas Beauvallet et terminés en 1784.—Salle des Huissiers: on y voit une chasse de Louis XV et une chasse au sanglier peintes par J. B. Oudry; un chevreuil gardé par des chiens, peinture de François Desportes.— Salle à manger.—Salle de réception : les meubles sont en tapisserie de Beauvais. —Salle du Conseil, décorée de tapisseries des Gobelins : offrande à Lucine, d'après Callet; sacrifice à Palès et libations à Cérès, d'après Suvée. — Salle du Trône : Girodet a peint au plafond quatre sujets : la Guerre, la Justice, la Force et l'Éloquence. — Bibliothèque : le plafond, peint par Girodet, représente Minerve, Apollon et Mercure; ce tableau est entouré de compartiments peints en grisaille. — Puis on arrive à la chambre de l'impératrice : Girodet y a peint les Quatre Saisons. Cette pièce communique avec un boudoir servant de salle de bain. — Salon de réception de l'impératrice.—Salon des Fleurs: les meubles sont en tapisserie de Beauvais. — Salon de repos et suite de petites pièces.—Salle de spectacle, construite par Louis-Philippe. — Salle à manger de l'impératrice. — Galerie : on y voit une réunion de compositions intéressantes, dont quelques-unes sont spirituelles d'invention et chaudement colorées. Ces peintures représentent diverses scènes de l'histoire de don Quichotte, dans l'invention desquelles Charles Coypel, le précurseur de Smirke et de Leslie, fait preuve d'une imagination facile. Un petit nombre de tableaux sont traités par d'autres artistes, qui s'y montrent inférieurs à Charles Coypel. Ces différentes scènes ont été gravées in-folio et forment, d'une manière plus complète encore, une collection in-4° gravée en 1723 et 1724 par différents artistes : Surague, Cochin, Joullain. Le tableau représentant le chevalier des Miroirs vaincu par don Quichotte a été exécuté par. M. Jacquand.— De la galerie on passe dans une salle carrée où sont des compositions de plus grande dimension, relatives également à don Quichotte et peintes par Natoire. Elles sont plus grises et moins spirituelles que les précédentes. — Grande galerie, servant de salle de bal, richement décorée dans le style de l'Empire (voy. ci-dessus, p. 514). — Chapelle : les vitraux du fond ont été exécutés à Sèvres, d'après une composition de M. Ziégler. On y a réuni plusieurs tableaux dignes d'attention : une Sainte Famille attribuée à Léonard de Vinci; Jésus chez Simon le Pharisien, par Paul Véronèse; une autre Sainte Famille de l'école de Raphaël; une Adoration des bergers, par le Parmesan, etc.

Les petits appartements ne peuvent être visités qu'avec une permission particulière; ils contiennent un assez grand nombre de tableaux qui ne sont pas en place en ce moment (juillet 1856), à cause des réparations commencées.

*Parc.* En sortant du château par la cour d'honneur, il faut, pour aller au parc, tourner à gauche et suivre une belle avenue d'arbres, jusqu'à une grille ouverte devant laquelle est un factionnaire. Entré dans le parc, on ne tardera pas à apercevoir, à gauche, la façade du palais de ce côté. De la terrasse élevée qui s'étend devant, on a une belle vue sur les pelouses, encadrées, à droite et à gauche, dans des massifs d'arbres, et dont la perspective se prolonge jusqu'à l'horizon, par une longue avenue verdoyante qui, percée en 1810 sur l'ordre de Napoléon, s'enfonce dans la forêt et gravit les *Beaux-Monts* (voy. plus bas, p. 525). Au bord de la terrasse, devant le château, on remarque plusieurs statues : à droite (en tournant le dos à l'édifice), *Mucius Scévola*, statue moderne exécutée en marbre par un pensionnaire de l'école de Rome; *Mercure*, en marbre, par J. Debay (1824); *Génie du mal*, en marbre par Jules Droz; à gauche, *Ulysse*, statue en marbre; *Argus endormi*,

Le château de Compiègne vu des jardins.

par J. Debay (1827); *Caïn maudit*, statue en marbre, par Jouffroy (Rome, 1827). On voit aussi sur la balustrade des figures de sphinx en syénite.

Si l'on suit la terrasse devant l'aile gauche du château, on arrive à une grille ouverte et, au delà, à un terre-plein au-dessous duquel passe une route, la galerie voûtée de la *porte Chapelle* (voy. ci-dessus, p. 512). De là, une belle allée bien ombragée, à quatre rangées d'arbres, avec pelouse au milieu, descend au *Cours*, plantation d'arbres qui borde la rivière. On a la vue sur la plaine et sur les coteaux qui l'entourent. On découvre encore, le long de cette allée, qui descend vers l'Oise, les fossés du château de Charles V et les restes des tourelles qui les défendaient. — Si, revenant sur ses pas vers le milieu de la façade, on prend la rampe descendant au parc, on trouve, tout de suite à gauche, un escalier qui conduit à l'entrée du fameux berceau en fer (voy. ci-dessus, p. 518) : il est couvert de plantes grimpantes. Une première ouverture à droite laisse apercevoir une jolie statue en bronze de *Mercure* porté par les Vents. Un peu plus loin, une autre ouverture conduit à une statue de *Philoctète*, en marbre, par Charles Dupaty. Le berceau en fer est bientôt interrompu par une allée d'arbres qui lui fait suite ; il reprend ensuite et se prolonge jusqu'à l'entrée de la forêt ; mais la partie du parc qu'il traverse dans ce dernier parcours est interdite au public. D'autres statues sont encore distribuées dans les bosquets du parc, ainsi que différents jeux réservés pour les habitants du château.

### Forêt de Compiègne.

La **forêt de Compiègne** s'étend, au sud de Compiègne, dans l'angle formé par la rencontre de l'Oise et de l'Aisne. Les druides furent sans doute les premiers qui pénétrèrent sous ses antiques ombrages, pour y cacher leurs mystères religieux. Plus tard, les soldats de César traversèrent cette forêt, y portèrent la hache, y tracèrent des voies militaires et y construisirent des forts. Les Germains en héritèrent après les Romains. Au moyen âge, les moines vinrent s'y établir et s'en partagèrent la possession avec les hauts barons et la couronne, pendant que des serfs à demi nus l'exploitaient au profit de ces maîtres divers. Cette forêt portait dans le principe le nom de *forêt de Cuise*, provenant d'une maison royale désignée successivement sous les noms de Domus Cotia, Cota, Causia, Coysia, Cusia, et elle le garda jusqu'en 1346, époque à laquelle Philippe de Valois la divisa en maîtrises, afin d'en régler l'exploitation. «On a découvert, dit M. de Ballyhier, les ruines de cette maison lors du défrichement de la plantation qui se trouve derrière Saint-Jean-aux-Bois (voy. ci-dessous), en allant à Saint-Nicolas, à peu de distance du carrefour du Bocage.» Les trois forêts d'Halatte, de Chantilly et de Villers - Cotterets, dépendaient de la forêt de Cuise. Avant François Ier, les seules grandes voies de communication étaient les routes de Paris à Soissons, de Compiègne à Crépy, de la Croix à Pierrefonds, et la *chaussée Brunehaut*, dénomination donnée dans les temps antiques à une chaussée romaine décrivant un demi-cercle dans la forêt, en venant de Soissons, puis en passant par Pierrefonds, Champlieu, Béthisy, Saint-Martin, Razay, au-dessus de Verberie, et de là en allant à Senlis. François Ier fit percer les huit grandes routes qui aboutissent au *Puits du Roi* (routes du Moulin, partant de Compiègne ; de Royal-Lieu, du Carnois, du Pont-la-Reine, de Champlieu, de Morienval, de la Mariolle, et de Berne). Louis XIV fit tracer la route dite le *Grand Octogone*, qui, à une distance d'environ 3 kilomètres, se déroule autour du Puits du Roi. Il réunit les 8 routes par 54 petites. Louis XV fit ouvrir 229 routes nouvelles, y compris celle du *Petit Octogone*. A l'intérieur de celui-ci on a encore inscrit les huit pans d'une route secondaire nommée l'*Octogonet*, placé au centre de cette disposition. Le carrefour du Puits du Roi est un excellent rendez-vous de chasse.

La forêt de Compiègne a 94 328 mètres de circonférence. Sa contenance est de 14 509 hectares (dont 13 974 hectares de bois, 152 hectares de terres, 212 hectares de friches et de terrains vagues, 25 hectares 88 ares d'eaux, 68 hectares de chemins et de fossés, etc.). Cette contenance n'était que de 12 948 hectares en 1564. « Le fonds est estimé 20 millions; sa superfi-

Vue prise dans la forêt de Compiègne.

cie, 40 millions. En 1804 et 1805, son revenu n'était que de 3 à 400 000 francs; il est évalué aujourd'hui à 650 000 francs net. Les travaux que nécessitent l'exploitation et la plantation des bois, — ils occupent environ 800 ouvriers, — les frais de garde et d'entretien, se montent environ à 200 000 francs. La forêt produit près de 100 000 stères de bois par an. » Toutefois, elle n'est pas aménagée. L'âge des coupes n'est pas parfaitement déterminé; on exploite, soit en taillis, soit en futaie pleine, ce qui paraît réclamer l'une ou l'autre exploitation. — Le sol présente des variétés de sable siliceux et de sable argileux. Les principales essences sont le hêtre, le chêne et le charme. Quelques restes de vieilles futaies existent dans plusieurs cantons : aux Grands-Monts, au mont Saint-Marc, à Forte-Haie, aux Rossignols, des hêtres de 200 ans; de 250 ans, au carrefour du Puits des Chasseurs; au carrefour de la Michelette, des chênes de 150 à 200 ans; de 180', à celui de la Brévière, etc. Le plus gros chêne de la forêt est indiqué près du carrefour de la Ruine, à peu de distance de Saint-Jean (voy. ci-dessous).

278 carrefours et 354 routes forment une longueur de 1 350 000 mètres. La plus longue de ces routes, celle de la Mariolle, partant du Puits du Roi et aboutissant à Neufontaine, a 10 541 mètres.

Le nombre des ruisseaux s'élève à 27; les principaux sont : 1° le ru de Berne, qui prend sa source près de Pierrefonds, longe les Étangs, traverse la vallée entre le mont Saint-Pierre et le mont Saint-Marc, puis le territoire de Vieux-Moulin, et va se jeter dans l'Aisne ; 2° le ru des Petites-Planchettes, dont une branche passe à peu de distance de Saint-Jean-aux-Bois, et qui se jette dans l'Oise au-dessous de la Croix-Saint-Ouen ; 3° le Grand-Ru, qui prend naissance au pied des collines que couronne Champlieu, et qui, traversant la forêt dans sa lisière occidentale, comme le ru de Berne traverse la lisière orientale, va se jeter dans l'Oise vis-à-vis de Rivecourt.
— Il y a 16 mares, savoir : la mare des Planchettes, du Vivier-Corax, d'Hippolyte, Neuve, du Grand-Marais, des Secneaux, du Chêne sec, du Poulinet, du Tillaru, des Loups, Beauval, d'Épernon, Maillot, du Contrôleur, Calabre et de la plaine Fournier.

Plusieurs villages et hameaux sont enclavés dans la forêt : les villages du Vieux-Moulin, de Saint-Jean-aux-Bois ; les hameaux de Four d'en Haut, Labrevière, Lortille, Malassise, Saint-Nicolas de Courson, Vaudrampont, Vivier-Frère-Robert. On compte, en outre, diverses habitations de gardes (autour de quelques-unes sont groupées plusieurs autres maisons). Ces habitations sont celles de Baisequeue, Clavières, Croix du Saint-Signe, Faisanderie, Forte-Haie, Grands-Monts, Hazoy, Landeblin, la Muette, Saint-Corneille, Sainte-Périne, Saint-Pierre, Vineux, Vivier-Corax. L'existence de plusieurs de ces hameaux remonte aux premiers temps de la monarchie, et si les traditions en avaient été conservées, l'histoire de telle habitation isolée dans la forêt, depuis les premiers pionniers, — les hardis bûcherons qui s'y établirent dans le principe — présenterait sans doute des faits curieux et d'un intérêt dramatique. Le promeneur retrouve aujourd'hui ces localités comme des accidents pittoresques au milieu de la verte étendue de la forêt; et quelques-unes comme des buts d'excursions intéressantes. « Il aimera à gravir les hautes collines ou les monts qui dominent la forêt; il ira au mont Saint-Marc, où il découvrira une partie du cours de l'Aisne, Clairoix, Choisy-au-Bac, Francport et une partie de la forêt de Laigue; il verra à ses pieds, au milieu de ces tranquilles solitudes, le hameau de Vivier-Frère-Robert et la ferme de l'Ortille. Il voudra atteindre au sommet du mont Saint-Pierre, situé dans un des cantons de la forêt les plus riches en végétation. » A côté de ces belles perspectives du paysage, des ruines vénérables, semées çà et là, appellent son attention par leur aspect pittoresque et l'intérêt de leurs souvenirs. La plus célèbre et la plus majestueuse est celle du château de Pierrefonds.

### EXCURSIONS DANS LA FORÊT.

Des poteaux indicateurs, soigneusement placés aux carrefours et à l'entrée des routes, servent à diriger les promeneurs. Voir du reste le plan ci-joint.

*N. B.* Sur ces poteaux indicateurs, une marque rouge fait face à Compiègne. Grâce à cet utile renseignement, on n'est jamais exposé à s'égarer dans la forêt.

### Les Beaux-Monts et le mont du Tremble.

Avant de nous diriger vers Pierrefonds, ce manoir féodal démantelé par le rude niveleur qui s'appelait Richelieu, nous indiquerons, dans le voisinage de Compiègne, deux des promenades les plus fréquentées : les **Beaux-Monts** et le **mont du Tremble**. Une magnifique avenue, faisant face au château (voir p. 521), mène sur les hauteurs des Beaux-Monts. Mais une partie de cette majestueuse allée, enfermée dans le parc, est interdite aux promeneurs, ce qui les oblige à faire un détour autour des murs du parc. On devra donc, pour gagner les Beaux-Monts, en sortant de Compiègne, se diriger vers le parc, et, au lieu d'y entrer, on suivra l'*avenue Royale*, on traversera le *rond Royal*, puis, parvenu au carrefour suivant (*carrefour Royal*), on prendra à gauche l'allée qui mène au *carrefour Gabriel*. Là, si l'on veut gagner tout de suite la belle avenue des Beaux-Monts, on devra prendre la troisième allée à gauche, qui y mène directement, et on n'aura plus qu'à suivre cette large voie pour monter en peu de temps sur les Beaux-Monts, où elle aboutit. Au lieu d'arriver par cette belle avenue sur les Beaux-Monts, on pourrait, une fois parvenu au carrefour Gabriel, comme il est dit plus haut, continuer à s'avancer, en gardant la même direction, par une allée bordée de belles futaies, jusqu'au *carrefour de Victoire*; et, de là, par la petite *route du mont des Cornailliers* (en suivant toujours la même direction), et par les carrefours rapprochés *du Chêne vert* et *des Vineux*, atteindre au pied des Beaux-Monts le grand *carrefour du Tréan*, à l'entre-croisement des deux grandes routes, c'est-à-dire de l'avenue des Beaux-Monts et de la route de Berne. On peut de ce carrefour ou monter directement sur les Beaux-Monts, ou suivre la route de Berne jusqu'au *carrefour des Beaux-Monts*, situé entre deux montagnes, et, de là, gravir à gauche le *mont du Tremble*, dont la route tournante conduira jusqu'au sommet ; ou bien escalader à droite les *Beaux-Monts*. On jouira de beaux points de vue du haut de ces collines.

### Promenade du mont Saint-Marc.

Cette promenade, créée récemment, est la plus remarquable de la forêt par la variété et la beauté des points de vue, et par l'agrément des routes qui y mènent à travers de belles futaies. Pour y aller, on sort de Compiègne par l'avenue Royale, qui longe le parc, et l'on traverse les carrefours Royal, Gabriel et de Victoire, comme il est dit ci-dessus. De ce dernier carrefour, on pourrait aller au mont Saint-Marc en traversant les Beaux-Monts (voir p. 525); mais, si l'on est en voiture, on suivra la route qui va être indiquée : on prendra la route de *Saint-Corneille*, qui traverse les carrefours *Adélaïde* et *des Jeux*. Parvenu aux habitations de Saint-Corneille (voir p. 527), on suivra à gauche, au pied des Beaux-Monts, la route de Saint-Corneille, qui, par les carrefours *Saint-Corneille*, de l'*Épervier* et des *Larris*, conduit à *Vivier-Frère-Robert*. Ce hameau est situé dans une jolie et fraîche vallée entre le revers boisé des Beaux-Monts et le mont Saint-Marc, également couvert de futaies. Les vertes prairies de cette vallée sont arrosées par le ru de Berne (voir p. 524); une petite mare en occupe le fond près du hameau. Plus loin, à droite, on aperçoit le village du Vieux-Moulin (il faut environ 1 h. 20 minutes pour venir à pied de Compiègne jusqu'à Vivier-Frère-Robert). On traverse la vallée et on commence à gravir le **mont Saint-Marc**, par une belle route de voitures, qui a été ouverte il y a deux ans environ, et qui, sur les pentes de la colline, est bordée de belles futaies. Parvenu sur le plateau, on suit à gauche la route tournante, et l'on s'arrête aux divers points de vue qui ont été agréablement ménagés (des poteaux indicateurs font connaître aux promeneurs les noms des diverses localités du panorama).

1er point de vue (25 minutes de Vivier-Frère-Robert) : on voit d'ici se dérouler une immense étendue de forêts, dont les plans se superposent, et forment des zones diversement nuancées, qui s'éteignent dans les vapeurs de l'horizon. On aperçoit à ses pieds le hameau de Vivier-Frère-Robert ; à gauche, à l'horizon, la montagne de Verberie, au milieu la forêt d'Halatte ; à droite la Faisanderie et l'échancrure formée dans les futaies des Beaux-Monts, à l'extrémité de la grande avenue que Napoléon y a fait percer en 1810. — 2e point de vue : dans la direction du village de Choisy, au-dessus du confluent de l'Aisne et de l'Oise. Ce point de vue est moins intéressant que les autres. Les bois traversés sur le plateau par la route tournante, qu'on continue à suivre, sont jeunes et maigres, et contrastent avec les belles futaies du pied de la montagne. — 3e point de vue : ferme du moulin de l'Ortille, les Beaux-Monts, le mont du Tremble, le parc de Séchelles, le Mont-Gannelon, la forêt de Laigue, au-dessus de Choisy. — 4e point de vue : beau panorama sur la vallée de l'Aisne; vue de face : Rethondes, village important, sur la rive droite de l'Aisne; la forêt de Laigue, sur les collines qui le dominent; Noyon, Offémont, Saint-Crépin-au-Bois. Vue de gauche : le Francport, hameau sur la rive droite de l'Aisne; entre Rethondes et le Francport, le château des Bons-Hommes, appartenant au marquis de Laigue, le bois de Belle-Assise. Vue de droite : Éverse, Verneuil, Attichy, Vic-sur-Aisne, et la vallée de l'Aisne, s'étendant à l'horizon jusqu'à Soissons, qu'on peut apercevoir par un ciel clair. — 5° point de vue : borné, mais bien ménagé dans l'axe de la vallée et de la rivière de l'Aisne, du côté du pont de Francport. — 6° point de vue : château de Saint-Claire (au delà de l'Aisne), appartenant au duc de Coigny ; et, en deçà de la rivière et au pied du mont Saint-Marc, le village de Troly, assis sur la route de Soissons. — De l'extrémité du mont Saint-Marc, on peut gagner soit le mont Saint-Pierre (voir page 528), soit Pierrefonds. Nous indiquerons tout de suite ici le chemin à suivre pour cette fin d'excursion : Lorsqu'on quitte la route tournante du plateau du mont Saint-Marc, on retrouve à la descente quelques belles futaies, comme on en avait trouvé à la montée. On traverse le *carrefour des Nonnes*, on suit la route tournante sous le mont *Collet* (en laissant à droite une fontaine au fond d'une ravine ombragée), on arrive au *carrefour des étangs de la Rouillie*, puis, inclinant à droite, on suit la chaussée qui borde les étangs jusqu'à une allée à droite qui aboutit à peu de distance au *carrefour N. D. Adam*. De là, une route qui monte sous bois conduit sur le *mont Saint-Pierre* (voir p. 528). En descendant du mont Saint-Pierre, on se dirigera au sud pour gagner la route de Pierrefonds, après avoir traversé d'abord la grande route de la Mariolle. Une fois parvenu sur la route de Pierrefonds (1 kil. environ de Saint-Pierre), on la suivra à droite, et, 2 kil. 1/2 plus loin, à la sortie d'une magnifique futaie qui couronne sur la droite une petite éminence, on apercevra le village de Pierrefonds.

### Saint Corneille.

(Pour la route, voir ci-dessus, page 526.)

L'**abbaye** royale de **Saint-Corneille**, fondée en 876 par Charles le Chauve, acquit une grande importance, grâce aux donations et aux privilèges que leur concédèrent à l'envi les seigneurs et les rois de France. Les rois de France devinrent ensuite possesseurs de ce domaine, qui a retenu le nom de l'abbaye et qui est aujourd'hui une habitation de garde. Cette habitation, placée au milieu des futaies de la forêt, au pied des collines ombragées des Beaux-Monts, plaît par sa situation isolée et paisible. Elle tire un intérêt particulier d'un récit du milieu du XIV° siècle, que les chroniques nous ont conservé. A cette époque où la contrée voisine, qu'avaient déjà épuisée les malheurs de la guerre et les fureurs de la Jacquerie, continuait à être ravagée par les bandes d'Anglais et d'aventuriers qui rançonnaient les campagnes, « les habitants du village de Saint-Corneille, près de Compiègne, et des villages voisins, s'étaient retranchés dans un petit fort, voisin de l'abbaye de Saint-Corneille, sous le commandement d'un fermier nommé Guillaume l'Alouette, homme résolu et aimé dans le pays. Guillaume avait avec lui son valet de ferme, qu'on appelait le *Grand-Ferré*, espèce de géant d'une taille et d'une force prodigieuses, du reste aussi humble de cœur que simple d'esprit. Les aventuriers de la garnison de Creil envoyèrent un détachement pour prendre le fort de Saint-Corneille : les bandits entrèrent par surprise et commencèrent par massacrer l'Alouette ; à cette vue, le Grand-

Ferré prend une lourde hache, et, suivi des plus hardis paysans, il se jette sur les Anglais ; à chaque coup, il abattait un bras ou fendait une tête, et ses compagnons, l'imitant de leur mieux, frappaient sur les Anglais, comme s'ils eussent battu le blé dans l'aire. Le Grand-Ferré en assomma plus de quarante à lui seul ; les autres s'enfuirent. Un second détachement étant venu pour venger le premier, les paysans, enhardis par leur victoire, sortirent au-devant des ennemis en pleine campagne et tuèrent tous ceux qu'ils purent attraper. Cependant le Grand-Ferré s'était fort échauffé dans ce second combat; il but beaucoup d'eau froide et fut pris de la fièvre ; il retourna dans son village et s'alita. Les gens de Creil apprirent bientôt sa maladie, et dépêchèrent douze soldats pour le tuer ; mais le Grand-Ferré, averti par sa femme, eut le temps d'empoigner sa bonne hache et de sortir dans la cour : « Ah ! larrons ! » criat-il aux Anglais, « vous croyez me « prendre dans mon lit ; mais vous « ne me tenez pas encore ! » Il s'adossa au mur, leva sa hache cinq fois et abattit cinq Anglais, morts sur la place. Les sept autres se sauvèrent à toutes jambes. Il se remit au lit et but encore de l'eau froide. La fièvre redoubla ; il reçut les sacrements, et mourut regretté de tout le pays. Ses exploits en avaient fait un héros populaire. Le continuateur de Nangis, dont le patriotisme démocratique fait un contraste si frappant avec le cosmopolitisme féodal de Froissart, s'arrête avec une extrême complaisance sur cette histoire, qui releva *Jacques Bonhomme* à ses propres yeux. » (Henri MARTIN, *Histoire de France*, t. V.)

### Saint-Pierre.

**Saint-Pierre** (*ruines*) est situé à 8 kil. de Compiègne et à 4 de Pierrefonds. Pour y aller, il faut suivre la route décrite ci-dessus, jusqu'à Saint-Corneille. De cet endroit une route directe va à Saint-Pierre, dont elle porte le nom, en traversant les carrefours du *Gouverneur*, du *Saut du Cerf*, de l'*Aurore*, d'*Antin* et du *Fossé-Coulant*. On pourrait faire entrer l'excursion aux ruines de Saint-Pierre dans une course à Pierrefonds en passant par le mont Saint-Marc. (Voir ci-dessus, page 525.) Arrivé sur le plateau, on aperçoit des habitations devant lesquelles s'étendent des champs cultivés ; on suit un petit sentier entre la ferme et la maison d'habitation, et on ne tarde pas à voir les ruines d'une église consistant en une tourelle avec son escalier et cinq croisées en ogive dans le style du XIV$^e$ siècle ; des lierres épais s'y suspendent d'une manière pittoresque, des têtes d'anges d'une époque plus moderne ornent la paroi d'un mur en retour. On trouve aussi quelques restes de sculptures dans la cour de la ferme. Une plaque de marbre rappelle une visite faite par Louis-Philippe et sa famille, lors du mariage du roi des Belges. La position élevée, la vue étendue, les eaux vives de ce petit plateau cultivé, y attirèrent les Romains, qui y établirent trois forts. De là le nom donné plus tard au prieuré de *Saint-Pierre-en-Chastres* (Castra). La propriété de ce domaine fut transmise par Charles le Chauve à des Bénédictins de Saint-Crépin le Grand, de Soissons. Ils furent remplacés en 1308 par des moines Célestins que protégèrent les rois de France. Dans les derniers temps, ce couvent, riche de 30 000 fr. de rente, n'était renommé que pour son hospitalité. « Le pavillon que l'on voit aujourd'hui, dit M. de Ballyhier, appartenait au corps de logis destiné jadis à recevoir les visiteurs. Au pied du pavillon coule la fontaine dite des Miracles; elle passait pour guérir de la stérilité. Cet ordre fut supprimé par Louis XVI. On lui laissa néanmoins la jouissance de ses revenus jusqu'à la mort du dernier de ses membres. Lorsque la Révolution éclata, il ne restait plus à Saint-Pierre que deux religieux. Le domaine de Saint-Pierre fut vendu à la Révolution 33 000 fr. en assignats, et plus tard réuni aux biens de la couronne moyennant la somme de 106 000 francs. »

### Pierrefonds.

Une belle route macadamisée conduit de Compiègne à Pierrefonds; elle sort par le carrefour Royal (voir page 525), puis elle laisse à droite la *faisanderie*, et, bien plus loin à gauche, le mont Saint-Pierre; enfin, en approchant de Pierrefonds, elle côtoie, à l'extrémité de la vallée arrosée par le *ru de Berne* (voir page 524), des collines boisées qui masquent la vue des ruines. On ne les aperçoit que lorsqu'on touche au village. — Au lieu de suivre cette route, qui est la plus directe et la plus courte, on peut se rendre à Pierrefonds en faisant un détour par les monts Saint-Marc et Saint-Pierre (voir page 525).

**Pierrefonds**, bourg de 1500 habitants (arrondissement de Compiègne, canton d'Attichy), est situé à 12 kil. de Compiègne, à l'extrémité orientale de la forêt, qui le sépare de cette ville, au pied d'une colline boisée, que couronnent les ruines de son château, et dont un charmant petit lac baigne la base. Il se lie au hameau de Fontenoy, remarquable par ses cascades.

Les *hôtels* de Pierrefonds sont indiqués à la page 509.

*Voitures :* le bureau est à l'hôtel des Bains; les omnibus venant de Compiègne arrivent à 12 h. 1/2 et à 5 h. (1 fr. 25 cent.); ils partent pour Compiègne à 10 h. 1/2 et 5 h. du soir. La voiture de Villers-Cotterets passe le matin à 9 heures.

On trouve des *voitures* et des *chevaux de louage* à Pierrefonds.

*Excursions pittoresques des environs.*

De Pierrefonds à Compiègne, 1 h. 1/2. — Champlieu, 1 h. 1/2; camp romain; débris curieux. — Beaux-Monts, 2 h.; belle promenade. — Mont Saint-Marc, 2 h.; panorama. — Grands-Monts, 1 h. 1/2; belle promenade. — Saint-Jean-aux-Bois, 1 h.; arbres gigantesques; ancienne abbaye. — Morienval, 1 h. 1/2; chapelle en ruines. — Cuise-la-Motte, 1 h.; montagne de coquillages. — Saint-Pierre en Châstre, 1 h.; ruines d'abbaye. — Offémont, 2 h. 1/2; délicieuses ruines gothiques. — Villers-Cotterets, 2 h. 1/2; belle forêt. — Coucy, 4 h. 1/2; grandes ruines féodales. — Soissons, 5 h. 1/2; Saint-Jean des Vignes.

Pierrefonds possède une source d'eaux minérales dont la *température* est de 12 à 13°.

Cette eau sort de terre avec une certaine abondance par plusieurs orifices, à l'extrémité d'un petit lac. Très-limpide à son point d'émergence, elle a une odeur et une saveur sulfureuses; elle devient lactescente à l'air, en se décomposant et laissant précipiter du soufre. On la réchauffe artificiellement pour l'usage des bains et des douches; cette opération, habilement conduite, ne lui fait presque rien perdre de ses principes.

L'*analyse* faite par M. O. Henry en 1845 pour *un litre d'eau* a donné les résultats suivants :

| | |
|---|---|
| Azote.................... | Traces. |
| Acide sulfhydrique libre.... | $0^g,0022$ |
| — carbonique libre...... | indét. |
| Bicarbonate de chaux........ } | $0^g,2400$ |
| — de magnésie .... } | |
| Sulfate de calcium......... | $0^g,0156$ |
| Sulfate de chaux............ } | $0^g,0200$ |
| — de soude............. } | |
| Chlorure de sodium......... } | $0^g,0220$ |
| — de magnésium...... } | |
| Sel de potasse............. | |
| Acide silicique et alumine... | $0^g,0300$ |
| Fer, matière organique...... | |
| | $0^g,3276$ |

*Emploi* : boisson, bains, douches.

*Médecin inspecteur*, M. Sales-Girons.

*Propriétés thérapeutiques.* L'eau de Pierrefonds réussit principalement dans certaines affections de la peau ou des muqueuses, dans les engorgements abdominaux, les rhumatismes, les maladies de l'appareil respiratoire, et notamment dans le catarrhe chronique du larynx et des bronches.

*Transport.* Les bouteilles de $0^l,75$ se conservent très-bien.

*Bibliographie.* Sales - Girons, *Études médicales sur les eaux sulfureuses de Pierrefonds-les-Bains*, in-8; Paris, Victor Masson, 1853.

*Bains d'eau sulfureuse.* — (Il y a un dépôt à Paris, chez Esebeck, rue J.-J.-Rousseau, 12.) Pour boire les eaux sur place, prix : 10 cent. le verre, 3 fr. par mois par abonnement.

L'*hôtel des Bains* est entouré d'un jardin très-agréablement situé au bord d'un petit lac avec droit de pêche pour les clients de l'hôtel; le prix des appartements varie de 2 fr. à 6 fr. par jour; il y a un restaurant dans l'établissement. — *Barque* pour la promenade sur le lac : 2 fr. l'heure; moitié prix pour les clients. Un rameur, 50 cent.

Après avoir traversé le pont sous lequel s'écoule le trop-plein des eaux du lac, on passe devant l'établissement des bains près duquel s'élève à droite l'*église*, dont le clocher porte la date de 1557. Pour aller visiter les ruines, on prend à gauche, et on passe devant la demeure du *gardien des ruines*. C'est là que s'arrêtent les voitures, et que l'on trouve des rafraîchissements. Un peu au-dessus on arrive au pied de l'escarpement du château ; deux chemins se présentent qui conduisent tous les deux sur la plateforme, en contournant les bases de la forteresse : celui de droite est escarpé et taillé dans le roc ; celui de gauche, d'une pente aisée, fait autour un plus long détour.

*Ruines du château de Pierrefonds.* Les restes gigantesques encore debout de cette forteresse féodale, démantelée par ordre de Richelieu dans la courte période de temps où il occupa pour la première fois le ministère, couronnent le sommet d'une éminence escarpée; ils dominent majestueusement le paysage, formant avec les blanches maisons modernes du village un rude contraste qui saisit fortement l'imagination et semble mettre en présence deux civilisations.

Les hommes de nos jours ne se taillent plus dans la pierre des demeures avec des proportions si colossales. Bien que détruits en partie, ces fragments de tours et de murailles dessinent encore sur le ciel les plus formidables profils.

Il y a eu deux châteaux à Pierrefonds : le premier était situé sur une hauteur occupée aujourd'hui par la ferme du Rocher, et à 100 mètres de distance des ruines actuelles, du haut desquelles on distingue ses escarpements. « La juridiction des anciens seigneurs de Pierrefonds était fort étendue. Presque tous les villages situés sur les rives de l'Oise étaient devenus en quelque sorte leurs tributaires.... le concours des vassaux qui venaient discuter leurs

Ruines du château de Pierrefonds (vue extérieure).

intérêts à leur tribunal était continuel. Le chemin qui conduit de la Croix-Saint-Ouen à Pierrefonds, à travers la forêt, porte encore le nom de *chemin des plaideurs*. » Cette famille s'éteignit, et le château fut abandonné aux moines de Saint-Sulpice.

Le second château, dont on va admirer aujourd'hui les magnifiques débris, fut construit en 1390 par le duc d'Orléans, frère de Charles VI et époux de Valentine de Milan, qui fut assassiné à Paris par Jean sans Peur, en 1407. Cet édifice, considéré comme une merveille du temps, fut presque entièrement fondé sur le roc, et formait un quadrilatère irrégulier dont la surface est de 6720 mètres carrés; il était flanqué de huit tours inégales, de 128 pieds de haut en maçonnerie. Au commencement du xv° siècle, Bosquiaux, commandant du château, défendit Pierrefonds au nom du fils du duc d'Orléans, contre les Bourguignons, qu'il repoussa; plus tard il le rendit par ordre du duc au comte de Saint-Pol, moyennant 2000 écus d'or comptants. A la paix, en 1413, le comte de Saint-Pol dut restituer ce château fort au duc d'Orléans; mais, celui-ci ayant refusé de lui rembourser aucune indemnité, au moment de le rendre il y fit mettre le feu, qui consuma une partie de la toiture et endommagea quelques tours. Bosquiaux en reprit le commandement. Après divers exploits, dont le récit se trouve ci-dessus (page 510), Bosquiaux dut céder Pierrefonds aux Anglais. On lui permit de se retirer dans le château délabré de Choisy-sur-l'Aisne. L'année suivante, il y fut assiégé par le duc de Bedford, et s'y défendit jusqu'à l'extrémité: il fut pris et conduit à Paris, où ses ennemis le firent décapiter et ensuite écarteler. Après le brave capitaine voici venir le brigand : le château de Pierrefonds, qui avait été réparé par Louis XII, tomba en 1588 au pouvoir des ligueurs : le commandement en fut donné à un soldat intrépide du nom de Rieux, petit-fils d'un maréchal ferrant de Rethondes. On peut voir le portrait que les auteurs de la satire Ménippée ont tracé de ce soldat de fortune. Il était à la tête d'une bande de brigands sortis des guerres civiles; pour la soutenir il s'élançait de temps à autre de son repaire et allait piller le pays environnant, exerçant des violences qu'aucune autorité ne pouvait refréner. Par ordre d'Henri IV, le duc d'Épernon vint en 1591 assiéger le château de Pierrefonds; il fut obligé de lever le siège. L'année suivante, le maréchal de Biron vint avec un train de grosse artillerie, et tira 800 coups de canon contre les épaisses murailles du château sans être plus heureux ; foudroyé par le feu des canons de Rieux, il fut également contraint de se retirer. En 1593, Rieux faillit enlever Henri IV (voir page 512). Il fut surpris lui-même par un détachement de la garnison de Compiègne, dans une embuscade où il attendait pour les piller deux voitures publiques. Il fut pendu à Compiègne, et la Ligue perdit en lui un de ses champions. Saint-Chamand vint reprendre aussitôt le commandement du château de Pierrefonds, qu'il avait confié à Rieux, et plus tard il le rendit par composition à Henri IV, qui le conserva. Sous Louis XIII, la défense du château de Pierrefonds fut confiée par le parti des *mécontents* à un capitaine du nom de Villeneuve. Celui-ci, manquant de vivres, se mit aussi, comme son prédécesseur Rieux, à rançonner le pays, à piller les coches de Normandie, de Flandres et de Picardie. Des plaintes arrivèrent de tous côtés à Louis XIII. Richelieu ordonna à Charles de Valois, comte d'Auvergne, d'assiéger Pierrefonds. Le comte d'Auvergne alla camper devant à la tête d'une petite armée, et ouvrit le feu d'une manière si heureuse, qu'une grosse tour près de la porte d'entrée ne tarda pas à s'écrouler. Villeneuve, qui se confiait à la solidité des murs, ayant 18 pieds d'épaisseur, effrayé de cette chute inattendue, capitula, et Richelieu ordonna de démanteler ce fier donjon féodal. Mais la solidité et l'épaisseur des matériaux opposèrent une telle résistance, qu'on se contenta d'enlever les toitures et d'entailler çà et là les murs et les tours (1617). Ces ruines, qui appartenaient alors à la maison d'Orléans, furent vendues en

Ruines du château de Pierrefonds (vue intérieure).

l'an XII pour la somme de 8100 fr. Napoléon les fit racheter, en 1813, pour 4800 fr. Elles appartiennent encore au domaine. On y a fait des travaux de déblayement depuis 1848, pour dégager la principale entrée et les souterrains.

### Saint-Jean-aux-Bois.

8 kil. de Compiègne. 5 kil. 1/2 de Pierrefonds.

Pour aller de Compiègne à **Saint-Jean-aux-Bois**, on sort par la route de Crépy. L'extension donnée dernièrement à la faisanderie empêche de prendre, à gauche, à partir du *carrefour du Blaireau* (traversé par un pan de la route du grand Octogone; voir page 522), le chemin le plus direct. Si l'on est en voiture, on suit la route de Crépy jusqu'au *carrefour de la Barrière*, en traversant la route de la Mariolle dont il fait partie ; on prend à gauche une allée qui conduit au carrefour *du Contrôleur*, puis une autre à droite qui, par les carrefours *des six Chiens* et *du grand Bail*, va aboutir à celui *des mares de Jaux* (traversé par un pan de route du grand Octogone). De là, inclinant à gauche, une courte allée vous conduit au *carrefour de la Ruine*. C'est dans le voisinage de ce carrefour que se trouve une région de beaux arbres, que l'on conserve pour l'intérêt pittoresque de la forêt. Les chênes, au lieu d'être élancés, et d'une belle venue, sont trapus. L'un de ces chênes, que l'on montre aux promeneurs comme *le plus gros arbre* de la forêt, a six mètres de tour. Saint-Jean-aux-Bois est à 750 mètres plus loin. On traverse un pont, à droite et à gauche duquel sont deux restes de tours dégradées, et l'on se dirige vers l'église, dont le vaisseau élevé a un air de vétusté et d'abandon. Elle rappelle dans plusieurs parties de sa construction le style d'architecture du xiie siècle. On remarquera la hardiesse des voûtes en ogive. Il n'y a pas de bas côtés; mais, par une singularité de construction, deux colonnes très-élancées, servant de piliers et portant la retombée des arêtes de la voûte, y sont placées à droite et à gauche à l'entrée des bras du transsept. On voit aux croisées quelques restes de vitraux de couleur. Le chœur est garni de boiseries. A gauche de la porte d'entrée de l'église est un tombeau gothique, où l'on a trouvé un squelette de jeune femme, et sur lequel on n'a point de renseignements.

Saint-Jean-aux-Bois occupe l'emplacement de l'antique *villa* de Cuisa (*Cusia*, voir page 522), qui a donné à la forêt son premier nom. On a retrouvé, derrière Saint-Jean, et dans la direction de Saint-Nicolas de Courson, les fondations de ce domaine rural des rois de France des deux premières races. Chilpéric et Frédégonde vinrent y pleurer la mort de leurs enfants. Quelques années auparavant, en 562, Gonthran, roi barbare et d'une effroyable cruauté, y mourut « en grande tristesse. » Il avait été saisi de la fièvre en chassant pendant l'hiver dans la forêt. Durant sa maladie, il s'écriait : « Que pensez-vous que soit ce roi du ciel, qui fait mourir de si grands rois? »

Ce domaine fut donné à des religieux au xie siècle. Plus tard, les moines le cédèrent à la reine Adélaïde, mère de Louis VII, qui releva l'église et y établit des religieuses Bénédictines. En 1634, les religieuses quittèrent le monastère de Saint-Jean pour aller habiter une demeure plus sûre. « Elles l'échangèrent avec les religieux du Val des Écoliers de Royal-Lieu. Bien leur en prit; car les soldats de l'armée de Turenne pillèrent la maison et détruisirent une partie des édifices, avec ce qui restait du vieux palais de Cuise.

*Sainte-Périnne* et *Labrévière* étaient des dépendances de Saint-Jean. Pour se rendre depuis Saint-Jean à ces deux localités (2 kil. 1/2 de Saint-Jean), on se dirige vers *Malassise*, un des hameaux enclavés dans la forêt; et de là, en appuyant à gauche, on atteint, à un demi-kilomètre plus loin, l'habitation de *Sainte-Périnne*, située au bord d'un petit lac, où souvent le cerf a été amené dans les chasses. Sainte-Périnne était un monastère de fondation antique, qui devint une succursale de l'abbaye des Bénédictines de Saint-Jean. Les religieuses de Sainte-Périnne furent transférées successivement à Compiègne, puis à la Villette près de Paris, et enfin elles furent réunies à la communauté des filles de Sainte-Geneviève de Chaillot, qui, dès lors, prit le titre d'abbaye royale des chanoinesses de Sainte-Périnne.

### Morienval.
#### 14 kil. environ.

Pour aller à **Morienval** il faut traverser toute la forêt, en sortant de Compiègne par la *route du Moulin*, qu'on suit jusqu'au beau carrefour central du *Puits du Roi* (voir page 522). Là, on prend la route de Morienval, qui laisse à gauche et à peu de distance Labrévière et Sainte-Périnne (voir ci-dessus), et plus loin le hameau de *Saint-Nicolas de Courson*, situé au fond d'une gorge retirée, où il y avait un très-antique prieuré, ravagé par les Normands et rétabli au XII$^e$ siècle. Morienval était une maison de plaisance et de chasse de Dagobert I$^{er}$. Il y fonda une église et deux monastères d'hommes et de femmes. Le monastère d'hommes, devenu très-riche, fut incendié par les Normands. On le reconstruisit en pierres, ainsi que l'église, au X$^e$ siècle. Le couvent de femmes devint en grande réputation. Les religieuses, par suite de difficultés avec les habitants, se retirèrent, en 1744, à Royal-Lieu. « On voit encore, dans la grande nef de Notre-Dame, la sépulture des différentes abbesses de Morienval, ainsi qu'une statue de chevalier près de la porte d'entrée. »

### Champlieu.
#### 14 kil. de Compiègne.

Il faut traverser toute la forêt, en gagnant le carrefour du Puits du Roi (voir ci-dessus), où l'on prend la route directe de **Champlieu**. Ce hameau est situé sur un plateau où les Romains eurent un camp fortifié. On y a trouvé des médailles des Césars, de Constance II et de Constantin; des cercueils en brique et en pierre. On y voit une église en ruine.

---

Nous nous bornons à indiquer les localités précédentes, comme buts d'excursions dans la forêt de Compiègne, à cause des particularités curieuses qu'elles présentent; nous ne dirons rien des villages de *Béthisy* et de *Saintines*, situés à peu de distance de la forêt, dans la vallée arrosée par la rivière d'Autone. Rentrant dans la forêt et se rapprochant de Compiègne, on trouve sur la rive gauche de l'Oise le village de la *Croix-Saint-Ouen*, traversé par la route de Paris, entre Compiègne et Verberie. Dagobert, chargea saint Ouen, son conseiller intime, d'y construire une église et un monastère. « On vint pendant longtemps à la Croix, dit M. de Ballyhier, pour invoquer saint Ouen contre la surdité, à cause de l'analogie de ce nom avec le mot ouïe. » M. de Ballyhier rappelle à cette occasion des dévotions superstitieuses aussi mal fondées sur des ressemblances de sons : à saint Marcou pour les maux de cou; à sainte Claire, pour les maux d'yeux; à sainte Eutrope, pour les hydropisies; à saint Aignan, pour la teigne; à la Toussaint, pour la toux.... La Croix-Saint-Ouen forme, avec le hameau de Mercière, une population de 1200 habitants. C'est du village de la Croix-Saint-Ouen que part le chemin des Plaideurs, qui traverse diagonalement la forêt jusqu'à Pierrefonds. Entre ce village et Compiègne, la route de Paris passe au village de Royal-Lieu, qui a eu au moyen âge une importance qu'il a perdue depuis.

---

Une ou deux fois par été l'administration du chemin de fer du Nord organise des *trains de plaisir* pour les ruines du château de Coucy. Des affiches placardées sur les murs de Paris, et des annonces insérées dans les journaux, indiquent les heures de départ et les prix des places aux Parisiens et aux étrangers qui auraient le désir d'entreprendre cette excursion. Ne pouvant pas les y conduire, car en les accompagnant nous dépasserions de beaucoup les limites qui nous sont imposées, nous nous bornerons à leur recommander l'*Itinéraire de Paris à Bruxelles*, dans lequel ils trouveront tous les renseignements dont ils pourraient avoir besoin.

Ruines du château de Coucy.

Embarcadère du chemin de fer de Strasbourg (vue extérieure).

## 4. LES CHEMINS DE FER DE L'EST.

### A. DE PARIS A LAGNY.

*Embarcadère.* Place de Strasbourg, à l'extrémité du boulevard de Sébastopol. 13 *départs* par jour de Paris pour Lagny. Pour les heures de départ, qui varient souvent, consulter les *Indicateurs* de la semaine.

La *durée du trajet* est de : 32 m. de Paris à Lagny par les trains express, de 43 m. par les trains omnibus.

Les *prix des places* sont ainsi fixés :

| Dist. kil. | Stations. | 1re cl. fr. c. | 2e cl. fr. c. | 3e cl. fr. c. |
|---|---|---|---|---|
| 9 | Noisy-le-Sec........ | 1 » | » 75 | » 55 |
| 11 | Bondy............. | 1 » | » 75 | » 55 |
| 13 | Le Raincy,........ | 1 45 | 1 10 | » 80 |
| 15 | Villemomble et Gagny. | 1 70 | 1 25 | » 90 |
| 19 | Chelles............ | 2 15 | 1 60 | 1 15 |
| 28 | Lagny............. | 3 15 | 2 35 | 1 70 |

Depuis quelques mois, la compagnie de l'Est délivre des billets d'aller et retour, valables pour un jour, non de Paris aux stations suivantes, mais des stations suivantes à Paris :

| kil. | | 1re cl. | 2e cl. | 3e cl. |
|---|---|---|---|---|
| 9 | Noisy-le-Sec....... | 1 50 | 1 10 | » 95 |
| 11 | Bondy............. | 1 60 | 1 20 | 1 » |
| 13 | Le Raincy......... | 2 20 | 1 60 | 1 35 |
| 15 | Villemomble-Gagny. | 2 50 | 1 80 | 1 55 |
| 19 | Chelles............ | 3 20 | 2 30 | 1 95 |
| 28 | Lagny-Thorigny.... | 4 70 | 3 40 | 2 90 |

*Stations d'omnibus spéciaux dans Paris.* Départ 45 minutes avant l'heure de départ des trains du chemin de fer : — rue de Rivoli, 136 ; — rue de Rambuteau, 8 ; — rue Saint-Martin, 295, et impasse de la Planchette ; — rue Coq-Héron, 6 ; — hôtel du Louvre, place du Palais-Royal.

La lettre B des omnibus conduit de Chaillot au boulevard de Sébastopol ; — la lettre K (de la barrière d'Enfer à la Chapelle) passe dans la rue du Faubourg-Saint-Denis, à quelques pas de l'embarcadère (prendre à droite) ; — la lettre L, (de la place Saint-Sulpice à la Villette), passe dans la rue du Faubourg-Saint-Martin, à quelques pas également de l'embarcadère (prendre à gauche).

Un *service spécial de voitures* a été établi dans la gare de Paris. De bonnes voitures de remise à quatre places, dites *Strasbourgeoises*, stationnent dans la cour des arrivages, et sont à la disposition des voyageurs avec ou sans bagages. En cas de plaintes ou de réclamations, s'adresser directement à la compagnie de l'Est, en lui remettant le numéro de la voiture.

*N. B.* Ces voitures ont le même tarif que les *remises*. Les voitures de place ordinaires stationnent en dehors de la grille.

Le chemin de fer de Strasbourg, commencé en 1842 par l'État, concédé en 1845 à une compagnie, a été ouvert le 5 juillet 1849 de Paris à Meaux; en 1852 seulement eut lieu l'inauguration de la ligne entière. A la suite de différentes concessions et conventions, la compagnie, dont les statuts furent alors modifiés, prit le nom de Compagnie des chemins de fer de l'Est. Comme nous ne nous occupons ici que de la section de Paris à Lagny, nous renverrons à l'*Itinéraire de Paris à Strasbourg* les voyageurs qui désireraient avoir quelques renseignements sur son histoire, sa situation présente, ses projets pour l'avenir.

L'*embarcadère des chemins de fer de l'Est* est le plus beau de tous les monuments de ce genre qui ont été construits à Paris. Il s'élève à l'extrémité supérieure du boulevard de Sébastopol. Sa longueur est de 150 mètres, sa largeur de 30 mètres. Il a la forme d'un rectangle long; sur chacun des grands côtés s'étend une galerie à deux étages, terminée à chaque extrémité par un pavillon. Un péristyle à colonnes relie les deux pavillons antérieurs. Les chapiteaux de ces colonnes sont ornés de sculptures qui représentent les différents produits agricoles cultivés sur le parcours de la ligne. Au-dessus des colonnes, entre les retombées, l'architecte, M. Duquesney, qui n'a pas vu son œuvre achevée, a placé les armes des principales villes desservies par ce chemin. Une horloge élégante, établie au milieu, sert d'appui à deux gracieuses statues à demi couchées, la Seine et le Rhin. Au-dessus de la belle rosace en fer et en verre qui remplit le milieu de l'édifice, la ville de Strasbourg est assise dans sa chaise curule.

C'est sous le vestibule que s'ouvrent à gauche les salles d'attente, qui s'étendent, le long du quai du départ, sur une partie du côté gauche. Elles ont une superficie de 485 mètres; elles sont meublées avec une belle simplicité. Presque en face de la *Bibliothèque des chemins de fer*, dans le vestibule, se distribuent les billets; au milieu se déposent et s'enregistrent les bagages; le côté droit tout entier est réservé à l'arrivée. Le long du bâtiment qui renferme la belle salle des bagages, on a établi récemment une large marquise, sous laquelle les omnibus et les voitures peuvent charger à couvert les voyageurs et les bagages.

La *gare des voyageurs* n'occupait dans le principe qu'une superficie de 4 hectares 37 ares. Les travaux qui s'y exécutent en ce moment porteront cette superficie à 5 hectares 60 ares. Pour se rendre de la gare des voyageurs dans la gare de la Villette, il faut passer sous la rue La Fayette et sous le mur d'ocmoi, entre la barrière Saint-Denis à gauche et la barrière des Vertus à droite. La *gare de la Villette* n'a pas moins de 29 hectares 46 ares, dont 3 hectares environ ont été consacrés à l'établissement d'une vaste carrosserie et de ses dépendances, ainsi qu'à des remises de locomotives et de wagons. A gauche (la Chapelle) sont les ateliers; à droite (la Villette) est la gare des marchandises proprement dite (voir page 82).

Quand on sort de la gare des marchandises, on remarque sur la droite les entrepôts, les usines et l'église de la Villette (voir page 84), que dominent plus loin les buttes Chaumont (voir page 91). Les deux tours de l'église de Belleville (voir page 99) attirent surtout l'attention. Cependant on franchit le chemin

Embarcadère du chemin de fer de Strasbourg (vue intérieure).

de fer de ceinture (voir page 153), près duquel s'élève à droite un vaste entrepôt; à gauche se construit un immense gazomètre. On aperçoit déjà le clocher de Saint-Denis et celui d'Aubervilliers avant de franchir successivement le canal Saint-Denis, la route de Paris à Maubeuge et les fortifications. Au delà des fortifications se montre à gauche le fort d'Aubervilliers; à droite, on embrasse d'un seul regard le pré Saint-Gervais (voir page 94), Pantin (voir page 94) et les hauteurs de Romainville (voir page 103), couronnées en avant de son fort par les derniers débris de son bois. Plus loin, à gauche, apparaît dans la plaine le clocher de *Bobigny*. On franchit le canal de l'Ourcq, la route de Paris à Metz et la route de Saint-Denis à Romainville, avant de s'arrêter à la station de Noisy-le-Sec.

## 1re STATION. — NOISY-LE-SEC.

*Distances.* Noisy-le-Sec est à : 9 kil. de la gare de Paris, 3 kil. 200 mèt. de Pantin, 12 kil. de Saint-Denis, 2 kil. de Bobigny, 2 kil. de Bondy, 1 kil. 400 mèt. de Romainville, 2 kil. 1/2 de Rosny.

**Noisy-le-Sec** fait partie du département de la Seine, arrondissement de Saint-Denis, canton de Pantin. Il a une population de 400 habitants. Il est situé à la droite du chemin de fer, au pied du coteau sur lequel s'élève le village de Romainville; il a une église du XVIe siècle, une mairie, des moulins à vent, quelques maisons de campagne; il donne son nom à la redoute et au fort qui le dominent; enfin, du temps de Grégoire de Tours, il s'appelait *Nocetum*; voilà tout ce qu'on peut en dire. Le hameau voisin de *Merlan* en dépend.

Deux des seigneurs de Noisy-le-Sec, après avoir été les favoris de la fortune, furent assez maltraités par l'inconstante déesse : Enguerrand de Marigny, qui avait fait dresser le gibet de Montfaucon, y fut pendu lui-même, et, « comme maître du logis, eut l'honneur, dit Mézerai, d'être mis au haut bout, au-dessus de tous les autres voleurs; » le cardinal Jean Balue, intendant des finances, sous Louis XI, paya ses trahisons de plusieurs années de captivité dans une cage de fer.

« Noisy-le-Sec, dit Lebeuf d'après les *Mémoires de l'Estoile*, fut un des lieux où le roi Charles IX permit l'exercice de la religion protestante. On l'y faisait encore l'an 1576. »

C'est à la station de Noisy-le-Sec que le chemin de fer de l'Est se bifurque. Le bras de gauche, que nous allons suivre jusqu'à Lagny, se dirige sur Strasbourg; celui de droite va à Mulhouse (voir ci-dessous, *de Paris à Nogent-sur-Marne*).

Au sortir d'une petite tranchée, on aperçoit à gauche, dans la plaine, le village de Bondy.

## 2e STATION. — BONDY.

*Distances.* La station de Bondy est à : 2 kil. de celle de Noisy-le-Sec, 11 kil. de Paris. Bondy est à : 1 kil. de la station, 3 kil. de Bobigny, 5 kil. de Livry, 5 kil. 200 mèt. de Pantin, 10 kil. 700 mèt. de Saint-Denis, 12 kil. 400 mèt. de Paris.

On trouve à la station de Bondy des *omnibus* pour : Bondy (gratuits), Livry et le Raincy (40 c.), Sevran (55 c.), Villepinte (65 c.), Tremblay (80 c.), Vaujours (55 c.), Vert-Galant (85 c.), Villeparisis (80 c.), Mitry (1 fr. 20 c.). Voir les *Indicateurs* de la semaine pour les heures de départ.

**Bondy** est un village plus qu'insignifiant de 1000 habitants, situé dans une plaine fertile, près du canal de l'Ourcq, sur la route de Paris à Metz, et à l'entrée de la forêt à laquelle il a donné son nom. Les étrangers n'ont absolument rien à y voir; mais à 2 kilomètres, ils trouveront dans sa forêt, sur la rive droite du canal de l'Ourcq, le vaste établissement qu'y a fondé, depuis quelques années, la ville de Paris, pour y déposer les matières transportées chaque jour ou plutôt chaque nuit au *dépotoir* de la Villette (voir page 90). Nous leur signalons cet établissement, parce que, s'ils s'adonnent à l'agriculture, ils pourront s'y procurer un engrais excellent. Des odeurs peu agréables les guideront, à défaut de poteaux indicateurs, vers les fabriques où se confectionne et se débite la *poudrette*.

C'est de la station de Bondy que partaient autrefois les omnibus conduisant au Raincy. Ces omnibus passaient devant l'entrée d'une avenue longue de 1 kilomètre, et menant à la porte du Raincy, appelée *porte de Paris*.

La **forêt de Bondy** touche au Raincy. Cette forêt a une contenance de 2108 hectares. Elle offre aux promeneurs de longues et belles allées tapissées d'herbe et de mousse. Elle ne mérite plus, d'ailleurs, la terrible réputation qu'elle avait autrefois. On ne court plus le risque, en s'y égarant, d'y être dévalisé ou égorgé. On y entend bien encore de temps à autre retentir le bruit de quelque arme à feu ; mais la victime est tout bonnement quelque

L'ancien château du Raincy.

lièvre à qui mal prend de s'être écarté de son gîte.

Il n'est pas sûr que le roi d'Austrasie, Childéric II, ait été assassiné dans la forêt de Bondy, en 673, par un seigneur de sa cour, nommé Bodillon, qu'il avait fait fouetter jusqu'au sang. « Mais, dit Lebeuf, l'événement du chien qui servit à découvrir le meurtrier de son maître (Aubry de Montdidier), et que l'on dit s'être battu publiquement contre ce meurtrier, passe pour être arrivé dans cette forêt : on croit que ce fut au XIIIe siècle. La même forêt, ajoute-t-il, est encore remarquable, en ce que c'est celle où la basoche du palais se transporte tous les ans au mois de mai, et, par l'organe de son procureur général, prononce une harangue sous un orme appelé pour cette raison l'*orme aux harangues*, avant que de requérir les officiers des eaux et forêts de faire marquer deux arbres, dont l'un doit être posé le dernier samedi du même mois dans la cour du palais, au son des timbales, trompettes et hautbois. »

Ce fut dans le château de Bondy, quartier général des souverains alliés, que, le 31 mars 1814, à six heures et demie du matin, quelques heures après la capitulation de Paris, la députation municipale obtint une audience de l'empereur Alexandre. Elle réclamait sa protection pour Paris. Le czar la promit dans les termes les plus bienveillants. Il parla de la guerre : « Ce n'est point moi qui l'ai provoquée, dit-il aux députés ; Napoléon a envahi mes États sans motif, et c'est par un juste arrêt de la Providence que je me trouve, à mon tour, sous les murs de sa capitale. » Ces mots furent prononcés avec une certaine énergie.

Une partie seulement de la forêt de Bondy appartient au département de la Seine. A 2 kilomètres de l'avenue du Raincy, si l'on suit la route de Metz, qui la traverse, on entre dans le département de Seine-et-Oise, et bientôt on laisse à droite une avenue conduisant à l'ancienne *abbaye de Livry*. Cette abbaye, aujourd'hui détruite, avait été fondée en 1200 et occupée par des chanoines réguliers de la congrégation de France. Mme de Sévigné, qui y venait souvent, y a écrit un grand nombre de ses lettres. Nous citerons seulement ce fragment :

« Livry, mardi saint, 24 mars 1671.

« Il y a trois heures que je suis ici, dans le dessein de me retirer du monde et du bruit ; jusqu'à jeudi au soir, je prétends être en solitude. Je fais de ceci une petite Trappe ; je veux y prier Dieu, y faire mille réflexions : j'ai résolu d'y jeûner beaucoup. »

A peu de distance de l'avenue de l'abbaye, au hameau de la *Barrière*, s'ouvre une route qui monte à Montfermeil par Clichy en l'Aunoy. (Voir ci-dessous.) Un kilomètre plus loin est **Livry**, village de 1078 habitants (Seine-et-Oise, arrondissement de Pontoise, canton de Gonesse), agréablement situé au pied d'un côteau, sur la route de Paris à Metz. On y remarque de belles maisons de campagne. En 1128, il possédait un château fort, que Louis le Gros vint assiéger avec des forces considérables, parce que Étienne Garlande, son seigneur, avait pris parti pour Amaury de Montfort, qui était alors en guerre avec ce monarque. Il dut lui livrer plusieurs assauts et il essuya des pertes considérables avant de pouvoir s'en emparer. Son cousin Raoul, comte de Vermandois, perdit un œil dans le dernier assaut, et lui-même fut blessé à la cuisse. Dans sa fureur, il ne fit aucun quartier aux assiégés, puis il rasa complétement la forteresse. La terre de Livry avait, avant la Révolution, le titre de marquisat. Le château a appartenu, sous la Restauration, à M. le comte de Damas, pair de France. Louis XVIII y coucha le 11 avril 1814, la veille de son entrée à Paris.

Notre excursion terminée, revenons maintenant à la station de Bondy. Quand on a dépassé cette station, on aperçoit sur la droite le fort de Rosny, et bientôt on entre dans la forêt de Bondy. Les talus de la tranchée empêchent de la voir. Mais ces talus s'abaissent, et on découvre un peu mieux le parc du Raincy, que l'on traverse. A gauche, les bâtiments appelés le *Chenil* attirent l'attention. La plus belle partie du parc se trouve au nord de la station ouverte en face de l'avenue de Villemomble.

### 3ᵉ STATION. — LE RAINCY.

*Distances.* La station est à : 2 kil. de celle de Bondy, 13 kil. de la gare de Paris.

Le **Raincy** (*Rinciacum*) a d'abord été une abbaye de l'ordre de Saint-Benoît, fondée avant le règne de saint Louis. Jacques Bordier, conseiller du roi, fit disparaître au xvııᵉ siècle cette abbaye, qu'il remplaça par un magnifique château; il y dépensa, dit-on, 4 millions 500 000 livres. Ce château, bâti par Leveau, devint plus tard la propriété de la princesse palatine, dont les héritiers le vendirent à M. Sanguin de Livry, qui, en 1750, le céda au duc d'Orléans. Ce prince transforma le jardin français en un parc anglais chanté par Delille:

Là j'aime à voir dans l'onde
Se renverser leur cime, et leurs feuillages verts
Trembler du mouvement et des eaux et des airs.
Ici, le flot bruni fuit sous leur voûte obscure ;
Là, le jour par filets pénètre leur verdure ;
Tantôt dans le courant ils trempent leurs rameaux,
Et tantôt leur racine embarrasse les flots.
Souvent, d'un bord à l'autre étendans leur feuillage,
Ils semblent s'étancer et hanger de rivage.
Ainsi l'arbre et les eaux se prêtent leur secours;
L'onde rajeunit l'arbre, et l'arbre orne son cours;
Et tous deux, s'alliant sous des formes sans nombre,
Font un échange aimable et de fraîcheur et d'ombre.

La Révolution avait enlevé le Raincy au duc d'Orléans ; un décret ordonna qu'il servirait, ainsi que les maisons royales, *aux jouissances du peuple, et à former des établissements utiles à l'agriculture et aux arts.* Les arts, l'agriculture et le peuple ne tardèrent pas à être dépossédés. M. Sanguin de Livry racheta ce château, qu'un de ses ancêtres avait vendu jadis au duc d'Orléans, et il y donna des fêtes célèbres, où se firent surtout remarquer Mmes Tallien et Récamier et le danseur Trenitz. Cette magnifique propriété appartint ensuite à M. Perrin, entrepreneur des jeux ; au fournisseur Ouvrard, à un grand dignitaire de l'Empire, et enfin au duc d'Orléans, qui y fit élever les diverses constructions et fabriques connues sous les dénominations de la vieille Tour, du Rocher, du Chenil, de la Ferme, de l'Ermitage, du Vieux-Château et du Village russe. Le château avait été démoli sous le règne de Louis-Philippe; les princes ses fils vinrent souvent chasser au Raincy. C'était l'un des plus beaux parcs des environs de Paris. A la révolution de Février, une bande de misérables le saccagea. Les décrets du 22 janvier et du 27 mars 1852 en ont dépossédé la famille d'Orléans pour le faire rentrer dans le domaine de l'État. Un moment, après deux tentatives de vente inutiles, M. Léon Bertrand en loua la chasse. Une bande noire vient de l'acquérir pour le morceler. On y trace des routes; on y abat les fourrés; on y bâtit des maisons; on y appelle, à grands renforts de réclames et d'affiches, les acquéreurs, qui ne paraissent pas se presser d'y venir.

Aujourd'hui, on peut dire que le Raincy n'existe plus.

### 4ᵉ STATION.—VILLEMONBLE.—GAGNY.

*Distances.* La station de Villemonble-Gagny est à : 2 kil. de celle du Raincy, 15 kil. de la gare de Paris.—*Villemonble* est à : 1 kil. de la station, 2 kil. de Rosny, 3 kil. de Neuilly-sur-Marne. — *Gagny* est à 500 mèt. de la station, 2 kil. de Montfermeil, 1 kil. de la porte du Raincy, appelée porte de Chelles.

On trouve à cette station des *omnibus* pour : Villemonble (gratuits); Gagny (gratuits la semaine, 10 c. les dimanches et fêtes); Montfermeil (30 c. la semaine, 40 c. les dimanches et fêtes); Clichy (30 c. la semaine, 40 c. les dimanches et fêtes).

**Villemonble** (800 hab.) dépend du département de la Seine, arrondissement de Saint-Denis, canton de Vincennes. Il est situé à la droite ou au sud-ouest de sa station, à l'extrémité méridionale de la forêt de Bondy, à 13 kilomètres 600 mètres de Paris. On y remarque de charmantes maisons de campagne; mais il n'a rien qui le signale à l'attention particulière des promeneurs. Le château d'*Avron*, qui dépendait de la commune de Neuilly, couronnait la colline qui le domine. Son *église* a été rebâtie en 1699. Un petit ruisseau, qui commence à Villemonble, va se jeter dans la Marne à Ville-Évrard. Il sort de quelques étangs du château de Launay, situé entre Villemonble et Gagny.

**Gagny** (993 hab.) fait partie du département de Seine-et-Oise, arrondissement de Pontoise, canton de Gonesse. Il a aussi de belles maisons de campagne. Son *église* date du XIIIᵉ siècle (le chœur et les collatéraux). « Dans l'aile méridionale, proche la chapelle de la Vierge, se lit, sur un marbre noir, dit Lebeuf, l'épitaphe de Mme de Chevreuse. Ce village, ajoute l'historien du diocèse de Paris, est dans une espèce de gorge plus ouverte vers le midi que vers le nord et l'orient; mais il est depuis longtemps accompagné de divers côtés de maisons appartenant à plusieurs seigneurs, lesquelles d'abord n'eurent pour les distinguer que la couleur dont leur extérieur était couvert ou le nom de leur maître. De là se sont formés les noms de *Maison-Blanche* (à droite du chemin de fer); *Maison-Rouge* et *Maison-Guyot* (sur la route de Montfermeil). »

De Gagny, on peut gagner en 10 minutes au nord la forêt de Bondy, en 15 minutes au nord-ouest le parc du Raincy. A 20 ou 25 minutes au nord est le village de Montfermeil.

**Montfermeil**, beau village de 1025 habitants (canton de Gonesse), doit surtout sa célébrité à un roman de M. Paul de Kock, qui a pris une de ses laitières pour héroïne. Il est agréablement situé sur une colline; il possède de belles maisons de campagne; les bois qui l'entourent offrent de charmantes promenades, mais il n'a rien de particulièrement intéressant. Son église moderne ne mérite pas une visite. Son château, qui est entouré d'un beau et vaste parc, appartient à M. le marquis de Nicolaï. Les étrangers qui iront s'y promener pourront s'y rafraîchir ou même y dîner, chez Louis Preux, restaurateur (hôtel de Montfermeil), au Lion d'Or, ou au café-restaurant de l'Union.

Une belle route, presque toujours ombragée, conduit de Montfermeil à Chelles (voir ci-dessous). La distance est de 3 kilomètres. On peut, dans une direction opposée, gagner Livry (voir ci-dessus) par Clichy-en-l'Aunoy, 3 kilomètres environ si, au delà de Clichy, on ne suit pas la grande route, qui fait un détour d'un kilomètre par la Barrière.

**Clichy-en-l'Aunoy** (168 hab.) possède aussi de jolies maisons de campagne, qui jouissent de beaux points de vue. Il est entouré de bois (2 kil. de Montfermeil, 1 kil. de Livry par les sentiers). On peut de ce village aller visiter dans la forêt de Bondy la *chapelle de Notre-Dame des Anges*, but de nombreux pèlerinages du 8 au 18 septembre; 10 ou 15 minutes suffisent pour s'y rendre à pied.

---

Après avoir laissé Gagny à gauche, au delà de la station de Villemonble-Gagny, on laisse à droite la Maison-Blanche, puis le Chesnay. Mais déjà on est entré dans une longue tranchée perreyée. Au milieu de cette tranchée, on quitte le département de Seine-et-Oise pour pénétrer dans le département de Seine-et-Marne, puis, quand ses talus cessent d'intercepter la vue, on domine, du haut d'un remblai élevé, de vastes prairies bordées de peupliers, et bientôt on s'arrête à la station de Chelles.

### 5° STATION. — CHELLES.

*Distances*. La station de Chelles est à 4 kil. de celle de Villemonble-Gagny, 19 kil. de la gare de Paris; Chelles est à 1 kil. de la station, 3 kil. de Gournay, 3 kil. de Montfermeil.

On trouve à la station de Chelles des voitures pour : Chelles (10 c.); Brou (30 c.); Vayres (30 c.); le Pin (70 c.); Villevaudé (70 c.); Clayc (70 c.); Juilly (70 c.); Dammartin (70 c.); Gournay (50 c.); Champs (50 c.); Torcy (50 c.).

**Chelles**, bourg de 1700 habitants (canton de Lagny, arrondissement de Meaux, département de Seine-et-Oise), est situé à la gauche du chemin de fer. Une belle avenue y conduit. Ses environs offrent d'agréables promenades; mais il n'a rien d'intéressant que ses souvenirs.

« Le voisinage des forêts a souvent, dit l'abbé Lebeuf, donné occasion à nos rois de bâtir auprès des maisons de plaisance. Dès les temps de la première race, ils avaient choisi le lieu dit en latin *kala* ou *cala*, nom qui peut venir de *kal*, qui a signifié chez les anciens un abatis d'arbres, et par conséquent un lieu défriché et essarté, ils avaient, dis-je, choisi ce lieu pour se reposer dans les parties de chasse qu'ils faisaient dans les bois situés au côté septentrional de la Marne, à l'orient de la ville de Paris. Soit qu'il y eût un village en ce lieu dès auparavant, ou qu'il n'ait commencé à se former que depuis la destination faite par Clovis ou autre, il fut qualifié par la suite de *villa regalis*. Mais, au vi° siècle, on ne l'appelait simplement que *cala civitatis Parisiacæ villa*, *villa cala*. »

Cette *villa regalis* fut au vi° siècle le théâtre de crimes qui la feront vivre éternellement dans la mémoire des hommes. Déjà, en 580, Frédégonde y avait obtenu de Chilpéric l'arrestation de son dernier fils, Clovis. Ce prince, conduit enchaîné à Noisy, sur l'autre rive de la Marne, y fut assassiné par l'ordre de sa belle-mère. Des messagers vinrent dire au roi que Clovis s'était percé lui-même de son épée; l'imbécile Chilpéric les crut et ne pleura pas plus Clovis qu'il n'avait pleuré ses autres enfants. Frédégonde, non contente de ces meurtres, impliqua dans les prétendus maléfices de Clovis sa mère Audowère, qui vivait dans un couvent aux environs du Mans, et fit périr, d'une mort cruelle celle qui avait été sa reine et sa maîtresse. Quatre ans plus tard, elle devait assassiner son mari et son roi.

Frédégonde avait pour amant Landri, maire du palais. Un matin, avant de partir pour la chasse, Chilpéric, traversant un appartement voisin de celui de la reine, la trouva occupée à se laver les mains; comme elle avait la tête baissée et le corps incliné, il lui donna, en plaisantant, un léger coup de baguette par derrière. « Est-ce vous, Landri? dit la reine sans se retourner; le roi est-il donc déjà parti pour la chasse? » Ce fut un trait de lumière pour Chilpéric, qui s'éloigna la rage dans le cœur. Mais à peine était-il parti que Frédégonde envoyait chercher Landri et lui contait de quelle manière elle s'était trahie. La mort du roi fut aussitôt résolue; Chilpéric, descendant de cheval à son retour de la chasse, au commencement de la nuit, tomba frappé de plusieurs coups de *skrama-sax* sous l'aisselle et au ventre. Aussitôt, perdant son sang en abondance, tant par la bouche que par sa double blessure, le Néron, l'Hérode du siècle, comme l'appelle Grégoire de Tours, exhala sa méchante âme. « Il était adonné à la goinfrerie (*gulæ*) et se faisait un dieu de son ventre; en fait de débauche et de luxure, ses actions surpassent tout ce que peut rêver l'imagination. Il passait sa vie à chercher les moyens de nuire à son peuple; il n'aima jamais personne et personne ne l'aima; et, dès qu'il eut rendu l'esprit, tous les siens l'abandonnèrent. » Son corps fut resté privé de sépulture, sans la charité de l'évêque de Senlis, qui l'emmena sur un bateau, par la Marne et la Seine, jusqu'à la basilique de Saint-Vincent (Saint-Germain des Prés), où il l'ensevelit.

De nos jours encore, dans une prairie voisine du chemin de fer de l'Est, on voit une grosse pierre, dite d'abord *Pierre de Chilpéric*, et depuis *Croix de Sainte-Bauteur*. La tradition rapporte qu'à cet endroit même, peut-être même sur cette pierre, Chilpéric tomba mortellement blessé.

Dagobert I$^{er}$, Clovis II, son fils, et, après eux, le jeune Clotaire III, séjournèrent fréquemment dans la villa Regalis des bords de la Marne: ce dernier y mourut et y fut inhumé. Mais cette villa semble avoir été dès lors délaissée par les successeurs de Clotaire III. Cependant on y voit apparaître encore Thierry IV, auquel l'histoire a donné le nom de Thierry de Chelles. Plus tard, au commencement de la dynastie des Capétiens, elle reprend son ancienne splendeur. Robert II, dit le Pieux, y convoqua de fréquentes assemblées d'évêques. Les chroniques du temps font encore mention des audiences particulières qu'y donnaient aux évêques le bon roi Robert et son épouse, la fière Constance de Toulouse. Enfin,

L'abbaye de Chelles, d'après une ancienne gravure.

une charte de Saint-Maur des Fossés, de l'an 1049, est datée du palais de Chelles. Les derniers Capétiens ne partagèrent pas toutefois la prédilection de leurs prédécesseurs pour cette royale demeure. Ils la laissèrent tomber en ruines. Quand le jeune dauphin Charles, régent pendant la captivité de Jean II, son père, passa à Chelles en 1358, il fut obligé de disséminer dans le bourg ses gens de guerre et de se loger lui-même dans l'abbaye royale.

Cette *abbaye*, fondée par sainte Clotilde au commencement du vi° siècle, fut rebâtie, au vii°, par la reine sainte Bathilde, épouse de Clovis II, qui y mourut religieuse, en 680. Elle eut souvent pour abbesses des femmes du plus haut rang, parmi lesquelles il faut citer Hégilwige, mère de l'impératrice Judith de Bavière, et Gisèle, sœur de Charlemagne, qui y fut inhumée. Après avoir subi une foule de vicissitudes, elle fut prise et ravagée par les Anglais en 1358, détruite en partie par la foudre au commencement du xv° siècle, pillée de nouveau par les Anglais en 1429, presque entièrement renversée en 1559 par un horrible ouragan; puis elle se vit encore dirigée, comme à son origine, par des princesses et même par une fille de roi, Marie-Henriette de Bourbon, fille bâtarde d'Henri IV. En 1719, elle eut pour abbesse une fille du régent, Louise-Adélaïde de Chartres, âgée de quatorze ans, laquelle, au dire de sa grand'mère, Élisabeth-Charlotte, avait de vrais goûts de garçon, aimait les chiens, les chevaux, les cavalcades, maniait toute la journée le pistolet et fabriquait des fusées qu'elle s'amusait à tirer. L'église de l'abbaye de Chelles avait été reconstruite dans le xiii° siècle. Dulaure en a fait une longue description. « Il y a, ajoutait-il, trois églises dans l'enceinte de ce monastère. » Ces églises n'existent plus aujourd'hui ; elles ont été détruites depuis la Révolution, avec l'abbaye dont on voit encore quelques débris de bâtiments.

L'*église* de Chelles, consacrée à saint André, s'élève à l'extrémité du bourg sur une terrasse. On y monte par un escalier; le cimetière l'entoure ; elle n'a pas de façade. Sa nef et ses bas côtés ont été reconstruits de 1777 à 1778. On remarque dans la nef un beau Christ en bois. Le chœur, réparé en 1772, est du style gothique (xii° siècle). Des sculptures estimées ornent le maître autel. Le chœur contient en outre quelques bancs sculptés provenant de l'abbaye, et cinq châsses en bois doré et argenté, magnifiquement sculpté, renfermant, entre autres reliques, les corps de sainte Bathilde, de sainte Bertille, dont quelques portions ont été offertes en 1853 par la paroisse, avec l'autorisation de Mgr l'évêque de Meaux, à Sa Sainteté N. S. P. le pape Pie IX, sur sa demande; les corps de sainte Radegonde et de saint Genès, archevêque de Lyon, et le chef de saint Éloy, évêque de Noyon.

-On voit encore dans le trésor de l'église deux chaussures bien conservées de sainte Bathilde, dont M. Grésil, archéologue distingué, a publié le dessin et la description dans la *Revue archéologique* (xii° année).

Une jolie route, agréablement

CHELLES. — LAGNY.        549

ombragée, conduit en 30 minutes (3 kil.) de Chelles à Montfermeil (voir ci-dessus).

Au delà de Chelles, on aperçoit à gauche le clocher de *Brou*, au-dessus des arbres qui cachent l'église. Aux prairies et aux bois de peupliers succèdent des champs. On traverse ensuite une longue tranchée, au sortir de laquelle on longe la rive droite de la Marne, et, avant de s'arrêter à la station de Lagny, on laisse à gauche le village de *Pomponne* (305 hab.), ancien marquisat qui rappelle la chanson où il est question de son curé.

### 6ᵉ STATION. — LAGNY.

*Distances.* Lagny est à : 9 kil. de Chelles, 28 kil. de Paris, 2 kil. de Pomponne, 1 kil. de Thorigny, 2 kil. de

Lagny.

Saint-Thibaut des Vignes, 3 kil. de Montevrain, 2 kil. de Guermantes, 3 kil. de Conches.

On trouve à la station de Lagny de nombreuses voitures de correspondance pour : Annet (50 c.); — Fresnes (50 c.); — Charny (75 c.); Ferrières (50 c.); — Iossigny (1 fr. 25 c. et 75 c.); — Favières (1 fr. 25 c. et 75 c.); — Tournan (1 fr. 25 c. et 75 c.); — Villeneuve-le-Comte (1 fr. 50 c. et 1 fr.); — La Houssaye (2 fr. 50 c. et 2 fr.); — Marle (2 fr. 50 c. et 2 fr.); — Fontenay (2 fr. 75 c. et 2 fr. 25 c.); — Rosoy (3 fr. 50 c. et 3 fr.); — Morcerf (2 fr. 50 c. et 2 fr.); — Lumigny (3 fr. 50 c. et 3 fr.); — Touquin (3 fr. 50 c. et 3 fr.); — Jouy-le-Châtel (4 fr. 50 c. et 4 fr.).

**Lagny** — chef-lieu de canton de l'arrondissement de Meaux (Seine-et-Marne), dont la population se monte à 2716 habitants — est agréablement située sur la rive gauche de la Marne, entre Pomponne et Thorigny. Un vieux pont de bois pittoresque, interdit aux voitures, et un pont de pierre, la relient à la rive droite, près de laquelle est la station du chemin de fer. De charmantes maisons de campagne l'entourent, et les bords boisés de la Marne (rive gauche) y offrent de fort agréables promenades, mais les étrangers qui s'y arrêteront n'auront à y visiter que son *église*. Cette église, située dans la partie supérieure de la ville, a une façade moderne plus que vulgaire, datée de 1847; l'intérieur est le chœur d'une vaste construction gothique commencée dans le XIV° siècle par le gouverneur de la ville, Pierre de La Crique, et demeurée inachevée. Près de cette église et de la mairie, on voit encore quelques débris de l'ancienne *abbaye* fondée au VII° siècle par un gentilhomme écossais, nommé Furcy, qui fut canonisé. Cette abbaye a compté parmi ses protecteurs le galant comte de Champagne, Thibaut IV, qui soupira de si tendres chansons en l'honneur de la reine Blanche, mère de saint Louis.

Lagny, dont les Normands avaient pillé et détruit le monastère rétabli depuis, eut le malheur d'être fortifiée au XIII° siècle. En effet, sous le règne de Charles V, en 1358, elle tomba au pouvoir des Anglais, qui la pillèrent et la brûlèrent; plus heureuse sous Charles VII, elle soutint bravement deux siéges en 1431 et 1432, et força chaque fois les Anglais à la retraite.

Vers le milieu du XVI° siècle, la discorde s'étant mise entre les moines et l'abbé, nommé Jacques Brouillard, celui-ci obtint du roi la permission de faire marcher des troupes contre les moines et contre les habitants qui avaient embrassé leur cause. Nouveau siége, pendant lequel le peuple de Lagny fit des prodiges de valeur. Les assiégeants étaient commandés par le capitaine de Lorges; et, pour lui faire insulte, les assiégés lançaient du haut des murs des sacs pleins d'orge sur lui et sur ses soldats. Le capitaine, furieux, pressa le siége si vivement qu'il parvint à s'emparer de la ville, et fit passer au fil de l'épée tous les hommes en état de porter les armes; les femmes devinrent la proie de la brutalité des soldats. Plus tard, lorsque Lagny se repeupla, on reprocha souvent aux habitants l'illégitimité de leur naissance; pour y faire allusion, les mauvais plaisants avaient adopté cette phrase : *Combien vaut l'orge?* Le peuple de Lagny, peu endurant de son naturel, ne pouvait entendre une pareille question sans entrer aussitôt dans une violente colère. On se jetait sur l'imprudent questionneur, aux cris de *l'orge! l'orge!* on le traînait à une fontaine située près de l'église; on lui faisait faire plusieurs fois le tour du bassin; puis on le plongeait tout habillé dans l'eau, quelle que fût la température. Il ne fallut rien moins que la Révolution pour détruire un usage barbare qui avait souvent occasionné de graves accidents, et dont les magistrats avaient en vain, à plusieurs repri-

ses, tenté de réprimer les excès.
La fontaine portait autrefois cette inscription, qu'on a prudemment fait disparaître :

Siste gradum, Nais, nec amicas desere sedes :
Talibus auspiciis quæ metuenda tibi ?
Vindice te, spernit civis convitia linguæ :
Si quis enim nugax, unda silere docet.

« Arrête-toi, Naïade, n'abandonne pas ces lieux où tu es aimée; sous de tels auspices, qu'as-tu à craindre? Grâce à toi qui le venges, l'habitant méprise l'injure, et si quelqu'un veut faire le mauvais plaisant, ton onde lui apprend à se taire. »

Lagny compte parmi ses illustrations Pierre d'Orgemont, premier

La cathédrale de Meaux.

président du parlement et chancelier de France, sous le règne de Charles V.

Des moulins construits selon le système anglais, une fabrique d'orge perlé, une manufacture d'albâtre, une imprimerie dont les cinq presses mécaniques sont mues par l'eau, tels sont les principaux établissements industriels de la ville de Lagny, qui fait un commerce considérable en grains, farines, fromages de Brie, plâtre, bois, chanvre, bestiaux, volailles, etc.

Nous n'irons pas au delà de Lagny sur cette ligne des chemins de fer de l'Est; nous renverrons à l'*Itinéraire de la France* (Nord, Ouest et Est), par Adolphe Joanne, ou à l'*Itinéraire spécial de Paris à Strasbourg*, les étrangers qui désireraient aller visiter Meaux, ses moulins, sa belle cathédrale et le tombeau récemment ouvert de Bossuet.

D. DE PARIS A NOGENT-SUR-MARNE.

*Embarcadère*. Place de Strasbourg (voir page 536).

8 départs par jour, en semaine, de Paris pour Nogent; 15 départs le dimanche.

La *durée du trajet* est de 30 minutes.

Les prix des places sont ainsi fixés :

| kil. | 1re classe. fr. c. | 2e classe. fr. c. | 3e classe. fr. c. |
|---|---|---|---|
| 9 Noisy......... | 1 » | » 75 | » 55 |
| 13 Rosny......... | 1 25 | » 90 | » 60 |
| 17 Nogent......... | 1 25 | » 90 | » 60 |

Les *billets d'aller et retour* à prix réduits, délivrés aux gares de Paris et de Nogent-sur-Marne sont valables pour tous les trains du jour: 1re classe, 2 fr.; 2e classe, 1 fr. 50 c.; 3e classe, 1 fr.

*N. B.* Les billets d'aller et retour, délivrés le samedi après midi, soit à Paris, soit à Nogent, sont acceptés pour le retour dans la matinée du lundi.

Pour les services des omnibus et des remises, voir page 537.

Le chemin de fer de Paris à Nogent-sur-Marne, inauguré au mois de juillet 1856, est la tête de ligne de la section des chemins de fer de l'Est qui est destinée à relier directement Paris et Mulhouse par Provins, Troyes, Chaumont, Langres et Vesoul. Jusqu'à la station de Noisy-le-Sec (9 kil.), il emprunte, pour l'aller et pour le retour, les deux voies du chemin de fer de Paris à Strasbourg (voir ci-dessus, page 538 et suivantes); mais en quittant la station de Noisy il se sépare de ce chemin, et, inclinant au sud-est, puis au sud, il vient passer à l'est de Rosny.

2º STATION. — ROSNY.

*Distances.* Rosny est à : 4 kil. de la station de Noisy-le-Sec, 13 kil. de la gare de Paris, 5 kil. 400 mèt. de Vincennes, 11 kil. 100 mèt. de Paris, 3 kil. 800 mèt. de Montreuil, 2 kil. de Villemomble.

**Rosny** fait partie du département de la Seine, canton de Vincennes, arrondissement de Sceaux. Sa population se monte à 1200 habitants. Il a donné son nom au fort qui le domine au sud-ouest. L'abbé Lebeuf en parle en ces termes : « Une des vallées les plus agréables du doyenné de Chelles est celle où est situé Rosny: elle a vers le levant la montagne d'Avron, et vers le couchant la vaste montagne qui continue jusqu'à Montreuil ; mais elle tient du terroir de Noisy-le-Sec qui y confine vers le nord-ouest, car elle n'est arrosée d'aucun ruisseau. » Malgré cette description du savant historien du diocèse de Paris, nous ne conseillerons à aucun étranger d'aller explorer la vallée de Rosny, ni de tenter l'ascension des vastes montagnes qui forment cette vallée; cependant, en montant sur le plateau appelé la *pelouse*, on découvre de beaux points de vue. La vallée de la Marne attire surtout l'attention.

L'*église* de Rosny datait du XIIIe siècle ; mais elle menaçait ruine et on vient de la démolir pour en construire une plus solide.

Quand on a quitté la station de Rosny, on traverse la route de terre, puis on croise les routes de Paris à Lagny et à Vitry-le-François avant de s'arrêter à la station de Nogent.

## 2e STATION. — NOGENT-SUR-MARNE.

*Distances.* La station de Nogent-sur-Marne est à : 4 kil. de celle de Rosny, 17 kil. de la gare de Paris. — Nogent-sur-Marne est à : 11 kil. 300 mèt. de Paris, 2 kil. de Fontenay, 4 kil. de Vincennes, 2 kil. 1/2 de Bry-sur-Marne, 5 kil. de Noisy-le-Grand, 4 kil. de Neuilly-sur-Marne, 3 kil. de Joinville-le-Pont.

On trouve à la station de Nogent des omnibus pour le village (gratis en semaine, 10 c. les dimanches et fêtes).

*N B.* Pour les services de voitures de correspondance, que le chemin de fer a établis entre Nogent, Petit-Bry, Noisy-le-Grand, Joinville-le-Pont, Saint-Maur et Neuilly-sur-Marne, voir ces diverses localités.

Le chemin de fer de Paris à Brie-Comte-Robert par Vincennes et la Varenne conduira également à Nogent (voir ci-dessous). Enfin, pour se rendre dans ce village, on peut prendre les omnibus qui partent de la porte Saint-Martin (impasse de la Planchette, rue Saint-Martin, 256), et de la Bastille (boulevard Beaumarchais, 10). Les prix de ces omnibus sont ainsi fixés :

|  | Semaine. | | Dimanches et Fêtes. | |
|---|---|---|---|---|
| De Nogent | Coupé. | Int. ou banq. | Coupé. | Int. ou banq. |
| à Vincennes... | » 35 | » 25 | » 40 | » 35 |
| au Trône...... | » 50 | » 40 | » 75 | » 60 |
| à la Bastille... | » 60 | » 50 | 1 » | » 75 |
| à la porte Saint-Martin.. .... | » 75 | » 60 | 1 25 | 1 » |

Les départs ont lieu toutes les heures, aux 15 m. A partir de 9 h. 15 m. du soir (départ de Nogent) et de 11 h. du soir (départ de Paris), on paye de Nogent à la Bastille ou à la porte Saint-Martin, 1 fr. et 75 c. en semaine, 1 fr. les dimanches et fêtes ; de la porte Saint-Martin à Nogent, 1 fr. 10 c. ; de la Bastille à Nogent, 80 c.

Les dimanches et fêtes, les prix des places de la semaine sont perçus, savoir : en allant vers Paris depuis le matin jusqu'à 3 h. du soir ; en venant de Paris depuis 6 h. du soir jusqu'à la fin du service.

**Nogent-sur-Marne** s'appelait en latin *Novigentum*, *Novientum*, *Novigente.* « On compte en France, dit Dulaure, une vingtaine de lieux qui portent la même dénomination : tous paraissent avoir existé antérieurement à la monarchie française. Leur nom et leur antiquité feraient croire que ces lieux étaient la demeure assignée à ces peuplades de prisonniers étrangers que les Romains introduisirent à diverses époques dans les Gaules, et qu'ils obligeaient à vivre du travail de leurs mains, en défrichant des terrains incultes, peuplades qualifiées, dans la notice des dignités de l'empire, de *lètes* ou *gentils*. On a la certitude qu'il existait aux environs de Paris des *Gentils Sarmates*, dont le préfet résidait dans cette cité, ou sur le territoire parisien : *Præfectus Sarmatarum Gentilium*, lit-on dans cette notice. Il paraît que le nom de Nogent dérive des mots : *Novi gentes*, *novi gentiles*, nouveaux étrangers. » Si les paysans de Nogent-sur-Marne descendent des Sarmates, et sont de race slave, à coup sûr ils ne s'en doutent guère.

Quoi qu'il en soit de cette étymologie, on a lieu de penser que les rois de la première race eurent à Nogent-sur-Marne, ou dans le voisinage, une *manse*. Sous les Carlovingiens, ce pays fut divisé en plusieurs fiefs. Il y eut le fief de *Plaisance*, le fief des *Moineaux*, le fief *du Pereux*, etc. Aujourd'hui encore, on voit, au bas de Nogent, à gauche de la route de Bry-sur-Marne, un beau château, qui s'appelle le château du *Pereux*. Plaisance n'est plus qu'un quartier de Nogent, et le château, après avoir été la demeure des rois capétiens, a fait place depuis longtemps à des maisons particulières. L'*église* actuelle a été bâtie sur le fief des *Moineaux*. Le coteau qui dominait la Marne, au sud de Nogent, s'appelait *Beauté*, sans doute à cause du magnifique panorama qu'on y découvre. On voit de là une partie du bois de Vincennes, la presqu'île de Saint-Maur presque tout entière, Bonneuil, Sucy, Chenevières, Champigny, Bry-sur-Marne, Noisy-le-Grand. Le premier objet qui frappe le regard, quand on le plonge dans la vallée, est le *Moulin de Beauté*, qui portait déjà ce nom au XII° siècle. Au-dessus du Moulin, Charles V fit bâtir un château, *qui est*, dit Christine de Pisan, *un moult notable manoir*. Il affectionnait ce séjour, et quelques chartes de son règne sont terminées ainsi : *Datum in domo nostra Pulchritudinis*. D'autres actes, où l'on se pique moins de latinité correcte, portent : *Bellitas*. Ce fut là que ce prince, en 1378, hébergea l'empereur Charles IV son oncle, qui l'était venu visiter. Il y mourut lui-même, le 16 septembre 1380. Charles VII en fit don à sa maîtresse Agnès Sorel. En 1465, Charles de France, duc de Berry, frère de Louis XI, et en révolte ouverte contre ce monarque, vint s'y loger, et y reçut les députés de la ville de Paris, conduits par l'évêque. Ce château fut démoli au XVI° siècle.

Il existe encore, pourtant, un château de Beauté, qui paraît occuper la place où s'élevait l'ancien. Il est de construction moderne, et ressemble plutôt à une maison qu'à un château. Mais du parc, élevé en terrasse au-dessus de la vallée, on jouit toujours, au moins en grande partie, du magnifique spectacle dont nous parlions tout à l'heure. Ce château est compris aujourd'hui dans le bourg lui-même, qui s'est étendu jusqu'à la porte du bois de Vincennes. Il vient d'être vendu à des spéculateurs qui en dépècent le terrain, et ne tardera pas à faire place à des maisons bourgeoises.

L'une des propriétés de Nogent fut habitée au XVIII° siècle par l'amie de Fontenelle, la marquise de Saint-Lambert. Une autre appartenait en 1721 à l'intendant des Menus, Lefèvre. Le 18 juillet de cette même année, mourait dans la maison de ce Lefèvre un peintre jeune encore ; il n'avait que trente-sept ans. Au chevet du lit, un bon prêtre, le curé de Nogent, dont la tête, aussi joviale que belle, était plus apte à figurer dans un repas de noces que dans un enterrement, faisait de son mieux pour rendre douce au moribond la transition de vie à trépas ; il y mettait d'autant plus de zèle que le peintre était son ami. Tout à coup celui-ci se prit à sourire : « Dieu soit loué,

Le viaduc de Nogent-sur-Marne.

fit le curé, c'est un rayon de la grâce qui vous illumine. — Hélas! non ; je pensais à une foire de village pour laquelle votre physionomie m'eût fourni les traits d'un admirable Pierrot. — Une telle pensée dans un tel moment ! mais je vous la pardonne de grand cœur. — Pardonnez-moi donc aussi l'action, mon père, car vous ne sauriez imaginer tout ce que mon traître pinceau a déjà fait, avec votre figure, de Pierrots, de Gilles et de Pantalons. » Et comme le bon curé, en signe de pardon, lui présentait un crucifix assez grossièrement sculpté : « Otez-moi cette image, s'écria le mourant: comment un artiste a-t-il pu rendre si mal les traits d'un Dieu ? »

Ce peintre était Watteau. On vient de lui élever un monument dans l'église de Nogent.

Nogent-sur-Marne est aujourd'hui un gros bourg de 2600 habitants (département de la Seine, arrondissement de Sceaux), entouré de charmantes maisons de campagne. L'une des plus considérables appartient à M. le maréchal Vaillant, ministre de la Guerre. C'est la première que l'on aperçoit à main droite, en sortant du débarcadère.

La *fête patronale* de Nogent-sur-Marne se célèbre le jour de la Pentecôte.

Nogent a donné son nom à un fort qui le domine au nord, et qui, du reste, est plus rapproché de Fontenay. De la route stratégique, on découvre de beaux points de vue sur le bois de Vincennes et sur la vallée de la Marne.

Immédiatement après Nogent, le chemin de fer traverse la vallée de la Marne sur un viaduc qui sera une des curiosités des environs de Paris. En effet, ce viaduc, long de plus de 800 mètres, bâti en meulière et en granit blanc d'Alsace, se compose de 34 arches, dont 30 ont 15 mètres d'ouverture. Les quatre autres, qui en occupent à peu près le centre, et sont jetées sur la Marne, — très-large en cet endroit, à cause d'une île qui la sépare en deux bras, — ont 50 mètres de hauteur sous clef. L'auteur de ce gigantesque ouvrage mérite d'être connu : c'est M. Pluyette, ingénieur civil.

### Bry-sur-Marne.

*Distances.* Bry-sur-Marne est à 2 kil. 1/2 de Nogent, 13 kil. 800 mèt. de Paris, 3 kil. de Noisy-le-Grand.

Les voitures de correspondance du chemin de fer conduisent à Bry 3 fois par jour en semaine, et 4 fois les dimanches et fêtes; 40 c. le coupé, 20 c. l'intérieur ou la banquette.

Les omnibus de la porte Saint-Martin et de la Bastille (voir ci-dessus *Nogent*) mènent à Bry :

|  | Semaine | | Dimanches et Fêtes | |
|---|---|---|---|---|
|  | Coupé. | Int. ou banq. | Coupé. | Int. ou banq. |
| On paye de Bry | | | | |
| à Nogent...... | » 35 | » 25 | » 40 | » 30 |
| à Vincennes... | » 60 | » 50 | » 85 | » 70 |
| au Trône...... | » 80 | » 65 | 1 05 | » 90 |
| à la Bastille... | » 90 | » 75 | 1 30 | 1 05 |
| à la porte Saint-Martin...... | 1 10 | » 90 | 1 50 | 1 30 |

**Bry-sur-Marne** dépend aussi du département de la Seine, arrondissement de Sceaux. Sa population est de 360 habitants. On l'appelle quelquefois *Petit-Bry*, et beaucoup écrivent *Brie*. On y arrive de Nogent par un pont suspendu sur la Marne, car il est situé le long de la rive gauche de cette rivière. A son extrécité septentrionale est un château sans caractère, mais entouré d'un beau parc de 30 arpents, et dont la situation est charmante. Il appartenait à l'abbé Louis, qui fut le premier ministre des Finances de la Restauration, et il n'est pas encore sorti de sa famille.

Daguerre, l'inventeur du diorama et de la photographie, avait une maison à Bry-sur-Marne. Il fit, pour l'église de de village, un grand tableau qui représente le chœur d'une église gothique. Les lignes, ainsi que les teintes, y ont été si habilement calculées, que le spectateur, quand il est placé au point de vue, croit voir un chœur immense derrière le maître autel, qui prend l'apparence d'un autel à la romaine. On ne découvre ce tableau que pendant les offices. A toute autre heure, un rideau rouge le dérobe à l'œil des curieux, qui obtiennent toutefois la faveur de le voir moyennant une rétribution dont ils fixent eux-mêmes la quotité. On leur présente un tronc qui contient les dons destinés à *l'entretien du tableau et de l'église*, et où ils mettent ce qu'ils veulent.

Daguerre mourut à Bry-sur-Marne le 10 août 1851. Ses amis, ses confrères de la *Société libre des Beaux Arts*, dont il faisait partie, lui ont érigé, par souscription, un monument dans le cimetière du village. Le conseil municipal vota la concession gratuite, et à perpétuité, du terrain où ce monument serait placé. Il a été exécuté par M. Rohault de Fleury, architecte, et consiste en un pilastre tumulaire dressé sur un socle de granit. La partie supérieure du pilastre est ornée du médaillon de l'éminent artiste, sculpté par M. Husson. On lit au-dessous de ce médaillon :

A DAGUERRE,
LA SOCIÉTÉ LIBRE DES BEAUX-ARTS.
MDCCCLII.

Le côté postérieur porte ces deux inscriptions :

SCIENCES ET BEAUX-ARTS.
LE CONSEIL MUNICIPAL DE BRY
A LOUIS-JACQUES-MANDÉ DAGUERRE,
NÉ A CORMEILLE EN PARISIS,
LE 18 NOVEMBRE 1787,
DÉCÉDÉ A BRY,
LE 10 AOUT 1851.

Ce tombeau, peut-être un peu simple, mais de bon goût, a été inauguré par le bureau et un grand nombre de membres de la Société libre des Beaux-Arts, auxquels s'étaient joints le corps municipal, la garde nationale et le curé de Bry, au milieu d'un grand concours d'habitants du pays et des environs, marchant par corporations, avec leurs bannières. Cette cérémonie, aussi honorable pour ceux qui y concoururent que pour l'illustre mort qui en était l'objet, eut lieu le 4 novembre 1852.

L'*église* de Bry ne se recommande d'ailleurs à l'attention que par le tableau dont nous avons parlé. Elle est très-petite et parfaitement laide. Une inscription, placée à l'entrée, vers la gauche, porte qu'elle a été rebâtie en 1610, « à la diligence, et avec la plus grande partie des deniers de M. Jehan Tonnellier, curé de ladite église; » ce qui explique l'extrême simplicité de son architecture.

### Noisy-le-Grand.

*Distances.* Noisy-le-Grand est à 2 kil. 1/2 de Bry-sur-Marne.

Les voitures de correspondance, établies par le chemin de fer, conduisent de la station de Nogent à Noisy-le-Grand (trois départs par jour, pour 50 c. (le coupé), et 30 c. (l'intérieur ou la banquette).

Les omnibus de la porte Saint-Martin et de la Bastille mènent directement de Paris à Noisy. Les prix sont ainsi fixés :

|  | Semaine. | | Dimanches et Fêtes. | |
|---|---|---|---|---|
|  | Coupé. | Int. ou banq. | Coupé. | Int. ou banq. |
| De Noisy | | | | |
| à Perit-Bry... | » 30 | » 25 | » 40 | » 30 |
| à Nogent..... | » 60 | » 50 | » 60 | » 50 |
| à Vincennes.. | » 85 | » 75 | 1 » | » 90 |
| au Trône...... | 1 » | » 90 | 1 25 | 1 10 |
| à la Bastille... | 1 15 | 1 » | 1 50 | 1 25 |
| à la porte Saint-Martin...... | 1 30 | 1 15 | 1 75 | 1 50 |

**Noisy-le-Grand** (1116 habit.) fait partie du département de Seine-et-Oise (arrondissement de Pontoise, canton de Gonesse). Il s'élève presque en face de Neuilly, sur une colline qui domine la rive gauche de la Marne, et d'où l'on jouit d'une vue superbe. On y trouve plusieurs maisons de campagne dont la situation est très agréable. Ce fut dans l'une de ces maisons de campagne que le comte de Beauharnais épousa Joséphine Tascher de La Pagerie L'*église*, d'architecture gothique, a été horriblement replâtrée, sous prétexte de réparations. Le clocher, dont la construction date du XIIe siècle, ne manque pas de caractère.

C'est à Noisy (*Nocetum*) que Frédégonde fit assassiner, en 580, Clovis, le fils de Chilpéric (voir ci-dessus *Chelles*).

**Neuilly-sur-Marne.**

*Distances.* Neuilly-sur-Marne est à 4 kil. de Nogent, 15 kil. de Paris, 3 kil. 1/2 de Villemomble et de Gagny.

Les voitures de correspondance, établies par le chemin de fer, prennent 20 c. de Nogent à Neuilly (quatre départs par jour).

**Neuilly-sur-Marne**, village de 975 habitants, appartient au département de Seine-et-Oise (arrondissement de Pontoise, canton de Gonesse). Il est situé le long de la rive droite de la Marne, sur la grande route de Paris à Strasbourg par Lagny et Coulommiers. Il n'offre rien de remarquable. Son *église*, dédiée à saint Bodille, est ancienne et en assez mauvais état. Quelques piliers du chœur sont du XIIe siècle; le portail date du XIIIe siècle. A 1200 mètres à l'est de Neuilly se trouve *Ville-Évrard*, un ancien fief qui relevait du roi, à cause de la tour et seigneurie de Gournay-sur-Marne. Le château, qui avait été démoli au XVIIIe siècle, est de construction moderne.

C. DE PARIS A LA VARENNE SAINT-MAUR.

Ce chemin de fer, qui se construit en ce moment (août 1856), ne sera inauguré que dans l'été de 1857. Nous ne pouvons donc indiquer ici que son tracé. Il aura son point de départ dans Paris, près de la Bastille. Il sort de Paris entre la barrière de Saint-Mandé et la barrière du Bel-Air, pénètre dans le bois de Vincennes près de la porte de Saint-Mandé, en ressort à peu de distance pour passer en tunnel sous la route de Paris à Vincennes, traverse la plus grande partie de Vincennes dans un souterrain, rentre dans le bois près de l'église, va toucher à Fontenay, puis à la porte de Nogent, en décrivant une grande courbe au fond d'une profonde

# DE PARIS A LA VARENNE SAINT-MAUR.

ranchée ; enfin, après avoir longé Joinville-le-Pont et Saint-Maur, il gagne, par d'autres courbes, la Varenne-Saint-Maur. Il est déjà question de le prolonger jusqu'à Brie Comte-Robert. On trouvera sur notre carte des environs de Paris son tracé exact et celui de sa prolongation projetée.

Des stations seront établies à Saint-Mandé, à Vincennes, à Fontenay, à Nogent, à Joinville-le-Pont, à Saint-Maur et à la Varenne. Nous allons décrire ces diverses localités, en indiquant aux étrangers qui désireraient les visiter les moyens de transport dont ils peuvent se servir actuellement pour s'y rendre.

Les services des omnibus conduisant à Saint-Mandé et Vincennes sont déjà indiqués à la page 107 ; ceux de Nogent-sur-Marne le sont à la page 553. Les omnibus de Fontenay-sous-Bois, de Joinville, de Saint-Maur, de Port de Créteil, de la Varenne, de Champigny et de Chenevières, partent également du boulevard Beaumarchais, n° 10 (Bastille) ou de l'impasse de la Planchette (porte Saint-Martin). Les départs sont très-fréquents ; il y en a 41 par jour pour Joinville. Comme les heures varient souvent, nous renverrons les voyageurs aux affiches spéciales, apposées chaque saison dans ses bureaux par l'administration des omnibus. Nous nous bornerons à indiquer le prix des places.

| On paye de la Bastille à | Semaine. | Dimanc. et Fêtes. |
|---|---|---|
| Fontenay-sous-Bois.. | » 40 | » 70 |
| Joinville............ | » 50 | » 75 |
| Saint-Maur.......... | » 50 | » 75 |
| Port de Créteil...... | » 60 | » 90 |
| La Varenne.......... | » 70 | 1 10 |
| Champigny.......... | » 70 | 1 05 |
| Chenevières......... | » 90 | 1 25 |

| | Semaine. | | Dimanches et Fêtes. | |
|---|---|---|---|---|
| De la porte Saint-Martin à | Coupé. | Intér. | Coupé. | Intér. |
| Fontenay-s.-B. | » » | » 60 | » » | » 90 |
| Joinville...... | » 75 | » 60 | 1 15 | » 90 |
| Saint-Maur.... | » 75 | » 60 | 1 15 | » 90 |
| Port de Créteil. | » 85 | » 70 | 1 40 | 1 15 |
| La Varenne... | » 95 | » 90 | 1 50 | 1 30 |

*N. B.* Toutes ces voitures correspondent à la Bastille avec les omnibus, moyennant un supplément de 20 c.

La route de Paris à Vincennes a été décrite à la page 108. On trouvera à la même page la description de Vincennes, et à la page 120 celle du bois auquel Vincennes a donné son nom.

Au sortir de Vincennes, c'est-à-dire un peu au delà du fort Neuf, la route se bifurque. Le bras de droite conduit à travers le bois à Joinville-le-Pont et à Saint-Maur, en passant devant les Minimes ; celui de gauche mène directement à Nogent. A 800 mètres environ, sur la gauche, s'ouvre la route départementale qui va aboutir à Fontenay-sous-Bois.

*N. B.* Les piétons qui veulent aller de Vincennes à Fontenay doivent prendre l'allée partant du cours Marigny, près du bal d'Idalie, presque parallèlement à la route des voitures.

### Fontenay-sous-Bois.

*Distances.* Fontenay-sous-Bois est à : 2 kil. 200 mèt. de Vincennes, 10 kil. 300 mèt. de Paris, 1 kil. 800 mèt. de Nogent-sur-Marne, 2 kil. 500 mèt. de Montreuil, 3 kil. de Joinville-le-Pont.

**Fontenay-sous-Bois** (1600 hab.) est un village du département de la Seine (arrondissement de Sceaux), agréablement situé au nord-est du bois de Vincennes, sur une colline du haut de laquelle on peut mesurer toute l'étendue de ce bois. C'est donc *Fontenay-sur-le-Bois* qu'on devrait dire, et on le disait effectivement au siècle dernier. L'habitude de dire et d'écrire Fontenay-sous-Bois est un abus que rien ne justifie.

Ce nom de Fontenay vient de *fontaine*. Des sources abondantes jaillissent du coteau de Fontenay. Le roi Charles V en fit arriver les eaux dans des abreuvoirs qu'il fit construire au château de Beauté. Les conduits passaient à travers le village, et le roi exempta les habitants du droit de prise et des impôts qui se levaient pour la chasse aux loups, à condition qu'ils entretiendraient et nettoieraient ces conduits. Quand le château de Beauté fut détruit, Vincennes profita des eaux de Fontenay. Aujourd'hui, elles se distribuent entre Fontenay, Nogent-sur-Marne, Vincennes et Montreuil. Le point de départ se trouve au-dessus du village, à gauche de la route qui va de Fontenay à Nogent, et qui passe devant le fort.

Avant la Révolution, Fontenay, avec son territoire, appartenait, pour la plus grande partie, à l'église Notre-Dame de Paris. Le reste avait été donné par Louis le Gros, à l'abbaye de Saint-Victor. L'abbé y avait droit de justice. Il existe une ordonnance de Charles VI (22 juin 1399), qui l'autorise à faire dresser dans le bois de Vincennes une potence. En 1680, l'abbé de Saint-Victor siégea, en qualité de seigneur de Fontenay, à l'assemblée réunie pour rédiger la coutume de Paris.

L'*église* de Fontenay ne date guère que de la première moitié du XVIe siècle. C'était déjà une reconstruction, puisque le clocher paraît être du XIIe, ou, tout au plus, du XIIIe. Elle vient d'être réparée à grands frais et avec beaucoup de soin par M. Naissant. Le collatéral méridional (le portail excepté) a été entièrement rebâti. Le vitrail placé au fond du chœur représente la Foi, l'Espérance et la Charité. C'est une des plus jolies églises et des mieux tenues qu'on puisse voir aux environs de Paris. Elle est dédiée à saint Germain d'Auxerre.

La *fête patronale* de Fontenay-sous-Bois se célèbre le dimanche qui suit la Saint-Germain (31 juillet).

En allant de Fontenay-sous-Bois à Nogent-sur-Marne, par la route stratégique qui passe près du fort de Nogent-sur-Marne, on découvre de beaux points de vue.

Nogent a été décrit ci-dessus (voir page 553).

Au sortir du bois de Vincennes, après avoir laissé à droite la redoute de la Faisanderie, on arrive à Joinville-le-Pont.

### Joinville-le-Pont.

*Distances.* Joinville-le-Pont est à : 3 kil. 700 mèt. de Vincennes, 4 kil. de Charenton, 11 kil. 300 mèt. de Paris, 2 kil. de la porte de Nogent, 3 kil. de Fontenay-sous-Bois, 1 kil. de Gravelle, 1 kil. de Saint-Maur, 2 kil. de Port de Créteil, 3 kil. 500 mèt. de Champigny.

Le pont jeté sur la Marne, au

sud-est du bois de Vincennes, s'appelait jadis le pont Olins, *pons Olini*. Il y avait là, du côté du bois, à l'entrée de la presqu'île formée par la Marne, un hameau qui s'étendait jusqu'à Saint-Maur; il n'en était séparé que par une rue qui s'appelait et qui s'appelle encore aujourd'hui rue Beaubourg. Ce hameau dépendait de la paroisse de Fontenay-sous-Bois, dont l'éloignement n'était pas sans inconvénients. En 1669, les maisons les plus voisines de Saint-Maur furent réunies à cette paroisse; les autres le furent à leur tour un peu plus tard, en 1693. Ce hameau portait encore, au commencement du xix<sup>e</sup>

Entrée du canal de Saint-Maur.

siècle, le nom de *la Branche du pont de Saint-Maur*.

En 1790, quand fut mis à exécution le décret de l'assemblée Constituante qui divisait la France en départements, les départements en districts, et les districts en communes, les habitants de la *Branche* eurent lieu de craindre qu'on ne les réunît à Saint-Maur. C'était effectivement ce qu'il y avait de plus raisonnable à faire. Mais une vieille antipathie, qu'il serait assez difficile d'expliquer, et qui, aujourd'hui même, n'est peut-être pas entièrement détruite, leur faisait regarder cette réunion comme le plus grand des malheurs. Le vicomte de Mirabeau, frère puîné du grand orateur, celui que les Mémoires, les chansons et les caricatures du temps appellent *Mirabeau Tonneau*, vint à leur secours. Il habitait une maison de campagne — située au delà de la rivière — qu'on nommait et qu'on nomme encore *le Poulangis*. Il obtint, grâce au crédit tout-puissant de son frère, que *la Branche du pont de Saint-Maur* formât une commune séparée.

Cependant les habitants n'étaient encore satisfaits qu'imparfaitement; à la vérité, ils ne disaient jamais que *la Branche* pour désigner leur commune : mais le nom odieux de Saint-Maur faisait toujours partie de leur appellation officielle. Ils surent habilement profiter de la révolution de 1830. Ils demandèrent au nouveau roi l'autorisation de prendre le nom de son troisième fils. Louis-Philippe, flatté dans son affection paternelle, leur accorda cette grâce, et *la Branche du pont de Saint-Maur* arbora fièrement le nom de *Joinville-le-Pont*, qu'elle porte aujourd'hui.

Joinville-le-Pont fait partie du département de la Seine, arrondissement de Sceaux. Sa population se monte à 1000 habitants. Il est situé sur la rive droite de la Marne. Un pont de pierre le relie à la rive gauche. Un espace vide, orné de gazon et planté d'arbres, sépare la commune en deux parties. Ces arbres et ce gazon couvrent la voûte sous laquelle passe le canal Saint-Maur.

Le **canal Saint-Maur** prend son origine à l'est et à 240 mètres au-dessous du pont de Saint-Maur, traverse le coteau par un souterrain de 600 mètres de longueur, et se termine à la sortie de ce souterrain par un vaste bassin de 314 mètres de longueur. « Ce canal, dit M. Ernest Grangez dans son *Précis historique et statistique des voies navigables de la France*, rachète 13 kilomètres de rivière. Il a été exécuté aux frais de l'État, moyennant une dépense approximative de 3 millions. Il a été livré à la navigation le 10 octobre 1825. La longueur du canal, comprise dans le département de la Seine, est, entre ses deux embouchures dans la Marne, de 1115 mètres. La pente est en étiage de $4^m,30$; elle est rachetée par une écluse d'un seul sas à talus perreyés. La longueur de ce sas est de $84^m,25$, sa largeur de $7^m,80$; sa chute a $3^m,75$, ce qui donne $0^m,55$ pour la pente que prennent les eaux dans leur trajet. Mais, par suite des concessions de chutes d'eau faites à l'industrie et de consommations abusives, cette vitesse est notablement dépassée et portée presque constamment au double. »

La clef de voûte du souterrain est à $8^m,25$ au-dessus du plan d'eau d'étiage.

La traction des bateaux s'opère, comme sur la rivière, au moyen de chevaux. Un chemin de halage de 3 mètres de largeur bordé sous la voûte un des côtés du canal. On peut donc traverser à pied le souterrain dans toute sa longueur.

Des renseignements produits par les ingénieurs, il résulte que le tonnage des marchandises qui ont emprunté le canal Saint-Maur, en 1853, se répartit ainsi :

*A la descente* : Marchandises transportées par bateaux, 52045 tonnes. — Marchandises transportées sur trains, 2607 tonnes. — Bois en trains, 105 637 tonnes.

*A la remonte :* Marchandises transportées par bateaux, 8142 tonnes. — Total, 168 779 tonnes.

Le nombre total des tonnes n'avait été que de 141 333 en 1852, et de 107 628 en 1851.

Pour Gravelle et Saint-Maurice, voir ci-dessous *Chemin de fer de Lyon.*

### Le Poulangis, Champigny, Champignolles.

En débouchant du pont de Saint-Maur, sur la plaine de la rive gauche, on trouve à sa gauche **Le Poulangis**, cette maison de campagne dont nous avons parlé ci-dessus. Elle a aujourd'hui une fort belle apparence, ayant été récemment restaurée et habillée de neuf. Un assez grand parc s'étend par derrière jusqu'à la rivière. Elle appartient à M. Chapsal, jadis grammairien, à présent maire de Joinville, et, si l'on en croit ses administrés, trois ou quatre fois millionnaire.

Au delà du Poulangis on aperçoit, à un plan beaucoup plus éloigné, et presque entièrement caché par les beaux arbres qui l'entourent, le château de *Cœuilly*. A gauche sont les derniers débris de l'ancien domaine du *Tremblay*. Puis on arrive à **Champigny**, charmant village, coquettement assis au bord de la Marne, vis-à-vis de l'extrémité du parc de Saint-Maur. Un pont, construit en 1843, réunit les deux rives, et fait communiquer Champigny avec Champignolles. C'est le nom que l'on donne à quelques maisons qui se trouvent groupées sur ce point.

Champigny, qui est très-ancien, posséda longtemps un château, à l'époque où les châteaux étaient des forteresses. Quand on vous aura dit que ce château fut pris vers 1418 par les *Armagnacs* qui massacrèrent la garnison et tous les habitants du village tombés sous leur main, vous saurez toute l'histoire de Champigny.

Champigny appartient encore au département de la Seine, arrondissement de Sceaux. Il est à 14 kil. 600 mèt. de Paris, à 3 kil. de Joinville-le-Pont, à 2 kil. 1/2 de Bry-sur-Marne, à 2 kil. de la Varenne. Sa population se monte à 1610 hab.

### Saint-Maur-les-Fossés.

*Distances.* Saint-Maur-les-Fossés est à : 11 kil. 700 mèt. de Paris, 1 kil. de Joinville-le-Pont, 4 kil. 400 mèt. de Charenton-le-Pont, 1 kil. 1/4 de Pont de Créteil, 2 kil. de Créteil, 2 kil. 1/2 d'Adamville, 3 kil. 1/2 de la Varenne-Saint-Maur, 5 kil. de Chenevières.

**Saint-Maur-les-Fossés** fait aussi partie du département de la Seine, arrondissement de Sceaux. Sa population s'élève à 2000 hab. environ; il est agréablement situé sur la rive droite de la Marne, à moins de 800 mèt. de la rive gauche : car, après avoir passé devant Saint-Maur, la Marne contourne une vaste presqu'île et revient presque au même point.

Comme nous l'avons dit ci-dessus, le canal Saint-Maur, qui rachète 13 kil., n'a que 1115 mètres.

*Fossatus* est le nom qui est donné à ce lieu dans les plus anciens titres. On semble donc autorisé à croire que c'est par un fossé qu'il a d'abord été remarquable. Mais que pouvait être ce fossé? A quelle époque fut-il creusé? Et dans quel but?

Si l'on s'en rapportait à un moine du XIe siècle, auteur d'une Vie de saint Babolein, Jules César, pour contenir les Parisiens, aurait fait construire une forteresse dans la presqu'île formée par la Marne, au sud-est de Lutèce, et lui aurait donné pour défense un fossé, un canal, coupant l'isthme dans toute sa largeur, comme fait aujourd'hui le canal de Saint-Maur. Ce moine parle de grandes pierres taillées à la romaine qu'on y trouvait encore de son temps. Le fort s'appelait, selon lui, *Castra Bagadaurum*, parce que les soldats qui en formaient la garnison portaient le nom de Bagaudes.

Nous aurions laissé de côté cette fable, si quelques écrivains plus modernes ne l'avaient point répétée. Elle est d'ailleurs fondée sur des faits réels, comme presque toutes les fables.

Quant aux pierres de taille qui excitent l'admiration du moine historien, une inscription trouvée sur l'une d'elles indique très-clairement à quelle sorte d'édifice elles ont appartenu (Voir page 108).

Pour ce qui regarde le nom de *Castra Bagadaurum*, qui, en effet, a été donné assez souvent à la presqu'île de Saint-Maur, il est certain que, sous l'empereur Dioclétien, les paysans de la Gaule, réduits à la plus affreuse misère par les vices de l'organisation sociale d'alors, et poussés par les violences du fisc aux dernières extrémités, se réfugièrent dans les bois, s'armèrent, se donnèrent deux chefs, nommés Ælianus et Amandus; ils se répandirent dans la Gaule comme un torrent dévastateur; et, après avoir assiégé, pris d'assaut et détruit presque complétement la ville d'Autun, ils furent battus et dispersés par le César Maximien; puis les plus aguerris, se voyant poursuivis par les troupes romaines, se réfugièrent enfin dans la presqu'île formée par la Marne, où ils soutinrent un long siège, et où ils périrent tous. Ils avaient pris le nom de Bagaudes du mot *Bagad*, qui, en langue celtique, signifiait bande insurgée, et leur meilleure défense a dû être un fossé creusé d'une rive de la Marne jusqu'à l'autre.

Cela se passa vers l'an 286 après J. C. En 451, les bords de la Marne furent encore le théâtre d'un épouvantable massacre. Une foule de malheureux, fuyant devant les hordes d'Attila, y avaient cherché un asile. Les Huns les égorgèrent tous. Comme ils étaient chrétiens, et que leurs bourreaux ne l'étaient pas, on en fit naturellement des martyrs, et la terre qu'ils avaient arrosée de leur sang devint, pour les survivants, l'objet d'une vénération qui se transmit d'âge en âge.

Un diacre de l'église de Paris, nommé Blidégisile, imagina, dans le siècle suivant, de consacrer ces souvenirs par un établissement durable. Il obtint du roi Clovis II la concession de toute la presqu'île, puis il y fit bâtir une église et un monastère au bord de la Marne, sur le versant septentrional du plateau intérieur, dans une agréable position. Saint Babolein fut le premier abbé de ce monastère, qui, d'ailleurs, ne prit pas de grands développements pendant les deux premiers siècles. On l'appelait l'abbaye des Fossés. Il n'y était pas encore question de saint Maur, dont les reliques étaient conservées dans le monastère de Glanfeuil, en Anjou.

Au commencement du IX° siècle, l'abbaye des Fossés tombait déjà en ruines; Begon, comte de Paris, la reconstruisit en 816, dans les premières années du règne de Louis le Débonnaire, qui la prit sous sa protection.

En 861, sous le triste règne de Karle, ou Charles le Chauve, une armée de pirates normands remonta la Seine, et s'établit, en quartiers d'hiver, le long de la Seine, jusqu'à Melun, et à l'embouchure de la Marne. L'abbaye des Fossés fut un de leurs cantonnements.

Ils en furent chassés l'année suivante. Mais d'autres Normands occupaient la Loire, la Sarthe, la Mayenne, et faisaient de l'Anjou un désert. Les moines de Glanfeuil avaient fui devant eux, emportant les reliques de saint Maur leur patron, et se trouvaient sans asile. En 868, Charles le Chauve leur donna pour retraite l'abbaye des Fossés, et l'évêque de Paris, qui s'appelait Énée, y porta processionnellement la châsse du saint.

Les Normands l'en délogèrent encore sous Louis le Bègue, et détruisirent de nouveau l'abbaye. Elle fut rétablie en 920. Mais la discipline monastique s'y relâcha rapidement, et, sous Hugues Capet, vers la fin du X° siècle, on fut obligé d'en expulser les moines, devenus beaucoup trop mondains. Ils furent remplacés par des religieux de l'ordre de Cluny.

A dater de cette réforme, ce monastère fut en grande vénération, et saint Maur passa pour faire des miracles. « La sécheresse de 1137, dit l'abbé Lebeuf, engagea Étienne, évêque de Paris, de concert avec l'abbé Asselin, à faire porter en procession le corps de saint Maur, et par ce moyen on obtint de la pluie. »

Cela étant, on ne s'étonnera pas que la châsse de saint Maur ait attiré, dans les siècles suivants, un grand concours de dévots. Le docte abbé que nous venons de citer en apporte pour preuve un procès que les moines firent, sous le règne de Charles VI, à trois habitants du bourg qui s'était formé peu à peu dans le voisinage du monastère, et qui en avait pris le nom, qu'il a conservé. Ces trois habitants vendaient aux pèlerins des chandelles votives et des images de plomb, et les religieux prétendaient au monopole de ce petit commerce. Ils furent déboutés de leur demande.

C'est à Saint-Maur-les-Fossés que, le 29 octobre 1465, trois mois après la bataille de Montlhéry, Louis XI signa, avec ses grands vassaux révoltés, le traité qui mit fin à la *Ligue du bien public*.

Au XVI° siècle, l'abbaye de Saint-Maur fut mise en *commende*, c'est-à-dire que la dignité abbatiale fut transférée à un ecclésiastique séculier, avec les revenus du couvent. Saint-Maur eut deux abbés commendataires, François Poncher, évêque de Paris, et, après lui, son successeur, Jean du Bellay. Celui-ci obtint, en 1533, du pape Clément VII, la réunion du monastère à l'évêché. Il fut donc transformé en collégiale, et les religieux de Saint-Maur se virent remplacés par neuf chanoines, dont le neuvième fut François Rabelais, docteur en médecine. On sait que l'auteur de

*Gargantua* et de *Pantagruel* resta longtemps attaché, en qualité de médecin, au cardinal du Bellay, qui ne cessa jamais de s'intéresser à ce puissant et bizarre génie. Il vint s'installer à Saint-Maur, en habit de bénédictin, vers 1537 ou 1538. Il dit de cette résidence, dans une lettre au cardinal de Châtillon, que c'est un « paradis de salubrité, aménité, sérénité, commodité, délices, et tous honnêtes plaisirs d'agriculture et de vie champêtre. » Et, quand il fit paraître son troisième livre, qui est le deuxième du *Pantagruel*, il le signa : *François Rabelais, docteur en médecine, et calloier des îles Hyères*. Les îles Hyères désignaient assez clairement la presqu'île de la Marne où il séjournait alors.

Le cardinal du Bellay avait fait abattre le logis abbatial, et construire à la place, par Philibert Delorme, un élégant palais, d'architecture italienne, qui devint son séjour favori. Eustache du Bellay, son successeur, le vendit, avec les terres qui en dépendaient, à Catherine de Médicis, qui l'agrandit par des constructions nouvelles. Il servit plus d'une fois de maison de plaisance à Charles IX et à Henri III. Il devint, en 1598, la propriété de Charlotte-Catherine de La Trémouille, veuve du prince Henri de Condé, l'aïeul du héros de Rocroi. Jusqu'à la Révolution il continua d'appartenir aux princes de Condé, qui en firent, par des embellissements successifs, une habitation magnifique. Le parc, qui dominait la Marne et sa pittoresque vallée, était un des plus beaux que l'on pût voir. Il ne reste plus rien aujourd'hui de ces grands travaux, ni du château lui-même, dont l'entretien aurait anéanti les revenus d'un simple particulier.

Quoique l'abbaye de Saint-Maur eût été transformée en collégiale, le saint ne perdit rien de son crédit. En 1628, sa tête, qu'on avait enfermée dans une châsse d'argent, fut dérobée par d'adroits voleurs, et ne put être retrouvée qu'un an plus tard, dans un champ situé près de Saint-Mandé. On la reconnut à trois rouleaux de parchemin qui étaient restés dans ses cavités. Malgré cet accident, on ne crut pas moins que par le passé à la puissance miraculeuse de saint Maur. Il guérissait tous les maux en général, et plus particulièrement l'épilepsie. C'est le 24 juin de chaque année que sa gloire brillait de l'éclat le plus vif. Ce jour-là on exposait ses reliques, et on disait en son honneur une messe solennelle. Les moines l'avaient longtemps célébrée au point du jour. Les chanoines, renchérissant sur leurs devanciers, la célébrèrent à minuit. Le savant abbé que nous avons déjà cité plus d'une fois donne sur les ébats auxquels se livrait, à cette occasion, la superstition populaire, des détails curieux.

« ... Pendant quatre heures que duraient les Matines et la grand'messe de minuit, on n'entendait que des cris et des hurlements continuels, de malades ou prétendus tels, des deux sexes, que six ou huit hommes promenaient, étendus sur leurs bras, tout autour de la chapelle de Saint-Maur. Les malades criaient de toutes leurs forces : *Saint Maur, grand ami de Dieu, envoyez-moi santé et guérison, s'il vous plaît.* Les porteurs faisaient encore plus de bruit, en criant : *Du vent! du vent!* et des personnes charitables éventaient les malades avec leurs chapeaux. D'autres criaient : *Place au malade! gare le rouge!* parce qu'on prétend que cette couleur est contraire aux épileptiques. Quand un malade avait répété trois fois de suite sa prière, on le comptait guéri, et l'on criait : MIRACLE! MIRACLE! Enfin, c'était un vacarme si grand que l'on n'entendait point le clergé chanter, et qu'il se formait trois ou quatre différents chants dans les différentes parties de l'église. Pendant cette nuit, il y avait de petits marchands de bougies et d'images, des mendiants de toute espèce, des vendeurs de tisane qui criaient : *A la fraîche! à la fraîche!...* Et, après la grand'-messe, qui finissait vers les deux heures, les pèlerins et pèlerines les plus sages couchaient dans l'église, sans se gêner sur leurs petits besoins; les autres allaient passer la nuit dans les cabarets ou aux Marionnettes, ou bien à la danse. »

M. de Vintimille, archevêque de Paris, plus sensé que ses prédécesseurs, interdit la messe nocturne et défendit aux chanoines d'ouvrir leur église avant quatre heures du matin.

Il n'existe plus aujourd'hui aucun vestige de cette église, si longtemps célèbre. Elle fut démolie vers le milieu du siècle dernier, après que le chapitre de Saint-Maur eut été transféré à Paris, et réuni à celui de Saint Louis du Louvre. Il n'y a plus aujourd'hui à Saint-Maur d'autre édifice religieux que la petite *église* paroissiale, située sur la place d'Armes, à côté de la Mairie. Le chœur est d'architecture ogivale, et ne manque pas d'élégance. Il fut construit au XIII° siècle. La nef, beaucoup moins élevée, n'a aucun caractère. Elle eut dû évidemment être remplacée par une nef nouvelle, proportionnée au chœur, et du même style.

La *fête patronale de Saint-Maur-les-Fossés* se célèbre le 3° dimanche de juillet.

**Port de Créteil, Adamville, la Varenne-Saint-Maur, Chenevières, Ormesson.**

**Port de Créteil**, situé à 1 kil. de Saint-Maur, était autrefois un hameau bâti au bord de la Marne, au sud de Saint-Maur, et presque vis-à-vis du village de Créteil, qui s'élève de l'autre côté de la rivière. On passait d'une rive à l'autre au moyen d'un bac. Le bac a été remplacé par un pont. L'espace qui séparait Port de Créteil de Saint-Maur s'étant peu à peu couvert de jolies maisons de campagne, ces deux villages se touchent aujourd'hui.

A quelques pas de Port de Créteil, était autrefois un petit bois, qui porte, sur les anciens plans, le nom de *bois Guimier*. Il n'en reste plus aujourd'hui que quelques bouquets d'arbres. Le propriétaire de ce bois, après en avoir abattu la plus grande partie, y a tracé des rues, qu'il a baptisées du nom de ses enfants, — il y a la rue Léon, la rue Lucie, la rue Joséphine, etc., — puis il a divisé et vendu par lots le terrain traversé par ces rues nouvelles. Au centre il a dessiné une place, et, sur cette place, il a bâti une petite église. Sa spéculation lui a parfaitement réussi. Un grand nombre de jolies maisonnettes garnissent déjà ces rues nouvelles, et le commerce, attiré par la présence des consommateurs, y a fondé quelques établissements. C'est un village tout neuf, qui est sorti de terre en quelques années, village propre, élégant, coquet, tiré au cordeau, situé à 2 kil. 1/2 de Saint-Maur. Le fondateur, qui est un M. Adam, l'a nommé **Adamville**; mais on ne sait pas encore si ce nom recevra la consécration administrative.

Une allée de peupliers sépare Adamville de **la Varenne-Saint-Maur** (3 kil. 1/2 de Saint-Maur), le groupe de maisons de campagne qui occupent l'extrémité de la presqu'île. Les propriétaires de ce territoire ont imité M. Adam, et l'on y voit déjà quantité de maisonnettes, les unes en construction, les autres achevées et habitées. Toutes sont destinées à des bourgeois qui viennent, le dimanche, s'y délasser du travail et de la bruyante agitation de Paris. A la Varenne, comme à Adamville, vous ne trouverez aucune habitation de paysan.

Il n'en était pas ainsi autrefois. la Varenne, au moyen âge, était un hameau peuplé de cultivateurs, qui furent longtemps serfs de l'abbaye de Saint-Maur. Une église avait été bâtie dans le voisinage, sous l'invocation de Saint-Hilaire. Au siècle dernier, le duc Louis de Bourbon la fit abattre pour agrandir son parc, puis il la remplaça par une autre, qui fut construite un peu plus loin. Il n'en reste plus aucun vestige.

La rive opposée à la Varenne (on y arrive par un bac) est dominée par une colline assez escarpée, aux flancs de laquelle on voit suspendues, l'une au-dessus de l'autre, deux maisons de campagne de très-belle apparence. Un chemin à la pente rapide passe entre ces deux maisons, et aboutit au village de **Chenevières** (Seine-et-Oise), qui occupe le sommet de ce riche coteau. De là on jouit d'une vue magnifique. On a sous ses pieds la double vallée de la Marne, venant de Champigny, après avoir quitté Joinville, et coulant vers Créteil et Charenton. Le regard plane sur la presqu'île de Saint-Maur, que l'on découvre tout entière, et dont on pourrait tracer le plan. Au delà de Saint-Maur on aperçoit le bois de Vincennes et son donjon, puis les grands monuments de Paris, Notre-Dame, le Panthéon, etc. A l'horizon se dessinent l'Arc de Triomphe de la barrière de l'Étoile et le mont Valérien, dont on distingue à l'œil nu les principaux détails, quand le ciel est pur. C'est un admirable tableau, supérieur au panorama si vanté de Saint-Germain.

Au sud-ouest de Chenevières on trouve, au bout d'une belle avenue, le *château d'Ormesson*, édifice bâti de pierres et de briques, dans le style simple et noble du XVIIe siècle. Ce qu'il offre de plus remarquable, c'est qu'il s'élève du milieu d'une pièce d'eau. Il n'est pas grand; mais le parc qui en dépend est très-étendu.

Embarcadère du chemin de fer de Lyon (vue extérieure).

## 5. LE CHEMIN DE FER DE LYON.

### DE PARIS A FONTAINEBLEAU.

*Embarcadère.* A Paris, boulevard Mazas.

12 *départs* par jour pour Fontainebleau. Service spécial de banlieue de Paris pour Brunoy. Pour les heures de départ, consulter les *Indicateurs de la semaine.*

La *durée du trajet* est de 1 h. 28 m. de Paris à Fontainebleau par les trains directs, de 1 h. 55 m. par les trains omnibus.

Les *prix des places* sont ainsi fixés :

| kil. | Stations. | 1re cl. fr. c. | 2e cl. fr. c. | 3e cl. fr. c. |
|---|---|---|---|---|
| 5  | Charenton........ | » 50 | »    | » 30 |
| 7  | Maisons-Alfort... | » 60 | »    | » 40 |
| 15 | Villeneuve-St-G... | 1 70 | 1 25 | » 90 |
| 18 | Montgeron....... | 2 »  | 1 50 | 1 10 |
| 22 | Brunoy.......... | 2 45 | 1 85 | 1 35 |
| 25 | Combs-la-Ville... | 2 90 | 2 20 | 1 60 |
| 31 | Lieusaint........ | 3 45 | 2 60 | 1 90 |
| 38 | Cesson.......... | 4 25 | 3 20 | 2 35 |
| 43 | Melun........... | 5 05 | 3 80 | 2 75 |
| 51 | Bois-le-Roi...... | 5 70 | 4 30 | 3 15 |
| 59 | Fontainebleau... | 6 60 | 4 95 | 3 65 |

A dater du 1er juillet 1856, des billets d'aller et retour ont été délivrés aux conditions suivantes :

|  | Semaine. | | Dimanches et Fêtes. | |
|---|---|---|---|---|
|  | 1re cl. fr. c. | 3e cl. fr. c. | 1re cl. fr. c. | 3e cl. fr. c. |
| De Paris à |  |  |  |  |
| Charenton..... | » 70 | » 40 | 1 » | » 60 |
| Maisons-Alfort. | » 80 | » 50 | 1 20 | » 80 |

De Paris aux gares ci-dessous, et de chacune de ces gares à Paris, on paye pour l'aller et le retour :

|  | 1re cl. fr. c. | 2e cl. fr. c. | 3e cl. fr. c. |
|---|---|---|---|
| Villeneuve-St.-G..... | 2 10 | 1 60 | 1 20 |
| Montgeron.......... | 2 50 | 1 90 | 1 40 |
| Brunoy............. | 3 10 | 2 30 | 1 70 |
| Combs-la-Ville...... | 3 60 | 2 70 | 2 » |
| Lieusaint........... | 4 30 | 3 30 | 2 40 |
| Cesson ............. | 5 30 | 4 » | 2 90 |
| Melun .............. | 6 30 | 4 70 | 3 50 |
| Bois-le-Roi ......... | 7 10 | 5 30 | 3 90 |
| Fontainebleau...... | 8 20 | 6 20 | 4 50 |
| Thomery........... | 8 90 | 6 70 | 4 90 |
| Moret-Saint-Mammès. | 9 60 | 7 20 | 5 30 |
| Montereau......... | 11 » | 8 20 | 6 » |

*Observations.* Les billets d'aller et

retour, à prix réduits, sont valables pour quarante-huit heures ; ceux délivrés dans la journée du samedi sont valables, pour le retour, jusqu'au lundi inclusivement ; ceux délivrés la veille des jours de fêtes légales sont également valables, pour le retour, jusqu'au lendemain de ces jours.

Les billets d'aller et retour ne peuvent servir que pour les lieux de départ et de destination qu'ils indiquent. Ils donnent droit de circuler dans tous les trains, à l'exception des trains express. Les voyageurs qui descendent à une station située au delà de celle pour laquelle ils ont pris leur billet, payent, à leur arrivée, le supplément de parcours, au prix du tarif ordinaire.

*Trains de plaisir.* Tous les dimanches, l'administration du chemin de fer de Lyon fait, en outre, partir un train de plaisir de Paris pour Fontainebleau.

On part de Paris à 9 h. du matin et on arrive à Fontainebleau à 10 h. 30 m.

On repart de Fontainebleau à 9 h. du soir et on arrive à Paris à 10 h. 25 m.

Les prix des places sont ainsi fixés :

1re classe, 6 fr. ; 2e classe, 4 fr. 50 ; 3e classe, 3 fr. 50 c.

*Omnibus spéciaux dans Paris.* Rue Saint-Antoine, 217, place de la Bastille ; place Saint-Sulpice, 12 ; rue Bonaparte, 59 ; rue Rambuteau, 8 ; rue de Rivoli, 136 ; rue Croix-des-Petits-Champs, 43 ; rue Notre-Dame-des-Victoires, 22, aux Messageries impériales ; rue de Provence, 47, à l'Administration centrale du chemin de fer de Lyon ; boulevard de Strasbourg, 2.

Le chemin de fer de Paris à Lyon a été inauguré (la section de Paris à Tonnerre) le 9 septembre 1849 par l'État, qui avait dû, le 17 août 1848, se substituer à la première compagnie adjudicataire. Un décret du 5 janvier 1852 l'a depuis concédé à la Compagnie qui l'exploite aujourd'hui. Comme nous ne nous occupons ici que de la section de Paris à Fontainebleau, nous renverrons à l'*Itinéraire de Paris à Lyon* les voyageurs curieux de connaître l'histoire de ce chemin, sa situation actuelle et ses projets pour l'avenir.

*L'embarcadère du chemin de fer de Lyon* est situé sur le boulevard Mazas à l'extrémité de la rue de Lyon ouverte par la ville de Paris pour le mettre en communication directe avec la Bastille, éloignée d'un kil. environ. Il a été construit sur les plans de M. Nicolle. Les dessins que nous en publions nous dispensent de le décrire ; nous constaterons seulement que la halle couverte à 220 mèt. de longueur sur 42 mèt. de largeur, et que les rails sont, à leur point de départ, de 38 mèt. 75 au-dessus du niveau de la mer, soit 12 mèt. environ au-dessus du niveau ordinaire de la Seine.

Au sortir de l'embarcadère on entre dans la gare proprement dite (ateliers et gare des marchandises). Les terrains seuls de Paris à Charenton (52 hect.) ont coûté 10 millions. La gare des voyageurs et les établissements accessoires dans Paris contiennent 21 hectares, les établissements de Bercy 12 hectares, et les voies jusqu'à la Marne 19 hectares : total, 52 hectares.

A l'extrémité de Bercy, que le chemin de fer coupe en deux parties (voir page 123), on laisse à droite le chemin de fer de ceinture avant de sortir des fortifications. Bien que les talus de la tranchée dans laquelle on est renfermé soient très-élevés, on aperçoit à gauche le château de Bercy (voir page 125). On laisse ensuite à droite le village de **Conflans**, situé à 1 kil. des fortifications, 2 kil. 1/2 de la barrière de la Rapée, 1 kil. du pont de Charenton, entre Bercy et Charenton, sur un coteau qui domine la Seine et la Marne, au confluent de ces deux rivières (d'où lui vient son nom).

Conflans n'est guère connu dans notre histoire que par le traité qu'y signa Louis XI avec Charles le Téméraire et ses autres grands vassaux révoltés sous le prétexte du Bien public, mais faisant en effet la guerre civile, et ravageant le pays pour augmenter leur pouvoir et accroître leurs domaines.

Ce fut probablement la belle situation de ce village qui décida le choix de l'archevêque de Paris, François de Harlay de Champvalon, quand ce prélat jugea à propos de se bâtir une maison de campagne

Embarcadère du chemin de fer de Lyon (vue intérieure.)

dans le voisinage de sa métropole. Il y acheta du duc de Richelieu un vieux château qu'il fit reconstruire et disposer à son goût, et aussi, probablement, au goût de Mme de Lesdiguières. En effet leur intimité connue de tout le monde, et presque avouée, fut un des plus grands scandales de leur époque. Il y mourut le 6 août 1695, et les médisants du XVII° siècle prétendirent que son successeur y avait trouvé une armoire remplie de chaussures féminines, donnant sans doute à imaginer la figure qu'avait dû faire le vertueux cardinal de Noailles en découvrant cette collection.

Quoi qu'il en soit de ce détail, il est certain que l'archevêque Harlay de Champvalon avait une réputation détestable. Mme de Maintenon, dont on connaît l'extrême réserve, assure, dans une lettre, que l'on n'obtenait plus ni cure ni vicariat dans le diocèse de Paris que par l'intermédiaire de Mme de Lesdiguières, dont il fallait payer l'intercession. Et Mme de Coulanges, après avoir annoncé à Mme de Sévigné l'événement du 6 août, termine ainsi : « Il s'agit maintenant de trouver quelqu'un qui se charge de l'oraison funèbre... On prétend qu'il n'y a que deux petites bagatelles qui rendent cet ouvrage difficile : la vie et la mort. »

Le château de Conflans, si l'on peut l'appeler château, a continué de servir aux retraites des archevêques de Paris jusqu'à la Révolution. M. de Quélen le racheta en 1824; mais, le 13 février 1831, un service célébré à Saint-Germain l'Auxerrois en l'honneur du duc de Berry, et annoncé avec peu de prudence, fit éclater une violente émeute qui se propagea jusqu'à Conflans. La *villa* archiépiscopale fut envahie, dévastée, et tout le mobilier en fut détruit. Depuis ce temps, une communauté de religieuses y a été établie.

Au delà de Conflans le chemin de fer, toujours enfermé dans une profonde tranchée, entre la Seine à droite et la route de Paris à Lyon à gauche, passe sous de nombreuses voies de communication avant de s'arrêter à la station de Charenton.

1re STATION.—CHARENTON-LE-PONT. —LES CARRIÈRES.—SAINT-MAURICE. —GRAVELLE.

*Distances.* La station de Charenton est à : 5 kil. de la gare de Paris. Charenton est à : 7 kil. 300 mèt. de Notre-Dame, 3 kil. de la barrière de Charenton, 4 kil. de la barrière de la Rapée, 3 kil. de Bercy, 4 kil. 500 mèt. de Créteil, 4 kil. de Joinville-le-Pont, 2 kil. 500 mèt. de Maisons-Alfort, 3 kil. de Saint-Mandé, 4 kil. 500 mèt. de Vincennes par la route, 3 kil. du château par le bois, 3 kil. de Gravelle et du canal Saint-Maur.

Des *omnibus*, qui partent du boulevard Beaumarchais, n° 10, conduisent de Paris à Charenton.

| | En semaine. | Dimanches et Fêtes. |
|---|---|---|
| On paye : | | |
| De la Bastille à Bercy. | » 30 | » 40 |
| — Carrières. | » 30 | » 60 |
| — Charenton | » 30 | » 50 |
| De Bercy à Charenton. | » 20 | » 30 |
| — à la Bastille. | » 30 | » 30 |
| De Charenton à Bercy. | » 20 | » 40 |
| — à la Bastille. | » 30 | » 40 |

Après 8 h. du soir, on paye de la Bastille à Charenton et *vice versa*, 50 c. et 65 c.; de la barrière de Charenton à Charenton, 30 c. et 35 c. Enfin, il y a un départ de minuit 10 m. avec des prix plus élevés.

D'autres omnibus font un service régulier entre la barrière de Charenton, où conduit la lettre R, partant du faubourg Saint-Honoré et passant par la rue de Rivoli et la Bastille.

| | En semaine. | Dimanches et Fêtes. |
|---|---|---|
| On paye de la barrière à | | |
| Charenton........ | » 20 | » 30 |
| Saint-Maurice..... | » 30 | » 40 |
| Gravelle et Joinville. | » 40 | » 50 |

**Charenton-le-Pont**, chef-lieu de canton de l'arrondissement de Sceaux, département de la Seine, se compose de plusieurs groupes d'habitations autrefois séparés, aujourd'hui réunis, appelés Conflans, les Carrières et Charenton. Saint-Maurice et Gravelle ont fait autrefois partie de la même commune;

1. Ce prix est réduit à 30 c. (sans correspondance) depuis le matin jusqu'à 3 h. du soir, pour aller de Charenton à Paris seulement, et depuis 6 h. du soir jusqu'à 9 h. du soir, pour aller de Paris à Charenton.

depuis 1842 ils ont une existence distincte. La population de Charenton-le-Pont dépasse 4000 hab.; celle de Saint-Maurice s'élève à près de 3000.

Les *Carrières* sont les premières maisons que l'on rencontre après Conflans. Leur nom dit assez comment cette partie du coteau fut longtemps exploitée. On arrive ensuite à la plus ancienne partie du bourg, à celle qui avoisine le pont jeté sur la Marne, et mettant Paris en communication avec la Brie; elle s'appelle, encore aujourd'hui, *Charenton-le-Pont*. Si l'on continue à remonter le cours de la Marne, on trouve une suite presque continue de maisons de campagne, de moulins et d'usines, qui prennent successivement le nom de *Saint-Maurice* et celui de *Gravelle*.

Saint-Maurice, qui comprend la maison pour le traitement des aliénés (voir ci-dessous), s'étend jusqu'à l'extrémité méridionale du canal de Saint-Maur. Il possède là d'importantes usines métallurgiques, et plusieurs moulins appartenant à M. Darblay. Deux prises d'eau assez considérables, pratiquées aux dépens du canal, donnent à ces grands établissements le mouvement et la vie.

C'est une agréable promenade d'aller de la barrière de la Râpée au canal Saint-Maur en suivant la rive droite de la Seine, puis la rive droite de la Marne; la distance est de 7 kil. 1/2.

L'origine de Charenton se perd dans la nuit des temps. L'administration romaine a dû sentir de bonne heure le besoin de réunir Lutèce et Melodunum (Melun), que la Marne séparait. L'hypothèse qui lui attribue le premier pont en bois jeté sur cette rivière un peu au-dessus de son embouchure est donc parfaitement raisonnable. Des monuments manuscrits du VII° siècle désignent ce pont par le nom de *pons Carentonis*.

Telle est l'importance de sa position qu'il a été, depuis son origine jusqu'à nos jours, le but de plus d'une entreprise militaire, et le théâtre de maint combat. Il fut rompu vers 865 par les Normands. En 1358, le dauphin, duc de Normandie, qui fut depuis Charles V, après s'être tenu, pendant trois mois, loin de Paris, où dominait Étienne Marcel, s'en rapprocha tout à coup, s'empara du pont, s'établit aux *Carrières*, et intercepta tous les arrivages de la Marne et de la haute Seine. Sous le règne de Charles VII, Charenton appartint longtemps aux Anglais, comme toute cette partie de la France. Mais Paris secoua leur joug odieux le 13 avril 1436. Leur prévôt, Simon Morhier, qui avait couru de la Bastille à Charenton pour tâcher de conserver ce poste, fut arrêté et livré par ses propres soldats[1], et le pont fut occupé par le capitaine de Corbeil, qui appartenait à l'armée royale. Il fut encore pris, en 1465, par les princes révoltés contre Louis XI, et, en 1567, par les calvinistes. En 1590, Henri IV l'enleva aux soldats de la Ligue après un violent combat, malgré une grosse tour qui en défendait la tête. Il n'y avait, dit-on, dans cette tour, que dix Parisiens, qui résistèrent pendant trois jours à toute une armée. Henri fit abattre la tour à coups de

1. Henri Martin.

canon, et pendre les dix Parisiens. Ces détails sont peu vraisemblables; mais il est certain que le poste de Charenton fut pris, et que Paris bloqué souffrit bientôt toutes les horreurs de la famine.

Au commencement des guerres de la Fronde, le 8 février 1648, le prince de Condé, qui, la veille, était venu camper à Vincennes, enleva Charenton aux troupes parisiennes, après un combat assez vif, où Châtillon, l'un de ses amis les plus chers, fut blessé à mort. Il fit couper deux arches du pont, pour gêner l'approvisionnement de Paris, et abandonna cette position, n'ayant pas des forces suffisantes pour la garder. Les Frondeurs rétablirent aussitôt le passage par un pont-levis.

Dulaure assure que ce pont fut reconstruit en 1714. Il devrait alors expliquer pourquoi les quatre arches du milieu sont en bois, au lieu d'être en pierre comme le reste. L'aspect de ce monument, le peu d'ouverture des arches et la forme des piliers, attestent une origine beaucoup plus ancienne. Tout porte à croire que Dulaure a pris pour une construction nouvelle une simple réparation.

Au mois de février 1814, l'armée du prince de Schwarzenberg ayant pénétré d'un côté jusqu'à Fontainebleau, de l'autre jusqu'à Guignes, on construisit quelques défenses en avant du pont de Charenton, et divers historiens rapportent que les élèves de l'école d'Alfort résistèrent vaillamment à l'ennemi, derrière ces barricades, dans la journée du 30 mars. Il y a à cela une petite difficulté : en effet, l'ennemi, qui s'empara du pont de Charenton dans la soirée de ce jour néfaste, y était arrivé par Fontenay-sous-Bois, Nogent-sur-Marne, et le bois de Vincennes. Il le prit à revers. Si les élèves d'Alfort échangèrent avec lui quelques coups de fusil, leur résistance ne pouvait avoir pour effet que de concentrer les Autrichiens autour de Paris. Il n'y eut donc sur ce point qu'une échauffourée sans but, et qui n'eut d'ailleurs aucune conséquence.

Charenton-Saint-Maurice fut longtemps célèbre par le temple des protestants, dont Henri IV avait autorisé l'érection en vertu de lettres patentes du 1er août 1606. Grand sujet de colère pour les catholiques ! Ils y mirent le feu en 1621. Les protestants le relevèrent en 1623, mais sur des proportions bien plus vastes. Jacques de Brosse en fut l'architecte. « Il y avait, dit l'abbé Lebeuf, deux rangs de galeries à appui, une petite lanterne sans cloche, surmontée par un globe. L'édifice était un carré oblong percé de trois portes, éclairé par 81 croisées en trois étages. Il avait de longueur 104 pieds dans œuvre, et 66 pieds de largeur. Les murs étaient épais de trois pieds et demi. » Cet édifice devait ressembler prodigieusement à une caserne. L'abbé Lebeuf ajoute qu'il y tenait 14 000 personnes, ce que l'on n'a aucune peine à croire après avoir lu sa description. Ce fut là que les calvinistes tinrent leurs synodes, tant qu'il leur fut permis de s'assembler. En 1671 le fanatisme catholique essaya de nouveau d'y mettre le feu pendant la nuit. Les calvinistes se plaignirent au Parlement, qui informa, ou plutôt qui fit semblant d'informer, puisque l'affaire n'était pas encore terminée en 1685, quand Louis XIV révoqua l'édit de Nantes. Nous n'avons pas besoin d'ajouter que le temple ne survécut pas longtemps à l'édit. On n'y laissa pas pierre sur pierre, et les matériaux furent donnés à l'hôpital général de Paris. On fit cadeau du terrain à des religieuses. En 1701, le cardinal de Noailles y établit une communauté de Bénédictines.

Longtemps auparavant, en 1642, un contrôleur des guerres, appelé Sébastien Leblanc, avait donné à des frères de la Charité une maison et un clos de vigne sis à Charenton-Saint-Maurice, pour former un hôpital de douze lits destiné aux malades en général, et, plus

Établissement pour le traitement des aliénés à Charenton-Saint-Maurice.

particulièrement, aux aliénés. Telle est l'origine du vaste établissement qu'on y admire aujourd'hui. Cette maison, réunie, à l'époque de la Révolution, à la direction générale des hôpitaux de Paris, prit bientôt des accroissements considérables. Elle fut partagée en deux divisions, affectées, l'une aux malades ordinaires de Charenton et des communes environnantes, l'autre aux infortunés privés de raison.

Les bâtiments, situés au bord de la Marne, dominés par une colline, par conséquent très-humides, étaient d'ailleurs assez mal disposés et peu appropriés à leur destination. Après 1830, on résolut de les reconstruire. Une somme de cinq millions fut à cet effet votée par les chambres. L'hôpital quitta bientôt la vallée. De vastes bâtiments en arcades, couverts de toits aplatis, à la manière italienne, couronnèrent bientôt la colline, et l'on vit s'élever au centre une sorte de temple grec, qui est la chapelle de l'établissement. On a critiqué, avec assez de raison, le choix de l'emplacement. Il est certain que l'inégalité du terrain a commandé des travaux dispendieux et rend le service pénible. Si l'on eût reculé un peu l'édifice, il se serait trouvé au milieu du bois de Vincennes, dans un isolement complet, dans une atmosphère plus saine et sur un plan horizontal. Mais il aurait fallu renoncer à la vue de cette pittoresque vallée de la Marne, dont la contemplation doit exercer sur des imaginations malades une salutaire influence.

Une description détaillée de cet utile établissement nous entraînerait trop loin; mais il en est peu qui méritent autant d'être visités et qui soient plus dignes de l'intérêt du voyageur. On y est admis deux fois par semaine, le jeudi et le dimanche.

La *fête patronale* de Charenton se célèbre le deuxième dimanche de juillet et le premier dimanche de septembre.

Près du pont de Charenton on trouvera plusieurs cafés et restaurants (Baillet, restaurateur, café Tartié, etc.).

En quittant la station de Charenton, le chemin de fer franchit la Marne entre le confluent de cette rivière avec la Seine et le pont de Charenton. Le pont sur lequel il passe se compose de cinq arches en fonte séparées par une île en deux parties, l'une de deux arches, longue de 70 mètres, l'autre, de trois arches, longue de 84 mètres.

Ce pont franchi, — on y découvre de jolis points de vue, — on croise la route de Paris à Lyon, on laisse à gauche Alfort et son école vétérinaire, puis le fort de Charenton, au delà duquel est établie la station de Maisons-Alfort.

## 2ᵉ STATION. — MAISONS-ALFORT.

*Distances.* La station de Maisons-Alfort est à : 2 kil. de celle de Charenton, 7 kil. de la gare de Paris. Maisons-Alfort est à : 2 kil. 500 mèt. de Charenton, 9 kil. 800 mèt. de Paris, 2 kil. de Créteil. Alfort est à : 2 kil. de Maisons, 4 kil. de Créteil, 1 kil. du pont d'Ivry.

On trouve à la station de Maisons-Alfort des voitures pour Créteil; 9 départs par jour.

**Alfort**, village situé à l'extrémité du pont de Charenton, sur la rive gauche de la Marne, des deux côtés de la grande route de Paris à Melun, est une dépendance, au point de vue administratif, de la commune de Maisons, laquelle, pour cette raison, s'appelle officiellement Maisons-Alfort. Il n'est remarquable que par son *École vétérinaire*, magnifique établissement, fondé par Bourgelat en 1766, et dont l'utilité n'a pas besoin d'être démontrée. C'était, dès l'époque de sa création, une école *royale*, et ce titre lui fit, dit-on, courir quelques dangers au début de la Révolution. Mais la Convention en vit si bien tout le prix, qu'elle exempta de la loi du recrutement les élèves et les professeurs. L'empereur Napoléon Iᵉʳ la reconstitua et accrut son importance. Une ordonnance royale de 1826 lui donna quelques développements nouveaux.

Le nombre des élèves est ordinairement de 250, parmi lesquels on compte 40 élèves militaires qui, leurs études terminées, sont placés dans nos régiments de cavalerie et d'artillerie avec le titre de sous-aides vétérinaires et le grade de maréchaux des logis. Les autres, quand ils sortent avec honneur de l'épreuve des examens, obtiennent le diplôme de médecin-vétérinaire. Il faudrait n'avoir jamais habité la campagne pour ignorer tous les services qu'ils y rendent.

On suit, dans cette école, des cours de chimie, de physique, de botanique, d'anatomie, de pathologie interne, de thérapeutique et de chirurgie, — toutes ces sciences restreintes, on le comprend sans peine, à l'application spéciale qu'en doivent faire les élèves. Il y a même un cours de *jurisprudence vétérinaire.*

L'École d'Alfort est aussi un hôpital pour les chevaux et les chiens malades, qui sont soignés par les élèves sous la direction des professeurs. La pension d'un cheval est de 2 fr. 50 c. par jour, et celle d'un chien, de 60 c. Il y a donc de vastes écuries et un chenil. On y a joint une porcherie et un troupeau de divers animaux, qui s'accroît de tous les individus de race étrangère importés en France par les soins de l'administration.

Un beau jardin botanique est annexé à l'École, avec quelques champs affectés à la culture de diverses plantes céréales et fourragères.

Nous n'avons pas l'espace nécessaire pour parler en détail de la machine hydraulique qui amène l'eau de la Marne dans l'établissement, ni des curieuses collections qu'on y trouve, ni des salles de dissection, ni du laboratoire de chimie, ni de la chapelle. Mais tout cela mérite d'être vu.

« Mayeul, abbé de Cluny, ayant rétabli la régularité dans l'abbaye de Saint-Maur-les-Fossés, vint trouver le roi Hugues Capet à Paris, et le pria de subvenir aux besoins de ces religieux, en leur accordant quelques terres voisines de leur monastère. Ce prince fit à l'instant expédier une charte par laquelle il donnait à cette communauté la seigneurie d'un village appelé *Mansiones*, avec les prés, les terres, les moulins, les pacages, les eaux et leur cours, et les serfs; de plus, les deux églises du lieu.... chargeant les moines de prier Dieu pour lui, la reine son épouse, et leur fils Robert.... »

Ce passage de l'abbé Lebeuf prouve l'ancienneté de Maisons-Alfort et du nom par lequel on le désigne; il jette une vive lumière sur la situation des paysans du $x^e$ siècle; il explique à merveille l'empressement que l'on avait alors à se faire moine. L'abbé de Saint-Maur eut une demeure à *Mansiones* ou Maisons. Il en était le seigneur; il y avait droit de justice. Il y créa plusieurs fiefs, et il faut croire que l'un de ces fiefs tomba dans le domaine royal, puisqu'un château y fut bâti par François I$^{er}$ ou Henri II. Diane de Poitiers l'habita quelque temps, après la mort de son royal amant; mais on en chercherait en vain la trace aujourd'hui.

Maisons-Alfort fait partie du département de la Seine, arrondissement de Sceaux; sa population se monte à 2000 hab.; sa *fête patronale* se célèbre le dimanche de la

Trinité et le 1er dimanche d'octobre. *Charentonneau* et le *château Gaillard* dépendent de la commune.

### Créteil.

Créteil est à : 4 kil. d'Alfort, 4 kil. 500 mèt. de Charenton, 2 kil. 1/4 de Maisons, 1 kil. de Port-de-Créteil, 3 kil. de Bonneuil, 11 kil. 900 mèt. de Paris.

Les omnibus du boulevard Beaumarchais conduisent à Créteil pour 60 cent. en semaine et 70 cent. les dimanches et fêtes (8 départs par jour).

Les voitures de correspondance du chemin de fer font 9 fois par jour le trajet entre Maisons-Alfort et Créteil, et *vice versa* (pour 20 cent. en semaine et 25 cent. les dimanches et fêtes).

Le village de **Créteil**, qui se trouve situé près de la rive gauche de la Marne, sur la route de Paris à Bâle, fait partie du département de la Seine, arrondissement de Sceaux; il a 1600 hab. environ. Sa *fête patronale* se célèbre le 1er juillet. C'est un village fort ancien, mais peu intéressant à visiter. Son nom latin fut *Vicus Christoïlus* ou *Christoïlum*, et la légende veut qu'il ait eu la gloire de voir périr une foule de saints martyrs. Ce qu'il y a de positif, c'est qu'il existe encore aujourd'hui une charte de l'an 900, où Charles le Simple confirme des donations faites à une église de Saint-Christophe, située dans le village de *Christoïlum*. Vers la fin du même siècle, la terre de Créteil appartenait, comme bien d'autres, au chapitre de Notre-Dame de Paris. Un vieil historien raconte que le roi Louis, septième du nom, y ayant soupé et couché, avec sa suite, aux frais des habitants, serfs du chapitre, les chanoines lui fermèrent au nez, le lendemain, les portes de la cathédrale, et ne l'y reçurent qu'après qu'il eut pris l'engagement de payer toute la consommation qu'il avait faite.

Créteil, l'an 1547, cessa, en vertu d'un échange, d'appartenir au chapitre, et devint la propriété des archevêques de Paris. Ils y firent bâtir un beau château, qui existe encore.

L'*église* de Créteil est ou plutôt *était* fort ancienne (XIIIe siècle), car on vient d'en démolir une partie pour la reconstruire. « Il y a sous le chœur, dit Lebeuf, une crypte ou voûte soutenue par quatre colonnes délicates du XIIIe siècle, dans laquelle il reste encore un grand cercueil de pierre rempli d'ossements, que M. le cardinal de Noailles fit fermer, en 1697, à l'endroit de l'ouverture par laquelle les peuples avaient pris de ces reliques. »

Créteil n'est qu'à une très-petite distance de la Marne, et un pont de bois, jeté sur cette rivière en 1840, le met en communication avec Port-de-Créteil et Saint-Maur (voir ci-dessus, page 567).

A 3 kilomètres de Créteil, à gauche de la route de Bâle, se trouve **Bonneuil** (300 hab., département de la Seine), charmant village, construit au bord d'un petit bras de la Marne, appelé le *Morbras*, qui forme ce qu'on appelle *l'île Barbière*; il est remarquable surtout par l'agrément de sa position; on y découvre de beaux points de vue, et on remarque dans son voisinage un beau château moderne, qui a longtemps appartenu au général Marbot, aide de camp du roi Louis-Philippe. L'*église* date du XIIIe siècle.

Pour Boissy-Saint-Léger et Grosbois, voir ci-dessous.

Les omnibus du boulevard Beaumarchais conduisent de Paris à Bonneuil pour 80 c. la semaine et 1 fr. les dimanches et fêtes (6 départs par jour). Les voitures de correspondance du chemin de fer mènent à Bonneuil pour 30 cent. la semaine et 40 cent. les dimanches et fêtes.

Au delà de Maisons-Alfort, le chemin de fer court en ligne directe, en inclinant un peu au sud-est, parallèlement à la route de terre de Paris à Genève, qu'il longe pour ainsi dire sur sa gauche, dans une plaine fertile, mais peu pittoresque. La Seine coule à droite, à une distance qui varie de 500 mètres à 2000 mètres; sur sa rive gauche, souvent animée par les convois du chemin de fer d'Orléans, on aperçoit Ivry, Vitry, Choisy-le-Roi. Sur la gauche, s'élèvent les coteaux boisés qui portent Valenton, Limeil et Boissy-Saint-Léger. Au delà de la route de Choisy, on sort du département de la Seine pour entrer dans le département de Seine-et-Oise. On se rapproche de la Seine avant de s'arrêter à la station de Villeneuve-Saint-Georges.

### 1ʳᵉ STATION. — VILLENEUVE SAINT-GEORGES.

*Distances.* Villeneuve-Saint-Georges est à : 8 kil. de Maisons-Alfort, 15 kil. de la gare de Paris, 8 kil. de Charenton, 11 kil. de Notre-Dame, 13 kil. de Lieusaint, 10 kil. de Grosbois, 2 kil. de Crosne, 2 kil. 1/2 de Montgeron, 3 kil. de Limeil, 4 kil. de Valenton, 7 kil. de Boissy-Saint-Léger.

On trouve à la station de Villeneuve-Saint-Georges des voitures de correspondance pour Draveil, par Château-Frayé et par Vigneux (6 départs par jour, 30 cent. en semaine et 50 cent. les dimanches et fêtes); et pour Boissy-Saint Léger, par Valenton, Limeil et Brévannes (6 départs par jour, mêmes prix).

**Villeneuve-Saint-Georges** (Seine-et-Oise, arrondissement de Corbeil, canton de Boissy-Saint-Léger) est très-agréablement situé sur la rive droite de la Seine, à l'embouchure de la rivière d'Yères et au pied d'un charmant coteau, dont le point culminant atteint 132 mètres. Un pont suspendu d'une seule arche le met en communication avec la rive gauche du fleuve, sur laquelle on aperçoit, à plus de 2 kilomètres, Villeneuve-le-Roi (voir *Chemin de fer d'Orléans*).

Villeneuve-Saint-Georges est très-ancien, malgré le nom qu'il porte. Du temps de Charlemagne, *Villanova* appartenait à l'abbaye de Saint-Germain. Le long coteau, à l'extrémité méridionale duquel il est bâti, était, comme aujourd'hui, planté de vignes, dont les religieux consommaient le produit. Sous la monarchie féodale, Villeneuve, qui avait joint à son nom celui de son patron saint Georges, sans avoir cessé, pour cela, d'appartenir à l'abbaye de Saint-Germain, devait le gîte au roi de France une fois par année, et un dîner pour son avénement. Malheureusement pour ce village, il était sur la route de la forêt de Sénart, où la cour allait chasser de temps en temps. Il faut croire que le droit de gîte fut exigé plus souvent que de raison, puisqu'en 1407 le roi Charles VI, touché des plaintes de ces pauvres gens, les exempta pour toujours de cette redevance.

A partir de là, l'histoire de Villeneuve-Saint-Georges n'offre plus rien de remarquable jusqu'à l'année 1589. Des soldats de la Ligue, qui s'y trouvaient alors, forcèrent un jour, dit-on, le curé du lieu à baptiser des veaux et des cochons, en les qualifiant de carpes et brochets. C'était un vendredi, et leur conscience leur défendait de faire gras; mais le sacrement si ingénieusement appliqué arrangeait tout; quiconque aurait douté de son efficacité eût été immédiatement déclaré hérétique et traité comme tel. Ces violences sacrilèges furent dénoncées au duc de Mayenne, qui répondit : « Prenons patience, j'ai besoin de ces drôles pour vaincre le tyran. »

En 1652, le duc Charles IV de Lorraine, ayant établi son camp dans le bois qui sépare Yères de Valenton, se disposait à franchir la Seine à Villeneuve-Saint-Georges. Les Frondeurs lui avaient déjà envoyé, de Paris, une assez grande quantité de bateaux pour y faire un pont. S'il eût réussi, il aurait joint son armée de 8000 hommes à celle de la Fronde, que commandait le prince de Condé, lequel, alors, se serait trouvé assez fort pour accabler l'armée royale. Turenne, qui, en ce moment, défendait la cour, aperçut ce danger et sut le prévenir. Il passa la Seine à Corbeil, traversa rapidement la forêt de Sénart, vint se poster à l'angle formé par le confluent de l'Yères et de la Seine, et offrit la bataille au duc. Les troupes du roi, dit le cardinal de Retz, auraient eu sûrement l'avantage; « parce que les Lorrains n'avaient pas assez de terrain. » Mais le duc, à qui Mazarin offrait en ce moment même beaucoup d'argent pour qu'il se retirât, s'empressa de traiter. « On convint, dit le cardinal de Retz, que M. de Lorraine sortirait du royaume dans quinze jours, et des postes où il était dès le lendemain ; qu'il remettrait entre les mains de M. de Turenne les bateaux qui lui avaient été envoyés de Paris, » etc., etc. Turenne, qui venait de s'illustrer par une manœuvre si habile, aurait sans doute préféré un dénoûment moins pacifique.

Au-dessus de Villeneuve-Saint-Georges on aperçoit à mi-côte, et au milieu d'un parc assez étendu, le *château de Beauregard*, ainsi nommé, sans aucun doute, à cause de la belle vue dont on y jouit. Ce château appartint autrefois à Claude Le Pelletier, qui fut contrôleur général des finances après Colbert.

Les environs de Villeneuve-Saint-Georges offrent aux promeneurs un grand nombre d'excursions agréables. On peut aller à Crosne et à Yères en remontant la jolie vallée d'Yères (voir ci-dessous Montgeron); des voitures de correspondance conduisent, au sud-ouest, à Draveil (30 cent. en semaine, 50 cent. les dimanches et fêtes); au nord-est, à Boissy-Saint-Léger (mêmes prix).

### Draveil.

La route de Villeneuve-Saint-Georges à Draveil passe par *Château-Frayé*, belle propriété où, sous le règne de Louis-Philippe, on avait établi une fabrique de sucre de betterave, et par *Vigneux*, hameau de 123 hab. **Draveil** (1614 hab.) est situé à 6 kil. de Villeneuve-Saint-Georges, à 2 kil. 1/2 de Champ-

...gay et à 2 kil. de la rive droite de Seine, en face de Juvisy (voir *chemin de fer d'Orléans*). On y remarque de jolies maisons de campagne. Son beau château appartient à une veuve Séguin. La magnanerie de Sénart et celle de Champrosay dépendent de ce village (voir pour Champrosay le *chemin de fer d'Orléans*).

**Boissy Saint-Léger, le château de Grosbois.**

*Distances.* Boissy-Saint-Léger est à : 1 kil. de Créteil, 17 kil. 3/4 de Paris, 1 kil. de Grosbois, 10 kil. 3/4 de Brie-Comte-Robert, 7 kil. de Villeneuve-Saint-Georges, 6 kil. d'Yères, 3 kil. de Limeil, 4 kil. de Valenton.

Les omnibus du boulevard Beaumarchais conduisent directement de Paris à Boissy-Saint-Léger, par la route de terre, pour 80 c. en semaine et 90 c. les dimanches et fêtes (4 départs par jour).

Les voitures de correspondance du chemin de fer vont de Villeneuve-Saint-Georges à Boissy-Saint-Léger par Valenton, Limeil et Brevannes. — **Valenton** est un village de 584 hab., agréablement situé à 1 kil. de Villeneuve-Saint-Georges, sur une colline d'où l'on découvre de belles vues; il possède de charmantes maisons de campagne. **Limeil-Brevannes** touche à Valenton. On y compte 376 hab. Son église est moderne; ses maisons de campagne sont nombreuses. Il doit son second nom au *château de Brevannes*, dont les jardins ont été dessinés par Le Nôtre. Mme de Sévigné vint souvent passer une partie de l'été à Brevannes, chez Mme de Coulanges, qui y possédait une jolie villa.

**Boissy-Saint-Léger**, l'un des chefs-lieux de canton de l'arrondissement de Corbeil, département de Seine-et-Oise, n'a de remarquable que sa position au sommet d'un coteau d'où l'on aperçoit les tours, les clochers, les dômes de Paris, et le mont Valérien, qui forme le fond du tableau. Sa population se monte à 600 habitants. Au-dessous du village, du côté de Paris, est le *château du Piple*, voisin d'un petit hameau qui porte le même nom. Il a une fort belle apparence, et appartient à l'un des plus riches banquiers de la capitale.

Au sortir de Boissy-Saint-Léger, dans la direction opposée à Paris, la route de Paris à Bâle est bordée, du côté gauche, par un mur qui a deux kilomètres de longueur. C'est le mur du parc de Grosbois, immense trapèze, qui contient 1700 arpents. Au bout de ce mur on trouve une belle grille aux fers de lance dorés. C'est l'entrée du **château de Grosbois**, qu'on aperçoit à l'extrémité d'une longue et large avenue de peupliers. Il est en briques et en pierres, circonstance qui, jointe à son large développement et à la beauté sévère et grandiose de ses lignes, semble prouver qu'il fut construit au commencement du XVIIe siècle. Le seigneur de Grosbois était alors le duc d'Angoulême, fils bâtard de Charles IX, dont la descendance prolongea le nom de Valois jusqu'à nos jours. Son fils, ruiné par ses désordres, fut, dit-on, réduit à fabriquer de la fausse monnaie pour payer ses dettes, et l'on raconte que Louis XIII, étonné de ne le voir jamais, lui ayant demandé un jour ce qu'il pouvait faire à Grosbois, il répondit : « Sire, je n'y fais que ce que je dois. » Au siècle dernier, le comte de Provence fut propriétaire de ce domaine et le réunit à celui de Brunoy. Séparé de Brunoy lors de la Révolution, Grosbois appartint successivement à Barras, au général Moreau qui y fut arrêté en 1804, pour complicité dans l'affaire Cadoudal, et à Berthier, prince de Wagram, dont le fils l'occupe aujourd'hui. C'est une des plus belles demeures aristocratiques qu'il y ait en France.

En quittant Villeneuve-Saint-Georges, on traverse l'Yères près de sa jonction avec la Seine, et on en remonte la rive gauche jusqu'au pied du coteau qui porte le village de Montgeron. Dans ce trajet on découvre sur la gauche de charmants paysages, quand les talus des tranchées n'interceptent pas la vue.

### 4ᵉ STATION. — MONTGERON.

*Distances.* Montgeron est à : 3 kil. de Villeneuve-Saint-Georges, 18 kil. de la gare de Paris, 1 kil. de Crosne, 3 kil. d'Yères, 4 kil. de l'Abbaye.

On trouve à la station de Montgeron des voitures de correspondance pour l'Abbaye, par Crosne et Yères (7 départs par jour; 30 cent. en semaine et 50 cent. les dimanches et fêtes.)

**Montgeron**, en latin *mons Gironis*, n'a guère qu'une rue, et cette rue est la route de Paris à Melun, bordée de maisons à droite et à gauche pendant plus d'un kilomètre. Il appartient au département de Seine-et-Oise (Corbeil, Boissy-Saint-Léger) et couronne le coteau qui fait face à Crosne; il n'a de remarquable que la vue de la jolie vallée d'Yères, mais on y trouve deux beaux châteaux, dont le plus considérable, après avoir appartenu longtemps aux Budée, seigneurs d'Yères, fut possédé, sous Henri IV, par le chancelier de Sillery, et postérieurement, par le marquis de Boulainvilliers, prévôt de Paris. Les jardins en sont magnifiques, et le parc a 80 arpents. L'*église* de Montgeron est très-ancienne, et n'offre d'ailleurs aucun intérêt ; on en élève en ce moment, une nouvelle sur un emplacement dépendant du second château, qui a pour propriétaire M. le comte de Rothembourg. — La population dépasse 1100 habitants.

### Crosne.

*Distances.* Crosne est à : 1 kil. de Montgeron, 2 kil. 1/4 de Villeneuve-Saint-Georges, 2 kil. 1/4 d'Yères, 20 kil. 1/4 de Paris.

**Crosne** se trouve situé sur la rive droite de l'Yères, dans la charmante vallée à laquelle cette rivière a donné son nom. Comme Montgeron, il fait partie du département de Seine-et-Oise, arrondissement de Corbeil (canton de Boissy-Saint-Léger). Sa population n'est que de 271 habitants. Il posséda jadis un château qui appartint successivement à Philippe de Savoisy, chambellan de Charles V, à Olivier le Daim, valet de chambre et conseiller intime de Louis XI, au maréchal d'Harcourt, au duc de Brancas. Ce château a été complétement détruit.

Avant le 19 brumaire, la terre de Crosne fut donnée à l'abbé Siéyès comme récompense nationale; mais M. de Crosne, lieutenant de police, qui en était propriétaire, prouva que ce n'était point une propriété nationale, et la ménagerie de Versailles fut donnée à Siéyès.

Le plus beau titre de gloire de Crosne, c'est d'avoir été la patrie de Boileau. La maison où il est né existe encore, rue Simon, n° 3. On lit au-dessus de la porte cochère ces quatre vers, gravés en lettres d'or sur une plaque de marbre noir :

*Ici naquit Boileau, ce maître en l'art d'écrire.*
*Larga la raison des traits de la satire,*
*Et, donnant le précepte et l'exemple à la fois,*
*En poëte il établit et pratiqua les lois.*

Une charmante route qui longe la rive droite de l'Yères relie Crosne à Yères (2 kilomètres 1/2 environ).

### Yères, l'Abbaye, les Camaldules, La Grange.

*Distances.* Yères est à : 2 kil. 1/4 de Crosne, 4 kil. 1/2 de Villeneuve-Saint-Georges, 1 kil. de l'Abbaye, 2 kil. de Brunoy, 6 kil. de Boissy-Saint-Léger, 3 kil. 1/4 de Montgeron, 22 kil. 3/4 de Paris.

**Yères** (Seine-et-Oise, arr. de Corbeil, canton de Boissy-Saint-Léger, 1094 hab.), est un des plus jolis bourgs des environs de Paris. Propre, élégant, coquet, un poëte dirait qu'il baigne ses pieds dans la petite rivière qui porte son nom, et qui donne la fraîcheur et la vie à cette riante vallée. Nulle part on ne voit de plus charmantes maisons de campagne, ni en plus grande quantité.

Au XIVᵉ siècle, la seigneurie d'Yères appartenait à la maison de Courtenay, branche collatérale de la famille royale qui avait donné des empereurs à Constantinople. Elle passa ensuite aux Budée, dont on ne se souviendrait guère aujourd'hui sans Guillaume Budée, l'un d'eux, qui fut secrétaire de Charles VIII, et devint, par son immense érudition et ses travaux sur la langue grecque, l'un des flambeaux du XVIᵉ siècle. Il n'était pas l'aîné de la famille; mais il avait une jolie petite maison dans le voisinage du château qu'habitait son frère. Il ne reste plus de cette maison que la porte d'entrée, qu'on voit sur la place du village. Elle est flanquée de deux larges tours rondes et construites en briques. On appelle encore aujourd'hui *fontaine Budée* une belle source qui arrosait autrefois le jardin du grand helléniste. On y a gravé son médaillon avec ce quatrain, attribué à Voltaire, qui en déclinerait probablement la paternité :

*Toujours vive, abondante et pure,*
*Un doux penchant règle mon cours;*
*Heureux l'ami de la nature*
*Qui voit ainsi couler ses jours !*

Au nord d'Yères s'élève le *mont Griffon*, dont le sommet boisé a 140 mètres. On peut y faire d'agréables promenades, et on y découvre de charmants points de vue.

A l'extrémité du bourg était jadis une *abbaye de Bénédictines*, qui avait été fondée en 1132. Cette communauté acquit en peu de temps une assez grande réputation et devint fort riche, grâce aux libéralités intéressées de Louis VII et de quelques seigneurs qui croyaient gagner à ce prix une bonne place dans le ciel. Elle eut même une maison à Paris, dans la rue qui s'appelle encore aujourd'hui rue des *Nonnains d'Yères*, et des abbesses de grande maison, entre autres, Marie d'Estouteville, qui réforma ce couvent au XVᵉ siècle, et Marie de Pisseleu, sœur de la duchesse d'Étampes. Celle-ci fut déposée de sa charge à cause de sa conduite légère. Cette abbaye n'a été détruite qu'à moitié pendant la Révolution. Il en reste deux grands corps de bâtiment appropriés depuis à une filature de laine. La cloche qui appelait jadis les religieuses au réfectoire appelle aujourd'hui les ouvriers à l'atelier. Cette fabrique et les maisons qui l'entourent forment comme un faubourg d'Yères, et s'appellent l'*Abbaye* (1 kil.).

Au-dessus, et presque au sommet de la colline qui surmonte le village, était autrefois un *couvent de Camaldules*, établi là par la libéralité du duc d'Angoulême, fils bâtard de Charles IX, et propriétaire du domaine de Grosbois, dont ce terrain faisait partie. Quelques maisons de campagne ont pris la place de ce couvent, dont il ne reste plus que des caves, les débris d'une chapelle, et une longue terrasse plantée de marronniers, d'où le regard embrasse toute la vallée.

Les Camaldules touchent immédiatement aux bois qui couronnent les hauteurs d'Yères. On a vu, à l'article de Villeneuve-Saint-Georges, que le duc de Lorraine, en 1652, campa sur ce plateau. Le lieu où il s'établit s'appelle, depuis lors, le *camp des Lorrains*. Ces Lorrains étaient, à proprement parler, des bandits, et le souvenir de leurs excès n'est pas encore effacé dans la vallée d'Yères.

Quant au bois, détaché depuis longtemps du domaine de Grosbois, on le nomme à présent le bois de la Grange, à cause du **château de la Grange** (2 kil. d'Yères), qui en occupe la partie centrale. Son appellation la plus ancienne indiquait cette position : *la Grange du milieu*. A la fin du XVIe siècle et au commencement du XVIIe, il appartint à la veuve du duc Henri de Guise, qu'Henri III fit assassiner. Tout porte à croire que ce fut cette princesse qui fit construire, sans doute à la place d'un château plus ancien, l'édifice dont on admire aujourd'hui les nobles proportions et le grand air. Il est miparti de pierres et de briques, comme la plupart des constructions contemporaines d'Henri IV ; il s'élève à l'extrémité d'une vaste esplanade rectangulaire, entourée de fossés, avec un pont et une grille au milieu de chaque côté. L'une de ces grilles s'ouvre sur la cour d'honneur, et fait face à la porte principale. En avant de cette cour sont deux ours en bronze, qui semblent dater d'une époque beaucoup plus récente que le reste. Ce beau château passa, des mains de la duchesse de Guise ou de son fils, dans celles de Louis XIII, qui en fit un rendez-vous de chasse. On l'appela alors la Grange-le-Roi. Le comte de Saxe, depuis maréchal et vainqueur des ennemis de la France à Fontenoy, l'acheta vers 1720, et y cacha, si l'on en croit la tradition, une belle Silésienne qu'il avait enlevée. Il y établit depuis Mme Favart, et une foule d'autres. C'était comme sa *petite maison*. On y voit encore ses armes sur les grilles extérieures, et son buste dans les appartements.

Une belle avenue de peupliers, longue de près de deux kilomètres, conduit de la Grange à la route de Provins, à quelques pas seulement de la grille du château de Grosbois.

En s'éloignant de la station de Montgeron comme en y arrivant, on découvre à gauche des points de vue charmants sur la vallée d'Yères, ses prairies, ses rideaux de peupliers, ses coteaux boisés, ses villages, ses maisons de campagne, ses fermes et ses moulins. — A un remblai assez élevé succède une tranchée, au delà de laquelle on traverse l'Yères sur un viaduc long de 119 mètres, et composé de 9 arches, ayant chacune 9^m,67 d'ouverture. De ce viaduc la vue est aussi jolie sur la droite que sur la gauche. Mais à peine l'a-t-on franchi, que l'on rentre dans une tranchée qui se continue jusqu'à la station de Brunoy.

### 5° STATION. — BRUNOY.

*Distances*. Brunoy est à : 4 kil. de Montgeron, 22 kil. de la gare de Paris, 2 kil. d'Yères, 1 kil. de l'Abbaye, 1 kil. d'Épinay, 2 kil. de l'obélisque de la forêt de Sénart, 3 kil. de Mandres.

On trouve à la station de Brunoy des voitures de correspondance pour : Brie-Comte-Robert, par Mandres et Périgny (5 départs par jour ; 30 cent. en semaine, 50 cent. les dimanches et fêtes), et pour : Coubert, Chevry et Tournan.

**Brunoy** est un charmant village de 1200 habitants (Seine-et-Oise, Corbeil, Boissy-Saint-Léger), qui, un peu plus loin de Paris, passerait pour un bourg. Il remonte à une haute antiquité, car il appartenait aux rois de la première race. Dagobert légua au monastère de Saint-Denis une portion de cette seigneurie, ainsi désignée dans l'acte : *Villa nomine Brunadum in Bregio* (Brunoy en Brie). Suger, le célèbre abbé de Saint-Denis, la donna au prieuré d'Essonnes, qui, à la fin du XVI° siècle, la vendit à Christophe de Lannoy, déjà propriétaire de l'autre partie.

On doit croire que les rois de France, de leur côté, y eurent longtemps une habitation, puisque Philippe VI y rendit un édit dont le texte existe encore. Le voisinage de la forêt de Sénart avait dû les attirer dans cette vallée.

Il résulte d'une pièce authentique que le château de Christophe de Lannoy fut pillé et brûlé, en 1590, par « les ennemis du roi, » soit ligueurs, soit Espagnols. En effet, ce fut en 1590 que le duc de Parme s'empara de Lagny et contraignit Henri IV à lever le siège de Paris.

Charles de Lorraine, duc d'Elbeuf, prince d'Harcourt, épousa la petite-fille de Christophe de Lannoy, et son fils, seigneur de Brunoy du chef de sa mère, en fit donation à son neveu, François de La Rochefoucauld, célèbre par le rôle qu'il joua dans les troubles de la Fronde, et plus célèbre encore par le livre des *Maximes*. Au XVIII° siècle, un sieur de Plonic acheta Brunoy des héritiers du duc de La Rochefoucauld, et le vendit, en 1722, au fameux financier Pâris de Montmartel, qui abattit l'ancienne demeure seigneuriale, construisit à la place un château moderne, qu'il décora avec un luxe royal et qu'il entoura d'un parc magnifique. Ce fut en sa faveur que la terre de Brunoy fut érigée en marquisat.

Son fils unique, le marquis de Brunoy, ne se fit remarquer que par ses excès et ses extravagances. A dix ans, il donna un coup de couteau à son précepteur qui lui faisait quelques observations sur sa tenue, à la table même de son père, et en présence de vingt convives. Agé de vingt ans, il épousa, à Paris, une fille de la maison d'Escars, partit pour Brunoy aussitôt après la messe, et ne voulut jamais revoir sa femme. Sa passion la plus vive était le goût des cérémonies religieuses. Après avoir fait mourir de chagrin successivement son père et sa mère, il célébra leurs funérailles avec un faste ridicule et les affectations les plus bizarres. Il organisait pour la Fête-Dieu des processions d'un luxe inouï, où l'on voyait figurer, sous des chasubles d'or, deux cents prêtres ou moines amenés à grands

L'église de Brunoy.

frais de toutes les paroisses et de tous les couvents d'alentour. Comme il donnait à ces divertissements étranges la plus grande publicité, les curieux de la cour et de la ville y accouraient en foule. Il hébergeait, il régalait tout le monde, les paysans comme les grands seigneurs, et la fête religieuse se terminait par une immense orgie. On peut juger de son goût par l'église de Brunoy, qu'il fit décorer comme on décorait alors les boudoirs des grandes dames. On remplirait un volume de ses folies. Il dévora ainsi la plus grande partie des 20 millions que lui avait laissés son père. Sa famille enfin le fit interdire, et Monsieur, comte de Provence, depuis Louis XVIII, acheta Brunoy.

Monsieur accrut encore la magnificence de cette résidence, et y fit élever un petit château, le grand ne lui suffisant pas apparemment. Puis, la Révolution abattit l'un et l'autre, combla les fossés, dessécha

Le viaduc de Brunoy.

les pièces d'eau et dépeça le domaine, dont chaque morceau vit s'élever une maison de campagne. Il y en a de fort belles et de charmantes, celle, entre autres, où Talma allait se délasser de ses travaux dramatiques. C'est la première qu'on aperçoit à sa gauche, après avoir passé le pont qui est à l'extrémité du village. Martin, le célèbre chanteur, s'y construisit également une jolie habitation, qu'on appelle encore aujourd'hui la *Folie-Martin*, à cause des dépenses qu'il y a faites. Enfin, Lafon, le tragique, y eut aussi une maison. Mais aucune ne saurait être comparée à celle que fit construire, dans la plus belle position, sur un point d'où l'œil embrasse toute la vallée, le plus illustre des charcutiers de Paris sous la Restauration, M. Véro. C'est un petit palais à l'italienne, dont l'élégance prouve que M. Véro joignait au talent de s'enrichir les goûts délicats sans lesquels on ne saurait jouir de la fortune.

En 1815, après la bataille de Waterloo, Louis XVIII, pour témoigner sa reconnaissance à Lord Wellington, lui conféra le titre de marquis de Brunoy. Tel est le fait qui clôt l'histoire de ce charmant village, dont les environs offrent un grand nombre d'agréables promenades. (Voitures à volonté, chez M. Gauthier, 5, rue de l'Église.)

En quittant la station de Brunoy, le chemin de fer franchit de nouveau l'Yères sur un viaduc de 375 mètres de longueur, composé de 28 arches ayant chacune 10 mètres d'élévation. De ce viaduc vraiment monumental, et dont notre dessin représente une partie, on découvre, comme du précédent, de charmants points de vue sur la vallée d'Hyères. On laisse ensuite à gauche *Épinay* et *Boussy-Saint-Antoine*; on aperçoit sur les hauteurs *Mandres* et *Perigny*; puis on laisse à droite *Quincy-sous-Sénart*, près duquel on domine une dernière fois la jolie vallée d'Yères, dont on va s'éloigner pour traverser un vaste plateau qui n'a de remarquable que sa fertilité. A partir de Villeneuve-Saint-Georges, on s'est élevé, sur une longueur de 11 600 mètres, par une rampe variée de 4 à 5 millimètres par mètre. Plus loin, on redescend à Melun par une rampe de la même pente, mais sur 3600 mètres seulement. On sort du département de Seine-et-Oise pour entrer dans celui de Seine-et-Marne, avant de s'arrêter à la station de Combs-la-Ville. La *Varenne*, qu'on aperçoit à gauche, sur la rive droite de l'Yères, appartient à Seine-et-Oise.

### 6ᵉ STATION. — COMBS-LA-VILLE.

*Distances.* Combs-la-Ville est à : 4 kil. de Brunoy, 26 kil. de la gare de Paris.

**Combs-la-Ville** est un village de 540 habitants (Seine-et-Marne, Melun, Brie-Comte-Robert), situé à la gauche du chemin de fer, sur un coteau qui domine la rive gauche de l'Yères. Il possède de jolies maisons de campagne. On ne le voit pas de la station.

### 7ᵉ STATION. — LIEUSAINT.

*Distances.* Lieusaint est à : 5 kil. de Combs-la-Ville, 31 kil. de la gare de Paris, 7 kil. de Corbeil, 14 kil. de Brie-Comte-Robert, 13 kil. de Villeneuve-Saint-Georges et de Melun.

**Lieusaint** est situé à la droite du chemin de fer, sur la route de terre qui vient de traverser la forêt de Sénart. Il fait aussi partie du département de Seine-et-Marne (Melun, Brie-Comte-Robert). Sa population est de 583 habitants. On y remarque de belles pépinières, mais il n'a rien d'intéressant. Collé y a placé le lieu de la scène de sa *Partie de chasse d'Henri IV*. C'est dans les environs que fut assassiné, en 1796, le courrier de Lyon. Personne n'ignore que Lesurques, réhabilité en 1851 par un décret de l'Assemblée législative, subit le dernier supplice, après avoir été injustement condamné comme l'un des auteurs de ce crime. (Voir la remarquable brochure publiée par M. Bertin, avocat, rédacteur en chef du *Droit*.)

Un peu au delà de la station de Lieusaint, le chemin de fer croise la route de terre, puis il passe devant la belle avenue qui conduit au *château de la Grange la Prévôté*. A l'horizon se montre, sur la droite, la *forêt du Rougeau*. Le clocher de *Savigny-le-Temple* attire les regards du même côté, avant la station de Cesson.

### 8ᵉ STATION. — CESSON.

*Distances.* La station de Cesson est à : 7 kil. de celle de Lieusaint, 38 kil. de la gare de Paris; Cesson est à : 1 kil. de Savigny-le-Temple, 1 kil. de Vert-Saint-Denis, 4 kil. de Seineport.

On trouve à la station de Cesson des voitures pour Seineport par Saint-Leu, (3 départs par jour; 35 cent., et 50 cent. si on se fait conduire à domicile.)

**Cesson** a une population de 358 habitants. Il fait partie du département de Seine-et-Marne, arrondissement et canton de Melun. C'est à sa station qu'il faut descendre si l'on veut aller visiter le joli village de Seineport, éloigné de 4 kilomètres, et situé sur la rive droite de la Seine. (Voir ci-dessous 5ᵉ section, *Bateaux à vapeur*.)

Au delà de la station de Cesson on entre dans une longue tranchée, divisée en deux parties, et dont les talus ne s'abaissent définitivement qu'aux environs de Melun.

On laisse à droite *le Mée* (523 h.), avant de traverser la Seine sur un grand pont en fonte, composé de trois arches ayant chacune 40 mètres d'ouverture, et dont la hauteur au-dessus de l'étiage est de 22 mètres.

### 9ᵉ STATION. — MELUN.

*Distances.* La station de Melun est à : 7 kil. de celle de Cesson, 45 kil. de la gare de Paris. Melun est à : 45 kil. de Paris, 13 kil. de Lieusaint, 17 kil. de Fontainebleau, 17 kil. de Corbeil, 18 kil. de Brie-Comte-Robert, 16 kil. de Guignes, 27 kil. de Nangis, 6 kil. environ du château de Vaux-Praslin.

On trouve à la station de Melun des voitures de correspondance pour Milly, le Châtelet, Mormant, Barbison (75 c.), Chaumes et Héricy.

La ville étant à 1500 mètres environ de la station, des omnibus y conduisent les voyageurs : 15 cent. de 6 h. du matin à minuit, dans les bureaux ou dans les hôtels; 30 cent. à domicile, avec 10 kil. de bagage; 30 et 50 cent. avec 30 kil. de bagage, et le double de minuit à 6 h. du matin.

**Melun**, l'ancienne capitale du Gâtinais français, chef-lieu du département de Seine-et-Marne, occupe l'emplacement d'une ancienne forteresse gauloise mentionnée dans les *Commentaires* de César sous le nom de *Melodunum*. L'espace nous manque pour résumer ici son histoire. Elle est située au pied d'une colline et traversée par la Seine, qui la divise en trois parties. Le quartier de la rive gauche (Saint-Ambroise) est le moins considérable; celui de l'île est le plus ancien; celui de la rive droite, le plus important, est la ville proprement dite. Leur population réunie s'élève à 10 395 habitants.

Melun fut la patrie de Jacques Amyot. L'une des rues du quartier septentrional porte le nom de ce traducteur de Plutarque, dont le style naïf a conservé tant de charme.

L'*église* principale a pour patron saint Aspais. Elle paraît dater de la fin du XVᵉ siècle ou du commencement du XVIᵉ. Elle a de chaque côté de la nef principale deux collatéraux soutenus par des colonnes d'une délicatesse remarquable. Les vitraux du chœur méritent l'attention du voyageur. Cette église est sur la rive droite de la Seine. Il y en a une autre dans l'île, sous l'invocation de *Notre-Dame*. Elle appartenait jadis à un couvent de filles, dont la maison centrale de détention du département de Seine-et-Marne a pris la place. L'église de Notre-Dame est du Xᵉ siècle, et a été construite sous le règne du *bon roi Robert*. On vient d'en restaurer le clocher, qui n'est pas sans mérite. La *mairie*, en revanche, est très-moderne; elle a été commencée en 1847 et terminée en 1848. L'architecte y a imité le style de la Renaissance, et s'est servi, d'ailleurs avec assez d'adresse, d'une ancienne tour qui se trouvait là. Il en a flanqué son édifice en construisant une tour exactement semblable à l'autre extrémité.

La *préfecture* se fait surtout remarquer par sa position. Elle s'élève au sommet de la colline que couvre le quartier septentrional de la ville, et la domine tout entière ainsi que la vallée. Un vaste jardin anglais descend de cet édifice jusqu'au bord du fleuve.

La préfecture est à l'extrémité occidentale de Melun. Du côté opposé, se dresse, comme pour lui servir de pendant, le *château de Vaux-le-Pény* (qu'il ne faut pas confondre avec Vaux-Praslin) beaucoup plus grand que la préfecture, précédé, comme elle, d'une belle pelouse en amphithéâtre, et offrant, de plus qu'elle, une magnifique futaie qui couronne le coteau.

La ville de Melun, qui n'avait pas, sous Louis XVI, 4000 habitants, a vu doubler sa population depuis qu'elle est devenue le chef-lieu du département de Seine-et-Marne. Jusqu'à la Révolution, elle avait été commune franche, protégée seulement par ses vicomtes, dont le domaine embrassait un vaste territoire situé au nord-est de la ville, vers le village de *Maincy*. La demeure seigneuriale, isolée à une lieue de Maincy, s'appelait **Vaux-le-Vicomte**. Fouquet, surintendant des finances sous l'administration du cardinal Mazarin, acheta la vicomté de Melun, et remplaça le vieux château par un édifice immense et magnifique, où il offrit à Louis XIV une fête qui eut toute l'importance d'un événement. « Ce palais, a dit Voltaire (*Siècle de Louis XIV*, chap. xxv), et les jardins lui avaient coûté 18 millions, qui en valent aujourd'hui environ 35. Il avait bâti le palais deux fois et acheté trois hameaux, dont le terrain fut enfermé dans ces jardins immenses, plantés en partie par Le Nôtre, et regardés alors comme les plus beaux de l'Europe. Les eaux jaillissantes de Vaux, qui parurent depuis au-dessous du médiocre après celles de Versailles, de Marly et de Saint-Cloud, étaient alors des prodiges. » Ces eaux, qui ne jouent plus aujourd'hui, n'étaient rien, après tout, comparées au château lui-même, chef-d'œuvre de l'architecte Le Vau, et qui, sauf les injures du temps, reste encore à présent tel que Fouquet le fit faire. Ce monument est empreint d'un cachet de noblesse et de grandeur qui frappe vivement l'imagination. La sculpture y a prodigué les ornements, mais avec une mesure parfaite, et la richesse n'y dégénère jamais en profusion.

Les magnificences du dedans répondent à celles de l'extérieur. La décoration des appartements a peu changé depuis Fouquet. Les peintures sont de Charles Lebrun et de Mignard. Un seul détail suffira pour donner une idée de la munificence du surintendant : il faisait à Lebrun 10 000 livres de pension par année, et lui payait en outre chaque tableau comme s'il n'eût pas eu de pension.

Ce beau château est entouré d'un large fossé rempli d'eau et revêtu en maçonnerie. On y entre par un pont-levis. On en sort également par un pont-levis du côté du jardin. La cour d'honneur est précédée d'une vaste avant-cour, le long de

Le château de Vaux-Praslin.

laquelle s'étendent les *communs*. Cette avant-cour est fermée du côté de l'avenue par une large grille que soutiennent des *Termes* de grandeur colossale. Tous, malheureusement, sont plus ou moins mutilés, et le château lui-même offre mille preuves du peu de soin que l'on a eu de l'entretenir pendant les soixante dernières années. Le parc a 800 arpents; il est tout en ligne droite, suivant l'usage du XVIIe siècle. Le parterre est un immense parallélogramme dont toutes les allées et toutes les plates-bandes se coupent à angle droit. Au bout, s'étend une pièce d'eau ou canal creusé de main d'homme et alimenté par la petite rivière d'Anqueuil. Tous les parcs de cette époque rappellent le mot de la duchesse de Longueville sur la *Pucelle* de Chapelain, dont elle venait d'entendre lire un chant, et que l'auditoire admirait : « Que c'est beau ! criait-on de toutes parts. — Oui, dit-elle à voix basse, c'est beau, mais c'est bien ennuyeux. »

Les Mémoires du temps sont pleins de descriptions pompeuses de la fête que Fouquet donna à Louis XIV le 17 août 1661, et l'on en peut lire, dans les œuvres de La Fontaine [1], un récit très-détaillé, en vers et en prose. La Fontaine était de la fête, et il eut le rare mérite de n'oublier jamais les services que Fouquet lui avait rendus. La perte du surintendant, préparée de longue main par ses deux collègues Le Tellier et Colbert, était déjà résolue quand Louis XIV alla s'asseoir à sa table ; mais le luxe de cette demeure et le faste de la réception augmentèrent singulièrement l'irritation du monarque, qui avait en effet le droit de se dire : « Toutes ces richesses ont été accumulées au détriment de l'État. » Fouquet fut arrêté à Nantes le 5 septembre, dix-huit jours après sa fête, enfermé successivement à Vincennes et à la Bastille, jugé en 1664 par une commission formée de conseillers au parlement, condamné au bannissement, et incarcéré pour toujours à Pignerol par ordre du roi, qui trouva que la commission avait été trop débonnaire.

Louis XIV ne voulut pourtant pas

[1]. Lettre XI adressée à M. de Maucroix. « Il y eut un souper magnifique, une excellente comédie, un ballet fort divertissant, et un feu qui ne devait rien à celui qu'on fit pour l'entrée.

« Tout combattit à Vaux pour le plaisir du roi :

« La musique, les eaux, les lustres, les étoiles. »

ruiner la famille de l'homme qu'il avait si rudement frappé. Le fils aîné du surintendant, Nicolas Fouquet, fut comte de Vaux. Il mourut en 1705. Le maréchal de Villars acheta de sa succession la terre de Vaux-le-Vicomte, que Louis XIV érigea, en sa faveur, en duché-pairie, et qui s'appela Vaux-Villars. Le duc de Villars, fils du maréchal, le vendit au duc de Praslin, ministre sous Louis XV. Il n'est pas sorti de cette famille, et s'appelle aujourd'hui Vaux-Praslin.

Le château de Vaux-Praslin est à 6 kil. de Melun, au nord-est. La route de Meaux y conduit.

Non loin de Vaux, et avant d'y arriver, on aperçoit le château de Rubelles, qu'une très-petite distance sépare du château de Voisenon et de l'ancienne abbaye du Jard. — L'abbé de Voisenon fut célèbre, au siècle dernier, par son esprit, ses petits vers, ses opéras sérieux ou comiques, ses mœurs faciles et l'amitié de Voltaire. Il était abbé du Jard. Ce titre lui imposait des devoirs austères, et lui assurait un gros revenu : il ne s'inquiéta que du revenu. — Le village de Rubelles a une église du XIIIe ou du XIVe siècle.

———

A peu de distance de la gare de Melun, le chemin de fer se rapproche de la rive gauche de la Seine, sur laquelle il offre de jolis points de vue. On passe dans un petit tunnel sous la cour d'honneur du château de la Rochette, puis on revoit la Seine qui attire longtemps encore les regards. Sur la rive droite, se montrent Livry, puis Chartrettes. Cependant on longe déjà la forêt de Fontainebleau, près de la Table du Roi et de la mare aux Évées, avant de s'arrêter à la station de Bois-le-Roi.

### 10° STATION. — BOIS-LE-ROI.

*Distances.* Bois-le-Roi est à : 6 kil. de la station de Melun, 51 kil. de la gare de Paris.

**Bois-le-Roi**, village de 946 hab. (Seine-et-Marne, arrondissement et canton de Fontainebleau), se trouve situé à la droite du chemin de fer, sur la lisière orientale de la forêt de Fontainebleau. Les hameaux de *Sermaise*, de *Brolle* et de *la Cave*, en dépendent. La Cave possède sur la Seine un port important pour l'exportation du bois et du grès de la forêt. Sermaise donne son nom à la plaine boisée située à la gauche du chemin de fer.

Au delà de Bois-le-Roi le chemin de fer, trop souvent encaissé entre deux talus qui gênent la vue, décrit deux fortes courbes dans la forêt pour se rapprocher de Fontainebleau. On passe sous la route de Fontainebleau à Valvin avant de s'arrêter dans la gare, à peu de distance de laquelle on aperçoit le viaduc courbe de Changis. Ce remarquable viaduc se compose de 30 arches de 10 mètres d'ouverture et hautes de 20 mètres.

### 11° STATION. — FONTAINEBLEAU.

**Renseignements généraux.**

*Distances.* La station de Fontainebleau est à : 8 kil. de Bois-le-Roi, 59 kil. de la gare de Paris. — Fontainebleau est à : 1 kil. de sa station, 10 kil. de Chailly, 14 kil. de Melun, 11 kil. de Moret, 17 kil. de Nemours, 7 kil. de Bouron, 10 kil. d'Ury.

*Omnibus.* A la station du chemin de fer, on trouve les omnibus des principaux hôtels, qui transportent dans la ville les voyageurs et leurs bagages. Ils repartent de Fontainebleau en correspondance avec le passage des trains pour Paris ; prix, 30 cent. de 6 h. du matin à minuit, 50 c. de minuit à 6 h. du matin, avec 30 kil. de bagages.

*Hôtels :* de Londres, près du château ; de la Ville-de-Lyon, rue Royale, n° 25 ; de France, vis-à-vis de la cour du Cheval-Blanc et de la façade du château ; de l'Aigle-Noir, près du château ; du Nord et de la Poste, rue de Ferrare, n° 8, dans le voisinage du château ; du Lion-d'Or, près du château ; de Paris, Grande-Rue ; de la Sirène, rue de France ; du Cadran-Bleu, rue de France ; de la Chancellerie, rue de la Chancellerie, près du château, etc.

*Cafés :* Reuillier, place du Charbon ; l'Heureux, Grande-Rue ; Darcy, rue de France.

*Loueurs de voitures, de chevaux et d'ânes :* Naigeon, sellier-carrossier, rue de France, 33 ; Bernard, sellier-carrossier, même rue, 15 ; Desmoulins, même rue : voitures à 2 chevaux, 20 fr. pour la journée ; à 1 cheval, 10 fr. en temps ordinaire ; un âne, 2 fr. par jour.

On trouve aussi des loueurs qui stationnent sur la place du Charbon (près du château et de l'hôtel de l'Aigle-Noir). Un tarif, affiché sur cette place, établit les prix ainsi qu'il suit :

Une voiture à 4 roues, 1 cocher et 2 chevaux (5 places au moins) : première heure, 4 fr. ; chaque heure suivante, 3 fr.

Une voiture à 4 roues, 1 cocher et 1 cheval (4 places au moins) : première heure, 3 fr. ; chaque heure suivante, 2 fr. 25 c.

Une voiture à 2 roues, 1 cocher et 1 cheval (4 places au moins) : chaque heure, 2 fr.

On trouve, de plus, dans les hôtels, des voitures et des chevaux pour les promenades.

*Libraires :* Lacodre, place du Charbon, 6, à côté de l'Aigle-Noir (cabinet de lecture, magasin de tabletterie en géné-

vrier); L'Huillier, rue de France, 11 ; Desprez, Grande-Rue, 100.
*Bains.* Rue Saint-Méry.

### Situation. — Aspect général. — Bibliographie.

Une belle avenue de platanes conduit de la station à la ville (de 25 à 30 m. à pied).

**Fontainebleau**, chef-lieu de sous-préfecture du département de Seine-et-Marne, est une ville de 9000 habitants environ, située au milieu de la forêt du même nom, à 3 kilomètres de la rive gauche de la Seine. Elle est bornée au sud et à l'est par le château et le parc; dans les autres directions, elle a pour ceinture la forêt. Le voisinage de cette forêt qui, à l'exception de l'étroite vallée descendant à la Seine, l'enveloppe de toutes parts dans un rayon de 8 kilomètres environ, contribue à la salubrité bien connue de la ville, assise d'ailleurs sur un terrain très-perméable aux eaux de pluie, de façon que le pavé des rues est très-rapidement séché. Cependant, le défaut de pente des rues met obstacle sur beaucoup de points à l'écoulement des ruisseaux, et contribue à entretenir des émanations infectes. Mais une compagnie qui travaille en ce moment à amener l'eau de la Seine à Fontainebleau va doter la ville d'un moyen puissant d'assainissement, négligé jusqu'ici par la magnificence royale au milieu de ses créations dispendieuses; déjà, sous Napoléon 1ᵉʳ, on avait proposé d'établir une turbine à Valvin.

Si la forêt contribue à entretenir l'air pur dont jouit Fontainebleau, d'un autre côté elle l'isole et y paralyse l'activité commerciale. Les nombreux visiteurs, qui y affluent dans la belle saison, et qui s'y établissent temporairement soit dans les hôtels, soit dans les maisons ou les logements loués par des particuliers, y répandent de l'argent et lui donnent un aspect plus animé. La ville est percée de rues larges et bien aérées; les principales sont: 1° la *Grande-Rue*, continuant la route de Melun et venant se terminer à la *place du Charbon*, près du château, qu'elle contourne jusqu'à la grille de la *Cour du Cheval-Blanc* (voir page 621); là elle rencontre la large *rue de Nemours*, qui aboutit à l'*Obélisque* (élevé par Louis XVI à l'occasion de la naissance du dauphin) et à la route d'Orléans; 2° la *rue de France* et la *rue Royale*, dont la direction est perpendiculaire à celle des précédentes et qui, partant de la barrière de Paris, viennent aboutir près du château; 3° la *rue Saint-Méry*, qui coupe les deux dernières à angles droits; la *rue Saint-Honoré*, parallèle à la rue Saint-Méry. D'autres rues moins grandes et nouvellement bâties plaisent par la jolie apparence et l'air d'extrême propreté des maisons qui, le plus souvent, ne sont élevées que d'un étage ou de deux, ce qui permet à la lumière de s'y répandre librement.

Fontainebleau possède une salle de spectacle et une bibliothèque de 6000 volumes. Ses anciens et nombreux hôtels ont disparu ou ont été transformés. Nous signalerons seulement, vis-à-vis de la cour du Cheval-Blanc, une porte d'entrée de l'hôtel bâti par Serlio pour le cardinal de Ferrare, qui a donné son nom à la place; l'*hôtel Pompadour*, à l'extrémité de la rue de l'Obéli-

# FONTAINEBLEAU. — SITUATION.

rue, et contigu à la forêt; et, au bout de la rue Royale, une porte d'entrée et un pavillon de l'*hôtel d'Estrées*.

Sur la place du Palais de Justice, derrière l'église, est la *statue* en bronze du *général Damesme*, né à Fontainebleau et qui, le 24 juin 1848, commandant la garde mobile, eut la jambe cassée à l'attaque d'une barricade. Il mourut à la suite de l'amputation.

Fontainebleau fait un commerce considérable de fruits, et particulièrement de l'excellent raisin connu sous le nom de chasselas de Fontainebleau. On y vend aussi des conserves de genièvre estimées et des boîtes et différents objets assez recherchés, en bois de genévrier. Les pavés extraits des grès de la forêt et les bois sont transportés au port de Valvin pour être expédiés ensuite à Paris.

Le principal attrait de Fontainebleau est, en dehors de la *forêt* (voir page 654), son *château* et son parc. On en trouvera plus bas (page 620) la description étendue.

*Ouvrages à consulter*. Le père DAN : le Trésor des merveilles de la maison royale de Fontainebleau, in-fol., 1642. — GUILBERT (l'abbé) : Description historique du château, bourg et forêt de Fontainebleau; Paris, 1731, 2 vol. in-12. — RAMAND : le Guide du voyageur à Fontainebleau; 1820, in-12. — JAMIN : Fontainebleau, ou Notice historique et descriptive sur cette résidence royale. Nouvelle édition, 1841, 1 vol. in-8. — Le château de Fontainebleau (domaine de la Couronne), par M. Fontaine, architecte; 1837, in-4. — VATOUT : Souvenirs historiques des résidences royales de France, palais de Fontainebleau. Paris, 1840, 1 vol. in-8. — CASTELLAN : Fontainebleau, études pittoresques et historiques sur ce château. Orné de 85 planches ; Paris, 1840, 1 vol. in-8. — F. DENECOURT, différents ouvrages : l'Indicateur de Fontainebleau, orné de deux cartes, 1 vol. in-8, 2 fr.; l'Indicateur historique et descriptif de Fontainebleau, orné de 2 cartes, 1 vol. in-8, 3 fr.; Guide en anglais, 2 fr.; Le palais et la forêt de Fontainebleau, guide historique et descriptif, suivi d'un aperçu d'histoire naturelle de la forêt, enrichi de cartes et de planches, etc., 1 vol. in-8, 5 fr.; Carte de la forêt de Fontainebleau, 1 fr. 50 c.; Carte-guide du voyageur à Fontainebleau, 1 vol. in-18, même prix, chez l'auteur, à Fontainebleau, rue de France, 33, et chez les libraires de la ville.

## Histoire.

Plusieurs grands châteaux, autour de Paris, sont comme les grandes étapes de la monarchie en France. Les noms de Vincennes, de Compiègne, de Saint-Germain, de Marly, de Versailles, de Trianon, de Saint-Cloud, résument des époques historiques. Ces résidences ont tour à tour été des joyaux de la couronne, en même temps qu'elles tenaient de la nature une splendeur moins périssable, celle de la beauté des sites et des ombrages. A ce double titre, Fontainebleau occupe un rang glorieux parmi tous ces noms : il est consacré par l'histoire et il possède à un haut degré l'attrait des sites agrestes. Quoique Fontainebleau soit mêlé, dès le XIe ou le XIIe siècle, à l'histoire de nos rois, ce n'est cependant que de François Ier que date tout son lustre. Il nous rappelle particulièrement ce prince; et son nom, comme celui de Versailles, est le symbole de toute une époque; il se lie au mouvement de transformation dans les mœurs et de rénovation dans les idées et dans les arts, qui se manifesta vers le règne de ce prince.

Le château, ou plutôt la mosaïque de châteaux divers de style et d'époques qui en forment l'ensemble, a besoin d'être étudié à part. Nous consacrerons un examen spécial aux pièces compliquées de cette vaste machine; mais avant de décrire le château, nous allons passer en revue les faits et les événements dont il a pu être le témoin.

L'étymologie du nom de Fontainebleau est des plus incertaines. Trois systèmes d'interprétation sont cependant en présence, nécessairement d'accord sur la première moitié du nom, mais différant sur la seconde. Le moins probable l'expliquerait par une légende : un chien lévrier favori de saint Louis, nommé Bleau, se serait perdu pendant une chasse et aurait été retrouvé se désaltérant à une source près de laquelle le roi se fit construire un rendez-vous de chasse, qui fut remplacé plus tard par un palais. Un second système, celui des savants, se borne à constater que ce nom, dans les anciennes chartes, est écrit *Fons Bleaudi*, *Bloaldi*, *Bliaudi*, *Eblandi*, *Blaudi*, *Blealdi*..., sans nous expliquer ce qu'était ce *Blaudus* ou *Blealdus*, dont ce nom a été ajouté à celui d'une fontaine. Une troisième classe d'interprètes, ne s'embarrassant pas de ces finesses, ont interprété tout simplement le nom de Fontainebleau par *Fontaine-belle-eau*, *Fons bellæ aquæ*, comme on le remarque dans des chartes à partir du xvi° siècle. Qui a raison de tous ces chercheurs d'étymologie? Cela est d'autant plus difficile à décider que probablement ils n'ont raison ni les uns ni les autres. Il n'y a aucune lumière à trouver sur ce sujet, ni dans Vasari qui, dans sa vie du Primatice, écrit : *Fontanableo* ; ni dans Benvenuto Cellini italianisant ce mot à sa manière, et qui écrit *Fontana Beliò*. (Voir page 652).

L'origine du château est aussi incertaine que l'étymologie de son nom. S'il ne remonte pas, comme la résidence de Compiègne, aux premiers temps de la monarchie, une croyance assez répandue toutefois suppose que le roi Robert, qui habitait volontiers Melun, et qui mourut dans cette ville, fit construire dans la forêt de *Bière*, nom que portait alors la forêt de Fontainebleau, un rendez-vous de chasse transformé plus tard en palais. Ce qui accrédite cette opinion, c'est que ce monarque éleva dans cette forêt un monastère de Saint-Germain d'Auxerre et une église de Saint-Michel. « Enfin, dit M. Vatout, la croyance que la fondation de Fontainebleau remonte au fils d'Hugues Capet, au commencement du xi° siècle, acquiert une autorité plus grande au commencement du règne de Louis le Jeune ; alors Fontainebleau entre brusquement dans l'histoire ; il apparaît entièrement bâti ; c'est déjà un vieux manoir féodal, avec ses tours, ses fossés, son donjon ; alors Louis le Jeune l'habite avec sa cour ; il y fait acte de gouvernement et il date de Fontainebleau, *apud fontem Bleaudi*, une ordonnance en 1137, et celle de 1141, par laquelle l'établissement des changeurs est transféré sur le grand pont de Paris. » Parmi ces actes, il en est un qui se rattache à l'existence même du palais ; il concerne la fondation (1169) de la

Le château de Fontainebleau vu à vol d'oiseau.

*chapelle de Saint-Saturnin*, consacrée par le fameux Thomas Becket, alors réfugié en France pour échapper aux persécutions du roi d'Angleterre, Henri II, et qui, restaurée à d'autres époques, existe encore aujourd'hui dans ses proportions primitives. (Voir page 646).

Philippe-Auguste venait souvent à Fontainebleau, attiré par le plaisir de la chasse. A son retour des croisades, il y célèbre les fêtes de Noël avec un grand apparat (1191). C'est à Fontainebleau, et au milieu de ces fêtes, qu'il laisse éclater son ressentiment contre son rival Richard Cœur de Lion. Plus tard, en 1197, il donne aux religieux de Saint-Euverte d'Orléans l'ermitage de *Franchard*. (Voir page 677.)

Le roi saint Louis et sa mère, Blanche de Castille, se plaisaient à Fontainebleau plus encore que Philippe-Auguste. La reine habitait quelquefois le vieux château de Grez, situé à l'une des extrémités de la forêt, au bord du Loing, et dont on voit encore les ruines remarquables sur la route de Nemours. Saint Louis surtout aimait à venir prendre le « déduit de la chasse » dans ses « chers déserts » de Fontainebleau.

Un jour, le 22 janvier 1264, poursuivant un cerf dans la forêt, il perdit sa suite et tomba dans une bande de voleurs; mais il se mit à sonner d'un petit cor qu'il portait suspendu au cou : ses gens accoururent et le délivrèrent. Pour perpétuer la mémoire de ce fait, on éleva à cet endroit (voir page 659) une chapelle qui fut détruite en 1701, parce que plusieurs ermites y avaient été tués. Un pavillon du château porte encore son nom, bien qu'il ait été reconstruit presque entièrement par François I$^{er}$. (F. Plan d'ensemble.)

C'est dans ce pavillon qu'en 1259, se croyant près de mourir, le bon roi adressa à son fils aîné ces belles paroles que nous a conservées l'historien Joinville : « Biau fllz, fait-il, je te pri que tu te faces aimer au peuple de ton royaume, car vraiment je aimeraie miex que un Escot venist d'Écosse et gouvernast le peuple du royaume bien et loialement, que tu le gouvernasse mal à poinct et à reprouche. »

Pendant une grande partie du XIV$^e$ siècle, l'histoire de Fontainebleau reste obscure. Les rois de France cessent d'y séjourner, et malgré la réputation de salubrité de cette résidence, réputation augmentée encore lorsqu'en 1350 la famille royale y fut préservée de la peste noire, qui ravageait alors l'Europe, ils n'y apparaissent plus qu'à de longs intervalles, pour prendre le plaisir de la chasse.

Charles V réunit une collection de livres à Fontainebleau ; il fonda aussi la bibliothèque du Louvre, et il fut le premier qui forma un pareil dépôt avec l'intention de le transmettre à ses successeurs. Cette bibliothèque toutefois fut pillée en partie sous Charles VI par les oncles du roi et les grands seigneurs de la cour, et le reste fut acheté à vil prix par le duc de Bedfort pendant la domination anglaise. François I$^{er}$, à son tour, fonda une bibliothèque à Fontainebleau, en y réunissant les livres de son aïeul Jean, comte d'Angoulême, et ceux de son père, ainsi que la collection rassemblée à Blois par les princes de la maison d'Orléans. Il l'enrichit de beaucoup

## FONTAINEBLEAU. — HISTOIRE.

de manuscrits grecs, et Budée en fut nommé le gardien. Cette bibliothèque s'accrut aussi par la confiscation des biens du connétable de Bourbon. Elle était placée au-dessus de la galerie de François Iᵉʳ. «Augmentée de cent quarante nouveaux manuscrits sous Charles IX, la bibliothèque de Fontainebleau fut plus d'une fois pillée par les hommes qui se trouvèrent successivement à la tête des affaires à la fin du xvıᵉ siècle. Ce fut pour prévenir de pareils accidents qu'Henri IV, en 1595, la fit transférer à Paris, où elle fut d'abord placée dans le collège de Clermont. » En 1807, le bibliothécaire Barbier reçut l'ordre de Napoléon de transporter à Fontainebleau la bibliothèque du conseil d'État, avec une partie de l'ancienne bibliothèque du Tribunat. Ce dépôt a été augmenté sous le règne de Louis-Philippe, et M. Casimir Delavigne en fut nommé le conservateur.

Charles VII fit représenter ses victoires sur les murs du palais. Ces peintures ont depuis longtemps péri. On voit par une de ses lettres, qui a été conservée, que la trop célèbre Isabeau de Bavière « sa *très-chère* dame et mère, avoit employé les deniers du domaine et des aydes de Melun à la réédification d'un très-bel et très-notable hôtel, assis en la forêt de Bière, au lieu dit Fontainebleau, auquel ses prédécesseurs rois de France avoient souvent coutume de courre le cerf; lequel sa dite dame et mère avoit proposé faire *réédifier tout à neuf....* Les troubles de sa vie et les malheurs du temps mirent sans doute obstacle à ce dessein.

Pendant quelque temps la royauté déserte Fontainebleau. Louis XI se renferme à Plessis-lès-Tours. Charles VIII fait embellir le château d'Amboise, où il était né et où il mourut. Louis XII donne la préférence au château de Blois.

Mais voici venir la plus glorieuse époque de l'histoire de Fontainebleau, le règne de François Iᵉʳ. Le manoir féodal va faire place à un palais. Le souffle de la Renaissance, qui déjà sous le règne précédent avait transformé l'art ogival, va combler les ponts-levis, abattre les hautes tours plus promptement que les sièges et les assauts. Aux graves compagnons de saint Louis, aux clercs de Charles V, aux rudes guerriers bardés de fer du moyen âge, vont succéder les peintres et les sculpteurs de l'Italie, les poëtes et les savants; une armée de courtisans vêtus de soie et brodés d'or, et la troupe légère des châtelaines, quittent leurs vieux donjons et leurs provinces, pour cette cour enchantée d'un prince qui avait dit : « Une cour sans femmes est une année sans printemps et un printemps sans roses. » « Advant luy elles n'y fréquentaient que peu et en petit nombre. » Brantôme fait bien voir jusqu'à quel point leur présence était rapidement devenue une nécessité : « Bien souvent ay-je veu nos roys aller aux champs, aux villes et ailleurs, y demeurer et s'esbattre quelques jours, et n'y mener point les dames; mais nous estions si èsbahis, si perdus, si faschez, que pour huict jours que nous faisions de séjour séparez d'elles et de leurs beaux yeux, ils nous paroissent un an et tousjours à souhaitter : « Quand serons-nous « à la court? » n'appelant la court bien souvent là où estoit le roy, mais où estoient la reyne et les dames. » A ces habitudes nouvelles les mœurs gagnèrent en politesse, mais non en pureté; et les filles d'honneur de la suite des reines et des princesses finirent par n'être plus que de nobles et élégantes courtisanes. Nous parlerons plus loin de l'influence exercée sur l'art (voir pages 610 et suiv.) par ce prince, qui, descendu en Italie et ayant visité Léon X et sa cour à Bologne, en avait rapporté l'amour de l'art italien, et avait fait de gracieuses avances à ses grands peintres, à Léonard de Vinci, à Raphaël, à Andréa del Sarto.

François I⁰ʳ aimait le séjour de Fontainebleau; il voulut en faire tout à la fois une demeure royale et un musée. S'il faut en croire Benvenuto Cellini, la suite qui l'y accompagnait était quelquefois de plus de 12 000 chevaux. Les seigneurs de sa cour se construisirent des hôtels dans le voisinage du château.

En 1536, Jacques V, roi d'Écosse, vint voir à Fontainebleau Madame Magdeleine, fille de François I⁰ʳ, qu'il épousa l'année suivante, et qui mourut d'ennui en Écosse six mois après son mariage. S'il faut en croire le *Journal amoureux* et indiscret de Mme de Villedieu, il se cacha dans une niche que François I⁰ʳ avait fait réserver au fond d'une *grotte du jardin des Pins*, et à l'aide d'un miroir il put y voir sa fiancée se baignant avec d'autres dames. (Voir page 620.)

En 1539, Charles-Quint demanda à François I⁰ʳ à traverser la France pour aller apaiser une sédition à Gand. Le P. Dan raconte qu'il fut reçu hors de la forêt, à Fontainebleau, par une troupe de seigneurs et de dames « déguisés en forme de dieux et de déesses bocagères, qui, au son des hautbois, composèrent une danse rustique, puis se perdirent dans les ombres des bois. »

Charles-Quint fut logé au *Pavillon des Poêles*, et « pendant plusieurs jours qu'il séjourna à Fontainebleau, le roy, dit Martin du Bellay, le festoya et lui donna tous les plaisirs qui se peuvent inventer, comme de chasses royales, tournois, escarmouches, combats à pied et à cheval, et sommairement toutes sortes d'esbattements. » Les dispositions de cette fête furent dues au Rosso. Cependant l'empereur quitta Fontainebleau dès que cela lui fut possible; il s'y sentait peu en sûreté, malgré l'appui qu'il avait rencontré chez Mme d'Étampes, que sa généreuse galanterie lui avait gagnée.

Les récits des fêtes somptueuses données à l'occasion du baptême de François II, et, deux ans après, en 1545, pour celui d'Élisabeth, fille d'Henri II, avec Philippe II d'Espagne, sont parvenus jusqu'à nous. Parmi les magnificences qui furent déployées à ce dernier, il faut rappeler celle d'un buffet à neuf étages, en forme de pyramide, dressé dans la cour du donjon (cour Ovale, voir le plan), où François I⁰ʳ fait exposer toute la vaisselle en or massif, tous les vases et objets d'art entassés depuis des siècles dans les demeures royales, et parmi lesquels il y en avait qui remontaient jusqu'à Charlemagne; assemblage inappréciable d'objets rares et précieux, aujourd'hui perdus ou détruits en majeure partie, qui doient exciter les regrets des antiquaires. Des officiers placés près de la splendide étagère expliquaient ces curiosités aux étrangers.

François I<sup>er</sup> meurt en 1547. Henri II lui succède. Diane de Poitiers monte sur le trône avec lui ; son influence remplace celle de la duchesse d'Étampes et écarte pour plusieurs années celle de l'épouse d'Henri II, Catherine de Médicis, dont le goût florentin devait avoir en France une action si marquée sur les arts, comme son génie devait s'y exercer si violemment dans la politique. Diane de Poitiers vit avec joie s'éloigner la maîtresse du feu roi, qui avait été nommée la plus belle des savantes et la plus savante des belles. Elle comprit qu'elle devait la remplacer dans la direction des fêtes, et elle s'empara de celle des travaux et des embellissements, s'appliquant d'autant plus à protéger les artistes et les poëtes, que ce fut pour elle un moyen d'humilier Catherine de Médicis, que le feu roi se plaisait à consulter sur ses travaux. De toutes parts et jusque dans l'ancienne chapelle, son chiffre s'entrelace avec celui de son royal amant. Elle devient la divinité du lieu, Fontainebleau se transforme en un temple de *Diane;* c'était là un heureux nom pour une époque d'engouement mythologique. Primatice peignit la déesse sans voiles ; une de ces peintures, restaurée, se voit aujourd'hui dans le petit salon de Louis XV. A l'avénement d'Henri II au trône, Diane avait 48 ans, et, bien qu'elle ait conservé sa beauté jusque dans une vieillesse avancée, les charmes de son esprit furent ses principaux moyens de séduction. Les vers suivants, adressés par elle à Henri II, sont d'un tour naïf et digne de Marot. Elle raconte que « Amour un beau matin, vint lui offrir un garçon frais, dispos et jeunet. »

« Nenny, disais-je. — Ah ! ne seres déçue »
Reprit l'amour.
« Mieux vaut, lui dis. être sage que reine. »
Ainsi me sentys et frémir et trembler.
Et Diane faillit ; et comprendrez sans peine
Du quel matin je prétends reparler.

Mais les grâces folâtres, les jeux et les fêtes vont s'enfuir et céder la place aux intrigues politiques. Henri II est tué en 1559 ; et sous le règne de ses successeurs, la France est en proie aux guerres civiles et de religion. Sous François II, en 1560, il y eut à Fontainebleau une assemblée des notables, que la reine mère avait provoquée dans le but apparent de calmer les haines soulevées par les dissensions religieuses, mais en réalité pour ranimer les calvinistes et s'en faire au besoin un appui contre les Guise, alors tout-puissants et qui la tenaient pour ainsi dire en tutelle. Là furent présents les princes lorrains, le connétable de Montmorency, l'amiral Coligny, Michel l'Hôpital, etc. L'évêque de Valence, Montluc, fit des sorties vigoureuses contre les vices du clergé, et s'adressant à la reine mère et à Marie Stuart, présentes toutes deux : « Pardonnez-moi, mesdames les reines, si j'ose entreprendre vous supplier qu'il vous plaise ordonner qu'au lieu de chansons folles, vos filles et toute votre suite ne chantent que les psaumes de David.... » Catherine ne tint pas grand compte de ces admonitions. Manœuvrant avec habileté entre les deux partis qui se disputent la suprématie et qui cherchent à enlever le jeune roi Charles IX jusque dans sa résidence de Fontainebleau, elle triomphe, et, arrivée au faîte du pouvoir, elle cherche à faire de sa cour un théâtre de plaisirs et de voluptés. Cent cinquante filles d'honneur dont elle s'entoure, et qu'elle a soin de choisir parmi les plus belles, deviennent les auxiliaires de sa politique. C'est avec cette escorte, plus redoutable au courage des Ligueurs et des huguenots que les arquebuses et les canons, qu'elle se rend le 31 janvier 1564 à Fontainebleau, pour y recevoir les ambassadeurs du pape, de l'empereur, du roi d'Espagne et autres souverains et princes catholiques venant réclamer l'exécution des articles du concile de Trente, c'est-à-dire demander que la France exerçât des persécutions nouvelles contre les réformés, et rapportât l'édit de la pacification d'Amboise. La reine et le roi son fils ne crurent pas le moment opportun pour rouvrir l'arène sanglante des discordes civiles; ils répondirent par un refus. Puis les fêtes commencèrent, où les chefs des deux partis luttèrent de courtoisie et de prouesses.

Ces fêtes furent splendides; il faut lire dans le P. Dan, et même dans le grave Castelnau (ce dernier fut acteur dans les divertissements), le récit de ces sortes de représentations théâtrales jouées par les courtisans eux-mêmes, mélange gracieux de la poésie mythologique et des souvenirs de la table ronde, et qui, mieux que toutes choses, caractérise l'époque. Il y eut des combats entre des Grecs et des Troyens luttant pour leurs dames, des tournois et des tours enchantées dont on fit le siége; les filles d'honneur de la reine mère y remplirent les rôles des Sirènes, allégorie peut-être trop transparente et qui révélait les desseins artificieux de Catherine. Mais la troupe légère s'enfuit et se disperse de nouveau. Voici venir Henri III, tout occupé de ses mignons et de ses pèlerinages; il donne à peine un souvenir à Fontainebleau, qui reste morne et désert jusqu'à l'avénement d'Henri IV.

Henri IV est, avec François Ier, le roi auquel les constructions et les embellissements du château de Fontainebleau doivent le plus (Voir p. 617). Il y fit de longs séjours, et il aimait à s'y livrer à ce plaisir de la chasse qui a été une passion persistante chez la plupart de nos rois. « Le même jour, dit Sully, Sa Majesté, après avoir chassé à l'oiseau, fit une chasse au loup, et finit la journée par une troisième chasse au cerf qui dura jusqu'à la nuit, malgré une pluie de trois ou quatre heures. On était alors à six lieues du gîte. Le roi arriva un peu fatigué.... Voilà ce que les princes appellent s'amuser; il ne faut disputer ni des goûts ni des plaisirs. » Il est une autre passion qui ne tient pas moins de place dans la vie d'Henri IV; mais par suite de la multiplicité de ses amours on ne voit pas régner ici longtemps une favorite, comme sous François Ier et Henri II. Gabrielle d'Estrées vient lui rendre visite; Henri lui écrit ce billet, en 1599 : « De nos délicieux déserts de Fontainebelle-eau. Mes chers amours.... je me porte bien, Dieu merci, je ne suis malade que du désir de vous voir. » Le chiffre mystérieux d'un

## FONTAINEBLEAU. — HISTOIRE.

barré par un trait (*Estrées*) est allé dans différentes parties du château à celui de Marie de Médicis; celui de la concubine à celui de la femme légitime; l'exemple avait été donné par Henri II; notre Louvre à Paris est *paré* de cette immoralité royale. Henri IV fit construire la galerie de Diane, et la fit décorer de peintures, pour satisfaire, dit-on, un caprice jaloux de Gabrielle, qui, à l'exemple de Diane de Poitiers, voulait aussi voir son Olympe, où elle figurât avec le croissant sur la tête. Quand l'Olympe, commandé à Ambroise Dubois, fut prêt, la divinité était morte. Le croissant revint de droit à Marie de Médicis. Avant le mariage d'Henri IV avec Marie de Médicis, Gabrielle d'Estrées ambitionna, comme le fit plus tard la marquise de Verneuil, qui lui succéda dans le cœur du roi, de faire légitimer sa liaison et de mettre la couronne sur sa tête. Un jour, Henri IV va voir Sully (il habitait un pavillon situé à un angle du parterre et de la petite allée d'entrée du parc par la place d'armes); il fait à son ministre l'ouverture d'un projet de mariage possible avec une personne ayant toutes les perfections qu'il désire dans une épouse; qu'il lui est facile du reste de savoir de qui il veut parler. « Nommez-la, sire, répliqua Sully, je n'ai pas assez d'esprit pour cela. — Oh! la fine bête que vous êtes!... » Le ministre put lutter victorieusement avec les faiblesses du roi et pressa les négociations entamées pour le mariage avec Marie de Médicis. C'est à Fontainebleau qu'Henri IV vit naître son fils Louis XIII; c'est là que fut arrêté le maréchal de Biron, son ancien compagnon d'armes et son ami, qui le trahissait alors. Le roi, à qui Lafin, confident des intrigues de Biron avec l'Espagne et la Savoie, avait révélé tout le complot, fit des tentatives réitérées et vaines auprès du maréchal pour obtenir l'aveu de ses torts. Biron fut arrêté dans une antichambre dont les dispositions ont été changées depuis. On retrouve, dit M. Vatout, ce passage entre la chambre du roi et la chambre de saint Louis. Le duc de Biron, transféré à Paris, eut la tête tranchée dans la cour de la Bastille (1602).

Après la mort d'Henri IV, la régence orageuse et tracassière de Marie de Médicis laissa Fontainebleau désert pendant plusieurs années. Le cardinal de Richelieu y fut reçu en 1625 avec une grande distinction. Le roi lui donna un festin dans la salle du bal; Marie de Médicis, une collation dans la galerie d'Ulysse, et Anne d'Autriche une collation dans la galerie de Diane. Peu après, la cabale formée contre lui, et à la tête de laquelle était le frère du roi, voulut le faire enlever dans les environs de Fontainebleau et peut-être le mettre à mort. Le comte de Chalais, amant de la duchesse de Chevreuse, qui s'était chargé de l'exécution du complot, alla le révéler à Richelieu; mais, continuant à trahir les uns et les autres, il fut arrêté par ordre du cardinal, et il eut la tête tranchée à Nantes (1626). — Le jour de la Fête-Dieu de l'année 1633, le roi toucha douze cent soixante-neuf malades des écrouelles, réunis dans l'allée royale, le long de l'étang, près du jardin des Pins. — Richelieu revint une dernière fois en 1642 à Fontainebleau, après l'exécution de Cinq-Mars et de de Thou. Il occupa l'hôtel d'Albret, dépendance du palais, aujourd'hui détruit. Il était malade et déjà près de la tombe. « On le portoit dans une machine, raconte Tallemant des Réaux, et, pour ne pas l'incommoder, on rompoit les murailles où il logeoit, et si c'étoit par haut, on faisoit une rampe dès la cour, où il entroit et descendoit par une fenêtre dont on avoit ôté la croisée. » Ce qui fit dire, par allusion à la mort de Cinq-Mars, que cette prédiction de Michel Nostradamus s'était réalisée :

Quand *bonnet rouge* passera par fenestre
A *quarante onces* (*cinq mars*) on coupera la teste.

Louis XIV séjourna souvent à Fontainebleau, mais il devait établir ailleurs le siège habituel de sa grandeur et de sa magnificence. Sous la régence d'Anne d'Autriche, Fontainebleau reçut la visite de la reine d'Angleterre, femme de Charles Ier (1644). Après cette reine exilée et malheureuse, une autre reine du Nord, qui avait volontairement abdiqué, Christine de Suède, y venait à son tour, pendant un second voyage qu'elle fit en France. Cette reine si singulière dans ses manières et sa toilette (Voir Compiègne, p. 513), cette femme alors âgée de trente et un ans, « qui avait l'air, dit Mlle de Montpensier, d'un joli garçon ; qui jurait Dieu, jetait ses jambes d'un côté et de l'autre, les posait sur les bras de sa chaise....» avait reçu l'ordre de s'arrêter à Fontainebleau. Louis XIV vint lui rendre visite. Un mois après, elle épouvantait cette paisible résidence par une tragique histoire qui est restée le souvenir funèbre et sanglant de ce château. Le P. Lebel, supérieur des Mathurins, a laissé un récit naïf et émouvant de cet événement. Le 10 novembre 1657, à une heure après midi, il fut appelé auprès de la reine. Il la trouva dans la galerie des Cerfs [1], ayant près d'elle trois officiers de sa suite, et parlant à un quatrième, le marquis de Monaldeschi. Elle montrait des lettres à ce dernier, et le força à avouer que ces lettres étaient de lui. Il chercha d'abord à s'excuser. « Enfin il se jeta aux pieds de cette reine, lui demandant pardon, et en même temps les trois hommes qui étaient là présents tirèrent leurs épées hors du fourreau. Alors il se leva, tira la reine tantôt dans un coin de la galerie et tantôt à un autre, la suppliant toujours de l'écouter. Sa Majesté ne lui dénia jamais rien, mais l'écouta avec une grande patience. « Mon père, « me dit-elle, soyez témoin que je « donne à ce traître, à ce perfide, « tout le temps qu'il veut....» Après une heure de conférence, le marquis ne contentant pas cette reine par ses réponses, Sa Majesté me dit, d'une voix assez élevée, mais grave et modérée : « Mon père, je « me retire et vous laisse cet hom- « me ; disposez-le à la mort et « prenez soin de son âme. » Quand cet arrêt eût été prononcé contre moi, je n'aurais pas eu plus de frayeur. »

Monaldeschi se jette de nouveau

[1]. Cette galerie n'existe plus depuis longtemps ; elle est aujourd'hui convertie en appartements particuliers. (Voir page 650 l'endroit du château où ce meurtre fut accompli.)

aux pieds de la reine ; le P. Lebel la supplie à son tour ; inexorable, elle sort de la galerie. Les trois hommes pressent Monaldeschi de se confesser, l'épée contre les reins. Leur chef lui-même va près de Christine pour la fléchir ; il revient en disant à Monaldeschi de se préparer à la mort. Le marquis éperdu conjure le P. Lebel de venir à son aide. Le moine retourne près de la reine et la supplie « les larmes aux yeux et les sanglots au cœur ; » elle refuse obstinément toute grâce. En vain essaye-t-il de lui démontrer qu'elle ne saurait ordonner un tel meurtre dans le palais du roi de France, et qu'il vaut mieux recourir aux voies ordinaires de la justice ; Christine répond qu'elle est reine partout, et qu'en elle réside la justice absolue et souveraine sur ses sujets.

« Je rentrai alors dans la galerie, dit le P. Lebel, en embrassant ce pauvre malheureux qui se baignait en ses larmes. » Nous renonçons à suivre dans son récit les détails longs et horribles de ce drame sanglant, de cette longue agonie, prolongée par la cotte de mailles que Monaldeschi portait sous son pourpoint. La maladresse des assassins est égale à la lâcheté de la victime. Après avoir reçu un dernier coup d'épée Monaldeschi « demeura plus d'un quart d'heure à respirer, durant lequel je lui criais et l'exhortais de mon mieux. Et ainsi ayant perdu son sang, il finit sa vie à trois heures et trois quarts après midi. Le chef des trois lui remua un bras et une jambe, déboutonna son haut de chausse et son caleçon, fouilla dans son gousset et ne trouva rien, sinon en sa poche un petit livre d'*Heures de la Vierge* et un petit couteau.

Après quoi ils partirent tous les trois, et moi après, pour recevoir les ordres de Sa Majesté. Elle me commanda d'avoir soin de l'enterrer et me dit qu'elle voulait faire dire plusieurs messes pour son âme. » Monaldeschi fut enterré à l'église d'Avon (voir page 686). Quelle fut la véritable cause de sa condamnation et de sa mort? probablement la jalousie et la vanité blessée de Christine. « Ce n'était pas, a dit Voltaire, une reine qui punissait un sujet ; c'était une femme qui terminait une galanterie par un crime. » Malgré l'horreur de cette action sauvage, Christine fut accueillie à la cour et assista aux fêtes dont le jeune roi Louis XIV était le héros, et quelquefois un des acteurs. C'est ainsi qu'il récita des vers et dansa au *ballet des Saisons*, composé, croit-on, par Benserade, et qui fut joué en grande pompe à Fontainebleau, le 23 juillet 1661. C'est à cette époque qu'il devint amoureux de Mlle de la Vallière.

En 1686 le prince de Condé meurt à Fontainebleau, où il était venu soigner sa belle-fille la duchesse de Bourbon, malade de la petite vérole.

Quand Louis XIV eut établi sa résidence à Versailles et à Marly, il faisait tous les ans le voyage de Fontainebleau. Il couchait ordinairement en route, soit à Petit-Bourg chez le duc d'Antin, soit à Villeroy chez le maréchal de ce nom. Il voulait que sa cour fût nombreuse et brillante ; tous les princes de la famille royale devaient être du voyage ; c'était lui déplaire que d'être malade. Les princesses, même enceintes, ne pouvaient se faire excuser malgré les avis des médecins. C'est ainsi qu'il fit faire à la duchesse de Berry une fausse couche, en 1711; pour lui obéir, elle vint en bateau jusqu'à Valvin.

Mme de Maintenon, pour laquelle un appartement avait été arrangé près de la salle d'Henri II, régnait alors dans ce château où avaient régné avant elle la duchesse d'Étampes, Diane de Poitiers, Gabrielle d'Estrées.

Le 9 novembre 1700, un courrier apporta à Fontainebleau la nouvelle de la mort du roi d'Espagne, qui par son testament appelait le petit-fils de Louis XIV au trône. « Le roi, qui allait tirer, dit Saint-Simon, contremanda la chasse... Il manda aux ministres de se trouver à trois heures chez Mme de Maintenon. Monseigneur était revenu de courre le loup (voir Versailles, page 206); il se trouva aussi à trois heures chez Mme de Maintenon. Le conseil y dura jusqu'après sept heures... Quelque accoutumé qu'on fût à la cour à la faveur de Mme de Maintenon, on ne l'était pas à la voir entrer publiquement dans les affaires, et la surprise fut extrême de voir assembler deux conseils en forme chez elle, et pour la plus grande et la plus importante délibération, qui de tout ce long règne et de beaucoup d'autres eût été mise sur le tapis. » A la fin de cette longue conférence, le roi s'adressant à Mme de Maintenon : « Et « vous, madame, que dites-vous de « tout ceci?» Elle à faire la modeste; mais enfin, pressée et commandée, elle fut d'avis d'accepter le testament. » Quelques jours après, la cour était de retour à Versailles et Louis XIV y proclamait le duc d'Anjou roi d'Espagne.

En 1717, Fontainebleau reçut la visite du czar Pierre Ier. « Le lieu lui plut médiocrement, dit Saint-Simon, et point du tout la chasse, où il pensa tomber de cheval ; il trouva cet exercice trop violent, qu'il ne connaissait point. Il voulut manger seul avec ses gens au retour dans l'île de l'Étang (voir page 653). Il revint à Petit-Bourg dans un carrosse avec trois de ses gens. Il parut dans ce carrosse qu'ils avoient largement bu et mangé. » — En 1768, c'était un autre souverain du Nord, Christian VII, roi de Danemark, qui venait visiter Louis XV à Fontainebleau; il assista à la première représentation de *Tancrède*.

Sous l'influence de Mme de Pompadour, une des dernières courtisanes-reines que Fontainebleau était habitué à voir à côté des souverains, un petit théâtre mesquin avait été construit dans la *salle de la belle cheminée*. C'est là qu'en 1752 eut lieu la première représentation de l'opéra du *Devin du village*. Tout le monde se rappelle avoir lu dans les *Confessions* de J.-J. Rousseau comment il y assista, placé sur le devant de la loge de l'intendant des menus plaisirs, faisant face à celle du roi, dans un équipage plus que modeste, la barbe longue et la perruque mal peignée, tour à tour humilié de sa tenue négligée, à cause des femmes élégantes qui l'entouraient, et honteux de sa pusillanimité, à cause de sa philosophie; il partit le lendemain matin pour éviter d'être présenté à Louis XV. — Un autre philosophe, moins facile à déconcerter que lui, et qui d'ailleurs était gentilhomme de la chambre, Voltaire séjourna aussi quelques jours à Fontainebleau; il négligeait un peu les devoirs de sa charge. « Tous les soirs, écrit-il, je fais la ferme résolution d'aller au lever du roi ; mais tous les matins je reste en robe de chambre avec *Sémiramis*. » Il était logé chez le duc de Richelieu avec Mme du Châtelet. Un soir que la marquise perdait chez la reine une somme de 84 000 livres, Voltaire lui dit en anglais qu'elle jouait avec des fripons. Comme ces fripons étaient de puissants personnages, il trouva prudent d'aller se mettre à Sceaux sous la protection de la duchesse du Maine. A la cour de Sceaux ils déplurent à tout le monde par leur humeur difficile et tracassière.

Fontainebleau n'eut point à rougir des honteux excès dans lesquels s'éteignirent les dernières années de Louis XV ; il y faisait seulement une apparition tous les ans.

Louis XVI s'y livra aussi à sa passion pour la chasse. Marie-Antoinette fit faire des dispositions intérieures dans le château ; mais le séjour habituel de la cour était à Versailles, à Trianon.... Quand l'orage amassé de longue date éclate, la famille royale n'a plus bientôt qu'une dernière résidence, le Temple, d'où elle ne sort que pour monter sur l'échafaud. Pendant la Révolution, Fontainebleau fut délaissé. Napoléon fit restaurer le château pour y loger le pape, qui venait le sacrer. Le 25 novembre, à midi, il alla en habit de chasse dans la forêt au-devant de Sa Sainteté, à la croix de Saint-Hérem. Plus tard il faisait arrêter en Italie le pontife dans son palais ; puis on le transférait à Savone, et en 1812 à Fontainebleau. Peu de temps après son retour de la campagne de Russie, le 19 janvier 1813, Napoléon, qui venait de chasser à Grosbois, se rend à l'improviste à Fontainebleau, entre brusquement dans l'appartement de Pie VII, et l'embrasse avec effusion ; le pape, touché, l'accueille affectueusement. Le lendemain, dans une nouvelle entrevue, Napoléon met en jeu toutes ses séductions, et le pape gagné cède et signe, le 25 janvier 1813, ce célèbre concordat de Fontainebleau, par lequel il renonçait à la souveraineté temporelle des États romains, et contre lequel il ne tarde pas à protester.

Cette abdication de Pie VII n'était que le prélude d'une autre abdication autrement grande et solennelle.... Par un singulier retour des destinées humaines, cette seconde abdication devait être celle de Napoléon lui-même, et c'était ce même palais de Fontainebleau qui devait en être témoin. Épuisé par ses victoires de Champaubert, de Montmirail, de Vauchamp, de Nangis, de Montereau, l'empereur, ayant laissé son quartier général à Troyes, arrive à Fontainebleau le 30 mars 1814, sur le soir. Il espérait que Paris se défendrait assez pour lui laisser le temps de venir à son secours. La lâcheté des uns, la trahison des autres, la lassitude de tous lui enlevèrent cette dernière espérance. Alors il adressa aux chefs de l'armée ennemie une déclaration où il réservait les droits de la régente et de son fils ; mais, les souverains alliés ayant refusé de traiter sur cette base, il dut se résigner, après une lutte douloureuse avec lui-même ; et il traça de sa main la seconde formule de son abdication :

« Les puissances alliées ayant proclamé que l'empereur Napoléon était le seul obstacle au rétablissement de la paix en Europe, l'empereur, fidèle à son serment, déclare qu'il renonce, pour lui et ses successeurs, au trône de France et d'Italie, et qu'il n'est aucun sacrifice personnel, même celui de la vie, qu'il ne soit prêt à faire aux intérêts de la France. »

Le *fac simile* de cette déclaration, encadré sous verre, était conservé dans la pièce du palais où s'est consommé ce grand acte (17, voir le plan). Il en a été enlevé récemment. On garde aussi le guéridon sur lequel cette abdication fut écrite. Un autre souvenir, le plus populaire de tous, assigne au palais de Fontainebleau une place mémorable dans l'histoire de l'Empire. Le 20 avril était le jour fixé pour le départ de Napoléon, que des commissaires étrangers devaient accompagner à l'île d'Elbe. Ce jour-là, il sort de son appartement à midi, suivi des généraux Drouot et Bertrand, descend vivement l'escalier du Fer-à-Cheval, s'arrête un moment sur les dernières marches, et, jetant un coup d'œil rapide autour de lui, donne l'ordre au général Petit de faire former le cercle aux soldats de la vieille garde, réunis dans la cour du Cheval-Blanc; il s'avance au milieu des officiers, fait signe qu'il va parler, et, au milieu du plus profond silence :

« Officiers, sous-officiers et soldats de la vieille garde, dit-il, je vous fais mes adieux !

« Depuis vingt ans je suis content de vous; je vous ai toujours trouvés sur le chemin de la gloire.

« Les puissances alliées ont armé toute l'Europe contre moi; une partie de l'armée a trahi ses devoirs, et la France elle-même. Mais d'autres destinées lui étaient réservées; j'ai dû lui sacrifier mes plus chers intérêts.

« Avec vous et les braves qui me sont restés fidèles, j'aurais pu entretenir la guerre pendant trois ans; mais la France eût été malheureuse, ce qui était contraire au but que je me proposais.

« Soyez fidèles au nouveau souverain que la France s'est choisi; n'abandonnez point cette chère patrie, trop longtemps malheureuse!

« Ne plaignez pas mon sort; je serai toujours heureux lorsque je saurai que vous l'êtes.

« J'aurais pu mourir, rien ne m'était plus facile; mais non, je suivrai toujours le chemin de l'honneur : j'écrirai ce que nous avons fait. »

A ces mots le général Petit agite en l'air son épée et crie : *Vive l'Empereur !* Cette acclamation est répétée par toute la garde. L'Empereur reprend avec émotion :

« Je ne puis vous embrasser tous, mais j'embrasserai votre général. Approchez, général Petit:.... (Il presse le général dans ses bras).... Qu'on m'apporte l'aigle !... (Il l'embrasse trois fois, en disant :) Chère aigle ! que ces baisers retentissent dans le cœur de tous les braves ! ! !

« Adieu, mes enfants ! ! ! »

Napoléon, calme au milieu de l'émotion générale, s'arrache au spectacle de ses soldats en larmes; ses officiers le conduisent en pleurant à sa voiture, et Fontainebleau retombe dans le silence et la tristesse. Un an plus tard, dit M. Vatout, le 20 mars 1815, Napoléon, dans cette même cour du Cheval blanc, passait en revue ces vieux grenadiers qui l'avaient accompagné à l'île d'Elbe et qui le ramenaient aux Tuileries !

Peu d'événements marquants ont eu lieu depuis à Fontainebleau. Sous la Restauration, Louis XVIII vint y recevoir Caroline de Naples, fiancée au duc de Berry ; et Charles X, héritier de la passion de ses ancêtres, vint souvent chasser dans la forêt. Le 30 juillet 1830, à six heures du matin, la duchesse d'Angoulême arrivait dans la cour du Cheval blanc, de fatale mémoire, et y apprenait le triomphe de l'insurrection de Paris. Le 30 mai 1837, le mariage du duc d'Orléans et de la princesse Hélène de Mecklembourg était célébré au château ; fête pleine d'espérances et de promesses, comme tant d'autres fêtes pareilles qui avaient eu antérieurement pour théâtre la même résidence !

### Les arts à Fontainebleau.

Le château de Fontainebleau tient une place importante dans l'histoire de la renaissance de l'art en France sous l'influence italienne. Depuis quelques années, une étude plus intelligente et plus impartiale a permis, tout en faisant à cette influence italienne la part qui lui revient, de réclamer les titres légitimes de l'art national, dont notre incurie et un dédain superficiel ne tenaient pas suffisamment compte. « La renaissance française, dit M. le comte de La Borde, était en bonne voie lorsque Charles VIII, entraînant en Italie l'élite de la nation, lui montra les restes de l'antiquité éclairés par le soleil de Rome et de Naples. Elle eut alors avec la renaissance italienne, non plus seulement le même point de départ, la réaction contre les écoles épuisées, elle eut aussi le même aliment : pour son architecture les monuments de l'antiquité, et pour la sculpture ses chefs-d'œuvre qui sortaient de terre. De là une analogie qu'on a prise trop facilement pour une contrefaçon. —L'art gothique de la belle époque subit alors de rudes atteintes, et, n'étaient ces vaisseaux d'église qui, comme une flotte majestueuse, résistèrent aux tempêtes, l'art du moyen âge aurait sombré tout entier. Excessifs en tout, les Français, ne s'apercevant pas qu'ils trahissaient l'antiquité en s'engouant des Italiens, les accueillirent avec enthousiasme. Nos rois eurent le tort de pousser la nation sur cette pente, et les seigneurs de la cour de se faire les plus actifs promoteurs de cette mode qui avait pour eux le charme d'un souvenir de voyage. La meilleure preuve que c'était une mode, c'est qu'à Amboise, à Blois, à Gaillon, etc., des colonies entières d'artistes français sont à l'œuvre sous la direction d'un ou de deux Italiens; à Fontainebleau même, où les peintres Italiens plus nombreux dominent par la distinction du talent, c'est aux peintres français qu'est abandonnée l'exécution. » (*La Renaissance des arts à la cour de François I<sup>er</sup>*, 1 vol. in-8, 1850.) François I<sup>er</sup>, doué d'un heureux instinct, s'adresse aux grands maîtres de l'Italie ; à Léonard de Vinci, qui apporta en France, où il ne vint pour ainsi dire que pour mourir (il mourut au château de Cloux, près d'Amboise), un adorable chef-d'œuvre, la Mona Lisa, connue sous le nom de la Joconde; puis à *Raphaël*, qui fit pour lui plusieurs de ses derniers ouvrages, aujourd'hui la gloire du musée du Louvre, mais qui ne tarda pas à mourir aussi (27 ans avant la mort de François Ier), sans avoir pu mettre la dernière main à son chef-d'œuvre, la Transfiguration, qui était destiné à la France. Après lui il s'adressa à *Andrea del Sarto*, qu'il chargea de lui acheter en Italie des tableaux et des statues, et qui abusa de sa confiance, entraîné par son déplorable amour pour une femme infidèle. Le côté élégant et voluptueux de l'art, principalement, captivait le roi, moins sensible à la force et à la grandeur sévère. *Michel-Ange* refusa, à ce qu'il paraît, de venir en France. Son âpre génie eût sans doute été dépaysé à la cour de François Ier. Du reste, dans les arts comme dans la politique, François Ier devait être vaincu par son heureux rival Charles-Quint, qui aimait les arts autant que lui, mais qui s'y connaissait mieux peut-être, et dont la domination s'établit dans cette Italie, à travers laquelle la France ne faisait que courir des aventures. Après les grands noms, il fallut descendre aux noms secondaires, et c'est ainsi que le *Primatice* et le *Rosso* devinrent les directeurs des travaux de décoration du palais de Fontainebleau. « L'influence du Primatice, dit M. de La Borde, pouvait encore s'exercer utilement sur l'art français; son coloris clair et son dessin élégant ne contrariaient pas nos instincts.... Mais un Rosso devait-il servir de modèle? pouvait-on adopter les conventions de l'école de Fontainebleau, ou se mettre à la suite de cette émigration d'imitateurs serviles que les deux peintres rivaux, Primatice et Rosso, apportèrent dans leurs bagages? C'était adopter des procédés expéditifs qui répugnaient à nos peintres, des règles toutes faites qui les révoltaient, et un ensemble d'allures cavalières qui n'allaient ni à leurs natures, ni à leurs convictions. » La tentative faite par le Rosso pour implanter en France le style académique des imitateurs à la suite de Michel-Ange n'eut qu'un faible succès.

L'Italie était jalouse de ses artistes et les employait à de grands travaux; Charles-Quint, de son côté, en accaparait quelques-uns. Les grands artistes firent donc défaut au bon vouloir de François Ier; parmi les artistes de deuxième ordre, auxquels il dut confier ses travaux, le *Rosso* introduisit en France les fresques et le goût florentin; il s'acquitta avec une grande fougue de pinceau des diverses commandes que lui fit le roi, dont il fut libéralement récompensé. Outre sa pension, il en reçut un canonicat à la sainte chapelle de Saint-Denis. Appelé pour la première fois en France vers 1530, il devint le fondateur de l'*école de Fontainebleau*. Sa haute fortune fut troublée par l'arrivée du Primatice. Leur rivalité, leurs querelles importunèrent François Ier. Le Rosso termina en 1541 sa vie par le poison, pour échapper au déshonneur d'avoir injustement accusé de vol Pellegrino, son ami, et de l'avoir fait mettre à la torture.

Son successeur fut le *Primatice*, qui, resté seul maître des travaux, fit détruire une partie des ouvrages du Rosso. Il n'en existe plus de traces que dans la galerie de François Ier, restaurée à plusieurs reprises. Le Primatice fut envoyé en Italie par le roi, pour y recueillir des statues antiques. Il en rapporta 125 statues et les moules du Laocoon, de la Cléopatre, de l'Hercule à l'enfant, de l'Apollon du Belvédère et d'une Vénus, que l'auteur de l'article *Primaticcio* de la *Biographie universelle* et M. Vatout, dans ses *Souvenirs historiques de Fontainebleau*, prétendent à tort être la Vénus de Médicis. Ni la Vénus du Capitole ni celle de Médicis n'avaient encore été trouvées alors. Il apporta en outre les moules des statues du Nil et du Tibre, de la statue équestre de Marc Aurèle et d'une partie des bas-reliefs de la colonne Trajane. Plusieurs de ces statues furent jetées en bronze et ornèrent plus tard les jardins de Fontainebleau. Le célèbre Vignole, que le Primatice avait amené avec lui et qu'il retint deux ans en France, l'aida dans ces reproductions. De retour en France, il se livra, particulièrement à Fontainebleau, à un grand nombre de travaux, dans lesquels il était aidé par de nombreux élèves, formés à l'école du Rosso. Employé pendant près de six ans à Mantoue, dans les vastes ouvrages de peinture entrepris par Jules Romain, il avait acquis une grande sûreté de main et une exécution rapide. Il ne rappelle point du reste la manière forte de ce grand peintre, mais il se rapproche du style léger et de la grâce maniérée du Parmesan, qui prend chez lui un caractère particulier, surtout dans ses têtes de femmes. On a fait la remarque que Diane de Poitiers, toute-puissante sous Henri II, donna aux artistes ses proportions, sa taille, sa tête, son port, et que ce modèle servit à toute l'école de Fontainebleau. La plus grande partie des peintures décoratives du Primatice ont été détruites par le vandalisme du règne de Louis XV. On a surtout à regretter la destruction de la galerie d'Ulysse, de 456 pieds de long sur 18 de large, dans laquelle *Niccolo dell' Abbate*, le plus habile des artistes qui secondaient le Primatice, peignit d'après ses dessins cinquante-huit grands tableaux à fresque. Les peintures mythologiques qu'il avait exécutées dans la salle de bal (galerie d'Henri II, voir page 642) ont seules été conservées, mais elles ont été restaurées en 1834 et 1835 par M. Alaux. En 1544, le Primatice fut nommé abbé commendataire de Saint-Martin de Troyes, qui produisait 8000 écus de rente, puis conseiller et aumônier du roi. Comblé de faveurs par François Ier et les trois souverains qui lui succédèrent, il fut nommé en 1559 par François II surintendant des bâtiments du roi (charge occupée avant lui par Philibert Delorme), aux appointements de 1200 francs par an. On voit alors dans les *Comptes des bâtiments* [1] que les travaux sont

---

1. Nous donnons ici quelques extraits curieux de ces comptes :

« A Roux Jehan Baptiste de Roux (*Rosso del Rosso*), peinctre ordinaire du roy, la somme de 350 livres tournois pour ung quartier de ses gages, sçavoir : juillet, aoust et septembre (1532). » En 1540 il est porté comme « maistre conducteur des ouvrages de stucq et peinture de la grande galerie, à raison de 50 livres par mois. — A nostre cher et bien amé Bas-

ordonnés par l'abbé de Saint-Martin ; et le Primatice exerce sur les arts une suprématie dans le genre de celle que devait exercer Lebrun sous Louis XIV. Cette suprématie qui blessait souvent l'amour-propre des artistes, dont il prétendait diriger les travaux, se heurta au plus irritable de tous, à l'orfévre florentin *Benvenuto Cellini*, plein de talent, de verve et d'originalité, mais fort amoureux de son propre mérite, vantard, ardent dans ses haines, prompt dans ses vengeances, toujours prêt à dénouer avec

tiennet *Serlio*, painctre et architecteur, la somme de 400 livres pour ses gages et entretennemens en notre service, par chacun an, à cause de soudit estat de notre painctre et architecteur ordinaire, en fait de nosdits édifices et bastimens audit Fontainebleau (1541). — A Martin *Fréminet*, painctre et vallet de chambre de S. M., la somme de 100 livres tournois à lui ordonnée pour ses guiges durant l'année 1609 (n'a pu être payé, faulte de fonds.) — A Baptiste Baignecaval (Ramenghi, dit *Bagnacavallo*), painctre, la somme de 64 livres pour les ouvrages de peinture à huille de deux huissets servant à la fermeture de l'une des anmoires du cabinet du roi (Henri II), u Fontainebleau, à l'un des quels est la figure représentant le duc Ulizes, grec. — A maistre Nicollas l'Abbaü (*Niccoolo d-ll' Abbate*), painctre, la somme de 278 livres pour son remboursement de pareille somme pour achat de couleurs (1560). — Au même : la somme de 62 livres 10 sols pour avoir peind plusieurs toilles et paysages qui restaient à achever pour la décoration du cabinet du roy, et aussi pour avoir peind plusieurs paysages (aux appartements) de la royne mère du roy (1560). — Au même : la somme de 251 livres 5 sols à luy ordonnée par le dit Primadicis pour avoir fait six aulnes et 1/4 d'ouvrages de painctures en grotesque..... (1567). — A *Germain Pilon*, sculpteur, la somme de 15 livres pour les ouvrages de son art par lui faits au jardin de la royne ; au dit Pilon la somme de 50 livres pour 4 figures en bois, l'une de Mars, l'autre de Minerve, l'autre de Junon et l'autre de Vénus, pour la décoration d'icelluy jardin (1560). »

la dague ou l'épée les complots de ses ennemis. Il vint s'établir à Paris, en 1540 ; il était âgé de 40 ans. François Ier se montra pour lui bienveillant et généreux ; il lui concéda la tour de Nesle pour s'y installer avec ses ouvriers. Le cardinal de Ferrare, son protecteur auprès de François Ier, lui fit offrir 300 écus d'appointements par an. Cellini irrité commença ses préparatifs pour s'en retourner en Italie. On envoya à sa poursuite. Le cardinal lui déclara que le roi lui assignait les mêmes appointements qu'il avait donnés à Léonard de Vinci, 700 écus par an ; que de plus il lui donnait 500 écus d'or pour sa bienvenue et que tous ses ouvrages lui seraient payés à part. François Ier alla le visiter dans son atelier, le traitant avec une gracieuse familiarité. Mais le brusque Florentin ne sut pas capter les bonnes grâces de la duchesse d'Étampes ; elle fit donner à son protégé Primaticcio les travaux de sculpture d'une fontaine, qui avaient été déjà confiés à Benvenuto Cellini. Celui-ci n'était pas d'humeur à dévorer cet affront ; il s'en va trouver le Primatice, et sans s'arrêter à ses courtoisies lombardes (*certe sue Lombardesche accogliense*), il réclame le travail qu'on voulait lui enlever. Le Primatice se défend par d'assez mauvaises raisons. « D'ailleurs, dit-il pour conclure, si le roi le veut, qu'avez-vous à dire ? — J'ai à dire et je vous préviens, répond Cellini, que si j'apprends jamais que vous parliez en aucune façon de cette commande qui m'appartient, je vous tuerai comme un chien. » Et il était homme à le faire. Mais le Primatice se raccommoda avec lui et partit pour chercher des statues en Italie. Ce fut au milieu des copies de statues antiques nouvellement idées en bronze par le Primatice et exposées dans la galerie de François Ier, que Cellini, ne s'attendant pas à ce voisinage, fit transporter un Jupiter en argent qu'il venait de terminer pour le roi. Quand celui-ci s'avança avec la cour, il l'admira beaucoup. « C'est la plus belle chose qu'on ait jamais vue. J'aime les arts et je m'y connais : je n'aurais jamais imaginé la centième partie de ce que je vois. » Aussitôt les courtisans de s'extasier à leur tour. Mais la duchesse d'Étampes, soit par rancune de femme, soit qu'elle eût un goût plus sûr que celui du roi, interrompit hardiment ce concours de louanges : « Il semble que vous soyez aveugles, et que vous ne voyiez pas ces statues antiques, ces figures de bronze. Voilà où est le vrai mérite de l'art, et non dans ces bagatelles modernes. » Elle avait raison sans doute ; et il faut que Benvenuto Cellini ait cru le contraire pour qu'il ait rapporté ces paroles dans les Mémoires si amusants et en même temps si personnels qu'il nous a laissés. « D'ailleurs, ajouta-t-elle, le voile qui couvre en partie cette statue cache sans doute des défauts. » Cellini, irrité de ces paroles, déchira brusquement et avec une intention marquée les draperies qu'il avait ajustées. Peut-être la statue n'y gagna-t-elle pas beaucoup au point de vue de l'art, mais elle perdit beaucoup du côté de la décence. La favorite en fut pour sa confusion. Ce fut là le dernier triomphe de l'artiste sur la maîtresse du roi. Il s'était jeté dans une lutte où il devait succomber. L'argent et les commandes lui manquèrent bientôt, et, en 1545, il dut regagner l'Italie, n'emportant que peu d'argent du produit de ses travaux, quoique François Ier eût donné l'ordre de lui octroyer la première abbaye vacante du revenu de 2000 écus. Du reste les circonstances étaient peu favorables ; car comme Cellini le dit lui-même à François Ier : « On songeait alors plus à la guerre qu'aux statues (*era tempo da militare e non da statuare*). » Les ouvrages exécutés par Benvenuto Cellini pour le roi ont presque entièrement disparu. Son Jupiter en argent, son modèle d'une figure colossale de Mars, n'existent plus. La magnifique salière d'or, dont il parle dans ses Mémoires, fut donnée par Charles IX à l'archiduc Ferdinand d'Autriche, et elle est aujourd'hui à Vienne. Le bas-relief en bronze de la *nymphe de Fontainebleau*, qu'il avait fait pour une des portes du château, et qui représente une femme nue, couchée et le bras appuyé sur un cerf, n'occupa jamais l'emplacement pour lequel il était destiné, et fut employé par Philibert Delorme pour orner le château d'Anet, de Diane de Poitiers ; à la démolition de cet édifice, il fut transporté à Paris et plus tard placé au-dessus de la belle Tribune de Jean Goujon, dans la salle des Cariatides du musée du Louvre. Il a été transporté depuis dans une autre salle du musée, celle des sculptures de la Renaissance.

Les détails qui précèdent sont suffisants pour donner une idée juste du mouvement artistique créé sous le patronage de François Iᵉʳ et de son successeur, dans ses rapports avec le château qui est l'objet de cette étude. L'école de Fontainebleau, fondée par le *Rosso*, le *Primatice*, *Niccolo dell' Abbate*, *Benvenuto Cellini*, sans avoir eu réellement toute l'importance que lui prêtait *Vasari*, qui dit que cette royale résidence était devenue une seconde Rome, jette cependant, à cette époque de la renaissance *italienne* de l'art en France, un vif éclat, mais qui fit trop oublier qu'elle avait pour contemporaine une école nationale d'une grande valeur, une école toute française, celle de *Jean Cousin*, de *Jean Goujon*, de *Pierre Lescot*, de *Germain Pilon*. L'influence de l'école italienne sur la sculpture en France a dû être très-peu marquée. La sculpture était assez avancée dans ce pays; mais les artistes auxquels sont dus bien des ouvrages remarquables sont restés obscurs ou inconnus. Tels sont les auteurs des sculptures du tombeau de Louis XII, attribuées à Paul-Ponce Trebati, et qui sont du statuaire Jean Juste, de Tours; des figures principales du tombeau de François Iᵉʳ, qui sont de Pierre Bontemps, de Paris, etc. La sculpture française s'appuyait sur l'observation de la nature; elle était plus naïve qu'idéale; elle a été déviée, et l'imitation étrangère lui a fait perdre son originalité. On a reproché avec raison à la maîtrise exercée par le Primatice d'avoir vicié le goût en France. Il infecta tous les ouvrages d'art « du goût maniéré qui était alors celui des Bronzino, des Vasari, des Salviati, chefs de l'école florentine dégénérée. » Et cela s'étendit sous sa direction aussi bien à l'architecture et à la sculpture qu'aux ouvrages de peinture. — Voir, pour les ouvrages du peintre Fréminet, la *chapelle de la Sainte-Trinité*, à la page 627.

Il reste une question spéciale et importante à examiner : celle de savoir si les constructions élevées à Fontainebleau par le successeur de Louis XII furent l'œuvre d'artistes italiens, ou s'il faut en reporter l'honneur à des maîtres français dont les noms sont restés inconnus. Malheureusement, on ne peut pas apporter de preuves directes à l'appui de cet examen. Parmi les artistes italiens, quelques-uns doivent être évidemment écartés; tels sont: Léonard de Vinci, qui ne vint en France que vers la fin de 1515 et qui mourut en 1519. Pendant ce court séjour, il fut malade, n'exécuta aucun travail de peinture, et ne s'occupa que de projets de canalisation; — Andrea del Sarto, qui vint en France vers 1518 et n'y séjourna qu'une année, pendant laquelle il s'occupa de travaux de peinture; — le Rosso, que nous ne trouvons cité dans les comptes des bâtiments que comme peintre ou comme maistre conducteur des ouvrages de stucq et peinture (voir p. 611). Il était appelé à décorer des salles du château qui étaient déjà bâties. — Le Primatice, après avoir travaillé conjointement avec le Rosso, lui succéda après la mort de celui-ci, en 1541; mais longtemps aussi il ne figure dans les comptes des bâtiments que « pour avoir vacqué ès ouvrages de stucq et de paincture » (1533) et parmi les « painctres et imagers qui ont besogné en la chambre de la reyne, en la gallerie.... » à raison de 25 livres par mois, ou bien pour les frais des moules des statues. Plus tard, à la vérité, il fut nommé surintendant des bâtiments (voir p. 611); mais son action semble s'être bornée à la surveillance, à la direction des travaux, et s'être particulièrement exercée, non sur les plans des édifices, mais sur leur décoration. — A la suite du Primatice, un grand architecte, Vignole, vint passer deux ans à Paris; mais il y est si peu connu, que dans les comptes des bâtiments nous le trouvons ainsi porté : « A Jacques Veignolles, painctre, et Ryhon, fondeur, pour avoir vacqué à faire des mosles de plâtre et terre pour servir à jetter en fonte les anticailles que l'on a amenées de Rome pour le roy, à raison de 20 livres pour chacun d'eux par mois. » (Le comte de La Borde, *la Renaissance des arts*, p. 424.) — Reste Serlio, que François Ier nomma architecte de Fontainebleau et intendant des bâtiments de la couronne. Si l'on se met à chercher la part qui peut lui revenir dans la construction de cette résidence, on trouve quelques motifs de douter qu'elle y ait été aussi considérable qu'on pourrait le supposer d'après son titre. Dans les ouvrages qu'il publia en France, il donne les dessins de ses compositions les plus importantes à son gré, même de celles qui ne furent pas exécutées. Or, aucun de ces dessins ne reproduit rien des bâtiments de Fontainebleau. De plus, il se plaint amèrement de ce qu'on n'ait pas compris les beautés du projet qu'il avait conçu pour les constructions de la salle des fêtes, projet bien supérieur cependant, suivant lui, à celui du maçon français (*muratore*), qui fut préféré : « Mais moi qui étais là et qui y habitais continuellement, pensionné par le magnanime roi François Ier, on ne m'a pas même demandé le moindre conseil. J'ai voulu dessiner une loge (ou galerie largement ouverte, en italien *loggia*), comme je l'aurais combinée si une telle entreprise m'eût été confiée, pour faire connaître à la postérité la différence de l'une et de l'autre. » (*Serlio*, liv. VII.) L'architecte italien donne ensuite le dessin de cette loge, dont l'architecture diffère complétement de celle de la galerie de Fontainebleau, et qui est fort inférieure.

### Historique des constructions et restaurations du château.

Le château de Fontainebleau est formé d'une réunion de bâtiments construits à diverses époques de la monarchie, et imposants par leur grandeur, mais confus dans leur disposition générale et disparates dans leurs différents genres d'architecture : leur étendue est telle, que la toiture seule présente une superficie de 60 000 mètres carrés. Leur ensemble est si compliqué, que, sans l'aide d'un plan, on parviendrait difficilement à s'y orienter. En jetant les yeux sur le plan, on reconnaîtra, à première vue, que ce vaste assemblage d'édifices se partage en deux masses principales, réunies par une galerie transversale, occupant le fond d'une cour qui s'avance sur l'étang. Cette *galerie*, dite *de François Ier*, fut construite par ce prince pour servir de communication entre la cour du

Cheval blanc et l'ancien pavillon de saint Louis, berceau de cette antique demeure. (Voir page 649.)

On ne voit aujourd'hui aucune des constructions antérieures à François Ier, qui les a toutes renouvelées à l'extérieur; mais l'œil le moins exercé reconnaîtra vite que la partie la plus ancienne du château est celle des bâtiments qui entourent la *Cour ovale* ou *du Donjon*. Elle retient, dans l'irrégularité d'alignement de ses façades, quelque chose de la forme ramassée que dut avoir le manoir féodal, à une époque où la première nécessité architecturale était celle de résister aux attaques du dehors. Il fallait les progrès de la civilisation pour que la demeure des princes cessât d'être une forteresse et devînt un château de plaisance.

Le château de Philippe Auguste et de saint Louis devait, comme tous les châteaux du temps, consister en une forte tour avec une enceinte de murailles crénelées et liées aux angles par des tourelles. Les murs extérieurs étaient protégés par des fossés remplis d'eau, et un pont-levis placé entre deux tours devait servir d'entrée dans la forteresse. La grosse tour ou le donjon devait être où est le pavillon qui porte encore le nom de saint Louis. Ce *pavillon de saint Louis* est au fond du fer à cheval de la Cour ovale (F, plan d'ensemble); la *porte Dauphine*, servant aujourd'hui d'entrée d'honneur à cette cour, lui fait face. C'est de ce côté qu'était sans doute le pont-levis. Le reste des bâtiments qui fermaient cette cour n'y laissaient pas, comme aujourd'hui, pénétrer l'air et la lumière. Les substructions d'une partie des bâtiments qui entourent cette cour sont d'une énorme épaisseur, et c'est dans leur masse qu'on a dû creuser postérieurement pour élargir des fenêtres et percer des dégagements. Du reste, François Ier et Henri IV ont tellement changé l'aspect des lieux, qu'il est impossible de tracer exactement le plan du château du temps de saint Louis.

François Ier, le créateur du nouveau château de Fontainebleau, métamorphosa la forteresse féodale, en recula les fossés, ne laissa rien subsister de l'édifice bâti par ses ancêtres, à l'exception du donjon de saint Louis, dont les murailles durent leur conservation à leur prodigieuse solidité. Toutes les constructions de la Cour ovale furent rasées jusqu'au sol et remplacées par de nouvelles, élevées sur les anciennes fondations. La *chapelle Saint-Saturnin* fut rebâtie, ainsi que le grand *pavillon de la Porte dorée*; puis, entre le pavillon de Saint-Louis et la chapelle Saint-Saturnin, François Ier commença la salle des fêtes achevée par Henri II; il commença également la grande galerie, dite plus tard *galerie d'Ulysse* (voir p. 619). Puis, l'espace manquant pour ce château qu'il étendait au delà de ses anciennes limites, François Ier acheta le couvent des Mathurins, « attendu, dit-il, qu'avons intention y faire la plupart du temps notre résidence, pour le plaisir que prenons audit lieu et au déduict de la chasse des bêtes rousses et noires qui sont en la forêt de Bière » (1529). Alors de nouveaux bâtiments s'élevèrent sur la *cour de la Fontaine*, au fond de laquelle il avait bâti la galerie dite de François Ier, et une nouvelle et vaste cour, nommée plus tard *cour du Cheval blanc*, commença à s'entourer de constructions. On planta le jardin des Buis, aujourd'hui *jardin de l'Orangerie*, et le *parterre du Tibre* (voir au bas de la 1re colonne); on creusa des bassins, on disposa des grottes..., et tous les arts furent mis à contribution pour embellir cette résidence qui prenait un accroissement si considérable.

Henri II continua les travaux commencés par François Ier, et fit exécuter les riches décorations intérieures de la *salle des fêtes*, qui porte son nom. On fait également remonter au règne de ce prince la construction ou plutôt l'achèvement de l'escalier et de la façade orientale de la cour des Fontaines, dont on veut attribuer l'honneur à Serlio, non peut-être sans quelque vraisemblance, mais pourtant sans preuves précises. Au reste, le chiffre d'Henri II et celui de Diane de Poitiers, qu'on retrouve jusque dans la chapelle de Saint-Saturnin, comme si le roi avait voulu en quelque sorte sanctifier ses amours adultères, témoignent assez de la part que ce prince et sa maîtresse prirent aux embellissements de Fontainebleau.

Catherine de Médicis, pendant la minorité de ses enfants, contribua à donner à Fontainebleau la physionomie italienne que le changement de goût et le règne de Louis XV n'ont pu complètement effacer. Sous Charles IX, Primatice acheva la décoration de la *salle d'Ulysse*, détruite du temps de Louis XV.

Henri IV est, après François Ier, le grand constructeur du château de Fontainebleau. Il doubla la superficie des bâtiments et des jardins. Il y fit travailler depuis 1593 jusqu'en 1609, et y dépensa la somme, énorme pour le temps, de 2440850 livres. Entre autres constructions on lui doit : la grande *galerie de Diane* (voir p. 635); la *cour des Offices* et les vastes bâtiments qui l'encadrent, avec la porte d'entrée sur la place d'Armes; le dôme élevé au-dessus de la porte qui de la Cour ovale va à celle des Offices (c'est sous ce dôme qu'eut lieu le baptême de Louis XIII, et la porte prit depuis le nom de *porte Dauphine*): les bâtiments de la *cour des Princes*; la restauration générale de la *chapelle de la Sainte-Trinité* (l'ambassadeur d'Espagne avait dit à Henri IV, qui lui montrait le château : « Cette maison serait plus belle, sire, si Dieu y était logé aussi bien que Votre Majesté); » le pavillon du surintendant des finances (voir p. 650). Il agrandit les jardins et fit creuser le *grand canal* de 1200 mètres de longueur sur 39 de largeur, dans un vaste terrain qu'il planta de beaux arbres et qu'il orna de pièces d'eau, toutes détruites aujourd'hui, à l'exception de la pièce du Miroir. L'habile ingénieur italien Francini changea les dispositions du parterre planté par François Ier, qu'on avait nommé jusqu'alors le Jardin du roi, et qui fut appelé depuis le *jardin du Tibre*, à cause d'une figure colossale placée au centre d'une fontaine, sur un rocher factice et percé à jour. Cette statue, que François Ier avait fait couler en bronze, fut fondue pendant la Révolution. — On doit également à Henri IV le réservoir voûté, de

750 mètres de longueur, qui prend son origine aux hameaux des Peleux et des Provençaux, et fournit 40 pouces d'eau limpide au château et à la fontaine de la place d'Armes.

Certaines créations de l'époque d'Henri IV n'ont pas été respectées par ses successeurs, et la perte en est d'autant plus regrettable, que ces décorations, d'un style original, rompaient avec la tradition italienne introduite en France par le Rosso et le Primatice. Parmi les constructions et les embellissements d'Henri IV, il faut citer la création du *jardin de l'Orangerie*, sur un terrain vague en dehors de l'enceinte de François I*er*, et où ce prince avait établi le jardin des Buis. Henri IV recula le fossé pour agrandir cet espace, et fit un parterre autour duquel il éleva la galerie des Cerfs et celle des Chevreuils. Ces deux galeries étaient terminées par une immense *volière* qui les réunissait et qui, détruite par un incendie sous Louis XV, fut remplacée par une *orangerie*, d'où vient le nom donné à cette partie du château. — « La *galerie des Cerfs* fut nommée ainsi des ramures de cerfs placées sur des *massacres* ou simulacres, en bois ou en plâtre, de têtes de ces bêtes fauves ; entourés de feuillages dorés. Elle était divisée en 13 compartiments de 20 pieds de large sur 13 de hauteur, peints à l'huile sur plâtre par Dubreuil. » Ces tableaux offraient les plans des diverses résidences royales. C'est dans la galerie des Cerfs, aujourd'hui distribuée en appartements particuliers, qu'eut lieu le meurtre de Monaldeschi (voir p. 604 et 650). La galerie des Cerfs, ainsi que celle de Diane, par leur exposition au midi et leurs clôtures en vitraux, servaient de promenoir agréable à l'arrière-saison. — La *galerie des Chevreuils*, convertie en appartements sous Louis XV, partiellement incendiée depuis, a été entièrement détruite en 1833. Les diverses chasses y étaient représentées dans des peintures où figuraient Henri IV, les princes et les dames de sa cour.

Louis XIII chargea du soin de terminer les travaux, laissés inachevés par son père, J. de Noyers, surintendant des bâtiments, capitaine et concierge du palais, dont la dévote imbécillité « parut, dit Tallemant, en ce qu'il brûla quelques nudités de grand prix, » notamment là *Léda* de Michel-Ange. On doit au fils d'Henri IV la décoration de la Chambre du roi, la continuation des travaux de la chapelle de la Sainte-Trinité, et enfin l'*escalier de la cour du Cheval blanc*, remarquable à cause des difficultés de sa construction. Louis XIV n'a rien ajouté à Fontainebleau, — Henri IV et François I*er* lui avaient laissé peu à faire ; — mais il a imprimé à l'intérieur du palais le sceau de son luxe et de ses goûts fastueux Les jardins n'étaient pas assez pompeux : « il les fit arracher, combla les canaux, et confia au célèbre Le Nôtre la nouvelle distribution, peut-être plus régulière, mais d'une beauté un peu trop sévère. »

Le temps de la décadence commence pour Fontainebleau. Louis XV construit la *salle de spectacle* (voir p. 620) et l'*aile neuve de la cour du Cheval blanc*. « Cette misérable bâtisse, dit M. Castellan, dépare complétement le château et lui donne, de ce côté, l'apparence d'une caserne. » Pour établir cette nouvelle construction, il détruisit la *galerie d'Ulysse*. « Cette galerie, dit M. Castellan, commencée par François Ier et bâtie sur les dessins de Serlio, ne fut finie qu'en 1563. Sa décoration intérieure eut besoin d'être restaurée sous Henri IV, qui confia cette délicate opération au peintre Dubreuil. Sous Louis XIV, en 1661, un nommé Balthasar fut chargé du même travail. » Le désir d'avoir des *logements* fit sacrifier la suite de peintures dues au Primatice et à Niccolo dell' Abbate (voir p. 611). Le comte Algarotti, dans une lettre de 1744, déplore cet acte de vandalisme. « Ces admirables peintures, dit-il, avaient encore la fraîcheur, le relief et la force de coloris qu'elles possédaient quand Vasari les décrivait. » Le

Le château de Fontainebleau vu du parterre.

comte Algarotti ne tient pas compte ici des restaurations dont nous venons de parler. La même nécessité déplorable d'étendre les logements des courtisans à la suite de la cour avait déjà fait sacrifier les galeries des Cerfs et des Chevreuils. Vers le même temps, les robes volumineuses des femmes firent élargir les portes, sans souci des exigences architecturales, et sans respect pour les chefs-d'œuvre d'ornementation dont les rois, prédécesseurs de Louis XV, avaient enrichi le palais. (Voir *Salon de Louis XIII*, page 638).

Sous Louis XVI, il se fit de nouvelles distributions dans les petits appartements, qui furent décorés à neuf. — Pendant la Révolution, le palais est dépouillé de son riche mobilier et abandonné à toutes les causes de dégradation. En 1804, il servait de caserne à des prisonniers de guerre. Napoléon y dépensa 6 millions pour le remettre en état et presque autant peut-être pour le remeubler. Les constructions qui masquaient la cour du Cheval blanc, du côté de la place de Ferrare, ont été rasées et remplacées par une grille. Louis XVIII fit décorer la galerie de Diane, et, par une inscription en lettres d'or répétée sur les cinq portes, et enlevée dans ces dernières années, il data cette restauration de la vingt-huitième année de son règne, supprimant sa propre restauration à lui-même. Charles X ne vint à Fontainebleau que pour chasser.

Louis-Philippe a étendu au château de Fontainebleau le zèle de restauration qu'il exerçait à Versailles, à Trianon et dans diverses résidences. Après tant de vicissitudes subies, son règne a été pour le palais de François I<sup>er</sup> et d'Henri IV une époque de rénovation. Il y a dépensé plusieurs millions. Ce qui restait des peintures du Rosso et du Primatice a été rajeuni par des peintres de talent. Des distributions nouvelles, des remaniements plus ou moins heureux ont modifié le palais à l'intérieur. La plus éclatante des restaurations opérées par Louis-Philippe est celle de la *galerie d'Henri II* (voir p. 642). Au rez-de-chaussée, au-dessous de cette galerie, une vaste salle à manger, égale en longueur, a été faite sur l'emplacement des pièces de la Conciergerie. Parmi les principales restaurations qui ont eu lieu depuis 1830, il faut mentionner la chapelle Saint-Saturnin, la salle des Gardes, la salle de saint Louis, les salons de François I<sup>er</sup> et de Louis XIII, la galerie des Assiettes, la Porte dorée, plusieurs escaliers et vestibules.... enfin, la grande restauration de la galerie de François I<sup>er</sup>, le dernier travail entrepris par Louis-Philippe, et qu'il ne put mener à terme.

Dans ces dernières années, une nouvelle salle de spectacle a été construite à l'extrémité de l'aile neuve de la cour du Cheval blanc, et des appartements doivent être substitués à l'ancienne salle de spectacle que Louis XV avait fait établir dans la salle de la Belle-Cheminée ; pour leur procurer de l'espace, la façade nouvelle serait, dit-on, reportée au droit des deux rampes d'escaliers extérieurs qui disparaîtraient. Alors s'effacerait complètement ce dernier reste d'aspect un peu original que la cour de la Fontaine conservait encore de Serlio, comme achève de disparaître en ce moment à Paris, au palais des Tuileries, l'originalité d'aspect de l'architecture de Philibert Delorme.

### Itinéraire descriptif du château.

Il y a deux entrées : l'une sur la place du Ferrare, et par la grille de la *cour du Cheval blanc* (voir le plan d'ensemble, rez-de-chaussée); l'autre sur la rue des Bons-Enfants, par une petite porte située presque en face de l'hôtel de Londres, et ouvrant sur la *cour des Mathurins* (voir même plan). De cette cour un passage conduit dans la grande cour du Cheval blanc; et dans celle-ci, à droite, on trouve la *Conciergerie* (C du plan), où se tiennent des employés chargés de diriger les visiteurs dans l'intérieur du château. Il faut une permission spéciale pour visiter certaines parties du palais : les appartements de l'ancienne

…terie des Cerfs, l'appartement de …me de Maintenon, les petits appartements, le jardin de Diane.

Le château est ouvert tous les jours de … heures à 4 heures.

### Cour du Cheval blanc.

Cinq grandes cours sont comprises dans la vaste étendue des bâtiments formant l'ensemble du palais : la *cour du Cheval blanc*, celle *de la Fontaine*, celle du Donjon ou *Cour ovale*, celle *des Princes* et la *cour des Offices* ou *d'Henri IV*. La cour du Cheval blanc tire son nom d'un cheval en plâtre, d'après celui de la statue de Marc Aurèle à Rome, moulée par Vignole pour Catherine de Médicis, et qui était placé sous un dôme au milieu de cette cour; il fut détruit en 1626. On la désigne aussi sous le nom de *cour des Adieux*, en mémoire des adieux de Napoléon à son armée, en 1814. Cette vaste cour, située à l'ouest du château, a 152 mètres de longueur sur 112 de largeur. Elle était entourée de bâtiments sur quatre côtés; elle ne l'est plus que sur trois seulement, le quatrième ayant été remplacé par une grille en 1810. La façade principale, au fond de la cour, est composée de cinq pavillons principaux, à toits aigus et à deux étages, reliés entre eux par des corps de bâtiment formés d'un rez-de-chaussée et d'un étage. Le pavillon du milieu est orné d'un *escalier en fer à cheval* célèbre, construit sous Louis XIII par Lemercier, et dont le P. Dan, le naïf historien de Fontainebleau, vit jeter les fondements en 1634. Il paraît qu'il aurait remplacé un escalier analogue que Philibert Delorme décrit dans son traité d'architecture comme son propre ouvrage. Le grand corps de bâtiment à droite, en tournant le dos à la grille, est l'*aile neuve*, construite sous Louis XV sur l'emplacement de la *galerie d'Ulysse* (voir p. 619). C'est au-dessous du pavillon qui termine cette aile du côté de la grille qu'était, sous François I$^{er}$, la *grotte du Jardin-des-Pins*, où eut lieu l'aventure racontée page 600. L'aile du côté gauche était occupée par les ministres[1]. Au fond de la cour, dans l'angle gauche, est le *jeu de paume*, élevé près de la galerie détruite des Chevreuils (voir p. 618). A partir de cet angle, les cinq pavillons de la façade sont : le *pavillon de l'Horloge* et celui *des Armes*, où fut enfermé le maréchal Biron (voir p. 603). Ces deux pavillons sont adossés à la *chapelle de la Sainte-Trinité*. Celui du milieu était nommé le *pavillon des Peintures*, parce que François I$^{er}$ y avait réuni des tableaux des grands maîtres italiens. Le cinquième pavillon, à l'angle droit, fut d'abord appelé *pavillon des Poêles*, à cause des poêles venus d'Allemagne que François I$^{er}$ y avait fait placer ; plus tard il devint le *pavillon des Reines*, et fut habité par Catherine de Médicis et Anne d'Autriche.

Quoique François I$^{er}$ destinât la cour dite plus tard du Cheval blanc

---

[1]. On peut encore voir les restes de l'entrée de la grotte du Jardin-des-Pins; on passe, dans la cour du Cheval blanc, sous une arcade de l'aile neuve, et l'on tourne à droite dans une petite cour de service. Les figures colossales qui en défendent l'entrée sont formées de morceaux de grès rapportés, qui dessinent rudement les articulations et les muscles du corps. Déjà en 1731 l'abbé Guilbert dit que cette grotte abandonnée était une serre de jardinier. On aperçoit aussi cette construction rustique à travers des arcades ouvertes du côté du jardin anglais

aux fêtes et aux carrousels, il est probable, dit M. Castellan, que d'abord il ne pensa point à agrandir la façade du château au delà de l'étendue de la cour de la Fontaine, qui est derrière, et dont la porte d'entrée se trouve entre les deux pavillons. Il est difficile de démêler, au milieu des modifications et des amplifications apportées à la façade principale, la juste part qui revient à chaque époque, celle de Serlio ou des architectes français. La construction de l'aile gauche présente une particularité qui est répétée ailleurs et mérite d'être signalée. « Ordinairement la brique est employée dans le massif des murs, et la pierre figure les chaînes ou l'ordre d'architecture décorative; ici c'est tout le contraire : la brique sert de décoration, et les massifs sont en maçonnerie revêtue d'un enduit. »

Henri IV fit enlever le pont-levis jeté sur le fossé qui traversait la cour du Cheval blanc. Deux ponts furent établis sur ce fossé, l'un vis-à-vis de la cour des Fontaines, l'autre en face de la chapelle de la Sainte-Trinité. Le petit mur avec balustrade qui divise la cour du Cheval blanc a été construit du temps de Louis-Philippe.

Avant de commencer la visite intérieure du château, nous visiterons extérieurement les deux autres cours principales, ainsi que la Porte dorée.

### Cour de la Fontaine.

Elle est située à l'est de la cour du Cheval blanc, et entre cette cour avec laquelle elle communique et les bâtiments qui entourent la Cour ovale; elle est limitée au sud par l'étang et entourée de constructions sur trois côtés. Au fond est la galerie de François I$^{er}$. Les deux ailes sont : l'une, du côté du *jardin anglais*, terminée par un pavillon d'angle dans le style du temps de Louis XV; l'autre, en face, avec une double rampe antérieure, est attribuée à Serlio (voy. p. 615 et 620). Ce dernier corps de bâtiment a perdu les statues qui en décoraient la façade. Plusieurs parties de ces constructions ont été remaniées plusieurs fois; ce qui rend très-difficile aujourd'hui d'en restituer sûrement les époques.

Cette cour tire son nom de la fontaine qui y fut toujours établie, mais qui fut plusieurs fois changée. Benvenuto Cellini voulait en faire un monument à figures colossales (voir p. 612). Henri IV substitua une autre fontaine à celle de François I$^{er}$. En 1810, on en construisit une nouvelle décorée d'une statue d'*Ulysse*, due au ciseau de M. Petitot. Ce morceau, assez médiocre, surmonte un piédestal dont les quatre faces, décorées de têtes de Méduse, versent de l'eau dans une vasque quadrangulaire.

### Porte dorée.

Cette porte, ainsi nommée à cause de la richesse de sa décoration, donne issue sur la *chaussée de Maintenon*, élevée entre le parterre et l'étang, et qui mène dans la forêt dans la direction du *mail d'Henri IV*; et elle ouvre sur la Cour ovale. Elle a été élevée par François I$^{er}$ et décorée, sur les dessins du Primatice, de diverses peintures mythologiques qui ont été restaurées en 1835 par M. Picot. Le pavillon auquel elle appartient fut construit r d'antiques fondations; c'est là ns doute ce qui a motivé le biais e son plan par rapport aux édifices oisins. Il présente une façade partagée en trois parties égales, dans  sens horizontal, ainsi que dans lui de la hauteur. La partie centrale est percée de grandes arcades uperposées. Celle du bas sert de orte avec un vestibule ouvert; les eux autres étaient également ouertes, comme es *loges* italiennes, et l'édifice, epuis que ces rcades ont été itrées, a beauoup perdu de en caractère monumental. L'arcade du premier étage correspond à l'appartement de Mme de Maintenon.

L'arcade du rez-de-chaussée, ou *Porte dorée*, est divisée en deux parties inégales ; le portique extérieur renferme deux compositions entièrement refaites par M. Picot : *Hercule qu'Omphale revêt d'habits de femme*, et *Hercule retiré des bras d'Omphale*. On voit dans le portique intérieur les sujets suivants : le *Départ des Argonautes*, *Titon et l'Aurore*, *Diane et Endymion*, *Pâris blessé par Pyrrhus*, et dans la voussure, *Céphale enlevé par l'Aurore*, et *les Titans foudroyés par Jupiter*.

La Porte dorée.

Quelques-uns (et du nombre M. Picot, qui les a restaurées) attribuent ces peintures au Rosso. Les deux plus anciens historiens de Fontainebleau, le P. Dan et l'abbé Guilbert, contredisent cette opinion; M. A. Poirson, dans un judicieux article publié en 1838 dans la Revue française, s'appuyant sur leur avis et sur un examen approfondi, les rend au Primatice. Cette restauration, du reste, donne une idée bien incomplète de l'ouvrage primitif. Les peintures du Primatice avaient été exécutées à la fresque; la restauration a employé le procédé à l'encaustique. Deux de ces tableaux avaient péri, et dans les six autres l'on retrouvait à peu près partout les traits que, dans la peinture à fresque, l'on imprime avec un poinçon sur l'enduit encore frais, et avec lequel l'on trace l'esquisse, avant d'appliquer la couleur. Il existait encore des fragments considérables de couleur, propres à faire juger de la manière, du ton, du coloris de la peinture originale.

C'est par cette porte que Charles-Quint fit son entrée dans le palais de Fontainebleau, en 1539.

**Cour ovale** (autrefois du *Donjon*).

Le périmètre de cette cour est en partie celui du château primitif; et les fondations de plusieurs des bâtiments qui l'entourent remontent à saint Louis (voir p. 616). Ils constituaient une véritable citadelle défendue par un fossé et un pont-levis du côté de la porte du Dôme; et c'est là ce qui explique la forme irrégulière de la cour. Le pavillon de saint Louis, qui en occupe le fond, est encore flanqué d'une tourelle, le seul reste apparent de la demeure féodale. Le château primitif a été détruit en grande partie, et ce qui reste d'antique est revêtu de décorations architectoniques qui en ont changé complétement le caractère et ne remontent guère qu'aux premières années du $xvi^e$ siècle. De

La Cour ovale.

là résulte une grande difficulté d'appréciation. Cependant les F qui sont restés sur certaines parties de la construction, ou les salamandres sur les murs extérieurs de la galerie d'Henri II, et qui ont été rétablies par Louis-Philippe, servent d'indication pour l'époque de François $I^{er}$. On retrouve aussi le chiffre d'Henri IV.

La portion la plus remarquable des bâtiments qui entourent la Cour ovale est une façade grandiose présentant deux rangs d'arcades; celles du premier étage correspondent à la galerie d'Henri II. François $I^{er}$ ne construisit que cinq de ces arcades, à partir de la tour du Donjon jusqu'au portique de la chapelle Saint-Saturnin, encore existant sous Charles IX, et qui fut abattu sous Henri IV. Ce fut ce dernier qui prolongea cette façade et la lia par quatre autres arcades au pavillon d'angle, afin de régulariser la cour et de masquer les anciens contreforts et les piliers du tour de la chapelle qui, de ce côté, avaient autant de saillie qu'ils en ont du côté du parterre. On les retrouve encore à l'intérieur des constructions. Sur la ligne des bâtiments

Péristyle de la Cour ovale.

faisant face de l'autre côté à la galerie d'Henri II, on voit des consoles saillantes entre les croisées du rez-de-chaussée, et qui étaient sans doute destinées à supporter un balcon de fer. Elles offrent une grande variété d'ornements habilement sculptés. Elles sont devenues inutiles par la construction d'une galerie que supportent quarante-cinq colonnes. On attribue cette galerie à Henri IV.

Vers le milieu de cette façade s'élève un péristyle à deux étages. Les chapiteaux des pilastres et des colonnes se distinguent aussi par la variété de leur ornementation. On y retrouve l'F, initiale du fondateur. On a voulu attribuer à Serlio, à cause du caractère italien de ce morceau d'architecture, la construction du péristyle de la Cour ovale, évidemment d'une époque postérieure à celle des autres bâtiments sur lesquels il est appliqué. M. Castellan ne partage pas cette opinion; il le considère, au contraire, comme un précieux échantillon du goût français avant l'arrivée des artistes italiens.

Les deux lignes de bâtiments qui bordent la Cour ovale sont terminées par deux pavillons à toit pyramidal [1], que relie une terrasse transversale qui ferme de ce côté la cour, et au milieu de laquelle s'ouvre la porte Dauphine.

A la place de cette porte, il y avait, avant Henri IV, un pavillon offrant au rez-de-chaussée un vaste péristyle elliptique qui servait d'entrée, et l'on pense que c'est à la forme de ce péristyle d'entrée qu'est due la dénomination de la cour. Sous Louis XIII encore on la nommait la *cour de l'Ovale*, dont on a fait *Cour ovale*.

**Porte Dauphine** (ou *Baptistère*).

Ce curieux monument, composé

[1]. Celui désigné dans le plan sous le nom de *pavillon du Dauphin* fut construit par Henri IV. Des dauphins sculptés ornent les chapiteaux des pilastres (voir la *porte Dauphine*). Ce pavillon a été restauré en 1855.

d'un premier ordre sévère et rude couronné par un dôme capricieux, fut élevé sous Henri IV, et reçut son nom à l'occasion du baptême de Louis XIII, qui eut lieu sous ce dôme. Il a un aspect étrange, incohérent, sans être déplaisant, et il offre une sorte de problème dont M. Castellan a cherché la solution. « Il n'est personne, dit-il, qui ne reconnaisse au premier coup d'œil que la façade extérieure de cette porte présente un aspect complexe, qui, bien qu'ingénieusement combiné, n'en dénote pas moins des styles différents, appartenant à des époques distinctes. Le premier ordre toscan à bossages, appartient visiblement au commencement du XVIe siècle, tandis que le couronnement et tout le reste de l'édifice portent les caractères de l'architecture des premières années du siècle suivant.... Il y a un siècle de distance entre les deux faces de ce monument. » M. Castellan présume que le premier ordre de la porte Dauphine est une sorte de placage provenant d'un édifice plus ancien; et il l'attribue, d'une manière contestable, à Vignole, à qui il fait une part trop grande dans les travaux du château de Fontainebleau. On voit sur ce monument les lettres initiales des noms d'Henri et de Marie de Médicis; et aux chapiteaux des pilastres, au lieu de volutes, des dauphins entrelacés.

**Cour des Offices.**

En avant de la porte Dauphine sont deux Hermès colossaux, d'un beau caractère, qui marquent l'entrée de la *cour des Offices* (voir le plan); ils se lient à un mur d'appui couronné d'une grille, et qui dessine la direction de l'ancien fossé; le pont qui le traversait existait encore à la fin du siècle dernier.

Porte dans la Cour ovale. (Voir p. 647.)

La cour des Offices, bâtie par Henri IV, a 87 mètres de long sur 78 environ de large. On attribue la construction des bâtiments à un nommé François Jamin. La cour des Offices a sur la place d'Armes une entrée monumentale, où on lit cette inscription : *Henricus quartus, Franciæ et Navarræ rex christianissimus, bellator fortissimus, victor clementissimus, rebus ad majestatis et publicæ salutis firmamentum compositis, hanc regiam, auspicato restauravit, immensum auxit, magnificentius exornavit.* Anno MDCIX.

N. B. Dans la description des salles intérieures du château, nous suivrons l'ordre dans lequel on le fait ordinairement parcourir aux visiteurs. On passe sous l'escalier du Fer-à-Cheval, et l'on entre au rez-de-chaussée dans la chapelle de la Sainte-Trinité.

### Chapelle de la Sainte-Trinité.

La porte d'entrée est à gauche dans le vestibule, derrière le Fer-à-Cheval. On y lisait autrefois cette inscription ultramonarchique : *Adorate Deum et deinde regem*. Bien que tirée des *Paralipomènes*, elle n'en était pas moins exorbitante et appelait au moins un commentaire. Ces paroles de saint Pierre, gravées sur une table de marbre

Porte Dauphine, dans la Cour ovale.

au-dessus de la porte de la tribune du roi : *Deum timete, regem honorificate*, étaient sans doute destinées à en tenir lieu.

Cette chapelle fut bâtie en 1529 par François Ier sur l'oratoire de saint Louis. On retrouve encore au fond de la nef une arcade gothique. Ce fut Henri IV qui la fit richement décorer (voir page 617). Le peintre Fréminet fut chargé par lui d'exécuter les peintures de la voûte; il commença ce travail en 1608, deux ans avant la mort d'Henri IV, et le continua sous Louis XIII. Marie de Médicis lui donna le cordon de chevalier de Saint-Michel. Ce peintre, dont le nom et les ouvrages ne sont pas assez connus, naquit à Paris en 1567 et mourut en 1619. Il posséda une science de dessin et de composition, et une vigueur d'exécution bien rares en France à cette époque. Malheureusement, cette science se montre trop et exclut la naïveté. Il fait abus de l'anatomie, des raccourcis et des perspectives difficiles. Seize années passées à étudier en Italie ont fait de lui un imitateur assidu de la manière soit de Michel-Ange, soit du Parmesan; car on aperçoit tour à tour prédominer dans ses ouvrages l'une ou l'autre de ces deux tendances. Quelle que soit la haute valeur de ce peintre, mal apprécié, il ne pousse pas l'art français dans une voie originale, et c'est encore avec lui l'art italien qui trône à Fontainebleau, comme au temps du Primatice et de Rosso. De tous ses grands travaux, il ne reste plus que ses peintures exécutées sur plâtre dans la chapelle de la Sainte-Trinité. Voici l'indication des divers sujets peints par Fréminet :

Au centre de la voûte, cinq grandes compositions : 1° (au-dessus de la tribune) *Noé faisant entrer sa famille dans l'arche;* 2° *la Chute des anges;* 3° *Dieu entouré des puissances célestes;* 4° *l'ange Gabriel recevant de Dieu l'ordre d'annoncer le Messie à la Vierge;* 5° *les saints Pères apprenant la venue du Messie.* — Sous l'arcade, derrière l'autel, *l'Annonciation.* — Quatre ovales reliant les grandes compositions représentent *les quatre Éléments.* — Entre les trumeaux des fenêtres sont de grandes figures représentant les rois de Jérusalem : *Saül, David, Salomon, Roboam, Abia, Aza, Josaphat et Joram.* — Grisailles à droite et à gauche des rois : *les Patriarches et les Prophètes.* — Médaillons entre les grisailles : *la Patience, la Diligence,* *la Clémence, la Paix.* — Les quatre angles de la voûte sont occupés par quatre tableaux : du côté de l'autel, *la Foi et la Religion;* au-dessus de la tribune, *l'Espérance et la Charité.*

Ces peintures avaient été profondément altérées, et l'humidité en avait détruit plusieurs, par suite du long état d'abandon dans lequel était resté le château. Une fissure considérable lézardait le centre de la voûte. La restauration des peintures de Fréminet, importante opération qui embrassait 37 caissons, a été confiée à M. Théodore Lejeune, qui a mené récemment à bonne fin cette entreprise.

En ce moment (août 1856), une suite de tableaux ovales viennent d'être placés sur les trumeaux, entre les croisées, au-dessous des figures des rois de Jérusalem par Fréminet. On attend une décision supérieure pour les fixer et en faire, d'après un projet ancien, dit-on, une décoration définitive de cette chapelle. Nous ne pouvons que regretter profondément, pour notre part, l'inexplicable erreur de goût par suite de laquelle ces petits tableaux ovales, exécutés dans le style faux et conventionnel du siècle dernier, et signés des noms de Renou, de Lagrenée, ont pu être ainsi rapprochés des peintures grandioses de Fréminet. Comment ce contraste seul n'a-t-il pas fait rejeter une telle idée? Espérons que la sanction que l'on attend ne viendra pas consacrer un pareil contre-sens.

Au-dessus de la porte s'élève la tribune du roi, en menuiserie; dans le plan présenté par Fréminet, elle

# FONTAINEBLEAU. — LE CHATEAU.

devait être revêtue de marbre. On arrive par le vestibule du Fer-à-Cheval. Le pourtour de la nef est garni d'un lambris anciennement doré, de 5 mètres 50 centimètres de hauteur, orné de pilastres corinthiens. On se propose, avec raison, de rétablir les grilles en bois doré qui fermaient les chapelles latérales.

Le riche autel, œuvre de l'Italien Bordogni, date de Louis XIII. Entre les colonnes de brèche violette de l'autel, et dans des niches, sont les statues en marbre de Charlemagne et de saint Louis, et au-dessus quatre anges en bronze. Ces statues passent pour être de Germain Pilon. Le tableau placé sur l'autel, une *Descente de Croix*, est de Jean Dubois. Deux anges, de proportion colossale, placés au-dessus de l'autel près de la voûte, supportent des écussons aux armes de France et de Navarre. Les armes des Médicis sont au-dessus de la tribune. Les chiffres d'Henri IV, de Marie de Médicis, de Louis XIII et d'Anne d'Autriche, montrent que les travaux de décoration, commencés sous le premier de ces princes, furent terminés par son fils. Ces chiffres font partie des encadrements en stuc, couverts d'ornements dorés, qui entourent les peintures de Fréminet.

La chapelle de la Sainte-Trinité a vu la célébration de plus d'un mariage royal ou princier, entre autres de ceux de Marie-Louise d'Orléans, reine d'Espagne, de Louis XV, et du dernier duc d'Orléans avec la princesse Hélène de Mecklembourg.

En sortant de la chapelle, on monte l'escalier A du plan, qui a été récemment exhaussé, et on arrive au premier étage à un vestibule monumental.

### Vestibule du Fer-à-Cheval ou de la Chapelle.

Il est remarquable par six belles portes massives en chêne sculpté, faites ou restaurées sous Louis-Philippe, qui a fait pratiquer trois des ouvertures de cette salle. Ces six portes ouvrent sur la terrasse de l'escalier du Fer-à-Cheval, sur la tribune de la chapelle, sur l'escalier A, sur la galerie de François I$^{er}$, sur les appartements du pape et sur la galerie des Assiettes. Par le couloir (n°$^s$ 1 et 2 du plan), où sont deux tapisseries du temps de Louis XV (Jason et Médée), et par le passage voûté (n° 2), on arrive à la galerie des Fresques.

### Galerie des Fresques (vulgairement : *des Assiettes*).

Cette dernière dénomination provient des assiettes en porcelaine peintes et représentant les résidences royales, dont Louis-Philippe a bizarrement décoré les panneaux en bois de chêne et or de cette salle, créée par lui sur l'emplacement d'une terrasse en plein air. Il y a fait aussi transporter des peintures d'Ambroise Dubois, peintre ordinaire d'Henri IV (né en 1543, mort en 1614). On remarquera surtout une danse d'enfants autour du chiffre d'Henri IV. Ces peintures à fresque ont été transportées sur toile et restaurées par M. Alaux.

On traverse ensuite des pièces de passage, et, laissant à droite le long couloir de l'aile de Louis XV, à l'extrémité de laquelle est la nouvelle *salle de spectacle*, on entre dans les appartements qui étaient jadis ceux des reines mères, et qui ont été depuis ceux du pape Pie VII. Sous Louis-Philippe, ils étaient habités par le duc et la duchesse d'Orléans.

**Anciens appartements des reines mères et du pape Pie VII.**

Cette partie du château fut appelée, sous François I*er*, le *pavillon des Poêles*, à cause des grands poêles que ce prince y fit établir. Elle prit ensuite le nom de *pavillon des Reines Mères*, lorsque Catherine de Médicis le choisit pour son appartement.

*N. B.* Dans la visite des diverses parties intérieures du château, il faut avoir présent à la pensée que non-seulement les peintures, mais les décorations ont été restaurées; qu'une partie très-considérable de ces décorations a été faite à nouveau sous le règne de Louis-Philippe. L'ameublement a été apporté à diverses époques, en grande partie sous l'Empire. Le nombre des objets d'ameublement destinés primitivement au château de Fontainebleau y est excessivement borné.

*Antichambre* (n° 3 du plan). — Cette pièce et les deux qui suivent ont la vue sur l'étang et sur la belle allée du jardin qui le borde. On y remarque deux tableaux de Vien, le maître de David (né en 1716 et mort en 1809), *la Marchande d'amour* et *l'Amour fuyant l'esclavage*.

*Salon d'attente* (n° 4 du plan). — Les dessus de porte sont attribués à Mignard. Une ancienne tapisserie des Gobelins représente le sujet mythologique de Latone.

*Salon de réception* (n° 5 du plan). — Anciennes tapisseries des Gobelins, représentant, l'une, le *Parnasse*, l'autre, *Cérès*.

De ce salon, situé à l'angle du pavillon, on revient à gauche par la suite de pièces qui donnent sur la *cour de la Fontaine*.

*Chambre à coucher* (n° 6 du plan). — Le bois de lit de l'époque de Louis XIV a été élargi et restauré sous Louis-Philippe.

*Cabinet de toilette* (n° 7 du plan). — On y remarquera une très-belle commode en marqueterie de l'ébéniste Riésener; les bronzes sont de Goutière.

*Cabinet de travail du pape* (n° 8 du plan). — Un portrait de Pie VII, répétition de celui de David. Deux commodes de Boule.

*Ancienne chambre à coucher des reines mères* (n° 9 du plan). — Cette pièce, une des plus remarquables du château, est décorée de tapisseries anciennes des Gobelins (les *Batailles d'Alexandre*, d'après Lebrun). Le plafond, d'un décor d'arabesques riche et élégant, est délicieusement peint par Cotelle de Meaux. Les chiffres d'Anne d'Autriche sont plusieurs fois répétés, unis à celui de Louis XIII. Au-dessus des portes se voient les portraits d'Anne d'Autriche et de Marie-Thérèse, et dans la pièce, des meubles de l'ébéniste Riésener avec les cuivres de Goutière. C'est dans cette salle que le pape Pie VII disait tous les jours la messe pendant sa captivité, sur un autel qui a été transporté depuis dans la chapelle Saint-Saturnin.

*Salon* (n° 10 du plan). — On remarquera encore ici un plafond à compartiments, richement décoré et orné des chiffres d'Anne d'Auriche et de Louis XIII, et des meubles anciens en tapisserie de Beauvais. Mais ce qui doit surtout fixer l'attention, c'est une admirable tapisserie exécutée d'après les dessins de Jules Romain, et composée de sujets variés. Cette pièce, d'une franchise de travail remarquable et qui, malgré l'action du temps, a conservé un très-vif éclat de couleur, est une des choses les plus parfaites qui aient été jamais faites en tapisserie; on pense qu'elle a été exécutée dans l'ancienne manufacture des Gobelins. Ce n'est plus ici la copie d'un tableau, c'est le carton d'un maître combiné pour la décoration.

*Ancienne salle de billard* (n° 11 du plan). — La décoration est analogue à celle de la salle précédente. Elle a été restaurée en 1836. Les tapisseries représentent des sujets tirés de l'histoire d'Esther. Au-dessus des portes sont deux chasses, peintes par Lancret et Patel. Deux meubles de la fin du XVe siècle ou du commencement du XVIe méritent aussi d'attirer l'attention.

*Antichambre* ou *salle à manger* (n° 12 du plan). — Cette pièce contient quelques tableaux de peu de valeur; les noms des peintres qui sont inscrits nous dispensent de les désigner. Sur la cheminée, une petite pendule en marbre, style Louis XVI.

On termine ici la visite des appartements de l'aile de bâtiment qui sépare la cour de la Fontaine de celle du Cheval blanc, et l'on rentre dans le vestibule du Fer-à-Cheval, d'où l'on était parti en commençant cette tournée. On passe de là dans les appartements de Napoléon Ier, adossés à la *galerie de François Ier* et ayant vue sur le *jardin de l'Orangerie*. Cette partie des bâtiments qui double la galerie de François Ier fut construite sous Louis XV et Louis XVI.

### Appartements de Napoléon Ier.

L'ameublement des salles suivantes date de l'Empire. Déjà, et trop souvent, l'on aura pu apercevoir dans les pièces précédentes, mêlés çà et là aux bergères et aux fauteuils, aux lustres Louis XV et Louis XVI, les chaises en style pseudo-romain, les chenets à têtes de sphinx, les candélabres gauchement contrefaits de l'antique; maintenant les meubles de l'Empire étalent à peu près seuls leurs formes lourdes et anguleuses.

*Antichambre des huissiers* (n° 13 du plan). — On y a placé plusieurs tableaux, parmi lesquels on distinguera un joli tableau de Lancret, la *Leçon de flûte*; *Clélie*, par Stella; un *Paysage*, par M. Turpin de Crissé; et une horloge comprenant plusieurs cadrans destinés à servir de calendrier.

*Cabinet du baron Fain* ou *des secrétaires de l'Empereur* (n° 14 du plan). — On remarquera encore ici une tapisserie de la plus grande beauté, dont le sujet est Thalestris, prétendue reine des Amazones, qui, sur le renom d'Alexandre, vient le trouver afin d'avoir des enfants d'une si glorieuse origine.

*Salle de bain* (n° 15 du plan). — Cette petite pièce, coquettement décorée de peintures sur glace dans le goût de l'époque de Louis XVI, a été disposée sous Louis-Philippe. On traverse un petit couloir attenant (n° 16), et l'on arrive à une pièce qui a une importance historique, non-seulement dans les annales de Fontainebleau, mais dans l'histoire de la France au XIXᵉ siècle :

### Cabinet de l'abdication de Napoléon Iᵉʳ.
(nº 17 du plan).

C'est ici que s'est accompli ce grand acte qui a mis fin à l'Empire. Le petit guéridon mesquin en acajou, sur lequel Napoléon a rédigé cette abdication, attire, au milieu de la salle, les regards de tous les visiteurs. En faisant basculer la table de ce guéridon, on aperçoit une petite plaque de cuivre contenant l'inscription suivante mise sous la Restauration, qui y a laissé des traces de ses prétentions opiniâtres et de ses ridicules anachronismes :

*Le cinq avril mil huit cent quatorze, Napoléon Bonaparte signa son abdication sur cette table, dans le cabinet de travail du roi, le deuxième après la chambre à coucher, à Fontainebleau.* — Sur une console placée entre les deux fenêtres se trouvait un *fac-simile* de cet acte d'abdication; il y fut placé et mis sous verre par ordre de Louis-Philippe. Ce *fac-simile* a été enlevé depuis le nouvel Empire.

*Cabinet de travail* (nº 18 du plan). — Le bureau est du fameux ébéniste Jacob. Le plafond est décoré d'une peinture par Renaud : *la Force et la Justice*, dans le style académique banal du temps.

*Chambre à coucher.* — Cette pièce possède une belle cheminée de l'époque de Louis XVI. Les encadrements dorés et sculptés des portes sont du même temps, et d'une exécution parfaite. Les Amours peints au-dessus des portes sont par Sauvage.

### Salle du Conseil.
(Salon de famille sous Louis-Philippe.)

Cette salle mérite qu'on s'y arrête comme à l'une des plus élégantes du château. Dans sa décoration exécutée par Boucher, on retrouve les traces d'une période de décadence, à la vérité, de l'art français, mais manifestant dans sa décadence des qualités vraiment originales. A notre époque, qui n'a pas eu le génie inventif d'un style de décoration qui lui soit propre, il est peut-être puéril de récriminer à cet égard contre les peintres habiles du XVIIIᵉ siècle. Sans doute, leurs œuvres faciles et légères n'ont aucune des tendances nobles et élevées de l'art; mais ils ont eu un style à eux, et, par-dessus tout, l'esprit, la verve et la grâce : esprit, grâce et style maniérés, sans contredit, mais où se réfléchis... ont merveilleusement les goûts de la société du temps où ils ont vécu, et qui en sont restés la plus brillante expression. Quand on regarde sans prévention la salle du Conseil, entièrement de la main de Boucher, il est impossible de ne pas être charmé et séduit par son aspect d'une richesse si élégante, si pittoresque. Il n'y a rien au palais de Versailles ou à Trianon, dans aucune des pièces qui ont été décorées à la même époque, qui puisse rivaliser avec elle. Ces compositions sont peintes sur toile et placées dans de riches encadrements. La principale représente Apollon, dieu du soleil, sur son char, précédé de l'Aurore. Quatre autres encadrements sont remplis de ces Amours blancs et roses, enguirlandés de fleurs, qu'affectionnait Boucher. L'ensemble de la décoration se complète par seize panneaux, en camaïeu rouge et bleu, représentant des allégories. Une ornementation légère et d'une exécution facile se marie heureusement à ces mignardises mythologiques.

Une grande table placée dans cette salle est en bois de Sainte-Lucie et d'un seul morceau. Les meubles sont en tapisserie de Beauvais. Cette salle fut sous Henri IV le cabinet du roi. Le maréchal de Biron en sortait lorsqu'il fut arrêté. Elle fut construite sous François I*, restaurée sous Henri IV, et décorée sous Louis XIV et sous Louis XV. La partie circulaire sur le jardin de l'Orangerie, qui lui a donné sa forme définitive, n'a été, dit-on, construite qu'en 1782. Près des fenêtres, un petit cabinet mystérieux est réservé entre la salle précédente et la salle du Trône qui suit.

### Salle du Trône.

On attribue à Charles IX la construction de cette salle, qui fut dans le principe la grande chambre du roi. C'est Louis XIII qui la fit orner en 1642; Louis XIV l'agrandit de tout le cabinet qui se trouvait au fond, et où Biron fut arrêté. Le trône y fut alors placé. « Le plafond est une merveille en son genre. Il se compose de deux corps: le premier est à plusieurs compartiments accompagnant une mosaïque soutenue par huit Amours, avec une couronne en relief sur fond d'azur, les armes de France et de Navarre, et quatre autres couronnes portées par des aigles dorés. Le deuxième corps est en forme de coupole enrichie de fleurs de lis, des chiffres de Louis XIV et d'une ornementation d'une grande richesse. La cheminée est en menuiserie, comme le plafond, et du même style. Au-dessus se voit un beau portrait de Louis XIII en pied, par Philippe de Champaigne. Louis XIV mit, à la place du portrait de son père, un tableau de Dubois, *Flore et Zéphire*, qui y resta jusqu'au commencement de l'Empire; à cette époque, on le remplaça par le portrait de Napoléon. Louis XVIII y mit Louis XV: enfin Louis-Philippe y a restitué Louis XIII. Ce portrait de Louis XIII est accompagné de sa devise: *Erit hæc quoque cognita monstris*, qui fait allusion à la massue avec laquelle *ce nouvel Hercule*, ainsi que l'appela Malherbe, terrassa l'hérésie.

« La salle du Trône servait jadis aux réceptions d'ambassadeurs, et à plusieurs solennités qui se rattachent à l'histoire de la monarchie. » On voit encore sur le parquet les traces de l'ancienne balustrade qui entourait le trône.

On admirera le beau lustre en cristal de roche qui a, dit-on, coûté 50000 francs.

*Boudoir de Marie-Antoinette* (n° 19 du plan). — Cette pièce fut prise sur l'emplacement d'une plus grande, qui était décorée, sous Charles IX, de peintures représentant les portraits équestres des douze Césars, d'où le nom de *cabinet des Empereurs*, qu'elle conserva jusqu'au moment où Marie-Antoinette la fit transformer en boudoir. L'architecte Rousseau, à qui la tâche en fut confiée, s'en acquitta avec infiniment de goût. Rien n'est plus gracieux et d'un meilleur effet que les élégantes et légères peintures des panneaux, sur fond d'or vert.

Le plafond, peint par Barthélemy, élève de Boucher, représente l'*Aurore*; les dessus des portes représentent les *Muses*.

Dans le parquet d'acajou massif est incrusté le chiffre de Marie-Antoinette; et l'on affirme que Louis XVI lui-même a, de ses mains royales, exécuté les belles espagnolettes des fenêtres. Louis XVI avait, en effet, à Fontainebleau comme à Versailles, un atelier de serrurerie. Au-dessus de cette pièce, Marie-Antoinette avait un petit cabinet désigné, à cause de sa décoration dans le goût oriental, sous le nom de *boudoir turc*. Un petit escalier dérobé y conduit, et du haut du palier deux jours dérobés permettent de voir à droite et à gauche ce qui se passe dans les salles du bas (salles de François Ier et de Louis XIII, voir page 637). On ne visite cette petite pièce qu'avec une permission particulière.

*Chambre à coucher de la reine* (n° 20 du plan). — On pourrait appeler cette pièce la *chambre des cinq Maries*, car elle fut habitée successivement par Marie de Médicis, Marie-Thérèse, Marie-Antoinette, Marie-Louise et Marie-Amélie.

Le plafond, construit sous Louis XIII et sous Louis XIV, est splendide. Il se compose d'un grand médaillon, environné de quatre autres plus petits, reliés ensemble par de somptueux encadrements. Le reste de la décoration et de l'ameublement date presque entièrement de Louis XVI, et fait pressentir les formes roides du Directoire et de l'Empire. On retrouve ici deux commodes de l'ébéniste Riesener, avec les cuivres, exécutés et ciselées avec une grande netteté par Goutiere. Ces meubles seront sans doute un jour réunis, du moins le goût l'indique, à d'autres meubles pareils de style et des mêmes fabricants, disséminés dans d'autres parties du château (par exemple, dans le salon des Tapisseries, voir page 637). Ainsi isolés, ils perdent de leur valeur, tandis que, réunis et entourés des divers objets d'ameublement assortis, répandus au hasard dans les bâtiments, ils formeraient un ensemble intéressant et caractéristique de toute une époque. Les tentures en soie du lit et des lambris ont été données par la ville de Lyon à Marie-Antoinette à l'occasion de son mariage; mais elles n'ont été mises en place que sous le règne de Napoléon Ier, qui les a fait racheter et poser où elles sont.

*Salon de musique* (n° 21 du plan). — « C'était, au temps de Marie-Antoinette, le *salon du Jeu de la reine*, et avant, l'ancien *Grand cabinet*. Il fut décoré par l'architecte Rousseau dans cette manière déjà un peu anguleuse et maigre, mais qui tenait encore par la grâce et le pittoresque au goût de l'époque précédente. Le plafond, représentant les *Muses*, est de Barthélemy, l'un des derniers disciples de l'école de Boucher, qui n'avait guère retenu de cette école que la facilité d'arrangement et la fadeur, sans la verve et l'éclat du maître. Les dessus de porte mythologiques sont du peintre Sauvage, et appartiennent, comme le plafond de Barthélemy, les arabesques en grisaille sur fond de marbre, et la décoration, aux dernières années du XVIIIᵉ siècle. »

*Ancien salon de Clorinde* (n° 22 du plan). — Ce cabinet fut ainsi nommé du sujet des peintures qu'Ambroise Dubois y avait exécutées, dans six grandes compositions tirées de la *Jérusalem délivrée*. Deux de ces tableaux se voient encore aujourd'hui dans la seconde partie de la chambre de saint Louis, appelée par quelques-uns *Buffet du roi* (voir page 639). Paul Bril y avait ajouté des paysages. Sous Louis XVI, cette pièce fut divisée en logements pour les femmes de la reine. Louis-Philippe y a substitué un salon dans le style de Louis XV, et a fait ouvrir la porte de communication dans le mur qui le séparait de la galerie de Diane.

### Galerie de Diane.

Cette galerie, de plus de 80 mètres de longueur et dont les croisées donnent sur le jardin de l'Orangerie, fut construite par Henri IV, qui y fit peindre, par Ambroise Dubois, la légende mythologique de Diane, servant ici d'emblème à Gabrielle d'Estrées, représentée sous les traits de la chaste déesse (voir page 603). On y arrive aujourd'hui, comme on y arrivait alors, par plusieurs degrés, qui rachètent la différence de niveau entre cette salle et celles des anciens bâtiments.

De la galerie d'Henri IV, des peintures de Dubois, il ne reste rien aujourd'hui. Tout cela tombait en ruine quand l'architecte Heurtaut proposa à Napoléon de faire tout reconstruire. La maçonnerie seule était terminée à la fin de l'Empire, et c'est la Restauration qui a fait exécuter la décoration qu'on voit aujourd'hui. Louis XVIII, fidèle à sa tradition politique, data les travaux qu'il fit exécuter dans cette galerie de la *vingt-huitième année de son règne*, par une inscription placée sur les portes, et qu'on a eu tort d'effacer depuis.

La galerie est voûtée en berceau et partagée dans sa longueur en huit travées ; la voûte est ornée de peintures et de caissons chargés d'ornements dans le goût de la Restauration.

MM. A. de Pujol et Blondel furent chargés des peintures de cette salle, dont ils se sont partagé l'exécution. Nous indiquerons seulement les sujets principaux de ces peintures, sans style, sans originalité et sans caractère; appartenant à ce mode académique banal qui a trop longtemps dominé dans la décoration de nos édifices modernes, mais qui, particulièrement ici, à Fontainebleau, dans le voisinage des peintures du Primatice, du Rosso et de Fréminet, ne servent qu'à faire ressortir l'infériorité artistique des premières années du XIXᵉ siècle par rapport au XVIᵉ siècle :

PREMIÈRE TRAVÉE : Au centre, *Esculape rend la vie à Hippolyte* (A. de Pujol). — DEUXIÈME TRAVÉE : Au centre ; *Latone implore Jupiter, qui change les paysans de Lycie en grenouilles* (Blondel). — TROISIÈME TRAVÉE : Au centre, *le Sanglier de Calydon* (A. de Pujol). — QUATRIÈME TRAVÉE : Au centre, *Diane invoque Jupiter* (Blondel). — CINQUIÈME TRAVÉE : Au centre, *Naissance d'Apollon et de Diane* (A. de Pujol). — SIXIÈME TRAVÉE :

Au centre, *Hercule, sur le Ménale, saisit la biche aux pieds d'airain* (Blondel). — SEPTIÈME TRAVÉE : Au centre, *Sacrifice d'Iphigénie* (A. de Pujol). — HUITIÈME TRAVÉE : *la Famille de Niobé* (Blondel).

A l'extrémité, cette galerie se termine par un salon décoré en stuc, dans le même style que la galerie. Les peintures sont de M. Blondel : Au centre de la voûte est figurée *Diane, déesse de la nuit*. Les compartiments qui entourent ce tableau représentent des Amours et des Zéphyrs portant des attributs de la chasse : premier tableau à droite, *Vénus reçoit les plaintes de Diane*; deuxième tableau, *Diane chasse Calisto*; premier tableau à gauche, *Métamorphose d'Actéon*; deuxième tableau, *Diane et Endymion*.

A droite et à gauche de la galerie sont des tableaux exécutés par divers artistes sous la Restauration, et achetés aux expositions. Dans le nombre de ces peintures médiocres qui n'offrent qu'un intérêt de curiosité comme spécimens de la peinture française à cette époque, on distinguera les tableaux suivants : *Diane de Poitiers demandant la grâce de son père à François I*", par Mme Haudebourt-Lescot; *le roi de Navarre et la mère d'Henri IV*, par Revoil; *saint Louis rachetant des prisonniers*, par Granet. Du reste, l'énoncé du sujet, ainsi que le nom de l'auteur, sont inscrits sur le cadre de chaque tableau. Au milieu de la galerie est un portrait équestre d'*Henri IV*, par Mauzaise.

De la galerie de Diane, on passe dans l'antichambre (n° 23 du plan) des grands appartements, ayant vue sur la Cour ovale. Mais avant de s'y engager, on peut aller à gauche visiter les appartements des Chasses.

### Escalier de la Reine et appartements des Chasses.

(D du plan.)

La cage de cet escalier fut décorée, sous le règne de Louis-Philippe, de plusieurs tableaux relatifs à des chasses : une grande toile de Charles Parrocel (1688-1752), représentant une Chasse de Louis XV à Compiègne; des Chiens, par Fr. Desportes (1661-1743) et par Oudry (1686-1755).

A gauche de cet escalier sont trois pièces contenant des tableaux de C. Vanloo, d'Oudry et de Desportes, représentant des Chasses et des Chiens de Louis XV. On remarquera dans la seconde salle une grande toile représentant le *Cerf forcé par Louis XV à la Roche-qui-pleure* (Fontainebleau); un autre représente le *Cerf à l'étang de Saint-Jean* (Compiègne). Ces pièces ne sont montrées qu'aux personnes munies d'une autorisation particulière.

### Grands appartements.

A droite de l'escalier des Chasses sont les grands appartements.

*Antichambre* (n° 23 du plan). Cette pièce a été décorée par Louis-Philippe d'un plafond de sapin à compartiments dorés. Il a fait enlever quatre grosses colonnes qui l'obstruaient, et ouvrir une porte de communication avec le salon de Clorinde, situé derrière. On a placé trois panneaux en tapisseries des Gobelins, d'après les peintures de Coypel (voir Compiègne, p. 520): Don Quichotte et Sancho sur le cheval de bois; Sancho dans l'île

# FONTAINEBLEAU. — LE CHATEAU. 637

de Barataria, et Don Quichotte consultant la tête enchantée.

**Salon des Tapisseries** (anciennement : *des Gardes de la Reine*).

Ce salon est ainsi nommé à cause des *belles* et *curieuses* tapisseries de Flandre qui le décorent. Elles représentent les bois. Un plafond en sapin du Nord, plus remarquable par l'habile exécution de la menuiserie que par le style, complète les décorations de cette pièce, remise complètement à neuf sous Louis-Philippe. On a placé sur la cheminée une autre tapisserie des Gobelins représentant *François I*er *et Charles-Quint à Saint-Denis*, d'après le tableau du baron Gros. — Deux petits meubles d'encoignure avec de merveilleux cuivres de Goutiera, style Louis XVI, méritent d'être signalés à l'attention (voir p. 634).

**Salon de François Ier.**

Les dénominations des différentes salles présentent quelquefois de l'incertitude, comme on peut aisé-

Cheminée du salon de François Ier.

ment l'imaginer, à cause de leurs nombreux changements successifs de destination. Cette pièce fut autrefois l'antichambre des appartements de la reine. Elle servit de salle à manger à la famille impériale. Le plafond à compartiments a été refait par Louis-Philippe, qui a fait placer sur les murailles des tentures en tapisseries des Gobelins, exécutées d'après les tableaux de M. Rouget, et qui représentent les sujets suivants : *François I*er *refuse aux députés de Gand son appui à la révolte de leurs compatriotes contre Charles - Quint ; François I*er *à la Rochelle ; saint Louis et les envoyés du Vieux de la Montagne ; saint Louis, arbitre entre le roi d'Angleterre et ses barons* (1264); *Henri IV et Crillon ; un Croisé ; la France ; Henri IV à l'assemblée des notables à Rouen* (1594) ; *saint Louis reçoit l'hommage du duc de Bretagne* (1234); *saint Louis prisonnier*. Les lambris et les deux portes de chaque côté de la cheminée datent de Louis XIII. La cheminée est d'une ornementation abondante, et remonte visiblement à l'époque de François Ier. Au milieu se trouve un charmant médaillon peint à fresque, que quelques-uns attribuent au Primatice, et qui représente *Mars et Vénus*. Au-dessous de ce médaillon est un bas-relief en stuc, imité de l'antique. On a complété la restauration de cette cheminée par des ornements en biscuit de Sèvres, d'un style douteux. Le meuble de ce salon est en vieux Beauvais. Une porte, dissimulée dans l'angle de cette pièce, ouvre sur un escalier dérobé, menant au boudoir de Marie-Antoinette, dont il est parlé plus haut (voir p. 634).

### Salon de Louis XIII.

Cette pièce, une des plus curieuses du château, appelée *grand cabinet du roi* ou *chambre ovale*, servit de chambre à coucher à Marie de Médicis; c'est là qu'elle mit au monde Louis XIII, en 1601. Elle fut construite par François Ier et décorée sous Henri IV. Elle a été restaurée en 1837 à l'occasion du mariage du duc d'Orléans. Ambroise Dubois y avait peint quinze tableaux représentant *les amours de Théagène et de Chariclée*, sujet tiré d'un roman grec d'Héliodore, évêque vivant au ive siècle, que la traduction française d'Amyot a popularisé. Il ne reste plus que onze de ces tableaux, les quatre autres ayant été supprimés sous Louis XV, à l'effet d'élargir les portes (voir. *Salon de saint Louis*). « Au milieu des arabesques et des dauphins qui font partie de la décoration, et du chiffre de Marie de Médicis, on voit briller l'S, entrecoupé d'un trait, qu'Henri IV mettait au commencement de toutes ses lettres, par allusion à sa passion pour Gabrielle d'Estrées (Des traits!). Étrange devise, et qui blesse également le goût et la morale. » Paul Bril décora aussi ce salon de petits paysages et de fleurs.

A l'extrémité du plafond, entre les deux portes d'entrée, on voit *Louis XIII enfant*, à cheval sur un dauphin, tenant dans ses mains un sceptre et des lauriers. A droite et à gauche de ce tableau sont des peintures en camaïeu, représentant *Hercule et Déjanire* et *Diane et Apollon*.

« La petite porte, à côté de la place où est accouchée Marie de Médicis, conduisait à l'antichambre où fut arrêté le maréchal de Biron. » (VATOUT.)

## PAVILLON DE SAINT-LOUIS.

### Salle de Saint-Louis.

Cette salle, divisée en deux pièces séparées par une large porte vitrée, a subi bien des changements: elle était, sous François Ier, appelée la chambre de Saint-Louis; elle fut décorée alors dans le même style que la galerie dite de François Ier, à laquelle elle faisait suite. Les peintures à fresque, exécutées par Niccolo dell'Abbate sur les dessins du Primatice, les grandes figures, les fruits, les bordures de stuc, modelées par Paul Ponce; toute cette riche ornementation, expression précieuse d'une époque, fut détruite, présume-t-on, sous Louis XIV, et remplacée par une décoration fort simple. Le roi Louis-Philippe a fait couvrir d'ornements le plafond peint en bleu, et tapisser les murailles de quinze tableaux, dont cinq modernes, représentant plu-

## FONTAINEBLEAU. — LE CHATEAU.

...urs traits de la vie d'Henri IV : ...ri IV quittant Gabrielle; Henri IV et Sully blessé à Ivry; ...ri IV chez le meunier Michaut; ...ri IV et Sully à Fontainebleau; ...ri IV et Sully chez Gabrielle. ...autres tableaux, de Nicolas Loir, ...résentent des Amours, avec différents attributs des arts, des saisons et de l'industrie. Enfin, dans ...seconde partie de la chambre de ...int-Louis, appelée le Salon des ...issiers ou le Buffet du roi, on a ...nsporté trois tableaux de la suite ...e l'histoire romanesque de Théagène et Chariclée, dont il est parlé ...l'article précédent. Dans un de ...s tableaux, le dernier de la collection, représentant l'union de ...héagène et Chariclée, devenus ...être et prêtresse du Soleil et de ...Lune, on voit le portrait de Dubois peint par lui-même, et près de ...i, les portraits de Sully et du ...meux banquier Zamet, qui se disait seigneur de 1 700 000 écus. On ...oit également deux tableaux dont ...s sujets sont tirés de la Jérusalem ...élivrée (voir p. 635).

C'est aussi Louis-Philippe qui a ...it placer sur la cheminée la statue ...questre d'Henri IV par Jacquet, qui ...isait partie de la décoration de ...belle Cheminée, dont les autres ...ragments se voient dans la salle des ...ardes. On sait que cette belle cheminée était placée dans une salle où ...ouis XV bâtit depuis un théâtre. ...n peu avant l'arrestation de Biron, ...enri IV, averti de ses intelligences ...ecrètes avec l'Espagne, se promenait dans cette salle, où le maréchal ...u'il attendait vint le trouver. Henri ...arrêta devant sa statue de marbre ...lanc, sculptée sur la cheminée et ...ntourée de trophées : « Eh bien! cousin, dit-il à Biron, si le roi d'Espagne me voyait comme cela, que dirait-il? — Il ne vous craindrait guère, » répondit Biron. Le roi lui lança un regard qui le fit rentrer en lui-même.

Des pièces précédentes qui donnent sur la Cour ovale, on passe à la salle des Gardes, ayant vue sur la cour de la fontaine.

### Salle des Gardes.

Cette salle, la première de ce côté des appartements de réception, fut longtemps laissée dans un état presque complet d'abandon; la restauration actuelle, qui date de l'année 1834, est l'œuvre de M. Mœnch. Il ne subsiste guère de la décoration primitive que le plafond et la frise, contemporains de Louis XIII. La boiserie, la tenture, imitant les vieilles tentures en cuir de Venise, sont modernes. Un magnifique parquet en marqueterie correspond, par son dessin, au dessin du plafond. La cheminée, haute de 5 mètres et demi sur 4 de largeur, est formée d'une partie de fragments provenant de l'ancienne Salle de la belle Cheminée (voir ci-contre); le chambranle et les montants sont modernes. Les deux figures de la Force et de la Paix, attribuées au sculpteur Francarville, appartenaient à la vieille cheminée, ainsi que la plus grande partie de l'ornementation qui encadre un buste d'Henri IV.

Le reste de la décoration de la salle se compose de cinq portes, vraies ou figurées, au-dessus desquelles se trouvent cinq médaillons renfermant les portraits de François I*er*, d'Henri II, d'Antoine de Bourbon, d'Henri IV, de Louis XIII. Sur les panneaux, ornés de figures allégoriques, des emblèmes et des devises traduisent le caractère le plus saillant de chacun de ces rois.

### Salon de Louis XV.

On désigne sous ce nom une petite pièce située entre la salle des Gardes et le théâtre (aujourd'hui détruit) de Louis XV. Cette partie des bâtiments qui entourent la *Cour de la fontaine*, est destinée à subir prochainement de profondes modifications (voir p. 620, 2ᵉ col.). Ce cabinet est orné de quelques peintures, parmi lesquelles on remarque celle du plafond, allégorie consacrée à Louis XV, protecteur des arts et des sciences. On y a aussi placé un tableau curieux que l'on a attribué au Primatice, et qui représente une Diane chasseresse toute nue. La tête, finement traitée, est le portrait de Diane de Poitiers.

Revenant dans la *salle des Gardes*, et traversant une petite pièce ovale (nº 24 du plan), où est placée une statue singulière, en marbre, de la Fécondité ou de la Nature, on arrive à l'ancienne chambre de la duchesse d'Étampes.

### Escalier du Roi (B. voir le plan.)
Ancienne chambre de Mme d'Étampes ( ou d'Alexandre ).

Dans la partie supérieure de cet escalier était située originairement la chambre de la duchesse d'Étampes, appelée depuis la chambre d'Alexandre, du sujet des compositions peintes à fresque qui la décoraient. Elles ont été attribuées successivement au Rosso, à Niccolo dell' Abbate et au Primatice. Ce fut Louis XV qui fit bâtir cet escalier, non pas cependant tel qu'il est aujourd'hui; car les voussures, décorées de médaillons contenant des portraits de rois de France qu'on voit maintenant, remplacent un plafond et remontent seulement à Louis-Philippe. Le tableau principal, *le Triomphe d'Alexandre*, a été peint par M. Abel de Pujol. Les sculptures sont, dit-on, du Primatice ; la reine Marie Leczinska en fit voiler les nudités.

C'est le Primatice qui a fourni les dessins des compositions dont le héros est Alexandre, ou plutôt François Iᵉʳ, qu'un peintre courtisan se plaît à comparer au grand conquérant macédonien. Aussi il rapetisse le héros de l'antiquité aux proportions du chevaleresque personnage de François Iᵉʳ. Il représente sa vie privée et ses faiblesses comme pour excuser celles du roi. « Ces peintures, dit M. Poirson, ne sont pas licencieuses, mais elles sont libres ; prince et maîtresse ont atteint la dernière limite des mœurs faciles. »

Ces tableaux sont au nombre de huit. Dès l'année 1642, quatre, sans être détruits, étaient déjà méconnaissables : l'enduit sur lequel trois de ces derniers étaient peints (*le Festin à Babylone, la Mascarade de Persépolis, Alexandre cédant Campaspe*) fut détaché du mur à l'époque de la transformation de cette chambre en escalier; et il ne reste rien aujourd'hui de ces trois tableaux. Les autres furent abandonnés à l'action destructive du temps. Dans sa restauration M. Abel de Pujol a substitué à la *Mascarade de Persépolis* une scène de son invention : *Alexandre coupant le nœud gordien.* « De quelque côté, dit M. Poirson, que l'on envisage l'altération que s'est permise M. Abel

## FONTAINEBLEAU. — LE CHATEAU.

de Pujol, on la trouve également fâcheuse. La scène des masques de Persépolis était prise dans le même esprit que les autres morceaux de la chambre de Mme d'Étampes, tandis que *le Nœud gordien* est pris dans un ordre d'idées tout différent. Enfin, les moyens ne manquaient pas pour nous rendre cette page enjouée du Primatice : la gravure de la scène des masques existe à la Bibliothèque du roi. » Les huit compositions, telles qu'on les voit aujourd'hui, sont, en tournant le dos à la Cour ovale :

1° Médaillon à droite : *Alexandre domptant Bucéphale*; 2° tableau : *Alexandre offrant une couronne à Campaspe*; 3° *Timoclée, dame thébaine, amende devant Alexandre*; 4° tableau du fond : *Alexandre enfermant le poëme d'Homère dans une cassette*; 5° *Thalestris, reine des Amazones, vient trouver Alexandre*. (Cette peinture se trouvait au-dessus de la cheminée.) 6° Sur la partie à gauche, médaillon : *Alexandre coupant le nœud gordien* (inventé par M. Abel de Pujol); 7° tableau : *Festin de Babylone*; 8° médaillon : *Alexandre donnant Campaspe au peintre Apelle*. « La restauration, dit M. Poirson, sur l'examen judicieux duquel on est heureux de pouvoir s'appuyer, a introduit dans ces peintures des changements notables.... M. Abel de Pujol a introduit dans plusieurs figures entières, et dans beaucoup de têtes, les formes adoptées par David et par son école, qui diffèrent entièrement de celles de la Renaissance. Pour la restauration de ces tableaux, M. Abel de Pujol a employé le procédé de la peinture à l'encaustique. Par l'usage qu'il en a fait, son coloris s'éloigne de celui de la fresque, ses teintes ont un fondu et un fini extrêmes, beaucoup de brillant.... quelque chose de vaporeux ; le tout ensemble très-étranger à la manière que le Primatice avait adoptée. » M. Poirson signale l'*Alexandre renfermant les œuvres d'Homère*, et surtout le *Festin de Babylone*, comme deux restaurations scrupuleuses. Le médaillon n° 8 est une composition charmante.

Du palier de l'escalier du Roi (B du plan), on entre dans une pièce de forme irrégulière (n° 25 du plan), et de là, par un corridor étroit, situé derrière l'appartement de Mme de Maintenon, on se rend à la galerie d'Henri II. Il faut une autorisation particulière pour visiter l'appartement de Mme de Maintenon.

### Appartement de Mme de Maintenon.

Il comprend cinq pièces : le salon, la seule pièce un peu grande, se compose de la portion antérieure, qui formait, dans le principe, une *loggia* ouverte, et d'une autre partie en retraite et un peu sombre. On y remarquera un meuble de Boule d'une forme singulière. A côté de ce salon sont deux petites pièces, dont l'une, sur le devant, est un cabinet de toilette (n° 26 du plan), et l'autre, en retraite et peu éclairée, est la chambre à coucher (n° 27 du plan). On y a placé une commode de Boule. Les pièces qui précèdent sont comprises dans le pavillon dit de la *Porte dorée*. Dans l'angle laissé libre entre ce pavillon et le bâtiment de la galerie d'Henri II, aligné sur un axe différent, il y a encore un boudoir (n° 28 du plan), faisant partie de l'appartement de Mme de

Maintenon. On y a placé une petite commode en laque de Chine.

**Galerie d'Henri II** (ou salle des Fêtes).

Cette galerie est la merveille du château de Fontainebleau. Elle fut construite par François I$^{er}$ et décorée par Henri II. (Voir p. 616 et 617.) Elle a 30 mètres de long sur 10 mètres de large. « C'est, dit M. Poirson, (*Revue française*, 1839), la plus belle et la plus vaste qu'ait construite la Renaissance, dont elle porte le cachet. » Elle est éclairée par dix fenêtres, cinq sur le jardin et cinq sur la Cour ovale, ouvertes au fond d'autant d'arcades à plein-cintre, formant des baies profondes de près de 3 mètres. Le plafond plat, en bois de noyer, est divisé en caissons octogones, richement profilés à fond d'or et d'argent. Les dessins d'un riche parquet en boiserie correspondent aux divisions du plafond. Les murs, à une hauteur de 2 mètres, sont garnis de lambris en bois de chêne à filets et à chiffres et emblèmes d'or. Au-dessus de ce magnifique revêtement, la galerie d'Henri II possède une décoration bien plus précieuse encore, celle des nombreuses compositions peintes dont l'a enrichie l'abondante imagination du Primatice, et que nous énumérons plus bas. Au-dessus de la porte d'entrée, qui est basse, et dans toute la largeur de la salle, règne une tribune supportée par des consoles, dont l'appui en bois est orné de sculptures.

A l'autre extrémité, une cheminée monumentale occupe toute la hauteur de la salle. Elle se compose de deux parties. La partie inférieure est couronnée d'un entablement dorique, supporté aux deux extrémités par des colonnes. A l'origine c'étaient des Satyres de bronze, peut-être ceux que Cellini avait exécutés pour sa décoration de la Porte dorée, qui n'a jamais été mise en place. Ils furent enlevés et fondus en 1793. L'espace compris entre le vide de la cheminée et l'entablement est décoré d'un H gigantesque, accompagné de croissants, au milieu de lauriers entrelacés. La partie supérieure est formée d'un ordre de pilastres ioniques accouplés, supportant un entablement avec une frise ornée d'enroulement, et présentant au centre les armes de France surmontées d'un croissant. La salle des Fêtes devait être voûtée : « Mais, dit Serlio (voir page 615 le passage où il se plaint de n'avoir pas été consulté), il survint un homme influent (*uomo d'autorità*) et de plus de beau sens que le maçon qui avait la conduite de cet édifice, » qui fit changer cette disposition. Les consoles qui devaient supporter la retombée des voûtes existent encore, et l'artiste chargé de la décoration picturale s'en est servi pour y appuyer ses figures principales.

On a dit justement que la salle des Fêtes reproduisait les passions et les goûts d'Henri II, les mœurs et les arts du temps. Henri II affichait sa tendresse pour Diane de Poitiers; aussi leurs chiffres sont-ils ici unis partout : « les emblèmes de Diane, les arcs, les flèches et surtout les croissants, y sont prodigués à droite et à gauche de la cheminée; deux tableaux représentent *Diane chasseresse* et *Diane aux enfers*. Enfin dans la dernière arcade de droite est peint le portrait, non plus de la déesse, mais de la maîtresse elle-même. Les attributs de

nus et le Cupidon obligé sont
outés à cette figure d'après na-
re. » Tous les sujets, dit encore
. Poirson, sont empruntés à l'an-
enne mythologie et pris dans ce
l'elle offre de plus poétique et plus
acieux. La passion de l'époque,
gouée pour l'étude de l'antiquité
pour la mythologie, comme on
été il y a quelques années pour
s héros de Walter Scott, est ac-
sée ici par le choix des sujets
mposés par le Primatice.

Ces sujets sont au nombre de
plus de soixante. Huit grandes compositions occupent les espaces compris entre les archivoltes des arcades.
En partant de la tribune des musiciens, les quatre premières compositions sont, du côté du jardin:
1° *Cérès et des moissonneurs*;
2° *Vulcain forgeant des traits pour
l'Amour, sur l'ordre de Vénus*; 3° le
*Soleil, accompagné des Saisons et
des Heures, parcourt le Zodiaque;
Phaéthon lui demande son char à*

Galerie d'Henri II (salle des Fêtes).

*onduire* [1]; 4° *Philémon et Baucis,
écompensés pour avoir donné
hospitalité à Jupiter, et les Phry-
iens punis pour la lui avoir refusée.*
es quatre autres compositions en
evenant du côté de la Cour ovale
nt : 5° les *Noces de Thétis et de*

[1]. On prétend que Primatice s'est re-
résenté dans une figure placée der-
ère une colonne.

*Pélée*; 6° *Assemblée des Dieux*;
7° *Apollon et les Muses sur le Parnasse*; 8° *Bacchus entouré de sa
suite et d'animaux sauvages.*

Cinquante compositions plus petites décorent à l'intérieur les baies
formées par les arcades. Ce sont, en
faisant de nouveau le tour de la salle :
du côté de la Cour ovale: Première
croisée: 1° *Neptune*; 2° *Bacchus* ou

Pomone et des enfants; 3° Un Amour; 4° Bacchus et des Naïades; 5° Thétis. — Deuxième croisée : 1° Jupiter; 2° Deux nautonniers ; 3° Mars; 4° Un vieillard et un jeune homme; 5° Junon. — Troisième croisée : 1° Pan ; 2° Comus ; 3° l'Abondance ; 4° Esculape; 5° Cérès. — Quatrième croisée : 1° Hercule ; 2° Charon et Cerbère; 3° le Sommeil ; 4° Saturne ; 5° Déjanire tenant la tunique. — Cinquième croisée : 1° Adonis; 2° Deux vieillards tenant conseil ; 3° Un Amour ; 4° La Vigilance sous l'emblème d'un coq aux pieds d'une dormeuse; 5° Minerve. — Côté du jardin : Sixième croisée : 1° Vénus et Cupidon ; 2° Narcisse; 3° Enlèvement de Ganymède ; 4° Bellone ; 5° Mars endormi. — Septième croisée : 1° Une Naïade; 2° Amphion ; 3° Vulcain tenant un filet; 4° Un jeune homme et un vieillard couchés sur un lion ; allégorie de l'assurance; 5° Neptune. — Huitième croisée : 1° Hébé ; 2° la Résolution, sous l'emblème de deux vieillards ; 3° Janus, roi d'Italie ; 4° Nymphes et Naïades; 5° Bacchus. — Neuvième croisée : 1° Cybèle ; 2° Mars et Vénus ; 3° Le dieu Hymen; 4° Cupidon endormi près d'une Nymphe ; 5° Saturne endormi. — Dixième croisée : 1° Flore ; 2° Morphée ; 3° Jupiter trônant ; 4° l'Hiver ; 5° Vulcain près de sa forge.

A droite et à gauche de la cheminée sont encore quatre tableaux : l'un représente Hercule combattant le sanglier d'Érymanthe; allusion à une action de François I<sup>er</sup>, tuant un sanglier qui faisait de grands dégâts dans la forêt. Au-dessus est une figure de Diane. L'autre retrace l'histoire d'un gentilhomme condamné à mort, et qui obtint sa grâce en combattant un loup-cervier [1]. Au-dessous de ce tableau, la Diane au repos est Diane de Poitiers, dit-on. — Dans le fond de la salle, au-dessus de la tribune, on voit un grand tableau représentant un concert.

Toute cette décoration, la plus vaste de toutes celles de cette époque qui existent en France, fut exécutée sur les dessins du Primatice par Niccolo dell'Abbate. M. Alaux fut chargé de la restauration en 1834, et il a consacré trois ans à ce travail. Il a rétabli, à l'aide des gravures, les figures qui avaient entièrement péri, en prenant les fragments subsistants du coloris ancien comme modèles pour ce qu'il avait à reproduire. « Pour ne parler que des neuf grandes compositions, dit M. Poirson, le trait lui-même avait péri dans le tableau de Vulcain, où il ne restait plus que deux figures d'Amours en bas; dans toute la partie gauche de l'Assemblée des Dieux; dans le haut du tableau de Cérès. La couleur avait infiniment plus souffert que le trait. Il n'y avait plus trace de peinture dans le Concert de la tribune; dans le Bacchus; et, sauf une figure et une tête, dans Philémon et Baucis. Il ne restait un ensemble de couleurs, quoique gâtées, que dans le Soleil, les Saisons; Apollon et les Muses. — M. Alaux a fait subir aux fresques un exact nettoyage; il a étendu sur la surface de chacune d'elles quelques couches de cire, chauffées

[1]. M. Castellan donne de ce tableau une autre explication : d'après un tableau de famille que Millin a vu en 1804, dans le château de Bussy-Rabutin, ce serait un frère bâtard de Hugues de Rabutin, chevalier de Malte, et huissier de la chambre d'Henri II, qui aurait tué cet animal.

suite au moyen de réchauds; les parties de couleur qui étaient ternies, mais non détruites, ont alors paru. « Une portion du trait a pu être relevée sur le mortier qui, miné par l'humidité, a dû être enlevé et remplacé par un enduit nouveau. M. Poirson estime que le *qui subsistant* ne dépasse pas la proportion de la moitié des peintures originales. »

Les détails qui précèdent serviront à guider les visiteurs dans le jugement à porter de ces peintures. Doutons qu'avant de subir la restauration de M. Alaux, elles avaient déjà subi celle de Toussaint Dubreuil, peintre d'Henri IV. C'est plutôt sur la tournure générale de ces figures que sur leurs traits particuliers qu'il faut chercher à apprécier les talents unis du Primatice et de Nicolo dell' Abbate. Sans partager l'enthousiasme de M. Poirson, qui dit que « toutes les parties morales de la peinture sont traitées dans ces fresques d'une manière supérieure, et que souvent le Primatice s'y est élevé jusqu'à la perfection de l'art, » on peut admirer avec lui la grâce extrême de quelques figures, telles que celles de Vénus, de Cupidon et des Grâces. Mais on désirerait souvent une ordonnance plus claire dans ces compositions; on peut leur reprocher la surcharge, et souvent la confusion des figures, d'autant plus sensible que le champ occupé est plus restreint. Du reste, il faut reconnaître que, dans ce mode de grande peinture employée comme décoration à l'intérieur, le Primatice, préoccupé de ses souvenirs de Mantoue et de Jules Romain, visait moins à une sage ordonnance qu'à faire montre de son abondante facilité, et à charmer par le jet hardi et les attitudes gracieuses de ses figures.

« Si l'on considère à l'extérieur la galerie d'Henri II, on remarque, dit M. Castellan, que la façade du côté du jardin n'offre, sur un simple soubassement percé de petites croisées, qu'un seul rang d'arcades, tandis que du côté de la cour il y a deux rangs superposés. Le projet de Serlio sans doute eût été plus savant et plus correct, mais il est douteux qu'il eût été d'un dessin aussi simple et d'un effet aussi grandiose et aussi original. » Quelques têtes d'animaux, sculptées extérieurement sur la corniche de l'entablement au-dessus duquel s'élève la galerie d'Henri II, présentent des ouvertures comme pour l'écoulement de l'eau, qui nous font supposer que, dans le principe, on se proposait de faire simplement une terrasse ou une galerie ouverte.

Au delà de la galerie d'Henri II est la chapelle haute; on ne la visite qu'avec une autorisation.

### Chapelle haute.

Cette chapelle est au-dessus de celle du rez-de-chaussée, sous l'invocation de saint Saturnin. Du côté de la Cour ovale, elle est masquée par le placage des arcades en continuation de celles de la galerie d'Henri II; ses piliers extérieurs ont une saillie aussi prononcée de ce côté que du côté du parterre. C'est à François Ier qu'est due la construction de cette chapelle, comme l'indique cette inscription sur un cul-de-lampe de la voûte : *Franciscus Francorum Rex, anno Dom. 1545, absolvi curavit.* Plus loin, on trouve la date de 1608, du temps d'Henri IV, époque à laquelle furent exécutés les ornements peints et dorés de cette chapelle. — On parle de sa restauration prochaine.

Napoléon Ier, se souvenant que jadis les rois de France avaient eu une bibliothèque à Fontainebleau, voulut aussi en créer une, à peu près inutile aujourd'hui, et la logea dans l'étage supérieur de la chapelle de Saint-Saturnin; elle a été transportée depuis au-dessus de la galerie de François Ier.

M. Barbier, l'auteur du *Dictionnaire des auteurs anonymes*, fut le premier bibliothécaire de Fontainebleau; sous Louis-Philippe, Casimir Delavigne remplit cette honorable sinécure jusqu'à sa mort. On estime à trente mille le nombre des volumes qui composent cette collection.

De la galerie d'Henri II, on descend au rez-de-chaussée visiter la chapelle de Saint-Saturnin.

### Chapelle Saint-Saturnin.
(Au rez-de-chaussée.)

L'ancienne chapelle de Louis VII (voir page 598) et de saint Louis servit de fondation à celle que François Ier fit rebâtir en 1544. Peut-être même la saillie si prononcée des contre-forts, comme on les voit du côté du parterre, n'est-elle si forte que parce qu'on aura voulu consolider quelques portions des anciennes murailles conservées. On remarquera à l'extérieur de ces contre-forts les têtes de biche sculptées aux angles des chapiteaux, avec l'F de François Ier. La différence de niveau de cette chapelle (à laquelle on n'arrive qu'en descendant plusieurs marches) avec les planchers des bâtiments voisins semble attester que la disposition ancienne a été conservée dans la reconstruction de François Ier. L'ornementation intérieure fut successivement faite sous Henri II, sous Henri IV et sous Louis XIII. Tombée dans un état d'abandon et de délabrement complet, cette chapelle servait de magasin quand Louis-Philippe entreprit, en 1834, de la restaurer et de la rendre à sa destination première. Il y ajouta une tribune qui en changea le caractère primitif. A la place du magnifique autel chargé des chiffres adultères d'Henri II et de Diane de Poitiers, on voit l'autel qui avait été placé dans les appartements des reines mères (voir page 630), et sur lequel, suivant l'inscription que M. Lami, le régisseur du château, y a fait mettre, le pape Pie VII a dit la messe depuis le 20 juin 1812 jusqu'au 21 juin 1814.

Le principal ornement de cette chapelle consiste dans les vitraux, exécutés à la manufacture de Sèvres, d'après les dessins de la princesse Marie, duchesse de Wurtemberg, fille de Louis-Philippe. Ces vitraux sont divisés en vingt-sept compartiments, contenant différents sujets religieux : dans celui de droite, la jeune princesse, faisant dans sa piété filiale allusion au nom de sa mère, a représenté sainte Amélie offrant à la Vierge sa couronne, avec cette inscription : *Regina reginæ patrona*; dans celui de gauche, elle a figuré l'apôtre saint Philippe, avec l'inscription : *Apostolo Regem tuere*. Ces inscriptions ont aujourd'hui, après les démentis de l'histoire, un intérêt particulier.

# FONTAINEBLEAU. — LE CHATEAU.

### Salle d'attente ou salle à manger.
#### (Rez-de-chaussée.)

On sort de la chapelle Saint-Saturnin par un corridor qui mène à la vaste salle à colonnes que Louis-Philippe fit construire au-dessous de la galerie d'Henri II, sur l'emplacement occupé par une suite de pièces qui, depuis l'Empire, formaient le logement de la conciergerie. Il mit aussi cette salle en communication avec la cour des cuisines au moyen d'un passage souterrain. — Au sortir de cette salle, on gagne la *Porte dorée*, en laissant à droite le vieil escalier en limaçon de François I$^{er}$ (C du plan), dont la porte d'entrée sur la Cour ovale est reproduite page 629. Après avoir vu la Porte dorée, on passe dans la *Cour ovale*, et l'on rentre dans le château par le pavillon de Saint-Louis.

### Vestibule de Saint-Louis.
#### (Rez-de-chaussée.)

Ce vestibule aux murs épais et de style ogival a été restauré et décoré de statues par Louis-Philippe. Au fond est un escalier neuf, construit également par Louis-Philippe, et dont la rampe en bois de chêne brut a été exécutée par M. Poncet. C'est par cet escalier que nous monterons au premier étage pour aller visiter la galerie de François I$^{er}$, la dernière grande salle qu'il nous reste à visiter.

### Galerie de François I$^{er}$.

Cette galerie fut construite en 1530 par François I$^{er}$; elle est située au premier étage du bâtiment qui fait le fond et occupe toute la largeur de la cour de la Fontaine, et sépare cette cour du jardin de l'Orangerie. Sa longueur est de 64 mètres 318 millimètres, et sa largeur de 5 mètres 847 millimètres. Dans l'origine, elle était percée de fenêtres des deux côtés; mais, quand Louis XV eut fait construire sur le jardin de l'Orangerie un bâtiment adossé à cette galerie, les fenêtres de ce côté se trouvèrent bouchées. La terrasse en avant de la galerie a été construite par Henri IV.

La décoration de cette galerie est des plus intéressantes; elle porte à un haut degré le cachet du goût artistique de cette époque de la Renaissance. Le plafond, divisé en autant de grands compartiments qu'il y a de travées, se compose de caissons de formes variées, en noyer, avec des moulures dorées. Un lambris du même bois, dont les panneaux sont ornés de sculptures représentant des armoiries, des trophées, des salamandres et des chiffres de François I$^{er}$, règne au pourtour, sur une hauteur de 2 mètres. Les trumeaux entre les fenêtres sont décorés de sujets peints, entourés de riches encadrements en stuc d'une ornementation variée, où des figures, soit en bas-relief, soit en ronde-bosse, représentent toutes les fictions de la mythologie antique, des Nymphes, des Faunes, des Égypans groupés au milieu de cartouches, de guirlandes, de fruits et d'emblèmes.

Les sujets des peintures ne forment pas une suite, et se composent de scènes tirées de la fable ou d'allégories. La plupart de ces peintures sont du Rosso; quelques-unes, qui dénotent une main moins habile, n'ont été exécutées peut-être qu'après sa mort. Elles furent peintes à fresque, soit par lui-même, soit sur ses dessins, par ses élèves. Une de ces fresques, représentant Danaé, est attribuée au Primatice. « On prétend que le Primatice, chargé après la mort du Rosso des ornements des médaillons, les a multipliés à l'excès, et leur a donné des formes ronflantes dans le but de nuire aux peintures de son rival. C'est là une opinion évidemment trop ingénieuse; les peintures, les sculptures des statues, celles des ornements, appartiennent sans arrière-pensée à la décadence de l'École florentine. » Et cette ornementation abondante est tout à fait dans le goût de la Renaissance. Ces sculptures furent exécutées, dit-on, par Paul Ponce et Domenico del Barbiere.

La restauration de cette galerie a été commencée par Louis-Philippe, qui a eu le tort de faire surélever le plafond. Une frise, composée d'ornements en relief trop lourds, ajoutée pour motiver cette surélévation, a été supprimée récemment, et remplacée par une décoration peinte. Il reste de la sorte un espace vide fâcheux entre le plafond et les statues et les ornements en relief, qui, de chaque côté de la galerie, montaient dans le principe jusqu'à la corniche. Les panneaux en chêne sculptés ont été réparés et dorés. Une portion considérable a été renouvelée. La restauration des peintures a été commencée par M. Couder. Cette restauration, interrompue en ce moment, ne doit pas tarder à être reprise.

Voici l'indication des principaux sujets des fresques :

Côté de la cour de la Fontaine, en commençant du côté du vestibule du Fer-à-Cheval :

1° Le premier tableau est une représentation allégorique de la *Protection accordée aux lettres par François I*<sup>er</sup>. Il ouvre un temple à l'Ignorance, personnifiée par des personnages ayant un bandeau sur les yeux; — 2° *L'Union des corps de l'État autour de François I*<sup>er</sup>. Cette fresque ne doit pas être de Rosso, ou bien elle a été restaurée après lui par une main négligente; — 3° *Cléobis et Biton traînant le char de leur mère;* — 4° *Danaé.* C'est cette figure qui serait attribuée au Primatice; les deux petits médaillons qui l'accompagnent ont été conservés; — 5° *La mort d'Adonis;* — 6° *La Fontaine de Jouvence* ou *l'Arrivée d'Esculape à Rome.* Si cette fresque est des plus médiocres, les deux médaillons qui l'accompagnent sont jolis; — 7° *Le Combat des Lapithes et des Centaures.*

Au côté opposé, en retour, on voit :

1° *Vénus grondant l'Amour pour avoir abandonné Psyché.* Au-dessous on remarquera un petit tableau curieux, représentant l'ancienne disposition de la Cour de la Fontaine; — 2° *L'Éducation d'Achille.* Dans la restauration commencée de cette composition remarquable, M. Couder a laissé prédominer les tons violacés qui distinguent aussi quelques autres ébauches de restauration par le même artiste dans cette galerie; — 3° *Un Naufrage,* qui a été beaucoup admiré; — 4° *Ruine de la ville de Troie* et la *Piété filiale d'Énée;* — 5° Un *Triomphe* (un éléphant richement caparaçonné); — 6° *L'Appareil d'un su-*

FONTAINEBLEAU. — LE CHATEAU. 649

*rifice*. Au-dessous de ce tableau est une petite fresque à moitié effacée, et représentant une *Ronde de Nymphes*, du dessin le plus gracieux et le plus élégant. Cette composition, si attrayante, semble être d'une autre main que celle à qui sont dues les peintures monumentales de cette galerie.

En terminant la description de cette galerie, rappelons une observation transmise par l'architecte Ducerceau, savoir : que les édifices construits par François Ier le furent avec une telle précipitation, que cinquante ans après ils avaient besoin d'être réparés.

Dans le petit tableau dont il vient d'être parlé, représentant l'ancienne vue de cette galerie, il y

Galerie de François Ier.

avait dans le milieu de la façade trois croisées très-rapprochées sur la cour de la Fontaine. Elles correspondaient à un cabinet en avant-corps sur l'autre façade de la galerie, du côté du jardin de l'Orangerie. C'est dans cette pièce que François Ier conservait ses bijoux, ses camées, ses médailles et objets précieux ou curieux, dans ces meubles en ébène, aux délicates arabesques et aux nombreux tiroirs, désignés sous le nom de *cabinets*. C'est là que Benvenuto Cellini raconte (dans son *Traité de l'Orfévrerie*) que François Ier, en 1541, le fit appeler un soir, après vêpres, et lui montra plusieurs grands camées antiques et un merveilleux travail en filigrane. L'interrogeant sur les procédés de fabrication, dont il se montrait curieux. Cette petite pièce, richement décorée, a été détruite sous Louis XV.

Au-dessus de cette galerie est la bibliothèque; au-dessous étaient les bains de François I*er*, que le Primatice avait décorés de fresques.

Ici, à cette extrémité de la galerie de François I*er*, nous nous retrouvons, après avoir visité toutes les salles principales du château, à notre point de départ, dans le vestibule du Fer-à-Cheval.

### Appartements particuliers.

Il reste encore, en dehors des appartements que nous venons de parcourir, des appartements particuliers, que l'on ne visite qu'avec une permission spéciale, et qui n'offrent d'ailleurs qu'une médiocre intérêt. Ces appartements sont: 1° Ceux de l'aile Louis XV, au premier étage, qui étaient habités, sous Louis-Philippe, par le duc de Nemours. On y voit deux jolis tableaux d'Hilaire; des vues de ruines, par Robert; un paysage par M. Cabat; un grand tableau par M. Philippe Rousseau, représentant un Aigle fondant sur des canards, etc.; 2° d'appartements situés au rez-de-chaussée, et ayant vue sur le jardin de l'Orangerie, et particulièrement de ceux qui occupent l'emplacement de l'ancienne *galerie des Cerfs*; c'est là que dans la troisième chambre on voit près de la croisée cette inscription, mise du temps de Louis-Philippe: *C'est près de cette fenêtre que Monaldeschi fut tué par ordre de Christine, reine de Suède, le 10 novembre 1657.*

La *cour des Offices* ou *d'Henri IV*, avec les bâtiments qui l'entourent, forme une annexe importante du château, comme on peut le voir sur le *Plan d'ensemble*. Nous n'avons rien à ajouter ici sur ces édifices à ce qui en a été dit déjà (voir p. 617 et 626).

Le *Pavillon de Sully*. Cette construction, aujourd'hui isolée du château, se trouve à l'angle du parterre (voir p. 652), près de la grille du parc qui ouvre sur la grande avenue conduisant à la porte d'Avon. Cet édifice paraît avoir été bâti primitivement par François I*er*. C'était le logement du grand maître et du grand chambellan. C'est là qu'habitait Sully, qui à ses autres titres joignait celui de surintendant des bâtiments de la couronne.

### ANCIENS JARDINS.

Dans l'origine les rois, pour qui le château de Fontainebleau était une simple maison de chasse, ne durent avoir d'autre jardin que la forêt qui l'entourait. Puis les constructions s'étendant, mais se fortifiant et s'entourant de fossés, durent seulement contenir une cour ou préau. Mais sous François I*er*, quand la forteresse féodale devint un palais de plaisance, les jardins devinrent un complément nécessaire de ces terrasses qui s'élevaient, de ces galeries qui surgissaient du sol et dans lesquelles, à la place des étroites meurtrières des anciens châteaux forts, de larges fenêtres étaient ouvertes pour procurer aux nobles habitants l'agrément de la vue sur de riantes perspectives. L'arrangement de ces anciens jardins, comme Castellan en a justement fait la remarque, ressemblait beaucoup à celui dont Pline le Jeune nous a laissé la description. C'étaient des bosquets d'ifs, de cyprès et d'arbres taillés, des berceaux, de petits parterres à figures régulières, de petites allées à bordures de buis, avec des statues, des viviers, des volières.... puis des vignes et des vergers. La France dut emprunter alors à l'Italie la disposition des jardins de ses villas, comme elle lui empruntait son architecture et sa peinture; et ces jardins étaient des créations qui se référaient à l'architecture et dans lesquelles la verdure et les arbres n'étaient pour ainsi dire que l'accessoire. On consultera avec intérêt, à cet égard, un dialogue de notre Bernard Palissy, où il fait la description d'un *jardin délectable* selon ses idées; et l'ouvrage de Ducerceau contenant les plans des jardins de Fontainebleau. (*Des plus excellents bastiments de France*, par J. Androuet *Ducerceau*, 2 v. in-4, 1576). Le plus grand charme des jardins de Fontainebleau consistait dans l'abondance des eaux qu'on y avait rassemblées de toutes parts. Pour les contenir, on construisit alors une énorme chaussée aboutissant à la *Porte dorée*, et fermant l'*étang* dont le trop-plein s'échappait par des conduits ménagés dans un parterre. Ce parterre fut divisé en deux par un grand canal bordé d'arbres. La première partie s'étendait devant les bâtiments du château et une terrasse élevée, qui de la chapelle haute allait rejoindre le pavillon du grand chambellan, et qu'Henri IV fit démolir lors de la création de la cour des Offices. Elle formait douze carrés gazonnés, entourés d'ifs. L'autre partie, réunie à la première par un pont, contenait quatre subdivisions, formant des quinconces et des carrés destinés aux jeux de balle, de barres, etc.

Henri IV fit à la disposition de ce premier jardin des changements importants dont il a été parlé p. 617. Sous François I*er*, on l'appelait le *jardin du Roi*; il prit alors la dénomination de *jardin du Tibre*.

Louis XIV, à son tour, bouleversa le parterre d'Henri IV, combla les canaux et fit disparaître les ouvrages hydrauliques de Francini (voir p. 617-618), et Le Nôtre fut chargé de donner au jardin une nouvelle disposition. C'est à peu près celle qu'il a encore aujourd'hui. Le Nôtre fit en effet élever autour du parterre la terrasse qui le domine d'une manière si agréable pour les promeneurs. Le bassin creusé au milieu des quatre carrés reçut au centre un rocher factice qui n'a été détruit qu'en 1817.

Le *grand canal* creusé par Henri IV (voir p. 617) servit plusieurs fois à des fêtes nautiques durant la jeunesse de Louis XIV. Fontainebleau était alors le théâtre des plaisirs d'une cour jeune et galante.

A voir aujourd'hui les jardins de Fontainebleau, si verdoyants et si luxuriants, on a peine à se rappeler qu'ils furent plantés sur un terrain ingrat, sec, stérile, et que, sous Henri IV même, ils se montraient encore obstinément rebelles aux soins et aux efforts de la culture. Un jour le Béarnais, se promenant avec d'Épernon dans les allées du parc, se plaignit à un jardinier, avec sa pétulance ordinaire, de ce que les parterres étaient mal garnis de fleurs. « Sire, répondit celui-ci, je ne puis rien faire venir dans ce terrain-là. — Sèmes-y des Gascons, dit le roi en riant et en regardant d'Épernon; ils poussent partout. »

### Jardins du château.

Ils sont aujourd'hui au nombre de trois : le *Parterre*, le *jardin du Roi*, anciennement le *jardin de l'Orangerie*, et le *jardin Anglais*.

### Le Parterre.

On nomme ainsi le jardin borné au nord par la façade si compliquée du château (depuis la Porte dorée jusqu'à l'extrémité des bâtiments des offices); à l'ouest, par l'allée de Maintenon, qui longe l'étang; à l'est, par les grilles et la terrasse qui le séparent du parc; au sud, par une pièce d'eau en fer à cheval, nommée le *Bréau* (entourant un bassin rond, dit *du Tibre*), et au delà de laquelle la vue s'étend sur la forêt dans la direction des rochers d'Avon. Le Parterre, qui forme un carré de trois hectares, est le jardin le plus fréquenté du château. L'entrée principale est par la *place d'Armes* (voir p. 626); on y entre aussi un peu plus loin par une grille donnant dans les rues de Fontainebleau et derrière le pavillon de Sully, par une porte près des écuries, du côté du quinconce d'Avon; ou par l'allée de Maintenon, en y arrivant soit par la cour du Cheval blanc et la cour de la Fontaine, soit par la grille du côté du mail d'Henri IV.

### Le Jardin anglais.

Il est ouvert au public, et l'on y entre par la cour de la Fontaine. Il est borné par l'*aile neuve* du château, par la *rue de Nemours*, jusqu'à la barrière de l'Obélisque; par la route qui de l'Obélisque va à Moret, et par l'allée de Maintenon. Il occupe l'emplacement de divers bâtiments et de divers petits jardins qui ont successivement disparu.

Là était le *jardin des Pins*, planté par François I*er*, qui avait acquis tout ce terrain des religieux Mathurins. Le Nôtre le métamorphosa sous Louis XIV et y amena des eaux courantes, mais il paraît que ce jardin fut bientôt laissé à l'abandon.

La *fontaine Bleau*, qui passe aux yeux de quelques historiens pour avoir donné son nom au palais, occupait à peu près le centre de ce jardin, jusqu'au moment où Henri IV fit détruire les constructions en maçonnerie qui la recouvraient et qui dataient de François Ier, pour les remplacer par une charmille. Depuis elle a été perdue. Dans le plan donné par l'abbé Guilbert, en 1731, on voit, à l'extrémité de l'allée qui longe l'étang, un bassin rond désigné sous le nom de fontaine Bleau.

Les broussailles avaient envahi ce jardin abandonné, quand Napoléon le fit dessiner par l'architecte Heurtaut. Commencé en 1809, il fut terminé en 1812. Il fut planté d'arbres variés, de platanes, de sycomores, de sophoras, de

...talpas, de tulipiers.... Le cyprès de la Louisiane s'y est multiplié, et les renflements ligneux de ses racines percent en beaucoup d'endroits les tapis de gazon (voir le petit Trianon, p. 283).

Louis XV fit construire, à l'extrémité de l'étang et du côté de l'allée de Maintenon, un bâtiment pour les écuries appelé le *Carrousel*; un autre bâtiment, le *Manège*, fut élevé en 1807 pour l'École militaire, alors logée dans le palais.

### L'Étang.

Il borne d'un côté le jardin Anglais, et une magnifique allée de vieux arbres forme sur ses bords une agréable promenade. « Cette belle pièce d'eau (de 4 hectares), qui n'était qu'un cloaque, dit M. Jamin, quand François I<sup>er</sup> l'acquit des religieux Trinitaires, dits Mathurins, fut par les ordres de ce prince creusée et renfermée presque entièrement dans un cadre de gresserie. » Au milieu s'élevait un pavillon, dont on veut faire tour à tour un boudoir voluptueux pour François I<sup>er</sup>, un cabinet de conseil mystérieux pour Henri IV, Catherine de Médicis, Richelieu.... Nous avons vu déjà (p. 606) que le czar Pierre I<sup>er</sup> y but un jour démesurément. Ce pavillon fut construit dans sa forme actuelle sous Napoléon; il a été restauré sous Louis-Philippe. M. Mœnch a rendu l'éclat des couleurs et la vie aux légères décorations que son père y avait exécutées.

*Les carpes.* Cet étang, entouré de gazon, d'arbres, de saules pleureurs qui y baignent leurs longs rameaux pendants, forme, avec les bâtiments du palais qui le bornent du côté de la cour de la Fontaine, la plus charmante perspective. Il offre encore un autre attrait à la curiosité des visiteurs étrangers, qui ne manquent pas de se réunir sur ses bords, dans l'allée de Maintenon, pour y voir les ébats gloutons d'un nombre prodigieux de carpes dévorant les morceaux de pain qu'on leur jette et que viennent leur disputer les cygnes. Ce passe-temps enfantin captive quelquefois trop longtemps des touristes qui devraient mieux employer le temps très-court qu'ils peuvent accorder à Fontainebleau, et il a donné lieu à une petite industrie, celle des pourvoyeuses des carpes, qui vendent aux amateurs les morceaux de pain tout taillés.

### Jardin de l'Orangerie.
(D. Plan d'ensemble.)

Ce jardin réservé est enfermé entre les bâtiments du palais et un mur élevé qui en interdit la vue du côté de la ville. Il s'appelait le *jardin des Buis* sous François I<sup>er</sup>. Une volière y fut construite par Henri IV; elle fut remplacée sous Louis XIII par une orangerie qui lui fit donner le nom qu'il a conservé jusqu'ici. Cette orangerie, qui fermait le jardin du côté de la ville, a été incendiée deux fois, et les restes en ont disparu lors de l'agrandissement du jardin en 1834. La *galerie des Chevreuils*, également détruite (voir p. 618), était dans le prolongement de la façade du fond de la cour du Cheval blanc; elle formait sur ce jardin un retour d'équerre avec l'orangerie. On a désigné aussi ce jardin sous les noms de *jardin du Roi* et de *jardin de Diane*, à cause de la statue en bronze de cette déesse, élevée au-dessus d'une fontaine ornée de têtes de cerfs en bronze également, d'où l'eau s'échappe et tombe dans un bassin de marbre blanc. Cette fontaine fut construite sous l'Empire.

On voit dans ce jardin un reste remarquable et original d'architecture de la Renaissance : deux cariatides égyptiennes supportant un fronton décoré de trois groupes d'enfants. Celui qui est au sommet du fronton soulève un casque, les deux autres tiennent un F entre leurs bras. Dans le tympan est sculptée une salamandre, au-dessous de laquelle on lit cette inscription: FRANC. I. FRANC. REX.

L'étendue de ce jardin a été considérablement augmentée par les acquisitions de Louis-Philippe. Malheureusement, il n'est visité que par les personnes munies d'une permission particulière, et un mur très-élevé en masque du côté de la ville. Une grille substituée à ce mur, en permettant la vue de ce beau jardin perdu et infréquenté, contribuerait puissamment à l'embellissement de Fontainebleau.

### Le Parc.

Il a 84 hectares et s'étend à l'est du Parterre et de Fontainebleau ; il est divisé en deux parties inégales par le *canal* que fit creuser Henri IV, et qui a près de 1200 mètres de long sur 39 de large. Il est borné au nord par les murs de la longue *treille du roi*; au sud, par les bois d'Avon, et à son extrémité, par les champs et les jardins maraîchers de Changis et d'Avon. On y descend du Parterre par deux rampes que ferment des grilles entre lesquelles est construit un château d'eau nommé les *Cascades*.

L'aspect solitaire et mélancolique de ce parc, les grands arbres qui mirent leurs puissantes ramures dans les eaux calmes du canal, vont bien avec l'ensemble du château. Ils évoquent aussi les souvenirs, et l'imagination revoit volontiers, dans les silencieuses allées, passer Henri IV, Louis XIII et les seigneurs de leur cour, et, sur ces eaux si paisibles aujourd'hui, l'animation des fêtes galantes de Louis XIV.

Bassompierre raconte qu'il gagna un pari de mille écus à Henri IV, qui avait prétendu que le canal qu'il venait de créer serait plein en deux jours. Huit jours ne suffirent pas à le remplir.

Une magnifique avenue, bordée d'ormes plantés il y a 200 ans, traverse le parc dans sa longueur, parallèlement à celle des bords du canal, et sert de communication pour aller à Changis et à Avon.

La fameuse treille du roi produit, dit-on, année commune, de 3 à 4000 kilog. d'excellent chasselas.

A droite, et au commencement du parc en venant du parterre, sont de vastes bâtiments connus sous le nom de *grandes écuries*, construits à la place où François Iᵉʳ avait établi sa *héronnière*. Les grandes écuries peuvent contenir plus de trois cents chevaux.

### La Forêt.

La forêt de Fontainebleau est le seul paysage agreste, et d'aspect vierge encore dans quelques parties, dont la sauvagerie ait jusqu'ici échappé au voisinage et à l'action

Forêt de Fontainebleau, vue prise au Gros-Foutcau.

envahissante de Paris. Un sol continuellement accidenté, des chaînes de montagnes à franchir, des gorges sauvages à traverser, des plateaux nus et désolés, des steppes couverts de bruyères à parcourir, la sombre majesté des vieilles forêts, les rochers entassés les uns sur les autres, brisés et épars, et portant les traces de l'action destructive du temps et des éléments, tel est le spectacle qu'offre cette contrée intéressante.

Sa contenance est de 16 900 hectares, et son pourtour de 80 kilomètres. Elle est limitée au nord et à l'est par la Seine, et un peu au sud, par le Loing, qui vient se jeter dans la Seine au-dessous de Moret. On estime à 500 lieues le développement de ses routes et de ses sentiers.

*Grès et sable.* Le sol sur lequel elle repose est presque complètement formé de *sable* et de *grès marins supérieurs*, tandis que la ville de Fontainebleau repose sur un calcaire siliceux d'eau douce. Nous emprunterons, en les complétant, à un article que nous avons publié il y a quelques années dans le journal de l'*Illustration*, les renseignements suivants : Les rochers occupent un espace qu'on évalué à 4000 hectares ; ils forment de longues chaînes, ou collines, qui s'élèvent souvent, ainsi que les plateaux de cette contrée, jusqu'à 140 mètres au-dessus du niveau de la Seine, et marchent parallèlement entre elles, presque en ligne droite de l'est à l'ouest. Si l'on traverse la forêt du sud au nord, on a huit ou dix de ces chaînes à franchir ; quelquefois elles se rapprochent l'une de l'autre et forment alors des gorges étroites et allongées. Le sable et le grès de ces collines constituent une assise très-puissante, atteignant, mais rarement à la vérité, jusqu'à 35 mètres. On remarque à la partie supérieure des bancs de 6 à 7 mètres d'épaisseur, traversés très-irrégulièrement de nombreuses fissures, d'un grès généralement dur, et d'un grain si fin qu'il prend souvent l'aspect lustré ; ils forment les plateaux élevés de la forêt, où leur surface ondulée n'est recouverte, dans de certains endroits, que d'un peu de terre végétale aride et improductive. C'est ce banc, connu sous le nom de Banc royal, qui est exploité de préférence pour le pavage ; il est dépourvu de fossiles. Au-dessous de lui, on trouve une masse considérable de sable, quelquefois d'un blanc éclatant, plus ordinairement coupé de lits nombreux d'un sable jauni ou rougi par l'hydrate de fer, et renfermant de nombreuses masses irrégulières d'un grès plus tendre. Ce sable et le grès qu'il recouvre ont évidemment une origine commune, et ne diffèrent entre eux que par l'état solide ou mobile de leurs parties constituantes. Le grès n'est rien autre chose qu'un sable solidifié par un ciment siliceux. Ce mode de formation peut servir à expliquer les formes irrégulières que le grès affecte, et entre autres ses cavités remplies d'un sable pulvérulent.

On rencontre fréquemment des rochers mamelonnés à leur surface et offrant les traces d'une cristallisation plus ou moins régulière, qui imite les mailles d'un filet. C'est un phénomène de désagrégation purement superficiel qui s'opère us l'action des influences atmosphériques. Mais le phénomène qui le plus attiré l'attention des curieux est celui des *cristaux de grès* ayant les formes polyédriques du carbonate de chaux. Cette métamorphose a été produite par la présence de carbonate de chaux dans le ciment qui a agglutiné les sables quartzeux. Tous les musées de l'Europe et les cabinets des amateurs possèdent des échantillons de ce grès nommé pseudomorphique, qu'on trouvait autrefois en abondance à l'extrémité du rocher de Saint-Germain.

Les huit ou dix chaînes qui traversent la forêt semblent être des lambeaux d'une ancienne assise de sable et de grès qui s'étendait sur toute la contrée, et qui paraît avoir été en grande partie détruite par des cataclysmes postérieurs à leur formation. Les vallées qui les séparent auraient été formées par érosion et creusées par des courants sous-marins d'une grande puissance. Les roches horizontales formant le plateau d'une colline se continuent au même niveau sur le plateau des collines voisines; et, aux bords de chaque plateau, les immenses tables de grès, privées d'appui par l'entraînement dans des parties basses des sables sur lesquels elles reposaient, se sont brisées, affaissées par leur poids, et leurs débris ont produit, en glissant sur les flancs des collines et en s'entassant les uns sur les autres, ce chaos sauvage et pittoresque qui donne à la forêt de Fontainebleau un caractère si particulier.

*Exploitation des grès.* Les rochers isolés et disséminés sur le sol ne sont pas, comme on pourrait le croire d'abord, ceux qu'exploitent les carriers; ils ont acquis une trop grande dureté. Les masses recouvertes de terre ou de sable sont plus faciles à exploiter. Les carriers désignent les diverses qualités de grès par les noms bizarres de *pif*, *paf* ou *pouf*. Le premier, nommé aussi grisard, est trop dur; le second est celui qui sert pour le pavage; le troisième, mal agrégé, se réduit en sable sous les coups de masse.

« La quantité de pavés que l'on enlevait de la forêt avant 1848 s'évaluait à environ 4 millions, dont le poids excédait 100 millions de kilog. Cette lourde marchandise ne produit à l'État qu'un droit minime qu'absorbe et au delà l'entretien des routes, facilement dégradées par les voitures de transport. — Les sables blancs sont exploités par les verreries et les manufactures de glaces. On en expédie même pour l'Angleterre des chargements assez considérables. Ces diverses exploitations occupent et font vivre près d'un millier de ménages à Fontainebleau et dans les communes limitrophes de la forêt. » (DENECOURT.)

*Arbres.* Les espèces principales de la forêt sont le chêne, le hêtre, le charme et le bouleau. Le chêne, qui est l'arbre le plus commun, atteint dans certains endroits une hauteur considérable; on en rencontre qui ont jusqu'à 7 mètres de circonférence. Quelques-uns de ces vieux arbres ont acquis de la célébrité; on ne les aborde qu'avec ce sentiment de vénération que l'homme, rapide passager sur la terre, est toujours disposé à accorder aux choses qui ont supporté le poids et résisté à l'action des siècles. Du reste, comme cela arrive souvent, la renommée n'appartenait pas toujours aux plus dignes; et, sans les recherches et les nomenclatures de M. Denecourt, une foule d'arbres magnifiques, que les touristes vont aujourd'hui admirer, seraient restés inconnus. Dans le principe, on ne signalait guère à l'attention que cinq ou six de ces arbres : le *Bouquet du roi*, le *Clovis*, l'*Henri IV* et le *Sully*, la *Reine Blanche*, arbre du Bas-Bréau, incendié cet hiver (1856) par des imprudents qui firent du feu dans sa cavité, le *Charlemagne* et le *Chêne des Fées*. Nous ne donnons pas ici les noms des autres arbres remarquables; nous les retrouverons successivement au passage dans l'*Itinéraire de la forêt*. Les plus vieilles futaies sont, dans le voisinage de la route de Fontainebleau à Paris, celles du *Bas-Bréau*, à l'entrée de la forêt du côté de Chailly; du *Gros-Fouteau*, de la *Tillaie du roi*, etc. Des futaies non moins remarquables, les *érables du déluge*, près la route de Nemours, de la *Mare aux Évées*, ont disparu sous le règne de Louis-Philippe.

L'essence la plus rare autrefois, mais qu'on a cherché à répandre le plus depuis quelques années, c'est le pin. La culture en a été pratiquée en 1784. Déjà, au milieu du XVII° siècle, on avait essayé d'introduire la culture du pin maritime, naturalisé dans les landes de Bordeaux. Le grand hiver de 1709 fit périr ces pins. Une nouvelle tentative faite sous Louis XVI ne fut pas plus heureuse. Enfin M. Lemonnier, médecin de Marie-Antoinette, et bon botaniste, pensant que le pin du Nord ou pin sylvestre résisterait mieux aux grandes gelées, fit venir du Nord des plants et des graines, et en peupla le *rocher d'Avon*, où ils réussirent parfaitement. Depuis lors les pins ont envahi successivement les terrains les plus arides, et masqué de leur sombre végétation les collines de rochers restées nues jusque-là; contribuant ainsi à faire disparaître de jour en jour l'aspect de solitude sauvage de certaines parties de la forêt, telles que les *gorges d'Apremont*, de *Franchard*, du *Houx*. Les semis de pins ont été surtout propagés sous le règne de Louis-Philippe. L'étendue des repeuplements en bois résineux dans la forêt de Fontainebleau est aujourd'hui de 5000 hectares sur 16000. Le pin sylvestre forme la majeure partie de ces repeuplements; c'est l'essence la mieux appropriée à l'état du sol, la plus productive et la plus propre à préparer les terrains sablonneux pour recevoir plus tard de bonnes essences feuillues. Dans quelques cantons, on voit beaucoup de houx et de genévriers, âgés de plusieurs siècles, dont le maigre et triste feuillage pend çà et là dans le voisinage des rochers.

La forêt de Fontainebleau n'est pas aménagée. Elle est exploitée partie en taillis, partie en futaie pleine, sans que l'âge des coupes soit parfaitement déterminé. Les plus belles futaies, les plus âgées, sont, du reste, un luxe végétal que l'on conserve pour l'agrément pittoresque et non pour le profit: au delà d'une certaine période, les arbres perdent plus qu'ils ne gagnent. Le produit estimatif moyen de la forêt de Fontainebleau est évalué entre 350 et 500000 fr. Mais ce dernier chiffre est quelquefois de beaucoup dépassé par des coupes extraordinaires.

On permet aux gens peu aisés de

# FONTAINEBLEAU. — LA FORÊT.

...ontainebleau et des communes environnantes d'aller, pendant neuf mois de l'année, ramasser dans la forêt le menu bois mort. M. Denecourt estime à 1500 le nombre des ménages ...sant de cette permission. On peut ...ussi, pour une très-faible rétribution, enlever des bruyères, produit ...s plus abondants dans la forêt.

Dans son dernier ouvrage, M. Denecourt donne une Flore choisie de Fontainebleau, et des catalogues des oiseaux et des insectes que l'on y rencontre. Il évalue le nombre des cerfs à 50 environ, et des biches à 70; des chevreuils à 50, et des daims à 30, dont 26 femelles. Il n'y a plus de sangliers. La couleuvre, dont la piqûre est si redoutable, très-multipliée autrefois, devient de plus en plus rare, par suite des primes accordées pour sa destruction et du plus grand nombre de visiteurs.

*Traditions historiques relatives à la forêt de Fontainebleau.* — Au moyen âge, la forêt de Fontainebleau s'appelait la *forêt de Bière* (en latin *Bieria*); nom provenant, dit-on, d'un chef danois, *Bier-Côte-de-Fer*, qui, après avoir dévasté la Normandie et l'Ile-de-France, vint, en 835, planter ses tentes dans la contrée située entre la lisière du bois et Melun, et exerça des cruautés inouïes. A l'époque où la forêt fut érigée en domaine royal, elle était plus resserrée dans ses limites qu'aujourd'hui; François Iᵉʳ l'augmenta beaucoup, soit par des acquisitions de terrain, soit par des confiscations opérées sur des particuliers et des nobles. Les noms de plusieurs cantons, tels que ceux du *bois Gautier*, de *Mâcherin*, des *ventes Bouchard*, *Chapelier*, *Gi-*

*rard*, etc., en sont la preuve. Les noms de plusieurs autres cantons nous montrent aussi qu'ils furent autrefois habités : *l'étoile des Petites Maisons*, le *carrefour du Puits Fondu*, les *Écuries royales*. — On a vu plus haut (page 598) que saint Louis, s'étant un jour écarté de sa suite en poursuivant le cerf, tomba dans une embuscade de voleurs; mais qu'ayant sonné du cor, sa suite accourut à son secours. En souvenir de cet événement, il fit bâtir une chapelle sur la colline où il avait eu lieu, et qui a conservé le nom de *butte Saint-Louis*; elle est au bord de la route de Fontainebleau à Melun, à peu de distance du rocher Saint-Germain; elle devint la demeure d'un anachorète. Deux ermites y ayant été successivement assassinés, Louis XIV fit détruire cette chapelle en 1701 (voir Franchard, page 677).

On doit à Henri IV la *route Ronde*, qui décrit au milieu de la forêt et autour de Fontainebleau une ligne circulaire de 40 kil. de développement. — En l'année 1684, rapporte Dangeau, 180 000 toises de routes furent faites dans la forêt, sans qu'on eût abattu un seul arbre.

La forêt de Fontainebleau a eu aussi sa légende du Chasseur noir, son Robin des Bois, sous le titre du *Grand-Veneur*. « On cherche encore, dit Sully, de quelle nature pouvait être ce prestige vu si souvent et *par tant d'yeux* dans la forêt de Fontainebleau. C'était un fantôme environné d'une meute de chiens, dont on entendait les cris et qu'on voyait de loin, mais qui disparaissait dès qu'on approchait. » Henri IV, selon les historiens du temps, entendit un jour des bruits de cor et d'aboiements de chiens, d'abord éloignés, puis tout à coup rapprochés de lui, et un grand homme noir et fort hideux leva la tête et dit : *M'entendez-vous?* ou *Qu'attendez-vous?* ou, selon d'autres : *Amendez-vous*, et il disparut. « En 1646 eut lieu, dans la forêt de Fontainebleau, une autre aventure assez peu connue. Mazarin, attaqué par un sanglier, mit bravement l'épée à la main et tua l'animal. Un latiniste qui se trouvait là en profita pour comparer l'Éminence à Hercule, en donnant le premier rang au cardinal, bien entendu. »

Le gibier autrefois abondait dans la forêt. On y a compté jusqu'à 3000 cerfs, biches et daims. Les sangliers y étaient aussi très-nombreux; mais ils ont beaucoup diminué sous l'Empire, parce que c'était la chasse favorite de Napoléon. Aucune réclamation d'indemnité ne fut élevée à cette époque par les propriétaires riverains ; mais ils se plaignirent sous la Restauration, et les tribunaux, en 1817, condamnèrent la liste civile à les indemniser des dégâts. Cette indemnité, augmentée d'année en année, montait, en 1830, à plus de 60000 fr. A la révolution de Juillet, la forêt perdit ses cerfs et ses sangliers, et les propriétaires riverains perdirent leurs 60000 fr.

Les promeneurs peuvent traverser aujourd'hui la forêt dans tous les sens avec la plus grande sécurité. Le terrible Chasseur noir, qui la parcourait jadis avec sa meute mystérieuse, a disparu. Seulement ils pourront s'étonner de voir, en beaucoup d'endroits, des signes multipliés, des chiffres, des flèches, peints uniformément en bleu ; c'est là un dernier mystère qu'il faut leur expliquer :

### Le Sylvain.

Tel est le nom sous lequel on désigne une sorte de génie familier de cette forêt, avec qui les touristes doivent faire connaissance, car c'est grâce à son *fil d'Ariane*, comme il le dit lui-même, qu'ils parviendront à se guider sûrement au milieu des mille accidents pittoresques de la forêt.

Au moyen âge, on eût fait à son occasion une belle légende. Dans l'antiquité, on lui eût dressé des monuments votifs et des Termes aux carrefours de la forêt. L'imagination des poëtes eût consacré de fabuleux récits à ce singulier personnage. Au XIX$^e$ siècle, ce qu'on a pu inventer de plus poétique, c'est de l'appeler *le Sylvain*. Et Sylvain, ce vieux dieu des forêts, qu'eût-il fait davantage, s'il revenait de nos jours prendre ses ébats sous les vertes futaies, et qu'il n'eût pas été détrôné d'une manière irrémissible par les agents de l'administration forestière? Jugez plutôt : Le moderne Sylvain de Fontainebleau, en dehors de cette administration forestière, a tracé d'innombrables sentiers à travers les sites les plus pittoresques de la forêt; vaguant au hasard, il s'enfonçait au plus épais des fourrés pour découvrir quelque chêne au branchage séculaire; si une roche lui faisait obstacle, il la brisait; et puis, de temps à autre, il lui prenait des fantaisies incroyables : il se creusait des grottes et des souterrains pour servir d'abri pendant l'orage, et se plaisait à suspendre en l'air des masses rocheuses formidables, ensevelies depuis les derniers cataclysmes du globe dans leur sable de grès. Étaient-ce les faunes, les satyres, les cyclopes, qui lui prêtaient leur aide pour accomplir à la hâte et mystérieusement ces gigantesques travaux? Les gens prosaïques disent que c'étaient simplement des carriers et des terrassiers; et il est trop certain qu'ils ont raison : entre faunes et Sylvain, le compte se fût soldé par des gambades; tandis que les folies du Sylvain de Fontainebleau ont été soldées en journées d'ouvriers; et il y a enfoui une grande partie de son petit patrimoine. Laissons donc là la fable, et, rentrant dans la réalité, disons quelques mots de la vie de l'homme qui a eu pour la forêt de Fontainebleau un amour si persévérant, et qui s'est ruiné pour le plaisir de parer et de faire connaître la redoutable maîtresse à laquelle il s'était dévoué.

M. Denecourt est né en 1788, le premier de onze enfants de pauvres vignerons du département de la Haute-Saône. Il ne reçut point d'instruction; il lui fallut avant tout gagner sa vie par le travail. Son beau-père était entrepreneur d'un service de voitures. Le jeune Denecourt fut, jusqu'à vingt ans, occupé à conduire les voyageurs. Mais déjà une vive et noble passion, celle du patriotisme, remplissait son cœur. Il aspirait à devenir un des soldats de cette France, alors si retentissante du bruit et de la gloire militaires. Malheureusement, sa petite taille semblait être un obstacle; mais il fut admis comme voltigeur, et s'enrôla volontairement dans le 88ᵉ de ligne. Il fit la campagne de 1809 en Autriche, et de 1810-1812 en Espagne et en Portugal. Blessé à la jambe à l'affaire de Mérida, il rentra en France. Il fut alors placé dans les douanes; mais, après le désastre de la campagne de Russie, il donna sa démission et s'empressa de rejoindre son régiment. Un an plus tard, quand les alliés envahissaient le pays, il fut blessé une seconde fois. Il quitta le service en 1814, avec le simple grade de sergent; il obtint un modeste emploi dépendant de l'administration de la guerre, se maria, fit un petit commerce qui prospérait ; et, dans ses moments de loisir, il réparait par la lecture son manque d'instruction première. Ayant besoin de se prendre à quelque idée généreuse, il aima la liberté, comme il aimait la patrie, comme il avait aimé la gloire militaire. Il avait été envoyé à Fontainebleau ; à peine installé, il fut destitué en 1832 de son modeste emploi. Dans son loisir, il reporta son enthousiasme vers la belle forêt qui l'entourait ; il s'enfonça dans ses solitudes, passa ses journées entières au milieu du silence des sombres futaies. Dans ses excursions hors des sentiers frayés, il découvrait des magnificences inconnues. Ces conquêtes, ces joies de chaque jour, il voulut les partager avec tous ; et, après avoir étudié sa forêt pendant cinq ans, il en publia une description en 1837. Cependant il comprit que tous n'auraient pas son ardeur, et ne consentiraient pas à percer comme lui les obstacles des broussailles, des ronces, des houx armés de pointes acérées, pour parvenir à quelque chêne géant ou à quelque grotte formée par l'évidement du sable sous une immense dalle de grès tabulaire. C'est alors que cet homme, seul, sans secours, sans autorisation, entreprit de tracer des sentiers à travers cette vaste forêt, pour y guider aisément la paresseuse insouciance du touriste. Ce travail, commencé en 1844, a été continué sans interruption depuis. C'est ainsi qu'il fit 150 kilomètres de sentiers! L'administration dut justement s'opposer à cet empiètement sur ses droits. Mais il désarmait la sévérité par sa douceur; et ces travaux, dont il se faisait bénévolement le pionnier, étaient, en effet, si heureusement tracés pour révéler aux promeneurs toutes les beautés des sites, qu'il obtint de temps à autre des concessions pour les continuer, et que même l'administration a fini par prendre à sa charge l'entretien de plusieurs de ses sentiers. Non content d'avoir décrit la forêt, d'en avoir publié des cartes exactes, il a, pour les plus belles promenades, placé partout des signes indicateurs, des flèches bleues, au moyen desquelles les touristes ne sont jamais exposés à s'égarer dans le labyrinthe compliqué au milieu duquel il les entraîne; quoique absent, il veille ainsi toujours sur eux comme un bon génie; et ils n'ont rien de mieux à faire que de s'abandonner à la direction de ses tracés. A force d'explorer la forêt et ses roches, il n'est pas de grotte, de fissure naturelle qu'il n'ait découverte et où il n'ait cherché à pénétrer, à la manière d'un renard qui se glisse dans sa tanière. Ce genre de curiosités souterraines devint pour lui l'objet d'un redoublement de passion et d'entreprises dispendieuses et hardies. C'est ainsi qu'il créa les passages des *Cinq-Caveaux*, des *Montussiennes*; les grottes du *Serment* et du *Parjure*, et plusieurs *fontaines*, dont il sera parlé dans l'itinéraire de la forêt. Enfin, il éleva au milieu du bois, à l'extrémité du rocher *Cassepot*, très-peu visité jusque-là, une tour haute de deux étages, surmontée d'un belvédère, d'où l'on découvre plus de 60 lieues d'horizon. Cette création importante seule lui a coûté 3500 fr. On lui a donné le nom de *Fort l'Empereur*, et l'administration a fait construire une belle route de calèche, qui amène chaque jour de nombreux voyageurs à ce belvédère, devenu une des principales curiosités de la forêt.

Cette révélation de la forêt aux mille curieux qui accourent de Paris à Fontainebleau a déplu d'abord aux artistes qu'elle troublait dans leurs oasis jusque-là solitaires, où ils campaient comme des bohémiens; mais cette impression s'est effacée; et le bon Sylvain est l'objet de la sympathie de ceux qui savent que c'est grâce à lui qu'ils peuvent aujourd'hui si facilement parcourir les sites de la forêt. Aimer sa forêt est un titre suffisant pour être bien accueilli par lui; et sa complaisance pour y guider les amateurs qui en sont dignes est inépuisable. Mais ce dévouement de longues années, cette libéralité faite par lui au public qui en profite chaque jour, et dont une grande partie ignore ce qu'il lui doit, ne sauraient être laissés dans l'oubli. A qui a travaillé avec tant de constance et de désintéressement pour tous, chacun doit apporter son offrande reconnaissante; et les amis de M. Denecourt ont eu raison d'obtenir de lui qu'un registre fût ouvert à son domicile pour que les touristes pussent y inscrire leur souscription et s'associer ainsi à des dépenses d'agrément public, dont il a accepté le fardeau avec une trop complète abnégation.

### Itinéraire de la forêt.

Malgré des excursions fréquentes dans la forêt de Fontainebleau, faites dans tous les sens pendant des séjours prolongés, nous éprouverions un grand embarras pour guider les promeneurs dans ce dédale de vieilles futaies, de gorges, de collines, d'entassements de grès, et serions réduit à signaler vaguement les localités les plus pittoresques, si les sentiers tracés par M. Denecourt, ses flèches bleues indicatrices, les chiffres de même couleur inscrits sur les arbres et sur les rochers, correspondants à une nomenclature créée par lui et qui sera adoptée, ne nous fournissaient des directions certaines et des moyens de repère faciles à indiquer et à trouver. Ses tracés sont si bien entendus qu'il n'y a rien de mieux à faire que de les adopter et de les suivre. C'est ce que nous ferons ici, avec l'agrément de M. Denecourt, en réduisant nos descriptions aux points les plus saillants. C'est dans les ouvrages de M. Denecourt que les personnes voulant faire une étude approfondie de la forêt trouveront les *détails circonstanciés* sur les mille beautés, les mille accidents qu'il rencontre dans ses promenades et qu'il nomme et décrit avec amour.

*N. B.* Les chemins de la forêt n'ont pas de noms particuliers comme ceux de la forêt de Compiègne, ce qui rend très-difficile de décrire le tracé d'une course; il y a seulement des *poteaux* indicateurs à certains points, et particulièrement aux carrefours.

On trouve deux sortes de marques: 1° les *rouges*, qui font face à la ville de Fontainebleau; 2° les flèches et les marques bleues, qui appartiennent aux tracés des promenades de M. Denecourt.

On peut déjeuner soit à Franchard, soit à Barbison, soit à Marlotte, et l'on trouve des rafraîchissements à certains points de la forêt: aux *Fontaines sanguinède* et du *mont Chauvet* (pages 670, 671) au *Bouquet du roi* (page 672), à la *Fontaine Dorly* (page 668), à la *Caverne des gorges d'Apremont* (page 674).

### PROMENADES A PIED VOISINES DE FONTAINEBLEAU.

#### CÔTÉ DU SUD.

#### 1° Rocher d'Avon.

(Aller et retour, 7 kil.)

Lorsque François 1er et Henri IV élevaient les façades du bâtiment au sud du château, les rochers d'Avon, que la vue rencontrait à l'horizon, étaient tout à fait nus; ils sont cachés aujourd'hui sous une forêt de pins (voir page 658) dont les têtes élevées en forme de parasols au-dessus des rochers donnent au paysage un aspect méridional qui contraste avec les plantations de bouleaux, de trembles et d'arbres du Nord.

Pour se rendre aux rochers d'Avon, on sort par *l'avenue de Maintenon*, qui longe l'étang (voir page 653). On franchit la grande route, qui de l'obélisque (voir page 594) va à Moret, et l'on prend immédiatement à gauche une petite route dont l'entrée est marquée par des flèches: en suivant ces indications, après avoir traversé un carrefour de 7 routes, on aborde par un étroit sentier le rocher d'Avon, qui a 3 kil. de longueur et environ 800 mètres de large. Nous donnerons les numéros et les noms des points les plus remarquables parmi ceux qu'a décrits M. Denecourt: n° 3, la *grotte de la Biche Blanche*; plus loin, vers le haut d'un coteau, le n° 9 indique la direction à suivre en montant. On contourne un groupe de belles roches (n° 10) et l'on parvient au belvédère de Louis VII, où les pins masquent de plus en plus la vue. Un gros bloc nommé la *Dame-Jeanne*, surmonté d'un autre bloc, est marqué du n° 11. On gravit ensuite une pente assez roide du mont *Louis-Philippe*, de la plateforme élevée duquel on a une belle vue. Après plusieurs détours, M. Denecourt fait descendre le promeneur du haut du rocher d'Avon dans un bois de chênes, puis il le ramène sur le rocher (n° 17) à un sentier qui conduit au *passage des Portes de fer* (n° 19). Les lettres A L indiquent la grotte des *Méditations*, près du rocher *Lamartine*. Après avoir joui du point de vue du *Belvédère de Marie*, on dirigera son attention sur les roches monstrueuses et de formes fantastiques des *Gorgones* (n° 22), sur le labyrinthe des rochers de la *petite Thébaïde* (n° 23), sur la grotte et le rocher *Heurteloup* (n° 24), et enfin sur l'*antre de Vulcain* (n° 25). On rentre soit par une avenue nouvellement percée et qui aboutit à une grille du parterre près des écuries, soit plus loin, par l'avenue de Maintenon, du même côté que celui par lequel on était sorti.

## 2° Mail d'Henri IV.

Cette promenade est une des plus courtes. On sort également du parterre par l'*avenue de Maintenon*, et, suivant tout droit au delà de la grille, on aperçoit devant soi, à l'extrémité de l'avenue, la petite élévation, où se trouve un rond-point au milieu duquel est un jeune cèdre. Au lieu de monter directement, M. Denecourt fait prendre au pied du mail d'Henri IV un chemin signalé par ses marques, et qui y mène rapidement en passant par le petit *Mont-Chauvet*. C'est sans doute au bas de la colline appelée Mail d'Henri IV que ce souverain s'exerçait à un jeu en usage alors et consistant à chasser une boule de bois avec un maillet de bois également.

## 3° Rocher Bouligny.

Une petite vallée sépare les hauteurs du mail d'Henri IV du rocher Bouligny; mais de ce côté on l'aborderait par le milieu. Le tracé de M. Denecourt, mieux combiné, le fait parcourir en entier dans une agréable promenade de 3 heures.

On se dirige comme dans les promenades précédentes; on franchit la route de Moret, et, prenant à droite une route qui conduit au carrefour de la *Plaine des pins*, on traverse successivement deux autres carrefours, avant d'atteindre le rocher Bouligny; on voit à gauche, au milieu de beaux blocs de grès, la *Roche Buridan* (n° 1). On traverse plus loin la *Grotte à Pejoux* (n° 2), et l'on rencontre, au haut de la montagne, les masses de grès dites les *Maxdrines* (n° 3). La lettre B indique le sentier à suivre à droite;

il conduit à l'*Arche* de Bouligny (n° 6). La lettre V fournit plus loin une nouvelle indication; du haut de la crête du rocher que l'on suit, on domine les pentes et les combes qui sont au pied et qu'ombragent les pins. Continuant ainsi à suivre la direction des marques bleues, on achèvera de parcourir ce massif accidenté, puis on ira aboutir au carrefour du rocher d'Avon, et de là on reviendra rentrer à la grille de l'avenue de Maintenon.

### CÔTÉ DE L'OUEST.

**1° Parquet des Monts-Aigus, et grotte du Serment.**

*N.B.* Ce parquet, réservé pour le gibier, n'est ouvert que les dimanches et jeudis dans la belle saison, de 10 heures à 6 heures. On n'y entre qu'à pied et sans chien, même tenu en laisse. Ce parquet s'étend à l'ouest de Fontainebleau, depuis la route d'Orléans qu'il borde, jusque près de la route de Paris, réduisant ainsi de moitié par son voisinage immédiat de la ville ses communications avec la forêt. Cet inconvénient a été aggravé tout récemment; le parquet a été augmenté du double et l'on y a englobé une partie de la gorge du Houx et le Mont-Aigu, le but de promenade le plus pittoresque et le plus fréquenté dans le voisinage de Fontainebleau. N'aurait-on pas pu doter les faisans d'un canton un peu moins pittoresque?

Pour cette promenade, qui demande environ 3 heures, on sort de Fontainebleau par la rue de France ou par la rue Royale, qui aboutissent à la *barrière de Paris* ou de la *Fourche*. De là partent deux routes : celle de gauche (route de Fleury) longe pendant quelque temps le treillage du parquet; celle de droite est la route de Paris. M. Denecourt a ouvert au côté gauche de celle-ci, à 50 ou 60 pas de son origine, un sentier sous bois indiqué par une flèche bleue et qui ramène en une demi-heure à la route de Fleury qu'on traverse, et, quelques minutes après, à l'entrée du parquet. A l'intérieur du parquet on prendra à droite de la chaumière un sentier marqué par une flèche, et l'on suivra soigneusement le tracé pittoresque de M. Denecourt. Nous ne pouvons que signaler les points principaux qu'il décrit : n° 1, en commençant, le beau *Rocher Mazagran*; 5, l'*Antre de Judith*; 6, le magnifique *Rocher d'Holopherne*; 7, le *Mastodonte*; 8, le *Rocher des Naïades*; 12, le *Sommet du petit Mont-Aigu*; 14, la *Grotte Marguerite*; 16, le beau *Bloc de Plutus*; 18, la *Grotte du serment*. C'est la plus surprenante des créations de M. Denecourt ; le hasard le mit sur la voie. Un jour, abrité sous une roche énorme pendant un violent orage, le sol céda tout à coup sous ses pas et il tomba dans une cavité de deux mètres environ dans tous les sens. Peu de temps après, il venait s'y installer avec quinze carriers. La grotte a une entrée et une sortie et une soixantaine de mètres d'étendue, tantôt à ciel ouvert, tantôt sous un plafond de grès. On entre par une galerie souterraine, ayant pour voûte deux énormes blocs, entre lesquels M. Denecourt a fait rouler pour clef de voûte un bloc de 5 à 6000 livres pesant. Cette galerie conduit à une vaste salle. Des amis firent promettre à M. Denecourt que cette grotte serait sa *dernière* folie; il le promit et viola quelque temps après son serment, parce que, désolé de voir emprisonner ce curieux travail et toutes ces pittoresques promenades dans le parc réservé des faisans, il chercha un dédommagement dans le voisinage et le trouva dans la grotte du Parjure (voir plus bas). Au sortir de la grotte du Serment on va prendre le sentier du grand Mont-Aigu au n° 19; le n° 24 désigne le rocher dit le *Grand Leviathan*, et 26 le belvédère du *Grand Mont-Aigu*, d'où on a une très-belle vue; on revient au n° 27 prendre le sentier et l'on remarque les blocs : 29 du *Tonnerre* (foudroyé en 1835) et 30 du *Sycophante*. En descendant on voit la *glissoire du Chasseur noir*, n° 32; puis une demi-heure après on est de retour à la porte d'entrée du parquet.

### 2° Gorges du Houx, grottes du Parjure et du Chasseur noir.

(Promenade à pied d'environ 10 kil.)

Cette promenade doit être recommandée comme une des plus intéressantes. On sort par la barrière de Paris et l'on se dirige comme pour aller au parquet du Mont-Aigu (voir pag. 665), dont on laisse l'entrée à gauche. En suivant les marques, on descend dans la gorge du Houx et l'on se trouve bientôt au milieu de blocs de grès remarquables : 2, les *Danaïdes*; 4, *Baignoire du Chasseur noir*; 3, l'*Atlas*... Après avoir dominé pendant quelque temps le défilé de la gorge du Houx, on redescend au n° 1, vers la grotte du Parjure; au n° 2, s'ouvre l'antre du *rocher Féragus*, et au n° 6 on entre dans la *grotte du Parjure* (voir ci-dessus).

Ce n'était dans le principe qu'un trou étroit d'environ 7 mètres de longueur. M. Denecourt s'y glissa en rampant pour le reconnaître, puis le fit excaver. On remarquera à gauche la forme lenticulaire curieuse d'un des rochers de grès dégagé à moitié du sable. De la grotte du Parjure on se dirige par les *carrefours du Houx et des Oiseaux de proie*, et par les n°° 5 et 8; le n° 9 est le rocher du *Grand serpent*; 10 et 11 sont les *rochès d'Alphonse Karr*, d'où l'on a un beau point de vue; 12, l'*antre de Déluge*; on continue à avancer à travers les blocs énormes 16, 17, 18, et l'on arrive à une salle profondément encaissée, creusée et agrandie par M. Denecourt, et appelée le *Rendez-vous du Chasseur noir*. Sur l'une des parois de cette salle on a gravé cette inscription : *A Denecourt, les artistes et les touristes reconnaissants*, 1852. Pendant qu'il creusait cette grotte, deux rochers de la partie supérieure en s'affaissant ont rencontré un troisième; ils se sont appuyés dessus et ont fait un toit naturel. On descend par un étroit sentier F, et, arrivé à un carrefour de huit routes, au centre duquel est un pin cimbro, on le traverse et on prend un sentier marqué du n° 1 et que le volume énorme des blocs de grès entre lesquels il serpente a fait appeler le sentier des *grands Titans*. On y voit des exemples de cette cristallisation apparente dont il est parlé à la page 656. La dernière de ces roches est marquée du n° 9. On gravit ensuite le *mont Fessas*, où l'on a quelques belles échappées de vue, et l'on retourne à Fontainebleau par la route de Fleury ou par les sentiers de M. Denecourt.

## CÔTÉ DU NORD.

### Mont Ussy et vallée du Nid de l'Aigle.

C'est, dans le voisinage de Fontainebleau, une des promenades les plus pittoresques et les plus variées. Nous la recommandons aux touristes. Le mont Ussy prend naissance à la gauche de la route de Melun. On peut, si l'on vient de Fontainebleau par la Grande-Rue, y monter de ce côté, après avoir dépassé la *chapelle de Bon secours* (voir pag. 668) et il s'étend jusqu'au canton dit le *Nid de l'Aigle*, qui le sépare des hauteurs de *la Solle* (voir pag. 671).

On sort ordinairement par les rues de la Paroisse ou des Bois, et l'on peut gagner de ce côté directement le mont Ussy par le *carrefour du Mont Pierreux* (au nord-ouest du cimetière) et par le *carrefour des Huit routes*. Mais nous donnerons un aperçu de la promenade, d'une heure et demie, si bien tracée par M. Denecourt : arrivé de la rue de la Paroisse au carrefour du mont Pierreux, on le traverse et on prend le chemin le plus encaissé dans la montagne ; les marques bleues indiquent successivement le trajet. On franchit un carrefour de cinq routes et l'on entre plus loin dans la futaie des *Fosses rouges* (n° 1). On remarquera les onze tiges vigoureuses du *Bouquet du Nid de l'Aigle* (A). On quitte la route pour un sentier à droite, et l'on voit en avançant le chêne de *Méduse* (B), et, au delà du chêne E, le *Bouquet de Saint-Jean*, chêne si magnifique qu'on a jugé inutile d'y mettre une marque particulière. Une flèche et la lettre F marquent l'entrée de la *vallée du Nid de l'Aigle*. Entre autres beaux arbres on admirera la puissante cépée de chênes les *Six Frères* (L); les beaux hêtres: l'*Alexandre Dumas* (M) et les *Deux sœurs* (N). On aura soin de consulter les marques pour se guider dans un chemin tortueux à travers des carrières abandonnées. On traverse une sorte de tunnel formé par la chute d'un grès, on incline à droite à partir du n° 1, et l'on descend dans une petite combe isolée, où règne, entouré de ses *pairs*, le *Charlemagne*, un des vieux chênes rois de la forêt. On gravit de nouveau du côté du n° 2, et, en suivant les détours du sentier, on va descendre dans une autre petite combe, dont la merveille est le *chêne des Fées*, qui se dresse entre des blocs de grès, sur l'un desquels son écorce s'arrondit à la manière de lèvres suçant un fruit. On remonte de nouveau un sentier derrière le chêne des Fées; on rencontre une muraille de grès, le long de laquelle le couloir du *rocher d'Himely* (n° 11) vous livre passage. Parvenu sur le plateau, on a une très belle vue sur Fontainebleau, sur les rochers d'Avon; et plus près, à droite, sur le dôme verdoyant du *mont Pierreux*; enfin, en avant, sur les arbres de la *vallée de la Chambre*. Après avoir contourné les hauteurs, on descend, par un étroit sentier, visiter le curieux caveau et le passage des *Montussiennes* (n° 14), voir page 662. De là, le sentier, continuant à descendre, ramène à Fontainebleau par les *carrefours des Huit routes* et du *Mont Pierreux*, deux carrefours dont il faut bien reconnaître la position, car on les traverse souvent, soit en rentrant dans la forêt, soit en en sortant.

## CÔTÉ DU NORD-EST.

### 1° Fort des Moulins, Calvaire.
(2 heures 1/2.)

On sort par la Grande-Rue et la route de Melun. A gauche de la route on aperçoit la chapelle *Notre-Dame de Bon Secours*, élevée en 1690, à cause de la délivrance d'un gentilhomme dont le cheval, après l'avoir renversé et traîné depuis le haut de la côte, s'arrêta ici. De l'autre côté de la route, vis-à-vis de la chapelle, on aperçoit trois chemins ; il faut prendre le dernier à gauche et suivre les marques bleues, nécessaires pour se diriger au milieu de carrières abandonnées. C'est dans un de ces tristes sites d'ancienne exploitation, que M. Denecourt a fait construire, en 1852, la *fontaine Dorly*, vis-à-vis d'une cabane de carrier, où se tiennent dans la belle saison des gens qui vendent des rafraîchissements. Avant d'arriver à la fontaine, on jouit, du bord du plateau, d'une belle vue sur le vallon du *pré Archer*. En quittant la fontaine on passe aux roches du *père Mathew* (11 et 12), au delà desquelles le sentier ne tarde pas à se bifurquer. M. Denecourt prend de préférence celui de gauche, bien qu'il soit plus long d'une demi-heure. On traverse encore un plateau aride et des effondrements d'anciennes carrières de grès. Puis on parcourt une série de rochers plus ou moins remarquables (14 à 20) en jouissant de points de vue variés ; enfin on arrive au point appelé le *fort des Moulins* (22), tertre du haut duquel on a une très-belle vue sur le chemin de fer, les coteaux de la Seine, le château de Fontainebleau. De l'esplanade de cette promenade, dite de la *reine Amélie*, une large route, faite sous Louis-Philippe, descend à la station du chemin de fer. On remarquera sur un rocher une figure en fonte bronzée, placée sur une paroi verticale par un sculpteur de Fontainebleau. De là, il faut remonter la route dans la direction de Fontainebleau ; et, parvenu sur la hauteur, prendre à gauche un sentier tracé par M. Denecourt pour faire admirer aux touristes de nouvelles roches : 23, la *grotte de Georgine*; 24 et 25 ; *Leviathan* et *Pas du Diable*; (M), offrant une apparence de cristallisation superficielle ; 26, l'*antre N'y entrez pas*; 28-30, le passage saisissant et les roches énormes des *Mastodontes* ; 30, la *roche de Biera*. Plus loin, au n° 31, M. Denecourt aurait voulu creuser dans les roches un tunnel souterrain pour communiquer sur l'autre versant avec le sentier du fort des Moulins ; mais il a été arrêté par les grès. Près du n° 32, le sentier rejoint la route Amélie. On la quitte à un carrefour pour reprendre un sentier qui, traversant encore des fondrières de carrières abandonnées, conduit à la *croix du Calvaire*, d'où on a une belle vue sur Fontainebleau. Tournant le dos à la Croix, on prendra le premier sentier à gauche, que signalent les marques bleues, et l'on redescendra à Fontainebleau par un sentier curieux et pittoresque, des escaliers, des remblais établis par M. Denecourt ; et l'on admirera en passant 35, l'entrée de la *grotte Benjamin*. Tout ce canton si agreste est d'autant plus intéressant qu'il est à la porte de la ville.

De retour vis-à-vis de la chapelle de Bon-Secours, on prend à gauche de cette chapelle un petit sentier, qui ramène à l'ombre à l'entrée de la rue des Bois.

### 2° Le fort de l'Empereur.

Nous placerons ici cette promenade, bien qu'elle soit éloignée de Fontainebleau, à cause de ses connexions avec la promenade précédente. On se dirige d'abord de la même manière; puis, par le *carrefour du fort des Moulins*, où l'on ne voit que des arbres et des carrières de sable blanc, on vient gagner, toujours avec l'aide des marques bleues, le *carrefour de la butte à Guay*, au centre duquel est un jeune cèdre. De là, passant près du beau hêtre 3, on trouve cinquante pas plus loin le joli *sentier des Hêtres*, tracé sur la pente de la colline par M. Denecourt. Au n° 6, le *Boisdhyver*, on franchit un carrefour et l'on prend à travers les pins un sentier qui conduit à la partie extrême du *rocher Cassepot* (il a une lieue de long), à laquelle M. Denecourt a donné le nom de *rocher Guérin*. Parvenu sur la crête, d'où l'on a une vue très-étendue, on passe entre des roches, dont les plus remarquables sont désignées par des chiffres, et l'on vient aboutir à une esplanade où s'élève une tour construite en 1852 par M. Denecourt, et surmontée d'un belvédère « d'où on découvre plus de soixante lieues d'horizon, et même Paris, lorsque le temps est bien clair. » L'on y domine comme un immense tapis de verdure une étendue considérable de la forêt. Le nom de *fort de l'Empereur* a été donné à cette dernière création, et une route de calèche fut ouverte l'année suivante par l'administration, jusqu'au pied de ce belvédère, le plus élevé de la forêt de Fontainebleau. En s'éloignant, on descend pendant cinq minutes la route de calèche jusqu'à un carrefour où l'on reprend un sentier sur un versant de la butte à Guay. Il ramène à une route de voiture sur le haut de la butte, et plus loin, en suivant les indications, à la *fontaine Dorly*. — De ce point, on pourrait continuer la promenade comme elle est indiquée dans la précédente excursion. La promenade totale serait de près de quatre heures de marche.

### PROMENADES A PIED AUX SITES LES PLUS PITTORESQUES.

**Vallée de la Solle, futaie du Gros-Fonteau, Fontaines Sanguinède et du mont Chauvet.**

(Promenade à pied d'environ 4 heures.)

Cette promenade est une des plus intéressantes de la forêt, et des plus fréquentées non-seulement par les étrangers, mais encore par les habitants de Fontainebleau. C'est celle que nous conseillons aux personnes qui n'ont que quelques heures à donner à la forêt.

On sort par la barrière de Paris (voir page 665). Là, appuyant sur la droite du rond-point où le pavé de Paris vient aboutir, il faut chercher sur les ormes qui forment une allée ronde les flèches bleues indiquant le sentier ouvert il y a 8 ans par M. Denecourt. Ce petit sentier, très-commode, est préférable à tous les autres; il monte sur les flancs du *mont Pierreux*, à travers un jeune bois taillis, puis il aborde au carrefour de la *butte aux Aires* (n° 1), à l'entrée de la futaie (il y a sur la gauche un banc pour les promeneurs). En suivant en face la route de voiture, on arriverait directement sur les hauteurs de la Sôlle ; mais il faut prendre, entre cette route et une autre à gauche, un sentier qui entre dans la futaie du *gros Fouteau*, (nom vulgaire du hêtre, en latin *fagus*). Cette futaie était déjà vieille du temps de François Iᵉʳ. Le n° 2 signale un chêne dit le *Superbe* ; le n° 3, le *Jean Bart* ; d'autres arbres géants de cette magnifique futaie, la plus belle de la forêt avec celle du Bas-Bréau, ont reçu des noms et des numéros de M. Denecourt. Après le n° 11 on quitte la futaie, on coupe deux chemins de voiture et l'on se trouve sur les hauteurs de la vallée de la Solle, si riche en belles perspectives et en accidents pittoresques. Le sentier de M. Denecourt, toujours attentivement indiqué par ses marques d'azur, s'engage ici sur les pentes à travers les rochers : le n° 12 est le *rocher d'Eugénie* ; du n° 13, le *belvédère de Poussin*, on jouit d'une très-belle vue. Le petit sentier montant et descendant rencontre : 15, la jolie *gorge de Claude Lorrain* ; 17, les rochés *Milton* ; 18, la gorge *Staël*, sites charmants ; (D) l'oasis de *Paul et Virginie* ; les *belvédères d'Ingres*, 21 ; de *Lavoisier*, 22. Alors il se divise en deux : celui de droite conduit au *rocher des Deux Sœurs* (voir plus bas page 671) ; celui de gauche descend au fond des gorges de la Solle, parmi des hêtres et des genévriers ; le rocher 25 est le *dolmen de la Solle* ; au delà de 28 a un rond bleu

indique qu'il faut prendre à gauche, malgré les flèches qui se voient dans le sentier de droite. » Après une suite de sites pittoresques décrits par M. Denecourt, son tracé arrive à la lettre (F), indiquant un beau genévrier, le *Charles Vincent*. — On pourrait d'ici aller gagner les rochers de Saint-Germain, sur l'autre versant de la vallée de la Solle ; mais il vaut mieux faire cette promenade (page 672) dans le sens du tracé de M. Denecourt. — Le sentier recommence à monter, et M. Denecourt l'appelle ici le *sentier des Rapins* ; c'est la seule vengeance qu'il ait tirée de quelques mauvaises *charges* dont ils avaient barbouillé les rochers. On arrive bientôt à la *fontaine Sanguinède*, autre création de M. Denecourt, avec l'aide de la personne dont elle porte le nom. (On trouve ici des rafraîchissements.) Au-dessus du caveau creusé par lui, on jouit d'une très-belle vue. De là, « suivant le sentier conformément aux flèches bleues et à la lettre (B), en négligeant toute issue à gauche, on arrive tout de suite au belvédère de Saint-Marcel (n° 37, C). Puis le sentier descend de nouveau, (il passe devant les nᵒˢ 35, 34, 33, vieux genévrier ; 31, *vallée du grand Men-Hirr* ; 30, le *Troyon*, hêtre magnifique), et vous conduit au centre de la vallée, au *carrefour des gorges de la Solle* (voir l'article suivant : ROCHER SAINT-GERMAIN). On traverse ce carrefour qui marque la moitié de la promenade, en laissant une route à droite et deux à gauche, et l'on remarque dans celle que l'on suit les hêtres séculaires (B, C, D, F, G, H, J), et plus loin un chêne plus colossal encore, 74, le

# FONTAINEBLEAU. — LA FORÊT.

*Guespre*, ainsi que les beaux arbres, 76, dits les *Trois Vernet*. On pourrait s'arrêter un peu pour parcourir ce fond de vallée aux gracieux ombrages, et revenir prendre le sentier qui, passant aux rochers, 77, *Men-Hirr du Mont-Chauvet*, aborde au n° 80 à la *fontaine du mont Chauvet*. Cet endroit est, avec la fontaine Sanguinède, un des rendez-vous habituels de la Solle; c'est là ordinairement que s'arrêtent les voitures; on y trouve également des rafraîchissements. Une curiosité de ce site est une roche, n° 6, pesant environ 50 milliers, posée en équilibre, et à laquelle on peut imprimer un léger mouvement. On se dirige, vers la lettre (A), au *belvédère de Muller*, 81 ; et, peu de temps après, l'on rencontre et l'on suit un chemin de voiture, dit *route tournante des hauteurs de la Solle*, qui domine la vallée et offre des points de vue variés et étendus. On admirera le *Samson*, chêne marqué de la lettre (B) ; le hêtre magnifique (B), consacré par M. Denecourt au

Forêt de Fontainebleau, entrée des gorges d'Apremont (voir page 673.)

poëte *Béranger*, qu'il y rencontra en 1836. Puis, il faut de nouveau prendre un petit sentier qui semble descendre dans la vallée, et qui, dans ses détours capricieux, traversant de nouveaux sites pittoresques (E, F, G, M), amène au belvédère *des Deux-Sœurs*, d'où l'on descend au rocher portant l'inscription : *Rocher des Deux-Sœurs*, 1829, une vieille célébrité de la vallée, que d'autres merveilles, mises depuis en lumière par M. Denecourt, ont fait un peu pâlir. Près de là est un rond-point où s'arrêtent les voitures ; du milieu de ce rond-point part, entre deux hêtres, un étroit sentier qui ramène un instant au bord des hauteurs de la Solle, vers un vieux chêne (P). Un peu au delà, traversant un carrefour, on rentre dans une nouvelle partie de la futaie du *Gros-Fouteau* qui, dans ce trajet de retour vers Fontainebleau, se montre dans toute sa magnificence, et offre à l'admiration une suite de chênes gigantesques classés par M. Denecourt, et parmi lesquels nous citerons seulement : 85, le *Pallas*; 89, le *Chateaubriand*; 90, le *Voltaire*; 91, 92, 93, trois arbres aux troncs noueux et puissants, situés à quelque distance les uns des autres et appelés les *Trois-Hercules*; 96, le *Hardi*; 97, le *Rustique*. Au delà de ce dernier, on prend, à droite, un étroit sentier allant déboucher sur la ci-devant *route du Roi*, qui suit les flancs d'une colline, et de là on pourra descendre soit à gauche, vers le carrefour du mont Pierreux, pour rentrer par la rue de la Paroisse, soit à droite, vers les *Palis*, et rentrer par la barrière de Paris et la rue de France.

### Rocher de Saint-Germain.

Le rocher de Saint-Germain est une dépendance de la vallée de la Solle. Il en forme, au nord, une des murailles vis-à-vis du grand mont Chauvet, qui en forme l'autre muraille au sud. Il participe du genre de beautés que présente le parcours précédent; et c'est sans doute pour éviter la monotonie que M. Denecourt n'en a pas rattaché la description à celle de la Solle. Si l'on voulait réunir cette double exploration, on pourrait, étant parvenu au carrefour de la Solle (voir ci-dessus, page 670), se diriger au nord vers le rocher de Saint-Germain, où l'on retrouverait les marques bleues; mais alors on parcourrait le sentier dans le sens inverse du tracé. Dans sa description, M. Denecourt le fait partir du *chêne de Clovis*, 43, dans le voisinage du carrefour de la Belle-Croix (sur la route Ronde). Vis-à-vis de cet arbre séculaire en ruine, situé sur le bord d'une mare où l'on voit souvent des couleuvres, s'ouvre de l'autre côté de la route un sentier qui passe près du chêne *Michallon*, 44; et où l'on rencontre successivement, 46, le *Prodier*, chêne à cheval sur un grès; 48, une esplanade, d'où l'on a une belle vue sur la vallée de la Solle; 50, le *Cheval marin*, roche de forme singulière; 51, la *Roche sculptée*; puis le *belvédère de la Chavignerie*, point culminant du rocher Saint-Germain, offrant une belle vue sur la vallée de la Solle; 56, la *Roche qui tette*, bizarre adhérence d'un chêne à un rocher, dont nous avons déjà vu un exemple au chêne des Fées (page 667); 57, le *chêne et le rocher du roi Robert*, au milieu d'une belle solitude; 58, chêne bizarre; le *Charles V*; 60, le *rocher d'Élie de Beaumont*, et l'entrée du *passage des Cinq-Caveaux*, au-dessous de masses de grès suspendues, autre création hardie et des plus belles de M. Denecourt. On sort bientôt du rocher Saint-Germain, et c'est ici, à l'issue du sentier, que M. Denecourt dit à la voiture, qu'il a quittée au chêne de Clovis, de venir attendre pour se diriger, par la Croix de Toulouse, au fort de l'Empereur.

### Bouquet du Roi (à la Tillaie).

On sort par la barrière de Paris. On pourrait suivre le pavé jusqu'à une grande allée à gauche, qui va aboutir au Bouquet du Roi, mais il est bien plus agréable de prendre et de suivre le sentier qui borde à gauche la route de Paris; à une distance de 400 pas environ, il entre dans un bois de pins. Dans ses sinuosités, il coupe plusieurs routes de chasse, et vient aboutir

# FONTAINEBLEAU. — LA FORÊT.

à un chemin plus large à l'entrée de (A), *gorge aux Chevreuils*, dans le canton de la *fosse à Rateau*. Suivant toujours les marques bleues, on parvient, sur le haut du plateau, à la vieille futaie dite *la Tillaie*, où l'on admirera les deux beaux arbres 1 et 2, *Condé* et *Turenne*. Dix minutes plus loin, à un carrefour de six routes, se dresse le chêne, au tronc droit et élancé, dit le *Bouquet du Roi*. On trouve à ce carrefour des bancs pour se reposer et des rafraîchissements. Quatre-vingts pas plus loin, sous la futaie, est le chêne n° 4, tout couvert de blessures; il attire de loin les regards par son air d'extrême vétusté, qui lui a valu le nom de *Pharamond*. Nul autre chêne, au même degré, n'est propre à inspirer la terreur superstitieuse que l'on éprouve le soir à la vue de ces futaies séculaires; il semble que les druides aient exercé jadis ici leurs rites mystérieux. Il faut chercher aussi dans le voisinage les chênes 5 et 6, dits les *deux Frères*; le *Buffon*, 7

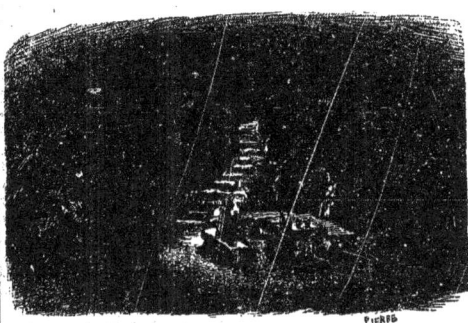
Caverne des gorges d'Apremont (p. 674).

10, le chêne *Notre-Dame des Bois*, mutilé par la tempête.

Du Bouquet du Roi, on peut aller gagner : au sud, par le mont Fessas, la *gorge du Houx* (p. 666), et le mont *Aigu*; — à l'est, la route de Paris, et en face, en traversant la futaie du *Gros-Fouteau*, la *vallée de la Solle* (voir ci-dessus); — ou bien, au nord-ouest, les *gorges d'Apremont*. C'est de ce dernier côté que nous allons nous diriger.

### Gorges d'Apremont.

(Continuation de la promenade précédente, 14 kil. aller et retour.)

Les gorges d'Apremont sont, avec celles de Franchard, les cantons de la forêt les plus sauvages et les plus désolés. Il y a quelques années encore, ce n'étaient que des déserts de sable tapissés de bruyères, et enfermés dans des collines arides et des amas de blocs énormes de grès, entre lesquels poussaient çà et là quelques bouleaux à l'aspect mélancolique. Aujourd'hui, ces deux cantons ont perdu de leur nudité. Les nombreuses plantations de pins faites sous Louis-Philippe commencent à y étendre le voile de leur éternelle verdure, et dans une certaine période de temps les rochers disparaîtront tout à fait sous les forêts de pins élevés, qui masqueront partout la vue.

L'ensemble des gorges d'Apremont forme un bassin assez compliqué, ayant près de trois lieues de tour. Les tracés de M. Denedourt en ont débrouillé le chaos et permettent aux touristes d'en parcourir aisément aujourd'hui des parties infréquentées auparavant. Le Sylvain divise les gorges en deux parties à peu près égales : le *désert* et le *vallon*. Cette dernière partie, que fréquentent les peintres à cause de ses aspects caractérisés et de ses arbres magnifiques groupés ou disséminés, est journellement traversée par les promeneurs venant de la *gorge des Néfliers* ou du *carrefour des Monts Girard* et se dirigeant vers le *Bas-Bréau*.

Reprenons la promenade où nous l'avions interrompue dans l'article précédent :

Parvenu à l'issue de la Tillaie, en suivant les marques, on arrivera à l'extrémité du plateau de la gorge aux Néfliers et sur les hauteurs du désert d'Apremont, à la roche (A, voir le plan) *point de vue du Désert*, d'où l'on a une belle vue sur les gorges.

De là, on descend; on traverse le carrefour du Désert en suivant le sentier parmi des pins ; on rencontre bientôt un rocher marqué du n° 13, le *Cerbère du désert d'Apremont;* au n° 17, on a des échappées de vue sur la *gorge des Carraches;* 18 marque une roche et un caveau ; (C) désigne la *grotte de Silvio Pellico;* (F) les *roches de Fenimore Cooper*. Près de G est le *belvédère de Lantara*, d'où la vue embrasse un autre panorama plus vaste encore que le premier : tout le vallon d'Apremont et les collines à l'horizon lointain, où se distingue le tertre blanc voisin de Montgermont. Du *belvédère de Lantara*, on descend par l'*antre d'Échorob* (H), et le sentier conduit près du n° 20 à la *caverne des gorges d'Apremont*, cavité anciennement connue et qui servit de refuge, sous Louis XV, à une bande de voleurs, ayant pour chef un nommé Tissier. Ce caveau, profond est aujourd'hui transformé, pendant la belle saison, en une sorte de taverne, où se tient un individu attendant patiemment les passants, mais non plus cette fois pour les dévaliser. Au sortir de la caverne, on prend le sentier marqué par un (O), et l'on descend dans le vallon, après s'être détourné pour jouir d'un beau point de vue, que M. Denecourt appelle l'*Observatoire des brigands*. On arrive bientôt au milieu des magnifiques bouquets d'arbres séculaires qui ornent le milieu du vallon, et dans le voisinage desquels on trouve souvent des peintres venus de Barbison. On traverse le *carrefour des roches d'Apremont*, et les marques bleues vous mènent au chêne (B), au *Chauffoir des artistes* (C), et, plus loin, aux chênes bien connus l'*Henri IV*, 23, et le *Sully*, sur le côté opposé du chemin. Puis, revenant sur ses pas prendre la direction des flèches vers la lettre (V), et

# FONTAINEBLEAU. — LA FORÊT.

suivant attentivement les indications, on retourne à Fontainebleau par le *carrefour de la gorge aux Néfliers* (ces arbres n'y existent plus aujourd'hui). On traverse la route Ronde, et de ce point on pourrait revenir par la Tillaie et le Bouquet du Roi ; mais M. Denecourt, toujours insatiable de nouvelles beautés, vous fait prendre à droite de la Tillaie par la futaie dite la *Vente des Charmes*, afin de vous faire admirer : 38, le hêtre le *Rubens* ; 39, le chêne le *Primatice*, et surtout (en prenant à droite un sentier à la lettre A) le *Jupiter*, un chêne qu'il proclame le plus beau et le plus sain de la forêt, et qu'il a *mis en lumière* en 1850 en le dégageant des broussailles qui en défendaient l'approche. Après avoir ainsi guidé le touriste de beautés en beautés, les bienveillantes petites marques bleues le ramènent sous bois, par

Sortie des gorges d'Apremont.

la *fosse à Rateau*, à la barrière de Paris, le point de départ de cette course à pied de 3 heures et demie environ.

La course précédente est loin d'avoir épuisé les curiosités pittoresques des gorges d'Apremont. Nous recommanderons encore une promenade tracée par M. Denecourt, dans une région certainement peu explorée avant lui par les promeneurs, à l'extrémité ouest de ces gorges. Il faut se rendre sur les hauteurs sud, et vers le milieu des gorges, *au point de vue du vallon* (voir la lettre B du plan), près du rocher (A). De ce point, on a une vue magnifique sur les gorges d'Apremont, et sur le vallon au fond duquel on aperçoit, vers l'entrée du Bas-Bréau, l'arbre dit le *Rageur* ; puis, en appuyant toujours à droite, le gros bloc de *Marie-Thérèse*, le *Dormoir de Lantara* ; au-dessus se dessinent à l'horizon les rochers *Cuvier-Châtillon*, et les hauteurs de Bas-Bréau au point de vue du camp de Chailly.

Après avoir admiré ce panorama on contournera, en allant vers l'ouest, les crêtes des gorges d'Apremont, et, à l'extrémité, on verra parmi de beaux blocs de grès la *grotte des*

*Barbisonnières*, dans laquelle se réfugièrent des jeunes filles de Barbison aux premiers moments de l'invasion (Le point marqué sur la carte du nom de *Barbisonnières* est un monticule isolé dans la plaine.) Quelques pas plus loin, on est enfermé dans une solitude, où les rochers forment un chaos très-pittoresque. A la grotte (C), on trouve un abri et un beau point de vue. On aperçoit au loin le château de Fleury, où le cardinal de Richelieu faillit être enlevé. On redescend ensuite au *belvédère du Vallon*, et l'on peut aller gagner soit le Bas-Bréau, soit à droite le carrefour du milieu des gorges d'Apremont.

Près de l'issue des gorges d'Apremont, du côté de la futaie du Bas-Bréau, on voit un chêne au branchage tourmenté, que les artistes ont surnommé le *Rageur;* plus loin, en remontant vers le *Dormoir* de Lantara, peintre célèbre, qui fut dans son enfance pâtre à Barbison, le bloc isolé au milieu du vallon a reçu le nom de *roche de Marie-Thérèse*.

A l'entrée de la futaie de Bas-Bréau, on peut faire à droite un détour de cinq minutes, et monter par un petit sentier tracé de ce côté de la futaie pour aller visiter le *Chêne captif*.

Si l'on entre dans le bois de Bas-Bréau, on trouvera bientôt à gauche une large route sablonneuse et défoncée par les ornières, qui mène à *Barbison*, village où les peintres ont établi leur séjour de prédilection.

### Gorges de Franchard.

N. B. Franchard est le seul point de la forêt où l'on trouve un restaurant. — De jeunes garçons se tiennent ici dans la belle saison, s'offrant à conduire les voyageurs, et à leur faire voir toutes les curiosités de la vallée de Franchard; ils leur en montrent à peine la moitié. Si on les prend pour guides, on fera bien de spécifier d'avance, d'après l'itinéraire tel qu'il va être tracé, ce que l'on a l'intention de visiter. — On ne descend pas en voiture dans la gorge de Franchard.

La gorge de Franchard rivalise en aspects sauvages avec les gorges d'Apremont: mais, comme celles-ci, elle a perdu en partie cette aridité qui faisait de ses roches et de ses sables un désert brûlant pendant l'été, et que l'on comparait aux déserts de la Thébaïde; elle est destinée à voir d'année en année la nudité de ses collines rocheuses disparaître sous la verdure des pins qui y ont été plantés. Voici en quels termes en parle Dangeau dans son journal: « Lundi, 20 octobre 1687, Monseigneur et Madame couraient le cerf dans les forêts de Franchard, pays fort affreux, où l'on n'avait jamais chassé. »

La promenade de Franchard est presque toujours combinée avec d'autres courses, telles que celles de la gorge du Houx, des gorges d'Apremont, etc. Ici, nous la décrirons isolément. — Le chemin est le même d'abord que pour la promenade de la gorge du Houx, qu'on laisse à gauche; alors on se dirige vers la *Croix de Franchard*, élevée sur un amas de grès au milieu d'un carrefour de la route Ronde; bientôt on arrive devant les arbres sous lesquels s'est établi le *restaurant de Franchard*. Un peu plus loin à gauche sont les *ruines de l'abbaye de Franchard* et les bâtiments d'habitation des gardes forestiers.

Il y avait ici un antique ermi-

…ge que Philippe Auguste donna, en 1197, à des religieux d'Orléans, à la demande de l'ermite Guillaume, qui, malgré une faible constitution, était venu s'y établir. On possède une lettre (en latin) que lui adressa Étienne, abbé de Sainte-Geneviève de Paris, et dont on lira sans doute avec intérêt quelques fragments : « J'étais frappé de terreur, lui dit-il, à la pensée d'une solitude si horrible, que les hommes et les bêtes féroces elles-mêmes semblent craindre de l'habiter. L'herbe ne croît pas sur cette terre aride, et l'eau qui coule goutte à goutte de la roche (la *Roche qui pleure*) qui est proche de votre cellule, n'est ni belle à voir, ni bonne à boire. La grossièreté de vos vêtements, l'austérité de vos aliments, la dureté de votre couche, permettent à

Entrée des gorges de Franchard.

peine quelques instants de sommeil pris à la dérobée; l'obligation de ne pas quitter votre cellule à moins de motifs graves, la crainte que les voleurs, qui ont déjà tué vos deux prédécesseurs, ne fassent encore de vous une troisième victime, tous ces motifs me poussaient à vous détourner de cette voie si pénible dans laquelle vous cherchez la perfection. Mais après ce que je vous ai vu supporter de privations, j'ai pris en vous une grande confiance…. De la prière passez à la lecture, de la lecture à la méditation. Ne lisez pas trop longtemps pour ne pas vous fatiguer les yeux ou la tête. Après une courte lecture, promenez-vous dans votre cellule, ou, sortant dans votre jardin, reposez votre vue affaiblie sur la verdure du peu d'herbes qui y croissent, ou examinez vos ruches, qui seront pour vous un adoucissement et un exemple. » Les abeilles de l'ermite du frère Guillaume devaient du moins lui fournir de bon miel, car elles aiment les bruyères qui croissent si abondamment dans la gorge de Franchard, et nous y avons vu autrefois des ruches nombreuses que des marchands de miel du Gatinais y établissaient pendant la belle saison. On a dû les écarter de cet endroit, à cause des accidents causés aux promeneurs qui ont été piqués. Quelques moines se réunirent plus tard au père Guillaume, qui devint leur prieur. Le monastère fut ruiné pendant les guerres du XIV° siècle. Il devint plus tard un repaire de brigands, et, en 1712, Louis XIV en ordonna la destruction.

On côtoie les restes des bâtiments de Franchard, et les laissant derrière soi, ainsi que le cèdre planté devant la façade, on arrive bientôt, par un petit sentier en face, à la *Roche qui pleure*, ainsi nommée à cause des gouttes d'eau qui filtrent à travers les fissures du grès. Cette roche, citée comme une des merveilles pittoresques de la forêt, en est aujourd'hui l'endroit le plus ignoble, tout poudreux, tout piétiné par les visiteurs incessants, tout sali de noms masculins et féminins. Vis-à-vis de la Roche qui pleure, à gauche du chemin, un autre massif est surnommé la *roche des Ermites*. Le chemin descend dans la gorge de Franchard; mais M. Denecourt y mène par un sentier pittoresque qui prend naissance derrière la Roche qui pleure, et qui a 3 kilomètres de développement. Cependant, il forme trois sections distinctes, et l'on peut se borner à parcourir l'une ou l'autre de ces sections.

1ʳᵉ *section*. Le n° 1 signale une vue sur la vallée de Franchard; de puis les hauteurs; 3, 4, vieux genévriers; 7, *grotte de Philippe Auguste*; 8, *roches de Diane de Poitiers*; 9, *antre de la roche de Moloch*. Puis le sentier descend vous amène sur un carrefour de six chemins. M. Denecourt engage à ne pas prendre celui qui fait face, mais à traverser le carrefour en laissant deux chemins à gauche et autant à droite.

2ᵉ *section*. On ne tarde pas à arriver à la *grande roche* n° 1, et le sentier gravit la colline opposée à celle que l'on vient de descendre; 2 est le *tunnel du Héron*; du haut du rocher 3, on a une belle vue, et le sentier qui redescend conduit à la *galerie déchirée* 6, et plus loin à l'*antre des Druides*; plus loin encore est 11, le *labyrinthe des Druides*, et 13, l'*arche des Druides*, sous laquelle on passe pour gagner le pied de la montagne.

3ᵉ *section*. Cette partie de la promenade est la plus intéressante. On coupe la route, et, les marques bleues vous guidant, vous gravissez une autre partie des collines rocheuses qui enferment de ce côté la vallée. On arrive au n° 1, la *roche d'Athalie*, et, après avoir traversé un chaos pittoresque, on se trouve, 2, au haut du rocher d'Henri IV, d'où l'on a une belle vue. Au n° 4, *roche d'Esther*, on remarquera les deux faces parallèles et concordantes de sa cassure; (C) puis au delà du passage voûté du *rocher Cellini*, continuant à côtoyer des rochers et des grottes entre lesquels croissent des bouleaux et des genévriers, on atteint le point culminant de la promenade ; du *belvédère de la gorge de Franchard*, l'œil en embrasse toute l'étendue, et la vue s'étend au delà dans la plaine, vers le village d'Arbonne ; le n° 4 signale la *caverne des gorges de Franchard* ; puis, à l'issue de toutes ces curiosités, le sentier, laissant à droite le chêne de Maintenon, ramène au cèdre et aux bâtiments de Franchard.

Ces sentiers, si heureusement tracés par M. Denecourt dans les gorges de Franchard, sont loin d'en avoir épuisé les beautés ; il le sait bien ; il resterait encore les deux tiers des gorges à explorer. Mais des sentiers, toujours dispendieux, qui seraient prolongés jusque vers l'issue dans la plaine, demeureraient infréquentés à cause de la longueur du trajet ; nous invitons les personnes qui aiment ce genre d'excursion à fouiller le chaos des

Restaurant de Franchard.

roches de la colline de droite, ou à suivre, à travers les bruyères, le fond de la vallée jusqu'à sa terminaison dans la plaine, pour y admirer l'entassement des blocs énormes formant deux promontoires, qui, avant qu'ils ne fussent envahis par les plantations de pins, nous ont souvent rappelé les hautes moraines des glaciers des Alpes.

### Gorge aux Loups.

(Promenade à pied d'environ 5 heures.)

On sort de Fontainebleau par l'avenue de Maintenon, et l'on se dirige sur le *rocher Bouligny* (voir page 664), qu'on traverse en suivant l'indication des ronds bleus ; on traverse également le *mont Merle* et le *rocher Fourceau*, tellement dévasté par les exploitations de pavés, qu'il vaut peut-être mieux renoncer à faire ce triste trajet à pied, et combiner l'exploration de la gorge aux Loups avec une promenade en voiture. Toutefois, lorsqu'on est sorti des tristes débris et des ronces du rocher Fourceau, on arrive, sur le plateau des *ventes Bourbon*, à un carrefour de huit routes, d'où part une longue route droite bien ombragée, qui va à la gorge aux Loups et au fort de Marlotte. Elle traverse la route Ronde et entre dans la belle futaie des *ventes à la Reine;* après avoir dépassé, dans cette longue allée droite, un beau chêne marqué du n° 7, on voit à gauche un chemin, une des sept entrées de la gorge aux Loups. M. Denecourt fait prendre, quelques pas plus loin, un autre

La gorge aux Loups.

sentier qu'il serait difficile de suivre sans ses marques bleues. Le n° 9, sur le *rocher Coignard*, indiquera qu'on est dans la bonne direction, à l'entrée de la *gorge Verte;* le n° 10 est le *rocher Bébé*, « la sortie la mieux encaissée de la gorge aux Loups. » (On trouve là dans la futaie, à l'entre-croisement des routes, un banc de gazon, et, dans l'été, une personne vendant des rafraîchissements.) On gravit ce chemin pittoresque, et, prenant sur le plateau un sentier à gauche, on voit à droite la *mare du Diable*, que les chaleurs de l'été mettent à sec, et on arrive au plateau de la *mare aux Fées;* on passe à gauche entre le bois et la mare, et l'on débouche sur un grand chemin en face de deux sentiers: celui de droite descend au village de Marlotte, colonie de peintres comme Barbison; celui de gauche mène, à quelque distance, au *belvédère des Pins*, d'où l'on voit Marlotte, et plus loin la vue s'étend dans la direction de Nemours. De retour sur la pelouse de la mare aux Fées, on se dirigera vers un charme magnifique marqué du n° 11, et là, guidé par les marques, on passera successivement au *chêne de Molière*, 12; au *chêne oranger;* au *belvédère de Corot*, 14; au *chêne Cabat*, 18; après le n° 19, un encaissement pittoresque, appelé la *descente des Fées*, est une des belles entrées de la gorge aux Loups. Le sentier, curieusement tracé par M. Denecourt, côtoyant toutes les curiosités pittoresques,

La mare aux Fées.

permet d'admirer une foule de sites et d'objets énumérés par le créateur de cette charmante topographie. Nous citerons seulement quelques-uns des plus saillants, comme points de repère : 23, vieux chêne creux, le *Ruysdaël*; 24, *rocher Lenueur*; 25, *passage Morgan;* (C), *gorge de Géricault*; 31-33, *galerie de Rosa Bonheur*; puis après le n° 35, continuant à longer à droite les talus couverts d'arbres et de rochers : (B) le *rocher* et le *chêne de Marilhat*; (C) l'*oasis de Schopin*. On laisse de côté la partie de la descente des Fées marquée (D), et l'on retrouve les lettres (E, F), extrémité orientale de la vallée dont on parcourt le fond. (L) est l'*arbre Fleury*, hêtre au feuillage arrondi auquel se mariait un rameau d'épine blanche qui a été méchamment coupé. Non loin sont les deux beaux chênes 36 et 37, le *Vélasquez* et le *Murillo*. De là, le sentier ramène à Fontainebleau par le triste *rocher Fourceau*, etc. Mais il vaut mieux profiter du voisinage pour aller visiter soit le *long Rocher* à l'est, soit à l'ouest l'*esplanade de Marlotte et Bouron*; et pour cette excursion, comme nous l'avons dit, avoir une voiture, afin d'éviter l'ennui du retour à Fontainebleau à travers des cantons offrant peu d'intérêt. (Voir la suite de cette course page 686.)

*N. B.* Les promenades qui viennent d'être décrites sont les plus intéressantes et les plus fréquentées. Il n'y manque que celle du *Bas-Bréau*, une des deux plus belles futaies de la forêt (voir page 684). D'autres parties autrefois célèbres de la forêt : la *mare aux Évées*, les *Érables* et le *Déluge*, ont perdu, vers 1835, les antiques futaies qui faisaient leur renom. Plusieurs rochers, comme le *rocher Fourceau*, le *long Boyau*, si intéressants naguère, ont été dévastés par les carriers; le *rocher de la Salamandre* est abandonné; c'est de ce côté qu'on transporte les immondices de la ville; enfin, d'autres rochers diversement pittoresques restent inconnus à cause de leur éloignement ou de la difficulté des abords pour les voitures, tels que le *rocher Canon*, le *long Rocher*, la belle platière (plateau rocheux) de l'ancien *télégraphe d'Arbonne*; non loin de là est le *rocher des Sablons*, dit le *petit Mont-Blanc*[1], l'amas de grès,

[1]. La route de voiture la plus directe serait, en sortant par la barrière de la

sans contredit, le plus curieux de toute la forêt, par la ressemblance que ses sables mouvants prennent sous l'action du vent avec la neige des hauts sommets des Alpes, et que sa platière toute crevassée présente avec les plans des glaciers. D'autres excursions très-intéressantes encore, celles aux *ruines et rochers de Larchaut*, ou bien à la *vallée et aux rochers de Vaudoué et de Noisy*, qui exigent toutes les deux une journée, sortent tout à fait du cadre des promenades de la forêt de Fontainebleau. (Consulter l'ouvrage de M. Denecourt.)

### PROMENADES EN VOITURE.

Pour les adresses des loueurs de voitures, de chevaux et d'ânes, et pour les prix, voir la page 553.

Le meilleur mode d'exploration de la forêt, surtout pour les personnes qui ont peu de temps à lui accorder, c'est de franchir les grandes distances en voiture et de descendre pour parcourir à pied les sites pittoresques. Il faut, dans ce cas, prendre un cocher connaissant bien la forêt et ayant assez de bon vouloir pour ne pas troquer la promenade et vous opposer des impossibilités imaginaires. *Franchard* ou *Barbison* doivent être choisis comme lieu principal du repos au milieu des grandes courses. Les sables profonds de ce

Fourche (ou de Paris), de suivre le chemin de Fleury, et, à la hauteur de la plaine de Macherin, de se diriger sur le *carrefour des buttes de Franchard*, et de là de prendre à gauche une route de traiches, qui, à travers le *cul de chaudron* et les gorges de Franchard, va aboutir au petit Mont-Blanc. Pour s'y rendre à pied, le mieux est de passer par les gorges de Franchard.

aines routes, où le défoncement opéré par l'exploitation des grès, sont, d'ailleurs, des circonstances dont il faut tenir compte.

Les courses les plus habituelles en voiture sont à la Tillaie du Roi; aux hauteurs de la Solle; à Franchard; au fort l'Empereur; puis aux gorges d'Apremont, ou à la gorge aux Loups.

Nous donnerons seulement comme modèles quatre tracés de promenades en voiture, exemples choisis parmi les excursions combinées par M. Denecourt[1].

**Franchard, — la Tillaie, — la vallée de la Solle, — le fort de l'Empereur.**

(Promenade de 5 heures, dont une à pied.)

On va au carrefour du Houx, où la voiture reste à attendre. On descend dans la gorge du Houx (grotte du Parjure, page 666). En voiture à Franchard; on jouit seulement du point de vue de la vallée. En voiture par la Tillaie au rocher des Deux-Sœurs; à pied jusqu'au mont Chauvet (voir page 670). En voiture par la route tournante des hauteurs de la Solle; et, par la Behourdière, jusqu'au carrefour du hêtre de Boisdhyver. Monter à pied au fort de l'Empereur. Retour en voiture à Fontainebleau.

1. Il serait à désirer aussi qu'on pût avoir avec soi un guide pour diriger la promenade pendant les moments où l'on quitte la voiture et éviter ainsi aux touristes les incertitudes et les pertes de temps. Il y a lieu de s'étonner qu'une compagnie de guides, autorisés par l'administration, n'ait pas encore été organisée. A défaut d'un guide, on ferait bien de se munir de trompes, afin qu'à un appel le cocher pût répondre et indiquer aux promeneurs égarés dans quelle direction ils doivent aller pour retrouver la voiture.

**Mont-Ussy, — Nid de l'Aigle, — vallée de la Solle, — monts Saints-Pères, — de Fays, — point de vue du camp de Chailly, — rocher Saint-Germain, — fort de l'Empereur.**

(Promenade de 7 heures, dont 2 1/2 à pied.)

Rocher du Mont-Ussy : (prendre à pied le sentier des Montussiennes, voir le chêne des Fées, de Charlemagne, page 667. On retrouve la voiture sur le haut de la chaise à Marie); vallée du Nid de l'Aigle; hauteurs de la Solle; fontaine du mont Chauvet (on quitte la voiture pour une exploration à pied de vingt minutes, et on la retrouve au rocher des Deux-Sœurs. Voir à la page 670); belvédère des monts Saints-Pères, monts de Fays, beau point de vue du camp de Chailly, carrefour de Bellevue, table du Grand-Maître, Belle-Croix, chêne de Clovis et rocher Saint-Germain (40 m. d'exploration à pied, voir page 672); puis, de là, en voiture au fort l'Empereur par la plaine des Écouettes et la Croix de Toulouse, et l'on terminera par les rochers du Calvaire et du fort des Moulins.

**Nid de l'Aigle, — vallée de la Solle. — Gros-Fouteau, — la Tillaie, — ventes des Charmes[1], — Gorge du Houx, — Franchard. — Gorges d'Apremont, — Barbizon, — Bas-Bréau, — rocher Cuvier, — point de vue du camp de Chailly, — rocher Saint-Germain. — fort de l'Empereur, — Calvaire et fort des Moulins.**

(Promenade de 11 heures environ, dont 4 1/2 à pied.)

Aller directement en voiture par

1. Pour le commencement de cette promenade nous avons modifié le tracé de M. Denecourt.

le Nid de l'Aigle à la vallée de la Solle; parcourir à pied un des sentiers (page 670) pendant vingt minutes; revenir en voiture par le Gros-Fouteau au Bouquet du Roi, et aller voir le *Jupiter* de la futaie des ventes des Charmes (page 675); quitter la voiture au carrefour du Houx pour visiter la gorge du Houx (comme ci-dessus, page 666); aller en voiture à Franchard; de Franchard, par la Croix du Grand-Veneur, aux gorges d'Apremont. On descend au carrefour des déserts d'Apremont; la voiture continue encore 400 pas et prend, à gauche, le chemin du Cerbère, marqué par un rond bleu. Au deuxième chemin à droite on quitte la voiture, qui s'en va, par le carrefour de Clairbois, attendre au carrefour du Bas-Bréau, à la sortie des gorges d'Apremont. On gravit à pied le montoir d'Apremont, d'où l'on a un beau point de vue sur les gorges. De là, sans avoir égard aux marques bleues des issues à gauche, on suit le sentier jusqu'au-dessus du sommet, et l'on parcourt les crêtes en suivant les marques (O, F, G, H, I, K, L, M). Le n° 20 mène à la caverne des Brigands (voir page 674); puis on descend, et l'on va par le n° 2 visiter le chêne Captif (page 676), et par le n° 4 on rejoint à peu de distance, sous la futaie du Bas-Bréau, la voiture qui conduit au village de Barbison; repos à l'auberge Ganne. On repart en voiture et l'on entre dans la forêt du côté de Chailly.

La haute *futaie du Bas-Bréau*, qui forme ici l'entrée de la forêt de Fontainebleau, est partagée en deux par la route de Paris. C'est, avec celle du Gros-Fouteau, la plus belle futaie de la forêt, et elle en donnait une idée imposante quand on arrivait de ce côté à Fontainebleau avant l'établissement du chemin de fer; car une foule d'arbres géants sont en bordure sur la route. (C'est là qu'on voit le *Biera*, arbre curieux, à cheval sur un rocher.) Elle est particulièrement fréquentée par les peintres; c'est en quelque sorte leur domaine. On doit l'étudier en la parcourant dans ses diverses directions, car M. Denecourt n'y a pas encore répandu partout les signes de sa topographie pittoresque. Après quelque cent pas sur la route, la voiture doit entrer à gauche dans le chemin indiqué par un (A), et qui traverse une des plus belles parties de la futaie; 3 est le *chêne aux grands Bras*, plus loin est l'arbre de la *reine Blanche*, arbre séculaire célèbre dans le canton, mais qui a été incendié l'hiver dernier. À la lettre (O), on quitte la voiture qui va attendre au *carrefour de l'Épine*, et l'on parcourt à pied les sentiers de cette partie du Bas-Bréau, à travers des arbres et des rochers remarquables 5, 6, 7, 8, 9. On arrive au carrefour de la Belle-Épine, au pied de trois beaux chênes (A). Avant de remonter en voiture, on va parcourir par le chemin (B) la *vallée du rocher de Bas-Bréau*. Ensuite, on longe le *rocher Cuvier*, moitié à pied, moitié en voiture. (On entre dans la gorge des Trois-Frères pour traverser le rocher Flourens, 2; on quitte la voiture, qui va attendre 400 pas plus loin, à l'entrée de la vallée d'Héloïse et d'Abeilard, que l'on décrit une courbe à droite, à travers des blocs de grès.) Au n° on est à l'entrée de la *vallée d'Héloïse et d'Abeilard*. Les roches d'Héloïse, n° 9, ont un aspect très férent des autres grès; elles sont ates remplies de cavités, et blanchies d'un enduit calcaire. Parvenu u-dessus du Montoir, on remonte n voiture, et l'on va voir les *points de vue des monts de Fays*; puis, par a belle futaie du *carrefour du Beau-Tilleul* (qui va être prochainement éclaircie par des coupes), on gagne le beau *point de vue du Camp de Chailly*, où l'on domine la haute futaie du Bas-Brèau, qu'on parcourait un peu auparavant; l'on revient, par le *carrefour de Belle-vue* et la *table du Grand-Maître*, au *chêne de Clovis*, où l'on descend pour visiter le *rocher Saint-Germain* (comme cela est expliqué page 672). Après cette excursion, on reprend la voiture qui, par la *Croix de Toulouse*, gagne le pied du fort de l'Empereur; puis, on termine par les points de vue du *Calvaire* et du *fort des Moulins* (page 668).

**Rochers Bouligny et des Demoiselles, Érables et Déluge. — Gorge aux Loups, — esplanade d'entre Bouron et Marlotte.—Long-Rocher.**

Promenade de 8 heures, dont 3 heures à pied.)

Au rocher Bouligny (trajet à pied par le rocher d'environ 10 m.); à la pointe du rocher, on remonte en voiture jusqu'au *rocher des Demoiselles* (aller au point culminant; cette partie de la forêt, autrefois fréquentée, a été gâtée par les carriers). La voiture gagnera, par les *Érables* et le *Déluge* (voir page 682), la futaie des ventes à la Reine; et on explorera la gorge aux Loups, suivant les indications données ci-dessus (page 680). De l'arbre Fleury, on sort par le rocher Bébé

(page 680), près duquel on retrouve sa voiture, qui va, par les forêts de Marlotte, gagner l'*esplanade d'entre Bouron et Marlotte*, d'où l'on jouit d'un des plus beaux points de vue de la forêt; elle descend ensuite à Marlotte (voir page 687), où se fait le grand repos de la journée. Le village de Marlotte est, comme Barbison, une station aimée des peintres. De Marlotte, la voiture se dirigera par le chemin de Montigny au *grand trou Muguet*, vallon des plus sauvages, enclavé dans le Long-Rocher.

« Le *Long-Rocher*, dit M. Denecourt, forme une chaîne de grès des plus élevées de la forêt; sa longueur est de plus de 4 kilomètres, et sa largeur moyenne d'environ 100 mèt. La partie où se remarquent les plus imposants déchirements de grès, c'est d'un bout à l'autre le versant nord de la chaîne du Long-Rocher. Ce versant présente six gorges ou dévaloirs. Il faudrait un jour pour explorer convenablement ces six gorges et les mille accidents pittoresques de ce versant si bouleversé. »

La profondeur des sables oblige à quitter la voiture vers l'entrée de la *gorge Noire*, où l'on vient la reprendre après l'excursion à pied. Au delà de cette gorge Noire, à l'aspect sinistre, on entre dans le vallon du petit trou Muguet. A la lettre (B), on prend à gauche pour arriver sur le haut des roches, au point de vue des deux trous Muguet. Une perche isolée, debout sur cette colline désolée, donne l'idée d'un gibet, et c'est en effet un instrument de mort, cachant un piège destiné aux oiseaux de proie. Au lieu de descendre immédiatement vers la voiture, qui reprendra le chemin de Marlotte pour revenir à Fontainebleau, on devra, si l'on a le temps, parcourir le haut plateau du Long-Rocher. Au nord de ce plateau, on apercevra le Haut-Mont, aujourd'hui tout ombragé par les pins.

*Promenade du Sylvain.* A la fin du dernier volume qu'il a publié, M. Denecourt donne le tracé d'une promenade en voiture exigeant toute une journée, et dans laquelle il fait parcourir la plus grande partie des sites pittoresques de la forêt; mais pour faire cette course compliquée, et où l'on est exposé à s'égarer si fréquemment, il faudrait avoir pour guide M. Denecourt lui-même.

### Environs de Fontainebleau.

La richesse pittoresque des sites de la forêt et le nombre considérable des visiteurs qui y affluent, imposaient l'obligation de donner des développements étendus à la description de cette forêt. Nous nous restreindrons à une brève nomenclature pour les environs de Fontainebleau, qui sont bien plus rarement visités.

*Acon* (à l'extrémité orientale du parc). Le chemin le plus agréable est le long du grand canal; parvenu au bout, on tourne à gauche: on sort, par la première grille à droite, et, longeant les murs à droite, on entre dans le village, où l'on peut visiter la vieille église, qui n'a d'intérêt que ses souvenirs. Une simple pierre tumulaire à l'entrée, à droite, rappelle le nom de Monaldeschi. Du même côté, près du maître autel, est le tombeau du peintre Ambroise Dubois, mort en 1615. Sous le porche extérieur sont les inscriptions tumulaires du naturaliste Daubenton et du mathématicien Bezout.

*Thomery.* Ce joli village, qui s'étend en amphithéâtre sur la rive gauche de la Seine, est célèbre par son chasselas, dont Paris fait une si grande consommation. Les rues de Thomery sont des vergers véritables, grâce aux treilles qui couvrent les façades des maisons, et lui donnent un air quasi-italien. Des murs blancs, abrités d'un petit toit, sillonnent le coteau et sont également chargés de treilles. Le village de *Champagne*, situé à peu de distance, produit également du chasselas.

*Barbison* est un hameau assez laid, dépendant de la commune de Chailly, et qui ne se compose que d'une seule rue. Il manque à la fois de verdure et d'eau; mais il n'est pas loin des gorges d'Apremont et de la futaie du Bas-Bréau, sites aimés des peintres, qui trouvent dans l'auberge de M. Ganne un établissement hospitalier qu'ils ont mis en renom; il attire aujourd'hui un tel concours de visiteurs étrangers qu'il y a un service de voiture, partant trois fois par jour de Barbison pour la station du chemin de fer de Melun. La dernière arrivée a lieu le soir à Barbison à minuit. On fait bien, du reste, d'écrire d'avance à M. Ganne, pour s'assurer un logement, car l'on est quelquefois une trentaine à table. Le logement est exigu; mais qu'importe à des artistes qui passent toute leur journée *en forêt?* Le prix (nourriture et logement) est de 3 fr. 50 c. si l'on reste un mois, et de 4 fr. si l'on reste moins. Toutes les illustrations du paysage moderne ont habité l'auberge de Barbison, y ont demeuré des saisons entières; plusieurs artistes ont laissé des traces de leur passage. Les murailles, les panneaux des armoires, le paravent de la cheminée, sont couverts d'études de paysages et d'esquisses peintes de bacchanales enluminées, de *charges*, de portraits, qui font du modeste cabaret une sorte de musée drolatique fait pour tenter la fantaisie d'un amateur. En dehors de l'auberge Ganne, il y a aussi quelques peintres qui ont établi leur domicile dans différentes maisons du village. Un peu plus loin que l'hôtel Ganne, et à droite de même

Thomery.

dans la rue du village, on trouve un marchand de vin nommé Vannier.

*Marlotte*, autre colonie d'artistes, est situé à une autre extrémité de la forêt; c'est un hameau dépendant de la commune de Bouron, d'un aspect moins disgracieux que Barbison. Si Barbison est près d'Apremont et du Bas-Bréau, Marlotte est dans le voisinage de la gorge aux Loups, du Long-Rocher et de quelques autres sites admirables.

Sa réputation est plus récente que celle de son rival. (Auberge Saccault; maison d'Antony.)

**Moret** (11 kil. de Fontainebleau; 1 kil. de la station du chemin de fer), petite ville du département de Seine-et-Marne d'environ 1700 habitants, se trouve située sur la rive gauche du Loing, près de sa jonction avec le canal de ce nom. Cette ville, de fondation antique, est citée par Jules César. Un de ses ponts conserve des traces de constructions romaines. Au moyen âge, elle eut des fortifications importantes; elle fut assiégée et prise par les Anglais et les Bourguignons, puis reprise par Charles VII. Elle fut le séjour de plusieurs souverains. François Ier fit restaurer son château qu'avait habité la reine Blanche. Plus tard, Henri IV le donna à Jacqueline de Beuil, qui prit le titre de comtesse de Moret. Les sculptures dont Jean Goujon avait décoré une façade de ce château furent vendues en 1822, et transportées à Paris; elles y ont été rétablies à la façade d'une maison dite *de François Ier* située sur le Cours-la-Reine. Outre ses vieux ponts et quelques maisons en bois du XVe siècle, on visitera avec intérêt l'église paroissiale, consacrée en 1166 par saint Thomas de Cantorbéry. — Au rocher de Montigny, près Moret, on découvrit, en 1823, une masse de grès présentant la forme d'un homme qui semblait être à cheval. Ce grès fut transporté à Paris, et il y eut de longs débats sur la question de savoir si c'était un homme fossile: Cuvier fit triompher l'opinion contraire.

Vue de Moret.

Embarcadère du chemin de fer d'Orléans (vue extérieure).

## 6. LE CHEMIN DE FER D'ORLÉANS.

### A. DE PARIS A CORBEIL.

*Embarcadère.* A Paris, boulevard de l'Hôpital.

Six *départs* par jour. Trajet en 1 h. 2 min. ou 4 minutes.

Les *prix des places* sont ainsi fixés (au-dessus de 6 ans les enfants payent place entière; au-dessous, ils sont transportés gratuitement) :

| kil. | | 1re cl. f. c. | 2e cl. f. c. | 3e cl. f. c. |
|---|---|---|---|---|
| 10 | Choisy-le-Roi.. | 1 10 | » 65 | » 55 |
| 15 | Ablon ......... | 1 70 | 1 25 | » 90 |
| 17 | Athis ......... | 1 90 | 1 40 | 1 05 |
| 20 | Juvisy ........ | 2 10 | 1 60 | 1 15 |
| 24 | Ris ........... | 2 65 | 2 » | 1 50 |
| 28 | Evry .......... | 3 15 | 2 15 | 1 60 |
| 31 | Corbeil ....... | 3 25 | 2 25 | 1 70 |

*Billets aller et retour à prix réduits.* On délivre tous les jours, à Paris, pour toutes les stations, et à toutes les stations pour Paris, des billets aller et retour de 1re, 2e et 3e classes, avec réduction sur le prix ordinaire du tarif. Ces billets sont admis dans tous les trains; ils ne sont valables que pour le jour dans lequel ils ont été délivrés. Les prix sont les mêmes pour les dimanches et jours de fête que pour les jours de la semaine. On paye :

De Paris aux stations ci-dessous, et retour :

| | 1re fr. c. | 2e fr. c. | 3e fr. c. |
|---|---|---|---|
| Choisy-le-Roi ...... | 1 30 | 1 10 | » 80 |
| Ablon ............. | 2 50 | 1 80 | 1 40 |
| Athis-Mons ........ | 2 90 | 2 10 | 1 60 |
| Juvisy ............ | 3 20 | 2 30 | 1 75 |
| Ris ............... | 4 » | 3 » | 2 25 |
| Evry .............. | 4 30 | 3 20 | 2 40 |
| Corbeil ........... | 4 50 | 3 40 | 2 55 |
| Savigny-sur-Orge ... | 3 70 | 2 70 | 2 » |
| Epinay ............ | 4 » | 2 70 | 2 » |
| Saint-Michel ...... | 4 90 | 3 20 | 2 40 |
| Brétigny .......... | 5 20 | 3 80 | 2 90 |
| Marolles .......... | 6 20 | 4 20 | 3 10 |
| Bouray ............ | 6 70 | 4 90 | 3 70 |
| Lardy ............. | 7 20 | 5 30 | 4 » |
| Etrechy ........... | 8 20 | 6 » | 4 50 |
| Étampes ........... | 9 40 | 6 90 | 5 25 |

Ces billets ne peuvent servir que pour les lieux de départ et de destination qu'ils indiquent. Les voyageurs qui descendent à une station autre que celle pour laquelle ils ont pris leur billet, soit en deçà, soit au delà, payent à leur arrivée le supplément de prix que comporte au tarif général le parcours qu'ils ont réellement effectué.

*Billets d'abonnement.* Il est délivré des billets d'abonnement de 1re et 2e classes pour les stations comprises entre Paris, Corbeil et Marolles, avec réduction de 10 pour 100 sur le prix ordinaire du tarif.

*Omnibus spéciaux*, desservant le départ et l'arrivee de tous les trains :

Bureau central, rue Saint-Honoré, 130; — rue Drouot, 4 ; — rue de la Chaussée d'Antin, 11, dans la cour de l'hôtel occupé par l'administration du chemin de fer ; — rue du Bouloi, 21 ; — rue Saint-Martin, 295 ; — rue de l'Ancienne-Comédie, 14 ; — rue du Bac, 121.

On délivre dans ces bureaux les billets pour le chemin de fer.

La lettre T des omnibus conduit de la place Cadet à la barrière de la Gare, et passe devant l'embarcadère du chemin de fer.

Le chemin de fer de Paris à Corbeil a été inauguré le 17 septembre

Embarcadère du chemin de fer d'Orléans (vue intérieure.)

1840. Il appartient à la compagnie d'Orléans. Jusqu'à Juvisy, il est commun à la ligne d'Orléans et à celle de Corbeil. Il doit être prolongé jusqu'à Nevers, et alors il deviendra la tête de ligne du chemin de fer direct de Paris à Lyon, pour la construction et l'exploitation duquel les compagnies d'Orléans, de Lyon, et du Grand-Central, ont formé une société en commun.

— L'**Embarcadère** du chemin de fer d'Orléans est situé à l'entrée du boulevard de l'Hôpital, n° 7, au delà du Jardin des Plantes, qui l'a empêché de pénétrer plus avant dans l'intérieur de Paris. Lorsqu'on y arrive par le quai et par ce boulevard, on aperçoit d'abord la partie réservée à l'administration. Pour se rendre à la gare de départ, il faut prendre à gauche la *rue de la Gare*, sur laquelle, au fond d'une vaste cour fermée par une grille en fer, se développe la façade principale. Ce bâtiment n'a de remarquable que sa simplicité; mais il est peut-être plus commode que d'autres embarcadères admirés pour leur architecture. A gauche de la *salle des Pas-Perdus*, salle qui est devenue trop petite, sont les *bureaux* où se déposent, se pèsent, s'enregistrent, s'expédient les *bagages*, et, à droite, s'étendent de belles et confortables *salles d'attente*.

A l'intérieur, l'*embarcadère* forme trois nefs. Il a 515 mètres de longueur, 26 mètres 50 centimètres

Pont sous le mur d'enceinte.

de largeur, et 14 mètres 50 centimètres de hauteur. Les trains arrivent du côté opposé à celui d'où ils partent : les salles qui sont situées en face des salles d'attente, et où se délivrent les bagages, après la visite de la douane, s'ouvrent sur une vaste cour dans laquelle stationnent les omnibus et les voitures de place.

A une faible distance de la gare on passe sous un *pont en fonte* qui sert au chemin de ronde. Ce pont, dont on remarque la construction, est partagé en deux parties par une cloison en madriers qui continue le mur d'octroi et ferme ainsi la brèche que le chemin de fer fait à ce mur; il a coûté 288 607 fr. On est sorti de Paris; mais, avant de franchir les fortifications, on traverse les magnifiques *ateliers d'Ivry*, qui prennent chaque année de nouveaux développements, et on laisse à gauche le *chemin de ceinture*, qui va passer la Seine à peu de distance, sur un beau pont (voir page 155), pour se relier au chemin de fer de Lyon, situé le long de la rive opposée du fleuve.

Les fortifications dépassées, on aperçoit à droite, dans la plaine et sur la colline, presque en face du château de Bercy et de Conflans, le village d'*Ivry* (voir page 126). Plus loin, au delà du *fort d'Ivry*, à droite, et du *port à l'Anglais*, à gauche, *Vitry* apparaît sur la droite bientôt (voir page 129).

On commence à apercevoir et à longer la Seine avant de s'arrêter à Choisy-le-Roi.

## Iʳᵉ STATION. — CHOISY-LE-ROI.

*Distances.* Choisy-le-Roi est à : 10 kil. de la gare de Paris, 3 kil. de Vitry, 11 kil. 600 mèt. de Paris, 5 kil. 300 mèt. de Villejuif, 8 kil. 700 mèt. de Sceaux, 1 kil. de Thiais, 3 kil. de Villeneuve-le-Roi, 3 kil. d'Orly.

*Omnibus.* A Paris, rue Coq-Héron, 17.

| Localités desservies par cette voiture. | Prix des places. | |
|---|---|---|
| | Semaine. | Fêtes et Dim. |
| | f. c. | f. c. |
| De Paris à la b. de la Gare. | » 40 | » 50 |
| — à Ivry............ | » 50 | » 60 |
| — à Port l'Anglais.. | » 50 | » 70 |
| — à Vitry.......... | » 50 | » 70 |
| — à Choisy-le-Roi.. | » 50 | » 70 |

*Heures des départs.* De Choisy-le-Roi à Paris, toutes les heures, depuis 6 h. 30 m. du matin jusqu'à 8 h. 30 m. du soir. De Paris à Choisy-le-Roi, 7 h. 30 m., 8 h. 30 m., 9 h. 30 m., 10 h. 30 m., 11 h. 30 m., 12 h. 30 m., 1 h. 30 m., 2 h. 30 m., 3 h. 30 m., 4 h. 30 m., 5 h. 30 m., 6 h. 30 m., 7 h. 30 m., 9 h.

*N. B.* Les dimanches et jours de fête, à partir de 4 h. du soir, du bureau de la Gare seulement, le prix des places sera le même que dans la semaine. Il est accordé 15 kil. de bagages.

**Choisy**, simple hameau dépendant du village de Thiais, se composait, vers le commencement du XIIIᵉ siècle, d'une vingtaine de cabanes que des pêcheurs et des hôteliers avaient bâties sur le bord de la Seine, et d'une chapelle dédiée par les mariniers à leur patron saint Nicolas. La prospérité du hameau s'accrut rapidement; en moins de vingt années, la chapelle devint église paroissiale. Il n'en reste plus de traces aujourd'hui ; l'église actuelle ne date que du XVIIIᵉ siècle (1778). Sous Louis XIV, Mademoiselle de Montpensier, la petite-fille d'Henri IV, la fille de Gaston, duc d'Orléans, la nièce de Louis XIV, se fit construire par F. Mansart un château à Choisy, sur les bords de la Seine. Ce fut dans ce château, où elle avait tant de fois pleuré l'absence de Lauzun, détenu à Pignerol, qu'elle donna au jeune duc du Maine son duché d'Aumale, son comté d'Eu et sa principauté de Dombes, en échange de la grâce de son amant, grâce qui avait été obtenue à ces conditions et que lui apportait elle-même Mme de Montespan, la mère du duc du Maine. Mais le chagrin l'avait tellement changée que Lauzun n'eut pas assez de reconnaissance pour lui rester fidèle. De l'abandon il osa même en venir à l'outrage. Un jour, dit-on, il se jeta à ses pieds en lui disant : « Reviens à moi, qui t'aime tant. — Louise d'Orléans, lui répondit-il, tu as tort de pleurer, car tu me parais plus vieille et plus hide que jamais. » « J'ai ouï dire à Mme de Fontenelles, femme très-aimable, de beaucoup d'esprit, très-vraie et d'une singulière vertu, depuis un très-grand nombre d'années, raconte Saint-Simon dans ses *Mémoires*, qu'étant à Eu avec Mademoiselle, M. de Lauzun y vint passer quelque temps, et ne put s'empêcher d'y courir des filles; Mademoiselle le sut, s'emporta, l'égratigna et le chassa de sa présence. La comtesse de Fiesque fit le raccommodement: Mademoiselle parut au bout d'une galerie; il était à l'autre bout, et il en fit toute la longueur sur ses genoux jusqu'aux pieds de Mademoiselle. Ces scènes, plus ou moins fortes, recommencèrent souvent dans la suite. Il se lassa d'être battu, et à son tour battit bel et bien Mademoiselle, et cela arriva plusieurs fois, tant qu'à la fin, lassés l'un de l'autre, ils se brouillèrent une bonne fois pour toutes, et ne se revirent jamais depuis.... Il en avait pourtant plusieurs portraits chez lui et n'en parlait qu'avec beaucoup de respect. On ne doutait pas qu'ils ne se fussent mariés en secret. »

A la mort de la grande Mademoiselle, comme l'appelait Bossuet, le château de Choisy devint successivement la propriété du grand dauphin, de Mme de Louvois, de la princesse de Conti, du duc de La Vallière, et enfin de Louis XV, qui s'en fit construire par J. Gabriel un autre plus agréable, destiné à lui servir de *petite maison*. Choisy-Mademoiselle s'appela dès lors Choisy-le-Roi. Dans cette résidence favorite, pour laquelle il dépensa des sommes énormes, Louis XV venait souvent oublier sa royauté et la faire oublier aux autres. « Là, a dit un écrivain moderne, le roi s'efforçait de n'être plus roi, et les courtisans, pour se conformer au caprice du maître, feignant de n'être plus ce qu'ils étaient, déguisaient la flatterie sous une apparence de bonhomie ou de familiarité. On avait trouvé le moyen d'écarter jusqu'aux valets, pour laisser plus de liberté au roi, à ses amis et à ses maîtresses : la table de la salle à manger, œuvre d'un habile mécanicien, s'abaissait à volonté jusqu'à l'étage inférieur, où étaient les offices, et remontait toute servie. » Aussi l'auteur de l'*Art d'aimer*, Gentil Bernard, fut, il est permis de le croire, pourvu d'une véritable sinécure, lorsqu'on lui confia la bibliothèque de séjour consacré au plaisir, pour ne pas dire à la débauche.

Le château ou plutôt les châteaux, car il y avait le grand et le petit (on en trouvera une description détaillée dans la 1re édition de Dulaure), ont été détruits; des fabriques les ont remplacés; Choisy n'y a point perdu. L'industrie et le commerce y sont florissants, surtout depuis l'établissement du chemin de fer; aussi la population, qui ne dépassait pas 3000 âmes, il y a une vingtaine d'années, a-t-elle atteint aujourd'hui le chiffre de 8000.

Choisy-le-Roi communique avec la rive droite de la Seine par un pont de cinq arches, long de 123 mètres, large de 8 mètres, qui a été construit en 1810 et qui conduit à une charmante prairie. Il a des rues tirées au cordeau, de jolies maisons avec jardin, d'élégants magasins. Sa belle verrerie, fondée en 1820, n'existe plus; mais il possède encore une manufacture de faïence (dans les ruines du château), des fabriques de maroquin, de soude, de produits chimiques, de toiles cirées, etc. Il fait partie du département de la Seine, arrondissement de Sceaux, canton de Villejuif.

La *fête patronale* de Choisy-le-Roi se célèbre le dimanche après la Saint-Louis.

Rouget de L'Isle, l'auteur de *la Marseillaise*, né à Lons-le-Saulnier en 1760, est mort à Choisy-le-Roi le 27 juin 1836.

Quinze minutes suffisent pour aller de Choisy-le-Roi à **Thiais**, village de 1200 hab. (département de la Seine), situé à 14 kil. de Paris et à 4 kil. de Villejuif. On y remarque de jolies maisons de campagne. C'est un village fort ancien, car il existait déjà du temps de Charlemagne. Comme nous l'avons dit plus haut, Choisy en dépendit dans l'origine. Dès le VIII$^e$ siècle, l'abbaye de Saint-Germain y possédait des vignes, et l'abbé y tenait des assises deux fois par an. En 1248, tous les serfs y furent affranchis moyennant la somme de 1200 livres. L'*église*, qui date des XIII$^e$ et XIV$^e$ siècles et qui a été récemment restaurée, mérite une visite.

A 1 kilomètre au sud de Thiais est le hameau de *Grignon*, qu'il ne faut pas confondre avec celui qui possède une école d'agriculture (voir *chemin de fer de l'Ouest, de Paris à Rambouillet*). 1 kilomètre plus loin, on aperçoit sur la hauteur l'église d'**Orly**, dont la tour rappelle un glorieux souvenir. En 1360, deux cents braves s'y renfermèrent, jurant d'arrêter les Anglais qui avaient alors leur camp à Montlhéry et dévastaient tous les pays environnants. Un siège de trois mois n'abattit point leur courage; mais que peut le courage contre la faim? Lorsqu'ils eurent épuisé jusqu'à leurs dernières ressources, ils se rendirent. De nos jours, l'ennemi eût accueilli de tels héros avec des transports d'admiration; à cette époque de barbarie, il les égorgea tous sans pitié.

Orly, qui a une population de 600 habitants, appartient au département de la Seine. Mais Villeneuve-le-Roi, qui n'en est qu'à 1 kilomètre, fait partie du département de Seine-et-Oise (canton de Longjumeau, arrondissement de Corbeil).

**Villeneuve-le-Roi** (471 hab.) est, comme Orly, assis au flanc d'un coteau, dans une position riante et pittoresque; il domine la Seine, dont le séparent des champs et des prairies que sillonnent de délicieux sentiers. Son histoire remonte, dit-on, aux temps de Louis le Jeune et de Louis le Gros. Sous Philippe Auguste, seigneur de ce pays, les Chartreux en achetèrent la propriété moyennant une obligation par laquelle ils se chargèrent de nourrir les chiens du roi. Aux Chartreux succédèrent Marcel, prévôt des marchands, puis Guillaume du Vair, ce chancelier évêque qui resta, au dire de Dupleix, trois ans sans dire la messe. Le ministre Claude Le Pelletier y fit construire, en 1697, un magnifique château, que son petit-fils vendit à M. de Ségur, et dont il ne reste plus qu'un pavillon.

Charles VIII avait un faible pour le vin de Villeneuve-le-Roi, qui jouit longtemps d'une renommée gale à celle du vin de Suresnes. Le 18 juillet 1484, ce roi, étant venu dîner chez les Chartreux, y trouva, dit un vieux chroniqueur, « vin du cru de cette terre si bon et si à son goût, que son premier maître d'hostel eut ordre d'en prendre un muid de blanc et un de clairet, qu'il paya neuf livres douze sols parisis. »

L'*église*, consacrée à saint Pierre, a été rebâtie en partie par Le Pelletier. Derrière la tour, on voit un reste de construction du XII° ou du XIII° siècle. L'intérieur renferme d'assez belles boiseries provenant d'un château voisin.

De l'autre côté de la Seine, dont on se rapproche avant d'arriver à Ablon, se présente aux regards charmés un riant amphithéâtre de maisons et de jardins : c'est Villeneuve-Saint-Georges, situé à l'entrée de la charmante vallée qu'arrose l'Yères : ce sont les coteaux de Limeil et de Valenton (voir ci-dessus le *chemin de fer de Paris à Lyon*).

### 2ᵉ STATION. — ABLON.

*Distances.* Ablon est à : 5 kil. de Choisy, 15 kil. de la gare de Paris, 1 kil. 1/2 de Villeneuve-le-Roi, 2 kil. de Villeneuve-Saint-Georges, 2 kil. 1/2 d'Athis.

**Ablon** n'est qu'un hameau de 338 habitants. Il possède des caves renommées et de jolies maisons de campagne. L'édit de Nantes lui avait accordé un temple protestant, où Sully et ses coreligionnaires parisiens venaient assister au service divin. Des éboulements de terrain, qui eurent lieu près d'Ablon lors de la construction du chemin de fer, retardèrent de trois mois l'ouverture de la ligne de Corbeil et nécessitèrent une dépense extraordinaire de plus de 800 000 francs. Il fallut abandonner une tranchée profonde de 8 mètres et longue déjà de plus de 400 mètres, dans laquelle ces éboulements s'étaient manifestés, et détourner le tracé qui se trouve plus rapproché de la Seine et qui offre de frais et gracieux paysages au voyageur placé de ce côté.

### 3ᵉ STATION. — ATHIS-MONS.

*Distances.* Athis est à : 2 kil. d'Ablon, 17 kil. de la gare de Paris, 1 kil. de Mons, 2 kil. de Juvisy.

**Athis-Mons** se compose, comme son nom l'indique, de deux villages. Le premier de ces villages (en venant de Paris) se nomme Mons; le second Athis. C'est à Athis qu'est l'église. C'est Athis qui a donné son nom à la station du chemin de fer établie pour desservir ces deux localités, éloignées l'une de l'autre de 1000 mètres environ. Le chemin ombragé qui part de la station se bifurque à quelques pas : le bras de droite monte à Mons, le bras de gauche conduit plus directement à Athis (10 minutes environ).

Athis et Mons, dont la population réunie est de 803 habitants, font partie du département de Seine-et-Oise, canton de Longjumeau, arrondissement de Corbeil. Ils sont tous deux situés au sommet de la jolie colline boisée qui domine le confluent de l'Orge et de la Seine. Mons n'a rien de particulièrement intéressant, bien qu'il jouisse d'aussi belles vues qu'Athis. Athis possède l'église, comme nous l'avons déjà dit, et des maisons de campagne qui méritent une mention spéciale.

L'*église*, dont le vieux clocher roman se montre au milieu d'un épais bouquet d'arbres, se compose d'une nef et d'une chapelle qui forme le chœur (XIIIe siècle). Elle est consacrée à saint Denis. L'intérieur vient d'en être très-bien restauré au point de vue pratique. On l'a garni de boiseries et de bancs en bois proprement peints. Les boiseries qui soutiennent la tribune placée au-dessus de la porte d'entrée sont anciennes et curieusement sculptées. L'extérieur n'a rien de remarquable que la *tour* en pierre, qui finit en pyramide, « et qui est, dit l'abbé Lebœuf, au plus tard du XIIIe siècle, si elle n'est pas du XIIe. » Cette tour était, il y a peu d'années encore, ornée de clochetons qui ont été détruits.

« Quelques-uns de nos rois, ajoute l'historien du diocèse de Paris, ont séjourné à Athis sans qu'il reste aucun vestige de maison royale. Saint Louis y était au mois de mars 1230. La résidence du roi Philippe le Bel est très-marquée par le mandement qu'il adressa de ce lieu le 12 juin 1305 au prévôt de Paris, touchant le cours des gros tournois battus sous le règne de saint Louis. »

Le château d'Athis appartient aujourd'hui à M. de Commailles. Il renferme, dit-on, de fort beaux tableaux. Un peu au delà de l'église on remarque une belle maison de campagne qui jouit, comme le château, d'un magnifique point de vue. C'est probablement cette maison qu'habitait Mlle de Scudéry, lorsqu'elle fit l'épitaphe suivante pour la chienne favorite du duc de Roquelaure, enterrée par son maître dans un des bosquets du château :

Ci-gît la célèbre Badine,
Qui n'eut ni beauté ni bonté,
Mais dont l'esprit a démonté
Le système de la machine.

Les épais rideaux d'arbres qui bordent la rivière d'Orge, qu'on a franchie près de la station d'Athis, dérobent aux regards une fabrique de fer établie au-dessus d'Athis. On remarque ensuite, sur la droite, le *château de Chaige* et sa chapelle, avant de s'arrêter à la station de Juvisy.

## 4e STATION. — JUVISY.

*Distances.* La station de Juvisy est à : 3 kil. de celle d'Athis-Mons, 20 kil. de la gare de Paris; Juvisy est à : 2 kil. 500 mèt. d'Athis, 2 kil. 500 mèt. de Savigny, 2 kil. de Viry.

**Juvisy-sur-Orge** est situé à 500 mètres environ de sa station, sur la rive gauche de l'Orge, au pied d'un coteau et en face de Draveil. Sa population se monte à 440 habitants. Il dépend du canton de Longjumeau (Seine-et-Oise, arr. de Corbeil). Son *église* n'a rien d'intéressant. L'intérieur ressemble à une crypte. On descend quinze marches de la porte d'entrée au fond de la nef. « On voit dans le chœur, dit l'abbé Lebœuf, des restes d'édifices du XIIIe siècle, au moins quant à la structure des anciens piliers qui y sont à l'entrée; mais la dédicace en fut faite en 1624. » Le *château* a compté un grand nombre de propriétaires; il appartient aujourd'hui à M. le comte de Montessuy, qui ne l'habite pas et qui le loue. Son parc, dessiné par Le Nôtre, contient de magnifiques pièces d'eau et de curieuses grottes de rocailles. Il couvre une partie de la colline. Malheureusement il n'est plus entretenu comme il devrait l'être. On récolte des céréales dans ses principales allées.

C'est à Juvisy qu'en 1405 Jean sans Peur, duc de Bourgogne, rejoignit le dauphin, que le duc de Bavière, frère de la reine Isabeau, conduisait à la reine et au duc d'Orléans, retirés alors à Corbeil. Il aborda le petit prince en lui demandant s'il n'aimait pas mieux revenir à Paris que de passer outre : l'enfant, qu'on avait enlevé malgré lui, et malgré les serviteurs chargés de sa garde, se jeta dans les bras du

Le pont des Belles-Fontaines.

duc de Bourgogne, et Jean sans Peur fit retourner vers Paris la litière qui amenait le dauphin. Le duc de Bavière eut beau protester, il fut obligé de lâcher sa proie.

Dans les premières années du XVIIIᵉ siècle, la route de terre de Paris à Fontainebleau passait par Juvisy. Cette route était étroite, rapide, dangereuse. En 1728, on en traça une nouvelle depuis Villejuif jusqu'à Viry. Cette route laisse Juvisy à gauche au delà du hameau de Fromenteau, et traverse l'Orge sur un beau pont appelé le *pont des Belles-Fontaines*, parce que ses parapets sont décorés de deux fontaines dont l'eau abondante et pure vient d'une source découverte en pratiquant la tranchée. Des piédestaux supportaient deux groupes de Coustou le fils, actuellement mutilés, et représentant : l'un, un trophée, l'autre, le Temps qui tient un buste en médaillon de Louis XV et qui terrasse l'Envie. Sur la fontaine de gauche on lit cette inscription :

Ludovicus XV, rex christianissimus, viam hanc antea difficilem, arduam ac pene inviam, scissis disjectisque rupibus, explanato colle, ponte et aggeribus constructis, planam, rotabilem et amœnam fieri curavit, anno MDCCXXVIII.

« Louis XV, roi très chrétien, en faisant fendre et briser des rochers, aplanir la colline, construire un pont et des chaussées, a transformé cette voie difficile, escarpée et presque impraticable, en une route unie, carrossable et agréable, 1728. »

Ce fut dans la maison de poste

Le pont Godot.

de *Fromenteau* ou de la *Cour de France* que, le 30 mars 1814, au matin, l'empereur Napoléon, qui se rendait aux Tuileries, reçut la dépêche par laquelle le duc de Vicence lui apprenait la capitulation définitive de Paris,: il retourna à Fontainebleau, où, le 20 avril suivant, partant pour l'île d'Elbe, il fit ses célèbres adieux aux aigles et à la garde impériale (voir page 608).

En face de Juvisy, sur la rive droite de la Seine, on aperçoit le beau château de *Draveil*, qui aprtient aujourd'hui à Mme veuve éguin (voy. page 580).

A Juvisy le chemin de fer se bifurque. L'embranch-ment de droite, qui remonte la vallée de l'Orge, conduit par Étampes à Orléans (voir ci-dessous); celui de gauche, qui longe en la remontant la rive gauche de la Seine, et que nous allons suivre, mène à Corbeil.

A peine a-t-on quitté la station de Juvisy, que l'on aperçoit à droite le village de **Viry-Châtillon** (523 hab.), dont le beau château appartient aujourd'hui à Mme la duchesse de Raguse. On y remarque la villa appelée *Pied de Fer*. Cette villa, possédée par M. Dalifol, renferme une curieuse galerie en coquillages.

Ce fut dans une des maisons de campagne de Viry que Perrault, le célèbre architecte de la colonnade du Louvre et de l'Observatoire, composa quelques-uns de ses *contes* les plus célèbres. Cette maison, l'auteur de *Peau d'Âne* et de *Cendrillon* l'avait fait bâtir pour son père.

Dans le temps où il y avait un

Le château de Fromont.

royaume d'Orléans, ce royaume finissait à Viry; il avait pour frontière le *pont Godot*, que représente notre gravure, et qui se trouve à peu de distance du pont construit tout exprès pour le chemin de fer.

Le hameau de *Châtillon*, qui dépend de Viry, est situé entre le chemin de fer et la Seine. On passe devant le *château de l'Arbalète*, qui appartient à Mme la comtesse de Rigny, et on laisse Ris à droite avant de s'arrêter à la station de ce nom.

### 5ᵉ STATION. — RIS.

*Distances.* Ris est à : 4 kil. de Juvisy, 24 kil. de la gare de Paris, 1 kil. 1/4 de Champrosay, 3 kil. 1/2 de Draveil, 4 kil. de Soisy-sous-Étiolles, 10 kil. de Villeneuve-Saint-Georges, 10 kil. de Mennecy, 5 kil. 1/2 de Fromenteau.

**Ris-Orangis** (810 hab.) n'a rien

d'intéressant pour les étrangers que les châteaux qui l'environnent; mais c'est à sa station qu'il faut descendre si l'on veut aller faire une excursion dans la forêt de Sénart, qui domine la rive droite de la Seine. Un pont suspendu d'une seule arche le relie au joli hameau de *Champrosay*, situé en face.

Ce pont a été construit par M. Aguado, dont il porte le nom. M. Léon Gozlan raconte l'anecdote suivante dans ses *Tourelles* : « On payait autrefois un sou pour passer sur ce pont, qui avait coûté 700 000 francs ; on assure que Mme Aguado se plaignait un jour d'être obligée de faire arrêter sa voiture pour acquitter comme les autres son droit de péage. « Il n'y a « qu'un remède à cet inconvénient, » répondit M. Aguado, « personne ne « payera plus rien pour passer sur « ce pont. » Et le droit de péage fut aboli. » Cette anecdote a pu être vraie du temps de M. Aguado, mais le péage est actuellement rétabli.

**Champrosay** dépend de Draveil. C'est un charmant village, presque entièrement composé de maisons de campagne qui jouissent de magnifiques points de vue sur la vallée de la Seine. Il occupe, en effet, la crête d'un coteau, au pied duquel coule le fleuve. Derrière ses parcs s'étend la **forêt de Sénart**, qui a une contenance de 2359 hectares et qui, dans la direction de l'est, n'a pas moins de 8 kilomètres de longueur. La route de terre de Paris à Melun la traverse. Champrosay est à 2 kil. 1/4 de Draveil (voy. page 580) et à 3 kil. de Soisy-sous-Étioles (voy. page 702). La route qui conduit à Soisy longe la crête de la colline ; elle offre, entre la maison de campagne de M. Bailli (Champrosay) et celle de M. Vandeuil (Soisy), de charman points de vue sur la Seine et l châteaux de la rive gauche.

Dès qu'on a quitté la station Ris, on passe devant le château **Fromont** (droite). Ce château appartient actuellement à M. I drigue, a eu d'illustres proprié taires : les Templiers d'abord, roi de France ensuite, puis Jacques Auguste de Thou, l'intègre prés dent, l'historien sévère, le po qui chantait en vers latins la fa connerie, le chou, la violette et l lis. Il y médita aussi plus d'un ch pitre de l'*Histoire de mon temp* « Peut-être, dit M. Moléri, était sous quelque riant bosquet de cet retraite favorite, lorsque, sa main traçant l'arrêt de mort du fils qu allait lui naître, écrivit cette phra sur l'un des oncles du cardinal d Richelieu : *Antonius Plessiæu Richelius, vulgo dictus Monachus, quod eam vitam professus fuis dein voto ejurato, omni licentia libidinis genere se contaminand* « Antoine du Plessis-Richelieu, su « nommé le Moine, parce qu'il « avait embrassé la profession mo « nacale et y avait renoncé plus « tard pour se livrer à toute sor « de licence et de débauche. » Le ministre de Louis XIII, à la lectu de ce passage, s'écria : « De Thou « a mis mon nom dans son histoire « je mettrai son nom dans la « mienne. » Et ne pouvant plus se venger du père, mort en 1617, fit tomber la tête du fils en 1642.

Au château de Fromont a succédé celui de *Trousseau*, qui appartient à M. Haranger. Apparaît bientôt du même côté *Grand-Bourg*, dont

.. de Chavigny est l'heureux propriétaire; mais on n'a pas eu le ...mps de le regarder, que déjà ...tit-Bourg attire les regards.

**petit-Bourg** a eu d'étranges ...cissitudes. Fondé par un cha...ine; cédé, en 1639, par l'arche...que de Paris, à un greffier, en ...hange d'une maison de la rue ...ourg-l'Abbé; agrandi par l'abbé ... La Rivière, le favori du duc d'Orléans, il passe en 1695 à cette Athénaïs de Rochechouart, qui a immortalisé le nom du marquis de Montespan en supplantant Mlle de La Vallière dans le cœur inconstant de Louis XIV. Le fils légitime de Mme de Montespan, le duc d'Antin, en hérite; il y reçoit avec un luxe inouï l'ancien amant de sa mère, alors l'époux de Mme de Maintenon, qui, vieux et fatigué, consent

Petit-Bourg.

.. s'y reposer un jour en allant de Paris à Fontainebleau; il y donne ...a fastueuse hospitalité à Pierre le Grand, qui, au dire de Saint-Simon, s'y montra peu civilisé. Louis XV y vient souvent oublier les fatigues de la chasse avec des maîtresses d'un jour. Il appartient ensuite à la duchesse de Bourbon, qui y succède aux marquis de Poyanne et de Raye. Devenu, à la Révolution, propriété nationale, il est acquis par un M. Perrin, fermier des jeux. En 1814, le prince Schwarzenberg y établit son quartier général, et, le 4 avril, y accepte la défection de Marmont aux conditions que ce dernier lui avait posées. En 1827, M. Perrin le vend à M. Aguado, qui l'embellit, l'agrandit et le répare pendant treize années, et qui l'abandonne quand, en

1840, après une résistance inutile, il se voit obligé de céder une partie de son parc au chemin de fer de Corbeil Enfin, en 1843, M. Allier y fonde une colonie d'enfants pauvres, qu'un arrêté ministériel, du 29 avril 1848, a transformée en une maison correctionnelle de jeunes détenus (550). Il ne lui reste rien de son ancienne splendeur; mais les agronomes visiteront avec intérêt sa porcherie.

En face de Petit-Bourg, sur la rive opposée de la Seine, le joli village de **Soisy-sous-Étioles** attire et charme les regards. Deux belles avenues d'arbres aboutissent à son petit port. A l'extrémité de la plus longue s'ouvre la grille principale du château qui appartient à M. Subervielle. L'*église* est à côté de l'entrée de cette belle propriété. C'est un édifice moderne, dont l'architecture n'offre aucun intérêt. Mais, en face de la porte latérale, au-dessous d'un grand tableau représentant le *Christ et la Samaritaine*, se trouve un *Martyre de saint Barthélemy*, attribué à Ribera. D'après la tradition locale, ce tableau aurait été rapporté d'Espagne par un général de l'Empire, qui l'avait volé dans une église ou dans un couvent. C'est une remarquable peinture. A gauche de la porte principale, sous la tribune de l'orgue, on remarque une pierre curieuse par ses dessins, ses peintures et ses mosaïques, représentant la *Mort de Notre-Seigneur*. Au-dessus on lit : « Monseigneur Giles Mater, chevalier, seigneur de, etc., maître d'hostel du roi, châtelain de Pont-Sainte-Maxence, comte de Corbeil et seigneur de Soisy, etc. » Dans la chapelle latérale, si ridiculement peinte et décorée, au-dessous de la fenêtre, une inscription en lettres d'or, sur une table de marbre noir, énumère tous les titres d'un M. Nicolaï de Bailleul. La belle propriété que l'on remarque à l'extrémité supérieure du village, et qui a appartenu à M. Davelouis, a aujourd'hui pour propriétaire M. Talabot. Sur la route de Champrosay s'étend, comme nous l'avons déjà dit, le parc de M. de Vandeuil.

Soisy-sous-Étioles est à : 1 kil. 3/4 d'Étioles, 5 kil. 3/4 de Corbeil, 3 kil. de Champrosay. Le bateau à vapeur (voir 5e section) y descend des voyageurs.

### 6° STATION. — ÉVRY.

*Distances*. Évry est à : 4 kil. du Ris, 28 kil de Paris.

*N. B.* C'est à Évry qu'il faut descendre si l'on veut aller visiter l'établissement de Petit-Bourg.

**Évry** a 590 habitants. Il dépend du canton de Corbeil (Seine-et-Oise). Son église est ancienne. Le château voisin de *Mousseau* appartient à M. Legentil. En face, sur la rive opposée de la Seine, est **Étioles** (363 hab.), dont l'un des châteaux a appartenu à M. Le Normand, mari de Mme de Pompadour.

### CORBEIL.

*Distances*. Corbeil est à : 3 kil. d'Évry, 31 kil. de Paris, 1 kil. 1/2 d Essonnes, 5 kil. 3/4 d'Étioles, 1 kil. 1/2 de Saintry, 1 kil. de Saint-Germain-lez-Corbeil, 6 kil de Lieusaint.

*Hôtels* de la *Belle-Image*, du *Grand Balcon*, de *Bellevue*.

**Corbeil** est une ville de 5000 habitants environ, chef-lieu d'arrondissement du département de Seine-et-Oise, située à l'embouchure de l'Essonne dans la Seine, et divisée par la Seine en deux quartiers, que réunit un pont de cinq arches dont les piles sont en pierre, mais dont deux arches sont en bois. De ces deux quartiers, l'un, celui de la rive gauche, se compose de rues étroites et peuplées; il renferme de nombreux magasins; il possède un quai bordé de jolies maisons, une halle construite par l'architecte Viel, en 1780, un immense magasin pour les farines destinées à l'approvisionnement de Paris, une promenade plantée d'arbres, un théâtre, un abattoir, de beaux

Corbeil.

moulins, exploités par M. Darblay, etc., etc.; c'est le quartier commerçant de Corbeil. L'autre, celui de la rive droite, est le quartier aristocratique. Une rue longue, propre et bien bâtie, le traverse dans toute sa longueur. Il n'a pas de quai. Les terrasses de ses jardins sont bâties dans le fleuve. Derrière ce quartier, appelé le *Vieux Marché* ou l'*Ancien Corbeil*, s'élève un riant coteau qu'embellit un château moderne (381 hab). Un peu plus haut se montre le village de *Saint-Germain*, dont l'église est ornée d'un beau portail gothique.

L'histoire de Corbeil peut se résumer en quelques lignes. Que son nom vînt de *Cœur Bel* ou de *Corbeille*, elle existait déjà au ixe siècle. On l'appela plus tard *Corbolium* et *Meliosedum*, quand son premier comte Haymon, dont le peuple a fait presque un saint, songea à la fortifier. En 1019, elle fut détruite par un incendie. Ses comtes la relevèrent peu à peu de ses ruines ; mais ils étaient si turbulents que Louis le Gros la réunit à la couronne. Elle devint, dès lors, une châtellenie royale. Un moment Abélard, chassé de Melun, y établit son école ; épuisé par un excès de travail, il dut aller se reposer dans son pays natal (1119). En 1262, saint Louis y reçut la visite de Jacques Ier, roi d'Aragon, dans son château fort, qui avait été bâti auprès du pont et dont elle dut plus d'une fois déplorer la construction : car les divers partis qui se disputèrent la France, Armagnacs et Bourguignons, catholiques et protestants, essayèrent tour à tour de s'en emparer ou de s'y défendre. Condé l'assiégea en 1562 sans pouvoir la prendre. Le 19 avril 1590, elle ouvrit ses portes à Henri IV ; mais, au mois de septembre et d'octobre de la même année, elle résista avec tant de succès au duc de Parme, que ce général furieux ordonna un dernier assaut en promettant le pillage à ses soldats : elle fut prise de vive force et saccagée. Le 10 novembre suivant, M. de Sivry, gouverneur de la Brie, la reprit par escalade en moins d'une heure.

Corbeil possédait autrefois cinq églises : *Saint-Jean en l'Isle*, fondée par la reine Ingeburge, l'épouse répudiée de Philippe Auguste (elle était desservie par douze prêtres de la règle de saint Augustin) ; *Saint Jean de l'Ermitage*, prieuré[1] ; l'*église de Notre-Dame*, qui avait un chapitre de douze chanoines présidés par un abbé ; la collégiale de *Saint-Guénault* ; et *Saint Exupère* ou *Saint-Spire*, dont le chapitre se composait d'un abbé séculier, de douze chanoines et de six chapelains.

De ces cinq églises une seule, la plus ancienne, a survécu aux ravages du temps et des hommes. Son histoire est ainsi résumée à gauche du grand portail (en entrant par ce portail) :

Haymon, premier comte de Corbeil, a élevé cette église paroissiale et royale en l'honneur de saint Spire et des douze apôtres. Elle a été

Bâtie l'an de Notre-Seigneur 950.
Brûlée par feu des méchefs en 1138.
Rebâtie vers la fin de l'année 1144.
Consacrée le 10 octobre 1437.
De l'année 950 à l'année 1790, création et suppression du chapitre de Saint-Spire.

On trouvera, en outre, sur la même muraille, les noms des bienfaiteurs et des abbés de Saint-Spire. Sur le mur opposé, ou à droite de l'entrée principale, on a placé les patrons des cinq églises de Corbeil supprimées en 1793 : saint Léonard, saint Jacques, saint Martin, saint

1. Le prieur de Saint-Jean de l'Ermitage jouissait d'un singulier privilège : le curé de Saint-Port (diocèse de Sens) devait, chaque année, le jour de la Saint-Jean-Baptiste, lui apporter en personne et à l'heure de son dîner, trois chapeaux ornés de roses vermeilles et trois paires de gants rouges, faute de quoi il était condamné à payer une amende de cinq sous.

énault, et au milieu la sainte Vierge.

Ce fut à la suite d'une victoire qu'il avait remportée sur un dragon ailé, à deux têtes, que le comte Haymon fonda l'église de Saint-Spire, si l'on doit en croire la tradition. Qu'il ait tué ou non un dragon, ce comte Haymon dut être, dans son temps, le bienfaiteur de ses vassaux, car il a toujours été vénéré comme un saint. On peut voir son *tombeau* dans la chapelle qui s'ouvre à la droite du grand portail et qui renferme aussi le monument élevé à la mémoire de Jacques de Bourgoin, le fondateur du collége de Corbeil, mort en 1661.

L'extérieur de Saint-Spire, sur

Église Saint-Spire, à Corbeil.

tout la façade (dont la terrasse, au pied de laquelle coule l'Essonne, offre une jolie vue sur les prairies voisines), aurait grand besoin de réparation. L'intérieur a été restauré en partie avec un goût contestable; il y a beaucoup de jaune dans les vitraux du chœur, qui renferme cinq châsses dorées. La chapelle de gauche est ornée d'un tableau de Mauzaisse, né à Corbeil (un Exorcisme).

A la fin du siècle dernier, on voyait encore dans cette église un grand nombre d'œuvres curieuses en orfévrerie, en sculpture et en peinture. Le *Magasin pittoresque* a publié, dans le tome II de son intéressante collection, les scènes sculptées sur les *miséricordes* ou *patiences* des stalles du chœur, qui ont été détruites par le feu, ainsi qu'un dessin de la *châsse* en vermeil où étaient conservées les reliques de saint Leu, de saint Regnobert et de saint Spire, et dont la municipalité fit don à la Convention, qui l'envoya à la Monnaie. Cependant, bien que privés de leur belle châsse, les habitants de Corbeil n'en célèbrent pas avec moins de constance la fête de leur saint patron, le dimanche du mois de mai qui précède les Rogations. Cette fête, l'une des plus renommées des environs de Paris, attire chaque année une affluence considérable.

L'église qui se trouve dans le quartier de la rive droite de la Seine est consacrée à saint Léonard.

Corbeil fait un commerce considérable de grains et de farines; elle possède d'importantes manufactures. L'une des plus grandes est la filature de Chantemerle, que l'on remarque à l'extrémité de la promenade, entre Corbeil et Essonnes.

**Essonnes**, bourg industriel et commerçant de 3517 habitants, situé à 20 minutes de Corbeil sur l'Essonne, et traversé par la route de terre de Paris à Fontainebleau, n'a en lui-même rien d'intéressant, mais on peut y visiter (à 30 minutes environ), outre la maison habitée par Bernardin de Saint-Pierre, une *papeterie mécanique*. Cette papeterie est un des plus beaux établissements industriels des environs de Paris et de la France. Fondée en 1840, et dirigée aujourd'hui par M. Amédée Gratiot, elle a été établie dans le lieu même où un ouvrier nommé Louis Robert inventa, en 1799, la machine à fabriquer le papier continu. Elle s'étend sur 22 hectares de terrain traversés par l'Essonne, qui s'y divise en plusieurs chutes. Trois bâtiments distincts la composent. Le premier est consacré à l'emmagasinage, au triage et au délissage des chiffons, dont il renferme plus de 800 000 kilogrammes empilés, classés et rangés; des femmes y sont occupées à revoir, à classer et à découdre chaque fragment. Dans le second bâtiment s'opère le grillage, le lessivage, le défilage et le blanchiment. Le grillage consiste à expulser la poussière du chiffon, au moyen d'une espèce de blutoir; le lessivage se fait dans huit magnifiques cuviers en tôle pouvant contenir ensemble 4000 kilogrammes de chiffons, et munis chacun d'une cheminée de dégagement et d'une soupape de sûreté. La salle où est établi l'atelier de blanchiment est sillonnée de voies de fer le long desquelles les caisses où les wagons viennent déposer, pour être blanchi par le gaz, le chiffon commun arrivé au premier degré de fabrication; dans une salle contiguë, huit énormes cuves en pierre reçoivent les chiffons fins et les cotons qui ont été blanchis au chlore liquide dans huit piles laveuses-blanchisseuses en fonte d'une seule pièce, munies chacune d'un tambour laveur.

Le troisième bâtiment, où s'opère le raffinage des pâtes, contient huit machines à fabriquer le papier continu, les lisses, les presses hydrauliques et la salle d'apprêt. Un atelier de ce bâtiment renferme sur un seul plancher trente-deux piles rnies de leurs cylindres qui font chacun de 200 à 225 tours par minute. Dans ces piles, on colle et l'on colore les pâtes. Un autre atelier contigu en renferme vingt.

Ces trois grandes divisions de la papeterie d'Essonnes sont desservies par un chemin de fer de 00 mètres, que termine un plan incliné qui permet aux wagons chargés de chiffon blanchi de monter jusqu'au premier étage, où se trouvent les cylindres raffineurs.

Maison de Bernardin de Saint-Pierre.

Vingt moteurs (huit moteurs hydrauliques et douze machines à vapeur) mettent en mouvement l'immense matériel de cet établissement, qui consomme annuellement plus de 3 millions de kilogrammes de chiffons, et produit dans le même temps près de 000 000 kilogrammes de papier. Parmi ces moteurs, qui représentent une force totale de 360 chevaux, on remarque six petites machines à vapeur de 7 chevaux, pour lesquelles la papeterie d'Essonnes a pris un brevet sous le titre de *piles à vapeur*.

La papeterie d'Essonnes fabrique toutes les sortes de papier connues, mais spécialement les papiers d'impression, les papiers de couleur, et les papiers pour fleurs, dits *serpentes*, dont le monopole, même en France, appartenait, il y a quelques années encore, aux Anglais. Elle produit, en outre, environ 30 millions d'enveloppes par an, à un prix de revient extrêmement bas. En 1850, 15 millions d'enveloppes chamois, commandées par les États-Unis et livrées en quelques mois, ont coûté moins cher aux Américains, malgré les transports, la douane, le fret, la commission des intermédiaires et les droits d'entrée, que s'ils les avaient fabriquées eux-mêmes avec leur propre papier.

Quatre cent cinquante ouvriers sont occupés dans ce vaste établissement; deux cents y sont logés gratuitement et ont la jouissance d'un jardin. Un réfectoire chauffé y reçoit, aux heures des repas, les ouvriers du dehors. Dix ou douze bains chauds y sont distribués gratuitement par jour aux ouvriers. Un médecin y donne des soins gratuits aux malades. Enfin, les enfants dont la famille est occupée dans l'usine y sont admis depuis l'âge de deux ans dans une salle d'asile et dans une école primaire gratuites, où ils sont chauffés et fournis de livres, de cartes et de tableaux.

Bernardin de Saint-Pierre se retira en 1793, à Essonnes, dans une île où il avait fait construire avec ses économies une jolie petite maison que représente notre dessin. Il ne quitta sa retraite chérie que lorsqu'il fut nommé, en 1794, professeur de morale à l'École normale.

Cette maison est à moitié chemin du bourg d'Essonnes et de la papeterie Gratiot, située à 15 minutes du bourg.

On trouve à l'embarcadère de Corbeil des voitures de correspondance conduisant : à *Beaumont*, par Milly, Malesherbes et Puiseaux, 62 kil. de Paris, pour 4 fr. 40 c. et 3 fr. 40 c. ; — à *Melun*, par Nandy, Savigny-le-Temple et Cesson, 17 kil. pour 1 fr. 75 c. et 1 fr. 50 c. ; — à *Mennecy*, 7 kil. pour 1 fr. et 75 c. ; à *Ponthierry*, par le Coudray, 12 kil. pour 1 fr. 50 c.

B. DE PARIS A SAINT-MICHEL (MONTLHÉRY).

*Embarcadère.* Boulevard de l'Hôpital.

*Omnibus.* Voir page 690.

11 *départs* par jour de Paris pour Saint-Michel, 8 départs par jour pour les stations intermédiaires.

La *durée du trajet* est de 52 et 39 m. par les trains express, et de 1 h. environ par les trains omnibus.

Les *prix des places* sont ainsi fixés :

| kil. | 1re CL. fr. c. | 2e CL. fr. c. | 3e CL. fr. c. |
|---|---|---|---|
| 10 Choisy | 1 10 | » 65 | » 55 |
| 15 Ablon | 1 70 | 1 25 | » 90 |
| 17 Athis-Mons | 1 90 | 1 45 | 1 05 |
| 20 Juvisy | 2 10 | 1 60 | 1 15 |
| 22 Savigny-sur-Orge | 2 45 | 1 85 | 1 35 |
| 24 Epinay | 2 70 | 2 » | 1 35 |
| 29 Saint-Michel | 3 25 | 2 45 | 1 60 |

Pour les *abonnements* et pour les *billets d'aller et retour*, voir page 689.

Jusqu'à 20 kilomètres de Paris, le chemin de fer d'Orléans se sert des mêmes voies, comme nous l'avons dit ci-dessus, pour aller à Corbeil et à Orléans. C'est à Juvisy qu'a lieu la bifurcation des deux lignes. Nous avons déjà décrit la voie commune de Paris à Juvisy (voir pages 691 et suivantes). Nous partirons donc maintenant de Juvisy pour Saint-Michel, la station où doivent se terminer nos excursions sur la ligne d'Orléans.

En s'éloignant de la station de Juvisy, le chemin de fer d'Orléans remonte la vallée de l'Orge et ne tarde pas à passer sous la route de terre de Paris à Lyon, par Fontainebleau. L'Orge coule à droite, au-dessous des deux ponts appelés Pont des *Belles-Fontaines*. (Voir page 697.)

La vallée de l'Orge est plus étroite et plus variée d'aspect que celle de la Seine. Du chemin de fer, construit à mi-côte, on découvre presque sans interruption de charmants paysages : à droite, des coteaux, des vignes ; à gauche, des prairies au milieu desquelles serpente l'Orge bordée de peupliers, et sur la butte gauche de laquelle on a passé, au delà du pont des Belles-Fontaines.

5e STATION. — SAVIGNY-SUR-ORGE.

*Distances.* Savigny-sur-Orge est à 2 kil. de Juvisy, 22 kil. de Paris, 1 1/2 de Viry, 2 kil. de Villemoisson, d'Epinay, 1 kil. de Morsang, 6 kil. de Longjumeau.

**Savigny-Orge** (939 hab.) Seine-et-Oise, arrondissement de Corbeil, canton de Longjumeau, est agréablement situé sur la rivière dont il porte le nom. Son église, consacrée à saint Martin, date du siècle dernier, et n'a aucun intérêt ; quelques parties de

# SAVIGNY-SUR-ORGE.

été droit remontent seules au ᵥᵉ siècle. Mais, outre sa position qui est charmante, Savigny montre avec orgueil aux étrangers son beau château, près de l'avenue duquel est établie la station du chemin de fer.

Ce château, que représente notre dessin, est mi-parti de briques et de pierre, principalement dans le bas, avec certaines distributions d'ouvrages qui marquent qu'on a voulu en faire un fort. « Il a été construit au XVᵉ siècle; et il est certain, dit l'abbé Lebeuf, que quelques-uns de nos rois y ont logé. Les armes de France sont même encore sur la porte. Que ç'ait été dans ce château que Charles VII tenait la belle Agnès extrêmement resserrée dans

Château de Savigny-sur-Orge.

une petite tour à laquelle il montait à l'aide d'une échelle, cela ne paraît fondé que sur des traditions populaires; on dit que cette tour n'a été abattue qu'en 1734 ou 1735. Lorsque M. le comte du Luc, seigneur, fit augmenter les bâtiments de ce château. » Avant M. du Luc, la seigneurie de Savigny avait souvent changé de propriétaire. On cite surtout Jean Haberge, évêque d'Évreux, à qui Louis XI l'avait donnée; Étienne de Vest, conseiller et chambellan du roi; Louis d'Agoult; Ferdinand de La Baulme, comte de Montrevel; le marquis de Vins, dont la femme le laissa à M. du Luc. Depuis un siècle, les mutations n'ont pas été moins fréquentes. La Révolution, qui a détruit la seigneurie, a respecté le château, possédé actuellement par la veuve du maréchal Davoust, princesse d'Eckmühl.

Le fait le plus saillant de l'histoire de ce château est sa prise par les royalistes sur les Ligueurs, en 1592. On en trouvera un long récit dans les *Antiquités de Corbeil*. En 1605 ou 1606, M. de Créquy, mestre de camp, et sa sœur, qui était mariée à M. de Mornes, se disputèrent la possession du château. Un nommé Pontis, qui en avait chassé les gens de M. de Mornes, y soutint un siège qu'il a raconté dans ses Mémoires (t. I, p. 40).

Un agréable chemin qui remonte la vallée de l'Orge, et qui passe sous le viaduc du chemin de fer conduit en trente minutes de Savigny à Épinay.

Sur la pente de la colline, dont le chemin de fer longe la base, au milieu d'un hameau qui dépend de Savigny, et qu'on nomme Grand-

Château de Grand-Vaux.

Vaux, s'élève sur la droite le château de M. Vigier. On en côtoie le parc. A peine a-t-on eu le temps d'y jeter un regard, qu'on franchit l'*Yvette* sur un viaduc dont les trois arches, élevées de 14 mètres au-dessus du niveau de la rivière, ont chacune 8 mètres d'ouverture. L'Yvette, qui descend de la belle vallée de Chevreuse, se jette dans l'Orge, à peu de distance d'Épinay, entre *Morsang* et *Villemoisson*, dont les jolies maisons de campagne attirent les regards sur la rive droite de l'Orge.

6ᵉ STATION. — ÉPINAY-SUR-ORGE

*Distances.* Épinay est à : 2 kil. de Savigny, 24 kil. de Paris, 1 kil. de Villemoisson, 3 kil. 1/2 de Longjumeau, 4 kil. de Longpont, 6 kil. de Montlhéry.

On trouve à cette station des voitures de correspondance pour *Longjumeau* par Balisis, 3 départs par jour; trajet en 30 m. pour 30 c.

# ÉPINAY-SUR-ORGE. — LONGJUMEAU.

**Épinay-sur-Orge** (515 hab.) appartient, comme Savigny, au département de Seine-et-Oise (arrondissement de Corbeil, canton de Longjumeau); il est situé sur le plateau, à dix minutes environ de la station, entre l'Orge et l'Yvette. Avant d'y entrer, on passe devant la grille du parc de son château, qui appartient actuellement à M. Dewindt. Près de ce château s'élève l'église, dont la tour carrée domine le village; la nef est moderne, mais le chœur et une partie de l'aile du nord datent du XIIIe siècle. Quelques écrivains de notre époque ont attribué au Guide et à Murillo un tableau fort noir et en très-mauvais état, représentant un saint Jean-Baptiste.

Dans la vallée de l'Yvette, à droite de la route de Longjumeau,

Viaduc de l'Yvette.

au-dessous du *château de Chaintru*, on remarque une propriété appelée *Engelthal* (vallée de l'Ange). Différents ornements provenant de l'église Notre-Dame de Corbeil ont été employés avec goût à la construction de la maison d'habitation. On passe ensuite, en allant d'Épinay à Longjumeau, à *Balisis*, ancienne Commanderie de l'ordre de Malte, dépendance de Longjumeau, renommée pour son industrie et son commerce (tanneries, éducation d'abeilles, graines, farines, vins, fruits, bestiaux et cuirs).

**Longjumeau**, dont l'Opéra-Comique a chanté le *Postillon*, est un chef-lieu de canton de Seine-et-Oise, arrondissement de Corbeil. Sa population s'élève à 1849 hab. Situé sur la route de terre de Paris à Orléans, il ne se compose, pour ainsi dire, que d'une rue; mais cette rue est longue, bâtie très-convenablement, bordée de nombreux magasins, et elle présente un aspect passablement animé. Presque à son extrémité s'élève à gauche l'*église*, placée sous l'invocation de saint Martin. La construction de cet édifice offre cette particularité que les piliers, dans leur partie inférieure, datent du XIII° siècle, tandis que les voûtes ne remontent pas plus haut que le XVII° ou le XVI°. On y remarque un portail gothique d'une belle architecture.

L'ancienneté de Longjumeau ne saurait être contestée; les plaids publics des rois de France y furent quelquefois convoqués. Toutefois, son origine n'est pas connue, et son histoire n'a rien d'intéressant. C'est aujourd'hui une ville industrielle (tanneries et mégisseries), mais surtout commerçante (graines, farines, vins, légumes, cuirs et bestiaux); il s'y tient des foires importantes [1].

De la station d'Épinay, on voit le joli village de *Villemoisson*, sur la rive droite de l'Orge; et, à peine a-t-on quitté la station, qu'on traverse l'Orge sur un viaduc de cinq arches ayant 8 mètres d'ouverture et 15 mètres de hauteur. Sur la rive gauche, sont le hameau le *Breuil*, qui dépend d'Épinay, et le *château de Vaucluse*. Ce château s'appelait jadis *la Gilquillière*. Ce nom peu harmonieux faisait le désespoir du propriétaire, M. de Crussol. Le comte de Provence, qui devint depuis Louis XVIII, compatissant à une douleur si légitime, baptisa le domaine du nom infiniment plus poétique de Vaucluse.

A gauche du chemin de fer s'étend la forêt de *Sainte-Geneviève* ou de *Seguigny*, qui rappelle, dit-on, un souvenir historique. Un jour que Louis XIV y chassait, le vent emporta la coiffure d'une fille d'honneur de Madame, Marie de Fontanges, qui était, au dire de l'abbé de Choisy, « belle comme un ange, mais sotte comme un panier. » Cependant la sotte eut l'esprit de remplacer aussitôt sa coiffure par un nœud de ruban; et ce nœud de ruban était si joli, si gracieux, il faisait si bien ressortir la beauté de celle qui venait de l'imaginer, que Mme de Montespan, alors la maîtresse en titre de Louis XIV, en eut bientôt une rivale. « Quelque étrange que fût ce doublet, dit Saint-Simon, il n'était pas nouveau: on l'avait vu de Mme de La Vallière et de Mme de Montespan, à qui celle-ci ne fit que rendre ce qu'elle avait prêté à l'autre. Mais Mlle de Fontanges ne fut pas si heureuse ni pour le vice, ni pour la fortune, ni pour la pénitence. Sa beauté la soutint un temps, mais son esprit n'y répondit en rien. Il en fallait au roi pour l'amuser et le tenir. Avec cela il n'eut pas le loisir de s'en dégoûter tout à fait. » En effet, la nouvelle favorite ne jouit pas longtemps de son triomphe; elle mourut à vingt ans, moins heureuse que sa coiffure; dont la vogue fut durable en France et s'étendit dans toute l'Europe.

Berthier de Sauvigny, intendant de Paris, voulut remplacer par un château moderne celui qu'avaient habité, à *Sainte-Geneviève*, Louis XIII et Louis XIV; il n'eut que le temps d'en faire construire un pavillon.

---

[1]. On peut aussi aller de Paris à Longjumeau par le chemin de fer d'Orsay. Voir Antony, p. 750.

parc est d'environ 300 arpents ; on y arrive par une magnifique avenue.

En face de la forêt de Seguigny, sur l'autre rive de l'Orge, est le petit village de *Villiers-sur-Orge*, dont la seigneurie appartint à la fameuse marquise de Brinvilliers, et plus loin, au delà du château de *Villebousin*, se montre *Longpont*, ainsi nommé parce qu'on y arrive par une longue chaussée percée de plusieurs arches. Une vieille chapelle attirait jadis de nombreux pèlerins à Longpont. En 1061, Guy de Montlhéry fonda dans son voisinage un monastère qui devint plus tard un prieuré célèbre. De ce monastère il ne reste qu'une maison de campagne et l'*église*, — une des plus anciennes des environs de Paris. Remarquable surtout pour les sculptures de son portail, cette église a été classée en 1852 au rang des monuments historiques. Mais, si l'on ne se hâte pas d'y faire les réparations nécessaires, elle sera bientôt une ruine. On n'ose plus y dire la messe, si ce n'est dans une chapelle du bas côté gauche, assez solide encore, croit-on, pour que les fidèles aient le temps de se sauver le jour où la grande nef s'écroulera. La tour de la façade penche de plus d'un mètre. La statue de la Vierge, qui orne le pilier du milieu dans le portail, a été restaurée il y a quelques années seulement. On lui a remis une tête, un bras et un enfant Jésus.

Au sortir de la longue tranchée que l'on traverse avant de s'arrêter à Saint-Michel, on découvre sur la droite un vaste et beau paysage, au milieu duquel la tour de Montlhéry attire les regards sur la colline haute de 104 mètres qu'elle domine.

## 7ᵉ STATION. — SAINT-MICHEL.

*Distances.* Saint-Michel est à : 5 kil. d'Épinay, 29 kil. de Paris, 2 kil. 1/2 de Montlhéry, 2 kil. de Sainte-Geneviève.

On trouve à cette station des voitures de correspondance pour *Marcoussis* (3 départs par jour, 6 kil. en 45 m., gratis), et pour *Montlhéry* par Linas (3 départs par jour, 3 kil. en 20 m., gratis).

**Saint-Michel** n'a rien d'intéressant ; mais de ce village de 599 habitants (Seine-et-Oise, arrondissement de Corbeil, canton d'Arpajon), on peut aller visiter cette *tour de Montlhéry*, dont les murs, qui ne se dérobent pas à la vue, quoi qu'en ait dit Boileau :

Sur la cime d'un mont s'allongent dans la nue.
Et, présentant de loin leur objet ennuyeux,
Du passant qui les fuit semblent suivre les yeux.

Après avoir franchi l'Orge au *moulin de Groteau*, on monte en 30 minutes environ à Montlhéry, en laissant à droite le beau château de *Lormoy*, qui appartient à M. Paturle, et dont les grands arbres excitent l'admiration des promeneurs.

**Montlhéry** est une petite ville de 1700 habitants (Seine-et-Oise, arrondissement de Corbeil, canton d'Arpajon), située sur la route de terre de Paris à Orléans, entre Longjumeau et Arpajon, et sur les pentes de la colline que couronne le vieux château auquel elle doit sa célébrité. « Est-ce Montlhéry qu'il faut dire ou Mont-le-Héry ? se demandait La Fontaine en 1663. C'est Montlhéry quand le vers est trop long, et Mont-le-Héry quand il est trop court. » Quelle qu'ait été son origine, la seigneurie de Montlhéry fut donnée, en 991, par Hugues Capet, à Théobald ou Thibaud, surnommé File-Étoupe, qui bâtit sur cette colline une forteresse redoutable. Cette forteresse n'avait pas moins de cinq enceintes et de trois terrasses élevées l'une au-dessus de l'autre. On n'y arrivait qu'après avoir ouvert cinq portes. Aussi, sous un successeur de File-Étoupe, devint-elle un vrai repaire de brigands. Le plus fameux de ces bandits, Guy de Trousselle, s'était même rendu si redoutable que, pour tirer Montlhéry de ses mains et en faire une propriété royale, le roi de France, Philippe Ier, n'hésita point à contracter une alliance avec lui, en lui donnant pour gendre son fils naturel Philippe. Ce fut alors que, confiant à Louis, son fils légitime, la garde d'un château si chèrement payé, Philippe Ier prononça ces paroles rapportées par Suger :

« Mon fils, garde bien cette tour qui m'a causé tant de peines et de tourments; car, par la perfidie et la méchanceté de son seigneur, j'ai passé ma vie entière à me défendre contre lui, et je suis arrivé à un état de vieillesse sans avoir pu obtenir de lui ni paix ni repos. »

Ce sacrifice devait être inutile : Philippe de Mantes, le bâtard de Philippe Ier, disputa la possession de Montlhéry à son frère légitime Louis le Gros. Une guerre éclata, et le roi finit par se dessaisir de Montlhéry en faveur de Milon de Braie, vicomte de Troyes. Celui-ci avait pour cousin Hugues de Créoy, qui affichait aussi des prétentions sur cette seigneurie, et les soutenait les armes à la main. Hugues surprend Milon dans une embuscade, le saisit, le fait garrotter, le conduit prisonnier de château en château jusqu'à Montlhéry, dont il s'empare; et là, pendant une n[uit] il le précipite par une fenêtre, ap[rès] l'avoir étranglé de ses propres m[ains]. Le bruit de ce forfait se répan[d] soulève partout la plus vive in[di]gnation. Hugues est cité devan[t] cour de son suzerain, Amaury Montfort, pour répondre de sa c[on]duite et se purger par le com[bat] de Dieu de l'accusation portée [con]tre lui. Il se présente au jour d[it] le roi de France, le roi d'An[gle]terre, une foule de barons et chevaliers siégent autour du ch[amp] clos; Hugues s'est avancé d'a[bord] avec assurance; mais tout à c[oup] il se trouble, pâlit, déclare q[u'il] ne peut accepter le combat, pu[is] fait l'aveu de son crime, abando[nne] au roi de France la forteresse [de] Montlhéry, et va dans un mo[nas]tère cacher sous une robe de m[oine] sa honte et ses remords.

Devenus définitivement m[aîtres] de cette importante seigneuri[e, les] rois de France se hâtèrent d'[ajou]ter de nouvelles fortifications [au] château et de fonder dans la [ville] des établissements utiles ou [reli]gieux. Saint Louis et sa m[ère] fuyant devant une insurrection [des] principaux seigneurs du royau[me] se réfugièrent dans le château et [y] tinrent renfermés jusqu'à leur [dé]livrance par le comte Thibaut [de] Champagne, qui avait été d'ab[ord] au nombre des révoltés. En 1[...] le roi d'Angleterre s'y établit p[en]dant que ses troupes tenaient [la] campagne presque jusqu'aux por[tes] de Paris. Sous Charles VI, il fut o[c]cupé tantôt par les Armagna[cs] tantôt par les troupes du Dauph[in] qui pillèrent ou rançonnèrent é[ga]lement les malheureux habit[ants] du bourg. Enfin, dans les prem[iers] nées du règne de Louis XI, il donna son nom à l'une des plus grandes batailles dont l'histoire ait gardé le souvenir.

La noblesse féodale venait de s'insurger contre la royauté qui s'apprêtait à la détruire ou du moins à diminuer son pouvoir. Les principaux seigneurs du royaume avaient formé la *ligue du bien public*, et marchaient sur Paris. Louis XI dévoila publiquement leurs véritables projets. « Si j'avais voulu, dit-il, augmenter leurs pensions et leur permettre de fouler leurs vassaux comme par le passé, ils n'auraient jamais pensé au bien public; » puis il prit avec autant d'activité que de sagesse toutes les mesures nécessaires pour les empêcher de réussir. Heureusement pour lui, il y eut peu d'ensemble dans l'attaque des confédérés. Les princes de Bourbon et d'Armagnac furent for-

Vue de la tour de Montlhéry.

és de conclure une trêve; le comte de Charolais, ce fils du duc de Bourgogne qui devint plus tard si célèbre sous le nom de Charles le Téméraire, ne put s'emparer de Paris ni par ruse, ni par trahison, ni par force. Le roi s'était d'abord avancé dans le Berry contre le duc de Bourbon; il revint à marches forcées au secours de sa bonne ville qui se trouvait menacée. Le comte de Charolais marcha de son côté à sa rencontre, espérant d'ailleurs se joindre au duc de Bretagne qui se faisait attendre. Les deux armées se rencontrèrent près de Montlhéry. Ni le roi ni le comte ne voulaient risquer une bataille; mais le sénéchal de Brézé, qui commandait l'avant-garde de l'armée royale, et qui se vantait d'avoir donné sa parole aux seigneurs et son corps au roi, dit : « Je les mettrai aujourd'hui si près l'un de l'autre, qu'il sera bien habile qui pourra les démêler. » En effet, il engagea le combat malgré l'ordre formel du roi, et il fut tué un des premiers sans qu'on sût pour qui il se battait. Le mouvement donné, il fallut suivre; le roi et le comte de Charolais chargèrent; mais ils restèrent bientôt presque seuls sur le champ de bataille. Les deux armées s'enfuirent. « Du costé du roy, dit Philippe de Commines, fut un homme d'Estat qui s'enfuit jusques à Lusignan, sans repaistre, et du costé du comte, un autre homme de bien, jusqu'au Quesnoy-le-Comte. Ces deux n'avoient garde de se mordre l'un l'autre. » Qui avait vaincu? on n'eût pu le dire. Louis XI se retira sur Corbeil, et le comte de Charolais occupa le champ de bataille. Peu de temps après, Louis XI, pour dissoudre la ligue, conclut le traité de Conflans, le plus humiliant que jamais roi de France eût souscrit avec ses sujets, et « par lequel, dit Commines, les princes butinèrent le monarque et le mirent au pillage; chacun emporta sa pièce. » Le roi accorda aux confédérés toutes leurs demandes, bien résolu, à l'avance, de ne pas exécuter le traité. Jamais, a dit avec raison un historien, la féodalité n'avait remporté une si grande victoire; elle se trouvait, pour ainsi dire, reconstituée, et Louis XI n'était plus, comme Louis VI, que le suzerain de ses vassaux.

Détruit en partie par les guerres de religion, le château de Montlhéry devint peu à peu une carrière où les habitants de la ville voisine venaient chercher les pierres dont ils avaient besoin « pour se clore de murailles. » Le 15 septembre 1604, un sieur de Bellejambe obtint des lettres patentes qui l'autorisaient à exploiter les murs du château, pour en tirer les pierres et les employer à la construction de sa maison de Bellejambe, située à l'ouest et à une demi-lieue de Montlhéry; mais ces lettres patentes portent ces mots : « sans qu'il puisse toucher à la tour du donjon. »

Les ruines de Montlhéry ont encore un aspect imposant : elles se composent des débris de quatre tours qui fortifiaient la plate-forme, de portions de murailles, et de la tour du donjon presque entièrement conservée. Ce donjon, décrit dans un procès-verbal que la chambre du trésor fit dresser en 1547, était construit « en pierres grossières, de seize pieds en carré. Par dedans œuvre, les murs ont neuf pieds par bas, six, cinq, quatre par haut d'épaisseur. » La tour a encore aujourd'hui 32 mètres d'élévation; une tourelle un peu moins haute y est accolée; elle renferme l'escalier. Une autre tour, moins bien conservée, ne s'élève pas à plus de 10 mètres au-dessus du sol. Quelques travaux ont été faits pour empêcher une plus grande dégradation de ces intéressants débris, et pour permettre aux curieux de les visiter sans danger. Un gardien y guette du matin au soir les étrangers, afin de les faire descendre dans les caveaux et monter au haut de la tour (132 marches), d'où l'on découvre un vaste et beau panorama. Il leur montre aussi des boulets, des cornes de cerf, des ossements retirés en 1850 du puits intérieur. Du reste, on jouit déjà d'une vue magnifique en se promenant dans les jardins nouvellement plantés qui conduisent à ces ruines pittoresques.

Entre la tour de Montlhéry et la route de Saint-Michel est un *tumulus* gaulois qu'on appelle la *Motte de Montlhéry*.

Pour entrer dans la ville, après avoir visité la vieille forteresse féodale, on peut passer par une porte, la *porte Baudry*, sur laquelle

* L'ancien château de Montlhéry.

on lit l'inscription suivante : « Cette porte, bâtie dès l'an 1015, par Thibaud File-Étoupe, fut rebâtie en 1589, sous Henri III, et restaurée sous le consulat de Bonaparte, l'an VIII de la République, par Goudron du Tilloy, maire. » En sortant, au contraire, de Montlhéry par cette porte, on descend à *Linas*, village de 1187 habitants, dont les maisons se confondent avec celles de Montlhéry.

Montlhéry est une petite ville bien bâtie, mais triste. Elle possède un théâtre, de beaux magasins, plusieurs pâtisseries, de beaux cafés, une grande place, etc. On remarque les vieilles sculptures qui ornent la porte de son hospice civil. Son *église* ne vaut pas une visite : c'est un mélange assez laid de constructions appartenant à diverses époques.

L'*église* de Linas est plus intéressante. La plus grande partie de cette église est de la fin du XIII° siècle ou du commencement du XIV°. Rien de plus ignoblement laid que la façade, reconstruite il y a peu d'années. La nef et les bas côtés sont plafonnés en berceau; mais les lattes ne sont pas même recouvertes de plâtre. Le chœur, plus élevé que la nef, offre un bel aspect, surtout à l'extérieur. Il se termine par un mur plat percé de nombreuses fenêtres. La tour, souvent restaurée, paraît être du XIII° siècle.

L'église de Linas renferme de nombreuses pierres tombales. On y a placé récemment une copie d'un tableau de Murillo (1846); et on peut y voir, dans la chambre du chapitre, trois tableaux provenant d'un ancien couvent. L'un de ces tableaux représente deux religieuses; il porte la date de 1662, et on y lit le nom de Philippe de Champaigne.

Derrière l'église est le cimetière. Dans ce cimetière est inhumé Lefebvre de Rumford, chef d'escadron d'état-major, tué le 8 septembre 1855 à la prise de Sébastopol. Au pied de cette tombe s'élève une petite croix faite avec des biscaïens qui ont été pris à Sébastopol et donnés par son ami F. de P.

De Montlhéry, on peut aller jusqu'à Orsay (11 kil. environ) par la jolie vallée de Marcoussis. Les omnibus du chemin de fer conduisent jusqu'à **Marcoussis**, beau village de 1400 habitants environ (Seine-et-Oise, arrondissement de Rambouillet, canton de Limours), agréablement situé à 3 kilomètres de Montlhéry, au pied d'une colline boisée. La terre de ce nom avait autrefois titre de baronnie. Vers la fin du XIV° siècle, elle échut à Jean de Montaigu, qui y fonda un couvent de Célestins, et qui y bâtit un château fort remarquable par sa construction. Ce château fut pris en 1417 par le duc de Bourgogne. En 1498, Louis XII, Ferdinand d'Aragon et Élisabeth de Castille, y signèrent un traité de paix. En 1650, les princes de Condé et de Conti y restèrent enfermés pendant trois mois avec le duc de Longueville. Il n'a été détruit qu'en 1807. Sous le portail de l'église, de style gothique, on remarque une curieuse représentation du mystère de la Trinité. Les hameaux de *Choinville*, du *Grand* et du *Petit-Ménil* et *le Gay*, dépendent de la commune.

A l'extrémité supérieure de la vallée de Marcoussis, la route, laissant à droite le château de *Bel-Ébat*, s'élève dans le *bois des Carrés*, sur un plateau qu'elle traverse dans la direction du nord-ouest, puis elle descend dans la vallée de l'Yvette, à Orsay. (Voir ci-dessous le *Chemin de fer d'Orsay*.)

Embarcadère du chemin de fer de Sceaux.

## 7. LES CHEMINS DE FER DE SCEAUX ET D'ORSAY.

### A. LE CHEMIN DE FER DE SCEAUX.

*Embarcadère.* A Paris, barrière d'Enfer.

*Quinze départs* par jour. Trains supplémentaires les lundis, dimanches et jours de fête. Pour les heures de départ, consulter les *Indicateurs* de la semaine, car il y a le service d'été et le service d'hiver.

*Omnibus spéciaux* desservant tous les trains au départ et à l'arrivée, rue du Boulol, 22, et place Saint-Sulpice, 8.
La lettre J des omnibus conduit du Château-Rouge à la barrière Saint-Jacques, la lettre K, de la Chapelle à la barrière d'Enfer; les Montrougiennes et les Fontenaises passent devant l'embarcadère.

*Les prix des places* sont ainsi fixés :

| Semaine. | 1re CL. | 2e CL. | 3e CL. |
|---|---|---|---|
|  | fr. c. | fr. c. | fr. c. |
| 6 Arcueil-Cachan... | » 55 | » 40 | » 30 |
| 8 Bourg-la-Reine... | » 75 | » 55 | » 45 |
| 9 Fontenay......... | » 90 | » 60 | » 45 |
| 11 Sceaux........... | 1 » | » 65 | » 50 |

| Dimanches et Fêtes. | 1re CL. | 2e CL. | 3e CL. |
|---|---|---|---|
|  | fr. c. | fr. c. | fr. c. |
| 6 Arcueil-Cachan... | » 65 | » 50 | » 35 |
| 8 Bourg-la-Reine... | » 80 | » 65 | » 50 |
| 9 Fontenay......... | 1 » | » 75 | » 55 |
| 11 Sceaux........... | 1 10 | » 85 | » 65 |

*Billets d'enfants.* Au-dessous de 6 ans, les enfants sont transportés gratuitement. Au-dessus de 6 ans, ils payent place entière.

*Billets d'aller et retour.*

| Semaine. | 1re CL. | 2e CL. | 3e CL. |
|---|---|---|---|
|  | fr. c. | fr. c. | fr. c. |
| Arcueil-Cachan...... | » 80 | » 60 | » 50 |
| Bourg-la-Reine...... | 1 10 | » 90 | » 80 |
| Fontenay, Sceaux.... | 1 30 | 1 » | » 85 |
| Antony............. | 1 30 | 1 10 | » 85 |
| Massy.............. | 2 » | 1 50 | 1 20 |
| Palaiseau........... | 2 20 | 1 75 | 1 35 |
| Orsay............... | 3 10 | 2 40 | 1 90 |

| Dimanches et Fêtes. | 1re CL. | 2e CL. | 3e CL. |
|---|---|---|---|
|  | fr. c. | fr. c. | fr. c. |
| Arcueil-Cachan...... | 1 » | » 70 | » 55 |
| Bourg-la-Reine..... | 1 30 | 1 » | » 85 |
| Fontenay, Sceaux.... | 1 75 | 1 30 | 1 10 |
| Antony............. | 1 75 | 1 30 | 1 10 |
| Massy.............. | 2 20 | 1 75 | 1 35 |
| Palaiseau........... | 2 75 | 2 20 | 1 80 |
| Orsay.............. | 3 70 | 2 70 | 2 15 |

*Les billets d'aller et retour* sont délivrés tous les jours à toutes les stations pour Paris, et à la gare de Paris pour les deux sections de la ligne. Les dimanches et fêtes, il n'en est pas délivré à Paris pour Arcueil, Bourg-la-Reine, Fontenay et Sceaux.

*Abonnements.*

|  | 3 mois d'été | | 6 m. d'été[1] | |
|---|---|---|---|---|
|  | 1re cl. fr. c. | 2e cl. fr. c. | 1re cl. fr. c. | 2e cl. fr. |
| Arcueil......... | 82 50 | 60 » | 110 | 80 |
| Bourg-la-Reine... | 112 50 | 90 » | 150 | 120 |
| Fontenay-Sceaux. | 135 » | 105 » | 180 | 140 |
| Antony-Massy.... | 150 » | 112 50 | 200 | 150 |
| Palaiseau....... | 180 » | 127 50 | 240 | 170 |
| Orsay.......... | 202 50 | 142 50 | 270 | 190 |
|  | 6 mois d'hiver. | | 1 an. | |
| Arcueil ......... | 75 | 55 | 150 | 110 |
| Bourg-la-Reine... | 100 | 80 | 200 | 160 |
| Fontenay-Sceaux . | 120 | 90 | 240 | 180 |
| Antony-Massy.... | 135 | 100 | 270 | 200 |
| Palaiseau ....... | 160 | 125 | 320 | 250 |
| Orsay .......... | 180 | 130 | 360 | 260 |

Les abonnements commencent les 1er et 15 de chaque mois.

Le chemin de fer de Paris à Sceaux a été concédé le 6 septembre 1844 et inauguré le 23 juin 1846. Il n'a qu'une voie. Dans le principe, il fut construit pour expérimenter un système nouveau inventé par M. Arnoux, celui des trains articulés, destinés à parcourir des courbes de très-faibles rayons, et à gravir en conséquence les plus fortes déclivités. Ce système, dont une longue expérience a démontré certains avantages, n'a cependant été appliqué jusqu'à ce jour sur aucune autre ligne.

Dans les chemins de fer des environs de Paris, le plus petit rayon des courbes est de 800 mètres. Le chemin de Sceaux présente, au contraire, sur les deux tiers de son développement, une succession de courbes qui ne sont assujetties à d'autres conditions qu'à celle de tourner les difficultés, de suivre le relief du sol et de diminuer autant que possible les dépenses de construction première. Entre Paris et Bourg-la-Reine, le rayon de ces courbes est souvent de 200, de 150 et même de 90 mètres ; dans les lacets du coteau de Sceaux, il varie de 70 à 50 mètres ; enfin, à la station de Bourg-la-Reine, il n'est que de 30 mètres, et, aux gares extrêmes, le rayon des parties circulaires descend jusqu'à 25 mètres. Or, toutes ces courbes, excepté celles de 25 et de 30 mètres, où l'on s'arrête, à cause des stations, sont parcourues tous les jours avec des vitesses de 30 à 40 kilomètres à l'heure. La courbe de Bourg-la-Reine elle-même a été franchie avec une vitesse d'au moins 40 kilomètres ; et l'on sait que cette vitesse ne saurait être dépassée ou même atteinte sans imprudence, par le matériel ordinaire, dans une courbe de 800 à 1000 mètres. Ainsi, l'emploi du matériel articulé a permis de prendre une limite de courbure vingt fois moindre que celle qui était adoptée de l'avis presque unanime des ingénieurs.

L'embarcadère de Paris offre donc à l'intérieur, comme celui de Sceaux, un aspect tout particulier. On n'y voit ni croisements de rails, ni aiguilles, ni plaques tournantes. La voie forme une sorte de raquette ; de sorte qu'en partant vous voyez arriver derrière le train qui vous emporte le convoi qui vient de Sceaux, et qui se range contre la marquise, tout prêt à repartir au premier signal, sans qu'il soit nécessaire, comme dans les autres

1. Du 1er mai au 1er novembre.

gares, de retourner la locomotive et son tender pour le conduire face en tête.

Au sortir de la gare, après avoir laissé à droite l'hospice de La Rochefoucauld (voir p. 135), on franchit sur deux viaducs le chemin de la *Tombe Issoire* et la *rue des Catacombes*; puis on s'élève sur le flanc du coteau qui domine la rive gauche de la Bièvre. De ce point, on découvre une vue magnifique sur la vallée de la Bièvre, Bicêtre, la Glacière, Gentilly et une grande partie de Paris que dominent l'Observatoire, le Val de Grâce et le Panthéon. Bientôt on traverse les fortifications, et à droite de la voie se dressent, au milieu d'amas de pierres blanches, de grandes roues dentelées, montées sur des charpentes qui ne paraissent pas assez fortes pour les soutenir. Ce sont les entrées des carrières. La plaine est nue; elle paraît si maigre que ses os lui percent la peau, comme a dit Rabelais; cependant elle produit d'assez belles récoltes, grâce aux engrais puissants qu'on lui prodigue pour la féconder. Sur la droite, on aperçoit le fort de Montrouge, au delà de la route d'Orléans. Puis on entre dans une tranchée assez profonde avant de s'arrêter à la station d'Arcueil.

## 1re STATION. — ARCUEIL.

*Distances*. Arcueil est à : 6 kil. de la gare de Paris, 6 kil. 700 mèt. de Notre-Dame, 2 kil. environ de Bicêtre, de Gentilly, de Montrouge et de Bagneux, 1/2 kil. de Cachan, 2 kil. 800 mèt. de Villejuif, 4 kil. 800 mèt. de Sceaux.

**Arcueil** (1200 hab. environ) fait partie du département de la Seine, arrondissement de Sceaux, canton de Villejuif. Il est situé à la gauche du chemin de fer, dans la vallée de la Bièvre. Il doit son nom aux arches de son aqueduc (*Arculi*).

Cet aqueduc et son église méritent une visite. L'aqueduc existait déjà du temps des Romains; du moins on peut voir encore deux des arches bâties, selon toute vraisemblance, au ive siècle, pour conduire les eaux de Rungis au palais des Thermes. L'aqueduc moderne, qui traverse le vallon de la Bièvre, a été construit sur les dessins de Jacques Desbrosses, en 1613, par ordre de Marie de Médicis, pour amener les mêmes eaux dans le jardin du Luxembourg; son architecture est remarquable, sa corniche est ornée de modillons et surmontée d'une attique. La première pierre a été posée par Louis XIII, encore enfant. Il fut achevé en 1624. Il a 400 mètres de longueur environ, et 24 mètres d'élévation dans sa plus grande hauteur. Il se compose d'une épaisse muraille soutenue de chaque côté par des contre-forts entre lesquels sont vingt-quatre arcades d'environ 6 mètres 20 centimètres de largeur; huit seulement de ces arcades, inégalement espacées, sont à jour, et la rivière de Bièvre passe sous deux d'entre elles. L'attique forme intérieurement une galerie voûtée et recouverte en dalles de pierre; dans le milieu de cette galerie est le canal où les eaux coulent entre deux banquettes qui permettent de parcourir, à pied sec, toute la longueur de l'aqueduc. Quant à l'*église*, bâtie au xiiie siècle sous l'invocation de saint-Denis et agrandie au xve, c'est une des plus jolies des environs de Paris; elle possède des chapiteaux ornés de bas-reliefs qui représentent des scènes champêtres. Près de la porte, un pèlerin a fait graver, au xvii<sup>e</sup> siècle, le diamètre de la grande cloche de Saint-Jacques de Compostelle.

Arcueil était jadis un séjour recherché à cause de son voisinage de Paris; on redoute aujourd'hui quelque peu les vapeurs des marécages qui l'avoisinent. Un des pères de notre théâtre, Jodelle, y posséda une maison de campagne où il reçut plus d'une fois la visite de Ronsard, et où l'on menait joyeuse vie. Laplace et Berthollet eurent aussi des maisons à Arcueil ; enfin on peut y voir, au milieu du village, une maison appelée l'*Aumônerie*, qui a été la propriété du trop fameux marquis de Sade.

La *fête patronale* d'Arcueil se célèbre le dimanche qui suit la Saint-Denis.

A cinq ou six minutes d'Arcueil se trouve le village de **Cachan**

Aqueduc d'Arcueil.

où rien ne peut nous attirer. Cachan était connu dès le temps de Louis le Débonnaire ; Philippe le Bel y eut une maison de plaisance qu'habita plus tard le roi Jean, et qui passa ensuite à Duguesclin et au duc d'Anjou, mais dont il ne reste plus aucun vestige.

D'Arcueil à Bourg-la-Reine, le chemin de fer reste presque constamment encaissé dans une tranchée profonde ; mais on n'y perd rien. Entre Bagneux et Cachan on passe, en décrivant une forte courbe, sous la route d'Orléans, puis les talus de la tranchée s'abaissent, et, au delà de la route de Bourg-la-Reine à Fontenay, on découvre sur la droite un charmant paysage. Les hauteurs boisées du Plessis-Piquet apparaissent entre Fontenay-aux-Roses et Sceaux. A gauche se montre Bourg-la-Reine, dominé par l'Hay.

# BOURG-LA-REINE. 723

2ᵉ STATION. — **BOURG-LA-REINE.**

*Distances.* Bourg-la-Reine est à : 2 kil. d'Arcueil, 8 kil. de la gare de Paris, 7 kil. 100 mèt. de Paris, 1 kil. 3/4 de l'Hay, 2 kil. de Fontenay-aux-Roses et de Bagneux, 1 kil. 1/4 de Sceaux, 2 kil. de la Croix-de-Berny, 3 kil. d'Antony.

On ne sait pas bien positivement quelle est l'origine de ce nom de

Vue prise sous l'aqueduc d'Arcueil.

**Bourg-la-Reine**, qui remonte au xiiᵉ siècle. L'opinion la plus vraisemblable, après tout, est que ce village, qui portait d'abord le nom de Briquet ou de Vert-Pré, fut habité par la suite d'une Reine de France [1], qui passait elle-même le

[1]. Ce qui met cette étymologie *hors de toute apparence*, selon l'abbé Lebeuf, c'est qu'on dit que cette reine se nom-

temps de son veuvage à l'*Hay*, ce petit village dont on aperçoit le clocher au sommet d'un coteau, au delà de la route d'Orléans. Au XIV° siècle, le roi d'Angleterre, Édouard III, maître de la personne du roi Jean, voulut s'emparer aussi de son royaume, et, s'avançant jusqu'aux portes de Paris (1359), il s'établit à Bourg-la-Reine, d'où la disette le força bientôt de se replier sur Montlhéry. Dans les deux siècles suivants, Bourg-la-Reine eut encore beaucoup à souffrir des guerres civiles et des guerres de religion; le prince de Condé le fit occuper par son infanterie, peu de temps avant la bataille de Dreux (1563). Après Condé, Henri IV; après Henri IV, un autre Condé, le vainqueur de Rocroy, qui vient camper, pendant les troubles de la Fronde, entre Bourg-la-Reine et Antony. A partir de cette époque, les souvenirs historiques qui se rattachent à Bourg-la-Reine deviennent assez rares; il en est deux cependant qu'il n'est pas permis d'omettre. C'est à Bourg-la-Reine qu'eut lieu, au mois de mars 1722, l'entrevue de Louis XV, âgé alors de douze ans, avec cette infante d'Espagne, plus jeune encore, qui devait partager son trône, et qu'on renvoya trois ans plus tard à ses parents, sans plus de cérémonie, pour faire place à la fille du roi de Pologne exilé, à Marie Leczinska. C'est aussi à Bourg-la-Reine que mourut l'illustre et malheureux Condorcet. Proscrit par la Convention, il avait trouvé un asile chez une femme généreuse, qui le cacha pendant huit mois; craignant enfin de compromettre sa protectrice, il sortit de Paris, erra plusieurs jours dans les bois de Verrières, dans les environs de Fontenay, et fut enfin arrêté à Clamart, d'où on le conduisit à Bourg-la-Reine avant de le transférer à Paris. Il s'empoisonna pendant la nuit, et ses restes furent ensevelis dans le cimetière du village; mais on chercherait en vain une modeste pierre qui indique la place où repose le célèbre auteur des *Progrès de l'esprit humain*.

Vu du chemin de fer, Bourg-la-Reine pourrait sembler un lieu de plaisance; de vastes et beaux jardins séparent en effet la voie des maisons. Mais, une fois sur la route, on n'aperçoit plus des deux côtés que quelques cabarets, jadis fréquentés par les rouliers, déserts depuis l'ouverture du chemin de fer de Paris à Orléans, de vastes auberges où l'on reçoit et où l'on loge avec leur compagnie les bergers qui amènent du bétail au marché de Sceaux, et quelques entrepôts de vins et d'eaux-de-vie. Bourg-la-Reine ressemble exactement à Montrouge, si ce n'est qu'il est plus triste encore, car il n'a pas l'avantage de toucher à l'une des barrières de Paris. Ses monuments se réduisent à un seul, l'*église*, qui n'a absolument rien de remarquable, car elle a été reconstruite il y a peu d'années. Le presbytère, par une bizarrerie dont les exemples ne sont pas rares en temps de révolution, a appartenu à Dupuis, l'auteur de l'*Origine de tous les cultes*. Ce qu

mait la reine Blanche, et que « la première des trois qui ont porté ce nom fut la mère de saint Louis, au XIII° siècle. » Mais on sait que les reines portaient le deuil en blanc, et, grâce à cette coutume, le peuple a désigné successivement sous le nom de *reine Blanche* les veuves de tous nos anciens rois.

st plus curieux que l'église, est la maison où eut lieu l'entrevue de Louis XV et de l'infante d'Espagne, maison que l'on peut voir encore dans la grande rue. Elle fut bâtie, dit-on, pour la maîtresse d'Henri IV, et l'on a même respecté la décoration de la chambre royale. Est-ce là que la charmante Gabrielle reçut la lettre citée par deux historiens des environs de Paris? Le fait est au moins douteux; mais la lettre est si gracieuse qu'on nous saura peut-être gré de la citer à notre tour :

« Mon cher cœur, j'ai esté éveyllé ce matyn par vostre lettre, qui me randra cette journée plus heureuse et me mettra an bonne humeur. Vous me desplèsés toutefoys de me voulloyr retarder le contantement de vous voyr; mais je ne vous en croyré pas. Retardés vostre segnée pour mon arrisvée, et, si elle vous est necessayre, remetés à moy à vous ouvrir la veine. Je ne say quy vous a dyt que j'avoys fouété nostre filz, car cela n'a poynt esté. Je fynyré donc, ma chère âme, an vous donnant le bon jour et un myllyon de bésers, atandant à demayn que je vous embrasseré tout mon sou et de bon cœur. Que je sache demayn de vos nouvelles par les chemyns. HENRI. »

C'est à Bourg-la-Reine que le chemin de fer se bifurque. L'embranchement de Scéaux, que nous allons suivre, se dirige en ligne droite, en inclinant à l'ouest, sur la station de Fontenay-aux-Roses, dans un charmant petit vallon remarquablement fertilisé par la petite culture, entre les coteaux de Bagneux et de Fontenay à droite, et celui de Sceaux à gauche. L'autre embranchement, celui que nous reviendrons prendre tout à l'heure, s'enfonce dans un tunnel presque au sortir de la station.

### 3ᵉ STATION. — FONTENAY-AUX-ROSES.

*Distances.* La station de Fontenay-aux-Roses est à : 1 kil. de celle de Bourg-la-Reine, 9 kil. de la gare de Paris. Fontenay-aux-Roses (l'église) est à : 1 kil. de sa station, 1 kil. 900 mèt. de Sceaux, 9 kil. 500 mèt. de Paris, 1 kil. de Châtillon et de Bagneux, 2 kil. de Bourg-la Reine, 2 kil. de Clamart, 2 kil. 1/4 du Plessis-Picquet, 3 kil. de Chatenay.

La station de Fontenay-aux-Roses dessert plutôt Sceaux que Fontenay, car elle en est plus rapprochée. Pour aller à Sceaux on tourne à gauche, pour se rendre à Fontenay on prend à droite, au sortir de cette espèce de baraque si incommode et si insuffisante, que la compagnie persiste à qualifier de station.

*N. B.* Les promeneurs qui veulent aller à Fontenay-aux-Roses se servent rarement du chemin de fer. Ils préfèrent avec raison les omnibus (voir page 774, pour les indications nécessaires) de Paris à Fontenay-aux-Roses par Châtillon.

**Fontenay-aux-Roses** (1100 hab.) appartient au département de la Seine, arrondissement de Sceaux. Son origine remonte au XIᵉ siècle; il se nommait jadis Fontenay-lez-Bagneux; il quitta ce nom d'assez bonne heure pour prendre celui de Fontenay-aux-Roses, qui n'est plus guère justifié aujourd'hui. On voit bien encore, devant la porte de plus d'une maison, des rosiers dont la tige droite s'élance d'un jet jusqu'au premier étage, épanouissant le long d'un mur gris ou jaune leurs fleurs parfumées; mais les champs de roses qui ont valu à Fontenay un nom si gracieux ont depuis longtemps disparu. Après avoir cultivé des roses pour en former les bouquets que les ducs et pairs étaient tenus d'offrir tous les ans au Parlement en grande cérémonie et qu'ils se procuraient auprès du *rosier de la cour*, les habitants de Fontenay ne renoncèrent pas à ce genre de culture quand cet antique usage fut aboli; seulement leurs fleurs, devenues plus modestes, allèrent approvisionner les officines des pharmaciens et des parfumeurs. Aujourd'hui, c'est à peine s'il reste un ou deux champs de roses sur tout le territoire de Fontenay; la rose a été détrônée par la violette, et la violette elle-même a trouvé dans la fraise une rivale redoutable. Aussi est-il fort agréable de parcourir les rues de Fontenay par un beau soir de printemps ou d'été, après la récolte journalière; de chaque porte entr'ouverte s'échappent des parfums qui embaument l'air : ici la douce senteur de la violette, là le pénétrant arome de la fraise : on se croirait dans le royaume des fleurs. Le jour, au lieu de paysannes portant prosaïquement sur le dos une charge de navets, vous ne rencontrez que jeunes filles, la tête surmontée d'une corbeille de fraises et un panier de fraises suspendu à chaque bras. Une promenade autour de Fontenay est une tentation perpétuelle, mais malheur à l'imprudent qui se baisserait pour orner sa boutonnière d'une pauvre fleur ou rafraîchir sa bouche altérée avec un de ces appétissants ananas. L'habitant de Fontenay cultive les fleurs et les fruits, mais ce n'est pas affaire de luxe ou d'hospitalité, et sur le chapitre de ses droits il est on ne peut plus intraitable.

En 1675, Colbert, qui possédait déjà la terre de Sceaux, acheta la seigneurie de Fontenay; un peu plus tard, comme Sceaux et Châtillon, elle passa au duc du Maine. Si Fontenay n'a pas vu naître Chaulieu (on l'a dit souvent par erreur[1]), il a du moins possédé le jovial Scarron, dont la maison, située tout à l'extrémité du village, sur la route de Sceaux, appartient aujourd'hui à M. Ledru-Rollin. J. Delort visita cette maison en 1821. « On me conduisit d'abord, dit-il, dans la chambre à coucher du poëte original. La première chose qui me frappe, c'est son portrait gravé en médaille, sur laquelle on lit :

J'ai vaincu la douleur par les ris et les jeux.

A côté, je reconnais la figure de Mignard peinte par lui-même et dont il fit présent à Mme de Maintenon, veuve alors de Scarron... De la chambre à coucher, je passe dans un corridor où je trouve deux cartes géographiques faites par Scarron, et dont on aurait peine à s'imaginer l'originalité et le temps qu'il a fallu pour les dresser[2]. »

La délicieuse situation de Fontenay, sur le sommet et sur le penchant d'un coteau entouré de riants paysages, en a fait depuis longtemps le rendez-vous des promeneurs qui craignent d'entreprendre

1. Chaulieu est né, non pas à Fontenay-aux-Roses, mais au château de Fontenay, dans le Vexin normand.
2. *Mes voyages aux environs de Paris*.

des excursions lointaines; les maisons de campagne y sont nombreuses, la plupart fort jolies, deux ou trois avec des jardins et des parcs magnifiques.

L'institution Sainte-Barbe possède à Fontenay-aux-Roses une fort belle succursale, peuplée de plus de 300 enfants de six à onze ans.

La *fête patronale* de Fontenay-aux-Roses se célèbre le premier dimanche après le 16 juillet.

Les environs de Fontenay-aux-Roses sont sillonnés de chemins ou de sentiers entre lesquels les promeneurs n'ont que l'embarras du choix. Nous les indiquerons plus loin. Montons d'abord à Sceaux.

De la station de Fontenay à l'embarcadère de Sceaux, la distance n'est, en ligne directe, que de 150 mètres environ. La différence de niveau est de 22 mètres. La station de Fontenay-aux-Roses se trouve, en effet, à 74$^m$,8 au-dessus du niveau de la mer, et la gare de Sceaux à 96$^m$,1; la gare de Paris n'est qu'à 64$^m$,4. Pour gravir cette côte rapide en ligne droite, il eût fallu établir un plan incliné d'environ 3 centimètres par mètre. Les constructeurs ne l'ont pas voulu. La loi de concession leur imposait, d'ailleurs, l'obligation de faire cette ascension au moyen de lacets et de courbes à faibles rayons. On s'élève donc, en décrivant des zig-zags, de la station de Fontenay-aux-Roses à la gare de Sceaux, où la voie forme une raquette comme à la gare de Paris. Avant de s'arrêter devant la marquise, sous laquelle les voyageurs attendent le signal du départ, on remarque, sur la droite, les derniers débris de l'ancien parc de Sceaux.

## SCEAUX.

*Distances.* Sceaux est à : 2 kil. de la station de Fontenay, 11 kil. de la gare de Paris, 10 kil. 800 mèt. de Paris, 1 kil. 900 mèt. de Fontenay, 1 kil. 700 mèt. de Bourg-la-Reine, 3 kil. 1/2 du Plessis-Picquet et d'Aulnay, 2 kil. 800 mèt. de Bagneux, 2 kil. de Chatenay par la route, 1 kil. 1/2 par les chemins de traverse, 4 kil. 300 mèt. d'Antony, 4 kil. de Verrières, de 7 à 8 kil. de Verrières et d'Igny par le bois de Verrières.

*Omnibus.* Pour aller de Paris à Sceaux, on peut prendre les gondoles de Sceaux et les Sirènes. Les *gondoles de Sceaux* partent à Paris du passage Dauphine. 12 départs par jour. On paye :

| De Paris à | Semaine. cent. | Dimanches et fêtes. cent. |
|---|---|---|
| Montrouge........ | 50 | 60 |
| La Croix d'Arcueil. | 50 | 60 |
| Bourg-la-Reine.... | 50 | 60 |
| Antony........... | 50 | 70 |
| Sceaux........... | 50 | 70 |

Les *Sirènes* desservent Amblainvilliers en passant par Sceaux. Leur bureau est à Paris, rue Christine, 12, et rue Dauphine, 33. Un départ par jour en semaine, deux les dimanches. On paye :

| De Paris à | Semaine. fr. c. | Dimanches et fêtes. fr. c. |
|---|---|---|
| Bourg-la-Reine.... | 50 | 60 |
| Sceaux........... | 50 | 60 |
| Chatenay......... | 75 | 1 » |
| Aulnay........... | 75 | 1 » |
| Verrières......... | 1 » | 1 » |
| Amblainvilliers.... | 1 » | 1 » |

*Restaurateurs.* En sortant de la gare, on trouvera, dans la grande rue de Sceaux, qui s'ouvre à droite, au delà de la mairie et de l'entrée du parc, plusieurs pâtissiers et restaurateurs.

**Sceaux**, actuellement le chef-lieu de l'arrondissement et du canton de ce nom (département de la Seine), est fort agréablement situé sur une colline, dont le point culminant atteint 102 mètres au-dessus du niveau de la mer, entre Bourg-la-Reine à l'est, Fontenay-aux-Roses au nord, Chatenay au sud, Aulnay et le Plessis-Picquet à l'ouest. Sa population se monte à 2000 habitants environ. Sa position est si agréable et si salubre, ses environs offrent de tous côtés de si délicieuses promenades, qu'un nombre considérable de Parisiens et d'étrangers viennent s'établir, pendant la belle saison, dans les jolies villas qui l'entourent.

L'origine de la petite ville de Sceaux ne paraît pas remonter au delà du XIIe siècle. Les premiers titres qui en font mention la nomment *Cellæ* (les Petites-Maisons). Sceaux n'était alors qu'un modeste hameau dépendant du village de Chatenay; seulement, avec le temps, le hameau est devenu une ville, tandis que le village est resté village comme devant. En 1214, un chevalier qui revenait de Palestine, Adam de Cellis [1], y apporta les reliques de saint Mammès, martyr de Cappadoce, qui donna son nom à l'église. Saint Mammès opérait des miracles; il guérissait les maladies d'entrailles : aussi vint-on à Sceaux en pèlerinage, et, plus il régnait de dyssenteries et de coliques, plus le hameau voyait grandir sa petite fortune. En 1597, Louis Potier de Gesvres, qui venait d'acheter la terre de Sceaux, y bâtissait le premier château; Antoine Potier, secrétaire d'État, le faisait ériger en châtellenie (1612), et, après sa mort au siège de Montauban, en

[1]. Quelques écrivains prétendent que ce fut lui qui donna son nom au hameau de Sceaux.

1621, le laissait à son frère, René Potier, duc de Tresmes et pair de France. Trois ans plus tard, la châtellenie se transformait en baronnie, et, grâce à la haute position de son seigneur, Sceaux accaparait les foires et les marchés qui jusque-là s'étaient tenus à Bourg-la-Reine.

Cependant Sceaux serait probablement resté un humble village si sa bonne fortune n'eût voulu que Colbert en devînt acquéreur (1670). Le petit château dont s'étaient contentés les Potier ne pouvait évidemment suffire au puissant ministre de Louis XIV; aussi commença-t-il par le raser; puis, quand il eut acheté de tous côtés des maisons et des terres pour s'agrandir, il confia à Perrault la construction de sa nouvelle demeure, à Le Nôtre la création d'un immense parc de plus de six cents arpents. Le peintre Lebrun fut chargé de la décoration du château, les sculpteurs Puget et Girardon ornèrent les bosquets des chefs-d'œuvre de leur ciseau; enfin, des aqueducs amenèrent dans le parc les eaux d'Aulnay, des Vaux-Robert, de l'étang du Plessis-Picquet, et l'on multiplia les bassins, les jets d'eau, les cascades. Colbert, qui était fier des merveilles de son domaine, et qui venait y passer tous les moments dérobés à la cour, y donna des fêtes magnifiques. Deux fois il y reçut la visite de Louis XIV. Il aimait à s'y entourer de gens de lettres, de savants et d'artistes, et souffrait malaisément qu'on le dérangeât, quand il était dans leur société. On raconte qu'un jour il s'entretenait avec Racine et Boileau, lorsqu'on vint lui annoncer l'arrivée d'un prélat qui désirait visiter le château et le maître du château. « Qu'on lui fasse tout voir, s'écria Colbert, tout.... permis moi. » Bien que peu instruit lui-même, Colbert fut toute sa vie le protecteur des lettres et des beaux-arts.

Le marquis de Seignelay, fils de Colbert et ministre de la marine, n'hérita pas du goût de son père pour le château de Sceaux. Il y venait rarement; mais cependant il consacra encore des sommes importantes à l'embellisement de ce domaine. En 1685, il y fut honoré, comme son père, d'une visite du roi, qui daignait dîner chez son ministre. Seignelay « avait fait dresser un joli pavillon en tenture, orné de glaces et d'arbustes en fleur, en face d'une pièce d'eau,

Ancien château de Sceaux.

dans l'endroit le plus charmant du parc. Derrière étaient placés des musiciens qui jouaient de temps en temps de jolis morceaux de musique. Puis il avait fait faire des gondoles à roulettes, en forme de petits chars, dans lesquelles on promenait les dames de la cour dans le parc : un homme de chaque côté les poussait. » (Sinet, *Précis de l'histoire de Sceaux*.)

Sauf quelques fêtes assez rares, le domaine de Sceaux, malgré ses splendeurs, ressemblait donc quelque peu à une solitude; il n'en allait faire que plus de bruit et jeter plus d'éclat. En 1700, le fils légitimé de Mme de Montespan, l'élève bien-aimé de Françoise d'Aubigné, le duc du Maine enfin, en fit l'acquisition. La duchesse sa femme, petite-fille du grand Condé, passionnée pour le plaisir et pour les fêtes, y eut bientôt réuni une véritable cour, cour galante et lettrée tout à la fois. Tandis que le duc, retiré dans une petite tourelle, s'occupait de géométrie et d'astronomie, dessinait de nouveaux bosquets, traçait le plan de nouveaux pavillons, la duchesse présidait, dans un appartement qu'elle appelait sa *Chartreuse*, de joyeuses réunions d'où son mari était exclu. « C'était, dit Saint-Simon, une femme dont l'esprit, et elle en avait infiniment, avait achevé de se gâter et de se corrompre par la lecture des romans et des pièces de théâtre, dans les passions desquelles elle s'abandonnait tellement, qu'elle a passé des années à les apprendre par cœur et à les jouer publiquement, elle-même. » Ce fut en effet la duchesse du Maine qui fit construire la salle de spectacle du château de Sceaux; le duc, qui était d'une dévotion un peu outrée, s'y serait volontiers opposé; mais elle l'avait rendu (c'est encore Saint-Simon qui parle) « petit et souple devant elle en le traitant comme un nègre, le ruinant de fond en comble sans qu'il osât proférer une parole.... L'ascendant qu'elle avait sur lui était incroyable, et c'était *à coups de bâton* qu'elle le poussait en avant. »

Malésieu, à qui la duchesse avait fait présent d'une maison à Chatenay, était le grand ordonnateur des fêtes; l'abbé Genest, homme d'esprit, se montrait un des courtisans les plus assidus; Vertot, ce grand faiseur de siéges, poursuivait patiemment celui de Mlle Delaunay; mais, s'il faut en croire les assiégés, la place ne se rendit point. À Sceaux, pendant toute la saison d'été, les divertissements se succédaient sans relâche; c'était à qui inventerait une récréation nouvelle; bientôt les jours (ces grands jours d'été!) parurent trop courts à cette société avide de plaisirs, et l'on imagina de se divertir la nuit. Sceaux eut donc ses *grandes nuits* avec ballets, spectacles, concerts, feux d'artifice, joutes sur l'eau, simulacres de siéges, etc. « Leur commencement, comme de toutes choses, fut très-simple, dit Mlle Delaunay. Mme la duchesse du Maine, qui aimait à veiller, passait souvent toute la nuit à faire différentes parties de jeu. L'abbé de Vaubrun, un de ses courtisans les plus empressés à lui plaire, imagina qu'il fallait, pendant une des nuits destinées à la veille, faire paraître quelqu'un sous la forme de la Nuit enveloppée de ses crêpes, qui ferait un remerciement à la princesse de la préférence qu'elle lui accordait sur le Jour; que la déesse aurait un suivant qui chanterait un bel air sur le même sujet.... L'idée en fut applaudie, et de là vinrent les fêtes magnifiques données la nuit par différentes personnes à Mme la duchesse du Maine.... La dernière de ces fêtes fut toute de moi, et donnée sous mon nom, quoique je n'en fisse pas les frais. C'était le Bon-Goût réfugié à Sceaux, et président aux diverses occupations de la princesse. D'abord il amenait les Grâces qui, en dansant, préparaient une toilette. D'autres chantaient des airs dont les paroles convenaient au sujet. Cela faisait le premier inter-

…de. Le second, c'étaient les Jeux personnifiés qui apportaient des tables à jouer et disposaient tout ce qu'il fallait pour le jeu; le tout mêlé de danses et de chants par les meilleurs acteurs de l'Opéra. Enfin le dernier intermède, après les reprises achevées, étaient les Ris, qui venaient dresser un théâtre sur lequel était représentée une comédie en un acte : c'était la découverte que Mme la duchesse du Maine prétendait faire du carré magique, auquel elle s'appliquait depuis quelque temps avec une ardeur incroyable. La pièce était jouée par elle, chacun représentait son propre personnage. »

Ce fut aussi à Sceaux, quelques années après en avoir fait l'acquisition, que la duchesse du Maine fonda le grand ordre de la *Mouche à miel*, dont la devise était : *Picola si, ma fa pur gravi le ferite*[1]. « La duchesse en était la reine. Elle portait une robe de satin vert brodée d'abeilles d'argent, un manteau de drap d'or et un diadème formé de mouches en émeraude. M. de Malézieu en était le grand maître; il était entièrement déguisé en abeille. Le héraut était vêtu d'une robe de satin incarnat semée d'abeilles d'argent, et coiffé d'un bonnet en forme de ruche. Les chevaliers, au nombre de trente-neuf, avaient des cottes de drap d'or semées d'abeilles d'argent et étaient décorés d'une médaille emblématique attachée avec un ruban citron. A la réception des chevaliers, on avait placé une énorme ruche au milieu d'un tapis vert semé d'abeilles d'argent. Dès que tout le monde fut placé, on enleva le haut de cette ruche, qui prit la forme d'un baldaquin. Alors apparut M. de Malésieu, comme placé sur un trône et déguisé en une monstrueuse mouche à miel, allongeant un dard de trois pieds de long. Tout étant ainsi disposé, le héraut lut les statuts de l'ordre, dont les principales conditions étaient d'être soumis aveuglément aux volontés de la reine, de respecter les mouches à miel, et même de se laisser piquer galamment par elles. Chaque récipiendaire devait jurer, par le mont Hymette, de les observer religieusement, sous peine d'être banni de l'ordre. Tout se termina par une ronde générale autour du grand maître, qui menaçait de son dard les chevaliers qui pourraient devenir félons. Quand un chevalier manquait, on choisissait parmi les aspirants, qui étaient toujours en grand nombre, et la nomination se faisait à la majorité des voix. » (Sinet.) Ajoutons que l'ordre de la Mouche à miel ne comptait pas seulement des chevaliers, mais aussi des chevalières.

Parmi ces divertissements, des scènes plus sérieuses trouvaient aussi leur place. C'est à Sceaux, il ne faut pas l'oublier, que Louis XIV prit congé de son petit-fils partant pour monter sur le trône d'Espagne: il avait voulu l'accompagner jusque-là.

Le grand roi mort, les fêtes n'en allèrent pas moins leur train à la cour de Sceaux; seulement les intrigues politiques, les conspirations contre le Régent, remplissaient les intermèdes. On sait quel en fut le résultat : une belle nuit (ce fut aussi une *grande nuit* que celle-là,

[1]. Elle est petite, mais les blessures qu'elle fait sont grandes.

mais d'un autre genre), on enleva la duchesse à Paris, le duc à Sceaux, et on les conduisit, l'une à la citadelle de Dijon, l'autre à celle de Dourlans. Pendant une année que dura cette captivité, le duc eut le temps de réfléchir sur les inconvénients d'une ambition qu'il ne partageait pas ; aussi fallut-il de longues et vives instances pour le ramener à Sceaux auprès de sa femme. Après la mort de son mari (1736), la duchesse renonça définitivement à la politique, et se livra plus que jamais, afin de charmer son veuvage, à sa double passion pour les belles-lettres et pour les plaisirs. Jamais sa cour n'avait été plus brillante : Voltaire, Fontenelle, Lamotte, Chaulieu, en étaient les principaux ornements.

Voltaire, à qui l'on avait proposé d'acheter une charge d'écuyer chez la duchesse du Maine, et qui sut sagement résister à la tentation, avait à Sceaux un appartement occupé avant lui par Saint-Aulaire[1], que la duchesse appelait son Apollon et son berger. C'est là que Voltaire composa trois de ses tragédies, *Sémiramis*, *Oreste* et *Rome sauvée*. La tragédie d'*Oreste* est dédiée à la duchesse du Maine, qui paraît avoir eu un goût très vif pour la simplicité du théâtre ancien, car elle avait fait traduire par Malésieu l'*Iphigénie en Tauride* d'Euripide, et avait voulu jouer elle-même le personnage d'Iphigénie. Quant à *Rome*

[1]. Saint-Aulaire est connu surtout par ce charmant impromptu, en réponse à la duchesse du Maine qui lui demandait un secret :

La divinité qui s'amuse
A me demander mon secret,
Si j'étais Apollon, ne serait point ma muse,
Elle serait Thétis, et le jour finirait.

*sauvée*, c'est aussi, à ce qu'on croit, une inspiration de la duchesse, qui voulait venger Cicéron du *Catilina* de Crébillon. En 1747, Voltaire faisait encore représenter sur le théâtre de Sceaux une comédie imitée de l'anglais, *la Prude*, dont il récitait lui-même le prologue, et le ton passablement libre de cette pièce montre assez qu'à la cour de Sceaux on pouvait tout dire et tout entendre. Enfin, c'est pour la fête de *la baronne de Sceaux* que Voltaire donnait au château d'Anet l'*Échange* ou *Quand est-ce qu'on me marie?* Ces souvenirs littéraires qu'aucun historien de Sceaux n'a recueillis, à notre connaissance, ne sont pas indignes d'être rappelés.

La période brillante du château de Sceaux finit avec la duchesse du Maine, qui mourut en 1753. Son fils aîné, le prince de Dombes, le posséda deux années, puis se fit tuer dans un duel par le maréchal de Coigny et le laissa à son second frère, le comte d'Eu, qui, tout en ajoutant de nouveaux embellissements à cette demeure déjà si somptueuse, y vécut vingt ans dans une sorte de retraite. Le duc de Penthièvre, cousin du comte d'Eu et beau-père de l'infortunée princesse de Lamballe, hérita du domaine en 1775 et le conserva jusqu'à la Révolution. Il le donna alors à la duchesse d'Orléans, sa fille, qui n'en jouit pas longtemps, la Convention ayant mis sous le séquestre les biens des princes du sang. Le duc de Penthièvre venait peu à Sceaux ; il y réunissait cependant quelquefois des gens de lettres. Florian, d'abord page, puis gentilhomme du duc, aimait le séjour de Sceaux, où il composa une partie de ses *Pastorales*. Les habitants le nommèrent, en 1790, commandant de la garde nationale; il mourut en 1794.

Sceaux embrassa avec ardeur la cause de la Révolution; ses fêtes patriotiques en l'honneur de l'Agriculture, de la Vieillesse, de la Liberté, y attirèrent une foule immense de tous les environs et de Paris même, et redonnèrent un peu de vie au parc et au château, qui en étaient le théâtre. Cependant, en 1798, le domaine, qu'on avait destiné d'abord à devenir une école d'agriculture, fut mis en vente; l'acquéreur fit abattre les arbres du parc, démolir le château et les cascades, et se trouva en possession d'une ferme magnifique[1]. On peut juger de son étendue, car elle est tout entourée de murs. Heureusement, avant la vente, une commission de savants et d'artistes avait fait transporter au Luxembourg et aux Petits-Augustins l'*Hercule gaulois* de Puget, la statue de *Diane*, le groupe des *Lutteurs*, le *Silène*, l'*Antinoüs*; mais la chapelle, peinte à fresque par Lebrun, est détruite. L'année suivante (1799), on allait abattre la partie du parc connue sous le nom de *Ménagerie*; déjà le pavillon était rasé, lorsqu'une société de propriétaires fit acquisition de ce petit domaine, qu'on appelle aujourd'hui le Parc. C'est là tout ce qui reste de la somptueuse demeure bâtie par Colbert et embellie à grands frais par la duchesse du Maine; mais aussi

[1]. L'acquéreur se nommait Lecomte. Elle a épousé M. le marquis, depuis lors, de Trévise, qui, en 1834, a fait fermer l'ancien parc jusqu'alors ouvert au public.

c'est là qu'ont lieu depuis près de soixante ans ces bals célèbres qui, sous la Restauration et le gouvernement de Juillet, ont donné tant de vogue à la petite ville de Sceaux.

A vrai dire, l'origine du bal de Sceaux remonte à la Révolution française; on dansait alors dans la grande allée du parc et dans un rond-point près du petit château. Bientôt on adopta un massif de marronniers qui se trouvait au beau milieu de la ménagerie, et on y dressa une tente en toile, peu de temps après convertie en une magnifique rotonde ovale, dont les arbres du parc ont fourni les matériaux. C'est là qu'ont dansé nos pères, les muscadins et les incroyables du Directoire; c'est là que notre génération a dansé il y a quelque dix ou quinze ans; c'est là enfin, il faut l'espérer, si les bonnes traditions ne se perdent pas, que danseront nos enfants et nos petits-enfants. Où pourrait-on, d'ailleurs, trouver pour la danse en plein air une salle plus magnifique? Sans doute les illuminations de Mabille, du Château-Rouge et du Château des Fleurs sont plus splendides, leurs orchestres mieux nourris, leurs feux d'artifice plus brillants; mais on y est à l'étroit, on y étouffe; ces grandes cohues ressemblent à un bal champêtre comme les quatre caisses de rosiers ou de lauriers entassées par le propriétaire bourgeois sur le plomb de sa terrasse donnent l'idée d'un jardin en pleine terre à Bagneux ou à Fontenay. Sous la Restauration, un bal à Sceaux était une affaire de luxe et de mode, car les communications entre Paris et la petite ville n'étaient pas aussi faciles qu'aujourd'hui. On y voyait donc beaucoup de beau monde et de riches toilettes. Depuis l'établissement d'un chemin de fer, appelé à juste titre un chemin de promenade, Sceaux s'est un peu humanisé; le commis et la grisette avaient même fini par y dominer, il y a quelques années, et le grand monde s'en était éloigné. Aujourd'hui l'on n'y rencontre pas encore beaucoup de marquis et de duchesses, mais on peut dire que toutes les classes, depuis la grande dame jusqu'à la simple paysanne, s'y trouvent représentées. C'est donc un coup d'œil curieux qu'un bal à Sceaux pendant une belle soirée d'été; sous ces marronniers séculaires se croisent les costumes les plus bariolés, les toilettes les plus disparates; l'humble bouquetière de Fontenay y coudoie l'élégante de la Chaussée-d'Antin; l'honnête fils de cultivateur y fait vis-à-vis à la fine fleur de nos magasins : c'est là l'égalité, au moins devant la danse, et là-bas, dans ces profondeurs discrètes qu'éclaire à peine un quinquet fumeux, on pourrait surprendre plus d'un doux entretien. A onze heures, les danses cessent, le feu d'artifice éclate, la cloche du chemin de fer annonce le dernier départ; hâtons-nous et tâchons de trouver place : car, bien qu'on entende dire de tous côtés que le bal de Sceaux n'est plus de mode, jamais il n'a été plus fréquenté.

Vu de jour, le parc de Sceaux ne manque pas de charme : depuis la terrasse, la vue s'étend au delà des coteaux de l'Hay; on domine le vallon de Fontenay et celui de Bourg-la-Reine. De magnifiques allées couvertes invitent le promeneur;

une fraîche pelouse et quelques plates-bandes assez bien entretenues les séparent; mais il ne faut chercher aucun des chefs d'œuvre dont Puget et Girardon avaient semé les bosquets de Colbert. Tout au plus remarquera-t-on, au milieu d'un rond de gazon, un piédestal fort simple, surmonté d'une urne tout aussi simple. C'est un tombeau dont l'inscription a disparu; un tombeau dans ce lieu de plaisirs et de fêtes ! Oui, mais rassurons-nous : sous ce monument funéraire repose un chat, le chat favori de la duchesse du Maine. L'épitaphe disait :

CI-GIT
MAR-LA-MAIN,
LE ROI DES ANIMAUX.

Laissons-le dormir en paix.

Un peu plus bas que la grille du parc, et vis-à-vis de l'entrée du chemin de fer, se trouve l'*église*. La chapelle de Saint-Mammès, quoique agrandie sous Louis XI, était devenue trop petite pour une population toujours croissante. On la rebâtit au XVII<sup>e</sup> siècle, et on voit encore sur les médaillons de la voûte du chœur le chiffre de Colbert, qui acheva l'œuvre commencée par le duc de Tresmes. Peu remarquable à l'extérieur, malgré le petit clocher dont la république de 1848 l'a embellie, l'église de Sceaux renferme un admirable chef d'œuvre, un groupe en marbre de Puget, représentant le *Baptême de Jésus-Christ*, qui se trouvait autrefois dans la chapelle du duc du Maine. La nef principale et les chapelles sont décorées de tableaux assez nombreux, mais dont aucun n'a une grande valeur. Il n'en est

...as de même d'un petit médaillon en marbre blanc, placé devant l'autel de la Vierge, et qui représente la *sainte Vierge couronnée par l'enfant Jésus*.

De l'église au cimetière, la transition est naturelle, quoiqu'ils ne soient pas voisins l'un de l'autre : le cimetière des Acacias se trouve sur la route de Sceaux au Plessis. Si nous vous y conduisons, ce n'est pas qu'il y ait rien à admirer; mais sur une simple pierre on lit l'inscription que voici :

ICI
REPOSE LE CORPS
DE FLORIAN
HOMME DE LETTRES.

Un peu plus loin, sous un cyprès, est le tombeau de Caïlhava, l'auteur du *Tuteur dupé*.

Donnons un coup d'œil à la *Maison des Pauvres*, rue Picpus, ancienne infirmerie du château, à la maison qu'on appelle encore le *Petit-Château*, et nous aurons à peu près tout vu; car Sceaux, cette jolie petite ville propre et coquette, n'est pas riche en monuments. Elle n'en avait qu'un, le château : la Révolution l'a jeté à terre. La mairie est insignifiante ; l'hôtel de la sous-préfecture ne présente rien de remarquable, du moins à l'extérieur.

Les amateurs de beaux bœufs et de gras moutons peuvent venir à Sceaux le lundi, jour du marché aux bestiaux : ils auront de quoi se contenter. Ce marché est toujours celui qui fut enlevé à Bourg-la-Reine par le crédit du duc de Tresmes, et, à proprement parler, se tient à Bourg-la-Reine, sur la route de Paris, à l'extrémité d'une magnifique avenue de peupliers qui conduisait jadis à la grille du château de Sceaux. On pourra se faire une idée du mouvement, de l'animation et de l'importance de ce marché, quand on saura qu'il s'y vendait tous les lundis, en 1855, de 11 à 1200 bœufs et vaches, de 5 à 600 veaux et de 9 à 10000 moutons. Ces chiffres ont certainement augmenté. Il est, du reste, sérieusement question de transférer ce marché à Paris.

L'*industrie* manufacturière est presque nulle à Sceaux. La véritable industrie de Sceaux, comme de toute la banlieue sud de Paris, c'est la petite culture, la culture maraîchère.

## DE SCEAUX AU PLESSIS-PICQUET, A ROBINSON ET A AULNAY.

### A. AU PLESSIS-PICQUET.
3 kil. 400 mèt.

Pour aller de Sceaux au Plessis-Picquet, à Robinson et à Aulnay, il faut, au sortir de la gare du chemin de fer, tourner à droite et remonter la grande rue de Sceaux. A 20 minutes environ, on croise la route de Fontenay (à droite) et celle de Chatenay (à gauche). Cinq minutes plus loin, la jolie route ombragée de noyers que l'on a suivie se bifurque. Le bras de droite mène en 15 minutes au Plessis-Picquet, celui de gauche conduit à Aulnay (voir ci-dessous).

Avant de monter au Plessis-Picquet, dont le point culminant est à 150 mètres, on laisse à droite un petit étang situé à 104 mètres, au pied de la belle propriété de M. Vanlerberghe. Cet étang, auquel vient aboutir aussi la route de Fontenay-aux-Roses (voir ci-dessous), plaît moins par la limpidité de ses eaux que par le paysage qui lui sert de cadre. Les roseaux l'ont envahi à moitié. Il est alimenté par les eaux pluviales, au moyen de rigoles qui s'étendent jusqu'auprès du parc de Meudon. Il servait autrefois de réservoir pour les cascades qui jouaient à Sceaux, pendant la belle saison, le premier dimanche de chaque mois.

De l'autre côté de l'étang, on aperçoit le village, coquettement étagé sur le flanc d'un coteau et dominé par le clocher roman de sa petite église récemment restaurée. Le **Plessis** ou le **Plessis-Picquet** n'est, à proprement parler, qu'un hameau, car il compte à peine 200 habitants ; dans l'origine, c'était une ferme dépendant du domaine de Sceaux, ferme assez ancienne toutefois, puisque nous en trouvons le nom dans les *Olim* du parlement, à la date de 1260. Les maisons de campagne y sont peu nombreuses, mais princières ; l'une d'entre elles a été la propriété de Colbert ; Mlle Mars l'a, dit-on, habitée avec un colonel de ses amis ; elle appartient aujourd'hui à M. Hachette ; celle qui lui fait face, de l'autre côté de la route, a pour propriétaire M. Bréton. En 1815, les habitants du Plessis furent tout ébahis de voir arriver chez eux l'empereur Alexandre : il venait rendre visite à son ancien précepteur, le colonel Laharpe.

Le Plessis-Picquet n'est qu'à 1200 mètres de la route de Paris à Chevreuse, d'où l'on peut gagner les bois de Meudon en 15 ou 20 minutes. On compte 2 kilomètres du Plessis à Clamart, et 4 kilomètres du Plessis à Meudon.

D. A ROBINSON ET A AULNAY.

Pendant l'été, on trouve quelque[s] des omnibus et des tapissières pour a[l]ler de la station de Sceaux à Robins[on] Le prix d'une place est de 25 ou 30 [c.] A pied, 30 minutes suffisent.

**Robinson** n'est qu'à huit [ou] dix minutes du carrefour où l'[on] prend à droite pour aller au Ple[s]sis-Picquet (voir ci-dessus). 200 [ou] 300 mètres au delà de ce carrefou[r] on laisse à droite un chemin q[ui] conduit également au Plessis-P[ic]quet, et on tourne à gauche. [De] hideux cabarets ont déjà signalé [le] voisinage de Robinson, petit grou[pe] de maisons et de baraques en pl[an]ches qu'on est convenu d'appe[ler] de ce nom. A droite est une carri[ère] de sable demi-rouge, qui trace [un] large sillon sur le flanc d'une c[ol]line, du sommet à la base, et [qui] s'aperçoit de fort loin ; elle [est] dominée par une sorte de p[e]tite tourelle formant l'angle du [du] parc de M. Hachette, d'où l'on d[é]couvre un admirable panorama.

Robinson était autrefois, il y a u[ne] dizaine d'années, une promen[ade] pleine de charme et de silence ; [des] châtaigniers, les plus beaux qu'[il] eût aux environs de Paris, bord[aient] une allée de sable fin assez lar[ge] pour que deux voitures y puss[ent] passer de front ; une pente d[ou]ce menait de la plaine à un plate[au] d'où l'œil plongeait dans le r[este] de la vallée aux Loups pour se [mê]ler ensuite avec ravissement sur [un] horizon immense. Le promene[ur] pouvait rester assis pendant [des] heures entières sous ces hauts c[hâ]taigniers, contemporains de s[aint] Louis peut-être, sans que rien [vînt] troubler sa rêverie. Aujourd'h[ui] lus de mystère, plus de silence, e charme a disparu ; Robinson est n des coins les plus bruyants, les lus tapageurs que l'on puisse rouver à cent lieues à la ronde. Comment s'est opérée cette métamorphose? Vers la fin de 1848, le propriétaire de ces beaux châtaigniers eut l'idée peu poétique de les faire abattre; c'était son droit, nul n'y pouvait trouver à redire. Un industriel imagina d'acheter un des plus gros arbres et d'établir sur les deux maîtresses branches un plancher auquel on arrivait par un escalier tournant autour de l'énorme tronc. L'invention fit merveille, mais bientôt la concurrence s'en mêla, et une douzaine de cafés vinrent se jucher sur les bran-

Robinson.

des châtaigniers. Vous avez des châtaigniers à un et à deux étages; que dis-je? on vous offre même, *dans l'intérieur de l'arbre*, une enseigne, un salon de couverts et des cabinets particuliers ! Rien ne manque à Robinson, ni les chalets grotesques, ni les cafés chantants, ni les restaurants, ni les cabarets, ni les carrousels, ni les tirs au pistolet et à la carabine; on y trouve même un cabinet d'histoire naturelle, que nous n'avons pas eu la curiosité de visiter. Quant à Robinson, qu'on ne s'attendait guère à voir paraître en cette affaire, il a son petit temple vers le haut de la promenade, sur la gauche; au-dessus de la porte on lit ce quatrain sentimental :

Robinson, nom cher à l'enfance,
Que vieux l'on se rappelle encor !
Dont le souvenir, doux trésor,
Nous reporte aux jours d'innocence !

Hélas ! nous aimerions mieux être reportés à ces jours où l'on pouvait venir rêver à l'ombre des vieux châtaigniers.

Mais redescendons la montagne de sable et engageons-nous dans la vallée aux Loups, à l'entrée de laquelle est le hameau d'**Aulnay**. Aulnay, qui compte une soixantaine d'habitants, dépend de la commune de Chatenay; il doit son nom aux aunes qui y étaient en très-grande quantité; mais le bois d'Aulnay, aujourd'hui, est un bois de châtaigniers. S'il faut en croire la tradition, ce hameau formait autrefois un village assez considérable, détruit dans les guerres dont les environs de Paris ont été le théâtre à diverses époques. En 1284, l'abbaye de Sainte-Geneviève y exerçait un droit de justice, et il est fait mention d'Aulnau sous Philippe le Bel, dans le nécrologe de l'église de Paris.

La première maison que l'on rencontre sur sa gauche, en descendant la vallée aux Loups, est celle d'Henri de Latouche; elle est facile à reconnaître au colombier revêtu de lierre qui la surmonte. Le poëte misanthrope vécut de longues années dans cette délicieuse retraite, et l'on peut remarquer que les seules fenêtres qui donnent véritablement du jour sont tournées vers la campagne. A Latouche succéda un jeune professeur dont le talent faisait concevoir les plus hautes espérances, Georges Farcy, qui fut tué à la révolution de Juillet sur place du Carrousel. On voyait encore, il y a quelques années, sur un des murs de l'hôtel de Nantes aujourd'hui démoli, une table de marbre commémorative, pieux hommage de ses amis. Qu'eût dit l'auteur des *Promenades à la vallée aux Loups*, cet ami de la paix et de la solitude, s'il avait vu venir s'établir à sa porte, et presque s'adosser à son mur, une de ces gargotes où l'on fait *sauter*, les jours de fête, un lapin douteux !

Un peu plus loin, et du même côté, se présente à nous une construction singulière, une maison moitié bourgeoise et moitié gothique, « décoration théâtrale dont l'idée, plus poétique que raisonnable, signale le jeu quelque peu puéril d'une imagination remplie ordinairement de plus vastes conceptions. » Au reste, Chateaubriand fait lui-même justice de ces bizarreries : « Je fis, dit-il[1], quelques additions à la chaumière; j'embellis sa muraille de briques d'un portique soutenu par deux colonnes de marbre noir et deux cariatides de femmes de marbre blanc : je me souvenais d'avoir passé à Athènes. Mon projet était d'ajouter une tour au bout du pavillon; en attendant, je simulai des créneaux sur le mur qui me séparait du chemin : je précédais ainsi *la manie du moyen âge qui nous hébète à présent*. » Mais si la demeure de l'auteur du *Génie du Christianisme* choquait le bon goût par ce mélange de prosaïsme bourgeois et de prétention archéologique, il n'en était pas de même de

[1]. *Mémoires d'Outre-Tombe*, t. V, p. 100.

n parc, un des plus beaux que l'on puisse voir. « Il y a quatre ans¹ qu'à mon retour de la Terre Sainte, j'achetai près du hameau d'Aulnay, dans le voisinage de Sceaux et de Chatenay, une maison de jardinier, cachée parmi les collines couvertes de bois. Le terrain inégal et sablonneux dépendant de cette maison n'était qu'un verger sauvage au bout duquel se trouvaient une ravine et un taillis de châtaigniers. Cet étroit espace me parut propre à renfermer mes longues espérances : *spatio brevi spem longam reseces*. Les arbres que j'y ai plantés prospèrent; ils sont encore si petits que je leur donne de l'ombre quand je me place entre eux et le soleil. Un jour, en me rendant cette ombre, ils protégeront mes vieux ans comme j'ai pro-

La maison de Chateaubriand à la vallée aux Loups.

tégé leur jeunesse. Je les ai choisis autant que je l'ai pu des divers climats où j'ai erré; ils rappellent mes voyages et nourrissent au fond de mon cœur d'autres illusions.... Ce lieu me plait; il a remplacé pour moi les champs paternels; je l'ai payé du produit de mes rêves et de mes veilles; c'est au grand désert d'Atala que je dois le petit désert d'Aulnay ; et, pour me créer ce refuge, je n'ai pas, comme le colon américain, dépouillé l'Indien des Florides. Je suis attaché à mes arbres ; je leur ai adressé des élégies, des sonnets, des odes. Il n'y a pas un seul d'entre eux que je n'aie soigné de mes propres mains, que je n'aie délivré du ver attaché à sa racine, de la chenille collée à sa

1. *Mémoires d'Outre-Tombe*, t. I,

feuille; je les connais tous par leurs noms comme mes enfants : c'est ma famille, je n'en ai pas d'autre, j'espère mourir auprès d'elle. Ici, j'ai écrit les *Martyrs*, les *Abencérages*, l'*Itinéraire* et *Moïse*. » Cependant Chateaubriand se vit forcé de mettre en loterie sa chartreuse de la vallée aux Loups; trois billets seulement furent placés. Enfin, la maison et le parc furent vendus à l'enchère pour 51 000 francs. La propriété, après avoir passé dans les mains du vicomte Mathieu de Montmorency, appartient aujourd'hui à M. Sosthène de La Rochefoucauld.

De la vallée aux Loups, 15 ou 20 minutes suffisent pour gagner à travers bois le *Petit Malabry*, cabaret situé sur la route de Versailles à Choisy-le-Roi, près de la belle propriété de Malabry et à l'entrée du bois de Verrières (voir ci-dessous Verrières, pour la description de ce bois).

### DE SCEAUX A VERRIÈRES, PAR CHATENAY.

5 kil. — L'*omnibus*, qui partait autrefois de la gare de Sceaux pour aller à Verrières par Chatenay, part maintenant de la station de Massy et ne dessert plus que Verrières.

Deux chemins principaux, outre divers sentiers, mènent de Sceaux à Chatenay. La route que suivait l'omnibus remonte la grande rue de Sceaux et se dirige à l'ouest dans une allée de noyers jusqu'à un carrefour où viennent aboutir quatre routes. Le bras de droite vient de Fontenay-aux-Roses; celui de face mène au Plessis-Piquet, à Robinson et à Aulnay; celui de gauche, qui tourne au sud en faisant un angle aigu avec la route de Sceaux, conduit à Chatenay. C'est une des plus agréables promenades des environs de Paris. Après avoir croisé un chemin qui relie Sceaux à Robinson, et laissé à droite à mi-côte un autre chemin menant à Aulnay, on vient traverser le ruisseau d'Aulnay sur le pont Aubry, et on monte à Chatenay. A l'entrée du village, on laisse à droite une route conduisant à Aulnay et au bois de Verrières (voir ci-dessous de Sceaux à Bièvre et à Igny), et, à gauche, l'autre route venant de Sceaux, et que nous allons indiquer.

Cette route, plus courte d'un kilomètre environ et préférée par les piétons, quoique beaucoup moins agréable, est celle qui s'ouvre en face de la mairie de Sceaux. Laissant l'église à gauche, elle longe en descendant le mur de l'ancien parc de Sceaux, au pied duquel court ou plutôt croupit un ruisseau fétide; remonte une allée de peupliers, puis se dirige brusquement au sud pour venir rejoindre, par deux bras, à l'entrée et au milieu de Chatenay, la route des voitures. — En continuant à suivre le mur du parc, on irait aboutir sur la route de Versailles à Choisy-le-Roi, à 1 kilomètre de la Croix-de-Berny.

### Chatenay.

*Distances*. Chatenay est à 1 kil. 900 mèt. de Sceaux par la route, à 11 700 mèt. de Paris, 1 kil. d'Aulnay, 1 kil. de Fontenay-aux-Roses, 2 kil. d'Antony, 2 kil. 500 mèt. de Verrières, 6 kil. d'Igny et d'Amblainvilliers, 6 kil. de Bièvre.

**Chatenay** (500 hab.), département de la Seine, arrondissement de Sceaux) doit son nom aux bois

# CHATENAY. 741

châtaigniers (*castanetum*) dont était entouré, et dont on peut ir encore dans l'allée de Robin- n d'admirables échantillons; il situé sur le penchant d'un co- u couronné de bois, planté de gnes et d'arbres fruitiers, qui do- ne une campagne fertile et bien ltivée. Son origine est fort an- enne, puisque Erminon, abbé de int-Germain des Prés sous Char- magne, en fait mention, et son portance était telle, que la terre Sceaux dépendit fort longtemps e la seigneurie de Chatenay. Les empliers la possédaient au XIII° siè- e; ils la vendirent à un chanoine ui en fit présent au chapitre de tre-Dame. Les habitants de Cha- nay souffrirent cruellement de reté de ces derniers maîtres ; ais la mère de saint Louis, la eine Blanche, princesse aussi juste ferme qu'elle était pieuse, les a d'oppression. « Cette reine, uvernant le royaume durant l'ab- nce de saint Louis, son fils, ap- rit que les officiers du chapitre de aris avaient enfermé dans les pri- ns de l'Église les hommes serfs a'ils avaient à Chatenay, pour 'avoir pas payé la taille attachée à ur état, et que ces officiers ne ur fournissaient point les vivres écessaires. La chronique latine arque en propres termes que la eine les pria de les faire sortir de rison, et qu'ils n'en voulurent rien aire; qu'au contraire, ils firent ncore enfermer les femmes et les nfants, de manière que la chaleur e la prison en étouffa plusieurs : e que voyant la reine Blanche, lle vint au chapitre avec des gens rmés, fit rompre les portes de la rison, et se saisit du temporel de l'Église jusqu'à satisfaction. » (*Histoire du village de Chatenay-lez-Bagneux*, par Charles Barthélemy.)

Lorsque le duc du Maine eut fait l'acquisition de la terre de Sceaux, il acheta aussi la seigneurie de Chatenay, dont il fit don à l'académicien Malésieu, qu'il avait décoré du titre de chef de ses conseils ; il joignit à ce présent celui d'une fort jolie maison. Malésieu se trouvait ainsi à quelques pas de Sceaux, où la duchesse l'appelait à tout moment pour tracer le plan de fêtes nouvelles ; aussi peut-on être bien certain que les conseils de la duchesse lui donnaient plus d'occupations que ceux du duc. Au reste, Malésieu eut plus d'une fois l'honneur de recevoir Leurs Altesses dans sa seigneurie et de leur rendre les fêtes qu'on lui donnait à Sceaux. On peut lire, dans le *Mercure galant* du mois d'août 1703 (pages 282 à 322), le récit d'une de ces journées fécondes en divertissements et en surprises de toute sorte. Les habitants de Chatenay se montrent assez fiers de ces souvenirs, mais ils sont bien autrement orgueilleux, et avec raison, de l'honneur que leur fit Voltaire en venant au monde au milieu d'eux. « François-Marie Arouet, qui a rendu le nom de Voltaire si célèbre, naquit à Chatenay le 20 de février 1694, et fut baptisé à Paris, dans l'église de Saint-André des Arcs, le 22 de novembre de la même année. Son excessive faiblesse fut la cause de ce retard, qui pendant sa vie a répandu des nuages sur le lieu et sur l'époque de sa naissance. » (*Vie de Voltaire*, par Condorcet.) Voltaire lui-même confirme cette date dans une de ses lettres à Cideville : « J'entre aujourd'hui dans ma soixante-douzième année ; car je suis né en 1694, le 20 février, et non le 20 de novembre, comme le disent les commentateurs mal instruits. » Mais ailleurs, Voltaire indique une autre date ; mais nulle part il ne nomme le lieu de sa naissance ; mais on possède son acte de baptême constatant que M. Bouché, vicaire de l'église Saint-André-des-Arcs, baptisa, le 22 novembre 1694, François-Marie, *né le jour précédent*. Voilà bien des motifs de douter. Les habitants de Chatenay n'en ont pas moins inauguré, en l'honneur de Voltaire, sur la place du village, près de la maison natale, qui appartient à Mme la comtesse de Boignes, un petit buste assez laid et que le temps a rendu verdâtre, incrusté dans un mur et protégé par un grillage ; fût-il plus laid encore, nous nous inclinerions devant lui avec le même respect. Mais pourquoi disputer aux habitants de Chatenay l'honneur d'avoir vu naître Voltaire ? Laissons-leur ce glorieux souvenir, pour les consoler d'avoir donné asile à l'abbé Châtel. On peut voir encore une grange dans laquelle le fondateur de l'Église française avait dressé son autel.

Le seul monument de Chatenay est son *église*, dont quelques parties sont modernes ; l'intérieur renferme toutefois des colonnes qu'on peut attribuer d'une manière presque certaine à l'architecture du x° siècle. Parmi les tableaux qui la décorent, on remarquera une toile espagnole du xvi° siècle, la Vierge et l'Enfant Jésus, et sept copies de Lesueur représentant des épisodes de la vie de saint Bruno.

La situation délicieuse de Chatenay, enclavé entre les bois d'Aulnay et ceux de Verrières, y a fait construire un grand nombre de maisons de plaisance, toutes assez simples d'architecture, mais dont plusieurs sont entourées de jardins et de parcs magnifiques. L'industrie des habitants est nulle, et pourtant le village est fort riche : c'est qu'aux tour de Paris la petite culture fait de vrais prodiges.

De Chatenay, on peut aller en 15 ou 20 minutes à Aulnay (voir ci-dessus) ; en 25 minutes, à la Croix-de-Berny (voir ci-dessous) en 1 heure, à Igny et à Amblainvilliers, par le buisson de Verrières (voir ci-dessous) ; en 1 heure 15 minutes, à Bièvre (voir ci-dessous).

De Chatenay à *Verrières*, on compte à peine une demi-heure de marche. On franchit la belle et large route qui va de Choisy-le-Roi à Versailles ; puis on prend un petit chemin *de terre* qui longe le coteau que couronne le *buisson* ou bois de Verrières (voir ci-dessous). Verrières, que nous atteignons bientôt, présente à son entrée deux grandes propriétés : l'une, à gauche, avec un vaste parc, appartenait anciennement à Laffitte ; celle de droite est possédée par M. Thomorin.

### Verrières.

*Distances.* Verrières est à : 15 kil. de Paris, 5 kil. de Sceaux, 2 kil. 1/2 de Chatenay, 2 kil. d'Antony, 1 kil. 1/2 d'Amblainvilliers, 3 kil. d'Igny, 4 kil. 1/2 de Bièvre, 2 kil. 1/2 de l'Obélisque du bois de Verrières.

Verrières est desservi actuellement par un *omnibus* qui part de la station de Massy, et dont le bureau est établi chez M. Guignard, pâtissier. Prix 0

..., 15 c. en semaine, 20 c. les di-
...ches et fêtes.
Les *Sirènes* mènent directement de
...is à Verrières (voir page 727).

Sous le règne de Charlemagne,
est fait mention de **Verrières**
*(erdrariæ)* dans un titre de l'ab-
...ye de Saint-Germain des Prés. Les
...oines de cette abbaye, qui exer-
...ient à Verrières les mêmes vexa-
...ons que leurs confrères du cha-
...tre de Notre-Dame à Chatenay,
...ndirent enfin l'affranchissement
... leurs serfs au XIII° siècle, mais
... des conditions tellement oné-
...uses que cette liberté chèrement
...hetée ruina le village. Verrières
...rien qui puisse nous arrêter
...gtemps; son *église* est du
...° siècle, à l'exception du por-
...il et d'une partie de la tour, qui
...tent du XIII°; le reste de l'édi-
...e a été brûlé en 1562, pendant
... guerres de religion, par l'ar-
...ée de Condé. Toutefois, avant de
...itter cette commune, il faut don-
...r un coup d'œil à la magnifique
...enue de peupliers, longue de
...ès d'un kilomètre, qui mène au
...âteau du duc de Cambacérès, le
...âteau de *Mignaux*, l'ancien ma-
...ir du seigneur de la paroisse de
...errières.

Verrières donne son nom à un
...is, appelé plus communément
...isson, qui couvre en partie le
...ateau et les pentes d'une colline
...cidentée, dont la Bièvre baigne
... base à l'ouest et au sud. Ce bois,
...rcé de belles allées et de nom-
...reux sentiers, est l'une des pro-
...enades les plus agréables des en-
...rons de Paris. De la route qui en
...it le tour et qu'on nomme le *cor-*
..., on découvre à l'ouest et au
...d de charmants points de vue sur

la vallée de la Bièvre. C'est principalement au-dessus de Verrières,
d'Amblainvilliers, d'Igny et de
Bièvre, qu'il faut se placer pour
jouir des plus beaux paysages. Du
reste, il est difficile de s'égarer
dans le buisson de Verrières. Quarante-cinq minutes suffisent pour
le traverser dans sa plus grande
longueur, du Petit-Bicêtre à Amblainvilliers; sa plus grande largeur, de Chatenay à Bièvre, n'est
que de 3 kilomètres 500 mètres. Ses
principales allées viennent, en outre, aboutir à un carrefour à peu
près central, qu'on nomme l'*Obélisque*, et des poteaux indiquent
aux promeneurs la direction qu'ils
doivent suivre en quittant ce carrefour, pour aller à Malabry, au
Petit-Bicêtre, à Bièvre, à Igny, à
Verrières et à la mare à Chalot.

## DE VERRIÈRES A BIÈVRE PAR AMBLAINVILLIERS ET IGNY.

5 kil. environ.

Après avoir dépassé l'avenue du
château de Mignaux, et laissé sur
la droite une belle maison de campagne, qui depuis quelques années
a souvent changé de propriétaire, on
ne tarde pas à apercevoir, presque
en face de soi, au delà du *Moulin de
Grais*, le château de **Vilgenis**, possédé par M. Delorme avant sa mort,
et récemment acquis par le frère de
Napoléon, Jérôme, ancien roi de
Westphalie, qui y a fait d'importants embellissements. Avant d'atteindre le village d'*Amblainvilliers*,
on laisse sur la droite un chemin
qui conduit à Bièvre et à Igny, en
longeant la base du buisson de
Verrières. La route de voiture traverse le village qui dépend de Ver-

rières, et où l'on remarque deux belles maisons de campagne appartenant, celle du haut, à M. Drouin de l'Huys; celle du bas, à M. Chedeville. Au milieu de la côte, la route se bifurque. Le bras qui continue à descendre va rejoindre, à peu de distance, la route de Palaiseau à Bièvre, qui sera décrite ci-dessous; l'autre va longer à mi-côte la base de la colline que couronne le Buisson, pour passer devant le château d'Igny et le petit Vaupereux (voir ci-dessous).

**DE SCEAUX A AMBLAINVILLIERS, A IGNY ET A BIÈVRE, PAR LE BUISSON DE VERRIÈRES.**

1 h. 20 m. et 1 h. 30 m. à pied.

Divers chemins conduisent de Sceaux au buisson de Verrières. Nous n'indiquerons ici que les deux principaux : l'un, le plus long et le plus agréable, passe par Robinson et par Aulnay (voir ci-dessus), croise, à *Malabry*, la grande route de Versailles à Choisy-le-Roi, près de l'endroit où, en 1815, le général Excelmans attaqua et défit deux bataillons prussiens (voir Rocquencourt, page 355), et gagne en ligne directe le carrefour de l'Obélisque. L'autre prend, au contraire, la direction de Chatenay, longe les jardins des maisons de campagne de ce village, croise près du parc de la propriété de Mme de Boignes la route de Versailles à Choisy-le-Roi, et monte dans le bois en laissant à gauche une carrière de sable. Au sommet de la côte, on voit à droite une petite allée qui s'enfonce dans le bois en ligne droite. Il faut suivre cette allée, puis prendre le premier sentier que l'on trouve à gauche, et qui, après avoir croisé une belle et large avenue, conduit à la *Mare à Chalot*. De cette mare part au nord-ouest une allée qui mène en cinq minutes à l'Obélisque. On la suit si l'on veut se rendre à Bièvre. Pour gagner Amblainvilliers et Igny, il faut prendre l'allée du sud-ouest, la suivre jusqu'au second carrefour rond et prendre alors la seconde allée qui s'ouvre à gauche. Cette allée descend par une pente très-roide dans la vallée de la Bièvre, entre Amblainvilliers et Igny, au pont dit *Monseigneur*. Le premier sentier bien frayé que l'on y trouve à droite descend directement à Igny; on le nomme le *Faux-fuyant d'amour*.

**DE PARIS A FONTENAY-AUX-ROSES PAR CHATILLON ET BAGNEUX.**

*Omnibus.* Les Montrougiennes, rue de Grenelle-Saint-Honoré, 45; à Montrouge, 13, route de Châtillon.

*Départs.* De Paris à Fontenay : toutes les 15 m., de 7 h. 50 du matin à 9 h. du soir pour Fontenay et 11 h. du soir pour Montrouge; les dimanches et jours de fête, les départs ont lieu toutes les 10 m.

De Fontenay à Paris : toutes les 15 m. de 6 h. du matin à 9 h. du soir.

|  | Semaine. | Dimanches et fêtes. |
|---|---|---|
| De Paris au | c. | c. |
| Petit-Montrouge | 25 | 30 |
| au Grand-Montrouge | 25 | 35 |
| au Petit-Vanves | 35 | 50 |
| au Fort de Vanves | 50 | 70 |
| à Châtillon | 50 | 80 |
| à Fontenay-aux-Roses | 50 | 80 |

De la barrière d'Enfer à Bagneux, trois départs par jour, 30 c. en semaine.

Les Fontenaises desservent aussi Châtillon et Fontenay. Leur bureau est à Paris, rue Christine, 12, et rue Dauphine, 33. Sept départs par jour en semaine

(80 c.), et 9 les dimanches et fêtes (15 c.).

On sort de Paris par la barrière d'Enfer. Cette barrière franchie, on a devant soi la large rue du Petit-Montrouge (voir page 135). A l'extrémité de cette rue et de l'avenue du Maine, on laisse à gauche la route d'Orléans pour prendre la route de Chevreuse par Bièvre, qui s'ouvre sur la droite. Au delà des fortifications, dont on ne tarde pas à sortir, on laisse à gauche Montrouge (voir page 136); plus loin, du côté opposé, apparaît le fort de Vanves (voir page 141). Rien de plus laid que cette plaine sur laquelle on n'aperçoit, quand les maisons qui bordent la route n'interceptent pas la vue, que ces affreuses roues maigres qui sont destinées à monter les pierres du fond des carrières au niveau du sol. Mais on la traverse vite et à l'horizon se montrent les coteaux boisés de Châtillon, de Clamart et de Meudon. On aperçoit à gauche le clocher de Bagneux avant d'atteindre les premières maisons de Châtillon.

### Châtillon.

*Distances.* Châtillon est à 8 kil. de Paris, 1 kil. de Bagneux, 1 kil. de Fontenay-aux-Roses, 2 kil. de Clamart, 3 kil. de Bièvre, 3 kil. du Plessis-Piquet, 3 kil. 300 mèt. de Sceaux.

**Châtillon - sous - Bagneux** (*Castellio*) doit sans doute son origine à une ancienne forteresse; il en est fait mention pour la première fois dans un cartulaire de Notre-Dame des Champs lez Paris, qui porte la date de 1192. La principale seigneurie, car il y en avait plusieurs, appartenait à l'abbaye de Saint-Germain des Prés. Un lieutenant criminel de Paris, Richard Tardieu, seigneur du Ménil, un des ancêtres de ce conseiller au parlement dont Boileau peint, dans sa $x^e$ satire, la sordide avarice, en fit l'acquisition. Colbert l'acheta à son tour, et elle passa au duc du Maine avec la baronnie de Sceaux. L'histoire fait peu mention de Châtillon; cependant Monstrelet rapporte que le duc de Bourgogne Jean sans Peur campa sur la montagne pendant huit jours, en 1417, avant d'aller mettre le siége devant Montlhéry. Près de Châtillon on voit les débris d'une vieille tour transformée en un pacifique moulin à vent; les habitants du pays l'appellent la *tour de Crouy*. Elle faisait sans doute partie des fortifications dont Châtillon était jadis entouré. Elle est à 162 mètres au-dessus du niveau de la mer. L'*église* est enclavée dans des maisons qui ne laissent apercevoir que sa porte basse et ses contre-forts grossiers. L'intérieur orné de fresques récemment repeintes est petit et bas. Les vitraux font un effet assez agréable. En face se trouve la nouvelle mairie, qui, bien que fort simple, offre cependant un aspect agréable. En somme, Châtillon n'a rien à montrer aux étrangers, si ce n'est la belle vue dont on jouit du haut de ses collines. L'horizon est borné à gauche, au delà des bois de Clamart et de Meudon, par le mont Valérien, à droite par les hauteurs de Montmartre, et entre les deux collines, dans le lointain, au delà de Paris que l'on aperçoit tout entier, on découvre la belle vallée de Montmorency.

La population de Châtillon est de 1100 habitants; ses ressources proviennent en grande partie de l'exploitation des carrières et de la culture maraîchère.

Du haut de la côte de Châtillon on peut gagner en 30 minutes (sans passer par Clamart) les bois de Meudon, qui offrent les plus agréables promenades des environs de Paris (voir page 297).

Fontenay-aux-Roses est à 10 minutes de Châtillon ; on peut s'y rendre, soit en suivant la route, soit en se jetant sur la gauche dans de petits sentiers bordés de cerisiers, de groseilliers et de fraisiers, et en se dirigeant sur le clocher de l'église. On peut aussi y aller par Bagneux. C'est une excursion de 10 minutes.

Fontenay-aux-Roses a été décrit ci-dessus (voir page 725).

### Bagneux.

*Distances.* Bagneux est à : 8 kil. 700 mèt. de Paris, 1 kil. de Châtillon et de Fontenay-aux-Roses, 3 kil. de Montrouge, 2 kil. de Bourg-la-Reine, 2 kil. d'Arcueil, 2 kil. 800 mèt. de Sceaux.

De Châtillon à Bagneux, 10 minutes suffisent ; les maisons se touchent presque, ou plutôt les deux villages sont reliés ensemble par un petit chemin bordé d'agréables maisons de campagne. Bagneux a, pour le Parisien, et par les mêmes raisons, autant d'attrait que Châtillon. Il est assis sur le même plateau, mais à l'extrémité opposée.

**Bagneux,** petite commune de 885 habitants, dont l'industrie consiste aussi dans l'exploitation de carrières de pierre et de plâtre, est un des séjours préférés des habitants de la rive gauche qui peuvent se passer les douceurs de la villégiature. Il mérite cette préférence par sa situation délicieuse au sommet d'une colline d'où l'on découvre, d'un côté, Paris et ses monuments, de l'autre le gracieux vallon que dominent Sceaux et Fontenay. Parmi ceux qui viennent dans la saison d'été y respirer un air pur, il en est peu sans doute qui se préoccupent de rechercher son origine, pourtant fort ancienne, si, comme le prétend le P. Daniel, elle remonte au vi° siècle[1] ; et plus d'un boit en grimaçant la piquette du pays sans se douter que le vignoble de Bagneux était autrefois fort renommé, et que le bon roi Dagobert (ou du moins l'un de ses plus proches successeurs, ce sont nos vieux chroniqueurs qui l'affirment) venait souvent y visiter ses vignes et en goûter les produits. Mais on chercherait vainement à Bagneux quelques traces de Dagobert ou d'Éloi ; vainement aussi voudrait-on retrouver quelques débris de l'ancienne Commanderie des Templiers, dont une porte subsistait pourtant encore il y a quelques années. De tout le passé de Bagneux, il ne reste que deux monuments : une lettre d'Henri IV à sa Gabrielle (31 octobre 1589), et une église qui est l'une des plus remarquables des environs de Paris. La lettre vaut la peine d'être citée ; elle est fort courte, d'ailleurs ; la voici :

Sy vostre amour est de l'échantillon que vous m'avés envoyé, mes afaires vont bien. Mais, despuis quelques ans, vous me l'avés faict trouver de la taille du vidame du Mans, long et mègre. Je suis arrivé à Bagneux ayant eu tout le plaisir qu'il se peut. Je vous supplye,

---

1. Quelques-uns veulent même voir dans Bagneux *Balneolum*, ce qui n'irait à rien moins qu'à en faire un établissement thermal du temps des Romains.

menté mon contentement : vous le
avés, vous le devés ; il faut que vous
rouliés. Sur ce salutaire conseyl, je
yré en vous bésant un mylyon de
ys. HENRI.

Quant à l'*église*, elle paraît avoir
é commencée au XII° siècle et
achevée au XIII°. La voûte en est
belle, régulière, et la nef est décorée de petites galeries qui rappellent
celles de Notre-Dame. Sur le couronnement des bas côtés s'élèvent
des arcs-boutants qui soutiennent
la construction supérieure. Le por-

Portail de l'église de Bagneux.

il, de style roman, a souffert du
mps et des mutilations. On y
yait, dans un bas-relief aujour-
hui détruit, le Père éternel ac-
mpagné de quatre anges portant
es chandeliers. Telle qu'elle est
pendant, l'église de Bagneux mérite d'être visitée par ceux qui s'in-
téressent aux monuments de l'ancienne architecture.

Un favori du cardinal de Richelieu, Benicourt, avait une maison
de plaisance à Bagneux. Quand on
démolit ce petit château, à la Ré-

volution, on trouva dans un pavillon un puits dont l'ouverture était bouchée, et qui contenait des ossements, des bijoux, des débris de vêtements. On en conclut, avec quelque apparence de raison, qu'une partie de la demeure du favori avait été complaisamment convertie en oubliettes, et que Richelieu y avait fait enfermer plus d'une victime. Mais, si vraisemblable que soit cette supposition, rien de bien positif n'est venu en démontrer la vérité.

On peut se rendre de Montrouge à Bagneux par trois routes différentes : l'une est, comme on dit, le *pavé* d'Orléans, que l'on abandonne un peu avant Bourg-la-Reine pour prendre sur la droite; l'autre est le chemin de Châtillon, car qui dit Châtillon dit Bagneux; enfin il est un petit sentier qui part de l'église de Montrouge, serpente à travers les blés et les seigles, grimpe sur un petit coteau planté de vignes, et débouche enfin au milieu même de Bagneux. On traverse ainsi la plaine presque sans s'en apercevoir, et on gagne sans fatigue et sans dégoût ce premier rideau de collines, derrière lequel on rencontre, dans toutes les directions, les plus charmants paysages.

### DE FONTENAY-AUX-ROSES AU PLESSIS-PICQUET, A ROBINSON ET A AULNAY.

Quand on sort de Fontenay par la *Voie creuse*, qui est bordée de noyers, on arrive en quelques minutes au sommet d'une petite éminence d'où l'œil embrasse un panorama assez varié, prairies, grands bois, villages aux blanches maisons, et à l'horizon la gigantesque silhouette de la tour de Montlhéry. Un peu plus loin, les grands arbres qui bordent le chemin se croisent en berceau, et une côte assez rapide descend vers l'étang du Plessis. Avant d'y arriver, on trouve sur la droite, l'endroit où se rencontrent les routes du Plessis et d'Aulnay, et vis-à-vis de la guinguette du *Coq du Milieu*, un sentier qui, en deux minutes, mène à la fosse Bazin. La fosse Bazin ne se décrit pas, mais on ne saurait venir à Fontenay sans la visiter : c'est une gorge des Alpes ou un col des Pyrénées, en miniature, bien entendu.

Le Plessis-Picquet et Aulnay sont décrits ci-dessus, voy. page 736.

### B. LE CHEMIN DE FER D'ORSAY.

Pour l'Embarcadère, les omnibus, les billets d'aller et retour et les abonnements, voir les pages 719 et 720.

*Sept départs* par jour. *Trajet* en ...

Les *prix des places* sont ainsi fixés :

| La Semaine. | 1re cl. | 2e cl. | 3e cl. |
|---|---|---|---|
| kil. | fr. c. | fr. c. | |
| 6 Arcueil-Cachan... | » 55 | » 40 | » |
| 8 Bourg-la-Reine... | » 75 | » 55 | » |
| 11 Antony........... | 1 » | » 65 | » |
| 14 Massy............ | 1 30 | 1 » | » |
| 17 Palaiseau........ | 1 65 | 1 10 | » |
| 22 Orsay............ | 2 20 | 1 50 | » |

| Dimanches et Fêtes. | 1re cl. | 2e cl. | |
|---|---|---|---|
| kil. | fr. c. | fr. c. | |
| 6 Arcueil-Cachan... | » 65 | » 50 | |
| 8 Bourg-la-Reine... | » 80 | » 65 | |
| 11 Antony........... | 1 10 | » 85 | |
| 14 Massy............ | 1 35 | 1 10 | |
| 17 Palaiseau........ | 1 85 | 1 35 | |
| 22 Orsay............ | 2 45 | 1 85 | |

Les trains s'arrêtent, s'il y a lieu, à Berny et à Lozère, soit à l'aller soit au retour, pour y prendre ou déposer des voyageurs, qui payent dans ce cas, s'ils vont à Berny, les prix fixés pour la

# CROIX-DE-BERNY.

...on d'Antony, et, s'ils vont à Lozère, ...ux fixés pour la station d'Orsay.

De l'embarcadère de Paris jusqu'à la station de Bourg-la-Reine ... chemin de fer d'Orsay a été décrit dans les pages 719 et suivantes. En quittant la station de Bourg-la-Reine, après avoir laissé à droite l'embranchement de Sceaux, on traverse un petit tunnel au delà duquel on laisse à gauche dans une profonde tranchée le marché de Sceaux. On côtoie ensuite la route de Paris à Orléans, et à la **Croix-de-Berny** on croise celle de Versailles à Choisy-le-Roi.

*Berny* est un hameau dépendant de la commune de Fresnes-lez-Rungis. On l'appelle la *Croix*, parce que c'est là que se croisent les routes de Paris à Orléans et de Choisy-le-Roi à Versailles. Les abbés de Saint-Germain des Prés y avaient une maison de plaisance autour de laquelle vinrent se grouper les habitations dont se compose

Prise d'eau à Rungis.

aujourd'hui le hameau. Ce château de Berny, dont on vantait la magnificence et les beaux jardins, et où Louis XIV fit loger, en 1676, les ambassadeurs du roi de Siam, fut détruit par la Révolution. Dès lors Berny ne fut plus, pendant une quarantaine d'années, qu'un gîte à moutons et une station pour les rouliers qui allaient de Paris à Orléans. Mais, en 1834, il acquit tout à coup une certaine célébrité; les champs qui le séparent du petit village de Lai (ou l'Hay), dont on aperçoit le clocher, vis-à-vis de Bourg-la-Reine, venaient d'être le théâtre du premier *steeple-chase* parisien. Pendant près de vingt années, Berny vit ses prairies envahies, les jours de course au clocher, par le beau monde du sport et du turf; aujourd'hui, sa vogue est passée. La Marche, près de Ville-d'Avray (voir page 191), a supplanté la Croix-de-Berny.

**Fresnes-lez-Rungis** (département de la Seine, arrondissement de Sceaux, canton de Villejuif) est situé à 2 kilomètres 1/2 de la Croix-de-Berny, 4 kilomètres 600 mètres de Sceaux, 6 kilomètres 200 mètres de Villejuif, 12 kilomètres 600 mètres de Paris, sur un coteau au pied duquel coule la Bièvre. A 2 kilomètres plus loin, dans la même direction est le village de **Rungis**, où l'on peut aller visiter la source dont l'aqueduc d'Arcueil (voy. page 721) conduit une partie de l'eau à Paris.

Antony n'est qu'à 1 kilomètre de la Croix-de-Berny; le chemin de fer le coupe en deux parties.

### 3ᵉ STATION. — ANTONY.

*Distances.* Antony est à : 2 kil. de Bourg-la-Reine, 11 kil. de la gare de Paris, 12 kil. 900 mèt. de Notre-Dame, 4 kil. 300 mèt. de Sceaux, 2 kil. de Chatenay, 2 kil. 500 mèt. de Verrières, 2 kil. de Fresnes-lez-Rungis.

**Antony** appartient encore au département de la Seine, arrondissement et canton de Sceaux. Sa population s'élève à 1500 habitants. Il est situé sur la rive gauche de la Bièvre, et la route de Paris à Orléans forme sa principale rue. Cette rue, bordée de chaque côté par des cabarets et des auberges, a beaucoup perdu de son animation et de sa prospérité depuis l'établissement du chemin de fer d'Orléans. Le commerce y a surtout pour objet le bois et le plâtre; l'industrie, la fabrication de la bougie et le blanchisserie de la cire.

La première mention que l'on trouve de ce village est dans u[ne] charte de 829; dès le règne d[e] Charles le Chauve, il apparten[ait] à l'abbaye de Saint-Germain d[es] Prés. Les rois de France y avai[ent] droit de gîte, et un arrêt du parle[ment (11 novembre 1260) condam[na] les habitants qui voulaient le le[ur] refuser, à payer les frais occasionn[és] par le séjour de saint Louis da[ns] leur village. François Iᵉʳ, en 15[46] établit à Antony par lettres patent[es] une foire annuelle qui se tient e[n]core au jour fixé par ce monarqu[e,] le jeudi d'après la Pentecôte. A[n]tony ne nous offre de remarquab[le] que son *église*, dont le chœur e[st] assez beau; la tour, que l'on ape[r]çoit à la droite du chemin de fe[r] est surmontée d'une pyramide q[ui] paraît dater du xivᵉ siècle. Elle [est] entourée d'un ancien cimetière d'o[ù] l'on a une vue pittoresque.

La *fête patronale* d'Antony [se] célèbre le deuxième dimanche d[e] mai.

On trouve à la station d'Anto[ny] des voitures de correspondan[ce] pour Longjumeau. (Six départs p[ar] jour; 70 cent. en semaine, [et] 90 cent. les dimanches et fêtes d[e] Paris à Longjumeau, et *vice versa*[.] La distance d'Antony à Longjume[au] est de 6 kilomètres. Longjume[au a] été décrit à la page 711.

En quittant Antony, le chemin [de] fer franchit la Bièvre; puis, déc[ri]vant une forte courbe et changea[nt] de direction, il s'éloigne de la rou[te] de Paris à Orléans pour courir [au] sud-ouest, entre la route de Par[is] à Chartres (gauche), et la Bièv[re] (droite), dont il domine le nive[au] de 14 mètres. On découvre en r[e]gardant à droite de charmants pa[y]sages sur la vallée de la Bièvre[.]

ANTONY. — MASSY.

...dessus de laquelle se montrent coteaux accidentés du buisson Verrières. On laisse sur la droite beau château de Mignaux et Verères, puis, avant de s'arrêter à la station de Massy, on sort du département de la Seine pour entrer dans celui de Seine-et-Oise.

#### 4° STATION. — MASSY.

*Distances.* Massy est à : 3 kil. d'Antony, 14 kil. de la gare de Paris, 1 kil. de Chaines, 4 kil. d'Antony par la route de ..., 2 kil. 1/2 de l'entrée de Palaiseau, ... de Verrières, 2 kil. 1/2 d'Amblainvilliers.

L'origine de **Massy** est tout à fait certaine, et son histoire insignifiante. En 1160, sous Louis XII, un seigneur de Massy est accusé de haute trahison et voit ses biens confisqués; sous Charles VII, un autre seigneur se joint aux Anglais entre son souverain légitime et porte témoignage contre la Pucelle d'Orléans dans ce procès qui est une honte pour les deux nations. Voilà toute l'histoire de Massy. Quant à ses monuments, on en compte deux : le château, qui n'a rien de remarquable, et *l'église*, dont le portail paraît être de la fin du IIe siècle, tandis que tout le reste est de construction assez récente. Ce qui donne à Massy une certaine importance, c'est sa situation sur la ligne du chemin de fer, et, outre cela, sa fabrique de tuiles et briques.

Massy compte une population d'un millier d'habitants. Il appartient au département de Seine-et-Oise, arrondissement de Corbeil, canton de Longjumeau.

C'est de la station de Massy que part maintenant l'omnibus qui dessert Verrières (voy. page 742).

A la droite de la station de Massy, au delà du hameau insignifiant de *Vilaines*, on aperçoit les murs du parc de Vilgenis (voy. page 743). Bientôt après on passe sous la route de Versailles à Fontainebleau, près de laquelle s'élèvent les premières maisons de Palaiseau.

#### 5° STATION. — PALAISEAU.

*Distances.* Palaiseau (l'entrée du bourg, qui a près d'un kil. de longueur) est à : 3 kil. de la station de Massy, 17 kil. de la gare de Paris, 4 kil. d'Igny, 6 kil. de Bièvre, 2 kil. 1/2 d'Amblainvilliers, 3 kil. de Verrières, 4 kil. de Longjumeau, 2 kil. 1/4 de Massy, 5 kil. d'Orsay.

**Palaiseau** est un chef-lieu de canton du département de Seine-et-Oise, arrondissement de Versailles. Sa population se monte à 1761 habitants. Il se trouve agréablement situé sur la rive gauche de l'Yvette, au pied d'un coteau boisé qui le domine de près de 100 mètres. On ne le voit pas de sa station, bâtie au milieu d'une profonde tranchée.

On ne peut guère prononcer le nom de Palaiseau sans songer à la *Pie voleuse;* c'est en effet à Palaiseau que l'innocente Ninette faillit être victime des noirceurs d'une pie et de l'iniquité d'un *magistrat sexagénaire.* Mais à côté de ces souvenirs tragi-comiques, qui ont au moins le mérite de rappeler l'un des grands chefs-d'œuvre de l'art musical moderne, des souvenirs historiques d'une certaine valeur doivent aussi trouver leur place. Palaiseau existait dès les premiers temps de la monarchie française, si même son origine n'est pas plus ancienne encore. On voit en effet saint Rigomer et sainte Ténestine venir exprès du Maine pour présenter leurs hommages à Childebert I*er*, fils de Clovis, dans son château de Palaiseau. Cent ans plus tard, saint Vandrille y vient aussi rendre visite à Clotaire III. La terre de Palaiseau faisait donc partie du domaine royal sous les rois de la première race; mais Pépin la donna aux moines de Saint-Germain des Prés, qui la vendirent en 950. Elle passa successivement alors en diverses mains, jusqu'au moment où elle fut érigée en marquisat, vers le milieu du XVII*e* siècle, en faveur d'Antoine de Harleville, qui fut gouverneur de Calais.

L'*église* de Palaiseau, bâtie sur la pente d'un coteau et dédiée à saint Martin, est assez jolie. Le portail, la tour et le chœur appartiennent évidemment à l'architecture des XII*e* et XIII*e* siècles. Sous le maître autel se trouve une crypte pratiquée à la faveur de la pente du coteau et assez éclairée pour servir de sacristie. La nef est moderne, et on y voit à toutes les arcades les armes des Harleville. Quant au château, qui existait encore en 1757, et dont l'abbé Lebeuf décrit « les tours antiques avec leurs créneaux et des pointes en dessous, en cul-de-lampe, » il n'en reste plus que des ruines peu dignes d'être visitées.

Palaiseau est le centre d'un commerce considérable de fourrages. C'est un de ces bourgs immenses dont l'unique rue n'a pas de fin, et qui font le désespoir du piéton. Il était autrefois plein d'animation et de bruit, grâce aux relations continuelles établies entre Paris et Chartres; aujourd'hui, ce n'est que solitude et silence. Ses grands hôtels (et ils sont fort nombreux) ne reprennent un peu de vie que les jours de foire et de marché.

Il faut monter jusqu'à la ferme des *Granges*, sur les hauteurs qui dominent Palaiseau, pour jouir d'un beau panorama. La vue est encore plus étendue et plus belle du sommet de la *butte de Chaumont*, mamelon isolé qui s'élève à 2 kil. au sud-est; son point culminant atteint 136 mètres; à sa base, du côté de Longjumeau, est le petit village de *Champlan*.

On trouve à la station de Palaiseau des omnibus pour Igny et pour Bièvre. Cinq départs par jour à 25 c. en semaine, et 30 c. les dimanches et fêtes.

EXCURSION DANS LA VALLÉE DE LA BIÈVRE. DE PALAISEAU A VERSAILLES, PAR IGNY, BIÈVRE, JOUY EN JOSAS ET BUC.

15 kil. par la route de voiture. Cette promenade, l'une des plus agréables des environs de Paris, doit être faite à pied, moitié par la route, moitié par des chemins vicinaux que nous allons indiquer. — Elle demande de 3 à 4 heures.

Après avoir, à 1200 mètres environ de l'entrée de Palaiseau, dépassé le faîte peu élevé qui sépare la vallée de l'Yvette de celle de la Bièvre, on découvre de charmants points de vue, à droite, sur le bois de Verrières, à gauche, sur le vallon au fond duquel se cache le petit village de Vauhallan, en face de soi, sur la vallée de la Bièvre. A gauche s'étendent les *bois du Pileux*; à droite s'ouvre une des principales avenues du château de Vilgenis. On descend dans la vallée de la Bièvre à travers un défilé deux verger, et bientôt on atteint le village d'Igny, à l'entrée duquel on remarque, sur la gauche, une charmante maison de campagne qui a été, dit-on, un ancien rendez-vous de chasse d'un prince de Condé.

### Igny.

*Distances.* Igny est à : 3 kil. 3/4 de l'entrée de Palaiseau, 1 kil. 3/4 de Bièvres, 1 kil. 3/4 de Vauhallan, 1 kil. d'Amblainvilliers, 3 kil. de Verrières, de 7 à 8 kil. de Sceaux.

**Igny**, village de 625 hab. (Seine-et-Oise, arr. de Versailles, cant. de Palaiseau), situé sur la Bièvre entre deux coteaux couverts de bois, n'aurait par lui-même rien d'intéressant, si M. Félix Tourneux, ingénieur, n'y avait pas fait construire depuis 1852 un magnifique château qui sera désormais une des curio-

Le château d'Igny.

sités de la vallée de la Bièvre. Ce château, bâti dans le style de la Renaissance et orné de remarquables sculptures, attire de loin les regards, car il s'élève à mi-côte sur la rive gauche de la Bièvre, près de la route directe de Verrières à Bièvre. On vante beaucoup son jardin d'hiver.

L'*église* d'Igny, construite en partie au XIII° siècle, souvent réparée depuis, est aujourd'hui en fort mauvais état.

Les environs d'Igny offrent de nombreux buts de promenade. On peut monter en 30 minutes jusque sur le plateau accidenté que couronne à l'est le Buisson de Verrières (voy. p. 743); mais on devra surtout gravir le coteau boisé qui domine l'église. De ce coteau, on découvre de délicieux paysages. En suivant la *rigole* creusée sur le bord du plateau, on irait, d'un côté, à Vauhallan, de l'autre, à Bièvre et à Jouy.

20 minutes suffisent pour aller à pied d'Igny à Bièvre. Un sentier, plus court que la route des voitures, traverse les champs et les prairies de la vallée; du reste, la route est une allée de parc, où les points de vue varient sans cesse. Sur la droite, au delà de *Vaupereux*, et au-dessous du bois de Verrières, se montre, dans un bouquet d'arbres, une maison de campagne qui a appartenu à M. Lenormant.

La route d'Igny vient aboutir sur la route de Paris à Chevreuse. En gravissant la côte qui monte à gauche, on irait, par *Saclay* et par les *Étangs* auxquels ce village a donné son nom, rejoindre à Gif la route de Palaiseau à Chevreuse (voy. ci-dessous). Le sentier et le chemin qui s'ouvrent presque en face dans la direction de la vallée, mènent à Jouy-en-Josas (4 kilomètres environ) et méritent d'être recommandés. Pour gagner Bièvre, dont les maisons heureusement groupées autour de l'église attirent et captivent les regards, il faut descendre à droite, franchir la Bièvre et gravir une côte pavée, à la gauche de laquelle on remarque la belle habitation de M. Try, conseiller à la Cour impériale de Paris.

### Bièvre.

*Distances.* Bièvre est à 5 kil. 1/2 de l'entrée de Palaiseau, 16 kil. de Paris, 3 kil. du Petit-Bicêtre, 8 kil. de Châtillon, 6 kil. de Meudon, 9 kil. de Versailles (le château), 4 kil. de Jouy-Josas par la vallée, 4 kil. de Saclay.

Bièvre est desservi aussi par une voiture qui part de Paris, rue des Deux-Écus, n° 23, 1 fr. 25 et 1 fr. Le trajet fait en 2 h. Cette voiture suit jusqu'à Châtillon la route décrite à la page ri, gravit la côte à laquelle ce village a donné son nom, traverse un plateau cultivé entre le bois de Meudon à droite et le Plessis-Picquet à gauche, croise le Petit-Bicêtre la route de Versailles à Choisy-le-Roi, et descend à Bièvre par l'étroit vallon de l'Abbaye-aux-Bois.

**Bièvre**, village de 900 habitants (Seine-et-Oise, arrondissement de Versailles, canton de Palaiseau), est agréablement situé sur un coteau, dans la belle vallée qu'arrose la rivière du même nom, et à l'entrée d'un petit vallon latéral d'où descend un petit ruisseau. « Savoir, dit l'abbé Lebeuf, si c'est la rivière qui a donné le nom au lieu ou si c'est le lieu qui a donné le sien à la rivière, c'est ce qui n'est pas encore décidé. » Cette question fût-elle résolue, on ignorerait l'origine du nom; les savants n'ont pu ni la découvrir ni l'inventer. Quoi qu'il en soit, le cartulaire du prieuré de Longpont mentionne deux seigneurs de Bièvre du temps de Louis le Gros et de Louis le Jeune. Le plus célèbre fut le marquis de Bièvre (1747-1789), l'auteur du *Séducteur*, qui s'est fait une si grande réputation par les calembours recueillis en 1800 sous le titre de *Biérriana*. Son château qui était fort beau, a été complètement démoli, il y a une vingtaine d'années. Il n'en reste aucun vestige. Des champs ont remplacé les vastes jardins, dont les arbres...

...ulaires faisaient, dit-on, l'admi-
...ation de nos pères.
« L'*église* de Bièvre, titrée de
...int Martin, est fort petite et n'a
point d'ailes, dit l'abbé Lebeuf.
Cette petitesse prouve quelquefois
l'antiquité d'une église, surtout
lorsque le chœur est couronné par
une tour ou par un clocher de
pierre. Mais ici il est à côté de l'é-
glise, et il est bâti de grès ; ce qui
ne peut fixer nettement le temps de
la bâtisse. »

En remontant le vallon latéral
par lequel descend la route de Paris, on trouve à droite une maison
de campagne qui n'a du reste rien
de remarquable. Cette maison a

Vue de Bièvre.

...partenu à Frédéric Soulié. C'est
...qu'il est mort, en 1847, à 47 ans,
...n balbutiant ces vers :

n'achèverai point mon pénible labeur ;
... de récolte, hélas ! imprudent moissonneur ;
...ant tous les travaux faits à ma forte taille,
jetais au grenier le froment et la paille,
... bien rude labeur nourrissant ma maison,
... m'informer comment s'écoulait la moisson.

Près de cette maison de campagne
s'élevait autrefois, dans le fond du
vallon, l'**Abbaye du Valprofond**,
plus connue sous le nom de l'*Ab-*
*baye aux bois*. Cette abbaye avait été
fondée vers le XII° siècle pour des
Bénédictines. « La première abbesse
dont on trouve le nom ne paraît, dit
Lebeuf, qu'en 1204. Cette maison,
ajoute-t-il, souffrit beaucoup durant les guerres sous Louis XI, sous
l'abbesse Catherine de Torcy, qui
gouverna depuis 1494 jusqu'en 1510;
on observe que cette abbaye, composée alors de 24 religieuses fort
pauvres, était quelquefois appelée *Notre-Dame des Ardans*. Jac-

queline de Ballieu étant morte vers 1513, Étienne Poncher, évêque de Paris, y mit la réforme de Chezal-Benoît. La reine Anne de Bretagne, qui avait demandé cette réforme, lui fit donner alors le nom de *Val de Grâce*. » Cette abbaye fut ruinée en 1562 par les huguenots, et les religieuses obtinrent la permission de se retirer à Saint-Jean de Beauvais, sous Louis XIII. En 1621, elles s'installèrent à Paris au faubourg Saint-Jacques (voir dans *Paris illustré* le Val de Grâce)¦, et plus tard elles vendirent leur ancien monastère, dont il ne reste plus aujourd'hui que des bâtiments de ferme.

La route de Bièvre à Versailles (9 kil. environ, en allant jusqu'au château) gravit au sortir du village la côte boisée que domine le *château de Belair*. Au tiers de cette côte, dans un petit bois d'arbres verts, s'ouvre un sentier sablonneux. Ce sentier monte en quelques minutes à de charmantes grottes que M. de Plancy, le propriétaire du château de Belair, a fait creuser dans des masses de grès au-dessous des murs de son parc, et qui ont été ensuite garnies à ses frais de bancs et de tables pour l'agrément des promeneurs.

Au sommet de la côte, à l'endroit où la route fait un coude, on découvre une vue admirable sur la jolie vallée de la Bièvre, ses magnifiques prairies et ses charmants coteaux boisés. En la remontant du regard, on aperçoit à ses pieds le hameau des Roches, où l'on remarque les belles propriétés qui ont appartenu à M. Récamier et à M. Bertin de Vaux; puis Vauboyen, Jouy-en-Josas et l'aqueduc de Buc, qui se détache sur les bois du Désert. En la descendant, au contraire, on voit Bièvre, Igny, Palaiseau, et, au delà de la butte de Chaumont, on découvre parfois, quand le temps est clair, la tour de Montlhéry.

Mlle Louise Bertin possède actuellement la maison de campagne qui a appartenu à son père. C'est à elle que M. Victor Hugo a dédié cette jolie pièce de vers des *Feuilles d'automne*, intitulée Bièvre et numérotée XXXIV :

Une rivière au fond, des bois sur les deux pentes;
Là des ormeaux, brodés de cent vignes grimpantes,
Des prés, où le faucheur brunit son bras nerveux;
Là des saules pensifs, qui pleurent sur la rive,
Et, comme une baigneuse indolente et naïve,
Laissent tremper dans l'eau le bout de leurs cheveux;
Là bas, un gué bruyant dans des eaux poissonneuses,
Qui montrent aux passants les jambes des faneuses,
Des carrés de blé d'or; des étangs au flot clair,
Dans l'ombre, un mur de craie et des toits noirs de suie;
Les ocres des ravins, déchirés par la pluie;
Et l'aqueduc au loin, qui semble un pont de l'air....

La route de Bièvre à Versailles, parvenue sur le plateau, contourne un petit ravin sauvage, laisse à droite le château de Belair et la *tour de Gizzy*, puis la route qui conduit par *Villecoublay* à Villebon (4 kil., voir page 297) et à Meudon (6 kil., voir page 290). Elle passe ensuite devant le château de *Mont-Clain* ou *Monteclain* et devant la *Cour Roland*, — deux grandes propriétés que sépare le *bois de l'Homme mort* qu'elle laisse à gauche, — avant de rejoindre, à la ferme de l'*Hôtel-Dieu*, la route de Choisy-le-Roi à Versailles. La ferme de l'Hôtel-Dieu est à 1 kil. de Vélizy (voir page 308), 2 kil. de Viroflay (voir page 307), 3 kil. de Chaville, 4 kil. du Petit-Bicêtre, 5 kil. du château de Versailles. Après l'avoir dépassée on laisse à gauche : une route qui descend à Jouy, les bois des Mets, puis la route de Versailles à Jouy, et on ne tarde pas à descendre au *petit Montreuil*, que l'on traverse avant d'atteindre la ville de Versailles proprement dite (voir page 195).

Cette route n'a rien de pittoresque. Les piétons devront lui préférer celle qui va être décrite. Entre Belair et Montéclain, on trouve à gauche un chemin qui redescend dans la vallée de la Bièvre à la belle propriété de *Vauboyen*. De cette villa on peut gagner Jouy par

Grottes de Bièvre.

les deux rives de la Bièvre. Le chemin de la rive gauche est trop souvent enfermé entre deux murs. Celui de la rive droite, beaucoup plus découvert, offre de plus jolis points de vue: il passe près de la *ferme de la vallée d'Enfer*, au pied de la *butte du bois Chauveaux*, et vient aboutir à Jouy, près de l'église (de 45 m. à 1 h. à pied, de Bièvre à Jouy par la vallée).

### Jouy-en-Josas.

*Distances.* Jouy-en-Josas est à : 4 kil. de Bièvre par la vallée, 4 kil. des Étangs de Saclay, 3 kil. de l'aqueduc de Buc, 4 kil. de Viroflay, 3 kil. de Vélizy, 7 kil. de Versailles (le château), par la route

7 kil. par Buc et les bois de Satory, 4 kil. de l'Étang du Trou Salé.

L'administration des chemins de fer de l'Ouest a établi un service de voitures entre Versailles (rue des Chantiers, rue du Plessis, place de la Mairie) et Jouy-en-Josas. Ces voitures desservent aussi les Loges. — Deux départs par jour. 50 cent. par place.

**Jouy-en-Josas** (Seine-et-Oise, arrond. et canton de Versailles) est un long village de 1200 hab. environ, situé dans la vallée de la Bièvre, sur la rivière de ce nom, et traversé par la route de Versailles à Chevreuse. On l'appelait autrefois *Joyacum* et *Jos*[1]. Au commencement du IXe siècle, cette terre appartenait à l'abbaye de Saint-Germain des Prés, qui la perdit ou l'échangea pendant les siècles suivants. Parmi ses seigneurs on cite le connétable de Clisson, le marquis de Sourdis, qui la fit ériger en comté par lettres patentes du mois de décembre 1654; le duc de Chevreuse, qui la céda à un sieur Berthelot, secrétaire du roi; Roullier, qui fut ministre des affaires étrangères et de la marine. Le château actuel, de construction moderne, appartient à M. Mallet. Le parc n'a pas moins de 300 arpents. On y remarque de belles pièces d'eau et une vaste orangerie.

En 1760, Oberkampf fonda à Jouy une manufacture de toiles peintes, qui devint l'une des plus célèbres de l'Europe. Cette manufacture est depuis longtemps fermée. Les bâtiments, en partie abandonnés, atti-

[1]. « Ce n'est, dit Lebœuf, que pour distinguer ce Jouy de Jouy-le-Moutier, situé près de Pontoise, dans l'archidiaconné de Paris, qu'on l'a surnommé Jouy-en-Josas, parce qu'il est dans l'archidiaconné de Josas, ou Josay, pour mieux dire. »

rent les regards sur la rive gauche de la Bièvre.

L'*église* de Jouy-en-Josas, consacrée à saint Martin, « paraît, dit l'abbé Lebeuf, n'avoir été bâtie qu'au commencement du XVIe siècle, à la réserve de deux portions à l'entrée du chœur, tant à droite qu'à gauche, lesquelles sont du XIIIe ou du XIVe siècle. C'est un édifice bas, auquel il manque une aile du côté du septentrion; il est couronné par une assez haute flèche d'ardoises. On y aperçoit encore saint Christophe peint à fresque, à l'entrée dans l'aile, suivant l'usage de mettre les images de ce saint à la vue d'un chacun, sur ce principe de confiance : *Christophorum videas, postea tutus eas*. Saint Martin y est aussi représenté à cheval au grand autel, suivant l'ancien usage. » Les renseignements qui suivent sont empruntés à l'*Almanach de Seine-et-Oise* pour 1856 : « On a découvert derrière le maître autel de l'église de Jouy des sculptures très-délicates et très-bien conservées, dont l'exécution remonte au règne de François Ier. Ces sculptures ont été placées dans l'endroit le plus apparent de l'église.... La ferme du *Grand-Villetain* possédait une statue en bois de la Vierge. Cette statue, qui a plus de mille années d'existence, a été rapportée à l'église de Jouy.

Au delà de la route qui monte par le vallon que domine la Cour Roland à celle de Versailles à Choisy-le-Roi, on aperçoit au-dessus des maisons de Jouy quelques maisons du hameau des *Mets*, situé à l'extrémité du plateau que recouvrent les bois du même nom. On peut traverser ces bois pour gagner Viroflay (de

45 m. à 1 h., voir page 307). Le hameau situé plus loin dans la vallée de la Bièvre s'appelle le *Petit-Jouy*. A ce point (2 kil. de Jouy), la route se bifurque. Celle de gauche monte, après avoir franchi la Bièvre, aux *Loges-en-Josas*, village de 300 habitants (1 kil.); celle de droite s'élève entre les bois des Mets à droite, et le bois des Gonards à gauche, pour gagner la route de Versailles à Choisy-le-Roi (2 kil.), qu'elle rejoint à 3 kil. du château. Les piétons doivent prendre le chemin qui s'ouvre en face, sur la rive gauche de la Bièvre (il y en a un aussi sur la rive droite). 10 minutes leur suffisent pour atteindre l'**aqueduc de**

L'aqueduc de Buc.

**Buc.** Cet aqueduc, qui traverse toute la vallée, a, dans sa partie la plus élevée, 22 mèt. de hauteur; il a été construit en 1686 pour conduire à Versailles les eaux des étangs de Saclay et du Trou-Salé.

De l'aqueduc de Buc on peut gagner directement Chevreuse par l'*étang du Trou-Salé*, le village de *Toussus*, le château d'Orce, Cressely et Saint-Rémy (12 kil. environ). (Voir ci-dessous *vallée de l'Yvette*.)

A 5 minutes de l'aqueduc, le joli village de **Buc** (576 hab., Seine-et-Oise, arrondissement et canton de Versailles) s'est éparpillé sur les deux rives de la Bièvre. Mais l'église et les principaux groupes d'habitations sont sur la rive droite. On remarque dans ses environs de nombreuses maisons de campagne.

A Buc, la route se bifurque encore; le bras de gauche remonte la vallée de la Bièvre, entre le *bois de la Geneste* (rive droite) et le *bois du Désert* (rive gauche), jusqu'à la route de Versailles à Dampierre (environ 3 kil.), d'où il faut 30 m. pour gagner la porte de Satory à Versailles; l'autre bras, celui de droite, conduit en 45 minutes à Versailles, et rejoint près du chemin de fer de l'Ouest la route de Palaiseau. Les piétons ne devront la suivre que jusqu'à la *porte du Cerf-Volant* (2 kil.). Ils entreront alors dans un joli petit bois, par lequel ils gagneront en moins de 20 minutes la porte de Satory. (Voir *Environs de Versailles*, page 309, et *Versailles*, page 195.)

---

Cette exploration de la vallée de la Bièvre terminée, revenons maintenant à Palaiseau pour continuer notre promenade jusqu'à Orsay en chemin de fer, et d'Orsay à Chevreuse en voiture.

### DE PALAISEAU A ORSAY.

Le chemin de fer de Palaiseau à Orsay remonte sur son versant septentrional la jolie vallée de l'Yvette. Au delà de l'église de Palaiseau, qui domine la voie sur la droite, on sort de la tranchée dans laquelle on était entré avant d'arriver à Palaiseau et on découvre sur la gauche de ravissants paysages. Rien de plus frais, de plus vert, de plus riant que les prairies, parsemées de bouquets d'arbres, encadrées dans des bordures de bois, au milieu desquelles coule l'Yvette. Les trains ne s'arrêtent à *Lozère* que lorsqu'ils ont des voyageurs à prendre ou à déposer.

### ORSAY.

*Distances.* Orsay est à.: 5 kil. de Palaiseau, 22 kil. de la gare de Paris, 25 kil. de Paris, d'après le livre de poste, 15 kil. de Versailles, 17 kil. d'Arpajon, 26 kil. de Dourdan, 12 kil. environ de Chevreuse.

On trouve à la station d'Orsay des voitures de correspondance pour *Forges, Briis, Bonnelles, Limours* et *Chevreuse*. *Hôtel de l'Étoile.*

Le plus ancien souvenir historique qui se rattache à **Orsay**, dont l'origine et l'étymologie sont également inconnues, est celui d'une bataille qui fut livrée dans les environs, du temps du roi Robert, entre le comte de Chartres, Eudes, et Burchard, comte de Corbeil, qui demeura vainqueur. En 1150, le château appartenait à Simon d'Orsay, le premier propriétaire connu. Un des descendants de ce Simon, qui vivait sous Charles VI, transforma le château en une forteresse, et Orsay devint un repaire de brigands. « Les larrons qui occupaient le château étaient pires que des Sarrasins. Nul ne peut s'imaginer les tourments qu'ils faisaient souffrir à leurs prisonniers et la tyrannie qu'ils exerçaient sur eux. Aussitôt qu'ils parvenaient à faire un homme prisonnier, ils lui enlevaient tout l'argent et les vêtements qu'il portait, et l'obligeaient à payer une forte rançon. Le prisonnier mettait tout en œuvre pour se procurer la somme qui devait lui rendre sa liberté, et, quand la somme était livrée, ces hommes féroces le retenaient en prison, le laissaient mourir de faim ou lui arrachaient la vie par des moyens violents. Les chevaliers et les soldats de ce château étaient si détestés, que, dès qu'on sut que leur château était assiégé, on y accourut de tous les villages voisins, et même de Paris, pour secourir les assaillants. » (Voir le *Journal de Paris*, sous les règnes de Charles VI et de Charles VII, p. 92.) Le château d'Orsay tint bon; mais, au bout de huit jours, il fallut se rendre. On conduisit les prisonniers à Paris, liés deux à deux avec une corde qui leur serrait fortement le cou; mais la chronique ne nous dit pas s'ils furent livrés au bourreau.

A partir de cette époque, l'histoire du village d'Orsay est assez insignifiante; on ignore même les noms des propriétaires du château; seulement, dans ces derniers temps, on trouve parmi eux le boucher du bourg, puis le général Moreau, enfin un M. Pourrat, « escompteur à Paris, et possesseur d'une grande fortune, qu'il doit en partie, ajoute naïvement Dulaure, aux grands besoins du commerce et de la librairie. » Ce château, que l'on peut voir encore, mais qui n'est plus celui de Charles VI, est vaste, entouré de fossés que remplissent les eaux vives de l'Yvette; on y remarque surtout un joli pavillon décoré d'un porche composé de six colonnes doriques et ioniques, et construit par Moreau.

Outre le château, Orsay possède deux monuments : l'hôpital, dont il n'y a rien à dire, sinon qu'il est dans une situation délicieuse et parfaitement saine, et l'*église*. Le fond du sanctuaire, terminé par une calotte que l'on a percée pour y mettre un vitrage, est du XIIe siècle. Le chœur et les petites colonnes d'ornement qu'on remarque entre le chœur et le sanctuaire appartiennent au XIIIe. Le clocher, assis sur le chœur en forme de tour carrée, paraît être de la même époque; mais tout l'édifice est d'une grande simplicité, et en somme peu digne d'intérêt. Ce qui nous charme dans Orsay, ce ne sont pas ses monuments, mais la beauté peu commune des paysages dont il est entouré, mais cette riante et pittoresque vallée que nous allons parcourir, ces grands bois qui se prolongent à perte de vue au sommet des coteaux dans la direction de Rambouillet, ces vastes prairies au milieu desquelles l'Yvette fait mille détours entre ses bordures de vieux saules, ce château de *Corbeville* (il appartient à M. Vavin), si coquettement assis au sommet de la montagne et d'où l'on jouit d'une vue si étendue et si variée, enfin ces carrières de grès rouge qui s'étalent sur le revers d'un profond ravin.

L'exploitation de ces carrières et d'autres carrières de pierres à bâtir forme la principale industrie des habitants d'Orsay, dont le nombre dépasse 1200.

Orsay fait partie du département de Seine-et-Oise, arrondissement de Versailles, canton de Palaiseau.

## LA VALLÉE DE L'YVETTE.

### D'Orsay à Chevreuse.

*Distances.* De 11 à 12 kil. 4 départs par jour pendant l'été, 3 pendant l'hiver. On paye 30 cent. pour Bures, 50 cent. pour Gif, 1 fr. pour Saint-Rémy, 1 fr. pour Chevreuse. La voiture part de Bures, chez M. Duvivier; de Gif, chez M. Delange; de Saint-Rémy, chez M. Huteau; de Chevreuse, chez M. Delaplane.

La vallée de l'Yvette, presque parallèle à celle de la Bièvre, a environ 26 kilomètres d'étendue de Palaiseau à Yvette. On y descend, au sortir d'Orsay, par une pente assez rapide, qui longe la lisière des bois, et bientôt on en atteint le fond. A 1 kilomètre d'Orsay on découvre, à travers un massif de peupliers, le château de *Grandménil*, bâti en pierre et en briques. 1 kilomètre plus loin est le petit village de **Bures** (436 habitants), qui possède aussi son château. Ce château a conservé quelques tourelles, et des fossés que baignent les eaux de l'Yvette; aujourd'hui, c'est un simple moulin.

On ne sait rien de Bures avant l'époque des croisades; mais les vieilles chroniques nous apprennent que deux frères, Godefroy et Guillaume, seigneurs de Bures, se distinguèrent en Palestine au commencement du XIIe siècle. Le second fut même vice-roi de Jérusalem pendant que le roi Baudouin II était dans les prisons des Sarrasins. Au XVIe siècle, la seigneurie de Bures appartenait à la belle maîtresse de François Ier, Anne de Pisseleu, duchesse d'Étampes.

Au delà de Bures, à droite et à gauche de la vallée, on voit de temps en temps s'ouvrir, par des gorges resserrées, d'étroits vallons dont la riante verdure et l'aspect mystérieux attirent le promeneur; mais on fera sagement de ne pas céder à la tentation : la plupart de ces vallons finissent brusquement à peu de distance. Ce qu'ils offrent de plus joli, c'est le premier coup d'œil, celui précisément dont on jouit depuis la vallée de l'Yvette. Quant à ce petit ruisseau, qu'on aperçoit à peine, tant son lit a peu de largeur, une double rangée de peupliers, bientôt remplacés par des saules, indique la ligne que suivent ses eaux. La vallée ne tarde pas à s'élargir un peu : on arrive à Gif (818 habitants, Seine-et-Oise, arrondissement de Versailles, canton de Palaiseau).

**Gif** est un petit village assez propre et assez coquet, mais dont il n'y a pas grand'chose à dire et où il n'y a rien à voir. Comme le nom de *Gif* ne paraît pas pouvoir se dériver du latin, on en conclut, un peu témérairement peut-être, que le village existait dès avant la domination romaine; au fond, peu nous importe, puisqu'il ne reste aucun monument qui puisse être attribué à une époque tant soit peu ancienne. L'*église* même n'a pas d'âge; elle est bâtie en une espèce de pierre meulière qui défie tous les efforts de la sculpture. Le château appartient à M. Bourdon de Sarty. La propriété de l'*Ermitage* a été autrefois possédée par M. de Meneval.

En sortant de Gif, on aperçoit à gauche, au fond de la vallée, un moulin, et au delà, au pied et sur le penchant du coteau, les bâtiments d'une ferme assez vaste qui porte le nom d'*Abbaye*. C'est qu'autrefois Gif avait en effet une abbaye de Bénédictines assez considérable, que la Révolution a ruinée et dont elle a dispersé les habitants. Tout n'est pas détruit cependant, et l'on trouve encore dans les divers corps de bâtiments de la ferme des restes assez curieux de l'ancien monastère. Un peu plus loin, et du même côté, on remarque sur l'Yvette même quelques ruines basses et informes, que la tradition attribue à un vieux manoir démoli depuis des siècles.

A droite de la route s'ouvre une nouvelle vallée, qui mérite d'être parcourue à pied; elle a environ 9 kilomètres de longueur. Elle s'étend dans la direction du nord-ouest jusqu'auprès du village de *Voisins le Bretonneux*, situé entre *Guyancourt* et *Port-Royal*, sur la route de Versailles à Dampierre. En la remontant, après avoir croisé la route de Paris à Chevreuse qui vient de Saclay et qui descend dans la vallée de l'Yvette par la *Côte de la Belle Image*, on y trouve plusieurs moulins, puis le beau *château d'Orce*, appartenant à M. de La Roche-Ambert, avant d'atteindre **Châteaufort** (Seine-et-Oise, arrondissement de Versailles, canton de Palaiseau), village de 574 habitants, pittoresquement situé au sommet de la colline. Il était autrefois plus important qu'aujourd'hui; il a été ruiné pendant les guerres de religion. Il doit son nom à une importante forteresse dont on voit encore deux tours.

Du château d'Orce on peut gagner, à droite, l'aqueduc de Buc, par Toussus (voir p. 759), ou Saint-Rémy (voir ci-dessous) par Cressely. Ces deux routes traversent des plateaux bien cultivés, mais monotones, avant de descendre, la première, dans la vallée de la Bièvre, la seconde, dans la vallée de l'Yvette.

Au delà de Châteaufort, on trouve le hameau de *Mérancis*, puis *Magny-les-Hameaux*, village de 426 habitants, dont l'église renferme quelques belles pierres tombales provenant de l'église de Port-Royal (voir p. 773).

Retournons maintenant dans la vallée de l'Yvette, à l'entrée du vallon latéral où nous venons de faire cette excursion. Les deux chaînes de collines continuent à s'éloigner l'une de l'autre; il semble d'abord que la vallée de l'Yvette veuille se transformer en une large plaine; mais elle ne tarde pas à se resserrer en deçà de *Courcelles*. Au delà de ce village, on passe devant le château de *Vaugien*, qui laisse apercevoir, malgré les massifs de verdure dont il est entouré, une façade assez grandiose. Les jardins de Vaugien avaient été, dit-on, dessinés par Le Nôtre. Sur le plateau opposé se trouvent, à peu de distance les châteaux de *Chevincourt* et de *Beauplan*.

De ce point on aperçoit déjà les ruines grandioses de la Madeleine, qui dominent toute la vallée; les brusques détours de la chaîne de collines qui court à droite les avaient jusqu'à présent dérobées à la vue. Cependant on est encore à 2 kilomètres 1/2 de Chevreuse. Ce chemin qui s'ouvre, sur la droite, à Saint-Rémy et qui gravit le coteau par une pente assez roide, mène à Buc par Cressely, Châteaufort et Toussus (voir p. 759).

**Saint-Rémy** compte environ 566 habitants; il appartient au département de Seine-et-Oise, arrondissement de Rambouillet, canton de Chevreuse; il est situé au confluent de l'Yvette et des ruisseaux qui descendent du vallon de la Chapelle-Milon et de celui de Saint-

Paul; aussi les prairies qui l'avoisinent sont-elles fréquemment submergées. « L'*église*, qui reconnaît saint Rémy de Reims pour son patron, n'offre absolument rien d'intéressant, et il serait difficile de préciser l'époque à laquelle elle a dû être construite; tout ce dont on est certain, c'est que le village existait dès le XIIIᵉ siècle, ainsi qu'un prieuré qui portait le nom de Beaulieu, et dont il ne reste aucun débris. Les dames de la maison royale de Saint-Cyr possédaient, avec le duché de Chevreuse, la baronnie de Saint-Rémy.

Au sud de Saint-Rémy, sur la gauche, s'ouvre un petit vallon à l'entrée duquel le château de *Coubertin* offre un aspect assez agréable. Il appartient à M. de Coubertin; un peu plus loin est le *château de Saint-Paul*, possédé actuellement par M. Ditte. Ce vallon, d'où l'on extrait beaucoup de pavés, conduit à deux villages appelés les *Trous* et les *Molières*.

Le vallon qui s'ouvre au nord est beaucoup plus important. Il s'étend, en inclinant au nord-ouest, jusqu'au bois de Trappes. En le remontant on y trouve plusieurs moulins, *Milon-la-Chapelle* (210 habitants), et *Saint-Lambert-les-Bois* (246 habitants), avant d'atteindre (6 kilomètres de Saint-Rémy) la route de Versailles à Dampierre, près de laquelle sont les ruines de l'abbaye de Port-Royal (voy: *Chemins de fer de l'Ouest*, section de Rambouillet, page 173).

Saint-Rémy est à 2 kilomètres environ de **Chevreuse**, dont le château à demi ruiné commande encore si fièrement les routes d'Orsay et de Rambouillet. A l'entrée de la ville, on trouve en arrivant l'*hôtel du Grand-Saint-Jacques*.

Le nom primitif de Chevreuse était *Caprosia*, sans doute parce que les bois qui l'entouraient, et dont la plus grande partie a été défrichée, abondaient en chevreuils. Les plus anciens titres qui en fassent mention sont de 975; c'était alors une petite abbaye sous le nom de Saint-Saturnin. Le premier seigneur connu est Milon de Chevreuse, qui vivait sous le roi Robert; dès ce temps-là déjà, le sire de Chevreuse était l'un des quatre seigneurs qui avaient le droit exclusif de porter sur leurs épaules le nouvel évêque de Paris, lors de son intronisation. En 1304, un comte Anselme de Chevreuse est tué à cette célèbre bataille de Mons-en-Puelle, où, comme le disait Philippe le Bel, *il pleuvait des Flamands*. Sous Charles V, un seigneur de Chevreuse, maître d'hôtel du roi, est fait gouverneur du Languedoc. Chevreuse eut fort à souffrir pendant les guerres civiles qui désolèrent la France sous le règne de Charles VI; prise et reprise plusieurs fois, pillée et incendiée tour à tour, elle resta entre les mains des Anglais jusqu'en 1448. Charles VII, rentré en possession de son royaume, acheta le château de Chevreuse, dont François Iᵉʳ devait faire don plus tard à la duchesse d'Étampes. Lorsqu'on reprit à la favorite les libéralités de son royal amant, la terre de Chevreuse fut donnée au cardinal de Lorraine, et, le 12 mars 1612, érigée en pairie en faveur de Claude de Lorraine, qui mourut sans postérité. Redevenue simple baronnie, Chevreuse entra dans la dotation des dames de Saint-Louis, établies à Saint-Cyr. Le château, qui était en ruine longtemps avant la Révolution, et dont une partie avait été transformée en bâtiments de ferme, vient d'être acheté par M. le duc de Luynes, jaloux d'assurer la conservation de cette ancienne propriété de sa famille.

On arrive à la Madeleine par plu-

Ruines du château de Chevreuse.

sieurs sentiers partant de Chevreuse qui ne sont abordables qu'aux piétons, tant la pente est abrupte; mais en quelques minutes on parvient au sommet, et l'on est amplement recompensé de cette légère fatigue par le splendide panorama qui se déploie de toutes parts. Bois, vallons, collines, châteaux, se groupent et se confondent dans le lointain : ici, c'est la vallée de l'Yvette que nous venons de parcourir; là, cette autre vallée, qui court vers Dampierre et qui nous rappelle les beaux ombrages de la Normandie; un peu plus loin, un autre vallon, bien frais et bien riant aussi, au fond duquel serpente capricieusement la route de Rambouillet; à nos pieds, les toits de la petite ville au-dessus de laquelle nous sommes comme suspendus; derrière nous enfin, les ruines du château, qui réveillent tant de souvenirs, et parmi lesquelles il nous semble voir errer encore cette dame de Chevreuse, cette amie d'Anne d'Autriche, si célèbre par sa beauté, par ses galanteries, par ses intrigues et par sa longue disgrâce. Des huit ou dix tours qui formaient l'enceinte du château de la Madeleine, quatre sont encore debout, ainsi qu'un bâtiment qui a la forme d'une chapelle; les remparts sont par endroits assez bien conservés, sans doute, après que les travaux de restauration projetés auront été exécutés, il sera permis au touriste de visiter à l'intérieur les quelques salles que le temps et la main des hommes n'ont pas entièrement dégradées.

Au sud de la ville, à 2 kilomètres environ, sur le plateau opposé à celui que couronnent les ruines de la Madeleine, on peut voir encore quelques débris de l'ancien château de *Méridon*, dont la fondation remonte au XIIIe siècle.

L'*église* de Chevreuse n'est pas fort ancienne; car il ne reste rien de celle qui existait du temps de Philippe le Bel, et dont un ouragan renversa le beau clocher en flèche. L'édifice actuel remonte tout au plus au commencement du XVe siècle; il est, comme toutes les églises des environs, en pierres de grès et en pierres meulières; le clocher a la forme d'un pavillon; la nef et les bas côtés présentent une suite d'arceaux à maçonnerie pleine soutenant une voûte très-basse. Au-dessus du chœur et de l'autel, cette voûte s'élève un peu. Au fond, on aperçoit des vitraux insignifiants. Vis-à-vis du portail qui vient d'être reconstruit, se trouvent les ruines assez curieuses de l'*abbaye de Saint-Saturnin*, dont l'architecture est romane. La chapelle de cette abbaye est devenue un entrepôt d'eau-de-vie; au-dessus de la porte est une petite statue du saint à moitié conservée.

Outre son église, Chevreuse possède un hospice et un hôpital réunis dans un seul bâtiment beaucoup trop étroit, et qui va faire place bientôt à une construction plus convenable. On remarque aussi, en parcourant les rues, quelques vieilles maisons curieuses par leur architecture; nous signalerons entre autres celle qui porte le n° 49 dans la rue de Rambouillet.

Chevreuse est un chef-lieu de canton du département de Seine-et-Oise, arrondissement de Rambouillet. Sa population se monte 1700 habitants environ; son commerce consiste surtout en blés, et laines; l'industrie y est représentée par des tanneries, des mégisseries, des tuileries, etc.

Une excellente route conduit en une heure (à pied) par un vallon boisé et pittoresque, de Chevreuse à Port-Royal (voy. page 773).

A 4 kilomètres de Chevreuse, en continuant à remonter la vallée de l'Yvette, se trouve le village de **Dampierre** (745 habitants),

Le château de Dampierre.

doit la célébrité dont il jouit au magnifique château qu'y possède M. le duc de Luynes.

La route de Chevreuse à Dampierre est une charmante promenade; elle passe devant le beau *château de Mauvière*, puis aux *Sablons* et à *Saint-Forget*, avant de rejoindre la route de Versailles, à une faible distance du château.

Le *château de Dampierre*, — notre dessin nous dispense de le décrire, — a été reconstruit en grande partie par le cardinal de Lorraine sur les dessins de J. H. Mansart. Il est entouré de fossés et de pièces d'eau alimentés par le ruisseau des Vaux, sur la rive gauche duquel il a été construit, au fond de la vallée où ce ruisseau se jette dans l'Yvette. Son beau parc, aux larges allées, aux vastes pelouses, aux points de vue étendus, couvre les pentes et le sommet de la colline qui le domine au sud-est, et dont le sommet atteint 167 mètres. Il a un aspect royal, mais sévère et même un peu triste. Du reste, son possesseur actuel, M. le duc de Luynes, se plaît à l'embellir. L'intérieur, qui est richement meublé, renferme un nombre considérable d'objets d'art. — On y remarque surtout, outre une galerie de tableaux, une *statue de Minerve* en ivoire, or et argent, d'après un plâtre de M. Simart, et une statue en argent de *Louis XIII* enfant, par Rude. — M. Ingres avait été chargé de la décoration d'une galerie qu'il n'a pas encore achevée.

L'*église* de Dampierre ne mérite pas une visite. Son clocher roman et son chœur absidal, flanqué de deux chapelles, attirent de loin les regards; mais l'intérieur, reconstruit à diverses époques, et composé d'une nef et de deux collatéraux étroits et bas, n'offre aucun intérêt.

Dampierre est à 17 kilomètres de Versailles, 15 kilomètres 1/2 de Rambouillet. Si l'on ne veut pas revenir à Chevreuse, on peut gagner la station de la Verrière (voir page 779) par Lévy-Saint-Nom, ou celle de l'Artoire par les Vaux de Cernay; ces deux excursions intéressantes sont décrites ci-dessous (voir pages 785 et suivante).

### 6. CHEMINS DE FER DE L'OUEST (LIGNE DE BRETAGNE).

#### DE PARIS A RAMBOUILLET.

*Embarcadère.* A Paris; boulevard Montparnasse, n° 44 (voir pages 286 et 287).

Six *départs* par jour. *Durée du trajet*, 1 h. 10 m. par les trains express, 1 h. 47 m. par les trains omnibus.

Pour les *omnibus*, voir page 287.

Les *prix des places* sont ainsi fixés:

| kil. | | 1re CL. fr. c. | 2e CL. fr. c. | 3e CL. fr. c. |
|---|---|---|---|---|
| 9 | Bellevue | » 75 | » 50 | » » |
| 17 | Versailles | 1 50 | 1 25 | » » |
| 22 | Saint-Cyr | 2 45 | 1 85 | 1 10 |
| 28 | Trappes | 3 15 | 2 35 | 1 40 |
| 33 | La Verrière | 3 70 | 2 75 | 2 05 |
| 40 | l'Artoire | 4 50 | 3 35 | 2 45 |
| 45 | Rambouillet | 5 40 | 4 05 | 2 80 |

Le chemin de fer de Bretagne, construit par l'État depuis son point de raccordement sur le chemin de Versailles (rive gauche) à Viroflay jusqu'à Chartres, et exploité pendant deux ans pour le compte de l'État, a été concédé, par la loi du 13 mai 1851, à la compagnie qui depuis s'est fusionnée avec celles des chemins de Versailles (rive gauche et rive droite), de Saint-Germain, de Rouen, du Havre, de Dieppe, de

Caen, etc. La section de Paris à Chartres a été inaugurée le 5 juillet 1849.

De Paris à Viroflay, ce chemin a été décrit dans les pages 284, 285 et suivantes. Nous le reprenons ici au point où, à peu de distance de la station de Viroflay (voir p. 308), il se sépare de la ligne de Versailles (rive gauche) pour se diriger, à un niveau beaucoup plus élevé, vers la station de la rue des Chantiers.

La description de Versailles commence à la page 195.

La pièce d'eau des Suisses et l'Orangerie du château de Versailles, vues du chemin de fer.

En quittant la gare de la rue des Chantiers, on entre dans un souterrain courbe de 700 mètres de rayon et de 140 mètres de longueur. A ce tunnel succède une profonde tranchée creusée dans un terrain sablonneux. Les talus, qui s'abaissent et se relèvent tour à tour, continuent d'intercepter la vue jusqu'au delà des ponts sur lesquels passent les routes qui conduisent à la plaine de Satory. Au delà du dernier de ces ponts, on aperçoit tout à coup, à travers les branches des arbres, la statue du Bernin (Louis XIV transformé en Marcus Sextus), plus basse et plus petite que ne l'a représentée M. Lancelot, la pièce d'eau des Suisses et l'Orangerie du palais de Versailles; mais bientôt les talus des tranchées et les arbres qui bordent le chemin de fer dérobent aux voyageurs la vue du bois de Satory qu'ils traversent et du parc de Versailles qu'ils laissent à leur droite. Puis les talus s'abaissent, et ce long rideau de verdure se déchire à peu de distance de la station de Saint-Cyr. De ce point on découvre, sur la droite, au delà des bâtiments de l'École, une vaste et fertile vallée.

### 3ᵉ STATION[1]. — SAINT-CYR.

*Distances.* Saint-Cyr est à : 5 kil. de Versailles par le chemin de fer, 4 kil. 1/2 par la route, 22 kil. de la gare de Paris, 2 kil. de Fontenay-le-Fleury.

Saint-Cyr est desservi aussi par des omnibus qui partent de Versailles 9 fois par jour, 40 c. en semaine et 50 c. les dimanches et fêtes.

**Saint-Cyr** (Seine-et-Oise, arrondissement et canton de Versailles, 1758 habitants) ne fut, jusqu'à Louis XIV, qu'un hameau placé sous l'invocation d'un petit saint de trois ans, dont la légende est curieuse.

Sa mère, chrétienne Gauloise, était belle. Elle eut le malheur de plaire à un magistrat ou officier romain qui, n'ayant pu s'en faire écouter, lui fit couper la tête. Elle

[1]. Les trains du chemin de fer de Bretagne ne desservent que les stations de Bellevue et de Versailles.

morte, le païen s'en prit à son fils Cyrus. Il n'avait que trois ans : mais *son esprit*, comme celui du petit roi Joas, *avait devancé son âge*. On employa tous les moyens pour lui faire changer de croyance ; aucun ne réussit. Il réfuta victorieusement tous les arguments. Il fut sourd aux prières. Il brava les menaces. Le magistrat furieux le précipita du haut de son tribunal. Or, ce tribunal était établi sur le sommet d'un rocher. L'enfant tomba au bas de ce rocher, et s'y brisa. Quelques chrétiens des environs formèrent une colonie en ce lieu, et lui donnèrent pour patron ce jeune martyr. La colonie existe encore : mais le rocher a disparu.

De ces temps reculés à la fin du XVIIᵉ siècle, l'histoire ne dit plus rien de Saint-Cyr. Il y avait près du village un petit château et un couvent de femmes. Dulaure assure que le château « est remplacé aujourd'hui par une mince auberge sous l'enseigne de l'*Écu de France.* » Il faut donc croire que ce fut le couvent que Louis XIV acheta 91 000 livres, pour y établir la maison d'éducation fondée par Mme de Maintenon, et à laquelle le château de Noisy ne suffisait plus.

Mme de Maintenon connaissait depuis longtemps une religieuse ursuline, nommée Mme de Brinon qui, se trouvant dans un embarras extrême par suite de la ruine de son couvent, avait imaginé de fonder une pension de jeunes filles. Son entreprise échoua complétement : mais elle parvint à intéresser en sa faveur Mme de Maintenon, alors seconde dame d'atours de la Dauphine, et jouissant de la confiance et de la faveur du roi. Mme de

Maintenon paya les dettes de Mme de Brinon, loua pour elle une maison à Rueil, y plaça plusieurs pensionnaires, et fit tout ce qu'il fallait faire pour achalander l'établissement, qui prospéra bientôt, et qui s'agrandit avec rapidité. Quand Louis XIV donna au parc de Versailles les dimensions qu'il a aujourd'hui, il fut obligé d'acheter plusieurs maisons de campagne dont le terrain lui était nécessaire. Mme de Maintenon obtint que l'une de ces maisons de campagne, appelée le château de Noisy, ne fût pas abattue. Le roi lui permit d'y transférer la communauté, et se chargea même des frais d'appro-

École de Saint-Cyr.

priation. Mme de Maintenon, ayant alors cette maison à sa portée, prit l'habitude d'y aller chaque jour, d'en diriger le gouvernement et les études, et fit si bien que le roi, piqué d'émulation, voulut s'associer tout à fait à son œuvre. Le nombre des élèves augmentant sans cesse, Noisy était devenu trop étroit. Par son ordre et à ses frais, la communauté alla s'installer à Saint-Cyr, où Mansart avait été chargé de construire le vaste édifice que le voyageur découvre et peut mesurer de l'œil du haut de la station.

Le but de cette fondation fut de donner une éducation convenable à des jeunes filles de familles nobles, mais réduites à l'indigence. Il fallait, pour y entrer, prouver quatre degrés de noblesse du côté paternel. Le nombre des pensionnaires fut fixé à 250, celui des maîtresses à 40, avec 40 sœurs converses, pour faire le service de la maison. C'était une sorte de communauté religieuse, où la fondatrice exerça longtemps une autorité souveraine. Elle s'y était réservé un petit appartement où elle allait passer tous les moments dont elle pouvait disposer. Elle y fit représenter, est-il besoin de le rappeler? *Esther* et *Athalie*, que Racine avait composées tout exprès pour ses pensionnaires. Elle s'y retira à la mort de Louis XIV, et n'en sortit pas une seule fois pendant les quatre années qu'elle survécut à ce monarque. Elle y mourut de vieillesse en 1719, et y fut inhumée dans la chapelle, au milieu du chœur. M. le duc de Noailles, qui avait épousé sa nièce, lui avait érigé un riche tombeau, qui fut détruit pendant la Révolution.

A cette époque, la maison royale de Saint-Cyr, où rien n'avait été changé depuis la fondation, fut supprimée, les élèves dispersées, ainsi que les maîtresses; en 1793 l'édifice fut pillé, et les restes de Mme de Maintenon profanés. On les retrouva lorsque la maison de Saint-Cyr fut appropriée à sa destination actuelle, on les recueillit, et ils furent déposés dans le mur de la chapelle, à la droite et non loin de l'autel. Un monument de la plus grande simplicité en indique la place. Il est en marbre noir, et l'on y lit ces cinq mots et ces trois dates :

CY-GÎT MADAME DE MAINTENON.
1635-1719-1836.

Ce fut l'empereur Napoléon I$^{er}$ qui mit à Saint-Cyr l'école militaire. Elle contient 350 élèves, distribués en deux divisions. Ils y suivent des cours de mathématiques, physique et chimie, dessin d'après la bosse et paysage, langue allemande, fortification permanente et de campagne, topographie, artillerie, histoire et géographie, administration militaire, belles-lettres, escrime et danse. On n'y peut pas entrer avant l'âge de 16 ans, ni après 20 ans révolus. On n'y peut passer plus de trois années. L'école est soumise au régime militaire et à l'autorité suprême du ministre de la guerre, qui a pour représentant un général commandant. Ce général a sous ses ordres un colonel commandant en second, un administrateur, un directeur et un sous-directeur des études, un médecin, trois chirurgiens, un dentiste, un économe, un payeur, un bibliothécaire, deux chefs de bataillon, huit capitaines, vingt-quatre professeurs, quatorze répétiteurs, trois aumôniers, quatorze adjudants sous-officiers, un adjudant du génie et huit employés d'administration. Il sort de là chaque année environ cent quarante jeunes officiers qui sont immédiatement placés dans l'armée.

Les douze corps de bâtiments dont se compose l'école de Saint-Cyr ne sont remarquables que par leur étendue, leur salubrité, et l'extrême simplicité de l'architecture. On y reconnaît à chaque détail la solidité d'esprit de la fondatrice, son aversion pour tout ce qui n'était qu'ornement frivole et n'avait pas un but d'utilité immédiate. Elle avait fait arranger derrière les bâtiments de grands et beaux jardins pour la promenade des pensionnaires et des religieuses. Il n'en reste plus qu'une partie, l'autre ayant été transformée en *champ de Mars* pour les exercices et les manœuvres des élèves de l'école actuelle. La chapelle est simple, comme le reste. On y peut voir cependant quelques bons tableaux de Jouvenet, de Lagrenée, de Vien; les statues des apôtres; deux figures allégoriques représentant la Force et la Justice; et, sur deux colonnes, à l'entrée du chœur, les statues de saint Jean-Baptiste et de saint Cyr.

La route directe de Versailles à Grignon passe par Saint-Cyr (voir ci-dessous, page 777).

Au delà de la station de Saint-Cyr, le chemin de fer monte sur un plateau fertile, remarquablement cultivé, mais d'un aspect monotone. On n'aperçoit, quand les arbres plantés le long de la voie n'interceptent pas la vue, que des champs parsemés de fermes, et une longue ligne d'arbres à fruits. C'est la route de terre.

### 4° STATION. — TRAPPES.

*Distances.* Trappes est à : 6 kil. de Saint-Cyr, 28 kil. de la gare de Paris, 9 kil. de Neauphle-le-Château, 10 kil. de Grignon, par Plaisir, 4 kil. de Port-Royal.

On trouve à la station de Trappes des voitures de correspondance pour Beynes, Pontchartrain, Septeuil, Neauphle-le-Château et Toiry.

**Trappes** (Seine-et-Oise, arrondissement et canton de Versailles), est un village de 860 habitants, situé à la droite du chemin de fer. Il n'offre par lui-même rien de curieux et ne rappelle aucun souvenir; mais les personnes que l'agriculture intéresse ne verront pas sans plaisir les belles fermes de MM. Dailly et Pluchet. — Tout près de Trappes est un étang d'une centaine d'arpents, appelé l'*Étang de Saint-Quentin*, et dont les eaux vont alimenter les bassins et les cascades de Versailles. Comme elles ne suffisaient pas aux gigantesques projets de Louis XIV, on avait imaginé d'en augmenter la masse en y amenant une partie de celles de l'Eure. Le canal de dérivation commençait à six lieues au-dessus de Chartres, près du bourg de Pontgouin. Il devait traverser la vallée de Maintenon sur un aqueduc à trois étages. Le premier étage seul a été construit, et l'on peut juger, par ce qu'il en reste, de la grandeur de ce travail, et de ce qu'il aurait coûté à la France, s'il eût été achevé. Il fut interrompu, en 1688, à cause de la guerre, et ne fut jamais repris (voir page 208). On se contenta de faire arriver à Trappes, par une rigole en maçonnerie, une certaine quantité d'eau prise dans les étangs de Saint-Hubert, de Pourras, etc., à l'extrémité des bois de Rambouillet.

### EXCURSION A PORT-ROYAL.

A quatre kilomètres au sud de Trappes est une petite vallée solitaire, mais peuplée de souvenirs. Là fut l'abbaye de **Port-Royal des Champs**, qui occupe une si grande place dans l'histoire religieuse, philosophique et littéraire du XVII° siècle. *N. B.* Pour y aller il faut traverser le bois de Trappes.

Jean Racine a écrit l'histoire de

l'abbaye de Port-Royal, et l'on nous saura gré sans aucun doute de citer le plus que nous pourrons du récit de ce grand homme. « L'abbaye de Port-Royal.... fut fondée, en 1204, par un saint évêque de Paris, nommé Eudes de Sully, de la maison des comtes de Champagne, proche parent de Philippe Auguste... La fondation n'était que pour douze religieuses; ainsi ce monastère ne possédait pas de fort grands biens. Ses principaux bienfaiteurs furent les seigneurs de Montmorency et les comtes de Montfort... Sur la fin du XVIe siècle, ce monastère, comme beaucoup d'autres, était tombé dans un grand relâchement; la règle de saint Benoît n'y était presque plus connue, la clôture même n'y était plus observée, et l'esprit du siècle en avait entièrement banni la régularité. Marie-Angélique Arnauld, par un usage qui n'était que trop commun en ces temps-là, en fut faite abbesse en 1602, n'ayant pas encore onze ans accomplis... » Ce fut pourtant cette petite fille qui, six ans plus tard, réforma Port-Royal et plusieurs autres maisons religieuses. « Un capucin, dit Racine, qui était sorti de son couvent par libertinage, et qui allait se faire apostat dans les pays étrangers, passant par hasard à Port-Royal en 1608, fut prié par l'abbesse et par les religieuses de prêcher dans leur église. Il le fit, et ce misérable parla avec tant de force sur le bonheur de la vie religieuse, sur la beauté et sur la sainteté de la règle de saint Benoît, que la jeune abbesse en fut vivement émue. Elle forma dès lors la résolution, non-seulement de pratiquer sa règle dans toute sa rigueur, mais d'employer même tous ses efforts pour la faire aussi observer à ses religieuses. » Elle eut un plein succès, si bien « qu'en moins de cinq ans la communauté de biens, le jeûne, l'abstinence de viande, le silence, la veille de la nuit, et enfin toutes les austérités de la règle de saint Benoît, furent établis à Port-Royal. » Ce monastère fut bientôt en grande réputation de sainteté, et s'accrut dans des proportions considérables. En 1625 il y avait plus de quatre-vingts religieuses. Elles s'y trouvaient fort à l'étroit, et, le lieu étant d'ailleurs humide et malsain, « le couvent ne fut bientôt plus qu'une infirmerie. » Mme Arnauld, mère de Marie-Angélique, d'Antoine Arnauld, le fameux théologien, d'Arnauld d'Andilly, et de dix-sept autres enfants moins célèbres, acheta au faubourg Saint-Jacques, à Paris, une maison où la communauté vint se réfugier. Elle y resta plus de vingt ans.

Ce fut alors que les trois frères Lemaître, dont l'un, Lemaître de Sacy, a traduit la Bible et Térence, — ils étaient petits-fils de Mme Arnauld, et neveux de Marie-Angélique, — allèrent s'établir dans la maison abandonnée de Port-Royal des Champs. « Leur exemple y attira encore cinq ou six autres, tant séculiers qu'ecclésiastiques, qui, étant comme eux dégoûtés du monde, se vinrent rendre les compagnons de leur pénitence. Mais ce n'était point une pénitence oisive; pendant que les uns prenaient connaissance du temporel de cette abbaye, et travaillaient à rétablir les affaires, les autres ne dédaignaient pas de cultiver la terre comme de simples gens de journée ; ils réparèrent même une partie des bâtiments qui y tombaient en ruines, et, rehaussant ceux qui étaient trop bas et trop enfoncés, rendirent l'habitation de ce désert beaucoup plus saine et plus commode qu'elle n'était. » Arnauld d'Andilly vint se joindre à ses trois neveux. Le duc et la duchesse de Luynes, épris des charmes de la vie solitaire, firent bâtir un petit château dans le voisinage de l'abbaye. Un certain nombre de religieuses y étaient revenues. Plusieurs gens du monde obtinrent la permission d'y faire des retraites, entre lesquels on cite le duc et la duchesse de Liancourt, et la duchesse de Longueville. D'autres firent bâtir des habitations auprès de la maison du faubourg Saint-Jacques. Les grands succès obtenus par les religieuses dans l'éducation des jeunes filles ac-

Ancienne abbaye de Port-Royal des Champs.

crurent encore la vogue de leur institut.

Les solitaires dont nous venons de parler, hommes très-savants pour la plupart, imitèrent cet exemple, et se consacrèrent, de leur côté, à l'instruction des jeunes gens. Une estampe de ce temps-là, dont il reste encore des exemplaires, permet de juger de la disposition des bâtiments, qui s'étaient successivement agrandis. On y voit très-distinctement l'emplacement des deux communautés, attenantes, quoique séparées, et n'ayant de commun que l'Église. Les hommes, d'ailleurs, n'y prononçaient point de vœux : c'étaient des solitaires laïques, et non des moines. Parmi eux étaient encore, outre ceux que nous avons nommés, l'éloquent écrivain Nicole, l'helléniste Lancelot, auteur du *Jardin des racines grecques*, que l'on cultive encore aujourd'hui dans les colléges. Ils eurent des élèves très-distingués, dont Jean Racine, leur historien, fut assurément le plus illustre. Racine avait été amené là tout naturellement. Sa sœur y avait pris le voile, et sa mère s'y était retirée. Pascal y avait également une sœur qui lui fit connaître les Arnauld, et finit par le décider à se joindre à ces savants cénobites, dont il fut le plus vaillant champion, quand les jésuites leur eurent déclaré la guerre.

Le père des Arnauld, Antoine Arnauld, avocat au parlement, avait plaidé, en 1594, pour la Sorbonne, demandant, dès ce temps-là, l'expulsion des jésuites, qui ne fut prononcée que l'année suivante, après l'attentat de Jean Châtel. Ce fut, si l'on en croit Racine, pour se venger d'Antoine Arnauld que les jésuites poursuivirent avec tant d'acharnement son fils, le docteur en Sorbonne, sa fille Marie-Angélique, et Port-Royal. Racine reconnaît cependant lui-même qu'Arnauld, dans son livre de la *Fréquente communion*, avait « combattu les absolutions précipitées, qu'on ne donne que trop souvent à des pécheurs envieillis dans le crime..., sans les éprouver par une sérieuse pénitence. » On ne pouvait attaquer les jésuites plus directement. Ils répondirent d'abord par une grêle d'invectives et de calomnies. Puis, comme Arnauld avait fait l'éloge d'un gros livre sur saint Augustin, en cinq tomes *in-folio*, écrit en latin par un évêque des Pays-Bas, appelé Jansénius, que ce Jansénius avait été leur adversaire, et qu'ils étaient bien sûrs que personne, à l'exception des théologiens, ne le lirait, ils prétendirent y avoir découvert cinq propositions attentatoires au principe de la liberté humaine, et les firent condamner par le pape. Arnauld soutint que Jansénius n'avait point écrit les cinq propositions, et demanda qu'on les lui montrât. On ne les lui montra pas, mais on fit déclarer par quelques évêques qu'elles y étaient. L'un d'eux rédigea un *formulaire* où leur existence était reconnue, et l'on exigea que ce formulaire fût signé par tous les prêtres, tous les religieux, toutes les religieuses. Arnauld et ses amis se refusèrent à signer un mensonge. Les religieuses de Port-Royal dirent que, ne sachant pas le latin, elles n'avaient pu lire Jansénius, ni, par conséquent, avoir d'opinion sur ce que contenait son livre. Ces querelles durèrent plus de soixante ans. Louis XIV, qui ne savait ni le latin ni la théologie, mais qui avait un jésuite pour confesseur, prit parti pour le formulaire, employa son autorité à l'imposer, et persécuta les récalcitrants, qu'on avait affublés du sobriquet de *Jansénistes*. Arnauld fut réduit à s'exiler. Les solitaires furent dispersés, et quelques-uns enfermés à la Bastille. Les religieuses subirent mille avanies, puis furent enfin enlevées et mises dans des couvents plus dociles, et, finalement, le monastère de Port-Royal fut démoli par arrêt du Conseil du 27 octobre 1709. On n'y laissa pas pierre sur pierre au-dessus du sol. On poussa la fureur jusqu'à déterrer les corps qui avaient été inhumés dans l'église et dans le cimetière de la maison, pour les transporter dans des paroisses plus ou moins éloignées, à Saint-Lambert, à Magny-les-Hameaux, et même jusqu'à Palaiseau. Ce furent les Nicole, les Arnauld, les Sacy, ce fut Pascal, ce fut Racine, que l'on traita de cette manière. La pierre tumulaire de ce dernier a été transférée, en 1823, de l'église de Magny à Saint-Étienne du Mont.

M. le duc de Luynes, propriétaire actuel du terrain où s'éleva l'abbaye de Port-Royal, a fait déblayer ce que les solitaires du XVII° siècle avaient enterré pour exhausser le sol et assainir l'habitation. On a retrouvé ainsi la partie inférieure des murailles, la base des piliers, un carrelage du XIII° siècle, remontant par conséquent à la fondation de l'abbaye, deux fragments de tombes, une croix de pierre, des tronçons de colonnes et des chapiteaux.

Un des propriétaires qui ont précédé M. de Luynes avait fait bâtir, sur le chevet de l'église, un petit pavillon où l'on a réuni aux débris intéressants qui ont été découverts plusieurs autographes d'abbesses ou de solitaires de Port-Royal, et ce que l'on a pu trouver de plans, gravures ou portraits, se rattachant à l'histoire de ce monastère. On en voit aux alentours divers autres vestiges, un moulin, un colombier, quelques tourelles, qui, n'en étant que des dépendances, ont échappé à la démolition de 1709.

Derrière l'église, près des caves de l'hôtel de Longueville et de la fontaine de la mère Angélique, s'élève un beau noyer, qui, suivant les traditions du pays, a été le contemporain des solitaires. La hauteur voisine où se trouvent les granges a conservé la plupart de ses constructions. Les églises de Saint-Lambert, de Magny et de Palaiseau renferment d'anciennes pierres tombales provenant de l'église de Port-Royal [1].

Port-Royal est à 5 kil. de Dampierre (voir page 766), à 3 kil. de la Chapelle-Milon (voir page 764), et à 6 kil. de Chevreuse par la route de Versailles.

### EXCURSION A GRIGNON.

C'est aussi à la station de Trappes qu'il faut quitter le chemin de fer, si l'on veut aller visiter Grignon.

*N. B.* On peut se rendre de Versailles à Grignon par Saint-Cyr. Il y a deux départs par jour : 1 f. 25 c. jusqu'à Grignon, 1 f. jusqu'à Petits-Prés. Une voiture particulière à deux chevaux se paye 10 fr., pourboire non compris ; la distance est de 17 kil. On passe par Saint-Cyr, *les Clayes* et *Petits-Prés*, hameau où on laisse à gauche la route de Neauphle-le-Château, et à droite celle de Villepreux. Au delà de Petits-Prés, la route devient moins bonne. On s'élève sur un plateau arrondi, de l'autre côté duquel on aperçoit pour la première fois, au fond d'un vallon, les toits du château de Grignon.

Quand on va de Trappes à Grignon, on passe par les *Gâtines*, la *Chaîne* et *Plaisir*, avant de rejoindre au hameau de Petits-Prés la route qui vient d'être indiquée.

M. Bella, mort au mois d'avril 1856,

[1] M. Hérard, architecte, auteur d'intéressantes *Études archéologiques* sur les abbayes de l'ancien diocèse de Paris, doit publier prochainement une monographie de l'abbaye de Port-Royal. Est-il besoin de signaler ici aux promeneurs l'ouvrage si connu de M. Sainte-Beuve ?

a été le fondateur, nous pouvons dire le créateur de l'Institut impérial de Grignon. Raconter sa vie, ce sera raconter l'histoire de Grignon.

Auguste Bella, chef d'escadron d'état-major, officier de la Légion d'honneur, faisait partie de l'état-major du maréchal Grouchy pendant la malheureuse campagne de Waterloo. Après 1815, il se retira dans une ferme de la Lorraine. Comme un grand nombre de ses frères d'armes, il déposa son épée pour se livrer à des travaux agricoles. Ce fut en 1826 qu'il conçut la pensée, bientôt réalisée, d'établir près de Paris une école théorique et pratique où les jeunes agriculteurs vinssent puiser les enseignements salutaires de la science et de l'expérience, et apprendre la culture rationnelle, faisant intervenir ainsi la logique et la raison là où avaient régné jusqu'alors la routine et l'ignorance.

Un magnifique château, bâti du temps de Louis XIV, au milieu d'un parc immense, résidence favorite de l'empereur Napoléon, — il avait appartenu au duc d'Istrie, — fut choisi pour y fonder l'établissement agricole de Grignon. Une terre de près de 300 hectares fut annexée à l'institut agricole. Une société anonyme entreprit l'exploitation du domaine de Grignon, et s'engagea à exécuter des améliorations foncières jusqu'à concurrence d'un capital de 300 000 francs. Dans l'acte de concession, il fut formellement stipulé que la société ne serait nullement tenue de conserver les cultures anciennes, et qu'elle pourrait au contraire y faire tous les changements qui lui conviendraient.

M. Bella était doué d'un esprit organisateur remarquable ; il apportait dans ses entreprises et dans son administration la fermeté de caractère, la régularité, la persistance que donnent les habitudes de la vie militaire. Levé le premier, couché le dernier, on le trouvait toujours à son poste. Il savait joindre l'exemple au précepte. On retrouvait dans l'administrateur intègre et vigilant toutes les qualités du soldat. Aussi, grâce à lui, l'école de Grignon a-t-elle constamment prospéré. Quelques chiffres feront apprécier les progrès qui furent accomplis.

On sait que la prospérité d'une ferme se reconnaît d'abord au nombre de têtes de bétail qu'on y élève. L'idéal de l'agriculteur est de nourrir une tête de gros bétail par hectare cultivé. En 1826, on entretenait, dans la première ferme, 31 têtes de gros bétail, c'est-à-dire une tête par 2 hectares 65 ares ; au bout de deux ans, le nombre des têtes de gros bétail était porté à 60, et représentait une tête par 1 hectare 45 ares. Dans la deuxième ferme, on nourrissait 54 têtes de gros bétail, c'est-à-dire une tête par 2 hectares 29 ares ; en 1831, on pouvait déjà entretenir 123 têtes de gros bétail, à peu près une tête par 1 hectare 40 ares.

Ce sont là des résultats importants, qui ne furent obtenus qu'en supprimant les usages des anciens fermiers : l'assolement triennal, les jachères, etc., etc., et en introduisant dans la culture des terres les méthodes rationnelles indiquées par la science et justifiées par des expériences concluantes.

Créée dans le but d'offrir aux

agriculteurs et aux élèves l'exemple d'une culture améliorée, l'exploitation rurale de Grignon, tout en procurant des bénéfices considérables à ses actionnaires, en donnant au fonds une énorme plus-value, a donc été, depuis trente années, un spécimen pour ainsi dire vivant des bienfaits incalculables que sont appelés à répandre sur le pays les enseignements puissants de la culture rationnelle.

L'École impériale de Grignon, dirigée aujourd'hui par M. Bella fils, compte environ 60 élèves qui payent une pension de 750 francs.

Des examens d'admission ont lieu chaque année.

Douze demi-bourses, dont six pour les anciens élèves des fermes-écoles, sont accordées à chaque division d'élèves de l'École impériale de Grignon. Les études ont, depuis vingt ans à peu près, l'étendue qui avait été adoptée pour celle de l'Institut agronomique. Elles comprennent l'économie et la législation rurales, l'agriculture, la sylviculture et la botanique, la zootechnie, le génie rural, la physique et la chimie agricoles et la comptabilité.

Le domaine de Grignon a 470 hectares de terres très-variées. Il dépend de la commune de *Thiverval*, située à l'extrémité ouest du parc. Thiverval, dont la population est de 500 hab., fait partie du dép. de Seine-et-Oise (arr. de Versailles, canton de Poissy).

Reprenons maintenant le chemin de fer à la station de Trappes, où nous l'avons quitté. De cette station à Rambouillet, le paysage est presque toujours le même : une route bordée d'arbres près du chemin de fer, une plaine bien cultivée, parsemée de fermes et de villages.

Quelques minutes avant de s'arrêter à la station de *La Verrière*, on aperçoit sur la droite, un peu au delà de la grande route, une vieille chapelle gothique auprès d'un grand corps de ferme. C'est la ferme de la *Ville-Dieu*, ancienne Commanderie de l'ordre du Temple. La chapelle, entièrement construite et voûtée en pierres meulières, date, dit-on, du XIII° siècle : aujourd'hui elle est convertie en grange et dépend du domaine de La Verrière.

### 5° STATION. — LA VERRIÈRE.

*Distances.* La station de La Verrière est à : 5 kil. de Trappes, 33 kil. de Paris, 2 kil. 1/2 de Mesnil-Saint-Denis, 5 kil. de Lévy-Saint-Nom, 8 kil. de Dampierre, 2 kil. de Maurepas, 6 kil. du Tremblay, 11 kil. de Montfort-l'Amaury.

On trouve à la station de La Verrière des omnibus pour Chevreuse, Dampierre, le Tremblay, Laqueue et Montfort-l'Amaury.

Un château, situé à 1 kilomètre du chemin de fer, a donné son nom à cette station, qui dessert, par des omnibus, Dampierre, Chevreuse, le Tremblay, Montfort-l'Amaury, la Queue. Ce château, caché dans un bouquet d'arbres, a appartenu au comte de La Valette, que le dévouement de sa femme a rendu si célèbre sous la Restauration. Il a aujourd'hui pour possesseur M. Berger, l'ex-maire des barricades, sénateur. Le parc paraît fort mal tenu. Le hameau qui l'entoure compte 93 hab.

# ENVIRONS DE PARIS.

**EXCURSION A MONTFORT-L'AMAURY.**

12 kil. environ. 3 *départs* par jour. *Trajet* en 1 h. ; 1 fr. dans le coupé, 90 c. dans l'intérieur. On paye pour le Tremblay 25 c. ; le trajet se fait en 30 m.

La route de la station de La Verrière à Montfort-l'Amaury traverse une contrée riante et plantureuse. On laisse à sa gauche un petit hameau nommé *le Gibet* de Coignières. C'est là qu'autrefois les seigneurs de Coignières, village situé à quelque distance, sur la route

Ruines du donjon de Maurepas.

de Paris à Rambouillet, faisaient exécuter les arrêts de leur haute justice. On passe ensuite par Maurepas et par le Tremblay.

On voit à **Maurepas** les ruines d'une forteresse féodale très-redoutée des voyageurs pendant le moyen âge. Certains seigneurs de Maurepas acquirent alors presque autant de célébrité que le baron de Montmorency et le sire du Puiset. Au XVIIe siècle, cette châtellenie faisait partie du domaine de la couronne, ainsi que les châtellenies voisines de Neauphle et de Pontchartrain, et la terre de Marly-le-Bourg appartenait au ministre Louis Phélippeaux. Louis XIV eut envie de Marly, probablement à cause de sa position, et donna en échange à Phélippeaux Neauphle, Pontchartrain et Maurepas. Ces deux dernières terres, réunies en une seule, furent érigées en comté-pairie. Phélippeaux s'intitula le comte de Pontchartrain, et Marly-le-Bourg s'appela Marly-le-Roi. On sait quel rôle jouèrent les comtes de Pontchartrain sous ce règne, et le comte de Maurepas dans le siècle suivant.

Ruines du château de Montfort.

Le **Tremblay**, riche village de 402 habitants, n'a de remarquable qu'un beau château qui fut longtemps le domaine des Leclerc du Tremblay. Le fameux père Joseph, capucin-diplomate, que le cardinal de Richelieu honora d'une si grande confiance, était de cette famille. Le château appartient aujourd'hui à M. le marquis de Vérac.

On ne tarde pas à découvrir, à l'horizon, la petite ville de **Montfort-l'Amaury**, couchée aux pieds de son vieux donjon, dont les ruines dominent toute la vallée. Là résidèrent ces puissants comtes de Montfort, dont le nom occupe si souvent l'histoire pendant les deux premiers siècles de la dynastie des Capets. Ils descendaient de Charlemagne par Judith, fille de Charles le Chauve, qui avait épousé le comte de Flandre, Baudouin, Bras-de-fer. Guillaume, comte de Hainaut, petit-fils de ce Baudouin, épousa, en 996, une dame de Nogent, héritière du domaine d'Épernon et de Montfort. Il augmenta par de grands travaux la force de cette dernière place, qui prit le nom de son fils Amaury. Simon I⁰ʳ, fils d'Amaury, fut le père de cette célèbre Bertrade, qui s'enfuit de chez son premier mari, Foulques le Réchin, comte d'Anjou, et alla épouser Philippe Iᵉʳ, roi de France, déjà marié comme elle. Ce cas de bigamie double et publique est un des faits les plus curieux de l'histoire. Le pape excommunia les deux criminels couronnés. Ils se moquèrent du pape, et vécurent ensemble pendant seize années. Bertrade, dit M. Henri Martin, « eut l'adresse de réconcilier ses deux maris, et l'impudence d'aller avec le second visiter le premier dans la ville d'Angers.... Ce dut être un spectacle assez scandaleux que de les voir tous trois siéger à une même table dans le château, ou sur un même banc d'honneur à l'église. Elle faisait asseoir le roi à ses côtés, et Foulques à ses pieds sur un escabeau. »

On connaît la noirceur de ses attentats contre Louis le Gros, dont elle convoitait l'héritage pour son propre fils. N'ayant pu réussir, elle se fit religieuse de dépit. Le frère de cette princesse, Amaury, quatrième du nom, guerroya pendant toute sa vie; il fut quelquefois l'auxiliaire de son suzerain, plus souvent son ennemi.

L'ambitieux, le fanatique, le cruel Simon de Montfort, qui détruisit la puissance des comtes de Toulouse, et noya le Languedoc dans le sang, était le petit-fils de cet Amaury IV. Quand il eut succombé, en 1218, sous les coups des amazones de Toulouse, son fils, Amaury VII, fut proclamé comte de Toulouse par les autres chefs de la croisade albigeoise. Mais il perdit rapidement les conquêtes de son père, et finit par céder au roi Louis VIII, en échange de la dignité de connétable, des prétentions qu'il était hors d'état de faire valoir.

Le fils d'Amaury VII ne laissa qu'une fille qui, en 1250, épousa le comte de Dreux. Soixante ans après, la maison de Dreux tomba de même en quenouille. Yolande, comtesse de Dreux et de Montfort, épousa successivement Alexandre III, roi d'Écosse, et le duc de Bretagne Arthur II. Le fils qu'elle eut de ce dernier prince, Jean de Montfort, disputa la couronne ducale à sa nièce Jeanne, femme de Charles de Blois. Le fils de Jean de Montfort, qui portait le même nom, ayant gagné la bataille d'Auray, où son compétiteur périt, devint duc, et le comté de Montfort appartint aux souverains de la Bretagne jusqu'au mariage d'Anne, fille de Jean VI, avec Charles VIII d'abord, puis avec Louis XII. En 1537, François Iᵉʳ, obligé de livrer à l'Espagne le comté de Saint-Pol, qui appartenait à la comtesse de Bourbon-Vendôme, lui donna en échange le comté de Montfort-l'Amaury. Mais, sept ans après, la comtesse recouvra son bien, et le roi reprit Montfort. Depuis, ce domaine fut donné en usufruit, successivement, à André de Foix, sire de Lesparre, à la comtesse de la Trémoille, à la duchesse d'Estouville. Il appartint ensuite à Catherine de Médicis, puis au duc d'Anjou, son fils; puis au duc d'Alençon, quand le duc d'Anjou monta sur le trône. Après la mort du duc d'Alençon, Henri III le donna au duc d'Épernon, son favori. Plus tard, il fit retour à la couronne, et, en 1692, Louis XIV l'échangea contre le duché de Chevreuse. Un autre duc de Luynes l'a vendu en l'an IV de la République française. Il ne reste du château que les débris de deux tours, l'une très-ancienne, l'autre beaucoup

La porte Bardou, à Montfort-l'Amaury.

plus moderne, et que l'on attribue au sire de Lesparre. Elle est de forme hexagone, construite en pierres et en briques. On peut encore se faire une idée de l'élégance de cet édifice. Une plaque de marbre noir est scellée sur une de ses faces. On y voit, par une inscription en lettres d'or, portant la date de 1833, comment la ville de Montfort-l'Amaury est devenue propriétaire de ces ruines, ainsi que du mamelon qui les porte, et où se dressait autrefois le château. L'administration municipale a couvert ce mamelon de verdure; elle y a tracé des allées sinueuses, qui en adoucissent la pente. Les soins dont elle entoure ces précieux vestiges des siècles passés prouvent qu'elle en comprend la valeur historique.

En arrivant à Montfort-l'Amaury par la route de La Verrière, on passe à côté du beau *château de Groussaye*, dont le parc est assez étendu. Outre les ruines du vieux donjon, il y a trois choses à voir dans la ville : le cimetière, l'église, et la porte Bardou.

Le *cimetière* est le préau d'un ancien couvent. Sur les deux côtés de ce préau règnent des galeries en arcades d'une architecture légère et pleine de grâce. On assure que Cicéri s'inspira de ce préau pour son beau décor du troisième acte de *Robert le Diable*. Il y a, en effet, quelques rapports éloignés entre le monument réel et le monument fantastique créé par l'imagination du peintre.

L'*église* paroissiale, placée sous l'invocation de saint Pierre, paraît remonter au XII° siècle ; mais elle a été refaite en partie pendant que le domaine appartenait aux derniers Valois. La nef et le chœur sont gothiques. Le portail, le clocher, et l'ornementation extérieure, qui n'a pas été achevée, sont du style italien du XVI° siècle, ainsi que les vitraux, datés de 1578. On voit un de ces vitraux, le premier à droite, en entrant par le portail, Henri III, ou son frère, agenouillé devant un prie-Dieu, et suivi de deux pages. Un peu plus loin est Catherine de Médicis, accompagnée de deux filles d'honneur.

La *porte Bardou* fait face à l'église. Servait-elle à sortir de la ville, ou à entrer dans le château ? Il est difficile aujourd'hui de résoudre cette question. Il semble cependant plus probable que c'était le premier ouvrage extérieur du château. Elle paraît avoir été flanquée de deux tours carrées. Elle est cintrée, et probablement antérieure au XII° siècle. On peut conjecturer que son nom lui vient de sire Hugues Bardoulf ou Bardou (Hugo Bardulphus), beau-père du comte Simon I*, qui régna de 1053 à 1087.

La ville de Montfort-l'Amaury, chef-lieu de canton du département de Seine-et-Oise, arrondissement de Rambouillet, a une population de 1762 habitants. Elle fait un commerce considérable de blé, d'avoine, de fourrages, de fruits, de chevaux et de bestiaux.

En sortant de Montfort-l'Amaury par la route qui conduit à l'Artoire, on rencontre à peu de distance une petite *chapelle*, de construction moderne et complètement isolée. On voit sur l'autel une statue de la Vierge. Du côté gauche pend à la muraille un tableau représentant la mère de Dieu, debout devant un gros arbre, et tenant son nourrisson dans ses bras. Au temps jadis, l'on en croit les paysans d'alentour, la statue fut trouvée *dans un chêne*. Ne leur demandez pas une explication plus précise. Une belle église fut construite au lieu qu'avait été le théâtre de cette trouvaille miraculeuse, et *Notre-Dame du-Chêne* eut une foule de dévots qu'elle guérissait de quantité de maladies. Cette église, détruite par les philosophes de 1793, a été remplacée, sous la Restauration, par la chapelle qu'on voit aujourd'hui

Les villageois qui en ont fait les frais par souscription assurent que la statue est précisément celle d'autrefois, qu'on a retrouvée. Nous ne savons si elle fait toujours des miracles.

Tout près de cette chapelle est le village des *Mesnuls*, avec un château du XVIIe siècle, qu'habite M. le comte de Nogent. La vallée des Mesnuls est profonde et pittoresque. La forêt de Saint-Léger, qui fait partie des bois de Rambouillet, la remplit presque tout entière.

A l'extrémité sud-est de cette forêt de Saint-Léger est une série d'étangs dont les eaux vont alimenter l'étang de Saint-Quentin et les bassins de Versailles. Il y en a six qui portent différents noms : — étangs de Pourras, autrefois de Porrois, plus anciennement de Port-Royal. Ils appartenaient à la célèbre abbaye de ce nom, — étangs de Hollande, — enfin, *étang de Saint-Hubert*. Celui-ci est le plus vaste et dû son nom, ainsi que le hameau voisin, à un château que Louis XV fit bâtir sur ses bords, pour qu'il lui servît de rendez-vous de chasse. Le château de Saint-Hubert était l'ouvrage de l'architecte Gabriel, auteur de la place Louis XV. Il avait été décoré par les plus habiles sculpteurs de ce temps-là, Constant, Pigalle, Falconnet, et par le célèbre peintre Vanloo. Cela n'empêcha pas Louis XVI de le faire abattre. Il n'en reste plus que le nom et le souvenir.

L'étang de Saint-Hubert n'est pas loin de la station de l'Artoire, qui a pris le nom d'un hameau et d'un château voisins (voir ci-dessous). Ce château, d'ailleurs, n'a rien que de très-ordinaire, et aucun souvenir historique ne s'y rattache.

## EXCURSION AUX VAUX-DE-CERNAY.

13 kil. environ. *Omnibus* pour Dampierre; 2 *départs* par jour; *trajet* en 50 m. pour 75 c. dans le coupé, et 40 c. dans l'intérieur ou sur la banquette.

*N. B.* Si l'on ne veut pas visiter Notre-Dame de la Roche et Lévy-Saint-Nom, on peut prendre cette voiture jusqu'à Dampierre, et de Dampierre gagner la station de l'Artoire (voir ci-dessous) par les Vaux-de-Cernay. C'est une promenade de 2 h. 30 m. à 3 h., une des plus agréables et des plus intéressantes que l'on puisse faire dans les environs de Paris.

Après avoir laissé à gauche le château de La Verrière, on ne tarde pas à atteindre (30 minutes environ) le **Mesnil-Saint-Denis**, village de 534 hab., dont le château seigneurial, bâti sous Henri IV ou sous Louis XIII, restauré plusieurs fois depuis, a remplacé une ancienne forteresse féodale. A l'extrémité du parc, s'élève une chapelle du même style que le château, attenante à l'*église* paroissiale. — Cette église a été trop souvent retouchée pour offrir encore quelque intérêt. L'intérieur, moins insignifiant que l'extérieur, renferme, près des fonts baptismaux, deux statues en bois peint du XVIe siècle (saint Fiacre et sainte Catherine).

Au sud, et environ à 1000 mètres du château, le plateau sur lequel il est bâti s'abaisse brusquement; on aperçoit alors un charmant petit vallon encadré dans des coteaux boisés et semé çà et là de blanches maisons; ce vallon, dans lequel descend une belle route de voitures récemment construite, est arrosé par un petit affluent de l'Yvette. Avant de pénétrer dans le bois qui recouvre son versant septentrional, on remarque à droite, dans un petit clos entouré de murs, une chapelle et des bâtiments d'habitation. Cette chapelle, dont on trouvera une longue description dans le *Bulletin monumental* publié par M. de Caumont (vol. XII, 1846), est tout ce qui reste de l'ancienne **abbaye de Notre-Dame de la Roche**, qui fut desservie par des religieux de l'ordre des Augustins. L'abbaye avait été fondée vers la fin du XIIe siècle par les sires de Lévis. La chapelle date des premières années du XIIIe siècle; l'intérieur en est fort simple; c'est une croix latine précédée d'un porche ouvert en ogives. Mais à l'intérieur elle présente un assez grand intérêt. Les chapiteaux de ses piliers doivent surtout fixer l'attention. Dans la nef et dans les transsepts, on voit les dalles tumulaires des abbés, des chanoines et des bienfaiteurs; dans le chœur, les statues et les tombes des sires de Lévis, qui jouèrent un rôle si important dans l'Albigeois, à la suite du terrible Simon de Montfort. Nous dirons ci-dessous (voir Lévy-Saint-Nom) pourquoi elle ne sert plus au culte. MM. de Mirepoix et de Lévis l'ont achetée et se proposent, dit-on, de la faire restaurer.

Dans la maison du fermier, qui montre aux étrangers la chapelle de Notre-Dame de la Roche, une vieille cheminée orne une grande salle voûtée en ogives, qu'une colonne placée au milieu divise en quatre parties égales.

15 ou 20 minutes suffisent pour descendre par une belle route de Notre-Dame de la Roche à Lévy-Saint-Nom. Dans ce trajet on découvre à droite l'extrémité supérieure de la vallée de l'Yvette, qui renferme les hameaux de *Girouard* et d'*Yvette* (ancienne abbaye de Bénédictins).

**Lévy-Saint-Nom** (Seine-et-Oise, arrondissement de Rambouillet, canton de Chevreuse), est un village de 616 habitants, pittoresquement situé au-dessus de la rive gauche de l'Yvette, dans la jolie vallée à laquelle cette rivière donne son nom. L'*église* s'élève sur une éminence qui domine la vallée. Elle n'a rien de remarquable, si ce n'est une porte à cintre surbaissé et des nervures qui reposent leurs extrémités sur des consoles dont l'une, celle de gauche, représente un joueur de cornemuse assez bien conservé. L'intérieur est une véritable grange. Seulement, sur l'autel, on voit une vierge dont la tête et les mains, d'un beau travail, paraissent être d'une sorte de stuc fort dur, plus poli que le marbre, quoique la *Gallia christiana* prétende que cette vierge est d'ivoire et que c'est la seule de ce genre qui existe en France. Cette vierge, qui était autrefois dans la chapelle de Notre-Dame de la Roche, jouit d'une immense réputation. Deux fois par an, en mars et en septembre, toutes les mères des environs viennent lui faire toucher les hardes de leurs enfants, qui entendent en outre la lecture d'un Évangile. L'affluence est considérable. Souvent on se dispute les places. On paye 10 centimes pour la lecture de l'Évangile et 10 centimes pour la présentation des hardes. On donne ce que l'on peut au curé qui officie. Une autre vierge a été placée dans une chapelle, à gauche de l'entrée, mais elle n'inspire pas la même confiance aux mères. C'est la vierge de la Roche, qu'elles viennent implorer pour leurs enfants. Cette vierge est, comme on le voit, une source de revenus assez considérables pour l'église qui la possède. Sous l'Empire, les curés de Lévy-Saint-Nom et du Mesnil-Saint-Denis ont eu un long procès à son sujet. La chapelle de Notre-Dame de la Roche, située en effet sur le territoire de Lévy-Saint-Nom, était si rapprochée du Mesnil, que le curé de ce dernier village la desservait. Les tribunaux ont attribué à Lévy-Saint-Nom la vierge miraculeuse, et depuis la chapelle de Notre-Dame de la Roche, abandonnée, est tombée en ruines.

Au fond de la vallée, à quelques pas d'un petit ruisseau, sont les ruines d'un château qui n'a jamais été terminé et qui fut commencé dans les premières années du XVI° siècle par Jacques de Crussol, grand panetier de France.

Au-dessous de Lévy-Saint-Nom, on traverse l'Yvette, sur la rive droite de laquelle on ne tarde pas à trouver (15 min.) le village de Maincourt (113 hab.), d'où une charmante route conduit en 20 minutes à Dampierre. Au pied des coteaux rocheux et boisés de la rive gauche, on aperçoit plusieurs moulins entre Maincourt et Dampierre.

Dampierre a été décrit à la page 66, ainsi que la route de Chevreuse.

A Dampierre, on quitte la vallée de l'Yvette, qui descend à l'est, pour remonter au sud celle qu'arrose le ruisseau des Vaux-de-Cernay. La route, bordée d'arbres à fruits, ressemble à une allée de parc. Les hauteurs boisées qui s'élèvent à gauche sont renfermées dans le parc de Dampierre. On aperçoit *Senlisse* (481 hab.), presque en face des hauteurs de *Garne*, que l'on traverse à 20 minutes de Dampierre. 10 minutes plus loin, on atteint le *Moulin des Rochers*, qui attire les regards au pied de coteaux boisés. Là, la vallée se resserre et devient un défilé. Le ruisseau qui l'arrose fait de petites chutes sur les blocs de pierre qui obstruent son cours. De beaux arbres, entourés de curieux rochers, couvrent les deux versants de la gorge. On appelle ce passage les Cascades. C'est un paysage vraiment alpestre. On doit bien se garder de suivre la route des voitures; il faut prendre le sentier pittoresque qui remonte la rive gauche du ruisseau et le suivre jusqu'aux vaux de Cernay. 5 minutes au-dessus du Moulin des Rochers est le *petit moulin*, et 5 minutes plus loin, près du *grand moulin*, on remarque des chênes admirables. A 10 minutes au sud-est, est le village de *Cernay-la-Ville* (849 hab.), qu'on ne voit pas. Il faut continuer à suivre la rive gauche du ruisseau. On domine un grand étang, on traverse des bois charmants à la base de coteaux tantôt boisés, tantôt couverts de rochers et de bruyères, et, 30 minutes après avoir quitté le grand moulin, on arrive aux vaux de Cernay.

« Le monastère des **Vaux-de-Cernay**, dit Lebœuf, fut fondé, en 1128, par le connétable Simon, seigneur de Neauphle-le-Châtel, et Ève, son épouse, qui donnèrent, à cet effet, pour bâtir, une vallée qu'on appelait alors *vallis Briessart*, aux moines de Savigny-en-Avranchin, qui était un ordre particulier et non encore incorporé à celui de Cîteaux. Plusieurs seigneurs des principaux lieux du voisinage et le roi Louis VII (1144-1180) y donnèrent ensuite du bien. L'église fut bâtie sous le titre de la Vierge et de saint Jean-Baptiste. En 1145, l'ordre entier de Savigny fut réuni à celui de Cîteaux. »

Cette abbaye reçut, en 1306, la visite de Philippe le Bel et de toute sa cour. Parmi les abbés ou les simples moines qui l'ont illustrée, on doit surtout citer : Guy de Montfort, qui prit une part active à la guerre contre les Albigeois, en 1185, et devint évêque de Carcassonne ; le moine Pierre, connu sous le nom de *Pierre-des-Vallées-Cernay*, qui écrivit l'histoire de cette guerre, Guy de Montfort étant abbé ; Thibaud, de la famille de Montmorency par son père et de Châteaufort par sa mère, abbé qui depuis a été canonisé ; Philippe Desportes, auteur de poésies légères. Henri de Bourbon, fils naturel d'Henri IV et de Gabrielle d'Estrées, l'obtint avec beaucoup d'autres. En 1668, le roi Louis XV la donna à Jean Casimir, roi de Pologne, qui s'était retiré en France. Son dernier abbé commendataire fut Louis-Charles Duplessis d'Argentré, évêque de Limoges.

Quand la Révolution eut sécularisé les biens du clergé, quelques moines restèrent à l'abbaye de Vaux, mais ils l'abandonnèrent au mois de janvier 1791. L'État en prit alors possession, et, le 18 octobre 1792, il adjugea, comme bien national, à M. César-Philippe Depeuty, propriétaire à Clairefontaine, la maison conventuelle, les bâtiments, cour, enclos, etc., des Vaux-de-Cernay, pour le prix de 36 200 fr. payables en assignats. Depuis lors, ce domaine a souvent changé de propriétaire. L'un d'eux, le général baron Christophe, a détruit, en 1816, une partie de ses monuments. Il appartient aujourd'hui à M. Lesage, qui a eu le bon goût de ne pas imiter ses prédécesseurs.

On trouvera dans l'intéressante monographie publiée par M. Hérard, architecte[1], la description de l'abbaye des Vaux-de-Cernay, telle qu'elle était autrefois. Nous nous bornerons à constater son état actuel, en nous servant, avec son autorisation, du travail de M. Hérard.

« Les diverses salles du rez-de-chaussée du *bâtiment faisant le côté occidental du cloître* (la maison actuellement habitée par le propriétaire, celle par laquelle on entre), ont leurs murs et leurs voûtes ogivales construits en meulières, et les colonnes, chapiteaux et contreforts construits en grès. On remarque que ces voûtes, dont l'édification date des premières années du XII° siècle, sont des voûtes dites d'arête, sans nervures, qu'elles n'ont que des arcs-doubleaux reposant sur des colonnes, les unes isolées, les autres engagées dans les murailles. Elles sont enduites en mortier, et sur les arcs-doubleaux seulement sont tracés en couleur rouge clair les joints simulant un appareil. Ces salles servent aujourd'hui, les unes de celliers, les autres d'étables, d'écuries, etc.

1. *Études archéologiques sur les abbayes de l'ancien diocèse de Paris*, II, les Vaux-de-Cernay. Paris, Didron, 1852.

Vallée des Vaux-de Cernay.

« En saillie, vers l'ancien cloître, est le grand escalier conduisant au premier étage.

« Au seuil de l'une des portes de cet escalier, existe un fragment de pierre tombale sur lequel on lit :

....VDOVICI · CVIVS · II...

« Cet escalier est remarquable par sa grandeur; la rampe se compose de gros balustres en bois, parfaitement exécutés. Sur l'avant-dernière marche, est un carreau de terre cuite à six pans, sur lequel a été écrit, avant la cuisson, ce qui suit :

*L'année 1694, par Michel Chéron.*

« *Le premier étage de ce bâtiment* n'offre rien d'intéressant, si ce n'est la pierre tombale qui sert maintenant de foyer à la cheminée d'une chambre située à l'extrémité méridionale dudit bâtiment. Cette pierre représente un jeune moine, les mains jointes; sous ses pieds sont deux chiens prêts à se battre; au-dessus sont quatre petits moines agenouillés et priant; à droite et à gauche, dans une décoration ogivale, des Pères portant une crosse, quoiqu'il ne soit pas démontré que le personnage fût un abbé.

« Au pourtour est écrit ce qui suit, en lettres gothiques :

𝔊𝔦𝔠 : 𝔦𝔞𝔠𝔢𝔱 : 𝔟𝔬𝔫𝔢 : 𝔪𝔢𝔪𝔬𝔯𝔦 : 𝔐𝔦𝔠𝔥𝔞𝔢𝔩 : 𝔮...... 𝔰𝔦𝔰 : 𝔡𝔢 : 𝔑𝔢𝔞𝔩𝔭𝔥𝔞 : 𝔠𝔞𝔰𝔱𝔯𝔬 : 𝔮𝔲𝔦 : 𝔬𝔟𝔦𝔦𝔱 : 𝔞𝔫𝔫𝔬 : 𝔡𝔫𝔦 : 𝔐𝔆𝔆 : 𝔰𝔢𝔡𝔬 :.... 𝔍𝔍 :.... 𝔞𝔩𝔢𝔫𝔡𝔞𝔰 : 𝔬𝔠𝔱𝔬𝔟𝔯𝔦𝔰 : 𝔞𝔦𝔞 : 𝔢𝔦 : 𝔯𝔢𝔮𝔲𝔦𝔢𝔰𝔠𝔞𝔱 : 𝔦𝔫 : 𝔭𝔞𝔠𝔢 : 𝔄𝔪𝔢𝔫.

« Au-dessus de cet étage, sous un beau comble, est un vaste grenier dont la charpente, en bois de chêne, est parfaitement conservée.

« Le *grand corps de logis*, qui vient d'être décrit, et le *réfectoire* sont séparés par une cour au no... de laquelle est un bâtiment co... struit en grès au XVII° siècle. ... rez-de-chaussée sont plusieurs p... *tites pièces*, et au premier éta... existe une *galerie* qui mettait ... communication le logement des ... périeurs du *monastère* avec ... *chambres* dont on ne connaît p... l'usage.

« A l'extrémité méridionale ... réfectoire existait un *vestibule*, d... la porte communique à l'une ... galeries du cloître, bâti au XIII° s... cle, et dont on voit encore ... partie assez considérable parfai... ment conservée, et des restes d... peintures représentant deux perso... nages nimbés.

« *L'église du couvent* est la co... struction la plus importante q... soit encore debout. Il reste le m... septentrional de la nef, le pign... occidental avec ses roses et ses de... portes, le collatéral méridional a... ses voûtes, et les deux chapelle... du transsept méridional. Le coll... téral et le transsept du côté d... nord, ainsi que la voûte de la ne... ont été démolis.

« Cet édifice, de style ogival, e... dépourvu de toute ornementatio... il est construit en meulière hourd... en mortier; les parements intérieu... étaient enduits en mortier sur l... quel était peint un appareil réguli... d'assises.

« Le sol de l'église était dallé ... grès, mais nous avons trouvé, ... M. Hérard, des fragments de c... reaux vernissés que nous croy... avoir appartenu au chœur de l'... glise[1].

---

[1]. Dans une habitation dépendan... domaine des Vaux, et dont l'entrée pr...

« Les *deux chapelles du transsept* sont voûtées en cul-de-four; à l'intérieur sont des traces de peintures sans intérêt.

« Sur le sol de l'une de ces chapelles, nous avons trouvé des fragments mutilés d'une tombe du IV° siècle, ayant appartenu à un chevalier. Ces fragments, en pierre de schiste, portent encore des traces d'incrustation du métal qui a représenté ce personnage.

« Dans la cour, au-devant du pignon occidental (entrée principale de l'église), gisent çà et là des fragments considérables de sculptures de la Renaissance, tels que frises, corniches, pilastres. Dans le mur de clôture, sur la route et formant piliers de porte charretière, sont

Ruines de l'église des Vaux-de-Cernay.

encore deux contre-forts ornés de colonnettes et rinceaux sculptés avec beaucoup d'art.

« Dans le prolongement du bras septentrional du transsept est un long bâtiment dont la partie contiguë à l'église n'existe plus. Là [...] cipale est par le hameau de Cernay, existe un grand cabinet dont le plancher bus est recouvert de carreaux semblables.

étaient la *sacristie*, la *salle du chapitre* et le *grand escalier du dortoir*. Mais à la suite existe encore une salle formée de quatorze travées sur la longueur et divisée en deux travées sur la largeur par des colonnes en grès avec chapiteaux sculptés. Les voûtes et nervures de ces salles sont construites en meulière.

« Cette partie du bâtiment contenait : au centre, le *chauffoir*, et, à l'extrémité septentrionale, le *parloir* et la *buanderie*. En saillie et sur la rivière des Vaux est une salle (rez-de-chaussée des communs du dortoir), maintenant comblée et que nous croyons avoir été le *lavoir*.

« Au premier étage de ce long bâtiment et au-dessus des salles précédentes existait le *dortoir*, reconstruit par saint Thibaud, de 1234 à 1247. Attenant au dortoir et à son extrémité nord est le *bâtiment des lieux communs*, formé de deux murailles encaissant la rivière et réunies à la partie supérieure par des arcs en ogive laissant entre eux un vide. »

A l'extrémité d'une avenue située un peu au delà de l'ancien dortoir sont encore des fragments de sculptures de la Renaissance. On y voit aussi une pierre tombale et un fragment d'une autre tombe.

Parmi les dépendances de l'abbaye se trouvent :

La *fontaine de saint Thibaud*, qui n'a rien de remarquable, si ce n'est le bassin, qu'une inspiration malheureuse a formé d'arcs provenant du cloître de la Renaissance. Non loin de cette fontaine est un petit monument de style ogival, que M. Hérard regarde comme le socle de la maîtresse croix du cimetière des Religieux;

Le *colombier*, construction des premiers temps de l'abbaye, mais dont le comble a été refait au XVIᵉ siècle;

La *source d'eau ferrugineuse*, qui consiste en une galerie principale et voûtée avec annexe de chaque côté;

Enfin, les *portes charretières* et *bâtardes* attenant au moulin, curieuse construction militaire du XVᵉ siècle, où l'on voit encore une meurtrière.

Le *pont*, situé à l'extrémité nord de la chaussée qui retient l'étang, se compose de deux arcs en ogive, avec murs de soutènement et radier. Le mur d'enceinte dans lequel existait la porte est presque entièrement détruit; cependant on y voit encore deux meurtrières formées de plaques de grès.

Le *palais abbatial*, construit vers la fin du XVIIᵉ siècle, a été tellement transformé que l'on chercherait vainement les restes de son ancienne splendeur. L'enclos de cet ancien palais est jonché de nombreux débris, parmi lesquels M. Hérard cite :

Les restes du cloître de l'abbaye, tels que des chapiteaux et des bases antérieurs au XVᵉ siècle; des arcs, des chapiteaux et des pilastres du XVIᵉ siècle.

Un fragment de tombe avec l'écu du personnage auquel elle a appartenu; enfin, la pierre qui recouvrit les restes de saint Thibaud depuis sa mort jusqu'à sa canonisation.

La *porte de l'abbaye*, située à l'extrémité méridionale de la route qui, aujourd'hui, divise le domaine, est en plein-cintre; elle présente, comme toutes les portes fortifiées, un passage pour voitures et un guichet pour piétons; sur les contre-forts existent encore des corbeaux en grès destinés à supporter les herses ou fermetures; sa construction paraît remonter à la fondation même de l'abbaye.

Le *hameau de Cernay* comprend quelques maisons en meulière, rebâties plusieurs fois depuis xiii° siècle et qui n'offrent rien d'intéressant.

La *porte* dite *du Hameau*, construite en grès et en meulière, est ogivale; elle était surmontée de créneaux dont il reste des arrachements. On y voit encore les corbeaux et les mortaises nécessaires aux machines de guerre de ces temps éloignés.

M. Hérard a exploré aussi les villages environnants, et il a trouvé à Vies-Église, servant de foyer chez des cultivateurs, MM. Buchère et Broxonne, deux pierres tombales; à Dampierre, au château de M. le duc de Luynes, une tombe d'abbé provenant de l'abbaye de Cernay; à Girouard, près de Lévy-Saint-Nom, des fragments ignorés et beaucoup plus considérables que ceux qui jonchent le sol du domaine des Vaux et de l'ancien palais abbatial, entre autres une frise sculptée longue de plus de 20 mètres, douze pilastres sculptés avec chapiteaux : deux de ces pilastres sont surmontés de leurs arcades. Tous ces monuments proviennent du cloître de l'abbaye, achevé au xvi° siècle dans un style autre que le style primitif.

Pour aller des Vaux-de-Cernay à la station de l'Artoire, il faut de 1 h. 15 min. à 1 h. 30 min. à pied. Dans ce trajet, on doit suivre la route de voiture. On longe d'abord le mur d'une belle propriété, qui appartient à M. de Gastines. A mesure qu'on remonte la vallée, elle devient de plus en plus solitaire et même sauvage. On est entouré de bois et de bruyères. Les grands *bois des Vindrins* attirent surtout l'attention sur la gauche. Près de l'*étang des fontaines*, et de la *ferme des vallées*, M. Lesage, se fait construire une belle maison d'habitation dans le style des maisons suisses, improprement nommées chalets (15 m. des Vaux, 1 h. de l'Artoire). Au delà de cette maison, on traverse des prairies, puis des landes couvertes de petits bois et de bruyères, puis des champs, avant d'atteindre (40 m.) *Auffargis* (Seine-et-Oise, arrondissement et canton de Rambouillet), village de 502 habitants, près duquel on a découvert, en 1846, un cimetière mérovingien. On laisse ensuite à droite, sur la hauteur, le château de l'Artoire, et, après avoir passé sous le chemin de fer, on tourne à droite pour monter à l'Artoire (20 m. d'Auffargis).

De la station de La Verrière à celle de l'Artoire, le paysage est toujours le même : une plaine riche, mais monotone. On laisse à droite *Coignères*, puis l'ancien *prieuré de Haute-Bruyère*, de l'ordre de Fontevrault. « Ce monastère, dit M. Moutié, fut fondé par la trop fameuse Bertrade de Montfort, qui sortit du lit de Foulques-le-Réchin, comte d'Anjou, pour aller partager le trône de Philippe I$^{er}$. La fondatrice et ses illustres descendants, les comtes Simon et Amaury de Montfort, avaient leurs tombeaux dans la chapelle des dames de Haute-Bruyère, où fut plus tard déposé le cœur de François I$^{er}$, dans un vase de marbre blanc, transféré depuis à Saint-Denis. La Révolution a dispersé ces cendres illustres; le monastère a été presque entièrement détruit; il ne reste plus que la chapelle des Pères : car, dans l'ordre de Fontevrault, un couvent d'hommes était toujours contigu à un monastère de femmes. Sur l'emplacement des bâtiments claustraux s'élève, dans un grand enclos environné de bois touffus, une jolie maison de campagne appartenant à M. Videl. »

### 6° STATION. — L'ARTOIRE.

*Distances.* L'Artoire est à : 7 kil. de la Verrière, 40 kil. de la gare de Paris, 8 kil. 3/4 de Rambouillet, 7 kil. des Mesnils, 11 kil. 1/2 de Montfort-l'Amaury.

On trouve à la station de l'Artoire des voitures pour Montfort-l'Amaury. 3 départs par jour; trajet en 1 h. pour 75 c. le coupé, et 50 c. l'intérieur.

Au moyen âge, *la Ritoire* était un fief dont les seigneurs devaient l'hommage lige aux comtes de Montfort-l'Amaury. Ce fief, qui par corruption se nommait déjà l'Artoire, appartenait, au XVI° siècle, à César d'Hautbergeon, capitaine des gardes d'Henri II. Sous le règne de Louis XIV, M. de Binanville transforma en château la vieille tour carrée du *colombier à pied* de la seigneurie, et fit dessiner à l'entour un parc d'où l'on jouit d'une vue magnifique.

Le château et le hameau de l'**Artoire** dépendent de la commune des *Essarts-le-Roi* (925 hab.), située à quelques centaines de mètres sur la gauche de la station. Cette commune s'appelait *les Novales* au XII° siècle : elle dut ce nom et sa dénomination actuelle aux nombreux défrichements que les rois de la troisième race firent dans ces lieux, autrefois couverts par la forêt Yveline. La terre des Essarts sortit du domaine royal pour entrer dans celui des seigneurs de Montfort; elle passa ensuite de la famille de Craon à celle d'Angennes, et fut la terre patrimoniale du célèbre cardinal de Rambouillet. Au milieu du XVI° siècle, Jacques d'Angennes fit reconstruire l'église paroissiale sous le vocable de saint Corneille et de saint Cyprien.

La route de l'Artoire à Montfort-l'Amaury a été décrite ci-dessus (voir page 785). Au delà de la station de l'Artoire, on passe sur un énorme remblai.

On laisse à droite l'étang de Saint-Hubert (voir page 78), puis *le Perray*, et on traverse la *forêt Verte* avant de s'arrêter à la gare de Rambouillet.

### RAMBOUILLET.

*Distances.* Rambouillet est à : 3 kil. de l'Artoire, 40 kil. de la gare de Paris, 13 kil. d'Epernon, 25 kil. de Pontchartrain, 22 kil. de Maintenon, 32 kil. de Versailles, 15 kil. d'Ablis, 22 kil. de Dourdan.

**Rambouillet**, chef-lieu de canton et d'arrondissement du département de Seine-et-Oise, dont la population dépasse 4600 habitants, n'était avant la Révolution qu'un bourg, et qu'un village au XVII° siècle. Cette ville a suivi les destinées du château, possédé d'abord par de simples particuliers, puis par des princes du sang, et enfin par les rois. En 1811, elle était devenue déjà si importante que Napoléon en fit le chef-lieu du sixième arrondissement du département de Seine-et-Oise. Depuis lors, sa population n'a pas cessé de s'accroître, et sa Grande Rue, aujourd'hui rue Impériale, de s'allonger.

Cette rue est la route de terre

# RAMBOUILLET.

e Paris à Chartres, dont les deux côtés se sont peu à peu garnis de constructions. Elle a plus de trois kilomètres de longueur, et forme la ville de Rambouillet presque tout entière. Son extrémité méridionale est déjà très-voisine du chemin de fer, et ne tardera pas à le toucher.

La ville est, en général, assez bien bâtie. On y remarque un *hospice* fondé par le comte de Toulouse en 1731 ; — un édifice double, dont les deux façades, exactement semblables, sont séparées par une cour au fond de laquelle s'élève une statue de Napoléon I<sup>er</sup>. Là fut autrefois un bel hôtel que Louis XVI avait fait bâtir pour M. D'Angivillier, administrateur du domaine.

Le château de Rambouillet.

Abattu pendant la Révolution, il fut relevé par l'Empereur, puis vendu par la Restauration. Ces deux ailes parallèles sont tout ce qu'il en reste.

L'*hôtel de ville*, qui sert aussi de palais de justice, a été également construit par Louis XVI. Une inscription très-récente porte qu'il a été « donné aux habitants par Napoléon le Grand en 1809. »

L'*église* paroissiale, dédiée à Saint-Lubin, n'est qu'une pauvre et laide église de village. On s'étonne de la trouver et de ne trouver qu'elle dans un chef-lieu de sous-préfecture, à côté d'un château deux fois royal et deux fois impérial.

Le **Château**, dont il nous reste à parler, n'a par lui-même rien de bien remarquable. C'est un édifice de forme irrégulière, et composé de pièces de rapport. La cour d'honneur, fermée par une grille en arc de cercle, présente deux corps de bâtiment perpendiculaires l'un à l'autre. Dans l'angle intérieur est une énorme tour ronde, avec créneaux et mâchicoulis, reste de l'ancienne forteresse féodale. Les autres bâtiments, réparés ou reconstruits au xv⁰ siècle, furent successivement modifiés pendant les xvi⁰ et xvii⁰ siècles, et s'accrurent, au xviii⁰, de constructions nouvelles. De maladroites réparations les défigurèrent sous l'Empire et la Restauration. Les appartements n'offrent pas plus de régularité que les façades, et, d'ailleurs, ils ne sont pas meublés. A Rambouillet, c'est surtout le parc qui mérite l'attention du voyageur.

Cette terre fit longtemps partie du domaine de Montfort. Elle en fut distraite en 1239, et forma la dot d'une fille de cette maison, qui épousa un gentilhomme normand. Elle fut achetée, en 1368, par Jean Bernier, chevalier, conseiller et maître des requêtes de l'hôtel du roi Charles V, puis par Guillaume Bernier, fils de Jean, donnée, en échange de la terre de Buzenval, près de Rueil en Parisis, à Regnault d'Angennes, écuyer, premier valet tranchant de Charles VI. Enrichi des faveurs de la cour, Regnault d'Angennes acheta successivement quantité de fiefs voisins dont il arrondit son domaine. Jean, fils aîné de Regnault, comblé à son tour des grâces royales, — les d'Angennes étaient bons courtisans, — marqua d'une tache bien noire l'écusson de sa famille. Après avoir bravement défendu la place de Cherbourg contre les Anglais, il finit par la leur vendre. Il avait obtenu du duc de Glocester, outre le prix de sa félonie, un sauf-conduit temporaire qui lui permit de séjourner dans les pays occupés par les Anglais; mais le terme expiré, Henri V, qui, tout en profitant de la trahison, méprisait et détestait les traîtres, le fit saisir et décapiter.

Cette honte et cette mésaventure ne paraissent pas avoir diminué la situation des sires de Rambouillet. Jean II, surnommé Sapin, comme plusieurs autres membres de cette famille, à cause de sa taille élancée, effaça le crime de son père, en servant avec zèle la cause de Charles VII, qui était celle de la France. Ses descendants jouèrent un rôle considérable pendant le xvi⁰ siècle et la première moitié du xvii⁰. Le dernier de tous fut Charles d'Angennes, marquis de Pisani, baron de Talmon, seigneur d'Arquenay, vidame et sénéchal du Mans, marquis de Rambouillet, — sa terre patrimoniale avait été, en 1612, érigée en marquisat, — capitaine de la seconde compagnie des cent gentilshommes de la maison du roi, chevalier des ordres, conseiller d'État, colonel général de l'infanterie italienne, grand-maître de la garde-robe, ambassadeur extraordinaire en Espagne et en Savoie. Ce fut sa femme, Catherine de Vivonne, marquise de Rambouillet, qui exerça une si puissante influence sur le mouvement littéraire du xvii⁰ siècle, et dont le salon, — ou la *chambre bleue*, — devint le rendez-vous habituel des beaux esprits de ce temps-là. Ses deux fils moururent avant lui. Trois de ses filles se firent religieuses. Une autre fut la première femme de ce comte de Grignan que Mme de Sévigné a rendu célèbre. L'aînée, Julie-Lucine d'Angennes, épousa le duc de Montausier, qui fut gouverneur du Dauphin, fils de Louis XIV, et que son mariage rendit propriétaire de Rambouillet. Le duc d'Uzès, mari de sa fille, le posséda après lui. Fleuriau d'Armenonville, directeur général des finances, acheta cette terre en 1699, l'embellit, l'agrandit, puis la revendit, en 1706, au comte de Toulouse, fils légitimé de Louis XIV et de Mme de Montespan. Ce prince en fit, par des acquisitions successives, un domaine immense. Son fils, le duc de Penthièvre, la céda à Louis XVI, en 1783, pour seize millions. Le comte de Toulouse l'avait payée 460 000 livres, Fleuriau d'Armenonville 140 000, et Jean Bernier 90 francs en or. Devenu propriété nationale sous la République, Rambouillet fut compris dans la liste civile de Napoléon I<sup>er</sup>, de Louis XVIII et de Charles X. Il fit retour à l'État sous Louis-Philippe, et il appartient aujourd'hui à la liste civile de Napoléon III.

Le château était autrefois entouré de fossés pleins d'eau, et l'on y entrait par un pont-levis. Dès le XVI<sup>e</sup> siècle, il y avait déjà dans le parc plusieurs canaux et une pièce d'eau alimentée par l'étang de Montorgueil, auprès duquel est aujourd'hui la *ferme expérimentale*. La marquise de Rambouillet fit creuser des bassins, construire des arcades, disposer quelques rochers en forme de grottes. Fleuriau d'Armenonville orna de statues le parc et les jardins. Le comte de Toulouse combla les fossés, agrandit la pièce d'eau, élargit les canaux, en creusa de nouveaux, multiplia les îles. Il donna au parterre une forme plus régulière, et planta le grand quinconce de tilleuls qui les termine à la droite du château. Il ajouta aux bâtiments anciens deux corps de logis qui doublèrent les appartements. Il établit la grille de fer qui ferme la cour d'honneur. Le duc de Penthièvre planta le jardin anglais, et construisit dans le parc, au milieu d'une épaisse futaie, ce modeste bâtiment, accompagné d'une chapelle, qu'on nomme l'*ermitage*.

« Au XVI<sup>e</sup> siècle, dit M. Auguste Moutié, auteur d'une intéressante *Notice historique sur le château et le domaine de Rambouillet*, le cardinal Du Bellay venait fréquemment passer le temps au château de Rambouillet avec les MM. d'Angennes, qui étaient ses proches parents. A la suite du cardinal venait aussi Rabelais, attaché à Son Éminence en qualité de médecin. »

« Il y a là, » dit Tallemant des Réaux, « au pied du château, une « fort grande prairie, au milieu de « laquelle, par une bizarrerie de la « nature, se trouve comme un cer- « cle de grosses roches, entre les- « quelles s'élèvent de grands arbres « qui font un ombrage très-agréable. « C'est le lieu où Rabelais les diver- « tissait, à ce qu'on dit dans le « pays.... Et encore aujourd'hui, on « appelle une certaine roche creuse « et enfermée la *marmite de Rabe- « lais.* » Tallemant des Réaux, ajoute M. Moutié, écrivait ces lignes vers 1658. Le lieu qu'il désigne est aujourd'hui entouré d'eau et appelé l'*île des Roches*. On y voit encore la grotte de Rabelais, dans une roche naturellement creuse, où l'art a considérablement aidé la nature. »

On doit à Louis XVI la *laiterie de la Reine* et la *ferme expérimentale*, qui occupe le point le plus élevé du parc.

Marie-Antoinette ne partageait pas la passion de son royal époux pour Rambouillet. « Que voulez-vous que je fasse dans cette crapaudière ? » lui disait-elle chaque fois qu'il prétendait l'y conduire. Pour vaincre son aversion et flatter des goûts qu'elle avait déjà manifestés, il voulut que Rambouillet eût une laiterie, comme le petit Trianon. C'est ce petit enclos que l'on voit aujourd'hui au bout du canal de l'abreuvoir, non loin du jardin anglais. Il est fermé par une grille qui s'appuie à deux pavillons en rotonde. Des deux côtés de la cour sont les étables. Au fond, vis-à-vis de la grille, s'élève une sorte de

La grotte de Rabelais.

petit temple grec, dont Louis XVI avait décoré et meublé l'intérieur avec beaucoup d'élégance et de luxe. Le mobilier et une grande partie des bas-reliefs en furent enlevés au commencement de ce siècle, et allèrent orner la laiterie de la Malmaison. Après son second mariage, Napoléon, pour être agréable à Marie-Louise, restaura la *laiterie de la Reine*, et y mit à peu près tout ce qu'on y voit aujourd'hui, sauf la statue de Beauvallet représentant une nymphe surprise au bain, et placée sous les Bourbons de la branche aînée.

La *ferme expérimentale* n'a point subi tant de vicissitudes. Ce fut M. d'Angivillier, administrateur du domaine de Rambouillet, qui,

1785, en inspira la première pensée à Louis XVI. L'année suivante, d'Angivillier imagina d'y installer un troupeau de moutons mérinos, afin d'affranchir un jour la France du tribut que son industrie payait à l'Espagne pour les laines fines. Louis XVI comprit l'utilité de cette création. Il obtint du roi Charles III l'autorisation d'acheter un troupeau de mérinos et de lui faire franchir les Pyrénées. Le troupeau partit de Ségovie le 15 juin 1786. Il se composait de 383 béliers, moutons et brebis. Cinq bergers espagnols le conduisaient. Il arriva à Rambouillet le 12 octobre 1787, réduit à 366 individus par les fatigues et les accidents du voyage.

Les bergers espagnols ne voulurent pas rester en France, et ce fut un bien. A leur pratique routinière,

La laiterie de la Reine.

qui mettait en défaut la différence du climat, succéda une administration intelligente et raisonnée. Le troupeau prospéra, multiplia. On distribua des sujets dans plusieurs provinces. Après les avoir soignés pendant quelque temps, on les vendit. « Les prix, dit l'écrivain à qui nous empruntons ces détails, s'élevèrent dans une progression rapide jusqu'en 1821, au point que dans les ventes publiques de Rambouillet des brebis furent payées 700 francs et plus, et qu'un bélier atteignit le chiffre de 3770 francs. »

Quatre établissements du même genre, et dont le noyau a été pris à Rambouillet, ont été formés à Alfort, Pompignan, Arles et Pompadour. On imaginera sans peine combien les laines de France en ont été améliorées.

Rambouillet a été le théâtre de plusieurs événements importants. François Ier y mourut le 13 mars 1547. Il y était venu pour chasser dans la forêt. Le mal secret qui le consumait depuis longtemps s'y développa tout à coup avec une telle rapidité que ce prince se trouva hors d'état de regagner Saint-Germain. On montre, dans la grosse tour, une petite chambre étroite, et basse de plafond, où l'on prétend qu'il a expiré. Mais il faut se défier de l'érudition des concierges, et l'on ne peut raisonnablement admettre que le roi de France, en visite chez son serviteur Jacques d'Angennes, n'ait pas été logé dans le plus bel appartement du château.

En 1562, Catherine de Médicis, accompagnée de son fils Charles IX, vint attendre à Rambouillet l'issue de la bataille de Dreux. En 1588, Henri III, fuyant de Paris après la journée des barricades, y vint prendre gîte, et y passa la nuit. « Il y coucha tout botté, » dit le *journal de l'Estoile*.

Napoléon, qui avait fait repeupler le parc de gibier, et y chassait de temps en temps, y rendit, en juillet 1810, le décret qui réunit la Hollande à son empire. Le 29 mars 1814, Marie-Louise quitta Paris, menacé par l'invasion étrangère, et passa la nuit à Rambouillet. Elle y fut remplacée le lendemain par l'ex-roi d'Espagne, Joseph Bonaparte. Elle y revint le 12 avril, y séjourna pendant dix jours, et y reçut les visites successives de l'empereur son père, de l'empereur de Russie, et du roi de Prusse; elle en repartit le 23, escortée de 2000 soldats autrichiens chargés de la conduire jusqu'à Vienne. Napoléon y arriva le 29 juin 1815, après sa seconde abdication. Il se rendit à Rochefort, où il comptait s'embarquer. Il s'obstina à y coucher, malgré les instructions données par Fouché au général Becker. Il ne pouvait se persuader que dans la situation où étaient la France et Paris, on ne le rappellerait pas. Son espoir fut déçu, et le lendemain il se vit contraint de quitter cette première étape d'un voyage qui devait aboutir à Sainte-Hélène.

Charles X, à son tour, arriva le 31 juillet 1830, à cette fatale hôtellerie des royautés déchues, accompagné du dauphin, de la duchesse de Berry, du duc de Bordeaux, de quelques serviteurs fidèles et des débris de son armée. La dauphine l'y rejoignit le lendemain, déguisée sous des habits de paysanne. C'est de là que, le 1er août, il nomma duc d'Orléans lieutenant général du royaume. C'est là que, le 2 août, il signa son abdication, qui fut suivie de celle de son fils. Le 3, 60 gardes nationaux et 15 000 volontaires parisiens se portèrent sur Rambouillet, occupèrent le pays, la plaine qui sépare ce village de Forêt verte, et les trois députés du duc d'Orléans, MM. de Schonen, Odilon-Barrot et le maréchal Maison, décidèrent enfin le vieux découragé à prendre le chemin de Cherbourg.

La **Forêt** de Rambouillet, qui tient au parc et qui est percée de belles routes, offre d'agréables promenades. Elle a une contenance de 12 818 hectares.

QUATRIÈME SECTION

# LES ROUTES DE TERRE

## LES ROUTES DE TERRE.

u temps jadis, les grandes routes de France, qui ne ressemblaient nullement à nos routes actuelles, n'étaient guère fréquentées que par un petit nombre de piétons, — pèlerins, colporteurs ou hommes d'armes, — les nobles voyageant à cheval quand ils quittaient leurs châteaux. Vers la fin du XVIIᵉ siècle seulement, les premières diligences commencèrent leur service dans les environs de la capitale. En 1675, Mme de Sévigné racontait à sa fille, comme un prodige : « Mon fils est parti cette nuit d'Orléans, par la diligence qui part tous les jours à trois heures du matin et arrive le soir à Paris; cela fait un peu de chagrin à la poste. »

Plus tard, les diligences se perfectionnèrent en se multipliant. Elles commençaient à rivaliser avec les malles-postes, sinon pour le confortable, du moins pour la vitesse, lorsque les chemins de fer furent inventés. La lutte était trop inégale entre la vapeur et les chevaux. Il fallut céder. Vaincues sans avoir osé combattre, les diligences ont quitté Paris pour n'y plus revenir, il faut l'espérer. Elles se sont reléguées forcément au fond de nos provinces, où, pour se venger de leur défaite, elles tyrannisent autant qu'elles le peuvent les voyageurs condamnés à leur demander des places devenues aussi chères qu'incommodes.

Dans ce volume, consacré aux *environs de Paris*, nous avons guidé les promeneurs sur les chemins de fer, les routes de terre, souvent parallèles d'ailleurs aux voies ferrées, n'étant plus, en grande partie, desservies par des voitures publiques. Toutefois, entre le chemin de fer du Nord et celui de l'Est, s'étend une région assez vaste qui mérite d'être visitée, et dont il est encore difficile d'explorer les principales curiosités sans se servir des routes de terre. Cette région comprend Senlis, Dammartin, Juilly, Nantouillet, Ermenonville, Mortefontaine, Gonesse, Villiers-le-Bel, Écouen, Champlâtreux. etc. C'est à elle que sera consacrée cette quatrième section, qui a pour titre : *Routes de terre*.

## I.

### DE PARIS A SENLIS.

43 kil. Les voitures de l'administration Maucomble, à Paris, faubourg Saint-Denis, n° 47, partent : de Paris, le soir à 4 heures, et de Senlis (bureau, rue Neuve de Paris), à 7 heures du matin, 4 fr., 3 fr. 50 cent. et 3 fr.[1].

On sort de Paris par le faubourg

[1]. On peut aussi aller à Senlis par le chemin de fer du Nord. Omnibus gratis en correspondance avec les stations de *Saint-Leu* (3 départs par jour) et de *Creil* (4 départs par jour). Voir pages 80 et 501.

Saint-Martin et la barrière de la Villette; puis on passe, au delà du canal de Saint-Denis, sous les chemins de fer de ceinture et de Strasbourg. A l'issue du faubourg de la Villette commence une large avenue droite (route de Lille par Senlis) qui v... sans interruption jusqu'au Bourget. Bientôt on aperçoit, à gauche : le village d'Aubervilliers-les-Vertus, e... plus loin le clocher de la basilique Saint-Denis, toujours privé de s... magnifique flèche ; et, à droite, le... buttes de Pantin et de Romainville, puis le fort d'Aubervilliers.

Le **Bourget** (11 kilomètres de Paris), village de 700 habitants, s... compose d'une longue rue ; la grande route le traverse, et, après avoi... quitté le département de la Sei... pour entrer dans celui de Seine-et-Oise, reprend sa direction en droite ligne jusqu'à la bifurcation de la *patte d'Oie* (17 kilomètres de Paris). Là deux embranchements se déta... chent de la route principale ; celui de gauche va à *Gonesse* (voir p. 831) ... celui de droite gagne *Dammarti...* (voir p. 809). Au delà de la patte d'Oie, si on continue à suivre la rout... de Senlis, on trouve le petit vi... lage de *Vaudherland*, de 125 habi... tants ; puis le bourg de Louvres.

**Louvres** (13 kilomètres du Bourget, 24 kilomètres de Paris, 13 ki... lomètres de Luzarches ) est ... bourg dont la population s'élève ... environ 950 habitants. Il fait part... du canton de Luzarches, et il e... fort ancien. L'*église* Saint-Justin ... un portail en plein-cintre que l'... dit être du XI° siècle et un ... portail orné dans le style du X...

A 7 kilomètres au delà de Lou... vres, on laisse à droite, à peu ... distance de la route qui conduit ...

Saint-Vitz et Plailly à Mortefontaine, le château de *Survilliers*. Joseph Bonaparte, qui en était devenu acquéreur, prit le titre de comte de Survilliers, quand il se retira près de Philadelphie après la chute de l'Empire. Le village de ce nom compte 540 habitants. Un peu au delà on sort du département de Seine-et-Oise pour entrer dans celui de l'Oise.

**La Chapelle-en-Serval** (10 kilomètres de Louvres), village de près de 1000 habitants, traversé par la grande route, n'offre aucun intérêt; au delà on traverse le village et la forêt de *Pontarmé* avant d'arriver à Senlis.

**Senlis** est un chef-lieu d'arrondissement du département de l'Oise, situé dans la partie méridionale de ce département, à 9 kilomètres de la Chapelle-en-Serval, à 43 kilomètres de Paris, à 16 kilomètres de Creil, entre les forêts d'Hallate, de Chantilly et d'Ermenonville, et un peu au nord de la petite rivière de la Nonette.

*Hôtel* du Grand-Cerf, rue Neuve de Paris. Le bureau des omnibus pour le chemin de fer est dans l'hôtel. Celui des diligences pour Paris se trouve plus bas dans la même rue (voir ci-dessus, page 804).

La contrée au milieu de laquelle Senlis se trouve située était occupée, avant l'invasion des Romains, par une peuplade guerrière vivant sous le gouvernement des Druides, et à laquelle les Romains donnèrent le nom de Sylvanectes à cause des immenses forêts qui couvraient le territoire. Les Romains entourèrent la ville de fortes murailles et y établirent une colonie militaire transplantée de la Belgique première. Les rois de la seconde race y résidèrent. Charlemagne chassait souvent dans les environs. Au démembrement de l'empire, la ville de Senlis fut gouvernée par des comtes descendant de Pépin, second fils de Charlemagne et roi de Lombardie. Senlis, ville du domaine royal, obtint en 1173 une charte communale, dont les franchises furent successivement restreintes par l'autorité royale. Lors de la Jacquerie, les paysans révoltés trouvèrent bon accueil dans la ville; plus tard, en 1358, les nobles y entrèrent pour en tirer vengeance, mais ils furent repoussés par les bourgeois armés. Les fortifications alors existantes furent restaurées par Louis XI, et sous François I$^{er}$. Au commencement du XV$^e$ siècle, Senlis tint pendant dix ans pour le parti bourguignon et anglais; mais ses habitants finirent par chasser la garnison et proclamèrent le rétablissement dans leur ville de l'autorité royale. Pendant la Ligue, elle se vit assiégée par le duc d'Aumale, canonnée pendant deux jours, et une large brèche étant ouverte, elle était sur le point de se rendre, quand elle fut délivrée par les sieurs de Longueville et de Lanoue, qui firent éprouver une rude défaite à l'armée des Ligueurs. Depuis lors elle n'a plus de rôle important dans l'histoire. « Les nombreuses manufactures, dit un de ses historiens, qui faisaient sa principale industrie et qui étaient exploitées sous Henri IV par 200 maîtres, sous les ordres desquels travaillaient 4000 ouvriers, ont successivement disparu du pays; il ne reste plus de toute cette animation qu'une cité aux habitudes réglées et tranquilles. Ses murs eux-mêmes, qui restaient encore debout, se sont aplanis; ses fossés se sont comblés et de spacieuses promenades ont fait disparaître jusqu'aux derniers vestiges de ses bastions et de ses remparts. »

La ville de Senlis, établie au milieu d'une riante campagne, compte une population d'environ 6000 âmes. Son ensemble présente une figure ovale. Ses rues sont généralement étroites et tortueuses. Cependant il y a une belle rue droite, la rue Neuve de Paris, habitée principalement par les gens aisés; le quartier animé et marchand est dans une autre direction.

La *cathédrale* est un monument remarquable, qui mérite tout particulièrement de fixer l'attention. Son élégant clocher, élevé de 78 mètres au-dessus du parvis, domine le pays à quatre lieues à la ronde. Il présente un spécimen très-complet des clochers du style ogival primaire. Deux étages de clochetons de forme pyramidale se dressent aux angles de la flèche, dont les arêtes sont ornées de crochets en pierre qui se profilent sur le ciel. L'ancienne église, bâtie vers le X$^e$ siècle, tombait en ruine au XII$^e$. On entreprit d'en construire une plus grande; on promena en province les reliques de saint Gervais et de saint Protais, pour provoquer le zèle et les donations des fidèles. En 1504, la nouvelle église fut incendiée par la foudre et détruite en partie; le clocher menaçait ruine. Sous Louis XII et François I$^{er}$, il fut pourvu aux travaux de restauration à l'aide de diverses contributions; c'est ainsi qu'en 1505 le chapitre permit, moyennant certaines taxations, l'usage du beurre et du lait pendant le carême. « En l'année 1532, Jean Desieulx, lieutenant du maître des œuvres de maçonnerie du roi, commença les constructions du transsept du nord et mit à la voûte une salamandre; les années suivantes le transsept du midi fut entrepris, et bientôt la restauration du milieu de l'église, faite dans le style de la Renaissance, fut également entièrement terminée. » (Vatin.)

La façade principale est la plus ancienne. Les statues du grand portail, mutilées pendant la Révolution, ont été restaurées par le sculpteur Robinet. Les portails des transsepts sont dans le style fleuri du XVI$^e$ siècle. A droite et à gauche de la porte sont des colonnes torses, aux arêtes les plus vives, rappelant les pièces mécaniques appelées des *tondeuses* dans l'industrie des tissus. Ces portails sont flanqués de tourelles à dentelle de pierre. On remarque dans l'ornementation de ces portails la salamandre et l'F de François I$^{er}$; et, dans les balustrades à jour, de grandes fleurs de lis, ajustées comme décoration et rappelant par leur forme celles en or damasquiné qui se voient sur la cuirasse de ce souverain, conservée au musée du Louvre, à Paris.

Les transsepts appartiennent au siècle de François I$^{er}$; la nef et le chœur, à la construction restaurée du XII$^e$ siècle. L'ogive, plus ou moins aiguë, règne seule à l'intérieur. Les colonnettes intérieures des piliers de la nef montent jusqu'à la voûte; celles du chœur ne descendent pas jusqu'en bas; elles sont terminées par des culs-de-lampe ou reposent sur l'aba-

La cathédrale de Senlis.

des chapiteaux. La balustrade du chœur, qui était du même style que les balustrades des galeries, a été remplacée, au siècle dernier, par de lourds balustres. On étudiera avec intérêt la sculpture variée des chapiteaux des colonnes. On remarquera également les clefs pendantes de deux chapelles latérales. L'absence de verrières peintes est regrettable ; les vitraux modernes qui ont été placés comme spécimens ne sont pas d'un style heureux ; nous en dirons autant de l'essai de restauration coloriée de la chapelle de la Vierge, à l'abside.

*Église Saint-Pierre.* A peu de distance de la cathédrale, on visitera aussi avec intérêt cette église délabrée, dont la riche décoration extérieure reproduit le style du xv° siècle. La base du clocher placé près du transsept du nord appartient au style roman, et les fenêtres de deux étages sont à plein-cintre. « Le clocher supérieur ogival supporte une pyramide octogone massive, courte, à jour et à crochet, avec des clochetons angulaires; la construction de cette partie a été adjugée, en 1431, pour huit vingt livres. » La tour du côté opposé a été construite de 1580 à 1592. L'intérieur de cette église sert aujourd'hui de quartier de cavalerie.

### Environs de Senlis.

*Ruines de l'abbaye de la Victoire* (2 kilomètres au sud-est de la ville). On suit la route de Mont-l'Évêque, et, un peu avant d'arriver à ce village, on prend une avenue droite, plantée de jeunes marronniers, qui conduit à la grille d'un parc. On sonne à une petite porte à droite et l'on obtient la permission de visiter une charmante propriété, appartenant au baron de Navry, au milieu de laquelle, près de la maison d'habitation, s'élèvent les *ruines de l'abbaye*, reproduites ici par la gravure, et qui, sous leur revêtement de lierre et de verdure, sont devenues comme un accident pittoresque et un élégant décor de ce parc si bien entretenu. On peut monter au haut de la tour restée debout et de la plate-forme ruinée qui la couronne, pour jouir d'une vue agréable sur le parc, les étangs, les vertes pelouses, et la campagne environnante.

**L'abbaye de la Victoire** fut fondée par Philippe Auguste, en commémoration de la bataille de Bouvines. L'architecte fut un religieux nommé Menend. Louis XI résida souvent en cette abbaye ; c'est lui qui fit creuser les étangs ; il se construisit un château que les religieux firent démolir en 1599. En 1783, l'archevêque de Reims prononça la suppression de l'abbaye de la Victoire ; et Mgr de Roquelaure, évêque de Senlis, à qui elle était revenue, fit démolir la majeure partie des bâtiments. La belle exécution des sculptures des fragments qui en restent donne lieu de regretter cette destruction, qu'on ne peut reprocher cette fois à la Révolution. A *Mont-l'Évêque*, dans le voisinage de l'abbaye de la Victoire (4 kilomètres de Senlis), on peut également visiter un château de construction ancienne, qui servait de maison de campagne aux évêques de Senlis. Il appartient à M. de Portalba. Il est entouré un beau parc qu'arrose la rivière de la Nonette.

*Ruines de Montépilloy* (à 8 kilomètres 1/2 de Senlis; 4 kilomètres 1/2 de Mont-l'Évêque). Si l'on sort de Senlis par la route de Crépy, à 8 kilomètres environ de la ville, on prend à droite un sentier qui mène, à peu de distance, à **Montépilloy** (*Mont aux Pillards*). Le château de Montépilloy, bâti au XIVe siècle, appartient à la maison des Bouteillers de Senlis; il fut compris dans le duché-pairie du connétable Anne de Montmorency. En 1358, les efforts de la Jacquerie échouèrent devant ses murailles; il fut démantelé à la fin du XVe siècle.

Ruines de l'abbaye de la Victoire.

## II.

### DE PARIS A DAMMARTIN, A NANTOUILLET ET A JUILLY.

#### DE PARIS A DAMMARTIN.

*Distances.* 35 kil. de Paris à Dammartin, 36 kil. de Paris à Juilly. Voitures publiques, 47, faubourg Saint-Denis. — Messageries Maucomble. Départs tous les jours pour Dammartin et pour Juilly, à 7 h. 1/2 du matin et à 4 h. du soir. 3 fr., 2 fr. 50 c., 2 fr. — La durée du trajet est de 3 heures.

On peut aussi aller à Dammartin et à Juilly par le chemin de fer de Strasbourg. On trouve à Chelles (voir page 545) des voitures de correspondance. 2 départs par jour. — La durée du trajet est à peu près la même par les deux voies.

La route de la patte d'Oie a été décrite à la page 804. Parvenu à cette bifurcation, on quitte la route de Senlis et l'on prend à droite une route qui mène à **Roissy** (21 kilomètres), bourg de 960 habitants. On y signale les restes du château qui a appartenu au célèbre Law. 3 kilomètres plus loin, on quitte le département de Seine-et-Oise pour entrer dans celui de Seine-et-Marne. Le premier village que l'on y rencontre est :

*Le Mesnil-Amelot* (16 kilom. du Bourget, 27 kilom. de Paris). Ce village, de 960 habitants, possède une jolie église du XVIᵉ siècle, dont les boiseries du chœur sont remarquables. (Les voyageurs qui se rendent à Juilly — voir page 811 — y changent de voiture.) La route, que l'on continue à suivre, passe ensuite à *Villeneuve-sous-Dammartin*, village de 420 habitants, situé à 8 kilom. environ de Dammartin, que l'on aperçoit de loin sur les hauteurs où il est assis.

**Dammartin** (*Dominium Martini*; 8 kilom. du Mesnil-Amelot, 35 kilom. de Paris, 22 kilom. de Meaux) est une jolie petite ville de 1821 habitants, située sur une colline du haut de laquelle la vue s'étend à 40 ou 50 kilom. dans toutes les directions. Elle est traversée par la grande route de Paris à Soissons. Elle a eu longtemps ses comtes particuliers; le plus célèbre est Antoine de Chabannes, qui fit bâtir à ses frais l'église qu'on voit encore aujourd'hui. Cet homme de guerre fut le compagnon d'armes de Lahire et de Jeanne d'Arc. Il se mit à la tête des bandes d'*écorcheurs* qui désolaient la France. Charles VII l'ayant un jour appelé « capitaine des écorcheurs, » il lui répondit avec plus de hardiesse que de vérité : « Je n'ai jamais écorché que vos ennemis, et il me semble que leur peau vous a fait plus de profit qu'à moi. » En 1439, Marguerite de Nanteuil lui apporta en dot le comté de Dammartin. Il tomba en disgrâce, à l'avènement de Louis XI au trône; celui-ci, dont il avait révélé à Charles VII la conjuration parricide, quand il était dauphin, fit saisir ses biens; sa femme et son fils durent chercher un refuge auprès d'un fermier, qui les nourrit longtemps. Plus tard, il rentra en faveur auprès de Louis XI, dont il devint le confident intime, et qui lui rendit ses domaines. En 1554, le comté de Dammartin fut vendu par la famille de Chabannes à Anne de Montmorency; il appartint à cette maison jusqu'en 1632. Pendant le règne de Louis XIII, il resta uni à la couronne. Après la mort de son époux, la régente Anne d'Autriche en fit don au prince de Condé.

L'*église*, construite vers 1480 par Antoine de Chabannes, a un portail en style ogival fleuri; le chœur est divisé par trois colonnes d'un seul fût, qui portent la retombée des voûtes; il est garni de stalles en bois, de 1632. Au milieu on remarque le tombeau et la statue couchée d'Antoine de Chabannes; au-dessous est enterré le curé Lemire, qui racheta cette église et la sauva de la destruction.

*Les ruines du château* se voient encore au nord-est de la ville. Pour s'y rendre en sortant de l'église, on prendra à droite une petite ruelle qui passe devant l'Hôtel-Dieu, et va bientôt aboutir à une route que l'on traverse. On gagne ainsi les promenades et les boulevards établis sur l'emplacement de l'ancien château, dont les puissants massifs en briques leur servent sur plusieurs points de murs de soutènement. Ce château, flanqué de huit énormes tours octogones, fut démantelé à la mort d'Anne de Montmorency. Plus tard, la ville de Dammartin, en étant devenue propriétaire, en employa les matériaux pour ses constructions à l'intérieur. Du haut de l'esplanade circulaire qui couronne les promenades auxquelles les ruines ont fait place sous l'Empire, on jouit d'une vue très-étendue.

### DU MESNIL-AMELOT A JUILLY.

Au *Mesnil-Amelot* (voir page 810) on quitte la voiture de Dammartin pour monter dans une autre voiture toute prête qui attend les voyageurs; on prend à droite une route, que l'on quitte de nouveau au bout de 3 kilomètres et demi pour en prendre à gauche une autre qui conduit directement à Juilly (5 kil. plus loin). Cette dernière traverse le village de *Thieux* (500 hab.), qui n'offre rien de remarquable qu'un parc considérable que l'on aperçoit à gauche à l'issue du village. A l'horizon, sur une colline boisée, on voit devant soi le village de *Montgé-en-Goële*, dont l'aspect et la situation pittoresques rappellent Montmorency. Bientôt, en approchant de Juilly, on distingue le massif des bâtiments étendus du collège, au-dessus desquels s'élève la flèche aiguë de l'église du village.

N. B. Si l'on veut visiter les ruines de Nantouillet, un peu avant d'arriver à Juilly, il faut se faire descendre au pavé de *Nantouillet* (voir plus bas).

**Juilly** (*Juliacum*), village du département de Seine-et-Marne, de 800 habitants environ, est situé au milieu d'une riche campagne, et renommé par le collège important qu'y ont fondé les Oratoriens.

On sait que la congrégation de l'*Oratoire de Jésus* fut établie en France par le cardinal de Bérulle en 1611. Ce cardinal prit pour modèle la congrégation nouvellement fondée en Italie par saint Philippe de Néri. Les *oratoriens* ne faisaient pas de vœux, et restaient une libre association de prêtres soumis aux autorités ordinaires; ils avaient pour mission de ressusciter les principes de la discipline ecclésiastique, que les guerres civiles avaient anéantie, et ils se vouèrent spécialement à l'enseignement et à la prédication. Après la mort du cardinal de Bérulle, en 1609, le P. de Gondren fut le second général de l'*oratoire*, et il eut pour successeur le P. Bourgoing. Les collèges dirigés par les Oratoriens se multiplièrent tellement, qu'à la fin du XVIII$^e$ siècle on en comptait soixante et treize. Parmi les hommes éminents sortis de la congrégation, on cite Malebranche, Mascaron, Massillon, Daunou. Les jésuites, jaloux de voir s'élever une congrégation destinée à remplir les mêmes fonctions qu'eux, lui suscitèrent, autant qu'ils le purent, des difficultés. Le jansénisme et les longues disputes auxquelles il donna lieu transformèrent en querelle religieuse une rivalité de corps et d'influences. Cette rivalité des jésuites a survécu à la ruine de la congrégation, et a, de notre temps, apporté de nouveaux obstacles à son rétablissement.

Le collège de Juilly fut fondé en 1638 par les Oratoriens ; Louis XIII lui donna bientôt le titre d'académie royale. Ils s'établirent, par suite de la réforme des chapitres de chanoines réguliers, dans une ancienne abbaye de l'ordre de Saint-Victor, qui s'était développée elle-même près d'une église fondée en 1182 par un seigneur pour le repos de l'âme de son fils. La Révolution n'a point détruit cet établissement, qui était justement renommé pour sa bonne discipline et ses fortes études.

Aux Oratoriens ont succédé, en 1828, MM. les abbés de Salinis et de Scorbiac. En 1840, M. l'abbé Bautain, MM. les abbés Carl, de Regny, et quelques autres, s'associèrent et voulurent faire revivre l'Oratoire. Mais, par ménagement pour les jésuites, le pape refusa sa sanction à cette société, qui subsista sous un autre titre. M. l'abbé Bautain est supérieur, et M. l'abbé de Regny est directeur du collège de Juilly.

Juilly suit le même plan d'études que les lycées de Paris. L'enseignement complet y est distribué depuis la huitième jusqu'à la philosophie. Parmi les récompenses accordées au travail et à la bonne conduite se trouvent des soirées invitées, des réunions académiques, des concerts, quelques pièces choisies exécutées par les élèves. Le séjour des parents à Juilly (une partie du bâtiment est réservée pour les loger) contribue à entretenir l'esprit de famille dans l'établissement. Les enfants reçoivent la permission de dîner à midi avec leurs parents au *réfectoire des étrangers*. Les élèves sont divisés, d'après leur avancement et leur âge, en quatre sections, qui n'ont pas de communications entre elles. Par suite de la vaste étendue des bâtiments, chaque section a ses salles d'étude et de récréation, et une cour particulière. Les *minimes* (enfants au-dessous de neuf ans) sont remis aux soins des *sœurs de Saint-Louis*, sauf l'heure des leçons. Les élèves n'ont de sortie régulière et fixe qu'aux vacances (deux mois).

On voit dans l'église du collège la statue en marbre du cardinal de Bérulle, fondateur de l'ordre de l'Oratoire. En 1555, le cœur du roi de Navarre, Henri d'Albret, y fut déposé.

Un beau parc de 30 arpents appartient à l'établissement. On y remarque, près d'une grande pièce d'eau, de gigantesques marronniers, qui datent probablement de l'époque de l'introduction de ce bel arbre, qui fut apporté de l'Inde en France vers 1550.

Il y a aussi à Juilly un *pensionnat de demoiselles*, tenu par les sœurs de Saint-Louis, et dont la supérieure est Mme la baronne de Vaux.

### Nantouillet.

**Nantouillet**, village d'environ 300 habitants (département de Seine-et-Marne, arrondissement de Meaux, canton de Claye), situé à un kilomètre de Juilly et à 7 kilomètres de Dammartin, possède des restes intéressants du château du chancelier Duprat. Si l'on quitte la route, un peu avant d'arriver à Juilly, comme il est indiqué ci-dessus, page 811, et que l'on prenne la route à droite, on ne tarde pas à entrer, à gauche, dans le village de Nantouillet, puis à y apercevoir la porte extérieure reproduite ici par la gravure.

Le château de Nantouillet fut construit par le chancelier Duprat, qui y mourut en 1535, à l'âge de soixante-douze ans. Mézerai a dit

Le château de Nantouillet.

de ce ministre impopulaire, avide et vénal, « qu'il n'observa jamais d'autre loi que son intérêt propre et la passion du prince. » Il fut chancelier sous François I$^{er}$. Après avoir perdu sa femme, il entra dans les ordres par ambition, et devint cardinal-légat. A la mort de Clément VII, il voulut que François 1ᵉʳ le fît nommer pape par le conclave; il avait, disait-il, 400 000 écus tout prêts pour acheter les voix : singulier aveu de la part d'un ministre chargé du maniement de tous les revenus de l'État!

Il est regrettable que ce château, précieux spécimen d'architecture civile, soit dans l'état de dégradation où l'ont réduit les ravages du temps et les exigences de l'exploitation rurale qui s'y est installée. Duprat, qui avait suivi François 1ᵉʳ en Italie, voulut rivaliser, dans le château qu'il se construisit, avec les belles villas que lui avaient offertes la Lombardie et la Romagne, et il y transporta les souvenirs païens, dont le goût était favorisé par le pape lui-même, par Léon X. Le château de Nantouillet formait une vaste enceinte, aujourd'hui détruite en partie, flanquée de six ou sept tours rondes, bâties en briques; leur nudité constrastait avec la délicatesse des sculptures, telles qu'on les voit sur la porte d'entrée. A droite et à gauche de cette entrée sont les restes de fossés profonds qui entouraient le château; au lieu de la chaussée qui donne aujourd'hui accès dans l'habitation, il y avait un pont-levis, comme l'indiquent, dans la façade de la porte d'entrée, les ouvertures longitudinales destinées au passage des poutres formant le levier auquel le tablier mobile du pont était suspendu. Dans la niche au-dessus de la grande arcade on voit une statue mutilée, que l'on croit être un Jupiter; et quelque singulière que paraisse cette statue païenne sur le seuil du palais d'un cardinal-légat, nous en verrons tout à l'heure une confirmation des plus significatives. Quand on a franchi la porte, on se trouve dans une grande cour carrée, dont les bâtiments sont aujourd'hui appropriés à l'exploitation d'une ferme. Çà et là quelques croisées, quelques restes de sculptures élégantes dans le goût de la Renaissance, subsistent encore au milieu de l'enduit de plâtre étendu sur les murailles. Le bâtiment du fond, outre sa porte d'entrée, conserve aussi des restes d'architecture dignes d'intérêt. Vis-à-vis de cette porte est un escalier en pierre, à rampe droite; à gauche, au rez-de-chaussée, est la salle des gardes, dans laquelle on pourra rencontrer les ouvriers de la ferme attablés à quelque distance d'une grande cheminée portant les armoiries de Duprat, et décorée de médaillons peints, à sujets mythologiques, où nous avons pu lire cette inscription païenne : JOVI GENITORI ET PROTECTORI. A droite de l'escalier un passage conduit à un double perron, qui descend dans le jardin, et que recouvre une tourelle, dont le rez-de-chaussée forme un portique à jour, supporté par des colonnes à pans d'une grande délicatesse. Au premier étage de cette tourelle était un petit oratoire. Cette partie pittoresque et élégante du château est la seule où les fenêtres aient la forme ogivale. Partout dans la décoration extérieure sont sculptés la salamandre de François 1ᵉʳ et les écussons et les trèfles de Duprat.

En sortant des ruines du château de Nantouillet on peut, pour aller à Juilly, suivre la route qui s'ouvre à droite et prendre ensuite à gauche un petit sentier, le long d'un ruisseau ombragé de peupliers.

### DE JUILLY A DAMMARTIN.

De Juilly on peut aller, à pied, à Dammartin en moins d'une heure. On passe devant l'église, qu'on laisse à droite; et, à l'extrémité de la rue, on ne tarde pas à se trouver dans la plaine. On prend ensuite la première route qui s'ouvre à droite. Une demi-heure de marche suffit pour atteindre le village de *Saint-Mard* (3 kilomètres de Dammartin, 400 habitants), que l'on traverse. Un quart d'heure au delà de ce village, on quitte de nouveau la route pour prendre à droite un chemin conduisant sur les hauteurs de Dammartin, dont on aperçoit les maisons, qui couvrent la colline dans une grande étendue.

## III.

### DE PARIS A ERMENONVILLE ET A MORTEFONTAINE.

#### Ermenonville.

*Distances.* Ermenonville, village du canton de Nanteuil-le-Haudoin, département de l'Oise, est à 40 kil. environ de Paris, à 8 kil. de Dammartin, à 6 kil. de Baron, à 9 kil. de Nanteuil, à 13 kil. de Senlis.

*N. B.* Il n'y a pas de service de voiture direct. Il faut aller, soit à Senlis, soit à Dammartin, et y louer une voiture pour faire le reste du trajet. On en trouvera facilement à Senlis. A Dammartin, s'adresser chez un sellier, dans le voisinage du bureau des voitures de Paris. Mieux vaudrait encore écrire d'avance à M. Sarron, propriétaire de la modeste mais bonne auberge d'Ermenonville, qui viendrait chercher en voiture les voyageurs. Nous engageons les promeneurs qui voudront faire la tournée d'Ermenonville, de Mortefontaine et de Chantilly, à visiter ces trois localités dans cet ordre, parce que l'intérêt de la promenade sera gradué, et que le retour pourra s'effectuer d'une manière rapide par le chemin de fer. Beaucoup de personnes, pour ce voyage de trois jours, préfèrent louer une voiture à Paris.

*Ermenonville*, *Mortefontaine* et *Chantilly* formaient jadis, dans leur triple réunion, le but d'excursion le plus charmant, et, en quelque sorte, comme l'apogée des plaisirs champêtres des environs de Paris. La variété des sites, la beauté des ombrages, l'étendue des forêts, la fraîcheur des eaux, les créations dispendieuses de l'art et du caprice; tout, jusqu'à l'intérêt poétique des souvenirs, s'y réunissait pour donner à ces belles résidences un attrait singulier, dont leurs noms seuls étaient comme un écho gracieux. Elles sont moins visitées aujourd'hui qu'autrefois; et, ce qui y a le plus contribué, sans parler de la disparition des dynasties princières, éteintes ou en exil, c'est cette facilité de rayonner dans toutes les directions que les chemins de fer procurent aux générations nouvelles. Les vieilles divinités champêtres ont été un peu délaissées.

*Histoire.* **Ermenonville**, village qui compte environ 450 habitants, est célèbre par la beauté du parc qui entoure le château et par la résidence de Jean-Jacques Rousseau, qui y mourut et qui y eut d'abord son tombeau. Cette terre, à la fin du X° siècle, appartenait au seigneur de Chantilly; en 1386, elle fut vendue à Pierre d'Orgemont, et, à sa mort, elle passa dans la branche aînée de Montmorency. Elle fut habitée pendant quelque temps par Gabrielle d'Estrées et conséquemment visitée par Henri IV. Le Béarnais l'érigea en baronnie en faveur de Dominique de Vic, qui avait perdu une jambe à la bataille d'Ivry. En 1763, le domaine d'Ermenonville tomba en la possession du marquis de Girardin, qui en fut le véritable créateur et qui transforma ce sol ingrat, ce désert de sable et ces marais en un parc délicieux, qu'il se plut à embellir. Délaissant le parc français symétrique et solennel, il voulut créer un jardin-paysage, tel qu'il le comprenait et qu'il en donna la théorie dans l'ouvrage publié par lui : *De la composition des paysages*, ou *des moyens d'embellir la nature*. C'était dans le jardinage le retour à la nature, comme J. J. Rousseau le prêchait en morale et en philosophie; seulement, en y mêlant de fausses ruines, de fausses chaumières, de faux temples, de faux autels, de faux tombeaux, avec une singulière bigarrure d'inscriptions sentencieuses et philosophiques, et de petits vers français, italiens, etc., il donna à quelques parties de son beau paysage un style d'Opéra-Comique, où la *nature* était tout à fait sacrifiée et qui, bien qu'il fut en honneur au commencement de ce siècle, paraîtrait un peu ridicule aujourd'hui. La mode a raison de tout.

Jean Jacques Rousseau, âgé de 66 ans, le corps affaibli et la tête plus malade encore que le corps, accepta, en 1778, la retraite que lui offrit M. de Girardin à Ermenonville; et il habita pendant six semaines, jusqu'au jour de sa mort, un pavillon voisin du château, pavillon qui n'existe plus aujourd'hui. Une lettre du marquis de Girardin nous a conservé quelques détails sur son arrivée : « Lorsque Rousseau se vit dans la forêt qui descend jusqu'au pied de la maison, sa joie fut si grande qu'il ne fu pas possible de le retenir dans voiture. « Non, dit-il, il y a u « longtemps que je n'ai pu voir u « arbre qui ne fût couvert de pou « sière! Ceux-ci sont si frais! » Si tôt que je le vis arriver, je cour à lui : « Ah! monsieur, » s'écria-t-en se jetant à mon cou, « il y « longtemps que mon cœur me fu « sait désirer de venir ici, et m « yeux me font désirer actuellemen « d'y rester toujours. » Pendant l court séjour qu'il fit à Ermenon ville, il jouit d'une grande liberté Pour témoigner sa reconnaissanc à ses hôtes, il donnait quelque leçons de chant et de botaniqu leurs enfants. Il mourut le 3 juille 1778. L'opinion qu'il s'était suicidé a été établie par une relation qu Corancez publia la même année en réponse à un article hostile Rousseau que La Harpe fit paraî dans le *Mercure*. Un trou à la tête assez profond pour que le sculp teur Houdon, chargé de mouler figure, éprouvât de l'embarras à rem plir le vide, aurait été causé sui vant les uns par un coup de pistole selon d'autres par une chute qu Rousseau fit en tombant quelqu temps avant de mourir. Le bruit d suicide était la rumeur des environ « En arrivant à Louvres, dernièr poste jusqu'à Ermenonville, dit Co rancez, le postillon fut demandé les clefs des barrières des jardin Le maître de poste nous dit qu présumait notre voyage occasionn par le malheureux événement de l mort de Rousseau; puis il ajout d'un ton pénétré : « Qui l'aurait cr

« que M. Rousseau se fût ainsi détruit lui-même! » De son côté, Thérèse Levasseur, la veuve de Rousseau, cette indigne créature qui, un an plus tard, se fit renvoyer d'Ermenonville, à cause de sa scandaleuse liaison avec un garçon d'écurie, écrivit (27 prairial an VI) à M. Corancez : « Mon mari tomba le visage contre terre avec une telle force qu'il me renversa ; je me relevai, je jetai des cris perçants ; la porte était fermée. M. de Girardin, qui avait une double clef de notre appartement, entra ; j'étais couverte du sang qui coulait du front de mon mari ; il est mort en me tenant les mains serrées dans les siennes, sans prononcer une seule parole. J'atteste à mes concitoyens, j'atteste à la postérité, que mon mari est mort dans mes bras de la manière que je viens de décrire ; il ne s'est point empoisonné dans une tasse de café, il ne s'est point brûlé la cervelle d'un coup de pistolet. » Il faut remarquer toutefois que la rédaction de cette lettre n'est pas de Thérèse Levasseur. Quand elle écrit elle-même, voilà son style (lettre à M. de Girardin) : « Je n'aurais pas pensé que M. de Girardin aurait diffamé la femme de Jean-Jacques. Vous dites que vous l'aimiez, cet honnête homme, et moi je vous dis que cela n'est pas. Je le dirai toute ma vie que ça n'est pas.... » Quant à son orthographe, il suffit de dire qu'elle signait : *fameu deu Jean Gacque*. Selon le rapport des médecins, il y aurait eu un épanchement de sérosité dans le cerveau : *huc sub judice lis est*. Le corps fut mis dans un cercueil en plomb, enfermé dans une enveloppe de bois de chêne, et enterré le soir par un beau clair de lune dans l'*île des Peupliers*, restée si célèbre depuis, et qui devint dès lors un lieu de pèlerinage. Une loi du 16 avril 1794 ordonna la translation des restes de Rousseau au Panthéon. Cette cérémonie eut lieu le 11 octobre de la même année, malgré l'opposition de M. de Girardin et les pétitions adressées par les habitants à l'Assemblée. M. Stanislas Girardin ne fut pas plus heureux dans ses tentatives pour faire replacer les restes de Jean-Jacques dans leur première sépulture, d'où l'on n'aurait pas dû les enlever. En 1815, le souvenir de J. J. Rousseau protégea Ermenonville. Le général Blücher défendit qu'aucun détachement des troupes prussiennes fût cantonné à Ermenonville. Les militaires logés aux environs venaient tous les jours saluer le tombeau du grand écrivain.

Ermenonville a reçu la visite d'un grand nombre de personnages célèbres : de l'empereur Joseph II. en 1777 ; du roi de Suède, Gustave III, en 1783. M. de Girardin y reçut Marie-Antoinette. Son fils, Stanislas Girardin, raconte dans ses Mémoires que Napoléon, premier Consul, étant chez son frère Joseph à Mortefontaine, vint chasser et déjeuner à Ermenonville ; le héros fut même très-maussade avec sa propre femme, Joséphine, parce qu'elle s'était mise à table sans l'attendre. Visitant l'île des Peupliers, Bonaparte s'arrêta devant le tombeau de J. J. Rousseau, et dit : « Il aurait mieux valu pour le repos de la France que cet homme n'eût pas existé. — Et pourquoi, citoyen consul ? dit Girardin. — C'est qu'il a préparé la révolution française. — Il me semble, citoyen consul, que ce n'est pas à vous à vous plaindre de la Révolution.—Eh bien! répliqua Bonaparte, l'avenir apprendra s'il n'eût pas mieux valu pour le repos de la terre que ni Rousseau ni moi n'eussions jamais existé. »

M. Stanislas Girardin devint propriétaire d'Ermenonville à la mort de son père, arrivée en 1808. Il était l'aîné de plusieurs enfants. Cette vaste propriété fut dès lors partagée. Il avait fait paraître en 1788 un volume intitulé: *Promenade ou itinéraire des jardins d'Ermenonville*, avec 25 vues dessinées et gravées par Mérigot. Quelques-unes de ces vues sont curieuses comme expression des goûts du jour; celle du *Temple rustique*, peuplée de personnages en costumes antiques; celle de l'*Autel de la rêverie*, à quelque distance de l'autel, sur lequel sont posées des fleurs; une jeune femme, tenant un livre, est debout, appuyée contre un arbre, s'abandonnant à la rêverie. On retrouve pas à pas dans cet Itinéraire toutes les inscriptions, aujourd'hui disparues. C'est Piron, nom qu'on ne s'attendrait guère à retrouver ici, qui ouvre le premier ce concert des Muses champêtres; et sa voix n'a rien qui puisse les effaroucher:

Ici l'aimable nature
Dans sa douce simplicité.
Est la touchante peinture
D'une tranquille liberté.

Puis viennent des vers de Virgile et d'Horace, des inscriptions en grec, en anglais, en allemand; de nombreux fragments de Pétrarque; sa délicieuse ode, *Chiare, fresche e dolci acque*, sur un monument funéraire qui est celui de Laure; plus loin, d'autres vers amoureux du doux poëte sont tracés sur les rochers comme par la main de Saint-Preux; une des gravures le représente amenant Julie à ce monument *des anciennes amours*; et Julie, prenant son bras, lui dit: « Allons-nous-en, mon ami, l'air de ce lieu n'est pas bon pour moi. » Quel heureux souffle de poésie! quelle paisible Tempé! quelle douce quiétude de l'esprit! Et cela, à la veille de l'année 1789 et des révolutions qui vont bouleverser l'Europe!

Il semble aujourd'hui que ce parc délabré porte encore les traces d'un orage qui aurait balayé toutes les créations arcadiennes d'un autre âge. Le propriétaire actuel du parc d'Ermenonville, le fils de Stanislas Girardin, les laisse tomber en ruine, comme s'il comprenait que le goût de notre siècle, plus positif, n'est plus à ces enfantillages d'une fausse sensiblerie. La nature est un peu abandonnée à elle-même; mais si l'on ne trouve pas la netteté d'un parc bien entretenu, le site ne perd rien pour cela de sa beauté.

*Visite du parc*. — L'entrée ordinaire est au bout de la rue du village, à peu de distance de l'auberge de M. Sarron. On suit la chaussée, en passant devant le château, qu'on laisse à droite, puis on se dirige vers un bâtiment qui est en face, au bord de la route et où demeure le concierge, qui donne aux promeneurs un guide pour les accompagner. Il faut environ deux heures pour faire le tour du parc, qui est divisé en trois parties : le *Grand parc*, le *Petit parc* et le *Désert*. On commence la promenade par le grand parc. A quelque distance de la porte

# ERMENONVILLE.

d'entrée est un emplacement désigné sous le nom du *Banc de la reine*, parce que Marie-Antoinette s'y reposa. De jeunes filles lui présentèrent des fleurs, et une personne cachée dans le feuillage posa une couronne sur la tête de la reine de France. Toujours une mise en scène d'Opéra-Comique! En appuyant à droite, on passe sous une *grotte*, à l'issue de laquelle on voit se précipiter les eaux d'une *cascade* qui fait face au château. Un escalier pratiqué entre les rochers conduit au sommet de la grotte. On est alors sur les bords

Le tombeau de J. J. Rousseau, à Ermenonville.

du lac, au fond duquel est l'île des Peupliers. On en côtoie ordinairement la rive gauche, après avoir passé au-dessus du déversoir des eaux formant la cascade, et on le suit jusque vis-à-vis de l'*île des Peupliers*, où l'on aperçoit, du bord, le tombeau de J. J. Rousseau. Cette île a près de 40 mètres de long, sur 15 de large. « Le tombeau est dans le style antique; c'est à P. Robert qu'on en doit les dessins; les sculptures ont été faites par J. P. Lesueur. Sur la face qui regarde le midi, le bas-relief représente une femme assise au pied d'un palmier; elle soutient d'une main son fils qu'elle allaite, et de l'autre tient le livre de l'*Émile*. Derrière est un groupe de femmes qui déposent des fleurs et des fruits sur l'autel de la Nature. Dans un coin un enfant jette dans le feu des maillots, des corps de baleine; d'autres enfants élèvent au bout d'une pique un bonnet, image de la liberté. Dans une couronne au milieu du fronton on lit la devise que Rousseau s'était choisie :

*Vitam impendere vero;*

et sur l'autre face : « Ici repose l'homme de la nature et de la vérité. » Dans une autre île d'une portion plus reculée du lac, fut placée la pierre sépulcrale du peintre George-Frédéric Meyer, qui mourut à Ermenonville en 1779.

Vis-à-vis de l'Ile des Peupliers, on traverse à droite la petite rivière de la Nonette, qui passe ensuite à Senlis et à Chantilly et va se perdre dans l'Oise. A partir de la rivière, si l'on se dirige à gauche, on arrive bientôt à une partie du parc où étaient situés l'*ermitage* et la *tombe de l'inconnu;* le voyage à Ermenonville publié par Thiébaut de Bernéaud contient sur la mort de cet inconnu un récit romanesque; si, au contraire, on incline à droite, on monte à travers bois jusqu'au *temple de la philosophie*, édifice circulaire, à colonnes, qui domine le paysage. Il était dédié à Montaigne. Sur le fronton étaient ces paroles de Virgile : *Rerum cognoscere causas.* Sur une colonne brisée on lisait : *Quis hoc perficiet* (qui l'achèvera)? Chacune des six colonnes,

d'ordre toscan, soutenant la rotonde, était consacrée à la mémoire d'un grand homme : à J. J. Rousseau (*naturam*), à Montesquieu (*justitiam*), à W. Penn (*humanitatem*), à Voltaire (*ridiculum*), à Descartes (*nil in rebus inane*), à Newton (*lucem*).

*N. B.* Le sentier qui passe au pied du temple de la Philosophie communique, sans clôture, avec ceux de la forêt, de sorte que, si l'on arrive à pied du côté du village de *Ver*, on peut entrer par là dans le parc et arriver librement devant le château.

Continuant à suivre les allées boisées du parc, on arrive à la route de Senlis, que l'on traverse, et votre conducteur, ouvrant une porte, vous introduit dans le Désert. C'est près de cette porte qu'était une cabane sur laquelle était écrit : *Charbonnier est maître chez lui.* René de Girardin l'avait fait construire à l'occasion d'un procès qu'il soutint et gagna contre le prince de Condé, qui, en sa qualité de grand veneur, voulait l'empêcher de clore ses bois, et faisait abattre les palissades, lorsque l'envie lui prenait de chasser de ce côté. Stanislas Girardin raconte dans ses Mémoires qu'étant tout jeune et, en l'absence de son père, accompagnant le prince de Condé en visite à Ermenonville, celui-ci dit en voyant cette inscription : « C'est tout au plus ce qu'on pourrait se permettre de dire, si l'on n'était pas en capitainerie. » La réflexion était juste, ajoute Stanislas Girardin; mais tout jeune que j'étais, elle me parut extrêmement déplacée dans la bouche du prince de Condé, et me fit prendre en haine les cipitaineries.... Arrivé au château, le prince se mit à table et ne me dit pas de m'y asseoir. Je fus rejoindre mon gouverneur; il me tourmenta pour assister au dessert du prince; il eut beaucoup de peine à m'y déterminer. Lorsque le prince me vit entrer, il me dit : « Mon petit ami, voulez-vous manger des fruits? — Je remercie Votre Altesse; je suis ici chez moi et me suis fait servir à déjeuner. »

*Le Désert.* Un sol inculte, des genêts, des bruyères, des fonds de sable, des rochers couronnés de pins, une grande étendue d'eau, des genévriers, des forêts, des montagnes à l'horizon, tel est l'aspect que présente cette partie du

La cabane de J. J. Rousseau.

parc d'Ermenonville. « L'abbaye de Chaalis, aperçue dans le lointain, semble, dit M. Stanislas Girardin (*Itinéraire* de 1788), avoir été placée exprès pour achever de donner un caractère mélancolique à ce pays. » Sur la crête d'un monticule de sable et de grès, qui rappelle tout à fait la forêt de Fontainebleau, est située une chaumière appuyée sur les grès et dont le toit de chaume est aujourd'hui enfoncé (septembre 1856). Cette chaumière en ruine est la *cabane de J. J. Rousseau*. Il aimait à venir s'y reposer après avoir herborisé, et il y passait des journées entières. Au pied de cette cabane, au bord du lac, est un amas de rochers dans lequel on s'est plu à rappeler le souvenir des rochers de Meillerie. C'est le site qui a été désigné sous le nom de *Monument des anciennes amours*, dont il a été parlé plus haut. On achève de faire le tour du lac. (Ces lacs sont mis à sec tous les quatre ou cinq ans, pour en faire la pêche, et on y sème de l'avoine.) A l'issue du Désert, on traverse le chemin de Chaalis; et, par une porte en face, le guide vous introduit dans le petit parc réservé. On en parcourt les bocages et les prairies arrosées par des sources et des rivières, et l'on se rapproche du château, dont le pied de ce côté se baigne dans des fossés remplis d'eau. Un bac, qui n'existe plus aujourd'hui, permettait de passer dans une île, où s'élève la *tour Gabrielle*; on y avait suspendu l'armure de Vic (voir ci-dessus, p. 818), qu'on y voyait encore, dit-on, en 1817. Plus loin, en se rapprochant du village, et au delà de la rivière, M. de Girardin fit construire une maisonnette pour servir d'habitation à J. J. Rousseau. Elle ne fut achevée que deux mois après sa mort, et occupée par Thérèse.

On peut aller à pied d'Ermenonville à Mortefontaine, à travers bois, en 2 heures environ. Un guide est nécessaire. La route de voiture fait un plus long détour.

### Mortefontaine.

*Distances.* Mortefontaine est un village du département de l'Oise, arrondissement de Senlis, qui compte 300 habitants. Il est à 36 kil. de Paris, à 10 kil. de Senlis, à 11 kil. 760 mèt. de Louvres, à 1 kil. 510 mèt. de Plailly.

*N. B.* Il y a une voiture qui va directement de Paris à Mortefontaine : au Plat d'Étain, rue Saint-Martin, départ de Paris, les lundi, mardi, jeudi, samedi à 4 h. du soir; le mercredi à 7 h., du soir; le vendredi à 6 h. du soir; le dimanche 10 h. du matin. Elle repart de Mortefontaine à 6 h. 1/2 du matin. On peut aussi venir par la voiture qui va à Baron, et qui part de Paris les mardi, jeudi et samedi à 2 heures, et repart de Mortefontaine les lundi, mercredi et vendredi à 8 h. du matin.

Hôtel de la Providence, tenu par Hédelin. Dans la belle saison on fera bien de lui écrire d'avance pour retenir des chambres. (Adresser la lettre à Mortefontaine (Oise), par la Chapelle-en-Serval.)

**Mortefontaine** (plus communément Morfontaine) est, ainsi qu'Ermenonville, célèbre par son parc, dont on vante les eaux abondantes, et que l'on cite comme un des plus beaux jardins anglais de l'Europe. Ses beautés pittoresques sont une création récente; au milieu du siècle dernier, ce n'était, ainsi que le magnifique domaine embelli par le marquis de Girardin, qu'un site inculte, en partie occupé par des rochers et des marais. Pour en faire ce qu'il est aujourd'hui, il ne fallut rien moins que les grandes fortunes dont purent disposer trois de ses propriétaires successifs : M. Le Pelletier, président du parlement de Paris, qui le premier, en 1770, conçut l'idée de débrouiller ce chaos; M. Durney, banquier de la cour, en 1790; et surtout Joseph Bonaparte, qui y fit de prodigieuses dépenses.

Vers le milieu du XIIe siècle, cette terre fut donnée par Louis VII à l'abbaye de Chaalis. Les moines de cette abbaye firent creuser les étangs ou viviers, qui étaient destinés à se transformer en lacs d' grément. Plus tard, Mortefontaine fit partie de la châtellenie de Montméliant. L'abbaye de Saint-Denis, à qui elle appartenait, la vendit, en 1599, à un conseiller au parlement, et depuis elle a changé souvent de propriétaire.

Le 3 octobre 1800, Joseph Bonaparte reçut dans cette belle résidence les envoyés américains, au nombre desquels était Franklin; et le traité de paix entre la France et les États-Unis y fut signé en présence des Consuls et d'une foule de personnes de distinction, accourues pour la fête brillante donnée à cette occasion. Des mains de Joseph, le domaine de Mortefontaine passa au duc de Bourbon, en 1827. Avant le duc de Bourbon, un riche Prussien, le baron Schikler, le tint pendant sept années à bail, et il y

Le lac de Mortefontaine.

entretint un nombreux équipage de chasse. Cette belle propriété, laissée, par le testament du duc de Bourbon, à Mme la baronne de Feuchères, est venue par héritage à la nièce de Mme de Feuchères, aujourd'hui Mme Corbin.

*Visite du parc.* On entre par la grille du parc située à peu de distance de l'hôtel de la Providence. On inscrit son nom chez le concierge, en demandant au propriétaire, qui l'accorde aussitôt, la permission de visiter le parc. Ce parc est divisé en deux parties : le *Petit parc*, où se trouve la maison d'habitation; et le *Grand parc*, où l'on va admirer des cours d'eau, des lacs, des pelouses aux mouvements de terrain accidentés, des rochers abrupts, des masses de grès comme à Fontainebleau, et une grande étendue de bois. C'est cette dernière partie seule, communiquant avec la première par un passage souterrain établi au-dessous de la route, que les étrangers visitent. On suit une allée qui traverse dans sa largeur le petit parc. On laisse à droite la maison d'habitation, qu'on aperçoit, du reste, de la route, et devant laquelle, au milieu d'une pièce de gazon, est une statue en bronze du Gladiateur, puis bientôt, descendant à gauche une allée qui aboutit à un chemin creux, on arrive à l'entrée du souterrain, fermé au milieu par une grille.

A peine est-on entré dans le grand parc, si l'on incline un peu à gauche, du haut des pentes de gazon, la vue s'étend sur les pièces d'eau situées au-dessous et encadrées dans de vertes prairies et dans des bois. On voit au centre une maison pittoresque, dite le *Pavillon de Vallière*; et sur la même ligne, mais dans un horizon très-reculé, un plateau sablonneux, dit la *Butte des Gendarmes*, et situé au-dessus de Thiers, entre l'extrémité de la forêt d'Ermenonville et celle de Pontarmé; un peu sur la droite on aperçoit le haut clocher de Senlis.

On descend au bord d'une première pièce d'eau, le *lac Colbert*, que l'on côtoie et dont on contourne l'extrémité, pour suivre une allée d'arbres qui longe, à gauche, un mur de clôture, sur le chemin de Mortefontaine à Charlepont (voir plus bas). On contourne sur la droite un second lac (le *lac de Vallière*), puis on passe à côté de la maison pittoresque dont il vient d'être parlé, élevée sur une chaussée entre le lac de Vallière et la rivière qui va alimenter le grand lac (*lac de l'Épine*). Ce pavillon, si heureusement situé et qui sert de rendez-vous de chasse et de pêche, fut construit en 1803 sur les ruines d'un castel appartenant au règne de Louis le Gros. Il était environné de fossés, et il fut détruit à la Révolution. C'est là qu'on rassemble ordinairement les embarcations destinées aux promenades sur l'eau (interdites aux visiteurs étrangers). On y conserva longtemps la péniche sur laquelle, en 1796, fut pris, à la hauteur du Havre, le commodore Sydney Smith, qui, enfermé au Temple, s'en évada deux ans après. On suit pendant quelque temps le pied d'une colline rocheuse couverte de bois, en côtoyant à gauche les bords d'un canal qui bientôt devient plus large et aboutit au lac de l'Épine. « Un déversoir, par où s'écoule le trop-plein des eaux, forme le commencement d'une petite rivière qu'on nomme la Thève. C'est elle qui alimente les étangs de Commelles. (Voir *Chantilly*, p. 496.) Elle va, après un cours de 4 lieues environ, se jeter dans l'Oise, auprès de l'abbaye de Royaumont. » Au point de jonction du canal et du lac, s'élève un îlot ombragé d'arbres, où une petite anse abritée a reçu le nom de *bains de Diane*. Souvent, sur un rocher à fleur d'eau en avant de cet îlot, on aperçoit un héron immobile et attendant patiemment qu'un poisson passe à sa portée. Le lac a 4 brasses dans sa plus grande profondeur. Au nord du lac s'élève une île escarpée et flanquée de rochers de grès ombragés par des pins. On la nomme *île Molton* ou *Mort-Taon*. Cette dernière dénomination provient, dit-on, de la grande quantité de taons qui y tourmentaient jadis les cultivateurs. Les visiteurs étrangers ne peuvent plus aujourd'hui, comme autrefois, passer dans l'île Molton : une fermeture du parc empêche même, de ce côté de la rive, d'aller plus avant, de manière à en faire le tour. Du haut de l'île, on distingue dans le lointain, au sud, le hameau de Montméliant avec les bois qui le couronnent. Au nord s'étend une vaste étendue de rochers et de sables, dite Sainte-Marguerite des Grès, et qu'indique mieux encore le clocher d'une petite église. Puis, au delà, on aperçoit une ligne de collines boisées; la flèche élancée de l'église de Senlis qui domine le paysage ; et, dans le lointain, la vue s'étend sur les environs de Chantilly. Le plateau isolé de l'île Molton, couvert de bois et de bruyères, et qui peut avoir une centaine d'arpents, servit, en 1815, de refuge assuré contre l'invasion aux habitants de Mortefontaine et de quelques communes des environs. Il y existe des traces d'un ancien castel ; au xII° siècle, Philippe Auguste le donna à un chevalier qui, vingt ans plus tard, fut tué à côté de lui à la bataille de Bouvines.

On quitte les bords du lac de l'Épine et l'on monte sur une colline couronnée par le *bois Defay*. Le sentier conduit à un pavillon ou belvédère construit sur un point élevé d'où l'on voit une partie du lac de l'Épine, mais d'où l'on n'aperçoit encore que d'une manière incomplète l'île Molton. Continuant à parcourir cette portion de bois, accidentée de mouvements de terrain et de roches de grès, on ne tarde pas à arriver à une construction placée sur une éminence couronnée de pins, et qui est désignée sous le nom de *tour Dubosq*, du nom d'un secrétaire de M. Le Pelletier, qui la fit élever en l'absence de ce dernier. On l'aperçoit de plusieurs points du parc, dominant les bouquets des arbres qui la cachent à moitié. Un peu plus loin, au milieu d'une belle forêt de pins, on s'arrête devant un rocher de grès énorme qui rappelle les plus gros blocs de Fontainebleau, et sur lequel on a gravé ce vers de Delille :

Sa masse indestructible a fatigué le temps.

Le temps, amère raillerie ! s'est amusé à effacer la hautaine inscription.

Le parc de Mortefontaine, par une dernière ressemblance avec celui d'Ermenonville, a aussi été le théâtre d'un événement funèbre : un jeune homme, après s'y être promené seul et rêveur pendant trois ou quatre jours, y mit fin à sa vie le 21 septembre 1822.

On se retrouve bientôt à l'entrée du souterrain, et l'on sort par la grille du parc par laquelle on était entré.

Si l'on fait quelques pas à gauche, on aperçoit une fontaine adossée au parc, située sur la rue du village, et dont la vasque brisée accuse l'abandon. Elle porte une inscription terminée par ces deux vers :

Puissai-je m'abreuver du tribut de mon onde
Que des mortels *paisibles et contens*.

Pensée, style et orthographe même, tout rappelle l'époque de l'Empire.

Si, au lieu de suivre à gauche le long mur du petit parc, on prend la rue qui fait face à la grille, on longe le mur du grand parc et l'on trouve bientôt, à gauche, une autre dépendance du château, offrant d'ailleurs peu d'intérêt à ceux qui viennent de parcourir les frais ombrages décrits dans les pages précédentes. Continuant à descendre, on arrive dans les verdoyantes prairies, couvertes de troupeaux, que l'on avait aperçues de l'intérieur du grand parc, dont elles sont la continuation. Elles n'en sont séparées que par la route qui va à Charlepont. De cette route pavée, bordée par un simple fossé et par une barrière basse, aucun obstacle n'empêche la vue de s'étendre agréablement sur les riantes perspectives du grand parc. Au commencement s'ouvre, à gauche, une longue avenue de peupliers par laquelle les piétons peuvent gagner Senlis. Au nord on aperçoit *Charlepont*, au milieu d'une ligne d'arbres; au nord-ouest, sur une butte aride de sables et de grès, est *Rochefort*, construction donnant l'idée d'une ruine féodale, et qui fut élevée par le roi Joseph.

IV.

**DE PARIS A LUZARCHES PAR PIERREFITTE, SARCELLES, VILLIERS-LE-BEL, ÉCOUEN.**

Les messageries Mancomble, 47, faubourg Saint-Denis, partent toutes les deux heures, de 9 heures du matin à 7 heures du soir, de Paris pour Pierrefitte, Sarcelles, Villiers-le-Bel et Écouen. Prix pour Écouen : 1 fr. 30 c.; 1 fr. 20 c.; 90 c.

La voiture de Luzarches et de Champlâtreux part tous les soirs à 4 heures; 2 fr. 85 c.; 2 fr. 55 c.; 2 fr. 10 c.

On trouve à la station de Saint-Denis (voir chemin du Nord, p. 406) des omnibus pour Pierrefitte (60 c.), Sarcelles (60 c.), Villiers-le-Bel (60 c.), Écouen (60 c.). Pour les heures de départ, voir les *Indicateurs* de la semaine.

On sort de Paris par le faubourg Saint-Denis et le faubourg de la Chapelle. On croise le chemin de fer de ceinture en dedans de l'enceinte des fortifications, puis on suit la belle et large route droite, bordée d'une double allée d'arbres, qui conduit à Saint-Denis. Il y a vingt ans on n'y voyait pas une seule habitation; aujourd'hui des maisons et des clôtures de jardins la bordent dans les deux tiers de son étendue, et, en s'avançant vers Saint-Denis, achèveront de souder cette ville à Paris. Avant d'arriver à Saint-Denis, la route passe sur le canal. On traverse Saint-Denis (voir page 406) et au delà on retrouve une belle route bordée d'arbres et de champs couverts de cultures riches et variées, qui aboutit à Pierrefitte.

**Pierrefitte**, village de 800 habitants (12 kil. 900 mètres de Paris; 3 kil. 300 mètres de Saint-Denis; 3 kil. de Sarcelles), offre un aspect assez triste, et n'a rien de remarquable que sa mairie, de proportions assez élégantes. A droite et de l'autre côté de cet édifice on construit une petite église sur l'emplacement de l'ancienne. Le nom de Pierrefitte, Pierre fixe, Pierre fichée, est commun à plusieurs lieux en France et désigne une pierre qui servait de limite de territoire. Le village de Pierrefitte est ancien; il en est question dans des chartes du IXe siècle. Le produit des vignes de ce village était affecté à la consommation des moines de

Saint-Denis. Il fut ravagé et en partie brûlé par les Anglais sous les règnes de Charles VI et Charles VII.

A 1 kil. de Pierrefitte on sort du département de la Seine pour entrer dans celui de Seine-et-Oise. Là, au point nommé *le Barrage*, la route se bifurque : le bras de gauche va à Saint-Brice (voir p. 451). On continue à suivre le pavé de droite. Des fabriques de briques bordent la route à l'entrée du village de Sarcelles.

**Sarcelles** (16 kil. 1/2 de Paris ; 2 kil 3/4 d'Écouen), village considérable du département de Seine-et-Oise, compte près de 1800 habitants. Il existait déjà au VIIIe siècle, et son nom s'écrivait *Cercelles* (*ex fisco nostro Cersilia*). L'étymologie est incertaine ; on a voulu l'expliquer par l'abondance des sarcelles qu'on y trouvait peut-être autrefois, par contraction de latin : *querquedula*, — ce qui est bien loin ; — ou tout simplement par une provenance directe du mot français : Sarcelles, — ce qui est bien près ! Cette terre, érigée en marquisat vers 1681, appartenait au XVIIIe siècle à la maison d'Hautefort ; l'ancien domaine seigneurial contenait les villas de Giraudon et de Méraville. Cette dernière propriété appartenait à Volney, le célèbre auteur des *Ruines* ; elle a été morcelée et vendue par lots. L'*église* de Sarcelles mérite d'être visitée ; lorsqu'on est au haut de la route, qui traverse le village, on prend à gauche la rue de l'Église ; on passe devant l'école communale ; et bientôt on aperçoit à droite l'église, dont la façade, en style de la Renaissance, présente plusieurs singularités : un fronton brisé, bizarrerie architecturale souvent employée par Palladio ; une rosace gothique entre des colonnes cannelées corinthiennes. Elle est surtout déparée par l'addition d'une maçonnerie, à profils modernes, encadrant la petite porte d'entrée à droite. Le clocher est remarquable ; il a des fenêtres à arcades en plein-cintre et porte une flèche en pierre, avec quatre pyramidions aux angles ; à l'intérieur les voûtes d'arêtes sont renforcées de nervures compliquées, avec tiercerons, et clefs pendantes qui accusent le style du XVe siècle. Les colonnes de la nef sont dépourvues de chapiteaux ; des colonnettes intérieures y sont à moitié noyées, et montent jusqu'à la naissance de la voûte ; plusieurs piliers sont déversés hors de leur aplomb.

En sortant de l'église on peut, en suivant une petite avenue à droite, regagner la grande route sans rentrer dans le village. A 1 kil. au delà de Sarcelles un chemin qui s'ouvre à droite conduit à Villiers-le-Bel, situé à peu de distance.

**Villiers-le-Bel** (18 kil. de Paris ; 1 kil. 1/2 d'Écouen), village d'environ 1600 hab., Seine-et-Oise, a un agréable aspect de propreté et d'aisance, possède plusieurs pensionnats et maisons de campagne, et jouit d'une grande réputation de salubrité. Son nom ne vient pas, comme on pourrait le croire, de l'agrément de sa situation ; mais il signifiait dans le principe : domaine rural (*villa*, *villare*) de la famille Le Bel, aujourd'hui éteinte, qui posséda cette seigneurie pendant quatre siècles. Le plus ancien de ces Lebel vivait au commencement du XIIe siècle. En 1527, un des descendants, ecclésiastique, légua ce domaine à la maison de Montmorency, son alliée. Vers 1264, la veuve d'un seigneur de Villiers porta plainte au parlement de ce que le prévôt de Paris avait fait enlever les fourches patibulaires, qu'elle prétendait avoir le droit de garder *permanentes*, arguant de ce qu'elle avait la justice du larcin et qu'elle exerçait celle de la *coupure d'oreilles*, et *d'enterrer vives les larronnesses*. Villiers-le-Bel faisait partie de l'apanage de l'aîné des Montmorency; il fut confisqué à la mort d'Henri II de Montmorency, et fit plus tard retour aux Condé, qui le possédèrent jusqu'à la Révolution. Le village fut plusieurs fois ravagé. Le château féodal, où logea Louis XI, n'existe plus, et on ignore même le lieu de son emplacement. Sous François II les huguenots formaient les deux tiers de la population.

*L'église* paroissiale de Villiers-le-Bel, située sur la place où s'arrêtent les voitures, est digne d'attention. Elle est sous l'invocation de saint Didier. Radulph le Bel passe pour en avoir jeté les fondements dans les premières années du XIIᵉ siècle. Son entrée naturelle est condamnée; on y entre par un portail moderne dans le côté droit de l'église. Cette façade latérale qui s'étend le long de la place est la plus importante. Les piliers des contre-forts sont décorés de sculptures abondantes dans le style de la Renaissance, contrastant avec le style ogival varié des fenêtres; le vaisseau de l'église est élevé; l'intérieur présente des irrégularités comme l'extérieur : dans la nef, les chapiteaux des colonnettes de gauche sont composites; les colonnettes de droite montent jusqu'à la naissance de la voûte. Les voûtes d'arêtes ont des clefs pendantes, les transsepts ont un rang de galeries simulées. Le pilier d'angle du transept de droite est fortement incliné hors de son aplomb. Le sanctuaire se termine en pignon, et non en abside. Les orgues furent données à l'église en 1664 et le positif établi en 1789. Un carillon de 4 cloches a remplacé un bourdon pesant 7000 livres, qui en 1818 écrasa la voûte, tomba sur la chaire et tua trois ouvriers.

Un chemin très-agréable va, en 20 minutes, de Villiers-le-Bel à Écouen. En sortant de l'église il faut tourner à droite sur la place, passer devant la façade, suivre la rue jusqu'à l'issue du village, puis s'élever par un petit sentier sur une colline boisée, dite *Butte du Moulin*, et du haut de laquelle on a une vue vraiment très-belle sur un paysage étendu. Alors, tournant à droite, on longe quelques habitations, qui se terminent à une sorte de petit castel pseudo-gothique, avec imitation de créneaux en plâtre. On rejoint bientôt le pavé de la grande route de Sarcelles à Écouen, on le traverse et l'on prend en face une allée qui longe à gauche le cimetière. Parvenu à un embranchement de trois routes, on entre dans celle du milieu, qui conduit à une avenue bordée de charmes formant un berceau d'ombrage. Cette allée aboutit à la grille du château; et de là, par un sentier à droite, on peut descendre dans le village d'Écouen.

**Écouen** (19 kil. 1/4 de Paris; 2 kil. 3/4 de Sarcelles) est un bourg assez considérable du département de Seine-et-Oise, arrondissement de Pontoise, qui compte plus de 900 habitants. Il est situé sur la pente d'une colline dominée par le château que fit bâtir Anne de Montmorency. La fondation de ce village remonte à une époque très-reculée. Déjà en 632 Dagobert le donnait aux moines de Saint-Denis. On le désignait sous le nom d'Idcina, d'où les étymologistes ont fait Idcin, Iscoain, Escouan, Écouen. Il appartint pendant six siècles environ aux Montmorency, qui, dans le principe, l'avaient obtenu à fief des abbés de Saint-Denis. Le connétable Anne de Montmorency fit édifier par Bullant l'église et le château, « précieux joyau de la Renaissance, qui a été se défigurant en passant par les métamorphoses qu'on lui a fait subir. » Enlevé par confiscation aux Montmorency, sous

Le château d'Écouen.

Louis XIII, Écouen fut donné à la duchesse d'Angoulême et passa ensuite à la maison de Condé. Il appartint à cette maison jusqu'à la Révolution, époque à laquelle furent dispersés tous les objets d'art qui y étaient réunis. Napoléon fit restaurer le château et y plaça une maison d'éducation pour les filles des légionnaires, sous la direction de Mme Campan. A la Restauration il fut restitué au prince de Condé. C'est aujourd'hui de nouveau une maison d'éducation pour les filles d'officiers jusqu'au grade de capitaine, ainsi que la maison des Loges de Saint-Germain (voir page 350). On ne peut ni visiter le château, ni même aller sur la terrasse, d'où l'on jouit d'une vue étendue dans la direction de Champlâtreux.

L'architecte Jean Bullant a élevé

le château d'Écouen au milieu du XVIᵉ siècle, à l'époque où San Gallo construisait à Rome le palais Farnèse. Ce château consiste en quatre corps de bâtiments formant un plan quadrilatère. Aux angles sont quatre pavillons carrés, plus élevés que le reste de l'édifice. « Dans les angles rentrants de ces pavillons sont des tourelles qui, par le bas, se terminent en cône. Des fossés à sec l'entourent de trois côtés. Le quatrième a une terrasse qui domine le bourg d'Écouen. » Le goût gothique de l'architecture qui régnait alors en France se reconnaît à la grandeur des croisées, à la hauteur des combles, aux tourelles et à certains détails d'ornement. Au contraire, le goût classique préside dans les deux avant-corps qui servent de milieu aux deux grands côtés de la cour. Un de ces avant-corps se compose de deux ordres, dorique et corinthien ; « l'autre présente la forme d'une arcade ornée de deux colonnes doriques sur piédestaux, supportant un fort bel entablement avec triglyphes, dont les métopes sont remplis d'armures, de couronnes et de symboles. Les tympans sont décorés de Victoires ailées, tenant des palmes. » On trouve dans cet édifice de Bullant, qui avait étudié les ouvrages de l'antiquité, un juste sentiment des belles proportions et une grande pureté dans les profils. « L'intérieur était très-orné. On remarquait dans la petite galerie des vitraux dont les peintures en camaïeu, exécutées d'après les dessins de Raphaël, représentaient divers sujets tirés de la fable de Psyché. »

L'*église* d'Écouen est située au-dessous du château, à l'extrémité d'une place, sur laquelle un magnifique marronnier étend son ombrage. La façade est moderne et manque de style. Un toit élevé recouvert en ardoises indique extérieurement la partie du chœur ; le toit qui recouvre la voûte de la nef est beaucoup plus bas. A l'intérieur, il n'y a de bas côté que du côté gauche de la nef. Le chœur a des fenêtres allongées de forme ogivale élégante, et décorées de vitraux dans lesquels sont des figures d'un bon caractère de dessin. On y lit la devise de Montmorency, ἁπλανῶς, et les dates de 1544, 1545.

Sur la lisière du bois d'Écouen est le *château du Luat*, bâti au XIVᵉ siècle par les de Brague, seigneurs de Piscop, et regardant la route de Moisselles.

Au delà d'Écouen, en suivant la route de Luzarches, on traverse le *Mesnil-Aubry* (4 kil. d'Écouen), village de 500 habitants. 4 kilom. plus loin, après avoir laissé à gauche *Villiers-le-Sec*, à droite *Mareil*, on passe devant le village d'*Épinay-Champlâtreux*, situé à gauche de la route.

Le **Château de Champlâtreux**, construction d'un style grave et sévère, date du temps de Louis XIV. « M. Molé, grand-père de celui qui est mort récemment, le fit bâtir sur les dessins de Chevrotet, après son mariage avec la fille du riche financier Samuel Bernard. La famille Molé, si riche en illustres souvenirs historiques, avait été jusqu'à ce moment, dans cette médiocrité de fortune qui distinguait toute la haute magistrature. La fille de Samuel Bernard apporta à ce grand nom 9 millions de dot, qui font plus de 18 millions de notre époque. Champlâtreux n'était qu'une petite et vieille habitation sans apparence; il fut rebâti tel qu'il est aujourd'hui. Le parc fut agrandi et dessiné dans le style de Le Nôtre.

« En 1839, Louis-Philippe alla rendre une visite à son premier ministre à Champlâtreux, et un conseil de cabinet fut tenu dans un salon qui reste encore tel qu'il était alors, avec sa table ronde couverte d'un tapis vert officiel et un tableau de chevalet, peint par M. A. Scheffer, représentant cette scène historique. »

3 kilomètres au delà du village d'Épinay-Champlâtreux, se trouve Luzarches.

**Luzarches** (30 kil. de Paris, 11 kil. d'Écouen, 21 kil. de Senlis), chef-lieu de canton du département de Seine-et-Oise, petite ville de 1500 habitants, est d'une assez haute antiquité. Des princes de la première race, et notamment Clovis II et Clovis III, y eurent un château, nommé *Luzarca*. L'ancien château seigneurial, élevé probablement sur l'emplacement de cette résidence des rois franks, était déjà en ruine au XVIIe siècle; il a été démoli depuis. — L'*église* paroissiale, qui existait du temps de Charlemagne, a été restaurée aux XIIIe et XIVe siècles. — Les environs de Luzarches sont charmants. A 2 kilomètres 1/2 à l'est de cette ville, dans un vallon solitaire, était l'*abbaye d'Hérivaux*, fondée au XIIe siècle. L'église construite au XIIIe siècle, et les dépendances, furent vendues et démolies à la Révolution; et sur leur emplacement s'établit une maison de campagne, qui a appartenu à M. Bertin de Vaux.

## V.

### DE PARIS A GONESSE.

*Distances.* 17 kil. de Paris, 1 kil. 1/2 de l'embranchement de la route de Senlis, dit la patte d'Oie (voir page 804). *Voitures* partant de Paris, faubourg Saint-Denis, n° 12, et boulevard Saint-Denis, n° 22. Elles font le trajet en 2 heures, et s'arrêtent fréquemment en route. 1 fr. 25 c. la semaine et 1 fr. 40 c le dimanche. Stains, 90 c. et 1 fr. Correspondance avec le chemin de fer du Nord, station de Saint-Denis (voir page 405). Plusieurs départs par jour, 60 c.

De Paris à Saint-Denis la route a été décrite ci-dessus, page 826. Après avoir traversé Saint-Denis, au lieu de suivre la route droite qui va à Pierrefitte, on tourne à droite, et, 2 kilomètres plus loin, on laisse à gauche **Stains**, village dont le nom provient du mot latin *stagnum*, à cause des étangs qui étaient sur ce territoire. La seigneurie de Stains appartint à la maison de Thou. Christophe de Thou, père de l'historien, la possédait en 1568: sa fille, par son mariage avec M. Harlay, la porta dans une autre maison parlementaire. On admire à Stains un beau parc appartenant à Mme de Vatry. A quelques kilomètres plus loin, on laisse à droite au delà de *Dugny* (Seine) **Garges** (Seine-et-Oise), village de 437 hab., où Dagobert eut un manoir, et où l'on remarque un beau parc baigné par la petite rivière de la Croud. La route tourne ensuite dans le village d'**Arnouville** (2 kil. de Gonesse) et traverse une place, au fond de laquelle est l'église. Arnouville possède également un beau parc arrosé par la Croud. Le château n'a jamais été achevé.

**Gonesse** est un chef-lieu de canton du département de Seine-et-Oise, comptant 2300 habitants et baigné par la Croud, affluent de la Seine. Cette terre appartint à Hugues-Capet avant qu'il montât sur le trône. Philippe Auguste y naquit. L'industrie y fut assez développée au moyen âge. Ses fabriques de draps étaient si renommées, au xv° siècle que les *habitans*, *bourgeois* et *pelletiers de Gonesse* avaient une halle à Paris pour traiter leurs affaires. Plus tard, elle fit un pain très-estimé; mais ses boulangers vinrent successivement s'établir à Paris. Louis XI donna par échange Gonesse à Antoine de Chabannes, comte de Dammartin (voir Dammartin, p. 810). Henri IV y campa pendant un mois entier, après avoir échoué dans sa tentative contre Paris.

Pour aller voir l'*église*, on prend, un peu plus loin que le bureau des voitures, la première rue à gauche qui conduit à la place de l'Hôtel-de-Ville; derrière ce monument, l'église Saint-Pierre s'élève sur une éminence. Cette église, dont les côtés ont subi dernièrement d'importantes restaurations, présente différentes parties dignes d'étude. Le caractère d'architecture de la façade paraît avoir été autrefois dénaturé par des restaurations déjà anciennes. A la porte de gauche de cette façade, on voit une ogive trilobée, inscrite dans une grande ogive. La nef présente, de deux en deux piliers, trois colonnettes accouplées qui coupent le chapiteau et montent jusqu'à la voûte. Les nervures existent à la voûte d'arête du chœur, mais celle de la nef est surbaissée et unie; et tous les faisceaux de colonnettes interrompus à une même hauteur, où on les a laissées inachevées, supportent des poutres transversales. Entre ces colonnettes sont de doubles arcades ogivales. On remarquera les larges feuilles des chapiteaux. L'orgue a été donné, dit-on, par la reine Blanche; les sculptures du buffet sont du style de la Renaissance; les tuyaux, du xvi° siècle, sont ornés de renflements sculptés et décorés, dans toute leur longueur, de peintures et d'arabesques dorées.

Dans le voisinage de l'église est un bel édifice consacré à l'Hôtel-Dieu.

De Gonesse, on peut gagner à pied Sarcelles en une heure par une route bordée d'arbres (voir page 827), et en 15 m. la patte d'Oie (voir page 804).

CINQUIÈME SECTION

# LES BATEAUX A VAPEUR

## LES BATEAUX A VAPEUR.

Les environs de Paris sont arrosés par un fleuve et deux rivières navigables, la Seine, la Marne, l'Oise. Mais les détours multipliés que font ces cours d'eau ont rendu impossible, même avant l'établissement des chemins de fer, la création ou le maintien de services réguliers de bateaux à vapeur entre les pays situés sur leurs rives. Divers essais ont été tentés; ils ont échoué.

Aujourd'hui, on ne compte que trois bateaux à vapeur partant de Paris : celui de Saint-Cloud, le seul qui mérite vraiment d'être recommandé à un étranger; celui de Paris à Melun, dont les heures de départ et d'arrivée ne peuvent convenir qu'aux habitants de Melun; et celui de Paris à Rouen, qui met trois heures au moins pour aller à Saint-Germain. Ce dernier a déjà été indiqué (page 399); nous ne parlerons donc ici que des deux premiers.

## I.

### DE PARIS A SAINT-CLOUD.

Quatre bateaux à vapeur font, dans la belle saison, un service régulier de Paris à Saint-Cloud, et réciproquement :

1° Le *bateau-omnibus* (port Saint-Nicolas). 50 c., 1 fr. le dimanche.

2° *L'Union de la Seine* (quai des Tuileries). 1res, 50 c.; 2es, 30 c. pendant la semaine; 50 c. jusqu'à midi, 75 c. après midi, le dimanche.

3° et 4° *Calisto* et *Arcas* (quai d'Orsay) ne marchent que le dimanche. 1 fr.

En sortant de Paris, après avoir passé successivement sous les ponts de la Concorde, des Invalides, de l'Alma, d'Iéna, et longé les hauteurs de Chaillot, le voyageur voit se développer à sa droite celles de Passy, qui en sont la prolongation (voir page 27).

On rase l'*île des Cygnes*, que de grands travaux, exécutés sous la Restauration, ont convertie en une jetée étroite et prolongée, dont l'extrémité sert de point d'appui au pont de Grenelle. Ce pont est en bois, et relie Auteuil (voir page 40) au village de Beau-Grenelle, qui, jusqu'à présent, n'est encore, à proprement parler, qu'un projet de village. D'importantes constructions terminent Beau-Grenelle du côté du sud : c'est une manufacture de produits chimiques, et spécialement de savon. Elle fut fondée en 1776, et a pris le nom d'un moulin qui jouissait, au XVIIIe siècle, d'une certaine célébrité, le moulin de *Javel* ou *Javelle*. Vis-à-vis, sur la rive droite, s'élèvent en amphithéâtre les maisons du *Point-du-Jour* (voir page 46), dont les jardins descendent jusqu'à la rivière.

C'est seulement après avoir dé-passé le Point-du-Jour qu'on franchit la ligne des fortifications.

L'œil embrasse alors un charmant paysage. A gauche s'élèvent, à peu de distance, les hauteurs de Vanves et d'Issy, que couronnent le fort de Vanves, le joli château et le beau parc qui furent jadis la propriété des princes de Conti (voir page 139). Au-dessous, et sur le bord du fleuve, est le hameau de *Javelle*, où était sans doute autrefois le moulin dont nous avons parlé. En face du spectateur se dressent les riants coteaux de Fleury et de Meudon (voir page 289). Le château de Meudon et sa gigantesque terrasse dominent toute la vallée. Le viaduc du val Fleury (voir page 289) attire surtout l'attention. Au delà, on aperçoit déjà les premières villas de Bellevue, et plus loin la *lanterne de Démosthènes* se dessine en blanc sur le fond vert des grands arbres du parc de Saint-Cloud. Bientôt le fleuve se divise pour embrasser une île occupée par une immense fabrique de produits chimiques. On glisse le long des Moulineaux (voir page 289); puis la Seine se détourne brusquement pour couler du sud au nord, et on passe rapidement devant le Bas-Meudon (voir page 289) et Bellevue (voir page 302) pendant que l'on rase l'île Séguin, de l'autre côté de laquelle est Billancourt (voir page 46).

Voici Sèvres (voir page 302), avec son pont de neuf arches, si différent des ponts que l'on construit aujourd'hui. Voici le parc de Saint-Cloud, sa gracieuse cascade, et le château, qui se présente aux regards dans tout son majestueux développement. Mais ce n'est qu'une apparition fugitive, instantanée, et l'on aborde presque aussitôt, après une navigation qui, sur le bateau à vapeur-omnibus, le plus élégant, le plus svelte et le plus rapide de tous ceux qui font ce service, ne dure pas 40 minutes.

Saint-Cloud est décrit page 166.

## II.
### DE PARIS A MELUN.
*Administration des Parisiens.*
Bureaux, à Paris, quai de la Grève.

| On paye de Paris à | 1re CL. fr. c. | 2e CL. fr. c. |
|---|---|---|
| Bercy, Choisy........ | » 60 | » 50 |
| Villeneuve-St-Georges. | 1 » | » 75 |
| Athis, Ablon.......... | 1 » | » 75 |
| Juvisy, Châtillon...... | 1 » | » 75 |
| Ris, Soisy-sous-Étioles. | 1 » | » 75 |
| Corbeil.............. | 1 » | » 75 |
| Coudray............. | 1 75 | 1 25 |
| Seineport, Beaulieu.. | 2 » | 1 50 |
| Boissettes, Boississe.. | 2 » | 1 50 |
| Melun .............. | 2 » | 1 50 |

Ce bateau part de Melun tous les jours à 9 h. du matin, et de Paris tous les jours à 2 h. 1/2 du soir. Autrefois, il allait jusqu'à Montereau; mais ce service, qui doit être, dit-on, repris en 1857, était interrompu en 1856.

En remontant la Seine, on passe au delà du pont d'Austerlitz sous les ponts de Bercy et du chemin de fer de ceinture (voir page 155). On laisse sur la rive droite Bercy (voir page 123), Conflans et Charenton-le-Pont (voir page 572); sur la rive gauche, la Gare (voir page 126) et Ivry (voir page 126).

Le chemin de fer de Corbeil longe la rive gauche du fleuve; le chemin de fer de Lyon côtoie à peu de distance sa rive droite. Nous ne pourrions donc que répéter ici ce que nous avons déjà dit précédemment.

Aussi nous bornons-nous, de Paris à Corbeil, à nommer les localités devant lesquelles passe successivement le bateau à vapeur, en renvoyant le voyageur aux pages où ces localités sont décrites :

Rive droite, Maisons-Alfort (voir page 576).

Rive gauche, Vitry (voir page 128); puis Choisy-le-Roi (voir page 692), Orly, Villeneuve-le-Roi (voir page 694).

Rive droite, Villeneuve-Saint-Georges (voir page 579).

Rive gauche, Ablon (voir page 695); Athis-Mons (voir page 695); Juvisy (voir page 696), en face de Draveil, puis Viry (voir page 699).

Rive gauche, Ris (voir page 693), en face de Champrosay (voir page 700); Petit-Bourg, en face de Soisy-sous-Étioles (voir page 701); Évry, en face d'Étioles (voir page 702); enfin, Corbeil (voir page 702).

Le chemin de fer de la rive gauche (Orléans-Corbeil) s'arrête à Corbeil; celui de la rive droite (Lyon) s'est éloigné de la Seine à Villeneuve-Saint-Georges pour ne s'en rapprocher qu'à Melun. De Corbeil à Melun, le fleuve, resserré presque constamment entre de jolies collines variées d'aspect, décrit d'assez fortes courbes. On laisse :

Rive droite, *Saintry* (529 habitants), situé un peu au delà de la belle propriété de *Champlâtreux*.

Rive gauche, le *Plessis-Chenet*, hameau traversé au haut de sa colline par la route de Paris à Lyon;

Rive droite, *Morsang* (153 habitants), et la *ferme de Saint-Guildas;*

Rive gauche, le *Coudray-Montceaux*, village de 457 habitants, dont le château a été possédé par le maréchal Jourdan, et au delà duquel on sort du département de Seine-et-Oise pour entrer dans celui de Seine-et-Marne;

Rive droite, la *forêt de Rougeau*, qui fait face au *bois de la Guiche*;

Rive droite, le *pavillon royal*, où Louis XV venait souvent jouir du magnifique point de vue que l'on y découvre; puis, le *pavillon Bouret*, construit par le riche financier de ce nom, et dont il ne reste que d'insignifiants débris. Ces deux pavillons dépendent de **Seine-port** (Seine-et-Marne, arrondissement et canton de Melun), charmant village de 748 habitants, agréablement situé sur la rive droite de la Seine, qui lui a donné son nom. Un service d'omnibus le relie à la station de Cesson (chemin de fer de Lyon). M. Legouvé y possède une jolie maison de campagne. M. Eugène Pelletan habite pendant l'été une des maisons voisines.

La Seine forme à Seineport une île nommée Malaquais, et y reçoit le ru de Balory, qui fait tourner trois moulins.

Sur la rive gauche, en face de l'*Ormeteau*, se montre, au haut de la colline, le village de *Saint-Fargeau-sur-Seine*, qui ne compte pas moins de 977 habitants. Un peu plus loin, la *Citanguette* attire les regards au bord du fleuve. Le *bois de Sainte-Assise* couronne les hauteurs de la rive droite, en face du hameau de *Tilly*, et bientôt, après avoir contourné la colline, on aperçoit sur la rive droite le *château de Sainte-Assise*, dont le parc a 150 arpents et qui a appartenu autrefois au duc d'Orléans. Au delà de cette magnifique propriété, on remarque encore:

Rive droite, *Beaulieu* et le *Larré*, hameaux de villas;

Rive gauche, *Boissise-le-Roi*, village de 390 habitants, qui possède un beau château; puis le hameau de *Vnuve*, et le *château du Vives-Eaux*;

Rive droite, *Boissise-la-Bertrand* (345 hab.);

Rive droite, *Boissettes* (145 hab.), qui n'a conservé qu'un pavillon de son château;

Rive gauche, *Farcy*, dont les pépinières sont renommées;

Rive gauche, le *château de Bel-Ombre*, jadis habité par la mère de saint Louis. A peu de distance de ce château, entre la Seine et *Dammarie*, village de 882 habitants, s'élevait autrefois la célèbre *abbaye du Lys*, de l'ordre de Citeaux, fondée en 1244 par la reine Blanche de Castille. L'église, le chœur et les dortoirs étaient d'une beauté remarquable. Cette abbaye fut brûlée par les troupes du roi de Navarre en 1358, et éprouva de grands dommages dans les guerres civiles des deux siècles suivants. Il n'en reste que des ruines.

Après avoir dépassé le *Mée*, village de 523 habitants, situé sur la rive droite, on passe sous le pont du chemin de fer de Lyon, et bientôt on s'arrête à Melun (voy. p. 580).

FIN.

# INDEX ALPHABÉTIQUE.

## A

Abbaye-aux-Bois, 755.
Abbaye du Jard, 592.
Abbaye de la Victoire, 808.
Abbaye de Longchamp, 22.
Abbaye du Lys, 838.
Abbaye de Maubuisson, 467.
Abbaye de Royaumont, 479.
Abbaye de Saint-Evremont, 502.
Abbaye du Val, 471.
Abbaye des Vaux-de-Cernay, 786.
Abbaye d'Yères, 583.
Ablon, 695.
Achères, 354.
Adamville, 567.
Alfort, 576.
Amblainvilliers, 743.
Andilly, 447.
Andrésy, 395.
Antony, 750.
Aqueduc de Buc, 759.
Aqueduc de Marly, 332.
Arcueil, 721.
Argenteuil, 374.
Arnouville, 821.
Asnières, 310.
Asnières-sur-Oise, 479.
Athis-Mons, 695.
Aubervilliers, 464.
Auffargis, 793.
Aulnay, 738.
Austerlitz, 126.
Auteuil, 40.
Auvers, 469.
Avenue (l') de l'Impératrice, 4.
Avilly, 499.
Avon, 686.

## B

Bagatelle, 48.
Bagneux, 746.
Bagnolet, 105.
Baillet, 476.
Bailly, 356.
Balisis, 712.
Barbizon, 687.
Bataille de Paris (la), 95.
Bateaux à vapeur (les), de Paris à Saint-Cloud, 836; — de Paris à Melun, 837.
Batignolles, 62.
Beaumont-sur-Oise, 477.
Beauregard (château de), 329.
Beau-Séjour, 36.
Bel-Air (château de), 756.
Bel-Ombre (château de), 838.
Belleville, 95.
Bellevue, 298.
Belloy (le), 354.
Bercy, 123.
Bessancourt, 458.
Bethemont, 452.
Bezons, 381.
Bicêtre, 133.
Bièvre, 754.
Billancourt, 46.
**Bois de Boulogne** (le), 3; — Moyens de transport, 4; — Résumé historique, 8; — Son état actuel, 13; — Les lacs, 16; — Le parc aux Daims, 16; — La butte Mortemart, 18; — La mare d'Auteuil, 18; — Les Hippodromes, 20; — L'abbaye de Longchamp, 22; — La croix Catelan et la mare aux Biches, 25; — Ses villes, ses villages et ses châteaux, 26; — Passy, 26; — Le puits artésien, 35; — Boulainvilliers, 35; — Beau-Séjour, 36; — La Muette, 36; — Le Ranelagh, 38; — Auteuil, 40; — Boulogne, 46; — Bagatelle, 48; — Madrid, 50; — Saint-James, 52; — Neuilly, 53.
Bois des Fausses-Reposes (le), 194.
Bois de Meudon (le), 297.
Bois de Satory (le), 308.
Bois des Gonards (le), 309.

Bois Jacques (le), 442.
Bois-le-Roi, 593.
Boiséettes, 838.
Boissise-le-Roi, 838.
Boissy-Saint-Léger, 581.
Bondy, 540.
Bonneuil, 578.
Boran, 479.
Bouffemont, 452.
Bougival, 325.
Boulainvilliers, 35.
Boulogne, 46.
Bourg-la-Reine, 723.
Brévannes, 581.
Brunoy, 585.
Bruyères, 479.
Bry-sur-Marne, 559.
Buc, 759.
Buisson de Verrières (le), 743.
Bures, 762.
Butard (le), 330.
Butte de Chaumont (la), 752.
Butte du bois Gobert (la), 309.
Buttes Chaumont (les), 91.

## C

Cachan, 722.
Canal de la Villette (le), 87.
Canal de Saint-Maur (le), 562.
Carnelle (forêt de), 478.
Carrières de plâtre (les), 92.
Carrières-Saint-Denis, 335.
Carrières-sous-Bois, 354.
Cassan (bois de), 476.
Cesson, 589.
Chambourcy, 353.
Champagne, 477.
Champigny, 563.
Champlan, 752.
Champlâtreux, 830.
Champlieu, 535.
Champrosay, 700.
Chanteloup, 398.
**Chantilly**, 481; — Histoire, 485; — Description, 491; — Forêt, 495; — Étangs de Commelle, 496; — Château de la reine Blanche, 496; — Courses, 498.
Chapelle Saint-Ferdinand (la), 53.
Charenton-le-Pont, 572.
Charonne, 104.

Château de la Chasse (le), 443.
Châteaufort, 763.
Château de la Marche (le), 191.
Château-d'Orce (le), 762.
Château de la Reine Blanche (le), 496.
Château de la Ronce (le), 195.
Château du Marais (le), 378.
Château du Val (le), 354.
Châtenay, 741.
Châtillon, 745.
Chatou, 333.
Chaville, 307.
Chauvry, 452.
Chelles, 545.
Chemin de fer de Ceinture (le), 153.
Chemins de fer de l'Ouest (les), 155; — Boulogne, 156; — Versailles (rive droite), 156; — Versailles (rive gauche), 285; — Saint-Germain, 309; — Argenteuil, 372; — du Havre, 380; — de Rambouillet, 768.
Chemin de fer de l'Est (le), 537.
Chemin de fer de Lyon (le), 569.
Chemin de fer du Nord (le), 401.
Chemin de fer d'Orléans (le), 689.
Chemin de fer d'Orsay (le), 748.
Chemin de fer de Sceaux (le), 719.
Chenevières, 568.
Chesnay (le), 329, 356.
Chevreuse, 764.
Choisy-le-Roi, 692.
Clamart, 286.
Clichy-la-Garenne, 63.
Clichy en l'Aunoy, 545.
Clignancourt, 81.
Cœur-Volant, 355.
Colombes, 373.
Combs-la-Ville, 588.
**Compiègne**, 508; — Histoire, 509; — Description, 515; — Forêt, 522; — Excursions dans la Forêt, 525; — Les beaux monts et le mont du Tremble, 525; — le mont Saint-Marc, 525; — Saint-Corneille, 527; — Saint-Pierre, 528; — Pierrefonds, 529; — Saint-Jean-aux-Bois, 533; — Morienval, 535; — Champlieu, 535.
Conflans, 570.
Conflans-Sainte-Honorine, 386.
**Corbeil**, 703.
Cormeilles en Parisis, 379.
Cour Roland (la), 756.

Courbevoie, 160.
Courtille (la), 98.
Creil, 501.
Créteil, 578.
Croissy, 334.
Croix-de-Berny (la), 749.
Crosne, 582.

## D

Dammartin, 810.
Dampierre, 766.
Dépotoir (le), 90.
Descente de la Courtille (la), 98.
Désert (l'enclos du), 353.
Désert de Retz (le), 371.
Deuil, 434.
Domont, 452.
Draveil, 580.

## E

Eaubonne, 443.
Eaux minérales d'Enghien, de Passy, de Pierrefonds: Voir ces mots.
Écouen, 823.
**Enghien-les-Bains**, 426.
Épinay, 426.
Épinay-sur-Orge, 711.
Épluches, 469.
**Ermenonville**, 815.
Ermitage (l'), 379.
Ermitage (l') à Montmorency, 441.
Ermitage de Villebon (l'), 297.
Ermont, 453.
Essarts-le-Roi (les), 794.
Essonnes, 706.
Étangs de Commelle, 496.
Étangs de Saclay, 754.
Étang de Saint-Cucufa, 324.
Étang de Saint-Hubert, 795.
Étang de Saint-Quentin, 773.
Étang de Ville-d'Avray, 194.
Étang du Trou-Salé, 729.
Étiolée, 702.
Évecquemont, 399.
Everchemont, 398.
Évry, 702.

## F

Fête de Saint-Cloud (la), 187.
Fête des Loges (la), 351.

Foucherolles, 371.
Fleury, 289.
**Fontainebleau**, 593.
RENSEIGNEMENTS GÉNÉRAUX, 593; — Distances, 593; — Omnibus, 593; — Hôtels, 593; — Cafés, 593; — Loueurs de voitures, de chevaux et d'ânes, 593; — Libraires, 593.
SITUATION, ASPECT GÉNÉRAL, BIBLIOGRAPHIE, 594.
HISTOIRE, 595; — Les Arts à Fontainebleau, 609; — Historique des constructions et restaurations du Château, 625.
ITINÉRAIRE DESCRIPTIF DU CHATEAU, 620; — Cour du Cheval Blanc, 621; — Cour de la Fontaine, 622; — Porte Dorée, 622; — Porte Dauphine ou Baptistère, 625; — Cour des Offices, 626; — Chapelle de la Sainte-Trinité, 629; — Vestibule du Fer à Cheval ou de la Chapelle, 629; — Galerie des Fresques ou des Assiettes, 629; — Anciens appartements des reines mères et du pape Pie VII, 630; — Appartements de Napoléon 1er, 631; — Cabinet de l'abdication de Napoléon 1er, 632; — Salle du Conseil, 632; — Salle du Trône, 633; — Galerie de Diane, 635; — Escalier de la reine et Appartements des Chasses, 636; — Grands appartements, 637; — Salon des Tapisseries, 637; — Salon de François Ier, 637; — Salon de Louis XIII, 638; — Pavillon de Saint-Louis, Salle de Saint-Louis, 638; — Salle des Gardes, 639; — Salon de Louis XV, 640; — Escalier du roi, 640; — Appartements de Mme de Maintenon, 642; — Galerie d'Henri II ou Salle des Fêtes, 642; — Chapelle Haute, 645; — Chapelle Saint-Saturnin, 646; — Vestibule de Saint-Louis, 647; — Galerie de François Ier, 647; — Appartements particuliers, 650.
ANCIENS JARDINS, 650; — Jardins du Château, 652; — Le Parterre, 652; — Jardin anglais, 652; — L'Étang, 653; — Jardin de l'Orangerie, 653; — Le Parc, 654.
LA FORÊT, 654; — Le Sylvain, 660.
ITINÉRAIRE DE LA FORÊT, 663.
*Promenades à pied voisines de Fontai-*

nebleau. — *Côté du sud.* — 1° Rocher d'Avon, 663 ; — 2° Mail d'Henri IV; — 3° Rocher Bouligny, 664; — *Côté de l'ouest.* — 1° Parquet des Monts-Aigus et Grotte du Serment, 665; — 2° Gorge du Houx, Grotte du parjure et du Chasseur noir, 666 ; — *Côté du nord.* — Mont Ussy et Vallée du nid de l'Aigle, 667 ; — *Côté du nord-est.* — 1° Fort des Moulins, Calvaire, 668 ; — Le Fort de l'Empereur, 669.

*Promenades à pied aux sites les plus pittoresques*, 669 ; — Vallée de la Solle, Futaie du Gros Fouteau, Fontaines Sanguinède et du Mont Chauvet, 669 ; — Rocher de Saint-Germain, 672 ; — Bouquet du roi (à la Tillaie), 672 ; Gorges d'Apremont, 673; — Gorges de Franchard, 676 ; — Gorge aux Loups, 779.

*Promenades en voiture*, 682.

ENVIRONS DE FONTAINEBLEAU, 686 ; — Avon, 686 ; — Thomery, 687 ; — Barbizon, 687 ; — Marlotte, 687 ; — Moret, 687.

Fontenay-aux-Roses, 725.
Fontenay-sous-Bois, 559.
Forêt de Bondy, 541.
Forêt de Carnelle, 478.
Forêt de Chantilly, 495.
Forêt de Compiègne, 522.
Forêt de Halatte, 505.
Forêt de l'Isle-Adam, 476.
Forêt de Marly, 370.
Forêt de Rambouillet, 800.
Forêt de Saint-Germain, 348.
Forêt de Sainte-Geneviève, 712.
Forêt de Sénart, 700.
Forêt du Vésinet, 335.
Fortifications (les), 147.
Fosse Bazin (la), 748.
Fourqueux, 352.
Franconville, 455.
Franconville (château de), 470.
Frépillon, 470.
Fresnes-les-Rungis, 750.
Fromenteau, 698.
Fromont (château de), 705.

## G

Gagny, 544.
Garches, 190.

Gare (la), 126.
Gare des marchandises des Batignolles (la), 158.
Garges, 831.
Gennevilliers, 372.
Gentilly, 129.
Gif, 762.
Glacière (la), 131.
Glatigny (château de), 330.
Gonards (bois des), 308.
Gonesse, 831.
Grand-Vaux, (château de), 710.
Grenelle, 143.
Grignon (école de), 777.
Groisy, 450.
Gros-Bois (château de), 581.

## H

Haute-Bruyère, 793.
Hédouville, 476.
Hennemont, 353.
Herblay, 459.
Hospice Brézin (l'), 190.
Houilles, 382.

## I

Igny, 753.
Issy, 139.
Ivry, 126.

## J

Jardy (le), 195.
Joinville-le-Pont, 560.
Jonchère (la), 325.
Jouy-en-Josas, 756.
Jony-le-Comte, 476.
Joyenval, 371.
Juilly, 811.
Juvisy, 696.

## L

L'Artoire, 794.
La Barre, 434.
La Celle-Saint-Cloud, 326.
La Chapelle-Saint-Denis, 81.
La Chapelle-en-Serval, 806.
La Frette, 460.
La Gare, 126.
Lagny, 549.
La Grange (château de), 584.

# INDEX. 843

La Maison-Blanche, 129.
La Marche (château de), 191.
La Rapée, 123.
La Rochette (château de), 592.
La Varenne-Saint-Maur, 568.
La Verrière, 179.
La Villette, 84.
Lanterne de Démosthènes (la), 185.
Le Bourget, 804.
Le Coudray, 838.
L'Étang-la-Ville, 371.
Le Fay (château), 398.
Le Mée, 839.
Le Mesnil-Amelot, 810.
Le Mesnil-Aubry, 830.
Le Pecq, 351.
Le Tremblay, 781.
Les Deux-Moulins, 126.
Les Gressets, 329.
Les Mets, 308, 758.
Lévy-Saint-Nom, 786.
l'Hautil, 398.
Lieussaint, 588.
Limeil, 581,
Linas, 719.
L'Isle-Adam, 474.
Livry, 542.
Loges (fête des), 351.
Loges-en-Josas (les), 759.
Longchamp, 22.
Longjumeau, 712.
Longpont, 713.
Louveciennes, 357.
Louvres, 804.
Lozère, 760.
Luzarches, 830.

## M

Machine de Marly (la), 330.
Machine atmosphérique de Saint-Germain, 335.
Madrid, 50.
Maffliers, 476.
Magny-les-Hameaux, 763.
Maincourt, 798.
Maisons-Alfort, 576.
Maisons (Laffitte), 384.
Malabry, 740.
Malmaison (la), 322.
Manufacture de Sèvres, 204.
Marcoussis, 718.
Mare d'Auteuil (la), 18.

Mareil-Marly, 352.
Margency, 454.
Marlotte, 687.
Marly (machine de), 330; — Marly (aqueduc de), 332.
Marly-le-Roi, 359.
Marnes, 193.
Massy, 751.
Maubuisson (l'abbaye de), 467.
Maurepas, 780.
Médan, 397.
Melun, 589.
Ménilmontant, 100.
Mériel, 470.
Méry, 470.
Mesnil-le-Roi, 854.
Mesnil-Saint-Denis, 785.
Mesnuls (les), 785.
Mets (les), 758.
**Meudon**, 290; — Château, 296; — Le bois, 297.
Meulan, 400.
Mignaux (château de), 743.
Milon-la-Chapelle, 764.
Minimes (les), 121.
Mons, 695.
Monsoult, 476.
Montaigu, 353.
Montataire, 500.
Monte-Christo, 360.
Monteclain, 756.
Montepilloy, 709.
Montesson, 335.
Montfaucon, 89.
Montfermeil, 544.
Montfort-l'Amaûry, 781.
Montgeron, 582.
Montigny-lez-Cormeilles, 460.
Montlévêque, 808.
Montlhéry, 713.
Montlignon, 454.
Mont-Louis, 445.
**Montmartre**, 69.
**Montmorency**, 434; — L'Ermitage, 441; — Les Châtaigniers, 445; — Mont-Louis, 445; — La forêt, 446; — Le château de la Chasse, 443.
Montreuil-sous-Bois, 106.
Montretout (station de), 266.
Montrouge, 135.
Mont-Valérien (le), 163.
Moret, 687.

Morienval, 535.
Morsang, 711.
**Mortefontaine**, 822.
Moulineaux (les), 269.
Moulin-Joli (le), 373.
Moulins d'Orgemont, 379.
Moulins de Trouillet, 379.
Muette (la), 36.

### N

Nanterre, 315.
Nantouillet, 812.
Nerville, 476.
Nesles, 476.
Neuilly, 53.
Neuilly-sur-Marne, 558.
Nogent-les-Vierges, 502.
Nogent-sur-Marne, 553.
Nointel, 478.
Noisy-le-Grand, 557.
Noisy-le-Roi, 356.
Noisy-le-Sec, 540.
Noisy-sur-Oise, 479.
Notre-Dame de la Roche, 786.
Notre-Dame du Chêne, 784.

### O

Orly, 694.
Orsay, 760.
Osny, 466.

### P

Palaiseau, 754.
Pantin, 94.
Parc de Saint-Cloud (le), 182.
Passy, 27; — Ses eaux minérales, 29 et suivantes ; — Le puits artésien, 35; — Boulainvilliers, 35; — Beau-Séjour, 36; — La Muette, 36; — Le Ranelagh, 38.
Pavillon de Breteuil (le), 187.
Pecq (le), 351.
Petit Charonne (le), 104.
Petit-Bourg, 701.
Pierrefitte, 825.
Pierrefonds, 529.
Pierrelaye, 460.
Pinte (la Grande), 123.
Piscop, 451.
Plaisance, 139.
Plessis-Piquet (le), 736.

Point-du-Jour (le), 46.
Poissy, 388.
Pomponne, 549.
Pont d'Asnières (le), 159.
Pont des Belles-Fontaines (le), 697.
Pont Godot (le), 699.
Pont Sainte-Maxence, 505.
**Pontoise**, 460.
Port à l'Anglais (le), 127.
Port de Créteil, 567.
Port Marly, 332.
**Port-Royal-des-Champs**, 773.
Porte Jaune (la), 188.
Pré-Saint-Gervais, 94.
Précy, 480.
Presles, 478.
Prunay (château de), 358.
Puteaux, 161.

### R

Raincy (le), 543.
**Rambouillet**, 794.
Ranelagh (le), 38.
Réservoirs de Marly (les), 354.
Rhuis, 508.
Ris, 699.
Robinson, 736.
Rocquencourt, 355.
Roissy, 810.
Romainville, 103.
Rond de Beauté (le), 121.
Rosny, 563.
Route de Quarante-Sous (la), 353.
Routes de terre (les), 803.
Royaumont (abbaye de), 479.
Rubelles, 592.
Rueil, 317.
Rungis, 750.

### S

Saclay, 754.
Saint-Brice, 451.
**Saint-Cloud**, 166; — Distance, moyens de transport, direction, restaurateurs, cafés, 166; — Histoire, 167; — Histoire du château, 173; — Description du château, 174; — Salon de Mars, 176; — Galerie d'Apollon, 177 ; — Salon de Diane, 179; — Salon de Vénus et Salon de la Vérité, 179; — Salon de Mer-

cure et salon de l'Aurore, 180 ; — Pièces détruites, 180 ; — Parc, 182 ; — Fête de Saint-Cloud, 187.
Saint-Corneille, 527.
Saint-Cucufa (étang de), 324.
**Saint-Cyr, 770.**
**Saint-Denis,** 405 ; — L'église de Saint-Denis, 409 ; — Sépultures royales et princières de Saint-Denis, 414. — Souvenirs historiques, 422 ; — Cérémonial des funérailles des rois, 422 ; — Trésor, 423 ; — Abbaye, 424 ; — Maison de la Légion d'honneur, 425.
Saint-Fargeau, 838.
Saint-Firmin, 499.
Saint-Frambourg, 127.
**Saint-Germain-en-Laye,** 340 ; — Histoire, 340 ; — La ville, 344 ; — Le parterre et la terrasse, 346 ; — La forêt, 348 ; — La fête, 350 ; — Environs, 351.
Saint-Gratien, 432.
Saint-James, 52.
Saint-Jean-aux-Bois, 533.
Saint-Lambert-les-Bois, 764.
Saint-Leu-d'Esserent, 480.
Saint-Leu-Taverny, 458.
Saint-Mandé, 122.
Saint-Mard, 815.
Saint-Martin-du-Tertre, 479.
Saint-Maur-les-Fossés, 563.
Saint-Michel, 713.
Saint-Nom-la-Bretêche, 371.
Saint-Ouen, 65.
Saint-Ouen-l'Aumône, 465.
Saint-Prix, 454.
Saint-Quentin (étang de), 773.
Saint-Rémi, 763.
Sainte-Assise (château de), 838.
Sainte-Jame, 571.
Saintry, 838.
Sannois, 379.
Sarcelles, 827.
Sartrouville, 382.
Satory (bois de), 308.
Savigny-sur-Orge, 706.
Seineport, 838.
Sénart (forêt de), 700.
**Senlis,** 806.
Senlisse, 785.
Sèvres, 302 ; — Manufacture, 304.
**Sceaux,** 727.
Sognolles, 470.

Soisy, 452.
Soisy-sous-Étioles, 702.
Stains, 830.
Stors (château de), 474.
Suresnes, 162.
Survilliers (château de), 806.

**T**

Taverny, 558.
Ternes (les), 60.
Thiais, 694.
Thiverval, 779.
Thomery, 687.
Thorigny, 549.
Toussus, 759.
Trappes, 773.
**Trianon** (le grand), 278 ; — Trianon-sous-Bois, 281 ; — Trianon (le petit), 281.
Triel, 397.
Trousseau (château de), 700.
Tunique sans couture (la), 376.

**V**

Val (abbaye du), 471.
Val (château du), 354.
Valenton, 581.
Valérien (le Mont), 163.
Val Fleury (le), 289.
Valhermay, 469.
Vallée-aux-Loups (la), 739.
Valmondois, 474.
Vanves, 141.
Vauboyen, 757.
Vaucluse (château de), 712.
Vaucresson, 191.
Vaudherland, 804.
Vaugien (château de), 763.
Vaugirard, 137.
Vauhallan, 752.
Vaux, 399.
Vaux-de-Cernay (les), 788.
Vaux-Praslin (château de), 590.
Vélizy, 308.
Verberie, 506.
Verneuil, 397.
Vernouillet, 397.
Verrières, 742.
Verrières (bois de), 743.

**Versailles,** 195.

RENSEIGNEMENTS GÉNÉRAUX, 195; — Distances, 195; — Hôtels et restaurants; Guides des étrangers; — Jours et heures d'ouverture du musée; — Direction dans Versailles, 195; — Gondoles parisiennes, 196; — Voitures, 196; — Anciens moyens de transport, 196.

LA VILLE DE VERSAILLES, 197; — Marchés et rues, 201; — Place Hoche, 201; — Église Notre-Dame, 202; — Église Saint-Louis, 202; — Théâtres, 202; — Salle du Jeu de Paume, 203; — Bibliothèque, 203; — Potager du roi, 203; — Édifices civils, 204.

HISTOIRE, 204; Versailles sous Louis XIII, 204; — Versailles sous Louis XIV, 205; — Versailles sous Louis XV et jusqu'à nos jours, 211.

LE PALAIS, 214; — Cour du palais, 214; — Cour de marbre, 215; — La chapelle, 216.

LE MUSÉE, 218. — *Aile du nord.* — *Rez-de-chaussée*, 218; — 1re galerie de l'histoire de France, 218; — Salle de l'Opéra, 220; — 1re galerie de sculptures, 221; — Salle des Croisades, 221; — *1er étage.* 2e galerie de sculptures, 221; — Galerie de Constantine, 221; — *Attique du Nord*, 223; — 2e galerie de l'histoire de France, 225; — Salon d'Hercule, 226. — *Parties centrales.* — *1er étage.* Salon de l'Abondance, 226; — Salle des États généraux, 227; — Salon de Vénus, 227; — Salon de Diane, 227; — Salon de Mars, 227; — Salon de Mercure, 228; — Salon d'Apollon, 228; — Salon de la Guerre, 229; — Grande galerie des Glaces, 229; — Salle du Conseil, 231; — Chambre à coucher de Louis XIV, 232; — Salle de l'Œil de Bœuf, 234; — Antichambre du roi, 236; — Salle des Gardes, 236; — Salon de la Paix, 236; — Chambre de la reine, 238; — Salon de la reine, 238; — Salon du grand Couvert ou Antichambre de la reine, 239; — Salle des Gardes de la reine, 239; — Salle du Sacre, 240; — Salle de 1792, 241; — Salle des Aquarelles, 241. — *Aile du sud.* — Galerie des Batailles, 241; — Salon de 1830, 242; — 3e galerie de sculptures, 242. — *Aile du sud.* — *Attique*, 242. — *Rez-de-chaussée,* 244; — Galeries de l'Empire, 245; — Salle des Marines, 246; — 4e galerie des sculptures, 246. — *Partie centrale du Palais.* — *Rez-de-chaussée,* 246; — Salle des Amiraux, 247; — Salles des Connétables, 247; — Salle des Maréchaux, 247; — Salle des Rois de France, 248; — Salle des Résidences royales, 248; — Vestibule de Louis XIII, 248; — Salle des tableaux plans, 248; — Galerie de Louis XIII, 249; — Salle des Maréchaux, 249; — Salles des Guerriers célèbres, 249.

PETITS APPARTEMENTS, 250. — *Côté du nord.* — Chambre à coucher de Louis XV, 250; — Salon des Pendules, 251; — Ancien cabinet des Agates, 251; — Salle des Buffets sous Louis XVI, 251; — Cabinet de la Vaisselle du roi sous Louis XVI, 251; — Bibliothèque de Louis XVI, 251; — Salon des Porcelaines sous Louis XVI, 252; — Ancien escalier des Ambassadeurs, 252; — Salle à manger, 252; — Cabinet des Chasses, 252. — *Côté du midi.* — Petits appartements de Marie-Antoinette, 253; — Salon de la Reine, 253; — Bibliothèque verte, 253; — Bibliothèque blanche, 253; — Couloir de communication, 253; — Appartement de Mme de Maintenon, 253.

Les JARDINS, 255; — Parterre du Midi, 256; — L'Orangerie, 256; — Pièce d'eau des Suisses, 258; — Parterre du Nord, 258; — Allée d'eau, 259; — Bassin de Neptune, 260; — Les deux Fontaines, 262; — Bassin de Latone, 263; — Grande allée du Tapis Vert, 264; — Bosquets du côté gauche, 265; — La Salle de Bal, 266; — Bosquet de la Reine, 266; — Quinconce du Midi, 267; — Bassin du Miroir, 267; — Jardin du Roi, 267; — Bosquet de la Colonnade, 268; — Bassin d'Apollon et canal, 269; — Bosquets du côté droit, 270; — Bosquet des bains d'Apollon, 270. — Le Rond Vert, 271; — L'Étoile, 272; — Quinconce du Nord, 272; — Bosquet des Dômes, 273; — Bassin d'Encelade, 273; — Bassin de l'Obélisque, 273.

Les EAUX DE VERSAILLES, 273.

PALAIS et JARDINS DES TRIANONS, 275; —

Histoire, 127. — Le GRAND TRIANON, 278. — Le PETIT TRIANON, 281.
Le JARDIN DES FLEURS, 284.
Vésinet (bois du), 335.
Vilaines, 396.
Vilaines (Massy), 751.
Vilgenis (château de), 743.
Villebon, 297.
Ville-d'Avray, 192.
Villemoisson, 711.
Villemomble, 544.
Villeneuve-l'Étang, 190.
Villeneuve-la-Garenne, 312.
Villeneuve-le-Roi, 694.
Villeneuve-Saint-Georges, 575.
Villers-Saint-Paul, 504.

Villiers-la-Garenne, 59.
Villiers-le-Bel, 827.
Villiers-sur-Orge, 713.
**Vincennes**, 107 ; — Le château, 108 ; — Le village, 120 ; — Le bois, 120.
Vineuil, 499.
Viroflay, 194, 307.
Vitry-Châtillon, 699.
Vitry-sur-Seine, 128.
Voisenon (château de), 592

## Y

Yères, 583.
Yvette (vallée de l'), 701.

FIN DE L'INDEX

---

Ch. Lahure, imprimeur du Sénat et de la Cour de Cassation,
rue de Vaugirard, 9, près de l'Odéon.

www.ingramcontent.com/pod-product-compliance
Lightning Source LLC
Chambersburg PA
CBHW070858300426
44113CB00008B/884